Manual de Condicionamento Físico

H864m   Howley, Edward.
        Manual de condicionamento físico / Edward T. Howley, B. Don Franks ; tradução Denise Regina Sales. – 5. ed. – Porto Alegre : Artmed, 2008.
        568 p. : il; 28 cm.

        ISBN 978-85-363-1394-8

        1. Condicionamento físico humano. 2. Educação física. I. Franks, B. Don. II. Título.

CDU 796.015

Catalogação na publicação: Mônica Ballejo Canto – CRB10/1023.

Edward T. Howley, PhD
University of Tennessee, Knoxville

B. Don Franks, PhD
University of Maryland, College Park

Manual de Condicionamento Físico

5ª Edição

Tradução:
Denise Regina Sales

Consultoria, supervisão e revisão técnica desta edição:
Flávia Meyer
Médica do esporte.
Professora Associada da Escola de Educação Física da Universidade Federal do Rio Grande do Sul.
Ph.D, pela McMaster University, Canadá

artmed®

2008

Obra originalmente publicada sob o título
Fitness Professional's Handbook, 5th Edition

ISBN 978-0-7360-6178-0

Copyright © 2007, Human Kinetics Inc.
All rights reserved.
Except for use in review, the reproduction or utilization of this work in any form or by any electronic, mechanical, or other means, now known or hereafter invented, including xerography, photocopying, and recording, and in any information storage and retrieval system, is forbidden without the written permission of the publisher.

Capa: *Mário Röhnelt*

Preparação de original: *Juçá Neves da Silva*

Leitura final: *Ivaniza O. de Souza*

Supervisão editorial: *Cláudia Bittencourt*

Projeto gráfico e editoração: *Techbooks*

Reservados todos os direitos de publicação, em língua portuguesa, à
ARTMED® EDITORA S.A.
Av. Jerônimo de Ornelas, 670 - Santana
90040-340 Porto Alegre RS
Fone (51) 3027-7000 Fax (51) 3027-7070

É proibida a duplicação ou reprodução deste volume, no todo ou em parte, sob quaisquer formas ou por quaisquer meios (eletrônico, mecânico, gravação, fotocópia, distribuição na Web e outros), sem permissão expressa da Editora.

SÃO PAULO
Av. Angélica, 1091 - Higienópolis
01227-100 São Paulo SP
Fone (11) 3665-1100 Fax (11) 3667-1333

SAC 0800 703-3444

IMPRESSO NO BRASIL
PRINTED IN BRAZIL

Sobre os autores

Edward T. Howley, PhD, é professor do Department of Exercise, Sport, and Leisure da University of Tennessee, em Knoxville. Atualmente professor de Teste e Prescrição de Condicionamento Físico no curso de graduação e de Fisiologia do Exercício na graduação e na pós-graduação, Howley ensina e realiza pesquisas nessa área há 35 anos. Foi presidente do American College of Sports Medicine (ACSM) de 2002 a 2003 e ajudou a desenvolver e a aplicar programas de certificação dessa entidade.

Além das edições anteriores desta obra, Edward Howley é autor de um outro livro, participou de quatro livros como colaborador e escreveu 45 artigos de pesquisa na área da fisiologia do exercício, de testes e prescrição de condicionamento físico. Atualmente, atua como editor-chefe do *ACSM's Health and Fitness Journal*, é membro da American Academy of Kinesiology and Physical Education e presidente (2006-2007) da Science Board of the President's Council for Physical Fitness and Sports. Suas áreas de pesquisa atuais incluem metabolismo do exercício, obesidade e os efeitos do treinamento. Howley recebeu vários prêmios de distinção como professor. Nas horas de lazer, gosta de jogar golfe, andar de bicicleta e nadar.

B. Don Franks, PhD, é professor emérito e pesquisou e ensinou temas relacionados a atividade física, condicionamento e saúde por 40 anos. Com PhD pela University of Illinois, sob orientação de T. K. Cureton (pioneiro do condicionamento físico), recebeu vários prêmios honorários e de ensino. Por 40 anos, foi membro ativo da American Alliance for Health, Physical Education, Recreation and Dance (AAHPERD), da American Academy of Kinesiology and Physical Education (AAKPE) e do American College of Sports Medicine. Além disso, foi presidente da AAKPE e do AAHPERD Research Consortium. Ele gosta de jogar raquetebol e golfe e de esquiar.

Sobre os colaboradores

David R. Bassett Jr. é professor do Department of Exercise, Sport, and Leisure, da University of Tennessee, em Knoxville, além do membro do American College of Sports Medicine e especialista certificado em exercício. Também é revisor de artigos científicos e professor em cursos sobre fisiologia do exercício, fisiologia do exercício clínico, teste de exercício e prescrição de exercícios. O foco principal de sua pesquisa são os métodos objetivos de medição da atividade física, incluindo pedômetros, acelerômetros e monitores da freqüência cardíaca. Ele estudou os níveis de atividade física e as taxas de obesidade entre jovens e adultos *amish*, na tentativa de avaliar o efeito da tecnologia moderna sobre essas variáveis. No tempo livre, Bassett gosta de fazer trilhas, andar de bicicleta e correr.

Janet Buckworth, PhD e FACSM, é professora associada da área de ciência do exercício na Ohio State University e integrante do Health and Exercise Behavior Research Group. Suas áreas de pesquisa são: persistência na prática de exercícios e biopsicologia do exercício e da saúde mental. Dirigiu um programa de bem-estar no *campus* antes de receber o título de PhD em Fisiologia do Exercício pela University of Georgia. Recebeu recursos do National Institutes of Health para estudar a persistência na prática do exercício entre estudantes universitários. É co-autora de *Exercise Psychology*, publicado em 2002, com o doutor Rod Dishman, e também integra o American College of Sports Medicine.

Sue Carver, ATC, MPT e CMT, atualmente é co-proprietária e médica da clínica de fisioterapia World of Difference Therapy Services, em Little Rock (Arkansas, EUA). Terapeuta licenciada desde 1987, começou a atuar em Little Rock em 1989, tendo recebido o certificado da National Athletic Trainers em 1978. Trabalhou como preparadora física do grupo feminino da University of Tennessee, em Knoxville, de 1978 a 1982, e como preparadora voluntária no U.S. Olympic Training Center, em Colorado Springs. Foi selecionada para trabalhar no National Sports Festival VI, em Baton Rouge, em 1985, e no U.S. Olympic Track and Field Trials, em Indianápolis, em 1988. Além disso, foi preparadora voluntária de atletismo nos Summer Olympic Games, em Atlanta, no ano de 1996.

Avery D. Faigenbaum, EdD, CSCS e FACSM, é professor associado do Department of Health and Exercice Science no College of New Jersey, em Ewing. Profissional e pesquisador destacado na área de força e condicionamento, Faigenbaum é co-autor de cinco livros e de mais de 100 artigos sobre treinamento com pesos e condicionamento físico para jovens. Além de membro do American College of Sports Medicine, exerceu o cargo de vice-presidente da National Strength and Conditioning Association.

Ralph La Forge, MS, é fisiologista e diretor do programa de treinamento em controle de doenças e de distúrbios de lipídeos da Division of Endocrinology, Metabolism and Nutrition do Duke University Medical Center. Trabalhou por 29 anos na área de cardiologia e endocrinologia clínica e também como instrutor de biopsicologia e fisiologia do exercício na University of California, em San Diego. Atualmente, é membro do Center for Complementary Medicine and Alternative Therapies, na University of North Carolina, em Chapel Hill.

Jean Lewis concluiu o doutorado em Educação (Educação Física, com especialização em Fisiologia do Exercício) na University of Tennessee, em Knoxville, onde agora é professora emérita. Participou da implantação das áreas de concentração de condicionamento físico e de fisiologia do exercício na graduação e também desenvolveu cursos de anatomia aplicada, cinesiologia aplicada e controle de peso, condicionamento físico e exercício. Lewis ficou famosa por seus métodos de ensino inovadores, que ajudaram especialistas em educação física a compreender como aplicar os conceitos da cinesiologia. Recém-aposentada, ela sente falta dos alunos e das aulas, mas aproveita o tempo para trabalhar com jardinagem e em seu *workshop*.

Wendell Liemohn graduou-se no Wartburg College, em Waverly (Iowa, EUA), e concluiu o mestrado na University of Iowa, para onde voltou a fim de fazer o doutorado, depois de ter trabalhado como técnico e professor universitário. Na University of Indiana, em que passou 7 anos, concentrou suas pesquisas no funcionamento psicomotor em populações especiais. Em 1978, aceitou o cargo de professor na University of Tennessee. Lá iniciou o curso de especialização em Biomecânica e Medicina Esportiva. Ex-presidente do Research Consortium da AAHPERD, Liemohn é membro do ACSM e da American Academy of Kinesiology and Physical Education. Sua pesquisa em medicina esportiva está relacionada à flexibilidade e à função lombar. Ele é autor de *Exercise Prescription and the Back* (McGraw-Hill Medical Publishing, 2000). Embora tenha se aposentado em janeiro de 2005, continua fazendo pesquisas sobre estabilidade abdominolombar.

Kyle J. McInnis, ScD, é professor e chefe do Department of Exercise and Health Sciences da University of Massachusetts, em Boston. Experiente profissional e pesquisador da área de saúde/condicionamento físico e prevenção de doenças crônicas, McInnis é membro do American College of Sports Medicine (ACSM) e co-editor sênior do *ACSM's Health and Fitness Facilities Standards and Guidelines* (4ª ed.). Mora em New Hampshire, com a esposa, Susan, e três filhos, Brendan, Riley e Shane.

Michael Shipe, MS e RCEP, é professor assistente de Ciência do Exercício no Departament of Health, Physical Education and Sport Science do Carson Newman College, em Jefferson City, no Tennessee. Obteve a certificação de fisiologista clínico de exercício registrado em 1999. Trabalhou como diretor de condicionamento físico do Blount Memorial Wellness Center de 1997 a 2001. Foi diretor dos programas médicos de reabilitação cardíaca e de condicionamento físico no Blount Memorial Hospital de 2002 a 2004. Atualmente, Shipe é doutorando em Ciência do Exercício na University of Tennessee.

Dixie L. Thompson, PhD e FACSM, é professora do Department of Exercise, Sport, and Leisure na University of Tennessee, em Knoxville. Sua pesquisa enfoca a análise da composição corporal e dos efeitos do exercício sobre a saúde da mulher. Ela é diretora do University of Tennessee Center for Physical Activity and Health e editora associada do *ACSM's Health and Fitness Journal* tendo sido presidente da seção Southeast do ACSM. É membro do American College of Sports Medicine.

Para Ann e Elizabeth

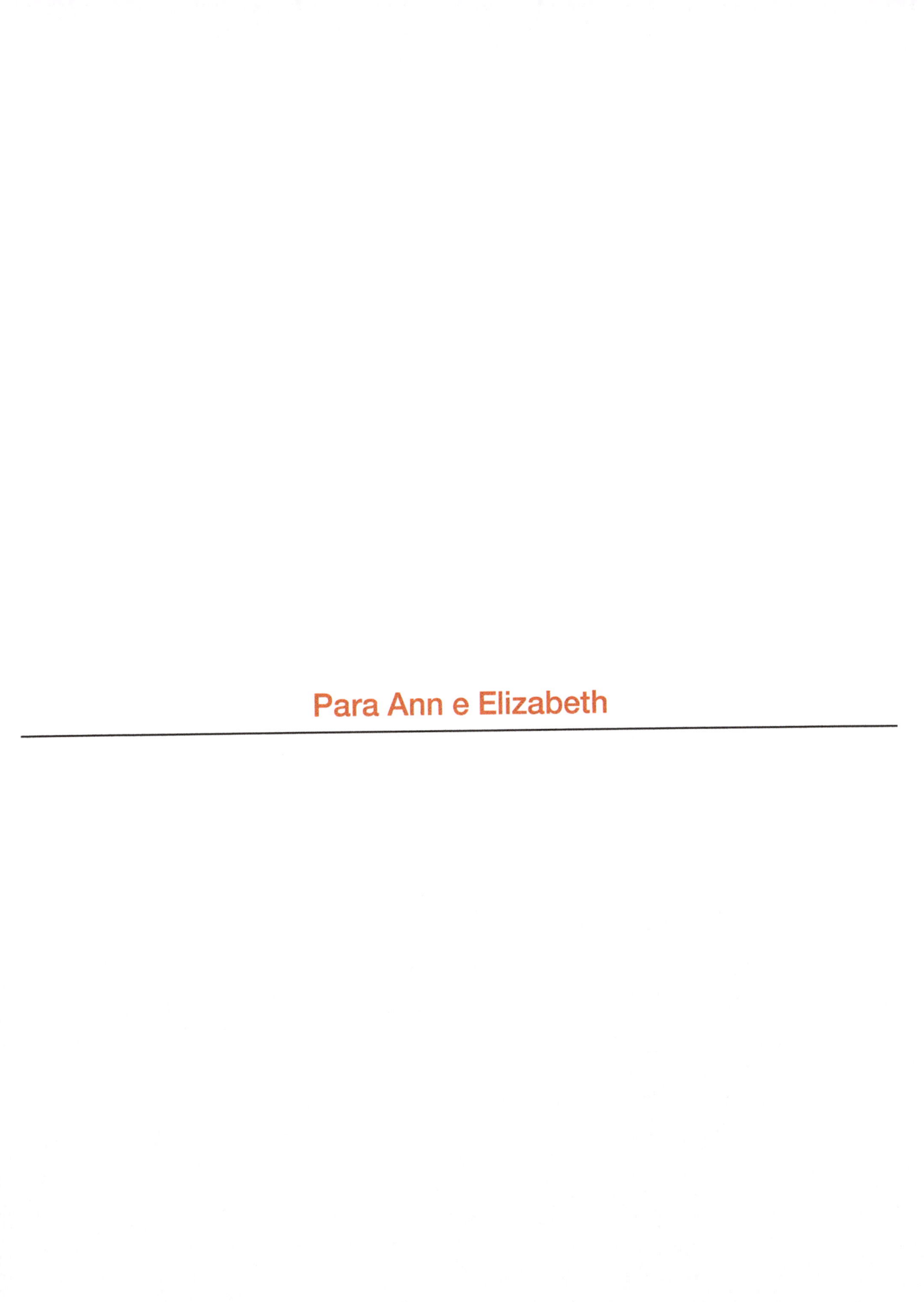

Prefácio

Você, profissional de condicionamento físico, é diferente da maioria das pessoas. É provável que esteja fisicamente ativo, faça exercícios toda semana e se preocupe com o próprio condicionamento. Ao contrário, mais de 60% dos norte-americanos adultos não se envolvem na quantidade recomendada de atividade física e estão acima do peso. Além disso, uma epidemia de obesidade tem atingido crianças já no ensino fundamental.

Este é o momento ideal para profissionais interessados em ajudar crianças, adultos ou idosos a ficarem mais ativos e a melhorarem o condicionamento físico, a saúde e a qualidade de vida. Todos os níveis de governo têm apoiado iniciativas que procuram solucionar problemas de inatividade física e obesidade. Já existem várias histórias de sucesso. Este livro vai ajudá-lo a iniciar o seu próprio caminho. Aqui você vai aprender a avaliar participantes de programas de exercícios, analisar os vários componentes do condicionamento físico e prescrever exercícios para melhorar cada um desses componentes. Também vamos ensiná-lo a ajudar pessoas com doenças crônicas (por exemplo, hipertensão) ou em condições especiais (por exemplo, grávidas). Avanços recentes no tratamento desses temas implicaram a revisão da edição anterior. Esperamos que você aprecie o resultado.

Atualizações desta edição

Uma das primeiras mudanças visíveis está no título. Por vários motivos, trocamos o título *Manual do instrutor de condicionamento físico para a saúde* por *Manual de condicionamento físico*.

- As distinções entre os vários tipos de certificados na área do condicionamento físico se tornaram obscuras – há mais semelhanças do que diferenças –, pois os profissionais dessa área têm compartilhado uma mesma formação. Os responsáveis por testes de condicionamento físico precisam se comunicar de modo eficaz com os *personal trainers* e com os coordenadores de exercícios em grupo, cuja tarefa é colocar em prática a programação.

- As edições anteriores deste livro têm sido usadas como referência por profissionais que já receberam o credenciamento e estão trabalhando na área e não apenas pelos que possuem o certificado de *Health/Fitness Instructor*® do American College of Sports Medicine.

- Nas duas últimas décadas, este livro foi adotado como material básico de cursos universitários, em aulas sobre testes e prescrições de condicionamento físico, embora muitos estudantes dessas turmas tivessem a intenção de especializar-se em outras carreiras (por exemplo, treinamento atlético) e não na do condicionamento. A maioria dos graduandos em ciência do exercício da University of Tennessee, em Knoxville, por exemplo, pretende trabalhar com fisioterapia (FT). A crescente contratação de profissionais de condicionamento físico por clínicas de FT, para fazer avaliações e elaborar programas de exercícios estruturados, mostra que esse profissional precisa conhecer os testes e as prescrições do condicionamento físico tanto quanto os que escolhem trabalhar especificamente com o condicionameto físico. Em essência, o conteúdo deste livro tem se tornado parte de muitos programas de disciplinas da ciência do exercício, independentemente dos objetivos profissionais do estudante.

Além da mudança do título, todos os capítulos foram atualizados de acordo com padrões, orientações e pesquisas recentes, fossem eles relativos a populações especiais, dores lombares ou prevenção de lesões. Como seria de esperar, alguns capítulos passaram por mais alterações do que outros. Os que sofreram mudanças mais significativas foram:

- O Capítulo 3, "Avaliação de saúde", foi completamente reescrito, a fim de enfatizar a seqüência de passos da avaliação dos participantes, que inclui o preenchimento de questionários sobre o estado de saúde e a solicitação de *feedback* físico, a avaliação do estado de risco, a estratificação de risco e o fornecimento de recomendações apropriadas. O "Questionário sobre o estado de saúde" foi revisado de acordo com os modelos do American College of Sports Medicine e da American Heart Association. Michael Shipe, colaborador desta edição, participa nesse capítulo, trazendo a sua longa experiência em questões de prevenção e de reabilitação.

- O Capítulo 7, "Nutrição", foi atualizado de acordo com a mais recente edição do *Dietary Guidelines of Americans* e também com os padrões atuais de ingestão nutricional.

- O Capítulo 12, "Prescrição de exercícios para treinamento de força", foi bastante modificado, com particular atenção às posições mais recentes e relevantes do American College of Sports Medicine e da National Strength and Conditioning Association. Ele fornece explicações abrangentes sobre a elaboração de prescrições de exercícios para aumentar força e *endurance* em pouco tempo.

- O Capítulo 13, "Prescrição de exercícios para flexibilidade e função lombar", foi completamente revisado, com particular ênfase na estabilidade abdominolombar.

- O Capítulo 23, "Exercícios conscientes para profissionais de condicionamento físico", é novo e enfatiza atividades físicas que têm atraído muita atenção na atualidade – ioga, Pilates e outros exercícios corpo-mente. Ralph La Forge contribuiu com sua extensa formação nessa área, fornecendo dicas sobre os benefícios dos diferentes exercícios mente-corpo.

- O Capítulo 26, "Administração e gerenciamento de programas", foi reescrito por Michael Shipe com base em sua experiência em programas tanto de condicionamento físico como hospitalar. Ele fornece detalhes adicionais sobre a elaboração de orçamentos.

Embora tenham sido feitas muitas atualizações, os leitores das edições anteriores não terão problemas com este novo livro. O texto ainda usa as Orientações do ACSM para Testes e Prescrições de Exercícios (*ACSM's Guidelines for Exercise Testing and Prescription*) como fonte primária dos padrões e expectativas dos profissionais de condicionamento físico. Essa tem sido a referência-padrão desses profissionais na hora de elaborar programas de condicionamento físico em qualquer ambiente, desde o clube até o hospital. Em consequência, este livro é útil a todos os interessados em fazer os exames de admissão do ACSM, assim como os de outras organizações.

Além disso, esta edição reproduz vários formulários e apresenta quadros interessantes, pontos-chave úteis, perguntas e respostas sobre estudos de caso, termos-chave, glossário e referências extensivas. Assim, serve como manual para estudantes ao mesmo tempo em que constitui referência valiosa para os profissionais.

Público-alvo

A exemplo das edições anteriores, esta também se destina a estudantes de nível avançado ou graduandos iniciantes, com ampla formação em anatomia e fisiologia. O propósito deste livro é transformar pessoas que conhecem pouco os testes e as prescrições de condicionamento físico em profissionais capazes de avaliar participantes, realizar testes padronizados para determinar os principais componentes do condicionamento físico e elaborar prescrições de exercícios adequadas. Muitos programas acadêmicos incorporam experiências de laboratório para desenvolver a capacidade dos alunos nas habilidades necessárias a essas tarefas. Nessa concepção, a aula não é simplesmente uma experiência acadêmica, mas também a oportunidade de viver experiências como profissional ou estagiário, aprimorando habilidades. Este livro complementa muitas das tarefas de laboratório associadas à avaliação do condicionamento físico, pois dedica especial atenção à maioria dos testes mais comuns, incluindo questões que abrangem tanto o teste pré-programa quanto a determinação de resultados no teste pós-programa.

Organização do texto

A Parte I, "Atividade física, condicionamento físico e saúde", contém três capítulos e fornece uma visão geral das distinções entre os termos *atividade física, condicionamento físico* e *saúde*. São apresentadas informações genéricas sobre cada um desses termos para fundamentar o restante do texto. Adotamos a abordagem passo a passo na parte da avaliação de potenciais participantes de programas de condicionamento físico.

A Parte II, "Avaliação do condicionamento físico", fornece detalhes sobre a avaliação do condicionamento cardiorrespiratório, da composição corporal, da força e da *endurance* muscular. Além disso, há capítulos sobre avaliação nutricional e determinação do custo energético da atividade física, ambos essenciais para o tema do equilíbrio energético, tratado na parte seguinte.

A Parte III, "Prescrição de exercícios para saúde e condicionamento físico", é composta de cinco capítulos específicos, que explicam como tratar os resultados dos testes em relação a cada componente avaliado na Parte II e descrevem a formulação de prescrições de exercício consistentes com os objetivos e as habilidades do indivíduo. O capítulo sobre liderança de exercício fornece os princípios gerais e exemplos específicos de vários modos de programação.

A Parte IV, "Populações especiais", inclui sete capítulos sobre testes e prescrições de exercícios para: crianças e adolescentes; idosos; mulheres; pessoas com doenças coronarianas, obesidade, diabete e doenças pulmonares.

A Parte V, "Programação de exercícios", descreve abordagens da ciência comportamental que têm alcançado bons resultados no campo da mudança de comportamento, processo central para ajudar as pessoas a melhorarem as próprias vidas. Também apresenta programas de exercícios mente-corpo e seus benefícios, explicita as relações entre medicação, eletrocardiograma e exercícios, aborda a prevenção e o tratamento de lesões e a administração e o gerenciamento de programas.

A Parte VI, "Fundamentos científicos", cobre a anatomia e a biomecânica básicas e a fisiologia do exercício, sendo útil para uma rápida revisão.

Sumário

| PARTE I | **Atividade física, condicionamento físico e saúde** | **17** |

1 Atividade física e saúde **19**

A melhor e a pior época para profissionais da atividade física • Atividade física e saúde • O que sabemos sobre atividade física, condicionamento físico e saúde • A atividade física e a prevenção prematura de problemas de saúde • Recomendações aos profissionais de condicionamento físico • Promoção da atividade física • Estudo de casos

2 Condicionamento e desempenho físico **31**

Metas do condicionamento físico • Metas do desempenho • Componentes do condicionamento e do desempenho físico • Comportamentos que mantêm os componentes do condicionamento e do desempenho físico • Comportamentos comuns para condicionamento físico e saúde • Estabelecimento de metas de condicionamento físico • Controle do estado de saúde pessoal • Estudo de caso

3 Avaliação de saúde **37**

Avaliação do estado de saúde • Avaliação de saúde pré-participação • Decisões para o programa de condicionamento físico • Estudo de casos

| PARTE II | **Avaliação do condicionamento físico** | **55** |

4 Custos energéticos da atividade física **57**

Maneiras de medir o gasto energético • Formas de expressar o gasto energético • Fórmulas para estimar o custo energético de atividades físicas • Demandas energéticas da caminhada, da corrida, do ciclismo, do cicloergômetro e do *step* • Demandas energéticas de outras atividades físicas • Estudo de casos

5 Condicionamento cardiorrespiratório **77**

Por que testar o condicionamento cardiorrespiratório (CCR)? • Riscos do teste de CCR • Seqüência de testes • Testes de campo • Testes de exercício progressivo (TEP) • Variáveis comumente medidas durante o TEP • Procedimentos do TEP • Quando usar testes submáximos e máximos • Estudo de casos • Apêndice: calibragem do equipamento

6 Composição corporal **105**

Saúde e composição corporal • Métodos de avaliação da composição corporal • Cálculo do peso corporal-alvo • Estudo de caso

7 Nutrição **119**

Nutrientes essenciais • Avaliação da ingestão alimentar • Recomendações para ingestão alimentar • Dieta, exercício e perfil lipídico do sangue • Nutrição para indivíduos fisicamente ativos • Estudo de caso

8 Avaliação do condicionamento muscular **135**

Considerações preliminares • Força muscular • *Endurance* muscular localizada • Teste para idosos • Teste para indivíduos com doença coronariana • Teste para crianças e adolescentes • Estudo de caso

9 Flexibilidade e função lombar 149

Fatores que afetam a amplitude de movimento (ADM) • A amplitude de movimento e a função lombar • Medição da ADM da coluna e da articulação do quadril • Estudo de casos • Apêndice: testes para medir a amplitude de movimento da região lombar

PARTE III   Prescrição de exercícios para saúde e condicionamento físico   167

10 Prescrição de exercícios para o condicionamento cardiorrespiratório 169

Prescrição de exercícios • Respostas de curto e longo prazo ao exercício • Recomendações de saúde pública para a atividade física • Orientações gerais para programas de CCR • Formulação da prescrição de exercícios • Determinação da intensidade • Recomendação de exercícios para populações não-testadas • Programação de exercícios para populações condicionadas • Prescrição de exercícios de acordo com os resultados do TEP • Seleção de programas • Preocupações com o ambiente • Exercícios e exposição ao frio • Efeito da poluição do ar • Efeito da altitude • Estudo de casos

11 Prescrição de exercícios para controle de peso 193

A crescente prevalência da obesidade nos Estados Unidos • Etiologia da obesidade • Manutenção do peso saudável • Modificação de comportamento para perder e manter o peso • Truques e recursos para perder peso • Padrões de alimentação desajustados • Estratégias para ganhar peso • Estudo de caso

12 Prescrição de exercícios para treinamento de força 205

Princípios do treinamento • Considerações sobre a elaboração do programa • Tipos de treinamento de força • Modos de treinamento de força • Questões de segurança • Orientações para o treinamento de força • Modelos de treinamento de força para adultos saudáveis • Excesso de treinamento • Sistemas de treinamento de força • Treinamento de força para populações especiais • Estudos de caso • Apêndice: seleção de exercícios de treinamento de força para os principais grupos musculares

13 Prescrição de exercícios para flexibilidade e função lombar 241

Anatomia da coluna • Movimento da coluna • Mecânica da coluna e da articulação do quadril • Dor lombar: lesão causada por movimentos repetitivos • Considerações sobre os exercícios: preventivos e terapêuticos • Exercícios que envolvem os músculos da estabilidade abdominolombar • Exercícios que envolvem a parede abdominal • Exercícios profiláticos para melhorar a função lombar • Estudos de caso • Apêndice: exercícios de flexibilidade, força e *endurance* para melhorar a função lombar

14 Capacidade de liderança e os exercícios para saúde e condicionamento físico 267

Liderança efetiva • Progressão das atividades físicas • Programas de caminhada, *jogging*, corrida • Jogos • Atividades aquáticas • Exercícios acompanhados de música • Seleção da música • Equipamentos para exercícios • Treinamento em circuito • Estudos de caso

PARTE IV   Populações especiais   285

15 O exercício, as crianças e os jovens 287

Resposta ao exercício • Considerações especiais • Testes • Recomendações para a atividade física • Estudos de caso

16 — O exercício e os idosos 295
Visão geral • Efeitos do envelhecimento sobre o condicionamento físico • Considerações especiais sobre testes de exercícios • Prescrição de exercícios • Função psicológica e social • Estudo de caso

17 — O exercício e a saúde da mulher 305
Gravidez e exercícios • Osteoporose • A tríade da atleta • Estudo de caso

18 — O exercício e as doenças coronarianas 313
Aterosclerose • Populações em programas de reabilitação cardíaca • Evidências para o treinamento com exercícios • Testes diagnósticos especiais para detectar doenças coronarianas • Típica prescrição de exercícios • Estudos de caso

19 — O exercício e a obesidade 321
Causas potenciais • Atividade física na prevenção e no tratamento da obesidade • Exame médico especial • Prescrição de exercícios • Estudo de caso

20 — O exercício e o diabete 327
Comparação entre os tipos 1 e 2 de diabete • Exercícios para indivíduos com diabete • Avaliação e testes de indivíduos com diabete • Prescrição de exercícios • Estudo de caso

21 — O exercício, a asma e as doenças pulmonares 335
Doenças pulmonares obstrutivas crônicas • Doenças pulmonares restritivas • Evidências para se exercitar • Teste e avaliação • Prescrição típica de exercícios • Medicamentos para doenças pulmonares • Estudo de casos

PARTE V — Programação de exercícios — 343

22 — Modificação de comportamento 345
Modelo transteórico de mudança de comportamento • Promoção de exercícios: como atingir pessoas pré-contempladoras e contempladoras • Aumento da adesão: métodos para mudar o comportamento de participantes nas fases de ação e de manutenção • Aconselhamento para saúde e condicionamento físico • Estudos de caso

23 — Exercícios conscientes para profissionais de condicionamento físico 359
Origens • Ioga • Exercício de *qigong* e *tai chi* • Programas de exercício consciente contemporâneos • Resultados dos exercícios conscientes • Estudos de caso

24 — Exercício, eletrocardiograma e medicação 373
A estrutura do coração • Consumo de oxigênio pelo coração • Eletrofisiologia do coração • Sistema de condução do coração • Interpretação do ECG • Medicamentos cardiovasculares • Estudos de caso

25 — Prevenção e tratamento de lesões 391
Prevenção de lesões • Tratamento de lesões • Preocupações com o meio ambiente • Preocupações médicas • Problemas ortopédicos comuns • Ressuscitação cardiopulmonar e procedimentos de emergência • Respiração de socorro, ressuscitação cardiopulmonar e uso do desfibrilador externo automático • Estudos de caso

26 Administração e gerenciamento de programas 415

Planejamento operacional estratégico • Gerenciamento e avaliação de pessoal • Desenvolvimento de um bom programa • Considerações jurídicas e de segurança • Orçamento • Manutenção de registros e equipamentos • Estudos de caso

PARTE VI Fundamentos científicos   431

27 Anatomia funcional e biomecânica 433

Anatomia esquelética • Estrutura e função das articulações • Fatores determinantes da direção e da amplitude de movimento • Movimentos articulares específicos • Músculo voluntário (esquelético) • Dicas para exercitar grupos musculares e erros comuns ao realizar exercícios • Envolvimento dos grupos musculares em determinadas atividades físicas • Conceitos mecânicos básicos do movimento humano • Erros mecânicos comuns durante a locomoção, o arremesso e o saque • Estudos de caso

28 Fisiologia do exercício 461

Energia e trabalho • Compreensão da estrutura e da função muscular • Respostas metabólicas, cardiovasculares e respiratórias ao exercício • Teste de exercício progressivo (TEP) • Débito cardíaco • Efeitos do treinamento de *endurance* e do destreinamento sobre as respostas fisiológicas • Respostas cardiovasculares ao exercício para homens e mulheres • Respostas cardiovasculares ao exercício isométrico e ao levantamento de peso • Regulação da temperatura do corpo • Estudos de caso

Referências 485
Apêndice A: Respostas dos estudos de caso 503
Apêndice B: Cálculo do consumo de oxigênio e da produção de dióxido de carbono 513
Apêndice C: Custos energéticos de várias atividades físicas 517
Apêndice D: Medicamentos comuns 531
Apêndice E: Avaliação do condicionamento físico 541
Glossário 545
Índice 555

PARTE I

Atividade Física, Condicionamento Físico e Saúde

A atividade física é elemento essencial à saúde e ao bem-estar. Com isso em mente, escrevemos este livro, destinado a profissionais, atuais e futuros, da área de condicionamento físico, que ajudam pessoas, grupos e comunidades a usufruir dos benefícios da atividade física regular em um ambiente positivo e seguro.

Os capítulos da Parte I explicam os fundamentos do estudo da atividade física e a sua relevância para o condicionamento físico. No Capítulo 1, resumimos os conhecimentos atuais no campo da atividade física e da saúde. O Capítulo 2 descreve as relações entre saúde, condicionamento físico e desempenho. Por fim, o Capítulo 3 fornece um processo de avaliação de potenciais participantes de programas de condicionamento físico e critérios recomendados para encaminhamentos a médicos e desenvolvimento de programas supervisionados e não-supervisionados.

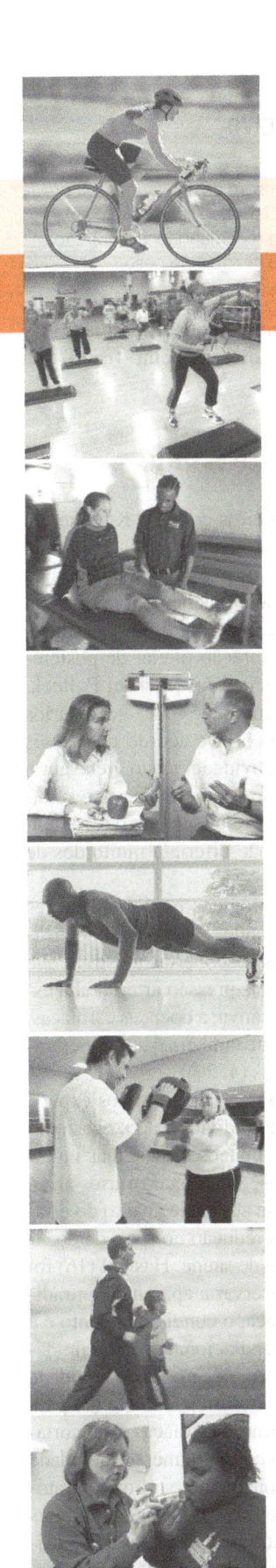

CAPÍTULO 1

Atividade Física e Saúde

Objetivos

O leitor será capaz de:

1. Fornecer provas de que a participação em uma atividade física regular traz claros benefícios à saúde.
2. Descrever algumas das barreiras que impedem a participação das pessoas na atividade física.
3. Descrever a relação entre a atividade física e a saúde.
4. Descrever os elementos do condicionamento total.
5. Compreender o papel da atividade física na qualidade de vida.
6. Descrever os objetivos e os comportamentos de uma vida saudável.
7. Descrever a ligação entre a atividade física e o baixo risco de problemas prematuros de saúde.
8. Compreender a fisiopatologia da aterosclerose e de outros problemas cardiovasculares.
9. Identificar os fatores de risco de doenças coronarianas e apontar os que podem ser modificados favoravelmente pela prática de atividade física regular e apropriada.
10. Diferenciar a quantidade e o tipo de exercício necessários à geração de determinados benefícios à saúde daqueles necessários ao desenvolvimento do condicionamento físico.
11. Identificar os benefícios do condicionamento físico a curto e a longo prazos.
12. Ter consciência dos riscos associados aos testes e à participação em exercícios.
13. Descrever três elementos-chave da promoção da atividade física.

Desde os primórdios da história registrada, filósofos e profissionais da saúde têm observado que a atividade física regular é parte essencial de uma vida saudável. Hipócrates escreveu o seguinte, em *Regimen*, mais ou menos no ano 400 a.C.:

> Só o comer não mantém bem um homem [mulher]; ele [ela] também tem de fazer exercícios, pois o alimento e o exercício, embora possuam qualidades opostas, trabalham juntos na promoção da saúde... E é necessário, ao que parece, distinguir o poder de cada exercício, tanto dos naturais quanto dos artificiais, para saber qual deles tende a aumentar ou a diminuir a gordura; e não apenas isso, mas também determinar a proporção do exercício em relação à quantidade de alimento, à constituição e à idade do indivíduo... (20).

A melhor e a pior época para profissionais da atividade física

Nas últimas três décadas, a população em geral, grupos profissionais específicos (por exemplo, as sociedades acadêmicas relacionadas à saúde) e a comunidade reconheceram a importância de manter uma vida fisicamente ativa. Parece que quase todo mundo aceita as provas indiscutíveis, acumuladas por cientistas da área do exercício ao longo dos últimos 50 anos, de que a atividade física regular é importante para a qualidade de vida e a saúde e também para a prevenção e reabilitação de muitos problemas de saúde. As informações do quadro da página 21 ("Boas e más notícias para profissionais de condicionamento físico") ilustram essa ampla aceitação.

O reconhecimento público da necessidade de atividade física para manter uma boa saúde é a principal conquista dos profissionais e acadêmicos da área do condicionamento físico, que têm realizado pesquisas e difundido as suas descobertas nesse campo. O surgimento de tantas declarações a favor da promoção da atividade física no espaço de tão poucos anos indica o entusiasmo de todos os envolvidos. No entanto, restam ainda muitos desafios aos profissionais que desejam estender a todos os benefícios à saúde gerados pela atividade física (veja a segunda parte do quadro "Boas e más notícias para profissionais de condicionamento físico", na página 21).

> **Ponto-chave**
>
> Nos Estados Unidos, grupos profissionais específicos, como o American College of Sports Medicine (ACSM) e a American Heart Association (AHA), e também órgãos do governo, como os Centers for Disease Control and Prevention (CDC), os National Institutes of Health (NIH), o President's Council on Physical Fitness and Sports (PCPFS) e o Office of the Surgeon General, têm lançado relatórios que enfatizam a importância da atividade física para a boa saúde.

> **Ponto-chave**
>
> Os recursos alocados para a prática segura e supervisionada de atividades físicas não condizem com as declarações sobre a necessidade dessas atividades. O público fica confuso sobre o tipo e a quantidade de exercício recomendados para cada objetivo: saúde, condicionamento e controle de peso.

Atividade física e saúde

Desde a década de 1940, com pioneiros como T. K. Cureton, Bruno Balke e Peter Karpovich, teve início a realização de numerosos estudos experimentais que exploram os efeitos da atividade física regular sobre o condicionamento, em especial o cardiorrespiratório, e a composição corporal. Esses estudos levaram o ACSM a fazer uma declaração oficial de posicionamento, em 1978, cujo autor principal foi Michael Pollock, relativa à quantidade e ao tipo de atividade física necessários para melhorar o condicionamento (1). De acordo com esses estudos, pequenas quantidades de atividade pouco afetavam o condicionamento cardiorrespiratório. Na verdade, os resultados de grupos que fizeram menos exercício do que o recomendado pelo ACSM com freqüência não diferiam muito dos de grupos de controle sedentários.

Por sua vez, estudos epidemiológicos exploram fatores de risco para vários problemas de saúde, em especial doenças cardíacas. Nesse caso, as principais descobertas mostram que o tabagismo, o colesterol total alto e a pressão arterial alta estão relacionados, de maneira significativa, a doenças cardíacas. Hoje já se reconhece que a inatividade também é um importante fator de risco de doenças cardíacas (4, 29).

A declaração de 1978 do ACSM resume estudos experimentais sobre o que é necessário ao indivíduo para ocasionar alterações no condicionamento em poucos meses, mas investigações populacionais mais amplas, abrangendo vários anos, mostraram que pessoas com nível de atividade abaixo do estabelecido pelo ACSM apresentavam redução no risco de doenças cardíacas e de outros problemas de saúde. Haskell (16) foi um dos primeiros acadêmicos a observar a aparente contradição na relação entre a atividade física, o condicionamento e a saúde. Dois dos maiores estudos populacionais coletaram dados suficientes a fim de analisar diferentes níveis de atividade física (30) e de condicionamento cardiorrespiratório (7) para determinar os riscos relativos de doenças cardíacas e de mortalidade em geral. Parece que tanto o comportamento (atividade física) quanto o resultado (condicionamento cardiorrespiratório) ajudam a reduzir o risco de doenças cardíacas. As Figuras 1.1 e 1.2 (18) mostram a relação entre o nível de atividade física ou de condicionamento físico e o risco de doença coronaria-

Boas e más notícias para profissionais de condicionamento físico

As boas notícias

Todos sabem que a atividade física é importante para a boa saúde. Pesquisadores indicam que mulheres e homens de todas as idades, raças e condições socioeconômicas acreditam que a atividade física regular é vital para a saúde.

- Os objetivos do *Health People 2010* (42) incluem a atividade e o condicionamento físicos como prioridade. Além disso, a atividade física é relacionada como um dos dez principais indicadores de saúde.
- A AHA (4) inclui a inatividade física e baixos níveis de condicionamento físico como fatores de risco primários para doença cardíaca, ao lado do tabagismo, da hipertensão e do colesterol alto.
- O NIH (29) lançou uma declaração consensual sobre a importância da atividade física para a saúde cardiovascular.
- Os CDCs e o ACSM (31) liberaram uma recomendação de atividade física para a saúde pública (30 minutos de atividade de intensidade moderada quase todos, de preferência todos, os dias da semana) destinada a melhorar a saúde da maioria dos norte-americanos sedentários.
- O U.S. Department of Agriculture (Ministério da Agricultura) e o U.S. Department of Health and Human Services (Ministério da Saúde e dos Serviços Públicos dos Estados Unidos) publicaram a 7ª edição do *Dietary Guidelines for the Nation* (39), que inclui uma declaração sobre o papel vital da atividade física.
- O Office of the Surgeon General (Escritório da Saúde Pública) publicou um relatório sobre atividade física e saúde que defende com firmeza o papel da atividade física na promoção da boa saúde e na prevenção de problemas médicos graves (41).

As más notícias

Nos Estados Unidos, mais de 50% dos adultos não cumprem as recomendações de 30 minutos diários de exercícios de intensidade moderada (10).

- O público confunde-se quando o assunto é a quantidade (30, 60 ou 90 minutos) e o tipo (moderado ou vigoroso) de atividade física recomendados para garantir a saúde, o condicionamento físico e o controle de peso (19, 39).
- Os recursos financeiros alocados para atividade física ficam bem abaixo dos gastos em outras áreas da saúde. Os valores aplicados em programas de educação e atividade física para a comunidade não são suficientes para realizar projetos seguros e de boa qualidade.
- Não há instalações seguras, atrativas e bem supervisionadas disponíveis para muitos indivíduos. Em comunidades dos Estados Unidos, pistas para caminhadas e ciclismo são mais uma exceção do que a regra.
- Os programas de recreação de baixo custo, destinados à população, simplesmente não conseguem acomodar todos os que precisam desse benefício.
- Nas escolas, a saúde e a educação física não são prioridade e com freqüência consistem no primeiro item curricular a sofrer cortes em períodos de crise (12, 37).

na (DC). Há redução substancial do risco quando o indivíduo passa do nível mais baixo para outro um pouco mais alto. Esses estudos também mostram benefício adicional em função de níveis de atividade e de condicionamento mais elevados.

Com base nesses e em outros estudos, o ACSM, os CDCs e o PCPFS (31) lançaram uma declaração de posicionamento suplementar à publicada antes pelo ACSM e proclamaram que indivíduos sedentários podiam reduzir muito o risco de desenvolvimento de doenças cardíacas, diabete tipo 2 e outros problemas de saúde apenas pela prática de 30 minutos de atividade física de intensidade moderada quase todos, preferencialmente todos, os dias da semana. Benefícios adicionais do condicionamento físico podem surgir quando a pessoa vai além dos 3 a 5 dias semanais de vigorosa atividade aeróbia especificados na declaração original do ACSM. Entretanto, nos Estados Unidos, poderia haver um verdadeiro incremento na saúde se os indivíduos sedentários começassem a fazer um pouco de exercício todos os dias. Essa visão está refletida nas declarações revisadas do ACSM (2, 3), que permanecem como o melhor padrão de melhoria do condicionamento físico (veja a Parte III). Os relatórios *Health People 2000* e *2010* (40, 42) incluem objetivos tanto para a atividade diária moderada quanto para a atividade regular vigorosa. A NIH Consensus Conference on Physical Activity and Cardiovascular Health (29) chegou às mesmas conclusões.

Ponto-chave

O estilo fisicamente ativo aumenta a qualidade de vida. A participação regular em atividades físicas de intensidade moderada diminui o risco de doenças cardíacas, assim como de outras moléstias. O exercício regular vigoroso reduz o risco de doenças e também aumenta o condicionamento cardiorrespiratório.

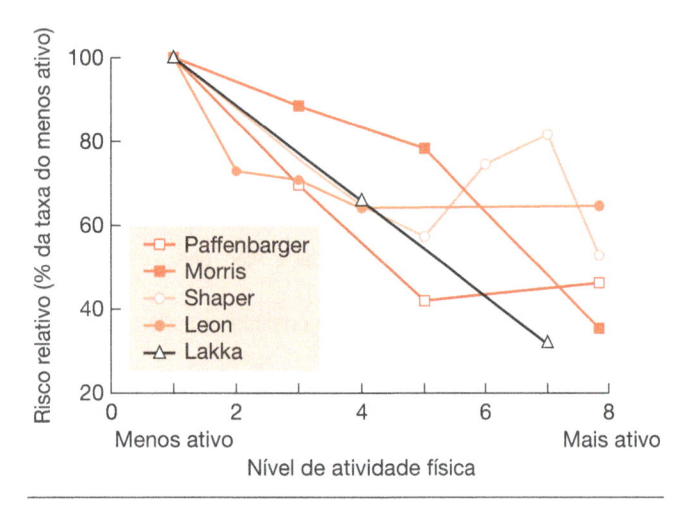

Figura 1.1 Atividade física e risco de doença coronariana.

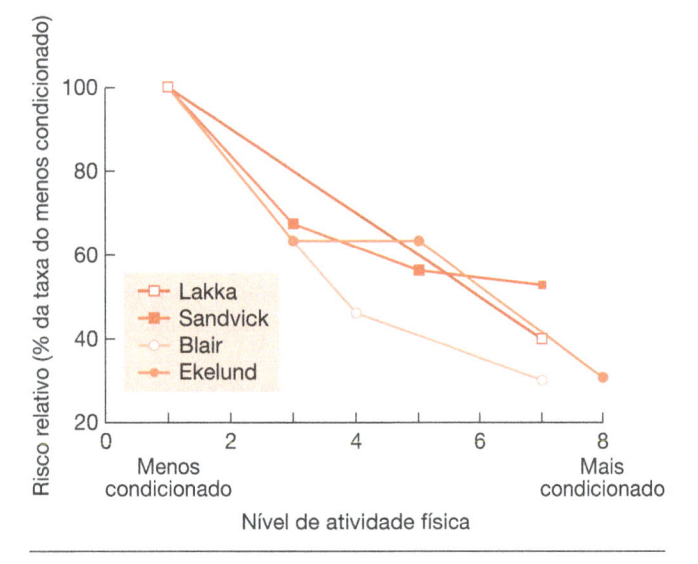

Figura 1.2 Condicionamento físico e risco de doença coronariana.

O que sabemos sobre atividade física, condicionamento físico e saúde

Muitas pessoas não conseguem descrever um elevado nível de saúde positiva e dinâmica sem incluir a atividade física. Ela é essencial para a ótima saúde física e mental. Assim como a atividade está relacionada à boa saúde, o estilo de vida sedentário colabora para a má saúde de muitas pessoas. O simples acréscimo de atividade física regular ao cotidiano de indivíduos sedentários aumenta de forma significativa a sua saúde geral.

Elementos do condicionamento total

Embora seja fácil reconhecer os indivíduos que têm uma ótima qualidade de vida, é difícil descrever essa vida com precisão. Muitas pessoas optam pelo termo **bem-estar** para enfatizar que a saúde positiva é muito mais do que apenas estar livre de doenças e inclui a qualidade de sentir-se bem. Nós usamos o termo condicionamento total para capturar esse conceito. O **condicionamento total** é uma condição alcançada por esforços para otimizar a vida em todos os aspectos – social, mental, psicológico, espiritual e físico. Esse estado dinâmico e multidimensional tem em sua base a saúde positiva e inclui objetivos de desempenho individuais. A qualidade de vida mais elevada abrange agilidade mental, curiosidade, sentimentos positivos, relações significativas com os outros, conscientização e envolvimento em lutas sociais, reconhecimento da amplitude das forças da vida e capacidade física para atingir objetivos pessoais com vigor. Esses aspectos estão inter-relacionados; o alto nível de uma área incrementa as outras, enquanto o baixo nível de uma restringe as possibilidades de bons resultados nas demais. Além de desempenhar papel importante na dimensão física, a atividade também contribui no aprendizado, nos relacionamentos e na conscientização de nossas limitações como seres humanos, dentro de uma perspectiva mais ampla. A ótima qualidade de vida exige que o indivíduo lute, cresça e se desenvolva, mesmo que nunca alcance o nível mais elevado de condicionamento. Apesar disso, a pessoa totalmente condicionada mantém luta contínua para obter a melhor qualidade de vida possível.

Hereditariedade

Os seres humanos podem alcançar objetivos relacionados ao condicionamento físico de acordo com seu potencial genético. Porém, não é possível estabelecer a porção da saúde ou do desempenho determinada de forma hereditária. Ainda que a hereditariedade influencie a atividade física, o condicionamento físico e a saúde (8), muitas pessoas levam vidas saudáveis ou não independentemente da carga genética. Portanto, a configuração genética não condena ninguém a ter péssima saúde nem garante o contrário.

Meio ambiente

Além de nascermos com potenciais genéticos prefixados, também sofremos a influência do meio ambiente, que afeta o nosso desenvolvimento. O meio ambiente inclui fatores físicos (clima, altitude, poluição, etc.) e sociais (amigos, valores familiares, características do local de trabalho, etc.), que influenciam a atividade e o condicionamento físicos e a saúde. Alguns elementos, como a nutrição ou o ar que respiramos e a água que bebemos, nos afetam de maneira direta. Outros, como os valores e comportamentos das pessoas que admiramos, exercem influências indiretas.

Somos capazes de controlar determinados aspectos do nosso meio ambiente – em geral, escolhemos muitas das atividades mentais e físicas que praticamos. Nossos ambientes passado e atual nos afetam de vários modos. Algumas crianças, por exemplo, mantêm ingestões alimentares inadequadas em decorrência do ambiente em que vivem, e não se pode pensar nos outros aspectos do seu condicionamento físico antes de atender suas necessidades básicas.

Interesses individuais

Um ingrediente importante do condicionamento total é o uso arbitrário do tempo. Na seleção das atividades, dois aspectos são importantes para o indivíduo: a natureza da atividade e a preparação para uma participação prazerosa. Um dos propósitos da educação para a atividade física é expor as pessoas de modo positivo a uma grande variedade de atividades que enriquecem a vida. Nesse sentido, o indivíduo bem-educado dispõe de uma série de atividades mentais e físicas saudáveis, entre as quais pode escolher.

Para que a pessoa se interesse por alguma coisa a longo prazo e com prazer, às vezes é preciso uma preparação adicional. Muitos gostam de ler ou de jogar tênis, por exemplo, porque experimentaram um envolvimento inicial positivo nessas atividades. No caso da leitura, além de integrar grupos interessados em literatura, o indivíduo terá de cuidar da própria postura, da iluminação do ambiente, etc., enquanto estiver lendo. Quanto ao tênis, o praticante terá de desenvolver o condicionamento físico adequado e habilidades específicas para gostar de jogar.

> **Ponto-chave**
>
> O condicionamento total é a busca de um nível existencial mais elevado, que inclua componentes mentais, psicológicos, sociais, espirituais e físicos. Ele é dinâmico e multidimensional, além de estar relacionado à hereditariedade, ao meio ambiente e a interesses individuais.

Qualidade de vida

A seção de abertura deste capítulo trata de noções globais sobre a saúde para enfatizar que a atividade física envolve mais do que simplesmente prolongar a vida ou prevenir doenças cardíacas. Mais adiante, ainda neste capítulo, vamos apontar justificativas para a afirmação de que a atividade física aumenta a longevidade e reduz o risco de doenças cardíacas. Agora, porém, queremos destacar que ela melhora a qualidade de vida até mesmo quando não a prolonga nem evita doenças prematuras. Vários estudos têm explorado a relação entre a atividade física e a qualidade de vida em geral, incluindo variáveis como o bem-estar mental, psicológico e social. Embora não seja fácil

> **Evidência científica**
>
> Após abrangente revisão de pesquisas sobre qualidade e independência de vida de idosos, Spirduso e Cronin (36) descobriram que a atividade física adia deficiências e aumenta o período de vida independente. A atividade regular melhora a função física de pessoas com doenças crônicas. No entanto, faltaram indícios para distinguir os efeitos positivos dos treinamentos aeróbio e de força. Além disso, não houve comprovação da relação dose-resposta entre a intensidade do exercício e o aumento da qualidade de vida.

determinar o tipo e a quantidade de atividade essencial para a qualidade de vida global, há cada vez mais provas de que o exercício físico desempenha papel importante nesse campo (35). (Veja o quadro "Evidência científica".)

A energia e o bem-estar físico, mental, psicológico e social resultantes da atividade física apropriada são razões suficientes para praticá-la. Como benefícios adicionais, seguem-se a redução do risco de desenvolvimento prematuro de problemas de saúde e o aumento do potencial de uma vida mais longa.

> **Ponto-chave**
>
> A atividade física influencia a qualidade de vida porque aumenta a energia e promove o bem-estar físico, mental e psicológico, além de beneficiar a saúde.

Objetivos e comportamentos para uma vida saudável

A **saúde** é definida como estar vivo, sem problemas médicos graves. Os dois objetivos básicos da saúde são adiar a morte e evitar doenças. Embora forneçam a base mínima desejável, esses objetivos isolados estão longe de garantir o condicionamento físico ideal.

Adiar a morte

A taxa de mortalidade dos seres humanos é de 100%. A morte não pode ser evitada, mas pode ser adiada além dos limites das características herdadas. Em geral, pode-se manter um estilo de vida saudável em um ambiente saudável e seguro.

Evitar doenças

Além de adiar a morte, o outro objetivo mínimo na manutenção da saúde é estar livre de doenças (ou seja, estar aparentemente saudável). Para evitar doenças conhecidas, ficamos alertas, fazemos exames e avaliações e adotamos hábitos saudáveis. É provável que você já tenha participado, como visitante ou agente, de campanhas de saúde pública que ajudam as pessoas a identificar sinais e sintomas e realizam testes indicativos de problemas médicos.

Atividades e hábitos positivos estão relacionados com o condicionamento total e o baixo risco de desenvolvimento de problemas graves de saúde. Esses comportamentos incluem exercícios regulares, nutrição saudável, horas de sono suficientes, relaxamento, bom manejo de fatores estressantes, hábitos preventivos, bem como abstenção do uso do tabaco, de excesso de álcool, de drogas e de medicamentos não-essenciais (Tabela 1.1).

A atividade física e a prevenção prematura de problemas de saúde

Quando o indivíduo vive bastante, ao longo do tempo, desenvolvem-se problemas de saúde que levam a dificuldades para

Tabela 1.1 Objetivos, componentes e comportamentos da boa saúde

Objetivo	Componente	Comportamento
Adiar a morte	Hereditariedade Hábitos saudáveis	Nutrição Atividade física Sem tabaco/drogas Limitado consumo de álcool
	Hábitos preventivos Ambiente	Relaxamento Sono Manejo de fatores estressantes Uso do cinto de segurança Prevenção de riscos elevados Água e ar limpos
Evitar doenças	Hereditariedade Prevenção Consciência dos sintomas Baixo risco de DC Nutrição	Exames médicos/dentários Imunização Informações com médico/agente de saúde Atividade física diária moderada Equilíbrio entre diferentes alimentos Baixa ingestão de gordura, colesterol e sal Ingestão e gasto calóricos balanceados Ingestão de carboidratos complexos

DC = doença coronariana

Ponto-chave

Os principais objetivos da saúde são evitar a morte prematura e doenças. Os componentes relacionados a esses objetivos incluem hereditariedade, meio ambiente, hábitos e estado de saúde. Comportamentos que contribuem para uma vida saudável são: exercícios regulares, nutrição apropriada, horas de sono suficientes, relaxamento, bem como abstinência de tabaco, de excesso de álcool, de drogas e de medicamentos não-essenciais.

funcionar de modo independente e eventualmente à morte. Um aspecto que influencia a qualidade de vida é o adiamento desses problemas, prolongando os períodos de vida saudável e independente. Há provas de que a atividade física diminui o risco de desenvolvimento prematuro de muitos problemas de saúde, incluindo aterosclerose (26), dores lombares (32), alguns tipos de câncer (25), doença pulmonar crônica (44), doença coronariana (17), diabete (23), hipertensão (13), problemas mentais (24), obesidade (43), osteoporose (34) e acidente vascular cerebral (22). Um estilo de vida saudável também está relacionado a estimativas de qualidade de vida prolongada (35) e independência para idosos (11, 36) e pessoas portadoras de deficiências (33). Em 1996, o Surgeon General's Report on Physical Activity and Health (41) reviu os indícios que relacionam a atividade física a riscos de problemas de saúde, tendo chegado à conclusão de que a atividade física reduz os riscos de câncer do colo, doença coronariana, diabete não-dependente de insulina, hipertensão, obesidade, osteoporose e mortalidade em geral, assim como melhora a saúde mental. Posteriormente, uma conferência de consenso sobre dose-resposta para atividade física e saúde confirmou essas descobertas (21).

Ponto-chave

A atividade física regular ajuda a prevenir o desenvolvimento prematuro de uma série de graves problemas de saúde.

Fisiopatologia da arteriosclerose e de outros problemas cardiovasculares

Problemas cardiovasculares causam a maioria das mortes prematuras nos Estados Unidos. As doenças cardíacas são a causa número um de morte (5). Além disso, muitas das pessoas que sobrevivem a esses problemas passam a viver de modo bastante limitado. Os problemas cardiovasculares podem assumir várias formas:

Arteriosclerose
Aterosclerose
Trombose arterial coronariana
Doença coronariana (DC)
Embolia
Hipertensão
Infarto do miocárdio (IM)
Acidente vascular cerebral (AVC)
Trombose
Colesterol elevado no soro

Lesões na parte endotelial mais interna de uma artéria, causadas por fatores como hipertensão e cigarro, podem gerar uma resposta inflamatória, que, por sua vez, provoca a formação de placa (depósitos de gordura fibrosa). O colesterol no soro contribui para a formação de placas, que podem obstruir artérias. À medida que se estreitam e se enrijecem, as artérias coronárias perdem a capacidade de fornecer o oxigênio necessário ao músculo cardíaco (miocárdio). A manifestação dessa incapacidade é mais provável quando o organismo precisa de mais oxigênio (por exemplo, durante momentos estressantes ou atividades extenuantes). O resultante desequilíbrio entre a demanda e o fornecimento de oxigênio pode causar dores no peito (angina), no pescoço, no maxilar ou no ombro e no braço esquerdos. A artéria que sofreu estreitamento pode se fechar ou ficar completamente obstruída, o que leva ao IM. (Veja, no Capítulo 3, padrões para definição de níveis anormais de colesterol e de pressão arterial.)

A pressão arterial elevada (hipertensão) é a doença cardiovascular mais comum (42). Ela está relacionada com as DCs e o acidente vascular cerebral. Este último resulta de obstruções ou hemorragias nos vasos sangüíneos do cérebro. De modo geral, causa a interrupção abrupta da função corporal e a perda da consciência, além de poder ocasionar paralisia parcial. Na seção "Evidência científica", veja informações sobre causas de morte mais comuns *versus* as "reais" causas de morte.

> **Ponto-chave**
>
> Nos Estados Unidos, estima-se que problemas vasculares causem a maioria das mortes prematuras. As doenças coronarianas estão ligadas à formação de depósitos de gordura nas artérias coronárias e a limitações no fornecimento de oxigênio ao miocárdio.

Fatores de risco de doenças cardiovasculares

Estudos epidemiológicos sobre problemas cardiovasculares em grandes populações revelaram que várias características (fatores de risco) estão fortemente relacionadas com o desenvolvimento prematuro de doenças cardiovasculares. Um modo de classificar os fatores de risco consiste em distinguir os herdados, que não podem ser alterados, e os adquiridos por comportamentos não-saudáveis, que podem ser modificados. Entre os primeiros estão o histórico familiar de doença cardiovascular (3), o sexo (15) (homens correm maior risco), a raça (42) (entre afro-americanos, por exemplo, o risco é maior) e a idade (3) (o risco aumenta com a idade).

Uma parte do risco associado ao histórico familiar e à idade não pode ser modificada. A boa notícia, no entanto, é que a outra parte pode. Ela inclui comportamentos ruins, que tendem a ser transmitidos de pais para filhos, como dietas não-saudáveis, estilo de vida sedentário e o tabagismo. Esses comportamentos podem ser corrigidos por cuidados especiais durante toda a vida, mas em particular no começo da infância.

Quanto ao envelhecimento, muitas características do condicionamento físico (função cardiovascular máxima e quantidade de gordura corporal) pioram com o passar do tempo; ou seja, se registrarmos os dados do condicionamento físico de uma pessoa a partir dos 20 até os 80 anos, veremos que eles se deterioram de maneira regular (a função cardiovascular diminui, a gordura aumenta, etc.) a cada década. Esse declínio,

> **Evidência científica**
>
> Como mencionado anteriormente, a principal causa de morte é a doença cardíaca. Nessa lista, a DC vem seguida de câncer, acidente vascular cerebral (doença cerebrovascular), doença crônica do pulmão, lesões não-intencionais e diabete (5). No entanto, esse tipo de relação não fornece informações sobre as causas de morte subjacentes. Não é surpresa o fato de a principal causa real ser o tabagismo, responsável por 18% de todas as mortes. Em seguida, vêm a má dieta e a inatividade física, o consumo de álcool, infecções (agentes microbianos), agentes tóxicos, acidentes automobilísticos e mortes por arma de fogo (27). Embora, mais tarde, os pesquisadores responsáveis por essas descobertas tenham corrigido a estimativa do número de mortes por má dieta e inatividade física (28), a mudança não afetou a ordem das causas reais, apenas diminuiu um pouco a contribuição percentual (de 16,6 para 15,2%) para a taxa de mortalidade. É grande a diferença entre tabagismo, má dieta e inatividade física e a causa de morte seguinte – o consumo de álcool –, responsável por apenas 3,5% das mortes. Essa informação enfatiza o tema deste livro: a nossa capacidade de modificar comportamentos que prejudicam a saúde (tabagismo, inatividade física e má dieta) pode afetar intensamente nossa saúde e nosso bem-estar. Essa é uma mensagem importante para o profissional do condicionamento físico.

iniciado em meados da segunda década de vida, tem sido chamado de *curva de envelhecimento*. A ausência de participação ótima em atividades físicas contribui para a porção da deterioração observada nessas curvas. Pessoas que mantêm estilos de vida ativos apresentam menor declínio no condicionamento físico em comparação com as curvas de envelhecimento típicas (veja o Capítulo 16).

Características modificáveis, que aumentam o risco de DC, incluem tabagismo (3), altos níveis de colesterol no soro (3), pressão arterial elevada (3), baixos níveis de atividade física (3) e de condicionamento cardiorrespiratório (7), intolerância à glicose (3), nível de fibrinogênio alto (29), obesidade (3), fatores psicossociais (15) e baixa condição socioeconômica (15). Felizmente, muitas dessas características podem ser alteradas de modo favorável pela adoção de hábitos saudáveis. (No Capítulo 3, veja o uso dos fatores de risco no exame de programas de condicionamento físico.)

Numerosos estudos têm mostrado que pessoas ativas correm menor risco de doenças cardíacas do que indivíduos sedentários; porém, no passado, a inatividade física era vista como menos importante do que o controle do colesterol no soro, da pressão arterial e do tabagismo. Estudos indicam que a atividade física, tal como um gasto de 2.000 kcal · semana^{-1} em várias atividades (30), e um bom condicionamento cardiorrespiratório, como permanecer mais tempo no teste da esteira (7), são fatores importantes que reduzem o risco relativo de doenças cardíacas e de outras causas de mortalidade. A inatividade e o baixo condicionamento físico devem receber a mesma atenção dada aos fatores de risco primários tradicionais. A prática regular de exercício também afeta muitos dos fatores de risco de

DC, melhora os níveis do colesterol no soro, a pressão arterial, a tolerância à glicose, o fibrinogênio e a gordura corporal (29). Além disso ela ajuda as pessoas a lidarem com fatores estressantes. A Tabela 1.2 resume como a atividade física afeta os fatores de risco de doenças.

Embora, em geral, esses fatores de risco tenham sido relacionados a doenças cardiovasculares, muitos deles têm relação também com problemas de saúde pulmonares (por exemplo, doença pulmonar obstrutiva crônica) e metabólicos (por exemplo, o diabete tipo 2).

Problemas lombares

Há indícios clínicos de vários fatores de risco associados com problemas lombares (veja os Capítulos 9 e 13):

- Falta de *endurance* muscular abdominal
- Falta de flexibilidade no tronco e nos músculos posteriores da coxa (isquiotibiais)
- Má postura na hora de dormir, sentar, levantar e realizar movimentos
- Falta de cuidado ao levantar peso
- Lesão lombar
- Excesso de uso dos músculos lombares
- Incapacidade de lidar com fatores estressantes

Atividades regulares que fortaleçam os músculos abdominais e aumentem a flexibilidade dos músculos lombares e dos isquiotibiais são muito recomendadas para prevenir problemas lombares (veja o Capítulo 13).

> **Ponto-chave**
>
> Algumas características e comportamentos herdados fazem com que certas pessoas corram maior risco de problemas de saúde (por exemplo, doenças cardiovasculares e problemas lombares) e morte prematura. A atividade física pode reduzir ou eliminar fatores de risco relacionados com altos níveis de colesterol no soro, pressão arterial elevada, intolerância à glicose, nível de fibrinogênio alto, obesidade e estresse elevado.

Recomendações aos profissionais de condicionamento físico

Os profissionais de condicionamento físico precisam se manter atualizados, recorrendo sempre às recomendações sobre condicionamento e saúde que se aplicam diretamente a programas de sua área e à prescrição de exercícios. Uma vez que a imprensa usa manchetes breves e chamativas e a TV divulga informações parciais e confusas sobre as descobertas mais recentes no campo do condicionamento físico, a maioria das pessoas carece de explicações mais detalhadas, capazes de ajudá-las a colocar em prática as recomendações adequadas para uma vida saudável.

Prescrição de exercícios

Uma das áreas mais controversas e confusas para o público envolve a quantidade e o tipo de atividade física capazes de trazer

Tabela 1.2 Efeito da atividade física sobre os fatores de risco

Fator de risco	Efeito da atividade física regular		
	Melhora	Pode melhorar	Não muda
Idade avançada			X
Tabagismo		X	
Colesterol total alto	X		
Colesterol de baixa densidade (LDL) alto	X		
Afro-americano			X
Colesterol HDL baixo	X		
Fibrinogênio alto	X		
Sexo masculino			X
Colesterol de muito baixa densidade (VLDL) alto	X		
Histórico familiar			X
Pressão arterial elevada	X		
Inatividade física	X		
Baixo condicionamento cardiorrespiratório	X		
Dieta com alto teor de gordura		X	
Obesidade	X		
Diabete (necessidade de glicose, tolerância à glicose)	X		
Incapacidade em lidar com o estresse		X	

Colesterol HDL = lipoproteínas de alta densidade

benefícios para a saúde e melhorar o condicionamento. Um dos motivos dessa falta de clareza está no fato de que as recomendações diferem de acordo com o indivíduo, dependendo do seu nível de atividade, condicionamento, estado de saúde e objetivos de desempenho (14). Assim, não causa estranheza que algumas linhas de reportagem ou alguns segundos de inserção na TV enviem mensagens conflitantes, que se destinam, por exemplo, a pessoas sedentárias, a adultos ativos que querem melhorar o condicionamento cardiorrespiratório e a atletas amadores interessados em correr uma maratona. Qualquer conjunto de orientações para realização de exercícios que não explicite o nível de atividade, o estado de saúde e os objetivos de condicionamento do interessado levará a confusões. Sempre é possível obter recomendações claras e consistentes para prática de atividade física (veja a pirâmide de atividades na Figura 1.3).

Esta seção fornece uma visão geral do modo como os profissionais de condicionamento físico podem lidar com as questões da prescrição de exercícios. Consulte a Parte III para obter informações mais abrangentes sobre esse tema. Como os últimos anos mostraram, fornecer indicações para prática de exercícios é um processo dinâmico, que deve estar sintonizado com os resultados das pesquisas mais recentes. Por isso, embora tenhamos tomado todos os cuidados para que as informações deste livro sejam apropriadas para o início do século XXI, será inevitável que elas tenham de passar por atualizações periódicas, pois as descobertas científicas são sempre submetidas a revisões.

A atividade física inclui qualquer atividade muscular que implique gasto energético. O exercício é um subconjunto da atividade física, estruturado e planejado para melhorar ou manter o condicionamento (9). Todos são encorajados a incluir alguma atividade física em sua vida diária, usando escadas em vez de elevadores, caminhando ou pedalando na hora de visitar amigos ou passear e praticando um lazer ativo com a família e os amigos. Indivíduos sedentários devem realizar pelo menos 30 minutos de atividade física de intensidade moderada todos os dias. Nessa soma, tudo conta – desde o trabalho doméstico até cuidar do jardim, passando pelas atividades mencionadas antes. Intervalos de 10 a 15 minutos de exercício durante o dia são uma boa forma de atingir a meta de 30 minutos (31).

Quem já se mantém ativo por 30 minutos diariamente pode melhorar o condicionamento físico e a saúde, incluindo 20 minutos de atividade física vigorosa 3 a 5 dias na semana (condicionamento cardiorrespiratório e saúde) ou atividades diárias com grande gasto energético (composição corporal e

Figura 1.3 Pirâmide de atividades.
The Activity Pyramid © 2003 Park Nicollet Health Source®, Minneapolis, EUA, 1-888-637-2675. Reimpressa com permissão.

> **Ponto-chave**
>
> A prescrição de exercícios tem de considerar o nível de atividade realizado no momento e os objetivos do indivíduo. Com pequenas mudanças, todos podem incluir mais atividade física na vida diária. Pessoas sedentárias devem optar por, pelo menos, 30 minutos diários de atividade de intensidade moderada. Indivíduos moderadamente ativos podem melhorar a saúde geral e o condicionamento pela incorporação de atividades aeróbias, treinamento de força e exercícios de flexibilidade em uma atmosfera agradável.

obesidade). Essas atividades devem abranger o apoio do peso corporal (saúde óssea), treinamento de força 2 a 3 vezes por semana (força e *endurance* muscular e saúde óssea), alongamento regular (flexibilidade e saúde lombar) e atividades praticadas em uma atmosfera agradável (incentivo para aderir à prática da atividade e saúde psicológica).

As pessoas que já possuem alto nível de condicionamento podem aumentar o padrão dos exercícios e trabalhar habilidades relativas a vários objetivos de desempenho (veja o Capítulo 2).

Intensidade

Uma das principais diferenças nas recomendações baseadas no grau de atividade atual é a intensidade do exercício. A Tabela 10.1, na página 175, descreve níveis de intensidade. Habitualmente, atividades diárias para a população em geral e para pessoas sedentárias devem ter intensidade leve a moderada. O condicionamento físico está na categoria de intensidade vigorosa. As atividades destinadas a melhorar o desempenho demandam intensidade ainda maior.

Benefícios da atividade física

Conhecemos bem os benefícios de longo prazo à saúde e ao condicionamento proporcionados pela atividade regular. Dentre eles, estão a redução do risco de problemas de saúde graves e a melhoria da função cardiorrespiratória, da força e *endurance* muscular, da flexibilidade e da composição corporal (conteúdo de gordura). Ainda que com freqüência cuidemos de enfatizar os efeitos de longo prazo (crônicos) da atividade física regular, parte do seu benefício deriva da repetição de atividades de curto prazo (agudas). Por exemplo, em estado de repouso, a atividade crônica reduz a pressão arterial, mas esta registra uma diminuição adicional após cada sessão intensa de exercício. Uma única dessas sessões tem efeitos psicológicos positivos para a maioria das pessoas, como um melhor estado de humor após o exercício. Por fim, o tempo gasto na atividade física equivale a um tempo que não foi gasto em comportamentos não-saudáveis, como fumar ou comer salgadinhos. A Tabela 1.3 resume alguns dos efeitos agudos e crônicos da atividade física.

Riscos relacionados à prática de exercícios

Exercícios e testes de condicionamento envolvem riscos de lesão, problemas cardiovasculares ou morte. Em muitos esportes, o exercício de intensidade elevada e a competição exigem muitíssimo do sistema cardiovascular e aumentam o risco de lesões musculoesqueléticas. Além disso, alguns praticantes ficam obcecados por exercícios e treinam demais (excesso de treinamento), o que, na verdade, diminui o condicionamento e leva a lesões freqüentes.

A atividade física de intensidade moderada apresenta risco muito baixo. Há maior risco de IM ou morte súbita durante exercícios vigorosos. Porém, mesmo esses riscos costumam ser baixos. Para a população em geral, estima-se que, durante exercícios vigorosos, ocorra apenas uma morte súbita por ano para cada 15.000 ou 18.000 pessoas (3, 38). Em pacientes cardíacos, o risco de um evento cardíaco durante a prática de exercícios vigorosos é considerado maior, embora ainda seja baixo (3). Uma vez que é menor o risco de doenças cardíacas em pessoas ativas ou condicionadas, o risco geral de um problema cardiovascular é maior entre os que mantêm hábitos sedentários (41).

Tabela 1.3 Benefícios da atividade física a curto e a longo prazos

Variáveis	Benefícios a curto prazo	Benefícios a longo prazo
Freqüência cardíaca	+, depois –	– (exceto máx.)
Volume sistólico		+
Fração de ejeção		+
Limiar de lactato		+
Fibrinogênio	–	–
Fibrinólise	+	+
Pressão arterial	+, depois –	–
Consumo máx. de oxigênio		+
Massa muscular		+
Força/*endurance*		+
Gordura		–
Colesterol, HDL		+
LDL, VLDL		–
Flexibilidade		+
Apetite	–	+
Uso do tempo de lazer	+	+
Bom humor	+	
Ansiedade	–	–
Depressão	–	
Auto-estima		+
Estresse	+, depois –	–
Reação exagerada ao estresse		–

+ = aumenta; – = diminui; HDL = lipoproteína de alta densidade; LDL = lipoproteína de baixa densidade; VLDL = lipoproteína de densidade muito baixa.

O risco de eventos cardíacos durante o teste de exercício é baixo em indivíduos previamente saudáveis, mas aumenta à medida que há um maior número de fatores de risco de DC. Em uma população mista, o risco geral de complicações cardiovasculares graves ou morte é de seis em cada 10.000 testes (3).

As mortes relacionadas ao esforço são incomuns e em geral estão relacionadas com defeitos cardíacos congênitos (por exemplo, miocardiopatia hipertrófica, síndrome de Marfan, estenose de válvula aórtica severa, síndromes de QT prolongadas, anormalidades na condução cardíaca) ou miocardite adquirida. Nos Estados Unidos, o consenso do NIH sobre a atividade física e a saúde cardiovascular (29) recomenda que indivíduos com essas condições permaneçam ativos, mas não participem de exercícios vigorosos ou competitivos.

Nós lidamos com a questão do risco identificando classes de indivíduos para os quais certos tipos de exame são recomendados antes do início do programa de exercícios (veja o Capítulo 3). Per-Olof Åstrand, famoso fisiologista sueco, tem opinião diferente. Ele declarou ser aconselhável uma consulta médica quando há dúvidas sobre a saúde. Porém, há menos risco em ser ativo do que em continuar na inatividade. Seria mais aconselhável passar por cuidadoso exame médico quando a pessoa resolve ser sedentária! Dessa maneira ela poderia determinar se o seu estado de saúde é bom o suficiente para suportar a inatividade (6). Essa visão é consistente com indícios de que a atividade física regular e o bom condicionamento cardiorrespiratório estão diretamente relacionados com menores riscos de doenças cardíacas e morte (42).

> **Ponto-chave**
>
> O exercício envolve alguns riscos de lesão, problemas cardiovasculares e morte. O estilo de vida inativo apresenta maior risco à saúde do que o associado a atividades de condicionamento e aos testes recomendados neste livro.

Promoção da atividade física

É óbvia a necessidade do engajamento de comunidades, escolas, estados e países na promoção da atividade física regular a fim de melhorar a saúde da população com a ajuda dos profissionais de condicionamento físico, destinando recursos para encorajar todas as pessoas a escolherem a atividade como parte de um estilo de vida saudável. Três elementos importantes na estratégia de melhorar a saúde da população dos Estados Unidos pela promoção da atividade física são a clareza, o acesso e a segurança.

- **Clareza.** Acadêmicos e profissionais de condicionamento físico têm de interpretar e explicar as evidências de que a atividade física está relacionada à saúde, ao condicionamento e a variáveis de desempenho. Novos indícios devem ser tratados dentro de um modelo claramente articulado, que indique o tipo de atividade e seus respectivos resultados em grupos específicos. Além disso, os profissionais de condicionamento físico têm de aprender a fornecer explicações mais simples e breves para divulgação na mídia.

- **Acesso.** O acesso à atividade física encontra-se fora do controle dos profissionais de condicionamento. Apesar disso, eles têm de trabalhar com o governo e com parceiros privados para propiciar um ambiente adequado à prática regular de atividade física e, ao mesmo tempo, atrativo para pessoas de todas as idades e condições socioeconômicas. Esse ambiente inclui programas de saúde pública e de educação física nas escolas, para todas as crianças e jovens; atividades comunitárias em um esquema conveniente e aberto a todos; e também programas nos locais de trabalho, em pré-escolas e em instituições voltadas para a terceira idade. Profissionais de condicionamento físico qualificados são parte essencial dessas iniciativas.

- **Segurança.** Os profissionais de condicionamento físico devem assegurar que a prática de todas as atividades físicas seja feita em um ambiente positivo e seguro. Equipamentos seguros, atividades apropriadas para a idade e o nível de condicionamento do participante, bem como o monitoramento cuidadoso de seus sinais e sintomas, são parte de um programa de qualidade. No ciclismo, na patinação e em outras atividades, deve-se usar, por exemplo, o capacete adequado; as grávidas devem evitar atividade intensa em ambientes quentes; e os idosos devem ser monitorados com cuidado, para identificação de sinais de problemas cardiovasculares.

> **Ponto-chave**
>
> Profissionais de condicionamento físico têm de fornecer instruções claras para a prática da atividade física, combinadas com recursos adequados, de modo que qualquer pessoa possa participar de atividades de boa qualidade em uma atmosfera agradável e segura.

Estudos de caso

Confira as respostas no Apêndice A.

1. Você acabou de dar uma palestra sobre condicionamento físico em um clube. Uma das pessoas presentes diz ter conhecido dois homens que morreram em acidentes relacionados ao exercício nos últimos anos, além de ter lido sobre outras mortes ocorridas nessas circunstâncias. Ela conclui que o mais seguro é levar uma vida calma e não se expor ao risco de praticar exercícios. O que você lhe diria?

2. Uma praticante que vinha seguindo o seu programa de atividade física acha que suas recomendações estão equivocadas. Ela acabou de ler uma reportagem publicada pelo Center for Disease Control and Prevention, segundo a qual, para beneficiar a saúde, a pessoa precisa praticar apenas uma atividade física de intensidade moderada. Agora, ela quer saber se deve continuar com o programa de exercícios vigorosos, de 30 minutos, 3 a 4 vezes por semana na freqüência cardíaca-alvo, ou se deve mudar para um programa de caminhada. O que você responderia?

CAPÍTULO 2

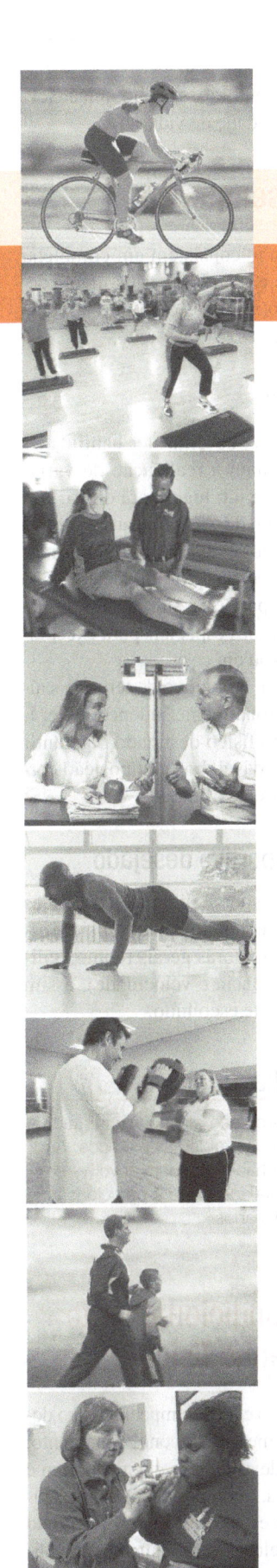

Condicionamento e Desempenho Físico

Objetivos

O leitor será capaz de:

1. Descrever os objetivos do condicionamento e do desempenho físico.
2. Demonstrar compreensão dos componentes do condicionamento físico.
3. Definir os termos relacionados ao condicionamento e ao desempenho físico.
4. Definir os principais componentes do desempenho.
5. Descrever comportamentos saudáveis relacionados ao condicionamento físico.
6. Descrever fatores relacionados à definição de objetivos de condicionamento físico individuais.
7. Explicar o papel dos profissionais de condicionamento físico no incentivo de comportamentos saudáveis.

O Capítulo 1 abordou a importância da atividade física para o condicionamento total, a saúde e a prevenção de problemas prematuros de saúde. Apresentou os dois lados da recomendação de atividades de intensidade moderada e vigorosa. No primeiro, enfatizamos que indivíduos sedentários devem praticar uma atividade de intensidade moderada regularmente, a fim de melhorar a saúde. No segundo, destacamos o uso da atividade vigorosa (exercício) para conquistar benefícios e condicionamento físico e montar a base para a participação em atividades que exigem melhor desempenho e também enriquecem a vida. Usando definições recomendadas (1, 2), o primeiro capítulo examinou a relação entre atividade física e saúde. Agora, neste segundo capítulo, vamos explorar o tema do exercício, do condicionamento e do desempenho físico. Ao mesmo tempo, prosseguimos na discussão da saúde, da atividade e do condicionamento físico ao compararmos objetivos, componentes e comportamentos do **condicionamento** e do **desempenho físico.**

Metas do condicionamento físico

As metas do condicionamento físico incluem diminuir os riscos de desenvolvimento de problemas de saúde e manter a saúde física positiva. É provável que você já deva estar familiarizado com os componentes dessas metas.

Diminuição dos riscos à saúde

Essa meta é uma extensão do objetivo de melhorar a saúde para evitar doenças (Capítulo 1). Muitos dos problemas de saúde responsáveis por mortes prematuras podem ser prevenidos pela realização de exames cuidadosos e adoção de ações preventivas (por exemplo, imunização). No mundo de hoje, ainda há muitas pessoas carentes desse cuidado básico de saúde que pode ser fornecido pela ciência médica. A solução desse aspecto está em encontrar recursos e vontade política para estender os serviços a toda a população.

Em sociedades mais ricas, em que o tratamento médico preventivo é rotina, têm surgido outros problemas de saúde (por exemplo, as doenças cardiovasculares e metabólicas) que causam morte prematura ou deficiência. Como discutido no Capítulo 1, a atividade física desempenha papel importantíssimo na prevenção de problemas prematuros de saúde.

Manutenção do bem-estar físico

Muitas das características que diminuem o risco de desenvolvimento de problemas de saúde graves também propiciam melhor qualidade de vida. Em outras palavras, a otimização do condicionamento cardiorrespiratório e da composição corporal gera bem-estar e fornece a energia necessária para atividades que enriquecem nossas vidas. Além disso, a *endurance* muscular e a flexibilidade do tronco estão relacionadas com uma lombar saudável. Atividades que envolvem o suporte do peso corporal aumentam a densidade óssea, ajudando a prevenir a osteoporose. À medida que aumentam o condicionamento físico, as pessoas se movem para uma vida melhor. Ao contrário, sua diminuição leva a problemas de saúde e piora a qualidade de vida.

Metas do desempenho

As metas primárias do desempenho consistem em completar tarefas diárias de modo eficiente e em alcançar os níveis desejados no(s) esporte(s) escolhido(s). Esses objetivos também envolvem determinados componentes.

Conclusão de tarefas diárias

Para vencer o dia de modo eficiente, devemos ter habilidades motoras fundamentais, que permitam a realização de várias tarefas. Temos de nos locomover de um lugar para outro, empurrar, puxar e carregar coisas, além de executar outras tarefas que exigem o envolvimento das mãos e dos braços. Níveis moderados de força e *endurance* muscular, flexibilidade e função cardiorrespiratória são essenciais para essas tarefas de rotina. Além disso, precisamos de habilidades especiais para executar atividades específicas no trabalho ou em casa.

Essa meta está relacionada com o objetivo de ter uma saúde positiva e viver de modo funcionalmente independente. É uma extensão do condicionamento físico destinado a garantir uma função cardiorrespiratória saudável, boa composição corporal, força e *endurance* muscular e flexibilidade.

Alcançar o desempenho esportivo desejado

Muitos indivíduos participam de esportes, jogos e atividades físicas de alto nível. Além de bom condicionamento físico, essas atividades exigem habilidades motoras gerais (como agilidade, equilíbrio, coordenação, potência e velocidade), assim como habilidades próprias do esporte escolhido.

Ponto-chave

As metas do condicionamento físico são alcançar uma saúde física positiva, com baixo risco de problemas médicos. As metas do desempenho incluem ter habilidade para envolver-se em tarefas específicas, com energia adequada e participação bem-sucedida nos esportes selecionados.

Componentes do condicionamento e do desempenho físico

Os componentes do condicionamento e do desempenho físico derivam diretamente das respectivas metas. No condicionamento, as metas são alcançadas por meio de exercícios que melhoram e mantêm a função cardiorrespiratória, a composição corporal saudável, a força e *endurance* muscular e a flexibilidade. As metas do desempenho podem ser atingidas pelo condicionamento específico, destinado a alcançar e manter altos níveis de energia aeróbia e anaeróbia, força, *endurance* e potência muscular, velocidade, agilidade, coordenação, equilíbrio e habilidades esportivas.

Componentes do condicionamento físico

Os componentes do condicionamento físico são: a **função cardiorrespiratória**, a **composição corporal**, a **força** e *endurance* **muscular** e a **flexibilidade**.

A função cardiorrespiratória é essencial não apenas para prevenir problemas cardiovasculares prematuros, mas também para fornecer energia suficiente para a obtenção de outros elementos relacionados à qualidade de vida. O Capítulo 28 explica a fisiologia correspondente à função cardiorrespiratória; o Capítulo 5 descreve os modos de testá-la; e o Capítulo 10 trata da prescrição de exercícios para melhorá-la.

Níveis não-saudáveis de gordura corporal estão ligados a numerosos problemas médicos e psicológicos. A obesidade tem atingido proporções epidêmicas, afetando tanto adultos quanto crianças, e é improvável que os Estados Unidos consigam alcançar os padrões de composição corporal estipulados nos objetivos do *Healthy People 2010* (3). Essa é uma área complexa, que envolve nutrição, atividade física e modificação de comportamento, temas tratados nos Capítulos 6, 7, 11 e 22.

Parece que as atividades que melhoram e mantêm a força e a *endurance* muscular beneficiam a densidade óssea, ajudando a prevenir a osteoporose, problema de decréscimo da massa óssea particularmente comum entre mulheres mais velhas. O Capítulo 27 discute a anatomia humana básica; o Capítulo 8 descreve modos de avaliar força e *endurance*; e o Capítulo 12 trata da prescrição de exercícios para aumentar força e *endurance*.

A força, a *endurance* e a flexibilidade do tronco são essenciais para manter a lombar saudável. A flexibilidade e a função lombar são tratadas nos Capítulos 9 e 13.

> **Ponto-chave**
>
> Os componentes do condicionamento físico são a função cardiorrespiratória, a composição corporal, a força e *endurance* muscular e a flexibilidade. Esses elementos estão relacionados com uma melhor qualidade de vida e prevenção da maioria dos problemas de saúde.

Componentes do desempenho

O bom estado da função cardiorrespiratória, a composição corporal, a força e *endurance* muscular e a flexibilidade permitem que as pessoas alcancem as metas de desempenho. Em primeiro lugar, níveis modestos desses componentes aumentam a eficiência com que realizamos tarefas diárias dentro de casa, no jardim, no trabalho. Embora seja importante para todos, essa eficiência é prioridade número um para indivíduos idosos, pois permitem que eles continuem a viver de modo independente.

Em segundo lugar, níveis elevados desses componentes garantem, ainda, a participação bem-sucedida em esportes e em atividades que exijam maior desempenho. Os indivíduos podem ter boa saúde e alcançar objetivos de desempenho pela prática de outras atividades, mas os esportes e os jogos esportivos promovem a saúde de modo agradável e suplementam o condicionamento físico. Além de exigir um condicionamento básico, os esportes demandam níveis diferenciados de energia, composição corporal, força, *endurance* e flexibilidade. Cada esporte depende de habilidades específicas. Muitos deles se baseiam em alto grau de **agilidade, equilíbrio, coordenação, potência** e **velocidade.**

Uma vez que grande parte deste livro trata da saúde e do condicionamento físico, o exemplo a seguir ilustra necessidades diferentes para alcançar metas de desempenho distintas. A primeira meta é realizar as tarefas diárias com eficiência. A maioria das pessoas movimenta-se o dia todo e precisa se inclinar, carregar, puxar e empurrar coisas. Tudo isso demanda níveis adequados da função cardiorrespiratória, força e *endurance* muscular, flexibilidade e composição corporal. Além disso, o estilo de vida pessoal inclui outras necessidades. Vejamos uma comparação entre um programador de computação, um bombeiro e um pai que fica em casa para cuidar do filho. O programador precisa de atividades de alongamento e de relaxamento para prevenir problemas lombares e de postura; ele pode se beneficiar de atividades curtas a intervalos predeterminados. O bombeiro passa a maior parte do tempo como uma pessoa sedentária, mas, em situações de emergência, tem de responder com rapidez e com níveis quase máximos de energia anaeróbia e força e *endurance* muscular, tudo isso em condições ambientais adversas, carregando equipamentos pesados. Esse profissional precisa praticar exercícios regulares e vigorosos, aeróbios, anaeróbios e com pesos, a fim de manter o condicionamento necessário às exigências do trabalho. Por fim, o pai que cuida do filho precisa ter flexibilidade, força e *endurance* para segurar e carregar a criança e transportar outros itens em um ambiente com obstáculos, como brinquedos, roupas, etc. Ele também deve estar preparado para fazer tudo isso em situação de privação de sono.

A segunda meta do desempenho é alcançar níveis desejados em determinados esportes, jogos e competições. Nesse caso, embora sejam desejáveis elevados níveis de condicionamento físico como base atlética, os indivíduos também têm de desenvolver habilidades específicas. Compare, por exemplo, corredores de 10 km e jogadores de basquete e de golfe. Os corredores dependem de grande potência aeróbia, adquirida em inúmeros exercícios de corrida em distância, com cuidadoso alongamento antes e depois. Os jogadores de basquete precisam de energia aeróbia e anaeróbia, coordenação e habilidade para fazer passes, lançamentos e defesas. Os jogadores de golfe devem ter uma base cardiorrespiratória moderada, um pouco de potência muscular e muita coordenação para realizar uma complexa rede de movimentos nos diversos espaços do jogo (por exemplo, em locais de grama baixa ou alta, de areia ou com árvores).

Na página 34, apresentamos recomendações de prática de atividade física para obter o desempenho adequado no esporte ou no trabalho. Tais recomendações estendem-se também a indivíduos vigorosamente ativos, que desejam melhorar o

> ### Recomendações para indivíduos vigorosamente ativos que desempenham tarefas profissionais ou esportivas específicas
>
> O indivíduo vigorosamente ativo consegue praticar o *jogging*, caminhar por 4,8 km, com intensidade moderada a vigorosa (por exemplo: 60 a 80% do consumo máximo de oxigênio ou da freqüência cardíaca máxima de reserva), 3 a 5 vezes por semana, sem desconforto nem fadiga excessiva.
>
> *Meta da atividade*
> - Realizar com êxito atividades profissionais ou esportivas que exigem desempenho específico.
>
> *Meta do condicionamento físico*
> - Ter o condicionamento-base e as habilidades específicas para executar tarefas no nível desejado, com riscos mínimos de problemas de saúde ou lesões.
>
> *Exame pré-atividade*
> - Quando o treinamento envolve esforço máximo, recomenda-se um exame médico que inclua o teste de exercício máximo (veja o Capítulo 3).
>
> *Atividades recomendadas*
> - Realizar atividades de condicionamento físico para formar uma base (veja a Parte III).
> - Acrescentar treinamento adicional relacionado a exigências específicas do esporte ou da atividade. Talvez seja necessário exceder o trabalho, a intensidade, a duração ou a freqüência total das sessões de condicionamento físico.
> - Desenvolver e manter habilidades relacionadas à tarefa profissional ou esportiva. Ficar atento a questões de segurança durante a prática.
> - Incluir o aquecimento, com atividades de intensidade moderada diretamente relacionadas ao desempenho na tarefa profissional ou esportiva.

desempenho no esporte ou alcançar resultados de *endurance*. Essas pessoas devem melhorar os componentes do condicionamento físico relacionados com o esporte escolhido e aumentar o nível das habilidades exigidas por ele.

> **Ponto-chave**
>
> Os componentes do desempenho incluem uma base geral de condicionamento físico. Níveis específicos dos componentes físicos e das habilidades próprias do esporte ou jogo esportivo são necessários a um bom desempenho.

Comportamentos que mantêm os componentes do condicionamento e do desempenho físico

As duas primeiras seções deste capítulo discutiram definições, objetivos e componentes relacionados ao condicionamento e ao desempenho físico. Para alcançar o primeiro, a pessoa deve adotar comportamentos saudáveis.

Entre os comportamentos que contribuem para o condicionamento físico, estão: alimentar-se de modo saudável; fazer exercícios regularmente; evitar o tabagismo, o uso de drogas ilegais e o consumo excessivo de álcool; dormir bem; controlar o estresse; e fazer alongamento e treinamento de força de forma constante. Para alcançar as metas de desempenho, adote os seguintes comportamentos saudáveis: desenvolva um programa de treinamento de força, faça exercícios de alongamento estáticos, participe de exercícios vigorosos regulares, pratique os movimentos específicos do esporte escolhido, use o treinamento com intervalos e desenvolva as habilidades na condição de jogo. A Figura 2.1 resume as metas, os componentes e os comportamentos do condicionamento e do desempenho físico.

Comportamentos comuns para condicionamento físico e saúde

Embora possam ser diferenciados, os comportamentos para promoção de condicionamento físico ou de saúde estão inter-relacionados. As pessoas que se exercitam e adotam outros comportamentos saudáveis têm maior probabilidade de ficar em forma. Alcançar os padrões de condicionamento gera uma vida mais longa e saudável. Ao contrário, a existência sedentária está relacionada a um baixo nível de condicionamento e a problemas de saúde graves, que encurtam a vida.

Nesses dois primeiros capítulos, tentamos mostrar os elementos comuns e específicos da saúde, do condicionamento e do desempenho físico. É provável que você tenha notado certa repetição na lista de comportamentos recomendados para adiar a morte, evitar doenças, prevenir problemas de saúde graves e desenvolver uma saúde positiva. Ainda que os indivíduos devam ser educados a respeito de sinais, sintomas e fatores de risco relacionados à maioria dos problemas de saúde, o programa de condicionamento físico tem de enfatizar

ÁREA	META	COMPONENTES *Boas características herdadas*	COMPORTAMENTOS *Escolha sensata dos pais*

Condicionamento físico	Reduzir riscos de desenvolvimento de problemas de saúde	Níveis saudáveis de
		  Colesterol
		  Pressão arterial
		  Gordura corporal
		  Tolerância à glicose
		  Condicionamento cardiorrespiratório
		  Uso de substâncias
		
		Estresse
			Dieta saudável, baixa ingestão de gordura e sal; ingestão e gasto calóricos balanceados; exercício moderado regular
			
			Sem tabagismo e sem abuso de drogas; consumo limitado de álcool
			
			Dormir bem e em quantidade suficiente, aprender a relaxar e a lidar com fatores estressantes

	Manter o bem-estar físico	Níveis saudáveis de
		  Gordura corporal
		  Capacidade funcional
		  Uso de substâncias
		
		Estresse
		
		Flexibilidade do tronco
		Endurance abdominal
		Flexibilidade
		Força e *endurance* muscular
			Dieta saudável, baixa ingestão de gordura e sal; ingestão e gasto calóricos balanceados, exercício moderado regular
			Sem tabagismo e sem abuso de drogas; consumo limitado de álcool
			Dormir bem e em quantidade suficiente, aprender a relaxar e a lidar com fatores estressantes
			Alongamento estático da lombar e das pernas
			Exercícios abdominais
			Alongamento estático
			Treinamento de força

Desempenho	Completar tarefas diárias com eficiência	Níveis adequados de
		  Força e *endurance*
		  Flexibilidade
		  Potência aeróbia
		  Habilidades locomotoras
			Treinamento de força
			Alongamento estático
			Exercício vigoroso regularmente
			Caminhada

	Alcançar os níveis desejados no esporte escolhido	Níveis específicos de
		  Agilidade
		  Coordenação
		  Velocidade
		  Força, *endurance* e potência
		  Equilíbrio dinâmico
		  Potência aeróbia e anaeróbia
		
		Habilidades específicas do esporte
		Agilidade mental
			Prática de movimentos específicos do esporte
			
			Treinamento com intervalos adequados
			Prática de habilidades na condição de jogo

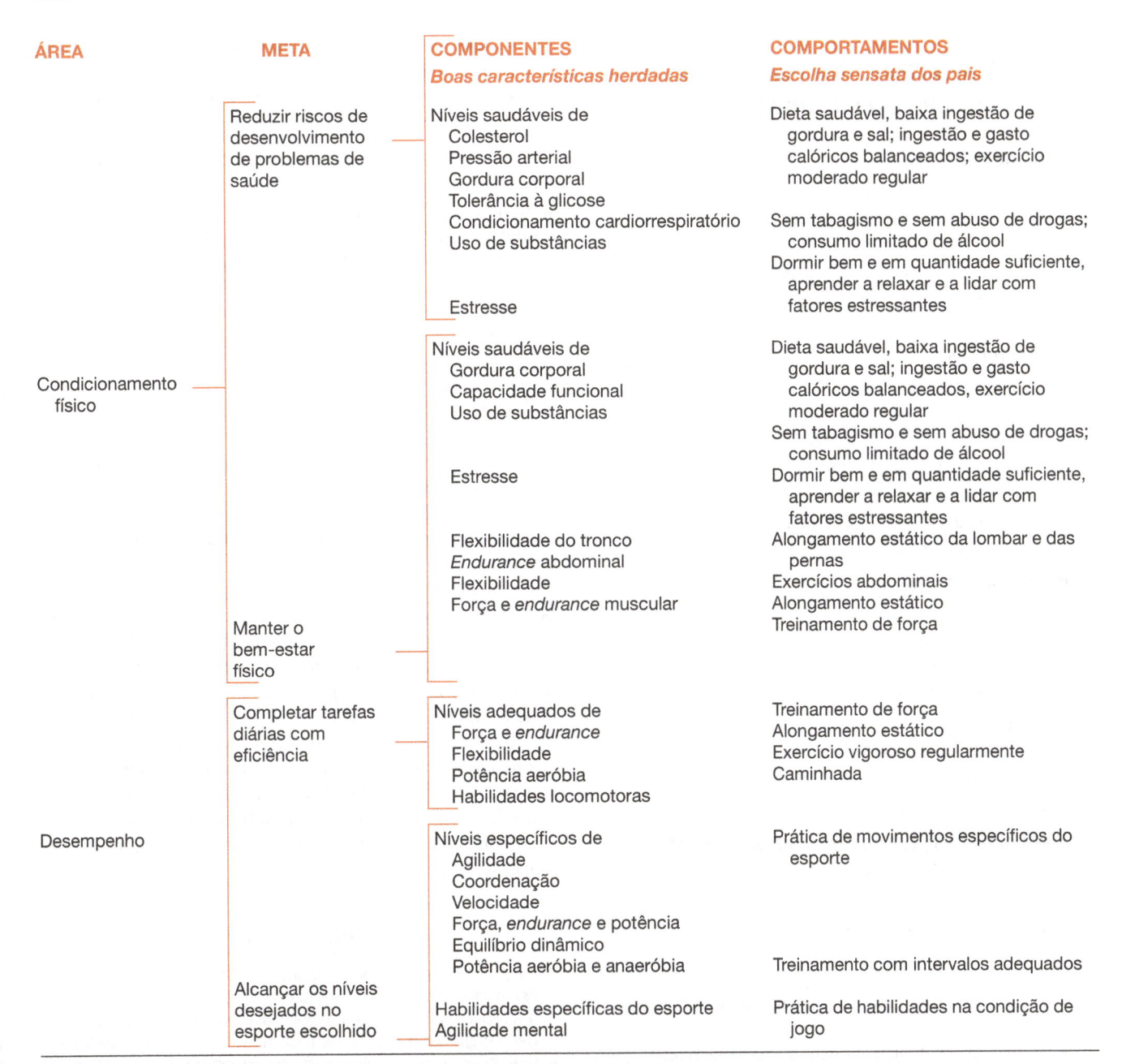

Figura 2.1 Metas do condicionamento e do desempenho físico, componentes e comportamentos.

os comportamentos para saúde e condicionamento físico apresentados na lista da página 36.

Estabelecimento de metas de condicionamento físico

As pessoas que entram para uma turma de condicionamento físico ou contratam um profissional para o acompanhamento individual já deram o primeiro passo para melhorar o próprio condicionamento. É responsabilidade do profissional ajudá-las a:

> **Ponto-chave**
>
> Embora as metas da boa saúde e do condicionamento físico não sejam idênticas, muitos dos comportamentos recomendados são comuns aos dois. Para melhorar tanto a saúde quanto o condicionamento, deve-se praticar exercícios regularmente, dormir bem, adotar uma dieta nutritiva, não fumar, não abusar de drogas, limitar a ingestão de álcool, aprender a lidar com fatores estressantes, desenvolver a habilidade de relaxar, fazer exames preventivos e manter hábitos saudáveis.

Comportamentos para saúde e condicionamento físico

Atividade física regular
- Atividade de intensidade moderada
- Exercício de intensidade vigorosa
- Exercícios abdominais
- Alongamento estático para flexibilidade lombar
- Exercícios de flexibilidade, força e *endurance* para todo o corpo

Dieta saudável
- Proporções adequadas de gorduras, carboidratos e proteínas
- Equilíbrio entre o gasto e a ingestão de energia
- Equilíbrio entre os grupos de alimentos
- Altos níveis de carboidratos complexos
- Baixos níveis de gordura saturada e total
- Baixos níveis de sal

Uso de substâncias
- Corte do tabagismo
- Corte de drogas (com exceção de medicamentos prescritos por profissionais)
- Consumo limitado de álcool

Estresse
- Tranqüilidade para lidar com fatores estressantes
- Relaxamento
- Horas regulares de sono

Testes regulares para condicionamento e saúde
- Avaliação dos riscos à saúde
- Hábitos saudáveis
- Estado do condicionamento físico

- compreender os componentes do condicionamento físico;
- analisar o estado de condicionamento físico no momento e iniciar ou manter hábitos de prática de exercícios adequados;
- determinar outros comportamentos que precisam ser mudados; e
- tomar medidas apropriadas para mudar de maneira efetiva esses comportamentos.

As informações dos Capítulo 1 e 2 ajudarão os profissionais de condicionamento físico a orientar os interessados na hora de definir metas apropriadas para a saúde, o condicionamento e o desempenho físico. O Capítulo 22 sugere caminhos para ajudar os participantes a mudar comportamentos não-saudáveis. O Capítulo 14 fornece dicas para coordenação de programas de condicionamento e sugere atividades específicas.

Controle do estado de saúde pessoal

Um dos aspectos mais frustrantes e, ao mesmo tempo, mais estimulantes do controle de problemas de saúde é o fato de que os próprios indivíduos podem modificar o seu estado e controlar os principais riscos. A parte frustrante fica por conta da dificuldade que muitas pessoas sentem ao tentar mudar o estilo de vida não-saudável. A estimulante está relacionada à real possibilidade de controlar a própria saúde. Os profissionais de condicionamento físico são a vanguarda da área da saúde, de modo semelhante ao que acontecia com os cientistas descobridores de vacinas na passagem para o século XX. A oportunidade de ajudar pessoas a alterar estilos de vida não-saudáveis envolve a responsabilidade de fazer recomendações baseadas nas melhores evidências científicas disponíveis. Os profissionais de condicionamento físico podem ajudar as pessoas a ter o controle das próprias vidas pela avaliação dos fatores de risco e dos comportamentos relacionados à saúde. O Capítulo 3 examina esse tipo de avaliação da saúde.

Ponto-chave

Os profissionais de condicionamento físico vivem uma época estimulante devido à confirmação e ao reconhecimento de que a atividade física regular é essencial para a boa saúde. Vale a pena enfrentar o desafio de motivar as pessoas a começar e manter um estilo de vida ativo, em especial neste mundo em que o tempo é muito disputado.

Estudo de caso

Confira as respostas no Apêndice A.

1. Duas pessoas procuram a sua ajuda para entrar em forma. Você conversa com elas e descobre que aparentemente Fred não apresenta problemas graves de saúde, mas há 20 anos não faz qualquer atividade física regular. Parece que Susan também não tem problemas; ela pratica *jogging* e dança, 2 a 4 vezes por semana, há cinco anos. Além disso, acabou de entrar para um time de futebol adulto e quer participar de competições de maior nível. Como você pode ajudá-los a definir e alcançar suas metas?

CAPÍTULO 3

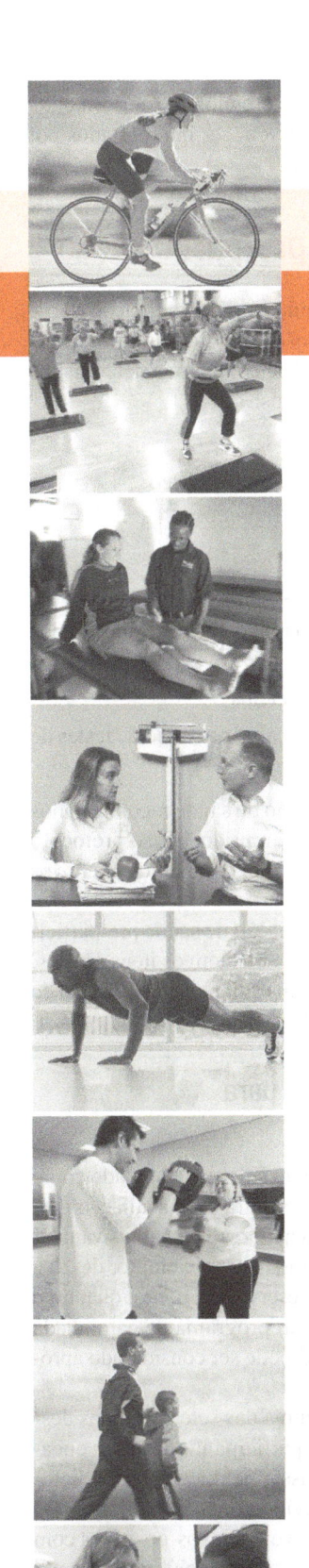

Avaliação de Saúde

Michael Shipe

Objetivos

O leitor será capaz de:

1. Compreender o objetivo da avaliação do estado de saúde de potenciais participantes em programas de condicionamento físico e identificar instrumentos apropriados para essa avaliação.
2. Descrever o protocolo de avaliação para candidatos a exercícios de intensidade moderada e vigorosa.
3. Aprender como identificar os fatores de risco de doença cardíaca e como classificar os pacientes de acordo com os riscos.
4. Descrever as categorias de participantes que devem buscar a autorização de um médico antes de submeter-se a um teste ou programa de exercícios.
5. Recomendar um programa de condicionamento apropriado para cada participante de acordo com a avaliação de saúde e os resultados do teste de condicionamento.
6. Listar as condições e os escores do teste que indicam necessidade de um programa supervisionado ou de atenção especial durante o exercício.
7. Identificar as condições que exigem mudança nas recomendações de exercícios e descrever os sinais e sintomas (inclusive de populações especiais) que apontam a necessidade imediata de retardar, adiar ou finalizar a sessão de exercícios.

Depois que o indivíduo se matricula em uma academia, cabe ao profissional de condicionamento físico avaliá-lo de forma adequada, a fim de determinar seu estado de saúde e sua prontidão para passar pelo teste de condicionamento e iniciar a prática de uma atividade física regular. Para avaliar o participante de modo apropriado, primeiro ele deve preencher um questionário de avaliação de saúde pré-participação, como o PAR-Q – Physical Activity Readiness Questionnaire (Questionário sobre Prontidão para a Atividade Física) – ou o HSQ – Health Status Questionnaire (Questionário sobre o Estado de Saúde). O questionário escolhido deve ser apropriado à população-alvo da academia. (Os dois questionários citados serão discutidos em detalhes mais adiante, neste capítulo.)

Em alguns casos, pode ser necessária a autorização ou o encaminhamento médico do participante para que seja dado início ao programa de exercícios de intensidade moderada ou vigorosa. Não há regras fixas e universais para determinar a obrigatoriedade da autorização do médico antes da prática de exercícios ou a necessidade de garantir um programa de exercícios supervisionado. Para ajudar o profissional a tomar essa decisão, fornecemos, neste capítulo, as recomendações da AHA e do ACSM para esses dois casos. Quando não há uma resposta definitiva sobre a questão, o médico do participante ou da academia deve tomar a decisão final em relação à prática de exercícios.

Ao ponderar sobre a necessidade de obter autorização médica ou de recomendar um programa supervisionado, o profissional de condicionamento físico deve considerar as respostas dadas pelo participante no questionário de avaliação de saúde pré-participação, as categorias de estratificação de riscos, as recomendações médicas e os resultados do teste de condicionamento físico. Em seguida, o participante passa por um teste de condicionamento cujos resultados são avaliados de acordo com a idade e o sexo. Nesse momento, o profissional tem as informações necessárias para prescrever exercícios apropriados, com o objetivo de melhorar a saúde e o condicionamento do participante em relação ao seu estado atual e às suas metas pessoais. Para atualizar os dados sobre a saúde do participante, esse questionário e o teste de condicionamento devem ser reaplicados periodicamente.

Avaliação do estado de saúde

O ACSM e a AHA recomendam que a academia faça uma avaliação de saúde pré-participação dos adultos de acordo com o programa de exercícios que eles planejam adotar. Essas duas organizações defendem que "todas as academias que oferecem serviços ou equipamentos para prática de exercícios devem realizar um exame cardiovascular de todos os ingressantes e/ou possíveis usuários" (1, 2, 4). Mesmo que a academia não tenha a responsabilidade legal e expressa de realizar o exame de saúde pré-participação, os padrões publicados antes mencionados correspondem às melhores considerações sobre saúde e segurança dos praticantes de exercícios. Posteriormente, os resultados do exame de saúde devem ser interpretados por pessoal qualificado e arquivados (3).

Avaliação de saúde pré-participação

O questionário para avaliar a saúde pré-participação serve como passo inicial para a avaliação de saúde de praticantes de exercícios feita pelo profissional de condicionamento físico. Nele estão incluídos os seguintes itens:

Revisão do histórico médico
Avaliação e estratificação dos fatores de risco
Medicamentos prescritos
Nível de atividade física
Estabelecimento da necessidade da liberação médica
Realização de testes de condicionamento e avaliação dos resultados
Definição da prescrição de exercícios
Avaliação do progresso do praticante por meio de testes de acompanhamento

Memorize esses itens de avaliação de saúde recomendados e a ordem em que eles devem ser cumpridos. Esse protocolo expande as recomendações prévias sobre o trabalho com novos alunos da academia (12).

Os questionários-padrão de avaliação de saúde pré-participação são o PAR-Q e o HSQ. Os dois incluem os itens citados, que serão discutidos em detalhes mais adiante; a explicação de itens adicionais da avaliação virá logo depois.

Questionário sobre prontidão para a atividade física

O PAR-Q (veja o Formulário 3.1) tem sido recomendado como uma ferramenta simples, concisa e segura para avaliação pré-exercício quando os indivíduos desejam realizar exclusivamente atividades físicas leves a moderadas (por exemplo, de 20 a 60% do $\dot{V}O_2$ de reserva ou FC de reserva). Portanto, quando o indivíduo deseja cumprir apenas um programa de caminhada de intensidade moderada, o PAR-Q pode ser considerado apropriado para a avaliação.

Quando responde "sim" a alguma das sete perguntas desse questionário auto-aplicável, o participante deve ser encaminhado a um médico antes de passar pelo teste de condicionamento físico ou de iniciar a atividade física regular (7). O PAR-Q produz um número excessivo de falsos-positivos com pessoas mais velhas (por exemplo, > 60 anos), em especial as que têm problemas ortopédicos (8). Com a finalidade de determinar se o candidato tem razões médicas legítimas para buscar a autorização antes de iniciar o exercício, o profissional de condicionamento físico deve fazer perguntas adicionais a quem responde algum "sim". Uma vez que a maioria

FORMULÁRIO 3.1 — Questionário sobre prontidão para a atividade física

Questionário sobre
Prontidão para Atividade Física
(revisado, 2002)

PAR-Q e VOCÊ
(Questionário para pessoas de 15 a 69 anos)

A prática regular de atividade física é divertida e saudável. Cada vez mais pessoas decidem levar uma vida ativa todos os dias. Embora ficar ativo seja muito saudável para a maioria da população, alguns indivíduos devem fazer um exame médico antes de aumentar seu nível de atividade.

Você, que está planejando o aumento do seu nível de atividade, deve responder às sete perguntas deste questionário. Para pessoas com idade entre 15 e 69 anos, este PAR-Q indica se há necessidade de procurar um médico antes de começar os exercícios. Quem tem mais de 69 anos e não está acostumado com uma vida muito ativa precisa consultar o médico.

Use o bom senso na hora de responder às perguntas. Leia as questões com cuidado e responda todas honestamente. Basta marcar "Sim" ou "Não".

SIM	NÃO		
☐	☐	1.	Seu médico alguma vez disse que você tem algum problema cardíaco e, para fazer atividades físicas, precisa de uma autorização médica?
☐	☐	2.	Você sente dores no peito ao fazer atividade física?
☐	☐	3.	No último mês, sentiu dores no peito ao fazer alguma atividade física?
☐	☐	4.	Você perde o equilíbrio devido a tontura ou já desmaiou alguma vez?
☐	☐	5.	Você tem algum problema ósseo ou articular (por exemplo, nas costas, no joelho ou no quadril) que piora com a prática de atividade física?
☐	☐	6.	Você usa algum remédio (por exemplo, diuréticos) para controlar a pressão arterial ou problemas cardíacos?
☐	☐	7.	Você tem conhecimento de qualquer outro motivo que o impeça de fazer atividade física?

Se você respondeu

"SIM" para uma ou mais perguntas

Converse com seu médico por telefone ou pessoalmente ANTES de iniciar uma vida mais ativa ou ANTES de fazer a avaliação de condicionamento físico. Conte a ele sobre o PAR-Q e diga a quais perguntas você respondeu "SIM".

- Você pode ser capaz de realizar qualquer atividade que queira, desde que inicie lentamente e avance de forma gradual. Converse com seu médico sobre os tipos de atividades das quais você deseja participar e siga o seu conselho.
- Descubra que programas da comunidade são seguros e úteis.

"Não" a todas as perguntas

Se respondeu NÃO honestamente a todas as perguntas do PAR-Q, é provável que você esteja apto a:

- começar a ficar mais ativo – tenha calma e siga um programa gradual. Esse é o caminho mais fácil e seguro.
- fazer a avaliação de condicionamento físico – esse é um meio excelente para determinar o condicionamento físico básico, a partir do qual será planejado o início da vida ativa. Também recomendamos que você faça a medição da pressão arterial. Se o resultado for superior a 144/94, fale com seu médico antes de começar a levar uma vida mais ativa.

ESPERE UM POUCO ANTES DE COMEÇAR

- se você não estiver se sentindo bem em virtude de algum problema temporário, como um resfriado ou gripe – espere a condição melhorar; ou
- se você estiver grávida ou houver essa possibilidade consulte seu médico antes de começar a levar uma vida mais ativa.

OBSERVAÇÃO: Se o seu estado de saúde mudar de modo que a resposta a uma ou mais dessas sete perguntas passe a ser "SIM", informe isso ao profissional de condicionamento físico. Pergunte se você deve mudar o programa de exercícios.

Esclarecimento para o uso do PAR-Q: a Canadian Society for Exercise Physiology, a Health Canada e seus funcionários não são responsáveis por pessoas que se submetem a atividades físicas. Se tiver qualquer dúvida quanto ao preenchimento deste questionário, consulte seu médico antes de iniciar a atividade.

Não são permitidas alterações deste questionário. Use o PAR-Q apenas no formato integral.

Observação: ao fornecer o PAR-Q a um(a) participante de um programa de atividade física ou a um(a) candidato(a) à avaliação de condicionamento físico, use esta parte com propósitos jurídicos ou administrativos.

"Eu li, compreendi e preenchi este questionário. Todas as respostas às perguntas são de minha inteira responsabilidade."

NOME _____

ASSINATURA _____ DATA _____

ASSINATURA DO PAI, MÃE _____ TESTEMUNHA _____
OU TUTOR LEGAL (PARA PARTICIPANTES MENORES DE IDADE)

Observação: esses esclarecimentos para a atividade física são válidos por, no máximo, 12 meses a partir da data do seu preenchimento e tornam-se inválidos se houver mudanças nas condições, de modo a alterar para SIM uma ou mais de uma das sete respostas.

CSEP / SCPE © Canadian Society for Exercise Physiology   Apoiado por: Health Canada / Santé Canada   continua...

De: Edward T. Howley e B. Don Franks, 2007, *Fitness Professional's Handbook*. 5th ed. (Champaign, IL: Human Kinetics). Fonte: Physical Activity Readiness Questionnaire (PAR-Q) © 2002.
Reproduzido com permissão da Canadian Society for Exercise Physiology. www.csep.ca/forms.asp.

FORMULÁRIO 3.1 Questionário sobre prontidão para a atividade física *(continuação)*

PAR-Q e VOCÊ

Questionário sobre
Prontidão para a Atividade Física
(revisado, 2002)

Guia da atividade física do Canadá
para uma vida ativa e saudável

A atividade física melhora a saúde

Um pouco de atividade é bom; muita atividade geralmente é ainda melhor – todos podem se exercitar!

Faça a sua escolha – inclua a atividade física em sua vida...
- em casa
- na escola
- no trabalho
- no lazer
- no caminho
...isso é o que é vida ativa!

Escolha uma ou mais atividades destes três grupos:

Endurance
4 a 7 dias por semana
Atividades contínuas para o coração, o pulmão e o sistema circulatório.

Flexibilidade
4 a 7 dias por semana
Atividades de alongamento, com leve flexão e extensão, para manter os músculos relaxados e as articulações móveis.

Força
2 a 4 vezes por semana
Atividades com pesos para fortalecer os músculos e os ossos e melhorar a postura.

Começar devagar é mais seguro para a maioria das pessoas. Dúvidas? Consulte o profissional de condicionamento físico.

Cópias do *Guide Handbook* e mais informações pelo telefone 1-888-334-9769 ou no site www.paguide.com

Comer bem também é importante. Siga as instruções do Canada's Food Guide to Healthy Eating e escolha os alimentos com cuidado.

Escolha a sua atividade e vá em frente – todos os dias, a vida inteira!

Os cientistas recomendam 60 minutos de atividade física todos os dias para permanecer saudável ou melhorar a saúde. Se você passou a fazer atividades de intensidade moderada, bastam 30 minutos, quatro dias por semana. Pratique por, no mínimo, 10 minutos seguidos. Comece devagar... e não desista.

O tempo adequado depende do esforço

Esforço muito leve	Esforço leve – 60 minutos	Esforço moderado – 30 a 60 minutos	Esforço vigoroso – 20 a 30 minutos	Esforço máximo
• Passeio • Caminhada lenta e despreocupada	• Caminhada leve • Vôlei • Atividades leves de jardinagem • Alongamento	• Caminhada rápida • Ciclismo • Atividades de jardinagem mais pesadas, como puxar as folhas secas com o ancinho • Natação • Dança • Hidroginástica	• Aeróbios • Jogging • Hóquei • Basquete • Natação em ritmo rápido • Dança em ritmo rápido	• Corrida em velocidade • Corrida em ritmo competitivo

Intervalo necessário à manutenção da boa saúde

Vamos lá – começar é mais fácil do que você pensa

A atividade física não precisa ser algo difícil. Inclua atividades físicas em sua rotina:

- Caminhe sempre que puder – desça do ônibus um ponto antes, suba e desça pelas escadas em vez de usar o elevador.
- Reduza a inatividade prolongada, não passe horas em frente à TV.
- Levante-se e faça alongamentos por alguns minutos a cada hora.
- Brinque ativamente com as crianças.
- Quando a distância for pequena, prefira andar ou pedalar.
- Comece com 10 minutos de caminhada – aumente o tempo aos poucos.
- Procure parques e pistas para andar e pedalar.
- Assista a uma aula de ginástica para ver como funciona.
- Faça uma aula de experiência – você não precisa se comprometer a longo prazo.
- Faça as atividades atuais com mais frequência.

Benefícios da atividade regular:	Riscos da inatividade:
• melhor saúde • melhor condicionamento físico • melhor postura e equilíbrio • melhor auto-estima • controle do peso • músculos e ossos mais fortes • mais energia • mais relaxamento e redução do estresse • prolongamento da vida independente na velhice	• morte prematura • doença cardíaca • obesidade • pressão alta • diabete na vida adulta • osteoporose • acidente vascular cerebral • depressão • câncer do colo

Aumente as atividades de endurance
Aumente as atividades de flexibilidade
Aumente as atividades de força
Reduza os períodos sentado

Health Canada / Santé Canada

CSEP / SCPE — Canadian Society for Exercise Physiology

Fonte: *Canada's Physical Activity Guide to Healthy Active Living*, Health Canada, 1998 http://www.hc-sc.gc.ca/hppb/paguide/pdf/guideEng.pdf

© Reproduzido com permissão do Minister of Public Works and Government Services Canada (Ministro de Trabalhos Públicos e Serviços do Governo do Canadá), 2002.

AS INFORMAÇÕES A SEGUIR PODEM INTERESSAR A PROFISSIONAIS DE SAÚDE E DE CONDICIONAMENTO FÍSICO

Os seguintes formulários para uso médico podem ser obtidos na Canadian Society for Exercise Physiology (no endereço abaixo).

Physical Activity Readiness Medical Examination (PARmed-X) – destinado a médicos, na avaliação de pessoas que responderam SIM a uma ou mais perguntas do PAR-Q.

Physical Activity Readiness Medical Examination for Pregnancy (PARmed-X for Pregnancy) – destinado a médicos cujas pacientes grávidas desejam ter uma vida mais ativa.

Referências:
Arraix, G. A., Wigle, D. T., Mao, Y. (1992). Risk Assessment of Physical Activity and Physical Fitness in the Canada Health Survey Follow-up Study. **J. Clin. Epidemiol.** 45:4, p. 419-428.

Mottola, M., Wolfe, L. A. (1994). Active Living and Pregnancy. In: A. Quinney, L. Gauvin, T. Wall (eds.). **Toward Active Living: Proceedings of the International Conference on Physical Activity, Fitness and Health.** Champaign, IL: Human Kinetics.

PAR-Q Validation Report, British Columbia Ministry of Health, 1978.

Thomas, S., Reading, I., Shephard, R. J. (1992). Revision of the Physical Activity Readiness Questionnaire (PAR-Q). **Can. J. Spt. Sci.** 17:4, p. 338-345.

Para solicitar várias cópias do PAR-Q, procure a:
Canadian Society fo Exercice Physiology
202-185 Somerset Street Wes
Ottawa, On K2P 012
Tel. 1-877-651-3755. Fax (613) 234-3565
Online: www.csep.ca

O PAR-Q original foi desenvolvido pelo British Columbia Ministry of Health e revisado pelo Expert Advisory Committee of the Canadian Society for Exercise Physiology, presidido pelo Dr. N. Gledhill (2002).

Disponível em francês sob o título "Questionnaire sur l'aptitude à l'activité physique – Q-AAP (revisé 2002)".

CSEP / SCPE © Canadian Society for Exercise Physiology

Apoiado por: Health Canada / Santé Canada

De: Edward T. Howley e B. Don Franks, 2007, *Fitness Professional's Handbook*. 5th ed. (Champaign, IL: Human Kinetics). Fonte: Physical Activity Readiness Questionnaire (PAR-Q) © 2002. Reproduzido com permissão da Canadian Society for Exercise Physiology. www.csep.ca/forms.asp.

das academias oferece exercícios de intensidade vigorosa, neste capítulo também tratamos da avaliação de indivíduos para esse nível de atividade.

Questionário sobre o estado de saúde

O questionário sobre o estado de saúde (HSQ, veja o Formulário 3.2) é uma ferramenta de avaliação pré-participação mais abrangente e fornece ao profissional de condicionamento físico informações suficientes para identificar, com precisão e rapidez, contra-indicações médicas ao exercício, **fatores de risco** de doenças coronarianas (DC) e comportamentos e estilos de vida que possam afetar a capacidade individual de iniciar a prática de exercícios com segurança. O HSQ fornecido neste livro foi expandido a partir do questionário de avaliação pré-participação de condicionamento físico e saúde para academias divulgado pela AHA e pelo ACSM. Foram incluídas seções-padrão específicas de atividade física, medicamentos em uso e um formulário de liberação de informações do paciente (1). Esses dados ajudam o profissional de condicionamento físico a determinar se é necessária a autorização do médico antes da realização do teste de condicionamento. Os profissionais que aplicam o HSQ também devem considerar a parte jurídica e pessoal do questionário.

O HSQ completo contém significativa quantidade de informações de saúde protegidas de acordo com o Health Insurance Portability and Accountability Act (HIPAA) de 1996 (17). Portanto, o questionário preenchido deve ser mantido em local seguro e acessível apenas à equipe responsável. O histórico médico e os resultados do teste de condicionamento do participante são informações de saúde pessoais e confidenciais. Elas devem ficar disponíveis apenas aos profissionais que trabalham com o participante. Quando necessário, devem ser discutidas em um ambiente fechado, com a garantia de que ninguém mais, nem alunos, nem funcionários, seja capaz de escutá-las. Se os resultados da medição da composição corporal, por exemplo, forem divulgados a outro participante ou discutidos com algum funcionário em local aberto, acessível a outras pessoas, isso pode ser considerado violação da lei que garante a confidencialidade.

Os profissionais de condicionamento físico devem ficar atentos ao preenchimento do final do HSQ. Essa parte deve ser assinada pelo participante para que o seu médico possa liberar, para o profissional de condicionamento, informações de saúde importantes protegidas pelo HIPAA de 1996 (17).

Afora os direitos legais de proteção das informações de saúde, o profissional de condicionamento deve levar em conta que muitos participantes não se sentem à vontade para compartilhar dados do próprio histórico médico com alguém que acabaram de conhecer. Às vezes, para facilitar a conversa, convém fazer perguntas adicionais relativas a diagnósticos médicos. Vamos supor que o participante tenha marcado o campo de doenças cardíacas. Nesse caso, você pode perguntar: "Os sintomas (se houver algum) da doença cardíaca estão estáveis?", "Como o seu coração reage às atividades cotidianas?", "O seu médico restringiu de algum modo o nível de atividade física que você pode realizar?", "Você voltou a fazer todas as atividades que fazia antes do evento?", "Você participou de algum programa de reabilitação cardíaca?". Respostas relevantes devem ser documentadas no HSQ. Conversar sobre os dados do HSQ ajuda o profissional de condicionamento a entender melhor o estado de saúde do participante, criando uma atmosfera de empatia. Assim, o participante fica mais propenso a considerar o profissional como alguém que realmente se preocupa em ajudá-lo a melhorar a saúde.

É importante compreender que nenhum HSQ trata de todas as condições passíveis da necessidade de autorização médica. Por isso, o profissional de condicionamento físico é incentivado a fazer perguntas adicionais relevantes ao histórico médico no momento da revisão do HSQ. Assim, são abordados todos os diagnósticos ou sintomas médicos que possam colocar o praticante em situação de risco de DC durante o exercício. Talvez as academias queiram fazer pequenas alterações no HSQ apresentado neste livro, a fim de adequá-lo às condições do público-alvo.

Se um candidato à prática de exercícios não preencher completamente o HSQ, isso significa que ele não poderá ser avaliado de acordo com os padrões defendidos pela AHA e pelo ACSM. Nesse caso, deve-se informar ao candidato que o HSQ é uma ferramenta de avaliação segura e que as informações serão do conhecimento apenas dos profissionais de saúde responsáveis pelo setor. Se ainda assim houver recusa em preencher o formulário, o supervisor ou diretor de condicionamento físico deverá ser consultado.

Revisão do histórico médico

Tratamos do primeiro passo da avaliação do estado de saúde – a revisão do histórico médico – na seção 2 do HSQ. O histórico é avaliado com uma série de questões que cobrem histórico cardíaco, sintomas e temas adicionais de saúde. Essas informações ajudam o profissional de condicionamento físico a determinar se será necessária a autorização do médico antes do início do programa regular de exercícios. A AHA e o ACSM recomendam que os indivíduos que marquem alguma das declarações dessa seção visitem o médico ou o estabeleci-

---

Ponto-chave

A avaliação do questionário sobre o exame de saúde pré-participação ajuda o profissional de condicionamento físico a determinar o estado de saúde atual do participante e a pertinência do início da prática regular da atividade física. Além disso, antes de iniciar o programa de exercícios, os profissionais de condicionamento físico podem avaliar a presença de condições médicas relevantes, fatores de risco de DC, comportamentos e estilos de vida e o uso de medicamentos para poder determinar a necessidade da autorização médica antes do início desse programa. Essas informações são protegidas pelo Health Insurance Portability and Accountability Act (HIPAA) de 1996.

FORMULÁRIO 3.2 Questionário sobre o estado de saúde

Este questionário identifica adultos para os quais a atividade física pode ser inapropriada ou adultos que devem consultar um médico antes de iniciar um programa regular de atividade física.

Seção 1 Informações pessoais e dados da pessoa que deve ser avisada em caso de emergência

Nome: _____ Data de nascimento: _____
Endereço: _____ Telefone: _____
Nome do médico: _____
Altura: _____ Peso: _____
Pessoa que deve ser avisada em caso de emergência
Nome: _____ Telefone: _____

Seção 2 Histórico médico geral

A seguir, marque as condições pelas quais você já passou.

Histórico cardíaco

___ Ataque cardíaco ___ Distúrbio do ritmo cardíaco
___ Cirurgia cardíaca ___ Doença na válvula cardíaca
___ Cateterização cardíaca ___ Insuficiência cardíaca
___ Angioplastia coronariana ___ Transplante cardíaco
___ Marca-passo cardíaco ___ Doença congênita cardíaca

Sintomas

___ Experimenta desconforto no peito ao fazer esforço.
___ Experimenta falta de ar sem motivo razoável.
___ Experimenta tontura, desmaio ou escurecimento da visão.
___ Usa medicamentos para o coração.

Temas adicionais sobre a saúde

___ Tem diabete (tipo 1 ou 2).
___ Tem asma ou outra doença pulmonar (por exemplo, enfisema).
___ Tem sensação de queimação ou cãibra na parte inferior das pernas ao fazer uma atividade física mínima.
___ Tem problemas articulares (por exemplo, artrite) que limitam a atividade física.
___ Tem preocupações em relação à segurança durante os exercícios.
___ Usa algum medicamento.
___ Está grávida.

Seção 3 Avaliação de fatores de risco

Fatores de risco de doença coronariana

___ É homem com mais de 45 anos.

___ É mulher com mais de 55 anos, passou por histerectomia ou está no período pós-menopausa.

___ Fuma ou deixou de fumar nos últimos seis meses.

___ Pressão arterial: >140/90 mmHg.

___ Colesterol sangüíneo > 200 mg · dl^{-1}.

___ Tem algum parente próximo do sexo masculino (pai ou irmão) que teve ataque cardíaco ou fez alguma cirurgia cardíaca antes dos 55 anos. Tem algum parente próximo do sexo feminino (mãe ou irmã) que teve ataque cardíaco ou fez alguma cirurgia cardíaca antes dos 65 anos.

___ É fisicamente inativo (faz menos de 30 minutos de atividade física 3 vezes por semana).

___ Circunferência da cintura > 101,6 cm (homens) ou > 88,9 cm (mulheres).

Seção 4 Medicamentos

Usa algum medicamento?   ❑ Sim   ❑ Não

Se sim, relacione todos os medicamentos prescritos e a freqüência de uso – diariamente (D) ou quando necessário (QN). _____

_____

Dos medicamentos listados, há algum que você não usa na dosagem prescrita?
_____

Seção 5 Padrões e metas da atividade física

Relacione o tipo, a freqüência e a intensidade (por exemplo, leve, moderada, extenuante) e a duração do seu exercício por semana. _____
_____

Relacione suas metas para o programa de exercícios. _____
_____

Se ocorrer qualquer mudança em seu estado de saúde, informe imediatamente o profissional de condicionamento físico.

Formulário de liberação das informações do paciente

Se respondeu "sim" a perguntas que indicam que você tem problemas cardíacos, pulmonares, metabólicos ou ortopédicos significativos, que podem piorar com a prática de exercícios, esta é uma autorização para que possamos entrar em contato com seu médico para tratar do seu estado de saúde.

Assinatura: _____   Data: _____

Assinatura do pessoal de condicionamento físico: _____   Data: _____

Para ser completado pelo profissional de condicionamento físico (marque um):

Estratificação de risco de acordo com AHA/ACSM: ❑ Baixo   ❑ Moderado   ❑ Alto

Autorização do médico: ❑ Sim   ❑ Não

De: Edward T. Howley e B. Don Franks, 2007. *Fitness Professional's Handbook*, 5th ed. (Champaign, IL: Human Kinetics).

mento de saúde apropriado antes de dar início aos exercícios. Se houver diagnóstico de DC, sintomas sugestivos de doença pulmonar crônica ou diabete tipo 1 ou 2, será obrigatória a autorização médica antes da realização do teste de condicionamento físico ou da prática regular de exercícios (1, 2).

Nas próximas seções, os processos de tomada de decisão baseiam-se na premissa de que o profissional de condicionamento físico trabalha em uma academia bem estruturada. O *personal trainer* que, por conta própria, fornece serviços individualizados é incentivado a seguir essas mesmas diretrizes.

É importante notar que as recomendações da AHA e do ACSM para obtenção da autorização médica são orientações gerais. O profissional de condicionamento físico tem de confiar em sua experiência e em seus conhecimentos acadêmicos no momento de decidir sobre a solicitação do consentimento de um médico. Vejamos um exemplo. Uma potencial praticante de exercícios diz estar tomando remédios com prescrição médica. Será que isso é motivo suficiente para exigir a autorização? Não necessariamente, pois medicamentos são usados por várias razões. O profissional de condicionamento deve considerar a informação dessa participante como um indício de que o remédio que está usando pode estar relacionado com doenças coronarianas ou com outras condições passíveis de agravamento em função de exercícios. O profissional deve avaliar os medicamentos prescritos para a participante, ou seja, a seção 4 do HSQ, para tomar uma decisão mais definitiva em relação à autorização médica. Esse exemplo deve incentivar o profissional de condicionamento a analisar os resultados do HSQ como um todo antes de tomar a decisão final relativa ao consentimento do médico.

É preciso identificar condições médicas específicas que aumentem de forma significativa os riscos de um evento coronário durante testes de exercícios (2). Na presença de certas condições, os riscos desses testes excedem os benefícios. Na página 45, apresentamos uma lista de contra-indicações absolutas e relativas, identificadas pelo ACSM, para realização de testes de exercícios em instalações não-hospitalares (13). O profissional de condicionamento físico deve ter consciência de que a existência da contra-indicação indica que a maioria dos especialistas da área da saúde não recomenda que o participante seja submetido a um desses testes ou pratique atividade física regular sem a autorização de um médico.

Nas próximas seções, fornecemos esclarecimentos e sugestões adicionais sobre a necessidade de pedir a autorização médica ou de elaborar um programa de exercícios clinicamente supervisionado. Quando há dúvida e não se consegue decidir com base no histórico médico sobre a obrigatoriedade do consentimento antes da realização do teste, o profissional de condicionamento físico deve consultar o supervisor da academia ou a equipe com qualificação médica.

Avaliação e estratificação dos fatores de risco

A avaliação e a estratificação dos fatores de risco são feitas pela revisão da seção 3 do HSQ, que contém informações específicas sobre possíveis doenças coronarianas. No restante deste capítulo, o termo *fatores de risco* refere-se ao fator de risco primário de DC. A AHA e o ACSM recomendam a obtenção do consentimento de um médico ou de um profissional da área da saúde habilitado antes da participação em exercícios quando o candidato marca duas ou mais declarações da seção 3 (1, 2, 4).

O profissional de condicionamento físico deve estabelecer e quantificar os fatores de risco de DC específicos, usando os limiares listados na Tabela 3.1. A abrangência dessa tabela não é total, pois não foram incluídos fatores de risco emergentes, como nível alto de triglicerídeos, que tem sido em grande parte correlacionado com a progressão de DC. As condições e os valores listados nessa tabela foram escolhidos de modo a ajudar os profissionais de condicionamento físico a identificar indivíduos que podem ter DC não diagnosticada clinicamente. Além disso, as informações da Tabela 3.1 devem ser cruzadas com as seções 2 e 3 do HSQ para garantir o pleno conhecimento de todos os fatores de risco. Esses resultados serão úteis na definição da necessidade do consentimento do médico, registrada quando o indivíduo apresenta dois ou mais fatores de risco de DC (1, 2).

Ao analisar o HSQ, é imperativo saber que o estado de risco de indivíduos com ou sem DC varia de forma significativa. A atividade física regular reduz a morbidade e a mortalidade de pessoas com DC estabelecida (10). Ainda assim, a incidência de um evento coronariano nesses indivíduos durante o exercício é 10 vezes maior do que a de adultos saudáveis (11). Além disso, cada fator de risco isolado não causa o mesmo aumento do risco individual de um evento coronariano. O diagnóstico de diabete, por exemplo, é considerado equivalente ao de DC. Quem tem diabete e não tem DC corre tanto risco de sofrer um evento coronariano quanto quem tem DC ou já passou por um evento desse tipo (9). Esses fatos sublinham o que já dissemos – o profissional de condicionamento físico tem de analisar bem o histórico médico do paciente antes de aplicar testes físicos ou de prescrever exercícios.

É necessário educar os participantes sobre os fatores de risco de DC e a sua importância. Primeiro, eles precisam saber o que é um fator de risco (ou seja, um diagnóstico clínico ou um comportamento integrante do estilo de vida que, de maneira comprovada, aumenta os riscos de desenvolvimento de doenças cardíacas). Pode ser que alguns profissionais de condicionamento físico queiram utilizar o algoritmo de Framingham (14) para quantificar a gravidade dos fatores de risco individuais e o risco relativo geral de desenvolvimento de DC.

Em seguida, devem ser analisados os fatores de risco modificáveis a fim de informar aos participantes sobre a quantidade adequada de atividade física regular necessária para promover a modificação do risco de DC e prevenir o desenvolvimento de outros (1, 2, 5). A possibilidade de que a atividade física regular ajude a controlar e prevenir esses fatores serve de poderosa motivação para a prática regular de exercícios a longo prazo.

Contra-indicações ao teste de exercícios

Contra-indicações absolutas

- Mudança significativa recente no eletrocardiograma em repouso, sugerindo isquemia significativa, infarto do miocárdio recente (2 ou 3 dias atrás) ou outro evento agudo
- Angina instável
- Arritmias cardíacas não-controladas, causando sintomas ou comprometimento hemodinâmico
- Estenose aórtica grave e sintomática
- Insuficiência cardíaca sintomática não-controlada
- Embolia pulmonar aguda ou infarto pulmonar
- Miocardite ou pericardite aguda
- Aneurisma dissecante conhecido ou suspeitado
- Infecção sistêmica aguda, acompanhada de febre, dores no corpo ou inchaço nas glândulas linfáticas

Contra-indicações relativas*

- Estenose de tronco da coronária esquerda
- Doença cardíaca valvular estenótica moderada
- Anormalidades de eletrólitos (ou seja, hipocalemia, hipomagnesemia)
- Hipertensão arterial grave (ou seja, pressão arterial sistólica > 200 mmHg ou pressão arterial diastólica > 100 mmHg em repouso)
- Taquiarritmia ou bradiarritmia
- Cardiomiopatia hipertrófica e outras formas de obstrução da via de saída do ventrículo esquerdo
- Distúrbios neuromusculares, musculoesqueléticos ou reumatóides que possam ser exacerbados pelo exercício
- Bloqueio atrioventricular de alto grau
- Aneurisma ventricular
- Doença metabólica não-controlada (ou seja, diabete, tirotoxicose ou mixedema)
- Doenças infecciosas crônicas (ou seja, mononucleose, hepatite, AIDS)
- Incapacidade física ou mental que impeça a prática adequada do exercício

* As contra-indicações relativas podem ser relevadas caso os benefícios do teste de exercícios superem os riscos. Em alguns casos, indivíduos que apresentam contra-indicações relativas, em especial os assintomáticos em repouso, podem fazer exercícios, desde que tomem cuidados e não ultrapassem os limites da intensidade baixa.

Modificadas de Gibbons, R., G. Balady, Beasely, J.et al. (2002). ACC/AHA 2002 guideline update for exercise testing: summary article: a report of the American college of cardiology/American Heart Association task force on practice guidelines (committee to update the 1997 exercise testing guidelines) *Journal of the American College of Cardiology* 40 (8): 1531-1540.

A próxima etapa consiste em avaliar o estado de saúde, os sintomas e os fatores de risco do paciente e classificá-lo em uma das três categorias de risco (adaptadas da Tabela 2.4 do *Guidelines for Exercise Testing and Prescription*, do ACSM [1]):

- **Risco baixo.** Homens < 45 anos e mulheres < 55 anos assintomáticos e com, no máximo, um fator de risco no limiar da Tabela 3.1.
- **Risco moderado.** Homens > 45 anos e mulheres > 55 anos *ou* pessoas com um ou mais fatores de risco no limiar da Tabela 3.1.
- **Risco alto.** Indivíduos com doença cardiovascular (por exemplo, cardíaca, vascular periférica ou cerebrovascular), pulmonar (por exemplo, doenças pulmonares obstrutivas crônicas) ou doença metabólica (por exemplo, diabete tipo 1 ou 2). E também quem apresenta sinais ou sintomas sugestivos de outras doenças, como angina, falta de ar em situação de repouso ou de esforço leve, tontura, perda da consciência, inchaço no tornozelo, palpitações, taquicardia, sopro cardíaco e claudicação intermitente.

Para garantir que o participante foi estratificado, a última observação do HSQ pede ao profissional de condicionamento físico que documente o nível de risco do avaliado (baixo, moderado ou alto). A estratificação adequada é essencial na determinação do estado de saúde do indivíduo e da necessidade de solicitar a autorização do médico antes de iniciar o teste físico ou a prática regular de exercícios. Além disso, a precisão da estratificação reflete na prescrição de um programa de exercício adequado.

Tabela 3.1 Limiares dos fatores de risco de doença coronariana para estratificação de risco do ACSM

Fatores de risco positivos	Critérios definidores
1. Histórico familiar	Infarto do miocárdio, revascularização coronariana, morte súbita antes dos 55 anos (pai ou outro parente de primeiro grau) ou dos 65 (mãe ou outra parenta de primeiro grau)
2. Tabagismo	Atualmente fumante *ou* fumante que deixou o cigarro há seis meses ou menos
3. Hipertensão	Pressão arterial sistólica $\geq$ 140 mmHg ou diastólica $\geq$ 90 mmHg, confirmadas por medições em, pelo menos, duas ocasiões distintas *ou* uso de medicamentos anti-hipertensivos
4. Dislipidemia	Colesterol LDL (lipoproteína de baixa densidade) > 130 mg. dL^{-1} (3,4 mmol. L^{-1}), colesterol HDL (lipoproteína de alta densidade) < 40 mg $\cdot$ dL^{-1} (1,03 mmol $\cdot$ L^{-1}) ou colesterol total no soro (se só essa medição estiver disponível) > 200 mg $\cdot$ dL^{-1} (5,2 mmol $\cdot$ L^{-1}) *ou* sendo medicado para diminuição de lipídeos
5. Glicemia de jejum	Glicose sangüínea em jejum > 100 mg $\cdot$ dL^{-1} (5,6 mmol $\cdot$ L^{-1}), confirmada por medições de glicose feitas, pelo menos, em duas ocasiões distintas
6. Obesidade*	Índice de massa corporal > 30 kg $\cdot$ m^{-2} *ou* circunferência da cintura > 102 cm (homens) e > 88 cm (mulheres) *ou* proporção cintura-quadril $\geq$ 0,95 (homens) e $\geq$ 0,86 (mulheres)
7. Estilo de vida sedentário	Indivíduos que não participam de um programa de exercícios regular ou que não acumulam 30 minutos ou mais de atividade física moderada na maioria dos dias da semana
Fator de risco negativo	**Critérios definidores**
1. Colesterol HDL no soro±	HDL > 60 mg $\cdot$ dL^{-1} (1,6 mmol $\cdot$ L^{-1})

*As opiniões dos especialistas diferem quanto aos limiares mais apropriados para determinar a obesidade. Portanto, deve-se buscar o auxílio de profissionais da área da saúde, com seu julgamento clínico, para avaliar o fator de risco.

± Ao fazer julgamentos clínicos, é comum somar os fatores de risco. Se o HDL estiver alto, subtraia um dos fatores de risco positivos da soma total, pois o HDL elevado diminui o risco de DC.

Reimpressa, com permissão, de ACSM, 2006, *ACSM's guidelines for exercise testing and prescription* (Philadelphia, PA: Lippincott, Williams & Wilkins), p. 22.

Medicamentos com prescrição médica

O próximo passo no processo de avaliação da saúde é identificar os medicamentos usados por prescrição médica. A seção 4 do HSQ pede que o indivíduo relacione a medicação usada. O profissional de condicionamento físico tem de estudar o Apêndice D deste livro para conhecer os medicamentos mais comuns e seus efeitos. O regime de medicação pode fornecer informações adicionais, que ajudam a esclarecer o histórico médico e a diagnosticar os fatores de risco. Além disso, é preciso estar apto a determinar se o remédio prescrito vai alterar as respostas fisiológicas típicas à atividade física. Vejamos um exemplo. Se o participante toma um medicamento da classe dos betabloqueadores, conclui-se que sua freqüência cardíaca dificilmente passará de 120 batimentos por minuto, mesmo durante um exercício extenuante. Nesse caso, a resposta não deve ser considerada anormal; ao contrário, ela indica a eficácia da medicação.

Como já mencionado, a seção 2 do HSQ questiona se o participante usa medicamentos para o coração ou algum de outro tipo com prescrição médica. Se alguma questão dessa seção estiver marcada, deve-se proceder à revisão da lista de medicamentos para determinar se há os comumente usados contra doenças crônicas, como pressão alta, colesterol alto ou diabete. Desse modo, os fatores de risco podem ser identificados com mais presteza, o que acelera a estratificação de risco e a decisão de solicitar ou não a autorização do médico. Esse exemplo sublinha a importância da avaliação de todo o HSQ, e não apenas de seções isoladas, para determinar a necessidade do consentimento médico.

> **Ponto-chave**
>
> A análise das três primeiras seções do HSQ permite que o profissional de condicionamento físico identifique os fatores de risco e as condições médicas que podem se agravar em função do teste de exercícios e categorize os riscos à saúde de cada participante. Essas informações, combinadas com o nível de atividade desejado pelo candidato, vão determinar se é ou não necessário solicitar o consentimento de um médico antes de começar os exercícios.

Nível de atividade física

A seção 5 indica o nível de atividade física do indivíduo na ocasião da entrevista, bem como as metas específicas do programa de exercícios. Como indicado na Tabela 3.1, se ele não acumular 30 minutos de atividade física pelo menos 3 vezes por semana, então será maior o seu fator de risco motivado pela inatividade (1, 2). O ACSM também recomenda que a atividade física tenha pelo menos intensidade moderada (2). Essa seção do HSQ traz perguntas sobre a intensidade do exercício executado – leve, moderado ou extenuante. Uma vez que essa intensidade é subjetiva, o profissional de saúde deve dar exemplos de cada um dos níveis apontados. Assim, será possível avaliar melhor o verdadeiro nível de atividade física do participante. O próximo passo é perguntar se a prática de exercícios gera alguma resposta fisiológica incomum (por exemplo, falta de ar desmedida, dor ou sensibilidade em articulações e músculos). Se a resposta for sim, será preciso registrar as observações do participante, além de levá-las em consideração na hora de definir a necessidade da autorização do médico.

Definição da necessidade de consentimento de um médico

As informações obtidas nas seções do HSQ devem ser usadas para determinar se o participante precisa da autorização de um médico antes de iniciar um programa de exercícios de intensidade moderada a vigorosa.

Indivíduos que se enquadram na categoria de baixo risco podem iniciar um programa regular de exercícios vigorosos (1, 2, 4) sem demora. Vejamos um exemplo. Uma mulher de 43 anos, que apresenta só hipertensão e já caminha 30 minutos, 4 vezes por semana, está no grupo de baixo risco. Além disso, o ACSM não aponta a necessidade do consentimento médico quando indivíduos da categoria de risco médio planejam fazer exercícios que não ultrapassem a intensidade moderada (por exemplo, < 60% do $\dot{V}O_2R$ ou da FC de reserva) (1). Portanto, pessoas aparentemente saudáveis, porém com dois ou mais fatores de risco de DC (veja a Tabela 3.1), podem entrar em um programa de caminhada com segurança, sem o consentimento médico. A esse tipo de praticante, o profissional de condicionamento físico deve fornecer exemplos específicos de exercícios recomendados (por exemplo, andar rápido, na velocidade de 4,8 a 6,4 km $\cdot$ h^{-1}) e também supervisão adequada para garantir a realização do exercício no nível de intensidade correto.

A maioria das academias ou clubes oferece atividades físicas de intensidade vigorosa, embora seus funcionários não tenham condições de supervisionar cada indivíduo de modo razoável para garantir uma faixa de risco moderada a cada sessão. Por isso, eles têm de considerar o desenvolvimento de um protocolo-padrão, em que todos os indivíduos classificados em grupos de risco moderado ou superior obtenham a autorização médica antes de iniciar o programa. Esse protocolo ajuda a garantir maior segurança aos participantes.

As pessoas classificadas como de risco moderado ou alto devem providenciar o consentimento de um médico antes de começar um programa de intensidade vigorosa (por exemplo, > 60% do $\dot{V}O_2R$ ou FC de reserva) (1). Vejamos o exemplo de um homem de 48 anos, fisicamente inativo, com colesterol alto e hipertensão, que deseja realizar um programa de *jogging*. Ele apresenta três fatores de risco, pode ser classificado no grupo de risco moderado e quer realizar exercícios vigorosos. Nesse caso, será necessária a autorização do médico antes do início do programa. O profissional de condicionamento físico deve ter consciência de que participantes com diabete (tipo 1 ou 2) são classificados como de alto risco, sejam quais forem os fatores adicionais de DC. Isso quer dizer que eles também precisam do consentimento antes de começar os exercícios (1, 2). Mesmo que o AHA e o ACSM ofereçam recomendações específicas, relativas a esclarecimentos médicos antes da participação em exercícios, é de interesse da direção da instituição estabelecer uma política própria para os procedimentos pré-participação, levando em conta as qualificações do seu pessoal, a prontidão para emergências e o público-alvo (1, 2, 4, 6).

Aplicação de testes de condicionamento físico e avaliação dos resultados

O próximo passo da avaliação de saúde envolve aplicar e avaliar os testes de condicionamento. Quando combinados com o HSQ, os resultados do teste esclarecem melhor o nível atual de condicionamento do indivíduo. Ainda que as respostas ao HSQ não garantam o consentimento do médico, os resultados do teste podem indicar a sua necessidade. Às vezes, os resultados do teste indicam que o participante deve ser encaminhado a um programa de exercícios supervisionado por um médico (veja a Tabela 3.2). A situação mais comum encontrada pelo profissional é a de indivíduos com baixos níveis de condicionamento físico ou baixos resultados no teste porque não se exercitam de modo regular. Em geral, essas pessoas têm um ou mais fatores de risco adicionais que, combinados com os resultados do teste, dirão se é ou não necessária a autorização médica.

Algumas medições costumam ser feitas antes do teste de condicionamento cardiovascular. São elas: a freqüência cardíaca (FC) em repouso, a pressão arterial (PA), o percentual de gordura corporal, a circunferência da cintura e a flexibilidade lombar. Em seguida, é realizado um teste de exercício progressivo submáximo para determinar como a FC, a PA e a taxa de percepção de esforço (TPE) respondem ao aumento progressivo da carga de exercícios. No próximo passo, testes de condicionamento podem determinar a força e a *endurance* muscular. Os procedimentos dos testes estão incluídos nos Capítulos 5, 6, 8 e 9. Os valores obtidos nesses testes, combinados com o histórico médico e as metas de atividade de cada participante, servirão como base para a prescrição dos exercícios.

Plano de prescrição de exercícios

Nesse ponto, o profissional de condicionamento físico deve estar preparado para o próximo passo do processo da avaliação de saúde: estabelecer o plano para prescrição individual dos exercícios. Para isso, é preciso considerar o estado de saúde, as metas pessoais e os resultados do teste de condicionamento. Os Capítulos 10, 11, 12 e 13 tratam da prescrição de exercícios para condicionamento aeróbio, controle de peso, força e *endurance* muscular, flexibilidade e função lombar, destinados a adultos saudáveis em geral. Os Capítulos 15 a 21 sugerem prescrições de exercícios para populações especiais.

Avaliação de progresso por testes de acompanhamento

Sem dúvida haverá mudanças nas metas do participante em relação aos exercícios e também em seu estado de saúde. Por isso, vamos precisar desta última etapa da avaliação de saúde: a análise do progresso por testes de acompanhamento. Os testes de condicionamento físico devem ser repetidos de maneira periódica e o HSQ também. Os testes de acompanhamento e as atualizações do HSQ servem a vários pro-

Tabela 3.2 Critérios para tomar decisões sobre a atividade física

Princípios para solicitação da autorização de um médico	
Condições	
Falta de ar durante esforço leve	Doença, cirurgia ou problema cardíacos
Cirrose	Dores no abdome, braço, ombro, peito ou na perna
Concussão	Flebite
Uso corrente de medicamentos para diabete	Gravidez
Fraqueza e vertigem	Acidente Vascular Cerebral (AVC)
Valores dos testes[a]	
FC em repouso > 100 batimentos · min^{-1}	LDL > 130 mg. dL^{-1}
PAS em repouso > 160 mmHg	Glicose em jejum > 126 mg. dL^{-1}
PAD em repouso > 100 mmHg	Capacidade vital < 75% do previsto
% de gordura > 40 (mulheres), > 30 (homens)	Capacidade vital < 75% do previsto
Colesterol > 240 mg · dL^{-1}	VEF$_1$ < 75%

Princípios para determinação de um programa supervisionado		
Condições (sob controle no momento da participação)[b]		
Alcoolismo	Bronquite	Epilepsia
Anemia	Câncer	Hipoglicemia
Anorexia	Colite	Doença mental
Asma	Diabete	Úlcera péptica
Traço de sangramento	Enfisema	Problema na tireóide
Valores dos testes[c]		
Hipertensão ≥ 140 ou ≥ 90 mmHg	Circunferência do quadril > 100 cm	
Colesterol alto > 240 mg · dL^{-1}	Tabagismo > 20 cigarros/dia	
LDL > 130 mg · dl^{-1}	Obesidade – 32 a 38% (mulheres), 25 a 28% (homens)	

Princípios para atenção especial	
Condições	
Artrite	Perda da audição
Cirurgia no olho, no pulmão, no pescoço, na articulação ou nas costas	Hérnia
Problemas oculares	Dores lombares
Gota	

Valores dos testes

Valores de fatores de risco próximos daqueles apresentados pelos indivíduos de programas supervisionados
% de gordura < 15% ou > 30% (mulheres), < 6% ou > 25% (homens[d])
Abdominais < 10
Qualquer uma das razões para interromper um teste máximo que ocorra num esforço leve a moderado
Sentar e alcançar < 15 cm
Flexões na barra modificada < 5
MET (equivalente metabólico) máx. < 8
Flexões < 10
$\dot{V}O_2$máx. < 30

Qualquer condição ou valor de teste que desperte preocupação da própria pessoa ou do profissional de condicionamento físico, por questões de segurança ou saúde, vale como motivo para solicitar a autorização de um médico. FC = freqüência cardíaca; LDL = lipoproteína de baixa densidade; PAS = pressão arterial sistólica; PAD = pressão arterial diastólica; VEF$_1$: volume expiratório forçado em 1 segundo.
[a] Qualquer um desses valores individuais é motivo para solicitar a autorização de um médico, que também pode ser necessária quando mais de um valor se aproximar dos aqui relacionados.
[b] Níveis graves ou não-controlados exigem encaminhamento ao médico.
[c] Pessoas com valores mais altos devem ser encaminhadas a um médico.
[d] Participantes com percentual muito baixo ou muito alto de gordura podem sofrer de problemas de saúde que exijam atenção especial. Caso surja alguma dúvida, encaminhe o indivíduo ao diretor do programa.
Reproduzida de: American College of Sports Medicine (ACSM), 2006, *ACSM's guidelines for exercise testing and prescription*, 7th ed. (Philadelphia, PA: Lippincott, Williams, & Wilkins).

> ### Ponto-chave
>
> As duas últimas seções do HSQ fornecem ao profissional de condicionamento físico informações sobre os medicamentos e o nível de atividade física atual do candidato. Esses resultados devem ser considerados, junto com os fatores de risco, para que se estabeleça prontamente a estratificação de risco e se determine a necessidade do consentimento de um médico antes da realização do teste de condicionamento. Além disso, certos resultados desse teste ou mudanças no estado de saúde podem exigir a solicitação desse consentimento.

> ### Visão geral da avaliação de saúde
>
> **R**evisão do histórico médico. Use um questionário de saúde de pré-participação para determinar se há condições que indiquem a necessidade de solicitar o consentimento de um médico antes de submeter o candidato ao teste de condicionamento ou a um programa de atividade física regular.
>
> **A**valiação dos fatores de risco e estratificação de risco. Identifique os fatores de risco e classifique o participante (por exemplo, risco baixo, moderado, alto) de acordo com o número de fatores de risco de DC e a presença de doença cardiovascular, pulmonar e metabólica.
>
> **M**edicamentos prescritos. Identifique medicamentos que alterem as respostas fisiológicas típicas ao exercício e verifique se os fatores de risco diagnosticados estão sendo tratados farmacologicamente.
>
> **N**ível de atividade física. Caracterize a atividade física do participante – freqüência, intensidade e duração.
>
> **E**stabeleça se há necessidade de consentimento médico. De acordo com os padrões da AHA e do ACSM, o histórico médico, a estratificação de risco e o nível habitual de atividade física do candidato devem ser avaliados na hora de determinar se é necessária uma autorização do médico antes da aplicação do teste de condicionamento e/ou da prática regular de atividade física.
>
> **A**plicação de testes e avaliação de resultados. Determine os testes de condicionamento físico apropriados de acordo com o estado de saúde do candidato.
>
> **P**lano de prescrição de exercícios. Considere o histórico médico, os padrões de atividade física anteriores, os resultados do teste de condicionamento e as metas pessoais, para prescrever um programa de exercícios apropriado.
>
> **A**valiação do progresso por testes de acompanhamento. Determine se o nível de condicionamento e a estratificação de risco do paciente mudaram.

pósitos: documentar os progressos no condicionamento e na saúde do participante, identificar mudanças no estado de saúde ou na resposta à atividade, indicar se é necessário alterar a prescrição de exercícios ou o nível de supervisão. Três meses após o início da prática regular de exercícios, deve ser realizado um teste de condicionamento de acompanhamento. A partir daí, devem ser feitos testes semestrais. No quadro anterior, fornecemos uma visão geral do processo de avaliação de saúde.

Decisões para o programa de condicionamento físico

Este capítulo tratou das orientações apoiadas pela AHA e pelo ACSM para determinar a necessidade do consentimento de um médico antes que o indivíduo inicie um programa de exercícios. A seção seguinte discute critérios adicionais, que devem ser levados em conta pelo profissional de condicionamento físico na hora de decidir entre:

- Fazer o encaminhamento imediato do candidato ao médico, a fim de buscar a autorização ou fazer uma consulta.

- Admissão do candidato em um dos seguintes programas de condicionamento físico:
  - Programa de exercícios supervisionado clinicamente
  - Exercícios prescritos com cuidado, sob a supervisão de um profissional de condicionamento físico
  - Exercícios de intensidade vigorosa
  - Qualquer atividade sem supervisão
- Informações educacionais, seminários ou encaminhamento a outros profissionais da área de saúde.

É comum encontrarmos indivíduos que não se enquadram perfeitamente nos critérios de risco moderado ou alto, mas estão quase lá. Eles precisam da autorização de um médico? Eles devem ser submetidos a um programa supervisionado? A próxima seção ajuda a resolver esses dilemas.

Determinação da supervisão necessária

Ao todo, o profissional de condicionamento físico deve considerar o estado de saúde, os resultados dos testes de condicionamento físico e o nível de atividade desejado para determinar se é preciso pedir a autorização de um médico ou encaminhar o indivíduo a um programa de exercícios supervisionado. A Tabela 3.2 lista critérios adicionais para avaliar as condições médicas e os valores dos testes de condicionamento físico a fim de orientar a decisão sobre a solicitação de autorização médica ou planejamento de um programa supervisionado. Este último implica a existência de um quadro de profissionais qualificados e com formação acadêmica na área clínica para monitorar populações especiais, classificadas como de alto risco (por exemplo, indivíduos com DC ou doença pulmonar ou metabólica diagnosticada) (1, 2).

As classificações de estratificação de risco da AHA e do ACSM (ou seja, risco baixo, moderado e alto) não incluem todos os casos; há pessoas que não se enquadram em nenhuma dessas categorias (1). Da mesma forma, as recomendações dessas duas entidades para a solicitação da autorização médica nem sempre se aplicam a um determinado caso. Por isso, os profissionais de condicionamento físico têm de confiar na própria experiência e no conhecimento acadêmico na hora de decidir sobre o encaminhamento do candidato ao médico. Vejamos um exemplo: a revisão do HSQ de uma mulher de 52 anos mostra que ela marcou "sim" no campo dos problemas musculoesqueléticos que limitam a atividade física. Durante a entrevista, ela declara sentir dores consistentes no joelho direito quando faz caminhada de manhã, o que limita a velocidade nessa atividade. Também tem artrite diagnosticada e não marcou nenhuma outra condição nas seções 2 e 3 do HSQ. De acordo com as orientações da AHA e do ACSM, uma vez que ela alegou ter uma das condições listadas na seção 2 do questionário, o seu médico deve ser consultado antes do início dos exercícios. Como faz exercícios com regularidade e não cita fatores de risco, ela pode ser avaliada por testes de condicionamento sem apresentar o consentimento do médico, embora a prescrição de exercícios deva passar por modificações, levando em conta a artrite. Se tiver dúvidas sobre a solicitação da autorização para o teste, o profissional de condicionamento físico deve consultar o supervisor ou pessoal médico qualificado para obter esclarecimentos. Exemplos semelhantes podem ocorrer durante a avaliação de testes metabólicos adicionais e de condicionamento.

Numerosas condições e valores de testes implicam supervisão adicional e atenção especial (veja a Tabela 3.2). Usar só as condições físicas para determinar o nível do risco (baixo, moderado ou alto) é um tanto arbitrário. Considere todas as variáveis como um *continuum*, que começa com o risco baixo e progride até o alto. Vejamos um exemplo: quando alguém apresenta um nível de glicose no sangue de 118 mg $\cdot$ dL^{-1} (clinicamente considerado como tolerância à glicose debilitada), isso significa que há, de fato, menor risco cardiovascular do que um valor de glicose em jejum de 128 mg $\cdot$ dL^{-1} (com diagnóstico clínico de diabete do tipo 2)? Na verdade, esses dois indivíduos têm risco cardiovascular significativo e devem fazer mudanças no estilo de vida para diminuir os níveis de glicose no sangue. Os dois terão de buscar a autorização de um médico para praticar exercícios? Mais uma vez, os conhecimentos e a experiência do profissional de condicionamento físico serão importantes na tomada da decisão. Em geral, o diabete do tipo 2 leva 2 a 5 anos para ficar discernível em um exame clínico (13). Isso significa que o sistema cardiovascular do participante tem sido exposto a quantidades elevadas de açúcar por tempo prolongado. Uma vez que o diabete de tipo 2 é equivalente a uma DC, níveis de glicose no sangue em jejum que se encontram no limite do diagnóstico clínico dessa condição indicam necessidade de solicitar o consentimento médico (1, 2).

A decisão de pedir a autorização médica ou de encaminhar o candidato a um programa de exercícios supervisionado pode ser reforçada pela consideração do histórico médico adicional e dos valores do teste de condicionamento físico. Indivíduos com nível elevado de glicose no sangue costumam apresentar pressão arterial e colesterol altos e peso acima do recomendado. Além disso, têm grande probabilidade de apresentar níveis excepcionalmente baixos de condicionamento cardiovascular ($\dot{V}O_2$máx. de < 25 mL $\cdot$ kg^{-1} $\cdot$ min^{-1}). Essas pessoas encontram-se no limite de vários fatores de risco primários de DC, e é provável que os valores do seu teste de condicionamento apontam a necessidade de atenção especial (veja a Tabela 3.2). Juntos, o estado de saúde do participante e os resultados do seu teste de condicionamento indicam que é preciso obter autorização do médico para a prática de exercícios.

Quando o candidato apresenta valores limítrofes tanto em repouso quanto nos testes de condicionamento (por exemplo, nas medições da PA e da FC), é preciso repetir as medições antes de solicitar a autorização de um médico. Esses valores podem sofrer um aumento temporário se a pessoa comer, fumar ou fizer atividade física pouco antes de passar pela avaliação. Ainda, o nervosismo causado pela medição da PA ou excesso de barulho no local da medição podem elevar os resultados. Nesses casos, permita que o indivíduo relaxe por alguns minutos, tranquilize-o quanto à segurança do teste e repita as medições. Depois de confirmar, com outras medições, o resultado limítrofe ou questionável, o profissional de condicionamento físico poderá decidir pela solicitação do consentimento médico antes de realizar outros testes (6).

Encaminhamento a programas supervisionados

Os valores de referência para a recomendação de um programa de exercícios supervisionado estão relacionados na Tabela 3.2. Assim como em outras decisões, é preciso combinar essas orientações com a experiência profissional e o treinamento com populações similares, além das qualificações dos outros integrantes da equipe da academia e a prontidão do estabelecimento para atender emergências (6, 12). Um participante que sofre de asma induzida por exercício, mas logo consegue controlá-la com um inalador, provavelmente estará seguro ao praticar os exercícios sem supervisão. Já um praticante com enfisema, propenso a níveis baixos de oxigênio (ou seja, saturação do O_2 < 88%) será beneficiado exercitando-se em um programa de exercícios com supervisão clínica, como o de reabilitação pulmonar. Mais uma vez, para decidir sobre a necessidade de um programa supervisionado, o profissional de condicionamento físico tem de considerar o estado de saúde do participante, os resultados do teste de condicionamento e a intensidade desejada para a atividade física.

Pode ser que estabelecimentos com programas de exercícios estruturados, que oferecem acesso imediato ao pessoal médico e de emergência (*versus* academias sem esses recursos), prefiram adotar valores mais elevados do que os listados na Tabela 3.2 (4). Cada academia, levando em consideração a opinião dos consultores da área médica, deve estabelecer padrões próprios para solicitação do consentimento de um médico e encaminhamento a programas de exercícios supervisionados, adequados para garantir a segurança dos participantes.

Obtenção do consentimento de um médico

Depois de determinar se o candidato precisa da autorização médica, o profissional de condicionamento físico deve informá-lo sem demora a respeito da decisão. O pessoal médico, normalmente o clínico geral do participante, deve fornecer o consentimento (um modelo de consentimento é apresentado no Formulário 3.3) (6). Esse formulário fornece ao médico a opção de encaminhar o candidato a um estabelecimento que disponibilize exercícios supervisionados clinicamente. Quando o médico faz essa recomendação, o profissional de condicionamento deve avisar logo o candidato, além de colocá-lo em contato com o estabelecimento de exercícios supervisionados mais próximo. De acordo com o regulamento do HIPAA, a solicitação de consentimento médico deve ser acompanhada de um formulário de liberação (17).

A autorização do médico pode ser obtida de dois modos. No primeiro, o participante recebe o formulário, que será assinado pelo médico. Depois da consulta, esse documento será devolvido ao profissional de condicionamento físico para verificação. No segundo, esse profissional entra em contato com o médico (ou seja, manda o formulário diretamente ao consultório, por fax). Essa última opção tem benefícios e desafios. A seguir, relacionamos as vantagens de tomar a iniciativa:

- Demonstra reconhecimento apropriado das condições que exigem a autorização
- Permite uma resposta mais imediata do médico
- Possibilita a obtenção de informações adicionais, para que os testes e a prescrição de exercícios sejam mais apropriados
- Desenvolve uma relação amistosa com médicos locais, facilitando a obtenção de outras autorizações no futuro

Em geral, a carga de trabalho dos médicos impede que eles respondam com rapidez à solicitação do consentimento. Portanto, recomenda-se esperar três dias úteis antes de renovar o pedido. Depois, pode-se encorajar o próprio candidato a procurar o médico para apressar o envio do formulário preenchido. Os candidatos que dependem do consentimento devem ser informados dos procedimentos da academia para entrar em contato com os médicos. Assim, eles terão consciência de que a sua liberação para a prática de exercícios talvez demore a chegar. Embora seja incômodo esperar, deve-se esclarecer que os passos foram tomados de acordo com as diretrizes adotadas pela academia e que essa forma garante os melhores interesses em termos de saúde.

Para evitar adiamento dos testes de condicionamento físico de indivíduos que precisam da liberação de um médico, o HSQ deve ser preenchido e entregue ao profissional de condicionamento físico para revisão 2 a 3 dias úteis antes da data prevista para o teste. Desse modo, o consentimento sendo obtido antes do teste, o participante logo pode começar o programa de exercícios.

Educação

Todos os participantes com fatores de risco primário ou valores clínicos limítrofes de DC documentados devem receber instruções sobre o maior risco de doenças cardíacas. Além disso, é tarefa do profissional de condicionamento físico discutir mudanças sensíveis no estilo de vida para que os participantes estejam aptos a controlar mais prontamente seus fatores de risco. No entanto, essas informações, por si só, não costumam provocar mudanças na vida da pessoa. O Capítulo 22 mostra várias abordagens destinadas a alterar comportamentos e ajudar os participantes. O profissional de condicionamento também pode informá-los sobre grupos de apoio, seminários educativos e outros profissionais de saúde (por exemplo, nutricionistas) capazes de orientar escolhas apropriadas de estilo de vida.

> **Ponto-chave**
>
> As condições médicas e os valores de testes listados na Tabela 3.2 para orientar decisões sobre o consentimento médico ou programas supervisionados são regras gerais, que devem ser combinadas com informações adicionais a respeito do participante a fim de garantir a segurança e a prática de um programa de exercícios adequado. Ao todo, o conhecimento acadêmico e a experiência do profissional de condicionamento físico, junto com os padrões de avaliação de saúde pré-participação definidos pela academia e sua prontidão para atender casos de emergência, devem ser levados em consideração na hora de decidir sobre o nível de supervisão necessário a cada participante.

> **Ponto-chave**
>
> O médico do participante ou o pessoal médico da academia devem ser informados imediatamente da necessidade de autorização para a prática de exercícios.

FORMULÁRIO 3.3 Modelo de formulário de consentimento médico*

Prezado Dr.(a): _____

Seu paciente _____ deseja iniciar um programa de exercícios

na _____ (nome da academia ou centro de saúde).

Gostaríamos que o senhor avaliasse as respostas de _____ (nome do paciente) ao nosso questionário sobre o estado de saúde e, depois de emitir sua opinião e recomendações médicas em relação à prática de exercícios regulares, devolvesse este formulário a

_____ (nome)
_____ (endereço)
_____ (telefone/fax)

1. O(a) senhor(a) acha necessário informar a nossa equipe sobre alguma condição ou preocupação específica antes que esse paciente inicie a prática regular de exercícios em nossa academia? Sim/Não. Se sim, favor explicitar as condições.

   _____
   _____

2. Esse paciente já realizou algum teste de exercício progressivo? Se sim, por favor informe ou forneça:
   a. Data do teste: _____
   b. Uma cópia do relatório final do teste, acompanhada de sua interpretação
   c. As recomendações médicas específicas para o treinamento com exercícios, incluindo os limites da freqüência cardíaca

   durante exercícios: _____

3. Por favor, forneça as informações a seguir para que possamos consultá-lo em caso de necessidade:

   _____ Eu CONCORDO com a participação desse paciente em atividades de exercícios regulares na academia _____ (nome).

   _____ Eu NÃO CONCORDO com a participação desse paciente em atividades de exercícios regulares na academia _____ (nome) e recomendo que ele seja encaminhado a um centro de saúde com exercícios supervisionados porque _____.

Assinatura do médico _____

Nome do médico _____

Endereço _____

Agradecemos sua atenção.

(Assinatura de um dos membros da equipe profissional da academia) _____

---

* Tem de ser acompanhado de um formulário de liberação médica, de acordo com o regulamento do HIPAA.

De: Edward T. Howley e B. Don Franks, 2007, *Fitness Professional's Handbook*, 5th ed. (Champaign, IL: Human Kinetics). Adaptado, com permissão, pela American College of Sports Medicine e American Heart Association. (1998). "Recommendations for cardiovascular screening, staffing, and emergency policies at health/fitness facilities". *Medicine and Science in Sports and Exercise*, 30: p. 1009-1018.

Mudança do estado de saúde ou do condicionamento

As pessoas que participam regularmente de atividades físicas costumam apresentar mudanças positivas relevantes no próprio condicionamento e nos fatores de risco de DC. Na maioria dos casos, essas mudanças são logo observadas, pois se refletem na duração ou intensidade do exercício ou na diminuição do peso corporal.

Algumas condições médicas novas, no entanto, podem se desenvolver, embora não fiquem evidentes durante o teste de condicionamento físico. Às vezes, durante o exercício, o participante sente, por exemplo, dores no peito constantemente, mas guarda essa informação para si mesmo. O HSQ direciona o praticante a procurar o coordenador de condicionamento físico quando há mudanças significativas em seu estado de saúde. Ainda nesse caso, algumas pessoas costumam avisar o coordenador e outras não. Portanto, aconselha-se a repetição dos testes e a reaplicação do formulário para determinar se houve ou não alguma mudança no estado de saúde do praticante e se ele deve obter a autorização de um médico ou ser encaminhado a um programa supervisionado.

Se desenvolver sintomas, como dores significativas no peito durante o exercício, o praticante deverá ser encaminhado a um médico. Qualquer participante classificado inicialmente no grupo de risco baixo a moderado e que desenvolva uma condição médica que o reclassifique como de alto risco também deve ser encaminhado ao consultório médico (1, 2, 4). Situações adicionais, em que o exercício de intensidade moderada ou vigorosa tem de ser descontinuado, incluem: problemas musculoesqueléticos exacerbados pela atividade física e graves problemas psicológicos, médicos ou de abuso de drogas ou álcool que não estejam respondendo a tratamento (15). Além disso, o exercício físico deve ser adiado caso ocorram mudanças importantes na pressão arterial em repouso (1). É responsabilidade do profissional de condicionamento físico determinar o intervalo de tempo ideal entre os testes de acompanhamento ou a reaplicação do HSQ para garantir a estratificação de riscos adequada e a prescrição de um programa de exercícios apropriado.

> **Ponto-chave**
>
> Os profissionais de condicionamento físico devem ficar atentos a condições temporárias ou crônicas que alteram o estado de saúde do participante ou exigem liberação médica, supervisão adicional ou mudanças nos exercícios. Essas condições podem ser identificadas pela reaplicação do HSQ e a realização de testes de condicionamento físico de acompanhamento.

Estudos de caso

Confira as respostas no Apêndice A.

1. Tom, um profissional de *marketing* de 47 anos, fisicamente inativo por vários anos, procura a academia para fazer uma avaliação de condicionamento físico. Ele consultou um médico recentemente e trouxe os resultados dos últimos exames. Na hora de revisar o HSQ, você nota que ele não tem histórico familiar de doenças cardíacas. As medidas de Tom são: 1,75 m de altura; 84 kg de peso e 99 cm de cintura. O HSQ mostra que Tom tem pressão e colesterol altos, para os quais está usando medicação. A pressão arterial em repouso é 124/82; a pulsação em repouso, 76. Os valores químicos do sangue incluem: colesterol total – 195 mg $\cdot$ dL^{-1}; colesterol LDL – 114 mg $\cdot$ dL^{-1}; HDL – 52 mg $\cdot$ dL^{-1}; e glicose em jejum – 130 mg $\cdot$ dL^{-1}. (Consulte a Tabela 3.1 para definir os critérios de classificação dos fatores de risco de DC.)
    a. Relacione os fatores de risco de DC de Tom.
    b. Ele vai precisar do consentimento de um médico antes do teste e da prática de exercícios?

2. Você é instrutor de um programa destinado a pessoas com artrite, que só podem exercitar-se sentadas. A aula envolve exercícios calistênicos, alongamento e levantamento de peso e é aberta ao público. Todos os alunos preencheram o PAR-Q e responderam "não" a todas as questões. Um dos participantes é uma mulher de peso normal, que, durante uma conversa, menciona ter 65 anos. Mais tarde, durante a entrevista, você descobre que ela não apresenta fatores de risco adicionais. Além disso, ela caminha quatro vezes por semana, por 45 minutos, em um ritmo rápido. A participante fez a consulta médica anual há pouco tempo e recebeu carta branca em termos de saúde. Há pouco, leu que o treinamento de força poderia ajudá-la e por isso decidiu freqüentar as aulas do seu curso. Você permitiria a participação dela? Por quê? Que conselhos lhe daria?

3. Bárbara tem 48 anos e matriculou-se recentemente na academia. Enquanto você revisa o HSQ, ela bate os pés, parecendo apreensiva. Você conclui que ela está apta a realizar exercícios sem supervisão e faz as medições no estado de repouso. A FC em repouso marca 104 batimentos $\cdot$ min^{-1}, e a PA, 158/90 mmHg. O que você faria nesse caso?

PARTE II

Avaliação do Condicionamento Físico

Os profissionais de condicionamento físico têm de saber como responder à pergunta "O que isso significa?", pois ela sempre surge quando o assunto é o resultado dos testes. Nos capítulos da Parte II, examinamos a avaliação de: custo energético (Capítulo 4), condicionamento cardiorrespiratório (Capítulo 5), composição corporal (Capítulo 6), nutrição (Capítulo 7), força e *endurance* muscular (Capítulo 8) e flexibilidade e função lombar (Capítulo 9).

Antes de começar, talvez você queira rever os princípios gerais dos testes de condicionamento físico. Como selecionar os testes apropriados? Como obter resultados precisos? Uma introdução mais completa ao tópico da avaliação de condicionamento pode ser encontrada no Apêndice E.

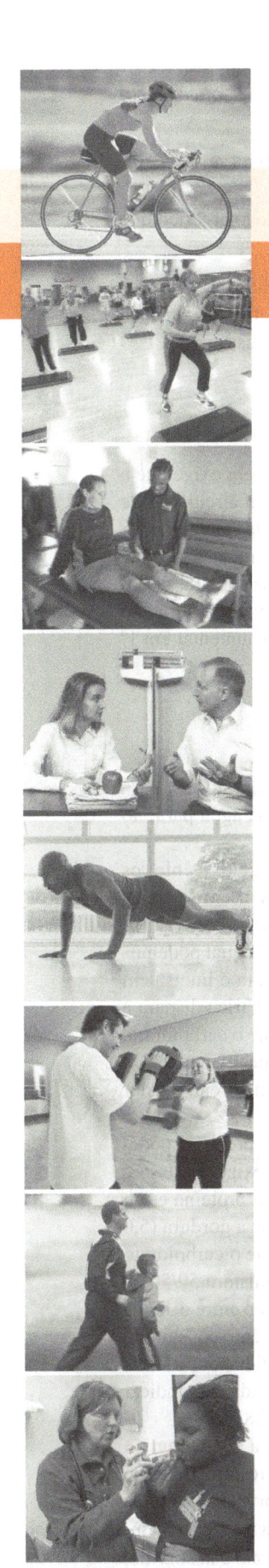

CAPÍTULO 4

Custos Energéticos da Atividade Física

Objetivos
O leitor será capaz de:
1. Descrever como as medições do consumo de oxigênio podem ser usadas para estimar a produção de energia. Listar a quantidade de calorias derivadas por litro de oxigênio e por grama de carboidrato, gordura e proteína.
2. Expressar o gasto energético como $L \cdot min^{-1}$, $kcal \cdot min^{-1}$, $mL \cdot kg^{-1} \cdot min^{-1}$, equivalentes metabólicos (METs) e $kcal \cdot kg^{-1} \cdot h^{-1}$.
3. Estimar o custo de oxigênio na caminhada, no *jogging*, na corrida, incluindo o custo de caminhar e correr 1,6 km.
4. Estimar o custo de oxigênio do exercício em cicloergômetro, tanto para os braços quanto para as pernas.
5. Estimar o custo de oxigênio do *step* em um banco.
6. Identificar o custo energético aproximado de atividades recreativas, esportes, etc. Descrever o efeito de fatores ambientais sobre a resposta da FC a uma determinada taxa de trabalho.

Geralmente, os profissionais de condicionamento físico se fazem estas duas perguntas na hora de recomendar atividades físicas específicas aos participantes:

1. A intensidade dos exercícios programados é apropriada para alcançar a FC-alvo (veja o Capítulo 10)?
2. A combinação entre intensidade e duração é apropriada para alcançar um gasto energético que equilibre ou seja superior à ingestão calórica (veja o Capítulo 11)?

Para responder a essas perguntas, o profissional de condicionamento físico precisa familiarizar-se com os custos energéticos das atividades. Este capítulo oferece informações básicas sobre a estimativa da demanda energética de atividades físicas e resume os valores associados com atividades recreativas mais comuns.

Maneiras de medir o gasto energético

O gasto energético pode ser medido por calorimetria direta e indireta. A **calorimetria direta** exige que a pessoa realize a atividade dentro de uma câmara especialmente construída, isolada e com circulação de água pelas paredes. A água é aquecida pelo calor desprendido pelo indivíduo; a produção de calor pode ser calculada quando sabemos o volume de água em circulação pela câmara por minuto e a mudança de sua temperatura na entrada e na saída. Vamos supor, por exemplo, que a pessoa, no interior da câmara, faça o *step* no banco de 20 cm, no ritmo de 30 *steps* · min^{-1}. A água passa pelas paredes a 20 L · min^{-1}; o aumento em sua temperatura da entrada para a saída é de 0,5°C. Uma vez que é preciso 1 kcal para aumentar em 1° a temperatura de 1 L de água, o cálculo a seguir gera o gasto energético aproximado:

$$\frac{20 \text{ L}}{\text{min}} \cdot \frac{1 \text{ kcal}}{°C} \cdot 0,5°C = \frac{10 \text{ kcal}}{\text{min}}$$

O indivíduo perde calor adicional por evaporação da água pela pele e pelas vias respiratórias. Essa perda de calor pode ser medida e acrescentada ao cálculo do aumento da temperatura da água para, no final, gerar a taxa de energia produzida por ele na realização da tarefa.

A **calorimetria indireta** estima a produção de energia pela medição do consumo de oxigênio; os procedimentos para fazer essas estimativas são descritos no Capítulo 28. Nesses cálculos, usam-se certas constantes para converter os litros do consumo de oxigênio em calorias gastas. As constantes derivam-se de medições feitas com uma bomba calorimétrica – uma câmara de metal pesado, dentro da qual podemos armazenar carboidrato, gordura ou proteína com 100% de oxigênio sob pressão. A câmara é imersa em uma banheira com água, e o alimento é oxidado em CO_2 e H_2O quando uma descarga elétrica dispara a reação de combustão. O calor liberado pela combustão aquece a água. Foi determinado que o carboidrato, a gordura e a proteína desprendem cerca de 4,0, 9,0 e 5,6 kcal de calor por grama, respectivamente. Já que o nitrogênio da proteína não pode ser totalmente oxidado no corpo e é excretado como uréia, o valor fisiológico da proteína, na verdade, consiste em 4,0 kcal · g^{-1}.

Sabendo quanto oxigênio é necessário para oxidar 1 g de carboidrato, de gordura e de proteína, pode-se calcular a quantidade de calorias de energia produzida quando se consome 1 L de oxigênio. Isso é chamado de **equivalente calórico de oxigênio**. Valores para o carboidrato, a gordura e a proteína estão listados na Tabela 4.1. O carboidrato fornece 6% mais energia por litro de oxigênio do que a gordura (5,0 *vs* 4,7 kcal · L^{-1}), enquanto a gordura fornece duas vezes mais energia por grama do que o carboidrato (9 *vs* 4,7 kcal · g^{-1}). Se, durante a prática de exercícios, a pessoa retira energia de uma mistura 50/50 de carboidrato e gordura, o equivalente calórico fica em torno de 4,85 kcal · L^{-1}, um meio termo entre o 4,7 da gordura e o 5,0 do carboidrato (18). A razão entre o dióxido de carbono produzido e o oxigênio consumido na célula é chamada de quociente respiratório (QR). Essa mesma proporção, quando medida por procedimentos de troca de gases convencionais, é chamada de índice de troca respiratória (R) e usada para indicar a utilização de combustível (carboidrato *vs* gordura) durante o exercício (veja o Capítulo 28).

A calorimetria indireta emprega duas técnicas para medir o consumo de oxigênio: a **espirometria de circuito fechado** e a **de circuito aberto**. Na técnica de circuito fechado, o indivíduo respira 100% de oxigênio de um espirômetro, e o ar exalado passa por uma composição química que absorve o dióxido de carbono. Com o tempo, o volume de oxigênio contido no espirômetro diminui, dando uma medida do consumo de oxigênio em mililitros por minuto (mL · min^{-1}). Uma vez que o dióxido de carbono é absorvido,

Tabela 4.1 Densidade calórica, equivalente calórico e quociente respiratório associados com a oxidação do carboidrato, da gordura e da proteína

Medida	Carboidrato	Gordura	Proteína[a]
Densidade calórica (kcal · g^{-1})	4,0	9,0	4,0
Equivalente calórico de 1 L de O$_2$ (kcal · L^{-1})	5,0	4,7	4,5
Quociente respiratório	1,0	0,7	0,8

[a] Não inclui a energia derivada da oxidação do nitrogênio em aminoácidos, pois o corpo os excreta como uréia.

Adaptada, com permissão, de L. K. Koebel, 1984. "Energy metabolism". In: *Physiology*, 5th ed., editado por E. Selkurt (Boston, MA: Little, Brown & Co.), p. 635-650.

Evidências científicas

O carboidrato gera cerca de 6% mais energia (5 kcal) por litro de oxigênio do que a gordura (4,7 kcal). Por isso, ele é melhor combustível para o exercício de alta intensidade, quando se verifica a limitação do fornecimento de oxigênio para o trabalho dos músculos. Entretanto, com raras exceções, o carboidrato fornece pelo menos 50% do combustível usado em trabalhos de intensidade de 60 a 80% do consumo máximo de oxigênio. Esse intervalo de intensidade é típico de indivíduos com níveis médios de condicionamento cardiorrespiratório (veja o Capítulo 10). Conseqüentemente, no momento de converter o consumo de oxigênio em quilocalorias, os valores que devem ser usados se reduzem para a faixa de 4,85 a 5,0 kcal · L^{-1} (com cerca de 3% de diferença entre os extremos mais elevado e mais baixo). Portanto, o uso do valor constante de 5 kcal · L^{-1} na conversão do consumo de oxigênio em quilocalorias envolve um pequeno erro.

Ponto-chave

O consumo de oxigênio ($\dot{V}O_2$) é uma das medidas da quantidade de energia (calorias) produzida pelo corpo. Quando sabemos quantas calorias são geradas por grama de carboidrato e de gordura e quanto de oxigênio é usado para queimar essas calorias, os litros de oxigênio consumidos podem ser convertidos em calorias de energia produzida. Os valores a seguir são a quantidade de caloria obtida por grama de alimento metabolizado pelo corpo: 4 kcal · g^{-1} para o carboidrato; 9 kcal · g^{-1} para a gordura; 4 kcal · g^{-1} para a proteína. Sabendo quanto oxigênio é usado para metabolizar os alimentos, deduzimos que são obtidas 4,7 kcal · L^{-1} na oxidação da gordura e 5,0 kcal · L^{-1} na oxidação do carboidrato. Ao usar uma mistura 50/50 de carboidrato e de gordura como fonte de energia, obtemos 4,85 kcal · L^{-1}.

não há como calcular R. Por isso, usamos um equivalente calórico de 4,82 kcal · L^{-1} para indicar que a mistura de carboidrato, gordura e proteína é usada para produzir energia. Essa técnica de circuito fechado foi muito empregada para medir a taxa metabólica basal, mas tem sido substituída por métodos modernos de circuito aberto (18).

A técnica de circuito aberto para medição do consumo de oxigênio e da produção de gás carbônico é a calorimetria indireta mais comum. Nesse procedimento, o consumo de oxigênio é calculado por simples subtração: o volume de oxigênio exalado é subtraído do inalado. A diferença é considerada como a absorção ou o consumo de oxigênio (veja o Capítulo 28). Do mesmo modo se calcula a produção de dióxido de carbono, que é utilizada no cálculo de R. O valor de R, por sua vez, serve para determinar qual substrato (gordura ou carboidrato) forneceu mais energia durante o trabalho e também qual valor deve ser usado para o equivalente calórico de 1 L de oxigênio no cálculo do gasto energético (ou seja, 5,0 kcal · L^{-1} para o carboidrato e 4,7 kcal · L^{-1} para a gordura). No entanto, como descrito em "Evidências científicas", em geral, utiliza-se o valor médio de 5,0 kcal · L^{-1} para converter o consumo de oxigênio em quilocalorias.

Formas de expressar o gasto energético

A demanda energética de uma atividade é calculada a partir do consumo de oxigênio no estado de equilíbrio ($\dot{V}O_2$), medido durante essa atividade. Assim que o indivíduo atinge o consumo de oxigênio no estado de equilíbrio (nível), a energia (adenosina trifosfato – ATP) fornecida aos músculos passa a ser derivada do metabolismo aeróbio. Os valores do consumo de oxigênio medidos podem ser usados para expressar o gasto energético de diferentes modos. As cinco expressões mais comuns são as seguintes:

1. $\dot{V}O_2$ (L · min^{-1}). O cálculo do consumo de oxigênio (veja o Capítulo 28) gera um valor expresso em litros de oxigênio por minuto. Vejamos um exemplo. Os dados a seguir foram coletados de um homem de 80 kg, durante uma corrida submáxima na esteira: ventilação (STPD) = 60 L · min^{-1}; O_2 inspirado = 20,93%; O_2 expirado = 16,93%.

$$\dot{V}O_2 \text{ (L · min}^{-1}\text{)} = 60 \text{ L · min}^{-1} (20,93\% \text{ } O_2 - 16,93\% \text{ } O_2) = 2,4 \text{ L · min}^{-1}$$

2. **kcal · min^{-1}**. O consumo de oxigênio pode ser expresso em quilocalorias usadas por minuto. O equivalente calórico de 1 L de O_2 varia dos 4,7 kcal · L^{-1} da gordura até 5,0 kcal · L^{-1} do carboidrato. Por motivos práticos, e com pequena perda de precisão, usamos 5 kcal por litro de O_2 para converter o consumo de oxigênio em quilocalorias por minuto. Para calcular o gasto energético, multiplicam-se as quilocalorias gastas por minuto (kcal · min^{-1}) pela duração da atividade em minutos. Se aquele homem antes mencionado, por exemplo, pesando 80 kg, corresse 30 minutos na esteira, em um $\dot{V}O_2$ igual a 2,4 L · min^{-1}, o gasto total de energia seria calculado assim:

$$\frac{2,4 \text{ L } O_2}{\min} \cdot \frac{5 \text{ kcal}}{\text{L } O_2} = \frac{12 \text{ kcal}}{\min}$$

$$\frac{12 \text{ kcal}}{\min} \cdot 30 \min = 360 \text{ kcal}$$

3. $\dot{V}O_2$ (mL · kg^{-1} · min^{-1}). Se o consumo de oxigênio medido, expresso em litros por minuto, for multiplicado por 1.000 para gerar mililitros por minuto e, depois, for dividido pelo peso corporal do indivíduo em quilogramas, o valor será expresso em mililitros de O_2 por quilograma de peso corporal por minuto ou mL · kg · min^{-1}. Essa fórmula ajuda a comparar os valores de pessoas com diferentes tamanhos corporais. Vejamos, por exemplo, aquele homem de 80 kg, com um $\dot{V}O_2$ de 2,4 L · min^{-1}:

$$\frac{2,4 \text{ L}}{\min} \cdot \frac{1.000 \text{ mL}}{\text{L}} \div 80 \text{ kg} = 30 \text{ mL · kg}^{-1} \cdot \min^{-1}$$

4. **MET** *(equivalente metabólico)*. É um termo usado para descrever o metabolismo em repouso. A taxa metabólica de repouso (consumo de oxigênio) é medida quando o indivíduo está quieto, em posição supina, em repouso, após certo tempo de jejum e sem exercícios. A taxa metabólica de repouso varia de acordo com a idade e o sexo – é menor em mulheres do que em homens e diminui com a idade (18). Por convenção, 1 MET é igual a 3,5 mL · kg^{-1} · min^{-1}. As atividades são expressas por múltiplos da unidade de MET. Vejamos como fica a fórmula se usarmos os valores do $\dot{V}O_2$ apresentados no item 3.

$$30 \text{ mL · kg}^{-1} \cdot \min^{-1} \div 3,5 \text{ mL · kg}^{-1} \cdot \min^{-1} = 8,6 \text{ METs}$$

5. **kcal · kg^{-1} · h^{-1}**. A expressão do gasto energético pelo MET carrega um bônus especial; o valor também indica o número de calorias que o indivíduo usa por quilograma de peso corporal por hora. No exemplo antes mencionado, o indivíduo trabalha a 8,6 METs ou cerca de 30 mL · kg^{-1} · min^{-1}. Quando é multiplicado por 60 min · h^{-1}, esse valor se transforma em 1.800 mL · kg^{-1} · h^{-1} ou 1,8 L · kg^{-1} · h^{-1}. Se a pessoa estiver usando uma mistura de carboidrato e gordura como combustível, o consumo de oxigênio será multiplicado por 4,85 kcal por litro de O_2 para chegar a 8,7 kcal · kg^{-1} · h^{-1}. Os passos a seguir mostram os detalhes desse cálculo.

$$8,6 \text{ METs} \cdot \frac{3,5 \text{ mL · kg}^{-1} \cdot \min^{-1}}{\text{MET}} = 30 \text{ mL · kg}^{-1} \cdot \min^{-1}$$

$$30 \text{ mL · kg}^{-1} \cdot \min^{-1} \cdot 60 \min \cdot \text{h}^{-1} = 1.800 \text{ mL · kg}^{-1} \cdot \text{h}^{-1} = 1,8 \text{ L · kg}^{-1} \cdot \text{h}^{-1}$$

$$1,8 \text{ L · kg}^{-1} \cdot \text{h}^{-1} \cdot 4,85 \text{ kcal · L } O_2^{-1} = 8,7 \text{ kcal · kg}^{-1} \cdot \text{h}^{-1}$$

Fórmulas para estimar o custo energético de atividades físicas

Em meados da década de 1970, o ACSM identificou algumas fórmulas simples para estimar a demanda energética no estado de equilíbrio associada com atividades comumente usadas em testes de exercício progressivo (TEP), incluindo caminhada, *step*, corrida e pedalada em cicloergômetro (2). Ao longo dos

> **Ponto-chave**
>
> O gasto energético pode ser expresso em $L \cdot min^{-1}$; $kcal \cdot min^{-1}$; $mL \cdot kg^{-1} \cdot min^{-1}$; METs; e $kcal \cdot kg^{-1} \cdot h^{-1}$. Para converter $L \cdot min^{-1}$ em $kcal \cdot min^{-1}$, multiplica-se o valor por 5,0 $kcal \cdot L^{-1}$. Para converter $L \cdot min^{-1}$ em $mL \cdot kg^{-1} \cdot min^{-1}$, multiplica-se o valor por 1.000 e divide-se o resultado pelo peso corporal em quilogramas. Para converter $mL \cdot kg^{-1} \cdot min^{-1}$ em METs ou $kcal \cdot kg^{-1} \cdot h^{-1}$, divide-se o valor por 3,5 $mL \cdot kg^{-1} \cdot min^{-1}$.

anos, essas fórmulas têm sido modificadas para refletir melhor as informações disponíveis. Desse modo, este capítulo apresenta o pensamento atual a respeito da estimativa de custos energéticos (3). O consumo de oxigênio calculado a partir das fórmulas é uma estimativa; há um **desvio padrão** típico, associado com o verdadeiro valor médio medido, de 7 a 9% (3, 10). Lembre-se dessa variação normal nos custos energéticos das atividades quando for usar essas fórmulas na prescrição de exercícios.

As fórmulas do ACSM têm sido aplicadas ao TEP para estimar a potência aeróbia máxima. Nota-se que, nesses casos, a estimativa é bastante razoável quando os indivíduos são saudáveis e a taxa de progressão do TEP é baixa o bastante para permitir o alcance do consumo de oxigênio no estado de equilíbrio em cada estágio (20, 21). Quando o aumento em cada estágio do teste é grande ou quando a pessoa não está bem condicionada, o consumo de oxigênio não acompanha o ritmo de cada etapa do TEP. Nessas circunstâncias, as fórmulas superestimam o real consumo de oxigênio (14), pois são destinadas a estimar demandas de energia no estado de equilíbrio. É mais provável que isso aconteça em populações com doenças (por exemplo, pacientes cardíacos), sugerindo que os TEPs usados para testá-las podem ser agressivos demais. O teste que progride de maneira mais lenta e permite que o indivíduo alcance o $\dot{V}O_2$ no estado de equilíbrio em cada etapa reduz o risco de superestimar a capacidade funcional e, ainda assim, exige da pessoa um trabalho no nível metabólico apropriado para sobrecarregar o sistema (veja o Capítulo 10).

Quando as fórmulas do ACSM foram desenvolvidas, houve uma tentativa de usar o verdadeiro custo fisiológico de oxigênio para cada tipo de trabalho. Cada atividade foi reduzida a seus componentes energéticos. Ou seja, ao estimar, por exemplo, o custo de oxigênio total de caminhar em uma subida, acrescenta-se o custo de oxigênio líquido de caminhar na horizontal (um componente) ao custo de oxigênio líquido da vertical ou subida (um componente) e à taxa metabólica de repouso (um componente), que é considerada como 1 MET ($3,5\ mL \cdot kg^{-1} \cdot min^{-1}$).

$$\text{Custo de } O_2 \text{ total} = \text{custo de oxigênio líquido da atividade} + 3{,}5\ mL \cdot kg^{-1} \cdot min^{-1}$$

Para que as fórmulas estimem de forma adequada o custo de oxigênio da atividade, o indivíduo tem de seguir as instruções com exatidão (por exemplo, não segurar no apoio da esteira, manter a cadência da pedalada), e os instrumentos de trabalho (esteira, cicloergômetro, etc.) têm de ser calibrados do modo correto (veja o Capítulo 5).

Demandas energéticas da caminhada, da corrida, do ciclismo, do cicloergômetro e do *step*

As próximas seções fornecem fórmulas para estimar o custo energético da caminhada, da corrida, da pedalada em cicloergômetro e do *step*. Essas atividades são comuns na reabilitação cardíaca e em programas de condicionamento físico de adultos. Apresentamos exemplos para mostrar o uso dessas fórmulas na hora de elaborar programas de exercício.

Custo de oxigênio da caminhada

As fórmulas destinadas a determinar o custo de oxigênio da caminhada diferem de acordo com a velocidade e a inclinação da superfície.

Superfície horizontal

Em programas de exercício e TEPs, uma das atividades mais comuns é a caminhada. A fórmula a seguir pode ser usada para estimar a demanda energética da caminhada no intervalo de intensidade de

50 a 100 m · min^{-1} ou 1,9 a 3,7 mi · h^{-1}. (Para obter metros por minuto, multiplique as milhas por hora por 26,8. Para obter milhas por hora, divida os metros por minuto por 26,8.) Dill (12) mostrou que o custo líquido de caminhar 1 m · min^{-1} em uma superfície horizontal é 0,100 a 0,106 mL · kg^{-1} · min^{-1}. Nas fórmulas do ACSM, usa-se o valor de 0,1 mL · kg^{-1} · min^{-1} para simplificar os cálculos sem perder a precisão. A fórmula do cálculo do custo de oxigênio (mL · kg^{-1} · min^{-1}) da caminhada em uma superfície horizontal é a seguinte:

$$\dot{V}O_2 = 0,1 \text{ mL} \cdot \text{kg}^{-1} \cdot \text{min}^{-1} \text{ (velocidade horizontal)} + 3,5 \text{ mL} \cdot \text{kg}^{-1} \cdot \text{min}^{-1}$$

PERGUNTA: Quais são os METs e o $\dot{V}O_2$ no estado de equilíbrio estimados para uma caminhada na velocidade de 90 m · min^{-1} (3,4 mi · h^{-1})?

Resposta:

$$\dot{V}O_2 = 90 \text{ m} \cdot \text{min}^{-1} \cdot \frac{0,1 \text{ mL} \cdot \text{kg}^{-1} \cdot \text{min}^{-1}}{\text{m} \cdot \text{min}^{-1}} + 3,5 \text{ mL} \cdot \text{kg}^{-1} \cdot \text{min}^{-1}$$

$$\dot{V}O_2 = 9,0 \text{ mL} \cdot \text{kg}^{-1} \cdot \text{min}^{-1} + 3,5 \text{ mL} \cdot \text{kg}^{-1} \cdot \text{min}^{-1} = 12,5 \text{ mL} \cdot \text{kg}^{-1} \cdot \text{min}^{-1}$$

$$\text{METs} = 12,5 \text{ mL} \cdot \text{kg}^{-1} \cdot \text{min}^{-1} \div 3,5 \text{ mL} \cdot \text{kg}^{-1} \cdot \text{min}^{-1} = 3,6$$

As fórmulas também podem ser usadas na previsão do nível de atividade necessário para deduzir um gasto energético específico.

PERGUNTA: Um praticante com nível baixo de condicionamento físico é aconselhado a fazer exercícios a 11,5 mL · kg^{-1} · min^{-1} para alcançar a intensidade adequada. Que velocidade de caminhada você recomendaria?

Resposta:

$$11,5 \text{ mL} \cdot \text{kg}^{-1} \cdot \text{min}^{-1} = ? \text{m} \cdot \text{min}^{-1} \cdot \frac{0,1 \text{ mL} \cdot \text{kg}^{-1} \cdot \text{min}^{-1}}{\text{m} \cdot \text{min}^{-1}} + 3,5 \text{ mL} \cdot \text{kg}^{-1} \cdot \text{min}^{-1}$$

Subtraia a taxa metabólica de repouso (3,5 mL · kg^{-1} · min^{-1}) de ambos os lados da fórmula. No lado esquerdo, teremos 11,5 mL · kg^{-1} · min^{-1} menos 3,5 mL · kg^{-1} · min^{-1}, que dará o custo de oxigênio líquido da atividade (8,0 mL · kg^{-1} · min^{-1}):

$$8 \text{ mL} \cdot \text{kg}^{-1} \cdot \text{min}^{-1} = ? \text{m} \cdot \text{min}^{-1} \cdot \frac{0,1 \text{ mL} \cdot \text{kg}^{-1} \cdot \text{min}^{-1}}{\text{m} \cdot \text{min}^{-1}}$$

O custo líquido (8,0 mL · kg^{-1} · min^{-1}) é dividido por 0,1 mL · kg^{-1} · min^{-1} por m · min^{-1}, gerando 80 m · min^{-1}. Para obter o valor em milhas por hora, dividimos os metros por minuto por 26,8 e obtemos 3 mi · h^{-1}:

$$80 \text{ m} \cdot \text{min}^{-1} = 8 \text{ mL} \cdot \text{kg}^{-1} \cdot \text{min}^{-1} \div \frac{0,1 \text{ mL} \cdot \text{kg}^{-1} \cdot \text{min}^{-1}}{\text{m} \cdot \text{min}^{-1}}$$

$$3,0 \text{ mi} \cdot \text{h}^{-1} = 80 \text{ m} \cdot \text{min}^{-1} \div \frac{26,8 \text{ m} \cdot \text{min}^{-1}}{\text{mi} \cdot \text{h}^{-1}}$$

Superfície vertical – subida

Para obter o custo de oxigênio de caminhar em uma subida, somamos: o custo da caminhada na horizontal sem inclinação, o custo do componente vertical da subida e a taxa metabólica de repouso (3,5 mL · kg^{-1} · min^{-1}). Estudos têm mostrado que o custo de oxigênio de movimentar-se (caminhada ou *step*) 1 m · min^{-1} verticalmente é 1,8 mL · kg^{-1} · min^{-1} (7,22). O componente vertical (velocidade vertical) é calculado pela multiplicação da subida (expressa na forma de fração) pela velocidade em metros por minuto. Quem caminha 80 m · min^{-1} em uma superfície com 10% de inclinação está andando a 8 m · min^{-1} verticalmente (0,10 · 80 m · min^{-1}). A fórmula para cálculo do custo de oxigênio (mL · kg^{-1} · min^{-1}) de andar em uma subida é a seguinte:

$$\dot{V}O_2 = 0,1 \text{ mL} \cdot \text{kg}^{-1} \cdot \text{min}^{-1} \text{ (velocidade horizontal)} +$$
$$1,8 \text{ mL} \cdot \text{kg}^{-1} \cdot \text{min}^{-1} \text{ (velocidade vertical)} + 3,5 \text{ mL} \cdot \text{kg}^{-1} \cdot \text{min}^{-1}$$

PERGUNTA: Qual é o custo de oxigênio total de caminhar 90 m · min^{-1} em uma superfície com inclinação de 12%?

Resposta:
O componente horizontal, calculado como na fórmula anterior, destinada à superfície horizontal, é igual a 9 mL · kg^{-1} · min^{-1}. As fórmulas a seguir mostram como é feito o cálculo do componente vertical e, finalmente, do custo de oxigênio total para caminhar 90 m · min^{-1} em uma superfície com inclinação de 12%:

$$\dot{V}O_2 = 0,12 \text{ (inclinação)} \cdot 90 \text{ m} \cdot \text{min}^{-1} \cdot \frac{1,8 \text{ mL} \cdot \text{kg}^{-1} \cdot \text{min}^{-1}}{\text{m} \cdot \text{min}^{-1}} = 19,4 \text{ mL} \cdot \text{kg}^{-1} \cdot \text{min}^{-1}$$

$$\dot{V}O_2 \text{ (mL} \cdot \text{kg}^{-1} \cdot \text{min}^{-1}) = 9,0 \text{ (horizontal)} + 19,4 \text{ (vertical)} + 3,5 \text{ (repouso)} =$$

$$31,9 \text{ mL} \cdot \text{kg}^{-1} \cdot \text{min}^{-1} \text{ ou } 9,1 \text{ METs}$$

Como indicado antes, as fórmulas podem ser usadas para estimar os valores programados na esteira para extrair um determinado consumo de oxigênio.

PERGUNTA: Qual inclinação você programaria na esteira para alcançar uma demanda energética de 6 METs (21,0 mL · kg^{-1} · min^{-1}) na caminhada de 60 m · min^{-1}?

Resposta:
O custo de oxigênio líquido da atividade é igual a 21 − 3,5 ou 17,5, mL · kg^{-1} · min^{-1}. Agora devemos calcular os componentes vertical e horizontal para chegar à resposta final:

$$\text{Componente horizontal} = 60 \text{ m} \cdot \text{min}^{-1} \cdot \frac{0,1 \text{ mL} \cdot \text{kg}^{-1} \cdot \text{min}^{-1}}{\text{m} \cdot \text{min}^{-1}}$$

$$= 6,0 \text{ mL} \cdot \text{kg}^{-1} \cdot \text{min}^{-1}$$

$$\text{Componente vertical} = 17,5 - 6,0 = 11,5 \text{ mL} \cdot \text{kg}^{-1} \cdot \text{min}^{-1}$$

$$11,5 \text{ mL} \cdot \text{kg}^{-1} \cdot \text{min}^{-1} = \text{inclinação fracionada} \cdot 60 \text{ m} \cdot \text{min}^{-1} \cdot \frac{1,8 \text{ mL} \cdot \text{kg}^{-1} \cdot \text{min}^{-1}}{\text{m} \cdot \text{min}^{-1}}$$

$$11,5 \text{ m} \cdot \text{kg}^{-1} \cdot \text{min}^{-1} = \text{inclinação fracionada} \cdot 108 \text{ mL} \cdot \text{kg}^{-1} \cdot \text{min}^{-1}$$

$$\text{Inclinação fracionada} = 11,5 \div 108 = 0,106 \cdot 100\% = 10,6\% \text{ de inclinação}$$

Caminhada a diferentes velocidades

As fórmulas precedentes são úteis para caminhadas com velocidade de 50 a 100 m · min^{-1} (1,9 a 3,7 mi · h^{-1}). Além desse limite, a demanda energética da caminhada aumenta de modo curvilíneo (10). Uma vez que muitas pessoas optam por caminhar rapidamente em vez de praticar o *jogging*, as demandas dessa velocidade maior são úteis na prescrição de exercícios. Na Tabela 4.2, incluímos valores de demandas energéticas para caminhada em superfícies horizontais, com variados graus de inclinação e a velocidades mais rápidas (4,0 a 5,0 mi · h^{-1} ou 107 a 134 m · min^{-1}).

Uma das formas mais comuns e úteis de expressar o custo energético da caminhada é em quilocalorias por minuto. Desse modo, o profissional de condicionamento físico pode simplesmente localizar a velocidade da caminhada na tabela, identificar a quantidade de calorias gastas por minuto e calcular o gasto de energia total de acordo com a duração da caminhada. A Tabela 4.3 apresenta o custo energético (em kcal · min^{-1}) da caminhada a velocidades de 2 a 5 mi · h^{-1} (54 a 134 m · min^{-1}) e inclui valores para pessoas com diferentes pesos corporais. O custo energético de caminhar aumenta de acordo com a velocidade; no entanto, a proporção do aumento é maior em velocidades mais altas. Vejamos um exemplo: quando um participante de 77,3 kg aumenta a velocidade da caminhada de 2 para 3 mi · h^{-1} (de 54 para 80 m · min^{-1}), o custo energético sobe de 3,2 para 4,2 kcal · min^{-1}. Por sua vez, se o indivíduo passar de 4 para 5 mi · h^{-1} (de 107 para 134 m · min^{-1}), o aumento será de 6,3 para 10,2 kcal · min^{-1}. O indivíduo muito sedentário pode caminhar a velocidades baixas e, ainda assim, alcançar a intensidade desejada para o exercício; pessoas relativamente bem condicionadas devem caminhar a velocidades mais altas, diante das quais a demanda energética elevada fornece o estímulo necessário ao efeito do treinamento. À medida que o participante perde peso, o custo energético de caminhar a certa velocidade diminui, pois ele depende do peso corporal. Nesse caso, a diminuição do custo energético pode ser compensada pelo aumento da duração ou da distância da caminhada.

Tabela 4.2 Demanda energética em METs para caminhadas com variadas velocidades e inclinações da pista

Inclinação (%)	Velocidade (mi · h⁻¹ / m · min⁻¹)						
	2,0/54	2,5/67	3,0/80	3,5/94	4,0/107	4,5/121	5,0/134
0	2,5	2,9	3,3	3,7	4,9	6,2	7,9
2	3,1	3,6	4,1	4,7	5,9	7,4	9,3
4	3,6	4,3	4,9	5,6	7,1	8,7	10,6
6	4,2	5,0	5,8	6,6	8,1	9,9	12,0
8	4,7	5,7	6,6	7,5	9,3	11,1	13,4
10	5,3	6,3	7,4	8,5	10,4	12,4	14,8
12	5,8	7,1	8,3	9,5	11,4	13,6	16,6
14	6,4	7,7	9,1	10,4	12,6	14,9	17,5
16	6,9	8,4	9,9	11,4	13,6	16,1	18,9
18	7,5	9,1	10,7	12,4	14,8	17,4	20,3
20	8,1	9,8	11,6	13,3	15,9	18,6	21,7
22	8,6	10,3	12,4	14,3	17,0	19,9	23,1
24	9,1	11,1	13,2	15,3	18,1	21,1	
26	9,7	11,9	14,0	16,2	19,2	22,3	
28	10,3	12,5	14,9	17,2	20,3	23,6	
30	10,8	13,2	15,7	18,2	21,4		

Com base em dados do *Guidelines for exercise testing and prescription*, do ACSM (3) e de Bubb e colaboradores (10).

Custo de oxigênio do *jogging* e da corrida

O *jogging* e a corrida são comuns em programas de condicionamento físico destinados a indivíduos aparentemente saudáveis. Podemos usar as fórmulas do ACSM para estimar o custo de oxigênio dessas atividades, em um intervalo grande de velocidade, em geral de 130 a 350 m · min⁻¹. As fórmulas também são úteis para velocidades inferiores a 130 m · min⁻¹, desde que a pessoa seja uma verdadeira praticante de *jogging*. O fato de que, a menos de 130, o indivíduo pode caminhar ou praticar o *jogging* complica a questão. Quando a velocidade é baixa, o custo de oxigênio de andar é menor do que o do *jogging*; no entanto, a cerca de 140 m · min⁻¹ (5,2 mph), esses dois custos são praticamente iguais. Acima dessa velocidade, o da caminhada excede o do *jogging* (5).

Jogging e corrida em uma superfície horizontal

O custo de oxigênio líquido de praticar o *jogging* e de correr a 1 m · min⁻¹ em uma superfície horizontal equivale a cerca de duas vezes o custo de andar, 0,2 mL · kg⁻¹ · min⁻¹ por m · min⁻¹ (6, 9, 19). Lembre-se de que a fórmula em geral vai estimar de forma razoável o custo de oxigênio da corrida para indivíduos médios. No entanto, é bem-conhecido o fato de que corredores treinados são mais econômicos (em termos de gasto energético) do que uma pessoa média e, além disso, a economia de correr varia de acordo com cada grupo específico, treinado ou não-treinado (9, 11, 21). A fórmula para estimar o custo de oxigênio (mL · kg⁻¹ · min⁻¹) da corrida em uma superfície horizontal é a seguinte:

$$\dot{V}O_2 = 0{,}2 \text{ mL} \cdot \text{kg}^{-1} \cdot \text{min}^{-1} \text{ (velocidade horizontal)} + 3{,}5 \text{ mL} \cdot \text{kg}^{-1} \cdot \text{min}^{-1}$$

PERGUNTA: Qual é a demanda de oxigênio de correr 10 km em uma pista, em 60 min?

Resposta:

$$10.000 \text{ m} \div 60 \text{ min} = 167 \text{ m} \cdot \text{min}^{-1}$$

$$\dot{V}O_2 = 167 \text{ m} \cdot \text{min}^{-1} \cdot \frac{0{,}2 \text{ mL} \cdot \text{kg}^{-1} \cdot \text{min}^{-1}}{\text{m} \cdot \text{min}^{-1}} + 3{,}5 \text{ mL} \cdot \text{kg}^{-1} \cdot \text{min}^{-1}$$

$$= 36{,}9 \text{ mL} \cdot \text{kg}^{-1} \cdot \text{min}^{-1} \text{ ou } 10{,}5 \text{ METs}$$

Tabela 4.3 Custos energéticos da caminhada (kcal · min⁻¹)

Peso corporal		Velocidade (mi · h⁻¹ / m · min⁻¹)						
kg	lb	2,0/54	2,5/67	3,0/80	3,5/94	4,0/107	4,5/121	5,0/134
50,0	110	2,1	2,4	2,8	3,1	4,1	5,2	6,6
54,5	120	2,3	2,6	3,0	3,4	4,4	5,6	7,2
59,1	130	2,5	2,9	3,2	3,6	4,8	6,1	7,8
63,6	140	2,7	3,1	3,5	3,9	5,2	6,6	8,4
68,2	150	2,8	3,3	3,7	4,2	5,6	7,0	9,0
72,7	160	3,0	3,5	4,0	4,5	5,9	7,5	9,6
77,3	170	3,2	3,7	4,2	4,8	6,3	8,0	10,2
81,8	180	3,4	4,0	4,5	5,0	6,7	8,4	10,8
86,4	190	3,6	4,2	4,7	5,3	7,0	8,9	11,4
90,9	200	3,8	4,4	5,0	5,6	7,4	9,4	12,0
95,4	210	4,0	4,6	5,2	5,9	7,8	9,9	12,6
100,0	220	4,2	4,8	5,5	6,2	8,2	10,3	13,2

Multiplique o valor pela duração da atividade para obter o total de calorias gastas.
Com base em dados do *Guidelines for exercise testing and prescription* do ACSM (3) e de Bubb e colaboradores (10).

PERGUNTA: Uma corredora de longa distância, de 20 anos de idade, com $\dot{V}O_2$máx de 50 mL · kg⁻¹ · min⁻¹ quer correr trechos a 90% do $\dot{V}O_2$máx. Qual deve ser a velocidade dela na pista, considerando 1 mi igual a 1.610 m?

Resposta:
90% de 50 = 45 mL · kg⁻¹ · min⁻¹, e o custo líquido da corrida é igual a 45 mL · kg⁻¹ · min⁻¹ – 3,5 mL · kg⁻¹ · min⁻¹ ou 41,5 mL · kg⁻¹ · min⁻¹

$$41,5 \text{ mL} \cdot \text{kg}^{-1} \cdot \text{min}^{-1} \div \frac{0,2 \text{ mL} \cdot \text{kg}^{-1} \cdot \text{min}^{-1}}{\text{m} \cdot \text{min}^{-1}} = 207 \text{ m} \cdot \text{min}^{-1}$$

$$1.610 \text{ m} \cdot \text{min}^{-1} \div 207 \text{ m} \cdot \text{min}^{-1} = 7,78 \text{ min ou } 7:47 \text{ (min:s) em milhas}$$

Jogging *e corrida em uma subida*

Não há tanta informação sobre o custo de oxigênio da corrida em subidas como há da caminhada em subidas ou da corrida em pistas horizontais. Mas uma coisa está clara – o custo de oxigênio de correr morro acima é mais ou menos metade do de caminhar morro acima (8, 19). Parte do levantamento vertical associado à corrida em uma superfície horizontal é usado para vencer parte do trabalho de subir na corrida em uma pista inclinada, diminuindo a demanda de oxigênio líquido do trabalho vertical. O custo de oxigênio de correr 1 m · min⁻¹ verticalmente é 0,9 mL · kg⁻¹ · min⁻¹. Como no cálculo da caminhada na subida, para obter a velocidade vertical, multiplica-se a inclinação fracionada pela velocidade horizontal. A fórmula a seguir é usada para calcular o custo de oxigênio da corrida na subida.

$$\dot{V}O_2 = 0,2 \text{ mL} \cdot \text{kg}^{-1} \cdot \text{min}^{-1} \text{ (velocidade horizontal)} + 0,9 \text{ mL} \cdot \text{kg}^{-1} \cdot \text{min}^{-1} \text{ (velocidade vertical)} + 3,5 \text{ mL} \cdot \text{kg}^{-1} \cdot \text{min}^{-1}$$

PERGUNTA: Qual é o custo de oxigênio de correr 150 m · min⁻¹ em uma subida com 10% de inclinação?

Resposta:
Componente horizontal:

$$\dot{V}O_2 = 150 \text{ m} \cdot \text{min}^{-1} \cdot \frac{0,2 \text{ mL} \cdot \text{kg}^{-1} \cdot \text{min}^{-1}}{\text{m} \cdot \text{min}^{-1}} = 30 \text{ mL} \cdot \text{kg}^{-1} \cdot \text{min}^{-1}$$

Componente vertical:

$$\dot{V}O_2 = 0{,}10 \text{ (inclinação fracionada)} \cdot 150 \text{ m} \cdot \text{min}^{-1} \cdot \frac{0{,}9 \text{ mL} \cdot \text{kg}^{-1} \cdot \text{min}^{-1}}{\text{m} \cdot \text{min}^{-1}}$$

$$= 13{,}5 \text{ mL} \cdot \text{kg}^{-1} \cdot \text{min}^{-1}$$

$$\dot{V}O_2 = 30{,}0 \text{ (horizontal)} + 13{,}5 \text{ (vertical)} + 3{,}5 \text{ (repouso)} = 47 \text{ mL} \cdot \text{kg}^{-1} \cdot \text{min}^{-1}$$

PERGUNTA: O custo de oxigênio de correr 350 m · min^{-1} em uma superfície horizontal é 73,5 mL · kg^{-1} · min^{-1}. A fim de alcançar o mesmo $\dot{V}O_2$, em qual inclinação deve ser colocada a esteira para uma velocidade de 300 m · min^{-1}?

Resposta:
Componente horizontal:

$$\dot{V}O_2 = 300 \text{ m} \cdot \text{min}^{-1} \cdot \frac{0{,}2 \text{ mL} \cdot \text{kg}^{-1} \cdot \text{min}^{-1}}{\text{m} \cdot \text{min}^{-1}} = 60 \text{ mL} \cdot \text{kg}^{-1} \cdot \text{min}^{-1}$$

Componente vertical:

$$\dot{V}O_2 \text{ líquido} = 73{,}5 \text{ (total)} - 60 \text{ (horizontal)} - 3{,}5 \text{ (repouso)} = 10{,}0 \text{ mL} \cdot \text{kg}^{-1} \cdot \text{min}^{-1}$$

$$10{,}0 \text{ mL} \cdot \text{kg}^{-1} \cdot \text{min}^{-1} = \text{inclinação fracionada} \cdot 300 \text{ m} \cdot \text{min}^{-1} \cdot \frac{0{,}9 \text{ mL} \cdot \text{kg}^{-1} \cdot \text{min}^{-1}}{\text{m} \cdot \text{min}^{-1}}$$

$$\text{Inclinação fracionada} = 10{,}0 \text{ mL} \cdot \text{kg}^{-1} \cdot \text{min}^{-1} \div 270 \text{ mL} \cdot \text{kg}^{-1} \cdot \text{min}^{-1}$$

$$= 0{,}037 \text{ ou } 3{,}7\% \text{ de inclinação}$$

A Tabela 4.4 resume os custos de oxigênio da corrida em uma superfície horizontal e em subidas.

Jogging *e corrida a diferentes velocidades*

Em contraste com o custo energético de caminhar, o de praticar o *jogging* ou correr aumenta de forma linear em relação à velocidade. A Tabela 4.5 mostra o custo calórico de correr, em quilocalorias por minuto, para indivíduos de diferentes pesos corporais. Para um participante de 77,3 kg, por exemplo, o custo energético aumenta de 7,2 para 11,2 kcal · min^{-1} quando a velocidade salta de 3 para 5 mi · h^{-1} (de 80 para 134 m · min^{-1}); o aumento também é de 4 kcal · min^{-1} quando a velocidade passa de 7 para 9 mi · h^{-1} (de 188 para 241 m · min^{-1}). Assim como acontece na caminhada, o custo energético é maior para indivíduos mais pesados.

Tabela 4.4 Demanda energética em METs para o *jogging* ou a corrida em variadas velocidades e inclinações

Inclinação (%)	Velocidade (mi · h^{-1}/m · min^{-1})							
	3/80	4/107	5/134	6/161	7/188	8/215	9/241	10/268
0	5,6	7,1	8,7	10,2	11,7	13,3	14,8	16,3
1	5,8	7,4	9,0	10,6	12,2	13,8	15,4	17,0
2	6,0	7,7	9,3	11,0	12,7	14,4	16,0	17,7
3	6,2	7,9	9,7	11,4	13,2	14,9	16,6	18,4
4	6,4	8,2	10,0	11,9	13,7	15,5	17,3	19,1
5	6,6	8,5	10,4	12,3	14,2	16,1	17,9	19,8
6	6,8	8,8	10,7	12,7	14,6	16,6	18,5	20,4
7	7,0	9,0	11,0	13,1	15,1	17,1	19,1	21,1
8	7,2	9,3	11,4	13,5	15,6	17,7	19,7	21,8
9	7,4	9,6	11,7	13,9	16,1	18,3	20,3	22,5
10	7,6	9,9	12,1	14,3	16,6	18,8	21,0	23,2

Com base em dados do *Guidelines for exercise testing and prescription* do ACSM (3).

Tabela 4.5 Custos energéticos do *jogging* e da corrida (kcal · min^{-1})

Peso corporal		Velocidade (mi · h^{-1}/m · min^{-1})							
kg	lb	3,0/80	4,0/107	5,0/134	6,0/161	7,0/188	8,0/215	9,0/241	10,0/268
50,0	110	4,7	5,9	7,2	8,5	9,8	11,1	12,3	13,6
54,5	120	5,1	6,4	7,9	9,3	10,6	12,1	13,4	14,8
59,1	130	5,5	7,0	8,6	10,0	11,5	13,1	14,6	16,1
63,6	140	5,9	7,5	9,2	10,8	12,4	14,1	15,7	17,3
68,2	150	6,4	8,1	9,9	11,6	13,3	15,1	16,8	18,5
72,7	160	6,8	8,6	10,5	12,4	14,2	16,1	17,9	19,8
77,3	170	7,2	9,1	11,2	13,1	15,1	17,1	19,1	21,0
81,8	180	7,6	9,7	11,8	13,9	15,9	18,1	20,2	22,2
86,4	190	8,1	10,2	12,5	14,7	16,8	19,1	21,3	23,5
90,9	200	8,5	10,8	13,2	15,4	17,7	20,1	22,4	24,7
95,4	210	8,9	11,3	13,8	16,2	18,6	21,1	23,5	25,9
100,0	220	9,3	11,8	14,5	17,0	19,5	22,2	24,7	27,2

Multiplique o valor pela duração da atividade para obter o total de calorias gastas.

O custo energético de andar e correr uma milha (1,6 km)

Apesar da vasta quantidade de informações relacionadas com os custos da caminhada e da corrida, ainda prevalece uma grande confusão. Aqui afirmamos que o custo energético de caminhar uma milha (1,6 km) é igual ao de correr a mesma distância. Em geral, não é esse o caso (16). As fórmulas para estimar o custo energético dessas duas atividades podem ser usadas para calcular o custo calórico da caminhada e da corrida de uma milha (1,6 km), informação útil para planejar o alcance do gasto energético planejado.

Quando caminha a 3 mi · h^{-1} (80 m · min^{-1}), a pessoa completa 1 mi (1,6 km) em 20 minutos. Para uma pessoa de 70 kg, o custo calórico de caminhar 1 mi (1,6 km) é calculado assim:

$$\dot{V}O_2 = 80 \text{ m} \cdot \text{min}^{-1} (0,1 \text{ mL} \cdot \text{kg}^{-1} \cdot \text{min}^{-1}) + 3,5 \text{ mL} \cdot \text{kg}^{-1} \cdot \text{min}^{-1}$$
$$= 11,5 \text{ mL} \cdot \text{kg}^{-1} \cdot \text{min}^{-1}$$
$$\dot{V}O_2 (\text{mL} \cdot \text{mi}^{-1}) = 11,5 \text{ mL} \cdot \text{kg}^{-1} \cdot \text{min}^{-1} \cdot 70 \text{ kg} \cdot 20 \text{ min} \cdot \text{mi}^{-1} = 16.100 \text{ mL} \cdot \text{mi}^{-1}, \text{ e então}$$
$$\dot{V}O_2 (\text{L} \cdot \text{min}^{-1}) = 16.100 \text{ mL} \cdot \text{mi}^{-1} \div 1.000 \text{ mL} \cdot \text{L}^{-1} = 16,1 \text{ L} \cdot \text{mi}^{-1}$$

A cerca de 5,0 kcal por litro de O_2, o custo calórico bruto por milha de caminhada é 80,5 kcal (5 kcal · L^{-1} · 16,1 L · mi^{-1}). O custo calórico líquido para a milha de caminhada pode ser calculado do seguinte modo: subtrai-se o custo de oxigênio de 20 minutos de repouso do custo bruto da caminhada de 3 mi · h^{-1}. Por exemplo, 20 minutos de repouso · 70 kg (3,5 mL · kg^{-1} · min^{-1}) = 4.900 mL ou 4,9 L. A 5 kcal · L^{-1}, isso é igual a 24,5 kcal para 20 minutos de repouso. O custo líquido de caminhar uma milha é 80,5 kcal – 24,5 kcal ou 56 kcal para cada milha.

Se o mesmo indivíduo de 70 kg correr uma milha a 6 mi · h^{-1} (161 m · min^{-1}), seu custo de oxigênio poderá ser calculado pelo seguinte método:

$$\dot{V}O_2 = 161 \text{ m} \cdot \text{min}^{-1} (0,2 \text{ mL} \cdot \text{kg}^{-1} \cdot \text{min}^{-1}) + 3,5 \text{ mL} \cdot \text{kg}^{-1} \cdot \text{min}^{-1}$$
$$= 35,7 \text{ mL} \cdot \text{kg}^{-1} \cdot \text{min}^{-1}$$
$$\dot{V}O_2 (\text{mL} \cdot \text{mi}^{-1}) = 35,7 \text{ mL} \cdot \text{kg}^{-1} \cdot \text{min}^{-1} \cdot 70 \text{ kg} \cdot 10 \text{ min} \cdot \text{mi}^{-1} = 25.000 \text{ mL} \cdot \text{mi}^{-1}, \text{ e então}$$
$$\dot{V}O_2 (\text{L} \cdot \text{min}^{-1}) = 25.000 \text{ mL} \cdot \text{mi}^{-1} \div 1.000 \text{ mL} \cdot \text{L}^{-1} = 25 \text{ L} \cdot \text{min}^{-1}$$

A cerca de 5 kcal por litro de O_2, são usadas 125 kcal para o *jogging* ou a corrida de uma milha (5 kcal · L^{-1} · 25 L · mi^{-1}). O custo calórico bruto por milha (ou por 1,6 km) é ao redor de 50% maior no *jogging* do que na caminhada (125 *vs* 80 kcal). No entanto, o custo calórico líquido de uma milha ou 1,6 km de *jogging* ou de corrida (calorias usadas acima do nível de repouso) é relativamente independente da velocidade e se mostra duas vezes maior do que o da caminhada. Por exemplo, se subtrairmos do custo calórico bruto da corrida (125 kcal) o custo calórico de 10 minutos de repouso (12 kcal), o custo líquido será de 113 kcal, ou seja, duas vezes o de caminhar (56 kcal). A Tabela 4.6 lista valores de custos líquidos e brutos de caminhar e correr uma milha (1,6 km) para uma série de pesos corporais, com valores expressos em quilocalorias por milha.

Para o controle de peso, é importante usar o custo líquido da atividade, pois ele mede a energia utilizada além do que seria necessário para ficar sentado. Quando a pessoa se movimenta em uma velocidade

Ponto-chave

O custo de oxigênio da caminhada aumenta linearmente entre as velocidades de 50 e 100 m · min^{-1}; ele aumenta com mais rapidez quando a velocidade da caminhada é maior do que isso. O custo de oxigênio do *jogging* ou da corrida cresce linearmente, de acordo com a velocidade, variando do *jogging* de baixa velocidade (3 mi · h^{-1} ou 80 m · min^{-1}) à corrida em alta velocidade. O custo calórico líquido de uma milha de *jogging* ou de corrida é duas vezes maior do que o da caminhada nessa mesma distância, a um passo moderado.

lenta a moderada (2 a 3,5 mi · h^{-1} ou 54 a 94 m · min^{-1}), o custo líquido de caminhar uma milha é cerca de metade do de praticar o *jogging* ou correr essa mesma distância. Isso significa que a pessoa que pratica uma milha de *jogging* a 3 mi · h^{-1} (80 m · min^{-1}) trabalha a uma taxa metabólica maior do que alguém que caminha na mesma velocidade; e a resposta da FC também é maior no primeiro caso. Uma vez que muitas pessoas caminham a velocidades mais baixas do que essa, é importante lembrar que o custo energético líquido de uma milha de caminhada é metade do de uma milha de corrida. No entanto, se observarmos velocidades de caminhada mais altas, como 5 mi · h^{-1} (134 m · min^{-1}) ou uma milha em 12 minutos, veremos que o custo energético líquido de andar uma milha é apenas um pouco menor do que o da corrida.

A Tabela 4.6 mostra que o custo líquido de correr uma milha não depende da velocidade. Não importa se o participante pratica o *jogging* a 3 mi · h^{-1} (80 mi · min^{-1}) ou corre a 6 mi · h^{-1} (161 m · min^{-1}) – o

Tabela 4.6 Custo bruto e líquido (bruto/líquido) de caminhar e de correr (kcal · mi^{-1})

Caminhada									
Peso corporal		Velocidade (mi · h^{-1})							
kg	lb	2,0	2,5	3,0	3,5	4,0	4,5	5,0	
50,0	110	64/39	58/39	54/39	53/39	60/48	68/57	79/67	
54,5	120	69/42	63/42	59/42	57/42	66/52	75/63	86/81	
59,1	130	75/45	68/45	64/45	62/45	71/57	81/68	93/81	
63,6	140	80/49	73/49	69/49	67/49	77/61	87/73	100/88	
68,2	150	87/52	79/52	74/52	72/52	82/65	93/78	108/94	
72,7	160	92/56	84/56	79/56	76/56	88/70	100/84	115/100	
77,3	170	98/59	90/59	84/59	81/59	93/74	106/89	122/107	
81,8	180	104/63	95/63	89/63	86/63	99/78	112/94	139/113	
86,4	190	110/66	100/66	94/66	91/66	104/83	118/99	136/119	
90,9	200	115/70	105/70	99/70	95/70	110/87	124/104	144/125	
95,4	210	121/73	111/73	104/73	100/73	115/92	131/110	151/132	
100,0	220	127/77	116/77	109/77	105/77	121/96	137/115	158/138	

Corrida									
Peso corporal		Velocidade (mi · h^{-1})							
kg	lb	3,0	4,0	5,0	6,0	7,0	8,0	9,0	10,0
50,0	110	93/77	89/77	86/77	84/77	84/77	82/77	82/77	81/77
54,5	120	101/83	97/83	94/83	92/83	92/83	89/83	89/83	89/83
59,1	130	110/90	105/90	102/90	100/90	99/90	97/90	97/90	96/90
63,6	140	118/97	113/97	110/97	108/97	107/97	104/97	104/97	104/97
68,2	150	127/104	121/104	118/104	115/104	114/104	112/104	112/104	111/104
72,7	160	135/111	129/111	125/111	123/111	122/111	119/111	119/111	119/111
77,3	170	144/118	137/118	133/118	131/118	130/118	127/118	127/118	126/118
81,8	180	152/125	146/125	141/125	138/125	137/125	134/125	134/125	133/125
86,4	190	161/132	154/132	149/132	146/132	145/132	141/132	141/132	141/132
90,9	200	169/139	162/139	157/139	154/139	153/139	149/139	149/139	148/139
95,4	210	177/146	170/146	165/146	161/146	160/146	156/146	156/146	155/146
100,0	220	186/153	178/153	173/153	169/153	168/153	164/153	164/153	163/153

Multiplique o valor pelo número de milhas da caminhada ou corrida para obter o total (bruto/líquido) de calorias gastas.

custo calórico líquido é o mesmo. A 6 mi · h^{-1}, o indivíduo gasta energia a uma taxa duas vezes maior do que aquela medida a 3 mi · h^{-1} (161 m · min^{-1}). Porém, como se conclui o percurso em metade do tempo, o gasto energético líquido é aproximadamente o mesmo. A FC será, sem dúvida, maior na corrida de 6 mi · h^{-1} (161 m · min^{-1}) em decorrência do fornecimento de uma taxa mais alta de oxigênio aos músculos.

O custo de oxigênio da pedalada em cicloergômetro

O exercício em cicloergômetro é popular em clubes, academias, residências e como parte de programas de reabilitação. Em geral, a pedalada garante o gasto energético, com menor trauma nas articulações dos tornozelos, joelhos e quadris do que o *jogging*. As bicicletas ergométricas são usadas em programas convencionais de exercícios para as pernas, mas também se adaptam a exercícios para os braços (quando usadas sobre uma mesa). As seções a seguir descrevem a estimativa dos custos energéticos do cicloergômetro voltado para pernas e braços.

Ergometria de pernas

Nas atividades descritas anteriormente, o indivíduo carregava o peso do próprio corpo. A demanda energética, portanto, era proporcional ao peso corporal (mL · kg^{-1} · min^{-1}). Não é esse o caso do cicloergômetro, em que o peso corporal do praticante é sustentado pelo banco da bicicleta, e a taxa de trabalho é determinada sobretudo pelo ritmo do pedalar e pela resistência ao movimento da roda. A demanda de oxigênio, em litros por minuto, é praticamente a mesma para pessoas de tamanhos diferentes, que cumprem a mesma taxa de trabalho. Assim, quando uma pessoa leve realiza a mesma taxa de trabalho de uma pesada, o $\dot{V}O_2$ relativo (mL · kg^{-1} · min^{-1}) ou o nível do MET da primeira é maior.

Em cicloergômetros mecânicos simples, a taxa de trabalho é definida pela variação da força (peso ou carga) de resistência ao movimento da roda e pelo número de revoluções do pedal por minuto (rev · min^{-1}). Em uma Monark, a roda percorre 6 m por revolução do pedal; na Tunturi, apenas 3 m. Se usarmos o ergômetro da Monark como exemplo, o pedalar com 50 rev · min^{-1} faz com que a roda percorra uma distância de 300 m (6 m · 50 rev · min^{-1}). Se 1 kg-força (um peso de 1 quilo) for aplicado à roda, a taxa de trabalho será de 300 kgm · min^{-1} (quilograma-metros por minuto). As taxas de trabalho também são expressas em watts (W), sendo 6,1 kgm · min^{-1} igual a 1 W; a taxa de trabalho de 300 kgm · min^{-1} pode ser expressa como 50 W. Para dobrar essa taxa, basta mudar a força de um para dois quilos ou mudar a velocidade do pedal de 50 para 100 rev · min^{-1}. Há outras bicicletas, de controle eletrônico, que fornecem taxas específicas de carga de trabalho seja qual for o ritmo da pedalada; à medida que esse ritmo diminui, a carga sobre a roda aumenta de modo proporcional, para manter uma única taxa de trabalho (4).

O custo de oxigênio total do exercício de cicloergômetro é o consumo de oxigênio em repouso mais o custo da pedalada sem carga (o movimento das pernas sem resistência), somados ao custo do trabalho em si. O custo de oxigênio para 1 kgm de trabalho é 1,8 mL. A energia necessária para mover os pedais sem resistência foi estimada em 1 MET ou 3,5 mL · kg^{-1} · min^{-1} e, como nas outras fórmulas, o consumo de oxigênio em repouso é 3,5 mL · kg^{-1} · min^{-1} (3). Esses dois últimos termos são combinados em uma fórmula e geram 7 mL · kg^{-1} · min^{-1}. As estimativas das fórmulas seguintes são razoáveis para taxas de trabalho entre aproximadamente 150 e 1.200 kgm · min^{-1} (veja a Tabela 4.7). As fórmulas para as taxas de trabalho expressas em kgm · min^{-1} e watts são:

$$\dot{V}O_2 \,(\text{mL} \cdot \text{kg}^{-1} \cdot \text{min}^{-1}) = (\text{kgm} \cdot \text{min}^{-1} \cdot 1,8 \text{ mL O}_2 \cdot \text{kgm}^{-1}) \div \text{peso corporal (kg)} + 7 \text{ mL} \cdot \text{kg}^{-1} \cdot \text{min}^{-1}$$
$$\dot{V}O_2 \,(\text{mL} \cdot \text{kg}^{-1} \cdot \text{min}^{-1}) = (W \cdot 10,8 \text{ mL O}_2 \cdot W^{-1}) \div \text{peso corporal (kg)} + 7 \text{ mL} \cdot \text{kg}^{-1} \cdot \text{min}^{-1}$$

PERGUNTA: Qual é o custo de oxigênio de fazer 600 kgm · min^{-1} (100 W) em uma bicicleta ergométrica, para uma pessoa de 50 e outra de 100 kg?

Resposta:
Para a de 50 kg:

$$\dot{V}O_2 \,(\text{mL} \cdot \text{kg}^{-1} \cdot \text{min}^{-1}) = (600 \text{ kgm} \cdot \text{min}^{-1} \cdot 1,8 \text{ mL O}_2 \cdot \text{kgm}^{-1}) \div 50 \text{ kg} + 7 \text{ mL} \cdot \text{kg}^{-1} \cdot \text{min}^{-1}$$
$$= 28,6 \text{ mL} \cdot \text{kg}^{-1} \cdot \text{min}^{-1} \text{ ou } 8,2 \text{ METs}$$

Para a de 100 kg:

$$\dot{V}O_2 \,(\text{mL} \cdot \text{kg}^{-1} \cdot \text{min}^{-1}) = (600 \text{ kgm} \cdot \text{min}^{-1} \cdot 1,8 \text{ ml O}_2 \cdot \text{kgm}^{-1}) \div 100 \text{ kg} + 7 \text{ mL} \cdot \text{kg}^{-1} \cdot \text{min}^{-1}$$
$$= 17,8 \text{ mL} \cdot \text{kg}^{-1} \cdot \text{min}^{-1} \text{ ou } 5,1 \text{ METs}$$

Tabela 4.7 Gasto energético, em METs, do exercício de cicloergômetro para pernas e braços

Peso corporal		Taxa de trabalho (kgm · min^{-1}/W)						
kg	lb	300/50	450/75	600/100	750/125	900/150	1.050/175	1.200/200
50	110	5,1(6,1)	6,6(8,7)	8,2(11,3)	9,7(13,9)	11,3(–)	12,8(–)	14,3(–)
60	132	4,6(5,3)	5,9(7,4)	7,1(9,6)	8,4(11,7)	9,7(–)	11,0(–)	12,3(–)
70	154	4,2(4,7)	5,3(6,5)	6,4(8,3)	7,5(10,2)	8,6(12,0)	9,7(–)	10,8(–)
80	176	3,9(4,2)	4,9(5,8)	5,9(7,4)	6,8(9,0)	7,8(10,6)	8,8(12,3)	9,7(–)
90	198	3,7(3,9)	4,6(5,3)	5,4(6,7)	6,3(8,1)	7,1(9,6)	8,0(11,0)	8,9(12,4)
100	220	3,5(3,6)	4,3(4,9)	5,1(6,1)	5,9(7,4)	6,6(8,7)	7,4(10,0)	8,2(11,3)

Os valores entre parênteses referem-se ao trabalho dos braços.
Com base em dados do *Guidelines for exercise testing and prescription* do ACSM, 7th ed., 2006.

Em alguns programas de exercícios, é possível que o participante precise usar uma série de equipamentos de exercício para alcançar o efeito do treinamento e queira programar a mesma intensidade em cada aparelho. Nesse caso, a fórmula do cicloergômetro pode ser usada para definir a carga destinada a alcançar certo valor em MET na bicicleta ergométrica e para equilibrar esse trabalho com o outro, realizado na caminhada ou no *jogging*.

PERGUNTA: Um participante de 70 kg tem de trabalhar a 6 METs (21 mL · kg^{-1} · min^{-1}) para igualar o exercício à intensidade de um programa de caminhada. Que força (carga) deve ser colocada em um cicloergômetro Monark se o ritmo da pedalada for de 50 rev · min^{-1}?

Resposta:

$$21 \text{ mL} \cdot \text{kg}^{-1} \cdot \text{min}^{-1} = (? \text{ kgm} \cdot \text{min}^{-1} \cdot 1{,}8 \text{ mL O}_2 \cdot \text{kgm}^{-1}) \div 70 \text{ kg} + 7 \text{ mL} \cdot \text{kg}^{-1} \cdot \text{min}^{-1}$$

$$\text{Custo líquido de pedalar} = 21 - 7 \text{ mL} \cdot \text{kg}^{-1} \cdot \text{min}^{-1} = 14 \text{ mL} \cdot \text{kg}^{-1} \cdot \text{min}^{-1}$$

$$14 \text{ mL} \cdot \text{kg}^{-1} \cdot \text{min}^{-1} = (? \text{ kgm} \cdot \text{min}^{-1} \cdot 1{,}8 \text{ mL O}_2 \cdot \text{kgm}^{-1}) \div 70 \text{ kg}$$

Então multiplicamos os dois lados da fórmula por 70 kg.

$$980 \text{ mL} \cdot \text{min}^{-1} = \text{kgm} \cdot \text{min}^{-1} \cdot 1{,}8 \text{ mL O}_2 \cdot \text{kgm}^{-1}$$

A seguir, dividimos cada lado por 1,8 mL O$_2$ · kgm^{-1} para obter a taxa de trabalho:

$$\text{Taxa de trabalho} = 544 \text{ kgm} \cdot \text{min}^{-1}$$

Uma vez que o pedal da Monark roda 300 m · min^{-1} a 50 rev · min^{-1}, a carga de resistência à roda deve ser de 544 kgm · min^{-1} ÷ 300 m · min^{-1} ou 1,8 kg.

Ergometria de braços

Um cicloergômetro pode ser usado para exercitar os músculos dos braços e dos ombros, modificando-se os pedais e colocando o aparelho sobre uma mesa. Nessa circunstância, ele serve, de modo limitado, como um TEP para avaliar a função cardiovascular. Em geral, tem sido usado como exercício de rotina em programas de reabilitação (13). Vários fatores têm de ser levados em conta quando consideramos a ergometria de braços:

- O $\dot{V}O_2$máx. para braços é de apenas 70% do medido para as pernas na população saudável e menos ainda em pessoas mal condicionadas, idosos ou deficientes.
- A *endurance* natural dos músculos, usada nesse trabalho, é menor do que a das pernas.
- As respostas da FC e da PA são maiores para o trabalho dos braços quando comparado com o das pernas, a um mesmo $\dot{V}O_2$.
- Não há necessidade de tirar a carga na cicloergometria para os braços, mas o custo de oxigênio para fazer 1 kgm de trabalho para os braços é 3 mL O$_2$ · kgm^{-1} devido à ineficiência da ação (3).

As fórmulas para estimar o custo de oxigênio do trabalho dos braços por taxa de trabalho expressa em kgm · min^{-1} ou W são as seguintes:

$$\dot{V}O_2 \, (mL \cdot kg^{-1} \cdot min^{-1}) = (kgm \cdot min^{-1} \cdot 3 \, mL \, O_2 \cdot kgm^{-1}) \div \text{peso corporal (kg)} + 3,5 \, mL \cdot kg^{-1} \cdot min^{-1}$$
$$\dot{V}O_2 \, (mL \cdot kg^{-1} \cdot min^{-1}) = (W \cdot 18 \, mL \, O_2 \cdot W^{-1}) \div \text{peso corporal (kg)} + 3,5 \, mL \cdot kg^{-1} \cdot min^{-1}$$

Veja na Tabela 4.7, as estimativas do custo de oxigênio para o trabalho dos braços no cicloergômetro.

PERGUNTA: Qual é a demanda de oxigênio de um homem de 70 kg ao fazer um exercício de 150 kgm · min^{-1} em um cicloergômetro para braços?

Resposta:

$$\dot{V}O_2 \, (mL \cdot kg^{-1} \cdot min^{-1}) = (150 \, kgm \cdot min^{-1} \cdot 3 \, mL \, O_2 \cdot kgm^{-1}) \div$$
$$70 \, kg + 3,5 \, mL \cdot kg^{-1} \cdot min^{-1} = 9,9 \, mL \cdot kg^{-1} \cdot min^{-1} \, \text{ou 2,8 METs}$$

Ponto-chave

O custo de oxigênio da cicloergometria depende, basicamente, da taxa de trabalho, pois o peso corporal é sustentado pelo banco. O custo de oxigênio líquido da ergometria para as pernas é de 1,8 mL · kgm^{-1} *vs* 3 mL · kgm^{-1} para os braços. As respostas fisiológicas (FC, PA) são exageradas para o trabalho dos braços, comparado com o das pernas à mesma taxa de trabalho, pois o custo de oxigênio é maior e representa maior porcentagem do $\dot{V}O_2$máx. dos braços.

Custo de oxigênio no *step* sobre o banco

Uma das formas mais úteis e baratas de fazer exercício consiste no *step* sobre o banco. Essa atividade pode ser feita em casa e exige pouco ou nenhum equipamento. A taxa de trabalho é ajustada com facilidade, aumentando-se a altura do banco ou a cadência do movimento (número de levantamentos por minuto).

O custo de oxigênio total desse exercício é a soma dos custos de: (a) subir e de (b) descer do banco; (c) mover-se para trás e para a frente em uma superfície nivelada, com cadência específica; mais o (d) consumo de oxigênio em repouso (3,5 mL · kg^{-1} · min^{-1}). O custo de oxigênio de subir é 1,8 mL · kg^{-1} · min^{-1} por m · min^{-1}, como na caminhada (22). O custo de oxigênio de descer do banco corresponde a um terço do custo de subir; portanto, o custo de oxigênio de subir e de descer é 1,33 vezes o de subir. O custo de oxigênio de mover-se para trás e para a frente em uma superfície horizontal é igual a 0,2 mL O_2 por quilograma de massa corporal para o *step* de quatro etapas (3). O número de metros do movimento para cima e para baixo por minuto é calculado multiplicando-se o número de levantamentos por minuto pela altura do banco. Por exemplo: se a altura do banco for 0,2 m (20 cm) e a cadência, 30 *steps* · min^{-1}, então os movimentos de levantar ou de abaixar por minuto serão iguais a 30 vezes 0,2 m ou 6 m · min^{-1}. Na determinação da altura do banco, para obter o resultado em centímetros, multiplique as polegadas por 2,54; para obter o resultado em metros, divida os centímetros por 100. A fórmula para estimar a demanda energética do *step* é a seguinte:

$$\dot{V}O_2 \, (mL \cdot kg^{-1} \cdot min^{-1}) = (0,2 \cdot \text{ritmo do } step) +$$
$$(1,8 \cdot 1,33 \cdot \text{ritmo do } step \cdot \text{altura do banco em metros}) + 3,5 \, mL \cdot kg^{-1} \cdot min^{-1}$$

PERGUNTA: Qual é a demanda de oxigênio de um exercício de *step* ao ritmo de 20 *steps* · min^{-1} sobre um banco de 20 cm?

Resposta:

$$\dot{V}O_2 = \left(\frac{0{,}2 \, mL \cdot kg^{-1} \cdot min^{-1}}{steps \cdot min^{-1}} \cdot 20 \, steps \cdot min^{-1} \right) +$$
$$\left(\frac{1{,}8 \, mL}{kgm} \cdot 1{,}33 \cdot \frac{0{,}2 \, m}{step} \cdot \frac{20 \, steps}{min} \right) + 3{,}5 \, mL \cdot kg^{-1} \cdot min^{-1}$$
$$= 4{,}0 \, mL \cdot kg^{-1} \cdot min^{-1} + 9{,}6 \, mL \cdot kg^{-1} \cdot min^{-1} + 3{,}5 \, mL \cdot kg^{-1} \cdot min^{-1}$$
$$= 17{,}1 \, mL \cdot kg^{-1} \cdot min^{-1} \, \text{ou 4,9 METs}$$

A Tabela 4.8 resume a demanda de energia do *step* em diferentes ritmos.

Tabela 4.8 Gasto energético em METs durante o exercício de *step* em vários ritmos e com bancos de várias alturas

Altura do banco		Steps · min⁻¹			
cm	in.	12	18	24	30
0	0	1,7	2,0	2,4	2,7
4	1,6	2,0	2,5	3,0	3,5
8	3,2	2,3	3,0	3,7	4,4
12	4,7	2,7	3,5	4,3	5,2
16	6,3	3,0	4,0	5,0	6,0
20	7,9	3,3	4,5	5,7	6,8
24	9,4	3,7	5,0	6,3	7,6
28	11,0	4,0	5,5	7,0	8,5
32	12,6	4,3	6,0	7,6	9,3
36	14,2	4,6	6,5	8,3	10,1
40	15,8	5,0	7,0	8,9	10,9

Com base em dados do *Guidelines for exercise testing and prescription* do ACSM, 6th ed., 2000.

Ponto-chave

O custo de oxigênio do *step* sobre um banco inclui os custos de subir e de descer e de movimentar-se horizontalmente para a frente e para trás mais o consumo de oxigênio em repouso. O custo de oxigênio de subir é o mesmo da caminhada. O custo de oxigênio de subir e de descer é 1,33 vezes maior do que o de subir. O custo de oxigênio de mover-se para trás e para a frente é proporcional ao ritmo do exercício.

Demandas energéticas de outras atividades físicas

Há muitas atividades disponíveis para compor um programa de condicionamento físico (veja o Capítulo 14). Entre elas, fazer exercícios com música, pular corda, nadar e jogar. Obviamente, o gasto energético associado a essas atividades é de difícil medição, se comparadas com a caminhada ou a corrida, em que o custo energético é similar entre as pessoas em função dos movimentos naturais que elas desenvolvem. Nessas outras atividades, ao contrário, os custos energéticos são variáveis e dependem do nível de habilidade dos participantes e da motivação que os leva a praticar aquele exercício. Nos exemplos a seguir, isso será demonstrado com maior clareza. Também apresentamos estimativas da demanda energética de algumas atividades aeróbias habituais.

Exercícios com música

Exercitar-se com música de fundo é uma alternativa divertida, que pode substituir a caminhada e a corrida. A demanda energética depende do impacto da sessão (alto ou baixo); da intensidade (baixa, média ou alta); e do uso ou não de pesos nas mãos (24). Quem está começando pode apenas esboçar os movimentos, enquanto os mais experientes aproveitam toda a amplitude a cada passo. Desse modo, os custos energéticos da atividade variam de maneira considerável, desde níveis bem baixos, como o de 4 METs, para os que se movimentam de forma rotineira, até 10 METs para participantes experientes, que trabalham com alta intensidade em sessões de baixo ou de alto impacto (24). Lembre-se de que essas atividades envolvem com freqüência grupos musculares pequenos e incluem contrações musculares estáticas (estabilizantes); por isso, a resposta da FC é maior para o mesmo consumo de oxigênio observado na caminhada e na corrida. A Tabela 4.9 resume o gasto calórico associado com o exercício ao som de música nas intensidades baixa, moderada e alta.

Tabela 4.9 Custo energético bruto do exercício com música (kcal · min^{-1})

Peso corporal (kg)	Peso corporal (lb)	Intensidade baixa	Intensidade moderada	Intensidade alta
50,0	110	3,3	5,8	8,3
54,5	120	3,6	6,4	9,1
59,1	130	3,9	6,9	9,8
63,6	140	4,2	7,4	10,6
68,2	150	4,5	7,9	11,3
72,7	160	4,8	8,5	12,1
77,3	170	5,1	9,0	12,8
81,8	180	5,4	9,5	13,6
86,4	190	5,7	10,1	14,3
90,9	200	6,0	10,6	15,1
95,4	210	6,3	11,1	15,9
100,0	220	6,6	11,7	16,7

Multiplique o valor pela duração da fase aeróbia para obter o total de calorias gastas.

Pular corda

Na caminhada e na corrida, a demanda energética é proporcional ao ritmo dos movimentos da pessoa. No ato de pular corda, no entanto, a demanda de energia para apenas 60 a 80 voltas · min^{-1} (a velocidade quase mínima em que a corda pode girar) é cerca de 9 METs. Quando o ritmo é de 120 voltas · min^{-1}, o custo energético aumenta para apenas 11 METs (17). Em conseqüência, pular corda não é uma atividade progressiva, como acontece com a caminhada e a corrida. Em segundo lugar, a resposta da FC é maior do que o esperado de custo de oxigênio para a atividade. Mais uma vez, é possível que isso se deva ao fato de o principal grupo muscular envolvido na atividade (o da perna) ser de pequena massa. Apesar disso, pular corda pode ser incluído no programa de condicionamento físico quando feito de modo intermitente, usando a freqüência cardíaca-alvo (FCA) como guia (veja o Capítulo 14). Entretanto, não se deve usar o pular corda na fase inicial de um programa de condicionamento, pois o custo energético e a carga sobre as articulações dos tornozelos, joelhos e quadris são relativamente altos. A Tabela 4.10 resume os custos energéticos de pular corda a duas velocidades diferentes.

Tabela 4.10 Custo energético bruto do exercício de pular corda (kcal · min^{-1})

Peso corporal (kg)	Peso corporal (lb)	Pular devagar	Pular rápido
50,0	110	3,3	5,8
54,5	120	3,6	6,4
59,1	130	8,9	10,9
63,6	140	9,5	11,7
68,2	150	10,2	12,5
72,7	160	10,9	13,4
77,3	170	11,6	14,2
81,8	180	12,3	15,0
86,4	190	13,0	15,9
90,9	200	13,6	16,7
95,4	210	14,3	17,5
100,0	220	15,0	18,4

Multiplique o valor pela duração do exercício para obter o total de calorias gastas.

Natação

Nadar é a atividade preferida de muitas pessoas – a natação é dinâmica, trabalha grandes grupos musculares e traumatiza pouco as articulações. A limitação consiste em encontrar um local conveniente, que permita dar boas braçadas, e também, obviamente, em saber nadar. A demanda energética depende da velocidade do nado e da força das braçadas, o que sofre influência da habilidade do nadador. Como precisa de menos energia para se mover dentro d'água, o praticante hábil tem de nadar maiores distâncias para alcançar o mesmo gasto calórico de outro menos hábil.

O custo energético do simples ato de mexer as pernas dentro d'água pode ser bem elevado – 1,5 L · min^{-1} (7,5 kcal · min^{-1}). Nadadores de elite usam essa mesma quantidade de quilocalorias por minuto para nadar 36 m · min^{-1}, enquanto um praticante não habilidoso pode necessitar o dobro disso para manter a mesma velocidade. Para nadadores de elite, os estilos *crawl* e costas são os mais econômicos; o borboleta, o menos econômico. O custo calórico líquido por milha de nado tem sido estimado em mais de 400 kcal, ou seja, umas quatro vezes mais do que correr e cerca de oito vezes mais do que caminhar essa mesma distância. No entanto, o custo calórico real por milha de nado varia muito, de acordo com a habilidade e o sexo do nadador. A Tabela 4.11 resume os custos calóricos apresentados por Holmer (15) para homens e mulheres.

A um mesmo $\dot{V}O_2$, a resposta da FC medida durante o nado é mais baixa do que a da corrida. Na verdade, a resposta da FC máxima é cerca de 14 batimentos · min^{-1} a menos na natação (veja o Capítulo 18). Tendo isso em mente, quando for prescrever atividades de natação, você deve instruir os participantes a diminuir a faixa da FCA.

Tabela 4.11 Custo calórico do nado *crawl* por milha (kcal · mi^{-1})

Nível de habilidade	Mulheres	Homens
Competitivo	180	280
Hábil	260	360
Médio	300	440
Inábil	360	560
Ruim	440	720

Adaptada de I. Holmer, 1979, "Physiology of swimming man", *Exercise and Sports Sciences Review*, 7: p. 87-123.

Estimativa do gasto energético sem fórmulas

O Apêndice C contém um resumo das demandas energéticas de uma série de atividades físicas, como exercícios, esportes, ocupações e tarefas domésticas (1). Esses valores são úteis na estimativa do gasto energético associado a programas de atividade física estruturados individualmente; no entanto, há considerável variação em muitas dessas estimativas. O que apresentamos a seguir é um outro tipo de abordagem para estimar os custos de energia da sessão de exercícios sem usar fórmulas.

O profissional de condicionamento físico seleciona atividades que fazem com que o participante se exercite no nível de 40 a 85% do $\dot{V}O_2$máx., intensidade necessária para melhorar ou manter o condicionamento cardiorrespiratório (veja o Capítulo 10). Deveria ser possível, portanto, estimar o gasto energético de cada indivíduo com base no $\dot{V}O_2$máx. individual e na faixa da FCA em que o trabalho é realizado. Vejamos um exemplo em que o participante tem $\dot{V}O_2$máx. de 10 METs. Seu gasto energético pode ser estimado do seguinte modo: METs é igual a cerca de 10 kcal · kg^{-1} · h^{-1}. Se ele se exercitar no limite mínimo da FCA para pessoas adultas saudáveis, ou seja, cerca de 60% do $\dot{V}O_2$máx., então seu gasto energético deverá ser de aproximadamente 6 METs (60% dos 10 METs). Se ele pesar 70 kg, então gastará 420 kcal por hora (70 kg · 6 kcal · kg^{-1} · h^{-1}). Um trabalho de 30 minutos despende metade disso – cerca de 210 kcal. Esses cálculos simples pressupõem que a pessoa execute uma atividade que envolva grandes grupos musculares. A Tabela 4.12 mostra o gasto calórico estimado de um trabalho de 30 minutos a 70% do $\dot{V}O_2$máx. para uma série de níveis de condicionamento físico ($\dot{V}O_2$máx. expresso em METs) e pesos corporais (23).

Tabela 4.12 Gasto energético bruto estimado para 30 minutos de trabalho a 70% da capacidade funcional para pessoas com vários níveis de condicionamento ($\dot{V}O_2$máx.) e pesos corporais

$\dot{V}O_2$máx. em METs (kcal · kg^{-1} · h^{-1})	70% do máx. em METs (kcal · kg^{-1} · h^{-1})	50 kg/110 lb	70 kg/154 lb	90 kg/198 lb
20	14,0	350	490	630
18	12,6	315	441	567
16	11,2	280	392	504
14	9,8	245	343	441
12	8,4	210	294	378
10	7,0	175	245	315
8	5,6	140	196	252
6	4,2	105	147	189

MET = equivalente metabólico

Preocupações com o ambiente

Embora não alterem as demandas energéticas de exercícios submáximos, as mudanças de temperatura, umidade relativa, poluição e altitude afetam a resposta do praticante de exercícios. Lembre-se de que a resposta da FC é o melhor indicador do estresse relativo sentido em função da interação entre a intensidade e a duração do exercício e fatores ambientais. O participante deve diminuir a intensidade da atividade quando os fatores ambientais provocarem aumento da resposta da FC. A duração da atividade pode ser aumentada para que se atinja a meta de gasto energético total.

Ponto-chave

O custo energético de fazer exercícios com música varia de 4 a 10 METs, de acordo com o esforço despendido e o impacto (baixo ou alto) da atividade. Pular corda exige cerca de 10 METs, enquanto o custo de oxigênio da natação é inversamente proporcional à habilidade do nadador. O gasto energético pode ser estimado sem fórmulas. Se trabalhar a 60% do próprio $\dot{V}O_2$máx., que é, por exemplo, 10 METs, a pessoa terá um gasto energético de 6 METs ou 6 kcal · kg^{-1} · h^{-1}. Se ela pesar 80 kg, então gastará 480 kcal por hora de atividade. Fatores ambientais, como o calor, a umidade, a altitude e a poluição, podem aumentar a resposta da FC ao trabalho, embora não afetem de fato o custo energético. Nessas condições, a FC deve ser monitorada com frequência para que sejam feitos os ajustes necessários, ou seja, a diminuição da intensidade da atividade e a manutenção da pessoa na faixa adequada da frequência cardíaca.

Estudos de caso

Confira as respostas no Apêndice A.

1. Um homem de 75 kg caminha a 3,5 mi · h^{-1} por 30 minutos. Quantas calorias ele gasta?
2. Uma mulher de 60 kg pedala um cicloergômetro a uma taxa de trabalho de 100 W. Qual é seu consumo de oxigênio?
3. Um estudante universitário de 70 kg corre 3 milhas em 24 minutos. Quantas calorias ele gasta?
4. Um homem de 85 kg, com capacidade funcional de 12 METs, trabalha a 70% da sua capacidade por 30 minutos. Quantas calorias ele gasta?
5. Um praticante leu que pode gastar a mesma quantidade de calorias por milha se caminhar a 3 mi · h^{-1} ou se praticar o *jogging* a 6 mi · h^{-1}. O que você lhe diria?

CAPÍTULO 5

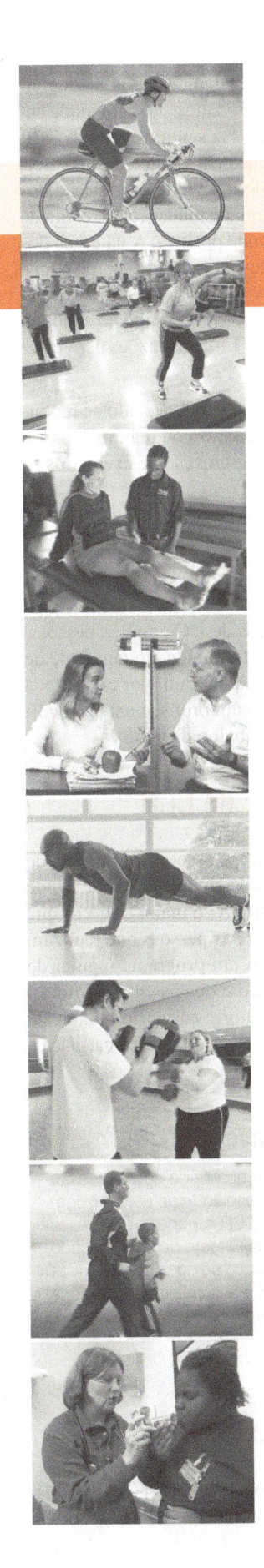

Condicionamento Cardiorrespiratório

Objetivos

O leitor será capaz de:

1. Descrever como o condicionamento cardiorrespiratório (CCR) se relaciona com a saúde. Listar as razões do teste de CCR e também os riscos associados.
2. Apresentar uma seqüência lógica de testes.
3. Descrever procedimentos de testes de campo de caminhada, *jogging* ou corrida para estimar o CCR.
4. Comparar a esteira, o cicloergômetro e o *step* como instrumentos do teste de exercício progressivo (TEP).
5. Listar variáveis medidas no TEP.
6. Descrever procedimentos usados antes, durante e depois dos testes.
7. Comparar TEPs submáximos e máximos.
8. Descrever os procedimentos de extrapolação da FC para estimar o $\dot{V}O_2$máx., usando TEPs submáximos de esteira, cicloergômetro e *step*.
9. Calibrar uma esteira, um cicloergômetro Monark e um esfigmomanômetro.

A introdução usual ao condicionamento cardiorrespiratório (CCR) concebe a doença cardíaca como a principal causa de morte e trata de descrever o papel do exercício em programas de prevenção e reabilitação. No entanto, também é importante enfatizar o bom CCR como um objetivo normal, que torna a vida mais longa e prazerosa. Esse benefício, por si só, já garante a inclusão do CCR em todas as discussões sobre a saúde positiva.

O condicionamento cardiorrespiratório, também chamado de *cardiovascular* ou *aeróbio*, é uma boa medida da habilidade cardíaca de bombear sangue rico em oxigênio para os músculos. Embora os termos *cardio* (coração), *vascular* (vasos sangüíneos), *respiratório* (pulmões e ventilação) e *aeróbio* (que trabalha com oxigênio) sejam diferentes tecnicamente, todos eles refletem aspectos do CCR. Quem tem um coração saudável, capaz de bombear grandes volumes de sangue a cada batimento, apresenta nível de CCR elevado. Os valores do condicionamento cardiorrespiratório são expressos nos seguintes modos:

- Litros de oxigênio usados pelo sangue por minuto ($L \cdot min^{-1}$)
- Mililitros de oxigênio usados por quilograma de peso corporal por minuto ($mL \cdot kg^{-1} \cdot min^{-1}$)
- METs múltiplos da taxa metabólica em repouso, em que 1 MET = $3,5 \; mL \cdot kg^{-1} \cdot min^{-1}$

Diz-se que uma pessoa capaz de usar $35 \; mL \cdot kg^{-1} \cdot min^{-1}$ durante o exercício máximo tem CCR igual a 10 METs (35 ÷ 3,5 = 10). Uma vez que programas de treinamento aeróbio aumentam a capacidade do coração de bombear sangue, não é surpresa que eles sejam considerados como forma de melhorar o condicionamento.

O Capítulo 28 descreve como as variáveis do CCR respondem ao exercício agudo ou de curto prazo e como o treinamento de *endurance* afeta essas respostas. O Capítulo 10 explica como recomendar atividades que melhoram o CCR e enfatiza os meios de avaliação desse condicionamento. Também são sugeridos ao leitor outros recursos para obter detalhes adicionais (1, 2).

Historicamente, as medidas da FC, da PA e do eletrocardiograma (ECG) realizadas em repouso eram usadas para avaliar o CCR. Além disso, alguns testes da função pulmonar estática (por exemplo, a capacidade vital) eram usados para caracterizar a função respiratória. Porém, tornou-se claro que medições feitas em repouso revelavam pouco sobre a resposta do sistema cardiorrespiratório à atividade física. Agora já estamos familiarizados com o uso dos testes de exercício progressivo (TEPs) para avaliar as respostas de FC, PA, eletrocardiograma, ventilação e consumo de oxigênio durante o trabalho.

Por que testar o condicionamento cardiorrespiratório (CCR)?

Resultados de testes de condicionamento cardiorrespiratório são usados na recomendação de exercícios e permitem que o profissional de condicionamento físico ou o médico avaliem mudanças positivas ou negativas no CCR, resultantes do próprio condicionamento, do envelhecimento, de doença ou da inatividade. Dado o aumento recente da obesidade e da inatividade entre pessoas de todas as faixas etárias, faz sentido avaliar o CCR durante toda a vida, desde a infância até a velhice. Essas informações podem indicar a posição do indivíduo em relação aos critérios de saúde e alertá-lo a respeito de mudanças no estilo de vida que possam comprometer a saúde positiva. A natureza dos testes e o nível do monitoramento devem variar de acordo com a idade da pessoa para refletir as informações necessárias.

O teste de CCR depende dos objetivos, do tipo do avaliado e das tarefas de trabalho disponíveis. Entre as razões para fazer esse teste estão:

- determinar as respostas fisiológicas no estado de repouso e durante o trabalho **submáximo** ou máximo,
- fornecer uma base para a programação de exercícios,
- avaliar riscos de DC e
- determinar a capacidade individual de realizar uma tarefa de trabalho específica.

A escolha do teste apropriado depende de vários fatores. Há muita variação de idade, nível de condicionamento, problemas de saúde conhecidos e riscos de DC entre as pessoas. Além disso, questões financeiras determinam a quantidade de tempo que pode ser dedicada a cada indivíduo (por exemplo, a aplicação do teste por um médico ou um profissional de condicionamento físico) e as tarefas de trabalho disponíveis.

Riscos do teste de CCR

Como indicado no Capítulo 1, os riscos associados ao teste de exercício são bastante baixos. Profissionais da área da saúde devem enfatizar que o risco geral de DC é maior entre os que permanecem sedentários do que entre as pessoas que realizam o teste de exercício e ingressam em um programa regular de atividade física (1). Essa informação é consistente com indícios de que o condicionamento cardiorrespiratório baixo está diretamente relacionado com maior risco de doença cardíaca e morte (11).

> **Ponto-chave**
>
> O CCR é um aspecto importante da qualidade de vida, assim como um fator de risco de DC. A capacidade de usar o oxigênio durante exercícios é a base do CCR e pode ser expressa em $L \cdot min^{-1}$, $mL \cdot kg^{-1} \cdot min^{-1}$ e METs. O teste de CCR é usado na programação de exercícios, avaliação de doenças cardíacas e determinação da capacidade individual de realizar certa tarefa de trabalho. O risco de morte atribuível ao teste de exercício é muito baixo.

Seqüência de testes

É possível seguir uma seqüência lógica de testes de condicionamento físico (e atividades) quando a pessoa freqüenta a mes-

> **Seqüência de testes e de prescrição de atividades**
>
> 1. Declaração de ciência
> 2. Histórico de saúde
> 3. Triagem
> 4. CCR em repouso, composição corporal e testes psicológicos
> 5. Testes de CCR submáximo
> 6. Testes da função lombar
> 7. Início de um programa de atividades leves
> 8. Testes de força e *endurance* muscular
> 9. Testes de CCR máximo
> 10. Revisão do programa de atividades (incluindo jogos e esportes)
> 11. Repetição periódica dos testes (e revisão das atividades)

ma academia ao longo do tempo. Essa seqüência progride da avaliação inicial aos testes, condicionamento e programação, com possibilidade de repetição periódica dos testes e revisão do programa à medida que surgem ganhos de condicionamento. Nesta página, mostramos a seqüência de testes e de prescrição de atividades. O restante desta seção detalha o processo. Para indivíduos que precisam ser testados, mas não estão continuamente envolvidos com a academia, com freqüência os testes máximo e submáximo são parte do mesmo protocolo do TEP.

Consentimento informado

Participantes de programas de condicionamento físico devem ser voluntários informados. O programa deve incluir a descrição de todos os procedimentos e potenciais riscos e benefícios. É preciso informar ao participante que seus dados individuais são confidenciais e que é decisão sua prosseguir ou não com testes ou atividades a qualquer momento caso se sinta desconfortável. Ele deve assinar uma declaração, reconhecendo ter lido a descrição do programa e recebido respostas a todas as questões levantadas. No Capítulo 26, apresentamos um modelo dessa declaração.

Histórico de saúde

O Capítulo 3 descreve procedimentos para determinar o estado de saúde atual. Esse estado pode ser usado para estabelecer os protocolos de teste apropriados e as recomendações de atividades. Pessoas com sintomas de problemas de saúde devem ser submetidas ao teste de condicionamento físico. Encaminhamentos a outros profissionais devem ser feitos de acordo com o histórico individual.

Triagem

No Capítulo 3, recomendamos que os indivíduos realizem exames médicos regulares e avaliações de saúde e pratiquem exercícios físicos de intensidade moderada. Em programas de condicionamento, é preciso determinar se a pessoa necessita de permissão médica para iniciar atividades que envolvem esforço vigoroso. Pessoas mais velhas e com DC ou outros problemas de saúde graves conhecidos têm de apresentar a liberação do médico ou contar com supervisão médica antes de fazer qualquer teste ou programa de condicionamento que inclua exercícios de intensidade acima do nível moderado.

Na Tabela 3.2 (p. 48), relacionamos as condições (contraindicações absolutas), em que, segundo o ACSM, o risco da realização do teste é maior do que possíveis benefícios. Outras condições (contra-indicações relativas) podem aumentar o risco do teste de exercício; pessoas com essas condições só devem passar pelo teste após a determinação médica de que sua necessidade supera potenciais riscos.

Aparentemente, pessoas saudáveis que não tiveram problemas ou sintomas de saúde importantes podem ser testadas ou iniciar o tipo de programa de condicionamento físico recomendado neste livro com risco mínimo. O Capítulo 3 identifica as pessoas que, para se exercitarem, precisam de orientação médica, um programa supervisionado com cuidado e informações educativas sobre problemas de saúde e comportamentos saudáveis.

Medições em repouso

Testes tipicamente realizados em repouso podem incluir medições do CCR (por exemplo, ECG com 12 derivações, FC, PA, perfil químico do sangue), assim como de outras variáveis do condicionamento, como composição corporal e traços psicológicos. A avaliação do ECG por um médico determina se há anormalidades que demandam atenção médica futura. Pessoas com PA ou valores químicos do sangue extremos (veja o Capítulo 3) também devem ser encaminhadas a seus respectivos médicos.

Testes submáximos para estimar o CCR

Se testes em repouso refletirem valores normais, então o próximo passo será a realização de um teste submáximo, que, em geral, fornece as respostas da FC e da PA a trabalhos de diferentes intensidades, variando do nível leve até um ponto predeterminado (geralmente, 85% da FC máxima prevista). Esse teste pode incluir o *step* com banco, o cicloergômetro ou a esteira. Mais uma vez, se reveladas respostas incomuns, deve-se encaminhar a pessoa a outros testes médicos. Entretanto, quando os resultados são normais, o indivíduo pode iniciar um programa de atividade física de intensidade inferior à máxima do teste (por exemplo, quem foi até 85% da FC máxima no teste deve iniciar o programa de condicionamento a 70%). Depois de acostumar-se aos exercícios regulares e mostrar-se ajustado à atividade, o praticante pode ser submetido a um teste máximo.

Testes submáximos também costumam ser usados para estimar a capacidade funcional máxima (consumo de oxigênio máximo) pela extrapolação da FC a um máximo previsto e posterior uso da relação linear entre a FC e o consumo de oxigênio para estimar o consumo máximo. Embora seja útil na avaliação atual do estado do CCR e na prescrição ou revisão de exercícios, esse máximo estimado envolve considerável margem de erro (15%). Nessa etapa, além do CCR submáximo, com freqüência, tomam-se as medidas de flexibilidade, força e *endurance* muscular, em especial para a função lombar (veja os Capítulos 8 e 9).

Testes máximos para estimar ou medir o CCR

Se até esse momento não tiver ocorrido nenhum problema, prossegue-se com o teste máximo. Dois tipos de teste máximo são usados para estimar o CCR: testes laboratoriais que medem as respostas fisiológicas (por exemplo, FC e PA) a cargas de trabalho crescentes e testes de desempenho a um esforço completo (por exemplo, tempo de 1 milha ou 1,6 km de corrida). Os resultados desses testes podem ser usados para revisar o programa de atividades (ou seja, a capacidade funcional máxima fornece uma nova base para a seleção de atividades de condicionamento). Agora, a FC máxima medida (e não mais a máxima estimada) deve ser usada para determinar a FCA.

Modificação do programa e repetição periódica de testes

Depois que o participante alcança um nível mínimo de condicionamento físico, uma grande variedade de atividades (por exemplo, jogos e esportes) pode ser incluída no programa. Todos os testes de condicionamento devem ser reaplicados periodicamente para determinar o progresso feito e para revisar o programa nas áreas em que os ganhos não foram tão grandes quanto se desejava.

> **Ponto-chave**
>
> Em testes de condicionamento físico, uma possível seqüência lógica inclui a assinatura do consentimento informado, o histórico de saúde, a triagem, o CCR em repouso, o CCR submáximo e outros testes, a prescrição de atividades leves, o CCR máximo, a modificação do programa e a repetição periódica dos testes (veja o quadro na página 79).

Testes de campo

Vários testes de campo podem ser usados para estimar o CCR. Eles têm esse nome – de campo – porque exigem pouco equipamento, podem ser feitos praticamente em qualquer lugar e usam as atividades simples de caminhar e correr. Uma vez que envolvem correr ou andar no ritmo mais rápido possível uma distância predeterminada, não são recomendados no início de um programa de exercícios. Em vez de fazer logo esse teste, os participantes devem completar o programa de caminhada progressiva antes do teste de caminhada e o programa de *jogging* progressivo antes do teste de corrida. Esses dois programas são encontrados no Capítulo 14. A natureza progressiva dos programas de condicionamento físico permite que os participantes iniciem em um nível leve e seguro e passem de forma gradual aos níveis seguintes. Em seguida, é apropriada a aplicação do teste de corrida de *endurance* para avaliar o estado de condicionamento.

Os testes de campo baseiam-se na observação de que, para que a pessoa realize uma caminhada ou uma corrida rápida em distâncias longas, seu coração tem de bombear grandes volumes de oxigênio para os músculos. Desse modo, a velocidade média mantida nesses testes fornece uma estimativa do CCR. Quanto mais elevado o escore do CCR, maior a capacidade do coração de transportar oxigênio. A corrida de *endurance* por uma distância determinada fornece informações sobre o *endurance* CR quando o percurso é de 1 milha (1,6 km) ou mais. As vantagens do teste de corrida de *endurance* incluem sua correlação moderadamente alta com o consumo máximo de oxigênio, o uso de uma atividade natural e a possibilidade de testar grande número de participantes em pouco tempo. Há, no entanto, desvantagens – é difícil monitorar respostas fisiológicas; outros fatores afetam os resultados (por exemplo, a motivação); a corrida de *endurance* não pode ser usada como teste submáximo ou progressivo; e o erro padrão de estimativa é cerca de 5 mL $\cdot$ kg^{-1} $\cdot$ min^{-1} (32).

Teste de caminhada de 1 milha (1,6 km)

O teste de caminhada de 1 milha (1,6 km) para prever o CCR é adequado a indivíduos de faixa etária e nível de condicionamento físico variados. Siga os passos da página 81 para aplicá-lo.

O objetivo é fazer o indivíduo caminhar o mais depressa possível em uma trilha medida. No final do percurso, mede-se a FC. A fórmula a seguir é usada para calcular o $\dot{V}O_2$máx. (mL $\cdot$ kg^{-1} $\cdot$ min^{-1}):

$$\dot{V}O_2\text{máx.} = 132{,}853 - 0{,}0769 \,(\text{peso}) - 0{,}3877 \,(\text{idade}) + 6{,}315 \,(\text{sexo}) - 3{,}2649 \,(\text{tempo}) - 0{,}1565 \,(\text{FC}),$$

onde peso é o peso corporal em libras (1 lb = 454 g); idade é a idade em anos; sexo é 0 para mulheres e 1 para homens; tempo é o tempo em minutos e centésimos de minuto; e FC são os batimentos por minuto. A fórmula foi desenvolvida e validada para homens e mulheres com idade entre 20 e 69 anos (25) e o erro padrão de estimativa é cerca de 5 mL $\cdot$ kg^{-1} $\cdot$ min^{-1} (1, 25).

PERGUNTA: Qual é o CCR de um homem de 25 anos, 77,1 kg, que caminha 1 milha em 20 minutos e tem uma FC logo após o exercício de 140 batimentos $\cdot$ min^{-1}?

Resposta:

$$\dot{V}O_2\text{máx.} = 132{,}853 - 0{,}0769 \,(\text{peso}) - 0{,}3877 \,(\text{idade}) + 6{,}315 \,(\text{sexo}) - 3{,}2649 \,(\text{tempo}) - 0{,}1565 \,(\text{FC}) =$$
$$132{,}853 - 0{,}0769 \,(170) - 0{,}3877 \,(25) + 6{,}315 \,(1) - 3{,}2649 \,(20{,}0) - 0{,}1565 \,(140) = 29{,}2 \text{ mL} \cdot \text{kg}^{-1} \cdot \text{min}^{-1}$$

Passos para aplicação do teste de caminhada de 1 milha (1,6 km)

Antes do dia do teste

1. Providencie os seguintes elementos para o local do teste:

   - uma pessoa com um cronômetro para monitorar a largada e fazer a leitura do tempo no final,
   - um co-participante com um relógio (com marcação de segundos) para cada participante (talvez também com prancheta e papel para marcar as voltas),
   - dois cronômetros (um de reserva) para o cronometrista,
   - uma tabela ou as fichas dos participantes para anotar os escores.

2. Explique aos participantes o propósito do teste (ou seja, determinar a rapidez em 1 milha – 1,6 km – de caminhada, que reflete a *endurance* do sistema cardiovascular).
3. Selecione e marque (se necessário) o percurso da caminhada.
4. Explique aos participantes que o objetivo é caminhar no ritmo mais rápido possível. Deve-se apenas caminhar, e a meta é percorrer a distância estabelecida no menor tempo possível.

No dia do teste

1. Os participantes fazem o aquecimento – alongamento e caminhada lenta.
2. Várias pessoas vão andar ao mesmo tempo.
3. Você repete as explicações sobre o procedimento, lembrando que não se deve acelerar no final do percurso, mas sim manter um ritmo rápido e regular em todo o trajeto.
4. O cronometrista dá o sinal de largada ("Preparar! Largar!") e dispara o cronômetro.
5. O co-participante de cada pessoa fica em pé na linha de largada ou de chegada, com um relógio que conta segundos.
6. O co-participante conta as voltas e informa ao participante quantas voltas faltam.
7. O cronometrista grita os minutos e segundos à medida que os participantes terminam a caminhada.
8. O co-participante presta atenção no tempo no final da caminhada do seu participante e registra-o, com precisão de segundos, na ficha ou tabela.
9. O participante verifica a própria FC em 10 segundos, logo após a caminhada, com a ajuda do co-participante.

Para simplificar os cálculos desse teste, a Tabela 5.1 foi gerada com base na fórmula precedente para homens com peso de 77,1 kg e mulheres com 56,7 kg. Para cada 6,8 kg acima (ou abaixo) desses valores, subtraia (ou acrescente) 1 mL $\cdot$ kg^{-1} $\cdot$ min^{-1}.

Para usar a Tabela 5.1, localize a parte referente ao sexo e à idade do indivíduo, depois procure nas colunas até encontrar o tempo (mais próximo possível) que a pessoa gastou para caminhar 1 milha. Então siga a coluna que contém esse tempo até o ponto em que ela intercepta a linha da FC medida após o exercício (listada na primeira coluna da esquerda). O número encontrado é o valor do CCR em mL $\cdot$ kg^{-1} $\cdot$ min^{-1}. Vejamos um exemplo: a participante é uma mulher de 25 anos, que caminhou 1 milha em 20 minutos, com FC pós-exercício igual a 140 e consumo de oxigênio máximo estimado de 29,2 mL $\cdot$ kg^{-1} $\cdot$ min^{-1}. Você pode calcular o CCR pela comparação entre esses números e os padrões da Tabela 5.2. No caso dessa mulher, o consumo de oxigênio máximo é menor do que 30, o que indica necessidade de melhorias. Os padrões da Tabela 5.2 representam os níveis de consumo de homens e mulheres que desejam alcançar um condicionamento relacionado com a saúde. Para os que almejam maior desempenho, os valores a serem alcançados são maiores.

Teste de *jogging* ou corrida

Um dos testes de campo de CCR mais comuns é o de 12 minutos ou 1,5 milha (2,4 km), popularizado como teste de Cooper (15). Ele é muito parecido com o teste de caminhada mencionado antes: os participantes fazem 12 minutos ou 1,5 milha (2,4 km) de *jogging* ou corrida na maior velocidade possível. Esse teste baseia-se em um trabalho de Balke (8), o qual mostrou que 10 a 20 minutos de corrida podem ser usados para estimar o $\dot{V}O_2$máx. Segundo Balke, a duração ideal seria 15 minutos. O fundamento desse teste está na relação entre a velocidade da corrida e o consumo de oxigênio necessário para correr a essa velocidade (Figura 5.1). Quanto maior a velocidade, maior o consumo de oxigênio necessário. O motivo da duração de 12 a 15 minutos é que o teste de corrida tem de ser longo o suficiente para diminuir a contribuição da energia anaeróbia (energia imediata e de curto prazo) para a velocidade média. Em essência, a velocidade média que pode ser mantida por 5 a 6 minutos de corrida superestima o $\dot{V}O_2$máx., pois, nesse caso, as fontes de energia anaeróbia contribuem substancialmente para a produção energética total, em comparação com os 12 a 15 minutos de corrida. Porém, se a corrida durar muito, a pessoa não será capaz de manter um nível próximo dos 100% do $\dot{V}O_2$máx., o que faz com que a estimativa seja muito baixa (Figura 5.2).

Tabela 5.1 Consumo máximo de oxigênio estimado (mL · kg^{-1} · min^{-1}) para homens e mulheres de 20 a 69 anos de idade

FC	\multicolumn{11}{c}{min · mi^{-1}}

FC	10	11	12	13	14	15	16	17	18	19	20
\multicolumn{12}{c}{**Homens (20 a 29)**}
120	65,0	61,7	58,4	55,2	51,9	48,6	45,4	42,1	38,9	35,6	32,3
130	63,4	60,1	56,9	53,6	50,3	47,1	43,8	40,6	37,3	34,0	30,8
140	61,8	58,6	55,3	52,0	48,8	45,5	42,2	39,0	35,7	32,5	29,2
150	60,3	57,0	53,7	50,5	47,2	43,9	40,7	37,4	34,2	30,9	27,6
160	58,7	55,4	52,2	48,9	45,6	42,4	39,1	35,9	32,6	29,3	26,1
170	57,1	53,9	50,6	47,3	44,1	40,8	37,6	34,3	31,0	27,8	24,5
180	55,6	52,3	49,0	45,8	42,5	39,3	36,0	32,7	29,5	26,2	22,9
190	54,0	50,7	47,5	44,2	41,0	37,7	34,4	31,2	27,9	24,6	21,4
200	52,4	49,2	45,9	42,7	39,4	36,1	32,9	29,6	26,3	23,1	19,8
\multicolumn{12}{c}{**Mulheres (20 a 29)**}
120	62,1	58,9	55,6	52,3	49,1	45,8	42,5	39,3	36,0	32,7	29,5
130	60,6	57,3	54,0	50,8	47,5	44,2	41,0	37,7	34,4	31,2	27,9
140	59,0	55,7	52,5	49,2	45,9	42,7	39,4	36,1	32,9	29,6	26,3
150	57,4	54,2	50,9	47,6	44,4	41,1	37,8	34,6	31,3	28,0	24,8
160	55,9	52,6	49,3	46,7	42,8	39,5	36,3	33,0	29,7	26,5	23,2
170	54,3	51,0	47,8	44,5	41,2	38,0	34,7	31,4	28,2	24,9	21,6
180	52,7	49,5	46,2	42,9	39,7	36,4	33,1	29,9	26,6	23,3	20,1
190	51,2	47,9	44,6	41,4	38,1	34,8	31,6	28,3	25,0	21,8	18,5
200	49,6	46,3	43,1	39,8	36,5	33,3	30,0	26,7	23,5	20,2	16,9
\multicolumn{12}{c}{**Homens (30 a 39)**}
120	61,1	57,8	54,6	51,3	48,0	44,8	41,5	38,2	35,0	31,7	28,4
130	59,5	56,3	53,0	49,7	46,5	43,2	39,9	36,7	33,4	30,1	26,9
140	58,0	54,7	51,4	48,2	44,9	41,6	38,4	35,1	31,8	28,6	25,3
150	56,4	53,1	49,9	46,6	43,3	40,1	36,8	33,5	30,3	27,0	23,8
160	54,8	51,6	48,3	45,0	41,8	38,5	35,2	32,0	28,7	25,5	22,2
170	53,3	50,0	46,7	43,5	40,2	36,9	33,7	30,4	27,1	23,9	20,6
180	51,7	48,4	45,2	41,9	38,6	35,4	32,1	28,8	25,6	22,3	19,1
190	50,1	46,9	43,6	40,3	37,1	33,8	30,5	27,3	24,0	20,8	17,5
\multicolumn{12}{c}{**Mulheres (30 a 39)**}
120	58,2	55,0	51,7	48,4	45,2	41,9	38,7	35,4	32,1	28,9	25,6
130	56,7	53,4	50,1	46,9	43,6	40,4	37,1	33,8	30,6	27,3	24,0
140	55,1	51,8	48,6	45,3	42,1	38,8	35,5	32,3	29,0	24,7	22,5
150	53,5	50,3	47,0	43,8	40,5	37,2	34,0	30,7	27,4	24,2	20,9
160	52,0	48,7	45,4	42,2	38,9	35,7	32,4	29,1	25,9	22,6	19,3
170	50,4	47,1	43,9	40,6	37,4	34,1	30,8	27,6	24,3	21,0	17,8
180	48,8	45,6	42,3	39,1	35,8	32,5	29,3	26,0	22,7	19,5	16,2
190	47,3	44,0	40,8	37,5	34,2	31,0	27,7	24,4	21,2	17,9	14,6

FC	10	11	12	13	14	15	16	17	18	19	20
\multicolumn{12}{c}{min · mi⁻¹}											

FC	10	11	12	13	14	15	16	17	18	19	20
Homens (40 a 49)											
120	57,2	54,0	50,7	47,4	44,2	40,9	37,6	34,4	31,1	27,8	24,6
130	55,7	52,4	49,1	45,9	42,6	39,3	36,1	32,8	29,5	26,3	23,0
140	54,1	50,8	47,6	44,3	41,0	37,8	34,5	31,2	28,0	24,7	21,4
150	52,5	49,3	46,0	42,7	39,5	36,2	32,9	29,7	26,4	23,1	19,9
160	51,0	47,7	44,4	41,2	37,9	34,6	31,4	28,1	24,8	21,6	18,3
170	49,4	46,1	42,9	39,6	36,3	33,1	29,8	26,5	23,3	20,0	16,7
180	47,8	44,6	41,3	38,0	34,8	31,5	28,2	25,0	21,7	18,4	15,2
Mulheres (40 a 49)											
120	54,4	51,1	47,8	44,6	41,3	38,0	34,8	31,5	28,2	25,0	21,7
130	52,8	49,5	46,3	43,0	39,7	36,5	33,2	29,9	26,7	23,4	20,1
140	51,2	48,0	44,7	41,4	38,2	34,9	31,6	28,4	25,1	21,8	18,6
150	49,7	46,4	43,1	39,9	36,6	33,3	30,1	26,8	23,5	20,3	17,0
160	48,1	44,8	41,6	38,3	35,0	31,8	28,5	25,2	22,0	18,7	15,5
170	46,5	43,3	40,0	36,7	33,5	30,2	26,9	23,7	20,4	17,2	13,9
Homens (50 a 59)											
120	53,3	50,0	46,8	43,5	40,3	37,0	33,7	30,5	27,2	23,9	20,7
130	51,7	48,5	45,2	42,0	38,7	35,4	32,2	28,9	25,6	22,4	19,1
140	50,2	46,9	43,7	40,4	37,1	33,9	30,6	27,3	24,1	20,8	17,5
150	48,6	45,4	42,1	38,8	35,6	32,3	29,0	25,8	22,5	19,2	16,0
160	47,1	43,8	40,5	37,3	34,0	30,7	27,5	24,2	20,9	17,7	14,4
170	45,5	42,2	39,0	35,7	32,4	29,2	25,9	22,6	19,4	16,1	12,8
Mulheres (50 a 59)											
120	50,5	47,2	43,9	40,7	37,4	34,1	30,9	27,6	24,3	21,1	17,8
130	48,9	45,6	42,4	39,1	35,8	32,6	29,3	26,0	22,8	19,5	16,2
140	47,3	44,1	40,8	37,5	34,3	31,0	27,7	24,5	21,2	17,9	14,7
150	45,8	42,5	39,2	36,0	32,7	29,4	26,2	22,9	19,6	16,4	13,1
160	44,2	40,9	37,7	34,4	31,1	27,9	24,6	21,3	18,1	14,8	11,5
170	42,6	39,4	36,1	32,8	29,6	26,3	23,0	19,8	16,5	13,2	10,0
Homens (60 a 69)											
120	49,4	46,2	42,9	39,6	36,4	33,1	29,8	26,6	23,3	20,0	16,8
130	47,9	44,6	41,3	38,1	34,8	31,5	28,3	25,0	21,7	18,5	15,2
140	46,3	43,0	39,8	36,5	33,2	30,0	26,7	23,4	20,2	16,9	13,6
150	44,7	41,5	38,2	34,9	31,7	28,4	25,1	21,9	18,6	15,3	12,1
160	43,2	39,9	36,6	33,4	30,1	26,8	23,6	20,3	17,0	13,8	10,5
Mulheres (60 a 69)											
120	46,6	43,3	40,0	36,8	33,5	30,2	27,0	23,7	20,5	17,2	13,9
130	45,0	41,7	38,5	35,2	31,9	28,7	25,4	22,2	18,9	15,6	12,4
140	43,4	40,2	36,9	33,6	30,4	27,1	23,8	20,6	17,3	14,1	10,8
150	41,9	38,6	35,3	32,1	28,8	25,5	22,3	19,0	15,8	12,5	9,2
160	40,3	37,0	33,8	30,5	27,2	24,0	20,7	17,5	14,2	10,9	7,7

Nota: os cálculos pressupõem 77,1 kg para homens e 56,7 kg para mulheres. Para cada 6,8 kg além desses valores, subtrai-se 1 mL · kg⁻¹ · min⁻¹ · FC = freqüência cardíaca.
Valores gerados a partir da fórmula de G. M. Kline, J. P. Porcari, R. Hintermeister, P. S. Freedson, A. Ward, R. F. McCarron, J. Ross e J. M. Rippe, 1987, "Estimation of $\dot{V}O_2$max. from a 1-mile track walk, gender, age, and bodyweight", *Medicine and Science in Sports and Exercise*, 19: p. 253-259.

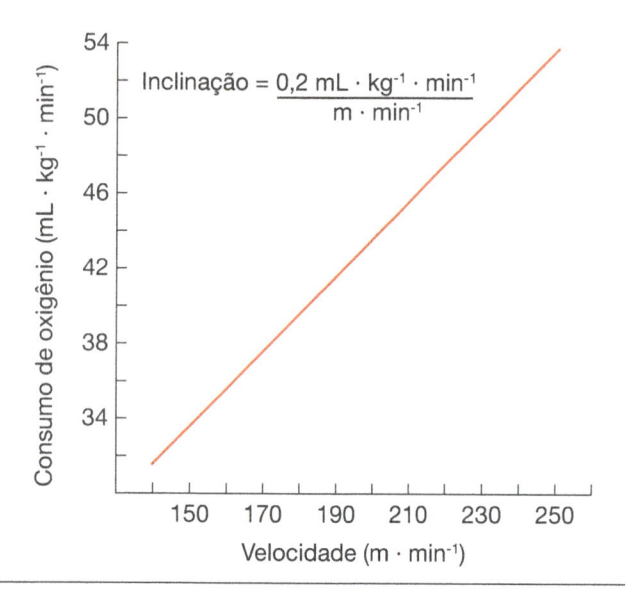

Figura 5.1 Relação entre o consumo de oxigênio no estado de equilíbrio e a velocidade da corrida (13).

O $\dot{V}O_2$ associado com uma velocidade de corrida específica pode ser calculado a partir da seguinte fórmula (veja detalhes no Capítulo 4):

$$\dot{V}O_2 = \text{velocidade horizontal (m} \cdot \text{min}^{-1}\text{)}$$
$$\frac{0,2 \text{ mL} \cdot \text{kg}^{-1} \cdot \text{min}^{-1}}{(\text{m} \cdot \text{min}^{-1})} + 3,5 \text{ mL} \cdot \text{kg}^{-1} \cdot \text{min}^{-1}$$

Essas estimativas são razoáveis para adultos que fazem o *jogging* ou a corrida nos 12 minutos ou 1,5 milha (2,4 km) inteiros. A fórmula subestima o $\dot{V}O_2$máx. de crianças, porque elas têm um custo de oxigênio maior na corrida (18). Mas superestima o $\dot{V}O_2$máx. de corredores treinados, uma vez que eles possuem melhor economia de corrida (17), e também de pessoas que caminham durante o teste, pois o custo de oxigênio líquido da caminhada corresponde à metade do da corrida (veja o Capítulo 4).

PERGUNTA: Uma mulher de 20 anos faz um teste de Cooper (12 min de corrida) após 15 semanas de um programa de *jogging* e corrida. Ela completa seis voltas em uma pista de 402,3 m). Qual é o seu $\dot{V}O_2$máx.?

Resposta:

$$402,3 \text{ m} \cdot \text{voltas}^{-1} \cdot 6 \text{ voltas} = 2.414 \text{ m e}$$
$$2.414 \text{ m} \div 12 \text{ min} = 201 \text{ m} \cdot \text{min}^{-1}$$
$$\dot{V}O_2 = 201 \text{ m} \cdot \text{min}^{-1} \cdot \frac{0,2 \text{ mL} \cdot \text{kg}^{-1} \cdot \text{min}^{-1}}{\text{m} \cdot \text{min}^{-1}} +$$
$$3,5 \text{ mL} \cdot \text{kg}^{-1} \cdot \text{min}^{-1}$$

Aplicação do teste de 12 minutos de corrida

A vantagem do teste de 12 minutos de corrida é que ele pode ser usado regularmente para avaliar o CCR sem necessidade de equipamentos caros. É fácil adaptá-lo para ciclistas e nadadores, que podem avaliar o processo do seu CCR pela determinação da distância pedalada ou nadada em 12 minutos. Embora não existam fórmulas que relacionem os desempenhos de ciclistas e nadadores a seus respectivos $\dot{V}O_2$máx., os próprios participantes podem julgar o CCR na ocasião e os avanços atribuíveis ao treinamento. Basta monitorar a distância que podem cobrir em 12 minutos.

De acordo com Cooper (15) e outros, a corrida de *endurance* não deve ser usada para testar o CCR no início de um programa de exercícios. Quem está começando deve iniciar pelo programa de *jogging* (com exercícios de baixa intensidade) para conseguir progressos antes de submeter-se ao teste de corrida de *endurance*.

A Tabela 5.2 lista valores para a classificação do CCR como bom, adequado, limítrofe e com necessidade de trabalho extra. Essa tabela leva idade e sexo em consideração. Uma mulher de 40 anos que corre 1,5 milha (2,4 km) em 14 minutos e 15 segundos (14:15) corresponde ao valor de CCR de 37 a 40 mL · kg^{-1} · min^{-1}. Incentive os participantes a alcançar e manter o valor ideal para sua idade e seu sexo. Se o praticante não estiver no nível indicado, ajude-o a progredir lenta e sistematicamente em direção à meta, usando os programas de caminhada e de *jogging* do Capítulo 14.

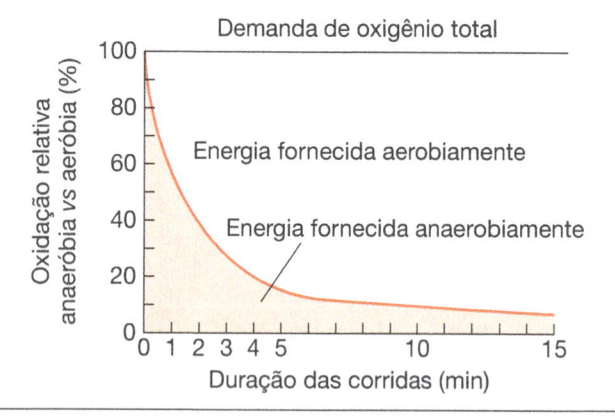

Figura 5.2 Papel relativo das fontes de energia aeróbia e anaeróbia em corridas de esforço máximo e variadas durações.

Retirada de B. Balke, 1963, "A simple field test for the assessment of physical fitness", *Federal Aviation Agency*, 63: p. 7.

Ponto-chave

O teste de caminhada de 1 mi (1,6 km) pode ser usado para estimar o CCR. O tempo da caminhada e a FC medida no final são usados para calcular o $\dot{V}O_2$máx. Também o teste de 1,5 mi (2,4 km) pode ser usado para estimar o CCR. Nesse caso, o tempo que se leva para completar o percurso é usado para determinar a velocidade média; aplica-se uma fórmula (veja o Capítulo 4) para calcular o $\dot{V}O_2$máx.

Tabela 5.2 Padrões para consumo máximo de oxigênio e corridas de *endurance*

Idade[a]	$\dot{V}O_2$máx. (mL · kg⁻¹ · min⁻¹)		Corrida de 1,5 mi (2,4 km) em min:s		Corrida de 12 min em mi (km)	
	Mulher[b]	Homem	Mulher	Homem	Mulher	Homem
Bom						
15-30	>40	>45	<12	<10	>1,5 (2,4)	>1,7 (2,7)
35-50	>35	>40	<13:30	<11:30	>1,4 (2,3)	>1,5 (2,4)
55-70	>30	>35	<16	<14	>1,2 (1,9)	>1,3 (2,1)
Adequado para a maioria das atividades						
15-30	35	40	13:30	11:50	1,4 (2,3)	1,5 (2,4)
35-50	30	35	15	13	1,3 (2,1)	1,4 (2,3)
55-70	25	30	17:30	15:30	1,1 (1,8)	1,3 (2,1)
Limítrofe						
15-30	30	35	15	13	1,3 (2,1)	1,4 (2,3)
35-50	25	30	16:30	14:30	1,2 (1,9)	1,3 (2,1)
55-70	20	25	19	17	1,0 (1,6)	1,2 (1,9)
Com necessidade de trabalho extra para o CCR						
15-30	<25	<30	>17	>15	<1,2 (1,9)	<1,3 (2,1)
35-50	<20	<25	>18:30	>16:30	<1,1 (1,8)	<1,2 (1,9)
55-70	<15	<20	>21	>19	<0,9 (1,4)	<1,0 (1,6)

Esses padrões são para programas de condicionamento físico. Pessoas que desejam obter bom desempenho de *endurance* precisam de níveis mais altos do que os listados aqui. Indivíduos com *bom* nível devem enfatizar sua manutenção pelo resto da vida. Os que estão em níveis mais baixos devem enfatizar a determinação e o alcance de metas realistas de CCR.
[a]O CCR declina com a idade.
[b]As mulheres têm padrões mais baixos em virtude da maior quantidade de gordura essencial.
Reproduzida de E. T. Howley e B. D. Franks, 1986, *Health fitness instructor's handbook* (Champaign, IL: Human Kinetics), p. 85.

Aplicação de teste de corrida de endurance

A corrida de 1 milha (1,6 km) é usada em muitos programas de condicionamento físico (16, 33). As etapas da aplicação desse teste estão relacionadas na página 86. Elas podem ser usadas para outras corridas de *endurance* (tais como de 1,5 mi ou de 12 min); a corrida de 1 milha é usada como exemplo.

Teste de exercício progressivo (TEP)

Muitos programas de condicionamento físico usam o **teste de exercício progressivo (TEP)** para avaliar o CCR. Esses testes multiníveis podem ser aplicados com *step*, cicloergômetro ou esteira.

Step com banco

O *step* com banco é muito econômico. Pode ser usado para testes tanto submáximos como máximos. As desvantagens incluem o número de etapas que podem ser acrescentadas para cada altura de banco e nível de condicionamento individual e a dificuldade de realizar certas medições durante o exercício (por exemplo, PA). Consumos de oxigênio do *step* a ritmos variados e sobre bancos de alturas diversas são apresentados no Capítulo 4.

Cicloergômetro

Os **cicloergômetros** são instrumentos de trabalho portáteis, de custo considerável, que permitem a fácil medição da freqüência cardíaca e da pressão arterial, uma vez que a parte superior do corpo fica essencialmente estacionária. No entanto, eles também apresentam desvantagens – a carga de exercício é auto-ajustável e o músculo da perna fatigado pode ser um fator limitador. Em cicloergômetros de funcionamento mecânico, como os modelos Monark, ao alterar o ritmo da pedalada ou a resistência ao movimento da roda, mudamos a taxa de trabalho. Em geral, o ritmo da pedalada é mantido constante durante o TEP, em um nível apropriado para testar o indivíduo: 50 a 60 rev · min⁻¹ para indivíduos com condicionamento baixo a médio e 70 a 100 rev · min⁻¹ para ciclistas que participam de competições e estão bem condicionados (23). Um metrônomo ou algum outro recurso de informação, como um velocímetro, ajudam o indivíduo a manter o ritmo da pedalada. A resistência (carga) contra o movimento da roda é aumentada sequencialmente para sobrecarregar o sistema cardiovascular de modo sistemático. A taxa de trabalho inicial e o aumento a cada etapa dependem do condicionamento físico da pessoa e do propósito do teste. O $\dot{V}O_2$ pode ser estimado a partir de uma fórmula (1) que fornece resultados razoáveis até taxas de trabalho de uns 1.200 kgm · min⁻¹ ou 200 W (veja detalhes no Capítulo 4).

Passos para aplicação da corrida de 1 milha (1,6 km)

Antes do dia do teste

1. Providencie os seguintes elementos para o local do teste:
   - uma pessoa com um cronômetro para monitorar a largada e fazer a leitura do tempo no final,
   - um co-participante com um relógio (com marcação de segundos) para cada participante (talvez também com prancheta e papel para marcar as voltas),
   - dois cronômetros (um de reserva) para o cronometrista,
   - uma tabela ou as fichas dos participantes para anotar os escores.
2. Explique aos participantes o propósito do teste (ou seja, determinar a velocidade em 1 milha – 1,6 km – de corrida, que reflete a *endurance* do sistema cardiovascular).
3. Só aplique o teste depois de o participante ter passado por várias sessões de condicionamento físico, inclusive com corrida.
4. Faça com que os participantes pratiquem a corrida em um nível submáximo por uma volta, depois por duas, e assim por diante, várias vezes antes do dia do teste.
5. Selecione e marque (se necessário) o percurso da corrida.
6. Explique aos participantes que o objetivo é correr no ritmo mais rápido possível. É permitido caminhar, mas a meta é percorrer a distância no menor tempo possível.

No dia do teste

1. Os participantes fazem o aquecimento – alongamento e *jogging* lento.
2. Várias pessoas vão correr ao mesmo tempo.
3. Você repete as explicações sobre o procedimento.
4. O cronometrista dá o sinal de largada ("Preparar! Largar!") e dispara o cronômetro.
5. Cada pessoa é acompanhada de um co-participante, que leva um relógio com marcação de segundos.
6. O co-participante conta as voltas e informa ao participante quantas voltas faltam.
7. O cronometrista grita os minutos e segundos à medida que os participantes terminam a corrida.
8. O co-participante presta atenção no tempo no final da corrida do seu participante e registra-o, com precisão de segundos, na ficha ou tabela.
9. Após a corrida, o participante dá mais uma volta, porém caminhando.

$\dot{V}O_2 \,(mL \cdot kg^{-1} \cdot min^{-1}) = $ (taxa de trabalho [kgm $\cdot$ min^{-1}] $\cdot$ 1,8 mL $O_2 \cdot$ kgm^{-1}) $\div$ peso corporal (kg) + 7 mL $\cdot$ kg$^{-1} \cdot$ min^{-1} ou

$\dot{V}O_2 \,(mL \cdot kg^{-1} \cdot min^{-1}) = $ (taxa de trabalho [W] $\cdot$ 10,8 mL $O_2 \cdot$ W^{-1}) $\div$ peso corporal (kg) + 7 mL $\cdot$ kg$^{-1} \cdot$ min^{-1}

O cicloergômetro difere da esteira porque o banco suporta o peso do corpo e a taxa de trabalho depende sobretudo do ritmo da pedalada e da carga sobre a roda. Isso significa que o $\dot{V}O_2$ relativo a qualquer taxa de trabalho é maior para uma pessoa menor do que para outra maior.

PERGUNTA: Qual é a dificuldade relativa de uma taxa de trabalho de 900 kgm $\cdot$ min^{-1} para dois indivíduos – um com 60 kg e outro com 90?

Resposta:
Para o de 60 kg:

$$\dot{V}O_2 \,(mL \cdot kg^{-1} \cdot min^{-1}) =$$
$$(900 \text{ kgm} \cdot min^{-1} \cdot 1,8 \text{ mL } O_2 \cdot kgm^{-1}) \div$$
$$60 \text{ kg} + 7 \text{ mL} \cdot kg^{-1} \cdot min^{-1} \text{ e}$$

$\dot{V}O_2 \,(mL \cdot kg^{-1} \cdot min^{-1}) = 34$ mL $\cdot$ kg$^{-1} \cdot$ min^{-1} ou 9,7 METs

Para o de 90 kg:

$$\dot{V}O_2 \,(mL \cdot kg^{-1} \cdot min^{-1}) =$$
$$(900 \text{ kgm} \cdot min^{-1} \cdot 1,8 \text{ mL } O_2 \cdot kgm^{-1}) \div$$
$$90 \text{ kg} + 7 \text{ mL} \cdot kg^{-1} \cdot min^{-1} \text{ e}$$

$\dot{V}O_2 \,(mL \cdot kg^{-1} \cdot min^{-1}) = 25$ mL $\cdot$ kg$^{-1} \cdot$ min^{-1} ou 7,1 METs

Além disso, os acréscimos na taxa de trabalho, por demandarem um aumento fixo no $\dot{V}O_2$ (por exemplo, um aumento de 150 kgm $\cdot$ min^{-1} é igual a uma mudança de 270 mL $\cdot$ min^{-1} no $\dot{V}O_2$), forçam o indivíduo pequeno ou mal condicionado a fazer ajustes cardiovasculares maiores do que os de uma pessoa grande ou bem condicionada. Como veremos adiante, esses fatores são considerados ao escolher as taxas de trabalho para o teste do cicloergômetro destinado a avaliar o CCR. A Tabela 5.3 resume como as diferenças no peso corporal afetam as respostas metabólicas a tarefas de trabalho em que o indivíduo não sustenta o próprio peso (por exemplo, no cicloergômetro) ou sustenta o próprio corpo (por exemplo, *step* com banco e *jogging*). Portanto, para tarefas em que o peso corporal fornece a resistência (com

Tabela 5.3 Diferenças no trabalho com base na situação do peso corporal durante a tarefa

	$\dot{V}O_2$máx.			
Tarefa de trabalho	$L \cdot min^{-1}$	$mL \cdot kg^{-1} \cdot min^{-1}$	Trabalho total (kcal)	METs
A pessoa mais pesada responde com as seguintes diferenças, se comparada a outra mais leve, quando ambas realizam a mesma tarefa e no mesmo ritmo:				
Step com banco	↑	=	↑	=
Caminhada	↑	=	↑	=
Jogging	↑	=	↑	=
Ciclismo com suporte do peso corporal pelo aparelho	=	↓	=	↓

MET = equivalente metabólico.

suporte do próprio peso), pessoas maiores alcançam um $\dot{V}O_2$ ($L \cdot min^{-1}$) absoluto maior do que as menores, mas todas trabalham no mesmo nível de MET. No ciclismo (sem suporte do próprio peso), esses dois grupos de pessoas alcançam um $\dot{V}O_2$ absoluto similar, porém o indivíduo maior tem menor nível de MET.

Esteira

Os protocolos para **esteira** são de fácil reprodução, pois o ritmo é dado previamente, enquanto no *step* e no cicloergômetro o indivíduo pode aumentar ou reduzir demais a velocidade. Os testes em esteiras podem acomodar pessoas com qualquer nível de condicionamento físico e usar as atividades naturais de andar ou correr, sendo que a corrida coloca maior carga potencial ao sistema cardiovascular. No entanto, as esteiras são caras, não são portáteis e dificultam a realização de algumas medições (PA e amostra sangüínea). O tipo de teste de esteira influencia o $\dot{V}O_2$máx. medido – a corrida progressiva fornece o valor mais alto; a corrida com 0% de inclinação da esteira, o segundo valor mais alto; e a caminhada, o mais baixo (7, 27).

Para estimar o $\dot{V}O_2$ pela alteração da inclinação e da velocidade, a definição dessas duas variáveis na esteira têm de ser ajustada corretamente (veja detalhes sobre calibragem desse e de outros equipamentos neste capítulo, mais adiante). Além disso, o indivíduo não pode segurar no apoio da esteira durante o teste em que se pretende extrair estimativas razoáveis do $\dot{V}O_2$. Foi observado, por exemplo, que a FC diminuía 17 batimentos $\cdot$ min^{-1} quando o indivíduo andava em uma esteira a 3,4 $mi \cdot h^{-1}$ (5,5 $km \cdot h^{-1}$), com inclinação de 14%, segurando no apoio do aparelho (5). Segurar no apoio implica superestimar o $\dot{V}O_2$ máx., pois a FC permanece mais baixa em todas as etapas do teste e, assim, o período de teste é maior. Quando se utiliza a esteira, não é preciso ajustar o cálculo do $\dot{V}O_2$ em relação a diferenças no peso corporal, pois a pessoa que está sendo testada suporta o próprio peso. Nesse caso, o $\dot{V}O_2$ ($mL \cdot kg^{-1} \cdot min^{-1}$) independe do peso corporal (28).

> **Ponto-chave**
>
> A resposta do CCR à intensidade do exercício pode ser determinada por protocolos de *step*, cicloergômetro ou esteira. Os valores do consumo de oxigênio (expressos em $mL \cdot kg^{-1} \cdot min^{-1}$) são similares para a maioria dos adultos, em etapas específicas do teste na esteira ou no *step*, pois o custo energético é proporcional ao peso corporal, que, nesses casos, é carregado pelo próprio participante. Por sua vez, o consumo máximo de oxigênio (expresso em $L \cdot min^{-1}$) é similar para a maioria dos adultos em cada etapa do teste no cicloergômetro, embora o custo de oxigênio relativo ($mL \cdot kg^{-1} \cdot min^{-1}$) seja mais alto para participantes mais leves.

Variáveis comumente medidas durante o TEP

As variáveis que costumam ser medidas para testes submáximos e em repouso incluem a FC, a PA e a taxa de percepção de esforço (TPE). No teste máximo, de modo geral se mede o $\dot{V}O_2$máx. e a etapa final alcançada no TEP.

Freqüência cardíaca

A **freqüência cardíaca (FC)** costuma ser usada como indicador do condicionamento físico em repouso e durante a tarefa de trabalho submáximo-padrão. A FC máxima é útil para determinar a freqüência cardíaca-alvo (FCA) das sessões de condicionamento físico (veja o Capítulo 10), mas não é um bom indicador do condicionamento porque muda muito pouco em virtude do treinamento. A Tabela 5.4 resume como o exercício aeróbio ou o condicionamento afetam a FC em várias situações.

Quando o ECG é registrado, a FC pode ser medida diretamente da tira desse exame (veja o Capítulo 24). Sem o ECG, podemos verificá-la em um relógio medidor específico, um estetoscópio ou por palpação da artéria do punho ou do pescoço. Os relógios de medição da FC são bastante precisos e fáceis de usar. Na palpação, é melhor não usar o polegar, mas algum outro dedo, de preferência no punho (artéria radial). Para verificar a FC no pescoço (artéria carótida), é preciso ter cuidado, pois, se for aplicada muita pressão, corre-se o risco de disparar um reflexo que diminui a FC. No entanto, podem-se obter medidas confiáveis nessa medição quando as pessoas são bem treinadas para palpar essa artéria (31). A FC em repouso ou durante o exercício em estado de equilíbrio deve ser medida por 30 segundos para maior confiabilidade. Após o exercício, a medição deve ser imediata (por exemplo, 5 s depois) e com duração de 10 a 15 segundos, pois a freqüência muda com rapidez. Em seguida, multiplica-se o valor medido em 10 ou 15 segundos por 6 ou 4, respectivamente, para calcular os batimentos por minuto. Se, por exemplo, a FC pós-exercício em 10 segundos foi 20, então o valor final será 120 batimentos $\cdot$ min^{-1} ($6 \cdot 20$).

Pressão arterial

As pressões arteriais sistólica (PAS) e diastólica (PAD) muitas vezes são determinadas em repouso, durante e após o trabalho. São necessários um manguito de tamanho adequado (cuja bexiga de borracha cubra dois terços do braço) e um estetoscópio sensível para obter valores precisos em repouso e durante o trabalho. No estado de repouso, o indivíduo deve deixar os dois pés bem firmes no chão e manter uma posição relaxada, com o braço apoiado. O manguito é ajustado em torno do braço, no nível do coração, em geral com o tubo do lado de dentro do braço. O estetoscópio deve ficar abaixo do manguito e não sob ele – a colocação depende de como o som pode ser ouvido melhor, com freqüência no lado interno do braço (21). O primeiro e o quarto sons de Korotkoff (o primeiro som ouvido e o som quando o tom muda ou se torna abafado) são usados para a PAS e a PAD, respectivamente, durante o exercício. O quinto som de Korotkoff (desaparecimento do som) é usado para classificar a pressão arterial (PA) em repouso (1).

Taxa de percepção de esforço

Borg introduziu a **taxa de percepção de esforço (TPE)**, isto é, o grau de dificuldade em que o participante percebe o esforço, que varia em uma escala de 6 a 20 (baseada aproximadamente nas FCs em repouso e máxima, ou seja 60 a 200 batimentos $\cdot$ min^{-1}). A Tabela 5.5 apresenta essa escala, assim como a escala de Borg revisada de TPE de 10 pontos (12). Qualquer uma das duas pode ser usada como TPE para fornecer informações úteis durante o teste, à medida que a pessoa se aproxima da exaustão, e também como referência para a prescrição de exercícios. Para o uso da escala de TPE, recomendamos que o profissional instrua o participante da seguinte forma (1, p. 78).

> Durante o teste de exercício, preste bastante atenção no grau de dificuldade que você sente para realizar o exercício. Essa percepção tem de refletir a quantidade total de esforço e fadiga, combinando todas as sensações e impressões de estresse, esforço e fadiga física. Não concentre sua atenção em apenas um fator, como dor na perna, falta de fôlego ou intensidade do exercício, tente observar a sensação interna total de esforço. Procure também não superestimar nem subestimar as sensações – seja o mais preciso possível.

Estimativa *vs* medição da capacidade funcional

A **capacidade funcional** é definida como a taxa de trabalho (consumo de oxigênio) mais elevada alcançada no TEP quando as respostas da FC, da PA e do ECG se encontram dentro dos padrões normais do trabalho pesado. Para pacientes cardíacos, a taxa de trabalho mais elevada não costuma refletir a capacidade máxima do sistema cardiorrespiratório, pois o TEP tem de ser interrompido devido a mudanças no ECG, angina, dor de claudicação, etc. Para pessoas aparentemente saudáveis, a capacidade funcional pode ser chamada de *potência aeróbia máxima* ou *consumo máximo de oxigênio* ($\dot{V}O_2$máx.). (Veja procedimentos de medição do consumo de oxigênio no Capítulo 28.)

O consumo de oxigênio aumenta a cada etapa do TEP, até o CCR atingir o limite máximo. Nesse ponto, o $\dot{V}O_2$ se estabiliza, não aumenta em função da mudança de etapa; isso significa que foi alcançado o $\dot{V}O_2$máx. daquela pessoa. Em decorrência da complexidade e do custo dos procedimentos para medição direta do $\dot{V}O_2$máx., freqüentemente estimamos esse valor por fórmulas que relacionam o estágio do TEP ao consumo de oxigênio específico.

Como discutido no Capítulo 4, muitas fórmulas podem ser usadas para estimar o consumo de oxigênio a partir do estágio alcançado no TEP. Em geral, elas produzem uma estimativa razoável do $\dot{V}O_2$ quando o TEP é ajustado ao indivíduo. No entanto, se os aumentos nos estágios do TEP forem muito amplos para o CCR da pessoa avaliada ou se o tempo gasto em cada etapa for muito curto, é possível que o indivíduo não alcance o oxigênio em estado de equilíbrio necessário (29). Quando isso acontece, há superestimativa do $\dot{V}O_2$ a cada incremento de estágio. A incapacidade de alcançar a demanda de oxigênio é um problema comum entre indivíduos menos condicionados (por

Tabela 5.4 Efeitos do condicionamento físico sobre a FC

Condição	Efeitos do condicionamento físico sobre a FC
Descanso	↓
Trabalho submáximo-padrão (mesma taxa de trabalho externo)	↓
Trabalho máximo	Sem alterações
Um determinado % do máximo	Sem alterações

FC = freqüência cardíaca

Tabela 5.5 Escalas de categoria e de proporção de categoria para taxas de percepção de esforço (TPE)

Escala de categoria			Escala de proporção de categoria	
6		0	Nenhuma	Sem /
7	Muito, muito leve	0,3		
8		0,5	Extremamente fraca	Apenas perceptível
9	Muito leve	0,7		
10		1	Muito fraca	
11	Bastante leve	1,5		
12		2	Fraca	
13	Um pouco difícil	2,5		
14		3	Moderada	
15	Difícil	4		
16		5	Forte	Pesada
17	Muito difícil	6		
18		7	Muito pesada	
19	Muito, muito difícil	8		
20		9		
		10	Extremamente forte	A mais forte /
		11		
		•	Máxima absoluta	A mais alta possível

Na escala de proporção de categoria, / representa a intensidade.
Para usar corretamente as escalas de Borg, siga a aplicação e as instruções dadas em G. Borg, *Perceived Exertion and Pain Scales*. Champaign, IL: Human Kinetics, 1998.
Reimpressa, com permissão, de G. Borg, 1998, *Perceived exertion and pain scales*. (Champaign, IL: Human Kinetics), p. 47. © Gunnar Borg, 1970, 1985, 1994, 1998.

exemplo, pacientes cardíacos). Essa incapacidade sugere que protocolos de TEP mais conservadores (por exemplo, aumentos menores entre os estágios) devem ser usados para possibilitar o alcance da demanda de oxigênio adequada a cada estágio. Esse problema é explicado com mais detalhes no Capítulo 28.

Entretanto, no TEP, estágios mais curtos e aumentos maiores de cargas entre eles podem ser usados quando o propósito for a avaliação de anormalidades do ECG (e não a estimativa do $\dot{V}O_2$máx.). Além disso, alterações no CCR ao longo do tempo podem ser determinadas pela aplicação periódica do mesmo TEP em um indivíduo.

Procedimentos do TEP

Esta seção aborda como aplicar um TEP e usa exemplos de diferentes protocolos de teste. Antes de aplicar o TEP, o avaliador deve:

> **Ponto-chave**
>
> Variáveis comumente medidas durante o TEP de repouso ou submáximo incluem a FC, a PA e o TPE. O consumo de oxigênio pode ser medido a cada etapa do teste e no esforço máximo; no entanto, de modo geral, o $\dot{V}O_2$máx. é estimado (pelas fórmulas descritas no Capítulo 4) na etapa final do TEP.

- calibrar o equipamento,
- verificar os suprimentos e os formulários de dados,
- selecionar o protocolo de teste apropriado para o participante,
- obter o consentimento informado,
- instruir o participante sobre a tarefa, incluindo a volta à calma,
- fazer com que o participante pratique a tarefa (se necessário) e
- verificar se o participante seguiu as instruções do período pré-teste.

Uma vez que as respostas da FC, da PA e do TPE ao trabalho submáximo são influenciadas por uma grande variedade de fatores, alterações nesses fatores a cada teste devem ser cuidadosamente minimizadas. Eles incluem, mas não se limitam a:

- temperatura e umidade relativa da sala,
- número de horas de sono antes do teste,
- estado emocional,
- estado de hidratação,
- medicação,
- horário do dia,
- tempo decorrido desde a última refeição, cigarro fumado, cafeína ingerida e exercício praticado e
- ambiente psicológico do teste (por exemplo, grau de conforto do participante no local do teste).

Se houver o cuidado de controlar esses fatores, será maior a probabilidade de que mudanças na FC, na PA ou na TPE a cada teste reflitam alterações reais no condicionamento físico e nos hábitos de prática de atividades físicas. Orientações padronizadas, como as Instruções para o Pré-teste de Condicionamento Físico (veja o Formulário 5.1) ajudam a garantir a preparação do participante para o teste.

Procedimentos típicos para TEPs são mostrados na página 91, em Passos para Aplicação do TEP. Uma série de pontos-limite devem ser analisados para identificação da necessidade de interromper o TEP (veja a página 91) (1). Essas orientações referem-se a testes não-diagnósticos, executados sem o envolvimento direto de um médico e sem monitoramento eletrocardiográfico.

> **Ponto-chave**
>
> O equipamento usado para medir e registrar as variações do CCR deve ser revisado e calibrado antes do teste. Obedecer as prescrições para realização de procedimentos antes e durante o teste ajuda a garantir a segurança e a precisão. O avaliador deve saber quando há necessidade de interromper o teste, de acordo com sinais, sintomas ou medições do CCR.

Quando usar testes submáximos e máximos

Os TEPs têm sido usados para avaliar o CCR em programas de condicionamento físico para populações saudáveis e em avaliações clínicas de doenças cardíacas isquêmicas, condição em que o fluxo sangüíneo inadequado ao músculo do coração pode alterar o ECG. O exercício é usado para aplicar uma carga ao coração, a fim de determinar a resposta cardíaca e ver se há alterações no ECG (19).

Há controvérsias a respeito do uso de TEPs submáximos ou máximos. Com base em milhares de testes de estresse de exercício conduzidos desde a metade da década de 1950, geralmente se recomenda o teste de exercício máximo ou limitado por sinais e sintomas para revelar doenças cardíacas isquêmicas em indivíduos assintomáticos (1). Embora não sejam tão eficazes na identificação de doenças, os testes de exercício submáximos são apropriados para avaliar o CCR antes e depois de programas de exercícios.

Quando a academia é responsável tanto pelo teste quanto pelo programa de condicionamento físico, a seqüência de testes e a atividade recomendada antes são potencializadas, fornecendo mais vantagens do que desvantagens. A principal objeção ao uso de testes máximos é que eles causam estresse em pessoas antes inativas. Ainda que o risco à saúde no TEP máximo seja muito pequeno quando se dispõe da avaliação adequada e de uma equipe de funcionários qualificados, o desconforto de alcançar o CCR máximo sem um condicionamento prévio pode desencorajar muitas pessoas à participação em um programa de condicionamento. Objeções ao teste submáximo incluem o fato de que surgem menos respostas anormais ao exercício e as estimativas do $\dot{V}O_2$ são imprecisas quando feitas a partir de dados submáximos. No programa de condicionamento físico para pessoas aparentemente sau-

---

FORMULÁRIO 5.1   Instruções para o teste de condicionamento físico

Nome _____ Data do teste _____ Horário _____

Relatório para_____

Instrução

Observe o seguinte:

1. Use tênis de corrida, calção e uma blusa folgada.
2. Suspenda bebidas (exceto água), alimentos, tabaco e remédios três horas antes do teste.
3. Faça o mínimo de atividade física no dia do teste.

Cancelamento

Se você não puder comparecer ao teste, avise _____ pelo telefone _____.

Retirado de Edward T. Howley e B. Don Franks, 2007, *Fitness Professional's Handbook*, 5th ed. (Champaign, IL: Human Kinetics).

Passos para aplicação do TEP

1. Apresente-se ao participante.
2. Obtenha o consentimento (oral e escrito).
3. Anote a idade, faça a pesagem e meça a altura. Estime e registre a FCmáx. e 70 a 85% dela.
4. Obtenha a FC e a PA em repouso.
5. Instrua o participante sobre o modo de realização do teste de *step*:
    - explique que ele tem de completar todo o movimento da subida e da descida,
    - peça que mantenha a velocidade de acordo com o metrônomo.

    OU

    Explique ao participante como se deve usar o cicloergômetro:
    - peça-lhe para ajustar o banco de modo que o joelho fique um pouco flexionado quando o pé estiver na parte de baixo do movimento do pedal, paralelo ao piso,
    - instrua-o a manter a velocidade de acordo com o metrônomo,
    - diga-lhe que não se deve segurar com muita força o guidão e que, na hora de medir a PA, é preciso largar o guidão.

    OU

    Explique ao participante como deve andar sobre a esteira:
    - peça-lhe que segure no apoio e perceba a velocidade da esteira, acompanhando o movimento com um pé sobre a cinta,
    - diga-lhe para colocar os dois pés sobre a cinta, manter o olhar direto à frente, as costas retas, o andar relaxado e os braços soltos,
    - inicialmente, é possível que a pessoa tenha de segurar-se para manter o equilíbrio. Aos poucos, ela pode largar o apoio e apenas tocá-lo com o dedo ou com o dorso da mão.
6. Siga o protocolo do teste.
    - peça ao participante que fale sobre as próprias sensações durante o teste,
    - preste atenção nos critérios para interromper o teste.

Para avaliações do condicionamento físico, geralmente são medidas a FC, a PA e a TPE.

Reimpressos, com permissão, de E. T. Howley, 1988, The exercise testing laboratory. In *Resource manual for guidelines for exercise testing and prescription*, ed. S. N. Blair e colaboradores. (Philadelphia, PA: Lea & Febiger), p. 406-413.

Indicações gerais para interromper o teste de exercício quando o participante é um adulto do grupo de baixo risco*

- Surgimento de angina ou sintomas semelhantes aos da angina.
- Queda da pressão arterial sistólica de > 10 mmHg em relação à linha de base, apesar do aumento na carga de trabalho.
- Alta excessiva na pressão arterial: pressão sistólica > 250 mmHg ou diastólica > 115 mmHg.
- Dificuldade de respirar, respiração ofegante, cãibras na perna ou claudicação.
- Sinais de perfusão insatisfatória: tontura, confusão, ataxia, palidez, cianose, náusea ou frio e pele pegajosa.
- Falha da freqüência cardíaca em aumentar à medida que o exercício fica mais intenso.
- Mudança perceptível no ritmo cardíaco.
- Solicitação do participante para parar.
- Manifestação verbal ou física de fadiga intensa.
- Falha no equipamento de teste.

* Pressupõe que o teste é do tipo não-diagnóstico e está sendo executado sem o envolvimento direto de um médico e sem monitoramento do ECG.

Reimpressas, com permissão, de American College of Sports Medicine (ACSM), 2006. *ACSM's guidelines for exercise testing and prescription*, 7th ed. (Philadelphia, PA: Lippincott, Williams & Wilkins), p. 78.

dáveis, os argumentos contra a aplicação de testes máximos ou submáximos são vencidos pela aplicação do teste submáximo logo no início do programa e do máximo após a prática regular de exercícios. Qualquer protocolo de TEP pode ser usado no teste máximo ou submáximo – a única diferença são os critérios para interromper o teste. A princípio, os dois são interrompidos quando se registra uma ou mais das respostas anormais apresentadas no quadro da página 91. Na ausência de respostas anormais, em geral se interrompe o teste submáximo quando a pessoa alcança certa FC (com freqüência, 85% da FC máxima), enquanto o teste máximo é interrompido quando a pessoa alcança a exaustão voluntária.

Protocolos de testes de exercício máximo

Não há um protocolo de TEP apropriado para todas as pessoas. Durações, cargas iniciais e aumentos entre os estágios variam de acordo com o indivíduo. Jovens ativos, sedentários normais e pessoas com estado de saúde questionável devem começar a 6, 4 e 2 METs respectivamente. Os mesmos três grupos devem aumentar 2 a 3, 1 a 2 e 0,5 a 1 METs, respectivamente, nas etapas progressivas do teste. Se o objetivo for comparar o CCR em períodos diferentes, pode-se usar 1 ou 2 minutos por etapa. Se for prever o $\dot{V}O_2$máx., no entanto, o tempo de cada etapa deve ser de 2 a 3 minutos. A Tabela 5.6 ilustra como esses critérios podem ser usados em testes com *step*, cicloergômetro ou esteira e níveis de condicionamento diferentes.

Os protocolos de teste a seguir são exemplos usados para populações diferentes. O primeiro, mostrado na Tabela 5.7, pode ser aplicado a sujeitos não-condicionados, que devem começar em um nível de MET muito baixo, caminhar lentamente e aumentar 1 MET por estágio de 3 minutos (30). O protocolo-padrão de Balke (9) pode ser usado por adultos inativos típicos, que começam em um nível de MET mais alto e progridem 1 MET por etapa de 2 minutos. Pessoas jovens ou mais ativas podem ser submetidas ao protocolo de Bruce (14), que inicia em um nível de MET moderado e sobe 2 a 3 METs por estágio de 3 minutos. Infelizmente, alguns centros usam o mesmo protocolo para todas as pessoas. Nesse caso, o resultado é que a etapa inicial com freqüência é elevada ou baixa demais e os aumentos do trabalho na progressão de um estágio para outro são pequenos ou grandes demais para o indivíduo em questão. A estimativa do $\dot{V}O_2$máx. a partir do estágio final de um TEP máx. tem um erro padrão de estimativa de cerca de 3 mL $\cdot$ kg^{-1} $\cdot$ min^{-1} (32).

Protocolos de testes de exercício submáximo

Qualquer protocolo de TEP pode ser usado para testes submáximos ou máximos. Normalmente, o profissional de condicionamento físico usa o TEP submáximo para estimar o $\dot{V}O_2$máx. ou apenas para mostrar como o programa de exercícios altera as variáveis selecionadas. A previsão do consumo máximo de oxigênio a partir de um teste submáximo envolve uma margem substancial de erro (veja "Evidências científicas", nesta página). No entanto, esse teste pode proporcionar informações úteis para estimar a capacidade funcional do indivíduo e determinar sua categoria de condicionamento físico e os exercícios mais apropriados para a próxima programação. O único modo de determinar a real capacidade funcional do participante consiste em medi-la durante o teste máximo. Entretanto, os testes

---

Ponto-chave

Os protocolos de TEP podem ser usados para testes submáximos (no início da seqüência de testes) ou máximos (para pessoas ativas que alcançaram o nível mínimo de condicionamento físico). Em testes submáximos ou máximos, é possível usar o mesmo protocolo de TEP; no entanto, os critérios para interrupção do teste diferem. Testes máximos são mais eficazes na identificação de doenças cardíacas isquêmicas. Testes submáximos são úteis na avaliação do condicionamento físico, e a sua aplicação é relativamente barata. Embora não seja tão preciso quanto o do teste máximo, o $\dot{V}O_2$máx. estimado a partir do teste submáximo é útil na avaliação de mudanças no CCR causadas pelo programa de exercícios.

Evidências científicas

Ao introduzir cada teste, fornecemos o erro padrão de estimativa associado com estimativas de $\dot{V}O_2$máx. feitas a partir de testes. Com um erro-padrão de 4 mL $\cdot$ kg^{-1} $\cdot$ min^{-1}, 68% dos valores do $\dot{V}O_2$máx. real caem na faixa de 4 mL $\cdot$ kg^{-1} $\cdot$ min^{-1} do valor do $\dot{V}O_2$máx. estimado, e 95% dos valores reais encontram-se na faixa de 8 mL $\cdot$ kg^{-1} $\cdot$ min^{-1} do valor estimado. O problema é que não sabemos quando o indivíduo se encontra dentro de 8 mL $\cdot$ kg^{-1} $\cdot$ min^{-1}. Em conseqüência, se estimarmos que o participante tem um $\dot{V}O_2$máx. de 38 mL $\cdot$ kg^{-1} $\cdot$ min^{-1}, provavelmente ele estará entre 30 e 46 mL $\cdot$ kg^{-1} $\cdot$ min^{-1}. Por isso, os profissionais de condicionamento físico têm de interpretar os resultados dos testes com cuidado, em especial quando comparados com os valores-padrão. No entanto, dado que o treinamento de *endurance* altera com facilidade a resposta da FC ao trabalho submáximo, os testes submáximos são bons instrumentos para educar e motivar os participantes, mostrando-lhes as melhorias graduais no CCR.

Tabela 5.6 Protocolo de teste para grupos diferentes

Estágio	METs	Step com banco Altura (cm)	Steps · min⁻¹	Cicloergômetro Taxa de trabalho (kpm · min⁻¹)	RPM	Esteira Velocidade (km · min⁻¹)	Inclinação (%)
Indivíduos com saúde questionável							
1	2	0	24	0	50	3,2	0
2	3	16	12	150	50	4,8	0
3	4	16	18	300	50	4,8	2,5
4	5	16	24	450	50	4,8	5,0
5	6	16	30	600	50	4,8	7,5
Indivíduos sedentários normais							
1	4	16	18	360	60	4,8	2,5
2	6	16	30	540	60	4,8	7,5
3	7-8	36	18-24	720-900	60	4,8-5,5	10,0
4	9	36	27	900-1.080	60	5,5	12,0
5	10-11	36	30-33	1.080-1.260	60	9,7	0-1,75
Indivíduos jovens ativos							
1	6	16	30	630	70	4,8	7,5
2	9	36	27	1.060	70	5,5	12,0
3	12	36	36	1.270	70	9,7	3,5
4	15	50	33	1.900	70	11,3	7,0
5	17	50	39	2.110	70	11,3	11,0

MET = equivalente metabólico.
Reimpressa, com permissão, de B. D. Franks, 1979. Methodology of the exercise ECG test. In *Exercise electrocardiography: Practical approach*. Ed. E. K. Chung (Baltimore, MD: Lippincott, Williams & Wilkins), p. 46-61.

submáximos são muito confiáveis, e as alterações na FC, na PA e na TPE resultantes do condicionamento com exercícios fazem deles uma boa exibição dos avanços no CCR. A estimativa do $\dot{V}O_2$máx. a partir de protocolos de testes de exercício submáximo apresenta um erro padrão de estimativa de aproximadamente 5 mL · kg⁻¹ · min⁻¹ (32).

Protocolo de teste submáximo na esteira

A etapa inicial e a taxa de progressão do TEP devem ser selecionadas de acordo com os critérios já mencionados. No exemplo a seguir, foi usado um protocolo-padrão de Balke (3 mi · h⁻¹ ou 4,8 km · h⁻¹, e um aumento de 2,5% na inclinação a cada 2 min). O teste foi interrompido a 85% da FC máxima ajustada pela idade (pela fórmula 220 – idade). A potência aeróbia máxima foi estimada pela extrapolação da resposta da FC máxima estimada. A Figura 5.3 apresenta os resultados desse teste graficamente, mostrando a resposta da FC a cada carga de trabalho. A resposta da FC é bem regular entre as inclinações de 0 e 5%. Isso não é incomum (veja a discussão subseqüente ao teste da Associação Cristã de Moços – YMCA); às vezes, o indivíduo fica muito agitado ou as mudanças no volume sistólico se devem a alterações no débito cardíaco em taxas de trabalho baixas. Em geral, a resposta da FC é bastante linear entre 110 batimentos · min⁻¹ e à 85% da FC máxima do indivíduo.

Para estimar o $\dot{V}O_2$máx., seguem-se os procedimentos de Maritz e colaboradores (26). Estabelece-se uma linha pelos pontos da FC, com inclinação de 7,5% na taxa de trabalho final. Essa linha é estendida (extrapolada) à FC máxima prevista para o indivíduo (183 batimentos · min⁻¹). Puxa-se uma linha vertical a partir do último ponto da linha de base para estimar a potência aeróbia máxima, que, nesse exemplo, é 11,8 METs ou 41,3 mL · kg⁻¹ · min⁻¹. Qualquer fórmula usada para estimar a FC apresenta um erro padrão de estimativa de cerca de 10 batimentos · min⁻¹. Em consequência, essa possível imprecisão influencia as previsões do consumo de oxigênio máximo, derivada da extrapolação da FC para um nível máximo estimado. Se a FC máxima real (medida) for 173 ou 193 batimentos · min⁻¹, o nível de MET máximo estimado será 11,0 ou 12,6 METs, respectivamente.

Protocolo de teste submáximo no cicloergômetro

As etapas da aplicação de testes submáximos no cicloergômetro são fornecidas na página 96. Um dos protocolos mais

Tabela 5.7 Protocolos de esteira para várias categorias

Etapa	METs	Velocidade (km. h⁻¹)	Inclinação (%)	Tempo (min)
\multicolumn{5}{c}{Indivíduos descondicionados[a]}				
1	2,5	3,2	0	3
2	3,5	3,2	3,5	3
3	4,5	3,2	7	3
4	5,4	3,2	10,5	3
5	6,4	3,2	14	3
6	7,3	3,2	17,5	3
7	8,5	4,8	12,5	3
8	9,5	4,8	15	3
9	10,5	4,8	17,5	3
\multicolumn{5}{c}{Indivíduos inativos normais[b]}				
1	4,3	4,8	2,5	2
2	5,4	4,8	5	2
3	6,4	4,8	7,5	2
4	7,4	4,8	10	2
5	8,5	4,8	12,5	2
6	9,5	4,8	15	2
7	10,5	4,8	17,5	2
8	11,6	4,8	20	2
9	12,6	4,8	22,5	2
10	13,6	4,8	25	2
\multicolumn{5}{c}{Indivíduos jovens ativos[c]}				
1	5	2,7	10	3
2	7	4	12	3
3	9,5	5,4	14	3
4	13	6,7	16	3
5	16	8	18	3

MET = equivalente metabólico.
[a] De J. P. Naughton e R. Haider, 1973, Methods of exercise testing. In *Exercise testing and exercise training in coronary heart disease*. Ed. J. P. Naughton, H. R. Hellerstein e L. C. Mohler (New York, NY: Academic Press).
[b] De B. Balke, 1970, Advanced Exercise Procedures for Evaluation of the Cardiovascular System, *Monograph* (Milton, WI: Burdick Corporation).
[c] De R. A. Bruce, 1972, Multi-stage treadmill test of maximal and submaximal exercise. In *Exercise testing and training of apparently healthy individuals: A handbook for physicians*, American Heart Association (New York, NY: American Heart Association), p. 32-34.

comuns (Figura 5.4) vem do *YMCA Fitness Testing and Assessment Manual* (Manual de Avaliação e Teste de Condicionamento da ACM) (22). Ele é fundamentado na relação linear entre a FC e a taxa de trabalho ($\dot{V}O_2$) que ocorre quando se alcança cerca de 110 batimentos · min⁻¹. A linha que descreve a relação entre a FC e a taxa de trabalho é extrapolada para FC máxima estimada pela idade (como feito no protocolo para a esteira) a fim de derivar o $\dot{V}O_2$máx. do indivíduo. Cada etapa do teste dura 3 minutos, a não ser que a FC ainda não tenha atingido um estado de equilíbrio (há uma diferença maior de 5 batimentos · min⁻¹ entre as FCs no segundo e no terceiro minutos). Nesse caso, um minuto extra é adicionado ao estágio. O ritmo da pedalada é mantido em 50 rev · min⁻¹, de modo que, no cicloergômetro Monark, o aumento de 0,5 kg na carga corresponde a 150 kgm · min⁻¹ (25 W). A altura do banco é ajustada para que o joelho fique um pouco dobrado (6) quando o pé se encontra na parte de baixo do movimento do pedal a cada revolução. Registra-se a altura do banco para posterior referência. A FC é monitorada durante a última metade do segundo e do terceiro minuto de cada estágio.

Na seleção inicial das taxas de trabalho e de progressão no cicloergômetro, deve-se considerar o peso corporal, o sexo, a idade e o nível de condicionamento físico. Em geral, o $\dot{V}O_2$ máx. absoluto (L · min⁻¹) é mais baixo em pessoas menores; as mulheres têm $\dot{V}O_2$máx. absoluto mais baixo do que os homens; o $\dot{V}O_2$máx. diminui com a idade; e a inatividade está associada com o $\dot{V}O_2$máx. baixo. O teste da YMCA considera o peso corporal, o condicionamento físico, etc., iniciando, para todos, a 150 kgm · min⁻¹ e usando a resposta da FC a essa taxa de trabalho específica para definir as etapas subseqüentes (veja a Figura 5.4). Pressupõe-se que, em indivíduos maiores ou condicionados, a resposta da FC a essa taxa de trabalho seja baixa; desse modo, eles poderiam usar a seqüência mais extenuante (quadros no extremo esquerdo da figura). Porém, os menores ou não-condicionados teriam uma boa resposta à taxa de 150 kgm · min⁻¹ e poderiam seguir a seqüência com incrementos menores da potência. As pessoas testadas deveriam completar apenas uma taxa adicional de trabalho além daquela que demandasse uma FC de 110 batimentos · min⁻¹.

De acordo com esse protocolo, registram-se os valores da FC no segundo e no terceiro minutos de cada taxa de trabalho e seguem-se as instruções na hora de estimar o $\dot{V}O_2$ máx. em litros por minuto. A Figura 5.5 apresenta as instruções do protocolo da YMCA e um teste-modelo, feito com uma mulher de 50 anos e 59 kg de peso. As etapas seguiram o padrão ditado pela resposta da FC à taxa de trabalho inicial de 150 kgm · min⁻¹. Foi estabelecida uma linha pelos dois últimos valores da FC, extrapolada até a FC máxima estimada. Uma linha vertical, a partir do último ponto da linha extrapolada até a linha de base, estimou em 750 kgm · min⁻¹ a taxa de trabalho máxima. Com a fórmula descrita anteriormente (e no Capítulo 4) para cicloergômetro, o $\dot{V}O_2$ máx. da mulher foi calculado em ~30 mL · kg⁻¹ · min⁻¹ ou cerca de 1,77 L · min⁻¹.

Em contraste com o da YMCA, o teste para cicloergômetro de Åstrand e Rhyming (6) exige que o indivíduo complete apenas uma taxa de trabalho de 6 minutos, que solicita uma demanda da FC entre 125 e 170 batimentos · min⁻¹. Esses pesquisadores observaram que, entre jovens (18 a 30 anos), a FC mé-

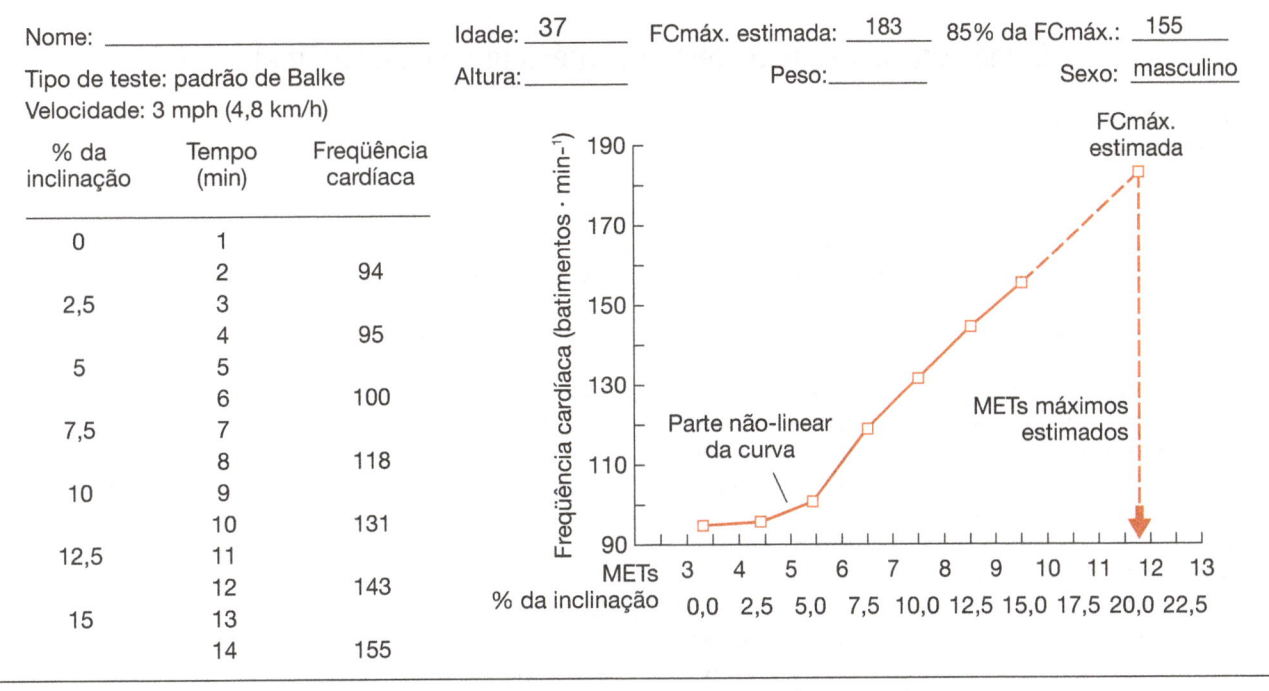

Nome: _____   Idade: __37__   FCmáx. estimada: __183__   85% da FCmáx.: __155__
Tipo de teste: padrão de Balke   Altura: _____   Peso: _____   Sexo: masculino
Velocidade: 3 mph (4,8 km/h)

% da inclinação	Tempo (min)	Freqüência cardíaca
0	1	
	2	94
2,5	3	
	4	95
5	5	
	6	100
7,5	7	
	8	118
10	9	
	10	131
12,5	11	
	12	143
15	13	
	14	155

Figura 5.3 Potência aeróbia máxima estimada pela medição da resposta da FC ao TEP submáximo na esteira.

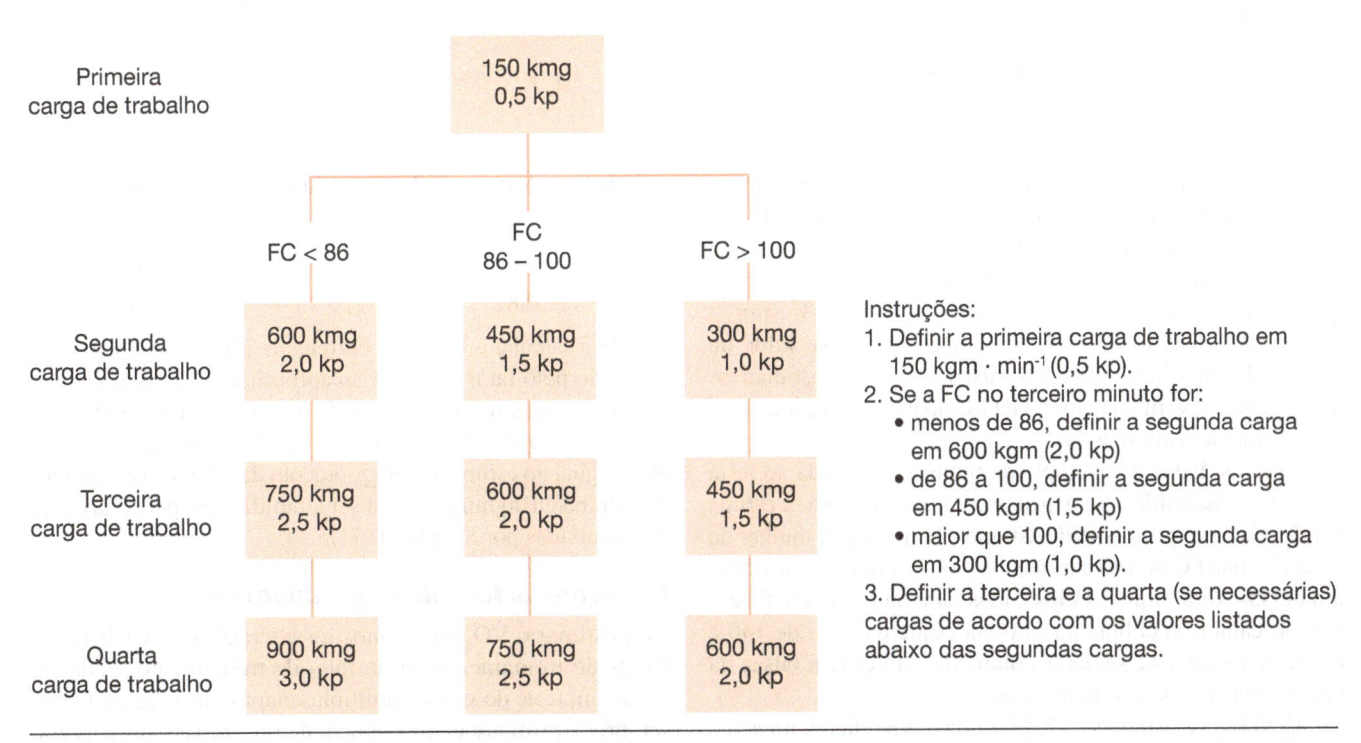

Figura 5.4 Guia para determinar a potência (carga) no teste submáximo, no cicloergômetro, elaborado pela YMCA. Reimpressa de *YMCA Fitness Testing and Assessmet Manual*, com permissão da YMCA dos EUA, 101, N. Wacker Drive, Chicago, IL, 60606.

Primeira carga de trabalho: 150 kmg / 0,5 kp

- FC < 86 → Segunda carga: 600 kmg / 2,0 kp; Terceira: 750 kmg / 2,5 kp; Quarta: 900 kmg / 3,0 kp
- FC 86 – 100 → Segunda carga: 450 kmg / 1,5 kp; Terceira: 600 kmg / 2,0 kp; Quarta: 750 kmg / 2,5 kp
- FC > 100 → Segunda carga: 300 kmg / 1,0 kp; Terceira: 450 kmg / 1,5 kp; Quarta: 600 kmg / 2,0 kp

Instruções:
1. Definir a primeira carga de trabalho em 150 kgm · min^{-1} (0,5 kp).
2. Se a FC no terceiro minuto for:
   - menos de 86, definir a segunda carga em 600 kgm (2,0 kp)
   - de 86 a 100, definir a segunda carga em 450 kgm (1,5 kp)
   - maior que 100, definir a segunda carga em 300 kgm (1,0 kp).
3. Definir a terceira e a quarta (se necessárias) cargas de acordo com os valores listados abaixo das segundas cargas.

Etapas da aplicação do teste submáximo no cicloergômetro

1. Complete os itens pré-teste.
2. Selecione o protocolo do teste.
3. Estime a FCmáx. do participante (220 – idade = FCmáx. em batimentos · min^{-1}).
4. Determine 85% da FCmáx. do participante (FCmáx. · 0,85 = 85% da FCmáx.).
5. Revise o procedimento com o participante.
6. Defina e registre a altura do banco (a perna deve ficar um pouco dobrada quando o pé se encontra na parte mais baixa do movimento do pedal).
7. Dispare o metrônomo (programe 100 batimentos · min^{-1}, de modo que um pé fique na parte mais baixa do movimento do pedal a cada batimento, resultando em 50 rev · min^{-1} completas).
8. Cuide para que o participante comece a pedalar em sintonia com o metrônomo.
9. Assim que for atingido o ritmo correto, programe a resistência de acordo com o protocolo escolhido.
10. Dispare o cronômetro para iniciar o estágio de 3 minutos.
11. Verifique a programação da resistência (ela pode desregular-se) e observe o participante em busca de sinais e sintomas que determinem a interrupção do teste.
12. A 1min30s, do estágio, meça e registre a PA e a FC.
13. A 2min30s, meça e registre a FC.
14. A 2min50s, pergunte ao participante sobre a TPE e anote o que foi dito.
15. A 2min55s, pergunte ao participante como está se sentindo.
16. A 3min, se a FC for inferior a 85% da FCmáx., se a PA estiver respondendo normalmente e o participante estiver bem, aumente a resistência para o próximo estágio. Se os dois valores da FC (no segundo e no terceiro minutos) não estiverem dentro de 5 batimentos · min^{-1}, o protocolo da YMCA sugere acrescentar outro minuto ao estágio para obter o valor em estado de equilíbrio.
17. Repita as etapas 10 a 16 até que o participante alcance 85% da FCmáx. ou até que haja motivo para interromper o teste. Volte ao estágio 1 (para a volta à calma) e repita os estágios 10 a 15, parando a 3 minutos na etapa da volta à calma.
18. Converse com o participante e veja se houve algum problema.

Reimpressas de B. D. Franks e E. T. Howley, 1989, *Fitness leader's handbook* (Champaign, IL: Human Kinetics), p. 87.

dia era 128 batimentos · min^{-1} para homens e 138 batimentos · min^{-1} para mulheres, a 50% do $\dot{V}O_2$máx., enquanto a 70%, as médias mudavam para 154 e 164, respectivamente. Portanto, sabendo pela resposta da FC que a pessoa está no nível de 50% do $\dot{V}O_2$máx. com uma taxa de trabalho igual a 1,5 L · min^{-1}, é possível estimar o $\dot{V}O_2$máx. como duas vezes esse valor, ou seja, 3,0 L · min^{-1}. A Tabela 5.8 é usada para fazer estimativas do $\dot{V}O_2$máx. a partir da resposta da FC do indivíduo a uma taxa de trabalho de 6 minutos (4).

Com os dados do exemplo da mulher submetida ao teste da YMCA (discutido antes), podemos observar como se estima o $\dot{V}O_2$máx. pelo protocolo de Åstrand e Rhyming. A mulher de 50 anos tinha FC de 140 batimentos · min^{-1}, com taxa de trabalho de 450 kgm · min^{-1}. Pelos dados para mulheres da Tabela 5.8, buscamos na coluna da extrema esquerda a FC de 140 e então examinamos a segunda coluna de valores (em busca da taxa de trabalho de 450 kgm · min^{-1}).

O $\dot{V}O_2$máx. estimado é 2,4 L · min^{-1}. Entretanto, uma vez que a FC máxima diminui à medida que aumenta a idade, e os dados da Tabela 5.8 foram coletados entre jovens, I. e P. O. Åstrand (3, 4) estabeleceram os seguintes fatores para correção da FC máxima a fim de obter um valor mais baixo.

Idade	Fator	Idade	Fator	Idade	Fator
15	1,10	40	0,83	55	0,71
25	1,00	45	0,78	60	0,68
35	0,87	50	0,75	65	0,65

Para calcular o $\dot{V}O_2$máx. correto, multiplica-se o $\dot{V}O_2$ máx. estimado pelo fator de correção apropriado. Para a mulher de 50 anos, temos um fator de 0,75, o que resulta no $\dot{V}O_2$ máx. corrigido = 0,75 · 2,4 L · min^{-1} = 1,8 L · min^{-1}. Esse valor é quase igual ao estimado pelo protocolo da YMCA. Os cálculos de Åstrand e Rhyming podem ser simplificados pelas fórmulas desenvolvidas por Shephard (34).

Protocolo de teste de step *submáximo*

Para estimar o $\dot{V}O_2$máx. e mostrar alterações no CCR resultantes do treinamento ou da falta de treinamento, pode ser usado um teste de *step* de múltiplas etapas ou estágios. Como sempre, a primeira etapa e a taxa de progressão entre as etapas devem ser adequadas ao indivíduo. A Tabela 5.6 apresenta três exemplos de protocolos de teste de *step* (p. 93). O indivíduo tem de seguir o metrônomo (quatro contagens por ciclo, ou seja, para cima-para cima-para baixo-para baixo) e

Nome: _____ FCmáx. estimada: __170__ Altura: _____ in. Peso: _____ lb
Sexo: __Feminino__ Idade: __50__ 85% da FCmáx.: __145__ _____ cm __59__ kg

Taxa de trabalho kpm · min⁻¹	Freqüência cardíaca 2º min	Freqüência cardíaca 3º min
150	95	96
300		
450	138	140
600	153	154

Protocolo da YCMA
1. Marque o 3º min da FC para cada taxa de trabalho.
2. Trace uma linha entre os pontos, a partir da FC 110.
3. Estenda a linha até a FCmáx. estimada para o indivíduo.
4. Baixe uma linha vertical a partir da FCmáx. até a linha de base.
5. Registre a taxa de trabalho máxima estimada.

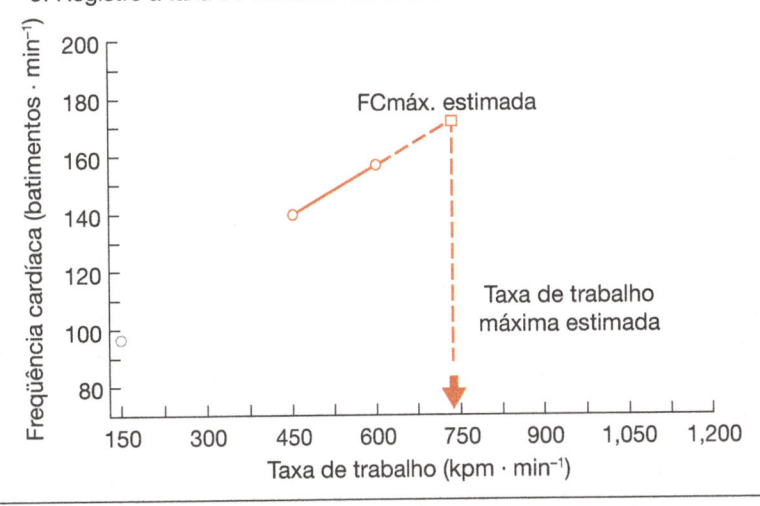

Figura 5.5 Potência aeróbia máxima estimada pela medição da resposta da FC a um TEP submáximo no cicloergômetro, usando o protocolo do *YMCA Fitness Testing and Assessment Manual*.

Reimpressa do *YMCA Fitness Testing and Assessment Manual*, com permissão da YMCA dos EUA, 101 N. Wacker Drive, Chicago, IL 60606.

completar integralmente os movimentos de subir e de descer. Cada etapa ou estágio deve durar, no mínimo, dois minutos, com monitoramento da FC nos últimos 30 segundos de cada dois minutos.

Durante o teste de *step*, é mais difícil monitorar a FC por palpação. O relógio para verificação da freqüência simplifica o processo, mas, se não houver um desses disponível, pode-se usar o manguito de PA. Na hora de fazer a medição, bombeie o manguito um pouco acima da pressão diastólica (de 80 a 100 mmHg). Com o estetoscópio, conte a pulsação por 15 a 30 segundos. Desaperte o manguito após cada medição. Uma alternativa consiste em interromper o *step* após cada estágio para, daí a 5 segundos, medir a FC por 10 segundos.

Como na maioria dos protocolos de TEPs submáximos, registra-se a FC em um gráfico, junto com o $\dot{V}O_2$ de cada estágio, e traça-se uma linha pelos pontos da FC máxima estimada. Em seguida, traça-se uma linha vertical a partir da linha de base para estimar a taxa de trabalho no *step* que teria sido alcançada caso o indivíduo realizasse o teste máximo. A Figura 5.6 mostra os resultados de um teste de *step* para um homem sedentário de 55 anos. A taxa de trabalho máxima estimada para o *step* foi 40 *steps* · min⁻¹. O $\dot{V}O_2$máx. calculado pela fórmula para o *step* fornecida no Capítulo 4 foi 7,7 METs ou cerca de 27 mL · kg⁻¹ · min⁻¹.

Procedimentos pós-teste

Depois do teste, deve-se cuidar da volta à calma do indivíduo, do monitoramento das variáveis do teste e do fornecimento de instruções para o período pós-teste. Além disso, o avaliador deve organizar os dados registrados (veja o Protocolo Pós-teste, na página 99).

Tabela 5.8 Previsão do consumo máximo de oxigênio a partir da freqüência cardíaca e da carga de trabalho durante o teste de 6 min no cicloergômetro

	Valores do $\dot{V}O_2$máx. para mulheres (L · min^{-1})						Valores do $\dot{V}O_2$máx. para homens (L · min^{-1})				
Freqüência cardíaca	300 kgm · min^{-1}	450 kgm · min^{-1}	600 kgm · min^{-1}	750 kgm · min^{-1}	900 kgm · min^{-1}	Freqüência cardíaca	300 kgm · min^{-1}	600 kgm · min^{-1}	900 kgm · min^{-1}	1.200 kgm · min^{-1}	1.500 kgm · min^{-1}
120	2,6	3,4	4,1	4,8		120	2,2	3,5	4,8		
121	2,5	3,3	4,0	4,8		121	2,2	3,4	4,7		
122	2,5	3,2	3,9	4,7		122	2,2	3,4	4,6		
123	2,4	3,1	3,9	4,6		123	2,1	3,4	4,6		
124	2,4	3,1	3,8	4,5		124	2,1	3,3	4,5	6,0	
125	2,3	3,0	3,7	4,4		125	2,0	3,2	4,4	5,9	
126	2,3	3,0	3,6	4,3		126	2,0	3,2	4,4	5,8	
127	2,2	2,9	3,5	4,2		127	2,0	3,1	4,3	5,7	
128	2,2	2,8	3,5	4,2	4,8	128	2,0	3,1	4,2	5,6	
129	2,2	2,8	3,4	4,1	4,8	129	1,9	3,0	4,2	5,6	
130	2,1	2,7	3,4	4,0	4,7	130	1,9	3,0	4,1	5,5	
131	2,1	2,7	3,4	4,0	4,6	131	1,9	2,9	4,0	5,4	
132	2,0	2,7	3,3	3,9	4,5	132	1,8	2,9	4,0	5,3	
133	2,0	2,6	3,2	3,8	4,4	133	1,8	2,8	3,9	5,3	
134	2,0	2,6	3,2	3,8	4,4	134	1,8	2,8	3,9	5,2	
135	2,0	2,6	3,1	3,7	4,3	135	1,7	2,8	3,8	5,1	
136	1,9	2,5	3,1	3,6	4,2	136	1,7	2,7	3,8	5,0	
137	1,9	2,5	3,0	3,6	4,2	137	1,7	2,7	3,7	5,0	
138	1,8	2,4	3,0	3,5	4,1	138	1,6	2,7	3,7	4,9	
139	1,8	2,4	2,9	3,5	4,0	139	1,6	2,6	3,6	4,8	
140	1,8	2,4	2,8	3,4	4,0	140	1,6	2,6	3,6	4,8	6,0
141	1,8	2,3	2,8	3,4	3,9	141		2,6	3,5	4,7	5,9
142	1,7	2,3	2,8	3,3	3,9	142		2,5	3,5	4,6	5,8
143	1,7	2,2	2,7	3,3	3,8	143		2,5	3,4	4,6	5,7
144	1,7	2,2	2,7	3,2	3,8	144		2,5	3,4	4,5	5,7
145	1,6	2,2	2,7	3,2	3,7	145		2,4	3,4	4,5	5,6
146	1,6	2,2	2,6	3,2	3,7	146		2,4	3,3	4,4	5,6
147	1,6	2,1	2,6	3,1	3,6	147		2,4	3,3	4,4	5,5
148	1,6	2,1	2,6	3,1	3,6	148		2,4	3,2	4,3	5,4
149		2,1	2,6	3,0	3,5	149		2,3	3,2	4,3	5,4
150		2,0	2,5	3,0	3,5	150		2,3	3,2	4,2	5,3
151		2,0	2,5	3,0	3,4	151		2,3	3,1	4,2	5,2
152		2,0	2,5	2,9	3,4	152		2,3	3,1	4,1	5,2
153		2,0	2,4	2,9	3,3	153		2,2	3,0	4,1	5,1
154		2,0	2,4	2,8	3,3	154		2,2	3,0	4,0	5,1
155		1,9	2,4	2,8	3,2	155		2,2	3,0	4,0	5,0
156		1,9	2,3	2,8	3,2	156		2,2	2,9	4,0	5,0
157		1,9	2,3	2,7	3,2	157		2,1	2,9	3,9	4,9
158		1,8	2,3	2,7	3,1	158		2,1	2,9	3,9	4,9
159		1,8	2,2	2,7	3,1	159		2,1	2,8	3,8	4,8
160		1,8	2,2	2,6	3,0	160		2,1	2,8	3,8	4,8
161		1,8	2,2	2,6	3,0	161		2,0	2,8	3,7	4,7
162		1,8	2,2	2,6	3,0	162		2,0	2,8	3,7	4,6
163		1,7	2,2	2,6	2,9	163		2,0	2,8	3,7	4,6
164		1,7	2,1	2,5	2,9	164		2,0	2,7	3,6	4,5
165		1,7	2,1	2,5	2,9	165		2,0	2,7	3,6	4,5
166		1,7	2,1	2,5	2,8	166		1,9	2,7	3,6	4,5
167		1,6	2,1	2,4	2,8	167		1,9	2,6	3,5	4,4
168		1,6	2,0	2,4	2,8	168		1,9	2,6	3,5	4,4
169		1,6	2,0	2,4	2,8	169		1,9	2,6	3,5	4,3
170		1,6	2,0	2,4	2,7	170		1,8	2,6	3,4	4,3

Reimpressa, com permissão, de P.-O. Åstrand, 1979, *Work tests with the bicycle ergometer* (Varberg, Sweden: Monark Exercise AB), p. 24.

Nome: _____ Idade: __55__ FCmáx. estimada: __165__ 85% da FCmáx.: __140__

Protocolo de teste de *step*
Altura do banco: 16 cm

Altura: _____
Peso: _____
Sexo: Masculino

Taxa de *steps*	Freqüência cardíaca
12	100
18	115
24	128
30	142

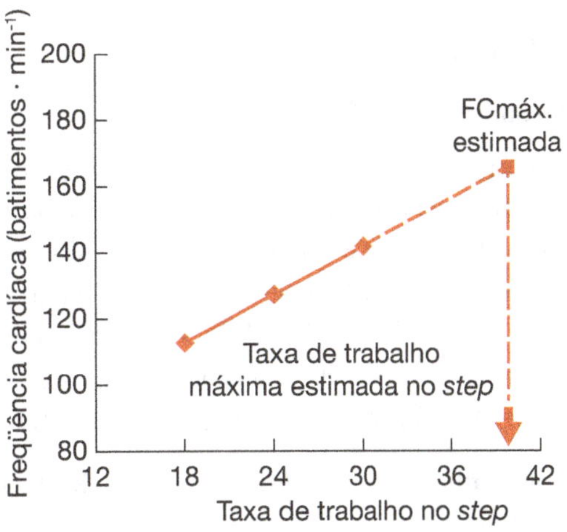

Figura 5.6 Potência aeróbia máxima estimada pela medição da resposta da FC ao TEP de *step* submáximo.

Ponto-chave

Os gráficos das respostas da FC (> 110 batimentos · min^{-1}) a um TEP na esteira, no cicloergômetro ou no *step* podem ser usados para estimar o $\dot{V}O_2$máx. É preciso traçar uma linha unindo os valores da FC. Em seguida, estende-se essa linha até a estimativa da FCmáx. calculada para o indivíduo. Depois, uma linha vertical até o eixo X para estimar a taxa de trabalho e o $\dot{V}O_2$ que a pessoa teria alcançado em um teste máximo.

Protocolo pós-teste

1. Use a volta à calma de acordo com a programação do médico ou outras orientações:
   - Cuide para que o indivíduo fique sentado ou deitado, dependendo do pós-teste (nuclear).
   - Monitore a FC, a PA e o ECG logo no final e depois de 1, 2, 4 e 6 minutos.
   - Remova o manguito e os eletrodos quando o duplo produto (FC · PAS) estiver próximo do valor do período pré-teste.
2. Forneça instruções para o banho:
   - Cuide para que o indivíduo espere uns 30 minutos antes de passar pela ducha.
   - Peça-lhe que se movimente debaixo do chuveiro, cuja água deve estar morna (e não quente). Espere até que ele saia do chuveiro.
3. Organize os dados do teste e discuta os resultados com o participante.

Adaptado, com permissão, de E. T. Howley, 1988, The exercise testing laboratory. In: *Resource manual for guidelines for exercise testing and prescription*, ed. S. N. Blair et al. (Philadelphia, PA: Lea & Febiger), p. 413.

Estudos de caso

Confira as respostas no Apêndice A.

1. Você é chamado por uma academia para analisar o teste de avaliação do CCR de participantes de meia-idade. A academia exige a aplicação de um teste de corrida de 1,5 milha (2,4 km) na primeira sessão de exercícios. O diretor diz usar esse teste porque ele fornece muitos dados – o teste tem sido usado há mais de 10 anos. Como você reagiria?

2. Você aplicou o teste de caminhada de 1 milha (1,6 km) a um homem de 45 anos e registrou as seguintes informações: tempo = 15 min; FC = 140 batimentos $\cdot$ min^{-1}; peso = 77,1 kg.
   Calcule a avalie o $\dot{V}O_2$máx. estimado.

3. Um homem de 50 anos e 81,7 kg completa um TEP submáximo no cicloergômetro. Os dados obtidos são:

kgm $\cdot$ min^{-1}	FC	kgm $\cdot$ min^{-1}	FC
300	100	600	125
450	110	750	140

   Calcule o $\dot{V}O_2$máx. dele pelo procedimento de extrapolação. Expresse o valor em METs.

4. Uma mulher de 30 anos e peso de 54,4 kg realiza os quatro estágios do teste submáximo de Balke na esteira, na velocidade de 4,8 km $\cdot$ h^{-1}. Os dados obtidos são:

% de inclinação	FC	% de inclinação	FC
2,5	96	7,5	135
5	120	10	150

   Calcule seu $\dot{V}O_2$máx. pelo método de extrapolação e expresse o resultado em mL $\cdot$ kg^{-1} $\cdot$ min^{-1}; L. min^{-1}; e METs.

5. O cicloergômetro Monark é calibrado com peso de 0,5; 1,0; 1,5; e 2,0 kg, mas cada um desses valores está 0,25 kg acima da escala. O que poderia ter causado isso?

APÊNDICE

Calibragem do equipamento

Calibrar é verificar a precisão de um dispositivo de medição, comparando-o a um padrão conhecido e ajustando-o para que forneça uma leitura acurada. Esta seção explica como calibrar o equipamento usado no teste de exercícios. O que apresentamos aqui são apenas sugestões, que não devem ser vistas como substituto de procedimentos específicos recomendados pelos respectivos fabricantes (24).

Ajustes da velocidade e inclinação da esteira

A velocidade e o grau de inclinação da esteira têm de ser calibrados porque são eles que determinam a demanda fisiológica e são fundamentais para a estimativa do condicionamento cardiorrespiratório.

Calibragem da velocidade

Um modo fácil de calibrar a velocidade de qualquer esteira consiste em medir o comprimento da cinta e contar o número de revoluções em certo tempo. Para fazer isso, siga estas etapas (24):

1. Meça o comprimento exato da cinta em metros.
   a. Coloque a fita métrica sobre a superfície da cinta e marque um ponto inicial.
   b. Estique a fita métrica, marcando um metro de cada vez até voltar àquele ponto inicial. Anote o comprimento total da cinta.
2. Coloque um pedacinho de fita adesiva na beirada da superfície da cinta.
3. Ligue a esteira e escolha uma velocidade no marcador.
4. Cronometre o tempo de 20 revoluções da cinta. Dispare o cronômetro assim que a fita adesiva sair do local marcado, considerado como ponto 0.
5. Converta o número de revoluções em revoluções por minuto ($rev \cdot min^{-1}$). Por exemplo, se a cinta completou 35 revoluções em 35 segundos, então:
$$35 \text{ s} \div 60 \text{ s} \cdot min^{-1} = 0,583 \text{ min}.$$
Assim,
$$20 \text{ rev} \div 0,583 \text{ min} = 34,3 \text{ rev} \cdot min^{-1}.$$
6. Multiplique as revoluções por minuto calculadas (etapa 5) pelo comprimento da cinta (etapa 1). Assim você terá a velocidade da cinta em metros por minuto ($m \cdot min^{-1}$). Por exemplo, se o comprimento da cinta for 5,025 metros, então:
$$34,3 \text{ rev} \cdot min^{-1} \cdot 5,025 \text{ m} \cdot rev^{-1} = 172,35 \text{ m} \cdot min^{-1}.$$
7. Para converter metros por minuto em milhas por hora, divida a resposta encontrada na etapa 6 por 26,8 ($m \cdot min^{-1}$) · ($mi \cdot h^{-1}$):
$$\frac{172,35 \text{ m} \cdot min^{-1}}{26,8([m \cdot min^{-1}] \cdot [mi \cdot h^{-1}]^{-1})} = 6,43 \text{ mi} \cdot h^{-1}$$
8. O valor obtido na etapa 7 é a velocidade real da esteira em milhas por hora. Se o mostrador de velocidade não for o mesmo, ajuste-o de acordo com o valor calculado. Verifique no manual de instrução como se faz o ajuste da velocidade.
9. Repita a medição com velocidades diferentes para garantir a precisão em todas as velocidades usadas nos protocolos de teste.

Calibragem da inclinação

Os manuais de esteiras explicam como é feita a calibragem da inclinação. Basta usar um nível de carpinteiro e um esquadro. Este procedimento de calibragem consiste em três etapas:

1. Com o nível de carpinteiro, confirme se a esteira se encontra nivelada e verifique o ponto zero na inclinação sob essas condições (com o painel da esteira ligado). Se a leitura for diferente de zero, siga as instruções de ajuste (em geral, isso é feito no mostrador, com uma chave-de-fenda pequena).
2. Eleve a esteira de modo que, no mostrador do percentual de inclinação, apareça uns 20%. Meça a inclinação exata da esteira nessa posição, como mostrado na Figura 5.7. A medida é obtida quando o indicador de bolha do nível estiver exatamente no centro do tubo.
3. Calcule a inclinação pelo aumento em relação ao nível ou linha normal da esteira e ajuste o medidor para que a leitura seja correta. Vejamos um exemplo. Se o aumento for de 4,5 pol. (11,4 cm) além dos 22,5 pol. (57,2 cm) normais, a inclinação fracionada será calculada do seguinte modo:

Inclinação = μ tangente = aumento ÷ nível normal =
4,5 pol. ÷ 22,5 pol. = 0,20 = 20%

Inclinação = tangente θ = aumento ÷ linha normal
Inclinação = seno θ = aumento ÷ hipotenusa

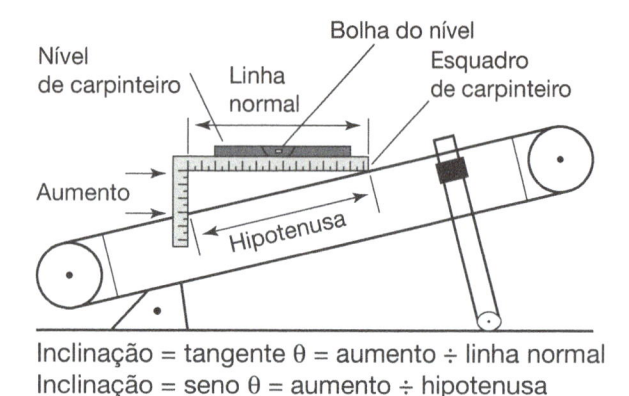

Figura 5.7 Calibragem da inclinação pelo método da tangente (aumento ÷ linha normal) com um nível e um esquadro de carpinteiro.

Reimpressa, com permissão, de E. T. Howley, 1988, The exercise testing laboratory. In: *Resource manual for guidelines for exercise testing and prescription*, ed. S. N. Blair et al. (Philadelphia, PA: Lea & Febiger), p. 409.

4. O método do aumento dividido pelo nível normal é um recurso típico da engenharia para calcular a inclinação a partir da tangente de um ângulo (o lado oposto dividido pelo lado adjacente do triângulo-retângulo, como mostrado na Figura 5.7). Embora o seno do ângulo (lado oposto dividido pela hipotenusa) forneça o valor mais preciso da inclinação, a Tabela 5.9 mostra que o valor da tangente é uma boa aproximação do valor do seno para inclinações inferiores a 20% ou 12°. O método do aumento dividido pelo nível normal também pode ser usado para calibrar inclinações mais íngremes: obtenha o valor da tangente, como descrito antes, e simplesmente procure na Tabela 5.9 o valor do seno correto para ajustar o marcador da esteira. Por exemplo, se o método do aumento dividido pela linha normal gerou o valor 0,268 ou 26,8% (tangente), o ajuste correto deve ser 25,9% (seno). Este último valor será ajustado no marcador da esteira.

> **Ponto-chave**
>
> Calibrar a esteira inclui verificar a velocidade e também a elevação.

Calibragem do cicloergômetro

O cicloergômetro tem de ser calibrado rotineiramente para garantir que a taxa de trabalho seja ajustada de modo preciso. No cicloergômetro com freio mecânico, a alteração do ritmo da pedalada ou da carga aplicada às rodas afeta a taxa de trabalho. O trabalho é igual à força vezes a distância sobre a qual essa força age: $w = f \cdot d$. O quilograma-força (kgf), definido como a força que atua sobre uma massa de 1 kg com aceleração normal da gravidade, é a unidade de força apropriada. No entanto, em geral, tanto ele quanto o quilograma são usados de modo intercambiável em testes de exercícios.

No cicloergômetro com freio mecânico, a força (quilogramas de peso que atuam sobre as rodas) é exercida por certa distância (em metros). Portanto, o trabalho é expresso em quilograma-metros (kgm). Uma vez que o trabalho é realizado ao longo do tempo (por exemplo, por alguns minutos), fazemos referência à atividade como *taxa de trabalho* ou *potência* (kgm · min^{-1}) e não como *carga de trabalho*. No cicloergômetro Monark, um ponto na borda da roda percorre 6 m por revolução do pedal. Desse modo, se forem feitas 50 rev. min^{-1}, a distância percorrida será de 300 m · min^{-1}. Quando a roda se movimenta contra uma resistência de 1 kg, a taxa de trabalho, ou potência, é igual a 300 kgm. min^{-1}. A partir desses cálculos simples, podemos ver a importância da manutenção do ritmo de pedalada correto durante o teste – se o indivíduo pedala a 60 rev · min^{-1}, a taxa de trabalho na verdade é 20% mais alta (360 *versus* 300 kgm · min^{-1}) do que parece ser. A definição da força (resistência contra o movimento da roda) também tem de ser determinada e confirmada com cuidado, pois ela tende a oscilar no decorrer do teste. É fundamental que os valores da força (resistência) da escala estejam corretos. Nas seguintes quatro etapas, esboçamos o procedimento para aferição dessa escala (4) (consulte a Figura 5.8):

1. Solte a cinta da mola.
2. Afrouxe a contraporca e coloque o parafuso de ajuste na parte da frente do cicloergômetro, onde se encaixa a escala de força, na marca vertical do peso do pêndu-

Tabela 5.9 Tangentes e senos naturais

Graus	Seno	Inclinação (%)	Tangente	Inclinação (%)
0	0,0000	0,0	0,0000	0,0
1	0,0175	1,7	0,075	1,7
2	0,0349	3,5	0,0349	3,5
3	0,0523	5,2	0,0524	5,2
4	0,0698	7,0	0,0699	7,0
5	0,0872	8,7	0,0875	8,7
6	0,1045	10,4	0,1051	10,5
7	0,1219	12,2	0,1228	12,3
8	0,1392	13,9	0,1405	14,0
9	0,1564	15,6	0,1584	15,8
10	0,1736	17,4	0,1763	17,6
11	0,1908	19,1	0,1944	19,4
12	0,2079	20,8	0,2126	21,3
13	0,2250	22,5	0,2309	23,1
14	0,2419	24,2	0,2493	24,9
15	0,2588	25,9	0,2679	26,8
20	0,3420	34,2	0,3640	36,4
25	0,4067	40,7	0,4452	44,5

Reimpressa, com permissão, de E. T. Howley, 1988. The exercise testing laboratory. In: *Resource manual for guidelines for exercise testing and prescription*, ed. S. N. Blair et al. (Philadelphia, PA: Lea & Febiger), p. 409.

lo que indica 0 kp (veja a Figura 5.8a). O pêndulo tem de oscilar livremente. Aperte o parafuso de ajuste com a contraporca. Para evitar que os pesos da calibragem toquem a roda, pode ser mais fácil elevar a parte de trás do cicloergômetro (2 x 4 na extremidade), marcar a posição zero, como descrito antes, e passar à próxima etapa.

3. Suspenda um peso de 4,0 kg a partir da mola, de modo que ele não fique em contato com a roda. Verifique se o pêndulo se move para a marca de 4,0 kg (veja a Figura 5.8b). Se isso não acontecer, altere a posição ou o tamanho do peso de ajuste no pêndulo (veja a Figura 5.8c). Quando se afrouxa o parafuso de travamento na parte de trás do peso do pêndulo, é possível diminuir, aumentar ou substituir o peso. Verifique a escala de força de novo e calibre o ergômetro em todos os valores usados nos testes. Se foi usado o 2 x 4 para elevar a parte de trás do cicloergômetro, então remova-o e marque o zero novamente, como descrito na etapa 2.

4. Remonte o cicloergômetro.

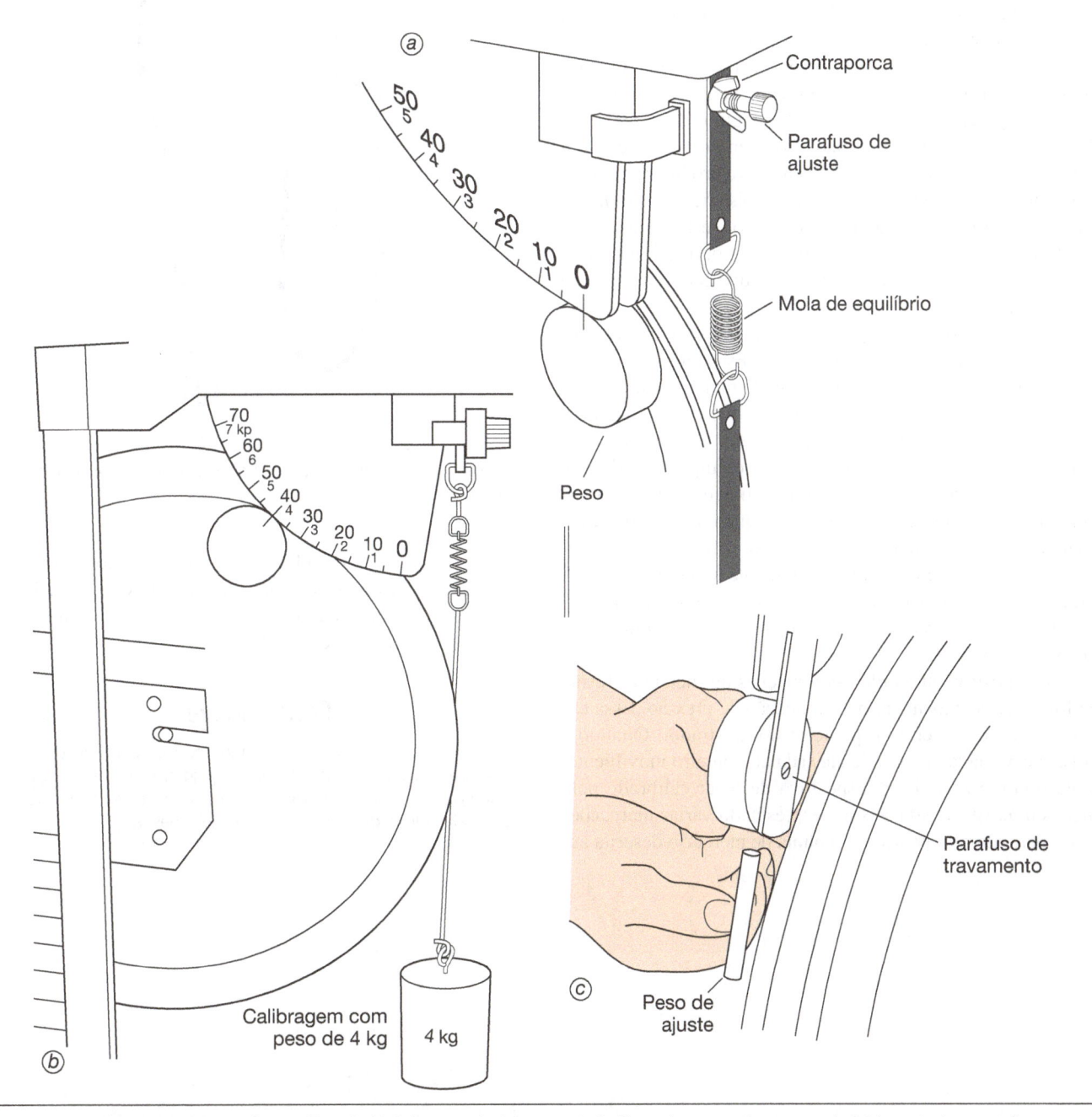

Figura 5.8 Calibragem do cicloergômetro Monark. (a) Coloque o pêndulo no ponto 0, (b) pendure na mola um peso de 4,0 kg e ajuste a posição ou tamanho desse peso no pêndulo.

Adaptada, com permissão, de Monark Sports and Medical, *Instruction manual, Monark Model 818E* (Varberg, Sweden: Monark Exercise AB), p. 18.

> **Ponto-chave**
>
> A calibragem do cicloergômetro envolve estabelecer um verdadeiro zero, pendurar pesos na mola e verificar se a leitura na escala de valores confere com o peso pendurado.

Calibragem do esfigmomanômetro

O **esfigmomanômetro** é um sistema de medição de PA composto de uma bolsa de borracha inflável, um instrumento de indicação da pressão aplicada, uma pêra que insufla a bolsa de ar e uma válvula ajustável para esvaziar o sistema. O manguito e o instrumento de medição são as peças mais importantes para a precisão do resultado. O manguito deve ser cerca de 20% mais largo do que o diâmetro do membro ao qual será aplicado. Quando inflada, a bolsa não deve produzir nem protuberâncias nem deslocamentos. Se a bolsa ficar muito larga, a pressão será subestimada; ao contrário, se ela ficar muito apertada, a pressão será superestimada. Logo, é importante adequar o tamanho do manguito ao indivíduo cuja pressão será medida.

O dispositivo de medição da pressão, ou seja, o manômetro, pode ser aneróide ou de mercúrio. Este último é o tipo-padrão, de fácil calibragem. A coluna de mercúrio deve subir e descer suavemente, formando um menisco claro. Quando a bolsa estiver vazia, a leitura deve ser zero. Caso o mercúrio fique grudado no tubo, remova a cápsula e limpe-a por dentro. Se estiver sujo, o tubo deve ser removido para limpeza (passe um detergente, enxágüe com água e seque com álcool). Se a coluna de mercúrio cair abaixo de zero, acrescente esse elemento até que o menisco fique exatamente no ponto zero (10, 21, 24). Deve-se tomar cuidado especial ao lidar com materiais tóxicos como o mercúrio – siga as instruções da instituição em que você trabalha.

O dispositivo aneróide usa armações de metal em forma de fole, que se expandem pela aplicação de pressão. Essa expansão faz movimentar o ponteiro do mostrador. Quando a bolsa é esvaziada, uma mola anexada ao ponteiro movimenta-o até o ponto zero. Esse dispositivo deve ser calibrado pelo menos uma vez a cada seis meses, testando várias marcações e comparando-as à posição da coluna de mercúrio descrita anteriormente. Usa-se um tubo Y simples (do estetoscópio) para conectar os dois sistemas (veja a Figura 5.9). As leituras devem ser feitas à medida que a pressão cai, simulando a situação vivida durante uma medição real (24).

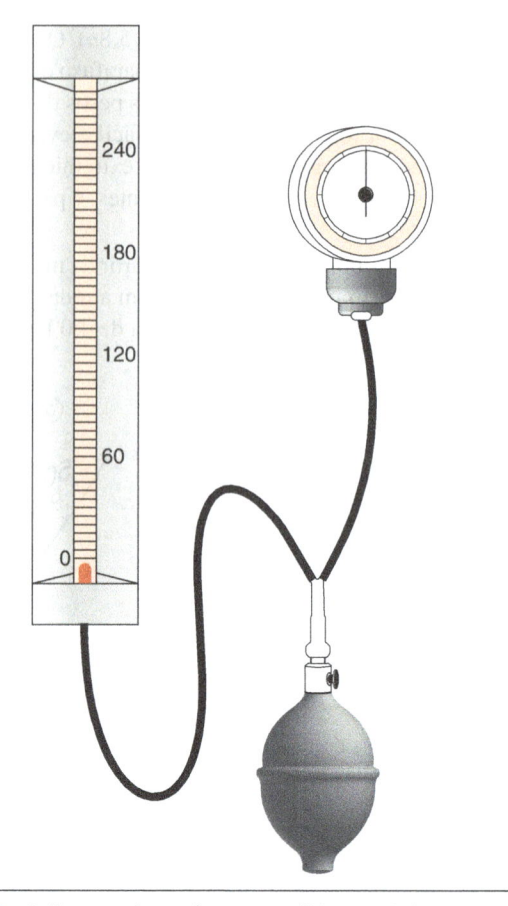

Figura 5.9 Calibragem do manômetro aneróide a partir de outro de mercúrio.

> **Ponto-chave**
>
> O uso de um manguito de tamanho correto é importante na hora de medir a pressão arterial. O esfigmomanômetro de mercúrio é o dispositivo-padrão. O aneróide deve ser calibrado a partir da coluna de mercúrio a cada seis meses.

CAPÍTULO 6

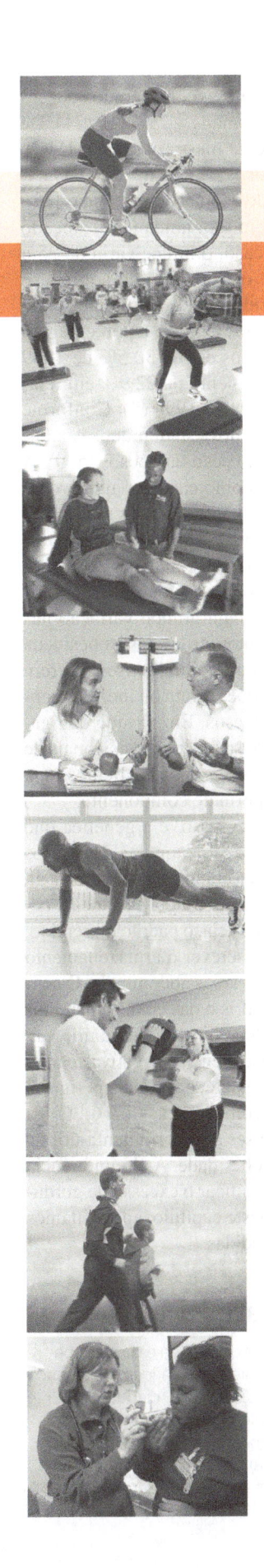

Composição Corporal

Dixie L. Thompson

Objetivos

O leitor será capaz de:

1. Discutir e descrever como a composição corporal e os diferentes padrões de distribuição de gordura afetam a saúde.
2. Comparar e contrastar a pesagem hidrostática, a pletismografia de deslocamento de ar, a análise de bioimpedância elétrica e a medição de dobras cutâneas como meios de estimar a composição corporal.
3. Identificar locais comuns de medição de dobras cutâneas e circunferências.
4. Calcular e interpretar o índice de massa corporal (IMC).
5. Avaliar a composição corporal por uma série de técnicas e descrever as vantagens e desvantagens de cada uma.

Nos Estados Unidos, a mídia está repleta de propagandas de programas destinados a ajudar as pessoas a melhorar a saúde e o condicionamento físico. Com freqüência, o foco principal é a perda de peso. No condicionamento físico, o peso corporal saudável e a quantidade de gordura corporal apropriada são aspectos essenciais. Por isso, os profissionais de condicionamento precisam compreender a importância da composição corporal adequada, conhecer bem os vários meios de avaliação da gordura corporal e adquirir prática em estimar a gordura corporal a partir das dobras cutâneas e das circunferências. Assim como em outros aspectos da avaliação do condicionamento físico, ficar atento aos detalhes e adquirir experiência técnica são condições necessárias ao desenvolvimento da proficiência em estimar a gordura corporal. Este capítulo foi escrito para ajudar os profissionais de condicionamento físico a adquirir essas habilidades.

Saúde e composição corporal

A **composição corporal** descreve os tecidos que compõem o corpo e tem sido usada com maior freqüência para fazer referência a percentuais de tecidos com ou sem gordura. A **massa livre de gordura**, a **massa de gordura** e o **percentual de gordura corporal (% de GC)** são os valores normalmente registrados na avaliação da composição corporal. O percentual de gordura corporal refere-se à porcentagem da massa total do corpo composta de gordura: % de GC = massa de gordura ÷ massa corporal · 100%. A massa livre de gordura corresponde aos tecidos livres de gordura e em geral é usada como sinônimo de **massa corporal magra**. A Tabela 6.1 sugere o % de GC de acordo com a idade (17). A composição corporal é um aspecto vital do condicionamento físico geral, já que efeitos de doenças estão relacionados com porcentagens de gordura excessivamente baixas ou altas. Várias técnicas são usadas para avaliar a composição corporal, e os profissionais de condicionamento devem conhecê-las bem.

A **obesidade** consiste no excesso de **tecido adiposo**, ou com gordura. Ela pode ser classificada pelo % de GC ou pela relação entre a altura e o peso (veja a seção sobre índice de massa corporal, na página 113). Embora haja variação entre os sistemas classificatórios, em geral são considerados obesos mulheres com % de GC > 38% e homens > 25% (17, 21). De acordo com os padrões do índice de massa corporal (IMC), a obesidade compreende um valor ≥ 30 kg · m^{-2} (26). O **sobrepeso**, por sua vez, corresponde à situação em que o peso está acima do recomendado, porém sem ainda ter alcançado a categoria de obesidade. Nesse caso, o índice varia de 25 a 29,9 kg · m^{-2}. A **prevalência** da obesidade e do sobrepeso entre os estadunidenses tem crescido a taxas alarmantes entre adultos e crianças (5, 9). Nos Estados Unidos, a porcentagem de adultos classificados como obesos era de 30,5% de 1999 a 2000, o que corresponde a um aumento de 22,9% em relação a uma pesquisa realizada de 1988 a 1994 (5). Conforme estimativas recentes, cerca de 65% dos estadunidenses adultos são classificados como acima do peso ou obesos (5, 9). A obesidade tem sido documentada como causa de numerosas conseqüências negativas à saúde, incluindo doenças coronárias, hipertensão, AVC, diabete tipo 2, aumento do risco de vários cânceres, osteoartrite, doença articular degenerativa, anormalidades no perfil de lipídeos do sangue e irregularidades menstruais (26). Ainda que haja grande variação nas estimativas do número de falecimentos atribuídos à obesidade (6, 23, 25), centenas de milhares de estadunidenses morrem cada vez mais cedo devido a condições direta ou indiretamente relacionadas ao fato de serem obesos. Em virtude da ligação entre obesidade e problemas de saúde, os profissionais de condicionamento físico têm de fornecer a seus clientes uma avaliação bastante exata desse importante componente.

Quando ganha-se gordura em excesso, é a genética que determina onde o tecido adiposo irá se acumular. Há vários pesquisadores interessados em saber como a **distribuição da gordura corporal**, ou o **padrão adiposo**, afeta a saúde. A expressão **obesidade tipo andróide** (ou seja, o padrão masculino, em forma de maçã) é usada para descrever o armazenamento excessivo de gordura no tronco e nas áreas abdominais. O acúmulo excessivo de gordura nos quadris e nas coxas é denominado **obesidade tipo ginóide** (ou seja, o padrão feminino, em forma de pêra). Em termos de conseqüências negativas para a saúde, a obesidade do tipo andróide parece ser mais perigosa, estando intimamente relacionada com doenças (7, 16). O **índice cintura-quadril (ICQ)** pode ser uma ferramenta útil na distinção entre esses dois tipos de obesidade. A circunferência da cintura também é usada para classificar o excesso de gordura no tronco. Mais adiante, ainda neste capítulo, apresentamos descrições da verificação dessas medidas.

Tabela 6.1 Sugestão de padrões de percentual de gordura corporal para adultos de acordo com a idade (17)

Homens	Intervalo recomendado[a]
18 a 34 anos	8-22
35 a 55 anos	10-25
56 anos ou mais	10-25
Mulheres	
18 a 34 anos	20-35
35 a 55 anos	23-38
56 anos ou mais	25-38

[a] Esses valores são % de GC.

Ponto-chave

Nos Estados Unidos, a prevalência da obesidade e do sobrepeso entre adultos é de aproximadamente 65%. Vários problemas de saúde (por exemplo, doença cardiovascular, diabete tipo 2) podem resultar da obesidade. O risco de doenças está mais relacionado com a obesidade do tipo andróide (forma de maçã) do que com a ginóide (forma de pêra). Percentuais muito baixos de gordura corporal também podem prejudicar a saúde.

Se, por um lado, a gordura corporal excessiva pode fazer mal à saúde, por outro, percentuais muito baixos de gordura também podem ser prejudiciais. Entre os muitos papéis importantes da gordura na saúde humana estão: fornecer energia, ajudar a manter a regulação da temperatura e proteger as articulações, fornecendo um "acolchoamento". O nível mínimo de gordura corporal necessário à manutenção da saúde varia de acordo com o indivíduo e depende do sexo e da genética. Calcula-se que o % de GC para uma boa saúde, também chamado de **gordura essencial**, varie de 8 a 12% entre mulheres e de 3 a 5% entre homens (17). Infertilidade, depressão, problemas na regulação da temperatura e morte precoce estão entre os resultados da perda excessiva de peso. Perdas extremas de gordura resultam de inanição imposta por forças internas ou externas. No Capítulo 11, discutimos transtornos da alimentação produtores de auto-inanição. Em razão da importante relação entre a saúde e a composição corporal, a gordura corporal do cliente deve ser analisada nas avaliações do condicionamento físico.

Métodos de avaliação da composição corporal

Numerosas técnicas têm sido usadas para estimar a composição corporal. Nenhum dos métodos usados hoje medem de fato o % de GC. O único modo de determinar com precisão o volume da gordura corporal seria a dissecação e análise química dos tecidos. As técnicas usadas rotineiramente para estimar esse volume baseiam-se na relação entre o % de GC e outros fatores que podem ser medidos com exatidão, como a espessura de dobras cutâneas ou a pesagem hidrostática. Em decorrência da relação previsível entre o valor medido e a composição corporal, torna-se possível estimar o % de GC.

Cada uma das técnicas de composição corporal descritas nas próximas seções apresenta vantagens e desvantagens. Conhecer as características de todas elas vai ajudá-lo a tomar uma decisão sábia na hora de escolher o método de avaliação da composição corporal. No *Resource Manual for Guidelines for Exercise Testing and Prescription,* do ACSM (17), encontra-se a descrição detalhada dessas vantagens e desvantagens. Em muitas situações encontradas por profissionais de condicionamento físico, a facilidade da medição, a precisão relativa e o custo são as principais considerações determinantes da escolha da técnica. Em outros momentos (condições clínicas ou de pesquisa), a precisão da medida pode ser mais importante.

Pesagem hidrostática

A **pesagem hidrostática** (debaixo d'água) é um dos meios mais comuns de estimar a composição corporal em ambientes de pesquisa. Com freqüência, é usada como **método de critério** para avaliar o % de GC. O método de critério fornece um padrão que servirá para comparar resultados obtidos por outras metodologias. Na pesagem hidrostática, o participante fica submerso em um tanque de água quente e expira completamente, ao mesmo tempo em que são usadas técnicas para registrar sua massa corporal (Figura 6.1). Depois, o % de GC é calculado a partir das massas corporais medidas em submersão e em terra.

A pesagem hidrostática baseia-se no princípio de Arquimedes, segundo o qual um objeto submerso é mantido flutuando por uma força igual ao volume de água deslocado. Essa força faz com que o objeto pese menos debaixo d'água do que em terra. A diferença entre essas duas massas é usada para calcular o volume do objeto. Uma vez que a densidade de um objeto é calculada dividindo-se a massa pelo volume, a densidade corporal (D_c) registrada pode ser calculada por esta fórmula:

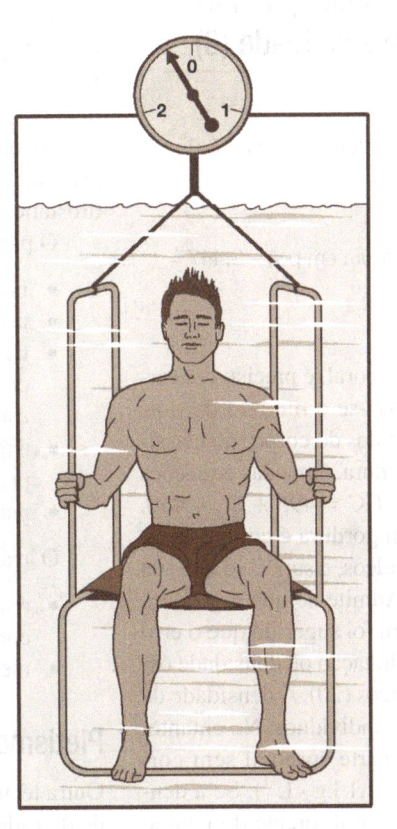

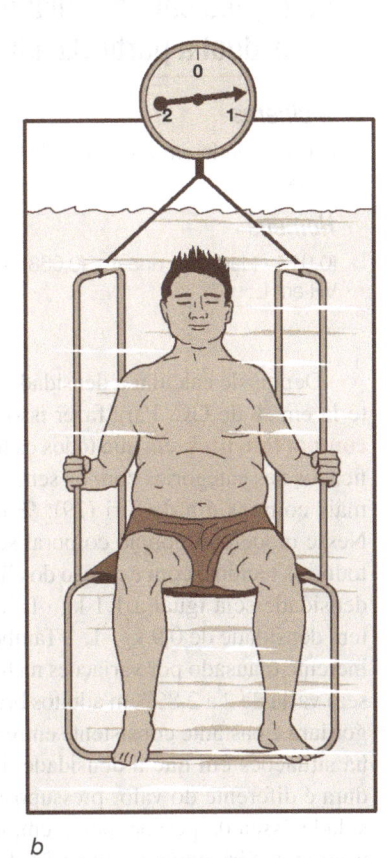

$$D_c = \frac{M}{\dfrac{(M - M_d)}{D_{H_2O}} - VR - VG}$$

Figura 6.1 Pesagem hidrostática. Embora os dois indivíduos tenham o mesmo peso em terra, o homem *a* pesa mais debaixo d'água porque possui mais músculo e menos gordura do que o *b*.

Adaptada de M. L. Pollock and J. H. Wilmore, 1990. *Exercise in health and disease*, 2th ed. (Philadelphia, PA: Saunders).

Para esse cálculo, além da massa corporal (M), da massa debaixo d'água (M_d) e da densidade da água (D_{H2O}) no tanque hidrostático, são necessários o volume residual dos pulmões (VR) e o volume de ar gastrintestinal (VG). A densidade da água depende da sua temperatura, e é necessário converter a massa em volume. Portanto, é imprescindível a medição acurada da temperatura da água. Além disso, essa fórmula corrige o volume pulmonar residual, pois qualquer quantidade de ar nos pulmões cria um efeito flutuante adicional, que reduz a massa corporal debaixo d'água. A técnica de diluição do oxigênio, descrita por Wilmore (32), é um dos métodos mais usados para calcular o volume pulmonar residual. Estimar esse volume, em vez de medi-lo, diminui drasticamente a precisão da pesagem. Uma vez que o sexo, a idade e a altura estão correlacionados com o VR, a estimativa do volume pulmonar residual pode ser obtida por uma equação que incorpora a idade e a altura do cliente (8). A seguir, apresentamos equações para homens e mulheres. De modo geral, usamos uma estimativa de 0,1 L porque o volume de ar aprisionado no trato gastrintestinal não pode ser medido.

Equações para calcular o volume pulmonar residual a partir da altura e da idade (8)

Mulheres

(0,009 · idade em anos) + (0,08128 · altura em pol) – 3,9 = VR em L

Homens

(0,017 · idade em anos) + (0,06858 · altura em pol) – 3,447 = VR em L

Depois de calcular a densidade corporal, é preciso convertê-la em % de GC. Para fazer isso, usa-se o **modelo de dois compartimentos**, em que todos os tecidos do corpo são classificados nas categorias com ou sem gordura. Uma das equações mais comuns é a de Siri (29): % de GC = 495 ÷ D_c – 450. Nesse modelo, a porção corporal sem gordura é composta de todos os tecidos, com exceção dos lipídeos, e supõe-se que sua densidade seja igual a 1,1 kg · L^{-1}. Admite-se que a gordura tem densidade de 0,9 kg · L^{-1}. Também foi sugerido que o erro inerente (causado por variações na hidratação ou densidade óssea) varia de 2 a 2,8% em adultos brancos (20). A densidade da gordura é bastante consistente entre os indivíduos. No entanto, há situações em que a densidade da parte corporal sem gordura é diferente do valor pressuposto (1,1 kg · L^{-1}). Se a densidade óssea da pessoa, por exemplo, for diferente do padrão usado por Siri, então a suposição de que a densidade corporal sem gordura é 1,1 kg · L^{-1} torna-se inválida. Em geral, os afro-americanos têm densidade óssea maior do que a dos brancos. Por isso, Schutte e colaboradores (28) propuseram uma outra equação para calcular o % de GC de homens afro-americanos. Muitas equações têm sido sugeridas para conversão da densi-

Tabela 6.2 Equações usadas para converter a densidade corporal em % de GC (11)

Grupo	Sexo	Equação
Afro-americano	Homem	% de GC = (437 ÷ D_c) – 393
	Mulher	% de GC = (485 ÷ D_c) – 439
Branco	Homem	% de GC = (495 ÷ D_c) – 450
	Mulher	% de GC = (501 ÷ D_c) – 457

% de GC = percentual de gordura corporal; D_c = densidade corporal

dade corporal em % de GC. Algumas delas estão relacionadas na Tabela 6.2. Para obter mais equações e informações sobre essa conversão, consulte o *Guidelines for Exercise Testing and Prescription,* do ACSM, (1) e Heyward e Wagner (11). Às vezes, os pesquisadores usam técnicas mais avançadas do que os modelos de dois compartimentos. Embora com freqüência elas sejam impraticáveis em outros ambientes, com exceção dos de pesquisa, aproveitamos para descrevê-las, com brevidade, na seção destacada na página 109.

A pesagem hidrostática estima com precisão a composição corporal da maioria dos adultos e serve como padrão de comparação para outros métodos. As suas principais desvantagens são o tempo, os custos e a habilidade técnica necessária. Além disso, muitas pessoas não estão dispostas a enfrentar esse procedimento porque se sentem desconfortáveis debaixo d'água.

As orientações a seguir vão ajudá-lo a realizar a avaliação precisa da composição corporal pela técnica da pesagem hidrostática.

O participante deve:

- ficar em jejum no período de quatro horas antes do teste,
- urinar e defecar antes do teste,
- usar a menor quantidade de roupa possível e, antes da pesagem, remover todas as bolhas de ar presas na roupa,
- expirar completamente quando submerso (a maioria das pessoas precisa praticar um pouco antes do teste),
- permanecer tão imóvel quanto possível debaixo d'água.

O avaliador deve:

- realizar várias tentativas (5 a 10) para obter medidas consistentes,
- medir, e não estimar, o volume residual.

Pletismografia de deslocamento de ar

Outra técnica de determinação do % de GC que usa o conceito de densidade como a proporção entre a massa e o volume corporal é a **pletismografia de deslocamento de ar**. O Bod Pod (Life Measurement, Inc., Concord, CA) é um pletismógrafo de deslocamento de ar disponível comercialmente (veja a Figura 6.2). Nesse método, o volume corporal é estimado enquanto o indivíduo permanece sentado em uma câmara selada. Durante o teste, um diafragma controlado por computador se movimen-

Técnicas de composição corporal usadas em ambientes de pesquisa – modelos de vários compartimentos

A desvantagem de usar modelos de dois compartimentos para calcular a composição corporal está na necessidade de fazer amplas generalizações sobre a composição e a densidade dos vários tecidos do corpo. A fim de evitar esse problema, às vezes os pesquisadores utilizam modelos que combinam medidas destinadas a estimar a composição corporal. Embora ainda tenham de considerar algumas suposições básicas sobre a constituição corporal, essas técnicas envolvem menor número de generalizações sobre as partes componentes do corpo. Portanto, esses modelos de vários compartimentos avaliam a composição corporal com maior precisão.

Um exemplo é o modelo de três compartimentos de Siri, em que o corpo é dividido em gordura, água e sólidos (proteínas e minerais) (29). Ele requer a medição da densidade e da água corporal total. A medição do total de água do corpo é feita pela ingestão de um isótopo de hidrogênio, como o deutério ou o trítio. Depois que o isótopo se espalha pela água do corpo, uma amostra de fluidos (por exemplo, urina, sangue) pode ser usada para calcular a água corporal total. Esse modelo é particularmente útil em situações clínicas, quando os pacientes apresentam significativa alteração na água corporal. Nos casos em que o mineral ósseo difere do pressuposto no modelo de dois compartimentos (por exemplo, quando o paciente tem osteoporose), é necessária uma técnica que faça a medição óssea. Lohman (19) apresentou um modelo que divide o corpo nos componentes gordura, mineral, proteína e água. Nessa técnica, são necessárias as medições da densidade corporal e do mineral ósseo (obtidas via imagem de raio X). Às vezes, as medições dos ossos e da água são acrescentadas de forma separada à densidade corporal para gerar o modelo de quatro compartimentos (por exemplo, proteína, mineral, gordura e água) (10).

Modelos de vários compartimentos fornecem importantes medições de critério da composição corporal para pesquisadores. Os dados dessas metodologias são usados para desenvolver melhores métodos de avaliação de campo da composição corporal de diversas populações. No entanto, o custo, o tempo e a habilidade técnica necessários a esses processos praticamente inviabilizam sua utilização em outros ambientes que não os de pesquisa.

---

ta, mudando o volume da câmara. As mudanças de pressão no interior da câmara relacionam-se com o tamanho da pessoa a ser medida. Ao examinar a relação pressão-volume, é possível calcular o volume corporal e, subseqüentemente, a densidade corporal (3, 24). Dada a densidade, pode-se passar à etapa das equações de dois compartimentos, listadas na Tabela 6.2, a fim de fazer a estimativa do % de GC.

A principal vantagem da pletismografia de deslocamento de ar, quando comparada à pesagem hidrostática, está na maior rapidez e menor produção de ansiedade em muitos indivíduos. Os pesquisadores continuam a reunir dados sobre esse dispositivo na tentativa de determinar se ele pode substituir, como método rotineiro, a pesagem hidrostática (4). O erro-padrão de estimativa por essa técnica fica entre 2,2 e 3,7% (17). A principal desvantagem é o custo do equipamento, altamente técnico. É importante considerar que a obtenção de medidas acuradas no Bod Pod depende do uso dos trajes prescritos pelo fabricante (ou seja, uma touca e uma roupa de banho bem justas).

Análise de bioimpedância elétrica

A **bioimpedância elétrica (BIE)**, ou análise de bioimpedância elétrica é um método simples, rápido e não-invasivo, que pode ser usado para estimar o % de GC. Essa técnica baseia-se na pressuposição de que os tecidos com alto teor de água conduzem correntes elétricas com menos resistência do que os que possuem baixo teor de água (27). Uma vez que o tecido adiposo contém pouca água, a gordura impede o fluxo da corrente elétrica.

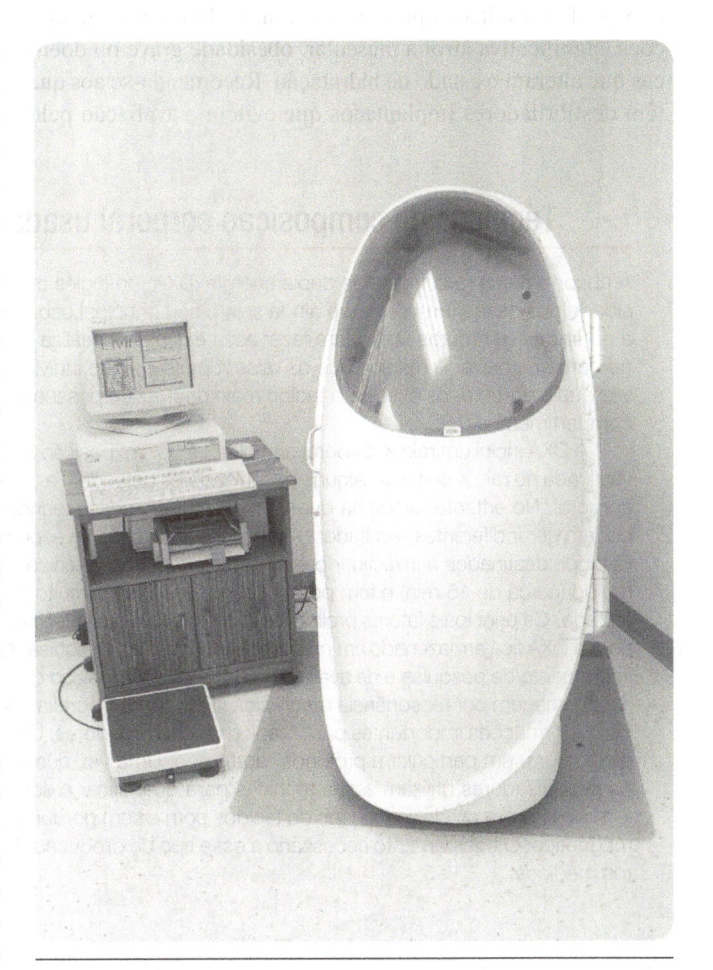

Figura 6.2 Bod Pod.

A BIE exige a passagem pelo corpo de uma pequena corrente elétrica, que não é percebida pela pessoa testada (27). Há vários tipos de dispositivos de BIE disponíveis comercialmente. Alguns incluem a colocação de eletrodos nas mãos e nos pés; outros, nas mãos; e existem também os que parecem mais balanças de banheiro, por terem pontos de contato para a planta dos pés. Entretanto, seja qual for a estrutura da máquina, assim que a corrente introduzida circula pelo corpo, a voltagem diminui. Essa queda (impedância) é usada para calcular o % de GC. Em geral, outras informações, como sexo, altura e idade são usadas junto com a impedância para prever o % de GC.

A BIE tem tido ampla aceitação na indústria do condicionamento físico, pois é fácil, barata e não-invasiva. A sua precisão depende do tipo de equipamento e das equações usadas. No entanto, costuma-se registrar um erro-padrão de 3,5 a 5%. Em outras palavras, o % de GC inferido a partir da BIE em geral fica em torno de 4% do obtido pela pesagem hidrostática. Um dos problemas da BIE é que a relação entre a impedância e o % de GC varia entre as populações. Isso significa que a melhor equação para prever esse percentual depende da pessoa a ser testada. Para obter informações mais detalhadas sobre a escolha da fórmula apropriada à BIE, consulte *Applied Body Composition Assessment*, de Heyward e Wagner (11). A BIE não produz resultados precisos para indivíduos com amputações, significativa atrofia muscular, obesidade grave ou doenças que alteram o estado de hidratação. Recomenda-se aos que têm desfibriladores implantados que evitem a avaliação pelo método da BIE enquanto não for determinado o grau de segurança específico (27).

O estado de hidratação da pessoa pode alterar muito os resultados da análise de BIE. Por isso, é essencial que sejam seguidas as orientações padronizadas para essa técnica de avaliação (27). A seguir apresentamos uma lista dessas orientações.

- Antes de colocar os eletrodos, remova com álcool todo óleo e loções da pele.
- Coloque os eletrodos exatamente de acordo com as recomendações do fabricante do dispositivo. A colocação incorreta reduz muito a precisão da BIE.
- Se for preciso medir a altura, a massa, ou ambas, arredonde a altura para o 0,5 cm e a massa para o 0,1 kg mais próximo.
- Peça ao cliente para evitar substâncias que alterem o estado de hidratação do corpo, como álcool ou diuréticos, por, pelo menos, 48 horas antes da BIE. (O uso de diuréticos prescritos por um médico não deve ser interrompido.)
- Avise o cliente que, no período de quatro horas antes da avaliação, ele não deve comer e deve beber apenas água suficiente para manter a hidratação normal.
- Instrua o cliente a evitar exercícios nas 12 horas que antecedem a BIE.
- Para identificar alterações nos níveis de hidratação, observe em que fase do ciclo menstrual a mulher está.

Técnicas de composição corporal usadas em ambientes de pesquisa – imagens

A absortometria radiológica de dupla energia (DXA, do inglês *dual-energy X-ray absorptiometry*) foi desenvolvida para medir a densidade dos ossos. Embora esse ainda seja o seu principal uso, agora existe um *software* que permite também estimar o % de GC a partir das varreduras DXA. Para fazer essa estimativa, realiza-se um raio X total do corpo, com feixes de energia de dosagem extremamente baixa. À medida que os raios X passam pelo indivíduo, a densidade de todas as partes do corpo é determinada. Uma vez que a gordura, os ossos e o tecido mole não-ósseo possuem densidades diferentes, é possível fazer a identificação desses três compartimentos (18).

A DXA inclui um raio X corporal completo, mas a exposição à radiação é mínima e corresponde apenas a uma pequena fração da verificada no raio X de tórax. Alguns pesquisadores defendem a DXA como um novo método de critério para avaliação da composição corporal. No entanto, ainda há questões discutíveis nessa tecnologia. Diferenças em pacotes de *softwares* de DXA, por exemplo, podem gerar diferentes resultados. Além disso, variações na espessura dos segmentos do corpo tendem a alterar os resultados (18). Estudos destinados a investigar o erro associado a essa técnica relataram 1,2 a 4,8% de erro (20). O procedimento é relativamente rápido (cerca de 15 min) e tem potencial para resultados muito precisos, sejam quais forem a idade, o sexo ou a raça do indivíduo testado. Os principais fatores proibitivos são o custo e o acesso ao equipamento. Em virtude da exposição à radiação, o equipamento para a DXA fica armazenado em hospitais ou centros de pesquisa médica. Nos dias atuais, a DXA é usada com maior freqüência como instrumento de pesquisa e de avaliação clínica da composição corporal.

A imagem por ressonância magnética (IRM) e a tomografia computadorizada (TC) também são técnicas de imagens que fornecem informações importantes para médicos e pesquisadores. Um de seus usos mais comuns consiste em determinar a quantidade de gordura, em particular a profunda, do tronco. Uma vez que a gordura profunda (visceral) está altamente associada a doenças, os pesquisadores utilizam essas técnicas para quantificar o seu padrão de distribuição no corpo. Varreduras por TC baseiam-se em raios X para produzir imagens de tecidos com e sem gordura, enquanto a IRM, para o mesmo propósito, aplica um forte campo magnético. O equipamento necessário a esse tipo de produção de imagem é muito caro e pode ser encontrado em estabelecimentos médicos.

> **Ponto-chave**
>
> Os modelos de dois compartimentos dividem o corpo em componentes com e sem gordura. Embora o modelo de dois compartimentos de Siri seja usado com freqüência, há outros disponíveis. A pesagem hidrostática e a pletismografia de deslocamento de ar também se baseiam em modelos de dois compartimentos. A análise de bioimpedância elétrica parte do princípio de que as correntes elétricas circulam com maior facilidade pelos tecidos mais hidratados (músculos) do que pelos menos hidratados (gordura). Apesar de ser útil na avaliação da composição corporal, a BIE depende de um cuidado especial: é preciso garantir a hidratação normal do cliente no momento do teste. Modelos de vários compartimentos e técnicas de imagens são usados em pesquisas para avaliar a composição corporal.

Dobras cutâneas

A medição da espessura da dobra cutânea é um dos testes usados com maior freqüência para estimar o % de GC. Esse método rápido, não-invasivo e barato pode fornecer uma avaliação bastante precisa. O valor obtido pelas equações costuma variar em torno de 3,5% em relação ao medido na pesagem hidrostática (17). A medição da dobra cutânea baseia-se na suposição de que, à medida que ganha tecido adiposo, a pessoa passa a ter dobras mais espessas, proporcionais ao peso adicional de gordura.

Em conseqüência do amplo uso da medição das dobras cutâneas, os profissionais de condicionamento físico precisam dominar essa técnica. Para avaliar as dobras com precisão, é necessário executar vários passos corretamente: localizar o local a ser medido, pinçar a dobra para destacá-la do tecido subjacente, fazer a medição com o compasso e escolher uma equação adequada. As seções seguintes tratam de cada um desses passos.

Localizar o local a ser medido

É crítico determinar com precisão o local da medição da dobra cutânea. Para aumentar o grau de exatidão da medida, em especial quando o técnico é inexperiente, o local deve ser identificado e marcado com um sinal lavável. Isso ajuda a garantir a colocação correta do compasso na hora de medir a dobra. Todas as medições de dobras cutâneas devem ser verificadas no lado direito do corpo, a não ser que haja alguma especificação em contrário. Consulte a Tabela 6.3 para conhecer alguns dos locais mais usados. O *Anthropometric Standardization Reference Manual* (Manual de referência de padronização antropométrica) (22) traz uma descrição mais completa da determinação dos locais das dobras cutâneas. Deve-se evitar a medição das dobras logo após a realização de exercícios, pois eles podem alterar o volume de fluidos e, assim, levar a resultados imprecisos.

Pinçar a dobra

Assim que for localizado o ponto correto da medição da dobra cutânea, o avaliador deve pinçar a região com cuidado, porém com firmeza, e levantar a dobra, separando-a do músculo subjacente, para então poder medi-la. As orientações a seguir descrevem os métodos apropriados de medição de dobras cutâneas:

1. Coloque os dedos sobre a dobra cutânea na posição perpendicular, cerca de 1 cm distante do local a ser medido.
2. Pince a dobra de forma cuidadosa, mas com firmeza, usando o polegar, o indicador e o dedo médio. Puxe a dobra para separá-la dos tecidos subjacentes.

Tabela 6.3 Locais mais usados para pinçar dobras cutâneas

Local da dobra cutânea	Descrição
Abdome	Meça uma dobra vertical de 2 cm à direita do umbigo. Cuide para que as pinças do compasso não prendam o umbigo.
Tríceps	Meça a dobra vertical sobre a saliência do músculo tríceps. O braço deve ficar relaxado. O local específico é a linha média posterior da parte superior do braço, exatamente entre os processos acrômio e olécrano.
Peito	Meça a dobra diagonal ao longo da linha natural da pele, no ponto médio (homens) ou na terça parte (mulheres) da distância entre a linha axilar anterior e o mamilo.
Linha axilar média	Meça a dobra vertical no nível do processo xifóide, na linha axilar média.
Região subescapular	Meça 2 cm abaixo do ângulo inferior da escápula, ao longo da dobra diagonal, a um ângulo de 45°.
Região supra-ilíaca	Meça a dobra diagonal na linha do ângulo natural da crista ilíaca. Meça ao longo da linha axilar anterior, logo acima da crista ilíaca.
Coxa	Meça a dobra vertical sobre o músculo quadríceps, na linha média da coxa. Meça a distância média entre a cabeça da patela e a prega inguinal. A perna deve ficar relaxada.

Prenda as pinças do compasso no local a ser medido, perpendicularmente. Mantenha a pinça durante a medição.

3. Um a dois segundos depois do contato das pinças com a pele, faça a leitura do compasso.
4. Espere pelo menos 15 segundos antes de verificar a medida subseqüente. A fim de garantir o retorno da dobra ao normal, realize as medições de cada local em seqüência e depois as repita. Se a diferença entre o primeiro e o segundo valor for maior do que 1 a 2 mm, faça uma terceira medição.

Medir as dobras cutâneas de obesos pode ser uma tarefa difícil e às vezes até impossível. Se as pinças do compasso não tiverem abertura suficiente, adote um meio alternativo de avaliação da composição corporal. Medições de circunferências para prever o % de GC (30, 31), o IMC e o ICQ podem ser usadas para indivíduos obesos. Esses métodos são descritos neste capítulo, mais adiante.

Fazer a medição com o compasso

A espessura das dobras cutâneas é medida com um compasso específico. Dentre os vários disponíveis no mercado, há diferenças de preço e exatidão. Tradicionalmente, o Lange e o Harpenden são os mais usados em ambientes de pesquisa, devido a precisão e confiabilidade. No entanto, existem outros também eficientes (2). É claro que, se o compasso não for capaz de medir as dobras com exatidão, a estimativa da gordura corporal ficará comprometida. Opte por instrumentos semelhantes aos usados no desenvolvimento da equação escolhida.

Escolher uma equação adequada

A maioria das equações para dobras cutâneas foi desenvolvida pelo método de critério da pesagem hidrostática e, na verdade, se destina a estimar a densidade corporal. Para desenvolver essas equações, os pesquisadores mediram a densidade corporal de muitas pessoas (em geral, pela pesagem hidrostática) e compararam esse valor com a espessura das dobras cutâneas pelo método estatístico chamado *análise de regressão*. Essa técnica estatística resulta no desenvolvimento de uma equação que reflete a relação entre as dobras cutâneas e a densidade corporal. A inserção de medidas das dobras do cliente (e às vezes outras informações, como a idade) nessas equações produz a estimativa da densidade corporal, que depois é convertida em % de GC por uma equação do modelo de dois compartimentos, como a de Siri (Tabela 6.2).

Foram desenvolvidas equações para populações tanto em geral quanto específicas (14, 20). Aquelas para a população em geral estimam a composição corporal de grupos de pessoas cujas características (idade, composição corporal e condicionamento físico) variam muito. Uma das vantagens dessas equações é que podem ser usadas para estimar a composição corporal da maioria das pessoas; no entanto, há perdas na precisão quando são testados indivíduos pouco semelhantes aos que serviram de modelo para o desenvolvimento da equação. As equações generalizadas também costumam ser menos exatas para indivíduos que se encontram nos extremos do *continuum* de gordura.

As equações destinadas a populações específicas predizem a composição corporal de subgrupos particulares (por exemplo, mulheres corredoras). A vantagem dessa opção está na sua maior precisão quando são testadas pessoas que se enquadram no perfil físico do subgrupo de interesse.

Uma vez que o sexo influencia o local de armazenamento da gordura, foram desenvolvidas equações de dobras cutâneas diferentes para homens e mulheres. As fórmulas gerais de Jackson e Pollock (13) para homens e as de Jackson, Pollock e Ward (15) para mulheres têm sido muito usadas. Observe que a idade do cliente também entra no cálculo. Isso acontece porque a relação entre a gordura corporal total e a gordura subcutânea muda ao longo do tempo; à medida que a pessoa envelhece, diminui a quantidade dessa gordura armazenada. Na página 113, listamos fórmulas desses autores que exigem 3 ou 7 locais de medição de dobras subcutâneas. Além disso, as Tabelas 6.4 e 6.5 fornecem referências rápidas para estimar a gordura corporal a partir da espessura de dobras cutâneas de homens e mulheres, respectivamente. Para usar essas tabelas, some os valores de todas as dobras cutâneas do cliente (peito, abdome e coxa para homens; tríceps, supra-ilíaca e coxa para mulheres) e localize o intervalo correspondente na primeira coluna, à esquerda. Em seguida, procure a idade do cliente no cabeçalho da tabela. A interseção entre as duas linhas é o % de GC estimado para o cliente.

Medições de circunferência

Várias medidas de circunferência (do corpo e de membros específicos) são usadas para estimar a composição ou descrever as proporções corporais. Os valores das circunferências fornecem informações rápidas e confiáveis sobre o indivíduo. Às vezes, essas medidas são usadas em fórmulas para prever a composição corporal e também podem servir para acompanhar mudanças na forma e no tamanho do corpo durante a perda de peso. Entretanto, sua principal desvantagem consiste em fornecer pouca informação sobre componentes com e sem gordura. A coxa de um fisiculturista, por exemplo, pode ter a circunferência maior, porém com menos gordura, do que a de um indivíduo obeso. A seguir apresentamos uma relação de regiões do corpo cuja circunferência costuma ser medida; outros pontos podem ser consultados em *Anthropometric Standardization Reference Manual* (22).

Equações para estimar a densidade corporal a partir da espessura de dobras cutâneas (13-15)

Mulheres

3 locais $D_c = 1,0994921 - 0,0009929 (X1) + 0,0000023 (X1)^2 - 0,0001392 (X2)$
3 locais $D_c = 1,089733 - 0,0009245 (X3) + 0,0000025 (X3)^2 - 0,0000979 (X2)$
7 locais $D_c = 1,097 - 0,00046971 (X4) + 0,00000056 (X4)^2 - 0,00012828 (X2)$
X1 = soma das dobras cutâneas do tríceps, supra-ilíaca e coxa
X2 = idade em anos
X3 = soma das dobras cutâneas do tríceps, supra-ilíaca e abdominal
X4 = soma das dobras cutâneas do tríceps, abdominal, supra-ilíaca, coxa, peito, subescapular e médio-axilar

Homens

3 locais $D_c = 1,10938 - 0,0008267 (X1) + 0,0000016 (X1)^2 - 0,0002574 (X2)$
3 locais $D_c = 1,1125025 - 0,0013125 (X3) + 0,0000055 (X3)^2 - 0,0002440 (X2)$
7 locais $D_c = 1,112 - 0,00043499 (X4) + 0,00000055 (X4)^2 - 0,00028826 (X2)$
X1 = soma das dobras cutâneas do peito, abdome e coxa
X2 = idade em anos
X3 = soma das dobras cutâneas do peito, tríceps e subescapular
X4 = soma das dobras cutâneas do tríceps, abdominal, supra-ilíaca, coxa, peito, subescapular e médio-axilar

- Cintura – parte mais estreita do tronco, entre o processo xifóide e o umbigo.
- Abdome – circunferência do tronco no nível do umbigo.
- Quadris – circunferência máxima das nádegas, acima da prega glútea.
- Coxa – maior circunferência da coxa direita, abaixo da prega glútea.

O índice cintura-quadril (ICQ) é uma das medições de circunferência mais usadas em condições clínicas. Com freqüência, esse valor serve para refletir o grau da obesidade abdominal ou do tipo andróide. Se o valor for maior do que 0,95 em homens ou 0,86 em mulheres, o indivíduo é classificado como obeso de acordo com os limiares dos fatores de risco de doenças coronárias (1).

A circunferência do quadril, por si só, também pode fornecer informações valiosas sobre risco de doenças (12, 16, 26). Considera-se que valores iguais ou superiores a 102 cm para homens e a 88 cm para mulheres aumentam o risco de doenças relacionadas com obesidade (1, 26).

Ao avaliar as circunferências, siga estes procedimentos, a fim de padronizar as medições:

- Ao medir circunferências do tronco, confirme se a fita métrica está na horizontal; no caso de circunferências dos membros, a fita tem de ficar perpendicular ao eixo longo do respectivo membro. Um espelho ou um assistente pode ajudar a confirmar a colocação adequada da fita.
- Aplique pressão constante sobre a fita, sem pressionar a pele. Recomenda-se uma fita métrica ajustada a um cabo, que indica a quantidade de tensão exercida.
- Ao medir membros, use o lado direito do corpo. Outra opção é medir os dois lados e registrar os valores da direita e da esquerda.
- Cuide para que a pessoa fique ereta, relaxada e de pés juntos.
- Ao medir circunferências do tronco, tire a medida depois da expiração e antes da próxima inspiração.

Índice de massa corporal

O **índice de massa corporal (IMC)**, ou índice de Quetelet, é muito usado como fator de avaliação clínica da adequação do peso individual. Calcula-se esse valor pela divisão do peso, em quilogramas, pela altura, em metros, ao quadrado.

O IMC é um método rápido e fácil para determinar se o peso corporal está adequado à altura. No passado, gráficos de altura-peso eram usados com esse objetivo. Mas, nos dias atuais, o IMC é o método aceito para interpretar essa relação. Assim como acontece com a medição da circunferência, esse índice não distingue os pesos com e sem gordura. Isso é problemático quando testamos atletas, que possuem muita massa magra. Um *linebacker* do futebol americano, com 1,90 m e 100 kg, por exemplo, será considerado com excesso de peso pelos padrões do IMC (IMC = 28,3 kg · m^{-2}). No entanto, na verdade, seu % de GC pode ser muito baixo. Já uma pessoa inativa com peso e altura similares aos desse esportista, provavelmente apresente excesso de tecido adiposo. Mesmo com as limitações do uso do IMC, para a maioria dos adultos, há uma correlação clara entre o IMC elevado e problemas de saúde (26). O intervalo recomendado para o IMC

Tabela 6.4 Estimativa do percentual de gordura corporal de homens a partir da idade e da soma das dobras cutâneas do peito, do abdome e da coxa

Soma das dobras cutâneas (mm)	Idade em anos completos								
	Abaixo de 22	23-27	28-32	33-37	38-42	43-47	48-52	53-57	Acima de 57
8-10	1,3	1,8	2,3	2,9	3,4	3,9	4,5	5,0	5,5
11-13	2,2	2,8	3,3	3,9	4,4	4,9	5,5	6,0	6,5
14-16	3,2	3,8	4,3	4,8	5,4	5,9	6,4	7,0	7,5
17-19	4,2	4,7	5,3	5,8	6,3	6,9	7,4	8,0	8,5
20-22	5,1	5,7	6,2	6,8	7,3	7,9	8,4	8,9	9,5
23-25	6,1	6,6	7,2	7,7	8,3	8,8	9,4	9,9	10,5
26-28	7,0	7,6	8,1	8,7	9,2	9,8	10,3	10,9	11,4
29-31	8,0	8,5	9,1	9,6	10,2	10,7	11,3	11,8	12,4
32-34	8,9	9,4	10,0	10,5	11,1	11,6	12,2	12,8	13,3
35-37	9,8	10,4	10,9	11,5	12,0	12,6	13,1	13,7	14,3
38-40	10,7	11,3	11,8	12,4	12,9	13,5	14,1	14,6	15,2
41-43	11,6	12,2	12,7	13,3	13,8	14,4	15,0	15,5	16,1
44-46	12,5	13,1	13,6	14,2	14,7	15,3	15,9	16,4	17,0
47-49	13,4	13,9	14,5	15,1	15,6	16,2	16,8	17,3	17,9
50-52	14,3	14,8	15,4	15,9	16,5	17,1	17,6	18,2	18,8
53-55	15,1	15,7	16,2	16,8	17,4	17,9	18,5	19,1	19,7
56-58	16,0	16,5	17,1	17,7	18,2	18,8	19,4	20,0	20,5
59-61	16,9	17,4	17,9	18,5	19,1	19,7	20,2	20,8	21,4
62-64	17,6	18,2	18,8	19,4	19,9	20,5	21,1	21,7	22,2
65-67	18,5	19,0	19,6	20,2	20,8	21,3	21,9	22,5	23,1
68-70	19,3	19,9	20,4	21,0	21,6	22,2	22,7	23,3	23,9
71-73	20,1	20,7	21,2	21,8	22,4	23,0	23,6	24,1	24,7
74-76	20,9	21,5	22,0	22,6	23,2	23,8	24,4	25,0	25,5
77-79	21,7	22,2	22,8	23,4	24,0	24,6	25,2	25,8	26,3
80-82	22,4	23,0	23,6	24,2	24,8	25,4	25,9	26,5	27,1
83-85	23,2	23,8	24,4	25,0	25,5	26,1	26,7	27,3	27,9
86-88	24,0	24,5	25,1	25,7	26,3	26,9	27,5	28,1	28,7
89-91	24,7	25,3	25,9	26,5	27,1	27,6	28,2	28,8	29,4
92-94	25,4	26,0	26,6	27,2	27,8	28,4	29,0	29,6	30,2
95-97	26,1	26,7	27,3	27,9	28,5	29,1	29,7	30,3	30,9
98-100	26,9	27,4	28,0	28,6	29,2	29,8	30,4	31,0	31,6
101-103	27,5	28,1	28,7	29,3	29,9	30,5	31,1	31,7	32,3
104-106	28,2	28,8	29,4	30,0	30,6	31,2	31,8	32,4	33,0
107-109	28,9	29,5	30,1	30,7	31,3	31,9	32,5	33,1	33,7
110-112	29,6	30,2	30,8	31,4	32,0	32,6	33,2	33,8	34,4
113-115	30,2	30,8	31,4	32,0	32,6	33,2	33,8	34,5	35,1
116-118	30,9	31,5	32,1	32,7	33,3	33,9	34,5	35,1	35,7
119-121	31,5	32,1	32,7	33,3	33,9	34,5	35,1	35,7	36,4
122-124	32,1	32,7	33,3	33,9	34,5	35,1	35,8	36,4	37,0
125-127	32,7	33,3	33,9	34,5	35,1	35,8	36,4	37,0	37,6

O percentual de gordura é calculado pela equação de Siri: % de GC = $[(4,95 \div D_c) - 4,5] \cdot 100$, na qual D_c = densidade corporal.
Adaptada, com permissão, de M. L. Pollock, D. H. Schmidt and A. S. Jackson, 1980, Measurement of cardiorespiratory fitness and body composition in a clinical setting. *Comprehensive Therapy* 6(9): p. 12-27.

Tabela 6.5 Estimativa do percentual de gordura corporal de mulheres a partir da idade e da soma das dobras cutâneas do tríceps, da supra-ilíaca e da coxa

Soma das dobras cutâneas (mm)	Idade em anos completos								
	Abaixo de 22	23-27	28-32	33-37	38-42	43-47	48-52	53-57	Acima de 57
23-25	10,8	11,1	11,4	11,7	12,0	12,3	12,6	12,9	13,2
26-28	11,9	12,2	12,5	12,8	13,1	13,4	13,7	14,0	14,3
29-31	13,1	13,4	13,7	14,0	14,3	14,6	14,9	15,2	15,5
32-34	14,2	14,5	14,8	15,1	15,4	15,7	16,0	16,3	16,6
35-37	15,2	15,6	15,9	16,2	16,5	16,8	17,1	17,4	17,7
38-40	16,3	16,6	16,9	17,2	17,6	17,9	18,2	18,5	18,8
41-43	17,4	17,7	18,0	18,3	18,6	18,9	19,2	19,6	19,9
44-46	18,4	18,8	19,1	19,4	19,7	20,0	20,3	20,6	20,9
47-49	19,5	19,8	20,1	20,4	20,7	21,0	21,4	21,7	22,0
50-52	20,5	20,8	21,1	21,4	21,8	22,1	22,4	22,7	23,0
53-55	21,5	21,8	22,1	22,5	22,8	23,1	23,4	23,7	24,0
56-58	22,5	22,8	23,1	23,5	23,8	24,1	24,4	24,7	25,0
59-61	23,5	23,8	24,1	24,4	24,8	25,1	25,4	25,7	26,0
62-64	24,5	24,8	25,1	25,4	25,7	26,1	26,4	26,7	27,0
65-67	25,4	25,7	26,1	26,4	26,7	27,0	27,3	27,7	28,0
68-70	26,4	26,7	27,0	27,3	27,6	28,0	28,3	28,6	28,9
71-73	27,3	27,6	27,9	28,2	28,6	28,9	29,2	29,5	29,8
74-76	28,2	28,5	28,8	29,1	29,5	29,8	30,1	30,4	30,8
77-79	29,1	29,4	29,7	30,0	30,4	30,7	31,0	31,3	31,7
80-82	29,9	30,3	30,6	30,9	31,2	31,6	31,9	32,2	32,5
83-85	30,8	31,1	31,5	31,8	32,1	32,4	32,8	33,1	33,4
86-88	31,6	32,0	32,3	32,6	33,0	33,3	33,6	33,9	34,3
89-91	32,5	32,8	33,1	33,5	33,8	34,1	34,4	34,8	35,1
92-94	33,3	33,6	33,9	34,3	34,6	34,9	35,3	35,6	35,9
95-97	34,1	34,4	34,7	35,1	35,4	35,7	36,1	36,4	36,7
98-100	34,8	35,2	35,5	35,8	36,2	36,5	36,8	37,2	37,5
101-103	35,6	35,9	36,3	36,6	36,9	37,3	37,6	37,9	38,3
104-106	36,3	36,7	37,0	37,3	37,7	38,0	38,3	38,7	39,0
107-109	37,1	37,4	37,7	38,1	38,4	38,7	39,1	39,4	39,7
110-112	37,8	38,1	38,4	38,8	39,1	39,4	39,8	40,1	40,5
113-115	38,5	38,8	39,1	39,5	39,8	40,1	40,5	40,8	41,1
116-118	39,1	39,5	39,8	40,1	40,5	40,8	41,1	41,5	41,8
119-121	39,8	40,1	40,4	40,8	41,1	41,5	41,8	42,1	42,5
122-124	40,4	40,7	41,1	41,4	41,8	42,1	42,4	42,8	43,1
125-127	41,0	41,4	41,7	42,0	42,4	42,7	43,1	43,4	43,7
128-130	41,6	41,9	42,3	42,6	43,0	43,3	43,7	44,0	44,3

O percentual de gordura é calculado pelas equações de Jackson, Pollock e Ward (15) e Siri (29).
Adaptada, com permissão, de M. L. Pollock, D. H. Schmidt and A. S. Jackson, 1980, Measurement of cardiorespiratory fitness and body composition in a clinical setting. *Comprehensive Therapy* 6(9): p. 12-27.

Tabela 6.6 Classificação do índice de massa corporal (26)

Classificação	IMC (kg · m^{-2})
Abaixo do peso recomendado	<18,5
Normal	18,5-24,9
Acima do peso recomendado	25,0-29,9
Obesidade	
Classe I	30,0-34,9
Classe II	35,0-39,9
Classe III (obesidade extrema)	≥40,0

abrange 18,5 a 24,9 kg · m^{-2}. O excesso de peso varia de 25 a 29,9 kg · m^{-2}, e a obesidade corresponde a 30 kg · m^{-2} ou mais (1, 26). A Tabela 6.6 lista todas as categorias do IMC. Na impossibilidade ou impraticabilidade de se estimar a gordura corporal, o índice de massa corporal pode ser útil, fornecendo *feedback* às pessoas sobre a adequação do seu peso corporal.

Cálculo do peso corporal-alvo

Como mostrado na Tabela 6.1, a faixa saudável do % de GC é bastante ampla e varia muito entre homens e mulheres. Uma importante tarefa do profissional de condicionamento físico consiste em ajudar os clientes a determinar um objetivo de peso apropriado. Depois de estimar o % de GC e estabelecer os objetivos relativos à gordura corporal, o profissional pode calcular o peso-alvo adequado. Como discutido no Capítulo 11, definir objetivos de perda de peso razoáveis é fator essencial para a adesão do cliente ao programa. A fim de calcular o peso corporal-alvo, é preciso saber o peso corporal atualizado, o % de GC e o nível desejado de gordura corporal. A seguir apresentamos um exemplo.

Cálculo do peso corporal-alvo

Para calcular o peso corporal-alvo, precisamos saber a massa corporal total, as massas de e livre de gordura e o % de GC desejado. As fórmulas a seguir são necessárias para a realização desse cálculo.

$$\text{Massa de gordura} = \text{massa corporal} \times (\% \text{ de GC} \div 100\%)$$

$$\text{Massa livre de gordura (MLG)} = \text{massa corporal} - \text{massa de gordura}$$

$$\text{Peso corporal-alvo} = \frac{\text{MLG}}{1 - \left(\frac{\% \text{ de GC desejado}}{100}\right)}$$

Exemplo: uma mulher de 40 anos pesa 155 lb (70 kg) e tem 30% de GC. Seu objetivo é alcançar 23% de gordura corporal. Nesse caso, qual é o peso-alvo?

$$\text{Massa de gordura} = 155 \text{ lb} (30 \div 100) = 46,5 \text{ lb}$$

$$\text{Massa livre de gordura} = 155 \text{ lb} - 46,5 \text{ lb} = 108,5 \text{ lb}$$

$$\text{Peso corporal-alvo} = \frac{108,5}{1 - \left(\frac{23}{100}\right)} = 140,9 \text{ lb, ou } 63,9 \text{ kg}$$

Ponto-chave

A medição das dobras cutâneas é um método rápido e relativamente fácil para estimar o percentual de gordura corporal. No entanto, é preciso tomar cuidado na hora de fazer as medições, a fim de garantir a confiabilidade dos valores. A medição das circunferências, em particular do ICQ e da cintura, pode ser útil na avaliação do risco de doenças relacionadas à obesidade. O IMC é útil para classificar os indivíduos nas categorias de excesso de peso e obesidade. A faixa de IMC recomendada varia de 18,5 a 24,9 kg · m^{-2}. O peso corporal-alvo pode ser calculado a partir do peso no momento e da composição corporal.

Estudo de caso

Confira as respostas no Apêndice A.

1. Você é diretor da academia onde Jackson, de 37 anos, se exercita. Na avaliação inicial, os valores desse cliente foram:
   Altura = 1,78 m
   Peso = 109 kg
   Circunferência do quadril = 1,09 m
   Circunferência da cintura = 1,12 m
   Dobras cutâneas: peito = 40 mm; abdome = 55 mm; coxa = 26 mm
   a. Calcule e interprete o IMC, o ICQ e o % de GC.
   b. O objetivo inicial desse cliente é alcançar 30% de GC. Calcule o peso corporal-alvo adequado a esse objetivo.

CAPÍTULO 7

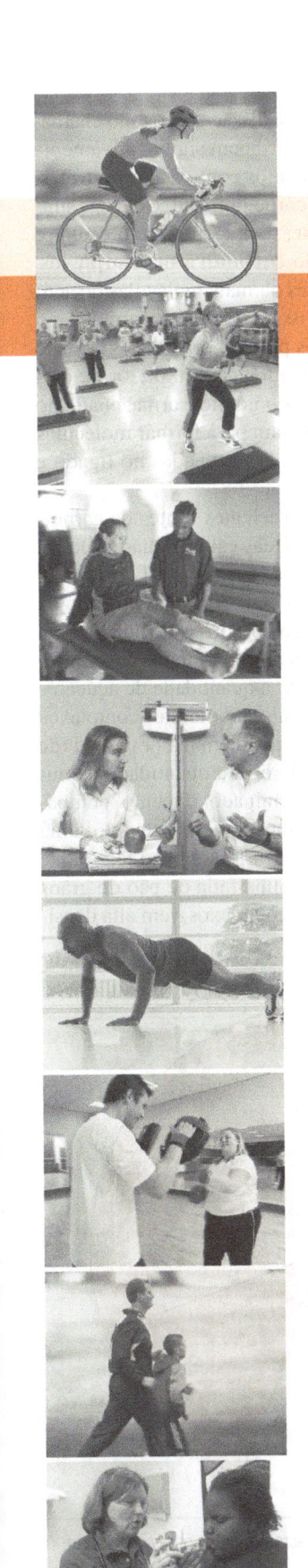

Nutrição

Dixie L. Thompson

Objetivos

O leitor será capaz de:

1. Listar as seis classes de nutrientes essenciais e descrever seu o papel no funcionamento adequado do corpo.
2. Listar a porcentagem recomendada de calorias originárias de carboidratos, gorduras e proteínas.
3. Compreender a importância das vitaminas e dos minerais e o modo de otimizá-los em uma dieta típica.
4. Descrever a avaliação da ingestão alimentar para adultos saudáveis.
5. Compreender o papel do USDA Food Guide Pyramid (Guia da Pirâmide Alimentar do USDA) e as instruções alimentares dos Estados Unidos na escolha de opções nutricionais saudáveis.
6. Explicar a relação entre o perfil lipídico do sangue e as doenças cardiovasculares e o papel da dieta e do exercício na modificação desse perfil.
7. Conhecer o modo de manter a hidratação durante o exercício.
8. Discutir as necessidades de proteínas, vitaminas e minerais de uma pessoa fisicamente ativa.
9. Saber como maximizar a reserva de glicogênio antes da competição.
10. Listar os três componentes da tríade da atleta.

A **boa nutrição** resulta da ingestão de alimentos em quantidades apropriadas e com a distribuição necessária de nutrientes para manter a boa saúde no presente e no futuro. A **má nutrição**, por sua vez, é resultado de uma dieta em que há consumo insuficiente, excessivo ou desequilibrado de nutrientes, levando a doenças ou ao aumento da suscetibilidade a elas. Essas definições declaram implicitamente que a nutrição adequada é essencial à boa saúde. Um histórico de más escolhas nutricionais costuma estar ligado a condições crônicas, até mesmo a doenças cardiovasculares e ao câncer.

Hoje o público é bombardeado com mensagens sobre nutrição. Mas com freqüência o leigo tem dificuldade em distinguir as boas informações das más. Os profissionais de condicionamento físico podem desempenhar um papel importante na transmissão de informações nutricionais básicas. Entretanto, o nutricionista registrado é o profissional adequado para aconselhar as pessoas sobre necessidades nutricionais especiais.

Nutrientes essenciais

O corpo precisa de muitos **nutrientes** para a manutenção, o crescimento e a reparação de tecidos. Os nutrientes podem ser divididos em seis classes: carboidratos, gorduras, proteínas, vitaminas, minerais e água. O Institute of Medicine dos Estados Unidos estabeleceu as **ingestões alimentares de referência** (**DRIs**, do inglês *Dietary Reference Intakes*) para ajudar as pessoas a optarem por uma ingestão saudável de alimentos (14). As DRIs consistem em recomendações para ingestão de nutrientes, classificadas por idade e sexo, e incluem **limites alimentares recomendados** (**RDA**, do inglês *Recommended Dietary Allowances*) ou quantidades consideradas adequadas para 97% da população; **ingestões adequadas** (**AI**, do inglês *Adequate Intakes*) ou quantidades consideradas adequadas quando os dados existentes são insuficientes para estabelecer a DRI; e os **níveis de ingestão máximos toleráveis** (**UL,** do inglês *Tolerable Upper Intake Levels*) ou limite de ingestão que não traz risco à saúde. Adicionalmente, foi estabelecido o **quadro aceitável de distribuição de macronutrientes** (**AMDR**, do inglês *Acceptable Macronutrient Distribution Ranges*) com valores específicos para gorduras, carboidratos e proteínas. Os relatórios do Institute of Medicine podem ser obtidos gratuitamente no site da National Academies Press (www.nap.edu).

Carboidratos

Os **carboidratos**, nutrientes compostos de carbono, hidrogênio e oxigênio, são fonte essencial de energia para o corpo. Podem ser divididos em três categorias: monossacarídeos, dissacarídeos e polissacarídeos. Exemplos de monossacarídeos são a glicose e a frutose. A lactose e a sacarose são dissacarídeos, ou seja, carboidratos formados pela combinação de monossacarídeos. Às vezes, mono e dissacarídeos são chamados de **açúcares simples**. Eles contribuem significativamente para o conteúdo calórico de alimentos como sucos de frutas, refrigerantes, balas e doces. No corpo humano, o açúcar simples mais importante é a **glicose**, cuja fórmula molecular é $C_6H_{12}O_6$. Os polissacarídeos são **carboidratos complexos**, formados pela combinação de três ou mais moléculas de açúcar. O amido e as fibras são polissacarídeos encontrados em vegetais. O arroz, as massas e os pães de grãos integrais são apenas alguns exemplos de alimentos com alto teor de carboidratos complexos. Quando o carboidrato é armazenado no corpo, moléculas de glicose se juntam para formar moléculas grandes, denominadas **glicogênio**, armazenadas no fígado e no músculo esquelético.

Grãos, vegetais e frutas são excelentes fontes de carboidrato. Recomenda-se que 45 a 65% das calorias diárias do indivíduo provenham de carboidratos (16) (veja a Figura 7.1). O RDA para carboidratos é 130 g · dia^{-1} (16), mas a média de ingestão de carboidratos nos Estados Unidos está muito acima desse nível. A maioria das calorias de carboidratos deveria vir dos complexos; o ideal seria limitar a quantidade de açúcares adicionais (23). Devemos comer mais carboidratos complexos do que simples porque os primeiros possuem maior **densidade de nutrientes**. Essa densidade refere-se à quantidade de nutrientes essenciais contida em determinado alimento, comparada à quantidade de calorias do mesmo. Por exemplo, uma barra de chocolate (que contém açúcares simples) tem baixa densidade de nutrientes, enquanto uma fatia de pão de grãos integrais (que contém carboidratos complexos) tem alta densidade de nutrientes.

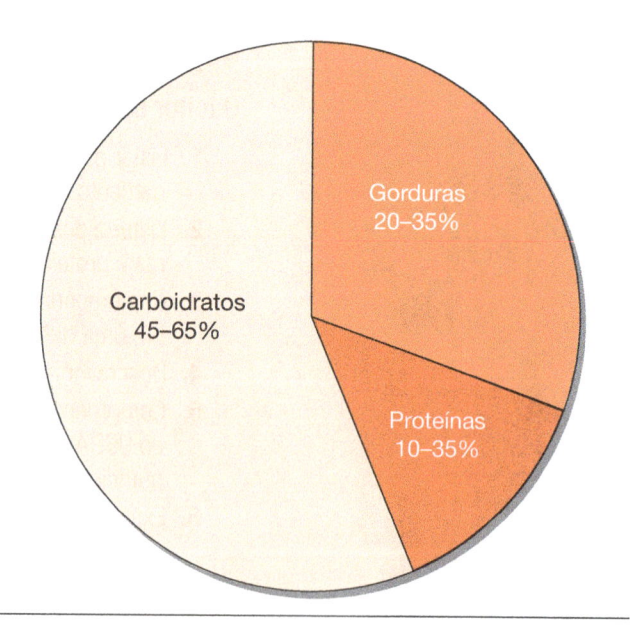

Figura 7.1 Distribuição aceitável de macronutrientes para carboidrato, gordura e proteína (16).

Composta com dados do Food and Nutrition Board, Institute of Medicine, 2002. *Dietary reference intakes for energy, carbohydrates, fiber, fat, fatty acids, cholesterol, protein, and amino acids* (Washington, DC: National Academies Press).

Um dos benefícios de consumir alimentos com alto teor de carboidratos complexos é que em geral eles também contêm **fibras alimentares**. A fibra é um polissacarídeo não-amidoado, encontrado em vegetais, e que não pode ser quebrado pelo sistema digestivo humano. Embora não seja digerida, ela ajuda a evitar cânceres no sistema digestivo, hemorróidas e constipação, pois favorece a movimentação rápida e fácil do alimento pelo sistema digestivo. Tem sido mostrado que o consumo de fibras solúveis em água diminui os níveis do colesterol (6). Infelizmente, a dieta típica dos estadunidenses é baixa em fibras, cuja ingestão média é de aproximadamente 15 g · dia^{-1} (6). A AI de fibras para homens e mulheres de 50 anos ou menos é 38 e 25 g · dia^{-1}, respectivamente (16). Para homens e mulheres mais velhos, com baixo consumo calórico, os níveis recomendados caem para 30 e 21 g, respectivamente (16). As orientações da *Dietary Guidelines for Americans* (23) recomendam que os adultos consumam cerca de 10 g de fibras para cada 1.000 kcal ingeridas. Excelentes fontes de fibra alimentar são os grãos, as verduras, os legumes e as frutas.

Como mencionado antes, o carboidrato é fonte vital de energia para o corpo humano. Durante o exercício de alta intensidade, ele é a fonte primária de combustível para a produção de ATP. No corpo humano, quando quebrado, o carboidrato libera cerca de 4 kcal de energia por grama. Isso significa que quem come 10 g de carboidratos ganha cerca de 40 kcal de energia para usar ou armazenar.

Gorduras

As **gorduras** são essenciais à dieta humana e contribuem para as funções vitais do corpo. Entre as suas tarefas, encontram-se a regulação da temperatura, a proteção de órgãos vitais, a distribuição de algumas vitaminas, a produção de energia e a formação de membranas celulares. Como os carboidratos, as gorduras são compostas de carbono, hidrogênio e oxigênio, mas a estrutura química dessas duas classes de nutrientes é diferente. Os **triglicerídeos**, principal forma de armazenamento de gorduras no corpo, são moléculas grandes, compostas de três cadeias de ácidos graxos conectadas a uma base principal de glicerol. A maioria dos triglicerídeos encontra-se armazenada em células adiposas (isto é, células de gordura). O metabolismo aeróbio dos triglicerídeos fornece grande parte da energia gasta durante o repouso e o exercício de baixa intensidade. Quando metabolizado, 1 g de gordura gera 9 kcal de energia. Os **fosfolipídeos** são outro tipo de gordura encontrado no corpo. Como o próprio nome diz, essas gorduras estão ligadas a grupos de fosfato. Eles são importantes constituintes das membranas celulares. As **lipoproteínas** são moléculas grandes que possibilitam o transporte da gordura pela corrente sangüínea. O **colesterol** é um esterol, ou seja, uma substância lipídica em que os átomos de carbono, hidrogênio e oxigênio se organizam em anéis. Além do colesterol que consumimos em nossa dieta, temos também aquele que o próprio corpo produz constantemente e é usado na formação de membranas celulares e na produção de hormônios esteróides. A carne e o ovo são as principais fontes de colesterol na dieta típica dos estadunidenses. Recomenda-se que as pessoas não consumam mais de 300 mg de colesterol por dia (23). Para quem pretende diminuir o nível de lipídeos do sangue, indica-se limitar a ingestão de colesterol a 200 mg (13).

As fontes de gordura alimentar são tanto de origem animal quanto vegetal. O AMDR para a gordura é de 20 a 35% (16)

Foco no índice glicêmico

Quando ingerimos carboidratos, há aumento da glicose no sangue e, subseqüentemente, liberação de insulina a partir do pâncreas. A rapidez com que sobe a taxa de glicose sangüínea após a ingestão de alimentos é representada pelo **índice glicêmico**. Alimentos com alto índice glicêmico causam um pico rápido de glicose no sangue, enquanto os de baixo índice não provocam esse efeito. Uma série de fatores (composição bioquímica, método de preparação, conteúdo de fibras) afeta o índice glicêmico. Exemplos de alimentos com alto índice glicêmico são batatas assadas, arroz branco e refrigerantes. Alimentos de índice baixo incluem maçã, feijão e leite. Para obter mais informações sobre o índice glicêmico dos alimentos, consulte Walberg-Rankin (24).

Há indícios de que uma dieta rica em alimentos com baixo índice glicêmico ajude a combater doenças cardiovasculares, obesidade e diabete tipo 2 (20). Entre os benefícios de dietas de baixo teor glicêmico, estão a maior saciedade, o menor nível de triglicerídeos, o maior nível de colesterol de lipídeos de alta densidade (HDL-C) e a melhor sensibilidade à insulina. No entanto, apesar da existência de indícios de que comer mais alimentos com menor índice glicêmico melhore a saúde, esse tema ainda está sendo investigado. Na verdade, manuais de instruções dietéticas recentes, divulgados pela American Diabetes Association (ADA) não enfatizam o uso do índice glicêmico no momento de escolher os alimentos. A ADA chama a atenção para a quantidade total de carboidratos e não para o índice glicêmico. Assim, ela sugere ser melhor manter uma dieta que promova o peso saudável e inclua pouca gordura do que prevenir e tratar o diabete tipo 2 e as morbidades associadas (5).

Ponto-chave

As seis classes de nutrientes são os carboidratos, as gorduras, as proteínas, as vitaminas, os minerais e a água. O metabolismo de 1 g de carboidrato gera 4 kcal de energia. Os carboidratos devem somar 45 a 65% das calorias diárias do indivíduo, com limitação das calorias provindas de açúcares simples.

(Figura 7.1). As gorduras saturadas provêm sobretudo de fontes animais e em geral se solidificam em temperatura ambiente. Exemplos de fontes vegetais de gordura saturada são os óleos de palmeira e de coco e a manteiga de cacau. A estrutura química das gorduras saturadas não contém ligações duplas entre os átomos de carbono – em outras palavras, elas são saturadas com átomos de hidrogênio. A alta ingestão de gorduras saturadas está relacionada diretamente com o aumento de doenças cardiovasculares. Portanto, devemos limitar o consumo desse tipo de gordura a não mais de 10% das calorias totais (23). Já as insaturadas contêm menor número de átomos de hidrogênio, pois apresentam algumas ligações duplas entre os átomos de carbono. Em geral, essas gorduras permanecem líquidas em temperatura ambiente. Óleo de milho, amendoim, canola e soja são fontes de gordura insaturada. A **gordura trans** é um tipo insaturado comum em um grande número de alimentos processados, como biscoitos e bolos. A ingestão desses ácidos graxos deve ser a mais baixa possível, uma vez que eles estão relacionados com efeitos negativos sobre a saúde. Mais adiante, na seção "Dieta, exercício e o perfil lipídico do sangue", discutiremos os efeitos dos vários tipos de gordura sobre a saúde.

Os **ácidos graxos monoinsaturados**, encontrados no azeite de oliva e no óleo de canola, têm uma única ligação dupla entre os átomos de carbono na cadeia do ácido graxo. Já os **poliinsaturados** (por exemplo, óleo de peixe, milho, soja e amendoim) têm duas ou mais ligações duplas entre os carbonos. Dois ácidos graxos poliinsaturados, o alfa-linoléico (um tipo de ômega-3) e o linoléico (um ômega-6) não podem ser produzidos pelo organismo, têm de ser consumidos na dieta. A AI para o ácido alfa-linoléico é 1,6 g $\cdot$ dia^{-1} para homens e 1,1 g $\cdot$ dia^{-1} para mulheres (16). Peixe, castanhas e óleo de canola são fontes desse ácido graxo. A AI para o ácido linoléico é 17 e 12 g $\cdot$ dia^{-1} para homens e mulheres, respectivamente (16). As fontes incluem óleos vegetais, castanhas, abacate e soja.

Proteínas

As **proteínas** são substâncias compostas de carbono, hidrogênio, oxigênio e nitrogênio. Todas as formas de proteína são combinações de **aminoácidos**, moléculas compostas de um grupo de aminas (NH$_3$), um grupo de carboxilas (COO), um átomo de hidrogênio, um átomo central de carbono e uma cadeia secundária. São as diferenças na cadeia secundária que conferem características singulares a cada aminoácido. Eles podem se combinar de inúmeros modos para formar proteínas; estima-se a existência de dezenas de milhares de tipos de proteína no corpo. A ordem de ligação dos aminoácidos gera estruturas e funções específicas. A singularidade dessas estruturas e propriedades químicas permite que as proteínas exerçam várias funções no corpo. Algumas das mais comuns são:

> **Ponto-chave**
>
> O AMDR para a gordura é de 20 a 35%. Não mais de 10% das calorias devem provir de gorduras saturadas. A ingestão de colesterol deve limitar-se a 300 mg $\cdot$ dia^{-1}. A quebra de 1 g de gordura gera 9 kcal de energia.

- carregar o oxigênio (hemoglobina)
- combater doenças (anticorpos)
- catalisar reações (enzimas)
- possibilitar a contração muscular (actina, miosina e troponina)
- agir como tecido conjuntivo (colágeno)
- coagular o sangue (protrombina)
- agir como mensageiro (hormônios protéicos, como o hormônio de crescimento)

Dos 20 aminoácidos necessários ao corpo humano, a maioria pode ser formada no próprio organismo, a partir de outras substâncias. No entanto, há oito **aminoácidos essenciais** (nove para crianças e alguns adultos mais velhos) que o corpo não consegue sintetizar e, por isso, devem fazer parte da dieta regular. Em geral, a ingestão de uma grande variedade de alimentos que contêm proteínas supre essa necessidade. A proteína está presente na carne e também em produtos vegetais. As fontes animais, como a carne, o leite e o ovo, contêm os aminoácidos essenciais. As vegetais, como leguminosas, feijões, vegetais amiláceos, castanhas e grãos, nem sempre contêm todos eles. Por isso, os vegetarianos têm de consumir uma multiplicidade de alimentos protéicos. Alguns exemplos de alimentos que contêm proteínas complementares são legumes e grãos, verduras e castanhas, legumes e sementes (11). Para obter mais informações sobre planejamento de dietas vegetarianas, consulte o resumo do guia de alimentação vegetariana elaborado pela American Dietetic Association and Dietitians of Canada (19).

O AMDR para a proteína é 10 a 35% (Figura 7.1). Essa quantidade garante o teor de proteínas adequado ao crescimento, à manutenção e à reparação das células. De acordo com o RDA para proteínas, um adulto deve ingerir 0,8 g para cada quilograma de peso corporal (16). Como discutido mais adiante, neste capítulo, indivíduos que fazem treinamentos intensos às vezes precisam de maior quantidade de proteína. Além disso, as crianças necessitam de mais proteína para suportar o contínuo crescimento do corpo.

Além das funções listadas previamente, a proteína pode ser metabolizada para produzir energia. A quebra de 1 g de proteína gera cerca de 4 kcal de energia para o corpo. Sua contribuição para as necessidades energéticas em repouso ou durante o exercício é bastante reduzida (< 5%) em indivíduos bem nutridos. Durante sessões de exercício muito longas (> 1 h) ou quando a pessoa não se encontra bem nutrida, a proteína pode fornecer mais energia ao corpo, talvez até uns 15%.

> **Ponto-chave**
>
> A proteína é feita de aminoácidos e serve para numerosas funções. Para garantir que todos os aminoácidos estão adequadamente disponíveis, as pessoas devem ingerir todos os dias uma variedade de alimentos contendo proteínas. A quebra de 1 g de proteína resulta em 4 kcal de energia.

Vitaminas

As **vitaminas** são substâncias orgânicas essenciais ao funcionamento normal do corpo humano. Embora não contenham energia para o organismo, elas são vitais ao metabolismo das gorduras, dos carboidratos e das proteínas. O corpo precisa de 13 vitaminas para numerosos processos, incluindo a coagulação sangüínea, a síntese de proteínas e a formação óssea. Já que as vitaminas desempenham papel tão fundamental, é necessário garantir a sua quantidade apropriada no corpo. Na Tabela 7.1, listamos as principais funções, importantes fontes alimentares e ingestões recomendadas. Na classificação das vitaminas, há dois grupos mais abrangentes: as lipossolúveis e as hidrossolúveis.

A estrutura química das vitaminas lipossolúveis faz com que elas sejam transportadas e armazenadas junto com os lipídeos. As quatro vitaminas lipossolúveis são as A, D, E e K. Uma vez que ficam armazenadas, não é necessário ingeri-las continuamente em grandes quantidades. No entanto, recomenda-se uma pequena ingestão diária de cada uma.

As vitaminas B e C são hidrossolúveis. Elas não são armazenadas em grandes quantidades no corpo e, portanto, têm de ser consumidas todos os dias. Deficiências relacionadas à falta de vitaminas hidrossolúveis, como o escorbuto (deficiência de vitamina C) e o beribéri (deficiência de tiamina), podem ocorrer com bastante rapidez. O consumo excessivo de vitaminas, sejam elas lipo ou hidrossolúveis, pode levar a efeitos tóxicos. Porém, por serem armazenadas no próprio corpo, as lipossolúveis têm maior potencial de acumularem-se em dose excessiva (11).

Minerais

Os **minerais** são elementos inorgânicos que exercem funções variadas no corpo humano. Os que aparecem em maiores quantidades (cálcio, fósforo, potássio, enxofre, sódio, cloreto e magnésio) com freqüência são chamados de *macrominerais* ou *minerais essenciais*. Os outros também são essenciais ao funcionamento normal do organismo, mas, por existirem em menores quantidades, foram denominados *microminerais* ou *elementos-traço*. As funções, fontes alimentares e ingestões recomendadas estão listadas na Tabela 7.2.

Nos Estados Unidos, em geral o cálcio não é consumido de modo adequado, mesmo sendo importante para a mineralização dos ossos, a contração muscular e a transmissão de impulsos nervosos. A **osteoporose** é uma doença caracterizada pela diminuição da quantidade total de minerais nos ossos do corpo e pela redução da força dos ossos remanescentes. Essa condição é mais comum em pessoas idosas, mas também ocorre em jovens cuja dieta não contém a quantidade necessária de cálcio e vitamina D ou de ambos. Estima-se que, nos Estados Unidos, a osteoporose resulte em cerca de 1,5 milhão de fraturas por ano, o que acarreta custos médicos da ordem de 10 a 15 bilhões de dólares (21). A densidade óssea máxima é alcançada no início da vida adulta; no final da vida adulta ela começa a diminuir. Quem atinge o pico da densidade óssea e mantém ingestões adequadas de cálcio e de vitamina D fica mais protegido da osteoporose. As AIs de cálcio para diferentes faixas etárias estão listadas na Tabela 7.3 (14). A AI de cálcio para adultos de 19 a 50 anos é 1.000 mg · dia^{-1}; adultos mais velhos e adolescentes precisam de valores mais altos. Leite, verduras verde-escuras e castanhas são excelentes fontes de cálcio. Um copo (237 mL) de leite com 1% de gordura tem cerca de 300 mg de cálcio, o que é quase um terço da recomendação diária para um adulto jovem.

O ferro é outro mineral cujo consumo nos Estados Unidos tem sido insuficiente, em especial entre mulheres e crianças. Na verdade, a deficiência de nutriente mais prevalente nesse país é a de ferro (11). Além de ser um componente fun-

---

Foco nas vitaminas antioxidantes

Durante processos metabólicos, formam-se moléculas ou fragmentos de moléculas que podem danificar os tecidos corporais. Esses **radicais livres** têm, no mínimo, um elétron sozinho nas camadas externas. Por isso, são quimicamente muito reativos. Membranas celulares ricas em lipídeos e o DNA possuem alta suscetibilidade a radicais livres, podendo ocorrer danos às células quando há acúmulo desses radicais. A aterosclerose, por exemplo, está relacionada aos radicais livres. Algumas vitaminas podem reagir a eles, diminuindo os danos. Supostamente, essas **vitaminas antioxidantes** contra-atacam os efeitos do envelhecimento e diminuem a probabilidade de desenvolvimento de doenças cardiovasculares e de cânceres. Nos últimos tempos, elas têm recebido grande atenção da mídia. Há grande alarde sobre o **betacaroteno** (precursor da vitamina A), a vitamina C e a vitamina E como poderosos antioxidantes. Resultados recentes de vários grandes estudos epidemiológicos sugerem que os benefícios cardioprotetores das vitaminas antioxidantes são mínimos (18). No entanto, outros estudos continuam a explorar potenciais benefícios dessas vitaminas para a saúde. Dados os possíveis efeitos tóxicos de doses excessivas de antioxidantes, é aconselhável evitar o consumo exagerado dessas substâncias (veja a Tabela 7.1).

Tabela 7.1 Vitaminas: funções, fontes e ingestões alimentares de referência (DRI)

Vitamina	Função	Fontes	RDA[a] para adultos Homens	RDA[a] para adultos Mulheres	UL[b]
Tiamina (B$_1$)	Funciona como parte de uma coenzima para ajudar na utilização de energia	Grãos integrais, castanhas, carne de porco magra	1,2 mg	1,1 mg	ND
Riboflavina (B$_2$)	Envolvida no metabolismo da energia como parte de uma coenzima	Leite, iogurte, queijo	1,3 mg	1,1 mg	ND
Niacina	Facilita a produção de energia nas células	Carne magra, peixe, frango, grãos	16 mg	14 mg	35 mg
B$_6$	Absorve e metaboliza proteínas, ajuda na formação das hemácias	Carne magra, verduras, grãos integrais	1,3 mg	1,3 mg	100 mg
Ácido pantotênico	Ajuda no metabolismo dos carboidratos, gorduras e proteínas	Cereais integrais, pão, verduras verde-escuras	5 mg*	5 mg*	ND
Ácido fólico	Funciona como coenzima na síntese de ácidos nucléicos e proteínas	Verduras, leguminosas, produtos com trigo integral	400 μg	400 μg	1.000 μg
B$_{12}$	Envolvida na síntese de ácidos nucléicos e na formação dos glóbulos vermelhos do sangue	Apenas em produtos de origem animal	2,4 μg	2,4 μg	ND
Biotina	Funciona como coenzima na síntese de ácidos graxos e glicogênio	Gema de ovo, verduras verde-escuras	30 μg*	30 μg*	ND
C	Ajuda na manutenção intracelular de ossos, capilares e dentes	Frutas cítricas, pimentão verde, tomate	90 mg	75 mg	2.000 mg
A	Ajuda na visão, na formação e na manutenção da pele e das membranas mucosas	Cenoura, batata-doce, manteiga, fígado	900 μg	700 μg	3.000 μg
D	Ajuda no crescimento e na formação dos ossos e dos dentes e na absorção de cálcio	Ovos, atum, fígado, leite fortificado	5 μg*	5 μg*	50 μg
E	Protege gorduras poliinsaturadas, previne danos a membranas celulares	Cereais e pães integrais, verduras	15 mg	15 mg	1.000 μg
K	Importante na coagulação do sangue	Verduras, ervilha, batata	120 μg*	90 μg*	ND

[a]Limites alimentares recomendados (RDA) para adultos de 19 a 50 anos, quando não marcado com um asterisco. A necessidade varia para crianças, adultos mais velhos, mulheres grávidas e lactantes. *Ingestões adequadas (AI). Nesses casos, não há dados suficientes para estabelecer RDAs.
[b]Níveis de ingestão máximos toleráveis para adultos de 19 a 50 anos. Ingestões superiores aos valores indicados podem levar a conseqüências negativas à saúde. ND = ainda não determinado.
Adaptada de Franks e Howley, 1989, e do Institute of Medicine.

Tabela 7.2 Minerais: funções, fontes e ingestões alimentares de referência

Mineral	Função	Fontes	RDA[a] para adultos Homens	RDA[a] para adultos Mulheres	UL[b]
Cálcio	Ossos, dentes, coagulação do sangue, funcionamento de nervos e músculos	Leite, sardinha, verduras verde-escuras, castanhas	1.000 mg*	1.000 mg*	2.500 mg
Cloreto	Função nervosa e muscular, equilíbrio hídrico (com sódio)	Sal	2,3 g*	2,3 g*	3,6 g
Magnésio	Crescimento ósseo, funcionamento de nervos, músculos e enzimas	Castanhas, frutos do mar, grãos integrais, verduras	420 mg	320 mg	350 mg[c]
Fósforo	Ossos, dentes, transferência de energia	Carnes, frango, frutos do mar, ovos, leite, leguminosas	700 mg	700 mg	4.000 mg
Potássio	Função nervosa e muscular	Verduras frescas, bananas, frutas cítricas, leite, carnes, peixe	4,7 g*	4,7 g*	ND
Sódio	Função nervosa e muscular, equilíbrio hídrico	Sal	1,5 g*	1,5 g*	2,3 g
Cromo	Metabolismo da glicose	Carnes, fígado, grãos integrais, leguminosas secas	35 µg*	25 µg*	ND
Cobre	Função enzimática, produção de energia	Carnes, frutos do mar, castanhas, grãos	900 µg	900 µg	10.000 µg
Fluoreto	Crescimento de ossos e dentes	Água fluoretada, peixe, leite	4 mg	3 mg	10 mg
Iodo	Formação do hormônio da tireóide	Sal iodado, frutos do mar	150 µg	150 µg	1.100 µg
Ferro	Transporte de O$_2$ pelos glóbulos vermelhos do sangue, funcionamento enzimático	Carne vermelha, fígado, ovos, leguminosas, verduras, mariscos	8 mg	18 mg	45 mg
Manganês	Função enzimática	Grãos integrais, castanhas, frutas, verduras	2,3 mg*	1,8 mg*	11 mg
Molibdênio	Metabolismo de energia	Grãos integrais, miúdos, ervilha, leguminosas	45 µg	45 µg	2.000 µg
Selênio	Trabalha com a vitamina E	Carne, peixe, grãos integrais, ovos	55 µg	55 µg	400 µg
Zinco	Função enzimática, crescimento	Carne, mariscos, levedura, grãos integrais	11 mg	8 mg	40 mg

[a] Limites alimentares recomendados (RDAs) para adultos de 19 a 50 anos, quando não marcado com um asterisco. A necessidade varia para crianças, adultos mais velhos, mulheres grávidas e lactantes. *Ingestões adequadas (AI). Nesses casos, não há dados suficientes para estabelecer RDAs.
[b] Níveis de ingestão máximos toleráveis para adultos de 19 a 50 anos. Ingestões superiores aos valores indicados podem levar a conseqüências negativas à saúde.
[c] Refere-se apenas a agentes farmacológicos e não a quantidades contidas em alimentos e na água. Não há indícios de efeitos deletérios da ingestão de quantidades que ocorrem naturalmente em alimentos e na água.
ND = ainda não determinado.
Adaptada de Franks e Howley, 1989, e do Institute of Medicine.

Tabela 7.3 Recomendações de ingestão de cálcio

Idade	AI (mg · dia^{-1})
0 a 6 meses	210
7 a 12 meses	270
1 a 3 anos	500
4 a 8 anos	800
9 a 13 anos	1.300
14 a 18 anos	1.300
19 a 50 anos	1.000
51 anos ou mais	1.200
Mulheres grávidas ou lactantes (≤ 18 anos)	1.300
Mulheres grávidas ou lactantes (19 a 50 anos)	1.000

Dados do Institute of Medicine, 1997.

damental da hemoglobina e da mioglobina, ele é necessário ao funcionamento do sistema imune e da cadeia de transporte de elétrons, bem como à formação de neurotransmissores cerebrais (11). As propriedades de transporte de oxigênio da hemoglobina dependem do ferro. Há um *turnover* contínuo de células sangüíneas vermelhas no corpo, e a maior parte do ferro usado para formar nova hemoglobina vem de glóbulos vermelhos velhos. No entanto, há uma necessidade diária de ferro e, se as reservas (fígado, baço, medula óssea) e a ingestão desse mineral forem inadequadas, não haverá formação de hemoglobina, o que resultará em **anemia por deficiência de ferro**. Nessa condição, cai a quantidade de hemoglobina nos glóbulos vermelhos, diminuindo a capacidade do sangue de transportar oxigênio. A ingestão recomendada para homens e para mulheres no período pós-menopausa é 8 mg · dia^{-1} (15). Para mulheres no período fértil, recomendam-se 18 mg · dia^{-1} (15). A carne vermelha e os ovos são excelentes fontes de ferro. Além deles, espinafre, feijão-de-lima, feijão-branco e suco de ameixa seca são excelentes fontes vegetais desse mineral. O consumo de vitamina C durante as refeições aumenta a capacidade corporal de absorção do ferro.

O sódio, por sua vez, é um mineral consumido em excesso pelos estadunidenses. A alta ingestão de sódio tem sido relacionada à hipertensão. A AI de sódio para adultos é 1,5 g · dia^{-1} (17). Sugere-se que os adultos devem limitar a ingestão diária a, no máximo, 2,3 g (17, 23). Para reduzir substancialmente a ingestão, as pessoas podem restringir o consumo de alimentos processados e adicionar menos sal aos preparados em casa.

Água

A **água** é considerada um nutriente essencial em virtude do seu papel vital no funcionamento normal do corpo. Ela contribui com aproximadamente 60% do peso corporal total (17) e é fundamental para a criação do ambiente em que ocorrem todos os processos metabólicos. É necessária para regular a temperatura e transportar substâncias por todo o corpo.

A AI total da água para homens adultos é 3,7 L · dia^{-1}; para mulheres adultas, 2,7 L · dia^{-1} (17). Cerca de 80% dessa quantidade vêm de outros líquidos. Como já discutido neste capítulo, a quantidade necessária para a boa saúde pode ser maior para indivíduos que se exercitam intensamente. As condições ambientais também podem aumentar a necessidade de água. Sugere-se a limitação da ingestão de bebidas cafeinadas devido a seus efeitos diuréticos.

> **Ponto-chave**
>
> Vitaminas, minerais e água não fornecem energia, mas são essenciais para o funcionamento saudável do corpo. De modo geral, os estadunidenses se beneficiariam da limitação do consumo de sódio (para diminuir a pressão arterial) e do aumento da ingestão de cálcio (para aumentar a força óssea) e de ferro (para prevenir anemia).

Avaliação da ingestão alimentar

Pelo exame dos hábitos alimentares do indivíduo, o profissional de condicionamento físico pode sugerir-lhe como atingir objetivos nutricionais e como ganhar ou perder peso. Muitos métodos podem ser usados para reunir informações sobre a ingestão alimentar (9). Um método útil ao profissional de condicionamento consiste em montar um diário alimentar no qual o cliente registra tudo o que é consumido. Isso costuma ser feito por 3 a 7 dias, fornecendo uma visão geral dos hábitos nutricionais do analisado. Quando se propõe a manutenção do diário por três dias, um deles deve ser o sábado ou o domingo, pois, no final de semana, muitas pessoas mudam seu hábito alimentar (9). Depois de registrados os dados, pode-se usar vários programas de *software* para analisar a dieta. Embora forneçam informações importantes, diários alimentares também podem apresentar alguns problemas (25). Em geral, as pessoas

- tendem a omitir alimentos ingeridos;
- não especificam bem os registros, comprometendo a qualidade das informações;
- alteram os hábitos alimentares temporariamente, durante o registro da ingestão de alimentos.

O profissional de condicionamento físico pode tomar medidas que minimizem esses problemas. Em primeiro lugar, confirme se os indivíduos compreenderam a importância de registrar tudo o que comem de modo completo e honesto. Enfatize que a precisão e a utilidade do *feedback* depende das informações fornecidas e que não serão criticados ou julgados pelo que comeram. Além disso, forneça modelos ou descrições de como registrar com exatidão o consumo alimentar. Para obter mais informações sobre instruções para preenchimento de diários alimentares, consulte o *Resource Manual for Guidelines for Exercise Testing and Prescription*, do ACSM (9). Ao receber instruções explícitas, o indivíduo analisado terá condições de realizar registros mais úteis e exatos. O diário também deve ser de fácil compreensão, com questionamentos que extraiam respostas completas. O Formulário 7.1 apresenta um exemplo de registro alimentar com instruções adequadas.

O profissional de condicionamento físico pode fornecer informações gerais de nutrição ao público. Indivíduos com necessidades metabólicas especiais, como diabéticos, devem ser encaminhados a um nutricionista registrado. A comparação da ingestão alimentar com as DRIs pode ser particularmente informativa (14). Para o cliente em geral, as seguintes ingestões devem ser incluídas no perfil nutricional:

- calorias totais
- porcentagem de calorias originárias de gorduras, carboidratos e proteínas
- gorduras saturada e trans e colesterol
- sódio
- ferro
- cálcio
- fibras

Ponto-chave

Diários alimentares servem para registrar práticas dietéticas. O indivíduo tem de fornecer informações detalhadas para que a avaliação alimentar seja precisa.

Também pode ser útil o exame do diário alimentar em busca de pistas emocionais ou sociais que justifiquem os hábitos dietéticos. Algumas pessoas, por exemplo, comem quando estão deprimidas; outras só comem quando estão sozinhas. Essas informações podem ser úteis na definição das mudanças necessárias para perda e manutenção de peso. No Capítulo 11, fornecemos mais informações sobre o controle de peso.

Recomendações para ingestão alimentar

O *Dietary Guidelines for Americans* (23) é resultado do esforço conjunto do U. S. Department of Health and Human Services e do U. S. Department of Agriculture (USDA). Essas recomendações, que podem ajudar as pessoas a fazer escolhas alimentares saudáveis, enfatizam a diminuição do risco de doenças crônicas e a promoção da saúde. Em virtude de inadequações nutricionais comuns entre os estadunidenses, busca-se "incentivar a maioria da população a ingerir menos calorias, ser mais ativa e fazer escolhas alimentares mais inteligentes" (23). Além disso, o *Dietary Guidelines for Americans* fornece recomendações gerais e específicas. Por exemplo: todas as pessoas são incentivadas a "consumir uma grande variedade de alimentos e líquidos ricos em nutrientes, dentro dos grupos alimentares básicos, e também a escolher alimentos de modo a limitar a ingestão de gorduras saturadas e trans, colesterol, açúcares adicionados, sal e álcool" (23). Informações específicas são fornecidas a mulheres grávidas, incluindo recomendações para consumo de quantidades adequadas de ácido fólico. Uma cópia integral do *Dietary Guidelines for Americans* (23) pode ser encontrada no site www.usda.gov.

Muitos planos diferentes têm sido formulados para orientar a ingestão alimentar. O USDA sugeriu o uso da **Food Guide Pyramid (Guia da Pirâmide Alimentar)** como guia alimentar (23). Esse programa, chamado **My Pyramid (Minha pirâmide)**, usa um novo método para indicar alimentos e baseia as recomendações personalizadas para ingestão de diferentes grupos de alimentos nos seguintes dados: sexo, idade e nível de atividade física (veja a Figura 7.2). Os grupos-alvo são: grãos, verduras e legumes, frutas, óleos, leite, carne e leguminosas. Também são fornecidos níveis de atividade física. A quantidade de alimentos sugerida para cada categoria depende da necessidade calórica individual. Uma pessoa que ingere 2.000 kcal · dia^{-1}, por exemplo, deve comer duas porções diárias (473 mL) de frutas, mas quem tem uma necessidade calórica maior (por exemplo, atletas) deve comer mais. No site www.mypyramid.gov (em inglês) podem ser encontradas mais informações, incluindo uma página interativa para o planejamento dietético personalizado.

A U.S. Food and Drug Administration (agência que regula alimentos e medicamentos nos Estados Unidos) exige que todos os alimentos contenham rótulos com informações nutricionais. Esses rótulos, chamados de Dados Nutricionais, incluem o tamanho da porção, o total de calorias, gorduras (inclusive as saturadas), colesterol, sódio, carboidratos (inclusive fibras), proteínas e várias vitaminas e minerais contidos no respectivo alimento. Os **valores diários** (**DVs**, do inglês *Daily Values*) indicam a porcentagem relativa aos níveis diários recomendados. Esses valores foram desenvolvidos com o objetivo de informar o público sobre o conteúdo nutricional dos alimentos que serão comprados e baseiam-se em uma ingestão de 2.000 kcal · dia^{-1}. O rótulo nutricional contém o percentual dos DVs recomendados fornecido pelo alimento em questão.

Por exemplo, o DV sugerido para o colesterol é 300 mg. Portanto, se um alimento contém 15 mg de colesterol, isso significa que ele corresponde a 5% da ingestão diária recomendada. Informações adicionais sobre rótulos de alimentos nos Estados Unidos podem ser encontradas no site www.cfsan.fda.gov/label.html.

FORMULÁRIO 7.1   Modelo de registro alimentar

Instruções

1. Registre tudo o que você come – alimentos e líquidos ingeridos tanto nas principais refeições quanto nos pequenos lanches.
2. Anote com cuidado o modo de preparação do alimento. Seja o mais descritivo possível (por exemplo, frito em óleo de milho, grelhado com uma colher de sopa de margarina).
3. Não se esqueça de indicar a quantidade de alimento ingerida. Use medidas caseiras comuns sempre que possível (uma colher de sopa, uma colher de sobremesa, um copo, gramas).
4. Forneça o nome e a marca dos alimentos empacotados.
5. No caso de comidas compostas, como sanduíches, ensopados e sopas, anote os ingredientes usados. Um sanduíche de peito de peru, por exemplo, deve ser descrito assim: duas fatias de pão integral, 50 gramas de peito de peru assado sem pele, uma fatia de tomate, duas folhas de alface lisa, 1 colher de sopa de maionese.
6. Indique onde e com quem você comeu. Descreva também seus sentimentos no momento da refeição – se estava preocupado, contente, solitário, estressado, faminto. (Seja honesto com você mesmo.)
7. Tenha sempre este formulário à mão para poder anotar tudo à medida que come. Não espere o final do dia para só então registrar os alimentos ingeridos.

Comida/bebida	Descrição (por exemplo, quantidade, modo de preparo, marca)	Ambiente (por exemplo, onde comeu, se estava acompanhado ou sozinho)	Sentimentos e sensações (por exemplo, fome, raiva, alegria)	Horário

Retirado de Edward T. Howley and B. Don Franks, 2007, *Fitness Professional's Handbook*, 5th ed. (Champaign, IL: Human Kinetics).

MyPyramid
PASSOS PARA FICAR MAIS SAUDÁVEL

De acordo com as informações que você forneceu, esta é a quantidade diária recomendada para cada grupo de alimentos

Grãos
Use 50% de grãos integrais

Consuma, no mínimo, **(85 g)** de grãos integrais por dia

Verduras e legumes
Varie as verduras e legumes, tentando alcançar estas quantidades por semana:

Verduras verde-escuras = 3 porções

Legumes amarelos = 2 porções

Leguminosas e ervilhas secas = 3 porções

Legumes amiláceos = 3 porções

Outros legumes e verduras = 6 ½ porções

Frutas (1 a 1 ½ porção)
Valorize as frutas

Consuma uma grande variedade de frutas

Modere o consumo de sucos de frutas

Leite
Consuma alimentos ricos em cálcio

Escolha leite, iogurtes e queijos com pouco ou nenhum teor de gordura

Carne e leguminosas (142 g)
Use proteínas para manter a forma

Escolha carnes vermelhas e frango magros

Varie as fontes de proteínas – mais peixe, leguminosas, ervilhas, castanhas e sementes

---

Encontre seu ponto de equilíbrio na alimentação e na atividade física.
Mantenha-se fisicamente ativo por, no mínimo, **30 minutos**, na maior parte dos dias da semana.

Conheça os próprios limites de ingestão de gorduras, açúcares e sódio.
Você pode ingerir, no máximo, **5 colheres de chá de óleo por dia.**
Limite gorduras sólidas e açúcares extras a **195 calorias por dia.**

Seus resultados baseiam-se em um padrão de 1.800 calorias.   Nome: _____

Esse nível calórico é apenas uma estimativa das suas necessidades. Monitore seu peso corporal para ver se é preciso fazer algum ajuste na ingestão de calorias.

Figura 7.2 U. S. Food Guide Pyramid para uma mulher de 58 anos, moderadamente ativa.
Reimpressa, com permissão, de V. Heyward, 2006, *Advanced fitness assessment and exercise prescription*, 5th ed. (Champaign, IL: Human Kinetics), p. 235. De: www.mypyramid.gov

Dieta, exercício e perfil lipídico do sangue

As doenças cardiovasculares são a causa líder de morte nos Estados Unidos. Um dos seus principais fatores de risco consiste no perfil lipídico sangüíneo ruim. Tanto a dieta quanto o exercício podem afetar de forma positiva esse fator essencial de risco.

As lipoproteínas e o risco de doenças cardiovasculares

Uma vez que são hidrofóbicos (ou seja, não são hidrossolúveis), os lipídeos não precisam se ligar a nenhuma outra substância para serem transportados pelo sangue. As lipoproteínas são macromoléculas compostas de colesterol, triglicerídeos, proteína e fosfolipídeos. A classificação dessas moléculas baseia-se no tamanho e na constituição. As duas classes mais intimamente relacionadas com doenças cardiovasculares são a lipoproteína de baixa densidade (LDL – *low-density lipoprotein*) e a de alta densidade (HDL – *high-density lipoprotein*). A LDL transporta colesterol e triglicerídeos do fígado para serem

> **Ponto-chave**
>
> O *Dietary Guidelines for Americans* (23) incentiva a maioria dos estadunidenses a ingerir menos calorias, a ser mais ativa e a fazer escolhas alimentares inteligentes. A My Pyramid fornece informações personalizadas sobre a quantidade e os tipos de alimentos que devem ser consumidos diariamente, de acordo com a idade, o sexo e o padrão de atividade do indivíduo. Os rótulos colocados em alimentos permitem que os consumidores avaliem o conteúdo nutricional do produto.

usados em vários processos celulares. A HDL recolhe colesterol das células do corpo e leva-o de volta ao fígado para ser metabolizado.

Níveis elevados de **colesterol total** (soma de todas as formas de colesterol) e de **colesterol de lipoproteínas de baixa densidade (LDL-C)** estão relacionados com o desenvolvimento de placas ateroscleróticas. Por sua vez, níveis altos de **colesterol de lipoproteínas de alta densidade (HDL-C)** ajudam a prevenir o processo aterosclerótico. De acordo com as orientações do 2001 National Cholesterol Education Program (NCEP), dos Estados Unidos, são desejáveis níveis de colesterol total inferiores a 200 mg · dL^{-1} e de LDL-C inferiores a 100 mg · dL^{-1}. Consideram-se níveis altos, associados a maior risco de doenças cardiovasculares (veja a Tabela 7.4), o colesterol total maior ou igual a 240 mg · dL^{-1} e o LDL-C maior ou igual a 160 mg · dL^{-1}. Além disso, quanto ao HDL-C, resultados inferiores a 40 mg · dL^{-1} são considerados baixos demais; 60 mg · dL^{-1} ou mais são considerados ideais (13).

Efeitos da dieta e do exercício sobre o perfil lipídico do sangue

Seguir uma dieta com baixo teor de gordura saturada e colesterol, perder peso e praticar exercícios aeróbios regularmente – tudo isso tem sido associado a mudanças positivas no perfil lipídico do sangue. As orientações do 2001 NCEP (13) incluem mudanças terapêuticas no estilo de vida para melhorar esse perfil. Entre essas mudanças, deve-se limitar a ingestão de:

- gordura total: 25 a 35% das calorias (no extremo máximo dessa recomendação, é preciso ter o cuidado de preferir, na maioria das vezes, as monoinsaturadas);
- gordura saturada: 7% das calorias; poliinsaturada: 10%; e monoinsaturada, 20%;
- colesterol: < 200 mg · dia^{-1};
- gordura trans.

O consumo de certos tipos de gordura, como os ácidos graxos ômega-3, parece benéfico à saúde. Esses ácidos, encontrados no óleo de canola e em peixes como o salmão e o atum, são poliinsaturados e ganharam esse nome devido ao local da primeira ligação dupla na cadeia de ácidos graxos. Nos Estados Unidos, as dietas costumam ter baixo teor de ômega-3 e alto teor de ômega-6 (por exemplo, óleos de amendoim, milho e soja). Parece que a manutenção do equilíbrio na ingestão desses dois tipos de gordura melhora o perfil de lipoproteínas e diminui o risco de doenças cardiovasculares (18, 23).

De modo geral, pessoas que praticam exercício aeróbio com regularidade e mantêm um peso saudável têm melhor perfil lipídico do sangue do que indivíduos sedentários.

É difícil determinar quais dessas mudanças são atribuíveis ao exercício e quais estão relacionadas ao peso corporal saudável. Parece que as principais mudanças lipídicas do sangue resultantes do exercício aeróbio são o aumento no HDL-C e a diminuição nos níveis de triglicerídeos no sangue (12). A perda de peso tem sido relacionada com menor nível de co-

Tabela 7.4 Classificação dos lipídeos do sangue (13)

Nível de lipídeos	Classificação do nível
Colesterol total	
< 200	Desejável
200-239	Limítrofe
≥ 240	Alto
Colesterol HDL	
<40	Baixo
≥ 60	Alto
Colesterol LDL	
< 100	Ótimo
100-129	Próximo ou um pouco além do ideal
130-159	Limítrofe
160-189	Alto
≥ 190	Muito alto
Triglicerídeos	
< 150	Normal
150-199	Limítrofe
200-499	Alto
≥ 500	Muito alto

Todos os valores estão em mg · dL^{-1}.

Gordura trans em foco

Nos dias atuais, a atenção tem sido focalizada nos riscos à saúde relacionados a ácidos graxos trans (ou seja, gordura trans). Embora pequenas quantidades sejam encontradas em produtos animais, a maior parte dessas gorduras hidrogenadas é encontrada em alimentos processados a partir da gordura de vegetais. O processo de hidrogenação transforma quimicamente a orientação espacial dos átomos de hidrogênio em gordura. Isso endurece o óleo vegetal líquido e gera um produto mais estável, mais adequado ao cozimento. Em conseqüência, muitos alimentos processados (por exemplo, bolos, salgadinhos, biscoitos, batatas fritas) são preparados com gordura trans. No rótulo nutricional, o principal ingrediente dos produtos com alto teor de gordura trans são óleos vegetais parcialmente hidrogenados. O problema é que, na qualidade de gordura saturada, a trans pode prejudicar o perfil lipídico do sangue. Ela eleva o LDL-C e diminui o HDL-C. Sendo assim, para melhorar o perfil lipídico é importante evitar esse tipo de gordura (23).

> **Ponto-chave**
>
> Níveis altos de colesterol e de LDL-C e níveis baixos de HDL-C são fatores de risco de doenças cardiovasculares. O exercício aeróbio, a perda de peso e a baixa ingestão de gorduras saturada e trans e de colesterol melhoram efetivamente o perfil lipídico do sangue. Uma dieta rica em ácidos graxos ômega-3 também traz benefícios cardioprotetores.

lesterol total, LDL-C e triglicerídeos, assim como com maior nível de HDL-C.

Nutrição para indivíduos fisicamente ativos

A nutrição desempenha um papel importante na saúde e também é essencial para o ótimo desempenho durante a atividade física. O ACSM, a American Dietetic Association e o Dietitians of Canada publicaram uma declaração conjunta em 2000, tratando das necessidades alimentares de adultos fisicamente ativos (4). Os profissionais de condicionamento físico precisam conhecer essas orientações para fornecer conselhos nutricionais básicos aos clientes que se exercitam com regularidade.

Hidratação antes, durante e após exercício

A sudorese é o principal mecanismo do corpo para dissipação do calor durante o exercício. A quantidade de suor no decorrer da atividade física depende do calor e da umidade do ambiente, do tipo e da intensidade do exercício e das características do praticante. A desidratação reduz a capacidade de sudorese do corpo e pode prejudicar o desempenho, diminuindo a força, a *endurance* e a coordenação. Além disso, a desidratação aumenta o risco de cãibras por calor, exaustão térmica e choque térmico (veja o Capítulo 25).

Devemos consumir 400 a 600 mL de água duas horas antes de uma sessão de exercício de *endurance* (1, 4, 10) e mais 200 a 300 mL 10 a 20 minutos antes de iniciar a atividade (10). A reposição de fluidos durante o exercício é essencial em atividades que duram uma hora ou mais, em especial quando são feitas em ambiente quente e úmido. Durante o exercício, devemos beber de 150 a 350 mL de água a cada 15 a 20 minutos (4). Sugere-se uma água levemente resfriada (5 a 10°C) para aumentar a palatabilidade e a absorção (1).

Nas atividades em que há grande sudorese, os fluidos devem ser completamente repostos. Recomenda-se fazer a pesagem antes e depois desse tipo de exercício. O praticante deve beber de 475 a 700 mL de água para cada 500 g de peso perdidos (4). Se o peso corporal não voltar ao normal nos dias seguintes, é importante consumir ainda mais água antes de iniciar os exercícios. Leia revisões sobre as necessidades de hidratação de atletas nas publicações oficiais da NATA (10) e do ACSM (1).

Ingestão de proteínas por atletas

Os esportistas que treinam intensamente podem se beneficiar do aumento da ingestão de proteínas acima do nível recomendado para os sedentários (isto é, $0,8 \text{ g} \cdot \text{kg}^{-1}$). Para quem treina com grande intensidade, em atividade predominantemente de *endurance*, pode ser benéfico o consumo de 1,2 a 1,4 g de proteínas por quilograma de peso corporal. Atletas envolvidos em treinamentos de força com volume e intensidade altos podem ter de ingerir $1,7 \text{ g} \cdot \text{kg}^{-1}$ (4). Por enquanto, a maioria dos estudos nessa área tem tratado de esportistas do sexo masculino. Portanto, pouco sabemos sobre as necessidades de proteínas das atletas.

Para atender às necessidades adicionais de proteínas, os esportistas devem utilizar alimentos bem escolhidos e não suplementos. Há um limite máximo de crescimento da massa muscular. Sendo assim, a ingestão excessiva de proteína (ou seja, acima do nível recomendado) não melhora o desempenho nem aumenta a massa muscular (4). Em virtude da maior ingestão calórica, a dieta com distribuição normal de macronutrientes feita por atletas que treinam intensamente já contém quantidades apropriadas de proteína. Em geral, consumir proteína adicional é uma medida desnecessária (4, 26).

Outro tema que costuma surgir é a adequação da ingestão de proteínas de atletas vegetarianos. Uma vez que as proteínas vegetais não são tão bem digeridas quanto as animais, sugere-se que esses atletas consumam 1,3 a 1,8 g de proteínas por quilograma de peso corporal (4).

Recursos ergogênicos

A busca de agentes nutricionais e farmacológicos para melhorar o desempenho tem levado à comercialização de numerosos produtos anunciados como **recursos ergogênicos**. Alguns deles (por exemplo, pólen de abelha, levedo de cerveja) não apresentam vantagens fisiológicas comprovadas cientificamente. Outros, como a cafeína, podem aumentar o desempenho em algumas situações (26) e têm sido regulamentados por muitas agências esportivas, como o Comitê Olímpico Internacional. Alguns recursos ergogênicos, como os esteróides anabólicos, têm de ser evitados completamente devido a seus efeitos colaterais graves e às vezes até fatais (22). O ACSM tem lançado uma série de declarações oficiais sobre potenciais recursos ergogênicos.

> **Ponto-chave**
>
> A hidratação adequada é essencial ao desempenho. Deve-se consumir água antes, durante e após sessões de exercícios longas.

Foco na suplementação de creatina

A creatina fosfato, composto altamente energético, encontrado no músculo esquelético, é uma fonte importante de energia durante sessões de exercício de alta intensidade. Os atletas usam a suplementação de creatina para aumentar a quantidade de creatina fosfato no músculo e, assim, melhorar o desempenho nesse tipo de exercício. Estudos demonstram que a suplementação de creatina de fato melhora esse desempenho, particularmente em repetidas sessões de ciclismo de alta intensidade, em condições laboratoriais. Há menor número de informações sobre seu efeito no desempenho em condições competitivas. A suplementação de creatina também está associada ao ganho de peso (~ 1 kg) como resultado da retenção de água. Não foi esclarecido se esse peso extra poderia prejudicar, em vez de melhorar, o desempenho em atividades com suporte do próprio peso, como a corrida em velocidade. Há alguns relatos de cãibras musculares e desconforto intestinal em casos de uso de creatina. Nenhum estudo examinou os efeitos colaterais do uso prolongado desse composto. Para obter mais informações sobre a suplementação de creatina, consulte o relatório conferencial do ACSM (3) e a revisão feita por Williams (26).

Com freqüência, os atletas na tentativa de melhorar o desempenho, consomem vitaminas e minerais em quantidades superiores às do RDA. Não há provas de que essa prática produza os efeitos desejados. No entanto, quando a dieta não fornece as quantidades necessárias de nutrientes, tanto o desempenho quanto a saúde são prejudicados (26). Os dois minerais que precisam, muitas vezes, ser adicionados à dieta são o ferro e o cálcio (8). A deficiência mineral mais comum entre atletas é a de ferro (26). Para aqueles com anemia, aconselha-se aumentar o consumo de ferro, o que, em muitos casos, melhora o desempenho (26). Para as atletas com irregularidades no ciclo menstrual, costuma-se prescrever a suplementação de cálcio para promover a saúde óssea. Veja o Capítulo 17 para obter mais informações sobre temas específicos às atletas.

Sobrecarga e ingestão de carboidratos durante exercício

A ingestão adequada de carboidratos é necessária para o ótimo desempenho atlético em eventos de *endurance*. A glicose é a principal fonte de energia durante o exercício. Quando os níveis de glicose no sangue declinam, a habilidade de continuar o exercício sofre limitações. A pessoa fisicamente ativa deve consumir de forma rotineira, uma dieta cuja porcentagem de carboidratos alcance 60 a 65% das calorias totais. Para atletas que treinam pesado em dias consecutivos ou que se envolvem em sessões exaustivas de exercícios, recomenda-se uma dieta com 6 a 10 g de carboidratos por quilograma de peso corporal (4).

A **sobrecarga de carboidratos** é usada para maximizar o armazenamento de glicogênio antes da competição. Essa prática é mais benéfica a esportistas que competem em eventos de atividade contínua, com duração de uma hora ou mais, como a maratona. A American Dietetic Association recomenda as seguintes práticas para incrementar o armazenamento de glicogênio (7):

- adote uma dieta em que 65 a 70% do total de calorias provenham de carboidratos;
- diminua a duração das sessões de exercícios uma semana antes da competição;
- descanse bem no dia anterior à competição.

Durante eventos que envolvem atividade vigorosa contínua por 60 minutos ou mais, é benéfico consumir formas de carboidratos facilmente absorvíveis. Segundo o ACSM, uma solução com 4 a 8% de carboidratos (glicose, sacarose ou amido) é a melhor opção para equilibrar a necessidade de manutenção do nível de glicose no sangue e de reposição de fluidos. Essa solução deve ser consumida em quantidades moderadas (150-350 mL) a cada 15 a 20 minutos (1).

Tríade da atleta

A **tríade da atleta** é uma condição caracterizada por transtornos da alimentação, amenorréia e osteoporose (2). Como discutido no Capítulo 17, transtornos da alimentação são mais comuns nas atletas do que na população em geral. Supõe-se que a pressão para alcançar o sucesso e para se manter magra leva muitas atletas a adotar hábitos alimentares não-saudáveis, como restrição calórica grave (anorexia), vômito após a ingestão de alimentos (bulimia) e prática extrema e compulsiva de exercícios. Esses padrões insalubres interferem na secreção hormonal normal e eventualmente podem levar a irregularidades menstruais (**oligomenorréia**) ou completa ausência de menstruação (**amenorréia**). Uma vez que o estrogênio é essencial na manutenção de ossos fortes em mu-

Ponto-chave

O RDA de proteínas típica para adultos (0,8 g · kg^{-1}) pode ser inadequado para atletas. Pessoas que treinam intensamente devem consumir 1 a 1,5 g de proteínas por quilograma de peso corporal. Recursos ergogênicos são agentes farmacológicos ou nutricionais destinados a melhorar o desempenho atlético. Embora alguns produtos de fato tenham esse efeito, muitos outros são alardeados por resultados não-comprovados. O desempenho de atletas saudáveis e bem-nutridos não melhora em função da ingestão de vitaminas e minerais extras (ou seja, acima dos RDAs).

> **Ponto-chave**
>
> Para o desempenho ideal, é preciso uma quantidade adequada de glicogênio. A reserva de carboidratos favorece sessões de exercícios prolongadas. A ingestão de glicose durante o exercício pode ser benéfica quando a atividade vigorosa dura 60 minutos ou mais.

lheres, baixos níveis desse hormônio, como os observados em atletas com irregularidades menstruais, podem levar a perdas ósseas. O enfraquecimento dos ossos torna a esportista mais suscetível a fraturas por estresse e pode acarretar surgimento precoce de osteoporose grave.

Os profissionais de condicionamento físico devem incentivar todas as pessoas fisicamente ativas a consumir quantidades adequadas de calorias e nutrientes, a fim de suprir o próprio gasto energético. Mulheres ativas que começam a apresentar falhas no ciclo menstrual devem consultar um médico para avaliar a necessidade de terapia hormonal ou suplementação de cálcio. Alguns sinais de transtornos da alimentação estão listados no Capítulo 11. As atletas em que se manifestam esses sinais devem procurar um nutricionista ou um psicólogo (ou ambos), que são os profissionais qualificados para orientar pessoas com transtornos da alimentação.

> **Ponto-chave**
>
> A tríade da atleta (transtornos da alimentação, amenorréia e osteoporose) pode causar sérios problemas à saúde. As atletas que apresentam sinais desse distúrbio devem ser encaminhadas a um nutricionista ou a um psicólogo (ou ambos) qualificado.

Estudo de caso

Confira as respostas no Apêndice A.

1. Um universitário jogador de basquetebol, com 86,4 kg e ingestão calórica diária de 3.500 kcal, está pensando em adicionar suplementos de proteínas à sua dieta. Atualmente, cerca de 15% de suas calorias se originam de proteínas. Essa ingestão é adequada? Você recomendaria algum aumento?

CAPÍTULO 8

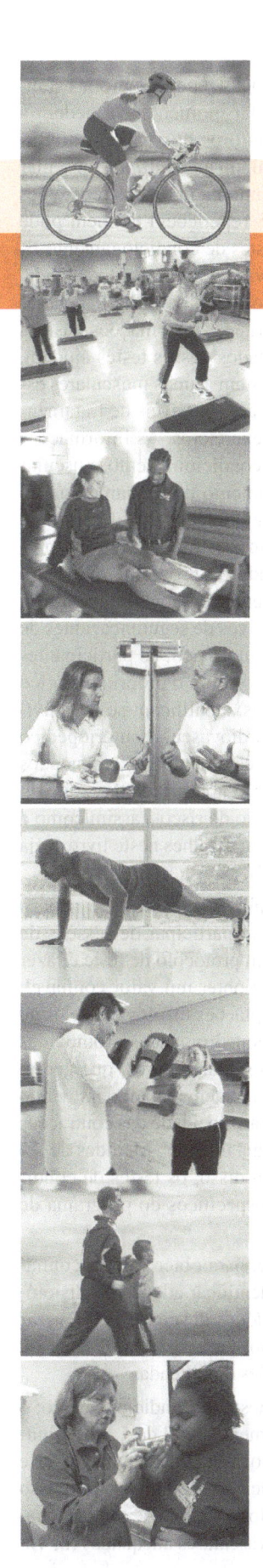

Avaliação do Condicionamento Muscular

Kyle McInnis e Avery Faigenbaum

Objetivos

O leitor será capaz de:

1. Definir a terminologia usada para descrever o condicionamento muscular.
2. Discutir precauções que aumentem a segurança do participante durante avaliações de condicionamento muscular.
3. Descrever métodos de avaliação de condicionamento muscular, incluindo os testes de uma repetição máxima (1RM) e de 10 repetições máximas (10RM), apoio, abdominal e supino da YMCA.
4. Identificar métodos de padronização de protocolos de teste.
5. Descrever a interpretação dos resultados de vários testes de condicionamento muscular como componente de uma abrangente avaliação do condicionamento físico e da saúde.
6. Descrever como avaliar a força e a *endurance* muscular em adultos mais velhos, testando o número de vezes que a pessoa consegue se levantar da cadeira em 30 segundos e as repetições da rosca com haltere movimentando apenas um braço.
7. Descrever benefícios, medidas de segurança e precauções da avaliação do condicionamento muscular de clientes propensos a problemas coronários.
8. Descrever os benefícios, medidas de segurança e precauções da avaliação do condicionamento muscular de crianças e adolescentes.

Condicionamento muscular refere-se ao conjunto do estado da **força muscular** (força máxima gerada por um músculo) e da *endurance* **muscular** (capacidade muscular de fazer contrações repetidas ou de resistir à fadiga) (4, 16, 21). O condicionamento muscular é importante tanto na promoção e manutenção da saúde quanto no incremento do desempenho atlético (3) (veja o quadro na página 137). Em conformidade com essa constatação, o ACSM incentiva a prática rotineira de exercícios com peso e de fortalecimento muscular em sua declaração oficial sobre a quantidade e a qualidade da atividade necessária ao alcance e à manutenção do condicionamento físico de adultos saudáveis (3). Em geral, essa entidade recomenda que o treinamento de força tenha intensidade moderada a alta, suficiente para desenvolver e manter a massa muscular, e que se torne parte integrante do programa de condicionamento geral (veja o Capítulo 12). Este oitavo capítulo descreve testes que costumam ser usados em academias e clínicas para avaliar a força e a *endurance* muscular. Enfatizamos os testes de força que podem ser realizados com segurança em academias, em especial os que não exigem equipamento especializado nem procedimentos sofisticados. Também descrevemos a avaliação do condicionamento muscular e das capacidades funcionais de populações especiais, como idosos, indivíduos com maior risco cardiovascular, crianças e adolescentes.

Considerações preliminares

Com freqüência, o condicionamento muscular é avaliado pelo número de repetições que a pessoa consegue executar com determinado peso. Isso pode ser visto como um *continuum*, em cujos extremos da escala de avaliação estão a força, de um lado, e a *endurance*, de outro (Figura 8.1) (4). Tradicionalmente, testes que possibilitam poucas repetições (por exemplo, < 15) antes da fadiga muscular momentânea medem a força muscular localizada, enquanto os que exigem muitas repetições (por exemplo, > 15) avaliam a *endurance* muscular localizada. Entretanto, o desempenho na faixa das repetições máximas (por exemplo, 4, 6 ou 8 repetições) também pode avaliar a força. A realização de testes de condicionamento físico para avaliar a força e a *endurance* muscular localizada, antes de dar início ao treinamento ou como parte da avaliação de condicionamento, pode fornecer informações básicas valiosas sobre o cliente. Os resultados desses testes ajudam, por exemplo, a identificar fraquezas em grupos musculares específicos ou desequilíbrios musculares passíveis de tratamento no decorrer dos programas de exercícios. As informações iniciais obtidas em avaliações de condicionamento muscular servem como base para o planejamento de treinamentos individualizados. Uma aplicação igualmente útil do teste de condicionamento físico consiste em mostrar as melhorias progressivas do cliente como resultado do programa de treinamento, fornecendo um *feedback* benéfico que promove a adesão à prática de exercícios. Por motivos de segurança, antes de passar pelo teste de condicionamento físico, os participantes precisam preencher um questionário sobre o próprio histórico médico. De acordo com as respostas, identificam-se os indivíduos que correriam algum risco cardiovascular ou ortopédico no teste ou no treinamento. Os procedimentos recomendados pelo ACSM para realizar a avaliação apropriada da saúde do cliente e a subseqüente estratificação de riscos, assim como a avaliação médica, estão descritos em detalhes neste livro (veja o Capítulo 3) e em outros textos (2).

- **Padronização de protocolos de teste.** De acordo com o ACSM, os indivíduos devem participar de sessões de familiarização (prática), aderir a um protocolo de teste e fazer o aquecimento adequado, a fim de obter um valor confiável, que será usado para identificar adaptações fisiológicas reais ao longo do tempo. Outras condições padronizadas promovidas por testes de condicionamento muscular seguros, que geram resultados válidos e reprodutíveis, incluem manter o indivíduo na postura correta e predeterminar a velocidade das contrações e a amplitude total de todos os levantamentos. Medidas de segurança devem ser tomadas. Além disso, os testes de condicionamento muscular devem ser específicos do programa de treinamento.

- **Familiarização.** No teste, para obter valores confiáveis que podem ser usados para identificar adaptações fisiológicas ao longo do tempo, os indivíduos devem se familiarizar com o equipamento e o protocolo, participando de uma ou mais sessões práticas com instruções qualificadas.

- **Aquecimento.** Antes do teste de condicionamento, o participante deve fazer um aquecimento geral de 5 a 10 minutos, incluindo breve exercício cardiovascular, alongamento leve e várias repetições leves do exercício específico do teste. Isso aumenta a temperatura dos músculos e o fluxo de sangue localizado e promove respostas cardiovasculares adequadas (3, 4).

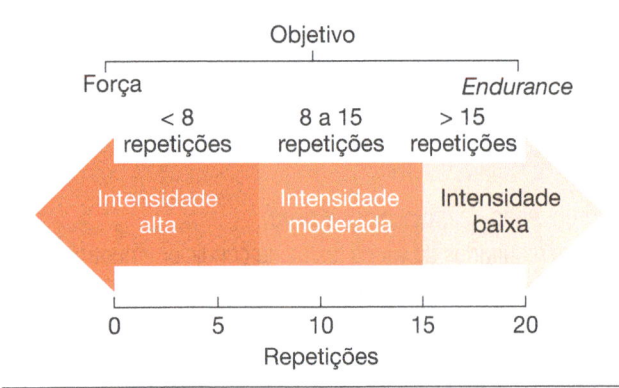

Figura 8.1 Classificação da intensidade do exercício com pesos para treinamento e avaliação. As cargas de peso que possibilitam poucas repetições (por exemplo, < 15), testam a força muscular; as que podem ser movimentadas várias vezes (por exemplo, 15 repetições) avaliam a *endurance* muscular.

Adaptada de American College of Sports Medicine (ACSM), 2006. *ACSM's guidelines for exercise training and prescription*, 7th ed. (Philadelphia, PA: Lippincott, Williams & Wilkins).

- **Especificidade.** A força e a *endurance* muscular são específicas de cada músculo ou grupo muscular, do tipo (estática ou dinâmica; concêntrica ou excêntrica) e da velocidade (lenta ou rápida) da ação e do ângulo da articulação que será testada (16, 21). De acordo com essas especificações, os testes de condicionamento muscular devem ser similares aos exercícios usados no programa de treinamento.

- **Segurança.** Antes do teste, devem ser adotadas medidas de segurança relacionadas ao equipamento. Além disso, é preciso fornecer instruções adequadas ao participante.

- **Interpretação de resultados.** Ao escolher o teste, o profissional tem de considerar a disponibilidade dos critérios de saúde ou de normas específicas da população, em particular quando o objetivo é classificar os dados do participante, como no caso de uma avaliação de condicionamento físico. Entretanto, a disponibilidade de normas não é tão importante quando o objetivo do teste se limita principalmente a detectar melhorias no condicionamento muscular, comparando os valores de força absolutos (por exemplo, quilogramas levantados) ou relativos (por exemplo, quilogramas levantados por quilograma de peso corporal) alcançados em cada repetição do teste.

Força muscular

Força muscular refere-se à força máxima gerada por um músculo ou grupo muscular específico. A força isométrica ou estática (extensão muscular constante durante a ativação do músculo) pode ser verificada de modo conveniente com uma série de dispositivos, incluindo tensiômetros com cabo e dinamômetros manuais, que medem a força em um ponto específico da amplitude do movimento. Esses testes e dispositivos são usados ocasionalmente em ambientes acadêmicos e de pesquisa, mas não fazem parte da rotina de academias e clínicas. Por isso não são descritos em detalhes aqui, mas em outros textos (5, 16). O **teste isocinético** envolve a avaliação da tensão muscular máxima em toda a amplitude do movimento da articulação, a uma velocidade angular constante (por exemplo, $60° \cdot s^{-1}$). Os dispositivos de teste isocinéticos medem o pico da força rotacional ou de torção, e os dados são obtidos por meio de equipamentos especializados, que permitem ao testador controlar a velocidade da rotação (graus por segundo) em várias articulações (por exemplo, joelhos, quadris, ombros e cotovelos). Embora os dados coletados a partir de avaliações isocinéticas sejam úteis a profissionais de saúde e de condicionamento físico, o equipamento computadorizado necessário é caro, o que limita seu uso quase completamente a ambientes de reabilitação e de pesquisa. Desse modo, as avaliações isocinéticas da força podem não ser uma consideração prática para a maioria desses profissionais.

O tipo de avaliação de força mais usado pelos profissionais de condicionamento físico é o **teste dinâmico**, que envolve a movimentação do corpo (por exemplo, apoio) ou de uma carga externa (por exemplo, supino). De modo geral, esse teste é barato, pois não exige equipamento sofisticado nem especializa-

---

Componentes do condicionamento muscular relacionados com a promoção ou a manutenção da boa saúde, do condicionamento físico e do desempenho atlético (3)

Aspectos do condicionamento muscular relacionados à saúde

- Preserva ou incrementa a massa livre de gordura e a taxa metabólica de repouso
- Preserva ou incrementa a massa óssea à medida que a pessoa envelhece
- Melhora a tolerância à glicose e a sensibilidade à insulina
- Reduz as respostas da FC e da PA durante o levantamento de cargas submáximas (o que reduz a demanda de oxigênio do miocárdio em atividades que requerem força muscular)
- Diminui o risco de lesões musculoesqueléticas, incluindo dores lombares
- Aumenta a habilidade de realizar atividades diárias na terceira idade
- Aumenta o equilíbrio e diminui o risco de quedas na terceira idade
- Aumenta a auto-estima

Aspectos do condicionamento muscular relacionados ao desempenho

- Aumenta a força e a *endurance* muscular
- Aumenta a velocidade, a potência, a agilidade e o equilíbrio
- Reduz o risco de lesões musculoesqueléticas
- Melhora a composição corporal para várias tarefas ou atividades
- Melhora a segurança na hora de realizar certas tarefas ou atividades atléticas que envolvem alto nível de condicionamento muscular
- Melhora o desempenho na maioria das atividades atléticas

Ponto-chave

Para avaliar a força muscular, é melhor usar uma resistência que exija tensão máxima ou quase máxima em poucas repetições. Já, a *endurance* muscular é avaliada com uma resistência mais leve e maior número de repetições. Nos dois casos, o condicionamento muscular pode ser analisado com segurança em academias ou clínicas e fornece informações importantes para a prescrição de exercícios individualizados. Uma aplicação ideal desses testes consiste em avaliar mudanças no condicionamento muscular ao longo do tempo, usando procedimentos padronizados, que garantem a obtenção de resultados válidos e reprodutíveis.

do. Além disso, as avaliações dinâmicas podem ser realizadas com vários tipos de equipamento, como pesos móveis (halteres e barras) ou aparelhos com pilhas de peso, e podem testar qualquer músculo ou grupo muscular importante por intermédio de uma série de exercícios diferentes. Entre os exercícios comuns em testes de força dinâmicos, feitos em academias, estão o supino, puxada pela frente e o *leg press*.

Teste de uma repetição máxima

O padrão-ouro da avaliação de força dinâmica é o teste de **uma repetição máxima** (1RM), ou seja, a carga mais pesada que a pessoa consegue levantar bem uma única vez. Nesse caso, o desenvolvimento do pico de força costuma ser chamado de **contração voluntária máxima** (CVM). Em geral, os testes de 1RM são bons indicadores de força e podem ser executados com segurança em academias e clínicas, sob supervisão qualificada, por exemplo, de um profissional de condicionamento físico que adote orientações atualizadas de liderança de programas de exercícios, como as lançadas pelo ACSM (3) e descritas aqui e em capítulos anteriores. Vários testes de RM que envolvem 8 a 12 repetições também podem avaliar, com segurança e eficácia, a força de adultos aparentemente saudáveis ou com doenças crônicas controladas (26). Além disso, quando o objetivo do teste é definir a carga inicial do treinamento, o procedimento de vários testes de RM minimiza o potencial de erro quando comparado com a extrapolação da intensidade do exercício como porcentagem do 1RM. Por exemplo, o peso máximo que a pessoa consegue levantar 10 vezes pode ser usado para identificar a carga apropriada para esse mesmo número de repetições no treinamento e para fornecer indicações das mudanças ocorridas na força ao longo do tempo, sem depender do 1RM real. É possível mudar os procedimentos de avaliação do 1RM para testar quantidades específicas de repetições (por exemplo, 10RMs).

Interpretação dos resultados

Para comparar avaliações de força de indivíduos com massa corporal diferente (homens e mulheres, por exemplo), é melhor expressar a força como proporção entre a carga levantada no teste de uma ou várias RMs e o peso corporal. O procedimento a seguir descreve como determinar a proporção de força a partir de um teste de 10RMs (21):

1. Determine a carga mais pesada que o indivíduo consegue levantar bem 10 vezes seguidas (peso de 10RMs).
2. A partir dessa carga, estime o peso de 1RM, dividindo a carga por 0,75.
3. Divida o valor do 1RM estimado pelo peso corporal do indivíduo para obter a proporção de força.

Tomemos como exemplo uma cliente que pesa 140 lb (63,5 kg) e completa 10 repetições no *leg press* com 120 lb (54,4 kg). O peso de 1RM estimado será 120 ÷ 0,75 = 160 lb (72,6 kg). A proporção de peso no *leg press* é 1,14 (160 ÷ 140).

Dados normativos

Valores de força normativos, como as proporções de força das partes superior ou inferior do corpo de acordo com a idade e o sexo, foram publicados pelo ACSM no *Guidelines for Exercise Testing and Prescription* (4). No entanto, até hoje, a maioria desses dados tem sido derivada de amostras relativamente homogêneas (na maioria, indivíduos brancos de classe média ou alta) e com apenas alguns tipos de equipamento de treinamento de força. Isso limita a interpretação dos valores dos testes. Como a estrutura dos equipamentos varia significativamente conforme o fabricante e o uso de pesos móveis ou fixos em aparelhos produz diferenças relevantes, os escores de força também podem variar muito, dependendo do equipamento usado no teste. Desse modo, valores de um cliente só devem ser comparados com normas geradas em testes executados com o mesmo tipo de equipamento. São necessárias novas pesquisas que forneçam escores normativos para diferentes tipos de equipamento de treinamento de força e também para grupos definidos segundo a raça, a etnia e a faixa etária.

Comparação entre valores pré e pós-treinamento

Com freqüência, o propósito do teste de condicionamento muscular é avaliar mudanças na força no decorrer de um programa de exercícios. O teste periódico é particularmente atraente porque elimina a necessidade de comparar os dados do indivíduo com valores fornecidos em tabelas normativas. A freqüência desse teste depende da qualidade e da quantidade do treinamento, assim como do interesse do indivíduo e da

---

Procedimentos do teste de 1RM

1. O indivíduo realiza um aquecimento leve, com 5 a 10 repetições, com 40 a 60% do máximo percebido (por exemplo, um esforço leve a moderado).
2. Após 1 minuto de descanso, com alongamento leve, o indivíduo realiza 3 a 5 repetições, com 60 a 80% do máximo percebido (por exemplo, esforço moderado a pesado).
3. O indivíduo tenta o levantamento de 1RM. Se for bem-sucedido, descansa 3 a 5 minutos. O objetivo é identificar o 1RM em 3 a 5 esforços máximos. O processo de aumento do peso até alcançar o verdadeiro 1RM pode ser mais eficaz quando são feitas sessões de familiarização que se aproximam desse limite. O processo é contínuo e só termina quando a pessoa não consegue mais levantar o peso.
4. O profissional de condicionamento físico registra como 1RM o valor alcançado na última tentativa bem-sucedida.

Adaptado de W. Kraemer and A. Fry, 1995. Strength testing development and evaluation of methodology. In *Physiological assessments of human fitness*. Ed. P. J. Maud and C. Foster (Champaign, IL: Human Kinetics), p. 115-138 (21).

disponibilidade de pessoal na clínica ou na academia. Quando são realizados vários testes ao longo do tempo, é útil fornecer *feedback* ao participante, informando-o sobre o percentual de aumento da força ou *endurance* (para calcular esse aumento, divide-se o valor registrado no teste pré-treinamento pelo valor pós-treinamento e multiplica-se o resultado por 100) e fazendo recomendações para melhorar ou manter o condicionamento muscular com base nos objetivos específicos. Vejamos um exemplo: a senhora Smith realiza um teste inicial de 10RMs de 40 lb (18,1 kg) no *chest press*. No teste seguinte, observa-se um aumento para 60 lb (27,2 kg), ou seja, ela apresentou um ganho de força de 50% ([60 – 40 ÷ 40] · 100%) nesse exercício. Essa informação pode estimular a adesão ao programa, pois comprova a eficácia do treinamento. Nos casos em que não se registra progresso, recomenda-se a alteração do programa de exercícios com base nos objetivos específicos do cliente.

Endurance muscular localizada

Endurance muscular localizada, também chamada de *endurance local do músculo*, é a capacidade que o grupo muscular tem de contrair-se repetidamente por certo tempo, até alcançar a fadiga, ou de manter certa porcentagem de contração voluntária máxima por um período prolongado (4). Para avaliar essa *endurance*, pode-se usar um equipamento (por exemplo, pesos móveis ou fixos em aparelhos) de medição da força. Além deles, também são adequados testes de campo simples, como uma série máxima de abdominais (10, 12) ou de apoios, executada sem repouso (8), para avaliar a *endurance* dos músculos abdominais ou superiores. Esses testes podem ser independentes ou combinados com outros métodos de avaliação, como o RM. O abdominal, o apoio e exercícios semelhantes permitem determinar fraquezas musculares relacionadas a vários indicadores de saúde. Dados científicos sugerem, por exemplo, que pouca força ou *endurance* abdominal predispõe a dores lombares, e o teste com abdominais permite identificar pessoas com problemas de força ou *endurance* nessa região, condição que pode contribuir para o surgimento de dores lombares (4, 19). Também, os músculos da parte superior do corpo, como os testados no apoio, são usados em muitas atividades diárias, desde a jardinagem doméstica até o ato de carregar uma mala ou pintar uma parede. Portanto, esses testes são um modo prático de examinar o condicionamento muscular do cliente e de fornecer-lhe *feedback* útil a respeito de possíveis efeitos do condicionamento ou da falta de condicionamento sobre muitas atividades cotidianas.

Testes com apoios e com abdominais

Os procedimentos usados para a realização dos testes com apoios e com abdominais descritos pelo ACSM são apresentados na página 140 e nas Figuras 8.2 e 8.3 (apoio) e 8.4 (abdominal). Pelo apoio, avalia-se a *endurance* muscular localizada da parte superior do corpo, incluindo o tríceps, o deltóide anterior e os músculos peitorais. Há duas posições-padrão para esse exercício: uma em que as mãos e os dedos dos pés ficam em contato com o solo; e outra, em que ficam em contato com o solo as mãos e os joelhos (posição modificada). Os procedimentos para aplicação do teste são similares, e as duas posições destinam-se tanto a homens quanto a mulheres, pois a escolha é feita com base na força e não no sexo. Entretanto, convencionou-se o uso da primeira posição para homens e o da segunda para mulheres. Quando as praticantes executam o teste-padrão e os praticantes, o teste modificado, os valores pré e pós-treinamento podem ser comparados para avaliar a progressão ao longo do tempo.

O teste do supra-abdominal com os joelhos dobrados avalia a *endurance* do músculo abdominal. O exercício que inclui o levantamento completo é insatisfatório porque o envolvimento do flexor do quadril, quando o indivíduo passa à posição sentado, pode lesionar a lombar (veja o Capítulo 9). Embora esse movimento completo tenha sido modificado, como acontece no levantamento parcial, a lombar ainda sofre estresse durante o movimento. Por isso, foram feitas alterações a fim de reduzir a possibilidade de lesão lombar e melhorar a avaliação da função do músculo abdominal (10).

Tanto o teste com apoios quanto o outro, com abdominais, são relativamente simples e baratos e podem ser usados para homens e mulheres de várias idades. Os resultados do apoio-padrão para homens, do apoio modificada para mulheres e do abdominal para os dois sexos podem ser comparados com os padrões fornecidos nas Tabelas 8.1 e 8.2. Como acontece com o RM, esses dois testes são repetidos de forma periódica para fornecer dados confiáveis sobre mudanças na *endurance* muscular resultantes do treinamento. Finalmente, é possível que muitos indivíduos não-condicionados, em especial os que estão acima do peso ou obesos, tenham dificuldade em realizar os movimentos. Nesse caso, resultados ruins costumam desencorajar a prática de exercícios. Por isso, para cada participante, o profissional de condicionamento físico tem de considerar com cuidado a pertinência da realização dos testes para extrair informações úteis.

Teste de supino da YMCA

Há testes alternativos que podem substituir o abdominal e o apoio. O profissional de condicionamento físico pode adaptar o equipamento de treinamento de força para medir a *endurance* muscular. Basta selecionar um nível submáximo apropriado e medir o número de repetições ou a duração da contração estática antes da fadiga. O teste de supino da YMCA, por exemplo, envolve repetições padronizadas, em um ritmo de 30 levantamentos · min^{-1} para testar a *endurance* muscular da parte superior do corpo (15). Os homens usam uma barra com 80 lb (36,3 kg) e as mulheres, com 35 lb (15,9 kg). A classificação é feita conforme o número de repetições completadas com êxito. A principal desvantagem desse teste é o uso de um peso fixo, que favorece clientes mais pesados em detrimento dos mais leves. Além disso, a carga fixa pode ser pesada demais para levantamentos

Procedimentos dos testes com apoios e com abdominais parciais

Apoios

1. Explique o objetivo do teste ao cliente (determinar quantos apoios podem ser completados, o que expressa a força e a *endurance* muscular da parte superior do corpo).
2. Informe sobre a técnica respiratória adequada (exalar ao fazer o esforço, ou seja, ao empurrar o corpo para cima).
3. Geralmente, a posição inicial do teste de apoio aplicado a homens é a padrão – as mãos e as pontas dos pés em contato com o colchonete, mãos afastadas na largura do ombro, costas retas e cabeça levantada. Para mulheres, costuma-se usar a versão modificada – joelhos, ponta dos pés e mãos tocando o colchonete, pernas juntas, tornozelos em flexão plantar, costas retas, mãos afastadas na largura do ombro e cabeça levantada. (Nota: pode ser que alguns homens tenham de fazer a versão modificada e, ao contrário, algumas mulheres, a versão-padrão.)
4. O indivíduo tem de abaixar o corpo até o queixo tocar o colchonete ou a mão do examinador. O abdome não pode encostar no colchonete.
5. Homens e mulheres devem manter as costas retas o tempo todo. No final do movimento, os braços têm de ficar completamente estendidos.
6. O examinador deve mostrar como se faz o exercício. Se necessário, o participante pode praticar um pouco antes do teste.
7. Explique ao cliente que é permitido apenas um breve descanso na posição superior.
8. Inicie o teste quando o participante estiver preparado. Conte o número total de apoios completados com eficácia antes do ponto de exaustão.
9. O escore é o número total de apoios realizados.

Supra-abdominal

1. Explique o objetivo do teste ao cliente (determinar quantos exercícios abdominais podem ser completados, o que expressa a força e a *endurance* dos músculos do abdome).
2. Informe sobre a técnica respiratória adequada (exalar ao fazer o esforço, ou seja, ao levantar o tronco do chão).
3. Peça ao indivíduo para ficar na posição supino sobre o colchonete, com os joelhos flexionados a 90%. Os braços ficam posicionados na lateral do corpo. No colchonete, o examinador marca dois pontos com fita adesiva. Deitado, o participante toca o primeiro ponto com a ponta dos dedos. O outro local, marcado a 8 cm (para $\geq$ 45 anos de idade) ou 12 cm (para < 45) do primeiro, é tocado quando o indivíduo levanta o tronco. O movimento consiste em levantar o tronco, deslizando os braços pelo solo, e parar exatamente quando os dedos tocam o segundo ponto marcado.*
4. Ajuste um metrônomo em 40 batimentos $\cdot$ min^{-1}. Peça ao indivíduo que realize movimentos lentos e controlados, tirando as omoplatas do colchonete (o tronco forma um ângulo de 30° com o colchonete), no ritmo do metrônomo (20 abdominais $\cdot$ min^{-1}). Antes do levantamento, a lombar deve ficar nivelada.
5. O examinador deve mostrar como se faz o exercício. Se necessário, o participante pode praticar um pouco antes do teste.
6. O participante deve fazer o maior número possível de abdominais sem pausa, até um máximo de 75.**

---

* Alternativas incluem (a) cruzar os braços no peito e contar a partir do momento em que o tronco atinge o ângulo de 30° e (b) colocar as mãos nas coxas e levantar o tronco até as mãos alcançarem os joelhos. Elevar o tronco até 30° é um aspecto importante do movimento.
** Uma alternativa é fazer o maior número possível de abdominais em um minuto.

Essas descrições de procedimentos foram adaptadas do American College of Sports Medicine (ACSM), 2006, *ACSM's guidelines for exercise testing and prescription*. 7th ed. (Philadelphia, PA: Lippincottt, Williams & Wilkins). (4)

---

repetidos no caso de pessoas não-condicionadas ou idosas. Entretanto, pode ser leve demais para indivíduos bem condicionados, capazes de executar um número significativamente maior de repetições do que o usado no treinamento.

Apesar dessas limitações, esse teste pode ser adotado de maneira isolada ou em combinação com outros no processo de avaliação do condicionamento muscular. Os seus procedimentos são resumidos a seguir, e os valores normativos estão relacionados nas Tabelas 8.3a e b.

1. Use uma barra reta com 35 lb (15,9 kg) para mulheres e com 80 lb (36,3 kg) para homens. Um auxiliar deve acompanhar o teste.
2. Ajuste o metrônomo em 60 batimentos $\cdot$ min^{-1}.
3. O indivíduo deve começar com a barra na posição inferior, tocando o peito, os cotovelos flexionados e as mãos afastadas na largura dos ombros.
4. Conte uma repetição quando os cotovelos estiverem completamente estendidos. Após cada extensão, o participante deve baixar a barra até o peito.
5. Explique ao participante que ele terá de completar os movimentos de levantar e de abaixar no ritmo de 60 batimentos $\cdot$ min^{-1}, o que corresponde a 30 levantamentos por minuto.
6. Conte o número total de repetições bem completadas.

Figura 8.2 Forma apropriada das posições (a) inicial e (b) final do teste com apoio-padrão, como descrito pelo ACSM (4).

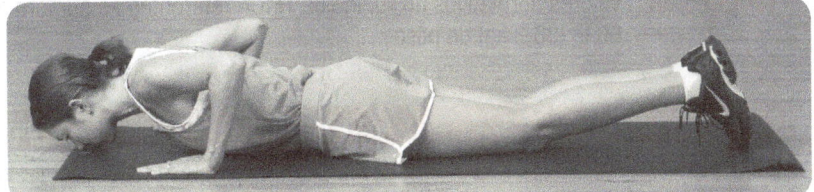

Figura 8.3 Forma apropriada das posições (a) inicial e (b) final do teste com apoio-modificado, como descrito pelo ACSM (4).

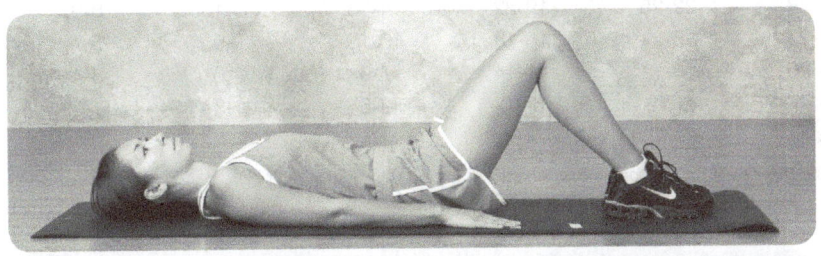

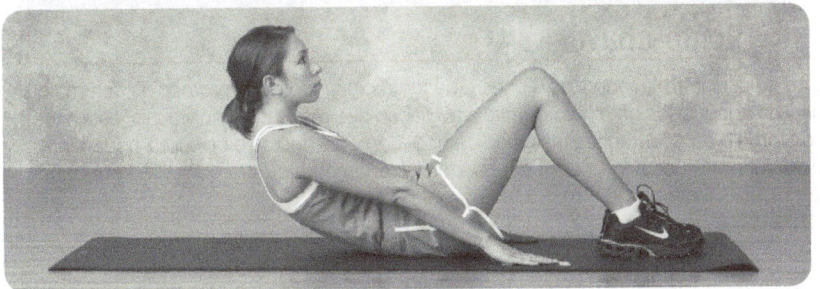

Figura 8.4 Forma apropriada das posições (a) inicial e (b) final do teste com supra-abdominal, como descrito pelo ACSM (4).

Tabela 8.1 Valores normativos do apoio para homens e mulheres, por faixa etária usando números inteiros

Condicionamento físico	Idade (anos)											
	(15-19)		(20-29)		(30-39)		(40-49)		(50-59)		(60-69)	
	M	F	M	F	M	F	M	F	M	F	M	F
Excelente	>39	>33	>36	>30	>30	>27	>22	>24	>21	>21	>18	>17
Acima da média	29-38	25-32	29-35	21-29	22-29	20-26	17-21	15-23	13-20	11-20	11-17	12-16
Média	23-28	18-24	22-28	15-20	17-21	13-19	13-16	11-14	10-12	7-10	8-10	5-11
										2-6	5-7	1-4
Abaixo da média	18-22	12-17	17-21	10-14	12-16	8-12	10-12	5-10	7-9	<1	<4	<1
						<7		<4	<6			
Ruim	<17	<11	<16	<9	<11	<9						

O Canadian Standardized Test of Fitness foi desenvolvido e reproduzido com permissão do Government of Canada, Fitness and Amateur Sport (8).
Fonte: *Canadian Standardized Test of Fitness Operations Manual*, 3th ed., Health Canada, 1986. Reproduzida com permissão do Minister of Public Works and Government Services Canada, 2006.

Tabela 8.2 Valores normativos do abdominal por faixa etária usando números inteiros

Condicionamento físico	Homens			Mulheres		
	< 35 anos	35-44 anos	45 anos	< 35 anos	35-44 anos	45 anos
Excelente	60	50	40	50	40	30
Bom	45	40	25	40	30	15
Limítrofe	30	25	15	25	15	10
Precisa ser trabalhado	15	10	5	10	6	4

Retirada de R. A. Faulkner, E. S. Springings, A. McQuarrie and R. D. Bell, 1989, "A partial curl-up protocol for adults based on an analysis of two procedures". *Canadian Journal of Sports Science*, 14: p. 135-141. (12)

Tabela 8.3a Valores normativos do supino da YMCA referentes ao número de repetições completadas por homens, usando 80 lb (36,3 kg) de peso

Condicionamento físico	Idade (anos)					
	16-25	26-35	36-45	46-55	56-65	66+
Excelente	>37	>33	>29	>23	>21	>17
Bom	29-37	26-33	23-29	19-23	14-21	10-17
Acima da média	24-28	22-25	19-22	14-18	10-13	8-9
Média	21-23	18-21	15-18	10-13	7-9	5-7
Abaixo da média	15-20	13-17	11-14	7-9	4-6	3-4
Ruim	9-14	6-12	6-10	3-6	1-3	1-2
Muito ruim	<9	<6	<6	<3	<1	0

Adaptada de L. A. Golding, C. R. Myers and W. E. Sinning, 1989, *The Y's way to physical fitness*, 3th ed. (Champaign, IL: Human Kinetics).

Ponto-chave

O tipo mais comum de avaliação de condicionamento muscular em academias é o teste de força dinâmico, com protocolos de uma ou de várias repetições. Embora a falta de dados normativos adequados geralmente limite a avaliação dos resultados individuais, esses testes são úteis para acompanhar o desenvolvimento da força e da *endurance*. Testes de campo, como os apoios e os supra-abdominais, consistem em um meio prático de avaliar o condicionamento muscular; podem ser usados isoladamente ou em conjunto com outros métodos.

Tabela 8.3b Valores normativos do supino da YMCA referentes ao número de repetições completadas por mulheres, usando 35 lb (15,9 kg) de peso

Condicionamento físico	Idade (anos)					
	16-25	26-35	36-45	46-55	56-65	65+
Excelente	>35	>32	>27	>25	>21	>17
Bom	27-35	24-32	21-27	19-25	16-21	12-17
Acima da média	22-26	19-23	16-20	13-18	11-15	9-11
Média	17-21	15-18	12-15	10-12	8-10	5-8
Abaixo da média	13-16	11-14	9-11	6-9	4-7	2-4
Ruim	7-12	4-10	3-8	2-5	1-3	0-1
Muito ruim	<7	<4	<3	<2	0	0

Adaptada de L. A. Golding, C. R. Myers and W. E. Sinning, 1989, *The Y's way to physical fitness*, 3th ed. (Champaign, IL: Human Kinetics).

Teste para idosos

Estima-se que, nos Estados Unidos, o número de idosos crescerá exponencialmente nas próximas décadas. Em 1990, por exemplo, havia 31,2 milhões (13%) de estadunidenses adultos com 65 anos ou mais. Espera-se, porém, que esse número suba para mais do que o dobro – 70,3 milhões (20%) até o ano 2030 (24). Uma vez que as pessoas estão vivendo mais, é cada vez mais importante descobrir meios de manter estilos de vida saudáveis e ativos por mais tempo e de reduzir a fragilidade física nos últimos anos (2, 22). A avaliação da força muscular e da *endurance* local do músculo, assim como de outros aspectos do condicionamento físico de idosos, pode revelar fraquezas físicas, ajudando a planejar programas de exercícios destinados a melhorar a força antes do surgimento de limitações funcionais graves.

Teste de condicionamento físico para idosos

Em resposta à necessidade de melhorar a avaliação de adultos mais velhos, Rikli e Jones (28) desenvolveram uma bateria funcional de testes de condicionamento físico – o Senior Fitness Test (SFT). Esse teste avalia parâmetros fisiológicos-chave (por exemplo, a força, a *endurance*, a agilidade e o equilíbrio) necessários na execução de atividades físicas cotidianas, que se tornam mais difíceis com o passar do tempo. Um aspecto do SFT é o teste de levantar-se da cadeira por 30 segundos (veja a seção Evidências científicas, na página 144). Esse teste, assim como outras partes do SFT, atende os padrões científicos de confiabilidade e validade, é simples e fácil de ser administrado na situação de campo e conta com normas de desempenho de referência para homens e mulheres na faixa etária de 60 a 94 anos, baseadas em um estudo realizado com mais de 7.000 idosos dos Estados Unidos (27). Ele tem mostrado boa correlação com outras avaliações de força, como o teste de 1RM. O profissional de condicionamento físico pode usar o SFT para avaliar, com segurança e eficácia, a força e a *endurance* muscular da maioria dos idosos.

Avaliação do condicionamento muscular pelo SFT

Antes do teste, os participantes devem fazer um aquecimento e seguir outros procedimentos preliminares já descritos. Além disso, tanto no teste da cadeira quanto no da rosca, valem estas instruções, recomendadas como procedimento-padrão para a aplicação de testes a qualquer cliente:

> *Faça o melhor possível em todos os itens do teste, mas nunca ultrapasse o limite da exaustão ou do esforço que lhe pareça seguro.*

Teste de 30 segundos na cadeira

Esse teste, que reflete a força da parte inferior do corpo, consiste em contar o número de vezes que o indivíduo consegue se levantar inteiramente, a partir da posição sentado, sem a ajuda dos braços (Figura 8.5), em 30 segundos. Estudos têm mostrado que o desempenho nesse movimento, usado com freqüência para avaliar a força dos membros inferiores de pessoas idosas, correlaciona-se bem com outros indicadores de critério importantes (por exemplo, medição isocinética da força do extensor e do flexor do joelho), com a capacidade de subir escadas, a velocidade na caminhada e o risco de queda (6). Descobriu-se também que ele detecta reduções normais na força relacionadas à idade (9). Além de seguro, o teste da cadeira consegue indicar efeitos do treinamento físico em idosos (17, 23). A Tabela 8.4 resume a faixa de valores normais de participantes com idade entre 60 e 94 anos. O intervalo normal é definido como a média (50%) da população testada para cada faixa etária. Os limites mais baixos equivalem à classificação do percentil 25, e os mais altos, à do percentil 75 de cada grupo de cinco anos.

Teste da rosca com um braço

O bom funcionamento da parte superior do corpo, incluindo a força e a *endurance* local dos músculos do braço, é importante na execução de muitas atividades cotidianas, como segurar

Evidências científicas

Medir a força da parte inferior do corpo é essencial para a avaliação do desempenho funcional de idosos. Um estudo de 1999, de Jones, Rikli e Beam (20), avaliou a confiabilidade e a validade do teste de 30 segundos na cadeira como medida da força dos membros inferiores em adultos com mais de 60 anos. Setenta e seis idosos (idade média = 70,5 anos) que levavam uma vida independente (os que não vivem em clínicas ou asilos e não são acompanhados constantemente por uma enfermeira) se ofereceram como voluntários para participar de um estudo composto de dois testes de 30 segundos na cadeira e dois *leg press* máximos, feitos em dias diferentes, com intervalos de 2 a 5 dias. As correlações interclasses teste-reteste de 0,84 para mulheres e 0,92 para homens, além de uma mudança não-significativa nos valores do 1º para o 2º dia, indicaram que esse teste apresenta boa estabilidade e confiabilidade. A correlação moderadamente alta entre os desempenhos no exercício da cadeira e no *leg press* com peso máximo ajustável para homens e mulheres (r = 0,78 e 0,71, respectivamente) corrobora a validade relacionada ao critério do teste da cadeira como uma medida da força dos membros inferiores. A validade do constructo (ou discriminante) desse exercício foi demonstrada pela habilidade do teste em detectar diferenças entre grupos de várias idades e diferentes níveis de atividade física. Como esperado, o desempenho no movimento de levantar-se da cadeira apresentou significativa redução de um grupo para outro, sendo os grupos formados por década – 60, 70 e 80 anos de idade (p < 0,01) –, e foi bastante inferior para participantes menos ativos do que para os muito ativos (p < 0,0001). Concluiu-se que o teste de 30 segundos na cadeira fornece um indicador válido e confiável da força dos membros inferiores em idosos geralmente ativos que vivem de forma independente.

sacolas, levantar objetos e carregar os netinhos (24). O teste da rosca em 30 segundos, que mede a força e a *endurance* da parte superior do corpo, determina o número de vezes que o participante consegue levantar um haltere (2,3 kg para mulheres e 3,6 kg para homens), com amplitude completa do movimento, no período de tempo citado. O protocolo prescrito inclui segurar o haltere na mão, com o braço estendido na lateral do corpo (ao lado da cadeira), e fazer a flexão, em supinação, de modo que a palma da mão fique voltada para o bíceps no momento final da flexão (Figura 8.6). Resultados de estudos indicam que esse teste é um bom meio de prever a força tanto do bíceps quanto da parte superior do corpo como um todo (27). A maioria dos participantes, até mesmo os que sofriam de artrite, foi capaz de executar o teste da rosca sem muito desconforto, e se sentiram menos incomodados ao realizar esse teste do que o protocolo de força da preensão manual máxima, usado comumente como medida de força em outros estudos (27). Os resultados obtidos em 30 segundos podem ser comparados com os valores normativos apresentados na Tabela 8.4.

Teste para indivíduos com doença coronariana

O treinamento de força moderado, realizado apenas duas vezes por semana, melhora o condicionamento muscular, evita e controla uma série de condições médicas crônicas, modifica os fatores de risco coronários e aumenta o bem-estar psicossocial de pessoas com ou sem doenças coronarianas (DC) (14). Esse treinamento pode beneficiar a maioria dos cerca de 13,5 milhões de habitantes dos Estados Unidos que apresentam DC, pois falta, a muitos pacientes cardíacos, força física e segurança para realizar atividades cotidianas que exijam esforço muscular (26). Em conseqüência, organizações responsáveis pela regulamentação do trabalho de profissionais de condicionamento físico, como a AHA (26), o ACSM (4) e a AACPR (1), defendem o treinamento de força como complemento do exercício de *endurance* em suas declarações e orientações oficiais sobre exercícios para indivíduos com doenças cardiovasculares. Os exercícios com pesos também são recomendados por diretrizes clínicas baseadas em evidências e destinadas a programas de reabilitação cardíaca (29).

Tanto o teste quanto o treinamento de força de intensidade moderada ou alta (por exemplo, 40 a 80% de 1RM) podem ser realizados com segurança por pacientes cardíacos considerados de baixo risco (por exemplo, pacientes sem angina ou arritmias ventriculares graves durante atividades normais, com boa função ventricular esquerda e boa capacidade de realizar exercícios) (26). Além disso, apesar da preocupação de que o exercício com pesos produza respostas cardiovasculares vasoconstritoras anormais em pacientes com DC ou com hipertensão controlada, estudos têm mostrado que o teste e o treinamento desse tipo, na verdade, geram respostas de FC e de PA clinicamente aceitáveis nessa categoria de pacientes (11, 25). Há poucos dados específicos sobre os benefícios e o grau de segurança do teste e do treinamento para mulheres com DC e para pacientes com mau funcionamento ventricular esquerdo, assim como para os que sofrem insuficiência cardíaca congestiva. Ainda são necessárias investigações adicionais nessa área. Orientações contemporâneas para a prática de exercícios sugerem que pacientes com hipertensão controlada (> 160/90 mmHg), angina de peito instável, insuficiência cardíaca congestiva descompensada, mau funcionamento do ventrículo esquerdo (fração de ejeção < 30%), respostas hemodinâmicas anormais no teste clínico de exercícios, limitações ortopédicas graves ou doenças metabólicas (por exemplo, diabete ou problemas na tireóide) não-controladas só devem se submeter ao teste ou treinamento de força depois de apresentar melhoras ou estabilização no estado clínico ou de receber liberação médica adequada (26).

Como acontece no teste de exercício progressivo, o risco de um evento cardíaco grave durante o teste de força pode ser minimizado pela avaliação pré-participação apropriada e

Figura 8.5 Teste de 30 segundos na cadeira (28).

Tabela 8.4 Variação normal dos escores nos testes da cadeira e da rosca, ambos de 30 segundos, destinados a idosos

	Idade (anos)						
	60-64	65-69	70-74	75-79	80-84	85-89	90-94
Teste da cadeira (# de levantamentos)							
Mulheres	12-17	11-16	10-15	10-15	9-14	8-13	4-11
Homens	14-19	12-18	12-17	11-17	10-15	8-14	7-12
Teste da rosca (# de repetições)							
Mulheres	13-19	12-18	12-17	11-17	10-16	10-15	8-13
Homens	16-22	15-21	14-21	13-19	13-19	11-17	10-17

Normal é definido como a média (50%) da população. Os participantes que apresentam escores acima ou abaixo desses valores devem ser considerados acima ou abaixo do normal para a sua idade.
Reimpressa, com permissão, de R. E. Rikli and C. J. Jones, 2001, *Senior fitness test manual* (Champaign, IL: Human Kinetics), p. 143.

pela supervisão de profissionais de condicionamento físico. Quando os pacientes testados apresentam DC comprovada ou suspeita dessa doença ou de hipertensão, o profissional deve realizar um trabalho preliminar para estabelecer as cargas de peso adequadas e instruí-los sobre as técnicas apropriadas de levantamento. Isso inclui mostrar a amplitude e a velocidade do movimento em cada exercício, assim como os padrões de respiração corretos para evitar a manobra de Valsalva. O monitoramento das PAs nos períodos de repouso e de recuperação (por exemplo, a cada 1 a 3 min) e a identificação e avaliação de sinais e sintomas anormais devem fazer parte do protocolo-padrão da avaliação inicial da resposta cardiovascular durante o teste. Respostas da PA exageradas, sinais ou sintomas clínicos de DC ou qualquer outra descoberta anormal, como descrito anteriormente de acordo com as especificações do ACSM, registrados durante o teste ou o treinamento de força, indicam a necessidade de interromper a atividade e buscar a ajuda de um profissional da área de saúde (4). Uma vez que a PA medida

Figura 8.6 Teste da rosca em 30 segundos (28).

logo após o exercício tende a subestimar os valores durante as contrações, o profissional de condicionamento físico deve agir de modo conservador ao avaliar as respostas cardiovasculares a testes com essa população específica (13, 18).

Até agora, os estudos não têm mostrado respostas hemodinâmicas adversas em pacientes com baixo risco cardíaco que executam o teste de uma ou várias RMs com exercícios destinados a membros superiores e inferiores (11, 13). Além disso, não há prova científica de que, para pacientes com baixo risco cardíaco, o teste de 1RM seja mais arriscado do que o de 10. Entretanto, o protocolo de várias repetições (por exemplo, 5 ou 10RMs) é mais conservador e, portanto, mais sensível para testar clientes com histórico de doença cardiovascular. Seja qual for o número de repetições do teste, a resistência ou o peso inicial devem ser moderados, a fim de permitir ao participante alcançar o número de repetições adequado, trabalhando em um nível bastante pesado (por exemplo, 13 a 15 na escala de TPE original de Borg; veja o Capítulo 5) (7). Importante também é o fato de que os procedimentos de avaliação de força já descritos neste capítulo podem ser aplicados com segurança tanto a clientes com histórico de DC conhecida ou oculta, mas clinicamente estáveis, quanto a outros com hipertensão, diabete ou algum risco cardiovascular maior controlado. O exame cuidadoso e o monitoramento atento de sinais e sintomas anormais, como angina, vertigem ou tontura, são essenciais para minimizar quaisquer riscos potenciais, ao mesmo tempo em que maximizam os benefícios do teste ou treinamento de força para pessoas com ou sem doença cardiovascular conhecida.

Teste para crianças e adolescentes

Ao lado de condicionamento cardiorrespiratório, flexibilidade e composição corporal, a força muscular é um componente importante do condicionamento físico relacionado à saúde de crianças e adolescentes. O aumento da força muscular ajuda os jovens a desenvolver a postura correta, reduzir o risco de lesão, melhorar a composição corporal e aprimorar as habilidades motoras em atividades como a corrida em velocidade *(sprinting)* e o salto. Nos Estados Unidos, o uso de apoios e abdominais para avaliar a força e a *endurance* muscular localizada é comum na maioria dos programas de educação física, nas atividades recreativas da YMCA e da YWCA e nos centros esportivos da juventude.

Procedimentos padronizados têm sido desenvolvidos para jovens, e dados normativos de crianças e de adolescentes estão disponíveis em grande parte dos manuais de educação física. Quando bem administradas, as diferentes medições do condicionamento físico podem ser usadas para avaliar a força e as fraquezas da criança, desenvolver um programa de condicionamento personalizado, acompanhar o progresso do praticante e motivá-lo. Contudo, avaliações de força mal administradas e não-supervisionadas, além de desencorajarem os jovens a participar de atividades de condicionamento, também podem resultar em lesões. Os profissionais de condicionamento físico qualificados devem demonstrar como se executa adequadamente cada habilidade. Em seguida, a criança realiza algumas repetições do que foi ensinado, contando com a supervisão e instrução do profissional, quando necessário. Além disso, é importante, e em geral obrigatória, a obtenção do consentimento do pai ou do tutor legal antes de iniciar o teste de condicionamento muscular ou um programa de exercícios para a criança. O formulário de consentimento contém explicações sobre os potenciais benefícios e riscos do teste ou do treinamento, o direito do praticante de desistir da atividade a qualquer momento e temas relativos à confidencialidade.

Ao avaliar o condicionamento de jovens, evite a mentalidade acertou-errou, que pode desencorajar alguns meninos e meninas, desestimulando sua participação. Em vez disso, refira-se à avaliação como um *desafio* em que todos os participantes devem se sentir à vontade em relação aos próprios resultados e entusiasmados com a possibilidade de acompanhar os próprios avanços. Os profissionais de condicionamento físico também precisam compreender que as crianças não são simples miniaturas dos adultos. Nos aspectos físico e psicológico, elas são menos maduras e, por isso, a avaliação e medição do seu condicionamento físico exige considerações especiais. É importante criar uma atmosfera de harmonia com cada criança; o local de realização do exercício não deve ser ameaçador. Uma vez que a maioria das crianças tem pouca experiência em executar esforços máximos, os profissionais precisam transmitir-lhes segurança para que possam fazer os exercícios no nível máximo de modo seguro. Acima de tudo, o encorajamento positivo é capaz de motivar as crianças a garantirem um resultado válido. Depois da avaliação de força, faça um relaxamento, com suaves exercícios calistênicos e de alongamento.

> **Ponto-chave**
>
> O teste de condicionamento muscular é útil a uma série de populações especiais, incluindo idosos, indivíduos com maior risco cardiovascular, crianças e adolescentes. Apesar de tradicionalmente os testes de força, em particular os que envolvem esforço máximo, terem sido elaborados com o objetivo de evocar respostas fisiológicas não-seguras nessas populações, indícios científicos atuais sustentam que eles são seguros e podem fornecer informações valiosas para a prescrição do treinamento de força quando bem-administrados e bem-executados. Para idosos e pessoas com elevado risco cardiovascular, torna-se necessária a avaliação apropriada de um médico ou de outro profissional de saúde qualificado, a fim de garantir a segurança e a eficácia da verificação do condicionamento muscular.

Estudo de caso

Confira as respostas das questões 1 e 2 nos quadros e figuras deste capítulo. Detalhes da questão 3 encontram-se no texto.

Uma mulher de meia-idade, que ingressou recentemente em uma academia, gostaria de passar por uma avaliação inicial de condicionamento físico e de receber conselhos sobre o início de um programa geral de exercícios. Há anos ela não participa de nenhum programa de exercícios, embora afirme ter um estilo de vida ativo, que inclui acumular quantidades moderadas de atividade física diária. No questionário pré-participação sobre o histórico de saúde, ela revelou que não apresenta sinais, sintomas nem diagnóstico de condições cardiovasculares, metabólicas ou musculoesqueléticas. Simule essa situação com um colega de classe, que fará o papel da cliente. Pratique os procedimentos apresentados neste capítulo.

1. Explique, demonstre e execute os procedimentos de dois testes de força muscular: um para membros superiores, outro para inferiores.
2. Explique, demonstre e execute os procedimentos destes dois testes: de *endurance* muscular de músculos abdominais e de avaliação dos membros superiores.
3. Explique à cliente os resultados dos testes indicados em 1 e 2. Se apropriado, forneça referências específicas do nível de condicionamento muscular e informações sobre as implicações do treinamento subseqüente.

CAPÍTULO 9

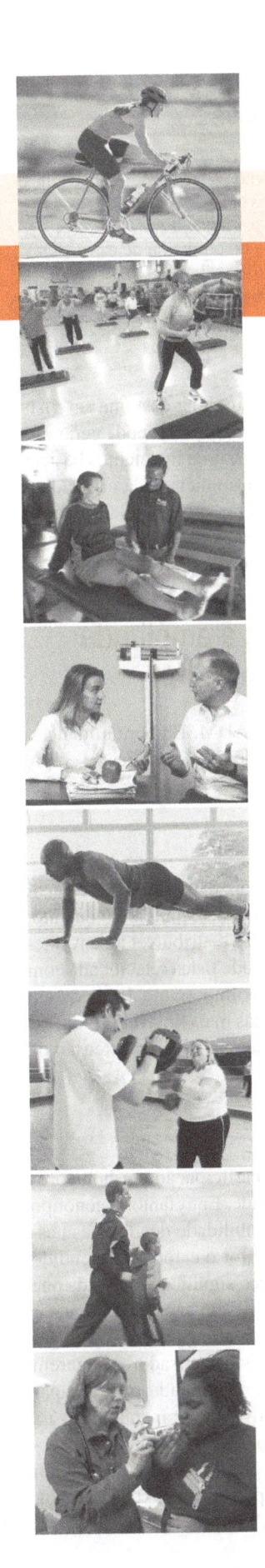

Flexibilidade e Função Lombar

Wendell Liemohn

Objetivos

O leitor será capaz de:

1. Descrever a relação entre flexibilidade ou amplitude de movimento (ADM) e função lombar.
2. Listar cinco fatores que podem afetar a flexibilidade ou a ADM.
3. Descrever a quantidade de flexão que pode ocorrer entre a caixa torácica e o sacro. Apresentar uma regra geral para execução de exercícios de extensão lombar.
4. Explicar por que ter uma boa amplitude de movimento na articulação do quadril é importante para manter as costas saudáveis.
5. Descrever os prós e os contras do teste de sentar e alcançar.

A **flexibilidade** está relacionada à capacidade de inclinar-se sem se quebrar; **flexão** é o ato de inclinar-se ou curvar-se. Na anatomia aplicada, *flexão* denota o movimento de inclinação ocorrido no plano sagital quando dois segmentos do corpo se aproximam (veja o Capítulo 27). Quando está ereto e então se inclina, tocando os dedos dos pés, você realiza a flexão das duas articulações iliofemorais (quadril) e uma flexão limitada das articulações intervertebrais inferiores da coluna.[1] O movimento de voltar à posição ereta é chamado de *extensão*; movimentar o tronco para trás, além do ponto da postura normal em pé, denomina-se *hiperextensão* (veja o Capítulo 27). Os indivíduos podem ser chamados de flexíveis quando mostram uma quantidade extrema de mobilidade nas duas inclinações – para a frente (ou seja, flexão) e para trás (hiperextensão), pois ambos os movimentos atendem os critérios da definição de flexão. No entanto, há risco de confundirmos habilidade de hiperextensão com flexibilidade. Para evitar essa confusão, com freqüência substituímos este último termo por *amplitude de movimento* (ADM). Apesar disso, permanece a aplicação das duas denominações de modo intercambiável.

Manter a amplitude de movimento funcional em todas as articulações do sistema musculoesquelético garante a eficácia dos movimentos corporais; essa é uma das razões que tornam a flexibilidade um componente-chave do condicionamento físico. Embora se considere que algumas pessoas têm uma boa ADM porque fizeram um bom teste de flexibilidade, essa habilidade é considerada uma característica específica de cada articulação. Em outras palavras, ter boa ADM na flexão do tronco não garante o mesmo resultado na extensão do tronco, por exemplo. Além disso, algumas vezes, a amplitude de movimento está relacionada ao genótipo da pessoa (ou seja, é hereditária). Em outros, relaciona-se mais com as atividades praticadas. Por exemplo, muitos anos de balé ou de treinamento com ginástica costumam tornar a pessoa mais flexível do que outros indivíduos da mesma idade, mesmo sexo e genótipo comparável, porém sem o histórico de participação nesse tipo de treinamento. A seleção natural também pode ser um fator importante. Por não possuir uma boa flexibilidade inata, o indivíduo, por exemplo, não se esforça para obter bons resultados no balé ou na ginástica.

Se o corpo é visto como uma cadeia cinética, qualquer rigidez ou lassidão assimétrica nas articulações das extremidades inferiores pode afetar a coluna. Em geral, também se considera desejável uma boa amplitude de movimento para a garantia da função lombar. A ADM na articulação do quadril causa particular preocupação, pois a posição do sacro (e a pelve contígua) consiste na base da coluna e é controlada por músculos que se originam na pelve ou na coluna e se inserem no fêmur. A amplitude de movimento da própria coluna costuma ser vista como problemática; já o excesso de mobilidade pode gerar instabilidade. Por exemplo, se um disco e seus ligamentos básicos forem danificados, resultando em insuficiência da capacidade de controle integral dos músculos de apoio, poderá ocorrer alguma futura lesão na coluna. (Temas do controle motor da coluna são discutidos mais adiante, no Capítulo 13.)

> **Ponto-chave**
>
> A flexibilidade e a ADM são específicas de cada articulação. Ter uma boa amplitude de movimento na articulação do quadril pode reduzir os riscos de problemas lombares. Nos casos em que esses problemas já surgiram, aumentar a ADM nessa articulação pode ser um dos objetivos do programa de exercícios terapêutico. No entanto, em algumas situações, o segmento motor danificado não consegue alcançar grande amplitude e gera instabilidade.

Fatores que afetam a amplitude de movimento (ADM)

Muitos fatores diferentes afetam a ADM. Embora a idade, o sexo e o genótipo possam ser bons índices de predição, sempre há exceções.

Idade e sexo

A ADM depende de muitas variáveis demográficas. Tipicamente, ela diminui, por exemplo, na idade adulta. No entanto, não sabemos quanto dessa diminuição é atribuível ao envelhecimento e quanto à redução da atividade física relacionada com o avanço da idade. Sexo é outro fator importante. Embora, em geral, as mulheres sejam consideradas mais flexíveis do que os homens, o oposto tem sido observado na flexão e extensão da coluna.

Natureza e educação

É possível aumentar a ADM pela participação em bons programas de treinamento de flexibilidade. Entretanto, o genótipo pode limitar essa capacidade. A flexibilidade de algumas pessoas é relativamente ruim; seja qual for o esforço despendido no treinamento, o aumento será pouco significativo. Ainda que indivíduos com grande flexibilidade sejam capazes de realizar considerável número de exercícios de alongamento, o seu genótipo também é importante. Alguns pesquisadores sugerem que a melhoria da ADM está mais relacionada com a capacidade de tolerar a dor do que com verdadeiras mudanças na extensibilidade do tecido conjuntivo (15, 18). Além disso, McGill (17) defende o forte argumento de que o isquiotibial rígido pode melhorar o desempenho em esportes como o basquetebol. Obviamente, o assunto é complexo.

---

[1] A maior quantidade de movimento ocorre entre a quinta vértebra lombar (LV) e o sacro (que começa na SI); essa região é chamada de *articulação lombossacral*. A articulação intervertebral entre a LIV e a LV possibilita uma porção substancial do movimento na parte inferior da coluna; no entanto, a quantidade de movimento permitida entre LI e LIV é pouco significativo.

Figura 9.1 Estruturas do tecido conjuntivo (tais como ligamentos e tendões) adaptam-se à má postura sentada habitual (por exemplo, encurvamento da parte superior das costas e menor curva de lordose na região lombar), alongando-se em resposta ao estresse. Essa adaptação é chamada de *rebaixamento do ligamento* ou *do disco*. Se não for feita alguma tentativa de remover o estresse ou de desenvolver hábitos compensatórios, a má postura sentada poderá se refletir em má postura em pé.

Postura

Às vezes, quando o indivíduo não aproveita a amplitude integral do movimento de uma articulação, o tecido tendíneo, para compensar, sofre encurtamento. Nesse caso, fica difícil realizar os movimentos necessários às atividades cotidianas. Por exemplo, quem fica sentado em frente ao computador por várias horas diárias, em uma postura inadequada, pode desenvolver maior curva torácica (como uma cifose dorsal) e ombros encurvados (veja a Figura 9.1). Se posturas habituais como essa forem mantidas em excesso, o tecido tendíneo, antes capaz de realizar bons movimentos, pode encurtar e impedir certo nível de movimentação. Na coluna, as lesões costumam ocorrer quase no ponto máximo da ADM. Esse fator deve ser considerado principalmente quando a coluna se movimenta sob alguma carga.

Doenças

Algumas doenças podem afetar de forma negativa a ADM. A artrite e a osteoporose e seu efeito sobre a amplitude de movimento serão discutidos a seguir.

Artrite

A **artrite** pode ter um efeito debilitante sobre a ADM, pois afeta a cartilagem articular. Essa cartilagem, também chamada de *hialina*, é **avascular** (ou seja, não recebe suprimento de sangue). Por isso, não apresenta boa capacidade de recuperação. Quando há lesão ou doença em uma ou mais articulações, adaptações corporais compensatórias podem funcionar por algum tempo, mas, à medida que a pessoa envelhece, costuma ocorrer deficiência. Uma vez que a cartilagem articular não se recupera bem por si só, costumam surgir substitutos – fibrocartilagem e espículas ósseas – que futuramente vão diminuir o movimento articular. Os tipos mais comuns de artrite são a **reumatóide** e a **osteoartrite**. A primeira afeta mais mulheres do que homens e, embora possa ocorrer a qualquer momento da vida, é mais comum entre os 25 e os 60 anos. Em alguns casos, ela parece ser uma doença auto-imune, mas a causa exata ainda não se revelou. Essa doença pode afetar poucas (pauciarticular) ou muitas (poliarticular) articulações. Já a osteoartrite é muito mais prevalente, sendo responsável por 90 a 95% dos casos de artrite, e pode ser considerada uma doença do envelhecimento, pois afeta cerca de 85% da população com mais de 70 anos. Em geral, sua causa é alguma lesão ou desarranjo mecânico. No entanto, em alguns casos, não se conhece a causa.

A falta de mobilidade que pode ser atribuída à artrite costuma ocorrer em articulações como as dos dedos das mãos ou as do joelho. Porém, a artrite também pode reduzir a mobilida-

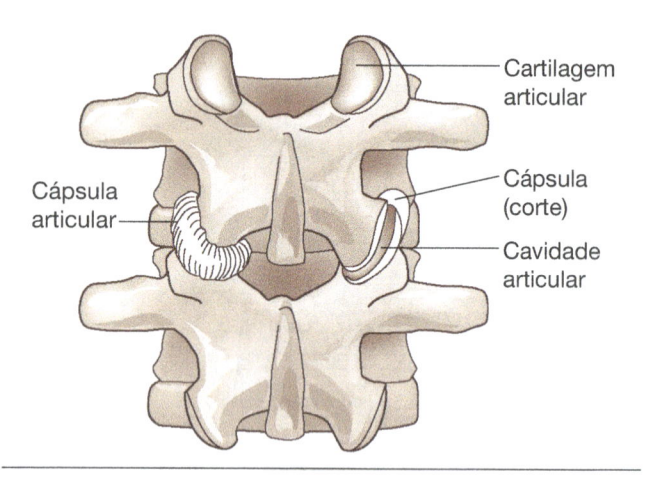

Figura 9.2 Com freqüência, junções posteriores entre duas vértebras são denominadas *articulações de faceta*. Elas são sinoviais e têm cartilagem articular. Quando a cartilagem apresenta danos, pode ocorrer artrite.

Adaptada de W. Liemohn, 2001, *Exercise prescription and the back* (New York, NY: McGraw-Hill), p. 11, com permissão de The McGraw-Hill Companies.

de na coluna quando o local é uma articulação de faceta (veja a Figura 9.2). Por ser avascular, a cartilagem articular depende da difusão de nutrientes pelos fluidos do tecido. Desse modo, pode haver deterioração em virtude da falta de movimento. Conclui-se, portanto, que pessoas com artrite devem manter a maior amplitude de movimento possível.

Osteoporose

A **osteoporose** é caracterizada por perda da densidade mineral ou da massa óssea. Embora seja observada de modo particular em mulheres após a menopausa, ela pode afetar também os homens e tem influência genética. Locais comuns de osteoporose incluem o quadril, o punho e as vértebras. Uma característica usual desses locais é a predominância de osso esponjoso (veja o Capítulo 27). Na coluna, a osteoporose pode causar real encurvamento e compressão das vértebras. Quem apresenta essa condição às vezes tem curvas extremas na coluna, assim como perdas de ADM. Felizmente, o osso esponjoso pode se tornar mais denso em função de atividades que incluem levantamento de peso e treinamento de força.

Ponto-chave

Fatores relacionados com a ADM incluem idade, sexo, hereditariedade, postura e doenças. Quando não usada, a ADM da articulação se perde. Embora ocorra redução na ADM relacionada à idade, há casos de diminuição resultantes de lesões ou da falta de atividade física. A ADM depende tanto da natureza quanto da educação; ela é afetada pelo genótipo e pelas atividades da pessoa. A má postura habitual também a reduz. A artrite – doença das articulações – tende a diminuir a ADM das articulações. A osteoporose pode reduzir a amplitude de movimento da coluna devido a seu efeito destrutivo sobre os corpos vertebrais.

A amplitude de movimento e a função lombar

O porte da coluna está funcionalmente integrado com a maioria dos movimentos, pois muitos deles emanam da coluna. Formou-se o argumento de que a coluna e os tecidos associados consistem no principal mecanismo de locomoção de nossa espécie (6). Aceitar essa visão significa considerar a importância da manutenção da boa mobilidade espinal, que, entretanto, também deve ficar sob controle muscular.

ADM da coluna

Deficiências na ADM da coluna e particularmente de suas estruturas de sustentação têm sido vistas como indicador prognóstico de dores lombares (2, 21). No entanto, a amplitude de movimento, por si só, não é um bom fator de previsão de problemas lombares iminentes (3). Em outras palavras, embora a ADM possa ser fator causal em alguns casos de dores lombares, com maior freqüência, duas ou mais variáveis são co-responsáveis pelo problema. Indivíduos com dores lombares crônicas costumam ser submetidos a programas de alongamento terapêuticos para melhorar a amplitude de movimento no quadril. Melhorar a ADM da coluna é um objetivo menos comum (veja o Capítulo 13).

O movimento de flexão entre a caixa torácica e o sacro é, em essência, um endireitamento da **curva lordótica** normal (Figura 9.3). Embora, à medida que a pessoa envelhece, possa haver de-

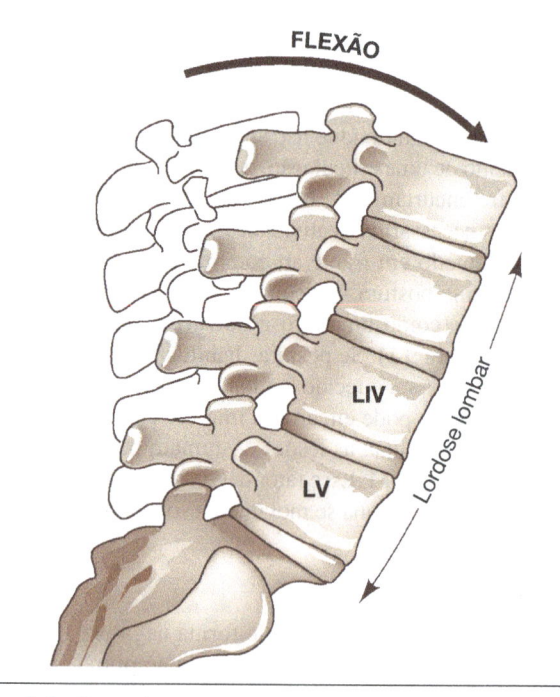

Figura 9.3 No movimento do tronco para a frente, a flexão lombar não ocorre por si só. O que alguns podem considerar como flexão lombar é, em essência, uma remoção da curva lordótica.

Adaptada de W. Liemohn, 2001, *Exercise prescription and the back* (New York, NY: McGraw-Hill), p. 40, com permissão de The McGraw-Hill Companies.

clínio progressivo da mobilidade da coluna em todos os planos, McKenzie (19) discute que ocorre maior redução na extensão, porque esse movimento é menos usado com o avanço da idade. Infelizmente, com freqüência a extensão da coluna é ignorada ou mal interpretada em programas de exercícios (veja Capítulo 13). Enquanto movimentos balísticos de extensão da coluna (e de rotação) são totalmente inapropriados, uma extensão lenta e controlada, para manter a ADM e fortalecer o eretor da espinha, é adequada. De qualquer modo, se as costas estiverem ativamente estendidas, não se deve exceder o limite superior de lordose lombar normal, como observado na posição em pé (22).

A **escoliose** é a curvatura lateral extrema. O profissional de condicionamento físico pode usar o teste de Adam para obter melhor percepção da presença de escoliose no cliente (Figura 9.4). Ainda que sejam muitas as causas possíveis, em geral elas permanecem desconhecidas. Discrepâncias no comprimento das pernas com conseqüente inclinação lateral da pelve estão associadas com escoliose e dores lombares. No entanto, não há provas conclusivas de que essa condição cause as dores. Dependendo do grau de escoliose, a pessoa pode apresentar uma diferente postura da caixa torácica durante exercícios de fortalecimento abdominal, em razão da rotação da coluna que causa a curvatura.

ADM da articulação iliofemoral

Os músculos que cruzam a articulação do quadril às vezes são vistos como cordas de retenção, pois podem limitar o movimento da pelve, prendendo-a (veja a Figura 9.5). Se alguma dessas cordas estiver muito apertada, a musculatura do tronco, seja qual for seu desenvolvimento, pode encontrar dificuldades em controlar a posição pélvica. Uma vez que o sacro (na pelve) é a base das 24 vértebras empilhadas, o posicionamento pélvico desempenha papel importante na integridade da coluna. A rigidez dos flexores do quadril, como o psoas, por exemplo, produz uma inclinação pélvica anterior ou para a frente. Já a rigidez dos extensores dessa mesma região, como o isquiotibial, gera uma inclinação posterior ou para trás (veja a Figura 9.5). Portanto, se algum desses grupos musculares estiver enrijecido, a capacidade dos músculos abdominais de controlar o posicionamento pélvico será afetada adversamente. Indivíduos que não conseguem controlar esse posicionamento por meio dos músculos abdominais são predispostos a dores lombares. Essa é uma das razões da importância de uma boa ADM na articulação iliofemoral.

Também pode haver rigidez na banda iliotibial (IT), que, por sua vez, pode limitar o movimento de adução da coxa. A

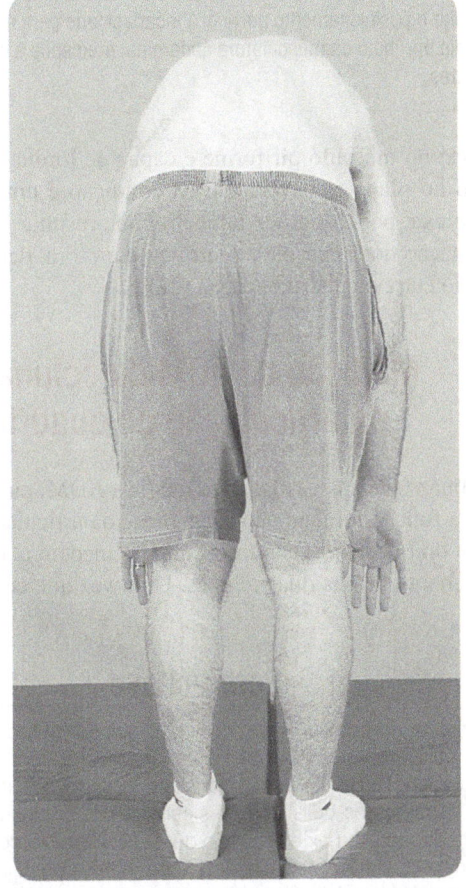

Figura 9.4 Teste de Adam. Observar os processos espinais enquanto a pessoa fica em pé nem sempre revela curvas de escoliose, embora elas possam estar presentes. Para percebê-las, o melhor é pedir ao indivíduo que se incline para a frente, dobrando o tronco na região da cintura.

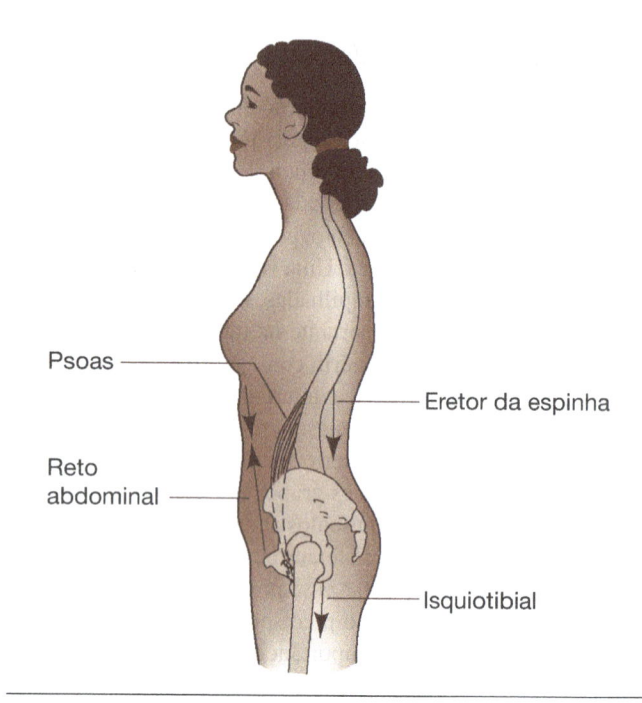

Figura 9.5 Os músculos que cruzam a articulação do quadril podem ser vistos como cordas de retenção. Se as cordas do isquiotibial, por exemplo, estiverem muito apertadas, a tendência será de rotação posterior da pelve. Nesse caso, o reto abdominal terá dificuldades para controlar o posicionamento pélvico. A incapacidade para realizar esse controle por meio da musculatura abdominal predispõe a problemas lombares.

rigidez no músculo piriforme é capaz de limitar a movimentação no plano transverso. Essa condição é um pouco mais complexa, pois a rigidez também pode resultar em limitação da rotação do fêmur para dentro ou para fora, dependendo do ângulo entre o quadril e a coxa (22).

Medição da ADM da coluna e da articulação do quadril

Algumas técnicas usadas para medir a ADM, em sua relação com a função lombar, são específicas da articulação da coluna ou do quadril. Mas outras também medem a amplitude de movimento nessas duas regiões. Uma vez que certas técnicas levantam maior polêmica, discutiremos algumas aqui e mostraremos outras no apêndice do capítulo.

ADM de extensão do tronco

No teste de Imrie e Barbuto (9) para extensão das costas, a musculatura da região não é usada ativamente. Ele é considerado um teste passivo, pois o movimento de hiperextensão da coluna resulta da contração muscular do braço e do ombro (veja o apêndice). Um teste ativo da amplitude de movimento de extensão das costas, chamado *levantamento do tronco*, foi desenvolvido pelo Cooper Institute for Aerobics Research (5). Ele é ativo porque os músculos da coluna (ou seja, o eretor da espinha e o multífido) hiperestendem essa área (veja o apêndice deste capítulo). Já que tanto o fortalecimento do extensor do tronco quanto a ADM contribuem para o desenvolvimento do levantamento dessa região, enquanto no teste passivo a contribuição é apenas da ADM, nós usamos análises de regressão múltipla para estudar melhor o desempenho de estudantes universitários nesses testes. De certo modo, foi uma surpresa descobrir que os dois testes medem, em essência, o mesmo construto (13).

ADM da articulação do quadril

O teste de Thomas (veja o apêndice) é um método típico de medição da rigidez dos flexores do quadril. Dois dos testes mais populares e relativamente novos para medir essa rigidez são a nova extensão ativa do joelho (veja o apêndice) e o freqüente levantamento passivo da perna reta (veja o apêndice). Em alguns casos, pode ser adequado verificar a rigidez das bandas ITs e dos músculos piriformes.

Testes que combinam a ADM do tronco e da flexão da articulação do quadril

Os testes que consistem em tocar o solo com a ponta dos dedos e em sentar e alcançar a ponta dos pés têm sido bastante usados com o pretexto de que mediriam a flexibilidade na parte de trás dos membros inferiores, assim como na articulação do quadril. Entretanto, foi mostrado de maneira conclusiva que, ainda que seja possível usar os dois, na sua forma convencional, para medir a flexibilidade do quadril (por exemplo, a extensão do isquiotibial), nem um nem outro mede a ADM lombar com

Ponto-chave

A flexão da coluna entre a caixa torácica e o sacro é limitada pelo endireitamento da curva lordótica normal. Embora a manutenção da ADM de extensão da coluna seja importante, os movimentos balísticos de extensão das costas devem ser evitados, e essa extensão não deve exceder a lordose lombar normal do praticante. A rigidez da banda IT e do piriforme também pode ter efeito deletério sobre a biomecânica da articulação iliofemoral.

Ponto-chave

Uma boa ADM da articulação do quadril é importante para a eficiência da biomecânica da coluna. Embora a rigidez dos flexores do quadril não seja observada com tanta freqüência quanto a dos extensores, ambos são importantes na manutenção de uma coluna saudável. A rigidez nos músculos que cruzam a articulação do quadril pode predispor o indivíduo a problemas lombares.

eficácia (16). Uma vez que, como teste de campo, o sentar e alcançar a ponta dos pés tem sido mais usado do que o ficar em pé e tocar o solo, examinaremos esse primeiro de modo mais detalhado. A maioria dos comentários se aplica ao seu uso tanto como exercício quanto como teste.

Na qualidade de exercício, esse movimento tem sido questionado do ponto de vista clínico. Por exemplo, quando o isquiotibial está muito rígido e o alongamento sentado é realizado balisticamente, pode ser que as estruturas da coluna sejam obrigadas a absorver esse estresse e, ao longo do tempo, a repetição dos movimentos pode ter alguma consequência negativa sobre a função lombar. Além disso, mesmo que o exercício seja feito de forma lenta, a postura estática resultante da fase de alongamento pode implicar a atuação de forças muito compressivas sobre os discos intervertebrais (17, 20). Cailliet (4) alertou que esse exercício pode danificar ligamentos da coluna, em particular quando o isquiotibial se encontra rígido.

Para reduzir o estresse sobre a coluna incumbente, Cailliet (4) recomendou o que chamou de *alongamento protetor do isquiotibial* (veja o apêndice deste capítulo). Nesse exercício, o isquiotibial de cada perna é alongado alternadamente, enquanto o membro que não está sendo alongado fica dobrado na articulação do joelho, com o pé apoiado no chão e próximo ao joelho contralateral. O pesquisador argumentou que o estresse lombossacral é menor nessa versão do que no exercício original, com as pernas estendidas. Se isso for verdade, o mesmo raciocínio garantiria a aplicação do teste de sentar e alcançar a ponta dos pés com uma única perna estendida. No entanto, examinamos o movimento lombossacral em estudantes universitários testados com uma e com duas pernas estendidas e não observamos redução da flexão (o que implicaria menor estresse) na versão de Cailliet (14). Contudo, esse alongamento protetor tem outras vantagens (por exemplo, permite examinar a simetria) e é considerado mais seguro para a coluna do que a forma original, com as duas pernas estendidas.

A versão original desse teste também tem sido questionada porque não permite verificar diferenças proporcionais entre o comprimento do braço, do tronco e da perna. Em resposta, Hopkins e Hoeger (7) desenvolveram um protocolo que controla de forma objetiva parte dessa variação (veja o apêndice deste capítulo). Estudos mais recentes de outros pesquisadores sugerem que o ajuste do comprimento do membro não melhora a validade (8).

Foi observado que o desempenho no teste de sentar e alcançar a ponta dos pés era bem melhor quando o tornozelo da perna testada ficava em flexão plantar passiva, e não na postura de dorsiflexão fixa em geral exigida durante a aplicação do teste (12). Nossa pesquisa sugere que fatores como a rigidez de estruturas do tecido conjuntivo localizadas na parte de trás do joelho e a tensão no **nervo isquiático** podem afetar o desempenho nesse teste. (Usamos uma caixa, que restringia apenas o calcanhar da perna testada e permitia a flexão plantar do pé.) Mais recentemente, Hui e Yuen (8) descreveram um teste que também permite a flexão plantar do pé da perna testada e não depende da caixa. Embora o teste desses dois pesquisadores pareça mais vantajoso do que os outros já discutidos (veja a descrição no apêndice), a postura do tronco permitida por esse protocolo às vezes é problemática para alguns indivíduos com doenças de disco, pois momentos de flexão extrema podem comprometer essa condição.

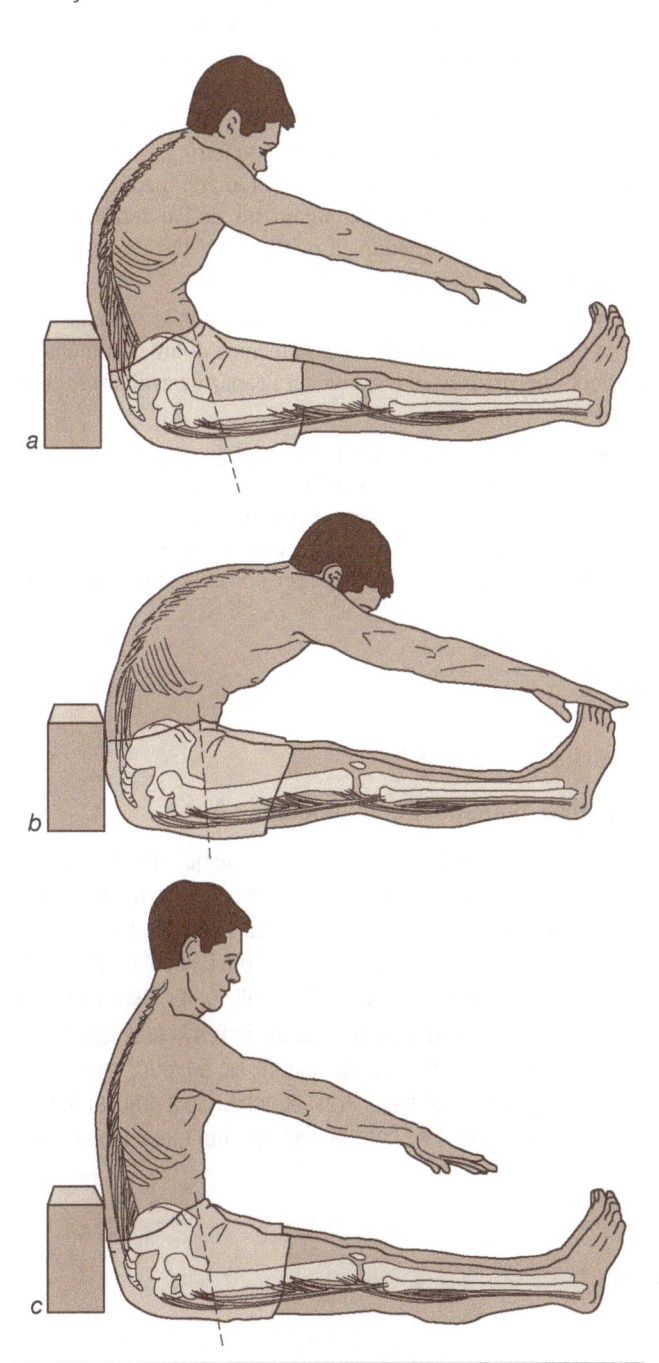

Figura 9.6. Teste de sentar e alcançar a ponta dos pés. Pontos importantes a serem observados: (*a*) isquiotibiais encurtados (observe a inclinação da pelve) e lombar encurtada e alongamento da parte superior das costas; (*b*) comprimento normal do isquiotibial e da lombar; (*c*) rigidez no isquiotibial (observe a inclinação da pelve) e da lombar.

Apesar das contra-indicações médicas e de uma série de fatores que podem afetar o desempenho, a atividade de sentar e alcançar a ponta dos pés ainda possui valor como teste de campo, desde que os aplicadores tenham consciência das limitações inerentes. A seguir, apresentamos sugestões que podem melhorar esse teste.

- Argumenta-se que a medição dos centímetros alcançados não é um dos indicadores do desempenho mais válidos. É mais aconselhável que o aplicador do teste examine a qualidade do movimento do indivíduo. Procure observar o ângulo do sacro (veja a Figura 9.6) e a suavidade da curva espinal. Essas determinações relativamente simples podem fazer do teste de sentar e alcançar a ponta dos pés um modo de medir a mobilidade da lombar e também o alongamento do isquiotibial. Esse e outros pontos relacionados à qualidade estão ilustrados na Figura 9.6.
- Recomenda-se que o indivíduo estenda apenas uma perna durante o teste. Embora essa técnica dobre o número de medições necessárias, o testador será capaz de avaliar também a simetria.
- Se, no teste, for usada uma caixa que sirva de referência para as medições, recomenda-se que ela seja adaptada, a fim de permitir a flexão plantar passiva da articulação do tornozelo. Para modificá-la, simplesmente substitua a superfície vertical sob a extensão do cantílever por uma vareta de 4 cm.

Isso possibilita a flexão plantar no interior da caixa, mas restringe o calcanhar. No protocolo de Hui e Yuen (8), o ajuste é desnecessário.

A seguir, descrevemos dois testes específicos para a medição da ADM da coluna. Ambos exigem a habilidade de localizar pontos ósseos básicos na pelve e na coluna. O inclinômetro fornece meios relativamente simples e razoáveis para medir a coluna lombar (1, 11). Apesar de caro (cerca de 100 a 150 dólares), esse aparelho é mais fácil de usar do que o goniômetro. Williams e colaboradores (23) descreveram uma modificação na técnica de Schober, usada para medir a amplitude de movimento da coluna. Embora o único equipamento exigido seja uma fita métrica, esse teste tem sido aplicado sobretudo em clínicas de saúde, em parte porque, para a localização dos pontos ósseos, o paciente deve se despir.

Ponto-chave

Quando uma pessoa com encurtamento de isquiotibiais realiza o procedimento de sentar e alcançar a ponta dos pés com as duas pernas estendidas, as estruturas dos tecidos moles da coluna podem ser danificadas. Na hora de aplicar esse teste, o profissional de condicionamento físico deve examinar a qualidade do movimento, que às vezes é mais importante do que a distância em centímetros alcançada.

Estudos de caso

Confira as respostas no Apêndice A.

1. Depois de tomar conhecimento de que um dos alunos matriculados na academia, participante do programa de condicionamento físico, disse ter o isquiotibial rígido, você resolve aplicar o teste de sentar e alcançar a ponta dos pés para ter dados básicos sobre rigidez. Surpreendentemente, descobre que ele consegue levar a mão além dos dedos dos pés. Que fatores qualitativos (fora os centímetros alcançados) é possível observar nesse mesmo teste para explicar a disparidade? Que outro teste de comprimento do isquiotibial pode ser aplicado?
2. O registro de uma outra aluna indicava que, nos resultados de um teste de Thomas anterior, ela havia mostrado muita rigidez nos flexores do quadril. No entanto, você administrou um outro teste de Thomas e não descobriu indícios de rigidez nesse local. Pressuponha que a praticante não fez nada para aumentar a ADM e que a aplicação do teste foi absolutamente correta. Explique em que o testador anterior pode ter errado.

APÊNDICE

Testes para medir a amplitude de movimento da região lombar

ADM da coluna

Teste de ADM lombar passivo

O participante deve manter a parte anterior da pelve (ou seja, as espinhas ilíacas ântero-superiores) em contato com o chão. Em seguida, elevar o tronco pela ação dos músculos do ombro e dos braços. Os músculos das costas não são usados nesse movimento. O escore é a distância perpendicular do ponto supra-esternal ao chão. De uma perspectiva geométrica, indivíduos com troncos mais longos devem obter melhores escores com mais facilidade. Escores: 30 cm ou mais = excelente; 20 cm ou mais = bom; 10 cm ou mais = regular.

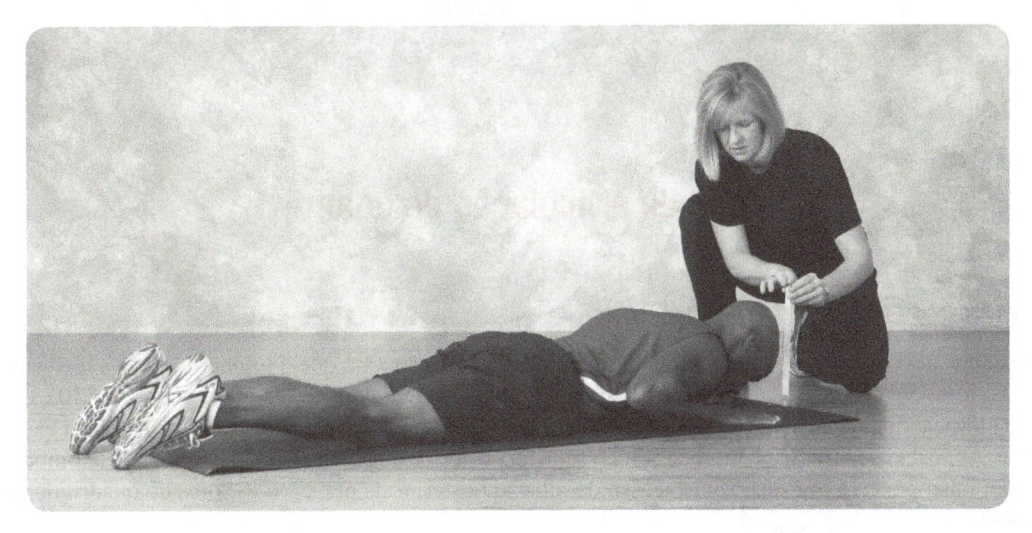

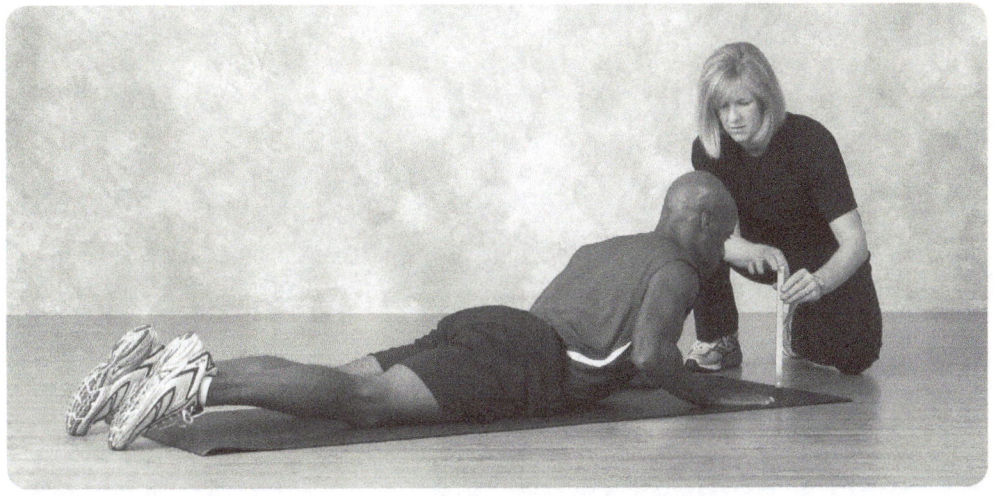

Teste ativo de força e de ADM das costas

Nesse teste, o indivíduo deve levantar o tronco lentamente, contraindo os grupos musculares eretor da espinha e multífido até que o queixo fique, no máximo, a 30 cm do colchonete. Esse teste foi elaborado pelo Cooper Institute for Aerobics Research (5). Embora não haja valores normativos disponíveis, a maioria dos indivíduos testados é capaz de elevar o queixo a, pelo menos, 15 cm. (De uma perspectiva geométrica, indivíduos com troncos mais longos devem obter melhores escores. Ao aplicar o teste, é preciso considerar esse fator.)

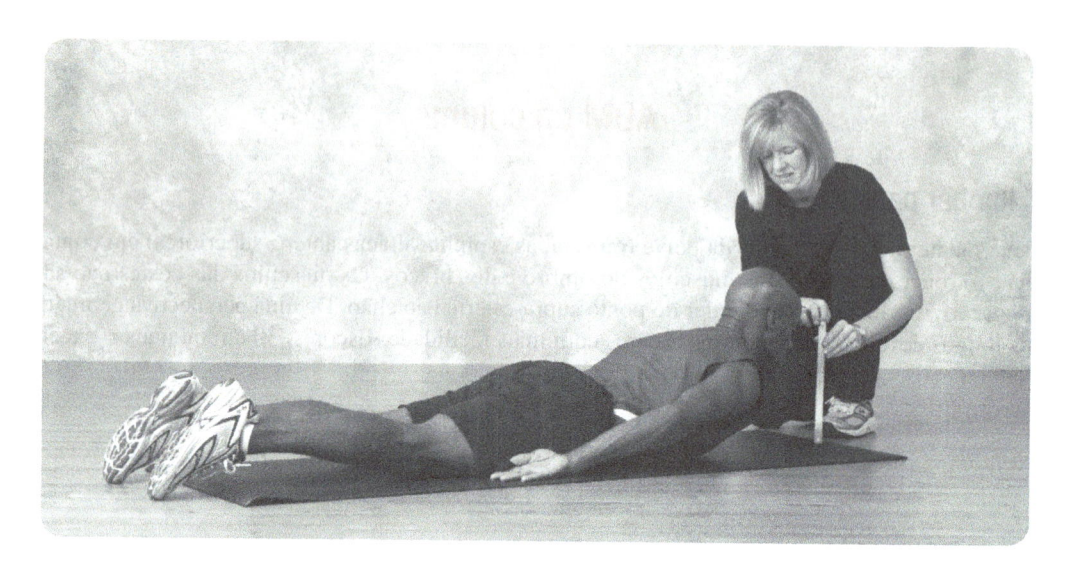

ADM da articulação do quadril

Teste de Thomas

Os indivíduos testados devem levar a perna contralateral em direção ao peito até que a lombar toque a superfície. É considerado bem-sucedido o teste em que a coxa da perna estendida permanece em contato com a mesa ou o solo (10). Quando isso não ocorre, o grau de elevação indica a rigidez dos flexores do quadril. O testador deve cuidar para que não haja excesso de rotação posterior da pelve. Às vezes, o indivíduo consegue fazer a rotação posterior da pelve além do ponto onde a lombar toca a superfície. Isso sugere um falso-positivo (ou seja, com excesso de rotação posterior da pelve, os flexores do quadril de qualquer pessoa pareceriam rígidos).

Teste de Ober (rigidez da banda IT)

A pelve fica na posição neutra, e o quadril, de lado. O escore é a distância, em dedos, entre o côndilo femoral medial e a superfície (24). Esse teste pode ser útil na determinação do efeito do programa de exercícios sobre a rigidez da banda IT, problema observado no joelho de corredores (consulte também a *síndrome patelofemoral* ou *patela da condromalacia*).

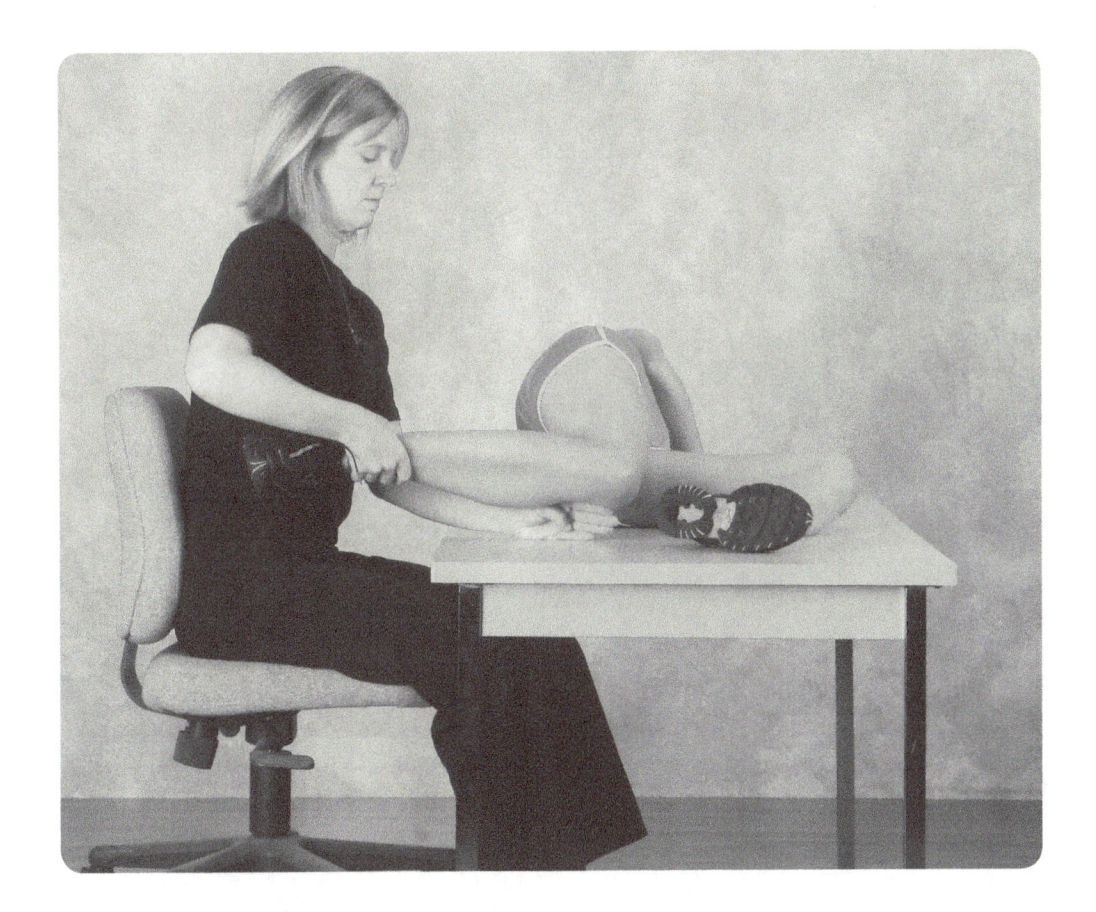

ADM do piriforme

Examinar a ADM do piriforme é uma tarefa difícil, que deve ser realizada apenas por profissionais com a devida experiência. A avaliação inclui duas posições: (a) com menos de 90° de flexão do quadril (nessa posição, destacam-se o abdutor e o rotador externo); e (b) acima de 90° (o adutor e o rotador interno) (24). Esse teste pode ajudar a determinar o efeito do programa de exercícios sobre a rigidez do piriforme.

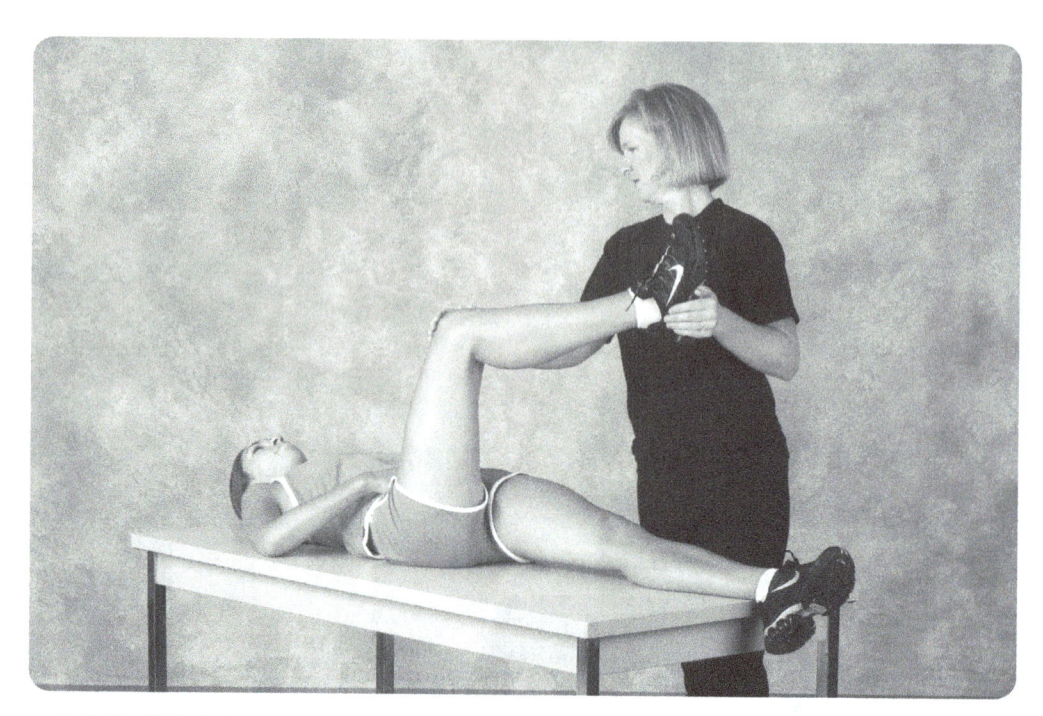

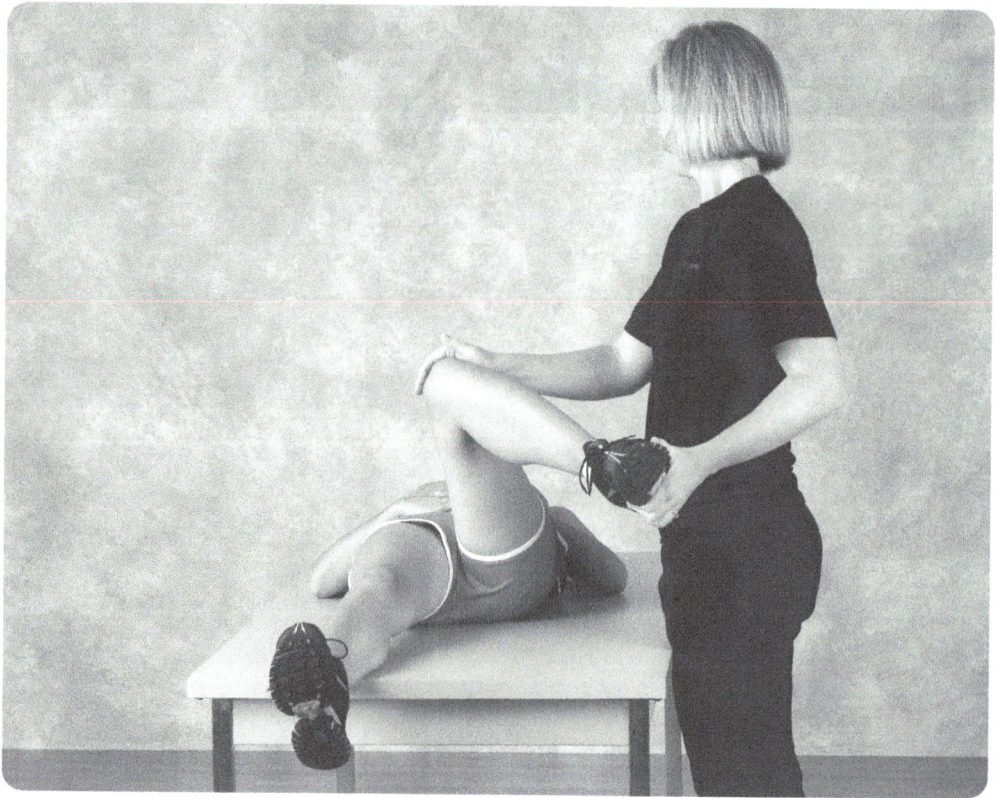

Teste de levantamento passivo da perna estendida

Na versão recomendada, primeiro se realiza a rotação posterior da pelve, até que a lombar encoste completamente na superfície. Em seguida, o testador levanta uma das pernas do participante, enquanto cuida para que a outra permaneça estendida e encostada na superfície. A ADM da flexão pode ser determinada por um goniômetro, sendo seu eixo colocado no trocanter maior, ou por um inclinômetro posicionado logo abaixo do tubérculo tibial. É desejável um mínimo de 80° no levantamento passivo da perna estendida. No entanto, a maioria dos fisioterapeutas prefere 90°. Quando se testa um grande número de indivíduos, é possível planejar o uso de um dispositivo do tipo prolongador (por exemplo, marcado na parede) para agilizar o processo. Nesse caso, porém, a medição não será tão precisa. (Embora o Flexômetro de Leighton sirva para medir a ADM dos membros em testes como esse, não encontramos referências a ele na literatura revisada.)

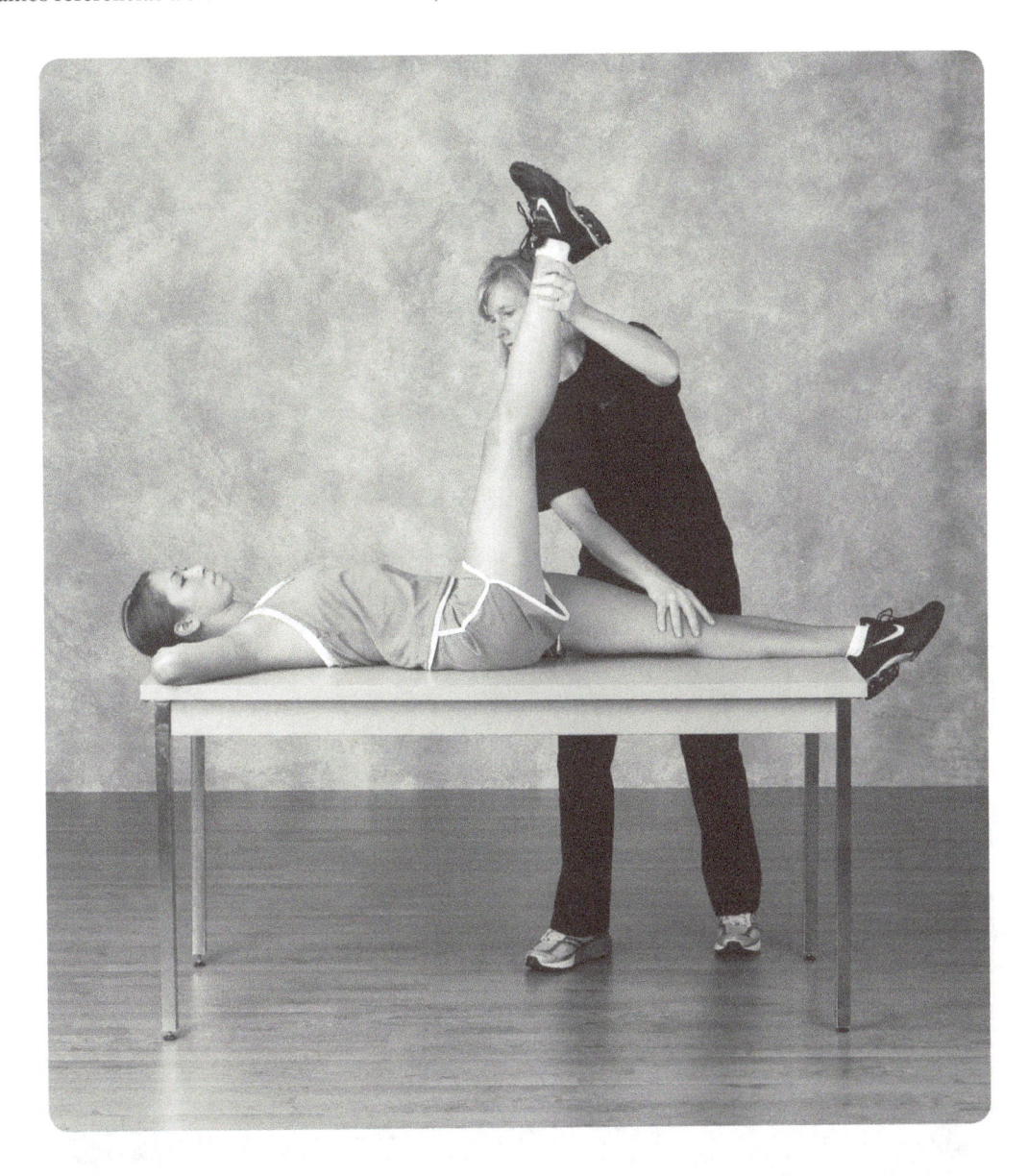

Teste de extensão ativa do joelho (EAJ) ou 90/90

Nesse teste, levanta-se uma coxa perpendicularmente (ou seja, com ângulo de 90° em relação à superfície), formando um ângulo de 90° com a perna (o testador tem de segurar a coxa do participante na posição correta). Então o indivíduo estende ativamente essa perna. O escore zero indica que a perna se moveu 90° (ou seja, ficou perpendicular à superfície e alinhada com a coxa); o escore 10 indica que a perna se moveu 80°. A faixa desejável inclui valores de 5 a 15. Muitos fisioterapeutas gostam desse teste porque o próprio indivíduo testado controla a porção de movimento. (Alguns fisioterapeutas determinam ultrapassar a ADM, adotando a posição 90/90.)

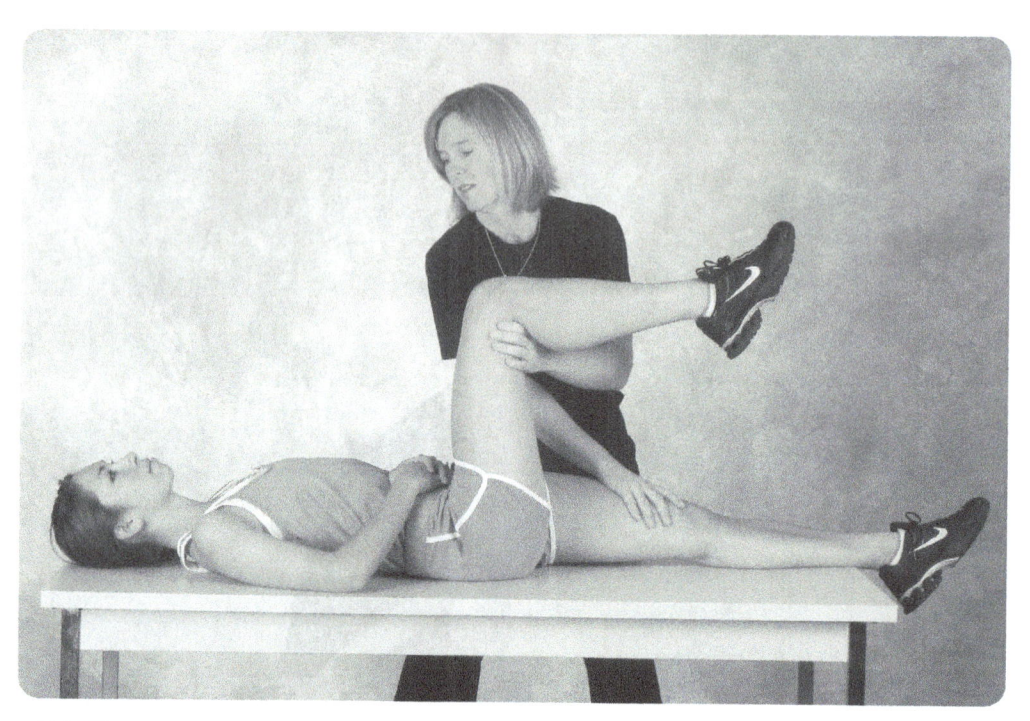

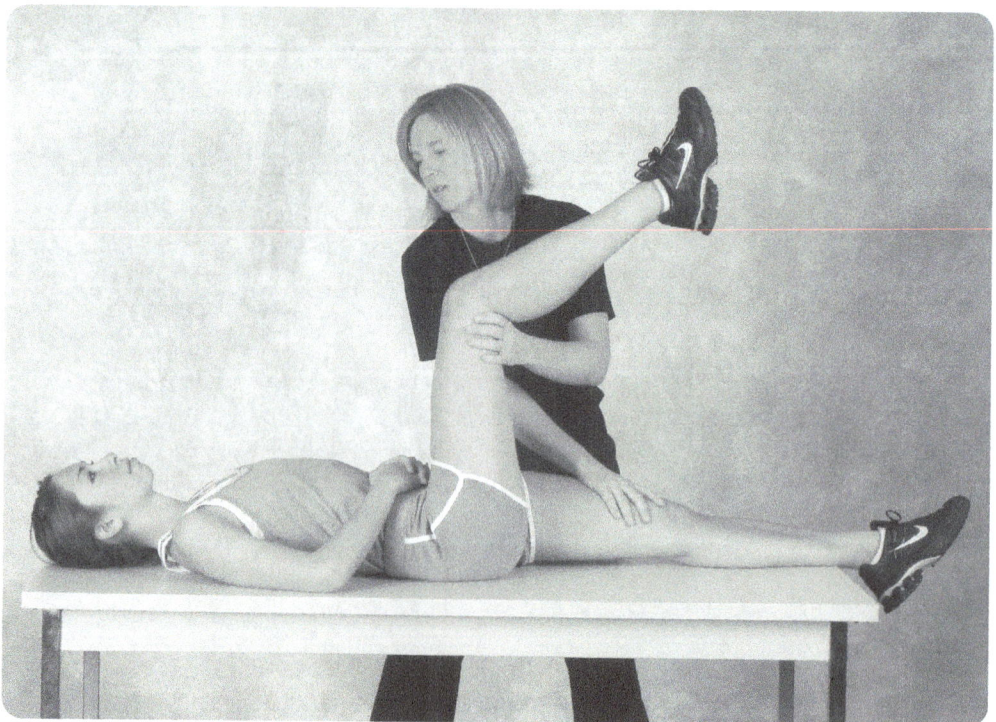

Testes que combinam a flexão da articulação do quadril e do tronco

Alongamento protetor do isquiotibial, elaborado por Cailliet

À medida que o participante flexiona o quadril e o joelho da perna contralateral, a resultante rotação posterior da pelve diminui o momento de mudança da inércia do tronco. Essa é uma das razões que faz alguns acreditarem que esse exercício ou teste seja mais seguro do que a atividade bilateral de sentar e alcançar a ponta dos pés (4).

Sentar e alcançar uma caixa onde os pés são inseridos (teste de Hopkins e Hoeger)

Primeiro, determina-se um escore, com as costas apoiadas na parede. Depois, subtrai-se esse escore do máximo alcançado (7). Pesquisas recentes têm questionado a validade do ajuste de discrepâncias entre os comprimentos de braços e pernas. Na aplicação do teste, às vezes é preciso usar uma extensão de cantílever da caixa para alguns indivíduos.

Sentar e alcançar modificado para proteger as costas

O único equipamento necessário para esse teste é uma fita métrica ou metro de madeira e um banco. Uma vez que é permitida a flexão plantar passiva do tornozelo, a rigidez do tecido conjuntivo na parte de trás do joelho, bem como outros fatores, como a tensão do nervo isquiático, não afeta o desempenho (8).

PARTE III

Prescrição de Exercícios para Saúde e Condicionamento Físico

Nesta Parte III, fornecemos orientações para programação de exercícios, levando em conta cada um dos componentes do condicionamento físico: condicionamento cardiorrespiratório (Capítulo 10), controle de peso (Capítulo 11), força e *endurance* muscular (Capítulo 12), flexibilidade e função lombar (Capítulo 13). No Capítulo 14, descrevemos a liderança na aplicação de exercícios e incluímos exemplos de uma série de atividades. O grau de funcionamento de tecidos como o ósseo, o musculoesquelético ou o cardíaco depende da atividade a que são expostos. Essa afirmação resume os dois princípios fundamentais de programas de treinamento: sobrecarga e especificidade.

O princípio da sobrecarga descreve uma característica dinâmica dos seres humanos: o uso aumenta a capacidade funcional. Quando exigimos que o sistema de um órgão ou de um tecido trabalhe com uma carga com a qual ele não está acostumado, o resultado é o seu fortalecimento, e não o seu desgaste ou enfraquecimento. O adágio comum para esse princípio é: "Usar para não perder". O corolário da sobrecarga é o princípio da reversibilidade, segundo o qual os ganhos fisiológicos são perdidos quando o sistema do órgão ou do tecido não é usado. As variáveis que contribuem para a sobrecarga em um programa de exercícios incluem intensidade, duração e freqüência. Como vamos ver a seguir, é a combinação desses elementos que resulta em uma quantidade suficiente de trabalho ou de gasto energético total, capaz de aumentar a capacidade funcional dos sistemas cardiorrespiratórios.

De acordo com o princípio da especificidade, os efeitos do treinamento derivados de um programa são específicos aos exercícios executados e aos músculos envolvidos. Uma pessoa que pratica a corrida, por exemplo, apresenta poucas mudanças nos músculos dos braços. Quem se exercita com baixa intensidade, recrutando apenas as fibras musculares de contração lenta, observa pouco ou nenhum efeito do treinamento sobre as fibras de contração rápida. Se as fibras musculares não forem usadas, elas não poderão se adaptar e não serão treinadas. O tipo de adaptação decorrente do treinamento é específico ao tipo de treinamento adotado (por exemplo, *endurance* vs. força). Correr aumenta o número de capilares e as mitocôndrias nas fibras musculares envolvidas na atividade, o que as torna mais resistentes à fadiga. O treinamento de força causa hipertrofia dos músculos envolvidos, pois há aumento da quantidade de proteínas contráteis, actina e miosina, no respectivo músculo.

Este é um resumo do tema da sobrecarga e da especificidade:

- os tecidos adaptam-se à carga a que são expostos;
- para aumentar a capacidade funcional de um tecido, deve-se submetê-lo a uma sobrecarga (ou seja, exigir que ele trabalhe com uma carga a que não está acostumado);
- o tipo de adaptação é específico às fibras musculares envolvidas e ao tipo de exercício;
- o exercício de *endurance* aumenta o número de mitocôndrias e capilares;
- o treinamento de força aumenta as proteínas contráteis e o tamanho do músculo.

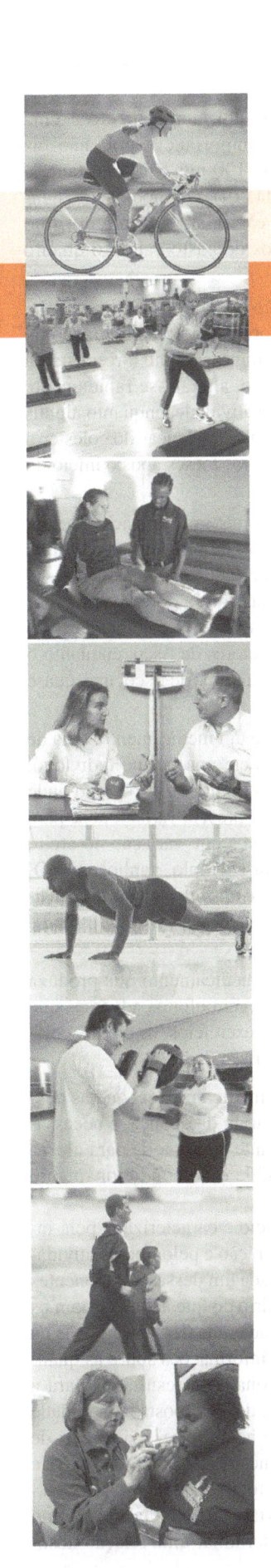

CAPÍTULO 10

Prescrição de Exercícios para o Condicionamento Cardiorrespiratório

Objetivos

O leitor será capaz de:

1. Caracterizar a dose de exercícios na hora de prescrevê-los e identificar meios de provocar um efeito relacionado à saúde.
2. Descrever a recomendação de saúde pública para a atividade física.
3. Explicar os conceitos da sobrecarga e da especificidade em sua relação com programas de treinamento.
4. Descrever orientações gerais relacionadas a programas de condicionamento cardiorrespiratório, incluindo as que tratam do aquecimento e do relaxamento final.
5. Desenvolver a prescrição de exercícios com intensidade, duração e freqüência adequadas ao alcance e à manutenção dos objetivos do condicionamento cardiorrespiratório.
6. Expressar a intensidade do exercício em termos de produção de energia, freqüência cardíaca (FC) e taxa de percepção de esforço (TPE).
7. Comparar os métodos usados para desenvolver prescrições de exercícios para o público em geral, a população bem condicionada e grupos de pessoas cujos resultados do TEP estão disponíveis.
8. Descrever as diferenças entre programas com e sem supervisão.
9. Descrever como a temperatura, a umidade, a altitude e a poluição afetam a prescrição de exercícios.

Nos Estados Unidos, o *Surgeon General's Report on Physical Activity and Health* (63) concluiu que a inatividade física consiste em um dos principais riscos de doenças cardiovasculares, respiratórias e metabólicas. Entre mais de 450 objetivos estabelecidos para a saúde dos estadunidenses, o *Healthy People 2010* (64) escolheu a atividade física como um dos 10 indicadores mais importantes. Em um simpósio sobre a questão da dose-resposta na atividade física e saúde, concluiu-se que a atividade física regular reduz a mortalidade geral (de todas as causas), o total de doenças cardiovasculares (DCV) fatais e não-fatais e as doenças coronarianas (DC). A atividade física também foi relacionada com menor incidência de obesidade e diabete do tipo 2 e com a melhoria do controle metabólico em indivíduos com diabete tipo 2 (14, 39). O leitor pode consultar os Capítulos 11, 19 e 20 a fim de obter detalhes sobre a prescrição de exercícios para controle de peso, obesidade e diabete, respectivamente. Este capítulo trata de uma questão fundamental: a quantidade de atividade necessária para melhorar o condicionamento cardiorrespiratório (CCR).

Prescrição de exercícios

Há grande semelhança entre o profissional de condicionamento físico que deseja determinar a dose de exercício apropriada para causar determinado efeito (resposta), e o médico, que precisa estabelecer o tipo e a quantidade de medicamento necessários à cura de uma doença. Curar uma dor de cabeça, por exemplo, é diferente de curar uma tuberculose. Do mesmo modo, não há dúvidas de que a quantidade de atividade física adequada ao alcance de um elevado nível de desempenho é diferente daquela necessária à obtenção de um resultado relacionado à saúde (por exemplo, diminuir a pressão arterial – PA – ou reduzir o risco de DC). Podemos traçar similaridades entre a relação dose-resposta para medicamentos e para exercícios. Isso é o que mostramos na Figura 10.1 (19).

- **Potência.** A potência de um medicamento é uma característica relativamente sem importância, pois não faz diferença se compramos 1 mg ou 100 mg – o importante é ingerirmos a dosagem apropriada (19). De modo semelhante, na prescrição de exercícios, caminhar 6,4 km em ritmo moderado é tão eficaz em termos de gasto calórico quanto correr 3,2 km.

- **Inclinação.** A inclinação da curva da Figura 10.1 descreve o percentual do efeito provocado pela alteração na dose (19). Algumas medidas fisiológicas, como a resposta da FC e do lactato a um exercício fixo, alteram-se rapidamente (em dias) de acordo com a dose da atividade, enquanto alguns efeitos relativos a saúde (por exemplo, mudanças do colesterol no soro) se concretizam apenas muitos meses após o início do programa.

- **Efeito máximo.** O efeito máximo (eficácia) de um medicamento varia conforme o tipo de remédio. A morfina, por exemplo, pode aliviar dores de todas as intensidades, ao passo que a aspirina é eficaz apenas contra dores leves a moderadas (19). De forma similar, o exercício extenuante pode aumentar o $\dot{V}O_2$máx. e modificar fatores de risco, enquanto o exercício de leve a moderado reduz fatores de risco, mas quase não afeta o $\dot{V}O_2$máx.

- **Variabilidade.** O efeito de um medicamento varia de acordo com o indivíduo e também em um mesmo indivíduo, dependendo das circunstâncias. Na Figura 10.1, o ponto onde a inclinação muda indica o quanto é preciso variar a dose para produzir determinado efeito e ainda a que variação no efeito está associada certa dose (19). Por exemplo, ganhos no $\dot{V}O_2$ máx. atribuíveis ao treinamento de *endurance* mostram considerável variação, mesmo quando o valor do $\dot{V}O_2$máx. inicial é controlado (12).

- **Efeito colateral.** Não há medicamento que produza um único efeito (19). Às vezes, surgem efeitos adversos que limitam sua utilidade. No caso dos exercícios, os efeitos colaterais podem incluir o aumento do risco de lesões.

Ao contrário da maioria dos medicamentos, que as pessoas param de tomar quando se curam da doença, é necessário praticar a atividade física durante a vida toda para alcançar resultados relacionados à saúde e ao condicionamento físico.

Geralmente, a dose do exercício é caracterizada pela intensidade, pela freqüência, pela duração e pelo tipo de atividade. Neste capítulo, discutiremos cada um desses componentes em detalhes. No entanto, ao contrário do que acontece com os conhecimentos sobre o papel de cada uma dessas variáveis na melhoria do $\dot{V}O_2$máx., há poucas informações sobre as quantidades mínimas ou ideais relacionadas a resultados para a saúde (27). Em um simpósio sobre dose-resposta na atividade física e na saúde, concluiu-se que havia fortes evidências de uma relação inversa e em geral linear entre a atividade física e as taxas de mortalidade geral, o total de doenças cardiovasculares, a incidência de DC e mortalidade e o diabete do tipo 2. Por sua vez, foi mais difícil determinar uma relação dose-

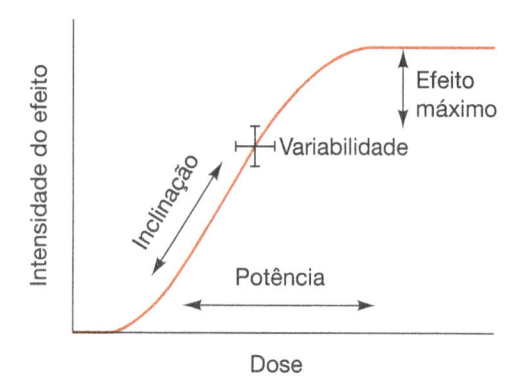

Figura 10.1 Curva representativa da dose-efeito, ilustrando quatro parâmetros caracterizadores.

Reimpressa de A. Goodman, 1975, *Pharmacological basis of therapeutics* (New York, NY: McGraw-Hill), p. 25, com permissão de McGraw-Hill Companies.

resposta para outros resultados que afetam a saúde (14, 39). O próximo quadro de Evidências científicas fornece mais algumas informações.

A resposta (efeito) gerada por determinada dose de exercício pode incluir mudanças no $\dot{V}O_2$máx., na PA em repouso, na sensibilidade à insulina, no peso corporal (% de GC) e na depressão. Entretanto, como Haskell (26, 27) destacou, talvez tenhamos de reexaminar nossos princípios de causa e efeito para estudar como uma dose de atividade física se relaciona com as respostas no campo da saúde e do condicionamento físico. A atividade física pode trazer mudanças favoráveis quando resulta em melhoras:

- no condicionamento físico (em especial no cardiorrespiratório) e conseqüentemente na saúde;
- no condicionamento físico e na saúde de modo simultâneo e separado;
- no condicionamento físico, mas sem efeito específico sobre a saúde, ou
- em aspectos específicos da saúde, mas sem efeito sobre o condicionamento físico.

As melhorias em uma série de aspectos relacionados à saúde não dependem do aumento no $\dot{V}O_2$máx. É importante mencionar essa distinção já no começo deste capítulo, que trata exatamente dos modos de incrementar o $\dot{V}O_2$máx.

Ponto-chave

A dose de um exercício reflete a interação entre intensidade, freqüência, duração e tipo de atividade. A causa da resposta relacionada à saúde pode estar ligada ao aumento do $\dot{V}O_2$máx. ou a algum outro mecanismo. Desse modo, ganhos em termos de saúde e aumentos do $\dot{V}O_2$máx. são variáveis independentes.

Respostas de curto e longo prazos ao exercício

Haskell indicou que, além de compreender a conexão causa-efeito entre atividade física e resultados específicos, precisamos distinguir também as respostas de curto prazo (agudas) das de longo prazo (treinamento) (25, 28). As respostas observadas nos dias e semanas subseqüentes ao início de certa dose de exercício podem variar de forma substancial, conforme a variável a ser medida.

- Respostas agudas – ocorrem em função de uma ou várias sessões de exercício, mas não progridem no futuro.
- Respostas rápidas – benefícios que surgem logo cedo e se estabilizam.
- Respostas lineares – ganhos obtidos continuamente, ao longo do tempo.
- Respostas lentas – ocorrem apenas após semanas de treinamento.

Evidências científicas

Embora se saiba que a atividade física atua favoravelmente sobre muitos problemas de saúde, algumas pessoas questionam a existência de provas sobre a relação dose-resposta. Para tratar esse tema, os cientistas examinaram tanto a qualidade quanto a quantidade de indícios que ligam a atividade física a uma ampla série de problemas de saúde. Os resultados das suas deliberações foram publicados em um suplemento especial da *Medicine and Science in Sports and Exercise* (14). O artigo de consenso (39) resultante desse encontro afirma que maior quantidade de atividade está associada com taxas mais baixas dos seguintes itens:

- mortalidade geral
- total de doenças cardiovasculares
- DC e mortalidade
- diabete tipo 2
- total de gordura
- câncer de colo e de mama
- osteoporose

Maior quantidade de atividade (de certos tipos) pode causar problemas como:

- dores lombares
- osteoartrite

O simpósio não registrou indícios de um efeito dose-resposta dessa atividade, embora a atividade física ajude a prevenir ou a tratar os seguintes problemas de saúde:

- Distúrbios na pressão arterial
- AVC
- Controle da glicose no diabete tipo 2
- Lipídeos no sangue
- Gordura abdominal e visceral
- Depressão
- Ansiedade
- Vida independente para idosos

A necessidade de fazer essas distinções pode ser vista na Figura 10.2 (37), que mostra relações propostas entre dose e resposta na atividade física, definidas como minutos semanais de exercícios, usando 60 a 70% da capacidade máxima de trabalho, e a variedade de respostas fisiológicas.

- PA e sensibilidade à insulina respondem mais ao exercício.
- Mudanças no $\dot{V}O_2$máx. e na FC em repouso são intermediárias.
- Mudanças nos lipídeos no soro, como os aumentos no HDL, são lentas.

A relação dose-resposta no exercício traz importantes implicações quando a atividade é feita isoladamente ou em conjunto com medicamentos para controlar doenças. Discutiremos esse ponto no Capítulo 24.

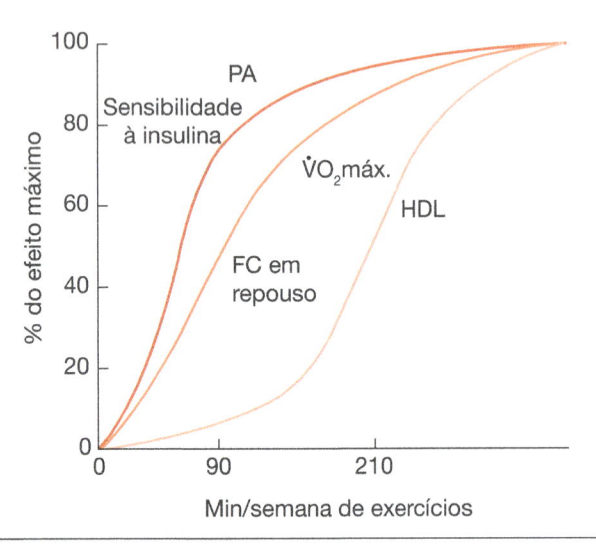

Figura 10.2 Propostas de relações dose-resposta entre a quantidade de exercícios realizados por semana, na intensidade de 60 a 70% da capacidade máxima de trabalho, e mudanças na PA e na sensibilidade à insulina (curva da esquerda), índices que parecem mais sensíveis ao exercício; consumo máximo de oxigênio ($\dot{V}O_2$máx.) e FC em repouso, que são parâmetros da atividade física (curva do meio); mudanças nos lipídeos, como aumentos no HDL (curva da direita).

Reimpressa, com permissão, de G. L. Jennings, G. Deakin, P. Korner, I. Meredith, B. Kingwell and L. Nelson, 1991, "What is the dose-response relationship between exercise training and blood pressure?", *Annals of Medicine*, 23: p. 313-318.

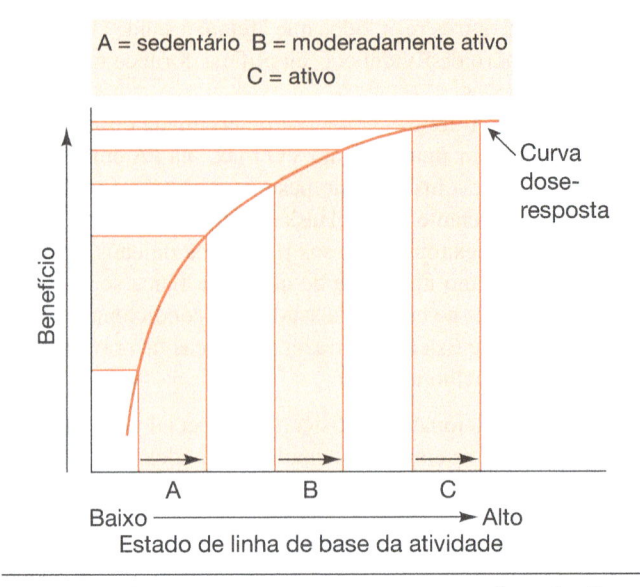

Figura 10.3 Curva dose-resposta, que representa a melhor estimativa da relação entre a atividade física (dose) e os benefícios à saúde (resposta). Quanto mais baixo for o estado de linha de base da atividade física, maior será o benefício à saúde associado a determinado aumento na prática de exercícios (setas A, B e C).

De R. R. Pate et al., 1995, "Physical activity and public health", *Journal of the American Medical Association*, 273(5): p. 404.

Recomendações de saúde pública para a atividade física

Não deve causar surpresa, dada a discussão anterior, a dificuldade de fazer uma única prescrição de exercício referente a todos os aspectos da prevenção e do tratamento de várias doenças. Apesar disso, nos Estados Unidos tem surgido uma grande necessidade de fornecer recomendações gerais para a prática de exercícios, com o objetivo de melhorar o estado de saúde de todos os adultos. O ACSM e o CDC responderam a essa necessidade com a publicação de orientações para a atividade física (45): todos os estadunidenses adultos devem acumular 30 minutos ou mais de atividade física de intensidade moderada (3 a 6 METs) na maioria dos dias da semana ou, melhor ainda, em todos os dias.

Essas orientações basearam-se em uma ampla revisão da literatura dedicada a aspectos da atividade física relacionados com a saúde. A curva dose-resposta da Figura 10.3 resume as descobertas. Movendo o grupo mais sedentário (A) para um nível de atividade física superior, são obtidos os maiores ganhos em benefícios à saúde. Essas recomendações para a atividade física foram fundamentadas na descoberta de que o gasto calórico e o tempo total da atividade física estão associados à redução de doenças cardiovasculares e mortalidade. Além disso, realizar a atividade em várias sessões intermitentes (por exemplo, 10 minutos de cada vez) é um modo alternativo de alcançar o objetivo de 30 minutos (45, 64).

As recomendações precedentes para a atividade física são apropriadas para indivíduos que estão na primeira etapa do programa – passar de sedentário a ativo. Por sua vez, indivíduos que gastam mais de 2.000 kcal · semana^{-1} ou que têm um $\dot{V}O_2$ máx. elevado apresentam a taxa de mortalidade geral mais baixa de todas as causas (6, 44). O maior gasto energético também ajuda a alcançar e manter um peso corporal normal (veja os Capítulos 11 e 19). Conseqüentemente, há benefícios não apenas quando a pessoa é sedentária e se torna ativa, mas também quando o indivíduo moderadamente ativo se envolve em exercícios mais vigorosos, que aumentam a capacidade funcional ($\dot{V}O_2$máx.). Este capítulo guia o leitor pelas etapas do estabelecimento de prescrições de exercícios destinados a melhorar o CCR de indivíduos aparentemente saudáveis.

Ponto-chave

Na área da saúde pública, a base da recomendação da prática de atividade física está em propor que os benefícios do exercício estão correlacionados mais com a quantidade total de calorias gastas do que com o nível de intensidade. O objetivo é fazer com que indivíduos sedentários pratiquem alguma atividade física de intensidade moderada por 30 minutos em quase todos, ou de preferência em todos, os dias da semana.

Orientações gerais para programas de CCR

Para aplicar os princípios da sobrecarga e da especificidade ao CCR (veja a introdução à Parte III), é necessário usar, nos programas de exercícios, atividades que sobrecarreguem os sistemas cardíaco e respiratório. Exercícios que envolvem a contração de grupos musculares grandes de modo rítmico e contínuo podem implicar uma sobrecarga ao sistema cardiorrespiratório. Atividades que incluem massas musculares pequenas e exercícios de treinamento de força são menos indicadas, pois tendem a gerar pouca carga cardiovascular elevada, relativa ao gasto energético (veja o Capítulo 28). Os programas que melhoram o CCR se caracterizam por alto custo calórico e, portanto, ajudam a alcançar o objetivo de relativa magreza. A pergunta então é a seguinte: como iniciar o programa para condicionamento cardiorrespiratório?

Avalie os participantes

Se o participante ainda não preencheu os formulários sobre o próprio estado de saúde, peça-lhe que o faça. O Capítulo 3 fornece orientações sobre o encaminhamento de alguns indivíduos ao médico, a fim de buscar uma autorização para a prática de exercícios.

Estimule a participação regular

O exercício deve se tornar parte importante do estilo de vida da pessoa. Ele não é algo para ser feito esporadicamente ou apenas por alguns meses ou anos a fim de acumular uma reserva de condicionamento. Ganhos notáveis, adquiridos por meio da atividade física, são logo perdidos em períodos de inatividade (veja o Capítulo 28). Apenas pessoas que mantêm atividade contínua, como parte da vida cotidiana, aproveitam os seus benefícios a longo prazo.

Forneça diferentes tipos de atividade

O programa de condicionamento físico começa com atividades facilmente quantificadas, como caminhar ou pedalar, de modo que se possa alcançar a intensidade apropriada. Depois que a pessoa atinge um nível mínimo de condicionamento, outras atividades são incluídas. O Capítulo 14 esboça três fases da atividade física: (a) trabalhar para caminhar com rapidez todos os dias; (b) começar o *jogging* de forma gradual e buscar a prática contínua por 3,2 a 4,8 km; e (c) introduzir outras atividades, incluindo o exercício com música.

Programe a progressão

Dada a importância de ajudar pessoas sedentárias a se tornarem ativas, em programas de condicionamento físico voltados para a saúde e específicos para esses indivíduos, devemos começar devagar e, em caso de dúvida, optar por menos em vez de mais. Os participantes podem começar o trabalho em níveis de fácil realização e devem ser incentivados a aumentar gradualmente a quantidade de exercício da sessão. Pessoas sedentárias interessadas em *jogging*, por exemplo, podem começar o programa de treinamento com a caminhada, completada sem fadiga nem esgotamento. Com o tempo, serão capazes de percorrer trechos mais extensos, com maior rapidez e sem desconforto. Quando forem capazes de caminhar vários quilômetros rapidamente, sem parar, poderão partir de forma gradativa para o *jogging* por 3,2 a 4,8 km, de modo contínuo, em cada sessão de trabalho. Logo no início do período de *jogging*, você pode introduzir o trabalho intervalado (caminhada, *jogging*, caminhada, *jogging*). À medida que se adaptam ao treinamento intervalado, os praticantes conseguem pouco a pouco aumentar a quantidade de *jogging*, com simultânea diminuição da distância da caminhada (veja os programas de caminhada e de *jogging* no Capítulo 14).

Adote um único formato nas sessões de condicionamento

A parte principal da sessão de condicionamento físico consiste em atividades dinâmicas, que utilizam grandes grupos musculares, com intensidade suficientemente elevada e duração capaz de somar um trabalho total que sobrecarrega, em especial, os sistemas cardiorrespiratórios. Atividades de alongamento e de *endurance* leve são incluídas antes (aquecimento) e depois (relaxamento) da sessão para garantir a segurança geral e a melhoria da função lombar.

Há razões fisiológicas, psicológicas e de segurança para incluir o aquecimento e o relaxamento. Em geral, essas partes devem consistir em:

- atividades similares às da parte principal da sessão de trabalho, porém com menor intensidade (por exemplo, caminhada, *jogging* ou ciclismo abaixo da freqüência cardíaca-alvo – FCA);
- exercícios de alongamento dos músculos envolvidos na atividade e também dos da região média do tronco e
- exercícios de *endurance* muscular, em especial para os músculos da região abdominal.

Essas atividades ajudam os participantes a entrar e sair da sessão de trabalho com tranqüilidade e promovem o bom funcionamento da lombar. Quando há necessidade de reduzir o tempo total da sessão, o ajuste deve ser feito na parte principal, de modo a sobrar sempre 5 a 10 minutos para o aquecimento e o relaxamento.

Realize testes de CCR periódicos

Testes rotineiros de condicionamento físico, voltados para aspectos da saúde e destinados a determinar o progresso do

> **Ponto-chave**
>
> Pessoas interessadas em seguir um programa de condicionamento físico devem passar pela avaliação dos fatores de risco. É importante encorajá-las a praticar exercícios com regularidade. O programa deve fornecer tipos diferentes de atividades, que usem grupos musculares grandes e sobrecarreguem os sistemas cardíaco e respiratório. O indivíduo tem de começar lentamente e avançar aos poucos, até alcançar níveis mais elevados de trabalho. A sessão de exercícios deve incluir aquecimento e relaxamento, com alongamento e exercícios de *endurance* muscular para a região média do tronco. Testes periódicos de CCR podem ser usados para alterar a prescrição de exercícios.

praticante, podem motivar as pessoas e ajudar a alterar programas que não têm gerado os resultados desejados. Ao discutir os resultados do teste, o profissional de condicionamento físico colabora para o estabelecimento de objetivos realistas para a próxima sessão. Como regra geral, pode-se considerar uma melhora de 10%, em três meses, nos escores do teste que precisam ser mudados. Assim que a pessoa alcança o nível de condicionamento desejado, a meta passa a ser a manutenção desse nível.

Formulação da prescrição de exercícios

O efeito do treinamento de CCR depende do grau da sobrecarga aplicada aos sistemas, ou seja, da intensidade, da duração e da freqüência do programa. Em geral, a **intensidade** é expressa como porcentagem de alguma resposta fisiológica máxima, que, em geral, é o consumo de oxigênio (% do $\dot{V}O_2$máx.) ou a FC (% FCmáx.) ou, ainda, derivados desses dois – consumo de oxigênio de reserva ($\dot{V}O_2R$) ou FC de reserva (FCR). Descrevemos todos esses itens em detalhes na próxima seção. A interação entre a intensidade (baixa a alta), a duração (breve a longa) e a freqüência (rara a freqüente) deve resultar em um gasto energético (trabalho total) de 150 a 400 kcal · dia^{-1}. O extremo mais baixo desse intervalo fica um pouco acima das 1.000 kcal · semana^{-1}, recomendadas para que a saúde de indivíduos anteriormente sedentários seja beneficiada (3).

Intensidade

Em que grau de dificuldade a pessoa precisa trabalhar para sobrecarregar suficientemente os sistemas cardiovascular e respiratório, provocando o aumento do CCR? Para responder a essa pergunta, primeiro temos de definir termos relativos à intensidade do exercício e mostrar como eles estão correlacionados.

- **Porcentagem do consumo máximo de oxigênio (% $\dot{V}O_2$máx.).** É amplo o intervalo de níveis de CCR correspondentes a respostas fisiológicas normais (ou seja, semelhantes entre os indivíduos) quando a intensidade do exercício é expressa como percentual do $\dot{V}O_2$máx. (% $\dot{V}O_2$máx.). Uma pessoa que se exercita a 24,5 mL · kg^{-1} · min^{-1} e tem um $\dot{V}O_2$máx. de 35 mL · kg^{-1} · min^{-1}, trabalha a 70% do $\dot{V}O_2$máx. Essa abordagem tem sido usada extensivamente para desenvolver orientações de exercícios, como pode ser visto no *Guidelines for Exercise Testing and Prescription*, do ACSM, e na declaração oficial dessa entidade. No entanto, em atualizações mais recentes desses dois documentos, a intensidade relativa é expressa como porcentagem do consumo de oxigênio de reserva (% $\dot{V}O_2R$) (2,3).

- **Percentual do consumo de oxigênio de reserva (% $\dot{V}O_2R$).** O $\dot{V}O_2R$ pode ser calculado subtraindo 1 MET (3,5 mL · kg^{-1} · min^{-1}) do $\dot{V}O_2$máx. do participante. O % $\dot{V}O_2R$ é uma porcentagem da diferença entre o $\dot{V}O_2$ em repouso e o $\dot{V}O_2$máx., calculada subtraindo 1 MET do consumo de oxigênio do exercício, dividindo o resultado pelo $\dot{V}O_2R$ do indivíduo e multiplicando o total por 100%. Por exemplo, uma pessoa com $\dot{V}O_2$máx. de 35 mL · kg^{-1} · min^{-1}, que se exercita a 24,5 mL · kg^{-1} · min^{-1}, encontra-se a 67% do $\dot{V}O_2R$: $(24,5 - 3,5) \div (35 - 3,5) \cdot 100\%$. O % $\dot{V}O_2R$ é igual à resposta da FC quando ela é expressa como porcentagem da FCR (59, 60).

- **Percentual da FCR (% FCR).** A freqüência cardíaca de reserva é calculada deste modo: a FC máxima menos a FC em repouso. O % FCR é uma porcentagem da diferença entre a FC máxima e a FC em repouso, calculada assim: o valor da FC de exercício menos a FC em repouso, dividido pela FCR e multiplicado por 100%. Um indivíduo que se exercita a 160 batimentos · min^{-1} e tem uma FC máxima de 200 batimentos · min^{-1} e uma FC em repouso de 60 batimentos · min^{-1} trabalha a 71% da FCR: $(160 - 60) \div (200 - 60) \cdot 100\%$. Por muitos anos, acreditou-se que o % FCR estava relacionado ao % $\dot{V}O_2$máx. No entanto, Swain e colaboradores (59, 60) destacaram que, embora seja esse o caso quando indivíduos bem condicionados se exercitam vigorosamente, isso não acontece em exercícios de baixa intensidade, em especial quando são feitos por pessoas com baixo nível de condicionamento físico. Por exemplo, uma atividade de 3 METs para alguém com potência aeróbia máxima de 5 METs corresponde a 60% do $\dot{V}O_2$máx., mas a apenas 50% do $\dot{V}O_2R$: 2 METs $\div$ (5 METs – 1 MET) · 100%. Uma vantagem de expressar a intensidade do exercício como % FCR é que o % $\dot{V}O_2R$ é numericamente idêntico ao % FCR ao longo do *continuum* do condicionamento físico.

- **Percentual da FC máxima (% FCmáx.).** Em decorrência da relação linear entre a FC (acima de 110 batimentos · min^{-1}) e o $\dot{V}O_2$ durante o exercício dinâmico, investigadores e médicos há muito têm usado uma porcentagem simples da FC (% FCmáx.) para estimar o % $\dot{V}O_2$máx. no momento de definir a intensidade do exercício. Esse método de expressar a intensidade do exercício é mais fácil de ser ensinado do que o % FCR.

- **Taxa de percepção de esforço (TPE).** A TPE não é vista como substituto da prescrição da intensidade do exercício com base na FC. No entanto, como a relação entre a FC e a TPE já foi estabelecida, essa taxa pode servir de alternativa (2). Porém, às vezes, a TPE não se traduz com consistência na

Tabela 10.1 Classificação da intensidade da atividade física

	Atividade de *endurance*										
	Intensidade relativa			Intensidade (METs e % $\dot{V}O_2$máx.) para adultos saudáveis com diferentes $\dot{V}O_2$							
	% $\dot{V}O_2R$										
Intensidade	% FCR	% FCmáx.[y]	TPE[‡]	$\dot{V}O_2$máx. = 12 METs		$\dot{V}O_2$máx. = 10 METs		$\dot{V}O_2$ máx. = 8 METs		$\dot{V}O_2$ máx. = 5 METs	
				METs	% $\dot{V}O_2$máx.	METs	% $\dot{V}O_2$máx.	METs	% $\dot{V}O_2$máx.	METs	% $\dot{V}O_2$máx.
Muito leve	<20	<50	<10	<3,2	<27	<2,8	<28	<2,4	<30	<1,8	<36
Leve	20-39	50-63	10-11	2,3-5,3	27-44	2,8-4,5	28-45	2,4-3,7	30-47	1,8-2,5	36-51
Moderada	40-59	64-76	12-13	5,4-7,5	45-62	4,6-6,3	46-63	3,8-5,1	48-64	2,6-3,3	52-67
Difícil	60-84	77-93	14-16	7,4-10,2	63-85	6,4-8,6	64-86	5,2-6,9	65-86	3,4-4,3	68-87
Muito difícil	≥85	≥94	17-19	≥10,3	≥86	≥8,7	≥87	≥7,0	≥87	≥4,4	≥88
Máxima	100	100	20	12	100	10	100	8	100	5	100

* % $\dot{V}O_2R$ = percentual do consumo de oxigênio de reserva ; % FCR = percentual da freqüência cardíaca de reserva.
[y] % FCmáx. = 0,7305 (% $\dot{V}O_2$máx.) + 29,95 (Londeree e Ames, 1976); valores com base em um grupo de 10 METs.
[‡] Classificação da Escala 6-20 de Percepção de Esforço, de Borg (Borg, 1988).
% $\dot{V}O_2$máx. = [(100% – 90% $\dot{V}O_2R$) MET máx^{-1}] + % $\dot{V}O_2R$ (comunicação pessoal, Dave Swain, 2000).
Modificada a partir da Tabela 1 do ACSM Position Stand (ACSM, 1998) e Howley (2001).

mesma intensidade para modalidades de exercício diferentes. Portanto, não espere uma correspondência integral entre a TPE e o % FCmáx. ou o % FCR (3).

A Tabela 10.1 mostra as categorias de intensidade de exercício como descritas em 1998, na declaração oficial do ACSM, com o % $\dot{V}O_2R$ e o % FCR usados para padronizar as outras expressões da intensidade da atividade (2). Esses percentuais encontram-se na parte esquerda da tabela, e as intensidades variam de muito leve a máxima.

Os valores da TPE baseiam-se na escala 6-20 de Borg (7). Os valores mostrados na Tabela 10.1 para o % FCmáx. e % $\dot{V}O_2$máx. foram atualizados para refletir com maior precisão a relação entre esses percentuais e o % $\dot{V}O_2R$ (% FCR) (35). Além disso, essa tabela fornece as intensidades de exercício absolutas (em METs) para cada classificação dos quatro grupos com diferentes $\dot{V}O_2$máx. Como você pode ver, seguindo a tabela a partir do MET 12 até o 5, a diferença entre o % $\dot{V}O_2$máx. e o % $\dot{V}O_2R$ aumenta à medida que diminui o $\dot{V}O_2$máx. A diferença mais óbvia encontra-se na faixa da intensidade muito leve até a moderada. Para quem tem um $\dot{V}O_2$máx · de 10 METs, há pouca diferença prática entre o % $\dot{V}O_2R$ e o % $\dot{V}O_2$máx. Os valores do MET listados para cada nível de condicionamento físico são iguais aos desses dois percentuais. O % $\dot{V}O_2R$ pode ser transformado em % $\dot{V}O_2$máx. por esta fórmula (D. P. Swain, comunicação pessoal, 2000):

% $\dot{V}O_2$máx. = [(100% – % $\dot{V}O_2R$) MET máx^{-1}] + % $\dot{V}O_2R$

Os valores do % FCmáx. listados na Tabela 10.1 foram derivados de uma fórmula de Londeree e Ames (40).

% FCmáx. = 0, 7305 (% $\dot{V}O_2$máx.) + 29,95

Essa fórmula é similar às de Swain e colaboradores (58) e de Hellerstein e Franklin (30). Há pouca diferença nos valores do % FCmáx. ao longo dos quatro grupos de condicionamento para cada classificação de intensidade, de modo que os valores do % $\dot{V}O_2$máx. para o grupo de condicionamento de 10 METs foram usados para fornecer os valores do % FCmáx. para a Tabela 10.1.

Essa tabela permite aos profissionais de condicionamento físico classificar os dados, de forma consistente, em consumo de oxigênio (METs), FC ou TPE. De uma perspectiva prática, para pessoas com CCR médio que se exercitam a intensidades moderadas a difíceis, há pouca diferença entre o % $\dot{V}O_2$máx. e o % $\dot{V}O_2R$.

A posição oficial do ACSM de 1998 recomenda uma ampla faixa de intensidades de exercício – de 40 ou 50 a 85% do $\dot{V}O_2R$ (% FCR) para alcançar objetivos relacionados ao CCR. No entanto, essa posição também indica que a extremidade mais baixa desse *continuum* de intensidade (ou seja, 40 a 49% $\dot{V}O_2R$) é apropriada para pessoas mal condicionadas (2). Essa indicação é consistente com a necessidade desse grupo de enfatizar o exercício moderado, que pode ser realizado por um período bastante prolongado para gerar benefícios à saúde e, talvez, também ganhos no CCR. Por conseqüência, para o indivíduo sedentário em geral, a faixa apropriada de intensidade de exercício para alcançar objetivos de CCR é 50 a 85% do $\dot{V}O_2R$ (% FCR). Como você pode ver na Tabela 10.1, para uma pessoa com CCR de 10 METs, há uma diferença de, pelo menos, 6% entre os valores do % $\dot{V}O_2$máx e do % $\dot{V}O_2R$ (% FCR) quando a intensidade do exercício varia de moderada a muito difícil. Por essa razão, nós usaremos o % $\dot{V}O_2$máx. e o % $\dot{V}O_2R$ de modo intercambiável, exceto em casos que exijam atenção especial. O próximo quadro de Evidências científicas fornece mais informações sobre o consumo de oxigênio de reserva.

Para recapitular, em geral acredita-se que o limiar da intensidade para certo efeito do treinamento se encontra na

Evidências científicas

Tradicionalmente, a intensidade prescrita para o exercício se baseava no percentual do consumo máximo de oxigênio, expresso em mL · kg^{-1} · min^{-1} ou em METs. As estimativas do percentual do $\dot{V}O_2$máx. eram derivadas do percentual da FC máxima ou do percentual da FCR. A declaração oficial do ACSM de 1998 (2) recomendou o uso do percentual do consumo de oxigênio de reserva ($\dot{V}O_2$R). Essa reserva baseia-se no mesmo princípio da FCR, ou seja, leva-se em conta o consumo de oxigênio em repouso. Portanto, para determinar a intensidade de 60% $\dot{V}O_2$R de um indivíduo com um $\dot{V}O_2$máx. de 40 mL · kg^{-1} · min^{-1}, deve-se fazer o seguinte cálculo:

$$\dot{V}O_2R = \dot{V}O_2\text{máx.} - \dot{V}O_2 \text{ em repouso}$$

Nesse exemplo, 40 – 3,5 mL · kg^{-1} · min^{-1} = 36, 5 mL · kg^{-1} · min^{-1}

$$60\% \text{ de } 36, 5 \text{ mL} \cdot \text{kg}^{-1} \cdot \text{min}^{-1} = 21,9 \text{ mL} \cdot \text{kg}^{-1} \cdot \text{min}^{-1}$$

Soma-se esse número ao consumo de oxigênio em repouso:

$$\dot{V}O_2 = 21,9 + 3,5 = 25, 4 \text{ mL} \cdot \text{kg}^{-1} \cdot \text{min}^{-1}$$

Como mostra a Tabela 10.2, o resultado do uso do $\dot{V}O_2$R é que a pessoa vai trabalhar a um $\dot{V}O_2$ alvo um pouco mais alto (mL · kg^{-1} · min^{-1}) do que o encontrado pela simples adoção do $\dot{V}O_2$máx. sem levar em conta o $\dot{V}O_2$ em repouso. No exemplo anterior, o indivíduo trabalharia a 25,4 mL · kg^{-1} · min^{-1} para 60% do $\dot{V}O_2$R, enquanto o valor derivado da porcentagem direta do $\dot{V}O_2$máx. seria 24 mL · kg^{-1} · min^{-1}. A diferença entre o % $\dot{V}O_2$R e o % $\dot{V}O_2$máx. é maior quando a intensidade é menor e quando os níveis do $\dot{V}O_2$máx. do indivíduo está na menor faixa de valores.

Tabela 10.2 Diferenças no $\dot{V}O_2$ quando as intensidades de treinamento são expressas como % $\dot{V}O_2$R vs. % $\dot{V}O_2$máx. para indivíduos com diferentes valores de $\dot{V}O_2$máx.

			$\dot{V}O_2$máx. 40 mL · kg^{-1} · min^{-1} $\dot{V}O_2$ alvo (mL · kg^{-1} · min^{-1})			
	20 mL · kg^{-1} · min^{-1}				60 mL · kg^{-1} · min^{-1}	
%	% $\dot{V}O_2$máx.	% $\dot{V}O_2$R	% $\dot{V}O_2$máx.	% $\dot{V}O_2$R	% $\dot{V}O_2$máx.	% $\dot{V}O_2$R
40	8	10,1	16	18,1	24	26,1
50	10	11,75	20	21,75	30	31,75
60	12	13,4	24	25,4	36	37,4
70	14	15,05	28	29,05	42	43,05
80	16	16,7	32	32,7	48	48,7

extremidade mais baixa do *continuum* para pessoas sedentárias e na mais alta para indivíduos bem condicionados (3). Para idosos não-condicionados, 40 a 60% do $\dot{V}O_2$máx. são um bom começo; para adultos fisicamente ativos e na extremidade mais elevada da escala de condicionamento físico, intensidades > 80% do $\dot{V}O_2$máx. são apropriadas. No entanto, para a maioria das pessoas que obtêm liberação médica para executar um programa de exercícios estruturado, 60 a 80% do $\dot{V}O_2$máx. parece uma faixa ótima de intensidade. A Figura 10.4 mostra que o exercício realizado no extremo mais elevado da escala tem sido associado a mais complicações cardíacas (11, 30). Deve haver um equilíbrio entre a intensidade e a duração do exercício, de modo que a pessoa possa se exercitar por um tempo bastante longo para gastar 150 a 400 kcal · dia^{-1}, um gasto consistente com objetivos de CCR e composição corporal. Se a intensidade do exercício for muito alta, o praticante não será capaz de prolongá-lo pelo período necessário ao alcance do objetivo de trabalho total.

Duração

Quantos minutos de exercício a pessoa deve fazer por sessão? A Figura 10.4 mostra que melhorias no $\dot{V}O_2$máx. são diretamente proporcionais à **duração** da sessão de exercícios. No entanto, a duração ideal depende da intensidade. O **trabalho total** realizado na sessão é a variável mais importante para determinar os ganhos de CCR, desde que seja alcançado o **limiar** de intensidade mínimo (3). Se o objetivo for completar um trabalho total de 300 kcal por sessão em que o indivíduo trabalha a 10 kcal · min^{-1} (2 L de oxigênio por minuto), então a duração da sessão deve ser de 30 minutos. Caso o praticante fique na metade dessa intensidade, ou seja, 5 kcal · min^{-1}, a duração deve ser

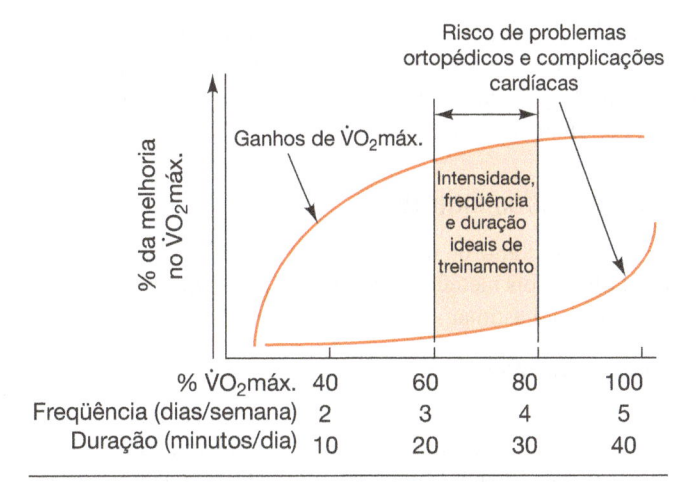

Figura 10.4 Efeitos do aumento da freqüência, da duração e da intensidade do exercício sobre o aumento do $\dot{V}O_2$máx. Esta figura demonstra o aumento do risco de problemas ortopédicos atribuíveis a sessões de exercício longas demais ou repetidas muitas vezes por semana. A probabilidade de complicações cardíacas aumenta quando a intensidade do exercício excede o recomendado para a melhoria do condicionamento cardiorrespiratório.

De Powers e Howley, 1997. Gráfico baseado em Dehn e Mullins, 1977, e Hellerstein e Franklin, 1984.

duas vezes maior. Trinta minutos de exercício podem ser definidos como uma sessão de 30 minutos, duas sessões de 15 ou três de 10. A Figura 10.4 também mostra que, quando a duração do exercício difícil (75% do $\dot{V}O_2$máx.) excede 30 minutos, o risco de lesões ortopédicas aumenta (46).

Freqüência

Por que se recomendam 3 a 5 sessões de exercício por semana se duas seriam suficientes? A Figura 10.4 mostra que os ganhos no CCR aumentam com a freqüência do exercício, mas começam a se estabilizar a partir de quatro dias por semana. Pessoas que vão iniciar um programa de condicionamento físico devem planejar a prática de exercícios em 3 a 4 dias por semana. A rotina "trabalhe um dia e descanse um dia", há muito recomendada, tem sido validada por melhorias no CCR, baixa incidência de lesões e alcance de objetivos de perda de peso. Embora realizar exercícios por menos de três dias por semana possa aumentar o CCR, é necessário que o indivíduo se exercite com maior intensidade, e, talvez, fique mais difícil atingir objetivos de perda de peso (46). Parece que, para ex-sedentários, fazer exercícios mais do que quatro dias por semana é demais e resulta em mais desistências e lesões e menos ajuste psicológico à prática de atividade física (11, 46).

Determinação da intensidade

Como se define a intensidade do exercício para cada indivíduo? Esta seção revisa métodos diretos e indiretos de determinação da intensidade apropriada, com ênfase no sedentário típico. O tratamento da questão será o mesmo para pessoas com níveis baixos ou altos de atividade física e de CCR, mas haverá diferenças nas orientações sobre a intensidade a ser usada.

Carga metabólica

O modo mais direto de determinar a intensidade apropriada para o exercício consiste em usar o percentual do consumo máximo de oxigênio medido. Lembre-se: a faixa ideal de intensidade, associada com melhorias no CCR de indivíduos tipicamente sedentários, é 60 a 80% do $\dot{V}O_2$máx. A vantagem de medir o consumo de oxigênio para determinar a intensidade está em que o método se baseia no teste de critério de CCR – consumo máximo de oxigênio. As principais desvantagens são: o preço e a dificuldade de medir o consumo de oxigênio de cada indivíduo e de escolher atividades de condicionamento físico específicas para a demanda metabólica de cada participante.

PERGUNTA: Um homem de 75 kg fez o TEP, e seu $\dot{V}O_2$máx. é 3,0 L · min^{-1}. Isso equivale a 15 kcal · min^{-1} (5 kcal · L^{-1} · 3 L · min^{-1}), 40 mL · kg^{-1} · min^{-1} e 11,4 METs. Quais devem ser as intensidades do exercício para que o praticante atinja 60 a 80% do $\dot{V}O_2$máx.?

1. 60% de 3,0 L · min^{-1} = 1,8 L · min^{-1}; 80% de 3,0 L · min^{-1} = 2,4 L · min^{-1}.
2. 60% de 15 kcal · min^{-1} = 9 kcal · min^{-1}; 80% de 15 kcal · min^{-1} = 12 kcal · min^{-1}.
3. 60% de 40 mL · kg^{-1} · min^{-1} = 24 mL · kg^{-1} · min^{-1}; 80% de 40 mL · kg^{-1} · min^{-1} = 32 mL · kg^{-1} · min^{-1}.
4. 60% de 11,4 METs = 6,8 METs; 80% de 11,4 METs = 9,1 METs.

Resposta: Ele deve praticar atividades que exijam o seguinte:

1,8 a 2,4 L · min^{-1}

9 a 12 kcal · min^{-1}

24 a 32 mL · kg^{-1} · min^{-1}

6,8 a 9,1 METs

Ponto-chave

O CCR melhora quando a intensidade é de 40 a 85% do $\dot{V}O_2$R. O limiar da intensidade para obter um efeito do treinamento é mais baixo (40 a 60% do $\dot{V}O_2$R) para sedentários e mais alto (> 80% do $\dot{V}O_2$R) para pessoas fisicamente ativas com CCR elevado. A intensidade de treinamento ideal para o indivíduo médio varia de 60 a 80% do $\dot{V}O_2$R. A duração de uma sessão de exercícios deve equilibrar a intensidade do exercício de modo que o gasto energético seja de 150 a 400 kcal · dia^{-1} (mínimo de 1.000 kcal · semana^{-1}). A freqüência de treinamento ideal, baseada na melhoria no CCR e no baixo risco de lesões, é de 3 a 4 vezes por semana para intensidades classificadas como difíceis.

Quais devem ser as intensidades do exercício para que ele trabalhe no nível de 60 a 80% do % do $\dot{V}O_2R$? Usando os dados anteriores, descobrimos que 60 a 80% do $\dot{V}O_2R$ = 60% (40 mL · kg^{-1} · min^{-1} – 3,5 mL · kg^{-1} · min^{-1}) + 3,5 mL · kg^{-1} · min^{-1}.

$\dot{V}O_2$ alvo = 0,6 (36,5 mL · kg^{-1} · min^{-1}) + 3,5 mL · kg^{-1} · min^{-1}

$\dot{V}O_2$ alvo = 21,9 + 3,5 = 25,4 mL · kg^{-1} · min^{-1} = 7,3 METs
(ou seja, 25,4 ÷ 3,5)

80% (40 mL · kg^{-1} · min^{-1} – 3,5 mL · kg^{-1} · min^{-1})
+ 3,5 mL · kg^{-1} · min^{-1}

$\dot{V}O_2$ alvo = 0,8 (36,5 mL · kg^{-1} · min^{-1}) + 3,5 mL · kg^{-1} · min^{-1}

$\dot{V}O_2$ alvo = 29,2 + 3,5 = 32,7 mL · kg^{-1} · min^{-1} = 9,3 METs
(ou seja, 32,7 ÷ 3,5)

Resposta: Ele deve praticar atividades que exijam o seguinte:

25, 4 a 32,7 mL · kg^{-1} · min^{-1}

7,3 a 9,3 METs

Quando se conhecem esses valores de intensidade dos exercícios, é possível compor um programa a partir das tabelas (Apêndice C) que listam os custos energéticos de várias atividades. No entanto, tudo isso compõe um método muito complicado de prescrição de exercícios. Elaborar o programa de acordo com o custo calórico da atividade não leva em consideração o efeito do ambiente (por exemplo, calor, umidade, altitude, frio, poluição), da dieta (por exemplo, estado de hidratação) nem outras variáveis envolvidas na resposta à intensidade absoluta do exercício. A capacidade do participante de completar a sessão de exercício depende de suas respostas fisiológicas e da percepção do esforço e não do custo metabólico da atividade em si. Felizmente, usando os valores da FC específicos, quase equivalentes a 60 a 80% do $\dot{V}O_2$máx., você pode formular uma prescrição de exercícios que leve em consideração a maioria desses fatores. Esses valores da FC são chamados de **freqüência cardíaca-alvo (FCA)**. Resta a pergunta: como podemos determinar essa freqüência?

FCA: método direto

Como descrito nos Capítulos 5 e 28, a FC aumenta linearmente com a carga metabólica. No método direto de determinação da FCA, monitora-se a FC em cada etapa do TEP máximo. Em seguida, os valores são lançados em um gráfico, cuja outra variante são os equivalentes do $\dot{V}O_2$ (MET) para cada etapa do teste. Para determinar a faixa da FCA, o profissional de condicionamento físico considera os percentuais do $\dot{V}O_2$máx. (% $\dot{V}O_2$máx.) em que a pessoa deve treinar e estima as respostas da FC para cada uma delas. A Figura 10.5 mostra a aplicação desse método para um indivíduo com capacidade funcional de 10,5 METs. As taxas de trabalho de 60 a 80% dos METs máximos demandaram respostas da FC de 132 a 156 batimentos · min^{-1}, respectivamente. Os valores da FC servem de guia para a intensidade do programa do indivíduo e representam a faixa da FCA (2).

FCA: métodos indiretos

De forma diferente do método direto, que exige a realização de um TEP, os dois métodos indiretos descritos aqui foram desenvolvidos para estimar a FCA apropriada.

Método da FCR

A freqüência cardíaca de reserva é a diferença entre a FC de repouso e a FC máxima. Para uma FC máxima de 200 batimentos · min^{-1} e uma FC em repouso de 60 batimentos · min^{-1}, a FCR é 140 batimentos · min^{-1}. Como mostrado na Figura 10.6, a porcentagem da FCR é igual à porcentagem do $\dot{V}O_2R$ ao longo da faixa de intensidades do exercício (59, 60). Para participantes com nível de CCR médio a alto, o % FCR é quase igual ao % $\dot{V}O_2$máx.

O método da FCR para determinar a faixa da FCA, popularizado por Karvonen, baseia-se em cálculos simples (38):

1. Para obter a FCR, subtraia da FC máxima a FC de repouso.
2. Calcule 60 e 80% da FCR.
3. Acrescente cada valor a FC de repouso para obter a faixa da FCA.

PERGUNTA: Um participante de 40 anos tem FC máxima medida de 175 batimentos · min^{-1} e FC de repouso de 75 batimentos · min^{-1}. Qual é a faixa da FCA, calculada pelo método de Karvonen (FCR)?

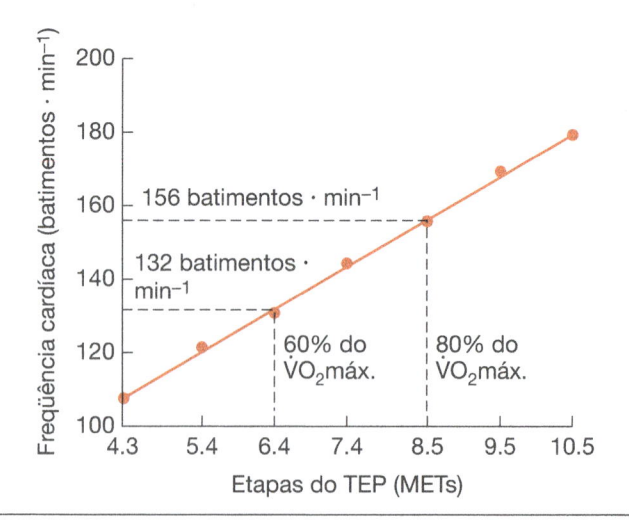

Figura 10.5 Método direto de determinação da zona da FCA quando se dispõe da potência aeróbia máxima (capacidade funcional), medida durante um TEP.

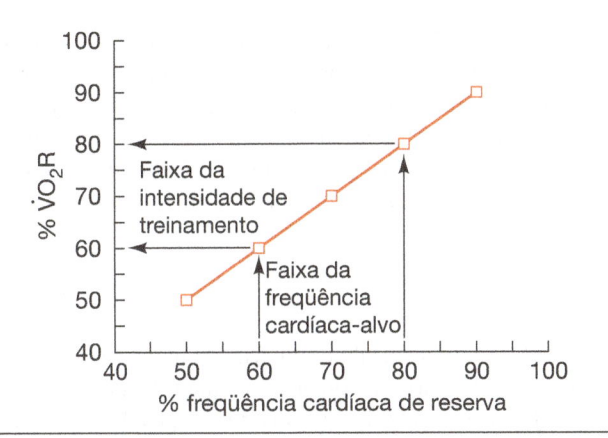

Figura 10.6 Relação entre os percentuais da FCR e do consumo de oxigênio de reserva (% $\dot{V}O_2R$).

De D. P. Swain, B. C. Leutholtz, M. E. King, L. A. Haas and J. D. Branch, 1998, "Relationship between % heart rate reserve and % $\dot{V}O_2$ reserve in treadmill exercise", *Medicine and Science in Sports and Exercise*, 30: p. 318-321.

Resposta:

1. FCR = 175 batimentos · min^{-1} − 75 batimentos · min^{-1} = 100 batimentos · min^{-1}

2. 60% de 100 batimentos · min^{-1} = 60 batimentos · min^{-1}, e 80% de 100 batimentos · min^{-1} = 80 batimentos · min^{-1}

3. 60 batimentos · min^{-1} + 75 batimentos · min^{-1} = 135 batimentos · min^{-1} para 60% do $\dot{V}O_2$máx.
   80 batimentos · min^{-1} + 75 batimentos · min^{-1} = 155 batimentos · min^{-1} para 80% do $\dot{V}O_2$máx.

As vantagens de usar esse procedimento para determinar a intensidade dos exercícios são que a FCA recomendada fica sempre entre as FCs de repouso e máxima, e o % FCR iguala-se ao % $\dot{V}O_2R$ ao longo de toda a faixa do CCR. Embora a FC de repouso varie e possa sofrer a influência de fatores como cafeína, horas de sono, desidratação, estado emocional e treinamento, essa variação não introduz erros sérios no cálculo da FCA pelo método de Karvonen (24). Considere este exemplo:

PERGUNTA: O indivíduo de 40 anos mencionado na pergunta anterior participa de um programa de treinamento de *endurance*, e sua FC de repouso sofre uma redução de 10 batimentos · min^{-1}. Uma vez que a FC máxima (175 batimentos · min^{-1}) não é afetada pelo treinamento, o que acontece com a faixa da FCA?

Resposta:

1. Agora, a FCR é igual a 175 batimentos · min^{-1} − 65 batimentos · min^{-1} = 110 batimentos · min^{-1}

2. 60% de 110 batimentos · min^{-1} = 66 batimentos · min^{-1} + 65 batimentos · min^{-1} = 131 batimentos · min^{-1}

3. 80% de 110 batimentos · min^{-1} = 88 batimentos · min^{-1} + 65 batimentos · min^{-1} = 153 batimentos · min^{-1}

Conseqüentemente, a mudança na FC de repouso teve apenas um efeito mínimo sobre a faixa da FCA.

Método do percentual da FC máxima

Outro método para determinar a faixa da FCA consiste em usar um percentual fixo da FC máxima (% FCmáx.). A vantagem desse método é sua simplicidade e o fato de que ele tem sido validado para muitas populações (30, 41, 58). A Figura 10.7 mostra a relação entre o % FCmáx. e o % $\dot{V}O_2$máx.

Fica claro que esses dois percentuais estão linearmente relacionados e que o primeiro pode ser usado para estimar a carga metabólica em programas de treinamento. A orientação usual da estimava de uma intensidade razoável para o exercício destinado a indivíduos que costumam ser sedentários é 70 a 85% da FCmáx. Essa faixa de FCA equivale ao intervalo de 55 a 75% do $\dot{V}O_2$máx. e resulta em uma prescrição de intensidade um pouco mais conservadora do que aquela gerada pelo método da FCR, em que se usa 60 a 80% da FCR. A faixa de 75 a 90% da FCmáx. é mais similar a de 60 a 80% do $\dot{V}O_2$máx. e da FCR. O exemplo a seguir mostra como usar o método do % FCmáx. para calcular a faixa da FCA.

PERGUNTA: Como posso calcular a faixa da FCA quando não sei qual é a FC de repouso? (Use os dados do indivíduo de 40 anos previamente mencionado. Lembre-se de que a FC máxima medida era de 175 batimentos · min^{-1}.)

Resposta: considere 75 e 90% da FCmáx.:

75% de 175 batimentos · min^{-1} = 131 batimentos · min^{-1}, e
90% de 175 batimentos · min^{-1} = 158 batimentos · min^{-1}.

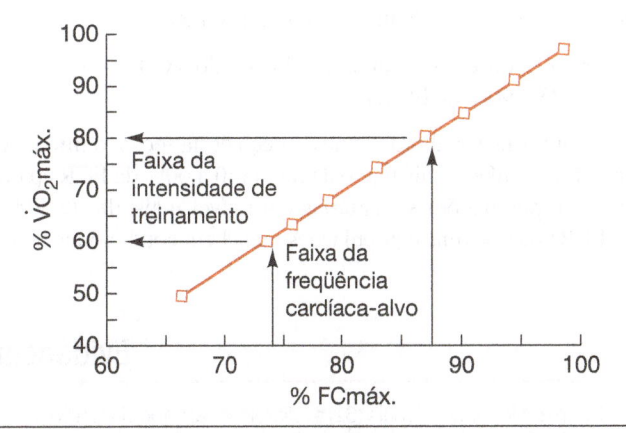

Figura 10.7 Relação entre o percentual da freqüência cardíaca máxima (% FCmáx.) e o percentual da potência aeróbia máxima (% $\dot{V}O_2$máx.).

De B. R. Londeree and S. A. Ames, 1979, "Trend analysis of the % $\dot{V}O_2$max-HRregression", *Medicine and Science in Sports and Exercise*, 8: p. 122-125.

Tabela 10.3 Relação entre o % FCmáx. e o % $\dot{V}O_2$máx.

% $\dot{V}O_2$máx.	% FCmáx.
50	66
55	70
60	74
65	77
70	81
75	85
80	88
85	92

De Londeree e Ames, 1976.

Esses valores são similares aos calculados pelo método da FCR, descrito anteriormente. A Tabela 10.3 mostra a relação entre o % $\dot{V}O_2$máx. e o % FCmáx. ao longo da faixa das intensidades de exercício de 50 a 85% do $\dot{V}O_2$máx. Essa tabela simplifica o processo de fazer recomendações sobre a intensidade específica do exercício pelo método do % FCmáx.

Limiar

Como já mencionado, a intensidade do exercício que fornece o estímulo adequado à melhoria cardiorrespiratória varia de acordo com o nível da atividade e com a idade do indivíduo, abrangendo o intervalo de 40 a 85% do % $\dot{V}O_2R$ e do $\dot{V}O_2$máx. Em uma revisão sistemática da literatura, Swain e Franklin verificaram o extremo mais baixo da faixa de limiares. Eles descobriram que o limiar para o aumento no $\dot{V}O_2$máx. era de apenas 30% da FCR para pessoas com $\dot{V}O_2$máx. inferior a 40 mL · kg^{-1} · min^{-1} e de apenas 46% da FCR para indivíduos com valores de $\dot{V}O_2$ mais altos. No entanto, intensidades mais elevadas aumentam o $\dot{V}O_2$máx. com mais eficácia (61). Em vista disso, para a maioria da população, o limiar da intensidade ideal se encontra dentro dos seguintes intervalos:

- 60 a 80% do $\dot{V}O_2$máx., da FCR e do $\dot{V}O_2R$
- 75 a 90% da FCmáx.

Conforme foi abordado no começo desta seção, o limiar se encontra no nível mais baixo da faixa (50 a 60% da FCR) para idosos e populações sedentárias e no nível mais alto (> 80% da FCR) para jovens e populações mais bem condicionadas. O centro da faixa (70% da FCR, 70% do $\dot{V}O_2$máx. ou 80% da FC máx.) é uma *média* de intensidade de treinamento apropriada a pessoas aparentemente saudáveis que desejam cumprir um programa regular de condicionamento físico. A participação em atividades com essas intensidades constitui uma sobrecarga para o sistema cardiorrespiratório, resultando em adaptação ao longo do tempo.

FCmáx.

Os métodos indiretos de determinação da intensidade do exercício usam a FCmáx. Recomenda-se que a FCmáx. seja medida de forma direta (pelo TEP máximo), quando possível. Se não houver essa possibilidade, qualquer estimativa feita deverá levar em conta a idade do participante. Previamente, a FCmáx. tinha sido estimada pela fórmula FCmáx. = 220 − idade. No entanto, essa fórmula subestima a FCmáx. de idosos (veja Evidências científicas).

Qualquer estimativa da FCmáx. é uma fonte potencial de erro tanto no método da FCR quanto no do % FCmáx. para cálculo da FCA. Por exemplo: dado que 1 DP (desvio padrão) da estimativa da FCmáx. é igual a cerca de 10 batimentos · min^{-1}, a verdadeira freqüência cardíaca máxima de um adulto de 45 anos pode estar entre 145 e 205 batimentos · min^{-1} (3 DP) e não exatamente nos 175 estimados. No entanto, 68% (1 DP) da população ficaria entre 165 e 185 batimentos · min^{-1}. Quando conhece a FCmáx. (por exemplo, a partir de um TEP), o profissional de condicionamento físico pode usar esse valor medido para determinar a FCA, em vez de usar a estimativa e ficar sujeito a um potencial de erro (41). Se a FCmáx. for estimada, essa será mais uma razão para tomar cuidado ao confiar apenas na faixa da FCA como indicador da intensidade do exercício. Há potencial de erro tanto na estimativa da FCmáx. quanto nas fórmulas em que se usam várias porcentagens da FCmáx. para prever o % $\dot{V}O_2$máx. Os níveis de intensidade devem ser considerados apenas como dados orientadores (veja Evidências científicas na página 181).

Uso da FCA

O conceito do limiar de intensidade fornece a base para sessões de trabalho de condicionamento físico regulares. As atividades de baixa intensidade realizadas em casa, no jardim, no escritó-

---

Evidências científicas

Tanaka, Monahan e Seals (62) avaliaram a validade da fórmula clássica 220 − idade para estimar a FCmáx. Eles analisaram 351 estudos publicados e cruzaram suas descobertas com um estudo de laboratório bem controlado. O resultado foram valores quase idênticos para os dois métodos: FCmáx. = 208 − 0,7 · idade. Os valores gerados por essa nova fórmula são 6 batimentos · min^{-1} menores para pessoas na faixa dos 20 anos e 6 batimentos · min^{-1} maiores para adultos na faixa dos 60. Embora, em média, a nova fórmula gere melhores estimativas da FCmáx., os investigadores enfatizam o fato de que a FCmáx. estimada para determinado indivíduo ainda está associada a um desvio padrão de 10 batimentos · min^{-1}.

> ### Evidências científicas
>
> Os dois métodos indiretos da FC para estimar a intensidade do exercício fornecem orientações para a elaboração do programa de exercício, e as pequenas diferenças entre eles não são importantes. As duas abordagens devem ser usadas como referência, pois, como acontece com qualquer fórmula de predição, há uma margem de erro envolvida no resultado estimado. Por exemplo, na estimativa do % $\dot{V}O_2$máx. determinada pela FC igual a 11,4% do $\dot{V}O_2$máx. (40), a margem de erro é de 2 DPs. Portanto, para 95% dos participantes, quando usamos a % RFC ou o % FCmáx. para prever uma intensidade de 60% do $\dot{V}O_2$máx., a intensidade real está em algum ponto do intervalo de 48,6 a 71,4% do $\dot{V}O_2$máx.! É por isso que os valores calculados para FCA devem ser usados como orientação básica para ajudar os indivíduos a alcançar ou manter o CCR. Na hora de prescrever a FCA, o profissional de condicionamento físico precisa de outros indicadores da intensidade para compensar as variabilidades inerentes (veja mais adiante, neste capítulo).

rio, etc., devem ser estimuladas, mas sessões de exercício específicas, acima do limiar de intensidade, são necessárias para que o indivíduo alcance ótimos resultados de CCR. No outro extremo, pessoas que se exercitam na faixa próxima do máximo não aproveitam as vantagens do condicionamento físico, pois resultados similares podem ser obtidos com intensidades menores, abaixo do limiar.

A FCA pode ser usada como orientação básica para a prescrição da intensidade do exercício destinado a grandes grupos musculares e ao corpo inteiro, como a caminhada, a corrida, a natação, o remo, o ciclismo, o esqui e a dança. Porém, os mesmos resultados de treinamento podem ser obtidos em atividades que utilizam pequenos grupos musculares ou pesos, pois esses exercícios elevam muito mais a FC com uma mesma carga metabólica.

Pessoas menos ativas, com maior número de fatores de risco, devem ficar no extremo mais baixo da faixa da FCA. Já indivíduos mais ativos, com menos fatores de risco, devem usar o extremo mais elevado. Quando dividimos a FCA por 6, chegamos à FCA desejável para 10 segundos. Se não souber qual é a FCmáx. do participante, o profissional poderá localizar a FCA estimada para 10 segundos na Tabela 10.4, de acordo com a idade e o nível de atividade. Para aprender a exercitar-se no nível da FCA, as pessoas podem caminhar ou praticar o *jogging* por alguns minutos, depois parar e verificar imediatamente a FC por 10 segundos. Se concluir que sua FC não está dentro da faixa-alvo, o praticante ajustará a intensidade, realizando o exercício com menos ou mais rapidez, por alguns minutos, para depois verificar novamente a FC. O uso da FCA para definir a intensidade do exercício tem muitas vantagens:

- a progressão é construída individualmente (ou seja, à medida que aumenta o condicionamento físico, a pessoa tem de trabalhar mais para alcançar a FCA);
- levam-se em conta as condições ambientais (por exemplo, quando trabalha sob temperatura muito alta, o praticante diminui a intensidade);
- é fácil determinar, apreender e monitorar a FCA.

Essas recomendações são apropriadas para a maioria das pessoas, mas os indivíduos diferem entre si em termos do limiar necessário para determinado efeito do treinamento, da taxa de adaptação ao treinamento e do modo de reação ao exercício. O profissional de condicionamento físico tem de usar o julgamento subjetivo, com base em observações da prática de exercícios do participante, para determinar se a intensidade deve ser mais alta ou mais baixa. Quando o trabalho é tão fácil que

Tabela 10.4 Freqüência cardíaca-alvo estimada em 10 segundos para pessoas cuja FCmáx. é desconhecida

População	Intensidade % $\dot{V}O_2$máx.	Idade (anos)						
		20	30	40	50	60	70	80
Inativa, com vários fatores de risco	50	22	21	20	18	17	16	15
	55	23	22	21	19	18	17	16
Normalmente ativa, com poucos fatores de risco	60	24	23	22	20	19	18	17
	65	25	24	23	21	20	19	18
	70	26	25	24	22	21	20	18
	75	28	26	25	24	22	21	19
	80	29	28	26	25	23	22	20
Muito ativa, com baixos fatores de risco	85	30	29	27	26	24	23	21
	90	31	30	28	27	25	24	22

Dados de Londeree e Ames, 1976.

a pessoa experimenta pouco ou nenhum aumento na ventilação e é capaz de realizar a tarefa sem esforço, então a intensidade deve ser aumentada. No outro extremo, se o praticante mostra sinais de esforço excessivo e, ainda assim, não consegue atingir a FCA, a opção consiste em diminuir a intensidade. Nesse caso, o extremo superior da faixa da FCA pode estar acima da FCmáx. real, pois a equação 220 – idade fornece uma estimativa grosseira do verdadeiro valor. O profissional não deve confiar na FCA como único método de julgamento da intensidade correta do exercício. Ele tem de prestar atenção a outros sinais e sintomas de excesso de esforço. A escala de TPE, de Borg, pode ser útil nesse aspecto (veja o quadro a seguir).

TPE

A escala de TPE, de Borg, usada para indicar a sensação subjetiva do esforço experimentado durante um TEP (veja o Capítulo 5) pode ser aplicada à prescrição de exercícios para indivíduos aparentemente saudáveis (7). O intervalo da percepção do exercício que varia de um pouco abaixo a um pouco acima do difícil, ou seja, de 12 a 16 na escala de TPE original, aproxima-se de 40 ou 50 a 85% do $\dot{V}O_2R$ ou 60 ou 65 a 90% da FC máx. (2, 3). Como mencionado antes, a TPE não é vista como substituto da FC na prescrição da intensidade do exercício (2). No entanto, quando não se conhece a FC máx. e se percebe que a faixa da FCA é alta ou baixa demais, a classificação da TPE pode estimar o esforço geral experimentado pelo indivíduo, e a intensidade do exercício pode ser ajustada de modo correspondente. Além disso, à medida que o praticante se acostuma com as sensações físicas experimentadas ao fazer o exercício a determinada FCA, é menor a necessidade de medição freqüente da FC.

Recomendação de exercícios para populações não-testadas

Certas recomendações gerais podem ser feitas a qualquer pessoa que pretenda iniciar um programa de condicionamento

Ponto-chave

A intensidade do exercício para gerar determinado efeito de treinamento sobre o CCR pode ser descrita de vários modos: 40 ou 50 a 85% do $\dot{V}O_2R$ (FCR), 60 ou 65 a 90% da FCmáx. e 12 a 16 na escala de TPE original.

Há casos em que o exercício de intensidade moderada pode ser difícil

O ACSM e o CDC recomendam a todos os adultos dos Estados Unidos que acumulem 30 minutos ou mais de atividade física de intensidade moderada (3 a 6 METs) em todos (preferencialmente) ou quase todos os dias da semana. O profissional de condicionamento físico tem de compreender que o intervalo de 3 a 6 METs, embora seja moderado para alguns, pode ser difícil para outros. A Figura 10.8 mostra que a intensidade relativa de um exercício fixo pode variar de forma considerável ao longo da faixa de valores do $\dot{V}O_2$máx. (35). Em conseqüência, alguns indivíduos com valores baixos de $\dot{V}O_2$máx. obtêm resultados quando a intensidade é consistente com seus ganhos de $\dot{V}O_2$máx., enquanto, em pessoas com valores de CCR mais elevados, esse exercício não surtiria efeito. Esse exemplo enfatiza a necessidade de considerar a faixa da FCA e a TPE ao seguir recomendações que especificam intensidades de exercício absolutas (por exemplo, METs).

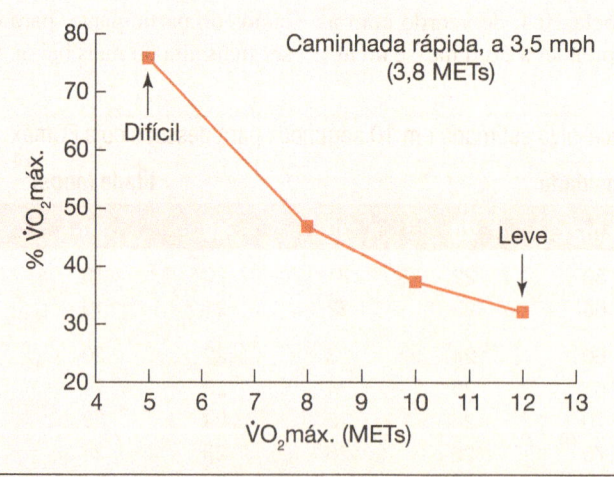

Figura 10.8 Mudanças na intensidade relativa do exercício (% $\dot{V}O_2$máx.) quando a mesma intensidade absoluta de exercício é praticada por grupos com diferentes $\dot{V}O_2$máx. (METs).

Reimpressa, com permissão, de E. T. Howley, 2001, "Type of activity: Resistance, aerobic and leisure versus occupational physical activity", *Medicine and Science in Sports and Exercise*, 33: S364-369.

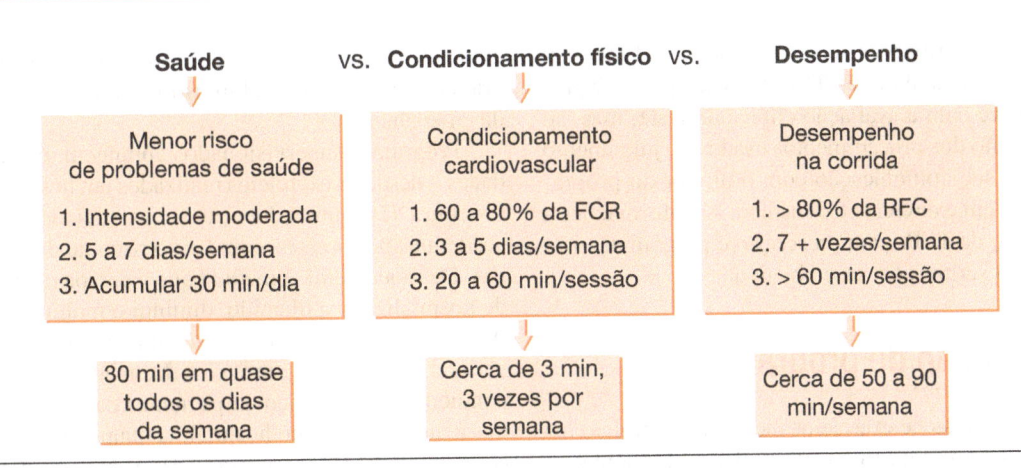

```
          Saúde          vs.   Condicionamento físico   vs.      Desempenho
            ↓                           ↓                            ↓
       Menor risco              Condicionamento                  Desempenho
   de problemas de saúde         cardiovascular                  na corrida

   1. Intensidade moderada     1. 60 a 80% da FCR            1. > 80% da RFC
   2. 5 a 7 dias/semana        2. 3 a 5 dias/semana          2. 7 + vezes/semana
   3. Acumular 30 min/dia      3. 20 a 60 min/sessão         3. > 60 min/sessão
            ↓                           ↓                            ↓
     30 min em quase             Cerca de 3 min,              Cerca de 50 a 90
      todos os dias               3 vezes por                    min/semana
        da semana                   semana
```

Figura 10.9 Comparação entre recomendações para alcançar objetivos de saúde, condicionamento físico e desempenho.

físico. Às vezes, o profissional responsável quer que todo mundo realize o protocolo completo de testes antes de começar a se exercitar, mas esse desejo não é realista. Além disso, indivíduos sem problemas de saúde conhecidos, que seguem as orientações gerais já mencionadas, podem iniciar o exercício com baixo risco. Na verdade, os riscos de DC na faixa dos que não se exercitam é maior do que na dos praticantes iniciantes, que optam por programas moderados. A Figura 10.9 resume as recomendações para atingir objetivos de saúde, condicionamento físico e desempenho.

Programação de exercícios para populações condicionadas

Em geral, as recomendações de exercícios para pessoas razoavelmente condicionadas estão associadas com menores riscos, e esses participantes exigem menos supervisão. Na verdade, como objetivo principal, as pessoas desse grupo podem enfatizar o desempenho em vez da saúde e do condicionamento físico. Uma grande variedade de programas, atividades, corridas e competições encontra-se disponível para atender às necessidades desse grupo.

A faixa da FCA será calculada como descrito anteriormente, mas indivíduos muito bem condicionados terão de trabalhar no extremo máximo (> 85% do $\dot{V}O_2$máx. ou > 90% da FCmáx.). Como já mencionado, o praticante menos condicionado pode começar a trabalhar no extremo mais baixo da faixa e, ainda assim, apresentar um bom efeito do treinamento. Os mais condicionados precisam trabalhar no extremo máximo para manter o alto nível de condicionamento.

O treinamento para competições demanda mais do que a intensidade destinada a melhorias no CCR. Indivíduos que seguem programas de treinamento do tipo intervalado têm picos de FC próximos do máximo durante os intervalos. O período de recuperação entre os intervalos deve incluir algum exercício de intensidade mais baixa (próxima de 40 a 50% do $\dot{V}O_2$máx.) para ajudar a metabolizar o lactato produzido durante o intervalo (13) e reduzir os riscos de complicações cardiovasculares, que podem ocorrer quando a pessoa passa ao repouso completo no final de uma sessão de exercício extenuante (47).

Para quem participa de esportes de natureza intermitente, mas cujos resultados dependem do condicionamento aeróbio, um programa de corrida e de *jogging* é um bom modo de manter o condicionamento geral nos momentos em que o indivíduo não está praticando o esporte principal. No entanto, dada a especificidade do treinamento, não há substituto ideal para a real atividade do esporte em questão.

Como mostra a Figura 10.9, pessoas interessadas em desempenho e que trabalham no extremo mais elevado da faixa da FCA, que se exercitam 5 a 7 vezes ou mais por semana e em períodos superiores a 60 min/sessão fazem muito mais do que quem está interessado apenas no condicionamento. Por isso, não deve causar surpresa sua maior propensão a lesões. Quando o risco de lesão durante o exercício se combina com riscos inerentes, associados a atividades competitivas, fica evidente a necessidade do planejamento de exercícios alternativos, que podem ser feitos quando não é possível a prática do esporte principal. Esse planejamento reduz o risco de destreinamento, quando ocorrem as lesões.

Prescrição de exercícios de acordo com os resultados do TEP

Nas seções anteriores, a recomendação de exercícios foi feita com base em pouca ou nenhuma informação sobre a pessoa envolvida. Em muitos programas de condicionamento físico destinados a adultos, os potenciais participantes passam por um exame clínico geral ou um TEP máximo, com monitoramento apropriado de FC, PA e, possivelmente, das respostas do ECG. É lamentável que às vezes essas informações não sejam usadas na hora de elaborar o programa de exercícios. Em vez disso, aplica-se a FCmáx. medida em equações da FCA e ignora-se o restante dos dados. Esta seção esboça as etapas que devem ser seguidas quando o profissional de condicionamento físico prepara as recomendações do programa de exercícios, levando em conta informações sobre a capacidade funcional e as respostas cardiovasculares ao TEP. Nem sempre esse profissional se envolve com a avaliação clínica do teste, mas, ao tomar conhecimento dos procedimentos usados no julgamento médico, aumenta sua comunicação com o diretor do programa, o especialista em exercícios e o médico. As informações a seguir, sobre o uso de TEPs para prescrição e programação de exercícios, foram escritas com esse objetivo.

Seleção de programas

As opções de programas de exercícios incluem o exercício individual, em grupo, em academias e em clínicas sob orientação médica. O profissional de condicionamento físico tem de considerar uma variedade de fatores antes de sugerir programas com ou sem supervisão.

Programa supervisionado

Os fatores de risco, a resposta ao TEP, o histórico de saúde e de atividade física e as preferências pessoais influenciam o tipo de programa que o indivíduo vai seguir. Em geral, quanto maior o risco, maior a necessidade de supervisão durante o exercício. Pessoas com alto risco de DC e também as que têm doenças como diabete, hipertensão, asma e doenças coronarianas devem ser estimuladas a praticar sob supervisão, pelo menos no começo do programa. O pessoal responsável pela supervisão é treinado para fornecer instruções necessárias nas atividades apropriadas, para ajudar a monitorar as respostas do praticante a elas e para administrar primeiros socorros em caso de emergência.

Programas supervisionados abrangem uma série de atividades – desde os exercícios realizados em hospitais por pacientes com DC e outras doenças até as atividades praticadas em academias por pessoas com baixo risco de doenças coronarianas. De modo geral, à medida que a pessoa evolui da condição de hospitalizado a liberado, diminui o monitoramento formal. Além disso, a formação e o treinamento do pessoal costumam variar. Programas de exercícios destinados a manter o nível de condicionamento físico de pacientes com DC, antes submetidos a um programa no hospital, contam com pessoal médico e equipamentos de emergência adequados aos clientes. Por sua vez, o trabalho físico supervisionado destinado a indivíduos aparentemente saudáveis inclui a presença de um profissional de condicionamento físico que pode dar mais ênfase ao exercício apropriado, à dieta e a outros comportamentos necessários à melhoria da saúde.

O programa supervisionado oferece um ambiente social de apoio para que os indivíduos se tornem e se mantenham ativos. Isso é importante em função da dificuldade de mudar comportamentos e estilos de vida. O programa em grupo permite maior variedade de atividades (por exemplo, jogos) e afasta o fantasma da monotonia. Para ser eficaz a longo prazo, o programa deve contar com um líder que saiba como tirar os praticantes do grupo na hora certa, estimulando-os a manter os padrões de atividade quando o programa estiver finalizado.

Uso de TEPs para prescrição e programação de exercícios

Análise do TEP para a prescrição de exercícios

1. Analise o histórico individual e relacione os fatores de risco de DC conhecidos. Identifique também os fatores que podem ter impacto direto sobre o programa de exercício, como problemas ortopédicos, atividade física prévia e interesses atuais.
2. Determine se a capacidade funcional reflete realmente o nível máximo ou se está limitada por algum sinal ou sintoma. Expresse a capacidade funcional em METs e registre a FC e a TPE mais altas alcançadas sem sinas ou sintomas significativos.
3. Se houve monitoramento do ECG, relacione os itens de mudança como indicado pelo médico.
4. Examine as respostas da FC e da PA para ver se estão normais.
5. Liste os sintomas relatados a cada etapa.
6. Liste as razões da interrupção do teste (por exemplo, mudanças no ECG, queda na PAS, tontura).

Elaboração de um programa de exercícios a partir do TEP

1. Dada a resposta geral ao TEP, decida se o participante deve consultar ou não um médico antes de iniciar o programa de exercícios.
2. Identifique a faixa da FCA e aproxime as intensidades dos METs das atividades selecionadas, correspondentes a essa faixa.
3. Especifique a freqüência e a duração da atividade necessárias aos objetivos de melhoria do CCR e perda de peso.
4. Recomende ao indivíduo a participação em um programa (a) com ou sem supervisão, (b) com ou sem monitoramento e (c) com atividades em grupo ou individuais.
5. Selecione uma série de atividades, no nível adequado do MET, que permita ao praticante atingir a FCA. Considere os fatores ambientais, o uso de medicamentos e as limitações físicas do participante ao fazer essa recomendação.

Programa sem supervisão

Apesar dos problemas descritos, a vasta maioria das pessoas com risco de DC ou já com essa doença participa de programas de exercícios sem supervisão. Entre as razões dessa situação, estão o número limitado de programas supervisionados, o nível de interesse do participante e dos médicos nesse tipo de programa e os recursos financeiros necessários a essa prática.

A participação em um programa de exercícios supervisionado exige que o profissional de condicionamento físico ou o médico mantenham uma comunicação eficaz, destinada a definir como será feito o início e a manutenção das atividades. No princípio, a ênfase recai sobre a baixa intensidade (por exemplo, 40 a 50% do $\dot{V}O_2R$, ~50% do $\dot{V}O_2$máx. ou ~65% da FC máx.), pois o limiar para o efeito do treinamento é inferior em pessoas não-condicionadas. O objetivo é aumentar a duração da atividade e manter uma freqüência aproximada para todos os dias da semana. Isso reduz o risco de problemas musculares, esqueléticos ou cardiovasculares, causados pela intensidade do exercício, e aumenta a função muscular, com gasto de uma quantidade relativamente grande de calorias. Além disso, a regularidade do programa de exercícios estimula o hábito positivo. O resultado de programas desse tipo é que o indivíduo se torna capaz de realizar suas tarefas diárias com maior conforto, e fica fácil estabelecer etapas para quem quer se exercitar a níveis mais elevados.

No programa de exercícios supervisionado, o participante deve receber informações explícitas sobre intensidade (FCA), duração e freqüência dos exercícios, de modo que não restem dúvidas sobre o que deve ser feito. A recomendação para o exercício, por exemplo, tem de ser clara: "Caminhe 1,6 km por 30 minutos todos os dias, durante 2 semanas. Monitore e registre a sua FC." O praticante tem de aprender a verificar o pulso e deve ser incentivado a registrar os valores.

Atualização do programa de exercícios

Durante a participação em um programa de treinamento de *endurance*, a capacidade de trabalho do indivíduo aumenta. O melhor sinal disso aparece quando o exercício recomendado já não é suficiente para alcançar a FCA – fica claro que a pessoa está se adaptando à atividade. Verificar a FC durante a sessão de atividade regular fornece uma base sólida para a atualização da intensidade ou da duração dos exercícios.

O programa, incluindo a FCA, deve ser atualizado periodicamente. Essa necessidade é maior para as pessoas com nível inicial de condicionamento físico mais baixo e maior número de fatores de risco. Quem tem baixa capacidade funcional em decorrência de doença cardíaca, limitação ortopédica ou inatividade crônica (que pode incluir ter passado um período prolongado de cama) tem dificuldade em atingir o máximo verdadeiro no primeiro teste na esteira. Porém, durante o programa de condicionamento físico, essa pessoa apresenta maiores avanços em menor tempo. Para esse indivíduo, é benéfica a repetição do teste para monitorar o progresso (ou a falta dele) e revelar novas informações que vão influenciar a prescrição de exercícios. Quando o praticante muda medicamentos que afetam a resposta da FC ao exercício, o programa tem de ser reavaliado.

Para quem atinge o máximo verdadeiro logo no primeiro teste, a FCA real muda pouco ao longo do programa de condicionamento físico, pois a FCmáx. pouco se altera em função do exercício de *endurance* regular. No entanto, ainda assim, essas pessoas podem se beneficiar de uma avaliação regular do programa geral de exercícios, uma vez que seus interesses em relação à atividade podem mudar ou, ainda, há a probabilidade de surgirem problemas ortopédicos que não existiam antes. A reavaliação permite aos profissionais de condicionamento físico buscar informações que ajudem a encaminhar o praticante a um tratamento, caso seja necessário. Esse contato aumenta as chances de adesão do praticante ao programa de atividades – fator essencial na manutenção do condicionamento aeróbio.

Preocupações com o ambiente

A FCA é usada para indicar a intensidade de exercício apropriada em programas de condicionamento físico voltados para a saúde. Porém, fatores ambientais, como o calor, a umidade,

---

Ponto-chave

As recomendações para a prática de exercícios destinadas ao público em geral enfatizam a baixa intensidade e a participação regular; veja as recomendações de atividade física para saúde, na página 183. O exercício realizado na intensidade do 60 a 80% da $\dot{V}O_2R$ por 20 a 40 minutos, 3 a 4 vezes por semana, aumenta e mantém o CCR. As recomendações de exercícios para indivíduos bem condicionados enfatizam o extremo mais alto da intensidade de treinamento (> 80% do $\dot{V}O_2R$) e a participação freqüente (quase diária). O potencial de lesões é maior em sessões de exercício voltadas para o desempenho. Quando o indivíduo realiza um TEP diagnóstico e completo, com monitoramento do ECG, todos os resultados do teste são usados para elaborar uma correta e segura prescrição de exercícios. Para participantes com vários fatores de risco de DC e para os que já sofrem dessa doença, é benéfica a participação em programas supervisionados. No entanto, a maioria entra em programas sem supervisão e, por isso, depende de esclarecimentos e informações objetivas sobre a prescrição dos exercícios e as questões de segurança.

a poluição e a altitude, podem elevar a FC e a TPE durante a sessão de exercícios. Isso pode encurtar a sessão e reduzir a chance de gasto suficiente de calorias para atingir os objetivos de equilíbrio energético. Felizmente, pela diminuição da intensidade do exercício, podemos "controlar" esses problemas ambientais e fazer uma prescrição segura e eficaz. Esta seção discute os efeitos de diferentes fatores ambientais sobre o programa e como devemos agir em relação a eles.

Calor e umidade do ambiente

O Capítulo 28 descreve os aumentos na temperatura corporal ocorridos durante o exercício, os mecanismos da perda de calor provocada e os benefícios da aclimatização ao calor. A nossa temperatura central (37°C ou 98,6°F) está a poucos graus de valores que podem levar à morte por excesso de calor. Como descrito no Capítulo 25, entretanto, para evitar a progressão de uma lesão menos grave a outra realmente grave causada pelo calor, os indivíduos devem perceber e cuidar de uma série de etapas, que vão desde cãibras por calor até intermação. Embora o tratamento desses problemas seja importante, a prevenção é o melhor remédio.

Cada um destes fatores afeta a suscetibilidade a lesões por calor e pode alterar a FC e as respostas metabólicas ao exercício:

- **Condicionamento físico.** Pessoas bem condicionadas correm menor risco de lesões por calor (18), toleram melhor o trabalho em ambientes quentes (15) e se aclimatizam mais rapidamente a altas temperaturas (9).
- **Aclimatização.** Fazer exercícios 7 a 14 dias em ambientes quentes aumenta nossa capacidade de suar, faz a sudorese iniciar a temperaturas corporais mais baixas e reduz a perda de sal. Desse modo, as respostas da temperatura do corpo e da FC são mais baixas, e a chance de depleção de sal é reduzida (3, 9).
- **Hidratação.** A hidratação inadequada reduz a taxa de sudorese e aumenta o risco de lesão por calor (9, 53, 54). Em geral, durante o exercício, se deve dar ênfase à reposição de água e não ao sal ou às reservas de carboidratos.
- **Temperatura do ambiente.** Exercitar-se em temperaturas mais altas do que a da pele resulta em um ganho de calor por convecção e radiação. A evaporação do suor tem de compensar esse ganho para que a temperatura corporal seja mantida em um nível seguro.
- **Roupas.** A porcentagem de superfície da pele exposta deve ser a maior possível para estimular a evaporação. Nesse caso, porém, é preciso usar um bloqueador solar para proteger do excesso de exposição ao sol. O material das roupas deve ter a qualidade de "transportar" o suor para a superfície de evaporação; tecidos impermeáveis aumentam o risco de lesão por calor e devem ser evitados.
- **Umidade (pressão do vapor d'água).** A evaporação do suor depende do gradiente da pressão do vapor d'água entre a pele e o ambiente. Em ambientes quentes e muito quentes, a umidade relativa é um bom índice da pressão do vapor d'água; umidade relativa mais baixa facilita a evaporação do suor.
- **Taxa metabólica.** Em períodos de muito calor e umidade, a diminuição da intensidade do exercício provoca a redução da carga de calor, assim como do estresse nos sistemas fisiológicos responsáveis por essa área.
- **Vento.** O vento coloca mais moléculas do ar em contato com a pele e pode influenciar a perda de calor de dois modos: quando há um gradiente de temperatura para perda de calor entre a pele e o ar, o vento aumenta a taxa de perda de calor por convecção. De modo similar, o vento aumenta a taxa de evaporação, desde que o ar possa aceitar a umidade.

Recomendações para o condicionamento físico

Os participantes de um programa de condicionamento físico devem receber instruções sobre todos os fatores relacionados ao calor já mencionados. Cabe ao profissional responsável sugerir o seguinte:

- adquirir informações sobre sintomas das doenças causadas pelo calor (por exemplo, cãibras, tontura) e como lidar com eles (veja o Capítulo 25);
- exercitar-se em horários mais frescos do dia para evitar o calor recebido diretamente do sol ou da superfície de construções e avenidas aquecidas por ele;
- aumentar a exposição ao calor elevado e à umidade gradualmente, ao longo de 7 a 14 dias, para fazer com segurança a aclimatização a essas condições ambientais;
- tomar água antes, durante e após o exercício e pesar-se todos os dias para monitorar a desidratação;
- usar apenas *shorts* e um *top*, a fim de expor a maior parte possível da pele, tendo o cuidado, no entanto, de passar um bloqueador solar para reduzir o risco de câncer de pele;
- medir a FC várias vezes durante a atividade e reduzir a intensidade do exercício para permanecer na zona da FCA.

A última recomendação relativa à FCA é também a mais importante. A freqüência cardíaca-alvo é um indicador sensível de desidratação, carga de calor ambiental e aclimatização. A variação em qualquer um desses fatores modifica a resposta da FC a qualquer exercício submáximo fixo. Portanto, é importante que os participantes do programa de condicionamento monitorem essa freqüência regularmente e diminuam o ritmo, a fim de se manterem na zona da FCA. A TPE também pode ser usada em circunstâncias de calor extremo para fornecer um índice do estresse fisiológico geral apresentado pelo praticante.

Implicações no desempenho

Qualquer atleta que se exercite em um ambiente que não facilite a perda de calor corre maior risco de lesão por calor. Esse é um problema sério, por exemplo, no futebol americano, em que roupas e equipamentos evitam a perda de calor. O aumento do número de pessoas que participam de corridas de 10 km, maratonas e triatlos faz com que nossa atenção se volte para elas (21, 36), pois, nesses casos, o atleta tem uma taxa metabólica muito alta durante o exercício, com exposição direta ao sol. Para tratar dessa questão e com base em pesquisas sólidas, o ACSM elaborou uma declaração oficial sobre lesões térmicas (tanto de calor quanto de frio) durante corridas em distância (1). Os elementos dessa declaração são consistentes com as informações apresentadas no início desta seção.

Estresse causado pelo calor ambiental

O tema precedente mencionou a temperatura alta e a umidade relativa como fatores que aumentam o risco de lesões por calor. Para quantificar o estresse geral de calor associado a qualquer ambiente, foi desenvolvido um guia da **temperatura do globo e bulbo úmido** (WBGT, do inglês *wet-bulb globe temperature*) (1). Esse índice geral de estresse por calor é composto pelas seguintes medições:

- **Temperatura de bulbo seco (T_{bs})** – medida comum da temperatura do ar tomada à sombra.
- **Temperatura de globo preto (T_g)** – medida da carga de calor radiante na luz do sol direta; a temperatura é medida no interior de um globo de cobre com 15 cm de diâmetro e pintado de preto.
- **Temperatura de bulbo úmido (T_{bu})** – medida da temperatura do ar com um termômetro cujo bulbo de mercúrio é coberto por uma mecha de algodão úmida, o que o torna sensível à umidade relativa (pressão do vapor d'água) e fornece um índice da capacidade de evaporação do suor.

A fórmula usada para calcular a WBGT mostra a importância da temperatura de bulbo úmido, que compõe 70% (0,7) do índice na determinação do estresse por calor (1). Isso está relacionado ao papel dessa temperatura na estimativa da capacidade de evaporação do suor, o mais importante mecanismo de perda de calor na maioria das situações. A fórmula é:

$$WBGT = 0,7\, T_{bu} + 0,2\, T_g + 0,1\, T_{bs}$$

O risco de surgimento de alguma doença por calor (**hipertermia**), atribuível ao estresse ambiental, quando o indivíduo está usando *shorts*, meias, calçados e uma camiseta, é classificado na seguinte escala:

Risco muito alto: WBGT excede 28°C (82°F)

Risco alto: WBGT = 23 a 28°C (73 a 82°F)

Risco moderado: WBGT = 18 a 23°C (65 a 73°F)

Risco baixo: WBGT = menos de 18°C (menos de 65°F)

Na corrida em distância, o risco de **hipotermia** quando o indivíduo está usando *shorts*, meias, calçados e camiseta também tem de ser considerado. Um índice da WBGT inferior a 10°C (50°F) está associado com o aumento do risco de hipotermia, em especial em condições úmidas e com vento.

A Tabela 10.5 fornece uma estimativa da WBGT a partir apenas da temperatura e da umidade relativa do ar. Uma vez que essa tabela não inclui a carga de calor radiante (temperatura do globo), 4°F devem ser acrescentados à WBGT estimada quando o exercício é realizado sob a luz direta do sol (5).

Tabela 10.5 Estimativa da temperatura do globo de bulbo úmido (WBGT) (°F) a partir da temperatura e da umidade relativa (% UR) do ar

% UR	WBGT (°F)										
	60	65	70	75	80	85	90	95	100	105	110
90	60	64	69	74	79	85	90	95	100	105	110
80	59	63	68	72	77	82	88	93	99	105	110
70	58	62	66	71	76	80	85	90	96	102	108
60	57	60	66	69	73	78	83	87	93	98	103
50	55	59	63	67	71	75	80	84	89	94	99
40	54	58	62	65	69	73	77	82	88	90	95
30	53	57	60	64	67	71	76	79	83	87	91
20	52	55	58	62	65	69	72	76	79	83	87
10	51	54	57	60	63	68	69	73	76	79	82

Para ambientes fechados ou abertos, a WBGT pode ser estimada a partir da temperatura do ar no horário e local do exercício. A umidade relativa é muito sensível à temperatura do ar. Quando o exercício é feito sob a luz direta do sol, é preciso acrescentar 4°F à WBGT estimada. Para converter °F em °C, subtraia 32 e divida o resultado por 1,8.

Adaptada, com permissão, de ACSM, 2001, *ACSM's resource manual for guidelines for exercise testing and prescription*, 4th ed. (Philadelphia, PA: Lippincott, Williams & Wilkins), p. 209-216.

Exercícios e exposição ao frio

Exercitar-se em um ambiente frio pode criar problemas se não forem tomadas algumas precauções. Como mencionado previamente, WBGTs de 10°C (50°F) ou menos estão associadas a hipotermia – uma diminuição na temperatura corporal ocorrida quando a perda excede a produção de calor. Além de possuir um gradiente maior para perda de calor por convecção a partir da pele, o ar frio também é mais seco (tem menor pressão do vapor d'água) e facilita a evaporação da umidade, a partir da pele, para esfriar mais o corpo. Os efeitos combinados podem ser mortais, como mostrado no relatório de Pugh sobre três mortes durante uma competição de caminhada de 72 km, realizada em temperatura muito baixa (49).

Fatores relacionados à hipotermia incluem os ambientais, como a temperatura, a pressão do vapor d'água, os ventos e o envolvimento do ar ou da água; os de isolamento, como as roupas e a gordura subcutânea; e a capacidade de produção sustentada de energia. Cada um deles será discutido nos parágrafos a seguir.

Fatores ambientais

A condução, a convecção e a radiação dependem do gradiente de temperatura entre a pele e o ambiente; quanto maior o gradiente, maior a taxa de perda de calor. O que surpreende muita gente é o fato de que a temperatura do ambiente não precisa estar abaixo de zero para causar hipotermia. Outros fatores ambientais interagem com a temperatura para facilitar a perda por calor: são eles o vento e a água.

Índice de sensação térmica

A taxa de perda de calor a qualquer temperatura é influenciada diretamente pela velocidade do vento, que aumenta o número de moléculas de ar frio em contato com a pele, aumentando a taxa de perda de calor. O **índice de sensação térmica** indica o equivalente da temperatura (sob condições de ar calmo) para qualquer combinação entre temperatura e velocidade do vento (veja a Figura 10.10). Ele permite ao profissional de condicionamento físico medir de maneira adequada o estresse por frio associado com uma série de velocidades do vento e de temperaturas. Tenha em mente que, para atividades como corrida, hipismo ou esqui *cross-country* praticadas ao vento, a velocidade da atividade tem de ser acrescentada à velocidade do vento para se chegar ao impacto total da sensação térmica. Por exemplo, pedalar a 32 km · h^{-1} em um ambiente com ar calmo e –17,8°C equivale a uma sensação térmica de –30°C! No entanto, o vento não é o único fator que aumenta a taxa de perda de calor em qualquer temperatura.

Água

O calor é perdido com 25 vezes mais rapidez na água do que no ar, na mesma temperatura. Diferentemente do ar, a água oferece pouco ou nenhum isolamento em contato com a pele; por isso, perde-se calor mais rápido nos braços e nas pernas (32). Por-

Quadro da sensação térmica

Temperatura (°F)

Vento (mph)	Calmo	40	35	30	25	20	15	10	5	0	–5	–10	–15	–20	–25	–30	–35	–40	–45
5		36	31	25	19	13	7	1	–5	–11	–16	–22	–28	–34	–40	–46	–52	–57	–63
10		34	27	21	15	9	3	–4	–10	–16	–22	–28	–35	–41	–47	–53	–59	–66	–72
15		32	25	19	13	6	0	–7	–13	–19	–26	–32	–39	–45	–51	–58	–64	–71	–77
20		30	24	17	11	4	–2	–9	–15	–22	–29	–35	–42	–48	–55	–61	–68	–74	–81
25		29	23	16	9	3	–4	–11	–17	–24	–31	–37	–44	–51	–58	–64	–71	–78	–84
30		28	22	15	8	1	–5	–12	–19	–26	–33	–39	–46	–53	–60	–67	–73	–80	–87
35		28	21	14	7	0	–7	–14	–21	–27	–34	–41	–48	–55	–62	–69	–76	–82	–89
40		27	20	13	6	–1	–8	–15	–22	–29	–36	–43	–50	–57	–64	–71	–78	–84	–91
45		26	19	12	5	–2	–9	–16	–23	–30	–37	–44	–51	–58	–65	–72	–79	–86	–93
50		26	19	12	4	–3	–10	–17	–24	–31	–38	–45	–52	–60	–67	–74	–81	–88	–95
55		25	18	11	4	–3	–11	–18	–25	–32	–39	–46	–54	–61	–68	–75	–82	–89	–97
60		25	17	10	3	–4	–11	–19	–26	–33	–40	–48	–55	–62	–69	–76	–84	–91	–98

Frostbite ocorre em: 30 min | 10 min | 5 min

Sensação térmica (°F) = 35,74 + 0,6215T – 35,75 (V^{0,16}) + 0,4275T (V^{0,16})

T = temperatura do ar (°F) V = velocidade do vento (mph)

Figura 10.10 Índice de sensação térmica
Cortesia de NOAA National Weather Service
www.nws.noaa.gov

tanto, o melhor é permanecer o mais quieto possível em caso de imersões prolongadas não-planejadas ou usar roupas de mergulho em atividades em que já se pressupõe a ação da água fria.

Fatores de isolamento

A taxa de perda de calor corporal está inversamente relacionada com o isolamento entre o corpo e o ambiente. A qualidade do isolamento relaciona-se com a espessura da gordura subcutânea, a capacidade da roupa de aprisionar o ar e o estado da roupa – molhada ou seca.

Gordura corporal

A espessura da gordura subcutânea é um excelente indicador do isolamento total do corpo por unidade de área da superfície pela qual o calor é perdido (29). Vejamos um exemplo. Relatou-se que um homem obeso foi capaz de nadar por 7h em águas 16°C, sem mudança na temperatura corporal, enquanto outro, mais magro, teve de deixar a água em 30 minutos, pois sua temperatura havia baixado para 34,5°C (50). Por essa razão, os nadadores de longa distância tendem a manter maior gordura corporal do que os de curta; quanto maior a quantidade de gordura corporal, maior é a capacidade de boiar, o que exige menos energia para nadar a determinada velocidade (31).

Roupas

Os trajes podem estender o nosso isolamento natural de gordura subcutânea, permitindo-nos suportar ambientes muito frios. A qualidade isolante da roupa é dada em unidades "clo" – 1 unidade "clo" é o isolamento necessário para manter a temperatura do corpo em repouso (1 MET) quando a temperatura ambiente é de 21°C, a umidade relativa, 50%, e a movimentação do ar, 9,7 km · h^{-1} (8). À medida que a temperatura do ar cai, devemos vestir roupas com maior valor "clo" para manter a temperatura central, pois o gradiente entre a pele e o ambiente aumenta. A Figura 10.11 mostra o isolamento necessário em situações com diferentes gastos energéticos ao longo de uma ampla faixa de temperaturas ambientais, de –51,1 a +26,7°C (8). À proporção que a produção de energia aumenta, o isolamento tem que diminuir para que se mantenha a temperatura corporal interna. Quando a roupa é vestida em camadas, o isolamento pode ser removido ao surgir necessidade de controlar a temperatura interna. Seguindo etapas de remoção das camadas, a taxa de sudorese será reduzida, e as roupas manterão mais o seu valor isolante. Com roupas molhadas, a qualidade do isolamento diminui, pois a água pode conduzir o calor para fora do corpo em um ritmo 25 vezes mais eficaz do que o do ar (32). Portanto, um objetivo importante consiste em evitar a umidade causada pelo suor ou pelo clima. Essa situação é exacerbada pelo ar muito seco do ambiente frio, o que provoca maior evaporação da umidade. Quando esse problema de frio, ar seco e roupa úmida se combina com as condições do vento, o risco torna-se ainda maior. O vento, além de favorecer maior perda

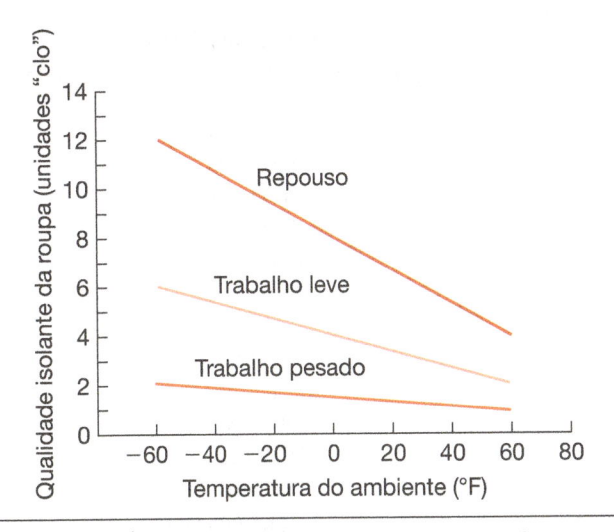

Figura 10.11 À medida que aumenta a intensidade do exercício, menos isolamento é necessário para manter a temperatura central.

De A. C. Burton e O. G. Edholm, 1955, *Man in a cold environment* (London: Edward Arnold).

de calor por convecção, como descrito na seção sobre a sensação térmica, também acelera a evaporação (22).

Produção de energia

A produção de energia pode modificar a quantidade de isolamento necessária para a manutenção da temperatura corporal e evitar a hipotermia (veja a Figura 10.11). Quando homens magros (menos de 16,8% de gordura corporal) foram imersos em água fria, a queda da temperatura corporal ocorrida em repouso foi evitada pela prática de exercícios no nível de 8,5 kcal · min^{-1} de gasto energético (42, 43).

A Tabela 10.6 mostra a progressão de sinais e sintomas de hipotermia à medida que a temperatura corporal cai (57). É importante lidar com esses problemas no próprio local em vez de esperar até que a pessoa possa ser levada a um pronto-socorro. De acordo com Sharkey (56), deve-se fazer o seguinte para ajudar um indivíduo com hipotermia:

- tirá-lo do frio, do vento e da chuva;
- remover-lhe todas as roupas;
- fornecer-lhe bebidas quentes, roupas secas e um saco de dormir seco e quente, caso esteja levemente debilitado;
- mantê-lo acordado; se a vítima estiver semiconsciente, tirar-lhe as roupas e colocá-la em um saco de dormir junto com outra pessoa;
- buscar uma fonte de calor, como uma fogueira.

O efeito da poluição do ar

A poluição do ar inclui gases e partículas resultantes da queima de combustíveis fósseis. A fumaça e a neblina originadas quando esses poluentes estão altamente concentrados podem

Tabela 10.6 Sintomas clínicos de hipotermia	
Temperatura central (°C)	**Sintomas e sinais**
37	Sensação de frio
	Pele fria
	Diminuição da interação social
36	Pele arrepiada
35	Calafrios
	Tensão muscular
	Fadiga
34,5	Frio profundo
	Insensibilidade
	Perda da coordenação
	Tropeços
	Disartria
	Rigidez muscular
32	Desorientação
	Diminuição da acuidade visual
31-30	Semicoma ou coma
28	Fibrilação ventricular e morte cardiovascular

Reimpressa de *Cardiology clinics*, vol. 5, L. E. Hart e J. R. Sutton, "Environmental considerations for exercise", p. 246, Copyright 1987, com permissão de Elsevier.

ter efeitos deletérios sobre a saúde e o desempenho. Os gases podem afetar o desempenho por diminuírem a capacidade de transportar oxigênio, aumentarem a resistência do ar e alterarem a percepção do esforço exigida quando os olhos queimam e o tórax dói.

As respostas fisiológicas a esses poluentes estão relacionadas com a quantidade, ou dose, recebida. Vários fatores importantes determinam a dose:

- concentração do poluente;
- duração da exposição ao poluente;
- volume de ar inalado.

O volume de ar inalado é grande durante o exercício, e essa é uma das razões pelas quais a atividade física deve ser restringida em dias de pico dos níveis de poluição (16). A explanação a seguir enfatiza os principais poluentes: matéria particulada, ozônio, dióxido de enxofre e monóxido de carbono.

Matéria particulada

O ar é repleto de partículas microscópicas e submicroscópicas. Muitas delas podem se fixar em motores de veículos (em especial os movidos a *diesel*) e fontes industriais. Ao longo dos últimos anos, mais atenção tem sido dada a partículas muito pequenas, devido a seu potencial para promover infecções pulmonares e atravessar o epitélio, entrando na circulação (17). A poluição de partículas finas eleva a PA em pessoas com doença cardiovascular preexistente e pode contribuir para o aumento do risco de mortalidade e morbidade cardíaca (55, 65).

Ozônio

O **ozônio** do ar que respiramos é gerado pela reação entre as emissões de raios ultravioletas (UV) das máquinas de combustão interna. Há indícios de que apenas duas horas de exposição a uma alta concentração de ozônio, 0,75 partículas por milhão (PPM), diminui o $\dot{V}O_2$máx. Além disso, estudos recentes mostram que uma exposição de 6 a 12 horas a uma concentração de apenas 0,12 PPM (o padrão de qualidade do ar dos Estados Unidos) reduz a função pulmonar e aumenta os sintomas respiratórios. É interessante notar que as pessoas conseguem se adaptar à exposição ao ozônio, mostrando diminuição das respostas em exposições subseqüentes durante a "estação do ozônio". (Nos Estados Unidos, foram definidas épocas do ano críticas, em que as concentrações dessa variedade do oxigênio atingem o pico. Elas são chamadas de "estação do ozônio" e em geral correspondem aos períodos secos e quentes.) No entanto, questões relativas à saúde dos pulmões a longo prazo sugerem ser prudente evitar a realização de exercícios nos horários do dia em que o ozônio e outros poluentes apresentam níveis elevados (16).

Dióxido de enxofre

O **dióxido de enxofre** (SO_2) é produzido por fundições, refinarias e aparelhos elétricos que utilizam combustível fóssil para geração de energia. O SO_2 não afeta a função pulmonar em indivíduos normais, mas causa broncoconstrição em pessoas com asma – uma resposta influenciada pela temperatura e pela umidade do ar inspirado. Estimula-se a respiração pelo nariz para "filtrar" o SO_2, e medicamentos como o cromoglicato dissódico e os betaagonistas podem bloquear parcialmente a resposta ao SO_2 (16).

Monóxido de carbono

O **monóxido de carbono** (CO) deriva da queima de combustível fóssil, carvão, óleo, gasolina e madeira, assim como da fumaça de cigarro. O CO pode se ligar à hemoglobina (HbCO) e diminuir a capacidade de transporte de oxigênio. A concentração de monóxido de carbono no sangue em geral é inferior a 1% em não-fumantes, mas pode chegar a 10% em fumantes (52). Como mencionado no Capítulo 28, além da concentração de HbCO de 4,3%, há 1% de redução no $\dot{V}O_2$máx. para cada 1% de aumento na concentração de HbCO. De forma diferente, quando a pessoa se exercita a cerca de 40% do $\dot{V}O_2$máx., a concentração de HbCO pode chegar a 15% antes de se observar alteração na *endurance*. O sistema cardiovascular tem simplesmente maior capacidade de responder com um débito cardíaco maior quando a concentração de oxigênio no sangue se reduz durante o trabalho submáximo (33, 51, 52). Isso, é claro, exige uma FC mais elevada para a mesma tarefa, e o praticante precisa reduzir a intensidade do exercício durante a exposição ao CO para permanecer na faixa da FCA. Sendo necessárias cerca de 2 a 4 horas para se remover metade do CO do sangue após o fim da exposição, esse gás pode ter um efeito prolongado sobre o desempenho (16). Infelizmente, é difícil prever qual será a real concentração de CO em certo ambiente. Uma vez que temos de considerar a exposição prévia ao poluente, assim como a duração e a taxa de ventilação associadas com a exposição no momento presente, as seguintes orientações são fornecidas para a prática de exercícios em áreas com poluição do ar (52):

- reduzir a exposição ao poluente antes do exercício, pois os efeitos fisiológicos dependem do tempo e da dose;
- ficar fora de áreas em que se pode receber uma elevada dose de CO: onde há fumantes, tráfego pesado e ambientes urbanos;
- não programar atividades nos horários em que os poluentes se encontram em seus níveis mais elevados em função do tráfego de veículos: das 7 às 10h e das 16 às 19h.

Índice da qualidade do ar

O índice de qualidade do ar (IQA) é uma medida da qualidade do ar que leva em conta os cinco principais poluentes regulados pelo Clean Air Act dos Estados Unidos: ozônio no nível do solo, matéria particulada, monóxido de carbono, dióxido de enxofre e dióxido de nitrogênio. A escala de IQA vai de 0 a 500. Os valores de 0 a 50 são bons; 51 a 100, moderados; 101 a 150, insalubres para grupos sensíveis; 151 a 200 insalubres; e assim por diante. Em geral, essas informações são fornecidas pela mídia em programas sobre o clima. O profissional de condicionamento físico deve adaptar os dados de IQA a cada praticante – algumas pessoas apresentam sintomas em níveis mais baixos de poluição do que outras (10).

Efeito da altitude

O aumento na altitude diminui a pressão parcial do oxigênio e reduz sua quantidade ligada à hemoglobina. Por isso, há redução do volume de oxigênio transportado em cada litro de sangue. Como mencionado no Capítulo 4, a potência aeróbia máxima diminui regularmente à medida que aumenta a altitude, de modo que, aos 2.300 m, o valor é apenas 88% do medido ao nível do mar. Isso significa que uma atividade que demanda 88% do $\dot{V}O_2$máx. ao nível do mar passa a exigir 100% do "novo" $\dot{V}O_2$máx.

A exposição à altitude não afeta só a potência aeróbia máxima. Qualquer taxa de trabalho submáxima demanda uma FC mais elevada em regiões mais altas do que em áreas ao nível do mar (mostrado na Figura 10.12). A razão disso é muito sim-

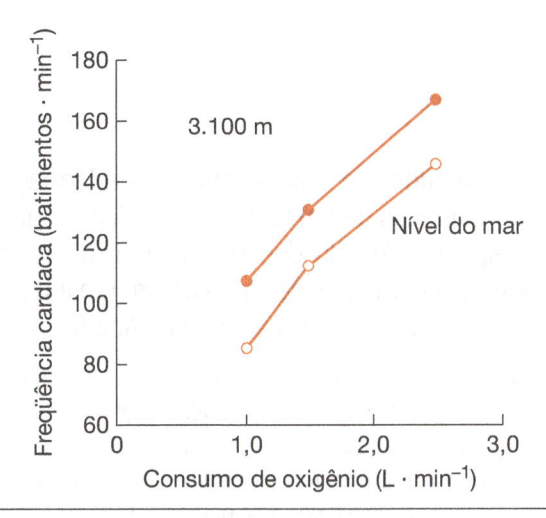

Figura 10.12 Efeito da altitude sobre a resposta da FC ao exercício submáximo.

Baseada em dados de R. Grover, J. Reeves, E. Grover e J. Leathers, 1967, "Muscular exercise in young men native to 3,100 m altitude". *Journal of Applied Physiology*, 22: p. 555-564.

Ponto-chave

Em condições de muito calor e umidade, o praticante de exercícios deve diminuir a taxa de trabalho para permanecer na zona da FCA. Ele deve se aclimatizar ao calor durante 7 a 14 dias para reduzir o risco de lesão por calor. Peça aos participantes que tomem água antes, durante e após o exercício e que realizem a atividade no início da manhã para reduzir a carga de calor ambiental. Quando se exercita em clima frio, o participante deve usar roupas em camadas e removê-las gradualmente para minimizar o suor e manter-se seco. Além disso, é preciso ter informações sobre o IQA na região e evitar a realização da atividade nos horários e locais em que a poluição do ar é um problema. Ao exercitarem-se em locais de maior altitude, os participantes devem diminuir a intensidade do trabalho para permanecer na zona da FCA.

ples. Uma vez que cada litro de sangue tem menos oxigênio em áreas de maior altitude, é necessário mais sangue para distribuir a mesma quantidade de oxigênio aos tecidos. Conseqüentemente, a resposta da FC é elevada, seja qual for a taxa de trabalho submáximo. Para ficar na faixa da FCA, o indivíduo tem de diminuir a intensidade do exercício em regiões mais altas. Como acontece durante o exercício em clima mais quente e úmido, o monitoramento da FCA permite modificar a intensidade da atividade relativa de acordo com a demanda ambiental adicional (34).

Estudos de caso

Nestes estudos de caso, fornecemos informações gerais sobre o participante, dados sobre fatores de risco e os resultados de um teste de exercícios. Analise cada caso, determine os fatores de risco e opine sobre as respostas do indivíduo ao teste (se são normais ou não). Em seguida, com base na própria análise, faça algumas recomendações ao participante em relação ao programa de exercícios e à redução dos fatores de risco. Confira as respostas no Apêndice A.

1. Paulo, um homem branco, tem 36 anos, 88 kg, 178 cm de altura e 28% de gordura corporal. Os valores químicos do sangue indicam que o colesterol total é 270 mg · dL^{-1} e o HDL, 38 mg · dL^{-1}. Sua mãe faleceu de ataque cardíaco aos 63 anos e seu pai sofreu um ataque cardíaco aos 68 anos de idade. Ele é uma pessoa sedentária e não participa de qualquer programa de treinamento de *endurance* desde a universidade. Estes são os resultados de um TEP máximo realizado pelo médico do participante.

Teste: Balke, 4,8 km · h^{-1}; 2,5% a cada 2 min

% inclinação	METs	PAS (mmHg)	PAD (mmHg)	FC (batimentos · min^{-1})	ECG	Sintomas
	Repouso	126	88	70	Normal	–
2,5	4,3	142	86	142	Normal	–
5	5,4	184	88	150	Normal	–
7,5	6,4	162	86	160	Normal	–
10	7,4	174	84	168	Normal	–
12,5	8,5	186	84	176	Normal	–
15	9,5	194	84	190	Normal	Dor na panturrilha
17,5	10,5	198	84	198	Normal	Fadiga

2. Mary é uma estadunidense de origem hispânica de 38 anos, 170 cm de altura, 61,4 kg e 30% de gordura corporal. Os valores químicos do sangue indicam um colesterol total de 188 mg · dL^{-1} e um HDL-C de 59 mg · dL^{-1}. A pressão arterial em repouso é 124/80 mmHg. O histórico familiar indica que o pai teve um ataque cardíaco não-fatal aos 67 anos. Há 13 anos, Mary fuma um maço de cigarros por dia. Seu estilo de vida é sedentário. Estes são os resultados do teste submáximo no cicloergômetro.

Teste: Cicloergômetro da YMCA

Taxa de trabalho (kpm · min^{-1})	FC (min 2)	FC (min 3)
150	118	120
300	134	136

Taxa da pedalada = 50 rev · min^{-1}; FCmáx. prevista = 182 batimentos · min^{-1}; altura do banco = 6; e 85% da FCmáx. = 155 batimentos · min^{-1}

CAPÍTULO 11

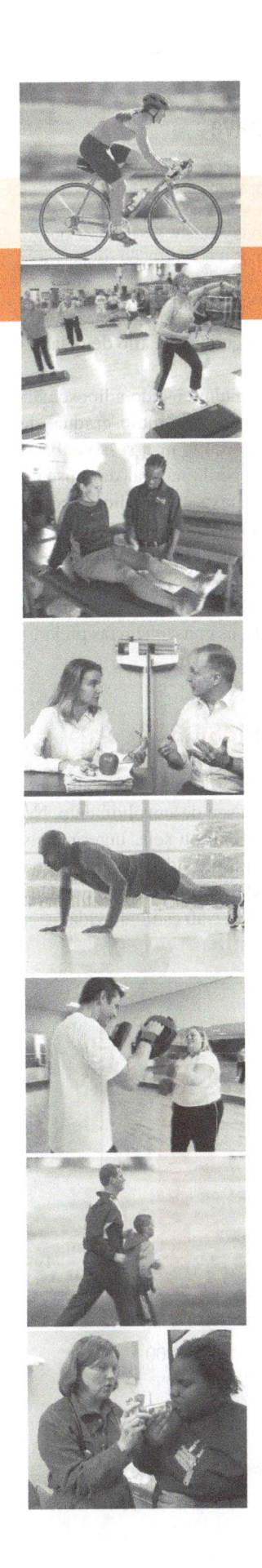

Prescrição de Exercícios para Controle de Peso

Dixie L. Thompson

Objetivos

O leitor será capaz de:

1. Identificar fatores que contribuem para a obesidade.
2. Descrever o papel do equilíbrio energético na perda e na manutenção de peso.
3. Fornecer orientações sobre ingestão calórica para facilitar a perda de peso apropriada.
4. Discutir o papel do exercício na perda e na manutenção de peso.
5. Prescrever programas de exercícios seguros e eficazes para o controle de peso.
6. Descrever estratégias de mudança comportamental para o controle de peso.
7. Tomar consciência das idéias enganosas a respeito da perda de peso rápida.
8. Reconhecer sinais de transtornos da alimentação.
9. Fornecer orientações de saúde para ganho de peso.

Nos Estados Unidos, a população gasta bilhões de dólares por ano com o objetivo de perder peso. A indústria do emagrecimento fornece uma ampla variedade de mercadorias e serviços, incluindo medicamentos sem e com receita médica, livros didáticos e de auto-ajuda e clínicas especializadas em controle de peso. Grupos dedicados a essa meta têm surgido em muitos espaços sociais, desde escolas a clínicas de saúde e igrejas. Apesar dessa indústria multibilionária (em dólares), os estadunidenses estão cada vez mais gordos. Cerca de dois terços dos adultos do país são classificados como acima do peso ou obesos (10). Infelizmente, essa mesma tendência pode ser encontrada entre as crianças (11, 14). Embora muitos saiam derrotados da luta contra a obesidade, alguns conseguem manter um peso saudável a vida inteira, e muitos perdem o excesso de peso. As lições dessas pessoas servem de guia para o controle de peso bem-sucedido (15, 36).

> **Ponto-chave**
>
> Embora os estadunidenses gastem bilhões de dólares a cada ano com o objetivo de perder peso, a prevalência da obesidade tem aumentado. Quase dois terços dos adultos têm excesso de peso ou são obesos. As pessoas tendem a acumular gordura à medida que envelhecem, mas a acumulação excessiva é insalubre.

A crescente prevalência da obesidade nos Estados Unidos

No início da década de 1960, 13,4% dos estadunidenses adultos eram obesos (ou seja, tinham um IMC $\geq$ 30 kg $\cdot$ m^{-2}) (10). Estatísticas nacionais recentes (de 1999 a 2000) revelaram que a obesidade disparou, atingindo 30,9% (10). A Figura 11.1 mostra a crescente prevalência da obesidade nas últimas quatro décadas entre homens e mulheres. Alguns segmentos da população têm valores mais dramáticos. Atualmente, a prevalência da obesidade entre as mulheres negras não-hispânicas, por exemplo, é de 50% – um aumento de 11,5% desde o início da década de 1990 (10). Em decorrência das rápidas mudanças na prevalência da obesidade, parece que essa tendência não tem como causa a genética. Como já discutido, o estilo de vida parece ser o principal culpado.

De modo geral, os adultos acumulam tecido adiposo adicional à medida que envelhecem. Esse acúmulo gradual de gordura às vezes é chamado de **obesidade progressiva**. Parte dessa mudança é atribuível a uma perda natural de músculo com o avanço da idade. No entanto, taxas metabólicas decrescentes, estilos de vida mais sedentários e padrões alimentares desajustados parecem ser fatores mais importantes para o aumento da gordura corporal (7). Ainda que seja aceitável algum acúmulo de gordura (veja o Capítulo 6, Tabela 6.1), quando o IMC alcança os níveis da obesidade, as conseqüências prejudicam a saúde (25, 26).

Etiologia da obesidade

A causa da obesidade não pode ser descrita de modo simples, pois muitos fatores contribuem para seu desenvolvimento. No final, é o **equilíbrio calórico positivo** (ou seja, ingerir mais calorias do que se gasta) que leva à obesidade. Fatores que contribuem para essa condição podem ser discutidos em duas categorias amplas, relativas à genética e ao estilo de vida.

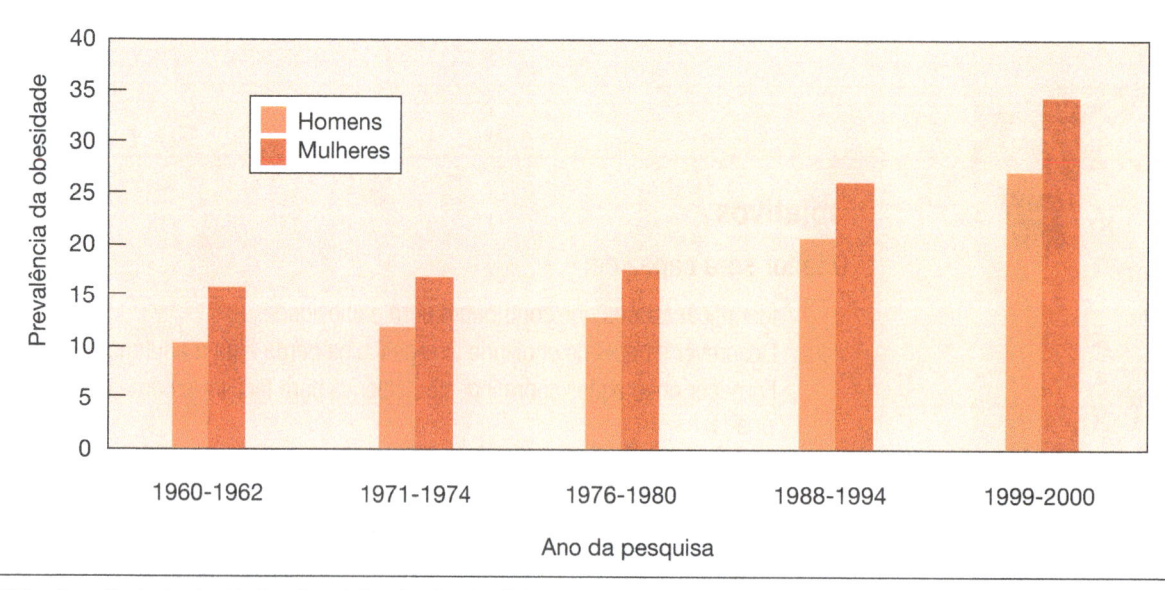

Figura 11.1 Prevalência da obesidade entre adultos dos Estados Unidos.

Dados de K. M. Flegal, 1999. "The obesity epidemic in children and adults: Current evidence and research issues", *Medicine and Science in Sports and Exercise*, 31: S-09-S514 (10).

Genética

Há indícios de que a genética contribui para o desenvolvimento da obesidade (15, 29). Ao avaliar o efeito da genética, os pesquisadores têm tentado fazer a distinção entre os fatores genéticos e os socioculturais, que são passados de uma geração a outra. Bouchard e colaboradores (6) estimaram que cerca de 25% da variação no percentual de gordura corporal é atribuível à genética. É interessante notar que esses autores descobriram que a herança genética tem maior efeito sobre a gordura total e os depósitos profundos de tecido adiposo do que sobre a gordura subcutânea. Indícios adicionais sobre a importância da genética originam-se de dados que demonstram que o IMC de crianças adotadas é mais similar ao dos pais biológicos do que ao dos adotivos (30). Descobertas recentes de genes ligados à obesidade fornecem indícios adicionais de que fatores genéticos ajudam a determinar a probabilidade de ser obeso e de desenvolver doenças que acompanham a obesidade. A pesquisa continua na tentativa de entender qual é a ligação entre a genética e a obesidade.

Muitos genes estão ligados à obesidade, e a expressão de cada um deles depende de fatores ambientais (por exemplo, disponibilidade de alimentos gordurosos, influências sociais); portanto, a genética da obesidade é complexa, e ainda temos muito o que aprender (5). A conseqüência negativa da aquisição desses conhecimentos sobre a genética da obesidade está no fato de que pessoas cujas famílias possuem vários membros com excesso de peso ficam desencorajadas e passam a acreditar que não podem fazer nada para mudar o próprio peso. Embora a genética possa contribuir para o desenvolvimento da obesidade, sua principal causa é o estilo de vida. Os profissionais de condicionamento físico têm de enfatizar aos clientes que a genética pode predispor determinadas pessoas à obesidade, mas que, ainda assim, elas são capazes de modificar de forma significativa o próprio peso corporal.

Estilo de vida

A escolha que cada um faz em relação aos gastos energéticos e às ingestões calóricas influenciam, de modo especial, o desenvolvimento da obesidade. O número de calorias consumidas, os tipos de alimentos ingeridos e a quantidade diária de atividade física afetam o peso corporal. Quando o indivíduo consome mais calorias do que gasta, o equilíbrio calórico positivo resulta em ganho de peso (gordura). Para perder peso corporal, deve-se estabelecer um **equilíbrio calórico negativo**, que pode ser alcançado pela diminuição da ingestão calórica, pelo aumento do gasto energético ou ambos. Dados dos Estados Unidos, comparando os anos de 1971 e 2000, mostram que a ingestão calórica diária aumentou 168 kcal · dia^{-1} entre os homens e 335 kcal · dia^{-1} entre as mulheres (37). Além disso, as taxas de atividade física diária nesse mesmo período não mudaram a ponto de compensar a ingestão energética. Sendo assim, hoje, o estadunidense típico pesa cerca de 11 kg a mais do que aquele de 30 anos atrás (27).

Ingestão de alimentos

Quando se consome excesso de calorias (em particular, na forma de gordura), a energia é armazenada como gordura. De uma perspectiva evolucionária, o armazenamento da gordura é uma adaptação positiva a variações na disponibilidade de alimentos. Em outras palavras, o acúmulo de gordura ocorre nos períodos em que há abundância de alimentos, e essa energia armazenada é usada nos momentos de escassez. Em populações que vivem em constante abundância de alimentos com alta densidade calórica, com freqüência esse mecanismo resulta em acúmulo excessivo de gorduras.

Os profissionais da área de saúde às vezes questionam se, em geral, os obesos consomem mais calorias do que as pessoas que têm um peso médio. Estudos que se baseiam no registro da alimentação fornecem pouca informação objetiva sobre esse tema, pois as pessoas tendem a omitir ingestões alimentares e exagerar na descrição da própria atividade física (22). Algumas pesquisas sugerem que indivíduos obesos costumam fornecer informações falsas sobre o consumo de alimentos com alto teor de gordura e lanches, registrando ingestões menores do que as reais (34). Procedimentos de pesquisa avançados, em que as pessoas ingerem isótopos de oxigênio e hidrogênio (água duplamente marcada), indicam que os indivíduos com excesso de peso gastam e consomem mais calorias do que aqueles de peso normal (33). O maior gasto energético é causado pelo custo metabólico de suportar o excesso de peso corporal. As razões do consumo de calorias extras não são conhecidas.

Tipos de alimentos ingeridos e obesidade

Quando consumida, a gordura é armazenada como tecido adiposo mais prontamente do que a proteína ou o carboidrato. De uma perspectiva teórica, seu baixo efeito térmico (ou seja, a energia necessária para digerir, absorver, transportar e armazenar a gordura), a facilidade com que é armazenada como tecido adiposo e a alta densidade calórica de alimentos com alto teor de gordura transformam esse componente alimentar no provável culpado do desenvolvimento da obesidade. Dados norte-americanos indicam que, nos últimos 30 anos, a porcentagem de calorias originárias da gordura na dieta do estadunidense típico tem diminuído (37). No entanto, como a ingestão total de energia tem aumentado, o número real de calorias oriundas da ingestão de gordura mudou muito pouco.

Vários estudos indicam que as pessoas obesas e com excesso de peso tendem a consumir uma porcentagem maior de calorias de gorduras do que as de peso normal (34). Parece que a disponibilidade de alimentos com alto teor de gordura e de açúcares simples aumenta o risco de obesidade. Em culturas em que a maioria das calorias consumidas vêm de carboidratos complexos, as taxas de obesidade são mais baixas do que nos Estados Unidos.

Gasto energético diário

Pesquisadores encontraram uma relação entre o baixo nível de atividade física e o aumento da probabilidade de obesidade

(35). Os adultos Amish que levam uma vida ativa, semelhante ao que era típico no final do século XIX, apresentam taxas muito mais baixas de obesidade do que a média da população dos Estados Unidos (4). Além disso, mulheres que diariamente caminham mais têm valores mais baixos de IMC, circunferência da cintura e porcentagem de gordura corporal do que as menos ativas (17, 20, 31). Uma vez que esses estudos são transversais, é impossível determinar se o baixo nível de atividade física leva a obesidade ou se esta faz com que as pessoas reduzam a quantidade de atividade.

O papel do exercício regular na perda de peso é complexo e tem sido revisado por vários autores (13, 26, 28). Sem dúvida, o aumento da atividade física ajuda a criar um equilíbrio calórico negativo. Além disso, alguns estudos têm defendido o papel do exercício na manutenção da massa livre de gordura e da taxa metabólica durante a perda de peso. Mesmo que os estudos às vezes revelem dados conflitantes a respeito dos efeitos de curto prazo do exercício sobre a perda de peso, as conseqüências positivas a longo prazo, no aspecto da manutenção de peso, são evidentes. Parece que o exercício é um dos fatores de predição mais definidores da manutenção prolongada de peso (21, 35, 36). Adicionalmente, a atividade física regular atenua o ganho de peso associado à idade (9).

> **Ponto-chave**
>
> Tanto a genética quanto o estilo de vida contribuem para a obesidade. A ingestão calórica, as escolhas alimentares e a atividade física diária são aspectos do estilo de vida que afetam o acúmulo de gordura. O equilíbrio calórico positivo resulta em ganho de peso; o negativo, em perda de peso.

Manutenção do peso saudável

Numerosos métodos podem ser usados para manter um peso saudável ou para emagrecer, quando necessário. Os profissionais de condicionamento físico devem estimular os clientes a escolher uma técnica adequada para a manutenção ou a perda de peso, com o menor risco possível à saúde geral. As seções a seguir esboçam práticas que a maioria dos adultos pode adotar com segurança.

Avaliação da necessidade calórica diária

Ao planejar programas individualizados para perda ou manutenção de peso, é útil saber a quantidade de calorias necessária à manutenção do peso corporal no momento presente. Esse dado é obtido pela estimativa da necessidade calórica diária. A **necessidade calórica diária** é o número de calorias de que uma pessoa precisa para manter o peso corporal que apresenta na ocasião, pressupondo-se que o nível de atividade permanecerá constante. A taxa metabólica de repouso, o **efeito térmico do alimento** e a energia gasta nas atividades diárias determinam a necessidade calórica diária (Figura 11.2).

A **taxa metabólica de repouso** (TMR) é o número de calorias gastas para manter o corpo em situação de repouso. Para a maioria das pessoas, a TMR é 60 a 70% da necessidade calórica diária. Para os que praticam exercícios vigorosos e regulares, ela pode corresponder a uma menor porção dessa necessidade, já que o exercício demanda maior porcentagem de necessidades energéticas. A TMR pode ser medida em laboratório, pelo calorímetro indireto. Para fazer essa medição de modo preciso, avalie o cliente nas seguintes condições: sem comer há várias horas, sem se exercitar vigorosamente nas últimas 12 horas e deitado em uma posição reclinada por 30 minutos (23). Devido ao custo do calorímetro indireto e ao controle estrito necessário à obtenção de resultados precisos, a medição da TMR nem sempre é um método prático. Por isso, foi desenvolvida uma série de fórmulas para prever essa taxa. As fórmulas baseiam-se nos seguintes princípios:

- a TMR é proporcional ao tamanho corporal;
- a TMR diminui com a idade;
- o músculo é metabolicamente mais ativo do que a gordura.

Quanto maior o corpo, mais calorias são necessárias para sustentá-lo. Essa relação reflete-se em todas as fórmulas para o cálculo da TMR. Além disso, o peso corporal e a idade afetam de maneira significativa a taxa metabólica de repouso. À medida que a pessoa envelhece, a TMR diminui, o que significa que a necessidade calórica diária se reduz com o passar dos anos. Em geral, as equações de cálculo da TMR são específicas a cada sexo, pois os homens costumam ter mais massa livre de gordura do que as mulheres, e essa massa exige mais energia do que o tecido com gordura. Portanto, são necessárias fórmulas diferentes para homens e mulheres.

Quando se conhece a massa livre de gordura do cliente, pode-se usar a fórmula apresentada a seguir para prever a TMR

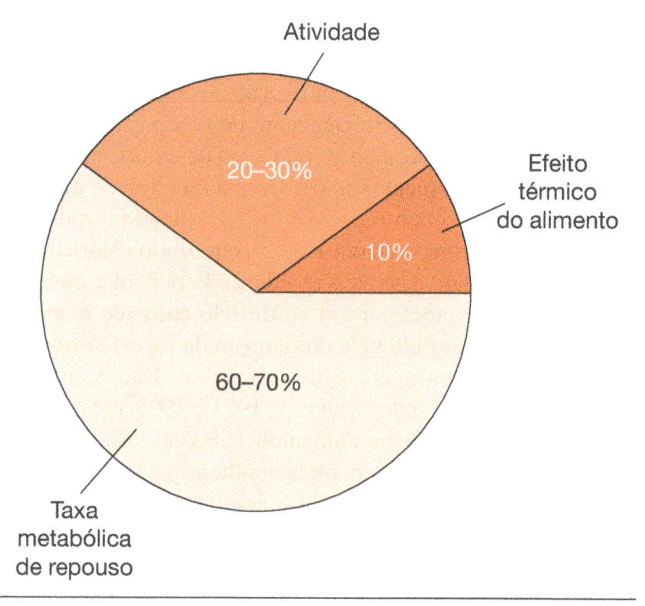

Figura 11.2 Fatores que contribuem para a necessidade calórica diária.

(8). Nesse caso, não há necessidade de fórmulas específicas para cada sexo, pois um grama de músculo tem a mesma necessidade metabólica no corpo feminino e no masculino.

$$\text{TMR (kcal} \cdot \text{dia}^{-1}) = 370 + (21,6 \cdot \text{massa livre de gordura em kg)}$$

Ao determinar a necessidade calórica diária, é preciso fazer uma estimativa das calorias queimadas na atividade física. Essa avaliação exige informações sobre a atividade profissional e de lazer. Embora haja vários modos de reunir dados sobre o cotidiano do cliente, um método típico consiste no diário de atividades, em que se registra a movimentação no trabalho e no lazer. Depois de estabelecer o padrão das atividades, parte-se para o cálculo do custo calórico de cada uma delas (veja o Capítulo 4), que será usado para estimar a energia gasta. Fazer essa estimativa é de especial importância quando o indivíduo em questão treina extensivamente. Uma alternativa consiste em estimar a necessidade calórica diária pelos métodos esboçados no quadro a seguir.

A menor porção dessa necessidade calórica vem do efeito térmico do alimento, que é a energia necessária para digerir, absorver, transportar e armazenar o que se ingere. Mesmo que esse valor possa variar um pouco de acordo com o alimento ingerido, o efeito térmico costuma corresponder a 10% da necessidade calórica diária (24).

Modificação do estilo de vida para promover um peso saudável

Ainda que cada indivíduo deva avaliar as áreas do seu estilo de vida que contribuem para o excessivo acúmulo de peso, etapas comuns, que beneficiam a maioria das pessoas em processo de emagrecimento, incluem:

- reduzir o total de calorias;
- reduzir a ingestão de gorduras;
- aumentar a atividade física;
- mudar os hábitos alimentares.

Como já foi mencionado, para perder peso é preciso estabelecer um equilíbrio energético negativo. A quantidade de calorias consumidas no período em que se pretende perder peso deve ser determinada de acordo com objetivos de saúde, demanda calórica e, por último, emagrecimento. A maioria dos adultos saudáveis que precisa perder peso pode aderir a uma dieta de baixas calorias (DBC) por pouco tempo, com ingestão calórica de 800 kcal $\cdot$ dia^{-1} a 1.500 kcal $\cdot$ dia^{-1}, sem maiores consequências negativas para a saúde. No entanto, não se recomenda que instituam uma dieta de muito baixas calorias (VLCD), em que a ingestão seja inferior a 800 kcal $\cdot$ dia^{-1} (26). Estudos sobre emagrecimento mostram que a VLCD pode resultar em perda de peso inicial maior, porém, no prazo de um ano, não mostra vantagens em relação à DBC (26).

O ACSM recomenda que os objetivos de emagrecimento semanais não excedam 1 kg (2). Uma orientação geral consiste em estabelecer um déficit calórico de 3.500 a 7.000 kcal $\cdot$ semana^{-1} (500 a 1.000 kcal $\cdot$ dia^{-1}), o que teoricamente resulta em 0,5 a 0,9 kg de perda de gordura a cada semana (0,5 kg de gordura = 3.500 kcal). Também recomenda que as pessoas em período de restrição calórica limitem a ingestão de gorduras a menos de 30% do total de calorias (1). Essas são recomendações gerais, e indivíduos com necessidades especiais (por exemplo, atletas, idosos, pessoas com distúrbios metabólicos) podem precisar de um método diferente de perda de peso. Em qualquer situação de restrição calórica, podemos ter a expectativa de diminuir a TMR e a massa livre de gordura. Essa redução será maior em indivíduos com grandes déficits calóricos diários (26).

Cálculo das necessidades energéticas diárias

O Institute of Medicine dos Estados Unidos (12) recomenda as seguintes fórmulas para calcular a necessidade calórica diária ou a demanda energética estimada (DEE). Para o cálculo, é preciso saber a idade do cliente em anos, a altura em metros, o peso em quilogramas e o nível da atividade física (AF).

Homem Adulto
DEE = 662 − 9,53 (idade) + AF [15,91 (peso) + 539, 6 (altura)]

Mulher Adulta
DEE = 354 − 6,91 (idade) + AF [9,36 (peso) + 726 (altura)]

A AF reflete o nível de atividade física diária da pessoa. Use a tabela a seguir para escolher um valor apropriado.

Nível de atividade	Valor da AF (homens)	Valor da AF (mulheres)
Sedentário – atividade extremamente limitada	1,0	1,0
Pouco ativo – apenas atividades típicas da rotina diária	1,11	1,12
Ativo – atividade física moderada regular	1,25	1,27
Muito ativo – exercício regular vigoroso	1,45	1,45

Prescrição de exercícios para controle de peso

O ACSM recomenda um método combinado – exercícios e restrição calórica moderada – para pessoas que querem perder peso (1, 2). Embora permaneça a polêmica sobre a contribuição exata do exercício no controle de peso, essa combinação parece ser mais eficaz para a manutenção da massa magra e para evitar a diminuição excessiva da TMR. Os dados disponíveis demonstram claramente que os bem-sucedidos na manutenção do peso desejado realizam uma atividade aeróbia regular (36). Estudos também mostram que o exercício regular ajuda a evitar o ganho de peso (9, 18). De uma perspectiva teórica, incluir exercícios na vida cotidiana pode alterar de forma significativa o peso corporal. Gastar, por exemplo, apenas 100 kcal $\cdot$ dia^{-1} além da necessidade calórica diária por um ano gera um déficit calórico de 36.500 kcal. O ACSM recomenda que se pratique um mínimo de 150 minutos de exercício de intensidade moderada por semana e declara, em seguida, que atividades adicionais (200 a 300 min $\cdot$ semana^{-1}) provavelmente estariam mais associadas ao êxito do controle de peso (1, 2). As recomendações a seguir são específicas para a perda de peso com exercícios (2):

- freqüência: 5 a 7 dias por semana;
- intensidade: no início moderada (40 a 60% da freqüência cardíaca de reserva – FCR), com progressão para intensidades mais elevadas (50 a 75% da FCR);
- duração: aumento gradual, passando de sessões curtas, facilmente toleráveis, a 45 a 60 minutos por dia.

Além dos benefícios físicos, as variáveis psicológicas também melhoram com o exercício. O aumento da auto-estima e da auto-eficácia costuma ser registrado como resultado da prática regular de exercícios. A sensação de poder adquirida à medida que a pessoa consegue se manter bem condicionada pode resultar na decisão de manter um estilo de vida e peso saudáveis.

Modificação de comportamento para perder e manter o peso

A maioria das tentativas de perder e manter peso fracassa. A modificação do comportamento (mudança de hábitos) é um componente importante no êxito de programas de emagrecimento e manutenção de peso (26). Outras informações sobre modificação de comportamento são apresentadas no Capítulo 22.

Quando as pessoas se comprometem a mudar padrões de alimentação e de atividade física, uma série de estratégias pode aumentar as chances de sucesso a longo prazo. Durante a fase inicial de perda de peso (fase de ação; veja o Capítulo 22), a implementação das estratégias exige um grande esforço e há significativo risco de falha (ou seja, recaída). Após seis meses ou mais (fase de manutenção; veja o Capítulo 22), as mudanças na dieta e no estilo de vida começam a se tornar naturais. Algumas estratégias eficazes para perda e manutenção de peso são discutidas a seguir. Nem todos os clientes respondem bem a determinadas técnicas. Cada um deve ser analisado em separado, com o desenvolvimento de um plano individual.

Manutenção de registros

Antes de implementar o programa de perda ou de manutenção de peso, é sábio examinar os padrões alimentares atuais. Para isso, o mais fácil é manter um diário ou registro de alimentos. No Capítulo 7, fornecemos um modelo simples. Lembre-se da importância de reunir informações sobre os tipos e as quantidades de alimentos ingeridos, assim como sobre as circunstâncias sociais e emocionais que cercam o ato de comer.

O registro cuidadoso desses dados atende a vários objetivos. Em primeiro lugar, documenta áreas problemáticas relacionadas à ingestão de alimentos. A maioria das pessoas não tem consciência do total de calorias nem da quantidade de gordura consumidos diariamente. Em segundo lugar, o diário alimentar aponta dicas sociais e emocionais relacionadas ao ato de comer. Depois de registrar os dados da alimentação por certo tempo, o indivíduo pode começar a perceber que outros fatores, além da fome, levam-no a comer (por exemplo, socialização com amigos, ato de assistir a TV, sensação de estresse). Para combater esses outros impulsos, é preciso reconhecer as situações sociais e emocionais que disparam momentos de ingestão alimentar exagerada e desenvolver estratégias para superá-las. Em terceiro lugar, a ingestão alimentar transforma o ato de comer em um processo cognitivo. Para muitas pessoas, comer é um hábito – elas escolhem a quantidade e qualidade do que comem automaticamente, sem considerações conscientes. Como será discutido a seguir, o planejamento adequado das refeições e dos lanches é um componente importante da perda de peso.

Planejamento de refeições e lanches

A perda de peso não ocorre por acaso – ela exige um esforço combinado. Comprar alimentos apropriados e planejar as refeições é um imperativo do sucesso. Uma das práticas mais úteis no controle da ingestão de alimentos consiste em não

---

Ponto-chave

A necessidade calórica diária é determinada pela TMR, pelo efeito térmico do alimento e pelos níveis de atividade. A redução do total de calorias, a diminuição da ingestão de gordura, o aumento da atividade física e a mudança do comportamento alimentar são alguns passos simples, capazes de beneficiar muitas pessoas que tentam perder peso. A prescrição de exercícios para o controle do peso envolve uma atividade aeróbia regular de, pelo menos, 150 minutos por semana. Quando há necessidade de emagrecimento, a maioria dos adultos saudáveis pode estabelecer objetivos iniciais de perda de 0,5 a 0,9 kg por semana, o que é uma marca segura.

comprar aqueles com alto teor de gordura ou grande densidade calórica. Substituí-los por outros com baixo teor de gordura e menor quantidade de calorias também pode afetar de modo substancial o emagrecimento. Trocar, por exemplo, um copo (238 mL) de leite integral por outro com 1% de gordura diminui a ingestão calórica em cerca de 50 kcal. Se a pessoa toma dois copos de leite por dia, essa troca implica a redução de 36.500 kcal em um ano!

Planejar as refeições também é essencial. Quem leva uma vida muito ocupada com freqüência relega para segundo plano a preparação das refeições, e isso pode levar ao consumo de alimentos de fácil preparo, mas que não promovem saúde nem perda de peso. Uma técnica para superar as restrições de tempo consiste em comprar, para o café-da-manhã, alimentos fáceis de preparar, porém também nutritivos e com teor relativamente baixo de calorias (por exemplo, frutas frescas, pão integral, iogurte com baixo teor de gordura, cereais integrais). Esses alimentos compõem uma refeição matinal que sacia a fome e fornece nutrientes importantes.

Uma vez que não almoçam em casa, muitos estadunidenses costumam fazer essa refeição em restaurantes acessíveis e rápidos. Isso leva vários deles a lanchonetes *fast-food*. Embora diversas cadeias de comida rápida tenham acrescentado itens com menor teor de gordura em seus cardápios, a maioria dos alimentos oferecidos por elas são ricos tanto em gorduras quanto em calorias. Indivíduos que optam por comer nesses lugares em geral não conseguem ter a mesma redução de peso dos que evitam esse tipo de alimentação (16). O planejamento antecipado possibilita levar o próprio almoço para o trabalho e, assim, assegurar uma opção de alimentos saudáveis e com baixa quantidade de calorias e de gorduras nessa refeição tão importante.

O jantar contribui com uma porcentagem significativa para a ingestão calórica diária de muitos estadunidenses. Não é incomum pessoas que limitaram a ingestão calórica durante o dia serem indulgentes demais à noite. Em conseqüência do trabalho envolvido na preparação da comida, muitos optam por restaurantes ou levam para casa um jantar pronto, que costuma ter alto teor de gordura e calorias. O esforço de preparar refeições nutritivas pode ser reduzido pelos seguintes procedimentos:

- cozinhe com antecedência e guarde as refeições;
- procure variar refeições com baixas calorias, cujo preparo seja fácil e rápido;
- compre os produtos com antecedência para evitar excessos;
- mantenha vários legumes e verduras frescos à mão.

Também é importante considerar a disponibilidade de alimentos para lanches. Ainda que evitar comer entre as refeições seja a opção ideal para muitos, há momentos em que os lanches são necessários. Alimentos nutritivos, porém com baixas calorias, são os mais indicados (por exemplo, frutas frescas, legumes e verduras frescos, iogurte com baixo teor de gordura).

Formação de um sistema de apoio

Estudos têm mostrado os benefícios da manutenção de um sistema de apoio durante programas para emagrecer (26). A fonte de apoio, no entanto, varia de acordo com o cliente. Pode ser um amigo, a esposa, um parente, um colega, o terapeuta ou até mesmo um grupo de apoio. Os profissionais de condicionamento físico devem incentivar os clientes envolvidos em programas de perda ou manutenção de peso a procurar outras pessoas que possam estimular os seus esforços.

Muitos são incentivados por outros indivíduos que também estão tentando perder peso. Diversas clínicas especializadas em emagrecimento montam grupos com esse objetivo, cujas funções podem variar bastante. Elas costumam formar grupos com interesses semelhantes, disponibilizam locais onde os integrantes podem compartilhar dicas e relatos de êxito e propiciam ambientes tranqüilizadores, nos quais todos os participantes estão em busca do mesmo objetivo. Em muitos casos, as razões do excesso de alimentação são emocionais e têm raízes profundas. Por isso, às vezes é necessário um terapeuta qualificado.

Compromisso com objetivos tanto comportamentais quanto orientados para os resultados

Os clientes têm de estabelecer objetivos que estimulem práticas alimentares saudáveis. A definição de metas, fator importante para ajudar o participante a permanecer firme na decisão de perder ou manter o peso, deve ser feita em comum acordo com o profissional. Os profissionais de condicionamento físico fornecem informações sobre o emagrecimento, a manutenção do peso saudável ou práticas de controle; os clientes identificam os objetivos comportamentais almejados.

Como regra geral, a perda de peso é orientada para o resultado (por exemplo, o emagrecimento final é o que mede o sucesso). Os objetivos relacionados à perda de peso devem ser razoáveis para o cliente, seguindo as orientações gerais fornecidas anteriormente neste capítulo. Diferentemente da busca do resultado final, os objetivos comportamentais enfatizam o processo da perda de peso. São eles que podem ajudar o cliente a fazer mudanças no comportamento e no estilo de vida para influenciar a perda e a manutenção de peso. Esses objetivos podem visar alterações dos padrões alimentares, escolha racional de alimentos e aumento do gasto energético diário. Um exemplo de objetivo comportamental é: "Em vez de pegar o elevador, eu vou subir as escadas até o escritório todos os dias". Mais informações sobre o estabelecimento de objetivos estão disponíveis no Capítulo 22.

Definição de um sistema de recompensas

Faz parte da natureza humana o desejo de ser recompensado pelo alcance de objetivos. Ao planejar o programa de perda ou manutenção de peso, é prudente a garantia da motivação pela concessão de recompensa em caso de êxito. Assim como acontece com a definição de objetivos, é vital que o cliente esteja envolvido na determinação das recompensas. No entanto, o profissional de condicionamento físico deve incentivá-lo a não se premiar com alimentos. O sistema de recompensas deve cobrir tanto os objetivos comportamentais quanto os voltados para o resultado. Isso é importante, pois o resultado planejado pode demorar a chegar e em geral leva muito mais tempo para a mudança de certos comportamentos. Além disso, haverá momentos em que o peso vai estabilizar-se. Nesses períodos, será possível recompensar os objetivos comportamentais. Aqui estão alguns exemplos de recompensa:

- roupas novas;
- artigos relacionados a algum *hobby* (livros, CDs, ferramentas);
- viagens;
- passeios especiais (cinema, *shows*, concertos, palestras).

Controle de comportamentos contraproducentes

Certas situações aumentam a probabilidade de excessos alimentares. Quem está tentando perder peso tem de admitir a existência dessas situações e tomar medidas que minimizem os riscos de sucumbir a comportamentos contraproducentes. Por exemplo, a pessoa que faz lanches altamente calóricos à noite não deve comprar esse tipo de alimento e deve definir o objetivo comportamental de não comer depois das 19 horas. Quem adora *pizza* e tende a comer demais quando vai a um restaurante deve prepará-la em casa, usando ingredientes de baixo teor calórico e coberturas de legumes ou verduras.

Há eventos especiais (aniversários, jantares comemorativos) em que os clientes desejarão comer alimentos que não fazem parte do programa de controle de peso. Os profissionais de condicionamento físico devem enfatizar que um descuido na alimentação (ou na atividade física) não significa o fim do plano de emagrecer. Os clientes têm de ser estimulados a retornar à alimentação saudável ou ao programa de exercícios logo após o descuido. Os profissionais devem ajudar as pessoas que se sentem culpadas, sugerindo que esse descuido não é um erro, mas uma oportunidade de renovar o compromisso da perda ou da manutenção de peso.

Combinação entre restrição calórica e exercícios aeróbios

O exercício regular é uma faceta importante do sucesso na perda ou na manutenção de peso. Como mencionado anteriormente, o ACSM (1, 2) e os National Institutes of Health dos Estados Unidos (26) apóiam a utilização do exercício com esse objetivo. A maioria dos estudos sobre emagrecimento que comparam programas só de dieta e outros de dieta e exercícios mostra que a combinação dos dois recursos resulta em maior perda de peso (26). Recomenda-se pelo menos uma atividade aeróbia regular por 150 min $\cdot$ semana^{-1} para pessoas que estão tentando perder ou manter o peso (1, 2). Veja comentários apresentados anteriormente neste capítulo e também no Capítulo 19 para reunir mais informações sobre prescrição de exercícios para perda ou manutenção de peso.

Mudança de padrões alimentares não-saudáveis

Padrões alimentares específicos estão ligados ao ganho de peso excessivo (7). Ter consciência a respeito desses padrões e planejar evitá-los aumenta a probabilidade de êxito no controle de peso. Recomendam-se essas quatro mudanças nos padrões alimentares:

- comer devagar;
- fazer substituições inteligentes;
- consumir mais alimentos nutritivos;
- diminuir o número e o tamanho das porções.

Com freqüência, as pessoas comem rapidamente e sentem o desconforto do excesso de alimentos alguns minutos após a ingestão total. Quando comemos rápido, não damos tempo suficiente para que os mecanismos de saciedade nos ajudem a controlar a fome. O resultado é que comemos demais antes de percebermos que não estamos mais com fome. Para diminuir o ritmo da ingestão de alimentos, as pessoas podem pousar os talheres durante a mastigação, fazer uma pausa de, pelo menos, 30 segundos entre as mastigações, mastigar o alimento completamente e depois engoli-lo antes de colocar mais comida na boca (7).

Substituir alimentos que contêm muitas gorduras e calorias por outros mais leves pode reduzir de maneira significativa a ingestão calórica. Quem come um frango grelhado sem pele, por exemplo, em vez de um frito e com pele, deixa de ingerir cerca de 160 kcal. O consumidor inteligente analisa bem o total de calorias dos alimentos, assim como as calorias originárias da gordura. Reduzir a ingestão total de gordura, além de ajudar a controlar o peso, também colabora na melhoria do perfil de lipídeos no sangue.

Um problema enfrentado pelas pessoas que tentam controlar o peso é a eliminação de certos alimentos. Não é incomum encontrarmos pessoas que fazem dieta e consomem apenas alguns produtos. Para evitar a monotonia e a frustração em relação à dieta, é importante consumir uma grande variedade de alimentos saudáveis, saborosos e com baixo teor calórico. Esse objetivo está relacionado ao processo de planejamento. Manter a diversidade da dieta, além de evitar a monotonia, também garante o equilíbrio nutricional.

Ao tentar perder peso, uma das mudanças mais úteis consiste em diminuir o tamanho das porções, assim como o seu número. Muitas pessoas têm o hábito de encher completamente o prato e de comer tudo, até o fim. Além disso, entre os estadunidenses, uma das formas de mostrar ao anfitrião o gosto pelo alimento oferecido é comer porções extras. Escolher porções pequenas, assim como evitar repetições, contribui de forma importante para a restrição calórica.

Compromisso com a manutenção por toda a vida

O programa de perda de peso é apenas temporário, ao contrário da sua manutenção. Ao examinar as variáveis que predizem êxito na manutenção do peso após o emagrecimento, Lavery e Loewy (21) concluíram que: "Não há soluções rápidas nem fáceis para a obesidade. A solução está em admitir, ainda que dolorosamente, a necessidade de mudanças permanentes, por toda a vida, para manter o peso desejado." Os profissionais de condicionamento físico devem ajudar os clientes a compreender a necessidade de comprometerem-se com mudanças de longo prazo, por toda a vida, e não apenas com objetivos de perda de peso por pouco tempo. É encorajador, no entanto, saber que a permanente manutenção do peso desejado é muito mais provável depois que se consegue mantê-lo por 2 a 5 anos (36).

Ponto-chave
Algumas estratégias para ter sucesso no controle de peso são: manter registros, planejar as refeições e lanches, desenvolver um sistema de apoio, estabelecer um sistema de recompensas, comprometer-se com objetivos voltados para o resultado final e para mudanças de comportamento, evitar atitudes contraproducentes, combinar a restrição calórica moderada e o exercício aeróbio, mudar padrões de alimentação não-saudáveis e comprometer-se com a manutenção do peso por toda a vida.

Truques e recursos para perder peso

Ao longo dos anos, numerosos dispositivos têm sido propagandeados como modo de perder peso. A maioria deles é ineficaz e, infelizmente, também pode ser prejudicial.

Às vezes, saunas e trajes que fazem transpirar são recomendados para ajudar a perder peso e queimar calorias. Isso não é verdade. Esses recursos podem induzir a perda de peso de curto prazo (por exemplo, algumas horas) pela desidratação; ou seja, eles não queimam gordura, mas podem fazer com que as pessoas transpirem abundantemente. Seu uso excessivo é capaz de levar o indivíduo a um nível grave de desidratação. Além disso, o aumento que provocam na temperatura central pode prejudicar o feto no primeiro trimestre da gravidez.

Outros dispositivos, como cintos vibratórios, envoltórios para o corpo e estimuladores elétricos, têm sido usados na tentativa de emagrecer. Embora, às vezes, não sejam prejudiciais, também não resultam em qualquer perda de peso. O dinheiro gasto nesse tipo de recurso seria muito melhor empregado em técnicas de sucesso comprovado. Em geral, as pessoas que confiam nessas técnicas sem comprovação de resultados acabam adiando mudanças no estilo de vida que são realmente necessárias para o emagrecimento e a manutenção do peso a longo prazo.

Um mito há muito sustentado consiste em que exercícios destinados a partes corporais específicas levam essas áreas a perder gordura mais rapidamente do que o resto do corpo. Essa falsa teoria é chamada de **redução localizada**. De modo geral, as pessoas fazem abdominais para diminuir a circunferência da cintura. Apesar de aumentarem de forma relevante a força e a *endurance* muscular dos músculos abdominais, esses exercícios não são muito eficazes na queima de gordura. Quando se estabelece um déficit calórico pela prática regular de exercício aeróbio, a perda de gordura ocorre no corpo inteiro e não apenas nas partes desejadas.

Programas que anunciam perdas de peso grandes e rápidas em geral são enganosos. O emagrecimento rápido, observado no início desses programas, resulta principalmente da perda de água corporal. Além disso, o planejamento de dietas que estabelecem déficits calóricos extremos reduz de modo substancial a TMR e a massa corporal magra, além de não promover hábitos alimentares saudáveis para toda a vida. Como afirmamos antes, não se recomendam dietas de menos de 800 kcal · dia^{-1} (26). Informações úteis sobre dietas da moda estão destacadas a seguir.

Dietas da moda em foco

Planos de dietas que prometem resultados incríveis podem ser encontrados com facilidade nas prateleiras de livrarias, em anúncios na mídia e na internet. Muitas pessoas têm buscado modos fáceis e rápidos de perder peso, e empresários apressam-se a fornecê-los. As dietas da moda não podem ser resumidas em uma única descrição. Muitas enfatizam a ingestão de apenas um alimento ou grupo de alimentos, enquanto outras se baseiam em evitar algum tipo de comida. A maioria desses planos inclui poucas calorias e pode realmente resultar em perda de peso. No entanto, quase todas essas dietas não priorizam a alimentação balanceada, com suprimento adequado de todos os nutrientes essenciais. Ao longo do tempo, o acúmulo de deficiências nutricionais pode levar a graves problemas de saúde. Em virtude desse potencial para prejudicar a saúde, as dietas da moda estão na mira da AHA. Outro problema inerente é que elas não levam a mudanças no estilo de vida, o que resultaria na perda de peso permanente. Muitos de seus seguidores fazem a dieta por pouco tempo e depois recuperam o peso perdido assim que retornam ao antigo padrão alimentar de consumo de calorias em excesso. As dietas da moda enfatizam o alimento e não a mudança de comportamento (por exemplo, aumento da atividade física, substituição de alimentos). Para obter mais informações sobre escolhas alimentares, consulte os *sites* da American Dietetic Association (www.eatright.org) e do National Institute of Diabetes and Digestive and Kidney Diseases (www.niddk.nih.gov).

Ponto-chave
Várias dietas para perda rápida de peso têm sido divulgadas, mas com freqüência esses produtos são ineficazes e até mesmo perigosos.

Padrões de alimentação desajustados

Há condições em que o padrão alimentar pode ter um efeito negativo acentuado sobre a saúde. **Transtornos da alimentação** são condições diagnosticadas clinicamente em que padrões de alimentação não-saudáveis podem levar a problemas graves de saúde, até mesmo à morte. A **anorexia nervosa**, a **bulimia nervosa** e a **compulsão alimentar** são transtornos da alimentação reconhecidos pela American Psychiatric Association (APA) (3). O termo **alimentação desajustada** refere-se a padrões alimentares não-saudáveis e subclínicos, que muitas vezes são precursores de transtornos da alimentação.

Nos Estados Unidos, a anorexia nervosa ocorre com uma freqüência de 0,5 a 1%, ao passo que a bulimia nervosa, de 2 a 4% (19). Não há um mecanismo único identificado como causa primária do padrão de alimentação desajustado ou dos transtornos da alimentação. Parece que fatores genéticos, psicológicos e socioculturais podem predispor o indivíduo a tais condições. Na população dos Estados Unidos, elas são mais comuns entre mulheres jovens, de classe média ou alta, e mulheres atletas, que praticam esportes com ênfase na magreza. Foi levantada a hipótese de que a pressão social para ficar magra, assim como o desconforto causado pelo desenvolvimento sexual, contribui para padrões alimentares não-saudáveis entre mulheres jovens. No caso das atletas, a pressão para obter o melhor desempenho em alguns esportes está relacionada com pesos corporais extremamente baixos. Registrou-se, por exemplo, que mais de 60% das ginastas exibem um padrão de transtorno da alimentação (19).

Na anorexia nervosa, a preocupação com o peso corporal leva à auto-inanição. Pessoas com essa doença costumam se considerar gordas mesmo quando seu peso corporal está substancialmente abaixo do normal. A APA lista os seguintes critérios para diagnóstico da anorexia nervosa (3):

- manutenção proposital do peso a menos de 85% do considerado normal para a faixa etária e altura;
- medo extremo de ganhar peso ou gordura;
- imagem distorcida do próprio corpo – a pessoa acha que está acima do peso de referência ainda que esteja muito abaixo dele; com freqüência, essa imagem está associada a distorções graves, problemas de auto-estima e desconsideração da gravidade da manutenção de um peso corporal extremamente baixo;
- ausência de pelo menos três ciclos menstruais consecutivos em mulheres pós-menarca.

A bulimia nervosa é caracterizada pelo consumo de grandes quantidades de alimento, seguido de purgação alimentar (3). O uso indevido de laxantes, o vômito auto-induzido e o excesso de exercícios estão entre os métodos que podem ser usados para se purgar. Para atender os critérios diagnósticos

Sinais de alimentação desajustada

- Preocupação com alimentos, calorias e peso
- Inquietação, manifestada repetidamente, com o estar ou sentir-se gorda, mesmo quando o peso corporal se encontra na média ou abaixo dela
- Crescente autocrítica do próprio corpo
- Ingestão ou "roubo" de alimentos em segredo
- Ingestão de refeições volumosas, seguida de desaparecimento súbito ou idas ao banheiro
- Consumo de grandes quantidades de alimento de modo inconsistente com o peso corporal apresentado
- Olhos vermelhos, em especial após as idas ao banheiro
- Glândulas parótidas inchadas no ângulo da mandíbula, o que dá uma aparência de esquilo
- Vômitos ou odor de vômito no banheiro
- Ampla flutuação do peso em um curto período de tempo
- Períodos de restrição calórica extrema
- Uso excessivo de laxantes
- Prática compulsiva e excessiva de exercícios, fora do programa de treinamento planejado
- Falta de vontade de comer na presença de outras pessoas
- Manifestação de pensamentos autodepreciativos depois de comer
- Uso de roupas folgadas ou de uma roupa por cima de outra
- Oscilações de humor
- Manifestação de preocupação com o comportamento alimentar de outras pessoas
- Hábito de beber refrigerante dietético ou água

Adaptados de M. D. Johnson, 1994. "Disordered eating". In: *Medical and orthopedic issues of active and athletic women*. Ed. R. Agostini (Philadelphia, PA: Hanley and Belfus), p. 141-151 (19).

estabelecidos pela APA, esse comportamento tem de ser repetido pelo menos duas vezes por semana, durante três meses. Pacientes com bulimia nervosa, de modo semelhante aos anoréxicos, têm uma imagem distorcida do próprio corpo e temem perder o controle sobre o peso. Tanto a anorexia quanto a bulimia devem ser consideradas transtornos que ameaçam a vida.

A compulsão alimentar é caracterizada pelo consumo de grandes quantidades de alimento em pouco tempo (3). Diferentemente da bulimia e da anorexia, ela não está associada com purgação. Com freqüência, os episódios de compulsão alimentar iniciam por fatores emocionais ou psicológicos (por exemplo, solidão, ansiedade) e não pela fome física. Eles costumam ocorrer quando a pessoa está sozinha e podem ser seguidos de culpa, vergonha e depressão. Para ter o diagnóstico clínico de compulsão alimentar, o paciente tem de passar por, pelo menos, dois episódios por semana, durante seis meses (3). A prevalência da compulsão alimentar entre a população em geral foi estimada em 2%. No entanto, 25 a 70% dos indivíduos obesos que buscam tratamento para perda de peso teriam esse transtorno (32).

É necessário reconhecer os sinais da alimentação desajustada para poder fazer uma boa intervenção. Alguns dos sinais comuns estão listados na página 202. Os profissionais de condicionamento físico que observam esses sinais devem discutir o assunto com o cliente, de modo confidencial. Entretanto, quando confrontados com o problema, muitos costumam negá-lo. Fazer perguntas sensíveis sobre a saúde do cliente (por exemplo, "Como você se sente?" ou "Você anda meio cansado?") é uma forma de tentar quebrar o gelo para então tocar nesse assunto delicado. Para fazer uma boa intervenção em casos de transtornos da alimentação, é preciso adotar um método multidisciplinar, combinando profissionais da medicina, da nutrição e da psicologia. Conhecer grupos de apoio locais ou profissionais especializados nessa área ajuda o profissional de condicionamento físico a fazer recomendações ao cliente, a fim de ajudá-lo a buscar tratamento.

> **Ponto-chave**
>
> Os transtornos da alimentação podem prejudicar significativamente a saúde e às vezes resultar em morte. A anorexia nervosa, a bulimia nervosa e a compulsão alimentar são os três transtornos da alimentação reconhecidos pela APA. Nesses casos, a intervenção deve ser multidisciplinar, incluindo aconselhamento psicológico.

Estratégias para ganhar peso

Antes de concluir este capítulo, temos de mencionar que alguns indivíduos lutam para aumentar o próprio peso corporal. Os profissionais de condicionamento físico devem encorajá-los a acumular massa livre de gordura em vez de aumentar o peso com gordura. Para isso, será preciso acrescentar o treinamento de força à rotina de exercícios. Vários suplementos nutricionais são rotulados de fórmula "garantida" para o aumento da massa muscular. No entanto, como mencionado no Capítulo 7, mesmo os que treinam intensamente precisam de apenas 1,5 g de proteínas por quilograma de peso corporal. Os suplementos, como o monoidrato de creatina, podem contribuir de certa forma para o ganho de peso, mas a maioria das mudanças ocorre em função da maior retenção de água no músculo.

A seguir são apresentadas dicas para aumentar o peso a longo prazo. Quando perde peso de forma contínua ou está lutando para ganhar peso, o indivíduo deve consultar um médico para investigar possíveis condições subjacentes.

- Aumentar a ingestão calórica em 200 a 1.000 kcal · dia^{-1}, pelo aumento do tamanho das porções, do número de refeições ou da quantidade de lanches entre as refeições.
- Aumentar o número de lanches saudáveis. Escolher pão, frutas, granola e outros alimentos nutritivos.
- Consumir carboidratos complexos (por exemplo, macarrão, pão e arroz integral, batatas) para garantir a maioria das calorias adicionais.
- Acrescentar um treinamento de força à rotina diária. Esse treinamento é um meio eficaz de aumentar a massa corporal livre de gordura.
- Quando estiver treinando intensamente, garantir o consumo de 1,5 g de proteínas para cada quilograma de peso corporal.
- Aumentar o consumo de leite e de sucos de fruta. Essas excelentes opções, além de fornecer calorias adicionais, também contêm nutrientes essenciais.

> **Ponto-chave**
>
> As calorias adicionais necessárias ao aumento de peso devem vir do aumento do número de lanches saudáveis ou do tamanho das refeições. Incluir o treinamento de força à rotina de exercícios ajuda a aumentar a massa muscular.

Estudo de caso

Confira as respostas no Apêndice A.

1. Uma mulher de 52 anos chega à academia para uma avaliação inicial. Ela reclama de ter ganhado 6,8 kg nos últimos três anos e quer perder esses quilos extras. Sua altura é 1,65 m; o peso, 72,6 kg. Atualmente, não faz exercícios e tem um trabalho sedentário, mas está começando um programa de atividade física, com gasto de cerca de 200 kcal $\cdot$ dia^{-1}. Calcule as necessidades energéticas diárias da cliente. Para perder cerca de 0,5 kg por semana, que ingestão calórica você lhe recomendaria?

CAPÍTULO 12

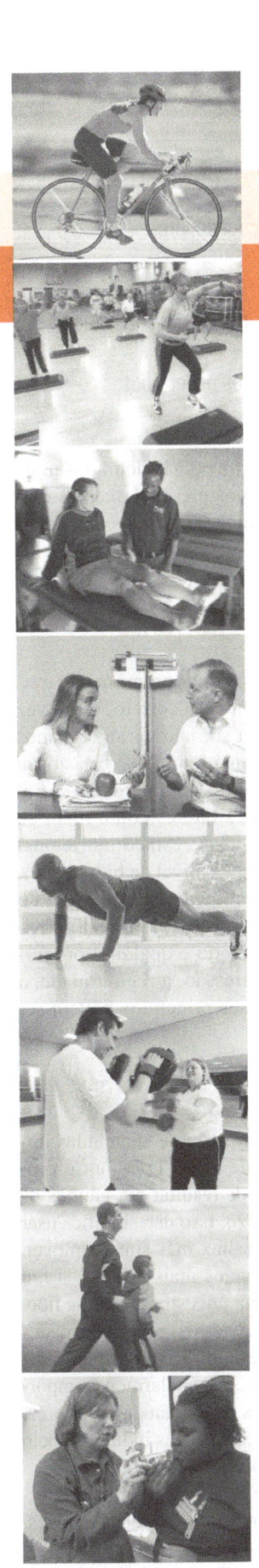

Prescrição de Exercícios para Treinamento de Força

Avery Faigenbaum e Kyle McInnis

Objetivos

O leitor será capaz de:

1. Explicar os princípios fisiológicos da sobrecarga, da especificidade e da carga progressiva e como eles estão relacionados com a programação de exercícios.
2. Descrever os seguintes métodos de treinamento de força: isométrico, dinâmico com resistência constante, variável, isocinético e pliométrico.
3. Descrever os diferentes modos de treinamento de força.
4. Discutir os benefícios do treinamento de força para a saúde e para o condicionamento físico e compreender as precauções que aumentam a segurança do participante.
5. Descrever as variáveis do programa usadas para definir treinamentos de força e discutir a relação entre a quantidade de peso usada, o volume do treinamento, a velocidade da repetição e os intervalos de descanso entre as séries e os exercícios.

(continua)

Objetivos (continuação)

6. Compreender a periodização e sua aplicação no estabelecimento dos programas de exercícios e distinguir entre o excesso de resultados e de treinamento.
7. Descrever os seguintes sistemas de treinamento de força: de uma série, de várias séries, em circuito, pré-exaustão e assistido.
8. Criar programas de treinamento de força para indivíduos não-treinados e treinados.
9. Discutir a segurança, os benefícios e as recomendações do treinamento de força para jovens, idosos, grávidas e adultos com doença cardíaca.
10. Identificar exercícios seguros e eficazes que aumentam o condicionamento de grupos musculares específicos.

Tradicionalmente, o **treinamento de força** era usado por atletas adultos para aumentar o desempenho esportivo e o tamanho dos músculos. Hoje, ele é reconhecido como método para melhorar a saúde e o condicionamento físico de homens e mulheres de todas as idades e características (6, 52). Assim como o aeróbio, o treinamento de força de intensidade moderada gera uma série de benefícios para a saúde e o condicionamento físico (veja a Tabela 12.1). Ele é recomendado por organizações de saúde dos Estados Unidos, como o ACSM, e tem sido adotado por todos – de crianças a idosos, incluindo grávidas e pacientes com doenças crônicas. Para os profissionais de condicionamento físico, uma valiosa ferramenta de trabalho é a capacidade de elaborar programas seguros e eficazes destinados a pessoas de diferentes idades, níveis de condicionamento físico e condições de saúde. Este capítulo trata dos princípios do treinamento de força que podem ser aplicados durante a elaboração de programas de exercícios para aumento do condicionamento muscular de indivíduos treinados e não-treinados. Programas mais avançados, para desenvolvimento de velocidade, força e potência de atletas de elite, encontram-se disponíveis em outros textos (7, 14, 66).

Neste capítulo, o termo *treinamento de força* refere-se ao método de condicionamento destinado a aumentar a capacidade de exercer força ou resistir a ela. Esse termo abrange uma ampla série de cargas (do peso manual leve a saltos pliométricos) e uma grande variedade de modalidades de treinamento, incluindo pesos livres (halteres e barras), aparelhos com pesos fixos, tiras elásticas, bolas medicinais, bolas de estabilidade e peso corporal. Devemos fazer a distinção entre o treinamento de força e esportes competitivos como o **levantamento de peso**, o **halterofilismo** e o **fisiculturismo**. Os dois primeiros são esportes em que os atletas tentam levantar quantidades máximas de peso; no fisiculturismo, o objetivo é obter determinado tamanho e simetria muscular. A **endurance muscular localizada** refere-se à capacidade do músculo ou grupo muscular de realizar contrações repetidas contra uma carga submáxima. A **força** é definida como a força máxima que um músculo ou grupo muscular podem gerar a uma velocidade específica. A **potência** relaciona-se ao ritmo de execução do trabalho e é o produto da força e da velocidade do movimento. Para facilitar a discussão, os termos *criança* e *jovem* são definidos neste capítulo de modo amplo, incluindo os pré-adolescentes e os adolescentes; *idosos* e *veteranos* abrangem todos os indivíduos acima de 65 anos de idade.

Princípios do treinamento

Um fator-chave na elaboração de qualquer programa de treinamento de força é a adoção do modelo correto. Uma vez que o ato desse treinamento, por si só, não garante ganhos de desempenho muscular, o programa tem de se basear em princípios sólidos e deve ser prescrito com cuidado, a fim de maximizar os resultados. Embora fatores como nível de condicionamento inicial, hereditariedade, estado nutricional (por exemplo, a composição da dieta e o nível de hidratação), hábitos saudáveis (boas horas de sono) e motivação afetem o ritmo e a magnitude da adaptação, há quatro princípios básicos, determinantes da eficácia de todo e qualquer programa de treinamento de força: a progressão, a regularidade, a **sobrecarga** e a **especificidade**. Esses princípios podem ser memorizados como PRSE.

O princípio da progressão

De acordo com o princípio da progressão, as demandas impostas ao corpo têm de aumentar de modo contínuo e progressivo, ao longo do tempo, a fim de resultar em ganhos de condicionamento físico de longo prazo. Isso não significa usar pesos maiores a cada sessão de trabalho, mas sim promover, com regularidade, sessões de exercícios mais difíceis, a fim de criar um estímulo mais eficaz. Sem um estímulo desse tipo, consistente com as necessidades, os objetivos e as capacidades individuais, o corpo humano não encontra motivo para progredir na adaptação. Esse princípio é particularmente importante após os 2 ou 3 primeiros meses de treinamento de força, quando é mais elevado o limiar das adaptações induzidas pelo treinamento em indivíduos condicionados (47, 48).

O estímulo do treinamento deve aumentar em uma proporção compatível com as adaptações induzidas por ele. Às vezes,

Tabela 12.1 Efeitos dos treinamentos de *endurance* aeróbio e de força sobre as variáveis da saúde e do condicionamento físico

Variável	Exercício aeróbio	Exercício de força
Densidade mineral óssea	↑↑	↑↑
Composição corporal		
% de gordura	↓↓	↓
MCM	↔	↑↑
Força	↔	↑↑↑
Metabolismo da glicose		
Resposta da insulina a alterações na glicose	↓↓	↓↓
Níveis de insulina basal	↓	↓
Sensibilidade à insulina	↑↑	↑↑
Lipídeos no soro		
HDL-C	↑↔	↑↑↔
LDL-C	↓↔	↓↔
FC em repouso	↓↓	↔
Volume de ejeção, em repouso e máximo	↑↑	↔
PA em repouso		
Sistólica	↓↔	↔
Diastólica	↓↔	↓↔
$\dot{V}O_2$máx.	↑↑↑	↑↑↔
Tempo de *endurance* submáximo e máximo	↑↑↑	↑↑
Metabolismo basal	↑	↑↑

↑ = aumento; ↓ = diminuição; ↔ = valores inalterados; apenas uma seta = efeito pequeno; duas setas = efeito médio; três setas = efeito grande; MCM = massa corporal magra; HDL-C = colesterol de lipoproteínas de alta densidade; LDL-C = colesterol de lipoproteínas de baixa densidade; FC – freqüência cardíaca; PA = pressão arterial.
Adaptada, com permissão, de Pollock et al., 2000, "Resistance exercise in individuals with and without cardiovascular disease", *Circulation*, 101: p. 828-833.

os iniciantes progridem de modo relativamente rápido, enquanto ritmos mais lentos de progresso são apropriados para indivíduos com experiência no treinamento de força. Uma orientação razoável para um iniciante consiste em aumentar os pesos em cerca de 5 a 10% e diminuir 2 a 4 **repetições** (o número de movimentos completados) assim que determinada carga possa ser levantada o número desejado de vezes com a técnica apropriada. Vejamos um exemplo: uma mulher adulta realiza com facilidade as 12 repetições do *supino*, com 45 kg. Então é hora de aumentar o peso para 50 kg e diminuir as repetições para 8, caso ela queira continuar a ganhar força muscular. Como alternativa, ela poderia aumentar o número de séries ou o número de repetições ou ainda acrescentar ao programa outro exercício para o peito. A decisão sobre a maneira de promover progresso deve ter como base a experiência de treinamento e os objetivos pessoais do participante.

Princípio da regularidade

A fim de propiciar ganhos contínuos de condicionamento muscular, o treinamento de força tem de ser executado com regularidade, várias vezes por semana. Um treinamento inconsistente resulta apenas em adaptações modestas; a inatividade prolongada resulta em perda de força e tamanho muscular. O ditado "Usar para não perder" é apropriado para a programação dos exercícios, pois as adaptações induzidas pelo treinamento não podem ser estocadas. Embora seja necessária uma recuperação adequada entre as sessões de treinamento, conforme o princípio da regularidade, ganhos de longo prazo na força e no desempenho muscular concretizam-se quando o programa é executado de modo regular.

Princípio da sobrecarga

Por mais de um século, o princípio da sobrecarga tem sido preceito importante do treinamento de força. Segundo ele, para melhorar o desempenho muscular, o corpo tem de exercitar-se em um nível de estresse superior ao normal. Vejamos um exemplo: um homem adulto que completa com facilidade 10 repetições da rosca com peso de 9 kg terá de aumentar a carga, as repetições ou o número de **séries** (grupo de repetições) se quiser aumentar a força do braço. Caso o estímulo não seja aumentado além do nível ao qual os músculos estão acostumados, não haverá adaptações em virtude do treinamento. Tipicamente, a sobrecarga é manipulada pela mudança na intensidade, na duração ou na freqüência do exercício no decorrer do programa. Com freqüência, esse processo é chamado de *sobrecarga progressiva* e constitui a base para a maximização das adaptações de longo prazo ao treinamento.

Princípio da especificidade

O princípio da especificidade refere-se a adaptações ocorridas como resultado de um programa de treinamento. As adaptações do treinamento de força são específicas a ações musculares, velocidade do movimento, amplitude do movimento, grupos musculares, sistemas de energia e intensidade e volume do programa (50). Com freqüência, a especificidade é chamada de *princípio SAID*, do inglês *Specific Adaptations to Imposed Demands* (adaptações específicas a demandas impostas). Em essência, cada músculo ou grupo muscular tem de ser treinado para obter ganhos de força e de *endurance* muscular localizada. Exercícios como o agachamento e a pressão de pernas são capazes de aumentar a força dos membros inferiores, mas não afetam a força da parte superior do corpo.

As adaptações ocorridas em um músculo ou grupo muscular podem ser simples ou complexas, de acordo com o estresse sofrido. O basquetebol, por exemplo, exige movimentos de várias articulações e em diversos planos (tais como frontal, sagital e transversal). Por isso, os atletas desse esporte devem realizar exercícios complexos, que reproduzam exatamente os movimentos realizados durante a prática esportiva. O princípio da especificidade também pode ser aplicado à elaboração de programas de treinamento de força para pessoas que querem aumentar a capacidade de realizar atividades cotidianas, como subir escadas e limpar a casa, que também exigem movimentos de várias articulações e em diversos planos.

Considerações sobre a elaboração do programa

De modo similar aos programas de exercícios para melhorar o condicionamento cardiorrespiratório, os programas de treinamento de força devem ser elaborados de acordo com o participante, baseando-se nos seus interesses, no nível de condicionamento atual, nas necessidades de saúde, no estado clínico e nos objetivos pessoais, assim como nos princípios desse tipo de treinamento. Ao avaliar as necessidades de cada participante e aplicar os princípios do treinamento durante a elaboração do programa, o profissional de condicionamento físico consegue planejar exercícios com pesos para pessoas diferentes. No entanto, uma vez que a magnitude da adaptação a certo estímulo do exercício varia de acordo com o indivíduo, é preciso estar atento a diferenças interindividuais e preparado para alterar o programa, reduzindo o risco de lesões e otimizando os ganhos.

Estado de saúde

Antes do início do treinamento de força, é preciso avaliar o estado de saúde de cada participante. Como discutido no Capítulo 3, cada indivíduo tem de preencher um questionário sobre a própria saúde e problemas médicos, e o profissional de condicionamento físico deve orientar-se por ele para tomar decisões sobre a necessidade de uma avaliação médica prévia. Questões adicionais, além daquelas do questionário, relativas a experiências anteriores com treinamentos de força, lesões musculoesqueléticas e objetivos pessoais também podem ajudar na elaboração do programa.

Nível de condicionamento físico

Um fator importante a ser considerado no momento de elaborar programas de treinamento de força é a experiência prévia do participante com exercícios desse tipo, ou seja, o tempo de treinamento. Os menos experientes nessa área tendem a apresentar maior capacidade de progresso do que os que têm treinado há vários anos. Embora qualquer programa razoável possa aumentar a força de indivíduos não-treinados, planejamentos mais abrangentes terão de ser feitos para produzir adaptações desejáveis em indivíduos treinados. Um participante de 32 anos, com 5 anos de experiência em treinamento de força (isto é, tempo de treinamento de cinco anos), por exemplo, pode não alcançar os mesmos ganhos de força de um segundo participante, de 25 anos, que está treinando com pesos pela primeira vez (isto é, tempo de treinamento = 0). Gradualmente, o potencial para adaptação diminui à medida que o tempo de treinamento aumenta. Portanto, conforme ganha experiência no treinamento de força, o participante precisa de programas mais avançados para continuar ganhando força muscular (47, 48).

Objetivos do treinamento

Após a avaliação pré-exercício, os participantes devem estabelecer objetivos realistas de curto e de longo prazo. Os resultados da avaliação do condicionamento muscular (veja o Capítulo 8), bem como os interesses do indivíduo, podem ser usados para ajudar a definir objetivos realistas e mensuráveis.

Ponto-chave

Ganhos na força muscular e na *endurance* muscular localizada ocorrem quando a sobrecarga é maior do que aquela à qual o músculo ou o grupo muscular estão acostumados. Para gerar ganhos contínuos, o treinamento tem de progredir de modo gradual, sendo realizado com regularidade. O modelo de programa adotado afeta as adaptações induzidas pelo treinamento. Os mais benéficos programas de treinamento de força são os que respeitam as necessidades, os objetivos e as capacidades individuais.

A fim de aumentar o comprometimento do praticante com o programa, o ideal é que esses objetivos sejam definidos por ele, sob orientação de um profissional de condicionamento físico qualificado. Os objetivos típicos são aumentar a força muscular e diminuir a gordura corporal. O esforço para estabelecer objetivos realistas e aumentar o comprometimento do participante em alcançá-los é importante, pois assim é possível evitar metas não-realistas, que, no final, geram desestímulo e pouco envolvimento. Realizar testes de condicionamento físico periodicamente e revisar os registros das cargas de trabalho individuais pode ajudar o profissional a avaliar o progresso do treinamento e a modificar o programa. Pela compreensão de que os programas de treinamento de força voltados para a melhoria da saúde e do condicionamento são bastante diferentes dos destinados a incrementar o desempenho esportivo, será possível promover o desenvolvimento de exercícios adequados a necessidades individuais e garantir o envolvimento do participante no programa.

Tipos de treinamento de força

Diferentes tipos de treinamento de força podem ser usados para aumentar a força muscular e a *endurance* muscular localizada. Embora cada método tenha vantagens e desvantagens, vários fatores devem ser considerados no momento da escolha de um único tipo de treinamento ou da combinação de vários tipos em um só programa. Os tipos mais comuns são: isométrico, dinâmico com resistência constante, variável, isocinético e pliométrico.

Isométrico

O treinamento de força **isométrico**, ou estático, refere-se a ações musculares em que não há alteração no comprimento do músculo. Em geral, é realizado contra a carga de um objeto imóvel, como uma parede ou um aparelho com carga de peso grande. O conceito de treinamento isométrico foi popularizado na década de 1950, quando Hettinger e Muller registraram ganhos extraordinários de força muscular em resultado de uma contração isométrica diária de 6 segundos, a dois terços da força máxima (35). Mesmo que estudos subseqüentes também tenham revelado ganhos nesse tipo de treinamento, eles foram substancialmente menores do que os anteriores (28).

Uma das vantagens do treinamento isométrico consiste em que não há necessidade de equipamentos, o que significa que os custos são mínimos. Podem ocorrer aumentos na força e na **hipertrofia** muscular (aumento no tamanho ou na massa), mas com a seguinte limitação: os ganhos de força são específicos ao ângulo da articulação em que o treinamento é feito. Vejamos um exemplo. Se o treinamento isométrico dos flexores do cotovelo for feito em um ângulo de 90° da articulação, a força muscular vai aumentar exatamente nesse ângulo e não necessariamente em todos os outros. Ainda que pareça haver cerca de 20% de reaproveitamento em ambos os lados do ângulo articular, para aumentar a força em toda a amplitude do movimento, o mesmo exercício isométrico tem de ser repetido em vários ângulos. O treinamento isométrico pode ajudar a manter a força muscular e a prevenir a **atrofia** muscular (diminuição no tamanho ou na massa) quando um membro fica imobilizado no gesso, mas ganhos de força funcional (por exemplo, para subir escadas) são improváveis quando os exercícios são feitos em apenas um ângulo articular.

Fatores como o número de repetições, a duração e a intensidade das contrações e a freqüência do treinamento podem influenciar os ganhos de força resultantes desse tipo de programa. Em geral, o treinamento isométrico caracterizado por ações musculares voluntárias máximas, realizadas por 3 a 5 segundos, com 15 a 20 repetições, pelo menos três vezes por semana, tende a otimizar os ganhos de força (28). Devido à natureza do treinamento isométrico, é particularmente importante evitar a manobra de Valsalva, de prender a respiração, o que reduz o retorno venoso ao coração e aumenta a PAS e a PAD. Durante qualquer tipo de treinamento de força, são incentivados padrões de respiração regulares (ou seja, exalar ao fazer o levantamento e inalar ao baixar o peso).

Dinâmico com resistência constante

O treinamento de força que envolve fases de levantamento e de abaixamento é chamado de *dinâmico*. Os exercícios em que se usam pesos móveis (por exemplo, barras e halteres) e aparelhos com pesos fixos são dinâmicos porque o peso é levantado e abaixado com determinada amplitude de movimento (ADM). Por tradição, era o termo *isotônico* que designava esse tipo de treinamento, mas ele foi descartado porque significa, literalmente, tensão (*tonic*) constante (*iso*). Uma vez que a tensão exercida por um músculo à medida que se contrai varia de acordo com a vantagem mecânica do ângulo articular, o termo *isotônico* não descreve com precisão esse método. Como mostrado na Figura 12.1, durante a rosca com barra, os flexores do cotovelo são mais fortes a cerca de 100° e mais fracos a 60° (cotovelos completamente flexionados) e a 180° (cotovelos completamente estendidos). O mesmo princípio aplica-se a outros grupos musculares. A sigla DCER (do inglês *dynamic constant external resistance*) ou o termo treinamento dinâmico com resistência constante descrevem melhor esse tipo de exercício em que o peso não muda durante as fases de levantamento (**concêntrico**) e abaixamento (**excêntrico**).

O DCER é o método mais comum de treinamento de força para melhorar a saúde e o condicionamento físico. Inumeráveis combinações de séries, repetições e equipamentos podem ser usadas. Embora não haja provas científicas suficientes para se fazer algum tipo de recomendação específica em relação à velocidade mais eficaz (por exemplo, 4 ou 14 segundos por repetição), o modo e a técnica apropriados devem ser usados em todos os exercícios. Os aparelhos com peso fixo em geral limitam o usuário a planos de movimento fixos. Porém, além de mais fáceis de usar, eles são ideais para isolar grupos musculares. Os pesos móveis são mais baratos e podem ser usados para uma série de exercícios diferentes, que exigem maior pro-

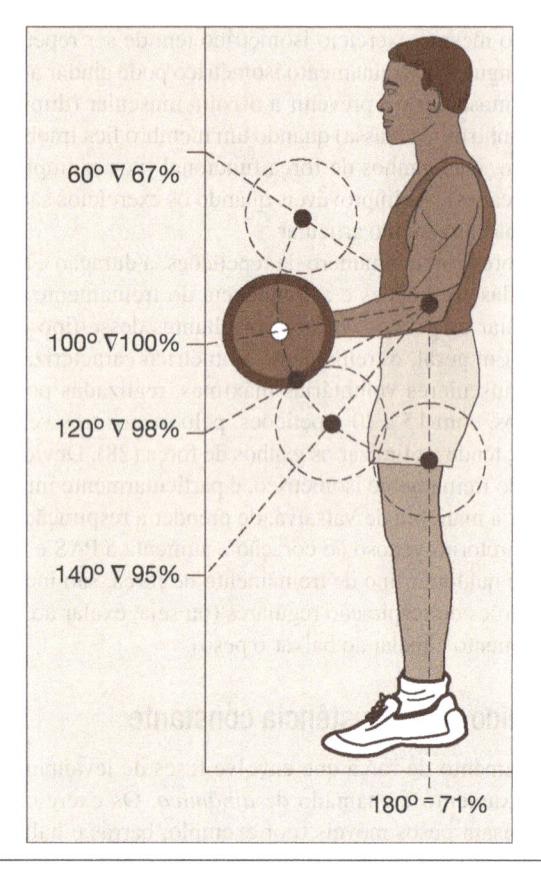

Figura 12.1 Variação na força relativa ao ângulo dos flexores do cotovelo durante a rosca do bíceps.

Reimpressa, com permissão, de J. H. Wilmore and D. L. Costill, 2004, *Physiology of sport and exercise*, 3rd ed. (Champaign, IL: Human Kinetics), p. 105.

priocepção, equilíbrio e coordenação. Vários exercícios com pesos móveis (por exemplo, o agachamento e o supino com barra) exigem o auxílio de um acompanhante, capaz de ajudar o praticante caso ele não tenha forças para executar a repetição. Além de melhorar a saúde e o condicionamento físico, o DCER também é usado para incrementar habilidades do desempenho motor e esportivo.

No treinamento dinâmico com resistência constante, o peso levantado não muda durante a ADM. Uma vez que a tensão muscular pode variar de forma significativa em exercícios desse tipo, o maior peso que pode ser levantado por toda a amplitude de movimento é limitado pela força do músculo no ângulo articular mais fraco. Por isso, os exercícios do DCER fornecem resistência suficiente em algumas partes da ADM, mas não em todas. No supino com barra, por exemplo, às vezes é levantado mais peso na última parte do movimento do que na primeira, quando a barra fica junto do peito. Essa é uma limitação desse tipo de treinamento e deve ser levada em conta no momento da escolha do peso inicial para principiantes.

Na tentativa de superar essa limitação, foram desenvolvidos dispositivos mecânicos que operam por alavanca ou *came*, para variar a carga no decorrer da amplitude do movimento de cada exercício (veja a Figura 12.2). Esses dispositivos, chamados de aparelhos de carga variável, na teoria, forçam o músculo a contrair-se no nível máximo por toda a amplitude de movimento, variando a carga para compensar a curva de força do exercício. Os aparelhos de carga variável podem ser usados para treinar todos os grupos musculares grandes; ao mudar de forma automática a força da carga ao longo da ADM, eles oferecem uma carga proporcionalmente menor aos segmentos mais fracos do movimento. Como qualquer outro aparelho com pesos, esses de carga variável estabelecem uma rota de movimentação específica, que torna a execução mais fácil, se comparada com a de exercícios de força móveis, que exigem equilíbrio, coordenação e envolvimento de grupos musculares estabilizadores. Essas características transformam-nos em um meio popular de treinamento de força para pessoas que desejam realizar sessões de exercícios simples e seguras.

Isocinético

O termo *isocinético* refere-se a ações musculares executadas a uma velocidade angular constante do membro. Ele envolve equipamentos caros e especializados, e os dispositivos servem para treinar apenas movimentos de uma única articulação. Em geral, os aparelhos isocinéticos não são usados em academias, mas sim por fisioterapeutas e treinadores esportivos para reabilitação de lesões. Diferentemente de outros tipos de treinamento de força, no isocinético controla-se a velocidade do movimento, e não a carga. Durante esse tipo de treinamento, qualquer força aplicada ao aparelho corresponde a uma reação de força igual. Mesmo que seja teoricamente possível a contração máxima de um músculo em toda a amplitude de movimento de um exercício, isso parece improvável durante o treinamento isocinético, em decorrência da aceleração no início e desaceleração no final da ADM.

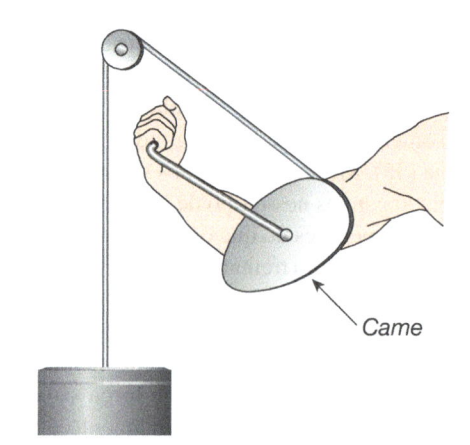

Figura 12.2 Dispositivo de carga variável para o músculo do bíceps, em que uma *came* altera a resistência no decorrer de toda a amplitude de movimento.

Adaptada, com permissão, de D. Wathen and F. Roll, 1994, Training methods and modes. Em: *Essentials of strength training and conditioning*. Ed. T. R. Baechle (Champaig, IL: Human Kinetics), p. 408.

Em geral, os estudos sobre treinamento isocinético têm mostrado que os ganhos de força são específicos à velocidade do treinamento (11). O treinamento a uma velocidade lenta (por exemplo, 60°· s^{-1}) aumenta a força nessa velocidade, mas é improvável a ocorrência de ganhos de força a velocidades mais elevadas. Se o propósito for aumentar a força em velocidades maiores (por exemplo, para melhorar o desempenho esportivo), parece prudente a adoção do treinamento isocinético de alta velocidade. Embora sejam necessárias mais pesquisas, o melhor método pode ser a realização desse treinamento a velocidades lenta, intermediária e rápida para desenvolver a força e a potência em todas elas.

Pliométrico

O treinamento pliométrico, antes conhecido simplesmente como *treinamento de salto*, refere-se a um método especializado de condicionamento destinado a capacitar o músculo para alcançar a força máxima no menor tempo possível (14). Diferentemente de exercícios como o supino, o treinamento pliométrico é caracterizado por movimentos rápidos e potentes, que envolvem o alongamento rápido do músculo (ação muscular excêntrica), logo seguido de um encurtamento também rápido (ação muscular concêntrica). Esse tipo de ação muscular, às vezes chamado de exercício de ciclo alongamento-encurtamento, fornece uma vantagem fisiológica básica, pois a força muscular gerada durante a ação concêntrica é potencializada pela ação excêntrica precedente (46). Ainda que essas duas ações musculares sejam importantes, o tempo que leva para mudar a direção do movimento excêntrico para o concêntrico é fator crítico. Esse tempo, chamado de **fase de amortização**, tem de ser o mais curto possível (< 0,1s) a fim de maximizar as adaptações do treinamento. Tanto os fatores mecânicos (ou seja, a maior energia elástica armazenada) quanto os neurofisiológicos (ou seja, a mudança na velocidade da força muscular) contribuem para o aumento da produção de força resultante do treinamento pliométrico (68).

Exercícios que envolvem saltar, pular e arremessar podem ser considerados pliométricos. Embora com freqüência eles estejam associados a manobras de elevada intensidade, como nos saltos em profundidade (ou seja, saltar de um banco ao solo e logo para cima de outro banco), atividades comuns, como polichinelo e amarelinha, também fazem parte desse grupo, porque todas as vezes que os pés tocam o solo, o quadríceps passa por um ciclo de alongamento-encurtamento. Atletas de força e de potência, em esportes como o futebol americano, o voleibol e o atletismo, realizam exercícios pliométricos com regularidade, como parte do programa de condicionamento. Mais recentemente, esse tipo de treinamento se tornou popular em aulas de exercícios em grupo e em programas de condicionamento físico.

Uma vez que podem acarretar um estresse enorme nos músculos, nos tecidos conjuntivos e nas articulações, os exercícios pliométricos têm de ser prescritos com cuidado, a fim de reduzir a probabilidade de lesão musculoesquelética. Em alguns casos, os riscos da realização desses exercícios superam os potenciais benefícios a indivíduos não-treinados ou com excesso de peso, que às vezes não dispõem da força nem da coordenação de uma pessoa treinada, em preparação para conquistar uma vaga na liga de basquetebol amador. Claramente, a prescrição de exercícios pliométricos tem de ser individualizada e com base no histórico de saúde, na experiência de treinamento e nos objetivos pessoais do participante. Parece prudente restringir esse tipo de treinamento a pessoas que já desenvolveram uma base de força muscular pela participação em um programa geral de treinamento de força. Além disso, é razoável iniciar o treinamento pliométrico com manobras de intensidade mais baixa, que será aumentada de forma gradual, conforme as melhorias na técnica e no desempenho.

Outras considerações incluem o uso de calçados adequados, a escolha de um local apropriado, com superfícies que absorvam o impacto (por exemplo, solo suspenso ou campo de grama), e a dosagem da freqüência do treinamento. Embora as pesquisas ainda não tenham determinado o limiar de treinamento mínimo para maximização das adaptações geradas pelo treinamento com exercícios pliométricos, sempre é melhor ficar um pouco abaixo do nível máximo em vez de excedê-lo e aumentar o risco de lesões. Parece razoável iniciar o programa com três séries de 6 a 10 repetições de vários exercícios de baixa intensidade para as partes superior e inferior do corpo, duas vezes por semana ou em dias alternados. Os profissionais de condicionamento físico experientes nesse tipo de treinamento devem fazer demonstrações e correções para garantir o aprendizado, o aperfeiçoamento da técnica e a redução da probabilidade de lesões. Orientações adicionais e exemplos de manobras pliométricas estão disponíveis também em outros textos (14).

Modos de treinamento de força

Vários modos de treinamento de força podem ser usados para atender as necessidades de jovens, adultos e idosos. Desde que os princípios do treinamento sejam respeitados, praticamente todos os modos podem ser usados para aumentar o condicio-

> **Ponto-chave**
>
> Tipos diferentes de treinamento de força podem aumentar a força muscular, a *endurance* muscular localizada e a potência. Os efeitos do treinamento isométrico geralmente se limitam ao ângulo da articulação em que se trabalha. O treinamento DCER refere-se a exercícios executados em toda a ADM, com pesos móveis ou aparelhos com pesos fixos. O treinamento isocinético ocorre a uma velocidade constante do membro, com força máxima, exercida por toda a amplitude da articulação. O treinamento pliométrico explora o ciclo muscular de alongamento e encurtamento para aumentar a velocidade do movimento e a potência muscular.

namento muscular. Alguns tipos de equipamento são fáceis de usar, enquanto outros exigem equilíbrio, coordenação e altos níveis de habilidade. A escolha do modo deve basear-se nas necessidades, nos objetivos e nas capacidades de cada participante. Os principais modos do treinamento de força são: aparelhos com pesos fixos, pesos móveis (halteres e barras), exercícios com o peso corporal e uma outra categoria, amplamente definida como bolas, tiras e bandas elásticas.

Exercícios para uma única articulação, como o rosca bíceps, destinam-se a um grupo muscular específico e exigem menos habilidade. Exercícios para várias articulações, como o supino, envolvem mais de uma articulação ou grupo muscular principal e exigem mais equilíbrio e coordenação. Embora esses dois tipos de exercícios melhorem o condicionamento muscular, os multiarticulares têm sido considerados mais eficazes no aumento da força muscular, pois envolvem maior quantidade de massa muscular e assim possibilitam o levantamento de um peso maior (50). Os exercícios multiarticulares também têm mostrado maiores respostas hormonais, metabólicas e anabólicas (por exemplo, da testosterona e do hormônio de crescimento) agudas, o que pode influenciar de modo favorável o treinamento de força cujo objetivo é a melhoria da composição corporal e do tamanho do músculo (51). A Tabela 12.2 resume as vantagens e as desvantagens de aparelhos, pesos móveis (halteres e barras), exercícios com o peso corporal e da modalidade das bolas, tiras e bandas elásticas.

Os aparelhos destinam-se ao treinamento de todos os grupos musculares importantes e podem ser encontrados na maioria das academias. Neles podem ser realizados exercícios tanto para uma articulação (por exemplo, extensão da perna) quanto para várias (por exemplo, pressão de pernas). É relativamente fácil usá-los, pois o movimento é controlado pelo aparelho e costuma ocorrer em apenas um plano anatômico. Isso pode ser de particular importância na elaboração de programas de treinamento de força para pessoas sedentárias ou inexperientes. Além disso, vários exercícios feitos em aparelhos com pesos fixos, como o puxador e a rosca da perna, são difíceis de reproduzir com pesos móveis. A estrutura dos aparelhos destina-se à média do tamanho dos homens e das mulheres, de modo que indivíduos pequenos às vezes não conseguem a posição adequada no equipamento. Nesses casos, pode-se usar uma almofada ou um colchonete dobrado para ajustar o corpo, permitindo melhor posicionamento. Hoje já existem fabricantes que produzem versões específicas para crianças. São versões menores dos aparelhos para adultos e que contam com incrementos apropriados para populações mais jovens.

Os pesos móveis, também populares em academias, têm as mais diversas formas e tamanhos. Ainda que possam implicar mais tempo para o aprendizado da técnica adequada, os pesos móveis têm muitas vantagens em relação aos aparelhos. O ajuste, por exemplo, não causa preocupação, pois um único tamanho da barra e dos halteres é adequado a todos os indivíduos. Também há maior variedade de exercícios disponíveis para pesos móveis do que para aparelhos, já que eles podem ser movidos em várias direções. Outro benefício de halteres e barras está em que eles exigem a ação de músculos estabilizadores e auxiliares para garantir a manutenção da posição corporal correta durante o exercício. Desse modo, o treinamento de força com pesos móveis pode ocorrer em diferentes planos. Isso é verdadeiro principalmente para halteres, pois eles treinam cada lado do corpo de modo independente.

Em geral, pesos móveis permitem ao participante treinar com funcionalidade, fazendo com que diferentes grupos musculares trabalhem juntos durante a execução de exercícios bastante similares ao esporte ou à atividade principal do indivíduo. No entanto, diferentemente dos aparelhos, os exercícios com pesos móveis exigem o auxílio de um acompanhante, que deve ajudar o levantador caso ocorra algum problema. Essa ajuda é de particular importância quando se realiza o supino. Tragicamente, há pelo menos seis casos documentados de morte associada com o equipamento do treinamento de força; metade envolvia o supino feito em casa ou outros exercícios com pesos móveis na postura supino (56). Acidentes como esses sublinham a importância da supervisão cuidadosa e do ritmo apropriado da progressão das cargas no treinamento de força com pesos móveis.

Exercícios com o peso corporal, como flexões na barra e no solo e abdominais, são os modos mais antigos de treinamento de força. É evidente que sua principal vantagem é a ausência da necessidade de equipamentos e a possibilidade de

Tabela 12.2 Comparação entre modos diferentes de treinamento de força

	Aparelhos com pesos	Pesos móveis	Peso corporal	Bolas, bandas e tiras[a]
Custo	Alto	Baixo	Nenhum	Muito baixo
Portabilidade	Limitada	Variável	Excelente	Excelente
Facilidade de uso	Excelente	Variável	Variável	Variável
Isolamento do músculo	Excelente	Variável	Variável	Variável
Funcionalidade	Limitada	Excelente	Excelente	Excelente
Variedade dos exercícios	Limitada	Excelente	Excelente	Excelente
Exigência de espaço	Alta	Variável	Baixa	Baixa

[a] Bolas medicinais e de estabilidade e tiras elásticas.

variação dos exercícios. Entretanto, a carga limitada ao peso corporal dificulta o ajuste de acordo com o nível de força do indivíduo. Participantes sedentários ou com excesso de peso às vezes não são fortes o suficiente para realizar uma flexão, seja no solo ou na barra. Nesses casos, os exercícios com peso corporal, além de ineficazes, podem ter efeito negativo sobre a persistência do indivíduo no programa. Há aparelhos que permitem a realização de exercícios, como flexões e mergulhos, com uma porcentagem predeterminada do peso corporal. Assim, participantes com diferentes graus de capacidade podem incluir os exercícios com peso corporal em seu programa de treinamento de força.

Bolas medicinais e de estabilidade e tiras elásticas são alternativas seguras e eficazes aos aparelhos e aos pesos móveis. As bolas medicinais começaram a se popularizar na década de 1950; as de estabilidade e as tiras elásticas têm sido usadas por fisioterapeutas há muitos anos. Hoje, profissionais de condicionamento físico têm usado bolas e tiras no condicionamento e no treinamento de força. Além de relativamente baratos, esses recursos podem ser usados para aumentar a força, a *endurance* muscular localizada e a potência. Os exercícios com bolas e tiras podem estimular a propriocepção, o que traz benefícios adicionais, incluindo ganhos em agilidade, equilíbrio e coordenação.

As bolas de estabilidade, leves e infláveis, têm de 45 a 75 cm de diâmetro e acrescentam elementos de equilíbrio e coordenação a quaisquer exercícios destinados a grupos musculares selecionados. Embora permitam a realização de muitos exercícios, com freqüência têm sido usadas para desenvolver a força central (ou seja, abdominal e lombar) e melhorar a postura. Quando os participantes se sentam em uma dessas bolas, seus pés devem ficar em um ângulo de 90°. Quanto mais firme estiver a bola, mais difícil será o exercício. Uma vez que o alinhamento apropriado do corpo é essencial, os profissionais de condicionamento físico devem saber como executar o exercício de forma correta e quando é preciso fazer modificações para atender a necessidades e capacidades individuais. Podem ser desenvolvidos vários tipos de programas de exercícios com bolas de estabilidade para aumentar a força, a *endurance* muscular localizada e a flexibilidade (15). A Figura 12.3 ilustra o desempenho em abdominais sobre uma bola de estabilidade.

As bolas medicinais, de variadas formas e tamanhos (cerca de 1 kg a mais de 10 kg), servem como alternativa segura e eficaz para os pesos móveis e os aparelhos. Além do agachamento e do supino, outros exercícios que podem ser feitos com essas bolas são as manobras de arremesso – como o ato de arremessar a bola para o instrutor ou contra a parede – para aumentar a potência explosiva da parte superior do corpo. O treinamento com bolas medicinais em alta velocidade pode acrescentar uma nova dimensão ao treinamento de força, beneficiando homens e mulheres de todas as idades. Além disso, já que o treinamento típico exige o funcionamento do corpo como um todo e não em partes separadas, é particularmente eficaz a reprodução de posições corporais e velocidades de movimento que ocorrem na vida cotidiana e em situações de jogo. Encontra-se disponível o treinamento progressivo com bolas medicinais, que pode ser usado em aulas individuais ou em grupo (60). A Figura 12.4 ilustra o agachamento com a bola medicinal.

O treinamento com tiras elásticas envolve a execução do exercício contra a resistência da borracha e depois o retorno

Figura 12.3 Abdominal sobre a bola de estabilidade.

à posição inicial. Uma série de exercícios pode ser executada quando seguramos as extremidades de uma corda com as mãos ou amarramos uma das extremidades em um objeto fixo. Por razões de segurança, os profissionais de condicionamento físico devem confirmar se a corda está bem presa antes do início do exercício. Incorporar exercícios com bolas medicinais e de estabilidade e tiras elásticas à sessão de trabalho pode ser estimulante, motivador, benéfico e divertido. A Figura 12.5 ilustra o supino com uma tira elástica.

Questões de segurança

Os programas com pesos devem ser elaborados por profissionais de condicionamento físico familiarizados com as

> **Ponto-chave**
>
> Exercícios em aparelhos fixos ou com pesos móveis, peso corporal, bolas medicinais e de estabilidade ou tiras elásticas podem ser usados para melhorar o condicionamento muscular. Ao elaborar programas com pesos, os profissionais de condicionamento devem avaliar as vantagens e as desvantagens de cada modo de treinamento para conseguir atender às necessidades, aos objetivos e às capacidades individuais.

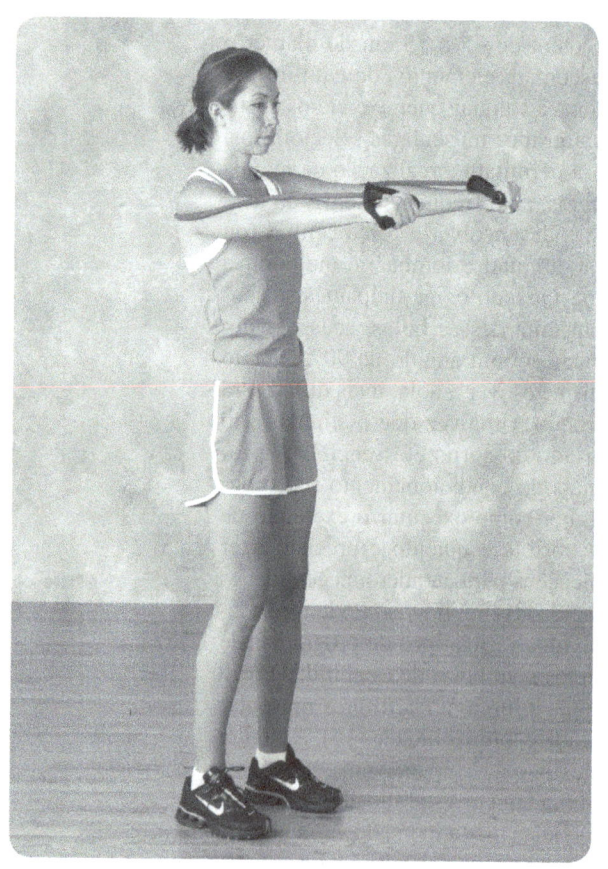

Figura 12.4 Agachamento com a bola medicinal.

Figura 12.5 Supino com a tira elástica.

medidas necessárias a um treinamento seguro e eficaz. Embora todas as atividades com pesos tenham algum grau de risco médico, ele pode ser reduzido pelo estabelecimento de orientações e procedimentos seguros. Sem a supervisão e as instruções adequadas, podem ocorrer lesões que exijam atendimento médico. De fato, uma pesquisa retrospectiva, abrangendo os últimos 20 anos, sobre lesões em treinamentos de força indicou que uma em cada quatro lesões ocorre por uso inadequado do equipamento (40). É evidente que, os praticantes de programas com pesos devem receber instruções sobre o uso adequado do equipamento e a realização segura do treinamento. A seguir, fornecemos recomendações gerais de segurança para a elaboração e instruções de programas de treinamento de força.

Supervisão e instrução

Quem quer participar de treinamentos de força deve, em primeiro lugar, receber orientações e instruções fornecidas por profissionais qualificados, conhecedores dos princípios desse tipo de treinamento e das características individuais do cliente. Os profissionais de condicionamento físico têm de saber executar corretamente os exercícios prescritos. Além disso, devem ser capazes de modificar a forma e a técnica do exercício caso seja necessário. Também é importante distinguir os exercícios que dependem da ajuda de um acompanhante e ficar de prontidão para auxiliar o praticante diante de algum problema. Em academias ou clínicas de saúde, a equipe deve ser atenciosa, posicionando-se em locais estratégicos, de onde possa ter uma visão geral do espaço de prática dos exercícios. Só assim será possível prestar assistência rápida em caso de necessidade. Não podemos esquecer que a equipe de profissionais de condicionamento físico é responsável por fazer cumprir as normas do estabelecimento (como usar calçados apropriados, guardar os pesos com cuidado, não fazer brincadeiras inadequadas) e garantir procedimentos de treinamento seguros (por exemplo, enfatizar a técnica adequada e não a quantidade de peso). Ao desenvolver e supervisionar programas personalizados, os profissionais não só garantem a segurança do cliente durante o treinamento como também o ajudam a maximizar os ganhos de força (59).

Ambiente do treinamento

Quando o exercício é realizado em locais públicos, comunitários, ocupacionais ou escolares, a área de treinamento deve ser bem iluminada, com bastante espaço para abrigar com conforto os participantes reunidos em cada horário. A sala deve estar sempre limpa, e o equipamento bem cuidado e regulado. É preciso limpar diariamente as partes dos aparelhos que ficam em contato com o corpo e verificar com cuidado os cabos, as hastes e as correias a cada semana. Deve ser mantido o espaço adequado entre os aparelhos para permitir acesso fácil em cada exercício com pesos. Após o uso, é preciso recolocar os equipamentos, como os pesos móveis e as presilhas, em seus devidos lugares. Na sala do treinamento de força, devem ser mantidas a temperatura (20 a 22,2°C), a umidade (60% ou menos) e a circulação de ar (pelo menos oito trocas de ar por hora) recomendadas (4). Sugestões adicionais para a manutenção da área e o controle de riscos encontram-se disponíveis em outros textos (5).

Aquecimento e relaxamento

O treinamento de força deve ser precedido de atividades de aquecimento para aumentar a temperatura muscular e corpo-

Recomendações de segurança para o treinamento de força

- Revise os questionários sobre o histórico de saúde do participante antes de dar início ao treinamento de força.
- Forneça a supervisão e as instruções adequadas, quando necessário.
- Treine regularmente a aplicação dos procedimentos de emergência.
- Incentive a prática de atividades de aquecimento no início e de relaxamento no final da sessão.
- Movimente-se com cuidado na sala do treinamento de força e não se vire bruscamente sem antes olhar.
- Conserte de imediato os equipamentos quebrados ou com problemas de funcionamento ou, então, deixe-os de lado, com um aviso "fora de uso".
- Use presilhas em todas as barras com pesos.
- Garanta a presença do acompanhante sempre que necessário e ofereça assistência quando for preciso.
- Cuide para a manutenção do comportamento-modelo e não permita brincadeiras grosseiras na academia.
- Mostre como é a técnica correta do exercício e não permita que os praticantes treinem de modo impróprio.
- Periodicamente, verifique todo o equipamento de treinamento de força.
- Garanta a ordem e a limpeza da sala de treinamento.
- Mantenha-se atualizado sobre novas orientações para o treinamento de força e novos procedimentos de segurança para populações especiais.

ral, incrementar o fluxo sangüíneo e melhorar o desempenho (38). Tipicamente, o aquecimento geral inclui 5 a 10 minutos de exercício aeróbio de intensidade baixa a moderada, como o *jogging* ou o cicloergômetro. Também são eficazes protocolos de aquecimento dinâmico, que incluem pulos e saltos de intensidade baixa a moderada e exercícios com movimentos básicos variados para os membros superiores e inferiores (57). Para incrementar os benefícios do alongamento, recomenda-se um aquecimento geral ou dinâmico antes dele. O aumento na temperatura muscular resultante do aquecimento permite maior flexibilidade.

O aquecimento específico envolve movimentos similares aos dos exercícios do treinamento de força que serão executados logo em seguida. Vejamos um exemplo. Após um aquecimento geral, o praticante pode realizar uma série leve de 10 repetições do supino antes de passar à série do treinamento, com um peso maior. Faz sentido gastar uns poucos minutos de aquecimento a fim de preparar o indivíduo física e mentalmente para as demandas do treinamento de força. Após esse treinamento, é bom fazer o relaxamento com exercícios calistênicos e de alongamento estático. O relaxamento pode ajudar a diminuir a tensão do corpo e reduzir a rigidez e a sensibilidade muscular.

Ponto-chave

Supervisão e instruções qualificadas, ambiente de treinamento seguro e compromisso do participante com as orientações de treinamento estabelecidas ajudam a minimizar os riscos de lesão em programas de força. Os profissionais de condicionamento físico devem ensinar aos participantes os procedimentos de treinamento seguros e também elaborar programas consistentes com as necessidades e capacidades de cada um. As atividades de aquecimento e de relaxamento podem melhorar o desempenho e reduzir a probabilidade de dores ou lesões musculares.

Orientações para o treinamento de força

As orientações para o treinamento de força não são tão unanimemente aceitas como as recomendações para melhoria do condicionamento físico aeróbio. Embora, nos Estados Unidos, as organizações de medicina esportiva reconheçam a importância do treinamento de força para a saúde e o condicionamento, tem havido bastante polêmica sobre o volume do programa (ou seja, séries, repetições, carga levantada). Em especial, a eficácia de usar uma única série ou várias tem despertado o interesse de alguns cientistas da área do exercício (12, 28, 69). No entanto, apesar de várias afirmações sobre o melhor método de treinamento, parece não haver uma combinação ideal de séries, repetições e exercícios para promover adaptações de longo prazo no condicionamento muscular de todos os indivíduos. Em vez disso, muitas variáveis do programa podem ser alteradas para alcançar os resultados desejados desde que os princípios do exercício com pesos sejam respeitados. Está claro que esses programas devem ser individualizados, com base no histórico de treinamento e nos objetivos pessoais de cada um.

Muitos fatores têm de ser considerados no momento da elaboração de um programa de treinamento de força, incluindo os seguintes (28):

1. escolha dos exercícios;
2. ordem dos exercícios;
3. carga dos exercícios;
4. volume de treinamento (total de séries e de repetições);
5. intervalos de descanso entre as séries e entre os exercícios;
6. velocidade das repetições;
7. freqüência de treinamento.

Resumo das orientações do ACSM para o treinamento de força de adultos aparentemente saudáveis

- Executar um mínimo de 8 exercícios separados para cada um dos grandes grupos musculares.
- Executar uma série de cada exercício até a fadiga volitiva.
- Escolher uma faixa de repetição entre 3 e 20 (por exemplo, 8 a 12).
- Executar cada repetição a uma velocidade moderada, em toda a amplitude do movimento.
- Usar a técnica adequada a cada exercício.
- Manter o padrão de respiração normal.
- Treinar 2 ou 3 vezes por semana, em dias alternados.
- Se possível, exercitar-se com um parceiro, que pode fornecer *feedback*, assistência e motivação.

Adaptado, com permissão, de American College of Sports Medicine (ACSM), 2006, *ACSM's guidelines for exercise testing and prescription*, 7th ed. (Philadelphia, PA: Lippincott, Williams & Wilkins), p. 158. (6)

A alteração de uma ou mais dessas variáveis permite reelaborar os programas de treinamento de força de forma indefinida. Porém, uma vez que pessoas diferentes respondem de modo diferente a um mesmo programa, as decisões têm de ser baseadas na compreensão da ciência do exercício e das necessidades e dos objetivos individuais. As orientações do ACSM para o treinamento de força para adultos aparentemente saudáveis estão resumidas na página 216.

Escolha dos exercícios

Um número ilimitado de exercícios pode ser usado para incrementar a força, a potência muscular e a *endurance* muscular localizada. Os exercícios devem ser selecionados de acordo com a experiência e os objetivos de treinamento do participante. Além disso, a escolha deve promover o equilíbrio muscular das articulações e de grupos de músculos opostos (por exemplo, quadríceps e isquiotibial). Na Tabela 12.3, listamos uma seleção de exercícios para aparelhos e para pesos móveis, acompanhados dos principais grupos musculares fortalecidos.

Em geral, os exercícios podem ser classificados em monoarticulares (específicos de uma parte do corpo) e multiarticulares (estruturais). As roscas de braço com halteres e as extensões da perna são exemplos de exercícios monoarticulares, que isolam uma parte corporal específica (bíceps e quadríceps, respectivamente), enquanto os agachamentos e levantamentos de peso são multiarticulares, pois envolvem duas ou mais articulações principais. Os exercícios também podem ser classificados como de cadeia cinética fechada ou aberta. Os primeiros são aqueles em que o segmento articular distal fica estacionário (por exemplo, os agachamentos); nos de cadeia aberta, a articulação terminal fica livre para movimentar-se (por exemplo, extensões da perna). Os exercícios de cadeia cinética fechada reproduzem com maior exatidão as atividades cotidianas e incluem padrões de movimento mais funcionais (16).

Com freqüência, exercícios multiarticulares e muitos dos aparelhos fixos são usados por pessoas com limitada experiência em treinamento de força ou por indivíduos que simplesmente gostam desse tipo de programa. Esse modo de treinamento também é benéfico para a ativação de músculos específicos (por exemplo, durante a reabilitação de lesões). Na maioria dos aparelhos, o trajeto do movimento é fixo, mantendo-o estabilizado. De forma diferente, exercícios com pesos móveis exigem músculos adicionais para estabilizar o movimento, sendo, portanto, mais complexos. Além disso, exercícios para dois membros com pesos móveis (por exemplo, levantamentos laterais de halteres) podem ser especialmente benéficos para pessoas que precisam fortalecer um membro mais fraco. Por isso, é importante incorporar exercícios multiarticulares ao programa para promover o uso coordenado de movimentos de mais de uma articulação. Ao aprender um novo exercício multiarticular, como o agachamento, o participante deve começar com um peso leve (por exemplo, uma barra sem carga ou um bastão de madeira), de modo que possa dominar a técnica antes de acrescentar pesos à barra. Seja qual for o tipo de exercício, as fases concêntrica e excêntrica de cada levantamento devem ser realizadas de modo controlado, com a técnica adequada.

Outro tema relativo à escolha dos exercícios é a inclusão de abdominais para fortalecimento da musculatura lombar. Não é incomum que iniciantes dediquem atenção ao fortalecimento do peito e do bíceps e não reservem tempo suficiente para os músculos abdominais e os lombares. O fortalecimento da seção média do corpo, além de melhorar os resultados de força e o controle corporal em exercícios com pesos móveis, como o agachamento, também pode reduzir o risco de lesões. Portanto, exercícios de pré-capacitação para músculos lombares e abdominais devem ser incluídos em todos os programas de treinamento de força. Em outras palavras, como medida de saúde preventiva, exercícios que podem ser prescritos para reabilitação de lesões devem ser realizados antes que alguma lesão ocorra. Abdominais e extensões das

Tabela 12.3 Seleção de exercícios no aparelho fixo e com pesos móveis, acompanhados dos principais grupos musculares fortalecidos

Exercícios no aparelho fixo	Exercícios com pesos móveis	Principais grupos musculares fortalecidos
Pressão de pernas	Agachamento com barra	Quadríceps, glúteo máximo
Extensão da perna	Avanço com halteres	Quadríceps
Rosca de perna	Extensão do quadril em pé, com barra	Isquiotibial
Supino	Supino com barra	Peitoral maior
Pec Dec	Voador com halteres	Peitoral maior
Puxador frontal	*Pullover* com halteres	Latíssimo do dorso
Remada sentado	Remada unilateral com halteres	Latíssimo do dorso
Desenvolvimento	Desenvolvimento com halteres	Deltóides
Rosca de braço	Rosca com barra	Bíceps
Extensão do tríceps	Extensão do tríceps deitado	Tríceps

Descrições da técnica adequada a cada exercício estão disponíveis em outros textos (7, 8).

costas e seus similares são úteis, mas apenas treinam os músculos que controlam a flexão e a extensão do tronco. Exercícios multidirecionais, que envolvem movimentos de rotação e padrões em diagonal, executados com o peso corporal ou com uma bola medicinal, podem fortalecer os músculos abdominais e lombares de forma eficaz. De acordo com as necessidades e os objetivos individuais, outros exercícios de pré-capacitação (por exemplo, rotação interna e externa para a musculatura do manguito rotador) podem ser incluídos na sessão de exercícios.

Ordem dos exercícios

Há muitos modos de ordenar os exercícios em uma sessão de treinamento. Tradicionalmente, exercícios para grupos musculares grandes são feitos antes dos destinados a grupos pequenos, e exercícios multiarticulares vêm antes dos monoarticulares. Essa ordem permite que os participantes utilizem cargas mais pesadas nos multiarticulares sem que a fadiga cause grande preocupação. Também é útil realizar exercícios mais difíceis no início da sessão, quando o sistema neuromuscular se encontra menos fatigado. Porém, em alguns casos (prevenção ou reabilitação de lesões), pode ser apropriado inverter essa ordem, ou seja, treinar os músculos menores primeiro. Em geral, parece razoável seguir o sistema de treinamento de prioridade, que consiste em realizar primeiro, no início da sessão, os exercícios que mais incrementam a saúde e o condicionamento. Além disso, os participantes devem fazer exercícios de potência, como os pliométricos, antes dos de força, de modo que possam treinar a potência máxima sem fadiga indevida. A seguir apresentamos um modelo de treinamento de força.

Carga dos exercícios

Uma das variáveis mais importantes na elaboração do programa de treinamento de força é a quantidade de carga usada no exercício (63). Ganhos de força e de desempenho muscular são influenciados pela quantidade de peso levantado, o que depende, em grande parte, de outras variáveis, como a ordem dos exercícios, o volume de treinamento, a velocidade das repetições e a duração do intervalo de descanso (50, 51). Por definição, a quantidade de peso que pode ser levantada uma única vez, mantendo-se a técnica apropriada, é o máximo para uma repetição (ou uma repetição máxima = 1RM). De modo similar, o peso que pode ser levantado 10 vezes, mas não 11, mantendo a técnica apropriada, é chamado de máximo para 10 repetições (ou 10 repetições máximas = 10RMs). Para maximizar os ganhos de força e de desempenho muscular, recomenda-se que as sessões de treinamento sejam realizadas até o surgimento da fadiga volitiva (definida como a incapacidade de completar uma repetição devido a fadiga temporária), usando a carga apropriada.

O uso de cargas de RM é um método relativamente simples de prescrever a intensidade do treinamento de força. Pesquisas sugerem que cargas de 6 ou menos RMs têm maior efeito sobre o desenvolvimento da força muscular, enquanto cargas de 20 ou mais RMs têm maior efeito sobre o desenvolvimento da *endurance* muscular localizada (13, 28). Embora iniciantes possam obter ganhos significativos na força muscular com cargas mais leves, acredita-se que pessoas com experiência em treinamento de força precisem treinar com cargas mais pesadas (28). De acordo com essa concepção, o ACSM recomenda uma faixa de repetições de 3 a 20, de acordo com os objetivos e a experiência de treinamento individual

Planilha semanal do treinamento de força

Nome	23/10			25/10			27/10			Comentários
	Peso	Rep.	Séries	Peso	Rep.	Séries	Peso	Rep.	Séries	
Extensão da perna	90	10	2	90	11	2	90	12	2	
Rosca de perna	55	10	2	55	11	2	55	12	2	
Supino	80	10	2	80	11	2	80	12	2	
Puxador lateral	80	10	2	80	11	2	80	12	2	
Rosca de braço	30	10	2	30	11	2	30	11	2	
Extensão do tríceps	40	10	2	40	11	2	40	12	2	Dores leves no tríceps
Extensão do tronco em quatro apoios	Sem peso	10	2	Sem peso	11	2	Sem peso	12	2	
Abdominal	Sem peso	10	2	Sem peso	11	2	Sem peso	11	2	

Rep. = repetições

(6). Nesse *continuum*, as cargas de RM médias (ou seja, de 8 a 12RMs) costumam ser usadas para aumentar a força e o desempenho muscular (veja a Figura 12.6). O uso de pesos que excedem a capacidade de 6RMs tem mínima influência sobre a *endurance* muscular, enquanto o treinamento de força com pesos muito leves (por exemplo, acima de 20RMs) resulta em ganhos pequenos demais no aspecto da força máxima dos músculos. Uma vez que cada parte da faixa de repetições (por exemplo, de 3 a 6, de 8 a 12 e de 15 a 20) tem vantagens, a melhor opção é variar de maneira sistemática a carga a fim de evitar níveis estacionários e otimizar as adaptações geradas pelo treinamento.

Porcentagens de 1RM também podem ser usadas para determinar a intensidade do treinamento de força. Se 1RM no supino for feita com 45 kg, então 70% dessa carga será igual a 32 kg. Para iniciantes é razoável usar 60 a 70% da carga de 1RM, pois, nessa fase, o trabalho cuidará mais de melhorar o desempenho motor (47). À medida que o praticante ganha mais força e experiência de treinamento, cargas mais pesadas (70 a 80% de 1RM) são necessárias para dar continuidade aos ganhos de força e desempenho muscular (47). É claro que esse método de prescrição de exercícios com pesos exige a realização do teste de 1RM para todos os exercícios do programa. Em muitos casos, essa opção não é realista, pois é preciso muito tempo para aplicar de forma correta o teste de 1RM em 8 a 10 exercícios diferentes. Além disso, não é comum a realização de testes de carga máxima para exercícios destinados a grupos musculares pequenos (por exemplo, roscas de braço e extensões de tríceps deitado).

Os profissionais de condicionamento físico também devem conhecer a relação entre a porcentagem de 1RM e o número de repetições. Em geral, a maioria das pessoas consegue fazer 10 repetições com 75% de 1RM. No entanto, esse número depende da quantidade de massa muscular necessária à realização do exercício. Estudos têm mostrado que, a uma determinada porcentagem de 1RM (por exemplo, 60%), os adultos conseguem realizar mais repetições de exercícios para grandes grupos musculares, como a pressão de pernas, do que para pequenos, como a rosca de perna (37). Portanto, antes de prescrever a intensidade de 70% de 1RM para todos os exercícios do programa de treinamento de força, é necessário fazer também outras considerações, pois pode ser que o indivíduo consiga completar 20 ou mais repetições de um exercício para um

Evidência científica

Se, por um lado, sabemos que diferentes tipos de treinamento de força resultam em adaptações específicas, por outro, há poucas informações sobre as adaptações intramusculares próprias de cada combinação de séries e de repetições. Campos e colaboradores (13) compararam os efeitos de três programas diferentes de treinamento de força, todos com duração de oito semanas, sobre as adaptações do músculo vasto lateral em homens não-treinados. Os indivíduos foram divididos em quatro grupos: nível baixo de repetições (3 a 5RMs, 4 séries, com 3 minutos de intervalo de descanso), nível intermediário de repetições (9 a 11RMs, 3 séries, com 2 minutos de intervalo), nível alto de repetições (20 a 28RMs, 2 séries, com 1 minuto de intervalo) e um controle sem exercícios. As medições do desempenho e as amostras de biópsia muscular foram verificadas antes e depois do treinamento. A força máxima melhorou de maneira significativa no grupo com nível baixo de repetições; a *endurance* muscular melhorou bastante no grupo de nível alto de repetições. As fibras musculares hipertrofiaram apenas nos grupos com níveis baixo e intermediário de repetições. Esses dados demonstram que as adaptações fisiológicas ao treinamento de força estão relacionadas com a intensidade e o volume do programa.

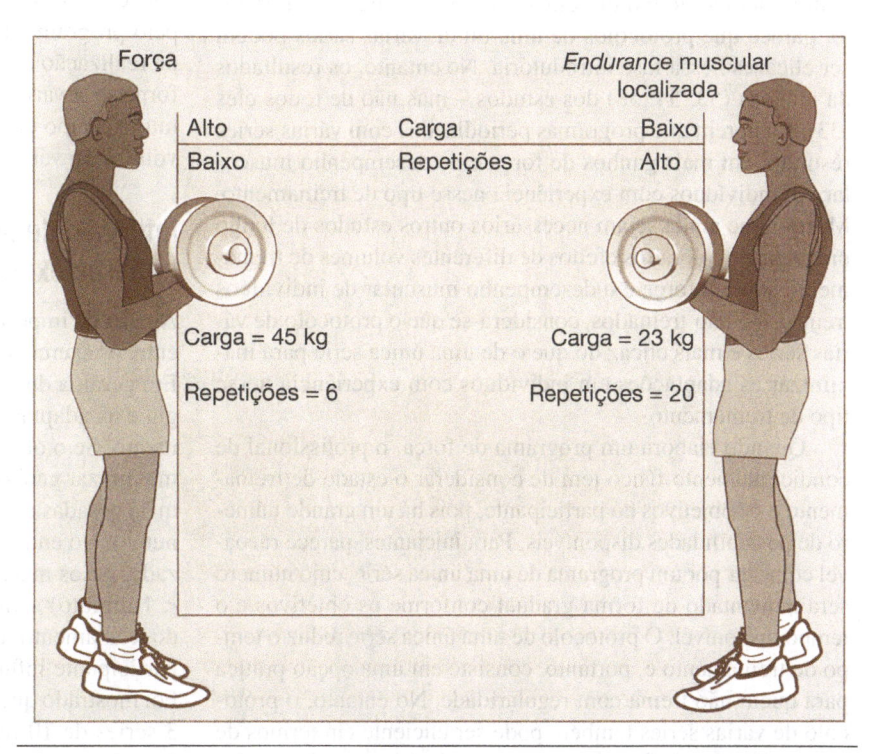

Figura 12.6 O *continuum* força-*endurance*. O uso de cargas pesadas e nível baixo de repetições têm grande efeito sobre a força e a potência, enquanto pesos leves e nível alto de repetições afetam mais a *endurance* muscular localizada.

Figura 5.9, p. 115, do *Total Fitness*, de Scott K. Powers e Stephen L. Dodd. Copyright © 1996 by Allyn and Bacon. Adaptada com permissão de Pearson Education, Inc.

grupo muscular grande com essa intensidade, a qual, porém, pode não ser ideal para incrementar a força muscular. Às vezes, quando o profissional escolhe uma porcentagem de 1RM para o treinamento de força, a intensidade dos exercícios do programa têm de variar para manter a faixa de treinamento desejada (por exemplo, 8 a 10RMs).

Volume de treinamento

O número de exercícios por sessão, de repetições por série e de séries por exercício afeta o volume do treinamento (50). Se o indivíduo realiza, por exemplo, 3 séries de 10 repetições de supino com 45 kg, o volume de treinamento para esse exercício é de 3.000 lb (3 · 10 · 100 = 3.000) ou 1,361 kg. Embora o tema do volume de treinamento seja muito polêmico, é importante lembrar que as sessões não precisam ter exatamente o mesmo número de séries, repetições e exercícios.

O ACSM recomenda que adultos aparentemente saudáveis façam 1 série de cada exercício para conseguir atingir objetivos de condicionamento muscular (6). Em geral, protocolos de 1, 2 ou 3 séries têm se mostrado de igual eficácia para indivíduos não-treinados durante os primeiros 2 a 3 meses de treinamento, quando os programas não são periodizados nem variam ao longo do tempo (32, 39, 58, 62, 73). Portanto, parece que protocolos de uma ou de várias séries podem ser eficazes nessa fase introdutória. No entanto, os resultados da maioria (53, 54, 58) dos estudos – mas não de todos eles (33) – sugerem que programas periodizados com várias séries resultam em mais ganhos de força e de desempenho muscular em indivíduos com experiência nesse tipo de treinamento. Mesmo que ainda sejam necessários outros estudos de longo prazo para explorar os efeitos de diferentes volumes de treinamento sobre a força e o desempenho muscular de indivíduos treinados e não-treinados, considera-se que o protocolo de várias séries é mais eficaz do que o de uma única série para maximizar as adaptações em indivíduos com experiência nesse tipo de treinamento.

Quando elabora um programa de força, o profissional de condicionamento físico tem de considerar o estado de treinamento e os objetivos do participante, pois há um grande número de possibilidades disponíveis. Para iniciantes, parece razoável começar por um programa de uma única série, cujo número será aumentado de forma gradual conforme os objetivos e o tempo disponível. O protocolo de uma única série reduz o tempo de treinamento e, portanto, consiste em uma opção prática para quem não treina com regularidade. No entanto, o protocolo de várias séries também pode ser eficiente em termos de tempo. Em vez de fazer, por exemplo, 1 série de cada um dos 12 exercícios em cada sessão de trabalho, o praticante pode realizar 2 séries de 6 exercícios ou 3 séries de 4 exercícios. Selecionando com cuidado os exercícios multiarticulares, é possível treinar todos os grupos musculares em cada sessão,

Evidência científica

A relação quantificável entre as variáveis do programa e as melhorias na força tem sido uma questão polêmica. Rhea e colaboradores (69) usaram técnicas de metanálise para combinar e avaliar os efeitos do treinamento de 140 estudos que incluíram medições de força antes e depois de uma intervenção de treinamento de força. Eles relataram que o programa com intensidade de 60% de 1 RM gera ganhos de força máxima em indivíduos não-treinados, enquanto 80% de 1RM é o mais eficaz para indivíduos treinados. Além disso, os pesquisadores descobriram que quatro séries por grupo muscular resultam em ganhos máximos em indivíduos treinados e não-treinados. Desde que não despreze a importância do aumento gradual das demandas feitas ao corpo, o profissional de condicionamento físico pode usar essas informações na hora de decidir sobre a quantidade de tempo e de esforço necessária ao alcance dos objetivos do treinamento.

seja qual for o número de séries e de exercícios completados. A variação periódica do número de séries, repetições e exercícios (ou seja, do volume de treinamento) permite manter a eficácia do estímulo, o que maximiza as adaptações geradas pelo programa. Períodos de baixo volume de treinamento ou de realização de exercícios de uma única série são capazes de fornecer a variação necessária para os praticantes que passam muito tempo em programas de condicionamento com grande volume ou várias séries.

Intervalo de descanso entre as séries e entre os exercícios

Apesar de importante, o intervalo de descanso entre as séries e entre os exercícios, com freqüência, é uma variável desprezada. Em geral, a duração do descanso afeta a recuperação de energia e as adaptações que podem ocorrer em virtude do treinamento. Se o objetivo principal do programa for, por exemplo, maximizar ganhos de força muscular, serão necessárias cargas mais pesadas e descansos mais longos (por exemplo, 2 a 3 minutos). No entanto, se a meta for a *endurance* muscular localizada, pesos mais leves e descansos mais curtos (por exemplo, < 1 minuto) serão os adequados. Obviamente, a intensidade do treinamento, os objetivos e o nível de condicionamento do participante influenciam a duração do intervalo de descanso. Foi mostrado que um grupo de indivíduos conseguia completar 3 séries de 10 repetições com uma carga de 10RMs quando fazia 3 minutos de descanso entre as séries. No entanto, com descanso de apenas 1 minuto, eles eram capazes de realizar 10, 8 e 7 repetições (45).

Como já citado para outras variáveis do programa, não é preciso usar o mesmo intervalo para todos os exercícios. Além disso deve ser considerada a fadiga resultante do exercício anterior ao prescrever o descanso. Em geral, 1 a 2 minutos de intervalo entre as séries são apropriados para a maioria dos iniciantes, embora os praticantes com experiência em treinamento de força às vezes precisem de 2 a 3 minutos entre elas, de acordo com a carga do exercício e o objetivo do programa (47). Descansos curtos (< 30 segundos entre séries e entre exercícios) não são recomendados para iniciantes devido ao desconforto e às altas concentrações de lactato no sangue (10 a 14 mmol · L^{-1}), associados a esse tipo de treinamento (49). De qualquer modo, o tempo de descanso pode ser reduzido gradualmente ao longo do tempo a fim de fornecer ao corpo a oportunidade de tolerar níveis mais altos de ácido no sangue e nos músculos.

Velocidade das repetições

A velocidade, ou cadência de realização, dos exercícios de força pode afetar as adaptações ao programa de treinamento. De acordo com o princípio da especificidade do treinamento, ganhos de força e de desempenho muscular são específicos à velocidade de treinamento (28). O treinamento pliométrico de alta velocidade, por exemplo, tem maior probabilidade de melhorar a velocidade e a potência do que exercícios de baixa velocidade em aparelhos fixos. Mas há dois tipos de treinamento de baixa velocidade (50). Velocidades baixas *desintencionais* são registradas quando o indivíduo levanta uma carga pesada, e a cadência fica reduzida ainda que ele tente exercer a força máxima. Já as *intencionais* são usadas quando o indivíduo treina com uma carga submáxima e, de propósito, faz o exercício lentamente. Considerando-se que a produção de força concêntrica é menor no caso da velocidade desintencional baixa, quando comparada à velocidade moderada, parece que cargas mais leves, levantadas a uma velocidade menor, podem não ser ideais para maximizar o desenvolvimento da força (43).

Já que os iniciantes precisam aprender como realizar corretamente cada exercício com cargas leves, em geral, se recomenda que indivíduos não-treinados façam os levantamentos a uma velocidade moderada (47). À medida que ganham experiência, podem adotar velocidades desintencionais mais baixas com cargas mais pesadas para otimizar os ganhos de força. De acordo com os objetivos e a experiência de treinamento, o praticante também pode realizar um treinamento de velocidade moderada a rápida (por exemplo, pliométrico) a fim de maximizar as adaptações de desempenho. É provável que a adoção de diferentes velocidades, dentro de um único programa de treinamento, forneça estímulos mais eficazes.

Freqüência de treinamento

Normalmente, a freqüência de treinamento refere-se ao número de sessões semanais. Em geral, 2 a 3 vezes por semana em dias alternados é o padrão recomendado a iniciantes (47). Essa freqüência de treinamento permite a recuperação adequada entre as sessões (48 a 72 horas) e tem se mostrado eficaz para incrementar a força e o desempenho muscular (47). No entanto, indivíduos treinados, submetidos a programas mais avançados, podem precisar de mais tempo entre elas. Fatores como o volume e a intensidade de treinamento, a seleção dos exercícios e a ingestão nutricional podem afetar a capacidade de recuperação após as sessões e a adaptação ao programa. Indivíduos treinados que adotam uma rotina fracionada conseguem se exercitar com pesos quatro vezes · $semana^{-1}$, mas trabalham cada grupo muscular apenas duas vezes por semana. Embora o aumento da experiência em treinamento não implique, obrigatoriamente, aumento da freqüência, treinar mais dias de fato possibilita maior especialização, caracterizada por mais exercícios e maior volume de treinamento semanal.

Periodização

Periodização refere-se à variação sistemática do programa de treinamento de força. Uma vez que, em um treinamento de longo prazo, é impossível conservar o mesmo aumento continuamente, mudanças apropriadas nas variáveis do programa podem limitar os períodos de estabilização, maximizar os ganhos de desempenho e reduzir o risco de sobretreinamento. Em essência, a periodização é um processo usado pelos profissionais de condicionamento físico para alterar com regularidade o estímulo de treinamento a fim de manter a eficácia. Enquanto o conceito de periodização integra a elaboração do programa há muitos anos, os conhecimentos sobre os benefícios de programas periodizados, em comparação com os não-periodizados, para a progressão de longo prazo, passaram a ser explorados na literatura apenas recentemente (27, 47, 50).

O conceito de periodização, ou variação do programa, não serve apenas para atletas, mas também para pessoas de diferentes níveis de experiência de treinamento e que desejam melhorar a saúde e o condicionamento físico. Quando alteramos periodicamente as variáveis do programa, como as séries, os intervalos de descanso entre as séries ou as combinações de ambos, otimizamos os ganhos de desempenho de longo prazo e reduzimos os riscos de lesões por excesso de uso (47). Além disso, é razoável sugerir que participantes de programas periodizados bem-elaborados, que garantem melhorias contínuas na saúde e no condicionamento, sentem-se mais estimulados a persistir na prática de exercícios por muito tempo.

Vejamos o exemplo de um indivíduo cuja rotina para os membros inferiores em geral consiste em pressão de pernas e extensão e rosca de perna. Executar avanços com halteres e abdução e adução do quadril em dias de trabalho alternados provavelmente, acrescentará eficácia e prazer a seu programa de treinamento de força. Também variar o volume e a intensidade do treinamento pode ajudar a prevenir períodos de estabilização, que são comuns após os primeiros dois meses de prática. Muitas vezes, para evitar a estabilização da força, os participantes podem variar a intensidade e o volume de treinamento, permitindo ampla recuperação. A longo prazo, a variação do programa com recuperação adequada resulta em ganhos ainda maiores, pois o corpo é desafiado a adaptar-se a demandas mais elevadas. O conceito da periodização é baseado na teoria de que, após certo tempo, já não acontecem mais adaptações a determinado estímulo, a não ser que ele seja alterado. A periodização pode promover adaptações de treinamento de longo prazo, mantendo a eficácia do estímulo.

Ainda que haja muitos modelos de periodização, o conceito geral é priorizar os objetivos do treinamento e, então, desenvolver um planejamento de longo prazo que varie no decorrer do ano. Em princípio, o plano geral de treinamento é dividido em períodos de tempo específicos, chamados **macrociclos** (cerca de 1 ano), **mesociclos** (de 3 a 4 meses) e **microciclos** (de 1 a 4 semanas). Cada um desses ciclos tem objetivos próprios (por exemplo, hipertrofia, força ou potência). O modelo de periodização clássico tem sido chamado de *modelo linear*, pois o volume e a intensidade de treinamento são alterados de forma gradual ao longo do tempo (78). No início de um macrociclo, por exemplo, o volume pode ser alto, e a intensidade, baixa. Com o passar do tempo, o volume diminui, e a intensidade aumenta.

Mesmo tendo sido elaborado originalmente para halterofilistas e esportistas do atletismo na preparação imediata para competições específicas, o modelo de treinamento linear pode ser modificado pelos profissionais de condicionamento físico a fim de incrementar a saúde e o condicionamento do praticante. Indivíduos que executam como rotina a mesma combinação de séries e de repetições podem beneficiar-se do aumento gradual do peso, com simultânea diminuição gradativa do número de repetições à medida que ganham força. O modelo periodizado clássico, antes descrito, está esboçado na Tabela 12.4. Depois de um programa de quatro fases, os praticantes devem ser incentivados a participar de atividades recreativas ou de exercícios com pesos de baixa intensidade para reduzir os riscos de excesso de treinamento. Esse período de restabelecimento é chamado de *descanso ativo* e costuma durar 1 a 3 semanas. Após o descanso ativo, pode-se retornar à primeira fase do programa de treinamento com mais energia e vigor.

Um segundo modelo de periodização é chamado de *modelo ondulante (não-linear)*, em razão das flutuações diárias no volume e na intensidade de treinamento. Na segunda-feira, por exemplo, o indivíduo pode executar 2 séries de 10 repetições com carga moderada; na quarta, 3 séries de 6 repetições com carga pesada; e na sexta, 2 séries de 15 repetições com carga leve. Os dias de treinamento pesado ativam ao máximo a musculatura treinada. Porém, nos treinamentos leve e moderado, as fibras musculares selecionadas não terão demanda máxima. A alternância de intensidades permite ao participante minimizar o risco de excesso de treinamento e maximizar o potencial de manutenção dos ganhos de força (33). Na Tabela 12.5, apresentamos um modelo de sessão de trabalho não-linear periodizada. Os profissionais de condicionamento físico também têm de considerar as férias e os planos de viagem do praticante para providenciar períodos de descanso ativo, inseridos na programação do treinamento anual. São permitidos períodos de restabelecimento com duração de 1 a 3 semanas, para garantir a recuperação física e psicológica. Uma revisão detalhada da periodização e exemplos específicos de programas periodizados encontram-se disponíveis em outros textos (38, 47).

Tabela 12.4 Modelo de sessão de trabalho linear periodizada para maximizar ganhos de força de adultos saudáveis

	Fase 1 Preparação geral	Fase 2 Hipertrofia	Fase 3 Força	Fase 4 Pico
Intensidade	12RMs-15RMs	8RMs-12RMs	6RMs-8RMs	4RMs-6RMs
Séries	1-2	2	2-3	3
Período de descanso entre as séries	60-120s	60s	60-120s	120-180s

A sessão de trabalho é composta de exercícios executados em cada fase para os principais grupos musculares; as fases duram de 6 a 8 semanas. RM = repetição máxima.

Tabela 12.5 Modelo de sessão de trabalho não-linear periodizada para um adulto treinado

	Segunda-feira	Quarta-feira	Sexta-feira
Intensidade	8RMs-10RMs	4RMs-6RMs	13RMs-15RMs
Séries	2	3	3
Período de descanso entre as séries	2min	3min	1min

Este plano é composto de exercícios para os principais grupos musculares executados nos três dias de treinamento.

> **Ponto-chave**
>
> A elaboração de um treinamento de força seguro e eficaz envolve conhecimentos sobre a ciência do exercício e também sobre a arte de prescrevê-lo. O tipo, a ordem e a carga dos exercícios, o número de séries, os intervalos de descanso entre as séries e entre os exercícios e a velocidade e a freqüência de treinamento são variáveis que contribuem para a elaboração do programa de treinamento de força. Periodização é a modificação sistemática das variáveis para otimizar as adaptações de treinamento a longo prazo.

Modelos de treinamento de força para adultos saudáveis

Um fator essencial a ser considerado na elaboração de programas de força é o estado ou o tempo de treinamento específico do participante. Se, por um lado, qualquer programa razoável é capaz de incrementar a força de indivíduos não-treinados, por outro, os já treinados progridem mais lentamente e precisam de programas mais avançados a fim de aumentarem a força muscular (47, 69). Assim, programas de treinamento de força destinados a iniciantes muitas vezes não são eficazes para participantes treinados, com experiência de pelo menos três meses nesse tipo de exercício. É evidente que não há um modelo de exercícios de força definitivo, capaz de otimizar adaptações induzidas pelo treinamento em indivíduos treinados e não-treinados.

Portanto, é razoável que os iniciantes comecem com um programa geral e, de modo gradual, passem a outros mais avançados, à medida que aumentam o desempenho e a autoconfiança na capacidade de realizar bem os exercícios. No entanto, na hora de elaborar programas mais avançados, os profissionais de condicionamento físico têm de considerar o tempo e o esforço adicionais necessários ao alcance de mais ganhos. Quem já treina há muitos anos, por exemplo, às vezes precisa devotar muito mais tempo ao treinamento a fim de obter ganhos relativamente pequenos. Os atletas estão dispostos a enfrentar esse desafio em busca de pequenas alterações, já os não-atletas nem sempre querem passar mais tempo se exercitando.

Uma vez que, no treinamento de força, a progressão de longo prazo exige a manipulação sistemática das variáveis do programa, os profissionais de condicionamento físico têm de tomar decisões importantes em relação à prescrição de exercícios. Essas decisões exigem sólidos conhecimentos sobre as adaptações induzidas pelo treinamento em iniciantes e veteranos. Enquanto os iniciantes precisam de uma variação limitada, à medida que o programa avança, há necessidade de maior variação e de regimes de treinamento mais complexos. Recomendações gerais para o incremento da força muscular de iniciantes estão resumidas nas orientações do ACSM, na página 216. Programas de treinamento mais avançados encontram-se disponíveis em outros textos (7, 38, 47).

> **Evidências científicas**
>
> Apesar de ter sido relatado que, no treinamento de força, os indivíduos devem manter uma intensidade de 60% de 1RM para induzir ganhos de força, dados relativos a intensidades de treinamento auto-selecionadas são raros. Glass e Stanton (31) investigaram a intensidade auto-selecionada por homens e mulheres não-treinados. Depois do teste da auto-seleção em cinco exercícios, foi determinado o valor de 1RM para cada um dos indivíduos. Os resultados mostraram que, para os dois sexos, a intensidade auto-selecionada variava de 42 a 57% de 1RM. Esses dados sugerem que homens e mulheres não-treinados auto-selecionam intensidades de treinamento que não são suficientes para gerar ganhos de força. Para maximizar as adaptações induzidas pelo programa, é possível que os profissionais de condicionamento físico tenham de prescrever a intensidade apropriada para incrementar os ganhos de força de homens e mulheres não-treinados.

Excesso de treinamento

Os profissionais de condicionamento físico precisam equilibrar as demandas de treinamento e a recuperação adequada entre as sessões de trabalho a fim de otimizar as adaptações induzidas pelo programa. O excesso de freqüência, volume ou intensidade, combinado com descansos e recuperações inadequados, no final, resulta na síndrome do excesso de treinamento (*overtraining*). Em essência, essa síndrome pode ocorrer quando o estímulo do treinamento excede o ritmo da adaptação. Em geral, ela inclui queda ou nível estacionário de desempenho. Outras manifestações observáveis são a diminuição do peso corporal, a redução do apetite, transtorno do sono, menor desejo de treinar, sensibilidade muscular e aumento do risco de infecções (77).

O excesso de treinamento por um curto período de tempo tem sido chamado de excesso de resultados (*overreaching*) (29). Diferentemente da síndrome do excesso de treinamento, cuja recuperação pode durar meses, a recuperação do excesso de resultados pode ocorrer em poucos dias. Na verdade, esse último às vezes é planejado como parte de programas de condicionamento físico, pois os indivíduos treinam com volumes e intensidades maiores. De qualquer modo, pode ser considerado como o primeiro estágio do excesso de treinamento e, portanto, merece atenção, já que nem todas as pessoas se recuperam com rapidez. Às vezes, é preciso diminuir a intensidade e o volume do programa para alcançar a recuperação.

Um erro de grande parte dos programas de condicionamento físico é não possibilitar a recuperação adequada entre as sessões de trabalho. Se a pessoa treina força na segunda, na quarta e na sexta, por exemplo, e pratica *jogging* na terça e na quinta, as forças crônicas aplicadas aos membros inferiores podem lesionar os músculos e o tecido conjuntivo e diminuir o desempenho tanto em um programa quanto no

> **Ponto-chave**
>
> Os programas de força devem ser caracterizados pela sobrecarga e progressão adequadas, combinadas com períodos planejados de descanso e de recuperação. Embora os iniciantes possam obter ganhos de desempenho relativamente amplos a partir de um programa de treinamento geral, indivíduos mais experientes em programas de força precisam de exercícios mais avançados a fim de obter ganhos de longo prazo. O excesso de resultados com frequência é a primeira etapa da síndrome do excesso de treinamento, que costuma se caracterizar por uma diminuição no desempenho e por outros efeitos físicos e psicológicos. O descanso e a recuperação adequados entre as sessões de trabalho podem ajudar a evitar essa síndrome.

outro. O excesso de treinamento pode resultar de algum erro de programação, caracterizado por sessões muito freqüentes, sem o intervalo adequado ao descanso e à recuperação. De uma perspectiva prática, é importante considerar a duração de treinamento do indivíduo, assim como todas as atividades de condicionamento físico realizadas com regularidade por ele. A periodização pode ajudar a evitar o excesso de treinamento e promover ganhos de condicionamento muscular de longo prazo. Além disso, aspectos do estilo de vida, como alimentação e hidratação adequadas e boas horas de sono, podem afetar o modo de adaptação ao treinamento.

Sistemas de treinamento de força

Muitos sistemas diferentes de treinamento de força podem ser usados para incrementar o condicionamento muscular. A eficácia de alguns deles tem sido comprovada cientificamente, enquanto outros se baseiam em indícios sem comprovação. A ampla variedade de sistemas ilustra os tipos de programas que podem ser desenvolvidos a partir da manipulação das suas variáveis. Os cinco sistemas mais comuns são: de uma única série, de várias séries, em circuito, pré-exaustão e assistido.

Sistema de uma única série

Esse sistema de treinamento de força é um dos mais antigos e consiste na execução de uma única série com número de repetições predeterminado (por exemplo, 8 a 12) até a fadiga volitiva. Mais recentemente, o método de uma série tem sido chamado de sistema de treinamento de alta intensidade (TAI). Esse método, eficiente em termos de tempo, é popular entre alguns profissionais de condicionamento físico e tem provado ser eficaz para indivíduos sem experiência no treinamento de força ou para pessoas que não treinam há muitos anos (75). Uma vez que as adaptações agudas ao treinamento de força (ou seja, aquelas que ocorrem no período de 6 a 12 semanas) são sobretudo de ordem neuromuscular (70), esse sistema pode ser um método apropriado para principiantes.

Sistema de várias séries

O sistema de várias séries é um método eficaz para incrementar a força e a potência. Esse sistema de treinamento tornou-se popular na década de 1940 e originalmente consistia em 3 séries de 10 repetições, com aumento dos pesos. Vejamos o exemplo do protocolo clássico, usado por Delorme em seu pioneiro trabalho de reabilitação, composto do seguinte modo: a primeira série de 10 repetições era feita com 50% de 10RMs, a segunda, com 75%; e a terceira, com 100% (18). Com o passar dos anos, muitos programas de várias séries, usando diferentes combinações de séries e de repetições, mostraram-se eficazes. O sistema da pirâmide, por exemplo, é aquele em que o peso aumenta de forma progressiva ao longo das séries, de modo que as repetições diminuem cada vez mais (veja a Tabela 12.6). Para alcançar a progressão contínua no programa de treinamento de força, deve-se usar o método de várias séries. No entanto, para reduzir o risco de excesso de treinamento, o total de séries por sessão tem de aumentar gradualmente. Além disso, não é preciso fazer todos os exercícios com o mesmo número de séries.

Tabela 12.6 Exemplo de um sistema de treinamento do tipo pirâmide, com gradação de leve a pesado

Número de séries	Repetições	Intensidade (% 1RM)
1	10	75
2	8	80
3	6	85

Sistema de treinamento em circuito

Esse sistema de treinamento inclui a realização de séries de exercícios de força em um circuito, com um mínimo (cerca de 30 segundos) de descanso entre eles (veja a Figura 12.7). Em geral, se usam pesos moderados (cerca de 60% de 1RM) e são feitas de 10 a 15 repetições em cada estação de exercício. Além de aumentar a força muscular e a *endurance* muscular localizada, o treinamento em circuito também pode melhorar o condicionamento cardiovascular. Porém, no treinamento aeróbio, os ganhos no consumo máximo de oxigênio são muito maiores do que os resultantes do circuito. Aos iniciantes nesse tipo de programa, recomenda-se começar com 1 minuto de descanso entre os exercícios e gradualmente reduzir esse intervalo até alcançar o valor desejado, à medida que o corpo se adapta. Na Figura 12.7, apresentamos um modelo de programa em circuito.

Sistema pré-exaustão

Esse método de treinamento consiste na execução de séries sucessivas de dois exercícios diferentes para um mesmo músculo ou grupo muscular-alvo. Por exemplo: depois de fazer uma série de supino até a fadiga volitiva, o praticante passa, imediatamente, a uma série de voadores com halteres para facilitar o desenvolvimento do peito. Esse tipo de treinamento força o grupo muscular-alvo (por exemplo, o peitoral maior) a trabalhar mais tempo e com maior esforço e, com freqüência, é usado para incrementar a hipertrofia muscular.

Sistema de treinamento assistido

Como o nome indica, esse método de treinamento exige a assistência de uma pessoa que, após várias repetições do exercício realizado até a fadiga volitiva, pode ajudar um pouco o praticante, a fim de que ele consiga completar 3 a 5 repetições adicionais. Uma vez que os músculos são mais fortes no movimento excêntrico do que no concêntrico, às vezes a assistência é desnecessária na fase excêntrica das repetições forçadas. Embora incremente o condicionamento muscular, esse sistema de treinamento avançado não é recomendado para iniciantes, pois, em geral resulta em dores nos músculos, atribuíveis ao apoio em ações musculares excêntricas fortes. Outros sistemas de treinamento também podem resultar em dores musculares, mas, no assistido, a probabilidade é maior.

PRESCRIÇÃO DE EXERCÍCIOS

Intensidade: 40 a 60% de 1RM
Repetições: 10 a 15
Descanso: 30 segundos entre as estações
Estações por circuito: 12 estações de exercícios
Tempo por circuito: 12 minutos
Circuitos por sessão: 1 a 3
Freqüência: 2 a 3 dias/semana
Progressão: aumentar o peso ou diminuir o descanso entre os exercícios
Equipamento: aparelhos com pesos fixos e peso corporal

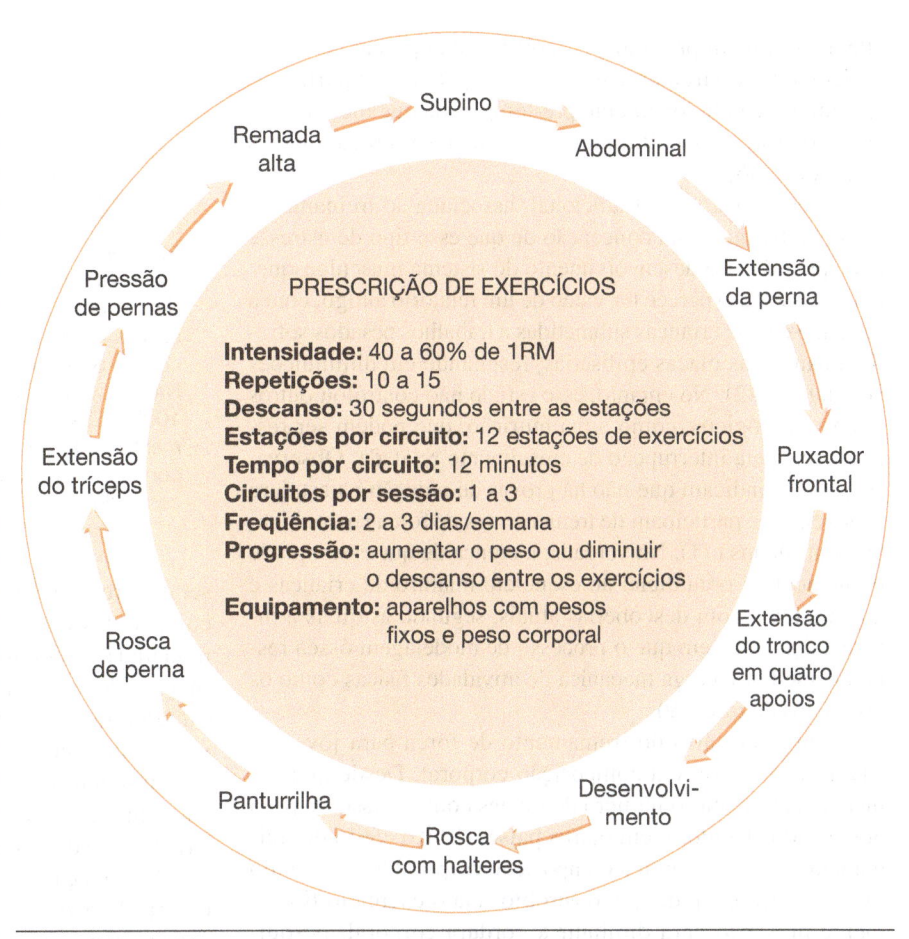

Estações do circuito: Supino → Abdominal → Extensão da perna → Puxador frontal → Extensão do tronco em quatro apoios → Desenvolvimento → Rosca com halteres → Panturrilha → Rosca de perna → Extensão do tríceps → Pressão de pernas → Remada alta → Supino

Figura 12.7 Exemplo de programa para treinamento de força em circuito.
Adaptada, com permissão, de V. H. Heyward, 1991, *Advanced fitness assessment and exercise prescription* (Champaign, IL: Human Kinetics), p. 124.

Treinamento de força para populações especiais

O treinamento de força pode ser um método seguro, eficaz e benéfico para o condicionamento de homens e mulheres de todas as idades e capacidades. Embora a maioria dos pesquisadores dessa área estude adultos treinados, um crescente grupo de evidências indica que crianças, idosos e mulheres grávidas, além de indivíduos com DC, podem participar com segurança, desde que sejam seguidas orientações específicas.

Crianças

Apesar da idéia prévia de que crianças com menos de 13 anos não se beneficiariam do treinamento de força em decorrência dos níveis inadequados de androgênios, pesquisas realizadas ao longo da última década demonstram claramente que garotos e garotas podem obter ganhos com esse tipo de programa. O ACSM (6), a American Academy of Pediatrics (AAP) (1) e a National Strength and Conditioning Association (23) defendem a participação de crianças em treinamentos de força desde que o programa seja elaborado e supervisionado de forma apropriada. Além de aumentar a força muscular e a *endurance* muscular localizada, a participação regular em programas de força pode favorecer vários índices que medem a saúde, incluindo a composição corporal e a densidade mineral óssea (21, 22). Além disso, como muitos aspirantes a

---

Ponto-chave

Diferentes sistemas de treinamento de força podem ser usados para incrementar a força, a potência e a *endurance* muscular local. Qualquer um deles pode ser eficaz, mas a chave é moldá-lo de acordo com as necessidades, os objetivos e as capacidades de cada indivíduo, garantindo êxito a longo prazo. O sistema com pesos afeta as adaptações induzidas pelo treinamento.

atleta entram em programas esportivos mal preparados para as demandas do treinamento e das competições, a participação em um condicionamento pré-temporada que inclua exercícios de força pode diminuir o risco de lesões relacionadas ao esporte (36).

Uma preocupação tradicional, associada ao treinamento de força, baseia-se na concepção de que esse tipo de estresse pode prejudicar o desenvolvimento do sistema musculoesquelético. Esse mito parece ter vindo de um relatório antigo, com a sugestão de que crianças submetidas a trabalhos pesados sofreriam danos nas placas epifisárias, resultando em diminuições de estatura (42). No entanto, esse estudo não controlou outros fatores etiológicos, como a má nutrição, que podem ser responsáveis pela interrupção de crescimento relatada. Observações atuais indicam que não há provas de redução na estatura de jovens que participam de treinamentos de força em ambientes controlados (71). Na verdade, a crença de que esse tipo de treinamento é prejudicial ao esqueleto imaturo de crianças é inconsistente com descobertas atuais, segundo as quais a infância é a época em que o processo de modelagem óssea responde melhor à carga mecânica de atividades físicas como os exercícios de força (9).

Outro corolário do treinamento de força para jovens é sua influência sobre a composição corporal. Desde que começou a aumentar o número de jovens com excesso de peso nos Estados Unidos e em outros países (81), o efeito do treinamento de força sobre a composição corporal tem recebido maior atenção. Ainda que o aeróbio seja o exercício tipicamente prescrito para diminuir a gordura corporal, pesquisadores têm registrado que o treinamento de força pode ser benéfico para tratar crianças acima do peso (74, 79). Parece que os jovens mais gordos gostam de treinamento de força porque esse tipo de programa não exige muito esforço aeróbio e dá a todos, seja qual for o peso corporal, a oportunidade de obter bons resultados e de sentir-se bem em relação ao próprio desempenho. Ainda são necessários outros estudos, mas o primeiro passo para encorajar os jovens a se exercitarem pode ser aumentar sua autoconfiança na capacidade de tornarem-se fisicamente ativos, o que, por sua vez, pode levar ao aumento da atividade física e à diminuição da gordura corporal.

Embora não haja uma idade mínima estipulada para a participação de jovens em programas de treinamento de força, todas as crianças praticantes devem ter maturidade emocional para aceitar e seguir instruções e compreender os benefícios e os riscos associados a esse tipo de treino. Em geral, quando prontas para integrar equipes de esportes, as crianças também estão aptas a realizar algum tipo de treinamento de força. Como ponto de referência, muitos garotos e garotas de 7 e 8 anos têm participado de programas supervisionados com cuidado (24). Talvez alguns observadores fiquem preocupados com o estresse aplicado ao desenvolvimento do sistema musculoesquelético, mas as forças de esportes específicos sobre as articulações infantis podem ser maiores, tanto em duração quanto em magnitude, quando comparadas com as de programas de força de intensidade moderada. Além disso, lesões na placa epifisária ou na cartilagem de crescimento não foram registradas em qualquer estudo prospectivo sobre treinamento de força feito por jovens. Entretanto, os profissionais de condicionamento físico devem seguir orientações de treinamento específicas à idade para diminuir a probabilidade de acidentes ou lesões durante a realização dos exercícios.

As crianças devem começar o treinamento de força em um nível adequado a suas capacidades físicas. Sejam quais forem o tamanho e a força da criança, ela não deve ser submetida a programas e filosofias (por exemplo: "não há ganho sem dor") destinados a adultos. O foco dos programas de forças para jovens deve estar no aprendizado da técnica correta para a série de exercícios proposta. Em cada sessão, os profissionais de condicionamento físico devem ouvir as dúvidas das crianças e monitorar a capacidade de cada uma delas de manejar os pesos prescritos. Diferentes combinações de séries e de repetições e diversos modos de treinamento, que variam desde aparelhos fixos adequados ao tamanho das crianças até exercícios com o peso corporal, têm se mostrado eficazes. De acordo com o ACSM, as crianças devem realizar 8 a 15 repetições de exercícios variados, que utilizem todos os principais grupos musculares (6).

Ao trabalhar com crianças, lembre-se de que o objetivo do programa não deve ficar limitado ao aumento da força muscular. Fornecer-lhes informações sobre o próprio corpo e promover entre elas o interesse duradouro pela atividade física é igualmente importante. Na elaboração de programas para desenvolvimento do treinamento de força para crianças, é importante seguir estas recomendações:

- os pais ou tutores devem preencher o questionário sobre o histórico de saúde de cada criança;
- instrutores qualificados devem supervisionar as atividades físicas de crianças e jovens;

> ### Evidência científica
>
> Programas de exercícios seguros e eficazes são necessários no tratamento de crianças com excesso de peso. Sothern e colaboradores (74) avaliaram os efeitos de um programa de controle de peso multidisciplinar, composto de exercícios de força progressivos e destinado a crianças com excesso de peso e idade entre 7 e 12 anos. O peso e a porcentagem de gordura corporal (GC) reduziram-se de forma significativa após a décima semana de treinamento e não aumentaram com expressividade durante o ano de acompanhamento. Não houve relato de lesões, e a adesão ao programa foi de 100%. Essas descobertas demonstram que esse treinamento pode ser um componente valioso em programas de controle de peso multidisciplinares para crianças com excesso de peso.

- a sala de exercícios deve ser um espaço desobstruído e adequadamente ventilado;
- as crianças devem usar pesos leves ou um bastão de madeira durante o aprendizado de novos exercícios;
- a carga deve ser aumentada apenas quando a criança puder executar o número desejado de repetições com a técnica correta;
- são recomendadas 2 ou 3 sessões alternadas de treinamento por semana;
- o programa de treinamento de força deve incrementar a habilidade motora e o nível de condicionamento.

Idosos

Nos Estados Unidos, é crescente o número de homens e de mulheres acima dos 65 anos, e pesquisas e observações clínicas indicam que eles podem beneficiar-se de treinamentos de força (66, 72, 80, 82). Até mesmo pessoas acima dos 90 anos podem incrementar o condicionamento muscular por meio de programas de força (25). A participação regular em treinamentos desse tipo pode ajudar a retardar declínios de massa óssea e muscular, e também de força, relacionados à idade e a dificuldades na realização de atividades cotidianas, como subir escadas. Os ossos tornam-se mais frágeis com o passar do tempo, pois ocorre um decréscimo do conteúdo mineral ósseo, que resulta no aumento da porosidade (65). A idade avançada também está associada com a perda de massa muscular ou sarcopenia (21), que inclui uma perda proporcional nos dois tipos de fibra – I (de contração lenta) e II (de contração rápida) –, sendo que as do tipo II apresentam maior perda na área da seção transversal. Há indícios de que idosos submetidos a treinamentos de força podem melhorar a força e a potência muscular, a velocidade das passadas e o equilíbrio, o que, por sua vez, incrementa a função geral e reduz o potencial de lesões causadas por quedas (26, 72, 80).

Os idosos podem adaptar-se prontamente aos exercícios do treinamento de força. Quando se usa a intensidade adequada, há possibilidade de ganhos de força relativos, equivalentes ou até maiores do que os observados em jovens. Pesquisas que incluíram tomografia computadorizada e análise da biópsia muscular revelaram indícios de hipertrofia muscular em idosos que treinam força. Outras pesquisas têm registrado que o treinamento de força pode aumentar a taxa metabólica em repouso e a densidade mineral óssea de idosos (5, 53). Embora tanto os exercícios aeróbios quanto os de força sejam importantes para idosos, apenas estes últimos são capazes de aumentar a força e a massa muscular. Esses benefícios potenciais podem ser de particular importância para idosos com maior risco de fraturas por osteoporose. No entanto, os adultos retêm os efeitos benéficos desse treinamento apenas quando persistem no programa de exercícios. Durante longos períodos de inatividade, as mudanças adaptativas nos ossos e na força musculoesquelética retrocedem, voltando aos níveis pré-exercícios (20). Costuma-se chamar esse processo de **princípio da reversibilidade**.

Antes de iniciar um programa de treinamento de força, os idosos devem passar por uma avaliação médica pré-participação, já que muitos deles apresentam uma série de problemas de saúde coexistentes. Além disso, pelo menos na fase inicial do treinamento, os profissionais de condicionamento físico devem fornecer instruções e oferecer assistência sempre que necessário. O ACSM recomenda que os idosos iniciem o treinamento com cargas mínimas, durante as oito primeiras semanas, a fim de permitir adaptações do tecido conjuntivo (6). Enquanto ainda se estudam os efeitos do treinamento de força de alta velocidade e com cargas pesadas (34, 41), o ACSM recomenda o seguinte aos idosos que desejam iniciar esse tipo de programa:

- fazer uma série de 10 a 15 repetições de um grupo de 8 a 10 exercícios;
- manter os padrões de respiração adequados durante o exercício;
- realizar todos os exercícios em uma ADM que não provoque dores;
- fazer os exercícios com controle do *momentum*;
- fazer exercícios multiarticulares (em oposição aos monoarticulares);
- se houver opção, preferir os aparelhos fixos, que geralmente exigem menos habilidade;
- reservar tempo suficiente para ajustar as mudanças de postura e o equilíbrio na hora de passar de um exercício a outro;
- envolver-se no treinamento de força o ano inteiro.

Grávidas

Um número crescente de dados sugere que a prática regular de exercícios durante uma gravidez tranquila oferece poucos riscos à mãe e ao feto e melhora o bem-estar e o condicionamento geral da grávida (3, 17, 64). Na verdade, o exercício feito com regularidade desempenha papel importante na prevenção e no controle do diabete gestacional, associado com a morbidade de curto e longo prazo do bebê e da mãe (19). Se a participação em uma série de atividades físicas parece segura durante e após a gravidez, o treinamento de força, por sua vez, é em particular benéfico, pois aumenta a força muscular, permitindo que a futura mamãe realize as atividades cotidianas com maior facilidade e, possivelmente, com menor risco de dores lombares, comuns nesse período (3, 30). Junto com o exercício aeróbio de intensidade moderada, o programa de força na intensidade, na duração e na freqüência adequadas pode melhorar muito a saúde de mulheres com gravidez complicada.

Os exercícios não são recomendados para todas as mulheres grávidas, muito menos se houver complicações médicas. Portanto, durante a gestação, as mulheres devem passar pela avaliação do médico pessoal ou de outro médico qualificado e perguntar sobre as atividades permitidas. O American

College of Obstetricians and Gynecologists estabeleceu as seguintes contra-indicações absolutas para prática de exercícios durante a gravidez: doença cardíaca hemodinamicamente significativa, doença pulmonar restritiva, cerclagem cervical ou cérvice incompetente, gestação múltipla com risco de parto prematuro, sangramento persistente no segundo ou terceiro trimestre, placenta prévia após 26 semanas de gestação, trabalho de parto prematuro durante a gravidez atual, membranas rompidas e pré-eclâmpsia ou hipertensão induzida pela gravidez (3).

Os dados disponíveis sobre treinamento de força para grávidas são limitados. Neste capítulo, fornecemos orientações gerais para esse tipo de treinamento e, no Capítulo 17, tratamos especificamente das mulheres grávidas. Recomendações gerais de exercícios incluem manter a hidratação adequada, usar roupas apropriadas e exercitar-se a uma intensidade confortável. Além disso, uma vez que a gravidez gera a necessidade de 300 kcal · dia^{-1} adicionais, as grávidas que se exercitam devem ter cuidado especial com a manutenção da quantidade de calorias apropriada e de uma dieta bem balanceada (3, 64).

As seguintes considerações para elaboração de programas foram estabelecidas pelo ACSM e são apropriadas para mulheres grávidas submetidas a treinamentos de força (6):

- evitar permanecer em pé sem se movimentar, pois isso resulta em acúmulo de sangue venoso;
- evitar exercícios balísticos, que podem aumentar a suscetibilidade a lesões;
- praticar padrões de respiração adequados durante o treinamento de força;
- fazer 1 série de 10 a 15 repetições sem fadiga excessiva (taxa de percepção de esforço, TPE, de 11 a 13);
- evitar exercícios na posição supino após o primeiro trimestre;
- aumentar gradualmente o peso, na medida do aumento da força;
- treinar força 2 ou 3 vezes · semana^{-1} em dias consecutivos;
- interromper a prática de exercícios em caso de desconforto ou complicações, como sangramento vaginal, dispnéia antes do esforço, vertigem, dor de cabeça, dor no peito, fraqueza muscular, dores ou inchaço na panturrilha, parto prematuro, movimento fetal reduzido ou vazamento de fluido aminiótico.

Adultos com doença cardíaca

Tradicionalmente, os programas de reabilitação cardíaca têm enfatizado o exercício aeróbio para manter e melhorar o condicionamento cardiorrespiratório. No entanto, a força muscular e a *endurance* muscular localizada também são importantes na preparação do paciente para o retorno ao trabalho e às atividades de lazer (55, 61, 67). Muitas atividades cotidianas, assim como a maioria das tarefas ocupacionais, apresentam demandas ao sistema cardiovascular bastante semelhantes às do exercícios de força. Uma vez que a maioria dos pacientes cardíacos se encontra fora de forma e não possui força nem autoconfiança suficientes para executar atividades comuns que envolvem esforço muscular, incluir o treinamento de força no programa geral de atividade física dessas pessoas gera a oportunidade de recuperar ou de adquirir um ótimo funcionamento fisiológico. O ACSM (6), a AHA (55) e a AACVPR (2) recomendam o treinamento de força como parte de um programa abrangente de reabilitação cardíaca.

Uma pesquisa indicou que pacientes cardíacos medicamente estáveis podem adotar, com segurança, o treinamento de força, desde que o programa seja elaborado e realizado de modo adequado, de acordo com as orientações prescritas (6, 10, 44). A participação regular nesse tipo de treinamento pode afetar favoravelmente a força muscular, a *endurance* muscular localizada, a *endurance* cardiorrespiratória, os fatores de risco cardíacos e o bem-estar psicossocial. Ganhos de força muscular induzidos pelo treinamento também podem reduzir o produto freqüência-pressão, ou duplo produto, e as demandas do miocárdio associadas durante atividades diárias, como carregar compras e cuidar do jardim (55). Em geral, incrementar o condicionamento físico implica melhor qualidade de vida e ajuda pacientes idosos a viver com independência (76).

Antes de começar um programa de treinamento de força, os pacientes devem consultar o médico pessoal para avaliar a saúde e o histórico de saúde. Ainda que muitos pacientes com risco de leve a moderado possam participar desse tipo de treinamento com segurança, a decisão final sobre a conveniência e a segurança para pacientes com baixo nível de condicionamento físico ou disfunção ventricular esquerda grave deve ser tomada de acordo com as características individuais. Em alguns casos, o treinamento de força não é aconselhado ou então deve ser realizado apenas em ambientes supervisionados por médicos. Segundo o ACSM (6), contra-indicações para reabilitações cardíacas no hospital e em casa incluem: angina instável, PA sistólica em repouso > 200 mmHg ou PA diastólica em repouso > 110 mmHg, queda na pressão arterial ortostática de 20 mmHg com sintomas, estenose aórtica crítica, doença sistêmica aguda ou febre, arritimias não-controladas, taquicardia sinusal não-controlada (> 120 batimentos · min^{-1}), insuficiência cardíaca congestiva descompensada, bloqueio AV (atrioventricular) de terceiro grau (sem marca-passo), pericardite ou miocardite ativas, embolia recente, tromboflebite, desnivelamento de segmento ST em repouso (> 2 mm), diabete não-controlada, condições ortopédicas graves e outras condições metabólicas, como tireoidite ou hipocalemia.

Recomendações recentes indicam que a maioria dos pacientes cardíacos pode começar o treinamento de força cinco semanas após uma cirurgia cardíaca minimamente invasiva (MI), desde que participem de um treinamento de *endurance* supervisionado, por quatro semanas, dentro do programa de reabilitação cardíaca (6). Embora os pacientes possam usar tiras elásticas e pesos leves (0,5 a 2 kg) de modo progressivo logo no início da atividade fora do hospital, a participação consistente em um programa de reabilitação cardíaca deve preceder o treinamento de força tradicional, em que os praticantes levantam cargas correspondentes a 50% ou mais de 1RM (6).

A decisão de iniciar o programa de treinamento de força deve basear-se no histórico de saúde do paciente e na aprovação do diretor-médico ou do médico pessoal do participante. As orientações para elaboração de programas para pacientes cardíacos são as mesmas destinadas a idosos. A saber: os pacientes devem iniciar com um peso leve e progredir gradualmente, à medida que se adaptam ao treinamento. Às vezes, pacientes em recuperação de uma cirurgia de revascularização arteriocoronariana precisam evitar exercícios que causam tração do esterno nos três primeiros meses após a cirurgia (55).

Ponto-chave

O treinamento de força pode ser um componente seguro e benéfico de programas de condicionamento físico abrangentes destinados a pessoas de todas as idades e a pacientes com problemas de saúde, desde que sejam seguidas as orientações apropriadas e fornecidas instruções pertinentes. Apesar de preocupações anteriores, crianças, idosos, grávidas e pacientes com doenças cardíacas podem beneficiar-se da participação em programas de treinamento de força bem elaborados. Primeiro, os indivíduos devem passar por uma avaliação cuidadosa em busca de contra-indicações a esse tipo de treinamento; a decisão final fica a cargo de um profissional de saúde qualificado.

Considerações para a elaboração de programas destinados a pacientes cardíacos

- Procurar um médico para avaliar o histórico e a situação atual de saúde.
- Começar com pesos leves, enfatizando movimentos leves e controlados.
- Executar 1 série de 10 a 15 repetições, até a fadiga moderada, para cada um dos 8 a 10 exercícios.
- Manter o esforço percebido entre 11 e 13 da TPE.
- Treinar 2 a 3 vezes por semana, em dias alternados.
- Evitar a extenuação e a manobra de Valsalva.
- Evitar segurar o peso ou a barra com força demais para não gerar uma resposta excessiva da PA.
- Interromper o exercício quando houver qualquer sinal ou sintoma suspeito, como vertigem, falta de fôlego anormal ou dor no peito.

Estudos de caso

Confira as respostas no Apêndice A.

1. Na academia, um dos alunos (30 anos) treina com pesos há quatro meses e registrou ganhos de força significativos. Ele faz 1 série de 12 a 15 repetições em 8 aparelhos fixos, duas vezes por semana. No entanto, nas últimas seis semanas, esse aluno notou que não tem obtido os ganhos de força do início do programa. Uma vez que o objetivo dele é ficar mais forte, como você poderia modificar o treinamento para otimizar os ganhos de força muscular a longo prazo?
2. Para oferecer uma nova atividade aos clientes, a diretora de uma clínica médica para idosos o procura e pede orientações e recomendações. Além do programa de caminhada, já em andamento, ela quer que você desenvolva um plano de treinamento de força que, além de aumentar o condicionamento muscular, seja seguro e agradável para homens e mulheres acima de 65 anos e sem experiência com esse tipo de exercício. A clínica não possui aparelhos fixos, mas dispõe de vários pares de halteres leves (0,5 a 2 kg) e tiras elásticas. Comente as considerações de elaboração de programas para idosos e descreva um plano de treinamento de força específico, usando os halteres, as tiras elásticas ou outros itens disponíveis na clínica que possam servir como carga leve.

APÊNDICE

Seleção de exercícios de treinamento de força para os principais grupos musculares

Pressão de pernas

Principais músculos acionados: quadríceps, glúteo máximo.
Técnica de exercício: o praticante posiciona-se com os joelhos flexionados a 90° e os pés apoiados na base, separados por uma distância equivalente à dos ombros. O tronco fica ereto, e as costas, apoiadas no encosto do banco. O movimento consiste em estender as pernas quase por completo (sem travar os joelhos) e retornar lentamente à posição inicial.

Rosca de perna

Principal músculo acionado: isquiotibiais.
Técnica de exercício: o praticante fica de frente para o aparelho, com um dos tornozelos encaixado na almofada e as mãos apoiadas nas alças, a fim de estabilizar o corpo. O movimento consiste em dobrar o joelho para levantar o peso e retornar lentamente à posição inicial. Não use o *momentum* para completar o levantamento. Depois de fazer as repetições desejadas, passe à outra perna.

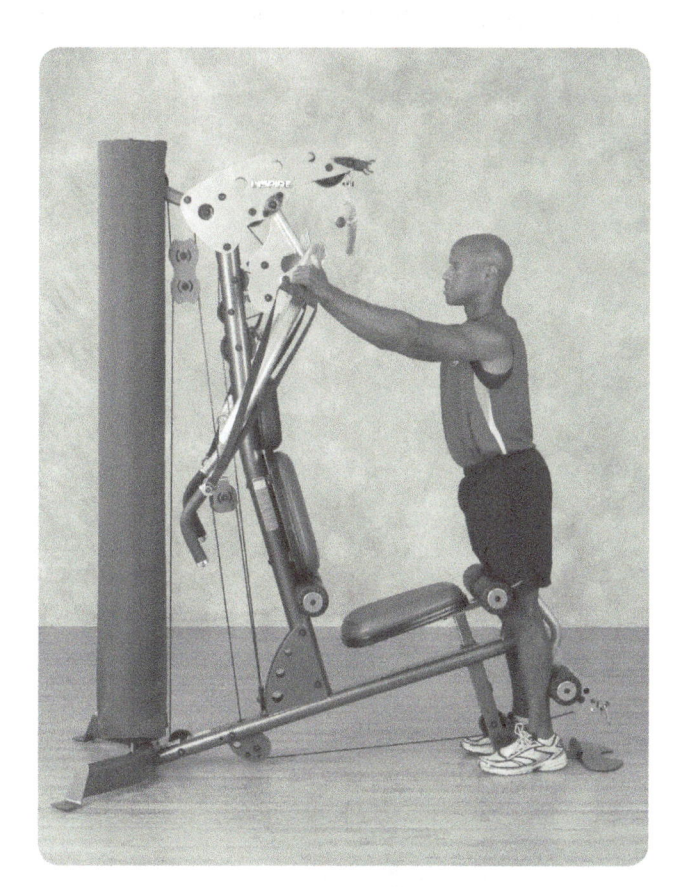

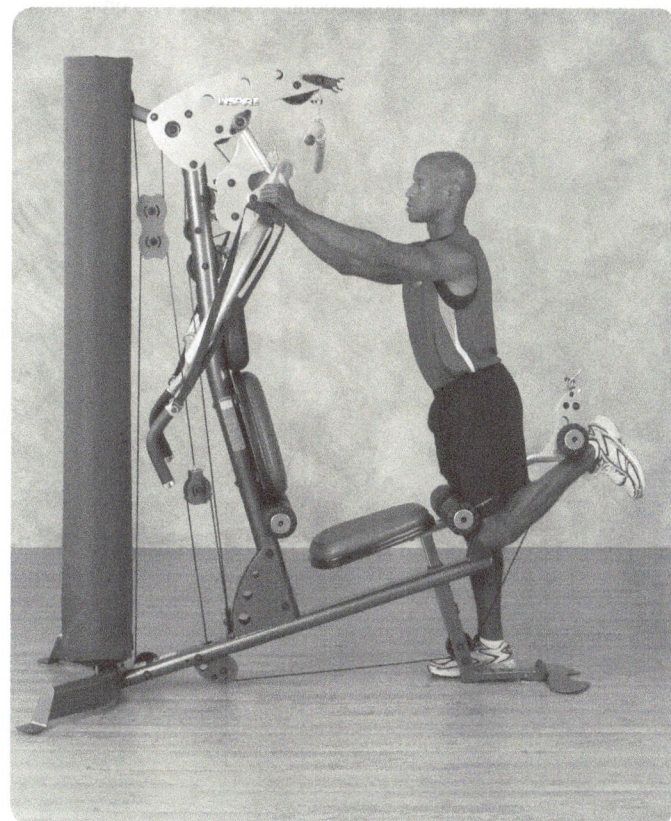

Panturrilha com haltere

Principais músculos acionados: gastrocnêmio e sóleo.

Técnica de exercício: o praticante fica em pé, com a mão esquerda apoiada na parede para manter o equilíbrio, o braço direito estendido ao lado do corpo e a mão direita segurando o haltere. O movimento consiste em tirar o calcanhar direito do chão, levantando-o o máximo possível, e abaixá-lo lentamente até a posição inicial. Esse exercício deve ser feito dos dois lados do corpo. É importante concentrar-se na manutenção do tronco ereto e dos joelhos estendidos para evitar o envolvimento da outra perna. A fim de aumentar a ADM, pode-se usar um tablado de 2,5 a 5 cm sob a ponta do pé que realiza o movimento. Se essa versão for muito difícil, o praticante pode apoiar os dois pés no chão ou no tablado.

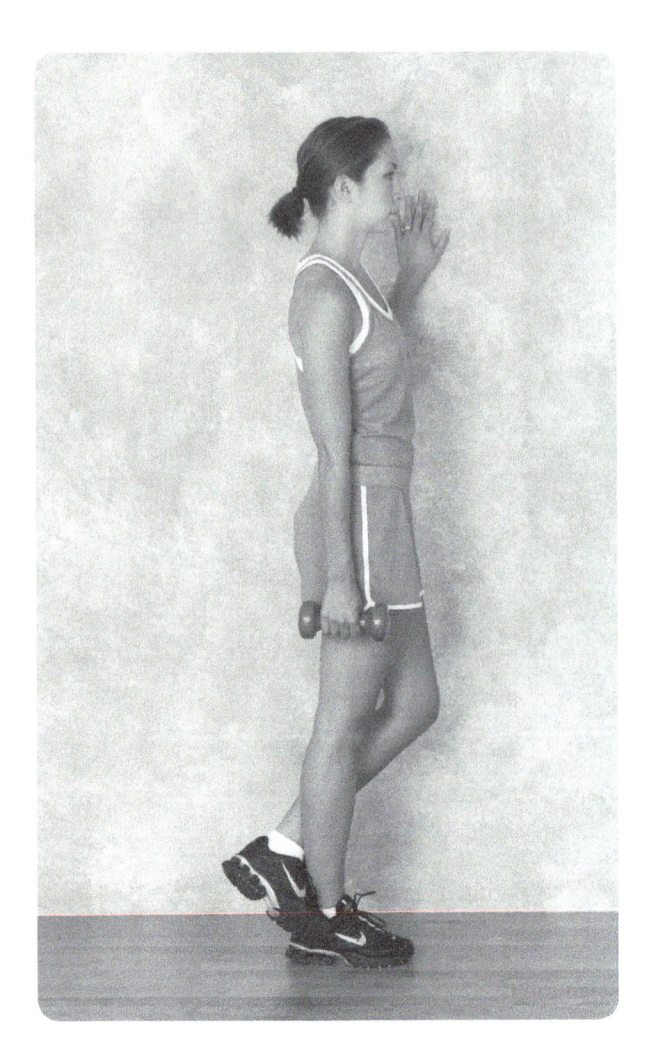

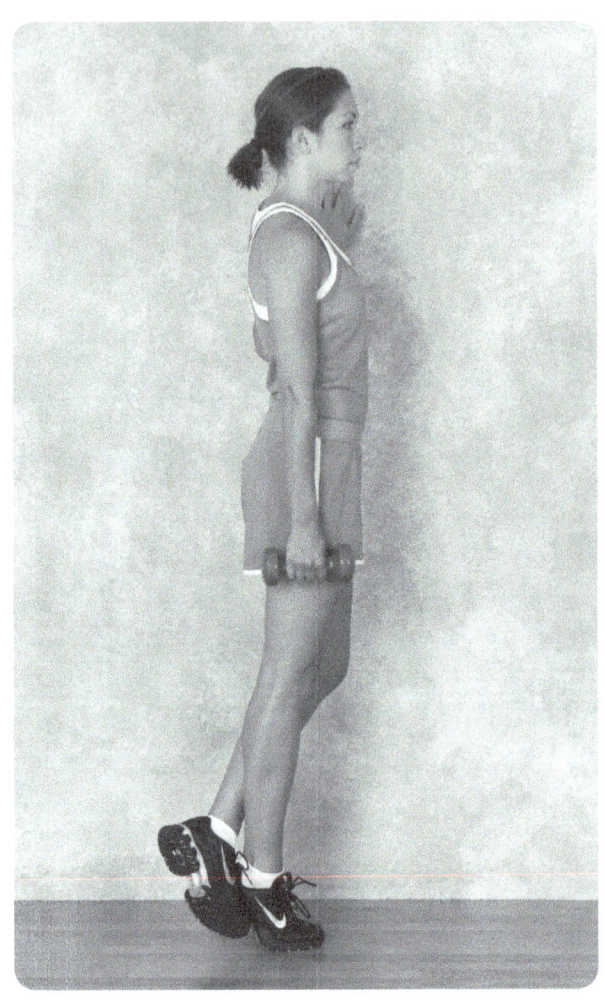

Supino

Principais músculos acionados: peitoral maior, deltóide anterior e tríceps.
Técnica de exercício: o praticante deita-se no banco, segura a barra diretamente acima do peito, com uma pegada larga, mantendo as mãos separadas a uma distância maior do que a dos ombros, os braços estendidos e os pés apoiados no chão. O movimento consiste em abaixar devagar a barra até o peito e depois empurrá-la de volta à posição inicial. A barra não pode encostar no peito, e um assistente deve acompanhar o exercício a fim de evitar problemas.

Puxada frontal

Principais músculos acionados: grande dorsal, bíceps.
Técnica de exercício: o praticante senta-se no banco, mantendo os braços estendidos, os joelhos sob a almofada do aparelho e as mãos na barra (as palmas voltadas para o rosto), com uma pegada da largura dos ombros. O movimento consiste em, depois de inclinar o tronco ligeiramente para trás, puxar a barra um pouco abaixo do queixo e retornar devagar até estender os braços. O tronco deve ficar inclinado todo o tempo para evitar que a barra atinja o corpo.

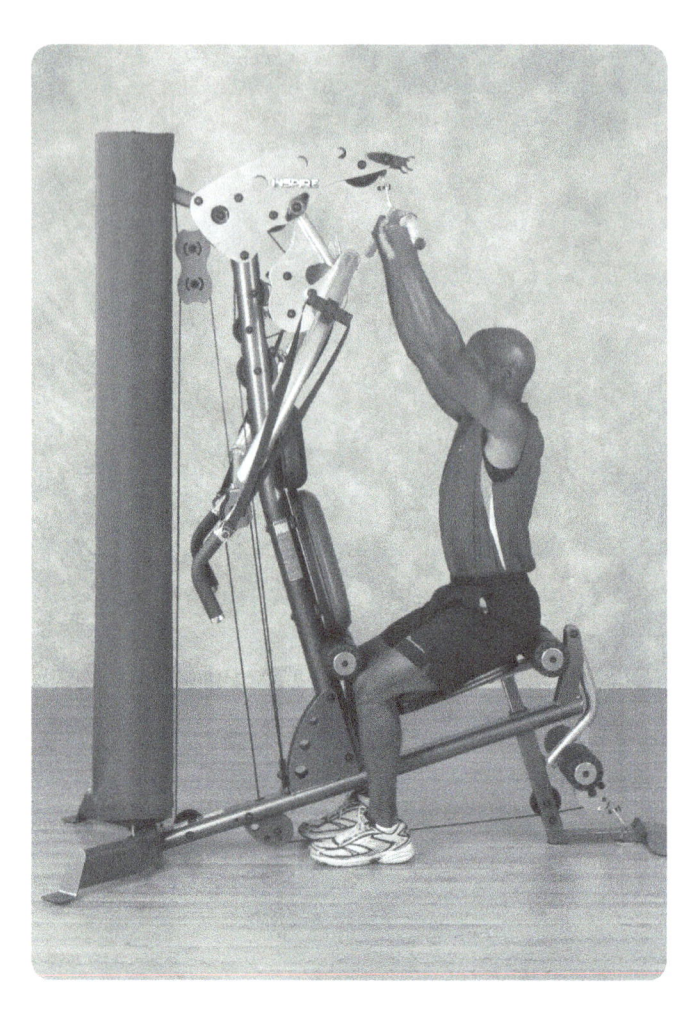

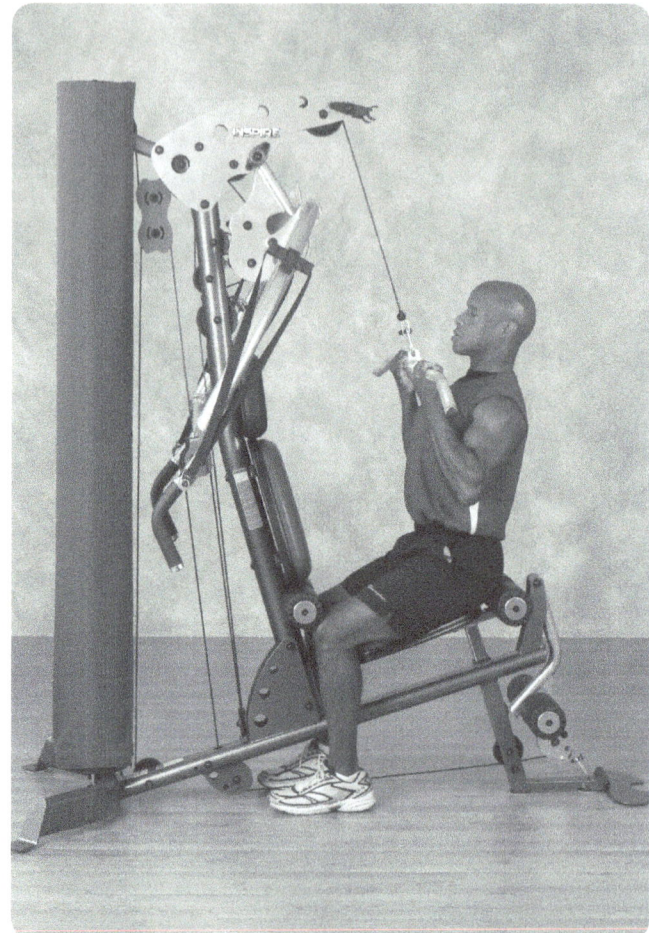

Desenvolvimento com halteres

Principais músculos acionados: deltóides, tríceps.
Técnica de exercício: o praticante fica em pé, com um haltere em cada mão, as duas mãos levantadas até a altura do ombro, e as palmas viradas para fora. O movimento consiste em empurrar os halteres acima da cabeça até estender completamente os braços e depois voltar devagar à posição inicial. Não se deve inclinar nem balançar o corpo para conseguir completar a repetição.

Rosca de braço

Principal músculo acionado: bíceps.
Técnica de exercício: o praticante fica em pé, com um haltere em cada mão (as palmas voltadas para o rosto) e os braços nas laterais do corpo. O movimento consiste em dobrar os cotovelos, levando os halteres até os ombros e, depois, retornar devagar à posição inicial. Não se deve curvar nem balançar as costas para conseguir completar a repetição.

Extensão do tríceps deitado

Principal músculo acionado: tríceps.
Técnica de exercício: o praticante deita-se no banco de exercício, segurando um haltere em cada mão, com os braços estendidos e as palmas voltadas uma para a outra. O movimento consiste em dobrar os cotovelos e abaixar os halteres, passando pelas laterais da cabeça, e retornar devagar à posição inicial. Não se deve oscilar os braços para conseguir completar a repetição.

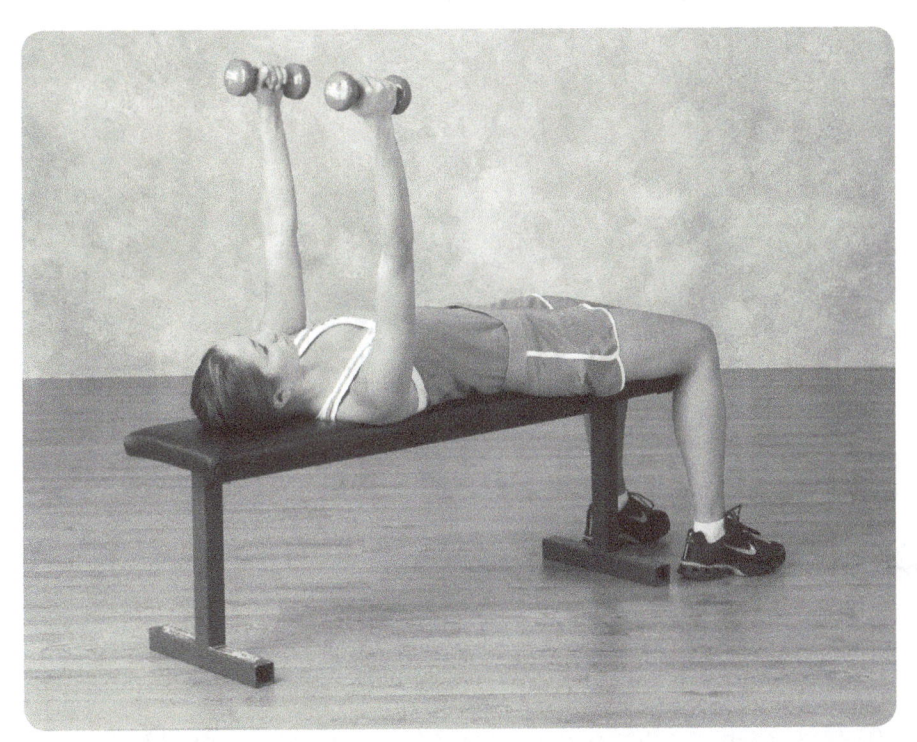

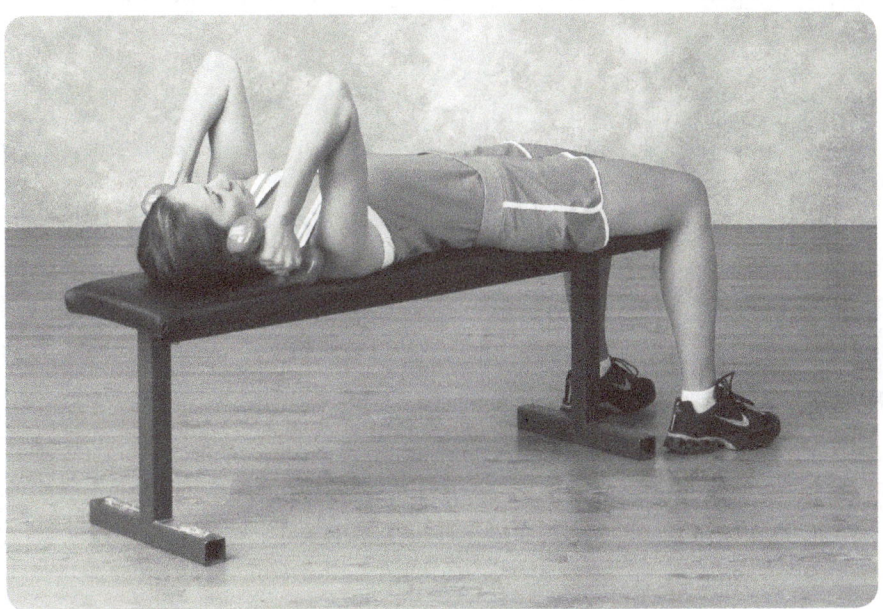

Extensão do tronco em quatro apoios

Principal músculo acionado: eretor da espinha.

Técnica de exercício: o praticante ajoelha-se no chão e sustenta o corpo em quatro apoios – as mãos e os joelhos. O movimento consiste em estender a perna direita para trás até que ela fique paralela ao solo, pausar brevemente e retornar à posição inicial. Depois, faz-se o mesmo com a perna esquerda. Para aumentar a dificuldade do exercício, pode-se levantar o braço esquerdo em posição paralela ao solo ao mesmo tempo em que se estende a perna direita (e vice-versa).

Abdominal

Principal músculo acionado: reto abdominal.
Técnica de exercício: o praticante deita-se de costas no chão, com os joelhos flexionados, os pés afastados das nádegas uns 30,5 a 38 cm, e as mãos sobre as coxas (ou cruzadas no peito). O movimento consiste em levantar os ombros e a parte superior das costas do colchonete (cerca de 30 a 45°), mantendo o queixo elevado e escorregando as mãos até os joelhos, pausar brevemente e retornar à posição inicial. Se optar por colocar as mãos atrás da cabeça, o praticante deve ficar atento para não empurrar a cabeça para a frente.

CAPÍTULO 13

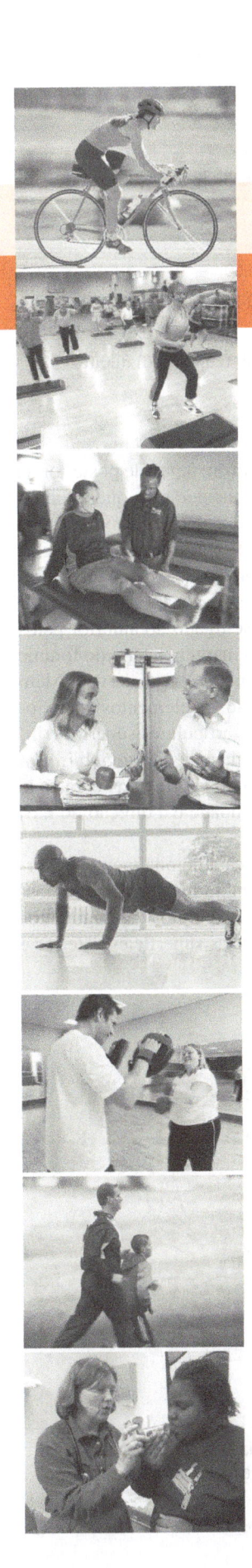

Prescrição de Exercícios para Flexibilidade e Função Lombar

Wendell Liemohn

Objetivos

O leitor será capaz de:

1. Descrever os segmentos motores e os pontos de absorção de impacto da coluna e explicar o papel das facetas articulares.
2. Distinguir entre as curvas funcional e estrutural da coluna e descrever as limitações que cada uma pode impor aos programas de exercícios.
3. Explicar por que é importante que os músculos do tronco sejam capazes de controlar o posicionamento pélvico.
4. Distinguir os problemas lombares tipicamente vistos em adultos daqueles observados em jovens.

(continua)

Objetivos *(continuação)*

5. Descrever como as limitações anatômicas da ADM devem ser consideradas na prescrição de exercícios de amplitude máxima.
6. Identificar os componentes da estabilidade abdominolombar.
7. Explicar como os músculos do tronco trabalham em conjunto, semelhantes a um colete dinâmico.
8. Descrever os exercícios que aumentam a força e a *endurance* dos músculos, fundamentais para o desenvolvimento da estabilidade abdominolombar.
9. Explicar as diferenças entre as demandas da estabilidade abdominolombar de um escriturário e as de um atleta competitivo.

Nos Estados Unidos, as dores lombares (DLs) são uma das queixas mais comuns entre os adultos; elas são responsáveis por mais horas de dispensa do trabalho do que qualquer outra lesão ocupacional. Além disso, consistem na causa mais freqüente de limitação de atividades de pessoas com idade inferior a 45 anos. Este capítulo inicia com a revisão de alguns aspectos anatômicos e biomecânicos do tronco e da coluna. Em seguida, exploramos as dores lombares observadas em adultos vs. as apresentadas por jovens. Discutimos, também, possíveis estresses sofridos pela coluna e como eles podem produzir sintomas relacionados às dores lombares. Incluímos, ainda, uma discussão sobre a estabilidade abdominolombar. A última seção descreve exercícios que podem melhorar a função lombar.

Anatomia da coluna

A coluna é abordada nas Figuras 27.2 e 27.9. Em nossa discussão sobre as DLs, enfatizamos as cinco vértebras lombares empilhadas sobre o sacro, que é também a parede posterior da pelve. Quando falamos em DLs, consideramos que a unidade fundamental da coluna lombar é o **segmento motor**, que é formado por duas vértebras e o **disco** interposto entre elas (Figura 13.1). Os corpos das vértebras mais o disco interposto às vezes são chamados de *aspecto anterior* do segmento motor. O aspecto posterior encontra-se ligado ao anterior pelos pedículos; estes últimos fornecem a margem lateral do forame (galeria vertical) para a medula espinal e seus nervos. Além dos processos transverso e espinhoso, os elementos posteriores das vértebras incluem processos articulares superior e inferior; cada uma de suas junções é chamada de *zigapofisária*, ou **faceta articular**. Elas auxiliam no suporte das cargas da coluna e também controlam a quantidade e a direção do movimento vertebral.

Uma série de ligamentos reforça adicionalmente as vértebras da coluna. Os ligamentos longitudinais anterior e posterior fornecem estabilidade à porção anterior dos segmentos motores; eles percorrem a coluna pelas superfícies anterior e

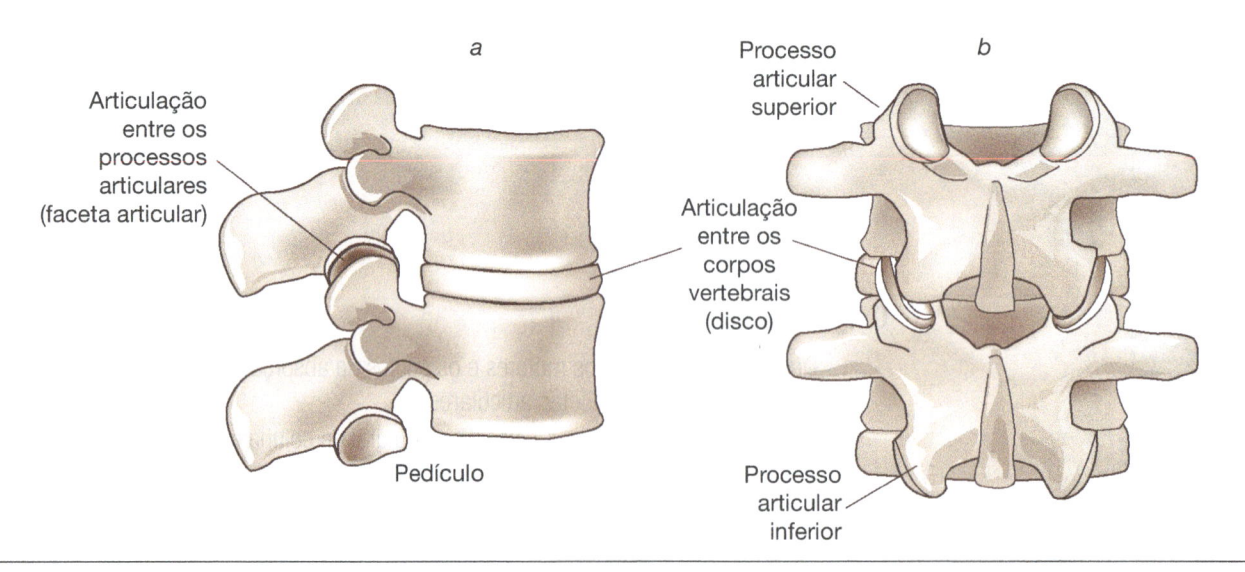

Figura 13.1 Segmento motor vertebral lombar. Note como as facetas articulares (ou seja, a junção dos processos articulares superior e inferior) ficam posicionadas para fornecer estabilidade e controlar a quantidade e a direção do movimento. Os nervos dos plexos lombar e sacral saem da medula espinal, de entre os pedículos.

Adaptada de W. Liemohn, 2001, *Exercise prescription and the back* (New York, NY: McGraw-Hill), p. 8, com permissão de The McGraw-Hill Companies.

posterior dos corpos das vértebras, assim como dos discos intervertebrais. Os ligamentos que apóiam o aspecto posterior do segmento motor incluem o ligamento amarelo, que se localiza logo atrás da medula espinal e serve como sua fronteira posterior. Também como reforço do aspecto posterior dos segmentos motores estão os ligamentos capsulares das facetas articulares, que estendem as articulações sinoviais formadas pelos processos superior e inferior, entre cada par vertebral. Os aspectos posteriores de cada segmento motor são reforçados ainda pelos ligamentos interespinhosos e supra-espinhosos, ligados aos processos espinhosos. Todos esses ligamentos possuem receptores de dor. Portanto, a distensão de qualquer um deles pode sinalizar um problema potencial nas costas.

Os discos permitem que as vértebras sejam mais móveis (Figura 13.2). Cada disco intervertebral consiste em um núcleo disposto centralmente (núcleo pulposo), cercado por uma bainha de fibras de tecido conjuntivo (anel fibroso, na região periférica, e placas vertebrais terminais superior e inferior). O disco é uma espécie de "sonho" recheado com creme (ou seja, o núcleo central é o recheio de creme e o anel fibroso periférico mais as placas correspondem à massa). Os discos intervertebrais agem como espaçadores e amortecedores de impacto; quando forças compressoras forçam a coluna (por exemplo, no momento em que carregamos algo pesado), o núcleo do disco exerce pressão em todas as direções para ajudar a absorver essas forças. A absorção também pode ser transferida do núcleo pulposo para as trabéculas das vértebras adjacentes, passando pelas placas vertebrais terminais.

Na lombar, o disco mais vulnerável a lesões fica entre a quinta vértebra lombar e o sacro (o LV-SI). Sua carga é maior do que a de qualquer outro disco. O segundo na lista dos discos da lombar lesionados com mais freqüência é o que se situa entre LIV e LV.[1] Exceto em sua periferia, os discos não possuem receptores de dor. Porém, se o núcleo de um disco extravasar além dos limites normais, os receptores de dor periféricos serão acionados. (Os receptores de dor dos ligamentos da coluna também podem informar rapidamente ao corpo quando há algo errado em um ligamento ou em um disco adjacente danificado, que excede suas fronteiras habituais.) Quando um disco se encontra lesionado ou doente, sua capacidade de suportar o estresse é afetada de forma adversa, e o segmento motor ao qual ele pertence pode tornar-se instável.

O disco é avascular (ou seja, não possui suprimento de sangue), e sua nutrição é feita pela movimentação da coluna (o movimento possibilita que o disco absorva nutrientes pelas placas vertebrais terminais). Longos períodos de repouso na cama e o ato de fumar diminuem a nutrição do disco (2). No entanto, quando dormimos, os discos ficam embebidos em fluido e, na verdade, se tornam mais firmes do que estavam no final do dia. Por essa razão, lesões nas costas costumam ocorrer pela manhã, quando os discos, mais cheios, restringem o movimento. Desse modo, aquecimentos lentos antes de um trabalho ou de exercícios extenuantes são especialmente importantes pela manhã ou quando a pessoa acorda.

As curvaturas da coluna, vistas na posição lateral, são descritas como **lordóticas**, quando côncavas, e **cifóticas**, quando convexas. As curvas cervical e lombar normalmente são lordóticas, e a curva torácica é cifótica. Exageros nessas curvas são indesejáveis. Uma maior inclinação pélvica anterior (ou para a frente), por exemplo, aumenta a curva lordótica na área lombar. Essa postura aumenta os estresses sobre os ligamentos, os discos, as vértebras e a musculatura da coluna. Uma curva lordótica lombar pequena é natural e, junto com a lordose cervical e a cifose torácica, ajuda os discos a amortece-

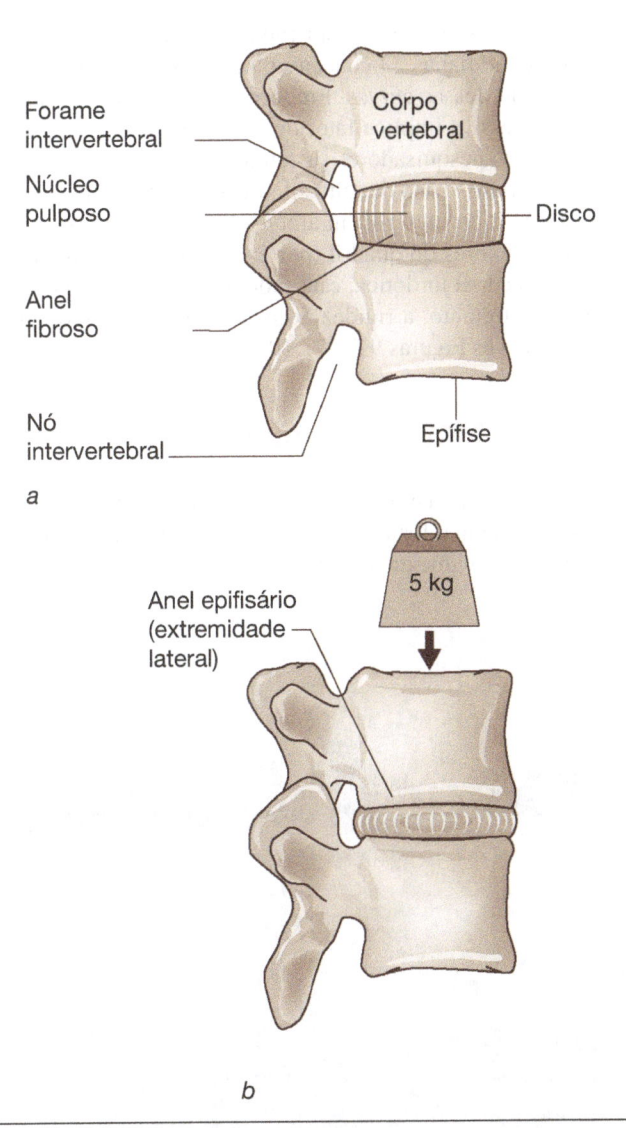

Figura 13.2 Os discos fornecem flexibilidade e agem como amortecedores de impacto. (*a*) Em adultos, a maioria dos problemas lombares começa no disco. (*b*) Quando se acrescenta peso (nesse caso, perpendicular ao disco), a força é absorvida em todas as direções; no entanto, se a força externa for aplicada de modo oblíquo, a pressão sobre o disco fica distante da direção dessa força.

Adaptada de W. Liemohn, 2001, *Exercise prescription and the back* (New York, NY: McGraw-Hill).

---

[1] A patologia dos discos também ocorre na coluna cervical. A má postura pode contribuir para essa condição. No entanto, na disfunção cervical, o segmento motor do pescoço correspondente ao plexo braquial é o local do problema.

Ponto-chave

A unidade fundamental da coluna é o segmento motor, que é formado por duas vértebras e o disco interposto entre elas. Os discos absorvem o impacto aplicado sobre a coluna vertebral, exercendo pressão em todas as direções. A maioria dos problemas nas costas começa no disco; com mais freqüência, o disco lesionado é aquele entre LV e SI. Curvaturas naturais da coluna ajudam os discos a amortecer as forças compressoras. Embora as facetas articulares ajudem no suporte de cargas, uma das suas principais funções consiste em controlar a quantidade e a direção do movimento da coluna, como visto na rotação.

rem as forças compressoras aplicadas sobre a coluna durante atividades cotidianas. O conceito da coluna neutra baseia-se no equilíbrio dessas curvas. Embora alguns acreditem que a lordose excessiva implica fator de risco de dores nas costas, nem todos os pesquisadores sustentam isso. Fatores como o excesso de peso, o uso de salto alto ou a falta de alongamento ou de força muscular podem afetar o grau da lordose. A rigidez dos flexores do quadril (por exemplo, dos psoas) pode aumentar a curva lordótica, causando uma inclinação pélvica anterior. Entretanto, a rigidez no isquiotibial pode reduzir a lordose (veja as Figuras 9.5 e 27.10).

Movimento da coluna

O Capítulo 9 fornece uma visão geral das restrições de movimento da coluna. Esta seção discute a flexão, a curvatura, a extensão e o movimento lateral.

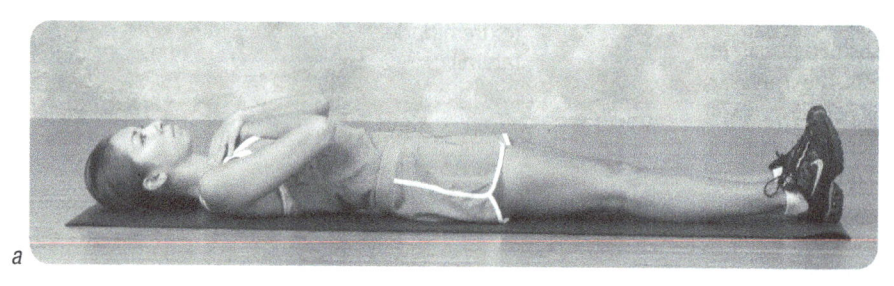

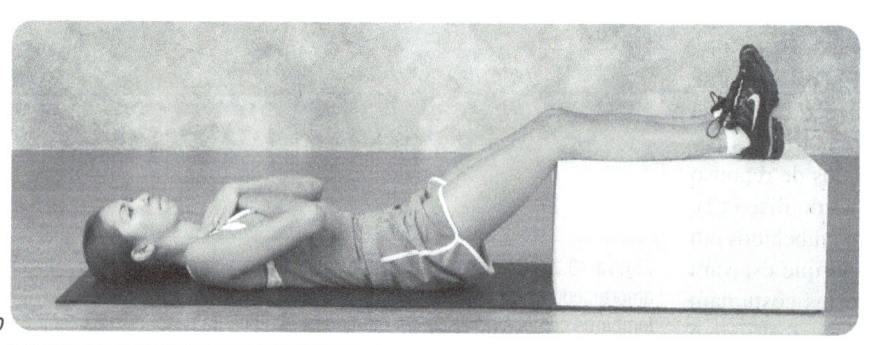

Figura 13.3 (*a*) Quando ficamos na posição supino, a tração nos músculos psoas pode produzir uma curva lordótica exagerada. (*b*) Quando as pernas ficam elevadas e apoiadas, os psoas relaxam, e a curva lordótica funcional nivela-se. No entanto, se a lordose for uma curva estrutural, o que vemos em (*a*) veremos também em (*b*), ainda que não haja tensão muscular.

Flexão

Os movimentos de flexão vistos em exercícios abdominais são discutidos no Capítulo 27. Nesses exercícios, cada vértebra lombar faz a rotação a partir da posição inclinada para trás até a posição neutra ou até o **final da ADM** (ou seja, com a lombar ereta). Quando a lombar atinge a posição ereta, não é mais possível flexionar a coluna (veja a Figura 9.3). Se o movimento do abdominal continuar até o indivíduo ficar completamente sentado, essa parte adicional será de responsabilidade da articulação do quadril. Assim, os músculos que cruzam essa articulação (ou seja, os psoas e o ilíaco) são os principais acionados quando os músculos abdominais se contraem estaticamente. Os problemas desse tipo de movimento são discutidos mais adiante, neste capítulo.

Curvas funcionais e estruturais da coluna

As curvas da coluna são chamadas de **funcionais** se desaparecem quando o indivíduo assume uma postura que elimina a força responsável por elas. A Figura 13.3 mostra como a posição das pernas afeta a tração da musculatura dos psoas na lombar (Figura 13.3*a*). Quando os psoas pareados se encontram relaxados (Figura 13.3*b*), a curva lordótica é reduzida. No entanto, os flexores do quadril, habitualmente rígidos, provocam uma inclinação anterior da pelve e, assim, reduzem a ADM na articulação do quadril. Nesse caso, a curva funcional pode tornar-se **estrutural**.

Não é fácil endireitar uma curva estrutural; esse tipo de curva pode resultar de uma postura incorreta mantida por vários anos. Se a moça da Figura 13.3, por exemplo, tivesse uma lordose lombar estrutural, a curva lordótica seria mantida também no momento em que as pernas estão elevadas e apoiadas.

Com lordose lombar estrutural, a pessoa sente extrema dificuldade ao executar abdominais com as pernas elevadas em conseqüência da falta de mobilidade na **área lombossacral**. Embora consiga realizar abdominais com elevação completa, mantendo as pernas estendidas no chão e usando os flexores do quadril, esse movimento pode exacerbar o problema. O melhor, nesse caso, seria que o profissional de condicionamento físico indicasse um substituto para o abdominal, como a contração isométrica.

Extensão

Como discutido no Capítulo 9, na maioria das atividades diárias, posturas e movimentos de extensão da coluna não são usados com tanta freqüência quanto os de flexão. Por isso, não deve causar surpresa a observação de que a pessoa, à medida que envelhece, sofre mais perda na ADM da extensão do que na da flexão. Indivíduos que passam muitas horas do dia sentados em frente ao computador, por exemplo, costumam assumir uma postura de ombros curvados na maior parte do tempo. Essa má postura contínua (veja a Figura 9.1) pode gerar aumento da cifose torácica, ombros arqueados e redução da curva lombar. Se essa pessoa não alongar a coluna nem desarquear os ombros periodicamente, a capacidade de realizar esses movimentos poderá reduzir-se, e a má postura, então, será transformada em estrutural. Em geral, as posturas sentadas são mais estressantes para a coluna do que as em pé, porque a curva lordótica é normalmente diminuída; nesse caso, pode acontecer de os indivíduos se apoiarem nos ligamentos (ou seja, nos ligamentos posteriores da coluna lombar) ou usarem a musculatura das costas para manter a postura. Outro fator consiste em que a maioria das pessoas fica muito mais tempo sentada, seja no escritório, em casa ou no carro, do que em pé. O resultado final são maiores forças compressoras aplicadas aos discos intervertebrais quando a curva lombar não é mantida. A postura encurvada, mostrada na Figura 9.1, é um exemplo de manutenção do final da ADM. Manter esse ponto da amplitude do movimento pode causar o estiramento dos ligamentos e aumentar as forças compressoras aplicadas aos discos intervertebrais. É muito mais desejável manter a coluna na posição neutra (por exemplo, a meio caminho entre a flexão e a extensão máximas).

Flexão lateral e rotação

Uma vez que o estresse mais violento aplicado aos discos ocorre em movimentos que combinam inclinação e rotação, exercícios com essas características sempre devem ser feitos sob controle muscular. Em outras palavras, os exercícios que envolvem movimentação intervertebral não devem ser balísticos (por exemplo, aqueles em que o *momentum* desempenha o papel principal). Se o movimento resulta mais do *momentum* do que do controle muscular, o final da ADM normal pode ser excedido, e as estruturas do tecido conjuntivo, como os ligamentos ou os discos da coluna, podem sofrer danos.

Curvaturas laterais

Quando a coluna é observada por trás, o ideal seria ver uma linha vertical reta. No entanto, pequenos desvios laterais são prevalentes e podem estar relacionados a algo tão trivial quanto a dominância de uma das mãos. O exercício terapêutico, por si só, não é muito eficaz na correção de curvas laterais graves (por exemplo, escoliose). Além disso, a prescrição inapropriada de exercícios pode piorar a condição escoliótica. Em conseqüência, é imperativo que os profissionais de condicionamento físico se aconselhem com um fisioterapeuta, fisiatra, cirurgião ortopédico ou algum outro profissional dessa área antes de prescrever exercícios destinados a tentar corrigir uma curva escoliótica.

> **Ponto-chave**
>
> As curvas funcionais podem ser removidas quando se assume uma postura capaz de reduzir a força que as causou. Geralmente, as curvas estruturais se desenvolvem ao longo de vários anos e não são de fácil remoção.

Para jovens com escoliose, o uso de um imobilizador é o principal recurso da terapia não-cirúrgica. No entanto, uma vez que o imobilizador nem sempre é eficaz, e raramente é eficaz para adultos, dispositivos de fixação interna podem ser implantados de forma cirúrgica (5). O programa de exercícios para pacientes com escoliose e o imobilizador externo ou a fixação interna teriam de incorporar as limitações que cada um deles impõe à ADM e à mobilidade geral. É imprescindível que o profissional de condicionamento físico ouça a opinião de um médico qualificado antes de prescrever exercícios para pessoas com escoliose.

Mecânica da coluna e da articulação do quadril

Para essa discussão, consulte as Figuras 9.3, 9.5 e 27.9. Como mostrado na Figura 9.5, os músculos que cruzam a articulação do quadril podem ser vistos como arames de sustentação da pelve; se qualquer um deles estiver muito rígido, a musculatura abdominal terá dificuldades em controlar o posicionamento pélvico. Na Figura 9.5, o indivíduo apresenta uma boa postura neutra da coluna, em que as curvas convexas nas áreas torácica e sacral são equilibradas pelas curvas côncavas nas áreas cervical e lombar. O gasto energético é mínimo, pois os segmentos estão em equilíbrio. Se as curvas convexas e côncavas não estivessem em equilíbrio, ele teria de contrair mais os músculos, apoiando-se nos ligamentos (por exemplo, se a cabeça estivesse inclinada para a frente).

Uma vez que o sacro (na pelve) é a base das 24 vértebras empilhadas sobre ele, o posicionamento pélvico é importante para a integridade da coluna. A rigidez no isquiotibial pode afetar gravemente a capacidade da pelve de inclinar-se na posição anterior, diminuindo, assim, a ADM pélvica. Se em seguida o corpo for submetido a um estresse não-planejado (por exemplo, quando a pessoa pisa em um buraco ou escorrega no gelo), as partes corporais são obrigadas a ceder à força resultante. Quando o isquiotibial não é capaz de ceder, às vezes as estruturas do tecido conjuntivo da coluna têm de absorver o

> **Ponto-chave**
>
> A pelve serve de base para a coluna; portanto, a habilidade dos músculos do tronco de controlar o posicionamento pélvico é essencial para a manutenção da coluna neutra e de costas saudáveis. Se os flexores ou os extensores do quadril estiverem muito rígidos, a postura pode ficar comprometida.

estresse. Se houver um rompimento ou outro dano a ligamentos ou a discos da coluna, ou então a ambos, terá sido dado o primeiro passo em direção a problemas lombares agudos. Uma banda IT (iliotibial) encurtada ou um piriforme rígido também podem criar problemas. No entanto, há argumentos de que a síndrome do piriforme costuma ser causada por outra patologia (25). Discussões mais profundas sobre estresses biomecânicos aplicados à coluna encontram-se em outros textos (1, 4, 10, 15, 20, 21, 23-25).

Dor lombar: lesão causada por movimentos repetitivos

Embora alguns indivíduos indiquem um movimento específico como potencial causador do problema lombar, geralmente ele não é o causador do problema. A analogia com a palha que quebra as costas do camelo é o que melhor descreve a ocorrência de **problemas lombares**.

Problemas lombares observados em adultos

Tem-se afirmado que a maioria dos casos de dores lombares (DL) agudas em adultos é causada por danos nos discos intervertebrais (6). Entretanto, raramente um único movimento incorreto provoca a lesão do disco. As DLs em função de lesões no disco são causadas, geralmente, por uma sucessão de movimentos inapropriados, ocorridos ao longo do tempo. Por isso, com freqüência elas são chamadas ou de *condição de microtrauma repetitivo* ou de *lesão por movimentos repetitivos*.

Se você pegar um clipe para papel e entortá-lo uma vez, ainda assim ele permanecerá forte. No entanto, sua estrutura molecular terá mudado, e ele nunca mais será o mesmo. Podemos entortá-lo outras vezes sem inutilizá-lo, mas, se isso se repetir sucessivamente, o clipe vai ficar cada vez mais fraco, até se quebrar. De modo similar, quando adotamos uma biomecânica ruim para levantar um objeto, essa movimentação incorreta não será capaz de causar problemas nas costas. Porém, se ela for repetida centenas de vezes, as estruturas do tecido conjuntivo da coluna ficarão enfraquecidas, como acontece com o clipe, e, no final, vão gerar um estresse nominal (por exemplo, quando nos abaixamos para pegar um clipe que caiu no chão). Às vezes, só nesse momento se observam sintomas agudos.

O microtrauma repetitivo acumulativo afeta a homeostase do disco e pode acabar alterando adversamente sua principal função, que é absorver o impacto aplicado à unidade da coluna. Pequenos rompimentos na periferia do disco, por exemplo, podem ser dolorosos, alertando para a possibilidade de problemas mais graves. Bogduk (4) relata que lesões como essas podem ser comparadas a distensões no tornozelo. No entanto, se o núcleo gelatinoso vazar além dos seus limites normais, alcançando o anel fibroso do disco (ou as placas vertebrais terminais), o resultado poderá ser um segmento motor instável.

Esse processo é análogo ao que ocorre quando se diminui a pressão do ar de um pneu radial, afetando de forma negativa a capacidade de fazer curvas. Quando um disco é afetado, movimentos específicos podem se tornar excessivamente dolorosos, excedendo a ADM normal. Essa condição pode piorar caso não haja uma intervenção apropriada. Portanto, algo que começou como um problema insignificante é capaz de evoluir para uma condição grave. A chave é não deixar o problema começar. Manter um bom condicionamento físico e fortalecer a musculatura do tronco com exercícios apropriados pode ajudar a garantir a postura neutra da coluna e a diminuir os riscos de DL.

Problemas lombares observados em jovens

Em jovens, de modo geral, os problemas lombares não são observados nos discos, como acontece com os adultos, mas na parte posterior das vértebras da medula espinal, até mesmo nos processos articulares superior e inferior (veja a Figura 13.1). A parte das vértebras entre esses processos é chamada de **pars interarticular**. A ação do estresse sobre essa área pode levar a complicações como a **espondilólise** e a **espondilolistese**. A primeira é, essencialmente, uma fratura por estresse em um lado dos pares articulares; às vezes, ela evolui para uma verdadeira fratura (completa) nos dois lados de um processo da coluna porque o osso não se une de maneira apropriada ou porque ele não suporta o estresse a que está submetido. Nesse caso, a condição passa a ser chamada de *espondilolistese*, e pode ser que o corpo da vértebra deslize sobre a vértebra inferior. Em geral, essa lesão ocorre na junção lombossacral (ou seja, LV desliza sobre SI).

Embora possa ser genética, a causa da espondilolistese também pode estar no estresse resultante de atividades como o levantamento de peso ou a ginástica. O acompanhamento e o fornecimento de instruções adequadas durante atividades atléticas destinadas a jovens são importantes para evitar um estresse prejudicial sobre os ossos em crescimento. Nem todos os casos de espondilólise e de espondilolistese começam, necessariamente, antes da maturidade esquelética. Ainda que o momento exato do surgimento às vezes seja desconhecido, elas podem ser observadas em jogadores de futebol americano profissionais (22) e também têm sido citadas como a causa mais provável de DL em pacientes com menos de 26 anos de idade. No entanto, é raro serem a única causa de dores lombares em pessoas com mais de 40 anos (5).

> **Ponto-chave**
>
> As DLs com freqüência são chamadas de *microtrauma repetitivo* ou *lesão por movimentos repetitivos*, pois seu desenvolvimento ocorre ao longo do tempo, em oposição ao que resulta de um incidente traumático. Geralmente, em adultos, os problemas lombares se originam no disco; em jovens, nos elementos posteriores das vértebras.

A hiperextensão repetitiva também pode danificar as facetas articulares. Elas são articulações sinoviais, e sua cartilagem pode sofrer lesões durante esse movimento. Ainda que esse tipo de estresse ao tecido possa ocorrer em jovens, no final, danos à cartilagem articular levam a problemas artríticos.

Considerações sobre os exercícios: preventivos e terapêuticos

Mesmo que com freqüência seja usado para treinar atletas que precisam melhorar o desempenho em esportes específicos, o treinamento para a estabilidade abdominolombar também é enfatizado em programas terapêuticos e de prevenção de DL. Versões aceleradas de exercícios terapêuticos, por exemplo, podem ser usadas como exercícios profiláticos (preventivos). Idealmente, deve-se melhorar primeiro a ADM ou a força, ou ambas, para que suas deficiências não causem problemas.

ADM e função lombar

Como discutido no Capítulo 9, deficiências na ADM da articulação do quadril podem ser vistas como prognóstico de DL. Embora a falta de ADM na coluna esteja menos apta a causar dores lombares, uma correlação negativa tem sido observada entre a flexibilidade excessiva da coluna e subseqüentes lesões nas costas (16).

Segundo a Figura 27.9, um grau limitado de mobilidade da coluna no plano sagital (por exemplo, na flexão ou na extensão) e no plano coronal (por exemplo, na flexão lateral) encontra-se presente nos segmentos cervical e lombar. Ainda que seja restrita nas regiões lombar e torácica, a rotação acontece em grau considerável na região cervical, em particular entre a CI e CII.

Com freqüência, a extensão da coluna é ignorada ou mal-interpretada em programas de exercícios. Apesar do conhecimento de que extensões balísticas (e rotações balísticas) são totalmente inapropriadas, como discutido no Capítulo 9, movimentos de extensão lentos e controlados se mostram adequados e devem ser incluídos nos programas de exercícios.

Estabilidade abdominolombar

Às vezes o tronco é chamado de *eixo central* do corpo, pois a musculatura da coluna e da parede abdominal fica posicionada de modo a contribuir para a estabilidade abdominolombar. A estabilidade abdominolombar, também denominada estabilização da coluna, tem despertado muita atenção nos últimos anos. Além da força do centro, ela também inclui a coordenação e a *endurance*. A estabilidade abdominolombar acontece quando as estruturas passivas da coluna espinal (ou seja, vértebras, discos, caixa torácica, pelve e todo o tecido conjuntivo associado) são estabilizadas pelo componente ativo (isto é, a musculatura). Em um estudo muito recente (9), a eficácia de exercícios de estabilização abdominolombar funcionalmente progressivos foi comparada com a da fisioterapia aplicada de forma manual em 160 pacientes com distúrbios lombares crônicos. Coletaram-se dados após programas de treinamento de seis meses e intervenções de dois anos. Os sujeitos praticantes do programa de exercícios apresentaram redução bem maior das dores e dos sintomas disfuncionais do que os submetidos à fisioterapia manual aplicada. Este último grupo, no entanto, teve melhores resultados do que os 40 submetidos ao controle, que receberam um folheto educativo.

Ter uma boa estabilidade abdominolombar pode incrementar o desempenho atlético, assim como atividades relacionadas ao trabalho. As demandas de estabilidade abdominolombar de um atleta (por exemplo, de um jogador de futebol americano) sem dúvida excedem muito as de uma pessoa cujo trabalho é sedentário. O primeiro precisa de muito mais força. No entanto, ambos precisam de coordenação e de *endurance* na medida das exigências apresentadas pelas atividades de que participam.

Os músculos grandes da coluna que contribuem para a estabilidade abdominolombar incluem o eretor da espinha, o multífido e o *quadrado lombar* (veja a Figura 13.4). Os outros músculos do tronco que contribuem para a estabilidade abdominolombar incluem o reto abdominal, os oblíquos interno e externo, o abdominal transverso e o *quadrado lombar*. A importância destes dois últimos para a estabilidade do centro tem sido enfatizada nos últimos anos (4, 7). Mais uma vez podemos usar o conceito de arame de sustentação. Nesse caso, os músculos grandes, localizados em região mais periférica, estão em posição de reagir a momentos de grandes rotações, às quais o corpo é submetido em esportes de contato ou em certas atividades profissionais. Em conjunto, esses músculos se esforçam para manter a coluna em uma posição de relativa neutralidade.

Há alguns músculos extremamente pequenos próximos à coluna espinal. Eles incluem os intertransversários mediais, interespinais e rotadores. Embora os livros de anatomia apontem ações específicas para cada um deles, sua pequena área fisiológica de corte transversal exclui qualquer contribuição significativa ao movimento. No entanto, Nitz e Peck (19) afirmam que esses músculos têm uma densidade muito mais rica de fusos musculares (4,5 a 7,3 vezes mais) do que o multífido. Bogduk (4) e McGill (17) defendem que esses músculos podem agir como sensores da posição vertebral e desempenhar um papel vital na manutenção da estabilidade abdominolombar, fornecendo *feedback* sobre a quantidade de contração necessária a outros músculos.

Mesmo que grande parte da literatura aponte a musculatura abdominal enfraquecida como causa primeira das DLs, a musculatura da coluna é proporcionalmente mais fraca do que a abdominal em pacientes com dores lombares, em particular em termos de *endurance* (3, 15). Apesar disso, a força dos músculos abdominais também é vital para uma coluna saudável. Portanto, as atividades físicas que serão discutidas mais adiante incluem exercícios de fortalecimento para todos os músculos grandes do tronco considerados importantes para a estabilidade abdominolombar.

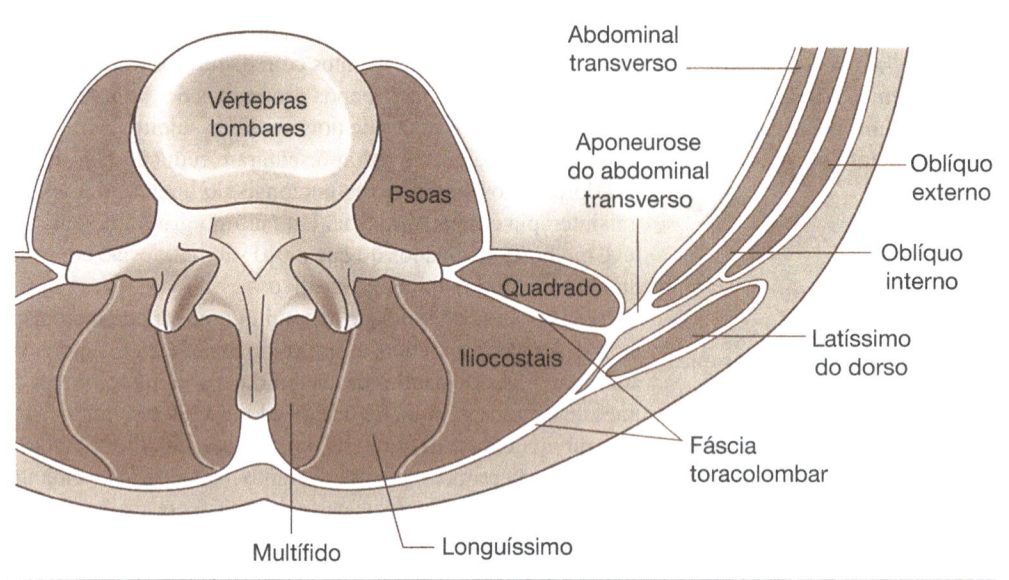

Figura 13.4 Seção transversa dos principais músculos do tronco que contribuem para a estabilidade abdominolombar. Observe como o abdominal transverso (AT) se liga à bainha do tecido conjuntivo que aloja o eretor da espinha (iliocostal e longuíssimo) e o multífido; com os oblíquos, o AT encobre o reto abdominal anteriormente, à medida que seus lados encontram a linha alba. Embora o oblíquo externo também se ligue à bainha, sua ligação é bastante estreita e, portanto, ele não pode exercer tanta força estabilizante lateral quanto o abdominal transverso.

Reimpressa de W. Liemohn, 2001, *Exercise prescription and the back* (New York, NY: McGraw-Hill), p. 21, adaptada de B. Pansky, 1996, *Review of gross anatomy* (New York, NY: McGraw-Hill). Reimpressa com permissão de McGraw-Hill Companies.

Exercícios que envolvem os músculos da estabilidade abdominolombar

Mesmo que a força e a *endurance* muscular contribuam para a estabilidade abdominolombar, exercícios específicos para a esta última também exigem equilíbrio e coordenação. Um dos exercícios para estabilidade abdominolombar que tem ganhado popularidade nos últimos anos como atividade tanto terapêutica, em clínicas, como de condicionamento físico, em programas de treinamento, é o quadrúpede (veja o Apêndice no final do capítulo). Embora não seja considerado um exercício de construção de força para a musculatura das costas, ele pode incrementar a *endurance* desses músculos tão importantes; além disso, a força de compressão aplicada aos discos é de apenas cerca de 30% da contração voluntária máxima (CVM) (16).

Quando os membros contralaterais são levantados, o exercício quadrúpede se torna mais difícil e exige um suporte adicional; isso aumenta a CVM dos extensores em cerca de 10%, mas a contração é unilateral (16). No entanto, os músculos abdominais laterais também ficam ativos quando o exercício é executado de forma correta (ou seja, o tronco permanece praticamente imóvel, e os quadris e ombros ficam nivelados). O quadrúpede, assim como muitos outros exercícios para a estabilidade abdominolombar, pode se tornar mais difícil quando executado com uma bola de estabilidade (8, 13, 14, 16). Executar o abdominal com a bola, por exemplo, envolve muito mais os músculos abdominais laterais do que o mesmo exercício feito sobre um colchonete.

Um músculo da coluna que antes recebia pouca atenção, mas agora é considerado importante para a função dessa região e para a estabilidade abdominolombar, é o quadrado lombar (veja a Figura 13.5). Uma vez que sua origem está na parte posterior da crista ilíaca, e o ligamento iliolombar e sua inervação ficam na última costela e nos processos transversos das quatro vértebras lombares superiores, seu posicionamento é bom para estabilizar (ou seja, controlar as forças às quais o corpo é submetido) o centro no plano frontal. McGill (16) sustenta que a contração do quadrado lombar é virtualmente isométrica. A ponte isométrica horizontal (veja o Apêndice) é um exercício que desenvolve não apenas o quadrado lombar, mas também os músculos abdominais laterais. Por envolver apenas a contração mínima do psoas, esse exercício não aplica muita pressão compressora sobre

Evidências científicas

Em razão de depender muito da coordenação e também da força e da *endurance*, a estabilidade abdominolombar é um constructo de difícil medição. Liemohn e colaboradores (11) examinaram exercícios para estabilização abdominolombar usados em pesquisas de reabilitação e depois adaptaram quatro deles para que pudessem ser realizados como teste em uma plataforma de estabilidade em que a variável dependente estivesse sujeita ao tempo de equilíbrio. Foi examinada, então, a capacidade de estudantes universitários com patologias lombares de fazer exercícios de treinamento de estabilidade abdominolombar, como o quadrúpede, em uma plataforma de estabilidade. Após algumas tentativas e erros, foi desenvolvido um programa de medição que maximizava a consistência interna e a fidedignidade da estabilidade. (Para dois dos quatro testes, os coeficientes de fidedignidade da estabilidade excederam 0,9, considerado alto.) Esse protocolo de teste fornece uma indicação muito boa da estabilidade abdominolombar, pois integra a força e a *endurance* da musculatura do tronco com o controle neural.

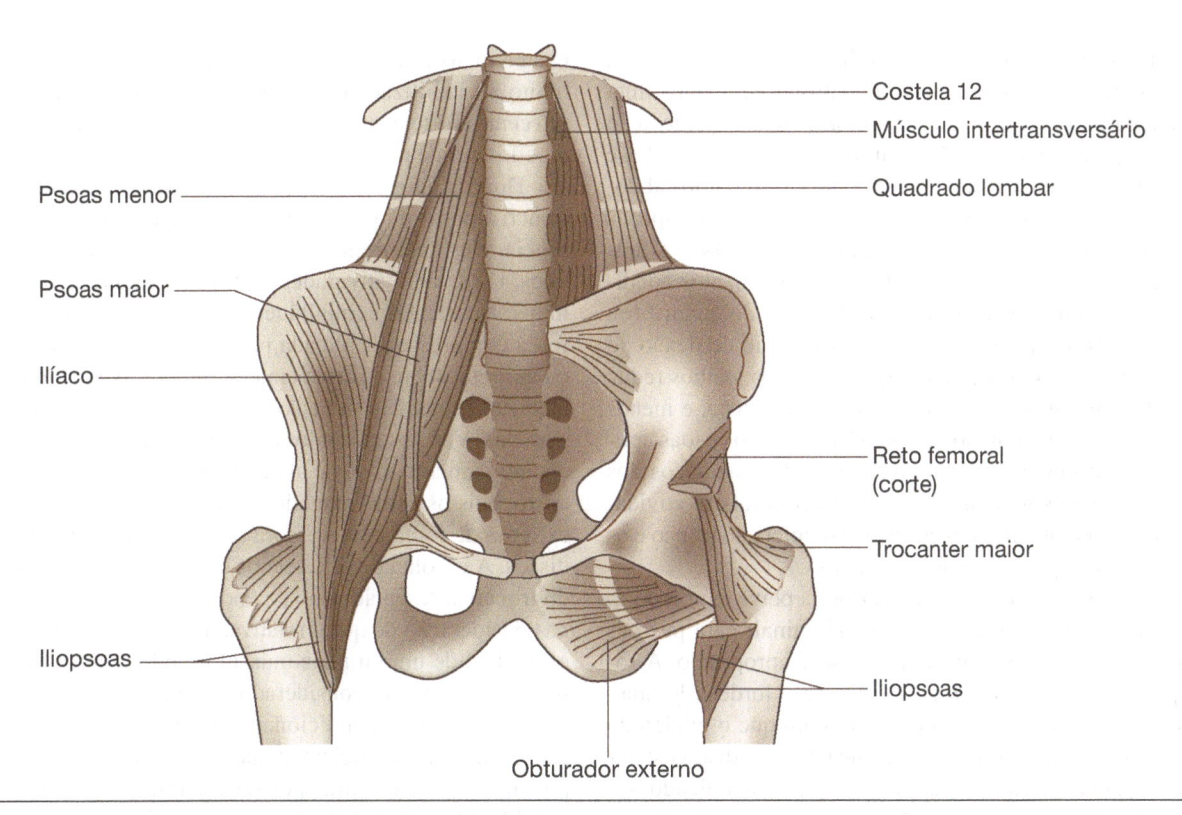

Figura 13.5 As fibras internas do quadrado lombar são posicionadas para notar e controlar o movimento das vértebras lombares no plano frontal. Observe também a direção das fibras dos psoas; embora ele seja um forte flexor da articulação do quadril, suas fibras ficam tão alinhadas que esse músculo aplica forças de compressão fortes sobre os discos intervertebrais lombares em certos exercícios de fortalecimento abdominal.
Adaptada de B. Pansky, 1996, *Review of gross anatomy* (New York, NY: McGraw-Hill), p. 391, com permissão de McGraw-Hill Companies.

os discos intervertebrais das vértebras lombares (1, 10). Esse exercício para a estabilidade abdominolombar enfatiza tanto a força quanto a *endurance*.

Outro exercício comum para o desenvolvimento da musculatura da coluna é a extensão das costas na cadeira romana. Em uma revisão de pesquisas sobre intervenções com exercícios em casos de DLs crônicas e aplicação de modelos de ensaios controlados e randomizados, foram encontrados apenas três estudos, e todos eles enfatizavam o desenvolvimento dos músculos extensores da coluna na cadeira romana (12). Esse é um exercício difícil, pois a força compressora aplicada aos discos intervertebrais excede 53% da CVM (16); no entanto, nos estudos revisados por nós, o período de exercício de cada paciente foi minuciosamente monitorado por um fisioterapeuta (12). Uma variante desse equipamento, chamada *cadeira romana de ângulo variável*, é adequada para pessoas com as seguintes características: muito fracas para usar a original, com alguma condição aguda da coluna ou em recuperação de uma cirurgia. Um exercício de extensão das costas comparável pode ser feito em uma mesa ou com uma bola de estabilidade, com o auxílio de um assistente (veja o Apêndice). Ao fazer exercícios de extensão do tronco para desenvolver a força dos músculos extensores das costas, no momento de levantar o tronco nunca devemos exceder a lordose normal (ou seja, o praticante não deve hiperestender a coluna). No entanto, de acordo com o diagnóstico específico do problema na coluna, exercícios de extensão oblíquos podem ser apropriados em alguns casos e contra-indicados em outros.

Exercícios que envolvem a parede abdominal

Embora, às vezes, a musculatura das costas seja desproporcionalmente mais fraca em pacientes com DL, nem por isso deve-

> **Ponto-chave**
>
> Atualmente, é enfatizado o treinamento para estabilidade abdominolombar na maioria dos programas destinados à lombar, assim como em programas de reabilitação; muitos exercícios para a estabilidade abdominolombar também tratam da coordenação. Com freqüência se observa falta de força e de *endurance* na musculatura das costas de pessoas com DLs. Além disso, nesses indivíduos, essa musculatura costuma ser proporcionalmente mais fraca do que a abdominal. Em parte, isso pode ser atribuído ao descuido com que a força muscular extensora é tratada em programas de exercícios. Ao fazer exercícios de extensão dinâmicos, o participante não deve exceder a lordose lombar normal. Alguns dos exercícios destinados a melhorar a força e a *endurance* dos músculos da coluna também são bons para os músculos abdominais laterais.

mos negligenciar os músculos abdominais. O reto abdominal, por exemplo, está posicionado para controlar de forma direta a inclinação da pelve (Figura 9.5); essa é uma consideração importante para a manutenção de uma coluna saudável. Esse músculo é enfatizado em atividades como os exercícios abdominais. Ao realizar tais atividades, é necessário erguer apenas os ombros da superfície em que estão apoiados. Isso é fundamental, em particular no caso de indivíduos menos condicionados, para minimizar o papel dos flexores do quadril (ou seja, dos psoas pareados) em qualquer exercício de flexão do tronco. Muitas pessoas acreditam que dobrar os joelhos reduz o papel dos músculos psoas, mas isso não acontece, e menos ainda se os pés estiverem apoiados. Além disso, os psoas aplicam forças extremamente compressoras sobre os discos dos segmentos motores lombares da coluna vertebral em atividades como os abdominais com elevação completa do tronco e os levantamentos de pernas bilaterais (1, 10).

Com freqüência, a rotação posterior da pelve é incorporada aos exercícios de fortalecimento abdominal; para pessoas com doenças no disco, nem sempre isso é apropriado. A rotação posterior da pelve em geral remove a lordose lombar, e um movimento desse tipo pode fazer com que o núcleo do disco intervertebral migre posteriormente. Se o disco estiver danificado, poderá haver pressão sobre o tecido danificado, sobre seus receptores de dor e ainda sobre os nervos da coluna. McGill (16) sugere que, para retificar esse potencial problema, o praticante deve manter uma perna estendida, dobrar o joelho contralateral e colocar a palma da mão sobre a superfície em que o corpo está apoiado, sob a curva lordótica lombar (ou seja, a parte baixa das costas).

Em exercícios abdominais-padrão, o reto abdominal faz a maior parte do trabalho. No entanto, os músculos abdominais laterais (isto é, o transverso e os oblíquos interno e externo) também devem ser desenvolvidos, pois podem incrementar os grupos musculares anterior e posterior devido às duas ligações anteriores (ou seja, os pontos em que eles envolvem o grupo posterior). Músculos abdominais laterais fortes podem servir de envoltório e de colete para o tronco. Desse modo, previnem movimentos rotatórios indesejados, além de proteger as costas durante o levantamento de objetos pesados. De uma perspectiva mecânica, os abdominais laterais são de extrema importância para se atingir e manter a lombar saudável.

Exercícios que incrementam a musculatura lateral também incluem isométricos e abdominais diagonais. Além de fazer o abdominal diagonal de forma dinâmica, o praticante pode fazê-lo isometricamente, adotando manutenções isométricas mais difíceis (por exemplo, a manutenção da contração por 5 a 30 segundos). Ainda que os exercícios isométricos possam ser considerados ultrapassados para movimentos dos membros, pois não possuem especificidade de treinamento, na realidade são mais específicos para a estabilização da coluna (18). A ponte lateral horizontal isométrica também é um excelente exercício. Músculos abdominais laterais fortes podem facilitar muito a estabilização e a proteção da coluna, e pessoas com um centro forte ficam muito menos suscetíveis a microtraumas repetitivos que podem levar a casos graves de DLs.

Dois estudos excelentes discutem exercícios de flexão do tronco a partir da perspectiva custo-benefício (1, 10). Em essência, eles determinaram a % da CVM de músculos específicos, usados em atividades de fortalecimento abdominal comuns. De maneira simultânea, investigaram a quantidade de força compressora aplicada pelos exercícios, de modo direto ou indireto, sobre os discos intervertebrais, o que indica a atividade dos psoas. Em situação ideal, havendo uma alta porcentagem de CVM dos músculos abdominais; ela seria benéfica. No entanto, um alto nível de atividade dos psoas representaria um custo, pois os psoas pareados podem exercer uma quantidade extrema de força compressora sobre a coluna, danificando os discos. A escolha dos exercícios de fortalecimento com flexão do tronco apresentados no Apêndice deste capítulo baseou-se na consideração de que é relativamente baixa a CVM dos psoas e alta a de um ou mais músculos abdominais (10). Porém, outro fator deve ser considerado na hora de selecionar os exercícios: o nível de condicionamento físico do cliente. Alguns exercícios que beneficiam atletas em excelente condição física podem prejudicar outras pessoas; portanto, às vezes deve ser considerada a qualidade do movimento junto com a condição física do praticante.

> **Ponto-chave**
>
> Em pessoas com problemas lombares, com freqüência a musculatura das costas é proporcionalmente mais fraca e com menos *endurance* do que a abdominal; em parte, isso pode ser atribuído ao desprezo pela força dos músculos extensores nos programas de exercícios. Quando treinada, a musculatura do tronco trabalha em conjunto, como um colete dinâmico, enquanto os músculos abdominais laterais mantêm unidos os flexores e os extensores da coluna para propiciar um centro forte. Mesmo que o eretor da espinha, o multífido e o reto abdominal sejam importantes músculos do tronco, os abdominais laterais e o quadrado lombar merecem atenção especial quando o assunto é o desenvolvimento da estabilidade abdominolombar forte.

Exercícios profiláticos para melhorar a função lombar

Muitas lesões e doenças lombares podem ser tratadas de modo conservador, com exercícios terapêuticos, mas a diversidade e a complexidade desses problemas são tão grandes que tornam impraticável a elaboração de um diagnóstico simples e a apresentação de um regime de exercícios correspondente. Além disso, pode ser perigoso munir o indivíduo de uma série de exercícios terapêuticos quando ele ainda não compreende as nuanças das diferentes condições lombares. Uma vez que está além dos limites deste capítulo a discussão dessas incontáveis nuanças, enfatizamos aqui exercícios sólidos, que incrementam a função lombar. Os exercícios apresentados no Apêndice têm sido usados com freqüência por fisioterapeutas no tratamento de pacientes com problemas lombares. Informações mais aprofundadas sobre esse tema estão disponíveis em muitas outras fontes (1, 6, 8, 10, 12-14, 16, 17, 20, 23, 25).

Exercícios para incrementar a flexibilidade

O Apêndice deste capítulo descreve exercícios recomendados para a flexibilidade lombar. A consideração do conceito de arames de sustentação, discutido no Capítulo 9 (veja a Figura 9.5), é útil no momento da exploração de exercícios para flexibilidade lombar. Embora a musculatura do tronco (por exemplo, os músculos abdominais e o eretor da espinha) seja fundamental para controlar o posicionamento pélvico, a habilidade de controlar a pelve às vezes fica reduzida ou se perde quando os flexores ou os extensores do quadril se encontram muito rígidos. O mais importante é que a boa mobilidade na articulação do quadril se mostra fundamental para uma coluna saudável. No Apêndice deste capítulo, apresentamos vários exercícios que podem ser usados para incrementar a ADM nas articulações e nas estruturas relevantes para a lombar.

Exercícios para desenvolver a musculatura do tronco

Ainda que não inclua todos os tipos, o Apêndice deste capítulo também descreve exercícios recomendados para o desenvolvimento da musculatura do tronco. Um ponto-chave a ser lembrado em relação a movimentos de extensão da coluna é que, no momento da extensão, os exercícios não devem ultrapassar a linha da lordose lombar normal.

Inclinações posteriores da pelve e abdominais com pernas elevadas são básicos em muitos programas de exercício destinados ao desenvolvimento da musculatura abdominal. Como já mencionado, quando os indivíduos fazem esse tipo de exercício, com freqüência o reto abdominal realiza a maior parte do trabalho e os músculos abdominais laterais são minimamente envolvidos.

Ponto-chave

A manutenção de uma boa ADM da articulação do quadril é essencial para uma coluna saudável. O praticante, ao fazer os exercícios de extensão ativa das costas, não deve exceder a curva lordótica normal. As possibilidades de ADM do tronco são bastante limitadas; tenha isso em mente ao elaborar os programas de exercícios para os clientes. As contrações isométricas podem suplementar muito bem os abdominais em diagonal e com pernas elevadas.

Estudos de caso

Confira as respostas no Apêndice A.

1. Um líder de exercícios está usando uma tarefa de abaixamento das duas pernas para um grupo de adultos relativamente condicionado, ostensivamente com o objetivo de melhorar a força dos abdominais. Quando questionado sobre esse exercício, ele comentou que os fisioterapeutas costumam usar uma atividade similar para testar a força abdominal dos pacientes, incluindo os sintomáticos de DLs. Discuta a adequação ou não desse tipo de exercício. Para quem ele seria menos apropriado e talvez até contra-indicado?

2. Um líder de exercícios tem usado o exercício de sentar (ficar em pé) e alcançar a ponta dos pés presumivelmente para melhorar a flexibilidade na articulação do quadril. Por ter consciência de que alongamentos balísticos de modo geral são contra-indicados, ele alerta o grupo, com insistência, para que se exercite com alongamentos lentos e fáceis. Discuta a adequação ou não dessas orientações.

3. Um líder de exercícios prescreve abdominais oblíquos (diagonais) que exigem contração isométrica de 15 segundos após pelo menos um dos ombros ter sido levantado da superfície em que estava apoiado. Discuta a adequação ou não dessa atividade.

APÊNDICE

Exercícios de flexibilidade, força e *endurance* para melhorar a função lombar

Exercícios de flexibilidade para melhorar a ADM

Ao fazer exercícios para a flexibilidade dos membros, em particular dos inferiores, o praticante deve buscar, em primeiro lugar, a simetria; após alcançá-la, ele pode, então, trabalhar no incremento da flexibilidade em ambos os membros. Recomendam-se alongamentos estáticos por 30 a 60 segundos; eles podem ser repetidos duas vezes durante a sessão de exercícios. No entanto, para áreas com extrema rigidez, o ideal é a realização de vários períodos breves de exercício a cada dia.

Alongamento do flexor do quadril (em pé)

O praticante segura o tornozelo contralateral e levanta a perna, mantendo o tronco ereto (*a*). Note a técnica incorreta na ilustração da esquerda (*b*); a inclinação da pelve impede o alongamento dos flexores do quadril.

a  *b*

Alongamento do flexor do quadril (supino)

O praticante assume a posição do teste de Thomas e puxa a perna contralateral o máximo possível; essa rotação posterior da pelve pode aumentar a tensão sobre os flexores contralaterais do quadril.

Alongamento da banda iliotibial

Deitado de lado, o praticante coloca o tornozelo da perna de baixo sobre a lateral distal da coxa de cima. Nessa posição, ele faz a rotação da coxa da perna de baixo, alongando a banda iliotibial da perna de cima. (Em alguns casos, nessa posição, a gravidade, por si só, promove um alongamento eficaz da banda iliotibial.)

Alongamento do piriforme

Nesse exemplo, a praticante está alongando o piriforme da perna direita. Essa postura tem grande semelhança com aquela alcançada quando o praticante, sentado em uma cadeira, coloca o maléolo lateral (tornozelo) de uma perna sobre o fêmur distal da perna contralateral.

Alongamento de Cailliet

O praticante deve inclinar-se para a frente (com a coluna neutra), até sentir tensão no isquiotibial, e pausar um pouco nessa posição. Essa seqüência é repetida 3 ou 4 vezes. Se o isquiotibial estiver rígido (por exemplo, com ângulo sacral inferior a 80°), pode ocorrer estresse sobre as estruturas da coluna, o que não é desejável. Para evitar isso, as costas são mantidas retas, e a ênfase do movimento recai sobre a articulação do quadril.

Alongamento no banco ou na cadeira

O isquiotibial pode ser isolado no alongamento quando o movimento é feito apenas na articulação do quadril (*a*). Embora o tendão também possa ser alongado como em (*b*), nesse caso, as estruturas do tecido mole da lombar também são alongadas. Esse alongamento pode ser mais eficaz se o tronco ficar dobrado (ou seja, na posição da coluna neutra ou normal em pé), de modo que o movimento ocorra apenas na articulação do quadril. Na figura seguinte, apresentamos o alongamento apropriado para a lombar – o Alongamento do "gato louco".

a

b

Alongamento do "gato louco"

Este exercício envolve arquear a coluna e desfazer esse arco lentamente, passando da flexão à extensão completa. Ele não é usado para incrementar a ADM, mas sim para dar mobilidade à coluna. Uma vez que a carga sobre a coluna é mínima, o alongamento do "gato louco" é apropriado em particular para a parte da manhã, quando os discos tendem a ficar mais distendidos e rígidos.

Flexão do tronco

O praticante puxa primeiro um (*a*) e depois os dois (*b*) joelhos em direção aos ombros. Alguns pacientes com discos anormais podem experimentar problemas ao fazer o (*b*) pois, em alguns movimentos de flexão, o núcleo do disco é empurrado posteriormente.

a

b

Extensão do tronco

O praticante coloca as mãos sob os ombros e estende os braços lentamente, mantendo a pelve em contato com o solo (os músculos das costas ficam relaxados).

Exercícios para a força e a *endurance* do tronco

Nestes, assim como em exercícios do treinamento de força, deve-se alcançar a sobrecarga. O alongamento pode ser desenvolvido, por exemplo, com 10 a 15 repetições de cada exercício (ou até se alcançar a sobrecarga); no entanto, também é possível variar as sessões, fazendo a maioria dos exercícios com 30 a 60 segundos de contração isométrica e menor número de repetições. Essa última opção pode ser vantajosa para o desenvolvimento da *endurance* dos músculos do tronco, fundamental para a obtenção de uma boa estabilidade abdominolombar.

Quadrúpede

(*a*) No início, este exercício é realizado com apenas um membro; depois, na fase mais avançada, também é movimentado o membro contralateral; pode ser feito de modo dinâmico ou isométrico. As exigências de estabilidade do centro e de apoio dos abdominais aumentam quando se levantam dois membros. Para pacientes com problemas nas costas, é importante realizar o movimento até uma ADM sem dor e com os ombros e os quadris nivelados. Não deve haver nenhuma oscilação nem outro movimento do tronco durante o exercício. Em (*b*), o rapaz realiza um quadrúpede básico, na plataforma de estabilidade, como usado em nossa pesquisa (11). Nunca é demais enfatizar que a coordenação é essencial para o desenvolvimento e manutenção da estabilidade abdominolombar.

a

b

Cadeira romana

(*a*) Este é um exercício eficaz para o eretor da espinha, porção lombar, e para o multífido. Para pessoas com menor grau de força, a versão modificada (*b*) é mais apropriada. As forças compressoras sobre os discos são mais fracas em (*b*) do que em (*a*); entretanto, o exercício descrito em (*b*) pode ser muito difícil para alguns indivíduos.

a

b

Inclinação posterior da pelve

Esse movimento pode ser feito como um exercício completo ou como a primeira fase de um abdominal. O praticante faz a rotação posterior da pelve, passando da posição inicial (a) para (b), em que a lombar pressiona o solo. (Em alguns casos, ele não é apropriado para indivíduos com patologia no disco.)

Nos exercícios a seguir, destinados à parede abdominal, citamos o grau da CVM na musculatura envolvida, observado durante a pesquisa supracitada. Como discutido previamente, é preferível minimizar a atividade dos psoas, com simultânea maximização da atividade da parede abdominal. O autor inclui, aqui, apenas exercícios que ele considera correspondentes a esses critérios. Talvez outros exercícios sejam apropriados para populações específicas.

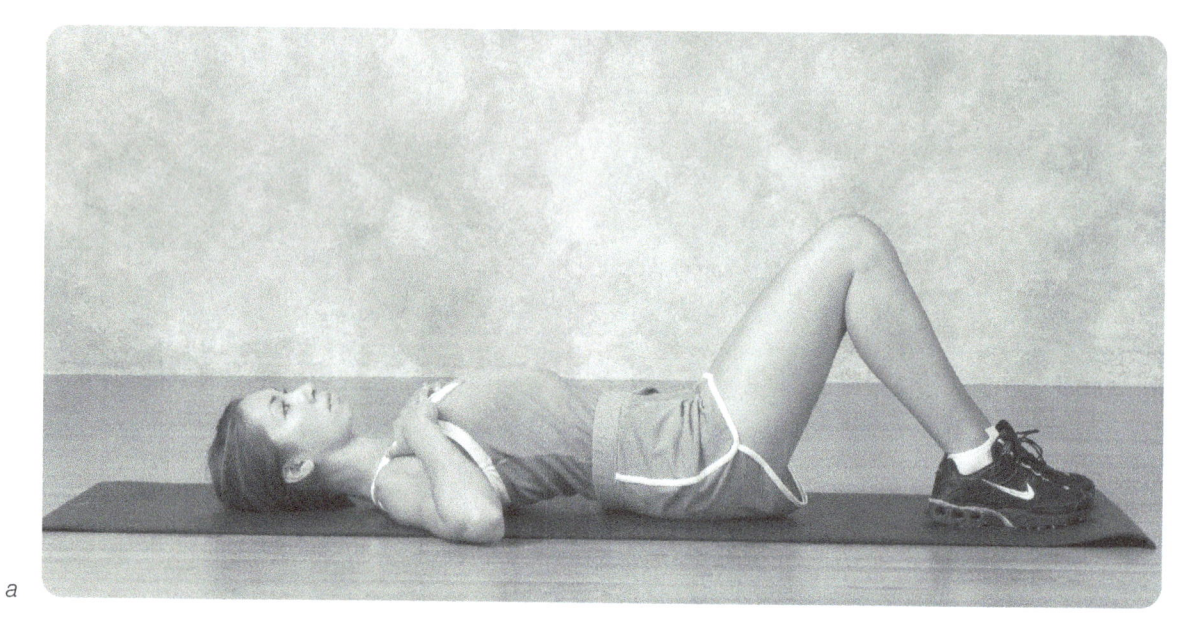

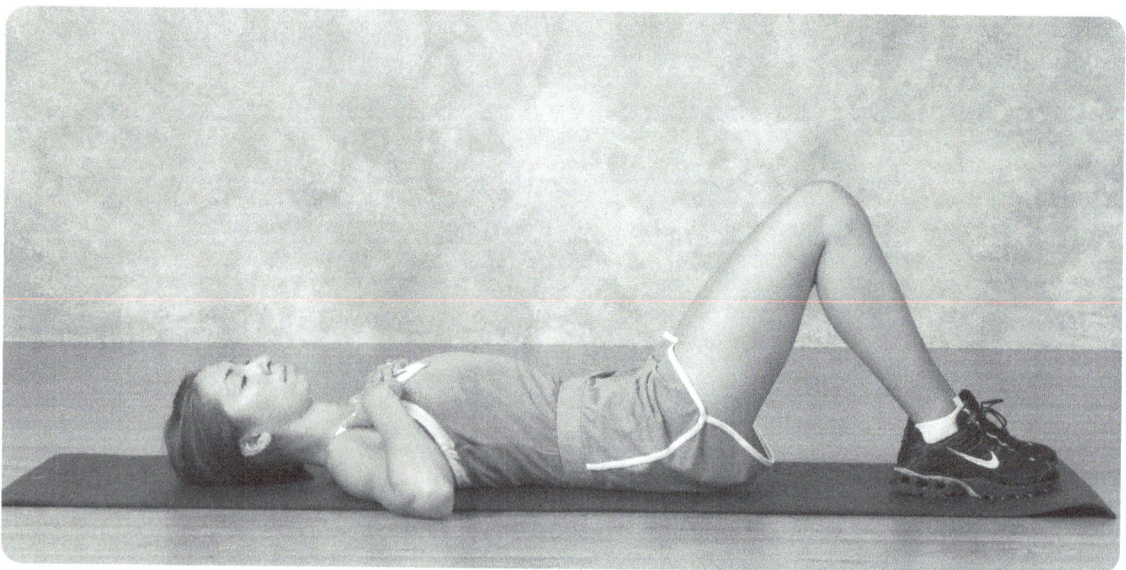

a

b

Abdominal parcial ou com a perna elevada

Assim que os ombros se erguem do chão e a lordose normal desaparece, o movimento deve ser finalizado (*a*). Se o praticante continua a levantar as costas, o movimento ocorre na articulação iliofemoral e são os flexores do quadril que trabalham, pois os músculos abdominais se contraem isometricamente para estabilizar o tronco. O abdominal com pernas elevadas também pode ser executado com as coxas na vertical (*b*). O objetivo deve ser a finalização de 10 a 15 repetições. Pode-se repetir 2 ou 3 séries e incorporar contrações isométricas de 5 segundos ou mais, na posição mais elevada. CVM: psoas – 7 a 10%, reto abdominal – 62%, oblíquo externo – 68%, oblíquo interno – 36%, abdominal transverso – 12% (10).

a

b

Abdominal cruzado

Este exercício garante maior envolvimento da musculatura oblíqua interna e externa. O objetivo deve ser um mínimo de 10 a 15 repetições. Pode-se fazer 2 ou 3 séries e incorporar contrações isométricas de 5 segundos ou mais na posição mais elevada. CVM: psoas – 4 a 5%, reto abdominal – 62%, oblíquo externo – 68%, oblíquo interno – 36%, abdominal transverso – 12% (10).

Ponte isométrica horizontal lateral

Este exercício pode ser feito com os joelhos ou com os pés apoiados no chão. A segunda opção é mais difícil e aumenta a carga sobre a coluna além dos limites citados. CVM: psoas – 12 a 21%[2], reto abdominal – 21%, oblíquo externo – 43%, oblíquo interno – 36%, abdominal transverso – 39% (10).

---

[2] Eletrodos internos foram inseridos em dois locais dos psoas.

Ponte dinâmica lateral

Este exercício é a ponte isométrica horizontal lateral sem a contração isométrica. Pode ser feito com os joelhos ou com os pés apoiados no chão. A segunda opção é mais difícil e também aumenta a carga sobre a coluna além dos limites citados. Se for feito dinamicamente, a CVM será: psoas – 13 a 26%, reto abdominal – 41%, oblíquo externo – 44%, oblíquo interno – 42%, abdominal transverso – 44% (10). Na versão dinâmica dessa ponte, os quadris são levantados e abaixados de forma rítmica.

14

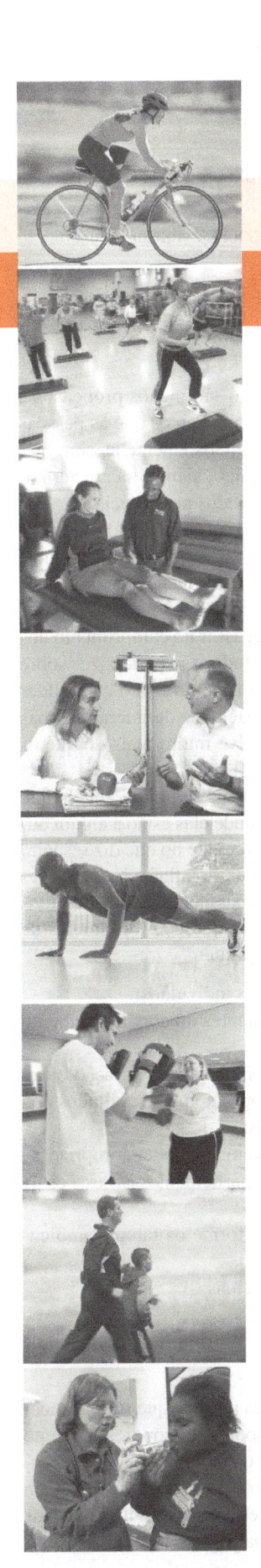

CAPÍTULO

Capacidade de Liderança e os Exercícios para Saúde e Condicionamento Físico

Objetivos

O leitor será capaz de:

1. Distinguir entre dois tipos de programa de exercícios: os de intensidade moderada, recomendados para qualquer pessoa, e os estruturados sistematicamente para indivíduos interessados em melhorar a capacidade funcional.
2. Descrever os fatores relacionados a alta e baixa probabilidades de participação na atividade.
3. Descrever as características de um bom líder de exercícios.
4. Fazer considerações sobre segurança e vestuário em programas de caminhada e *jogging*.
5. Explicar o equilíbrio entre a duração e a intensidade em programas de caminhada típicos e listar as atividades usadas nesses programas para aumentar o prazer e a adesão.
6. Esboçar intervalos apropriados para o conjunto caminhada-*jogging*-caminhada, usado no início de um programa de *jogging*.
7. Descrever recomendações de exercícios de ciclismo que melhoram o condicionamento cardiorrespiratório.
8. Listar os elementos dos jogos que propiciam benefícios efetivos ao condicionamento físico.

(continua)

Objetivos   (continuação)

9. Descrever atividades feitas na piscina, além de nadar na raia, que podem ser parte efetiva de um programa de exercícios aeróbio.
10. Fazer recomendações a iniciantes em programas de exercícios de dança, com baixo e alto impacto, e indicar os exercícios típicos desses programas.
11. Recomendar objetivos iniciais para quem se exercita em aparelhos.
12. Descrever um programa em circuito, com equipamento de treinamento aeróbio e de força.

O propósito do programa de condicionamento físico tem de estar sempre em primeiro lugar na mente do profissional da área. Sua tarefa consiste em ajudar as pessoas a incluir a atividade física como parte vital do estilo de vida. Para isso, pressupõe-se que o participante deva distinguir o tipo de atividade apropriado e estar apto a obter satisfação na prática dos exercícios, além de ter a motivação necessária para continuar ativo por toda a vida. Portanto, o profissional ajuda as pessoas a melhorarem o condicionamento físico de modo relevante e atrativo, tanto nos aspectos psicológico e mental quanto no social.

Liderança efetiva

Os adultos precisam fazer 30 minutos diários de atividade física de intensidade moderada para alcançar objetivos relacionados à saúde. Para desenvolver e manter o condicionamento cardiorrespiratório, devem participar de exercícios aeróbios pelo menos 3 dias · semana^{-1}, com intensidade e duração apropriadas, a fim de gastar calorias consistentes com seu objetivo (veja detalhes no Capítulo 10). Porém, por enquanto, mais de 50% dos adultos dos Estados Unidos não se mantêm fisicamente ativos no nível considerado necessário ao alcance de objetivos relativos à saúde (2). Ao mesmo tempo, mais da metade das pessoas que iniciam um programa de exercícios formal desiste dele poucos meses depois (3).

A Figura 14.1 resume os fatores que determinam a probabilidade (alta ou baixa) de participação em atividade física. O profissional de condicionamento físico tem de entender que uma série de fatores afeta o envolvimento da pessoa no programa de exercícios personalizado ou supervisionado. Em geral, indivíduos mais bem-educados e automotivados, que gostam de praticar atividades físicas e acreditam que terão bons resultados em função delas, são mais propensos ao exercício regular. No entanto, aqueles que apresentam alto risco de DC

Ponto-chave

Exercício de intensidade moderada (30 minutos por dia) é recomendado para todas as pessoas. Exercício aeróbio vigoroso deve ser realizado pelo menos três dias da semana para manter o condicionamento cardiorrespiratório. Infelizmente, a maioria dos adultos estadunidenses não atinge qualquer uma destas recomendações.

e trabalham em funções de produção são menos propensos a participar de exercícios físicos formais. Parece que as pessoas que mais precisam dos exercícios são justamente as com menor propensão a praticá-los. No entanto, além das características pessoais, há outros fatores envolvidos nessa decisão.

O apoio do(a) companheiro(a), da família, do médico e de amigos parece estimular a participação, mas essa influência deve ser vista ao lado da variação da conveniência da prática de exercícios. Pessoas que administram mal o tempo e não conseguem definir objetivos tendem a fracassar no cumprimento dos exercícios recomendados. E o que tudo isso pode dizer sobre o papel do profissional de condicionamento físico como líder da prática de exercícios? Que a capacidade de liderar pessoas em programas de treinamento envolve muito mais do que os exercícios em si (veja o Capítulo 22)!

Henry Kissinger disse certa vez que o líder é aquele que consegue levar as pessoas do lugar onde elas estão a algum outro onde não estiveram (16). Isso é verdade no que diz respeito ao líder de exercícios, que trabalha contra influências negativas que desestimulam as populações mais necessitadas da atividade física. Normalmente, pensamos que os profissionais de condicionamento físico fazem o seguinte:

- avaliam o estado de saúde dos indivíduos;
- examinam os vários componentes do condicionamento físico;
- prescrevem atividades com intensidade, duração e freqüência apropriadas, de acordo com os resultados dos testes e os objetivos pessoais;
- lideram indivíduos e grupos em atividades apropriadas;
- monitoram as respostas dos participantes às sessões de exercícios;
- modificam as atividades conforme os fatores ambientais e outros;
- registram progressos e problemas;
- respondem a emergências;
- encaminham os problemas a profissionais de saúde qualificados.

Liderança, no entanto, significa mais do que simplesmente conduzir um curso. Os profissionais de condicionamento físico têm de cuidar do bem-estar e da motivação dos praticantes, além de estabelecer uma relação de amizade com eles. Para fazer tudo isso, é preciso desenvolver habilidades interpessoais de liderança, que estão resumidas na página 269.

Habilidades de relacionamento necessárias à eficiência da liderança

- Ser capaz de ouvir
- Respeitar as necessidades individuais
- Preocupar-se em integrar os novos participantes
- Aceitar a interação do grupo
- Ser um bom educador
- Saber motivar os participantes e a equipe
- Ser capaz de criar uma atmosfera harmoniosa, com sensibilidade
- Ter consistência, honestidade e prudência
- Conseguir estabelecer a comunicação entre os participantes e a equipe.

Reimpressa, com permissão, de N. Oldridge, 1988, "Qualities of an exercise leader". In: *Resource manual for guidelines for exercise testing and prescription*, editado por S. N. Blair et al. (Philadelphia, PA: Lea & Febiger), p. 240.

Probabilidade alta

Fatores ambientais
  Apoio do(a) companheiro(a)
  Conveniência da prática de exercícios
  Apoio dos amigos, da família e do médico
  Contratos
  Controle comportamental
  Análise de custo/benefício
  Treinamento de prevenção de recaídas

Atributos pessoais
  Automotivação
  Habilidades comportamentais
  Atividade física prévia
  Crença nos benefícios para a saúde
  Gosto pela atividade física
  Educação

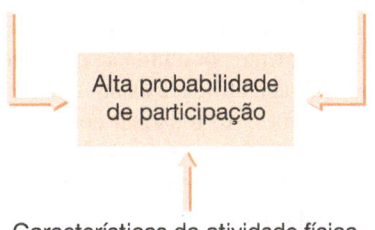

→ **Alta probabilidade de participação** ←

Características da atividade física
Escolha da atividade

Probabilidade baixa

Fatores ambientais
  Falta de tempo
  Quebra da rotina
  Clima

Atributos pessoais
  Trabalhador de produção
  Alto risco de DC
  Fumante
  Acima do peso
  Comportamento do tipo A
  Transtornos de humor

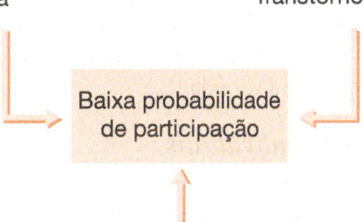

→ **Baixa probabilidade de participação** ←

Características da atividade física
Atividade de alta intensidade
Alta percepção de esforço

Figura 14.1 Probabilidade (alta e baixa) de participação na atividade física.

A partir de 1980, muitas organizações começaram a desenvolver programas de certificação e de formação para promover a prática de exercícios em clínicas de prevenção e reabilitação. Uma das primeiras foi o ACSM (www.acsm.org). A certificação exige que o candidato tenha certos conhecimentos básicos e demonstre comportamentos específicos. Atualmente, os programas de certificação do ACSM incluem (1) as seguintes especialidades:

Personal trainer
Instrutor de saúde/condicionamento físico
Especialista em exercício
Fisiologista do exercício clínico registrado

Essas certificações são consideradas como padrão por muitos profissionais das áreas do condicionamento físico e da reabilitação cardíaca. No entanto, há vários outros programas respeitados:

- American Council on Exercise (ACE) – profissional de condicionamento físico para grupos, *personal trainer*, consultor de estilo de vida e controle de peso e especialista em exercícios clínicos (www.acefitness.org)
- Aerobics and Fitness Association of America (AFAA) – *personal trainer* de condicionamento físico e de exercícios primários para grupos (www.afaa.com)
- National Strength and Conditioning Association (NSCA) – especialista em condicionamento e força física certificado e *personal trainer* certificado (www.nsca-lift.org)

Programas e certificações para aspectos específicos da liderança de exercício são apresentados mais adiante, neste capítulo. A seguir, descrevemos em detalhes as responsabilidades do profissional de condicionamento físico.

Servir de modelo

O profissional de condicionamento físico deve servir de modelo inspirador para seus clientes. A imagem do líder de exercícios com excesso de peso e fora de forma é coisa do passado. O líder tem de planejar atividades, avaliar o progresso dos participantes e incentivá-los, mas a liderança associada a muitos programas de exercícios se manifesta na forma de declarações de valor sutil, que dispensam palavras. Quando a presença e os comportamentos do profissional demonstram um estilo de vida saudável, isso aumenta o peso de suas palavras e seus programas.

Planejar programas

Todos os programas têm de ter planejamentos diários, semanais e mensais para proporcionar atividades adequadas, atender às necessidades dos participantes e reduzir a possibilidade de monotonia. Esse planejamento possibilita ao profissional de condicionamento físico julgar a utilidade da atividade e incentivar a modificação a cada mês. Ao trabalhar com participantes que se exercitam sozinhos, é preciso fazer recomendações específicas. O valor do *feedback* recebido desses indivíduos depende das informações que eles receberam no início do programa. As considerações a seguir aplicam-se a programas de exercícios tanto individuais quanto em grupo.

Variar o programa

A variedade é a pedra fundamental de qualquer programa de exercício. Alguns elementos estão presentes em todas as sessões: aquecimento e alongamento, fase de estímulo e relaxamento final. A variedade baseia-se em exercícios diferentes em cada parte da sessão, mensagens educativas curtas para a turma durante o alongamento e o relaxamento e jogos para dar mais sabor aos exercícios de rotina. O mais importante é planejar as sessões de atividades com bastante antecedência, para minimizar a repetição e maximizar a variedade.

Respeitar diferenças individuais

Ao participante deve ser dada a oportunidade de escolher entre uma série de atividades. O programa tem de cuidar de necessidades, interesses e limitações do grupo a que se destina. É preciso considerar o equipamento, as atividades e o ritmo da turma ao planejar programas para participantes jovens ou idosos, menos ou mais condicionados e menos ou mais hábeis (13). Ofereça opções diferentes a cada um: 0,5 ou 2 kg de peso, movimentos de baixo ou alto impacto, caminhadas rápidas de 1,6 km ou *jogging* de 4,8 km.

Manter o controle

O líder de exercício tem de controlar a sessão. Isso vale em especial quando se usam jogos (por exemplo, futebol de salão), em que a intensidade não é facilmente controlável. O controle implica a habilidade de modificar as sessões de acordo com as necessidades para atingir a freqüência cardíaca-alvo (FCA) e os objetivos de trabalho finais de cada indivíduo. Algumas pessoas precisam de alertas para diminuir o ritmo; outras, de incentivo para aumentar a intensidade. O elemento do controle (a distância) para quem se exercita sem supervisão direta pode ser fornecido por orientações escritas sobre o que fazer e quando passar de uma etapa a outra. Além disso, informações específicas devem ser fornecidas sobre sintomas que indicam respostas inapropriadas ao exercício.

Monitorar o progresso e manter registros

Acompanhar a resposta do participante à sessão de exercícios revela a adaptação específica ao trabalho daquele dia e também as mudanças gerais ao longo do tempo. Essas informações são importantes para a atualização das prescrições de exercícios e a solução de questões específicas levantadas pelo participante. Nas turmas de exercícios, os praticantes devem pausar regularmente para verificar a FC e determinar se ela está próxima da FCA. Em vez de acompanhar a FC de cada participante em cada medição, peça a todos que indiquem o número de batimentos acima ou abaixo da meta para 10 segundos. Assim, aumenta-se a consciência do participante a respeito da FCA e indica-se como a intensidade do exercício deve ser ajustada para permanecer no nível-alvo.

É provável que a resposta da FC seja o melhor e mais objetivo indicador para o ajuste da sessão de exercícios, mas não pare por aí. Extraia informações sobre as sensações gerais do participante: pergunte sobre novas dores, ou sensações estranhas. Os registros devem incluir a verificação da presença diária, a pesagem semanal, a medição regular da PA (se apropriado) e um espaço em branco para comentários (por exemplo, FCA, dores). Um exemplo desse tipo de registro é o Formulário de Atividades Diárias (veja o Formulário 14.1). Essas informações possibilitam ao profissional de condicionamento físico fazer melhores recomendações sobre o programa de exercícios e repassá-las a outros profissionais qualificados, se necessário.

Este é o ponto que enfatizamos em toda esta seção: o líder tem de ajudar o participante. As estratégias de comportamento listadas na página 272 fornecem sugestões aos profissionais de condicionamento físico para que se tornem líderes melhores.

Progressão das atividades físicas

Pessoas sedentárias, que desejam iniciar um programa de condicionamento físico, devem seguir uma seqüência de atividades lógica. Exercícios de intensidade moderada são recomendados para todos, mas o programa de atividades sistemático ajuda os participantes a melhorarem a capacidade funcional. Os parágrafos a seguir resumem nossas recomendações para atingir a progressão adequada das atividades.

Fase 1: caminhada regular

A primeira fase para indivíduos sedentários consiste em aumentar gradualmente a atividade física de intensidade moderada nos seus padrões semanais. Caminhar é a atividade mais popular. O principal objetivo do condicionamento físico é aumentar a quantidade de atividade que pode ser feita de forma confortável, portanto, não é necessário enfatizar a intensidade. Nessa fase, as pessoas começam com um percurso pelo qual podem caminhar com facilidade, sem dores nem fadiga. Depois, inicia o aumento gradual da distância e do ritmo até que seja possível completar cerca de 30 minutos de atividade de

FORMULÁRIO 14.1 Formulário de atividades diárias

Nome _____

Peso-alvo _____   Freqüência cardíaca-alvo _____

Semana	Dia	Peso	PA em repouso	FC em repouso	FC no exercício	TPE	Sinais, sintomas e comentários
1							
2							
3							
4							

De Edward T. Howley and B. Don Franks, 2007, *Fitness Professional's Handbook*, 5th ed. (Champaign, IL: Human Kinetics).

Ponto-chave

Para ser eficaz, o profissional de condicionamento físico tem de desenvolver habilidades de relacionamento, servir como modelo para os outros, variar os programas, acomodar diferenças, controlar a segurança do ambiente e monitorar e registrar o progresso dos participantes. Perguntar ao participante sobre a FC, a TPE e a presença de respostas incomuns é um modo de monitorar a intensidade do exercício durante a sessão.

intensidade moderada (por exemplo: 3,2 a 6,4 km · h^{-1}) por dia. Indivíduos com limitações ortopédicas podem substituir a caminhada por atividades sem apoio do próprio peso, como o ciclismo, o remo ou a natação.

Fase 2: níveis de trabalho recomendados para a mudança do condicionamento físico

Assim que se completa a Fase 1, os indivíduos devem ser informados sobre os níveis de trabalho recomendados para se obterem mudanças no condicionamento físico (veja o Capítulo 10). Na segunda fase, é introduzido um programa de treinamento intervalado para aliviar o trabalho – *jogging* é o trabalho; caminhar, o alívio. O participante caminha, passa ao *jogging*, depois caminha de novo e assim por diante. De modo gradual, o *jogging* começa a cobrir maior distância do que a caminhada, até que ele consiga praticar o *jogging* continuamente, por 3,2 a 4,8 km na FCA. Pessoas interessadas no ciclismo ou na natação (veja detalhes mais adiante, neste capítulo) também podem usar o treinamento intervalado. Quem prefere a dança aeróbica deve passar do programa de caminhada a aulas de baixo impacto e baixa intensidade.

Fase 3: variedade das atividades de condicionamento físico

Em geral, as duas primeiras fases são recomendadas para todos (com atividades alternativas para quem não quer ou não consegue praticar o *jogging* – ciclismo, dança ou corrida na piscina). A terceira fase, no entanto, é bastante individualizada e se baseia nos interesses de cada um. O propósito é promover a continuidade do trabalho, o que pode ser alcançado quando o praticante gosta do exercício proposto. Algumas pessoas preferem continuar o alongamento, a caminhada ou o *jogging*; outras optam por se exercitar sozinhas; e há quem goste mais do trabalho em grupo. Muitos se sentem bem em atividades

Estratégias comportamentais do líder de exercícios eficiente

- Demonstre sincero interesse pelos participantes. Procure saber por que eles escolheram seu programa e o que gostariam de alcançar.
- Mostre entusiasmo ao dar instruções e orientações.
- Desenvolva uma relação pessoal com cada participante.
- Leve em conta as diversas razões que levam um adulto a se exercitar (por exemplo, saúde, lazer, perda de peso, oportunidades sociais, aparência pessoal) e dê espaço às diferenças individuais.
- Estimule o participante (ou seja, mande cartões ou telefone) quando houver várias faltas inexplicáveis sucessivas. Explique aos iniciantes que perder uma ou outra aula por motivos inevitáveis não implica fracasso.
- Pratique o que você prega. Participe também das sessões de exercícios. Manter a postura correta e a boa aparência é essencial para projeção de uma auto-imagem positiva. Fumar deve ser proibido e tomar refrigerantes ou comer doces na academia também é inaceitável.
- Comemore dias especiais (por exemplo, aniversários) ou bons resultados no programa de exercícios com recompensas extrínsecas, como camisetas, faixas ou certificados.
- Acompanhe pessoalmente casos de problemas ortopédicos e musculoesqueléticos. Providencie alternativas para os exercícios de solo.
- Aconselhe os participantes a usar roupas adequadas.
- Evite o uso constante de terminologia médica ou fisiológica complicada, mas não a abandone por completo. Concentre-se em alguns poucos termos para educar os participantes de modo gradual.
- Agende visitas ocasionais de médicos particulares.
- Selecione e mostre aos participantes artigos de jornais ou de revistas sobre tópicos relacionados com a atividade física e outras informações pertinentes.
- Estimule um visitante ocasional ou um participante a liderar a atividade.
- Designe uma área para conversar com os participantes. Evite discutir questões com os participantes ao mesmo tempo em que realiza alguma outra tarefa.
- Deixe à mostra seus certificados de educação continuada e diplomas. Você terá maiores chances de incentivar mudanças comportamentais se for visto como um especialista.
- Apresente os novatos na sala da academia ou no vestiário. Essa orientação desperta a sensação de pertencer ao grupo.
- Estimule os participantes, elogiando sua aparência durante a prática dos exercícios. Conversar com eles durante o treino também pode servir como fator de distração de possíveis sensações desagradáveis causadas pela atividade.
- Considere a possibilidade de inscrever os participantes em corridas promovidas pelo governo ou por empresas ou mostre interesse e entusiasmo, comparecendo a eventos de condicionamento físico da comunidade.

Reimpressas de B. A. Franklin et al. 1990, *On the ball* (Carmel, IN: Benchmark Press), com permissão do autor, Barry A. Franklin, PhD.

cooperativas, com nível de competitividade relativamente baixo, enquanto outros ficam estimulados pelo sabor da competição. Há os que precisam variar as formas do movimento e os que apreciam a repetição de atividades similares. Diante disso, o profissional de condicionamento físico tem de criar um ambiente em que as pessoas se sintam livres para tentar coisas novas, sem entraves, e possam escolher a atividade preferida entre uma grande variedade de opções.

Programas de caminhada, *jogging*, corrida

Ao andar, o participante mantém sempre pelo menos um pé no chão. No *jogging* e na corrida, mais força muscular é despendida para arremessar o corpo, criando uma fase sem suporte, em que não há apoio. A distinção entre o *jogging* e a corrida não está definida com clareza. Alguns consideram que a diferença está na velocidade, mas não há um único critério de velocidade comumente aceito. Outros distinguem essas duas atividades pela intenção do participante – o *jogger* quer apenas se exercitar, enquanto o corredor treina para alcançar objetivos de desempenho em corridas de rua.

Segurança geral

Uma série de fatores de segurança tanto da corrida quanto do *jogging* devem ser mencionados antes de discutirmos a elaboração desses programas.

Calçados

Para iniciantes no programa de caminhada, qualquer calçado confortável e com bom apoio para os pés é suficiente. Praticantes de caminhada mais avançados e de *jogging* devem investir em calçados apropriados, com acolchoamento e bom ajuste nos calcanhares, salto mais alto do que o restante do solado e flexibilidade suficiente para se dobrar com facilidade. Antes de comprar o calçado, é bom experimentá-lo com o mesmo tipo de meia que será usado durante os exercícios; assim se pode avaliar o ajuste adequado. Apenas corredores que participam seriamente de competições precisam de calçados especiais, mais leves e com menos acolchoamento.

Roupas

As condições do clima e a intensidade da atividade determinam o tipo de roupa. O clima quente dita trajes leves, de preferência de algodão, e folgados. Não se deve usar nenhum tipo de material que impeça a livre liberação do suor. Um boné deve cobrir a cabeça em dias quentes e ensolarados. Para o praticante de *jogging*, não há necessidade de calças compridas, a não ser que a temperatura caia abaixo de ~4°C (considerada a sensação térmica).

Em climas frios, os praticantes de caminhada e de *jogging* devem usar mais de uma roupa, de modo que possam remover a de cima ou acrescentar uma outra, se necessário. Lã e polipropileno são boas opções para o frio extremo, mas a maioria dos *joggers* tende a exagerar na quantidade. Também podem ser usados um boné, de preferência um gorro de lã para cobrir as orelhas e parte da testa, e luvas leves ou reforçadas. Usar meias de algodão como luvas é útil não apenas para manter as mãos quentes, mas também para limpar a umidade do nariz, que costuma escorrer durante a caminhada ou *jogging* em dias frios.

Superfície

A superfície não é tão fundamental na caminhada quanto no *jogging*, embora alguns caminhantes (em especial, aqueles com problemas ortopédicos) devam se exercitar em terrenos macios, como os gramados, ou em pistas especiais, cobertas por material que absorva o impacto. Muitas pessoas preferem se exercitar fora das pistas em razão do maior interesse e estímulo visual, mas a prática regular do *jogging* sobre solo duro, como o concreto ou o asfalto, pode causar problemas de estresse em tornozelos, joelhos, articulações dos quadris e lombar. Os *joggers* precisam tomar certas precauções ao se exercitar em ruas: correr na contra-mão do tráfego, pressupor que os motoristas não os vêem em cruzamentos e tomar cuidado com buracos e meios-fios. Em geral, trilhas e campos oferecem superfícies mais macias, mas o praticante tem de ficar mais atento devido ao terreno irregular e ao maior potencial de lesões no tornozelo.

Dicas de segurança

Eduque os participantes para tomar as seguintes precauções de segurança ao praticar a caminhada ou o *jogging*:

- não se exercitar na contramão do tráfego;
- liberar a passagem dos carros;
- ouvir música apenas quando estiver se exercitando em uma rua muito tranqüila, mantendo-se sempre atento ao trânsito;
- escolher ruas bem-iluminadas ou pistas de corrida de escolas;
- caminhar ou praticar o *jogging* com um parceiro se optar por se exercitar à noite.

> **Ponto-chave**
>
> As pessoas que praticam a caminhada ou o *jogging* devem usar calçados confortáveis e com bom apoio e vestir roupas adequadas às condições climáticas e à intensidade do exercício. Em ruas, devem obedecer às recomendações e exercitar-se em áreas e horários seguros.

Caminhada

As vantagens da caminhada incluem conveniência, praticabilidade e naturalidade. Caminhar é uma atividade excelente, em especial para pessoas que estão acima do peso e mal-condicionadas e cujas articulações não conseguem suportar o estresse do *jogging*.

Como em qualquer programa de exercícios, os participantes começam com um aquecimento e às vezes um alongamento estático. A caminhada deve ter início a uma velocidade baixa, que será aumentada de modo gradual até um ritmo confortável. Os braços movimentam-se livremente, e o tronco é mantido ereto, com uma leve inclinação pélvica para trás. Os pés apontam para a frente o tempo todo. Muitos praticantes da caminhada se exercitam em *shoppings*, onde há o conforto do ar condicionado, a segurança, a regularidade da superfície e a conveniência da localização.

Programas de caminhada podem progredir pelo aumento da distância ou da velocidade. Como mencionado antes, o primeiro objetivo do participante é acumular 30 minutos de atividade física moderada todos os dias. Esse é um marco importante, com claros benefícios à saúde (veja o Capítulo 10). Além disso, esses 30 minutos podem ser cumpridos em blocos de 10 minutos ou mais. Os praticantes devem aumentar a distância de forma gradativa até conseguirem caminhar com facilidade por 30 minutos, em ritmo rápido, diariamente (por exemplo, 3,2 a 6,4 km $\cdot$ h^{-1}). Não é apropriado começar o *jogging* ou tentar atingir a FCA em aulas de dança aeróbica antes de alcançar o objetivo da caminhada. Na página 275, apresentamos um programa de caminhada graduado, que, no final, leva a um nível de atividade adequado ao início do *jogging*.

Como transformar a caminhada em uma atividade interessante para uma turma de 30 a 40 participantes? Nessa situação, o líder de exercícios tem de enfatizar a variedade para manter um nível alto de interesse. Há vários modos de conseguir isso:

- Siga à frente dos participantes por colinas e vales, suba e desça escadas ou ladeiras, mudando a velocidade de vez em quando.

- Na pista, coloque o grupo em fila e determine que o último tem de caminhar mais rápido para alcançar os primeiros, que, por sua vez, mantêm um ritmo regular. Caminhar em fila com essa proposta possibilita a cada um a realização de uma sessão do tipo intervalada.
- Dê uma bola ao primeiro da fila, que deve passá-la para trás pela lateral ou por cima da cabeça, até que ela chegue ao último participante. Nesse momento, se inicia o processo inverso.
- Varie a atividade praticada para alcançar o primeiro da fila – salto, *jogging*, etc.
- Varie o comprimento da fila, formando grupos, e controle o ritmo geral, equilibrando os grupos e verificando a FCA.
- Planeje um jogo de "pega-pega", em um campo ou ginásio, no qual todos os participantes têm de caminhar, enquanto o líder controla a definição das fronteiras.
- Estabeleça uma distância-alvo para 15 semanas de caminhada – por exemplo: vamos caminhar de Champaingn até Nashville, ou seja, um total de 290 km, nessas 15 semanas – e marque no mapa, com alfinetes coloridos, o avanço de cada participante a cada semana. No final, distribua prêmios (camisetas) ou promova uma festa caipira. Distâncias mais longas podem ser escolhidas como alvo quando o objetivo for contar os quilômetros de toda a turma, enfatizando a obtenção de resultados de equipe.

Jogging

Não há um único fator determinante do momento certo para começar o *jogging*. Quem consegue andar cerca de 6,4 km rapidamente, em dias alternados, mas não é capaz de atingir a FCA na caminhada, deve avaliar a possibilidade de seguir um programa de *jogging* para obter melhorias adicionais no condicionamento cardiorrespiratório (CCR). O praticante de caminhada que se exercita em um ritmo lento a moderado e cuja FC fica dentro da faixa-alvo deve aumentar a distância ou a velocidade em vez de começar o *jogging*. Além disso, é preciso considerar a capacidade das articulações de cada um para suportar o estresse adicional do *jogging*. Lembre-se de que caminhar pode ser a primeira e a única atividade de muitas pessoas; é mais importante permanecer ativo do que praticar atividades mais intensas.

Ponto-chave

Os programas de caminhada devem ser iniciados a uma velocidade baixa, que será aumentada gradualmente até um ritmo confortável. A distância também aumenta de modo progressivo até, pelo menos, 30 minutos (por exemplo 3,2 km) de caminhada diária em ritmo rápido. A lista pré-citada detalha atividades mais prazerosas e divertidas, capazes de garantir a persistência no programa.

As técnicas do *jogging* são basicamente as mesmas da caminhada. O *jogging* exige maior flexão do joelho da perna de recuperação, e os braços ficam mais dobrados nos cotovelos. O balanço dos braços é um pouco exagerado, mas ainda assim na mesma direção – para a frente e para trás. É o calcanhar que faz o primeiro contato com o solo; em seguida, o pé inteiro vai tocando o chão, até chegar a vez da ponta e dos dedos. À medida que a velocidade aumenta, o pé encosta no solo em uma posição quase plana. A respiração acontece pelo nariz e também pela boca. Erros comuns entre *joggers* iniciantes consistem em respirar com a boca fechada, dobrar pouco o joelho na fase de recuperação e balançar os braços na frente do corpo.

Muitas pessoas começam a praticar o *jogging* a uma velocidade muito alta, o que resulta na incapacidade de continuar por tempo suficiente para alcançar a quantidade desejada de trabalho total; com freqüência, isso faz com que o praticante perca o gosto pela atividade. Esse problema pode ser evitado mantendo-se um ritmo que permita conversar e adotando intervalos de alívio do trabalho. Para iniciantes, o esquema pode ser: alguns segundos de *jogging*, depois caminhada, *jogging* lento de novo e assim por diante. Os participantes devem ser informados de que, com o tempo, à medida que ficarem mais condicionados, passarão a caminhar menos e a correr mais. Um exemplo dessa progressão é mostrado no programa de *jogging* da página 276.

Ponto-chave

Os estágios 1 a 5 do programa de *jogging* são intervalos apropriados para o início desse tipo de programa.

Quando consegue praticar o *jogging* por 3,2 a 4,8 km continuamente, dentro da faixa da FCA, a pessoa tem à disposição vários métodos de programa possíveis. Ela pode apenas continuar com o *jogging* 3 ou 4 vezes por semana, planejando se exercitar com intensidade suficiente somente para elevar a FC até a faixa de treinamento para um período de tempo (ou distância) mínimo predeterminado, com a opção de aumentar o tempo (ou o percurso) nos dias desejados. Outras pessoas rendem mais em um programa específico, que inclui objetivos de velocidade e de distância progressivos, ainda que não pretendam competir.

Como na turma de caminhada já mencionada, o profissional de condicionamento físico deve variar o programa de *jogging*; e são apropriados os mesmo tipos de modificação pré-citados para o programa de caminhada. Além disso, em algumas comunidades onde há trilhas, as estações de exercícios podem ser feitas em locais diferentes, permitindo a combinação da caminhada ou *jogging* com exercícios específicos para todas as partes do corpo. Corridas de lazer são promovidas em muitas comunidades; o objetivo é completar o percurso; no final, acontece a entrega de pequenos prêmios.

Programa de caminhada

Regras
1. Começar a um nível confortável.
2. Prestar atenção em novas dores ou áreas sensíveis.
3. Não passar ao nível seguinte sem se sentir confortável.
4. Monitorar e registrar a FC.
5. Caminhar *pelo menos* um dia sim, um dia não.

Estágio	Duração	FC	Comentários
1	15min		
2	20min		
3	25min		
4	30min		
5	30min		
6	30min		
7	35min		
8	40min		
9	45min		
10	45min		
11	45min		
12	50min		
13	55min		
14	60min		
15	60min		
16	60min		
17	60min		
18	60min		
19	60min		
20	60min		

Reimpresso, com permissão, de B. D. Franks and E. T. Howley, 1998, *Fitness leader's handbook*, 2th ed. (Champaign, IL: Human Kinetics), p. 124 (6).

Os *joggers* que não são rápidos o suficiente para participar de corridas de rua com êxito podem se divertir em outras competições, como as corridas com tempo previsto, em que não é a velocidade que determina o vencedor. O propósito desse tipo de corrida é ver qual praticante se aproxima mais do tempo planejado para a finalização, declarado antes da largada. Na

Programa de *jogging*

Regras

1. Completar o programa de caminhada antes de iniciar o de *jogging*.
2. Começar cada sessão com caminhada e alongamento.
3. Prestar atenção em novas dores e áreas sensíveis.
4. Não passar ao próximo nível sem se sentir confortável.
5. Começar no extremo mais baixo da faixa da FCA; registrar a FC em cada sessão.
6. Fazer o programa no esquema "trabalhar um dia, descansar no outro".

Estágio 1 – 10 passos de *jogging*, 10 passos de caminhada. Repetir 5 vezes e verificar a FC. Permanecer na faixa da FCA, aumentando ou diminuindo a fase da caminhada. Fazer 20 a 30 minutos de atividade.

Estágio 2 – 20 passos de *jogging*, 10 passos de caminhada. Repetir 5 vezes e verificar a FC. Permanecer na faixa da FCA, aumentando ou diminuindo a fase da caminhada. Fazer 20 a 30 minutos de atividade.

Estágio 3 – 30 passos de *jogging*, 10 passos de caminhada. Repetir 5 vezes e medir a FC. Permanecer na faixa da FCA, aumentando ou diminuindo a fase da caminhada. Fazer 20 a 30 minutos de atividade.

Estágio 4 – 1 minuto de *jogging*, 10 passos de caminhada. Repetir 3 vezes e medir a FC. Permanecer na faixa da FCA, aumentando ou diminuindo a fase da caminhada. Fazer 20 a 30 minutos de atividade.

Estágio 5 – 2 minutos de *jogging*, 10 passos de caminhada. Repetir 2 vezes e medir a FC. Permanecer na faixa da FCA, aumentando ou diminuindo a fase da caminhada. Fazer 30 minutos de atividade.

Estágio 6 – 1 volta de *jogging* (400 m) e verificar a FC. Ajustar o ritmo durante a corrida para permanecer na faixa da FCA. Se a FC ainda estiver alta demais, voltar ao estágio 5. Dar 6 voltas com uma breve caminhada entre elas.

Estágio 7 – 2 voltas de *jogging* e verificar a FC. Ajustar o ritmo durante a corrida para permanecer na faixa da FCA. Se a FC ainda estiver alta demais, voltar ao estágio 6. Dar 6 voltas com uma breve caminhada entre elas.

Estágio 8 – 1,6 km de *jogging* e verificar a FC. Ajustar o ritmo durante a corrida para permanecer na faixa da FCA. Fazer um percurso de 3,2 km.

Estágio 9 – 3,2 a 4,8 km de *jogging* continuamente. Verificar a FC no final para confirmar se foi mantida a faixa-alvo.

Reimpresso, com permissão, de B. D. Franks and E. T. Howley, 1998, *Fitness leader's handbook*, 2th ed. (Champaign, IL: Human Kinetics), p. 125 (6).

---

corrida com vantagem para os mais fracos, os praticantes declaram seu melhor tempo para a distância em questão. Na contagem final, adota-se uma porcentagem (80 a 100%), que será usada para calcular a vantagem de cada um dos *joggers* em relação ao mais rápido deles. Suponhamos, por exemplo, que o melhor tempo do corredor "A" para 4,8 km seja 18 minutos; o do "B", 19 minutos; e o do "C", 20 minutos. Se escolhermos 80% como referência, 48 segundos (0,8 vezes os 60 segundos de diferença entre "A" e "B") serão subtraídos do tempo de chegada do "B", e 96 segundos (0,8 vezes os 120 segundos de diferença entre "A" e "C"), do tempo de chegada do "C". Imaginemos ainda que o corredor "A" complete a corrida em 17min50s; o B, em 18min30s; e o C, em 20min10s. Então, no final, o tempo de chegada de "A" será 17min50s (tempo real); o de "B", 17min42s (18min30s – 0min48s); e o de "C", 18min34s (20min10s – 0min96s). Portanto, o vencedor será o B. Outro método de conceder vantagem em uma corrida consiste em escalonar a largada de acordo com o melhor tempo prévio do praticante, de modo que o mais lento largue primeiro e o mais rápido, por último. Quem cruzar a linha de chegada primeiro será o vencedor. Podem ser formadas equipes de quatro, por exemplo, compostas de praticantes com diferentes níveis de velocidade.

Corrida competitiva

Quase todas as comunidades promovem corridas de rua patrocinadas por clubes e organizações como meio de levantar fundos, em geral, para propósitos nobres. Cada participante paga uma taxa de inscrição, e a maioria das corridas têm divisões por sexo e idade, com prêmios aos finalistas gerais e por categorias. Geralmente, todos os que completam a prova recebem algum tipo de brinde, como um certificado ou uma camiseta. Os percursos variam de 1,6 km (com freqüência, chamada de *corrida de lazer*) a 161 km. Os mais comuns, porém, são os de 5 e 10. Os alunos do programa de condicionamento físico não devem ser pressionados a participar de corridas de rua. O profissional deve avaliar a possibilidade de participar da corrida junto com os alunos interessados, a fim de ajudá-los a selecionar um ponto de início e determinar o ritmo e também para incentivá-los. Isso pode auxiliar na transição de um grupo de *jogging* para um programa individualizado.

Os que treinam com objetivos de desempenho trabalham no topo da faixa da FCA, 6 a 7 dias por semana, com sessões de 30 a 40 minutos. Esses programas tendem a provocar mais lesões, e os profissionais de condicionamento físico devem estimular os participantes que buscam esses objetivos a manter uma atividade alternativa agradável nos períodos de recuperação de lesões.

Ciclismo

Pedalar ao ar livre ou no cicloergômetro é outra boa atividade de condicionamento físico. Quem têm problemas quando caminha e pratica o *jogging* ou algum esporte costuma pedalar sem dificuldades. O programa de ciclismo segue as orientações de melhoria do CCR (veja o Capítulo 10). Embora as bicicletas e os terrenos variem bastante, a verificação da FCA possibilita aos praticantes ajustarem a velocidade para trabalhar na intensidade apropriada. Em geral, no ciclismo, o indivíduo cobre uma distância 3 a 4 vezes maior do que a do *jogging*; quem faz até 4,8 km de *jogging* costuma pedalar 14,5 a 19,3 km em cada sessão de bicicleta. O banco deve ser confortável, com altura ajustada de modo que o joelho fique ainda um pouco dobrado quando o pedal está mais próximo do chão.

Ponto-chave

Pedalar é uma atividade excelente, em especial para quem não pode caminhar nem praticar o *jogging* em virtude de problemas nas articulações. Em geral, pedalar por uma distância 3 a 4 vezes maior do que a percorrida no *jogging* garante a manutenção do mesmo gasto calórico e da mesma carga de trabalho cardiorrespiratório.

Jogos

Uma maravilhosa característica da infância que se perde com freqüência na vida adulta é a capacidade de brincar. As crianças não sentem necessidade de justificar o tempo que gastam em um jogo por simples diversão. Um dos atributos que parece presente em comportamentos propensos a problemas coronários é a inabilidade de apreciar brincadeiras e jogos. O bom programa de condicionamento físico pode propiciar atividades que desenvolvam tanto o condicionamento físico quanto a capacidade de brincar.

Para que os jogos sejam parte eficaz do programa, certos elementos têm de estar presentes:

Programa de ciclismo

Regras
1. Ajustar o banco de modo confortável.
2. Usar a bicicleta comum ou a ergométrica.
3. No estágio 1, o objetivo é simplesmente acostumar a pedalar 1,6 a 3,2 km, sem se preocupar com o tempo nem com o fato de estar no limite mais baixo da faixa da FCA.

Estágio	Distância em mi (km)	FCA (% FC máx.)	Tempo (min)	Freqüência (por semana)
1	1-2 (1,6-3,2)	–	–	3
2	1-2 (1,6-3,2)	60	8-12	3
3	3-5 (4,8-8,0)	60	15-25	3
4	6-8 (9,7-12,9)	70	25-35	3
5	6-9 (9,7-14,5)	70	25-35	4
6	10-15 (16,1-24,1)	70	40-60	4
7	10-15 (16,1-24,1)	80	35-50	4-5

Reimpresso, com permissão, de B. D. Franks and E. T. Howley, 1998, *Fitness leader's handbook*, 2th ed. (Champaign, IL: Human Kinetics), p. 126 (6).

- **Competição**. Não se deve evitar a competição, mas é preciso colocar pouca ênfase na vitória; o jogo não pode ser usado para excluir pessoas.
- **Cooperação**. Montar grupos pequenos para que os integrantes solucionem problemas juntos pode ser agradável e saudável.
- **Prazer**. O prazer exige equilíbrio entre cooperação e competição, participação continuada de todos e possibilidade de vitória também para todos.
- **Inclusão**. Ingrediente-chave de jogos destinados ao condicionamento físico é a inclusão de todos. Isso pode implicar modificação de regras.
- **Habilidade**. Em alguns jogos destinados ao condicionamento físico, às vezes são necessários certos níveis de habilidade que podem ser ensinados como parte do programa.
- **Vigor**. A sessão de trabalho principal deve incluir jogos em que todos os participantes fiquem continuamente ativos, na faixa da FCA.

Considerações especiais

Participantes com qualquer nível de condicionamento físico podem fazer atividades de aquecimento antes dos jogos e de relaxamento depois deles. Os jogos mais vigorosos, no entanto, costumam envolver momentos de alta intensidade, paradas, reinícios e mudanças rápidas de direção. Esses não são recomendados para os estágios iniciais do programa de condicionamento físico. Algum alongamento adicional e movimentos fáceis multidirecionados devem ser incluídos como parte do aquecimento para os jogos. Obviamente, o espaço, o número de pessoas e o equipamento devem ser considerados na hora de selecionar a atividade. O líder tem de enfatizar a segurança e deve mudar as regras assim que perceber que o jogo não está funcionando bem. É importante oferecer várias opções de jogos, de modo que pessoas com diferentes níveis de atividade possam participar. Quando há envolvimento de grupos grandes, as atividades devem mudar com freqüência para prender o interesse de todos. Além do aquecimento e do relaxamento, atividades de intensidade mais baixa e mais alta devem ser alternadas para evitar a fadiga indevida. É preciso estimular as pessoas a obedecerem o próprio ritmo. Deve-se verificar a FCA periodicamente para garantir que todos permaneçam dentro de suas respectivas faixas-alvo.

Jogos para condicionamento físico

Os jogos e as atividades para condicionamento físico estão resumidos a seguir. Em geral, o nível de controle varia desde o mais alto, empregado em atividades em círculo ou em fila, até o mais baixo, em que é menor o número de regras, como no jogo em que um ou mais participantes tentam pegar a bola ou outro objeto em poder dos demais. Os jogos podem envolver diversos grupos musculares e usar o peso corporal como resistência. De maneira simultânea, desenvolvem maior equilíbrio e coordenação, que não são aspectos inerentes à caminhada, ao *jogging* ou aos exercícios em aparelhos fixos. *The Sport Ball Exercise Handbook* (5), um livro escrito especificamente para incentivar jogos em academias, deve integrar a biblioteca do líder de exercícios. *The New Games Book* (14), um clássico sobre o tema, e *Inclusive Games: Movement Fun for Everyone* (9) apontam um método divertido e inclusivo para jogos com número variado de participantes. Em jogos, assim como em todas as atividades, o profissional de condicionamento físico precisa incluir pessoas com incapacidades, adaptando as atividades (18).

Atividades e jogos para condicionamento físico

- Habilidades e jogos com bolas de vários tamanhos. O tamanho e o tipo da bola sugerem usos inovadores – uma bola grande e leve, por exemplo, pode substituir a de basquete. Entre outros tipos de bolas, estão as infantis, medicinais, de Nerf (bola de espuma, criada para jogos dentro de casa), de tênis, vôlei, basquete, handebol, *softball* e *mush* (bolas enormes usadas em uma variante do *softball*).
- Atividades com equipamentos. Exemplos: bambolês, discos para arremesso, raquetes, remos, cordas de pular, pinos, aros, tiras de borracha, pontes e bóias de brinquedo.
- Jogos de perseguição. Exemplos: pega-pega, queimada, corre-cotia.
- Revezamento com ou sem equipamento. Exemplos: corrida, salto, rolamento, rastejamento e dribles com mãos e pés.
- Acrobacias e lutas. Exemplos: atividades em dupla, como acrobacias de equilíbrio, rolamentos para a frente e para trás, movimentos de força, flexões, abdominais e lutas de combate limitado.
- Jogos preparatórios para os esportes principais. Exemplos: futebol, tênis, basquete, vôlei, handebol e futebol americano; com freqüência, com regras modificadas para corresponder às habilidades dos participantes.
- Jogos infantis. As atividades incluem amarelinha, pular elástico e pega-bandeira.

Adaptados, com permissão, de M.D. Giese, 1988, Organization of an exercise session. In: Resource manual for guidelines for exercises testing and prescription, editado por S. N. Blair et al. (Philadelphia, PA: Lea & Febiger), 244-247.

> **Ponto-chave**
> Jogos eficazes para o condicionamento físico são agradáveis, divertidos, inclusivos, vigorosos, cooperativos e competitivos e, ainda, desenvolvem habilidades.

Atividades aquáticas

As atividades aquáticas podem compor parte importante do programa de exercícios ou servir de descanso, substituindo outros exercícios, especialmente em caso de lesões. É possível adequar a intensidade da atividade a todo tipo de praticante – do menos ao mais condicionado, do paciente que sofreu um infarto do miocárdio (IM) há pouco tempo ao atleta de *endurance*. Pode-se verificar a FC a intervalos regulares para ver se foi alcançada a faixa-alvo, e é possível alcançar objetivos relacionados ao gasto calórico, dada a alta demanda energética desse tipo de atividade. Pessoas com problemas ortopédicos, que não podem correr, dançar ou participar de certos jogos, devem experimentar os exercícios na piscina, pois a água suporta o peso corporal, minimizando problemas associados às articulações de sustentação.

Freqüência cardíaca-alvo

É consistente a descoberta de que a resposta da FC máxima, em um teste de natação, fica 18 batimentos · min^{-1} abaixo do valor registrado no teste máximo na esteira. Isso sugere que, na natação, a FCA deve diminuir (2 batimentos menos para a contagem de 10 segundos) para alcançar 60 a 80% do objetivo do $\dot{V}O_2$máx. associado com certo efeito do treinamento de *endurance* (11).

Progressão

As atividades de natação podem ser graduadas pela variação não apenas da velocidade do nado, mas também do tipo de exercício. Pacientes que sofreram IM há pouco tempo e têm uma capacidade funcional extremamente baixa serão beneficiados com a simples caminhada dentro d'água. Os que passaram recentemente por uma cirurgia de revascularização obterão proveito se movimentarem os braços à medida que caminham pela piscina. A seguir, damos exemplos de atividades que podem ser usadas em programas de exercícios dentro d'água. Consulte o *YMCA Water Fitness for Health* (17) para obter mais informações sobre esse tipo de exercício.

Atividades na borda da piscina

Uma série de atividades pode ser realizada enquanto o participante segura a borda da piscina com uma ou com as duas mãos. Essas atividades variam desde movimentar as pernas em várias direções até reproduzir os movimentos dos estilos de natação. Realizar os movimentos na ADM é uma boa forma de aquecimento antes de fazer atividades mais vigorosas, como caminhar ou praticar o *jogging* dentro d'água.

Caminhada e *jogging* na piscina

Pessoas com baixa capacidade funcional podem começar o programa aquático com uma simples caminhada no lado mais raso da piscina. A água resiste ao movimento e também suporta o peso corporal, reduzindo a carga aplicada ao tornozelo, aos joelhos e ao quadril. Pode haver envolvimento dos braços, simulando algum tipo de nado; essa variante aumenta a ADM dos braços e da cintura escapular. A velocidade e a forma da caminhada podem mudar à medida que a pessoa se habitua com a atividade. O praticante pode dar passos longos, mantendo apenas a cabeça fora d'água, ou cruzar a piscina andando de lado. Mais adiante, pode praticar o *jogging* na piscina, com a água na altura do peito. Lembre-se de conferir se foi alcançada a FCA.

Equipamentos para flutuar

Pessoas com limitada capacidade de flutuação podem usar equipamentos (por exemplo, um colete salva-vida ou uma prancha). A resistência adicional do colete compensa a flutuação extra fornecida. Periodicamente, o praticante deve conferir se a FCA está sendo alcançada.

Natação na raia

Os participantes precisam saber nadar bem para substituir a corrida ou o ciclismo pela natação. O nadador que não domina as técnicas da atividade trabalha a um custo energético muito alto, ainda que se movimente devagar, e pode ficar fatigado demais antes de terminar a sessão. No entanto, a falta de habilidade não significa que a pessoa tenha de excluir a natação de seu programa individual de condicionamento físico. Em alguns meses, ela pode aprender a nadar, ajustando gradualmente o exercício. Depois de dominar a técnica, é possível adotar a natação como atividade principal, ainda que os movimentos sejam elementares. Aumentar o número de atividades de exercício que o participante pode praticar significa aumentar também suas chances de permanecer ativo caso algo interfira na atividade principal.

A natação rápida na raia deve ser tratada como a corrida rápida: primeiro um aquecimento com alongamento, depois um início lento, com paradas freqüentes para medir a pulsação, seguido do aumento gradual da distância. Lembre-se de que o custo calórico da natação mantém uma relação de 4:1 com o custo da corrida na mesma distância. Se 1,6 km de *jogging* é um objetivo razoável no programa de atividades físicas, 400 m de natação é seu equivalente em termos de gasto energético. O programa de natação apresentado na página 280 descreve as etapas que podem ser incluídas no treinamento de *endurance*, começando pela caminhada dentro d'água. Todas as etapas pressupõem aquecimento antes da atividade e relaxamento depois dela.

Programa de natação

Regras
1. Começar em um nível confortável.
2. Não passar ao estágio seguinte se não estiver confortável.
3. Monitorar e anotar a FC.

Estágio 1 – Com água até o peito, caminhar de ponta a ponta da piscina 4 vezes e verificar se a FC está próxima do alvo. Aumentar a distância de forma gradual, até ser capaz de caminhar 10 minutos na FCA.

Estágio 2 – Com água até o peito, fazer a ida de caminhada e a volta de *jogging*. Repetir 2 vezes e verificar se a FC está próxima do alvo. Aumentar gradualmente a distância do *jogging*, até completar 5 minutos 4 vezes na FCA.

Estágio 3 – Com água até o peito, fazer a ida de caminhada e a volta de natação (qualquer estilo). Usar uma prancha ou algum outro equipamento de flutuação, se necessário. Repetir esse ciclo 2 vezes e verificar se foi mantida a FCA. Manter esse padrão por 20 a 30 minutos de atividade.

Estágio 4 – Com água até o peito, fazer a ida de *jogging* e a volta de natação (qualquer estilo); repetir e verificar a FCA. De modo progressivo, diminuir a distância do *jogging* e aumentar a da natação, até conseguir completar 2 idas e 2 voltas dentro da faixa da FCA. Completar 20 a 30 minutos de atividade por sessão.

Estágio 5 – Nadar lentamente 22,9 m; descansar 20 segundos. Nadar da mesma maneira mais 22,9 m e verificar a FCA. De acordo com a resposta da FC, mudar a velocidade do nado ou o tempo de descanso para permanecer na faixa da FCA. Aumentar aos poucos a distância percorrida (por exemplo, 3, depois 4 vezes) antes de verificar a FCA.

Estágio 6 – Aumentar a duração do nado contínuo, até conseguir completar 20 a 30 minutos sem descanso.

Reimpresso, com permissão, de B. D. Franks and E. T. Howley, 1998, *Fitness leader's handbook*, 2th ed. (Champaign, IL: Human Kinetics), p. 129.

Os estágios do programa de natação não são passos distintos, que obedecem obrigatoriamente à ordem citada. Pode-se, por exemplo, combinar duas etapas ou introduzir jogos para tornar a caminhada, o *jogging* e o nado mais divertidos. O objetivo é aumentar pouco a pouco a intensidade e a duração das atividades aquáticas.

Ponto-chave
As atividades aquáticas incluem movimentos feitos em pé (por exemplo, caminhada e *jogging* para atravessar a piscina, usando flutuadores) e também a natação. Também podem ser feitos exercícios, segurando na borda da piscina, de movimentação das pernas para trás e para a frente ou de reprodução dos movimentos de cada estilo.

Exercícios acompanhados de música

Movimentar-se ao som de música é um modo agradável de se exercitar. O interessado pode inscrever-se em uma turma de academia, contratar aulas particulares com um profissional de condicionamento físico ou praticar em casa, acompanhando fitas ou DVDs.

Vantagens

O exercício ao som de música é agradável para muitas pessoas, jovens e idosos, homens e mulheres. A partir de meados da década de 1970, a aeróbica teve grande impulso, evoluindo das tradicionais aulas de alta intensidade e baixo impacto a uma série de cursos especializados, desenvolvidos para todos os gostos e níveis de condicionamento. A inclusão de exercícios na água, tablados para *step*, tiras de borracha, bolas de resistência, artes marciais e boxe fornece numerosas oportunidades para o treinamento cruzado ou o aprendizado de novas técnicas. Felizmente, essas tendências têm sido acompanhadas pelo desenvolvimento de programas de certificação e de educação continuada (veja mais adiante, neste capítulo).

Ficar motivado

O exercício ao som de música é um excelente meio de motivar as pessoas a persistirem na atividade. Os tempos e ritmos de canções diferentes mantêm a excitação da sessão de trabalho e desafiam o participante. Músicas conhecidas, com freqüência, distraem a atenção, fazendo com que as pessoas esqueçam a sensação de fadiga. A música torna os exercícios rotineiros mais divertidos, e o ambiente criado ajuda a promover boa convivência e participação regular.

Atingir a FCA

Os programas de dança aeróbica podem desenvolver todos os componentes do condicionamento físico. A freqüência, a intensidade e o trabalho total recomendados (veja o Capítulo 10) podem ser alcançados durante essa atividade e podem aumentar o $\dot{V}O_2$máx. (19). É fácil monitorar a FCA após uma música, mas os iniciantes precisam ter cuidado para não extrapolar os próprios limites cedo demais. Um estudo revelou que a FCA pode ser atingida com rotinas tanto de baixo quanto de alto impacto. Embora o custo energético da dança aeróbica de alta intensidade e alto impacto seja maior do que o dos programas de baixo impacto que usam as mesmas rotinas e músicas, esses dois tipos de atividade não variam muito em termos de gasto calórico quando há inclusão de movimentos multidirecionados nas rotinas de baixo impacto (19).

Baixa demanda de habilidade

Os movimentos ao som de música podem ser adaptados a qualquer nível de habilidade, pois não há competição envolvida. A única regra é manter o ritmo necessário para alcançar a FCA. As rotinas podem ser adaptadas para todas as idades. A maioria das aulas de aeróbica propicia aos participantes uma rotina de trabalho apropriada, em um ambiente seguro (desde que os instrutores sejam certificados e cuidem das questões de segurança). Aquecimentos são estruturados com movimentos de baixo impacto e alongamento dinâmico antes de 30 a 40 minutos de trabalho cardiovascular. A progressão gradual em cada sessão, assim como de uma sessão para a outra, desperta maior interesse.

Os profissionais de condicionamento físico devem se familiarizar com os programas de dança aeróbica oferecidos na comunidade, pois alguns (por exemplo, exercícios ao som de *jazz*) podem exigir conhecimento mais profundo de movimentos de dança. Além disso, eles têm de estar atentos aos programas apropriados para pessoas de diferentes idades, níveis de habilidade e interesses.

Desvantagens

Lesões são sempre um risco potencial em programas de condicionamento físico, e a dança aeróbica não é exceção. Uma revisão revelou que cerca de 44% dos alunos e 76% dos instrutores relataram lesões resultantes dessa atividade; entre os alunos, a taxa registrada foi de 1 lesão a cada 100 horas de atividade; entre os instrutores, 0,22 a 1,16. A gravidade das lesões, no entanto, era tal, que apenas uma vez em cada 1.092 a 4.275 horas de participação havia necessidade de cuidados médicos (7). Para quem deseja participar da dança aeróbica, uma sugestão razoável é iniciar o programa somente quando puder caminhar 2 mi · dia^{-1}, com intensidade moderada, sem desconforto. Deve-se passar de sessões de baixa intensidade e baixo impacto a outras mais extenuantes, usando a FCA como orientação. Mais adiante, é possível incluir aulas introdutórias de *step* ou outra forma especializada de aeróbica para desenvolver as habilidades necessárias à participação em turmas regulares.

Não é incomum o relato de dores musculares, assim como de uma série de lesões agudas nos tecidos moles em decorrência da participação regular em atividades aeróbias. Além disso, indícios mostram que condições crônicas podem desenvolver-se devido a uma forma imprópria ou simplesmente à realização de várias repetições de um exercício específico. Essas condições crônicas podem incluir:

- dores crônicas no ombro em razão do excesso de movimentos de elevação acima da cabeça;
- dores no cotovelo ou no punho em consequência do uso de halteres nas aulas de aeróbica;
- tendinite de Aquiles e fasciite plantar em virtude de forças de alto impacto e de técnicas de *step* impróprias;
- puxões na virilha e rupturas na canela causados por *slides* feitos com técnica imprópria;
- problemas lombares em razão de exercícios com abdominais fracos (inclinação pélvica anterior) e de alongamentos malfeitos;
- problemas no joelho causados pelo uso de bancos muito altos no *step*.

Entre instrutores e participantes, também são comuns problemas de audição devido do som alto demais. No Capítulo 25, leia conselhos para prevenir e lidar com problemas agudos e crônicos associados com a participação em exercícios.

Aqui apresentamos algumas sugestões para minimizar os riscos de lesão durante a prática com música.

Para o aluno:

- No aquecimento, incluir atividades de baixo impacto e alongamento dinâmico; no relaxamento, alongamento estático dos seguintes músculos: panturrilha, tibial anterior, quadríceps, isquiotibiais, flexores do quadril, área lombar e ombros.
- Evitar hiperextensão do pescoço.
- Evitar flexão da coluna para a frente, a não ser que seja apoiada por um joelho flexionado, equilibrado diretamente sobre o calcanhar.
- Praticar a postura em pé correta (ou seja, pelve na posição neutra, glúteos contraídos, cabeça e queixo elevados e ombros para trás).
- Evitar dobrar muito o joelho; não agachar até o ponto em que as coxas passam da linha paralela e os joelhos ficam alinhados com os dedos e não com o meio dos pés.
- Usar calçados com bom acolchoamento e apoio.
- Trabalhar todos os grupos musculares igualmente, para alcançar uma sessão equilibrada.
- Não parar no meio de uma rotina, pois isso pode causar acúmulo venoso na parte inferior das pernas.

Para o líder:

- Praticar as rotinas a fim de conferir se as transições dos movimentos são suaves, seguras e de fácil execução; ensinar os movimentos básicos antes de combiná-los.
- Monitorar a turma todo o tempo, usando o contato pelo olhar, enfatizar movimentos seguros, fazendo correções, e verificar a FCA ou a TPE regularmente.

Seleção da música

Músicas diferentes para as diferentes fases da sessão de exercícios expressam a intensidade do aquecimento, da aeróbica e do relaxamento (10, 12). A música pode variar, dependendo da escolha, desde as mais tocadas no rádio até a instrumental do alquimista sonoro Gabriel Muzak. O aquecimento começa de forma lenta, com uma frequência de aproximadamente 100 batimentos · min^{-1}. A fase de *endurance* cardiorrespiratória inclui exercícios aeróbios de intensidade crescente, a um ritmo mais rápido (não mais de 160 batimentos · min^{-1}), enquanto a fase de condicionamento muscular (que em geral abrange o trabalho abdominal) é definida por um tempo mais lento (normalmente, 118 a 130 batimentos · min^{-1}). As aulas de *step* limitam-se à faixa de 118 a 125 batimentos · min^{-1}, e as de *slide* restringem-se a valores < 140 batimentos · min^{-1}. No relaxamento final, o tempo e o volume da música diminuem, a fim de propiciar uma finalização relaxante.

O líder deve considerar a possibilidade de aquisição de CDs ou fitas de alguma gravadora que trabalhe com músicas de dança aeróbica destinadas ao mercado de condicionamento físico. Essas gravadoras vendem seleções preparadas por profissionais, com tempos apropriados para cada tipo de aula. Os CDs ou as fitas, além de elaborados para aulas específicas (por exemplo, *step*, *slide*, baixo impacto), já incluem o pagamento de direitos autorais das músicas, o que protege os instrutores de possíveis processos por uso indevido. Para garantir a variedade, as músicas devem ser mudadas periodicamente.

Componentes

Não há rotinas fixas; o instrutor pode individualizar o programa. A sessão de exercícios deve incluir: aquecimento do corpo inteiro (incluindo exercícios de baixo impacto e flexibilidade dinâmica); atividades para a *endurance* cardiorrespiratória, com trabalho de vários grupos musculares; relaxamento de reabilitação; exercícios para a *endurance* muscular e para o fortalecimento dos braços, das pernas e dos músculos abdominais; e relaxamento final.

Uma progressão fácil para iniciantes inclui 25 a 30 min de atividades com ênfase na flexibilidade e exercícios musculares leves e de *endurance* cardiorrespiratória. O programa mais avançado dura 45 a 60 minutos, dedicando mais tempo a todos os componentes do condicionamento físico. As fases das turmas que se exercitam ao som de música são discutidas mais adiante.

Aquecimento

Para uma progressão gradual, o programa deve começar com movimentos de baixo impacto e alongamento dinâmico para o corpo inteiro. A flexibilidade dinâmica inclui exercícios como rotação de braço, inclinação lateral, arqueamento e extensão das costas, agachamento com semiflexão dos joelhos; avanços estacionários, transferência do peso para a ponta dos pés e flexão do tendão do calcâneo. O aquecimento deve continuar por 5 a 10 minutos, aumentando gradualmente a freqüência cardíaca e preparando o corpo para o exercício cardiorrespiratório.

Endurance *cardiorrespiratória*

Nesse segmento, os movimentos concentram-se nos músculos grandes das pernas, e os movimentos dos braços (opcionais) acrescentam desenvolvimento de habilidades e mais intensidade cardiorrespiratória. Esse segmento é específico de cada grupo. Para turmas de alta intensidade e baixo impacto, marchas, toques no banco do *step*, saltos, passos cruzados, chutes para trás (com o calcanhar) e para a frente (com a ponta do pé), etc. são usados para elevar a FC até a faixa-alvo. O instrutor pode individualizar o estilo, escolhendo desde a sessão de trabalho calistênica até uma rotina de dança divertida.

Se for usar um banco de *step* ou *slide*, o líder deve estar treinado nessa forma de movimento para poder fornecer instruções seguras. Os instrutores de aeróbica têm de obter a certificação nacional e precisam ser capazes de proporcionar transições suaves antes de deixar a turma agir por conta própria.

A seção cardiorrespiratória dura de 15 a 40 minutos, e a FCA deve ser medida a cada 15 minutos. Para aumentar a intensidade desse segmento, podem-se usar movimentos de braço mais vigorosos ou saltos mais altos (saltos potentes); para diminuir, abaixar os braços, reduzir o ritmo e caminhar em vez de praticar o *jogging* durante a movimentação. Mantenha as orientações de segurança em relação à velocidade da música, altura do banco no *step* e largura da superfície deslizante no *slide*. Esse elemento de controle vai incrementar a segurança do participante.

Relaxamento de reabilitação

Após o segmento cardiorrespiratório, deve ser feito um relaxamento ativo, em pé, por 2 a 5 minutos, iniciado com a diminuição da intensidade das atividades prévias (por exemplo, caminhando) para diminuir a FC. Repetem-se alongamentos dinâmicos, seguidos de estáticos.

Endurance *muscular*

Assim que se completa o relaxamento de reabilitação, são feitos exercícios de *endurance* muscular por 10 a 20 minutos. Essas atividades começam na posição em pé, e o praticante gradualmente passa ao chão. Muitas aulas terminam com o trabalho abdominal na posição supino.

Relaxamento final

O relaxamento final consiste principalmente em alongamentos estáticos, com o indivíduo deitado. Esses alongamentos são mantidos por, pelo menos, 10 segundos. É importante incorporar todos os grupos musculares, em especial os que foram trabalhados durante a aula, e enfatizar o isquiotibial e a lombar.

Organizações de dança aeróbica

A seguir listamos algumas organizações de dança aeróbica dos Estados Unidos que fornecem certificados a instrutores, além de oferecer cursos e materiais de apoio ao profissional.

- Aerobics and Fitness Association of America (AFAA) (www.affaa.com)
- American Council on Exercise (ACE) (www.acefitness.org)
- Jazzercise (www.jazzercise.com)

> **Ponto-chave**
>
> Quem pretende entrar em aulas de dança deve ser capaz de caminhar 2 mi $\cdot$ dia^{-1} ou 3,22 km $\cdot$ dia^{-1} a uma intensidade moderada e sem desconforto antes de participar de programas de dança aeróbica. Os componentes da sessão de exercício incluem: aquecimento do corpo inteiro; exercícios para a *endurance* cardiorrespiratória, usando uma série de grupos musculares; relaxamento de reabilitação ativo; exercícios de *endurance* muscular e de fortalecimento dos braços, das pernas e dos abdominais; e relaxamento final.

Equipamentos para exercícios

Em muitas academias de condicionamento físico, os programas tradicionais de caminhada, *jogging*, corrida e dança têm sido suplementados com equipamentos de exercícios, como esteiras, cicloergômetros, máquinas de esqui e de remo, escaladores ergométricos e bancos de *step*. O equipamento pode ajudar o participante a persistir no programa, além de fornecer *feedback* sobre o número de calorias queimadas. Quem tem limitações ortopédicas pode escolher atividades em que o aparelho suporta o peso (por exemplo, pedalar no cicloergômetro). Os indivíduos que treinam para alcançar objetivos específicos de desempenho podem aproveitar o conforto do ar condicionado, embora esse recurso seja um problema para quem pretende participar de corridas ao ar livre em dias quentes. O tema da aclimatização a ambientes quentes tem de ser tratado por razões de desempenho e de segurança (veja os Capítulos 10 e 25).

Quando o praticante planeja comprar algum equipamento de exercício para uso doméstico, o profissional de condicionamento físico pode ajudá-lo, instruindo-o a experimentar vários tipos de aparelhos e também várias marcas de um mesmo aparelho (por exemplo, máquinas de remo), se possível. A curto prazo, pode parecer que o equipamento seja caro, mas esse é um bom investimento a longo prazo, pois reduz os gastos com problemas de saúde.

Em geral, as academias de condicionamento físico fornecem uma série de equipamentos para o treinamento de força, que podem ser usados como parte da sessão geral ou em sessões de trabalho separadas. O Capítulo 12 envolve as recomendações para ganhos de força e *endurance* muscular. No início do programa, a ênfase deve estar na *endurance*, pesos leves e número alto de repetições. À medida que a força e o interesse aumentam, alguns participantes podem passar a sessões de trabalho com cargas pesadas e menor número de repetições. É importante trabalhar todos os principais grupos musculares igualmente, em vez de se concentrar em ganhar força apenas em alguns deles.

Treinamento em circuito

O treinamento em circuito pode ser eficaz como programa de exercícios. O foco está em maximizar a variedade dos exercícios, distribuir o trabalho a uma massa muscular maior do que se envolver em uma só forma de exercício, e incluir exercícios para todos os aspectos da sessão de condicionamento físico. Os circuitos incluem:

- mudanças de um equipamento de exercício para outro com breve período de descanso após cada movimento. O participante deve se exercitar por 5 a 10 minutos (ou 50 a 100 kcal) no cicloergômetro, depois na esteira, no remador, no banco de *step*, etc;
- sessões de trabalho típicas para força e *endurance* muscular, em que se completa a série em um aparelho específico, depois se passa ao seguinte e, no final, se repete a seqüência 2 ou 3 vezes (veja o Capítulo 12);
- circuitos dispostos de modo circular, ao longo do perímetro da sala de ginástica, com sinais que descrevam cada exercício a ser feito durante uma rodada. Os circuitos podem incluir atividades de aquecimento e de flexibilidade, exercícios de alongamento em que a carga é o peso corporal e obviamente atividades aeróbias. Para cada estação, podem ser estabelecidos objetivos iniciais, intermediários e avançados, especificando o número de repetições (ou duração). Inclua uma estação para verificar a FCA após os exercícios aeróbios.

Bons exemplos de circuitos de caminhada, *jogging* e corrida foram desenvolvidos na última década. Muitas comunidades de bairros criaram trilhas de *jogging* com marcações indicadoras dos exercícios que devem ser feitos em cada estação. Essas trilhas podem ser encontradas em muitas cidades e propiciam um espaço ideal para quebrar a rotina regular do *jogging* ou da corrida ininterruptos, além de acrescentar exercícios de flexibilidade e de alongamento.

> **Ponto-chave**
>
> Os equipamentos para exercício podem adicionar variedade ao programa e incrementar o número de grupos musculares engajados no trabalho físico. Ainda, alguns aparelhos (por exemplo, bicicletas) podem proporcionar alívio aos que sentem dor ou desconforto relacionados com as articulações.

> **Ponto-chave**
>
> O treinamento em circuito oferece variedade e pode incluir exercícios para todos os aspectos do condicionamento físico (por exemplo, condicionamento cardiorrespiratório, força e *endurance*, flexibilidade). A lista precedente sugere algumas possibilidades do treinamento em circuito.

Estudos de caso

Confira as respostas no Apêndice A.

1. Você está fazendo uma apresentação a um grupo de adultos que mantém o seu próprio programa de caminhada comunitário. De que tópicos você deve tratar para enfatizar a segurança e o conforto?
2. Uma pessoa que participa de um programa de caminhada há 10 semanas pede sua opinião sobre a possibilidade de entrar em uma aula de dança aeróbica. O que você recomendaria?

PARTE IV

Populações Especiais

Esta seção, desenvolvida para esta edição, baseia-se em vários fatores inter-relacionados.

- A atividade física beneficia pessoas de ambos os sexos, de todas as idades e com diferentes condições de saúde.
- As recomendações para a atividade física têm de levar em conta uma série de fatores específicos que podem afetar a escolha dos exercícios do programa (por exemplo, idade e condição de saúde).
- As estratégias de modificação de comportamentos devem ser apropriadas para cada grupo.
- Cada vez mais, se espera dos profissionais de condicionamento físico a qualificação necessária para trabalhar com indivíduos de variadas condições de saúde.

Nos Capítulos 15, 16 e 17, explicamos características especiais e questões de saúde de crianças, idosos e mulheres. Nos Capítulos 18, 19, 20 e 21, fornecemos recomendações para garantir a segu-

(continua)

rança e a eficácia da atividade física para pessoas que sofrem de alguns dos principais problemas de saúde da atualidade:

- doença cardíaca e hipertensão (Capítulo 18);
- obesidade – a nova epidemia na saúde pública (Capítulo 19);
- diabete (Capítulo 20); e
- asma e outros problemas pulmonares (Capítulo 21).

Qualquer um desses tópicos teria assunto suficiente para um livro inteiro. Aqui, nosso propósito é ajudar os profissionais de condicionamento físico a tomar consciência da importância dessas populações e a compreender o papel da atividade física na qualidade de vida de todas as pessoas. Além disso, fornecemos orientações práticas para avaliação, realização de testes, supervisão e modificação das atividades de cada população especial.

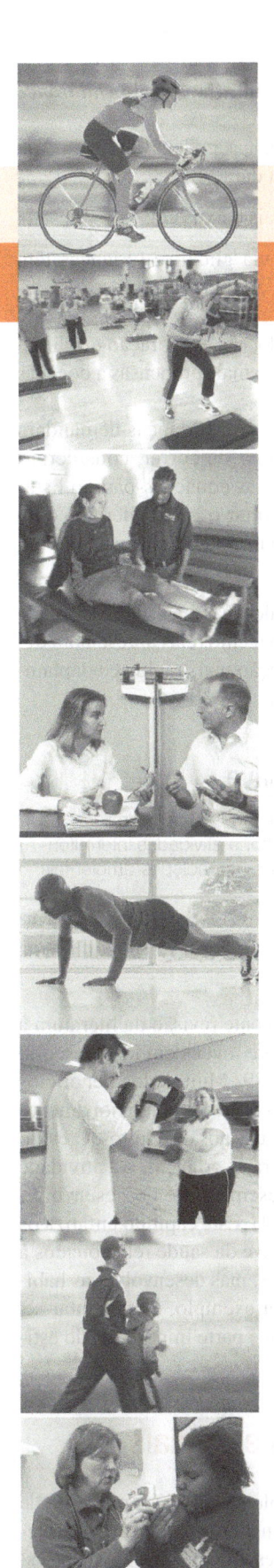

CAPÍTULO 15

O Exercício, as Crianças e os Jovens

Objetivos

O leitor será capaz de:

1. Compreender por que a atividade física é importante para crianças e jovens.
2. Comparar as respostas de crianças, jovens e adultos aos exercícios agudo e crônico.
3. Prescrever atividades físicas para crianças e jovens.
4. Descrever a realização de testes de condicionamento físico relacionados à saúde de crianças e jovens.
5. Descrever precauções especiais para os exercícios e a realização de testes para crianças e jovens.

Indícios mostram que a atividade física é essencial para que as pessoas alcancem a mais alta qualidade de vida em todas as faixas etárias; no entanto, a maioria das pesquisas experimentais dedicadas à influência do exercício sobre o condicionamento físico tem sido realizada com adultos jovens. Entretanto, a maioria das pesquisas epidemiológicas sobre a influência positiva da atividade física na saúde enfatiza os idosos. Nessas pesquisas, uma das conclusões mais comuns é que a atividade física regular precisa ser integrada ao estilo de vida. Recomenda-se que o comportamento ativo tenha início bem cedo na vida. Embora as correlações do acompanhamento da atividade física praticada por pessoas de faixas etárias diferentes não sejam muito altas, Malina (11) concluiu "Levando em conta os diferentes métodos de estimativa da atividade física habitual, a mudança associada ao crescimento normal e à maturação e a falta de controle de importantes covariantes em estudos de acompanhamento, a atividade física acompanha razoavelmente bem da infância à vida adulta jovem" (p. 7). Há crescentes indícios de que a atividade física também melhora a saúde e o condicionamento físico de crianças e jovens.

Nos Estados Unidos, tem havido progressiva ênfase na motivação de pessoas de todas as idades a iniciar a prática regular de atividade física e prosseguir nela (31). Além disso, testes de condicionamento físico de crianças e jovens fazem parte de muitos programas de educação física.

Este capítulo aborda o modo de implementação de programas de atividade física regular para crianças e jovens e o papel dos testes de condicionamento físico na juventude. Focamos as crianças e os jovens em idade escolar. Embora não seja tratado neste capítulo, o desenvolvimento físico é vital em crianças em idade pré-escolar (8, 15). Nos primeiros anos de vida, a atividade física é muito individualizada e enfatiza principalmente o desenvolvimento motor e o crescimento saudável.

> **Ponto-chave**
>
> A atividade física regular é essencial para a manutenção de uma boa qualidade de vida em todas as faixas etárias. As crianças e os jovens precisam da atividade física como parte integrante do estilo de vida.

Resposta ao exercício

Esta seção revisa os efeitos imediatos (agudos) e de longo prazo (crônicos) da atividade física para crianças e jovens e compara as respostas desses dois grupos e dos adultos ao exercício (veja o Capítulo 28).

Aguda

Zwiren (33) descreveu em detalhes as diferenças entre crianças e adultos em termos de resposta aguda ao exercício. Eles são semelhantes nos seguintes aspectos:

- $\dot{V}O_2$máx. em $mL \cdot kg^{-1} \cdot min^{-1}$ (tarefas de *endurance* podem ser bem executadas), e
- creatina fosfato + ATP (crianças podem lidar bem com exercícios intensos de curta duração).

Os índices das crianças são mais baixos em:

- capacidade de gerar ATP via glicólise (crianças têm menor capacidade de fazer atividades intensas que duram) de 10 a 90 segundos;
- habilidade de dissipar o calor via evaporação e aclimatização ao calor (crianças são mais propensas a doenças relacionados ao calor); e
- economia em caminhar e correr (crianças demandam mais oxigênio para caminhar ou correr, considerando uma mesma velocidade; as equações-padrão listadas no Capítulo 4 para estimar o gasto energético da caminhada e da corrida não podem ser usadas para crianças).

As crianças são melhores em alcançar um estado de equilíbrio no consumo de absorção de oxigênio (elas apresentam déficit de oxigênio menor e recuperação mais rápida e adaptam-se bem a atividades intermitentes).

> **Ponto-chave**
>
> As crianças têm respostas agudas ao exercício similares às dos adultos. Elas adaptam-se melhor a atividades intermitentes e precisam de mais cuidados em condições ambientais extremas.

Crônica

Indícios apontados por ampla e recente revisão da literatura a respeito do efeito da atividade sobre jovens em idade escolar (28) estão resumidos na página 289. Muitos dos benefícios da atividade física regular para a saúde e o condicionamento físico de crianças e jovens são comuns aos de adultos. O estilo de vida ativo parece ser natural para as crianças, e a atividade é parte normal e essencial do crescimento e do desenvolvimento registrado nesses anos (8, 14). Este capítulo enfatiza os aspectos do condicionamento físico e da saúde relacionados à atividade física de crianças e jovens, mas desenvolver as habilidades motoras fundamentais (por exemplo, movimentar-se, arremessar e pegar coisas) também é parte importante do estilo de vida ativo (33).

Considerações especiais

Crianças e jovens com vários problemas médicos precisam de atenção especial (3). As crianças menores precisam ser protegidas do excesso de ênfase em um esporte ou uma atividade específicos e do treinamento intenso que geralmente acompanha

> ### Benefícios da atividade física contínua: crianças e jovens
>
> *Indícios fortes**
> - Saúde musculoesquelética
> - Saúde cardiovascular
> - Adiposidade em jovens com excesso de peso
> - Pressão arterial em jovens levemente hipertensos
>
> *Indícios adequados***
> - Níveis de lipídeos e de lipoproteínas e de adiposidade em jovens com peso normal
> - Pressão arterial em jovens com peso normal
> - Autoconsciência
> - Sintomas de ansiedade e de depressão
> - Desempenho acadêmico
>
> * > 60% dos estudos confirmam as descobertas.
> ** > 30% e < 59% dos estudos confirmam as descobertas.
>
> De W. B. Strong, R. M. Malina, C. J. R. Blimkie, S. R. Daniles, R. K. Dishman, B. Gutin, A. C. Hergenroeder, A. Must, P. A. Nixon, J. M. Pivarnik, T. Rowland, S. Trost and F. Trudeau, 2005, "Evidenced based physical activity for school-age youth", *J. Pediatrics*, 146: p. 732-737.

> **Ponto-chave**
>
> Jovens continuamente ativos, além de se prepararem para a manutenção de estilos de vida ativos quando adultos, alcançam benefícios para a saúde e o condicionamento físico durante a infância e a adolescência.

essa condição e pode levar a problemas físicos e emocionais. É preciso incentivá-las a escolher atividades variadas, em uma atmosfera agradável e divertida. As crianças mais novas não se adaptam a condições ambientais extremas; portanto, são necessárias mais precauções quando o exercício é feito em climas quentes ou frios (1, 33).

Embora, entre crianças, sejam raras mortes relacionadas ao exercício, quando ocorrem, com maior freqüência se devem a defeitos cardíacos congênitos (ou seja, anormalidades do coração que resultam em oxigenação imperfeita do sangue, manifestada, por exemplo, na cianose e na falta de ar) ou a miocardites adquiridas (isto é, inflamação do miocárdio). Crianças com essas condições devem evitar atividades intensas. Assim como jovens e adultos, crianças com condições médicas (veja os Capítulos 18 a 21) têm de modificar as atividades, cuja prática, no entanto, ainda assim é saudável em quase todos os casos. Essas crianças e seus pais devem trabalhar junto com os profissionais de condicionamento físico para modificar as atividades de modo razoável (por exemplo, aquecimentos e relaxamentos mais longos, intensidade mais baixa).

> **Ponto-chave**
>
> É preciso avaliar crianças e jovens em busca de problemas cardíacos que possam causar morte relacionada ao exercício. Outros problemas de saúde podem implicar modificação da atividade. O profissional de condicionamento físico deve incentivar o interesse das crianças por uma série de atividades com menor ênfase no treinamento intenso para a competição em esportes específicos.

Testes

A preocupação com o condicionamento físico de crianças e jovens data de mais de um século. A revisão histórica do tópico de condicionamento físico e dos seus respectivos testes, feita por Park (16), indica que os líderes de educação física da segunda metade do século XIX estavam convencidos das conexões entre os exercícios, o condicionamento e a saúde. Portanto, não causa surpresa que os testes fizessem parte da educação física. Inicialmente, nos Estados Unidos, os testes de condicionamento físico estavam mais relacionados com a antropometria e a força e às vezes incluíam um exame médico. Testes de habilidade motora também foram desenvolvidos, mas só muito mais tarde a bateria de testes de condicionamento físico para jovens se tornou uma realidade nacional.

A força propulsora do condicionamento nos Estados Unidos, na primeira metade do século XX, foi a guerra ou a ameaça de guerra, atribuível à preocupação com um grande número de jovens que não conseguiram passar no exame de condicionamento físico para ingresso nas forças armadas. No começo da década de 1950, um novo alarme soou quando se revelou, em um estudo, que grande porcentagem das crianças dos Estados Unidos não conseguia passar nos testes de flexibilidade e potência. Em resposta a essa preocupação, o presidente Eisenhower criou o President's Council on Youth Fitness (Conselho Presidencial para o Condicionamento Físico da Juventude). Logo depois, a American Association for Health, Physical Education, and Recreation (AAHPER) publicou o Teste de Condicionamento Físico da Juventude, com itens como flexão na barra, abdominal, corrida pré-definida, salto geral em pé, corrida rápida de 45,7 m, arremesso de *softball* a distância e corrida ou caminhada de 548,6 m. O foco dessa bateria de testes estava direcionado para o condicionamento físico relacionado a habilidades específicas, com ênfase na potência muscular (16).

No começo da década de 1980, as publicações do *Healthy People* e do *Promoting Health/Preventing Disease: Objectives for the Nation* redirecionaram o foco para a saúde. Em apoio a essa nova orientação, a American Alliance of Health, Physical Education, Recreation and Dance (AAHPERD) publicou o *Health-Related Physical Fitness Test Manual* para testar componentes do condicionamento físico relacionados à saúde, incluindo 1,6 km de corrida para o condicionamento cardiorrespiratório, medição de dobras cutâneas para avaliar a composição corporal e realização de exercícios abdominais e de sentar e alcançar a ponta dos pés com as mãos para examinar a função lombar. Após essa publicação, defendeu-se a introdução de padrões definidos por critérios para enfatizar os objetivos relacionados à saúde em vez do desempenho máximo (16). O padrão critério-referência para o condicionamento cardiorrespiratório é 42 mL $\cdot$ kg^{-1} $\cdot$ min^{-1} para homens de 5 a 17 anos. Para mulheres, o padrão é 40 mL $\cdot$ kg^{-1} $\cdot$ min^{-1} para a faixa de 5 a 9 anos; a partir dos 9 anos, o padrão decresce 1 mL $\cdot$ kg^{-1} $\cdot$ min^{-1} por ano até os 14, quando se torna 35 mL $\cdot$ kg^{-1} $\cdot$ min^{-1} (9). Em resumo, esses padrões diferem pouco dos recomendados para adultos.

Condicionamento físico

Há dois testes de condicionamento físico importantes para crianças e jovens (veja a Tabela 15.1). São eles: o Fitnessgram (7) e o teste elaborado pelo President's Council on Physical Fitness and Sports – (PCPFS) (18). Ambos avaliam o condicionamento cardiorrespiratório, a força e a *endurance* muscular e a flexibilidade. O primeiro e a parte do segundo relacionada à saúde também verificam a composição corporal. O PCPFS inclui um teste de agilidade.

O Fitnessgram e a parte relacionada à saúde do PCPFS usam percentis (por idade e sexo) para seus padrões.

Teste clínico

Além das contra-indicações do teste de exercícios para adultos (veja o Capítulo 5), Zwiren (33) listou as seguintes razões para não testar crianças:

- dispnéia em repouso (ou volume expiratório forçado < 60% do valor predito);
- hepatite ou doença renal aguda;
- diabete dependente de insulina (em indivíduos que não usam a insulina como prescrito) ou cetoacidose;
- febre reumática aguda com cardite;
- doença vascular pulmonar aguda;
- insuficiência cardíaca mal compensada;
- estenose mitral ou aórtica grave;
- miocardiopatia hipertrófica com síncope.

Condicionamento cardiorrespiratório

A medição do $\dot{V}O_2$máx. de crianças no cicloergômetro ou na esteira tem sólido fundamento histórico (2, 19). O formato do exercício progressivo (TEP) é usado para crianças, e o teste (velocidade e progressão inicial na esteira, com incrementos por etapa) tem de ser ajustado do mesmo modo como se faz com adultos (veja o Capítulo 5). O teste na esteira pode ser mais fácil porque a menor capacidade de fixação de atenção da criança às vezes interfere no protocolo da bicicleta. Além disso, a fadiga muscular localizada pode reduzir o teste no cicloergômetro a um ponto em que a criança ainda não alcançou a potência aeróbia máxima. De qualquer modo, se for usada a bicicleta para testar uma criança mais nova, será preciso ajustar o guidão, a altura do banco, o comprimento da pedivela e a escala de oscilação da carga (33). Muitos laboratórios usam o protocolo de Bruce, com etapas de 2 minutos, ou o de Balke, com velocidade constante de 4,8 a 5,6 km $\cdot$ h^{-1} na caminhada ou 8,1 km $\cdot$ h^{-1} na corrida e progressão de 2% por etapa (1). A Tabela 15.2 lista as recomendações do ACSM para protocolos de cicloergômetro adequados ao teste de crianças (1).

Tabela 15.1 Testes de condicionamento físico

Componente do condicionamento físico	Fitnessgram[a]	Parte de condicionamento físico do PCPFS[b]	Parte de saúde do PCPFS
Cardiovascular	Corrida de 1,6 km[c]	Corrida de 1,6 km[d]	Corrida de 1,6 km[d]
Força e *endurance* muscular	Abdominal, flexão	Abdominal, flexão[e]	Abdominal, flexão
Flexibilidade	Sentar e alcançar os pés com as mãos,[e] levantamento do tronco	Sentar e alcançar os pés com as mãos[f]	Sentar e alcançar os pés com as mãos
Composição corporal	Dobras cutâneas ou IMC	–	IMC
Agilidade	–	Corrida de agilidade	–

PCPFS = President's Council on Physical Fitness and Sports: IMC = índice de massa corporal
[a] Cooper Institute for Aerobic Research (7).
[b] President's Council on Physical Fitness and Sports President's Challenge (18).
[c] Ou o PACER (7).
[d] Distâncias mais curtas para crianças menores (18).
[e] Uma perna de cada vez (7).
[f] Ou com as pernas separadas (18).

Tabela 15.2 Protocolos de teste no cicloergômetro para crianças

Protocolo	Cadência	Tamanho corporal	Carga inicial	Incremento por etapa	Duração da etapa (min)
McMaster	50	Altura (cm)	Peso	Peso	
		<120	12,5	12,5	2
		120-140	12,5	25	2
		140-160	25	25	2
		>160	25	25 (Mulheres) 50 (Homens)	2
James	60-70	Área da superfície corporal (m²)	kgm · min⁻¹	kgm · min⁻¹	
		<1,0	200	100	3
		1,0-1,2	200	200	3
		>1,2	200	300	3

Reimpressa, com permissão, de American College of Sports Medicine (ACSM), 2006, *ACSM's guidelines for exercise testing and prescription*, 7th ed. (Philadelphia, PA: Lippincott, Williams & Wilkins), p. 239 (1). Adaptada de O. Bar-Or, 1983, *Pediatric sports medicine for the practitioner* (New York, NY: Springer-Verlag), p. 315-338, e F. James, S. Kaplan, C. Glueck et al. 1980, "Responses of normal children and young adults to controlled bicycle exercise", *Circulation*, 61: p. 902-912.

> **Ponto-chave**
>
> O teste de condicionamento físico para crianças e jovens integra muitos programas de escolas e de organizações para a juventude. Em geral, são enfatizados os testes de campo, com componentes relacionados à saúde. Crianças e jovens podem ser testados por TEPs ligeiramente modificados.

Recomendações para a atividade física

Como visto na página 289, crianças e jovens incrementam a saúde e o bem-estar quando fazem uma atividade física regularmente. Nesta época, em que muitas doenças da idade adulta têm sido cada vez mais diagnosticadas na infância ou na juventude, precisamos nos preocupar com a saúde em todas as etapas da vida. Está crescendo o número de pessoas jovens que apresentam fatores de risco de doenças cardíacas, incluindo obesidade, hipertensão e diabete tipo 2 (31). Na saúde pública, o recente aumento da obesidade infantil é considerado epidêmico (26, 29). Tanto comportamentos saudáveis quanto insalubres com freqüência começam muito cedo, e é mais difícil adquiri-los ou mudá-los à medida que o tempo passa. Portanto, incentivar crianças e jovens a incorporar a atividade física ao cotidiano fornece a base para a manutenção de hábitos saudáveis por toda a vida (11). Hoje já está bem estabelecida a idéia de que a atividade física regular pode reduzir o risco de desenvolvimento de uma série de problemas de saúde em todas as idades (30, 31).

Nos dias atuais, a tendência é enfatizar o comportamento ligado à atividade física mais do que os valores obtidos em testes de condicionamento. A principal questão é: que tipo de atividade física as crianças devem fazer?

Na infância, desenvolve-se a maioria das habilidades motoras (por exemplo, arremessar, saltar, correr, pedalar, nadar).

As crianças são inerentemente ativas, e um dos elementos mais importantes que os adultos devem lhes proporcionar é a oportunidade de brincar (8, 14). Ao buscar objetivos de condicionamento físico para crianças, é preciso ter sempre em mente a necessidade de desenvolver as habilidades motoras (33).

Nos Estados Unidos, os dois programas de testes de condicionamento físico nacionais (7, 18) agora reconhecem o comportamento de atividade física e concedem prêmios pelo Activitygram e pelo Presidential Active Lifestyle Award. Assim, professores e líderes de exercícios para a juventude podem premiar aqueles que praticam atividades físicas regulares e obtêm resultados de condicionamento. O Activitygram (7) fornece um perfil do tipo, da quantidade e da intensidade da atividade. Ele recomenda pelo menos 45 minutos (em três segmentos) para crianças e 30 minutos (em dois segmentos) para adolescentes. O Presidential Active Lifestyle Award (18) oferece um prêmio de participação em, pelo menos, 60 minutos de atividade, cinco dias por semana, durante seis semanas. Ambos se baseiam no relatório de atividades fornecido pela própria criança. O Activitygram fornece mais informações sobre o tipo de atividade, enquanto o Presidential é mais fácil de usar.

Há três razões principais para enfatizar o estilo de vida ativo para crianças e jovens:

- incrementar a saúde e o condicionamento físico;
- iniciar um estilo de vida ativo que pode prosseguir por toda a vida;
- reduzir os riscos de problemas de saúde ao longo da vida.

Prescrição de exercícios para crianças (pré-adolescentes)

As recomendações de atividade física para adultos podem ser aplicadas a adolescentes mais velhos, **pós-puberdade**. As

> ## Recomendações de atividade física para crianças de 5 a 12 anos de idade
>
> - Evitar a inatividade longa (por duas horas ou mais), em especial durante o dia.
> - Acumular pelo menos 60 minutos e até várias horas de atividade física apropriada para a idade na maioria dos dias da semana, se não em todos.
> - Incluir atividades moderadas a vigorosas, com duração de 15 minutos ou mais, geralmente de modo intermitente, com atividade mais leve ou repouso nos intervalos.
> - Variar as atividades.
>
> Adaptadas de 8, 14, 17, 33.

crianças (**pré-pubescente** e **pubescente**) são consideradas em separado – como se diz com freqüência, elas não são adultos em miniatura. As recomendações de atividade física para crianças (6, 8, 14, 17, 33) resumidas a seguir foram confirmadas em uma revisão recente (baseada em indícios) dos efeitos da atividade física sobre os jovens (28).

Condicionamento físico cardiorrespiratório

Em geral, a mesma prescrição de exercícios para o condicionamento cardiorrespiratório (CCR) de adultos (veja o Capítulo 10) pode ser feita para crianças. Corbin, Pangrazi e LaMasurier (8) recomendaram mais atividade física para as crianças, reconhecendo que a atividade declinará um pouco com a idade. Discute-se ainda se a prescrição-padrão aumentará o $\dot{V}O_2$máx. Isso pode acontecer em pubescentes e pós-pubescentes, mas talvez seja menos eficaz em crianças mais novas (1, 33), o que sugere que o foco deve ser direcionado para os benefícios à saúde gerados pelo exercício aeróbio e não simplesmente ao $\dot{V}O_2$máx. Quando se enfatiza os benefícios relacionados à saúde, usar uma série de atividades físicas contínuas (ciclismo, corrida, patinação *in-line*...), esportes em equipe (basquete, futebol...), individuais e em duplas (tênis e raquetebol...) e atividades recreativas (caminhadas em trilhas...) pode contribuir para o gasto energético e seus benefícios associados. Os pais, as escolas e as comunidades têm de (a) providenciar locais seguros onde as crianças possam caminhar, correr e andar de bicicleta; (b) oferecer programas organizados, em que as crianças possam aprender e praticar esportes; (c) direcionar o foco para os resultados pessoais e não para a vitória a qualquer custo.

> ## Ponto-chave
> Para crianças, a atividade física deve focar benefícios à saúde, com uma variedade de exercícios de *endurance* apropriados para a idade. Longos períodos de inatividade devem ser evitados.

Força

As crianças podem melhorar a força e a *endurance* muscular ao participar de programas de treinamento de força formais. No entanto, devem ser tomadas precauções de segurança, porque esse público-alvo é imaturo nos aspectos anatômico, fisiológico e psicológico (4, 21, 33). O Capítulo 12 discute programas de treinamento de força, incluindo os destinados a crianças. Agora vamos apenas destacar algumas das considerações mais importantes:

- Pedir ao pai ou tutor legal para preencher o histórico de saúde da criança.
- Escalar uma equipe treinada para supervisionar cada sessão.
- Adaptar o equipamento para crianças.
- Ensinar técnicas de levantamento adequadas.
- Cuidar para que as crianças realizem 1 a 2 séries de 8 a 10 exercícios diferentes (com 8 a 15 repetições por série), que incluam os principais grupos musculares.
- Aumentar a carga apenas quando a criança for capaz de completar o número desejado de repetições do modo correto.
- Fazer 2 ou 3 sessões não-consecutivas por semana.
- Incentivar outras atividades.

> ## Ponto-chave
> O treinamento de força pode ser benéfico para crianças. Esse tipo de programa tem de enfatizar a segurança, a supervisão da forma adequada e a *endurance* muscular (ou seja, menos carga e mais repetições).

Prescrição de exercícios para jovens (pubescente e pós-pubescente)

Rowland (20) destacou que a motivação para a atividade muda do campo biológico, na infância, para outro mais psicológico, na adolescência. Muitos dos fatores psicossociais da adolescência afetam negativamente a atividade física, resultando na bem-conhecida redução da atividade, em especial entre as mulheres. Embora as recomendações para a prática de exercícios sejam em essência as mesmas dos adultos (25), a estratégia de incremento da motivação tem de levar em conta esses fatores psicossociais (22). O esporte juvenil pode suprir a necessidade de motivação apropriada. Tem aumentado o número de mulheres que praticam esportes (27), que passou de pouco menos de 300.000 em 1971 para mais de 2 milhões em 1995; porém, esse número corresponde a apenas 63% do grupo de participantes do sexo masculino. Tanto Bunker (5) quanto Weiss (32) enfatizaram uma grande variedade de atividades acessíveis que promovem a auto-estima e podem ser feitas em uma atmosfera agradável.

Como indicaram Morrow e Jackson (13), a educação física ajuda a promover a atividade entre crianças e adolescentes. Nos Estados Unidos, vários programas, como o Coordinated School Health (12), o SPARK (23) e o PATH (10), têm mostrado que projetos de educação física podem ter um efeito positivo sobre a criança (23) e também sobre o jovem (10). Além disso, gastar mais tempo na educação física não implica diminuição do empenho em outras matérias (24). Finalmente, a principal recomendação da revisão (baseada em indícios) da relação entre a atividade física e os jovens consiste em reinstituir os programas de educação física diários e também as atividades físicas após a aula para tratar a falta de atividade física na adolescência (28). Nos Estados Unidos, acredita-se na impotância de investir nas crianças no período em que ainda se pode influenciá-las em sua relação com a atividade física – ou seja, no período escolar. Se não há investimento de recursos no momento atual, mais tarde pagaremos mais impostos para cobrir os custos do tratamento de doenças.

Ponto-chave

Os jovens podem beneficiar-se da prescrição de exercícios feita para adultos; no entanto, a motivação para a prática dos exercícios muda em função da influência dos colegas.

Estudos de caso

Confira as respostas no Apêndice A.

1. Um pai leu que, para obter ganhos de força importantes, o levantador deve usar uma carga com a qual possa fazer 3 a 6 repetições. Por saber que a força é importante para alguns dos esportes que seu filho de 9 anos quer praticar, ele lhe pede conselhos. O que você diria?
2. Um grupo de pais quer que sejam implantadas horas extras de leitura e matemática nas escolas, reduzindo o tempo reservado à educação física e ao intervalo. O conselho escolar pede a sua opinião. O que você diria?

16
CAPÍTULO

O Exercício e os Idosos

Objetivos

O leitor será capaz de:

1. Descrever as mudanças que vão ocorrer na quantidade de pessoas com mais de 65 anos nas primeiras décadas do século XXI e fornecer um breve perfil da população idosa, indicando fatores que afetam a implantação de programas relacionados ao condicionamento físico.
2. Descrever as mudanças típicas no $\dot{V}O_2$máx., na força, na composição corporal e na flexibilidade em conseqüência da idade e o efeito do treinamento com exercícios sobre cada um desses fatores.
3. Descrever as modificações feitas em testes de exercícios para acomodar limitações típicas da população idosa.
4. Descrever testes funcionais usados para avaliar diferentes componentes do condicionamento físico.
5. Explicar por que é necessário considerar diferenças individuais na população idosa na hora de prescrever exercícios.
6. Fornecer orientações gerais para a prescrição de exercícios destinados ao condicionamento cardiorrespiratório e muscular e à flexibilidade da população idosa.

Ao longo deste livro, um tema constante é a importância do exercício e da atividade física para manter uma vida saudável. Essa mensagem é especialmente importante para os idosos, o segmento da população que mais tem aumentado nos Estados Unidos. A geração do *baby boom* de bebês (os nascidos entre 1946 e 1960) foi marcante na taxa de natalidade do país após a Segunda Guerra; agora esses indivíduos estão chegando à maturidade plena. A Figura 16.1 mostra as mudanças na quantidade de pessoas com mais de 65 anos ao longo do tempo, e a projeção até 2030 (26). Na verdade, o número dobra entre 2000 e 2030 justamente em razão desse *boom* de nascimentos em meados do século XX. Além disso, dados os avanços no campo sanitário e médico ao longo dos últimos 100 anos, a expectativa de vida geral aumentou e, com ela, o número de indivíduos com idade avançada. Shephard (21) descreveu as classificações etárias e as características das pessoas na faixa dos 40 aos 85 anos ou mais:

- meia-idade – 40 a 65 anos; 10 a 30% de perda das funções biológicas;
- terceira idade – também chamada de início da velhice; 65 aos 75 anos, maior perda da função;
- além da terceira idade – 75 a 85 anos; enfraquecimento substancial da função; a pessoa ainda pode ter vida independente;
- muito além da terceira idade – mais de 85 anos; como regra, há necessidade de cuidados em hospitais ou acompanhamento de enfermeiros.

Atualmente, em comparação com 1900 (26), há 16 vezes mais pessoas no grupo dos 75 aos 85 anos e 38 vezes mais no grupo de mais de 85 anos. Esses grupos de idade mais avançada já tinham causado grande impacto no sistema público de saúde, no financiamento de planos de saúde, nos temas familiares relacionados aos cuidados com pais e avôs e nas preocupações gerais a respeito da qualidade de vida dos aposentados. Essas mudanças também afetaram o papel do profissional de condicionamento físico como provedor de programas de atividade física e exercícios apropriados para manter a saúde e garantir o condicionamento físico de indivíduos mais velhos. Estarão as academias prontas para receber participantes idosos, tendo até agora enfatizado grupos mais jovens e mais saudáveis? Estarão as equipes treinadas para atender às necessidades especiais da população idosa? Este capítulo resume informações importantes sobre saúde e condicionamento físico nessa faixa etária. Recomendamos a consulta às seguintes referências para ampliar a compreensão do tema: *Physical Dimensions of Aging* (23), *Aging, Physical Activity, and Health* (21), "Exercise and Physical Activity for Older Adults" do ACSM (1) e a revisão de Holloszy e Kohrt sobre o envelhecimento e o exercício, no *Handbook of Physiology* (13).

Visão geral

Uma série de características demográficas e fisiológicas da população idosa (> 65 anos) afeta o planejamento das instalações de salas de condicionamento físico, as opções de programação disponíveis e os tipos de emergência previstos. Os itens a seguir, retirados de *A Profile of Older Americans: 2003* (26), contribuem com algumas idéias sobre a população como um todo:

- Há quatro vezes mais viúvas (8,9 milhões) do que viúvos (2 milhões) nessa faixa etária.
- A maioria mora com a família; no entanto, à medida que a população envelhece, cresce o número de idosos que moram sozinhos ou em instituições especializadas.

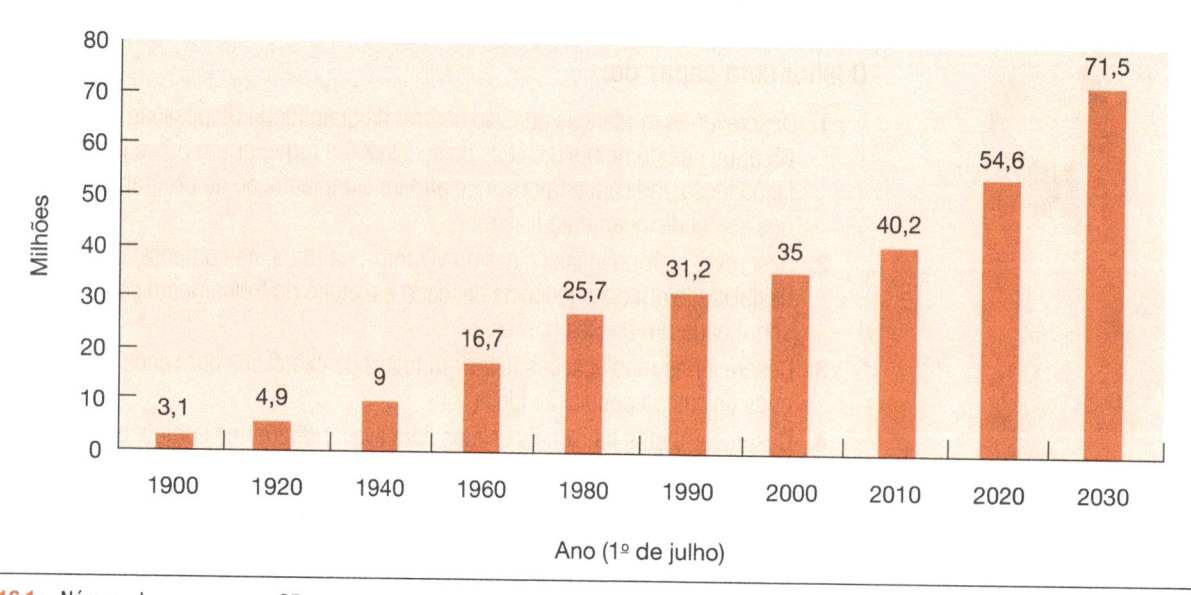

Figura 16.1 Número de pessoas com 65 anos ou mais de 1900 a 2030. Os incrementos anuais são irregulares.

Retirada de U. S. Department of Health and Human Services, 2003, *A profile of older Americans: 2003* (Washington, DC: Author).

- Em 2003, 75,4% dos estadunidenses idosos brancos classificaram a própria saúde como excelente ou muito boa *versus* 57,7% dos afro-americanos e 60,5% dos hispânicos.
- As limitações à atividade física aumentam com a idade. Mais de metade (54,4%) das pessoas com mais de 65 anos relatam alguma limitação, e um terço (37,7%), alguma limitação grave. As limitações interferem na capacidade de realizar atividades da vida diária (AVDs) e atividades da vida diária instrumentais (AVDIs), ou seja, preparar refeições, fazer compras e arrumar a casa.
- A maioria dos idosos tem pelo menos uma condição grave; há também os que têm várias. Entre essas condições estão hipertensão (49%), artrite (36%), doença cardíaca (31%), cânceres (20%) e diabete (15%).

Esse breve perfil demográfico indica que os programas de condicionamento físico têm de abranger questões relativas a: necessidade de socialização, atividades de proteção das articulações, prevenção ou tratamento de doenças crônicas e objetivos pragmáticos para manter uma vida independente (21). No entanto, as características (por exemplo, tipo e gravidade da doença, limitações físicas, grau de condicionamento físico) não estão uniformemente distribuídas pela população idosa, e nós temos de cuidar das diferenças individuais. Tratamos esse tema nas seções de prescrição de exercícios.

> **Ponto-chave**
>
> Nos Estados Unidos, o número de idosos aumenta à medida que a geração do *baby boom* atinge a maturidade. Participantes idosos oferecem desafios especiais aos profissionais de condicionamento físico devido a possíveis condições crônicas de saúde e limitações à atividade física. Os programas têm de abranger a prevenção e a redução da progressão de doenças crônicas, assim como o incremento e a manutenção do condicionamento físico para possibilitar uma vida independente.

Efeitos do envelhecimento sobre o condicionamento físico

Não há dúvidas de que a função fisiológica diminui com a idade; algumas funções envelhecem com mais rapidez do que outras. Além disso, o problema se complica ainda mais porque cada indivíduo apresenta uma taxa específica de envelhecimento, influenciada por fatores genéticos e ambientais (por exemplo, educação, saúde pública, situação econômica, nutrição, exercícios) (23). Por isso, não é incomum encontrar pessoas jovens do ponto de vista intelectual, mas fisicamente velhas, ou idosos de 70 anos com capacidade fisiológica de 50.

Em geral, doenças crônicas comuns que contribuem para a morbidade de idosos respondem a intervenções de exercícios de modo similar ao observado em adultos mais jovens. O treinamento de *endurance*:

- melhora os lipídeos no sangue (resultado mais ligado à redução da gordura corporal do que ao exercício);
- diminui a PA no mesmo grau observado em indivíduos mais jovens com hipertensão; e
- melhora a tolerância à glicose e a sensibilidade à insulina (1).

Como já descrito neste livro, os componentes básicos do condicionamento físico (condicionamento cardiorrespiratório e muscular, composição corporal e flexibilidade) afetam a nossa capacidade de realizar trabalhos e atividades recreativas em qualquer idade. Embora, com o avanço da idade, possam ocorrer mudanças naturais nesses componentes, há indícios bastante fortes de que o exercício regular mantém o condicionamento em níveis consideravelmente melhores do que os registrados em pessoas com estilo de vida sedentário. As seções a seguir tratam cada componente em separado.

Condicionamento cardiorrespiratório

A Figura 16.2 mostra que a potência aeróbia máxima ($\dot{V}O_2$máx.) diminui cerca de 1% ao ano em homens e mulheres saudáveis após a idade de 20 anos (13). Essa redução deve-se tanto à inatividade quanto ao ganho de peso e ao envelhecimento. Alguns estudos mostram que essa taxa de declínio fica reduzida à metade em homens que mantêm um programa de exercício vigoroso, mas não sem exceção (2, 13). As mulheres apresentam uma queda de 10% por década seja qual for o estado da atividade física (7); entretanto, como esperado, mulheres treinadas apresentam um $\dot{V}O_2$máx. maior em qualquer faixa etária quando comparadas com mulheres sedentárias (9). Não deve causar surpresa o fato de que a diminuição no $\dot{V}O_2$máx. afete o desempenho de

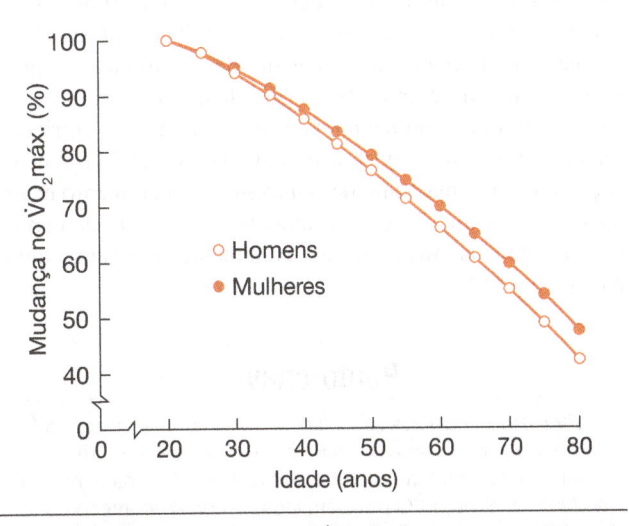

Figura 16.2 Mudança percentual no $\dot{V}O_2$máx. em homens e mulheres de acordo com a idade.

Adaptada, com permissão, de J. D. Holloszy and W. M. Kohrt, 1995, "Exercise". In: *Handbook of Physiology, Section II: Aging*, ed. E. J. Mason (Bethesda, MD: American Physiological Society), p. 633-666, fig. 24.2.

endurance. A velocidade média da corrida em distância diminui cerca de 1% ao ano, sugerindo uma ligação entre a redução no $\dot{V}O_2$máx. e o desempenho nesse tipo de corrida. Porém, uma série de outros fatores (por exemplo, economia na corrida, limiar do lactato, trauma nas articulações) também pode afetar o desempenho na corrida (13).

O fato de que todas as pessoas apresentam um declínio no $\dot{V}O_2$máx. à medida que envelhecem significa que, na época da aposentadoria, a capacidade de se envolver em atividades físicas de rotina fica comprometida. A redução na capacidade de trabalho pode diminuir ainda mais a atividade física, criando um círculo vicioso que leva a níveis cada vez mais baixos de condicionamento cardiorrespiratório. Isso pode resultar em incapacidade de realização de AVDs, afetando a qualidade de vida e a independência (23).

O consumo máximo de oxigênio (veja o Capítulo 28) é igual ao débito cardíaco máximo (FC máxima · volume máximo de ejeção) vezes a extração máxima de oxigênio (diferença sistêmica arteriovenosa de oxigênio). Não há dúvidas de que a FC máxima decresce com a idade (por exemplo, 220 – idade) e é o que mais contribui para a redução do débito cardíaco máximo em função da idade. O mecanismo de Frank-Starling (maior dilatação do ventrículo em decorrência do maior retorno venoso) parece compensar a menor FC máxima na meia-idade, reduzindo, portanto, a magnitude da mudança no débito cardíaco máximo. Esse mecanismo, porém, é menos eficaz na velhice (1, 13). A extração máxima de oxigênio também é mais baixa em idosos, comparados com adultos sedentários mais jovens. No entanto, essa diminuição pode ser atribuída com mais probabilidade ao nível de inatividade do que a um efeito real do envelhecimento. Em indivíduos idosos, o treinamento de *endurance* aumenta o $\dot{V}O_2$máx. em cerca de 10 a 30% – aumento similar ao observado em adultos jovens (1, 13). Em homens idosos, o aumento no $\dot{V}O_2$máx. deve-se ao incremento tanto do débito cardíaco máximo quanto da extração de oxigênio, enquanto em mulheres idosas deve-se quase inteiramente ao incremento dessa última. Isso pode estar relacionado com a observação de que mulheres idosas apresentam pouco ou nenhum aumento na massa ventricular esquerda, no volume diastólico final e no volume máximo de ejeção após o treinamento de *endurance*. O incremento na extração de oxigênio deve-se a aumentos no número de capilares e de enzimas mitocondriais, exatamente como em adultos mais jovens (13).

Ponto-chave

Em homens e mulheres sedentários, o $\dot{V}O_2$máx. decresce cerca de 1% ao ano por uma diminuição no débito cardíaco máximo e também na extração máxima de oxigênio. O treinamento de *endurance* eleva o $\dot{V}O_2$máx. em idosos, como acontece entre adultos mais jovens. Em homens, esse $\dot{V}O_2$máx. maior resulta dos ganhos tanto de débito cardíaco máximo quanto de extração de oxigênio, enquanto em mulheres se deve apenas ao aumento dessa última.

Força e *endurance* muscular

A força muscular começa a declinar por volta dos 30 anos, mas a maior parte da redução acontece após os 50, quando a taxa de diminuição passa a 15% por década; após os 70 anos, o declínio é mais rápido – 30% a cada 10 anos (15, 20). O decréscimo da força relaciona-se diretamente com a perda de massa muscular (sarcopenia), sendo esta última atribuída, sobretudo, à perda de fibras musculares (unidades motoras) e, em segundo lugar, à atrofia das fibras (em essência, do tipo II) restantes (veja a Figura 16.3). No entanto, a distribuição dos tipos de fibras se mantém ao longo do tempo, assim como a força por área transversal do músculo (1, 13, 15, 20).

A manutenção da massa muscular é importante não apenas para a preservação da capacidade de realizar atividades diárias, mas também por sua relação com a taxa metabólica de repouso (veja o Capítulo 11) e com os riscos de diabete tipo 2 e de hipertensão (2, 20). Indícios consideráveis mostram que programas de treinamento intenso de força (~80% de 1RM)

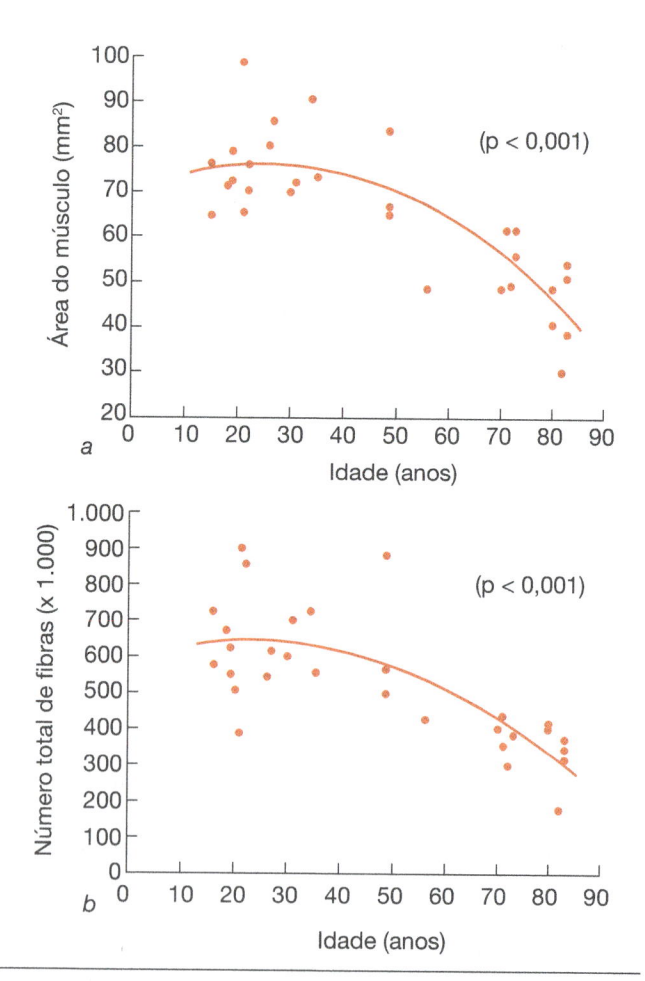

Figura 16.3 (*a*) Relação entre a idade e a área muscular de seções transversais do músculo vasto lateral. (*b*) Relação entre a idade e o número total de fibras no músculo vasto lateral.

Adaptada, com permissão, de M. A. Rigers and W. J. Evans, 1993, "Changes in skeletal muscle with aging: Effects of exercise training", *Exercise and Sport Sciences Reviews*, 21: p. 65-102.

> **Ponto-chave**
>
> A força muscular diminui com a idade em virtude da perda de unidades motoras (massa muscular), assim como da redução no tamanho das fibras musculares restantes. O treinamento intenso de força (~80% de 1RM) provoca grandes incrementos (> 100%) de força, atribuíveis principalmente a fatores neurais, uma vez que o tamanho das fibras musculares aumenta apenas 10 a 30%.

aumentam tanto a massa muscular quanto a força em indivíduos de 60 a 96 anos de idade (8, 12). Esses programas resultaram em aumentos modestos na área das fibras musculares (10 a 30%), mas em incrementos muito grandes (> 100%) na força de 1RM. O aumento de força desproporcional é similar ao observado quando jovens adultos participam de programas de treinamento intenso de força (veja o Capítulo 12) e é atribuído a adaptações neurais. Também há indícios de que o treinamento de força pode aumentar o $\dot{V}O_2$máx. dessa população (11). Para idosos mais frágeis, recomenda-se até que o treinamento de força preceda o condicionamento aeróbio, pois eles precisam estar aptos a levantar da cadeira e a manter o equilíbrio e a postura antes de caminhar (1).

Composição corporal

Os Capítulos 6 e 11 fornecem detalhes sobre riscos à saúde, questões de medição e programas de condicionamento físico para a composição corporal. Em geral, a gordura corporal passa de cerca de 16% (homens) e 25% (mulheres) aos 25 anos de idade para 28% (homens) e 41% (mulheres) aos 75. Isso significa um ganho de aproximadamente 10 kg de gordura para os dois grupos nesse período. A massa livre de gordura é estável até cerca de 40 anos, mas decresce 3% (homens) e 4% (mulheres), por década, entre os 40 e os 60 anos e 6% (homens) e 10% (mulheres), também por década, dos 60 aos 80 anos (13).

Há indícios de que o aumento da gordura corporal está relacionado com um estilo de vida sedentário, mais do que com aumentos na ingestão alimentar ou efeitos do envelhecimento. Estudos transversais e longitudinais com atletas idosos de ambos os sexos sugerem que o exercício vigoroso regular está associado com a manutenção de um peso estável durante o envelhecimento (13). No entanto, observações de atletas altamente treinados indicam que a gordura corporal aumenta cerca de 2% por década. Em consequência, o exercício vigoroso atenua, mas não previne, o incremento da gordura corporal que acompanha a idade. Porém, quando a composição corporal de adultos idosos muda devido ao exercício, perde-se a maior parte da gordura corporal dos reservatórios centrais, o que reduz o risco de doenças metabólicas e cardiovasculares (13). O exercício também é importante para lidar com a perda de densidade mineral óssea que acompanha o envelhecimento, mas há mais detalhes nessa história (veja o quadro Os ossos).

Flexibilidade

A capacidade de movimentar as articulações em toda a sua ADM é um fator importante, relacionado com a habilidade de realizar atividades diárias e com o risco de dores lombares (veja o Capítulo 9). O movimento da articulação é influenciado pela condição dos tecidos muscular, conjuntivo e cartila-

> **Ponto-chave**
>
> O aumento na gordura corporal observado à medida que a idade avança é atribuído mais à diminuição da atividade física do que ao aumento da ingestão calórica. O exercício vigoroso está associado com a manutenção de um peso estável ao longo do tempo, e a intervenção com exercícios resulta em perda de massa corporal dos reservatórios centrais, o que está relacionado à redução do risco de doenças cardiovasculares e metabólicas.

> **Os ossos**
>
> A densidade mineral óssea (DMO), uma medida da massa óssea, diminui com a idade mais ou menos na mesma proporção que a massa livre de gordura. Entretanto, em mulheres, a perda óssea se acelera após a menopausa (13). Essa perda acelerada causa grande preocupação, pois o risco de fraturas aumenta à medida que a DMO diminui. Uma recomendação geral consiste em maximizar a DMO pela ingestão adequada de cálcio e pela atividade física antes dos 30 anos, para reduzir a taxa de perdas já nessa época da vida (3, 5). Os níveis hormonais (estrogênio e testosterona), a ingestão de cálcio e a atividade física afetam a taxa de perda de DMO. O aumento dessa taxa após a menopausa pode ser prevenido pela terapia de reposição hormonal. Exercícios vigorosos e a ingestão de cálcio são importantes na manutenção da DMO e possivelmente na obtenção de benefícios plenos do aumento da atividade física. Os programas de exercício mais eficazes para a saúde óssea de idosas incluem atividades que:
>
> - envolvem grande variedade de grupos musculares e direções de movimentos;
> - implicam apoio do próprio peso (por exemplo, caminhada e *jogging*);
> - fortalecem a maioria dos grupos musculares; e
> - em geral excedem 75% da capacidade máxima de força e *endurance*.
>
> Todavia, idosos com osteoporose grave devem evitar exercícios que flexionem a coluna para a frente ou produzam impacto (5).

gíneo associados à respectiva articulação. De modo geral, o aumento das ligações cruzadas de colágeno nos tendões e nos ligamentos e a degradação da cartilagem articular contribuem para diminuir a ADM das articulações à medida que a pessoa envelhece (1). No entanto, ao avaliar a saúde da articulação, é difícil separar os efeitos do envelhecimento dos efeitos associados à inatividade crônica.

Em razão da variabilidade no número de sujeitos, nos tipos de delineamento das pesquisas e nos métodos de avaliação usados em estudos que investigam os efeitos do treinamento sobre a flexibilidade, é difícil fornecer um perfil geral do efeito do treinamento, como foi feito para o $\dot{V}O_2$máx. e a força (1, 18, 23). Porém, programas gerais de atividade física, assim como exercícios especiais para a ADM, têm se mostrado úteis na melhoria da flexibilidade de pessoas muito idosas (21). É evidente que são necessárias mais pesquisas nessa área.

> **Ponto-chave**
>
> Ter flexibilidade adequada na velhice contribui para manter a independência e a capacidade de realização de AVDs. Para melhorar a flexibilidade, podem ser usados programas gerais de atividade física e exercícios especiais de ADM.

Considerações especiais sobre testes de exercícios

A idade é um fator de risco porque a probabilidade de desenvolvimento de condições graves aumenta à medida que a pessoa envelhece. A passagem do tempo evidencia as conseqüências de comportamentos que prejudicam a saúde (por exemplo, tabagismo, dieta com alto teor de gordura, inatividade), que se manifestam como problemas médicos graves (câncer de pulmão, aterosclerose, intolerância a glicose, etc.). Consequentemente, os profissionais de condicionamento físico têm de seguir de perto as orientações do ACSM estratificadas por fatores de risco (3) ao trabalhar com pessoas idosas (1).

A estratificação de risco fornece um guia claro para seleção de testes e definição da equipe de trabalho. Sem dúvida, uma vez que a incidência de DCs é maior em grupos com idade mais avançada, os testes de exercícios diagnósticos podem ser usados como parte do exame médico. Já os testes submáximos de CCR padronizados (veja o Capítulo 5) podem ser usados como parte da avaliação de condicionamento físico. Seja qual for a razão do teste, às vezes são necessárias modificações que levem em conta certas limitações (3, 7, 22):

Instrumentação

- O cicloergômetro pode ser a melhor escolha para pessoas com artrite no joelho ou no quadril ou com problemas de equilíbrio.
- O acompanhamento da cadência às vezes causa problemas, a não ser que esteja disponível um cicloergômetro.
- Quando se usa a esteira, pode ser necessária prática adicional, com ênfase em velocidades de caminhada mais lentas.

Intensidade e progressão

- Como mencionado no Capítulo 5, para pessoas descondicionadas e com baixos valores de $\dot{V}O_2$máx., a intensidade inicial do TEP deve ser baixa, os incrementos por etapa, pequenos, e o tempo (3 vs. 2 minutos) por estágio, às vezes mais longo, de modo que o indivíduo testado possa alcançar um estado de equilíbrio.

Prescrição de exercícios

Nos Estados Unidos, o relatório do Surgeon General sobre atividade física e saúde (25) documentou que muitos adultos não fazem exercício algum nos momentos de lazer. O problema piora à medida que a pessoa envelhece: 27% dos adultos com 65 a 74 anos relataram que se envolvem em atividades físicas na hora do lazer, enquanto apenas 17% dos idosos com 75 anos ou mais afirmaram o mesmo (26). Obviamente, a recomendação geral para que os adultos participem de atividades físicas moderadas na maioria dos dias da semana, ou de preferência em todos eles, é essencial para todas as idades, mas, especial para os idosos, que podem obter ganhos substanciais devido ao aumento dos exercícios (17). No entanto, atividades que representam trabalhos moderados para os mais jovens e bem condicionados às vezes são classificadas como muito pesadas para os idosos (veja a Figura 10.8) (14).

Muitas vezes, a única coisa em comum entre dois idosos participantes da mesma turma de condicionamento físico é a idade! Entre eles, pode haver diferenças substanciais na área dos riscos à saúde (doenças crônicas), no condicionamento cardiorrespiratório ($\dot{V}O_2$máx.) e na experiência anterior com exercícios. Cientistas e médicos (10, 19, 23) têm desenvolvido uma série de esquemas de classificação para lidar com essa realidade; a classificação de Rimmer (19) apresenta os seguintes níveis.

Nível 1   *Saudável*: sem problemas graves de saúde; em condição relativamente boa para a idade; praticante de exercícios nos últimos cinco anos.

Nível 2   *Ambulatorial, não-ativo*: sem problemas graves de saúde; nunca participou de programas de exercícios estruturados.

Nível 3   *Ambulatorial, com doenças*: diagnóstico de doença coronariana, artrite, diabete ou doença pulmonar obstrutiva crônica.

Nível 4   *Idoso frágil*: depende parcialmente da assistência de um profissional da área de saúde para realização das AVDs; pode ficar em pé ou caminhar por distâncias curtas, em geral inferiores a 30,5 m, com a ajuda de algum apoio; passa a maior parte do dia sentado.

Nível 5 *Dependente de cadeira de rodas*: depende completamente da assistência de um profissional da área de saúde para realização das AVDs; não consegue ficar em pé nem caminhar.

Essa classificação da capacidade e dos problemas deve ser vista como um *continuum* e não como categorias estanques. À medida que a pessoa avança nesse *continuum*, é observado o seguinte:

Aumenta o risco de doenças

- Maior necessidade de supervisão de profissionais da área de saúde.
- Maior utilização de medicamentos.
- Os testes deixam de avaliar o condicionamento físico e passam a diagnosticar as funções (veja Teste funcional).

Diminui o nível de condicionamento físico

- Decresce a variedade de atividades de condicionamento físico adequadas.
- Os profissionais de condicionamento físico têm de ser criativos, adaptando atividades convencionais às limitações do indivíduo.
- Os profissionais de condicionamento físico têm de incorporar a socialização como parte da atividade.

Mudam as necessidades pessoais

- A equipe de apoio precisa ter formação em gerontologia, fisiopatologia e farmacologia.
- A equipe de apoio deve incluir profissionais de condicionamento físico, enfermeiros, fisioterapeutas e especialistas em recreação terapêutica.

Condicionamento cardiorrespiratório

O programa formal de atividades destinado a melhorar o CCR deve ser montado com base em exercícios de intensidade moderada, ligados ao estilo de vida do indivíduo (1). Assim como em qualquer outra sessão de trabalho, deve-se começar com um aquecimento formal e terminar com um relaxamento, durante o qual podem ser feitos exercícios de flexibilidade. É essencial a adaptação das atividades às capacidades das pessoas do grupo. Os que se encontram no extremo mais elevado do *continuum* de condicionamento físico podem participar de uma série de atividades similares às de adultos mais jovens. Entretanto, quem tem o $\dot{V}O_2$máx. de pacientes cardíacos (5 a 7 METs) deve seguir uma rotina de exercícios quase igual à de programas de reabilitação cardíaca (veja o Capítulo 18). Finalmente, prescrever atividades para os que se encontram no extremo mais baixo do *continuum* funcional e têm $\dot{V}O_2$máx. de apenas 2 a 4 METs demanda maior criatividade e cuidados. Para fazer os exercícios, o praticante pode ficar em pé com apoio, sentado em uma cadeira ou dentro d'água (4, 18). Em virtude da prevalência de problemas relacionados às articula-

---

Teste funcional

Um método comum de avaliação das capacidades dos idosos envolve uma série de testes de desempenho associados com componentes de condicionamento físico subjacentes. O Senior Fitness Test, desenvolvido por Rikli e Jones (18), inclui os seguintes testes para avaliar diferentes componentes do condicionamento físico:

Levantar-se da cadeira – número de vezes que a pessoa consegue se levantar em 30 segundos, a partir da posição sentada, com os braços cruzados no peito (avalia a força dos membros inferiores).

Rosca de braço – número de roscas completadas em 30 segundos, com halteres de 2,3 kg para mulheres e 3,6 kg para homens, na posição sentada (avalia a força dos membros superiores).

Caminhada de 6 minutos – percurso que o participante consegue vencer, caminhando 6 minutos em uma pista de 46 m (avalia a *endurance* aeróbia).

2 minutos de *step* – número de movimentos de *step* em 2 minutos, levantando o joelho até meio caminho do quadril, na posição em pé. É uma alternativa para a caminhada de 6 minutos.

Alcançar a ponta do pé, sentado na cadeira – distância entre os dedos da mão estendidos e a ponta dos pés quando o participante fica sentado em uma cadeira, com as pernas e os braços estendidos (avalia a flexibilidade da parte inferior do corpo).

Alongamento dos braços com as mãos nas costas – distância entre os dedos médios estendidos das mãos que tentam se tocar nas costas; uma por cima do ombro e outra pela linha da cintura (avalia a flexibilidade dos membros superiores).

Levantar-se, caminhar 2,4 m e sentar-se novamente – número de segundos necessários para se levantar da posição sentada, caminhar 2,4 m, virar-se e voltar à posição sentada (avalia a agilidade e o equilíbrio dinâmico).

Altura e peso – usados para calcular o IMC.

Esses testes têm se mostrado válidos e confiáveis; há dados de referência para homens e mulheres com idade de 60 a 94 anos (18). Práticos e fáceis, eles podem ser usados para acompanhar o progresso do participante ao longo do programa de treinamento ou documentar alguma perda de função que exija cuidados médicos adicionais.

ções, devem ser escolhidos tipos de exercícios que não os agravem. Assistência adicional para garantir o equilíbrio e cuidados com a segurança para evitar quedas devem ser incorporados à rotina (veja Equilíbrio e quedas).

> ### Equilíbrio e quedas
>
> A perda de equilíbrio pode levar a quedas, resultando em conseqüências muito graves. A baixa densidade óssea dos idosos predispõe a fraturas; cerca de metade deles não consegue recuperar o caminhar regular após a ocorrência de uma fratura (23). A capacidade de manter o equilíbrio é afetada por uma série de fatores, como a força, a visão, a propriocepção, medicamentos, doenças, flexibilidade e perigos ambientais (23). Informações consideráveis mostram que programas de exercício melhoram o equilíbrio e reduzem as quedas, mas não sem exceção (1, 21). A recomendação geral é incluir atividades com treinamento de equilíbrio, exercícios com pesos, caminhada e transferência de peso (1). Além disso, o uso de medicamentos, perigos ambientais e a acuidade da visão devem ser levados em conta na tentativa de reduzir o risco de quedas (23).

A prescrição geral de exercícios para idosos é similar ao que foi descrito no Capítulo 10 para indivíduos tipicamente sedentários (2, 3):

- Intensidade: a FCA pode ser usada na determinação da intensidade do exercício, mas é preferível a FC máxima medida em vez da prevista. As orientações sobre intensidade são similares às referentes a adultos mais jovens; porém, no início do programa, a ênfase recai sobre o extremo mais baixo da faixa da FCA; deve-se usar também a TPE para confirmar a adequação da intensidade.
- Duração: para participantes extremamente descondicionados, as sessões de exercícios devem ser divididas em segmentos (de 5 a 10 minutos), que podem ser cumpridos ao longo do dia (ou no contexto de cada período de aula). Há participantes que não conseguem se exercitar de forma contínua por 30 minutos.
- Freqüência: atividade diária moderada. Sessões formais de exercícios devem ser feitas três vezes por semana, com intervalo de descanso de um dia.

Força e *endurance* muscular

A prescrição de exercícios para aumento da força foi descrita no Capítulo 12. Aqui destacamos (3):

- instruir os participantes sobre questões de segurança, técnica de levantamento e respiração adequadas;
- começar com a carga mínima nas primeiras oito semanas, para permitir adaptações do tecido conjuntivo;
- executar 8 a 10 exercícios para grupos musculares importantes;
- manter-se em um limite de ADM sem dor;

- não fazer exercícios quando uma articulação artrítica estiver dolorida ou inflamada (veja Osteoartrite);
- definir as sessões de modo que cada uma inclua 10 a 15 repetições com TPE de 12 a 13 (por exemplo, um pouco difícil);
- realizar a sessão de trabalho pelo menos duas vezes por semana, com intervalo de 48 horas.

> ### Osteoartrite
>
> A osteoartrite, problema comum em muitos idosos, é uma doença degenerativa das articulações, associada com danos à cartilagem que une as estruturas articulares. Inchaço e dor associados com a osteoartrite podem afetar a ADM da articulação, impedindo o indivíduo de participar da atividade física. Os programas de atividades não devem sobrecarregar demais a articulação envolvida (por exemplo, participantes com problemas no joelho ou no quadril devem praticar o ciclismo estacionário ou fazer trabalhos na piscina em vez de *jogging* ou subir escadas). Selecione os modos que propiciam menor desconforto. Devem ser incluídos um aquecimento gradual e exercícios de flexibilidade; a intensidade e a duração do programa de exercícios de *endurance* ficam no extremo mínimo do *continuum*. O treinamento de força começa com apenas 2 ou 3 repetições e gradualmente progride para 10 a 12 repetições, usando o limiar sem dor como guia (3, 16).

Flexibilidade

O programa de flexibilidade deve envolver todas as articulações, com o objetivo de manter a ADM normal. Programas de tai chi e ioga podem ser usados para alcançar e manter os objetivos de flexibilidade. No entanto, para a maioria das pessoas, esses objetivos podem ser alcançados no contexto da aula regular com exercícios. Os elementos do programa incluem (3):

- movimentos lentos, com ADM sem dor; alongamentos estáticos mantidos por 15 a 30 segundos;
- realizar de 2 a 4 repetições por grupo muscular;
- movimentos executados como parte regular do aquecimento e do relaxamento, semelhantes aos escolhidos para indivíduos mais jovens; sessões inteiras podem enfatizar a flexibilidade de participantes mais descondicionados.

> ### Ponto-chave
>
> A prescrição de exercícios para idosos é similar àquela para adultos mais jovens, com atenção adicional para a estratificação de risco, o nível do CCR e limitações relacionadas a doenças crônicas ou degenerativas (por exemplo, osteoartrite). Devem ser escolhidos exercícios para minimizar o trauma articular, fornecer uma medida adicional de segurança contra queda e atingir objetivos de condicionamento físico em um ambiente socialmente estável.

Função psicológica e social

Este capítulo enfatizou que a participação regular em atividades físicas está associada com a melhoria da saúde (risco mais baixo de doenças crônicas) e do condicionamento físico (função cardiovascular, força, composição corporal e flexibilidade) durante o envelhecimento. Além disso, a prática de exercícios físicos também tem-se revelado útil no incremento da função psicológica e social (1, 6, 24, 27). Esse é um bom exemplo de como a atividade física regular afeta a pessoa como um todo, levando-a a uma vida mais ativa e plena. A Organização Mundial de Saúde (27) resumiu os benefícios imediatos e de longo prazo da atividade física sobre a função psicológica e social.

Benefícios imediatos atribuíveis às sessões de exercício no momento em que são feitas

- Maior relaxamento
- Menor estresse e ansiedade
- Melhor humor
- Maior independência e auto-suficiência
- Maior integração social e cultural, em especial a partir de programas para grupos pequenos

Benefícios de longo prazo atribuíveis à participação regular ao longo do tempo

- Melhor bem-estar geral
- Melhor saúde mental
- Melhor função cognitiva: melhor tempo de reação e velocidade de processamento do sistema nervoso central
- Melhor controle motor e desempenho em habilidades tanto refinadas quanto gerais
- Aumento da capacidade de aquisição de habilidades; novas habilidades podem ser aprendidas
- Aumento da integração; menor probabilidade de isolamento social
- Novas amizades, em particular em grupos pequenos e em outros ambientes sociais
- Redes socioculturais mais amplas
- Manutenção de papéis antigos e criação de novos (a pessoa permanece ativa na sociedade)
- Melhor atividade intergenerativa (diminui a quantidade de percepções estereotipadas da velhice e dos idosos)

Estudo de caso

Confira a resposta no Apêndice A.

1. Um homem de 67 anos praticou *jogging* e tênis a maior parte da vida e desenvolveu artrite no joelho esquerdo. Esse problema fez com que diminuísse o *jogging*, com conseqüente falta de condicionamento físico, como ele próprio disse, o que, por sua vez, tem afetado o jogo de tênis. O praticante está determinado a manter o tênis e procurou a academia para fazer testes e buscar conselhos sobre medidas pra aumentar e manter o condicionamento. Como você trataria esse caso?

CAPÍTULO 17

O Exercício e a Saúde da Mulher

Dixie L. Thompson

Objetivos

O leitor será capaz de:

1. Descrever os riscos e os benefícios do exercício durante a gravidez e sugerir modos de alterar as atividades para torná-las mais confortáveis e seguras para gestantes.
2. Definir a osteoporose e seus fatores de risco e prescrever exercícios para promover a saúde óssea.
3. Definir a tríade da atleta.

Homens e mulheres compartilham muitos dos obstáculos à boa saúde (por exemplo, doenças cardiovasculares, diabete tipo 2, obesidade). Do mesmo modo, os benefícios do exercício que combatem essas doenças são similares para os dois sexos, assim como as orientações para sua execução. No entanto, algumas condições são enfrentadas exclusiva ou principalmente por mulheres. Neste capítulo, examinamos três delas: a gravidez, a osteoporose e a tríade da atleta.

Gravidez e exercícios

A gravidez exige muito do corpo da mulher. Preocupações justificadas sobre a segurança do feto e da mãe levantam dúvidas a respeito da realização de exercícios nesse período. Felizmente, há substanciais indícios de que, para gestantes saudáveis, o exercício é seguro e benéfico durante este período crítico (4). Embora difíceis de documentar, os supostos benefícios do exercício durante a gravidez incluem maior bem-estar psicológico, menor fadiga e um parto mais rápido e fácil (6, 18). Porém, algumas condições exigem que o exercício seja tratado com cuidado. Gestantes com doenças cardiovasculares, pulmonares ou metabólicas, assim como aquelas com obesidade grave ou considerável excesso de peso, devem procurar um médico em busca de orientações sobre a prática de exercícios (9). A seguir, apresentamos contra-indicações à realização de exercícios durante a gravidez, como determinado pelo American College of Obstetricians and Gynecologists (ACOG) (5). A Canadian Society for Exercise Physiology (CSEP) preparou o Physical Activity Readiness Examination for Pregnancy (Exame de Prontidão de Gestantes para a Atividade Física). Essa ferramenta, que avalia potenciais problemas médicos e fornece prescrições de exercícios, pode ser encontrada no *site* da CSEP (www.csep.ca/forms.asp).

Potenciais problemas da prática de exercícios durante a gravidez

Preocupações com a prática de exercícios durante a gravidez abrangem quatro áreas fundamentais: dissipação de calor, fornecimento de oxigênio, fornecimento nutricional e parto prematuro. No primeiro trimestre, o feto fica particularmente vulnerável a defeitos de desenvolvimento causados por calor excessivo. Embora a temperatura central do corpo possa aumentar em função do exercício, não há ligações conhecidas entre a maior prevalência de defeitos de nascimento e a prática de atividade física. O aumento do volume sangüíneo da mulher fornece uma quantidade de sangue adequada à dissipação do calor, ao exercício e à nutrição do feto. Incrementos na ventilação e no fluxo sangüíneo para a pele também ajudam a proteger contra mudanças excessivas na temperatura corporal (18). Além disso, a temperatura em que o suor começa diminui à medida que a gravidez avança, fornecendo um mecanismo de proteção adicional contra temperaturas centrais mais altas (9).

A afirmação de que o exercício vigoroso pode comprometer o fluxo sangüíneo uterino também não tem fundamento. O aumento no volume sangüíneo da mãe, junto com a diminuição da resistência vascular sistêmica, resulta em aumento do débito cardíaco, suprindo fluxo sangüíneo adequado e, portanto, também o oxigênio ao feto (6, 18). O fato de que a prática de exercícios afeta pouco, quando afeta, a FC do bebê, fornece indícios de que esse tipo de atividade física não representa estresse significativo para o feto (6, 18). Em decorrência de mudanças na demanda nutricional durante a gravidez, é necessário maior consumo calórico. As demandas nutricionais do exercício e do desenvolvimento fetal têm de ser adequadamente atendidas pela gestante que decide pela prática de atividade física. Para a maioria das mulheres, as demandas energéticas

---

Contra-indicações para a prática de exercícios durante a gravidez

Contra-indicações absolutas

- Doença cardíaca hemodinamicamente significativa
- Doença pulmonar restritiva
- Cerclagem ou cérvice incompetente
- Gestação múltipla com risco de parto prematuro
- Sangramento persistente no segundo ou terceiro trimestre
- Placenta prévia após 26 semanas de gestação
- Parto prematuro na gravidez em curso
- Membranas rompidas
- Pré-eclâmpsia ou hipertensão induzidas pela gravidez

Contra-indicações relativas

- Anemia grave
- Arritmia cardíaca maternal não-avaliada
- Bronquite crônica
- Diabete tipo 1 mal controlada
- Obesidade mórbida extrema
- Peso excessivamente abaixo do normal (IMC < 12 kg · m^{-2})
- Histórico de estilo de vida sedentário ao extremo
- Restrição de crescimento intra-uterino
- Hipertensão mal controlada
- Limitações ortopédicas
- Distúrbio de vertigem mal controlado
- Hipertireoidismo mal controlado
- Alto grau de tabagismo

Adaptadas, com permissão, de American College of Obstetricians and Gynecologists, 2003, "Exercise during pregnancy and the postpartum period", *Clinical Obstetrics and Gynecology*, 46(2): p. 497.

da gravidez correspondem a cerca de 300 kcal · dia^{-1} (4). Indícios de que o exercício não compromete as necessidades nutricionais de desenvolvimento do feto foram revelados por estudos em que se registrou pouquíssima diferença entre os pesos de recém-nascidos de dois grupos de mães – as praticantes e as não-praticantes de exercícios (6, 18).

Outra grande preocupação é o suposto risco de parto prematuro gerado pela prática de exercícios. Mas, na gravidez normal, não há indícios de que a duração da gestação seja afetada pelo exercício (6, 18). No entanto, é preciso tomar cuidado para evitar atividades (por exemplo, esportes de contato) em que haja risco de lesões capazes de afetar o bebê ou de provocar um parto prematuro (5).

Testes e prescrição de exercícios durante a gravidez

Testes de exercícios máximos devem ser evitados, a não ser sob orientação de um médico; os submáximos, se necessários, devem atingir menos de 75% da Freqüência Cardíaca de Reserva (4). Os exercícios moderados, e mesmo os vigorosos, podem ser executados com segurança por gestantes previamente ativas. O tipo, a intensidade, a freqüência e a duração da atividade devem ser adequados à saúde e ao conforto da mulher. Deve-se incentivar exercícios regulares (pelo menos três vezes por semana) em vez de intermitentes. A não ser que haja complicações médicas, recomendam-se 30 minutos ou mais de atividade de intensidade moderada na maioria dos dias da semana, se não em todos (4). A intensidade pode ser medida pela TPE, com faixa recomendada de 11 a 13 (4). Sugere-se que gestantes antes sedentárias busquem primeiro a autorização de um médico e, no início, entrem em programas de baixa intensidade (20 a 39% da FC de reserva) caso decidam fazer exercícios durante a gravidez (4).

O modo do exercício depende do conforto e da conveniência. Algumas mulheres acham mais confortáveis atividades como natação e ciclismo estacionário, em especial à medida que a gravidez avança. No período pós-parto, o retorno à atividade deve ser gradual e com base na resposta de cada uma. A participante gestante deve tomar as seguintes precauções ao fazer exercícios (4, 5):

- Evitar exercícios na posição supino após o primeiro trimestre. O útero dilatado pode pressionar os vasos sangüíneos circundantes e limitar o retorno venoso.
- Tomar medidas para evitar doenças provocadas pelo calor. Para prevenir a hipertermia, evitar fazer exercícios em ambientes quentes e úmidos, cuidar da hidratação (antes, durante e após o exercício) e usar trajes adequados ao calor.
- Limitar a exposição a lesões por queda ou impacto. Embora seja impossível eliminar completamente os riscos, não participar de esportes de contato competitivos (por exemplo, futebol e boxe) nem de atividades em que haja maior risco de traumas (por exemplo, mergulho, esqui aquático). À medida que a gravidez avança, o centro de gravidade e de equilíbrio se altera; portanto, exercícios que exijam mudanças rápidas de direção podem ser mais problemáticos do que antes da gravidez.
- Ter consciência de que a lassidão das articulações aumenta durante a gravidez. A liberação de relaxina permite que a pelve passe pelas mudanças necessárias à gestação e ao parto. Entretanto, esse hormônio também leva a maior lassidão em outras articulações. Deve-se seguir as precauções incluídas no item anterior para prevenir lesões articulares.
- O treinamento de força pode ser usado durante a gravidez, mas observando-se as seguintes precauções: (a) evitar a manobra de Valsalva durante o levantamento; (b) manter os programas com intensidade baixa a moderada (a carga deve ser baixa o suficiente para a realização de, no mínimo, 12 repetições sem fadiga); e (c) usar padrões de movimentos lentos e regulares em vez de balísticos. Para obter mais informações sobre o treinamento de força durante a gravidez, veja o Capítulo 12.
- Evitar exercícios em que ocorram extremos de pressão do ar. O mergulho deve ser evitado porque envolve o risco de doença do feto por descompressão. Exercícios em locais com altitude superior a 1.829 m, por serem potencialmente perigosos, devem ser feitos com cuidado.
- Ter consciência dos sinais de aviso emitidos pelo corpo (5). Cada mulher deve monitorar o próprio corpo com atenção em busca de sinais ou sintomas de algo errado. Se ocorrer alguma das situações a seguir, interrompa o exercício e consulte um médico:

    sangramento vaginal

    dispnéia antes do esforço

    vertigem

    dor de cabeça

    dor no peito

    fraqueza muscular

    dores ou inchaço na panturrilha

    parto prematuro

    diminuição do movimento fetal

    vazamento de fluido aminiótico

Ponto-chave

Fazer exercícios durante a gravidez é seguro e benéfico para a maioria das mulheres. Proteger-se contra impactos traumáticos, doenças provocadas pelo calor, lesões musculoesqueléticas e excesso de esforço é a chave do planejamento de programas de exercício seguros para gestantes.

Osteoporose

A osteoporose é uma doença caracterizada por ossos frágeis. Cerca de 10 milhões de estadunidenses acima de 50 anos são afetados por ela e outros 34 milhões apresentam massa óssea baixa (**osteopenia**) e correm o risco de desenvolver osteoporose (17). Nos Estados Unidos, anualmente, a osteoporose é responsável por custos médicos diretos de 12 a 18 bilhões de dólares (17). Os locais mais comuns de fraturas osteoporóticas são o quadril, as vértebras e o punho. A força óssea é determinada pela **densidade mineral óssea (DMO)** e pela integridade estrutural dos ossos. A DMO é medida por absortometria radiológica de dupla energia (DXA; veja o Capítulo 6) e reflete a quantidade de minerais ósseos por unidade de área (g · cm^{-2}). A DMO, responsável por cerca de 70% da força óssea, está altamente correlacionada à resistência dos ossos à fratura (14). A integridade estrutural, determinada pela microarquitetura dos ossos, é muito mais difícil de avaliar, exigindo testes invasivos dos ossos (1). Por sua facilidade, disponibilidade e seu baixo risco, a DXA tem se tornado o método preferencial de diagnóstico de osteoporose. De acordo com as orientações da Organização Mundial da Saúde, essa doença é definida como 2,5 desvios padrão abaixo da média da DMO para mulheres brancas jovens. Quando a densidade mineral óssea se encontra na faixa osteoporótica, o risco de fratura é alto. Tratamentos farmacêuticos comuns contra osteoporose são os moduladores de receptores seletivos de estrogênio, a terapia de reposição hormonal (para mulheres) e os bisfosfanatos. Essas intervenções com medicamentos reduzem o ritmo da perda óssea e às vezes até aumentam a DMO. Mais informações sobre a osteoporose e seus tratamentos podem ser encontradas (em inglês) no *site* do National Institute of Arthritis and Musculoskeletal and Skin Diseases (www.niams.nih.gov).

Fatores de risco de osteoporose

A osteoporose pode afetar tanto homens quanto mulheres de todas as idades e etnias. Todavia, mulheres mais velhas, em particular as de origem branca ou asiática, correm maior risco. Os ossos acumulam-se na infância e em geral atingem o pico no início da idade adulta (12). Ainda que a DMO diminua um pouco no período da meia-idade, a perda mais rápida em mulheres ocorre por volta da menopausa (7, 12). O declínio nos níveis do estrogênio nos anos próximos à menopausa é a razão da rápida perda óssea, que pode atingir até 3 a 5% da massa óssea a cada ano. Em homens, essa perda costuma ser lenta, mas regular, a partir do pico de acúmulo até a morte. De modo geral, os homens são menos propensos a fraturas osteoporóticas do que as mulheres, uma vez que o pico da DMO é maior em pessoas do sexo masculino. No entanto, eles não estão completamente livres dessa doença. Alguns estimam que um em cada quatro homens acima de 50 anos sofrerá uma fratura osteoporótica (15). Além do sexo, a etnia também é fator determinante do pico da massa óssea. Em regra, o auge da DMO é mais elevado em indivíduos de ascendência africana, quando comparados com descendentes de europeus e de asiáticos (14).

Às vezes, a osteoporose é acompanhada de outras condições médicas. Exemplos dessas condições são distúrbios endócrinos, doenças gastrintestinais, deficiências nutricionais e uso prolongado de medicamentos glicocorticóides. Devido aos muitos fatores que podem levar à baixa densidade óssea, pessoas de todas as idades, até crianças, podem desenvolver osteoporose. A baixa ingestão de cálcio e de vitamina D pode limitar o acúmulo ósseo na infância; estima-se que apenas 25% dos garotos e 10% das garotas alcancem os níveis recomendados de ingestão de cálcio (14). Quando, no pico da densidade óssea, o nível registrado é inferior ao esperado, há maior risco de osteoporose em fases posteriores da vida. A International Osteoporosis Foundation (Fundação Internacional para a Osteoporose) desenvolveu uma ferramenta de avaliação para examinar esse risco. Esse teste simples, formado de 10 perguntas e elaborado para ajudar a identificar pessoas que correm alto risco de osteoporose pode ser encontrado na página 309.

Exercícios na prevenção e tratamento da osteoporose

Um dos principais meios de prevenir a osteoporose consiste na maximização da acumulação óssea na infância e na adolescência. Além da ingestão adequada de cálcio e de vitamina D, a atividade física é importante para o desenvolvimento de ossos fortes. Estudos demonstram que crianças submetidas a exercícios regulares têm níveis mais elevados de densidade óssea do que as sedentárias, e esse aumento ósseo se reflete em toda a vida adulta (3). Para crianças, o principal objetivo é participar de atividades que maximizem o aumento ósseo gradual.

Fatores de risco de osteoporose

- Sexo feminino
- Idade avançada
- Deficiência de estrogênio
- Etnia branca ou asiática
- Peso ou IMC baixo
- Dieta com baixo teor de cálcio
- Abuso de álcool
- Inatividade
- Fraqueza muscular
- Histórico familiar de osteoporose
- Tabagismo
- Histórico de fratura

> **Teste de risco de osteoporose (Millenium Test) de 1 minuto**
>
> 1. Algum de seus genitores quebrou um osso do quadril após uma queda ou batida mínima? Sim ____ Não ____
> 2. Você quebrou algum osso após uma queda ou batida mínima? Sim ____ Não ____
> 3. Você já usou medicamentos corticosteróides (cortisona, prednisona) por mais de três meses? Sim ____ Não ____
> 4. Você perdeu mais de 3 cm de altura ao longo da vida? Sim ____ Não ____
> 5. Você ingere bebidas alcoólicas muito regularmente (além dos limites seguros)? Sim ____ Não ____
> 6. Você fuma mais de 20 cigarros por dia? Sim ____ Não ____
> 7. Você tem diarréia freqüente (causada por problemas como doença celíaca ou de Crohn)? Sim ____ Não ____
>
> *Para mulheres*
>
> 8. Você entrou na menopausa antes dos 45 anos? Sim ____ Não ____
> 9. Sua menstruação foi interrompida por 12 meses ou mais (sem gravidez)? Sim ____ Não ____
>
> *Para homens*
>
> 10. Você já teve impotência, falta de libido ou outros sintomas relacionados com baixos níveis de testosterona? Sim ____ Não ____
>
> Se você respondeu sim para uma ou mais dessas perguntas, é possível que tenha maior risco de osteoporose. Por isso, recomenda-se consultar um médico.
>
> Reimpresso, com permissão, de International Osteoporosis Foundation, 2002, *Millennium One-Minute Osteoporosis Risk Test* (Online). Disponível em: www.osteofound.org

As pesquisas que examinam o exercício como ferramenta de aumento da densidade óssea entre adultos têm produzido resultados diversos. Embora alguns estudos demonstrem ganhos de densidade óssea em conseqüência do exercício, outros revelam poucos efeitos. A ampla variedade de protocolos de pesquisa é uma das razões da diversidade dos resultados. Alguns elementos, comuns entre os estudos, que geraram o efeito mais profundo na saúde óssea de adultos são as atividades moderadas a vigorosas, a ingestão adequada de cálcio em conjunto com os exercícios (1.000 a 1.500 mg $\cdot$ dia^{-1}) e movimentos envolvendo cargas de impacto ou treinamento de força. Para idosos, o exercício, por si só, pode não ser adequado para prevenir a perda óssea relacionada com a idade; no entanto, ele é essencial na redução dessa condição potencialmente devastadora. Idosos com osteoporose devem ser incentivados a praticar exercícios para reduzir o risco de quedas (por exemplo, treinamento de força e para o equilíbrio) e prevenir fraturas osteoporóticas.

Prescrição de exercícios para a saúde óssea

Exercícios para crianças e adolescentes ajudam a maximizar a densidade óssea. Deve-se estimular a participação regular em atividades de alta intensidade com pesos. O ACSM recomenda o seguinte:

- Modo: atividades e esportes que envolvem o apoio do próprio peso e saltos (por exemplo: vôlei, ginástica) e treinamento moderado de força
- Intensidade: forças de carga alta no salto e treinamento de força moderado (< 60% de 1RM)
- Freqüência: pelo menos três dias por semana
- Duração: 10 a 20 minutos

Para adultos não-osteoporóticos, exercícios com cargas e atividades de construção de músculos promovem a saúde óssea. Um exemplo excelente desse tipo de programa foi descrito por Metcalfe e colaboradores (13). De acordo com os indícios disponíveis, o ACSM recomenda o seguinte para preservar os ossos durante a idade adulta (3):

- Modo: exercício aeróbio com apoio do próprio peso, atividades de salto (por exemplo, basquete) e exercícios com pesos
- Intensidade: moderada a alta
- Freqüência: exercícios de *endurance* com apoio do próprio peso 3 a 4 vezes $\cdot$ semana^{-1}, exercícios com pesos 2 a 3 vezes por semana
- Duração: 30 a 60 minutos

Testes e prescrição de exercícios para indivíduos osteoporóticos

Para indivíduos com osteoporose, devem ser tomadas precauções tanto nos testes quanto na prescrição de exercícios. Os benefícios *versus* os riscos dos testes de exercícios têm de ser ponderados, e recomenda-se a autorização de um médico para a sua realização (4). Para pessoas com cifose grave, que limita a visão para a frente ou o equilíbrio, o ciclismo estacionário pode ser melhor do que a caminhada na esteira (4). O teste de força muscular às vezes é importante para a elaboração de programas destinados a participantes osteoporóticos; entretanto,

> **Ponto-chave**
>
> A osteoporose, doença caracterizada por ossos frágeis, afeta milhões de pessoas nos Estados Unidos. Embora homens e mulheres de todas as idades possam desenvolver essa doença, ela é vista mais comumente em mulheres pós-menopausa. Práticas alimentares saudáveis e um estilo de vida ativo são pontos-chave para promoção da saúde óssea. Os exercícios que envolvem tanto cargas de impacto quanto treinamento de força parecem ser mais benéficos na promoção do desenvolvimento dos ossos. Cuidado especial deve ser tomado na hora de aplicar testes e prescrever exercícios para participantes osteoporóticos.

exercícios que envolvem flexão significativa da coluna devem ser evitados, devido ao risco de fraturas por compressão. Testes de equilíbrio e de funcionalidade podem ser úteis na elaboração de programas para reduzir o risco de quedas. Melhorar o equilíbrio e a força muscular é um ponto-chave para a diminuição desse risco (7). A prescrição de exercícios para participantes osteoporóticos tem de ser individualizada e baseada na gravidade da doença e na presença de outras condições. Em geral, essa prescrição deve enfatizar a atividade aeróbia, exercícios que fortalecem os músculos e atividades que melhoram o equilíbrio. Essa combinação envolve três componentes importantes: a saúde cardiovascular, a saúde óssea e a redução do risco de queda. Para obter mais detalhes sobre os testes e a prescrição de exercícios para participantes osteoporóticos, veja Bloomfield e Smith (7).

A tríade da atleta

A tríade da atleta (Figura 17.1) inclui três componentes principais: transtorno da alimentação, amenorréia e osteoporose

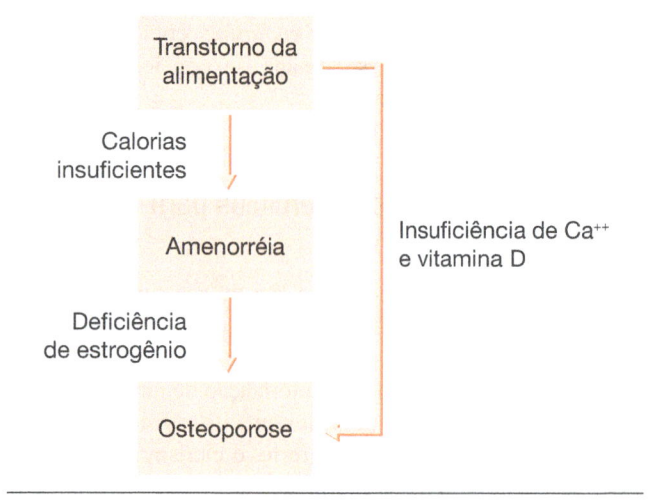

Figura 17.1 Tríade da atleta.

(2). Sem tratamento, essa condição pode causar problemas de saúde significativos, incluindo depleção de glicogênio, anemia e desequilíbrios eletrolíticos (2). Nessa tríade, o fator de precipitação é o transtorno da alimentação. A anorexia e a bulimia nervosa são dois transtornos da alimentação geralmente associados com essa condição. Entre as esportistas que a desenvolvem, há variação nas práticas alimentares insalubres. Algumas atletas apresentam transtornos da alimentação claros, enquanto outras limitam a quantidade de calorias sem se enquadrarem nas definições clínicas desses transtornos (10). O padrão alimentar insalubre, com calorias e densidade nutricional insuficientes, leva à amenorréia. A deficiência de estrogênio observada nesses casos provoca osteopenia e potencialmente até osteoporose. Essa perda óssea coloca a atleta na área de risco de fraturas por estresse e por compressão osteoporótica.

Na população adulta em geral, a porcentagem de ocorrência da anorexia nervosa é 0,5 a 1% e da bulimia nervosa, 2 a 4% (11). Embora seja difícil determinar a porcentagem de atletas que lutam contra práticas alimentares insalubres, a prevalência desses transtornos entre elas parece, no mínimo, tão alto quanto na população em geral (2). Uma metanálise mostrou que algumas atletas correm maior risco de transtornos da alimentação (esportistas de elite, dançarinas, participantes de esportes que enfatizam a magreza), enquanto outras (que não são de elite e participam de esportes que não enfatizam a magreza) talvez estejam mais protegidas contra esses problemas (16). Sem tratamento, os transtornos da alimentação podem levar a graves deteriorações da saúde e potencialmente até a morte (veja o Capítulo 11).

De uma perspectiva clínica, a amenorréia, ou falta de menstruação, divide-se em duas categorias. A **amenorréia primária** é caracterizada por ausência de menarca (ou seja, da primeira menstruação) em garotas com 16 anos ou mais. Quando há interrupção do ciclo menstrual por três meses consecutivos ou mais em mulheres pós-menarca, a condição é classificada como **amenorréia secundária**. Pode ser difícil estabelecer a causa da amenorréia, que envolve a complexa interação entre o hipotálamo, a glândula hipófise e os ovários. Por uma estimulação inadequada, os ovários não funcionam bem, resultando em níveis de progesterona e estrogênio mais baixos do que os normais. Há vários anos, tem sido observada alta prevalência de irregularidades menstruais em atletas, mas suas conseqüências em relação aos ossos foi bastante ignorada até o notável estudo de Drinkwater e colaboradores (8), no qual foi observado que a densidade dos ossos de jovens atletas amenorréicas era comparável à de mulheres pós-menopausa. Atualmente, para ajudar a prevenir a perda óssea, muitos médicos tratam atletas amenorréicas com contraceptivos orais para reposição do estrogênio endógeno perdido (10).

Antes de uma boa intervenção, é preciso reconhecer os sinais do transtorno da alimentação (veja o Capítulo 11). Com freqüência, os técnicos e as atletas estão mal informados sobre essa tríade. Por isso, a educação é o primeiro importante passo na luta contra essa condição. Boas intervenções exigem uma abordagem multidisciplinar, com participação de médicos, nutricionistas e psicólogos (2, 10).

> **Ponto-chave**
>
> A tríade da atleta é caracterizada por transtorno da alimentação, amenorréia e osteoporose. A anorexia e a bulimia nervosas são transtornos da alimentação observados com freqüência nessa condição; eles podem causar problemas graves de saúde e mesmo a morte quando não tratados. A intervenção deve ser multidisciplinar, incluindo aconselhamento psicológico.

Estudo de caso

Confira a resposta no Apêndice A.

1. Uma mulher sedentária de 52 anos, com histórico familiar de osteoporose, procura a academia para informar-se sobre exercícios que promovam a saúde óssea. Seu médico diz que, em geral, ela tem boa saúde e não sofre de osteoporose, mas há sinais de que seus ossos são mais fracos agora do que na juventude (ou seja, um quadro de osteopenia). Que tipo de exercício você recomendaria?

18
CAPÍTULO

O Exercício e as Doenças Coronarianas

David R. Bassett Jr.

Objetivos

O leitor será capaz de:

1. Descrever o processo aterosclerótico e as conseqüências da obstrução do fluxo sangüíneo nas artérias do coração, do cérebro ou da periferia.
2. Quantificar a magnitude das doenças cardiovasculares como problema de saúde pública nos Estados Unidos e listar as várias subcategorias dessas doenças.
3. Identificar as diversas populações de pacientes encontradas em programas de reabilitação cardíaca.
4. Descrever os benefícios fisiológicos e mentais do exercício para indivíduos com doenças cardiovasculares.
5. Definir o que é a prevenção secundária de doenças coronarianas.
6. Descrever testes especiais que podem ajudar a diagnosticar a presença ou a ausência de doenças coronarianas, inclusive testes que usam exercícios ou outros tipos de demandas para aplicar estresse ao coração.
7. Descrever a prescrição de exercícios aeróbios (freqüência, intensidade e duração) em programas de reabilitação cardíaca.
8. Discutir considerações especiais para a prescrição da intensidade dos exercícios destinados a indivíduos que usam medicamentos betabloqueadores.

As doenças coronarianas (DCs) são um grande problema nos Estados Unidos e em outras nações industrializadas. Este capítulo fornece ao profissional de condicionamento físico a base necessária à compreensão do desenvolvimento de DCs, dos tipos de pacientes encontrados em programas de reabilitação cardíaca e dos benefícios do exercício para a população cardíaca, além de fazer considerações especiais sobre a prescrição de exercícios para esse grupo. Este não é um guia abrangente sobre atividades de reabilitação cardíaca; vários textos excelentes trazem informações mais completas sobre o assunto (3, 5, 12).

Aterosclerose

Aterosclerose refere-se à acumulação de depósitos de lipídeos em artérias grandes e médias (Figura 18.1) de um modo que provoca fibrose e calcificação. O processo aterosclerótico começa bem cedo, como evidenciado em estudos com soldados mortos na Guerra da Coréia. Cerca de três quartos dos 300 soldados examinados (idade média = 22,1 anos) tinham algum grau de bloqueio em artérias coronarianas (7). Acredita-se que esse processo se inicie quando as **células endoteliais** ao longo da artéria ficam danificadas em função do tabagismo, de agentes tóxicos ou de pressão arterial elevada (veja Hipertensão, na página 315). Quando lipoproteínas são depositadas no local danificado, ocorre formação de placas (ou aterosclerose). No final, esses depósitos impedem o fluxo sanguíneo nas artérias afetadas e às vezes acarretam sua completa oclusão (18).

Conseqüências da aterosclerose

A aterosclerose pode ocorrer em várias artérias do corpo, com resultados diferenciados. Bloqueios em artérias coronarianas causam **isquemia do miocárdio** (redução do fluxo sangüíneo para o coração) e, em casos graves, **infarto do miocárdio** (IM). Quando os vasos sangüíneos do cérebro sofrem oclusão, o resultado pode ser um **acidente vascular cerebral (AVC)**. Bloqueios em vasos periféricos das pernas podem causar **claudicação** ou dores musculares intermitentes nos momentos de esforço (17).

Doenças cardiovasculares

Nos Estados Unidos, as doenças cardiovasculares (DCV) são a primeira causa de morte – em 1998, 433.825 homens e 493.623 mulheres morreram de DCV. As DCs são responsáveis por 53% dessas mortes, enquanto os AVCs (18%), as doenças hipertensivas (5%) e as insuficiências cardíacas congestivas (6%) somam a maioria das outras causas principais (4). (O termo DCV refere-se a qualquer doença do coração e dos vasos sangüíneos ou da circulação, enquanto DC é uma condição mais específica, resultante da redução do fluxo sangüíneo nas artérias coronarianas.) Nos Estados Unidos, nas últimas décadas, a porcentagem de mortes atribuídas a doenças coronarianas tem diminuído, mas esse ainda é um problema de enormes proporções. De acordo com a AHA, aproximadamente 1.100.000 estadunidenses sofrerão um ataque coronário neste ano. Para cerca de 650.000 deles, esse será o primeiro

> **Ponto-chave**
>
> A aterosclerose é uma doença que começa bem cedo e leva a bloqueios em artérias do coração, do cérebro ou dos músculos periféricos. Bloqueios em artérias coronarianas resultam em isquemia do miocárdio ou infarto. Nos Estados Unidos, há elevada prevalência desse tipo de problema de saúde.

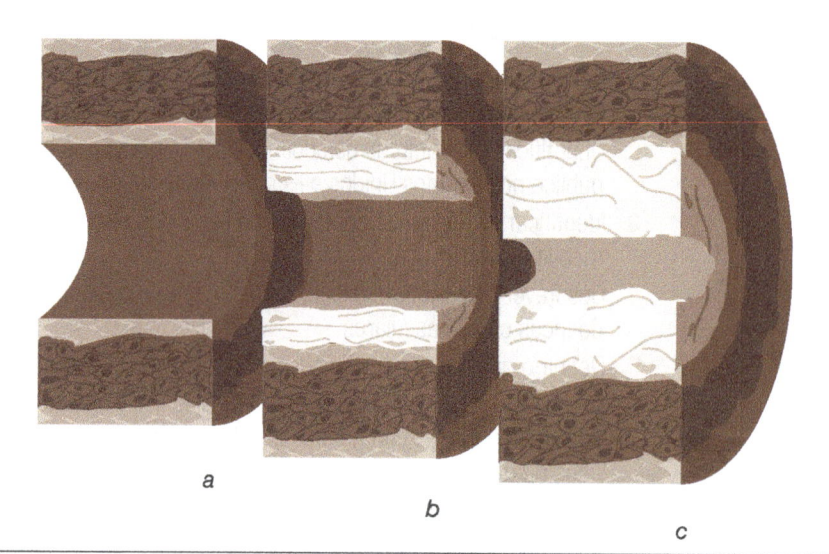

Figura 18.1 Etapas da aterosclerose: (*a*) artéria normal, (*b*) artéria com bloqueio parcial e (*c*) artéria significativamente bloqueada.

Hipertensão

A hipertensão, ou pressão arterial (PA) alta, aumenta muito o risco de desenvolvimento de doenças cardiovasculares. De forma geral, essa condição é identificada quando a PAS atinge 140 mmHg ou a PAD, 90 mmHg. Estima-se que, nos Estados Unidos, 65 milhões de pessoas tenham hipertensão (4). Normalmente, a hipertensão é controlada com medicação (veja o Capítulo 24), em particular quando a PA do paciente é muito alta (por exemplo, sistólica de 160 mmHg ou diastólica de 95 mmHg). Para os que têm hipertensão apenas moderada, recomenda-se uma série de métodos não-farmacológicos para reduzir a PA. A mudança alimentar inclui redução da ingestão de sódio, o que, por si só, tem demonstrado diminuir a PAS e a PAD em 5 e 3 mmHg, respectivamente (11, 13). A obesidade está relacionada com a hipertensão, e as pesquisas têm revelado que a perda de 1 kg de peso corporal diminui a PAS e a PAD em 1,6 e 1,3 mmHg, respectivamente (11, 13). Por fim, a participação em programas de exercício de *endurance* mostra redução na PAS e na PAD de 7 e 6 mmHg, respectivamente, em indivíduos hipertensos (1).

A prescrição de exercícios-padrão do ACSM para melhoria do $\dot{V}O_2$máx. (veja o Capítulo 10) também reduz a PA em indivíduos com hipertensão prévia (1, 11). Além disso, tem sido demonstrado que o exercício de *endurance* a intensidades moderadas (40 a 60% do $\dot{V}O_2$máx.) reduz a PA. Exercícios de intensidade moderada devem ser feitos com freqüência e com duração longa o bastante para gastar grande quantidade de calorias. Além disso, para pessoas que têm PA alta e usam medicamentos, esse tipo de programa de exercícios, junto com mudanças na dieta, no hábito de fumar e no peso corporal, pode baixar a pressão. Nesses casos, deve-se verificar a PA de modo freqüente, a fim de reduzir os medicamentos, quando for possível. O estabelecimento gradual da dieta adequada e do hábito de se exercitar aumenta as chances de manutenção da PA apropriada após sua normalização.

---

ataque desse tipo; para o restante, uma recorrência. Dos que sofrem um ataque cardíaco, 60% sobrevivem e alguns são encaminhados a programas de reabilitação cardíaca (4).

Populações em programas de reabilitação cardíaca

Os programas de reabilitação cardíaca incluem pessoas que sofreram de angina do peito, IM, **cirurgia de revascularização** (CABG, do inglês *coronary artery bypass graft*) e angioplastia (8, 9). **Angina do peito** refere-se a dor no peito atribuível a isquemia do ventrículo, resultante de oclusão de uma ou mais das artérias coronárias. A dor surge quanto a demanda de oxigênio para o coração (estimada pelo duplo produto PAS · FC) excede o valor que o fluxo sangüíneo coronariano consegue atender. A isquemia pode ser transitória, baixando quando a demanda de oxigênio para o coração retorna ao normal.

O coração de pacientes que sofreram IM apresenta danos reais (morte de fibras musculares ventriculares), causados por oclusão de uma ou mais artérias coronárias. O grau em que a função ventricular esquerda é afetada depende da massa do ventrículo permanentemente danificada. Indivíduos com experiência de IM utilizam medicamentos (betabloqueadores) para reduzir o trabalho do coração e controlar a irritabilidade do tecido cardíaco, de modo que não ocorram arritmias perigosas (batimentos cardíacos irregulares). De modo geral, esses indivíduos apresentam efeitos do treinamento similares aos de pessoas que não sofreram IM.

Pacientes de CABG são submetidos a cirurgias que abrem *bypass* a uma ou mais artérias coronárias bloqueadas. Nesse procedimento, um vaso sangüíneo é costurado em artérias coronárias preexistentes, acima e abaixo do local do bloqueio, a fim de reorientar o fluxo sangüíneo (veja a Figura 18.2). Pessoas com angina do peito crônica antes da CABG encontram alívio de sintomas, sendo que 50 a 70% delas não relatam dores. De modo geral, com o aumento do fluxo sangüíneo para o ventrículo, a função ventricular esquerda e a capacidade de trabalho melhoram (20). Esses pacientes beneficiam-se do treinamento com exercícios sistemáticos, pois a maioria se encontra descondicionada antes da cirurgia, em conseqüência de restrições à atividade relacionadas com dores no peito.

Alguns pacientes de DC são submetidos a um procedimento especial – **a angioplastia coronariana transluminal percutânea** (ACTP) – para abrir artérias que sofreram oclusão. Nesse procedimento, não se abre o peito. Em vez disso, se insere um cateter (um tubo longo e fino), com um balão na ponta, na artéria coronária. Ali, o balão é inflado e empurra a placa contra a parede arterial (veja a Figura 18.3). Esses pacientes tendem a não ter DCs tão graves quanto as dos que passam pela CABG. Para eles, a ACTP apresenta algumas vantagens, incluindo o fato de ser menos invasiva, exigir menor tempo de internação (1 a 2 dias em vez de 6 a 9) e custar menos (9). No entanto, com essa angioplastia, de um terço à metade dos pacientes sofrem nova oclusão da artéria coronária no período de 6 meses após o procedimento (10).

Para ajudar a prevenir reoclusões, com freqüência são usados *stents* **intracoronarianos** que têm o objetivo de auxiliar a manter o lúmen da artéria coronária aberto. O *stent*, composto de uma liga metálica, é inserido na artéria em um cateter de balão e posicionado na área da obstrução. Primeiro, o balão é inflado para aumentar o tamanho do lúmen, depois se libera o ar do balão, puxando-o para fora, enquanto o *stent* permanece mergulhado na artéria. A principal desvantagem desse recurso é o aumento do risco de formação de placas de sangue; por isso, é necessária uma terapia anticoagulante para reduzir esse perigo (5).

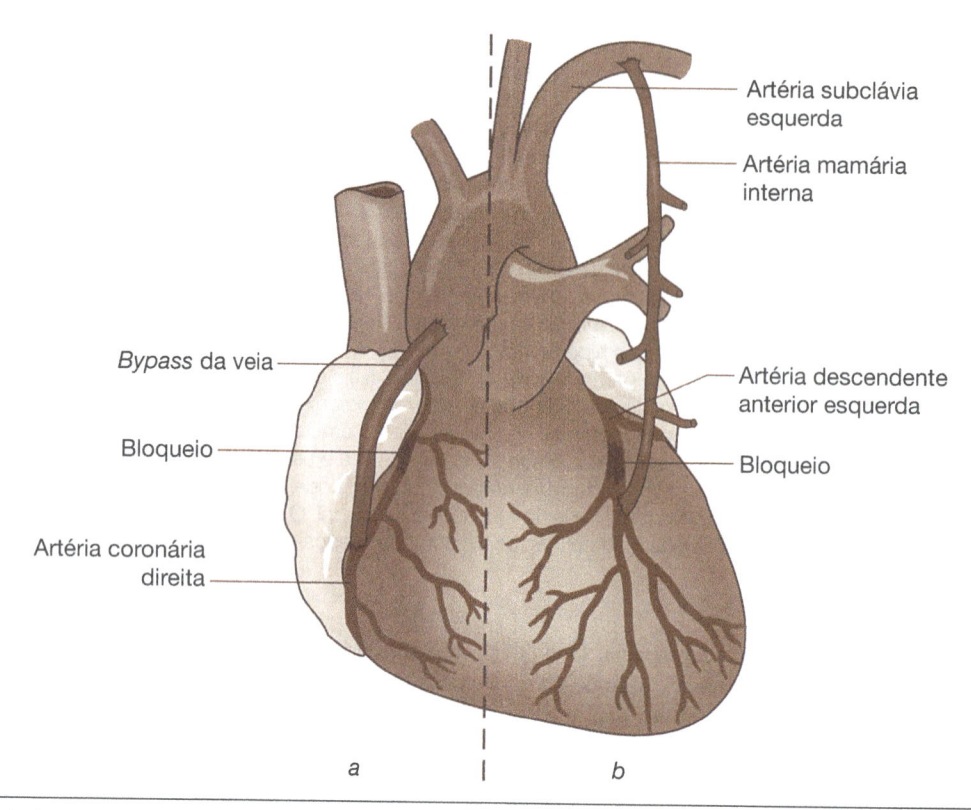

Figura 18.2 Cirurgia de revascularização. (a) Enxerto de desvio da artéria coronária, usando a veia safena, e (b) enxerto de desvio da artéria coronária usando a artéria mamária. O fluxo sangüíneo é reorientado em torno do local da obstrução pelo enxerto de uma veia sangüínea de outra parte do corpo, implantada na artéria coronária afetada, distal ao local da obstrução. Tipicamente, nesses procedimentos, usam-se a veia sangüínea safena (perna) e a artéria mamária.

Reimpressa de *Pathophysiology: Clinical concepts of disease processes*, 4th ed., S. A. Price and L. M. Wilson, p. 439. Copyright 1992, com permissão de El Sevier.

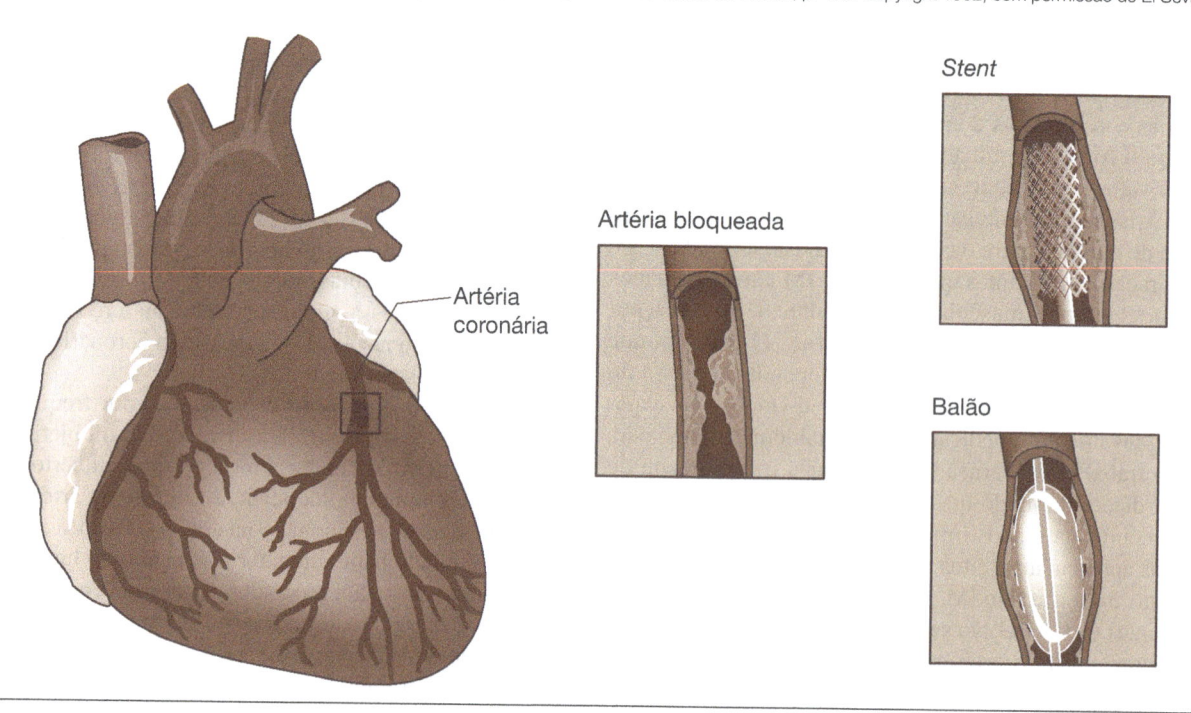

Figura 18.3 Angioplastia coronariana transluminal percutânea. Um fio-guia é usado para posicionar o cateter de balão no local da obstrução, dentro da artéria coronária. Ali, o balão é inflado, aumentando o tamanho do lúmen e a capacidade de fluxo do sangue. Depois o cateter é desinflado e removido. Em alguns casos, um *stent* de metal é colocado dentro da artéria para mantê-la aberta.

> **Ponto-chave**
>
> A DC é tratada por revascularização cirúrgica, angioplastia ou *stent* intracoronariano. Os pacientes submetidos a esses procedimentos são candidatos a programas de reabilitação cardíaca no hospital.

Evidências para o treinamento com exercícios

Cinqüenta anos atrás, o conselho mais comum para pacientes que tinham sofrido um IM era passar várias semanas em repouso completo (3). Hoje, no entanto, o treinamento com exercícios é parte habitual do tratamento de pessoas com DC. Os programas de reabilitação cardíaca adotam uma abordagem multidisciplinar de educação e prática de exercícios para ajudar pessoas com doenças cardíacas a retomarem a função normal, dentro dos limites de sua condição (12).

Não há dúvida de que pacientes com DC melhoram a função cardiovascular quando se exercitam. Isso é evidenciado por valores mais altos do $\dot{V}O_2$máx., das taxas de trabalho alcançadas sem isquemia (como mostrado por mudanças na angina de peito ou no segmento S-T) e da capacidade de trabalho submáximo prolongado (6, 16, 19). Têm sido observadas reduções moderadas na gordura corporal, pressão arterial, colesterol total, triglicerídeos no soro e LDL-C, acompanhadas de aumentos no HDL-C, em conseqüência da prática regular de exercícios. A melhoria do perfil lipídico é afetada não apenas pelo exercício em si, porque a perda de peso e o conteúdo de gordura saturada presente na dieta podem modificar essas variáveis.

Um foco importante dos programas de reabilitação cardíaca é a redução da ocorrência de IMs subseqüentes (3). Isso é referido como **prevenção secundária** de DC. O Framingham Heart Study mostrou que, quem sofre o primeiro ataque cardíaco, corre maior risco de um segundo. Além disso, a probabilidade de recorrência está associada, com clareza, a muitos dos mesmos fatores de risco que causaram a aterosclerose na primeira ocorrência. Portanto, a equipe de reabilitação cardíaca tem de monitorar a pressão arterial, os níveis de colesterol no sangue e o tabagismo dos pacientes. Em geral, pesquisas têm mostrado que o programa de reabilitação cardíaca com exercícios resulta em uma redução de 20 a 25% na mortalidade por todas as causas, e especificamente na cardiovascular, após um IM. Essas são boas notícias, pois indicam que esses pacientes obtêm substanciais benefícios quando participam da reabilitação. Mais que isso, ganham melhor sensação de bem-estar (12).

Um dos avanços mais instigantes da reabilitação cardíaca, nos últimos anos, é a demonstração de que a modificação do estilo de vida pode reverter doenças coronarianas. Ornish e colaboradores (14) realizaram uma série de estudos nos quais mostraram que um programa composto de dieta vegetariana estrita, ioga, meditação, abandono do hábito de fumar e atividade física reverteu o processo aterosclerótico. Nesse estudo, os pacientes apresentaram reversão dos bloqueios em artérias coronárias, dando credibilidade à idéia de que essa condição pode, em alguns casos, ser tratada com intervenções não-cirúrgicas.

> **Ponto-chave**
>
> Os programas de reabilitação cardíaca ajudam pessoas com doenças cardíacas a recuperarem o condicionamento físico e retornarem às atividades cotidianas normais. Os benefícios desses programas incluem aumento da capacidade de trabalho e redução dos fatores de risco cardiovasculares. Esses programas geralmente diminuem o risco de um segundo ataque cardíaco.

Testes diagnósticos especiais para detectar doenças coronarianas

Testar o paciente com DC envolve muitas outras questões além daquelas dos testes de pessoas aparentemente saudáveis. Para algumas classes de pacientes com DC, os exercícios ou testes com exercícios são inapropriados e perigosos (2). Para outras pessoas, no entanto, os benefícios de um **teste de exercício progressivo** (TEP) superam os riscos. O teste de exercícios diagnóstico quase sempre é realizado em um ambiente hospitalar, diante do médico. O eletrocardiograma (ECG) de 12 derivações é monitorado a intervalos curtos durante o TEP, e três condutores são mostrados continuamente em um osciloscópio. A pressão arterial, a taxa de percepção de esforço (TPE) e vários sinais e sintomas também são observados. O equipamento de emergência inclui um desfibrilador, oxigênio suplementar e medicamentos de emergência. O pessoal treinado e certificado em primeiros socorros cardiológicos avançados fica sempre disponível para fornecer assistência, se necessária.

Exercícios em esteiras comumente usados no teste diagnóstico incluem os protocolos de Naughton, Balke, Bruce e Ellestad, que levam os nomes de seus idealizadores (2). Esses protocolos são todos TEPs que aumentam a velocidade ou a elevação a intervalos regulares para incrementar a intensidade dos exercícios. Para quem não consegue fazer o exercício na esteira, pode ser usado o cicloergômetro ou o ergômetro de braço. Os critérios para interrupção do TEP enfatizam vários sinais (por exemplo, depressão no segmento S-T do ECG) ou sintomas (por exemplo, angina de peito) patológicos em vez do alcance de determinada porcentagem da FC máxima estimada de acordo com a idade. Pode-se usar uma escala de angina subjetiva para avaliar a gravidade dos sintomas (veja a Tabela 18.1).

Outros testes da função cardíaca incluem procedimentos radionuclídeos, que costumam ser administrados em conjunto

Tabela 18.1 Escala de classificação da angina

1	Leve, quase despercebida
2	Moderada, incômoda
3	Moderadamente grave, muito desconfortável
4	As dores mais fortes ou intensas já sentidas

Essa escala é usada para classificar dores subjetivas associadas com a insuficiência do miocárdio.
Adaptada, com permissão, de *American College of Sports Medicine* (ACSM), 2006, ACSM's guidelines for exercise testing and prescription, 7a ed. (Philadelphia, PA: Lippincott, Williams & Wilkins), p. 107 (2).

com testes de estresse farmacológicos (sem exercícios) ou de exercícios (5, 15). No primeiro caso, os agentes farmacológicos causam isquemia do miocárdio pelo aumento da demanda de oxigênio para o miocárdio ou da vasodilatação coronariana. O tálio-201 (uma substância radioativa), por exemplo, pode ser injetado por via intravenosa para avaliar a perfusão do miocárdio. O tálio preenche o miocárdio bem-perfundido de modo semelhante ao que acontece com o potássio. O miocárdio isquêmico tende a não ser preenchido pelo tálio, o que identifica áreas do coração com fluxo sangüíneo baixo. Outra técnica envolve um radioisótopo que se liga a hemácias (tecnécio-99m), sendo útil para a produção de imagens do reservatório de sangue do coração. Isso permite a medição dos volumes sistólico final (VSF) e diastólico final (VDF) e o cálculo da fração de ejeção, do seguinte modo: fração de ejeção = (VDF − VSF) ÷ VDF. Anormalidades na movimentação da parede ventricular também podem ser identificadas (15).

Os testes mais definitivos para DCs são a **angiografia coronariana** e as varreduras da **tomografia por emissão de pósitrons** (PET, do inglês *positron emission tomography*). Na angiografia, um cateter cardíaco é inserido na artéria femoral e empurrado ao longo da aorta até atingir a entrada da artéria coronária, onde a ponta curva do cateter permite que ele se insira na nela. Em seguida, uma coloração de contraste é injetada na artéria. Pela visualização da imagem das artérias coronárias em uma tela, o cardiologista consegue medir o grau de oclusão (estreitamento) existente (veja a Figura 18.4). As varreduras da PET usam [^{18}F]-deoxiglicose ou [^{13}N]-amônia. Essas substâncias possibilitam a avaliação do nível do metabolismo celular do miocárdio. Pela cor, é possível distinguir entre áreas metabolicamente ativas, indicativas de boa perfusão, e outras mal-perfundidas.

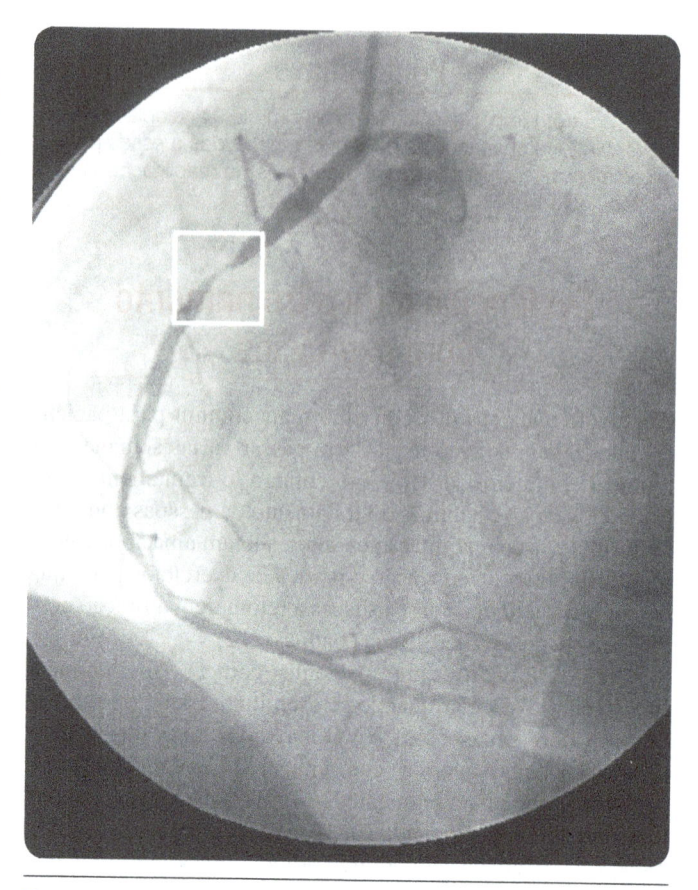

Figura 18.4 Angiograma cardíaco, mostrando oclusão (estreitamento) de uma artéria coronária. Por um cateter, inserido em uma artéria coronária, foi injetada coloração de contraste para permitir a visualização da artéria.
Cortesia de David R. Bassett Jr.

Típica prescrição de exercícios

Os detalhes da elaboração e da implementação de programas de reabilitação cardíaca, desde as primeiras etapas, logo após o período de repouso completo do paciente, até o momento de retornar ao trabalho, e ainda mais tarde, são encontradas nas orientações da American Association for Cardiovascular and Pulmonary Rehabilitation (3). Esta seção introduz brevemente esses programas.

Os programas de reabilitação cardíaca são organizados em um planejamento com fases progressivas para atender às necessidades do paciente e de sua família. A fase I (aguda) começa quando o paciente chega ao quarto do hospital, depois de deixar a unidade de tratamento intensivo ou de cuidados coronarianos (12). Um a três dias após o IM ou o procedimento de revascularização, ele já inicia o processo de reabilitação. Os pacientes são expostos a estresses ortostáticos ou gravitacionais, sentando-se e levantando-se de modo intermitente. Mais tarde, atividades ao lado da cama e nos corredores (por exemplo, caminhar) são recomendadas (3).

> **Ponto-chave**
>
> Tipos especiais de testes diagnósticos podem determinar se o paciente tem DC. Usar TEPs na esteira (com cuidadoso monitoramento do ECG e da pressão arterial) é um método comum de detectar sinais e sintomas de doenças cardíacas. Testes de radionuclídeos podem confirmar de forma mais definitiva a presença ou a ausência de doenças cardíacas.

Nas fases II e III, depois da alta, o paciente é encaminhado a programas de exercício realizados em ambiente hospitalar. Recomendam-se atividades rítmicas, com uso de grandes grupos musculares, para o condicionamento físico; entre elas: esteira e cicloergômetro, combinados com exercícios para braços e pernas, remo e subir escadas. O treinamento de força leve ou moderado inclui pesos móveis (halteres) e tiras elásticas (Thera-Band). Cuidado especial tem de ser tomado na prescrição de exercícios para os membros superiores de clientes submetidos a procedimentos de revascularização cirúrgica, em razão de limitações relacionadas à incisão no peito. Veja, no Capítulo 12, mais detalhes sobre o treinamento de força destinado a populações cardíacas.

As recomendações para a programação de exercícios aeróbios para reabilitação cardíaca de pacientes liberados do hospital (fases II e III) são as seguintes (8, 9):

- Freqüência: 3 a 4 dias por semana.
- Intensidade: 40 a 75% do $\dot{V}O_2$máx. ou da FCA.
- Duração: 20 a 40 minutos por sessão.
- 5 a 10 minutos de exercícios de aquecimento e de relaxamento final.

Os profissionais de condicionamento físico que trabalham na reabilitação cardíaca têm de conhecer os medicamentos cardiovasculares (há uma descrição deles no Capítulo 24). Pacientes que utilizam betabloqueadores precisam de atenção especial, pois a fórmula de Karvonen para cálculo da faixa da FCA é inválida quando o paciente interrompe o uso desse medicamento no momento do teste. Para esses indivíduos, a FCA às vezes é calculada pelo acréscimo de 20 a 30 batimentos $\cdot$ min^{-1} à FC de repouso, em pé. Porém, dadas as amplas diferenças das respostas fisiológicas aos betabloqueadores, outro método consiste em usar os valores da TPE no nível um pouco difícil, o que corresponde ao *continuum* de 11 a 14 na escala original de Borg (3).

Na fase II, os sinais vitais (FC, PA, ventilação) são monitorados com cuidado, e o ECG é monitorado em uma estação central de observação, via telemetria (sinais de rádio). Um registro de canal único de 6 a 10 pacientes pode ser monitorado simultaneamente em uma tela de computador; no caso de arritmias ou de mudanças no segmento S-T, imprime-se uma faixa de ritmo. Os programas dessa fase duram, em geral, cerca de 12 semanas e, nos Estados Unidos, são cobertos pelo reembolso do plano de saúde.

Os programas da fase III têm o hospital como base e incluem estimular o paciente a continuar o regime de exercícios, oferecendo-lhe cuidado médico e educativo continuado. Nesses casos, em geral, o ECG dos pacientes não é monitorado por telemetria, mas eles continuam a seguir a prescrição individual de exercícios e a participar das aulas educativas. No final, eles podem entrar na etapa de manutenção, passando à fase IV do programa, em uma instalação não-hospitalar.

Ponto-chave

O programa de reabilitação cardíaca divide-se em quatro fases. A I é a fase aguda, executada quando o paciente ainda se encontra no hospital. As fases II e III são realizadas depois da alta; a IV corresponde à manutenção. Os pacientes cardíacos podem beneficiar-se dos treinamentos aeróbios e de força, mas o trabalho com essas populações exige conhecimentos especializados sobre condições de saúde específicas.

Estudos de caso

Confira as respostas no Apêndice A.

1. John, um homem de 46 anos, casado e com dois filhos, é executivo da área de seguros. Ele atua de forma ativa na igreja e joga golfe nos fins de semana. Recentemente, por ter sentido fadiga e dores no peito em virtude de esforço, procurou um cardiologista. Embora não fume, ele consome 1 a 2 drinques por dia. Seu histórico médico revela que o nível de colesterol no sangue é 263 mg · dL^{-1}; o nível de triglicerídeos, 195 mg · dL^{-1}; e o valor do HDL-C, 45 mg · dL^{-1}. Considerando o sexo, a idade, os sintomas e os fatores de risco, qual é a sua opinião sobre a probabilidade de DC? Qual seria um próximo passo razoável para diagnosticar a presença ou a ausência de DC?

2. Jane é uma aposentada de 61 anos. Recentemente, foi submetida a uma cateterização cardíaca, que revelou oclusão significativa na artéria esquerda descendente anterior e na artéria circunflexa. Por isso, foi realizado um procedimento de angioplastia com balão. Cerca de duas semanas depois, ela fez um TEP, em que obteve os seguintes resultados:

    Protocolo: Balke (3,3 mi · h^{-1} ou 5,3 km · h^{-1})

    Descanso: FC = 72 batimentos · min^{-1}; PA = 130/72 mmHg

    Ponto final: etapa 3 para 1 min (cerca de 7 METs)

    FC = 126 batimentos · min^{-1}; PA = 160/90 mmHg

    Razão da finalização do teste: fadiga

    Não houve registro de depressão do segmento S-T nem de sintomas.

   Jane estava usando atenolol (um betabloqueador) na época do teste, e o médico orientou-a a continuar com a medicação. Ela foi encaminhada a um centro de reabilitação cardíaca para realização de exercícios supervisionados e modificação dos fatores de risco. Liste alguns modelos de exercícios apropriados para este caso.

CAPÍTULO 19

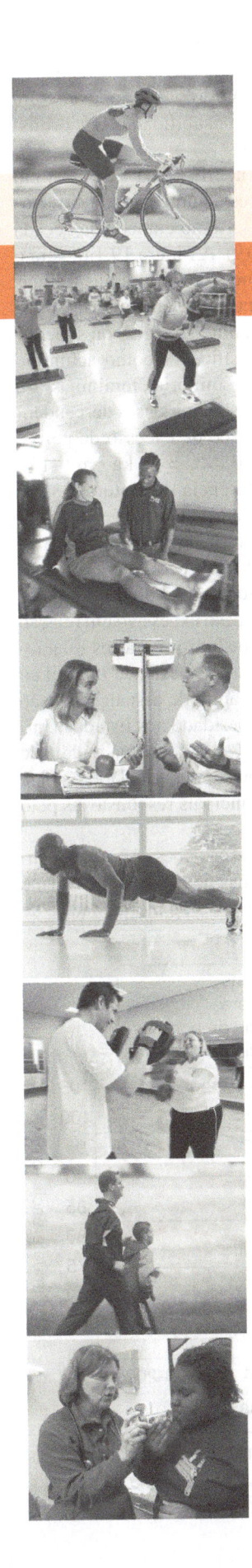

O Exercício e a Obesidade

Dixie L. Thompson

Objetivos

O leitor será capaz de:

1. Definir obesidade e descrever os riscos que ela impõe à saúde.
2. Descrever o papel que o exercício desempenha na prevenção e no tratamento da obesidade.
3. Explicar as modificações em procedimentos de teste-padrão necessárias a clientes obesos.
4. Redigir a prescrição de exercícios para um obeso.

A obesidade é caracterizada por adiposidade excessiva. Ela pode ser documentada pelo exame da relação entre a altura e o peso (por exemplo, o IMC) ou pela avaliação do percentual de gordura corporal (% GC). Por exigir medições simples e estar bastante relacionado com a gordura corporal na maioria dos adultos, o IMC tem se tornado o método preferido clinicamente para a avaliação da obesidade (veja o Capítulo 6). De modo habitual, as orientações mais aceitas classificam como obeso quem tem IMC igual ou superior a 30 kg · m^{-2} (8). Estas são as subclasses da obesidade:

- I – 30,0 a 34,9 kg · m^{-2}
- II – 35,0 a 39,9 kg · m^{-2}
- III (extrema) – 40 kg · m^{-2} ou mais

Embora não haja padrões universalmente aceitos para a classificação da obesidade a partir do % GC, pessoas com valores > 38% para mulheres e >25% para homens, em geral são incluídas na faixa de obesos (19, 22). Outra ferramenta usada para avaliar a obesidade é a circunferência da cintura (veja mais detalhes no Capítulo 6). A adiposidade localizada na região abdominal encontra-se fortemente ligada ao risco de doenças crônicas; portanto, circunferências da cintura ≥ 102 cm em homens ou ≥ 88 cm em mulheres classificam os indivíduos com obesidade abdominal (8).

Causas potenciais

Embora o consumo de calorias além da necessidade calórica diária seja o réu mais evidente na etiologia da obesidade, essa condição é muito mais complexa do que o sugerido por essa explicação simples. Tanto fatores biológicos (por exemplo, predisposição genética atribuível a uma taxa metabólica mais baixa do que o normal) quanto psicológicos (por exemplo, imagem corporal ruim) podem contribuir para a obesidade, colocando obstáculos significativos no caminho de quem tenta perder peso (13). Alguns estudos mostram que a genética contribui com cerca de 25 a 40% da variação na composição corporal (6), mas outros argumentam que essa porcentagem varia de 50 a 70% (5). Muitos fatores biológicos têm sido identificados como mecanismos que podem predispor a pessoa à obesidade. Esses fatores incluem a proteína leptina, a atividade do sistema nervoso simpático, vários neuropeptídeos e alguns hormônios (27). As possíveis rotas de funcionamento desses fatores incluem a diminuição da taxa metabólica em repouso, a influência sobre os comportamentos alimentares e a desaceleração da taxa de oxidação das gorduras. Em razão da recente ênfase nas raízes genéticas da obesidade, é possível que os indivíduos obesos se sintam desencorajados a tentar perder peso. Porém, mesmo que fatores biológicos realmente contribuam para a obesidade, no final é o desequilíbrio entre a ingestão e o gasto energético que leva ao acúmulo de gordura. Explicar aos clientes o papel da boa nutrição e da prática de exercícios apropriados para a manutenção do peso saudável é um aspecto importante no rol das responsabilidades dos profissionais de condicionamento físico.

A prevalência da obesidade nos Estados Unidos e em muitos países ao redor do mundo está aumentando (20). Nos Estados Unidos, ela cresceu de 13,4% no começo da década de 1960 para 30,9% no ano 2000 (9). A Figura 19.1 mostra o aumento no IMC e na circunferência da cintura nas últimas décadas. Pesquisas nacionais recentes revelam que 65,1% dos estadunidenses adultos têm, agora, um IMC igual ou superior a 25 kg · m^{-2} e, portanto, são classificados como acima do peso ou obesos (15). Parece que as minorias femininas (ou seja, as negras não-hispânicas e as estadunidenses descendentes de mexicanos) correm maior risco de excesso de peso e obesidade – mais de 70% delas têm IMC ≥ 25 kg · m^{-2} (15). Conforme critérios para a circunferência da cintura, 38,3% dos homens e 59,9% das mulheres apresentam obesidade abdominal (25). Outra tendência perturbadora é o aumento da taxa de obesidade entre crianças (29). De acordo com estimativas atuais, 31% das crianças estão no nível do percentil 85º de IMC (padrão usado para indicar peso excessivo em relação à altura) ou acima dele (15). Alguns pesquisadores relacionaram o crescimento da prevalência da obesidade infantil ao aumento do lazer inativo, como o hábito de assistir televisão (12, 26). O rápido incremento da obesidade nos Estados Unidos ao longo das últimas quatro décadas confirma a idéia de que as opções do estilo de vida (ou seja, a atividade física e a dieta), e não a genética, são os principais responsáveis pelo predomínio dessa condição.

A crescente porcentagem de pessoas obesas é preocupante devido aos conseqüentes problemas de saúde. A obesidade está relacionada com a elevação das taxas de mortalidade e de

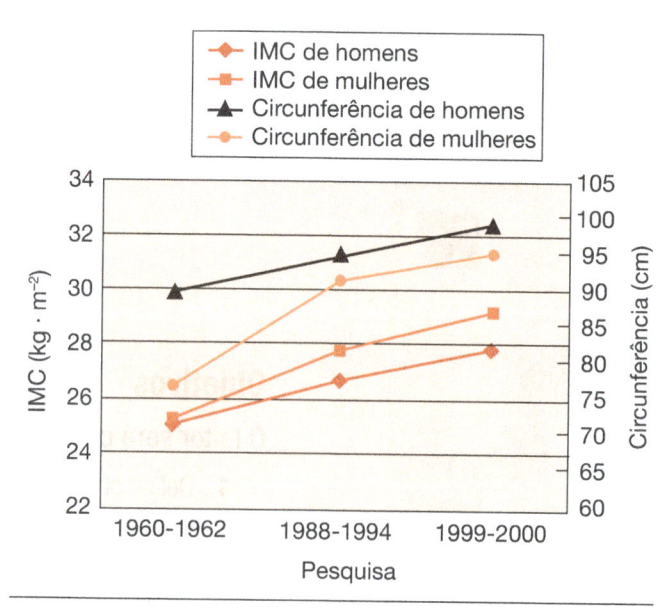

Figura 19.1 Mudanças no IMC e na circunferência da cintura de homens e mulheres (9, 25).

morbidade. Doenças e condições associadas à obesidade incluem doenças coronarianas (DC), insuficiência cardíaca congestiva, AVC, diabete tipo 2, hipertensão, dislipidemia, doença da vesícula biliar, osteoartrite, alguns tipos de cânceres (por exemplo, de mama, do colo), apnéia do sono e problemas respiratórios (24). As mulheres obesas têm maior propensão a irregularidades menstruais e complicações com a gravidez (24). Estimativas de mortes anuais nos Estados Unidos atribuíveis à obesidade variam de 112.000 (10) a 300.000 (3). Em 1995, o custo direto da obesidade foi de 51 bilhões de dólares, sendo o custo econômico total cerca de 100 bilhões (24). Em 2000, este último subiu para 117 bilhões (32). Claramente, a obesidade resulta em maiores gastos financeiros e de pessoal. Os graves efeitos do excesso de peso e da obesidade refletiram-se no Surgeon General's Call to Action to Prevent and Decrease Overweight and Obesity (Medidas para Prevenção e Diminuição do Excesso de Peso e da Obesidade) (32). Esse relatório esboça o problema e propõe compromissos tanto públicos quanto privados para tratar dessa questão de saúde.

Uma série de estudos tem usado o exercício como meio de tratar a obesidade. A maioria desses testes é de curto prazo, e muitos apresentam falhas de delineamento que limitam as conclusões obtidas. Em geral, ensaios bem controlados e randomizados têm revelado modesta redução de peso quando se usam exercícios para tratar a obesidade (14, 35). Perdas de peso um pouco maiores são vistas, tipicamente, quando se combinam a restrição calórica e o exercício. Também há indícios de que a combinação desses dois elementos é melhor para ajudar a manter a perda de peso do que apenas um deles isolado (14, 35). Nos Estados Unidos, os dados do National Weight Control Registry (NWCR) sugerem que o exercício aeróbio regular é comum entre as pessoas que mantêm significativas perdas de peso com êxito (36). Veja, no próximo quadro Evidências científicas, mais informações sobre as características dos indivíduos que conseguem manter a perda de peso. Recomendações de exercícios para obesos são encontradas mais adiante, neste capítulo.

Ponto-chave

A obesidade é uma condição complexa, relacionada a aspectos biológicos e de estilo de vida. Perto de um terço dos adultos dos Estados Unidos são classificados como obesos, e a prevalência dessa condição está crescendo. Co-morbidades da obesidade incluem o diabete tipo 2, as DCs, o AVC e alguns cânceres. Nos Estados Unidos, o custo econômico da obesidade está acima de 100 bilhões por ano.

Atividade física na prevenção e no tratamento da obesidade

O aumento rápido na prevalência da obesidade parece estar relacionado tanto ao baixo nível de atividade física quanto à excessiva ingestão energética (31). Isso sugere que aumentar a atividade física e reduzir a ingestão calórica resulta em taxas de obesidade mais baixas. Embora os indícios sejam indiretos, uma visão geral de estudos transversais e prospectivos indica que pessoas ativas têm menor propensão à obesidade, e as que mantêm um estilo de vida ativo são menos inclinadas a se tornarem obesas ao longo do tempo (7, 18). A conferência de consenso de um encontro internacional recente concluiu que, para prevenir a obesidade, são necessários 45 a 60 minutos de atividade diária moderada (28). No entanto, estimar a ingestão e o gasto energético de uma população inteira gera resultados grosseiros, as conclusões dos estudos nem sempre coincidem, e precisamos de muitas pesquisas adicionais para esclarecer essas questões. Porém, apesar da necessidade de mais pesquisa, há consenso entre as comunidades médicas (30) e de saúde pública (32) sobre a conveniência de modificações na dieta e da prática de exercícios para tratar pacientes obesos.

Evidências científicas

O NWCR foi criado em 1994 para proporcionar informações sobre modos bem-sucedidos de perder peso e de manter o novo peso mais baixo. Atualmente, mais de 3.000 pessoas participam desse registro, que inclui uma perda de peso média de 30 kg, mantida por 5,5 anos. Cerca de metade desses participantes adotaram programas de perda de peso comerciais, enquanto os outros emagreceram sem orientação formal. Vários fatos interessantes foram reunidos a partir da experiência dos bons "perdedores": (1) 89% deles disse ter combinado a restrição calórica com a prática de exercícios no programa de perda de peso; (2) a abordagem alimentar mais comum envolveu uma dieta com baixas calorias e baixo teor de gordura (~24% de calorias oriundas de gordura); (3) a maioria dos participantes se pesava com freqüência para acompanhar os bons resultados da mudança de comportamento; (4) a rotina de exercícios típica consistia em 1 h · dia^{-1} de atividade física moderada; e (5) caminhar era o exercício mais citado (77% dos participantes), enquanto 20% faziam o treinamento de força. Para obter mais informações sobre o NWCR, consulte Wing e Hill (36).

Ponto-chave

Pessoas ativas têm menor propensão à obesidade ou ao excesso de peso. O exercício pode ser parte importante do programa de perda de peso e é fundamental para sua manutenção pós-emagrecimento.

Exame médico especial

Com freqüência, várias condições coexistem com a obesidade (por exemplo, diabete tipo 2 e hipertensão) (8). A alta prevalência dessas co-morbidades exige que os profissionais de condicionamento físico avaliem com cuidado os indivíduos obesos antes de aplicar os testes de exercícios. Históricos de saúde e avaliações pré-teste devem ser elaborados para identificar co-morbidades (veja o Capítulo 3). Essas condições, assim como a condição física individual geral, determinam os tipos de teste de exercício necessários antes da elaboração do programa. Assim que se completa o processo de avaliação do histórico de saúde inicial, a estratificação de risco do ACSM (2) pode ser usada para decidir sobre a necessidade de autorização e de supervisão médica para os testes de exercícios.

Medicamentos

Como qualquer outro cliente, o indivíduo com obesidade deve fornecer documentação de seus medicamentos. Em decorrência da ampla rede de co-morbidades que podem acompanhar a obesidade, a variedade de remédios envolvidos também é grande. É comum encontrar clientes obesos que utilizam vários medicamentos, até mesmo para hipertensão e controle da glicose. Antes do teste e da prescrição de exercícios, os profissionais de condicionamento físico têm de considerar o possível efeito desses remédios.

Medicamentos fornecidos com receita médica para perda ou controle de peso encontram-se disponíveis para indivíduos que passam por cuidados médicos (21, 30). Nos Estados Unidos, dois deles, comumente prescritos para tratar a obesidade, são o orlistat e a sibutramina. O orlistat interfere na absorção da gordura pelo sistema digestório e em geral resulta em perda de peso e melhoria do perfil lipídico no sangue. Embora algumas vezes seja relatado um aumento na PA em função do uso desse medicamento, os efeitos colaterais mais comuns são as fezes oleosas e a urgência fecal. A sibutramina funciona por intermédio da serotonina e da norepinefrina, neurotransmissores do cérebro. Ela aumenta a taxa metabólica, gera sensação de saciedade e eleva os níveis de energia. Potenciais efeitos colaterais cardiovasculares incluem aumento da FC e da PA. Suplementos herbáceos e remédios para emagrecer vendidos sem receita médica também são usados com freqüência pelos que querem perder peso. Em 2004, a U.S Food and Drug Administration, agência que regula alimentos e medicamentos nos Estados Unidos, baniu alcalóides de efedrina (efedra) da lista de produtos para emagrecer que podiam ser vendidos sem receita devido a relatos de taquicardia, hipertensão, AVCs e ataques cardíacos. Está além dos limites deste capítulo a revisão de todos os produtos usados para promover a perda de peso. Os profissionais de condicionamento físico devem incentivar os clientes a praticar o consumo inteligente, conhecendo melhor os possíveis efeitos colaterais e discutindo as características dessas substâncias com os médicos.

Teste de exercício

Como regra geral, modos e protocolos de teste padronizados podem ser usados para pessoas obesas; no entanto, a intensidade inicial, assim como os aumentos subseqüentes, têm de refletir o nível de atividade e o condicionamento físico do participante (veja o Capítulo 5). Isso é de particular importância em virtude da grande falta de condicionamento observada com freqüência entre os obesos. Em caso de obesidade grave ou de problemas ambulatoriais, é preferível usar o cicloergômetro ou o ergômetro de braço na aplicação do teste. Porém, se o exercício escolhido para o programa for a caminhada, o teste da esteira fornecerá informações úteis sobre a velocidade que o cliente deve manter na atividade de caminhar. Esse dado pode ser útil na hora de elaborar a sessão de trabalho com um gasto calórico-alvo.

Em geral, a resposta fisiológica ao exercício é similar em obesos e em pessoas com peso normal, exceto quando o peso excessivo reduz a função cardiorrespiratória. Porém, co-morbidades, em especial a hipertensão e o diabete tipo 2, podem alterar a resposta durante ou após o exercício. Para obter mais informações sobre testes para clientes obesos, consulte a revisão feita por Wallace (33).

> **Ponto-chave**
>
> O grande número de co-morbidades que acompanha a obesidade torna necessário o exame cuidadoso dos clientes obesos. O teste de exercício desses clientes deve ser individualizado, levando em conta toda e qualquer necessidade especial.

Prescrição de exercícios

A perda de peso, a melhoria do condicionamento físico e a diminuição dos fatores de risco de doenças crônicas são o foco do programa de exercícios para indivíduos obesos. Nas orien-

---

Procedimentos cirúrgicos para perda de peso

Para indivíduos com obesidade extrema (IMC > 40 kg · m^{-2}), que não conseguiram êxito em tentativas anteriores de perder peso e que apresentam condições co-mórbidas graves, a **cirurgia bariátrica** é uma opção (23, 30). Há grande variedade de opções cirúrgicas, mas todas modificam o sistema gastrintestinal, de modo que a ingestão de alimentos fica restrita e a ingestão de nutrientes diminui. Esses procedimentos podem levar a significativas perdas de peso, porém, também causam uma série de efeitos colaterais graves (23). As cirurgias requerem importantes modificações no padrão alimentar. Depois que os indivíduos se recuperam da cirurgia, recomenda-se a programação de exercícios. O planejamento alimentar e o programa de exercícios para esses pacientes devem ser acompanhados por médicos profissionais.

tações do ACSM, afirma-se que todos os adultos, até os que estão obesos, devem se exercitar na maioria dos dias da semana, se não em todos eles, por um mínimo de 150 min · semana^{-1}, a fim de se protegerem contra doenças crônicas (1, 2). Entretanto, indícios indicam que um gasto calórico ainda maior (ou seja, 200 a 300 min · semana^{-1}) pode ser mais benéfico para o controle de peso a longo prazo (1, 2). Alguns grupos defendem 45 a 60 minutos de atividade diária moderada para prevenir o ganho de peso e 60 a 90 minutos para indivíduos previamente obesos, com a finalidade de evitar um novo ganho de peso (11, 28). Ao iniciar um programa de exercício pela primeira vez, os participantes podem não ser capazes de se exercitar por tanto tempo. Por isso, o foco inicial da programação é desenvolver bastante *endurance* para sustentar atividade aeróbia que garanta alcançar duração necessária. Acumular atividade em sessões curtas ao longo do dia deve ser considerado como uma boa opção. O ACSM recomenda o seguinte para o exercício destinado à perda de peso (2):

- Freqüência: 5 a 7 dias por semana.
- Intensidade: inicialmente moderada (40 a 60% da FCR), com progressão para intensidades mais elevadas (50 a 75% da FCR).
- Duração: progressão de sessões curtas, facilmente toleradas, a períodos ininterruptos de 45 a 60 minutos diários.

A elaboração de programas de exercícios para indivíduos obesos exige algumas considerações especiais. Um dos principais objetivos de qualquer programa de exercícios deve ser garantir a segurança. Para indivíduos obesos, evitar lesões ortopédicas é uma preocupação especial, em função da carga adicional sobre as articulações. Portanto, atividades de baixo impacto (exercícios dentro d'água, ciclismo e caminhada) são preferíveis quando indivíduos obesos iniciam a prática regular de exercícios. Após a perda de peso e o aumento do condicionamento, os participantes podem ingressar em atividades e esportes de maior impacto. Outra preocupação de segurança envolve a termorregulação (33). Devido à gordura corporal excessiva e ao aumento das demandas energéticas da atividade, às vezes pessoas com grande quantidade de gordura corporal têm dificuldade em manter o resfriamento do corpo durante o exercício. Nesse caso, elas devem ser estimuladas a exercitar-se nos horários mais frescos do dia ou em ambientes com temperatura controlada. Esses praticantes precisam manter-se hidratados, bebendo quantidades adequadas de água.

O treinamento de força também pode ser um componente importante do programa geral de exercícios. Embora, em regra, não queime grande quantidade de calorias, ele desempenha funções importantes na perda de peso (1). Durante o emagrecimento típico, há diminuição de tecido tanto magro quanto gordo. No entanto, é possível manter o tecido magro ou, pelo menos, minimizar a perda muscular por meio de um treinamento de força, realizado junto com a restrição calórica. A manutenção da massa muscular beneficia a capacidade funcional e também a taxa metabólica. Comparado com a gordura, o músculo é um tecido metabolicamente ativo. Por isso, manter a massa magra ajuda a minimizar decréscimos na taxa metabólica.

É raro indivíduos obesos iniciarem a prática de exercícios sem a definição de objetivos de perda de peso (ainda que o exercício traga benefícios até mesmo sem perda de peso; veja Exercício sem perda de peso, na página 326). Os profissionais de condicionamento físico podem ajudar o cliente a estabelecer objetivos de perda de peso saudáveis. São apropriados objetivos de perder 0,5 a 1 kg · semana^{-1}. Reduzir 500 kcal · dia^{-1} na ingestão calórica e gastar 300 kcal · dia^{-1} adicionais gera um déficit calórico corresponde ao emagrecimento de 0,7 kg em uma semana (7 [500 + 300] = 5.600 kcal · semana^{-1}). Em geral, dietas com quantidade de calorias inferior a 1.200 kcal · dia^{-1} não são recomendadas sem a supervisão de um médico. Dietas bem-planejadas, com baixo teor de gordura e déficit calórico de 500 a 1.000 kcal · dia^{-1} reduzem o peso de modo gradual, sem sacrificar nutrientes necessários (1). Uma distribuição apropriada de nutrientes, junto com as quantidades necessárias de vitaminas e minerais, deve ser incluída no planejamento alimentar (veja o Capítulo 7). Dietas com baixo teor de gordura, em particular de gordura saturada, além de serem eficazes para perder peso, também estão associadas com a manutenção do peso a longo prazo. Veja, no Capítulo 11, informações adicionais sobre estratégias para perder peso e para manter o peso saudável. Indivíduos com excesso de peso ou obesos devem reduzir o peso corporal em, pelo menos, 5% para beneficiar a saúde com ganhos como uma menor PA e um perfil de lipídeos no sangue mais favorável. Para alguns indivíduos, uma redução ainda maior no peso corporal pode otimizar melhorias na saúde (1).

A persistência na prática de exercícios a longo prazo é problemática para os obesos e os previamente sedentários. Os profissionais de condicionamento físico devem ajudar os clientes a superar barreiras evidentes à manutenção de um estilo de vida ativo. Entre as barreiras que costumam ser citadas estão a sensação de estar gordo demais para se exercitar, a crença de que a saúde está muito fraca para suportar os exercícios e a idéia de que uma lesão ou limitação impede a realização de atividades físicas (4). Os profissionais de condicionamento físico devem fornecer esclarecimentos sobre os riscos da vida inativa, os benefícios da prática regular de exercícios para a saúde e a variedade de opções de exercícios disponíveis. O diálogo entre o profissional e o cliente determina as necessidades do programa, os gostos do cliente e o nível de apoio necessário para garantir a persistência. Essas discussões podem levar a decisões sobre a natureza específica da rotina de exercícios (por exemplo, estruturada vs. adaptável ao estilo de vida; intermitente vs. contínua) (16, 17). Crie oportunidades de aumentar o gasto energético por meio de exercícios estruturados (por exemplo, caminhadas de 30 minutos em ritmo rápido) e de atividades incorporadas ao estilo de vida (por exemplo, substituir o lazer sedentário pelo ativo). Quando o assunto é a persistência por longo prazo, um dos pontos críticos consiste em escolher um método adequado às necessidades do cliente.

Ponto-chave

Objetivos de perda de peso prudentes para clientes obesos ou com excesso de peso variam de 0,5 a 1,0 kg · semana^{-1}. Sugere-se a prática de uma atividade aeróbia moderada diária ou quase diária. Trinta minutos por dia de exercícios de intensidade moderada é um objetivo mínimo, enquanto melhores êxitos são alcançados com 45 a 90 minutos. Os obesos podem usar tanto os exercícios aeróbios quanto o treinamento de força. Para a perda de peso, os programas de exercício devem ser combinados com uma dieta com redução de calorias e baixo teor de gordura. Ao prescrever exercícios, enfatize medidas que evitem problemas musculoesqueléticos e doenças pelo calor e descubra modos de garantir a adesão do cliente.

Exercícios sem perda de peso

Mesmo sem emagrecimento, os exercícios beneficiam pessoas que estão acima do peso. Esses benefícios (por exemplo, melhor perfil lipídico no sangue, menor PA e melhor controle do estresse) são praticamente iguais aos observados em pessoas com peso normal. Embora tanto a redução do peso quanto a melhoria do condicionamento físico otimizem os benefícios à saúde, a participação em exercícios regulares protege o indivíduo de maneira significativa contra doenças mesmo quando permanece com excesso de peso. Dados da Cooper Clinic, em Dallas (EUA), demonstram que o bom condicionamento físico protege pessoas com excesso de peso contra morte prematura (34). Em razão dessas descobertas, é importante enfatizar o estilo de vida ativo, ainda que entre os resultados não esteja a perda de peso.

Estudo de caso

Confira as respostas no Apêndice A.

1. Marsha, uma mulher de 51 anos, procurou a academia e mostrou interesse em participar de um programa. Seu interesse foi despertado por uma série de anúncios da academia destinados a atrair pessoas que querem perder peso. Você fez uma avaliação da cliente que revelou o seguinte:
   - Altura: 1,65 m; peso: 109 kg.
   - Pressão arterial: 152/88 mmHg.
   - Ela nunca fez exercícios regularmente, tem um trabalho sedentário e não procura tipos de lazer ativos.
   - Seu último exame médico foi feito há três anos.
   - Ela tem um histórico familiar de doenças cardíacas por parte de pai; sua mãe desenvolveu diabete do tipo 2 após a menopausa.
     a) Que exame médico, se for preciso algum, você recomendaria antes do ingresso de Marsha nos programas da academia?
     b) Que teste de condicionamento físico recomendaria?
     c) Pressupondo que o exame e o teste iniciais não revelaram condições médicas, descreva a dieta e o programa de exercícios que Marsha deve seguir para alcançar objetivos de perda de peso e de melhoria do condicionamento físico.

CAPÍTULO 20

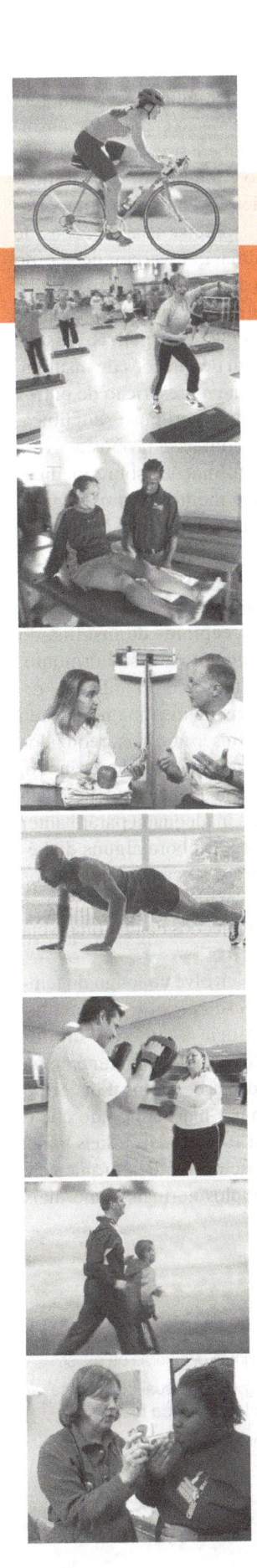

O Exercício e o Diabete

Dixie L. Thompson

Objetivos

O leitor será capaz de:

1. Definir o diabete melito e descrever as características dos tipos 1 e 2.
2. Descrever o papel do exercício na prevenção e no tratamento do diabete tipo 2.
3. Descrever considerações especiais para o teste de exercícios de pacientes diabéticos.
4. Descrever considerações especiais para a prescrição de exercícios para indivíduos diabéticos.

O **diabete melito** é uma doença metabólica caracterizada por **hiperglicemia** (ou seja, elevado nível de glicose no plasma). Os níveis de glicose sangüínea a seguir são usados para identificar o diabete melito. A causa da hiperglicemia varia de acordo com a forma do diabete; os mais comuns são os tipos 1 e 2. O **diabete tipo 1** é caracterizado por deficiência de insulina, com freqüência atribuída à destruição auto-imune das células beta produtoras de insulina no pâncreas. No **diabete tipo 2**, os receptores de insulina tornam-se insensíveis ou resistentes à insulina e, uma vez que a glicose não pode movimentar-se com rapidez pelas células, o resultado é a hiperglicemia. Embora haja outras formas de diabete melito (por exemplo, o gestacional), esses tipos 1 e 2 são responsáveis pela maioria dos casos. Seja qual for o tipo, uma série de complicações pode resultar do diabete. Tipicamente, essas complicações afetam os vasos sangüíneos e os nervos, incluindo problemas de visão, doenças renais, doenças vasculares periféricas, aterosclerose e hipertensão (5). Nos Estados Unidos, o ônus econômico estimado (custos diretos e indiretos) do diabete soma 132 bilhões de dólares por ano (3).

Estima-se que mais de 20 milhões de estadunidenses sofram de diabete; cerca de 90% dos casos sendo do tipo 2. Essa forma de diabete tem raízes tanto genéticas quanto comportamentais. Muitas pessoas com diabete tipo 2 são relativamente inativas e estão acima do peso ou obesas, em particular com excesso de gordura abdominal. Outros fatores de risco incluem histórico familiar de diabete tipo 2, idade avançada e origem de minorias étnicas (a prevalência é maior entre os hispânicos, os nativos americanos e os afro-americanos, em comparação com os brancos). O diabete tipo 2 costuma coexistir com outras condições, como hipertensão e dislipidemia. Ainda que ele possa aparecer em qualquer idade, as taxas mais altas são observadas na faixa etária dos 60 anos ou mais (14). No entanto, há crescente prevalência do diabete tipo 2 entre crianças, e essa tendência parece estar relacionada com taxas progressivas de obesidade (14).

Comparação entre os tipos 1 e 2 de diabete

O diabete tipo 1 resulta da falta de insulina. A causa mais comum é a destruição auto-imune das células beta produtoras de insulina no pâncreas, levando à falta desse hormônio. Sem insulina, as células do corpo não são capazes de absorver a glicose. Diferentemente do diabete tipo 2, o tipo 1 com freqüência se manifesta bem cedo e tem maior probabilidade de ligações com fatores genéticos do que com comportamentais. Quem tem diabete tipo 1 precisa usar injeções de insulina. Há muitos tipos de insulina, que variam de acordo com a rapidez com que começam a agir, o momento do pico da ação e a sua duração. As insulinas usadas para tratar os diabéticos estão listadas na Tabela 20.1. Algumas pessoas com diabete tipo 2 também precisam de injeções de insulina. Entretanto, é cada vez mais freqüente a prescrição de outros tipos de medicamentos para diminuir a glicose sangüínea. Muitos medicamentos são usados com esse propósito (veja a Tabela 20.2). Para obter mais informações sobre medicamentos usados para tratar o diabete melito, veja os *sites* da American Diabetes Association (www.diabetes.org) e do National Institute of Diabetes and Digestive and Kidney Diseases (www.niddk.nih.gov).

O diabete tipo 2 é caracterizado pela **resistência a insulina**, uma condição em que os receptores de insulina do corpo não respondem mais normalmente a esse hormônio. Assim, a entrada da glicose nas células fica prejudicada, resultando em hiperglicemia. Os níveis de insulina no plasma de pessoas com diabete tipo 2 podem ser normais, reduzidos ou elevados, de acordo com o indivíduo. De qualquer modo, esse tipo de diabete é considerado uma doença de deficiência relativa, pois a insulina disponível é inadequada para manter as concentrações normais de glicose. Embora alguns diabéticos do tipo 2 consigam controlar a doença com exercícios e perda de peso, outros precisam de medicamentos, como os hipoglicemiantes orais, e talvez até injeções de insulina (veja a Tabela 20.2).

Em geral, o diabete tipo 2 se desenvolve ao longo do tempo, aparecendo primeiro como **glicose em jejum aumentada** (100 a 125 mg $\cdot$ dL^{-1}) ou **tolerância à glicose diminuída** (TGD). Esta última é uma condição em que o aumento na glicose sangüínea após a ingestão de carboidratos é maior do que o normal e permanece elevado por mais tempo do que o normal. O nível de glicose de 140 a 199 mg $\cdot$ dL^{-1} duas horas após um teste de tolerância à glicose oral indica problemas. Na Figura 20.1, apresentamos exemplos normais e anormais

---

Diagnóstico de diabete melito (5)

Para o diagnóstico do diabete, um dos seguintes critérios deve estar presente:

- Glicose no plasma, em jejum, $\geq$ 126 mg $\cdot$ dL^{-1} (7,0 mM; em jejum significa sem ingestão de alimentos nas últimas oito horas ou mais).
- Sintomas de diabete (por exemplo, sede incomum, diurese freqüente, perda de peso inexplicada) e glicose casual no plasma $\geq$ 200 mg $\cdot$ dL^{-1} (11,1 mM; casual significa que não foi controlado o horário da última ingestão de alimentos antes do teste).
- Glicose $\geq$ 200 mg $\cdot$ dL^{-1} duas horas após a ingestão de 75 g de carboidratos (teste de tolerância à glicose oral).

O valor normal da concentração de glicose no plasma em jejum é < 100 mg $\cdot$ dL^{-1} (5,6 mM). A faixa de 100 a 125 mg $\cdot$ dL^{-1} classifica o indivíduo no grupo da glicose em jejum aumentada.

Tabela 20.1 Formas de insulina usadas para controlar o diabete melito

Tipo de insulina	Início da ação	Pico	Duração
Ação rápida	5-20min	45 min-3h	3-5h
Ação curta	30min	2-5h	5-8h
Ação intermediária	1-3h	6-12h	16-24h
Ação prolongada	4-6h	8-20h	24-28h
Ação muito prolongada	1h	Diminui regularmente por 24h	24h
Pré-misturado (intermediário + ação curta)	30min	7-12h	16-24h

Tabela 20.2 Medicamentos para controle do diabete tipo 2

Classe do medicamento	Exemplo	Modo de ação
Sulfoniluréia	Glinase PresTab	Estimula a produção de insulina
Biguanida	Glicofage	Reduz a liberação de glicose pelo fígado
Inibidores da α-glicosidase	Precose	Diminui a absorção de carboidratos
Tiazolidinediona	Avandia	Aumenta a sensibilidade à insulina
Meglitinida	Prandin	Estimula a produção de insulina
Derivados da D-fenilalanina	Starlix	Aumenta a taxa de produção de insulina

de respostas da glicose sangüínea. Quem apresenta problemas na glicose em jejum ou na tolerância à glicose é classificado como **pré-diabético**. Sem intervenção, o pré-diabete costuma evoluir para o diabete tipo 2. Estima-se que 41 milhões de estadunidenses tenham pré-diabete.

Exercícios para indivíduos com diabete

O exercício pode gerar muitos benefícios para indivíduos com diabete dos tipos 1 e 2. Isso é particularmente verdade pela forte ligação entre o diabete e as doenças cardiovasculares e pelo papel do exercício na redução do risco destas últimas. Embora não previna nem cure o diabete tipo 1, a prática de exercícios por essa população deve ser estimulada por uma série de razões (4). A atividade física melhora a sensibilidade à insulina e reduz o risco de doenças em pessoas que já sofrem de diabete, e ainda mais na população sem essa condição. Devido à alta taxa de doenças cardiovasculares entre os diabéticos, os exercícios podem ajudar a promover o bem-estar geral. Eles prote-

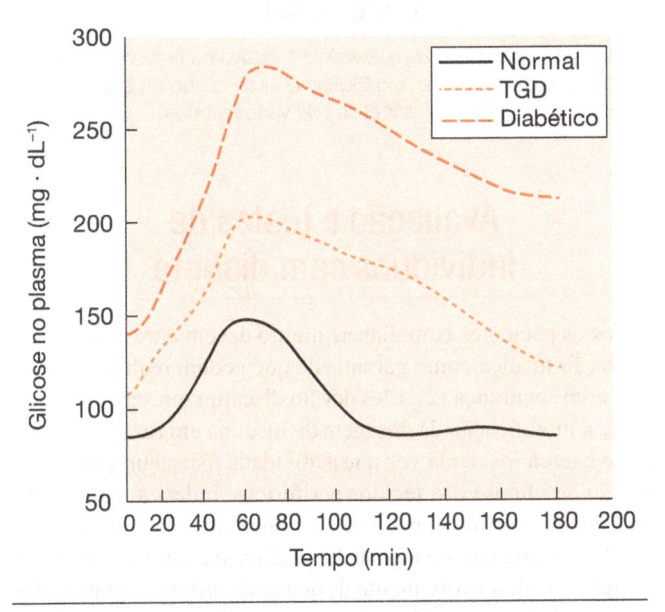

Figura 20.1 Comparação entre a resposta da glicose e a ingestão de carboidratos.

gem contra doenças coronarianas, dislipidemia, hipertensão e obesidade. O aumento da atividade física e a melhoria do condicionamento físico também promovem a saúde psicológica e a qualidade de vida.

O exercício ajuda a prevenir e tratar o diabete tipo 2. A inatividade e a obesidade são características comuns de diabéticos tipo 2. Pesquisas têm mostrado que indivíduos regularmente ativos são 30 a 50% menos inclinados a desenvolver esse tipo de diabete do que os inativos (6). Além disso, pessoas que têm problemas de tolerância à glicose correm menor risco de desenvolver o diabete tipo 2 quando se exercitam

> **Ponto-chave**
>
> O diabete melito é caracterizado por hiperglicemia. Mais de 20 milhões de estadunidenses sofrem de diabete melito, e o custo econômico dessa doença soma 132 bilhões de dólares por ano. O diabete tipo 1 resulta da falta de produção de insulina. O tipo 2, a forma mais comum, é caracterizado por células que se tornam insensíveis à insulina. Os fatores de risco de diabete tipo 2 incluem idade avançada, histórico familiar desse tipo de diabete, excesso de peso e inatividade.

com regularidade (1, 12). Têm-se reunido evidências de que diabéticos do tipo 2 apresentam melhor tolerância à glicose e melhor sensibilidade à insulina em conseqüência do exercício regular (1, 7). Há uma série de razões que justificam a importância do exercício no tratamento do diabete tipo 2 (11, 15). Entre elas, estão:

- menores concentrações de glicose sangüínea em jejum;
- melhor tolerância à glicose (menos de um pico na glicose após a alimentação);
- melhor sensibilidade à insulina (maior absorção de glicose para uma determinada quantidade de insulina);
- controle do peso (aumento da massa magra e redução da gordura);
- melhores perfis lipídicos;
- redução na pressão arterial entre os hipertensos;
- menor risco de doenças cardiovasculares;
- controle do estresse (o estresse pode afetar o controle da glicose via aumento do nível das catecolaminas).

> **Ponto-chave**
>
> Tem sido mostrado que o exercício é efetivo na prevenção e no tratamento do diabete tipo 2. Seja qual for o tipo de diabete, o exercício beneficia os diabéticos de vários modos.

Avaliação e testes de indivíduos com diabete

Todos os pacientes com diabete melito devem apresentar a autorização médica como garantia de que podem realizar exercícios com segurança (2). Eles devem discutir com seus médicos sobre a modificação da dosagem de insulina em razão da prática de exercícios. Uma vez que a atividade física aumenta a absorção de glicose dos tecidos periféricos, independentemente dos níveis de insulina, pode ocorrer hipoglicemia caso a ingestão de insulina não seja ajustada. O diabete é um fator de risco primário de desenvolvimento de doenças cardiovasculares. Por isso, os clientes diabéticos devem ser avaliados com cuidado, em busca de sinais e sintomas da doença (Capítulo 3). A ADA recomenda a realização de um exame médico completo, com particular atenção para complicações relacionadas ao diabete (por exemplo, DC, retinopatia, nefropatia) antes de iniciar um programa de exercícios (5).

Diabéticos tipo 2 com freqüência se encontram acima do peso, são hipertensos e têm problemas no perfil lipídico no sangue; portanto, às vezes, usam uma série de medicamentos que afetam a resposta ao exercício. Para quem teve diabete por muitos anos, a neuropatia periférica pode ser um problema. Danos aos nervos sensoriais dos pés podem causar ulcerações; em caso de danos em vasos sangüíneos, a resposta da cicatrização pode ser lenta. Em decorrência dessas e de outras questões, a reconstituição do histórico médico completo é essencial para esses clientes.

O tipo de teste realizado antes da programação dos exercícios vai depender de cada pessoa. Às vezes, é necessário um teste de estresse de exercícios, sob supervisão de um médico, para indivíduos com diversos fatores de risco. O protocolo depende da idade e da capacidade funcional do cliente. O teste de exercício submáximo pode ser usado para estimar a potência aeróbia (veja o Capítulo 5). No entanto, a neuropatia autonômica pode provocar respostas incomuns da FC e da PA durante o exercício.

A decisão de realizar ou não o teste de exercício de diabéticos pode ser tomada após consulta ao médico do cliente. Em geral, antes do início de um programa de exercícios moderado ou vigoroso, é recomendado um teste com avaliação de DC (13). Recomenda-se também que pacientes com alto risco sejam testados antes de iniciar qualquer tipo de programa (veja as Orientações para clientes com diabete, na página 331). Alguns participantes com baixo risco estão aptos a iniciar programas de baixa intensidade (< 39% da FC de reserva) sem o teste de estresse. Para obter mais informações sobre os testes de clientes diabéticos, veja o *Resource Manual for Guidelines for Exercise Testing and Prescription* (13) e o *Exercise Management for Persons with Chronic Diseases and Disabilities* (11), ambos do ACSM.

> **Ponto-chave**
>
> Uma vez que o diabete melito está associado com maior risco de complicações relacionadas ao exercício, é preciso obter a autorização de um médico antes de aplicar o teste de exercícios. O tipo de teste vai depender das necessidades do cliente.

Prescrição de exercícios

Os objetivos da programação de exercícios para indivíduos diabéticos (por exemplo, maior potência aeróbia, menor risco de doenças, maior flexibilidade, maior força e *endurance* muscular) são similares aos de quem não sofre de diabete, exceto pela necessidade de maior atenção à melhoria do controle da glicose. Os elementos básicos da prescrição de exercícios devem estar presentes também no programa de clientes com diabete, mas com considerações especiais, como esboçado nas seções seguintes.

Orientações para clientes com diabete

Indivíduos com alto risco, que se enquadram em algum dos critérios a seguir, devem fazer um teste de exercício diagnóstico antes de iniciar um programa de atividade física:

- Previamente sedentário, com 35 anos ou mais, ou sedentário que já teve diabete por mais de 10 anos (seja qual for a idade atual).
- Diabete tipo 1 por mais de 15 anos ou tipo 2 por mais de 10 anos.
- Importantes fatores de risco adicionais de DC.
- Doença vascular periférica, renal e microvascular, cardiomegalia ou insuficiência cardíaca congestiva.
- Doença autonômica, renal ou cerebrovascular avançada.
- DC conhecida.

Indivíduos com baixo risco, que se encaixam em algum dos critérios a seguir, podem começar um programa de exercícios de baixa intensidade ($\leq$ 39% da FC de reserva) sem o teste de exercício de diagnóstico:

- Nível de exercício preliminar quase igual ao do passo normal da caminhada.
- Menos de 35 anos.
- Nenhum outro fator de risco importante de DC.
- Nenhum outro fator de risco de morte súbita.
- ECG normal em repouso.

Adaptadas, com permissão, de American College of Sports Medicine (ACSM), 2005, ACSM's *resource manual for guidelines for exercise testing and prescription*, 5th ed. (Philadelphia, PA: Lippincott, Williams & Wilkins), p. 246-7. (13).

Diabete tipo 1

Quem tem diabete tipo 1 deve avaliar com cuidado a necessidade de modificação da dosagem de insulina e da ingestão de carboidratos antes de iniciar um programa de exercícios. Com freqüência, é necessário aumentar a ingestão de carboidratos ou reduzir a dosagem de insulina para manter o controle adequado da glicose e evitar a hipoglicemia que pode resultar da prática de exercícios. O ajuste nesses dois itens depende da intensidade e da duração da atividade. A glicose deve ser medida antes do início da sessão de exercícios. Se ela estiver abaixo de 100 mg $\cdot$ dL^{-1}, o praticante deverá ingerir 20 a 30 g de carboidratos antes de começar a fazer os exercícios. Em caso de glicose > 300 mg $\cdot$ dL^{-1} ou > 250 mg $\cdot$ dL^{-1} com cetonas urinárias, o exercício deve ser adiado (2).

Para diabéticos tipo 1, previamente inativos, a progressão deve ser lenta, com cuidadoso monitoramento da glicose sangüínea e dos sintomas de esforço cardiovascular ou metabólico. No início, recomenda-se o exercício supervisionado. Depois que consegue manter o controle da glicose junto com os exercícios, o praticante pode passar ao exercício sem supervisão. No entanto, é sempre preferível que clientes diabéticos não se exercitem sozinhos, devido à necessidade de ter alguém por perto em caso de algum evento hipoglicêmico. Os sintomas de hipoglicemia incluem vertigem, náusea, dor de cabeça, confusão e irritabilidade (2). As precauções a seguir devem ser observadas para evitar a hipoglicemia induzida por exercícios:

- medir a glicose sangüínea pouco antes e 15 minutos depois do exercício (e ainda durante o exercício, quando a duração for superior a 30 minutos);
- consumir carboidratos em caso de glicose < 100 mg $\cdot$ dL^{-1};
- adiar o exercício em caso de glicose > 250 mg $\cdot$ dL^{-1} com corpos cetônicos ou > 300 mg $\cdot$ dL^{-1} sem cetonas;
- evitar o exercício durante períodos de pico de ação da insulina;
- reduzir a dose de insulina (e injetar em áreas inativas) nos dias planejados para os exercícios;
- consumir carboidratos após o exercício. A hipoglicemia pode manifestar-se várias horas após o exercício; portanto, o monitoramento pós-atividade é essencial;
- evitar exercícios tarde da noite, pois pode ocorrer hipoglicemia durante o sono;
- prolongar o aquecimento e o relaxamento final, se necessário.

Recomenda-se o exercício aeróbio regular (3 ou mais vezes por semana) para maximizar o controle da glicose sangüínea. A intensidade do exercício deve corresponder às características do cliente. Embora o exercício com pesos de intensidade moderada seja seguro para a maioria dos diabéticos, quem tem complicações adicionais mais graves (por exemplo, doença renal e problemas de visão) deve evitar o levantamento de peso, em que pode ocorrer elevação extrema da PA. A

American Diabetes Association fornece exemplos específicos de exercícios apropriados e inapropriados, de acordo com a gravidade da doença (4).

Uma vez que a neuropatia pode levar a ulcerações dos pés, cuidados especiais com essa parte do corpo são essenciais. Calçados do tamanho adequado e com bom suporte são de particular importância para clientes diabéticos que praticam exercícios com suporte do próprio peso. Mais informações podem ser encontradas no livro de Neil Gordon *Diabetes: Your Complete Exercise Guide*, que fornece orientações úteis para cuidar dos pés (9). Para quem sofre de neuropatia periférica avançada, são mais apropriados exercícios de baixo impacto e potencialmente sem suporte do próprio peso (4).

Diabete tipo 2

O ACSM recomenda que indivíduos com diabete tipo 2 façam treinamentos tanto de *endurance* quanto de força, a não ser que haja complicações ou limitações significativas (1). Deve-se gastar, pelo menos, 1.000 kcal · semana^{-1} em atividades aeróbias. Para quem está acima do peso ou obeso, a atividade aeróbia deve enfatizar o gasto calórico e o controle de peso. Embora a recomendação seja de, no mínimo, 3 dias consecutivos de exercício por semana, os praticantes podem escolher a prática da atividade física diária para maximizar o controle da glicose e o gasto calórico.

Geralmente, recomenda-se o exercício de intensidade moderada (2), sendo preciso considerar as características do participante na hora de determinar a intensidade. Atividades de intensidade mais elevada são aceitáveis para quem está condicionado e decide praticar exercícios mais vigorosos. Em razão do risco de neuropatia autonômica, o uso da FC para monitorar a intensidade do exercício pode ser problemático. Nesse caso, a TPE será uma melhor opção de automonitoramento da intensidade do exercício (veja o Capítulo 5). Intensidade e duração precisam ser equilibradas para se alcançarem objetivos de gasto calórico. Como regra, são sugeridas sessões de exercícios com duração de, pelo menos, 10 a 15 minutos, com acúmulo de 30 a 60 minutos por dia. O modo do exercício aeróbio tem de corresponder às necessidades e capacidades do cliente. Caminhar é a opção de muitos, mas, às vezes, quem apresenta dano em nervos periféricos prefere outras modalidades (por exemplo, natação e equipamentos de exercício sem impacto).

Para muitas pessoas com diabete tipo 2, sugere-se também o treinamento de força (1, 2). Esse tipo de treinamento mantém ou até aumenta a massa muscular e ajuda na tolerância à glicose e na sensibilidade à insulina. O programa deve enfatizar grupos musculares grandes (8 a 10 exercícios) e consistir em, pelo menos, 1 série de 10 a 15 repetições (veja o Capítulo 12). Essa rotina deve ser executada pelo menos 2 dias · semana^{-1}. Quem não sofre de complicações avançadas pode seguir programas mais agressivos. No entanto, os indivíduos com danos oculares ou renais resultantes de diabete precisam se prevenir mais, evitando elevações extremas da PA (4).

Já que muitos clientes com diabete tipo 2 têm histórico de relativa inatividade e com freqüência se encontram acima do peso, o início do estilo de vida ativo e depois a sua manutenção produzem desafios específicos. Criar um ambiente de apoio é fundamental para o êxito desses clientes. No início do programa de exercícios, é particularmente importante fornecer informações sobre os benefícios do compromisso da prática de exercícios por toda a vida. O programa deve progredir de forma lenta, com base em objetivos realistas, e incorporar as necessidades e os desejos do participante. Informações adicionais para aumentar a persistência na prática de exercícios podem ser encontradas no Capítulo 22 e na declaração oficial do ACSM sobre o exercício e o diabete tipo 2 (1).

Ponto-chave

A prescrição de exercícios para indivíduos com diabete tem de levar em conta necessidades especiais geradas pela doença. É preciso monitorar com cuidado os níveis da glicose sangüínea a fim de ajudar a evitar eventos hipoglicêmicos. Para indivíduos com diabete tipo 2, o ACSM recomenda um programa de exercícios com queima de, pelo menos, 1.000 kcal · semana^{-1}. O treinamento de força pode ser planejado para clientes diabéticos desde que se evitem danos a vasos sangüíneos já enfraquecidos.

Síndrome metabólica

A síndrome metabólica (também chamada de *síndrome X*) é uma condição em que certo número de fatores de risco de DC coexistem. Quem sofre de síndrome metabólica corre maior risco de doenças cardiovasculares ateroscleróticas. Será diagnosticado que a pessoa sofre de síndrome metabólica quando estiverem presentes pelo menos três das seguintes condições (10):

- Obesidade abdominal: circunferência da cintura ≥ 102 cm (homens) ou ≥ 88 cm (mulheres).
- Nível de triglicerídeos alto: ≥ 150 mg · dL^{-1} ou tratamento com medicamentos.
- HDL-C baixo: < 40 mg · dL^{-1} (homens) ou < 50 mg · dL^{-1} (mulheres) ou tratamento com medicamentos.
- Pressão arterial elevada: ≥ 130/≥ 85 mmHg ou tratamento com medicamentos.
- Glicose em jejum elevada: ≥ 100 mg · dL^{-1} ou tratamento com medicamentos.

Um estudo recente revelou que cerca de 29% dos estadunidenses adultos sofrem de síndrome metabólica (8). Sem intervenção, o risco de doenças crônicas (por exemplo, DC, diabete) é muito maior entre esses indivíduos. A abordagem para controle dessa síndrome depende dos sintomas presentes. Uma vez que a obesidade abdominal é comum, com freqüência, é sugerida a perda de peso (7 a 10% de perda de peso no primeiro ano e, depois, a redução contínua até alcançar um IMC < 25 kg · m^{-2}) (10). Comumente, também se recomenda a atividade física devido ao efeito do exercício regular sobre todas as características da síndrome metabólica. Veja, no Capítulo 19, recomendações sobre a atividade física para clientes obesos.

Estudo de caso

Confira as respostas no Apêndice A.

1. Conner é um homem de 40 anos que, obedecendo ordens médicas, apareceu na clínica em busca de um programa de exercícios. Há pouco tempo ele consultou um médico em razão de fadiga e dores de cabeça. O médico solicitou uma série de testes, inclusive um teste de estresse de exercício para diagnóstico. Os resultados de Conner foram os seguintes:

    Peso = 120 kg
    Colesterol = 270 mg · dL^{-1}
    Glicose em jejum = 132 mg · dL^{-1}
    Altura = 1,77 m
    LDL-C = 190 mg · dL^{-1}
    Pressão arterial = 148/94 mmHg
    Não-fumante
    HDL-C = 32 mg · dL^{-1}
    $\dot{V}O_2$máx. = 22 mL · kg^{-1} · min^{-1}
    Estresse alto
    Previamente inativo
    Sem isquemia no TEP

    O diagnóstico apontou diabete tipo 2. O médico prescreveu medicamentos para reduzir o colesterol e um diurético para baixar a pressão arterial; além disso, solicitou que o paciente fizesse exercícios e perdesse peso na tentativa de diminuir a glicose sangüínea. Conner então ingressou em um programa de três meses para perda de peso e prática de exercícios supervisionados na clínica. Determine um objetivo de perda de peso razoável para o cliente nesse prazo e estabeleça a ingestão calórica e o planejamento de exercícios que podem ajudá-lo a atingir o objetivo proposto.

CAPÍTULO 21

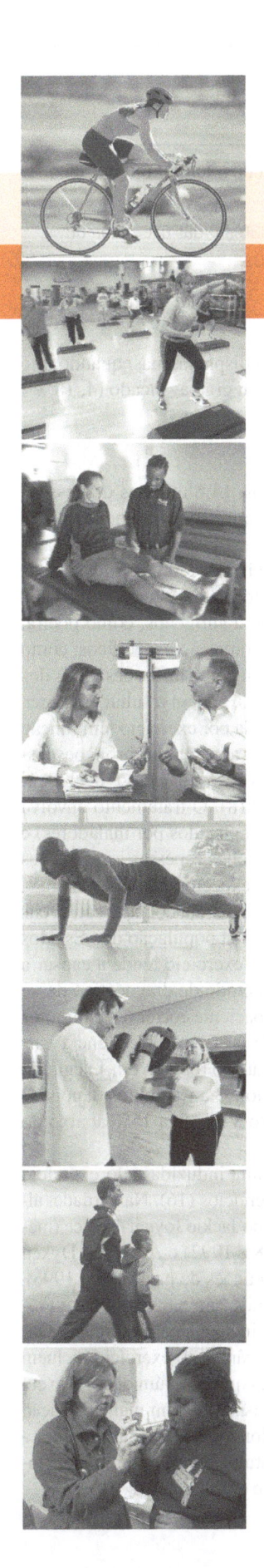

O Exercício, a Asma e as Doenças Pulmonares

David R. Bassett Jr.

Objetivos

O leitor será capaz de:

1. Descrever as diferenças entre as doenças pulmonares obstrutivas crônicas e as restritivas.
2. Definir problemas fisiológicos subjacentes, associados a asma, enfisema, bronquite e fibrose cística.
3. Listar benefícios fisiológicos e mentais obtidos por indivíduos com doenças pulmonares em função da prática de exercícios.
4. Descrever como o teste da função pulmonar pode ser usado para diagnosticar doenças pulmonares obstrutivas crônicas *versus* restritivas.
5. Descrever o monitoramento típico de sinais (por exemplo, dispnéia) e sintomas (por exemplo, hipoxemia) de doenças pulmonares durante o TEP.
6. Descrever como prescrever exercícios aeróbios (freqüência, intensidade e duração) em programas de reabilitação pulmonar.
7. Identificar os benefícios do treinamento para a parte superior do corpo na reabilitação pulmonar.

(continua)

Objetivos (continuação)

8. Discutir o uso da terapia de oxigênio suplementar e da respiração com os lábios unidos de modo a formar um beicinho para indivíduos com doenças pulmonares obstrutivas crônicas.
9. Listar as categorias de medicamentos usadas comumente no tratamento de doenças pulmonares e dar exemplos de cada uma delas; discutir o provável efeito desses medicamentos no desempenho de exercícios.

As doenças pulmonares podem ser subdivididas em duas categorias principais. Nas **obstrutivas crônicas** (DPOC), ficam impedidas a entrada e a saída do fluxo de ar nos pulmões. Nas restritivas, a expansão dos pulmões sofre redução em virtude das condições que envolvem a cavidade do tórax ou o parênquima (tecido dos pulmões). Algumas doenças pulmonares são herdadas geneticamente (por exemplo, a fibrose cística), mas, em outros casos, histórico de tabagismo, poluentes ambientais ou exposição a sílica, poeira de carvão ou asbesto no local de trabalho é o principal fator contribuinte. Todas as doenças pulmonares mostram uma disrupção da troca de gases entre o ar ambiente e o sangue capilar pulmonar. O resultado é a redução do $\dot{V}O_2$máx., o aumento do trabalho necessário para respirar e a limitação da capacidade de realizar exercícios.

Doenças pulmonares obstrutivas crônicas

As DPOCs causam redução no fluxo de ar que pode afetar de maneira drástica a capacidade de executar atividades diárias. As características dessas doenças incluem obstrução do fluxo expiratório e falta de fôlego durante o esforço. Essas condições abrangem a bronquite crônica, o enfisema e a asma brônquica. Todas elas obstruem o fluxo de ar, mas as razões subjacentes são diferentes (4):

- A asma brônquica é causada pela contração da musculatura lisa do brônquio e pelo aumento da reatividade das vias aéreas.
- A bronquite crônica resulta da produção persistente de esputo, atribuível ao espessamento da parede brônquica, com excesso de secreções.
- O enfisema é causado pela perda da elasticidade dos alvéolos e bronquíolos e pelo alargamento dessas estruturas pulmonares.

De acordo com dados de 1994 do National Center for Health Statistics, 14 milhões de estadunidenses têm bronquite crônica e 2,2 milhões, enfisema (15). Infelizmente, as taxas de mortalidade associadas com as DPOCs aumentaram nas duas últimas décadas. A bronquite crônica e o enfisema são irreversíveis. O paciente com DPOC nota certa incapacidade de realizar atividades normais sem dispnéia, mas, quando isso acontece, a doença já se encontra em grau avançado (4, 18).

Asma

Estima-se que, nos Estados Unidos, 14,6 milhões de pessoas têm asma (15); 36% são crianças e jovens com menos de 18 anos (6). Essa condição pode reverter-se sozinha, e suas manifestações variam de respiração difícil e leve falta de ar a ataques graves, que podem resultar em sufocação. As causas da asma vão desde reações alérgicas devido a antígenos, como poeira, pólen, fumaça e poluição do ar. Fatores não-específicos, como estresse emocional e exercício, assim como infecções virais dos brônquios, seios da face ou amígdalas, podem resultar em asma. Às vezes, pessoas com asma induzida por exercício têm função pulmonar normal em repouso, mas apresentam broncoespasmos durante a atividade. Em alguns casos, não é possível identificar a causa específica da asma (18). O tratamento envolve broncodilatadores (com freqüência aplicados por inaladores) e outros medicamentos que tornam menos espessas as secreções das mucosas e ajudam a expeli-las (expectorantes) (7).

A **asma induzida pelo exercício** é uma doença reativa das vias aéreas, que afeta entre 4 e 20% da população dos Estados Unidos (19). Com essa condição, o exercício tende a causar a constrição dos bronquíolos. Um método de diagnóstico desse tipo de asma consiste em deixar o paciente correr 6 a 8 minutos na esteira, com intensidade de 85 a 90% da freqüência cardíaca máxima (2). O volume expiratório forçado em 1 segundo (VEF_1) é medido antes do exercício e 3 a 9 minutos depois. O resultado positivo ocorre quando o VEF_1 fica 15% abaixo do valor medido antes do teste (2).

Geralmente quem sofre de asma induzida pelo exercício pode realizar treinamentos com exercícios (16). Na verdade, alguns notáveis atletas olímpicos, como Jackie Joyner-Kersee (medalha de ouro no heptatlo em 1988 e 1992) e Amy Van Dyken (medalha de ouro em quatro competições de natação em 1996), tinham essa condição. Inaladores orais, como o Ventolin e o Flovent, são úteis no controle da asma induzida pelo exercício. Outras estratégias para melhorar a tolerância ao exercício incluem fazer a atividade física em ambientes quentes e úmidos, e não em frios e secos. Muitas pessoas com asma toleram mais a natação do que a corrida. Além disso, um longo aquecimento diminui a constrição das vias aéreas, que costuma ocorrer com maior freqüência durante exercícios súbitos e extenuantes (2, 19).

Fibrose cística

A fibrose cística, outro tipo de DPOC, consiste em um distúrbio genético herdado recessivamente. É uma doença fatal. Três décadas atrás, a maioria dos pacientes morria na infância, mas avanços nos tipos de tratamento prolongaram a expectativa de vida para 20 anos (12). Entre crianças brancas, 1 em cada 2.500 nasce com essa condição, embora ela seja rara entre asiáticos e afro-americanos (12). Espessas secreções das mucosas liberadas pelas glândulas exócrinas afetam muitos sistemas do corpo. Na prática, o diagnóstico clínico baseia-se na excessiva concentração de cloreto no suor. Nos pulmões, as secreções das mucosas bloqueiam as vias aéreas e causam a sua inflamação, além de infecções bacterianas crônicas. O tratamento da fibrose cística consiste em deixar o paciente deitado, com a cabeça rebaixada, e fazer a percussão para aumentar a drenagem das secreções. Além disso, o exercício aeróbio tem se mostrado útil na limpeza dos pulmões e na prevenção de infecções bacterianas. Nos últimos anos, o maior uso de antibióticos é outra razão do grande aumento do período de vida de pacientes com fibrose cística (13).

Doenças pulmonares restritivas

As **doenças pulmonares restritivas** têm muitas causas, incluindo doenças da caixa torácica e da coluna, como a cifoscoliose e o *pectus excavatum* (peito fundo). Outras causas incluem edema pulmonar, embolia pulmonar, exposição a substâncias tóxicas (silicose, asbestose e pneumoconiose em trabalhadores de minas de carvão), quimioterapia e terapia por radiação. Com freqüência, esses fatores inflamam o interstício e desenvolve-se um tecido fibrótico. Vários tipos de doenças neuromusculares (lesão na medula espinal, esclerose lateral amiotrófica ou doença de Lou Gehrig, síndrome de Guillain-Barré, tétano e miastenia grave) também podem causar doenças pulmonares restritivas. Às vezes, a obesidade e a gravidez restringem a expansão dos pulmões, pois o abdome pressiona a cavidade torácica. Em geral, quem sofre desse tipo de doença pulmonar apresenta redução no volume residual (VR), no volume de reserva inspiratória (VRI), no volume de reserva expiratória (VRE), na capacidade vital forçada (CVF) e no volume corrente (VC) máximo (veja a Figura 21.1). Respirar fica mais difícil porque os músculos respiratórios têm de trabalhar mais para inflar os pulmões (9, 18).

> **Ponto-chave**
>
> As DPOCs reduzem a capacidade do fluxo de ar durante a respiração. A bronquite e o enfisema são irreversíveis. A asma brônquica é uma condição intermitente, causada por restrição das vias aéreas, e pode ser aliviada com medicamentos. A fibrose cística é uma doença fatal, que resulta de um defeito genético.

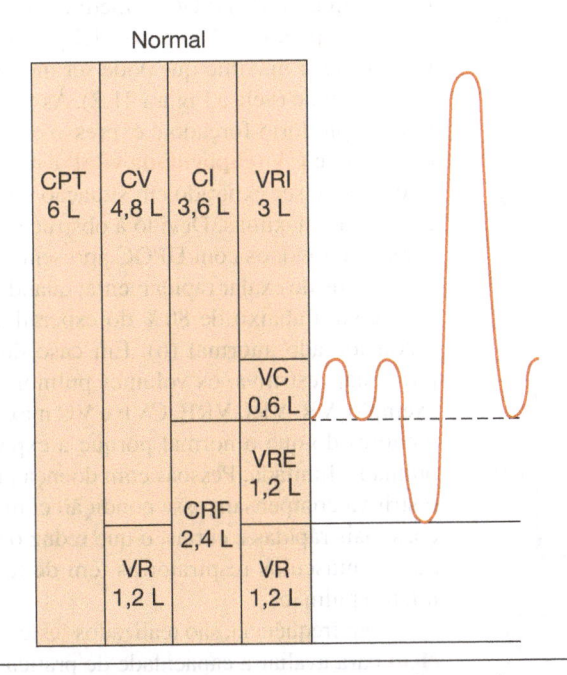

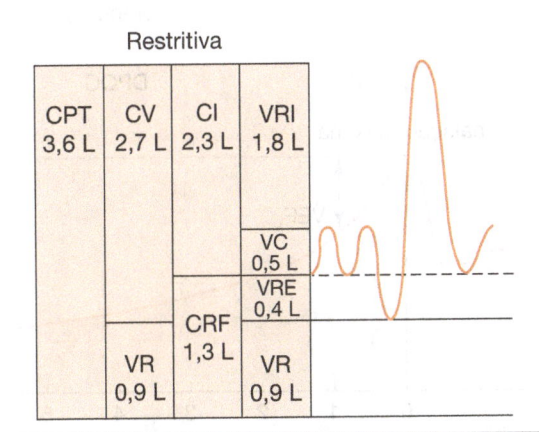

Figura 21.1 Volumes pulmonares de uma pessoa com doença pulmonar restritiva vs. outra com função pulmonar normal. Os volumes pulmonares são: a capacidade pulmonar total (CPT), a capacidade vital (CV), a capacidade inspiratória (CI), o volume de reserva inspiratória (VRI), o volume corrente máximo (VC), a capacidade residual funcional (CRF), o volume de reserva expiratória (VRE) e o volume residual (VR).

Reimpressa de *Essentials of cardiopulmonary physical therapy*, 2th ed., ed. E. A. Hillegass e H. S. Sadowsky, p. 186, Copyright 2001, com permissão de Elsevier.

> **Ponto-chave**
>
> Doenças pulmonares restritivas têm numerosas causas, mas todas são caracterizadas por redução na capacidade de expansão dos pulmões. Portanto, tipicamente, são registrados volumes pulmonares menores em testes da função pulmonar de pessoas com essas doenças.

Evidências para se exercitar

Com freqüência, muitos hospitais oferecem programas de reabilitação pulmonar junto com programas de reabilitação cardíaca. A maioria dos programas de reabilitação pulmonar é voltada para pessoas com DPOC, embora indivíduos com outras doenças pulmonares também possam beneficiar-se da prática de exercícios (3, 8). Os recursos financeiros para esses programas são limitados porque, em geral, os pacientes apresentam pouca ou nenhuma melhoria no $\dot{V}O_2$máx., em testes da função pulmonar e nas taxas de mortalidade. Por isso, os planos de saúde relutam em pagar pela reabilitação pulmonar, pois consideram-na mais um controle médico do que um modo de recuperar (o máximo possível) a função normal do paciente.

No entanto, a maioria dos pacientes da reabilitação pulmonar mostra melhorias nos resultados funcionais, até mesmo no TEP limitado por sintomas, nos sintomas de dispnéia, na qualidade de vida e na freqüência de hospitalização (3). Portanto, a reabilitação pulmonar deve ser vista como parte desejável do tratamento médico do paciente (10). Os objetivos gerais consistem em melhorar a saúde geral, otimizar a saturação de oxigênio, facilitar a realização das atividades cotidianas e melhorar a auto-eficácia (3).

> **Ponto-chave**
>
> Pacientes com doenças pulmonares podem beneficiar-se de programas de reabilitação pulmonar. Embora usualmente apresentem pouca diferença em testes do $\dot{V}O_2$máx. e da função pulmonar, esses pacientes mostram melhorias na capacidade de realizar tarefas e em outros índices da qualidade de vida.

Teste e avaliação

Em muitos casos, realiza-se o **teste da função pulmonar** para o diagnóstico e avaliação da gravidade da doença (14). Sistemas de espirometria computadorizada medem o volume e os parâmetros do fluxo. Em caso de DPOC, a medida principal é o **volume expiratório forçado (VEF_1)**, que reflete o volume de ar máximo que pode ser movimentado em 1 segundo (veja a Figura 21.2). Às vezes, o volume expiratório forçado é expresso como VEF_1/CV, em que **CV (capacidade vital)** é o volume de ar que pode ser expirado em situação de inalação e exalação máximas. Devido à obstrução das vias aéreas, indivíduos com DPOC apresentam menor capacidade de exalar rapidamente; quando o VEF_1 se encontra abaixo de 80% do esperado, o teste é considerado anormal (6). Em caso de doença pulmonar restritiva, os volumes pulmonares (por exemplo, VR, VRI, VRE, CVF e VC máximo) são menores do que o normal porque a expansão do pulmão é limitada. Pessoas com doença pulmonar restritiva compensam essa condição com respirações mais rápidas e curtas, o que reduz o trabalho que os músculos respiratórios têm de fazer para inflar o pulmão.

Com freqüência, são realizados **testes de exercício** para avaliar a capacidade de praticar exercícios. Pode-se usar o teste de exercício progressivo-padrão (TEP) na esteira ou na bicicleta ergométrica ou uma caminhada simples de 6 a 12 minutos em pista plana. No paciente pulmonar, a capacidade

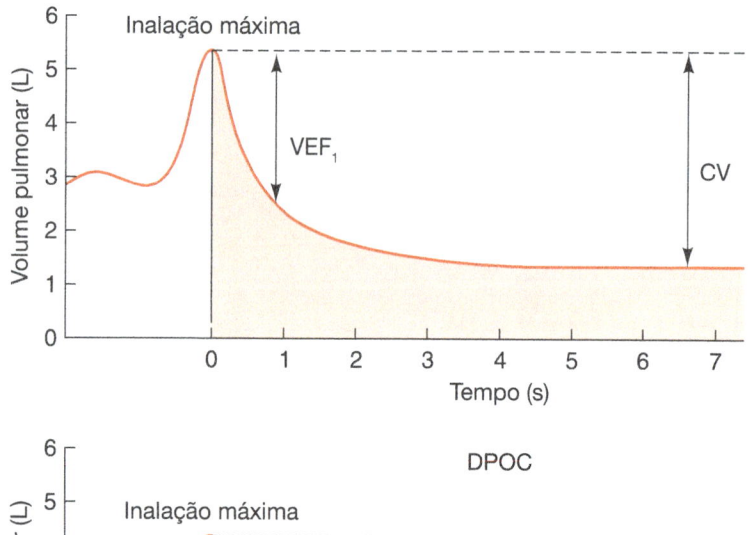

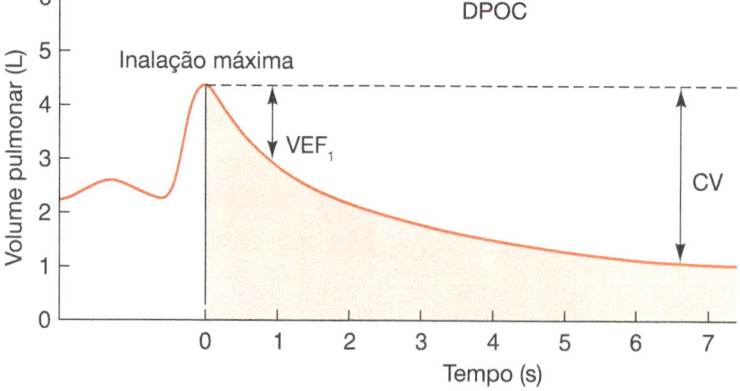

Figura 21.2 Teste da função pulmonar, mostrando curvas de volume vs. tempo de uma pessoa normal e de um paciente com doença pulmonar obstrutiva. VEF_1 = volume expiratório forçado no primeiro segundo da exalação; CV = capacidade vital.

de realização de exercícios é limitada mais pelos pulmões do que pelo sistema cardiovascular. Por isso, em geral esses pacientes apresentam **hipoxemia** (baixo conteúdo de oxigênio arterial) e **dispnéia** (falta de ar). Medições das taxas de ventilação máximas (V_E máx.), feitas no minuto final do teste de exercício, também são clinicamente úteis. A V_E máx. costuma ficar entre 60 e 70% da ventilação voluntária máxima (VVM), embora em pacientes com DPOC ela possa se aproximar de 80 a 100%. A VVM pode ser medida por um teste de espirometria especial ou então ser prevista por esta fórmula: VVM = $VEF_1 \cdot 40$.

O **oxímetro de pulso** é usado para avaliar o percentual de saturação de hemoglobina no sangue arterial (S_aO_2) de pacientes pulmonares. Esse dispositivo não-invasivo emite um raio de luz na ponta do dedo ou no lóbulo da orelha para avaliar a cor do sangue arterial (Figura 21.3). Valores do S_aO_2 abaixo de 90% indicam que o cliente precisa de oxigênio suplementar para aumentar a força motriz de difusão desse elemento nos pulmões. Com freqüência, a escala de classificação da dispnéia é usada para avaliar sintomas durante o teste de exercício (5, 17). São feitas medições cardiovascular, pulmonar, metabólica e de potência aeróbia, usadas para avaliar a gravidade da incapacidade (Tabela 21.1).

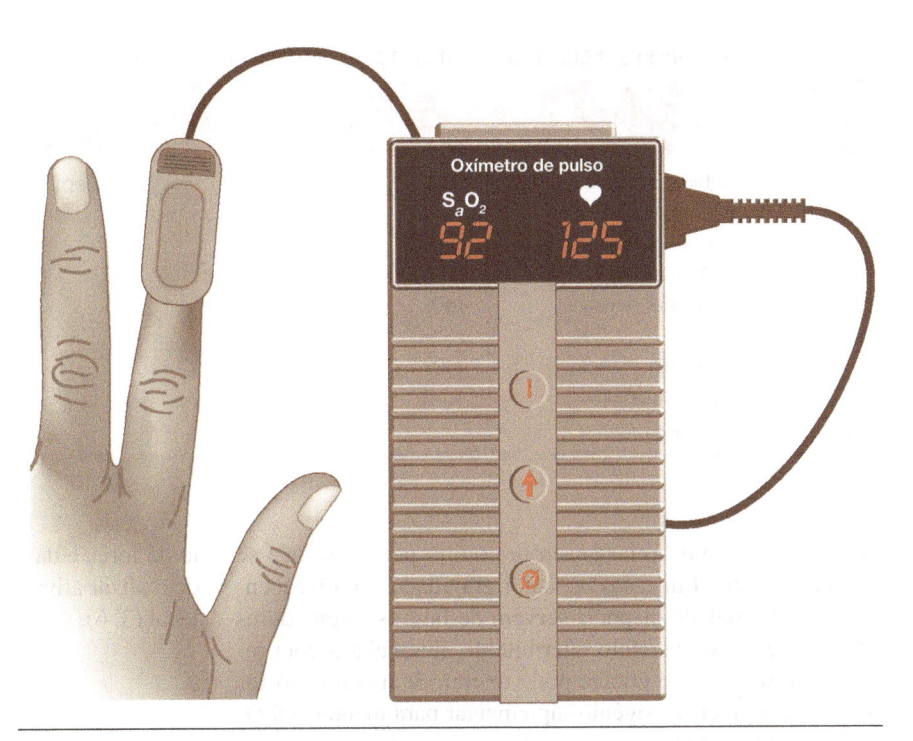

Figura 21.3 Oxímetro de pulso portátil, usado para avaliar a oxigenação arterial do paciente pulmonar. O número à esquerda do mostrador corresponde ao percentual de saturação de hemoglobina no sangue arterial (S_aO_2), enquanto o número à direita indica a freqüência cardíaca.

Ponto-chave

Um dos principais testes da função pulmonar em caso de DPOC é o VEF_1. Pacientes com essa doença demonstram reduzida habilidade de exalar rapidamente em conseqüência da obstrução das vias aéreas. Em doenças pulmonares restritivas, os volumes pulmonares com freqüência ficam reduzidos, pois há comprometimento da capacidade de expandir os pulmões. É benéfica a realização de testes de exercício em pacientes com doenças pulmonares, com apropriado monitoramento de sinais (hipoxemia) e sintomas (dispnéia), para avaliar a gravidade da condição.

Prescrição típica de exercícios

O objetivo do programa típico de reabilitação pulmonar é o autocuidado do cliente e, para atingi-lo, recrutam-se médicos, enfermeiras, terapeutas respiratórios, especialistas em exercícios, nutricionistas e psicólogos, a fim de lidar com as várias manifestações da doença (3). Os pacientes pulmonares recebem informações sobre os modos de conviver com a doença, incluindo explicações sobre exercícios respiratórios, como fazer as atividades cotidianas em casa e superar os problemas relacionados ao trabalho. Na maioria desses programas, a ênfase recai sobre o paciente de DPOC, embora com freqüência também haja participação de pessoas com outras doenças pulmonares (3, 19). A AACVPR publicou uma descrição detalhada de testes e prescrições de exercício no *Guidelines for Pulmonary Rehabilitation Programs* (1).

De modo geral, o treinamento aeróbio consiste em exercícios rítmicos e dinâmicos, que utilizam grandes grupos musculares. Como acontece com indivíduos saudáveis e com outras populações clínicas, a freqüência costuma ser de 3 a 5 vezes por semana, e cada sessão dura, pelo menos, 30 minutos. No entanto, determinar a intensidade apropriada para o exercício é questão problemática. Em geral, pacientes pulmonares não conseguem alcançar o mesmo pico de FC de indivíduos saudáveis da mesma idade. Por isso, quando se computa a freqüência cardíaca-alvo (FCA) a partir do percentual típico da FCmáx. prevista para a faixa etária do cliente, o resultado é uma intensidade-alvo alta demais. Entretanto, usar os valores da FCA calculados a partir da porcentagem típica da FCmáx. medida significa subestimar a intensidade de treinamento apropriada (1, 6).

Vários métodos podem ser usados para estimar a intensidade apropriada para o exercício destinado a pacientes pulmonares. Em geral, o método de atribuição da intensidade varia de acordo com o nível da incapacidade. Para pacientes com problemas leves a moderados, é apropriada a definição

Tabela 21.1 Guia para gradação da doença pulmonar obstrutiva crônica

Gradação	Causa da dispnéia	VEF_1 (% do previsto)	$\dot{V}O_2$máx. (mL · kg^{-1} · min^{-1})	$\dot{V}O_2$máx. no exercício (L · min^{-1})	Gases sangüíneos
1	Subir escadas e caminhar rapidamente	>60	>25	Sem limitação	P_aCO_2, S_aO_2 normais
2	Caminhar em um ritmo normal	<60	<25	>50	P_aCO_2, S_aO_2 normais acima de 90% em repouso e com exercício
3	Caminhar devagar	<40	<15	<50	P_aCO_2, S_aO_2 normais abaixo de 90% com exercício
4	Caminhar menos de um quarteirão	<40	<7	<30	P_aCO_2, S_aO_2 elevados abaixo de 90% em repouso e com exercício

Baseada em um homem de 40 anos.
Reimpressa, com permissão, de N. L. Jones et al., 1987, *Chronic obstructive respiratory disorders*. In: *Exercise testing and exercise prescription for special cases*, ed. J. S. Skinner (Baltimore: Lea & Febiger), p. 175-87.

da intensidade no limiar anaeróbio ou no ponto em que se nota a dispnéia. Em casos de maior gravidade, com freqüência os sintomas de dispnéia servem de fatores orientadores (6). Às vezes, o exercício intermitente, intercalado com repouso, é tudo que o cliente pode tolerar. Se a condição for grave, será preciso oxigênio suplementar para manter o S_aO_2 acima de 90% (11).

Indivíduos com enfisema devem ser instruídos a respirar com os lábios unidos, de modo a formar um beicinho, ou seja, pressionando os lábios bem juntos e exalando pela pequena abertura no centro deles. Esse procedimento diminui o ritmo da respiração e previne o colapso das vias aéreas pequenas, resultando em melhor oxigenação (3, 18). Em alguns casos, recomenda-se um dispositivo de resistência respiratória para treinar especificamente os músculos envolvidos na respiração em repouso.

Para pacientes pulmonares, são recomendados exercícios para a parte superior do corpo, alcançados pelo uso de modalidades que exigem o trabalho dos músculos dos braços e das pernas e também por dispositivos como o Schwinn Airdyne ou o ergômetro de remo. Além disso, o treinamento de força pode incluir halteres, aparelhos ou tiras elásticas. O aumento da força e da *endurance* dos braços melhora a capacidade de realizar atividades funcionais e diminui a fadiga muscular local (3, 6).

Medicamentos para doenças pulmonares

Os **broncodilatadores** relaxam a musculatura em torno das vias aéreas nos pulmões e aliviam os sintomas de asma, bronquite e distúrbios pulmonares associados (7). Esses medicamentos podem ser administrados por via oral ou por um inalador. Em geral, os inaladores são usados para episódios agudos de asma, enquanto a broncodilatação de longo prazo é obtida oralmente. A maioria desses medicamentos estimula os receptores beta$_2$, que relaxam a musculatura brônquica lisa e aumentam o lúmen das vias aéreas. Em razão de seu efeito beta-adrenérgico estimulante, esses medicamentos podem aumentar a FC e a PA, embora o foco da maioria deles seja a musculatura lisa encontrada nas vias aéreas. Uma segunda classe de medicamentos abrange as metilxantinas. Os efeitos colaterais dessa classe incluem taquicardia, arritmias, estimulação do sistema nervoso central e risco de convulsão. Os anticolinérgicos formam uma terceira classe de broncodilatadores.

Medicamentos adicionais são usados para tratar distúrbios respiratórios comuns. Eles incluem **descongestionantes**, para secar as membranas das mucosas, **anti-histamínicos**, para aliviar sintomas gerais de alergias sazonais (por exemplo, a febre do feno, uma reação ao pólen de plantas), agentes antiinflamatórios, expectorantes e medicamentos para cortar a tosse. Com freqüência, são prescritos antibióticos contra infecções (7), que tendem a ocorrer quando as secreções das mucosas bloqueiam as vias aéreas.

Ponto-chave

Os programas de reabilitação pulmonar envolvem muitos tipos de profissionais da saúde. Os principais objetivos são educar os pacientes sobre como lidar com sua doença e ajudá-los a melhorar as suas capacidades ao exercício. Na reabilitação pulmonar, um profissional da saúde deve entender as condições médicas e as limitações fisiológicas do participante. Sensações de dispnéia e leituras de oxímetro de pulso são usadas, com freqüência, para determinar a intensidade do exercício.

Os **diuréticos** são importantes no tratamento da *cor pulmonale*, uma condição que ocorre em cerca de metade dos pacientes pulmonares com doença grave. Ela é definida como hipertensão pulmonar com hipertrofia do ventrículo direito. Uma vez que, com freqüência, se segue uma insuficiência nesse ventrículo, podem ser necessários diuréticos para melhorar a excreção de fluidos (10). Há três tipos diferentes de diuréticos: os tiazídicos, os poupadores de potássio e os de alça (7).

> **Ponto-chave**
>
> Os broncodilatadores são os medicamentos mais comuns para pacientes com DPOC. Com freqüência, antibióticos e agentes descongestionantes, anti-histamínicos e antiinflamatórios são prescritos para tratar distúrbios respiratórios. Às vezes, são necessários diuréticos para pacientes com doença pulmonar grave que também desenvolvem insuficiência cardíaca.

Estudos de caso

Confira as respostas no Apêndice A.

1. Uma mulher de 38 anos, que sofre de asma, quer participar do programa de condicionamento físico. Durante a entrevista geral, que tipo de pergunta você terá de fazer?
2. Um homem de 50 anos, com histórico de tabagismo (um maço de cigarros por dia nos últimos 25 anos), vai ao hospital com queixa de dispnéia. O raio X mostra que os pulmões estão hiperinflados; testes de espirometria revelam que o VEF_1 é apenas metade do valor normal. Que tipo de doença pulmonar ele tem e qual é o curso lógico do tratamento?
3. Um paciente de meia-idade, com *cifoscoliose* grave, é encaminhado a um programa de reabilitação pulmonar. Ele tem doença pulmonar restritiva, demonstrando uma capacidade vital de apenas 1,5 L (o valor normal é 5,0 L). Durante o teste de 6 minutos de caminhada, ele conseguiu percorrer 264 m, parando uma vez por falta de ar. O S_aO_2 no final do teste caiu para 87%. Que tipo de treinamento com exercícios é recomendável nesse caso? Que outras terapias esse paciente pode fazer para complementar as sessões de exercícios?

PARTE V

Programação de Exercícios

As partes anteriores deste manual cobriram a avaliação e a prescrição de exercícios para componentes do condicionamento físico de vários tipos de indivíduos, com diversas características e condições de saúde. Esta seção inclui outros elementos necessários ao programa de condicionamento físico eficaz e abrangente. No Capítulo 22, examinamos modos de ajudar a motivar os indivíduos a adotar e manter um estilo de vida saudável. No Capítulo 23, fornecemos uma visão geral dos exercícios conscientes (mente-corpo) (por exemplo, ioga, Pilates, etc.). No Capítulo 24, revisamos a análise do eletrocardiograma e os medicamentos usados atualmente para tratar problemas cardiovasculares. Resumimos a prevenção e o tratamento de lesões no Capítulo 25. Finalizando, no Capítulo 26, descrevemos a administração e o manejo dos programas.

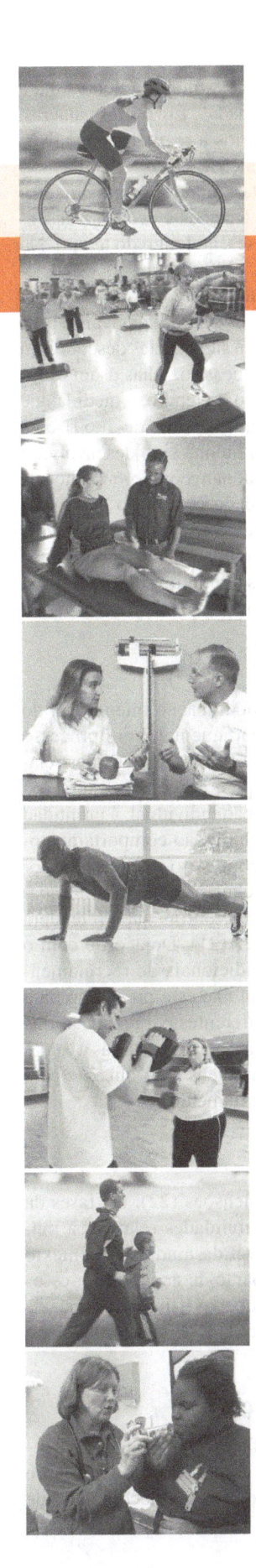

CAPÍTULO 22

Modificação de Comportamento

Janet Buckworth

Objetivos

O leitor será capaz de:

1. Descrever o modelo transteórico e as fases envolvidas na mudança para um comportamento saudável.
2. Discutir o papel da motivação na adoção de exercícios e na adesão ao programa; identificar estratégias comportamentais para aumentar a motivação.
3. Listar e descrever seis estratégias que podem ser usadas por profissionais de condicionamento físico para monitorar e apoiar a mudança de comportamento.
4. Descrever modos de prevenir recaídas no processo de adoção da prática de exercícios.
5. Identificar ferramentas de comunicação eficazes para motivar e incentivar a mudança para o comportamento saudável.

Traduzir em ação o desejo de mudar o comportamento, adotando práticas mais saudáveis, é um desafio para a maioria das pessoas. Às vezes, os indivíduos querem ser mais ativos e praticar uma alimentação mais saudável, porém não dispõem de conhecimentos, habilidades ou motivação suficientes para modificar o próprio comportamento e persistir na nova opção. Para ajudá-los a adotar e a manter um estilo de vida mais saudável, o profissional de condicionamento físico deve compreender os princípios básicos da mudança comportamental e desenvolver habilidades para a colocação desses princípios em prática.

Este capítulo começa com uma breve descrição de modelos teóricos que explicam e prevêem o comportamento humano, em particular o modelo transteórico da mudança de comportamento (também chamado de *fases do modelo de mudança*). Apresentamos métodos e estratégias nesse contexto da mudança comportamental como um processo, com sugestões de uso baseadas em fases de prontidão motivacional. Uma excelente revisão do modelo transteórico aplicado ao exercício encontra-se em Prochaska e Marcus (21). Para consideração dos profissionais de condicionamento físico, discutimos fatores que ajudam os participantes a vencer cada fase do modelo, além de estratégias específicas para estimular a adoção da prática de exercícios e de outros comportamentos saudáveis bem como a persistência neles. Estratégias adicionais e sugestões de intervenção podem ser encontradas no texto de Annesi (2) sobre o incremento da motivação para a prática de exercícios, no capítulo de Southard e Southard (24) no manual do ACSM e em *Motivating People to Be Physically Active*, de Marcus e Forsyth (16). A última seção deste capítulo examina as habilidades de comunicação necessárias aos profissionais de condicionamento físico a fim de motivar participantes e estimular a mudança para um comportamento saudável.

Modelo transteórico de mudança de comportamento

Várias teorias orientam as estratégias de mudança para a prática de exercícios, como a modificação comportamental, a teoria cognitiva social e o modelo transteórico de mudança de comportamento (3). A teoria da modificação comportamental baseia-se na suposição de que o comportamento é aprendido e pode ser mudado pela alteração dos seus antecedentes (sinalizadores que indicam quando e como agir) e conseqüências (recompensas, punições). O sinalizador pode ser um folheto, distribuído na hora do almoço, sobre os benefícios da caminhada, e a recompensa, um certificado conferido ao mais assíduo participante das aulas de aeróbica. A teoria cognitiva social oferece a visão de que o comportamento é afetado por relações dinâmicas entre as características da pessoa, o ambiente e o comportamento em si. Um indivíduo que treina para uma maratona, por exemplo, ficará mais motivado a exercitar-se em dias de chuva do que um novato no programa de caminhada. Porém, nem o mais dedicado dos maratonistas treinaria durante uma tempestade com raios. Embora estratégias de mudança de comportamento eficazes tenham sido desenvolvidas em algumas teorias comportamentais, a maioria delas trata a mudança como um evento "tudo ou nada". Em outras palavras, os participantes passam de sedentários a regularmente ativos em resposta a algum tipo de intervenção.

O modelo transteórico apresenta a mudança como um processo dinâmico, no qual atitudes, decisões e ações se desenvolvem gradualmente, em várias fases, ao longo do tempo. No final dos anos 1970 e começo dos 1980, Prochaska e DiClemente (20) desenvolveram o modelo transteórico de mudança de comportamento observando fumantes que tentavam abandonar o cigarro sem intervenção profissional. Eles descobriram que as pessoas que promovem mudanças sozinhas usam estratégias específicas, alteráveis ao longo do tempo, à medida que tentam diminuir ou eliminar o comportamento de alto risco e avançam por fases distintas. Embora tenha sido desenvolvido para explicar como as pessoas abandonam comportamentos de alto risco, o modelo tem sido aplicado com certo êxito para promover o exercício (1). O restante deste capítulo descreve o modelo transteórico, ou de fases de mudança, e os modos indicados por ele para ajudar as pessoas a refletirem sobre o estilo de vida ativo, decidirem por sua adoção e persistirem nele.

Conceitos

O **transteórico** é um modelo de modificação intencional do comportamento. A mudança comportamental é um processo dinâmico, que ocorre através de uma série de fases inter-relacionadas e mais ou menos estáveis, porém sujeitas a alterações (22). Esse modelo enfatiza a motivação individual, a prontidão para mudar e o histórico pessoal relativo ao comportamento-alvo. Pessoas que se exercitaram com êxito no passado, por exemplo, têm potencialmente mais confiança na própria capacidade de exercitar-se de novo do que outras que pretendem adotar esse padrão pela primeira vez (21). De acordo com o modelo transteórico, estratégias tradicionais de recrutamento de participantes não afetam quem não está preparado para mudar. É preciso usar estratégias diferentes para persuadir as pessoas a refletirem sobre a mudança e para motivá-las a tomarem a iniciativa. Entretanto, há abordagens mais eficazes para apoiar a persistência no novo comportamento.

Dimensões

O modelo transteórico tem três dimensões (22): (1) fases da mudança; (2) atitudes, crenças e habilidades relativas à mudança de comportamento; e (3) nível da mudança (contexto da mudança). Ao avaliar o participante de acordo com esses fatores, o profissional de condicionamento físico será capaz de elaborar intervenções específicas a cada fase, de acordo com o perfil do indivíduo.

Dimensão 1: fases da mudança

1. *Pré-contemplação*: nessa fase, o indivíduo não pensa seriamente em mudar o comportamento insalubre nos próximos seis meses ou nega a necessidade de mudança.

2. *Contemplação*: o indivíduo pensa com seriedade em mudar o comportamento insalubre nos próximos seis meses.
3. *Preparação*: é uma fase de transição, em que o indivíduo pretende iniciar a ação no mês seguinte. Ele faz alguns planos e tenta determinar o que terá de fazer depois.
4. *Ação*: cobre os seis meses seguintes à modificação manifesta do comportamento insalubre. A motivação e o investimento na mudança comportamental são suficientes, embora essa seja a fase menos estável e mais tumultuada, com maior risco de recaídas.
5. *Manutenção*: começa seis meses depois da adesão bem-sucedida ao comportamento saudável. Quanto mais tempo a pessoa permanece na manutenção, menor o risco de recaídas.

Dimensão 2: *atitudes, crenças e habilidades comportamentais que supostamente influenciam a mudança de comportamento*

- *Auto-eficácia*: confiança na própria capacidade de engajar-se no comportamento positivo ou de abandonar o indesejado. Essa expectativa de sucesso é um fator importante na tomada da decisão de mudança e na manutenção do novo comportamento.
- *Equilíbrio decisório*: refere-se a avaliação e monitoramento de potenciais ganhos (prós) e perdas (contras) resultantes da decisão. À medida que a pessoa avança pelas fases da mudança, descritas na dimensão 1, aumentam os ganhos e diminuem as perdas percebidos em relação ao comportamento-alvo.
- *Processos de mudança*: estratégias usadas para mudar o comportamento. Os processos experimentais, ou cognitivos, são estratégias que envolvem pensamentos, atitudes e tomada de consciência. Os processos comportamentais envolvem a realização de ações específicas, direcionadas ao próprio indivíduo ou ao ambiente. Por exemplo, buscar informações sobre o melhor exercício para perder peso é um processo cognitivo, enquanto anotar os dias certos da aula de aeróbica para evitar esquecimentos é um processo comportamental.

Dimensão 3: *nível de mudança (contexto para mudança)*

Identificar o contexto em que o comportamento-problema ocorre ajuda a pessoa a mudá-lo com êxito. A raiz do problema pode estar em barreiras situacionais, cognições mal-adaptativas ou conflitos interpessoais, familiares ou intrapessoais. Em alguns casos, por exemplo, a pessoa não tem acesso a academias (barreira situacional); em outros, ela acha que não dispõe de força de vontade suficiente para persistir no programa (cognições mal-adaptativas). A primeira pode ser auxiliada por um programa de exercícios em casa; a segunda, por algum apoio social e pela reformulação dos pensamentos de desencorajamento.

Aplicação do modelo transteórico ao exercício

O modelo transteórico é aplicado ao exercício pela adequação individual da estratégia e da intervenção, de acordo com o histórico de atividade física e a prontidão para mudar (22) (veja a Figura 22.1). Na fase de pré-contemplação, por exemplo, o objetivo é estimular as pessoas a começar a pensar na mudança do nível de atividade física. Discutir as informações do teste de condicionamento físico ou da avaliação dos riscos à saúde e, em seguida, explicar os benefícios pessoais gerados pela atividade física é uma estratégia apropriada para tratar participantes que se encontram na pré-contemplação. Na fase de contemplação, o objetivo é ajudar as pessoas a se prepararem para a ação. São benéficas informações precisas e de fácil compreensão sobre o início de programas de exercício ou de uma vida mais ativa. Quem se encontra na fase de preparação faz

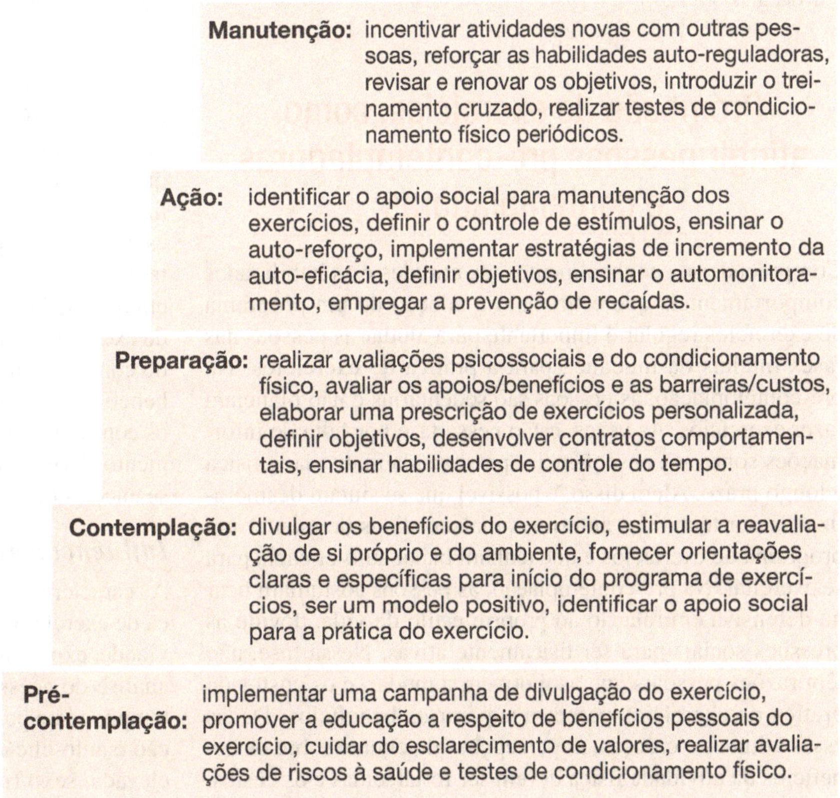

Fase	Estratégias
Manutenção:	incentivar atividades novas com outras pessoas, reforçar as habilidades auto-reguladoras, revisar e renovar os objetivos, introduzir o treinamento cruzado, realizar testes de condicionamento físico periódicos.
Ação:	identificar o apoio social para manutenção dos exercícios, definir o controle de estímulos, ensinar o auto-reforço, implementar estratégias de incremento da auto-eficácia, definir objetivos, ensinar o automonitoramento, empregar a prevenção de recaídas.
Preparação:	realizar avaliações psicossociais e do condicionamento físico, avaliar os apoios/benefícios e as barreiras/custos, elaborar uma prescrição de exercícios personalizada, definir objetivos, desenvolver contratos comportamentais, ensinar habilidades de controle do tempo.
Contemplação:	divulgar os benefícios do exercício, estimular a reavaliação de si próprio e do ambiente, fornecer orientações claras e específicas para início do programa de exercícios, ser um modelo positivo, identificar o apoio social para a prática do exercício.
Pré-contemplação:	implementar uma campanha de divulgação do exercício, promover a educação a respeito de benefícios pessoais do exercício, cuidar do esclarecimento de valores, realizar avaliações de riscos à saúde e testes de condicionamento físico.

Figura 22.1 Estratégias de intervenção para as várias fases da mudança.

algum exercício, mas percebe que ele não é suficiente e toma consciência de que precisa de ajuda para elaborar um programa personalizado. Esse indivíduo reconhece os benefícios do exercício, mas se encontra diante de barreiras que têm de ser vencidas. Enquanto os participantes da fase de contemplação às vezes não estão prontos para definir objetivos, os da fase de preparação podem definir objetivos e seguir a prescrição personalizada de exercícios.

Na fase de ação, o participante corre maior risco de retorno ao estilo de vida inativo, que lhe é mais familiar. Ele já participa de uma atividade regular, mas o exercício ainda não se tornou um hábito. A prevenção de recaídas, discutida mais adiante, pode ajudar os praticantes a permanecerem nessa fase. A passagem da fase de ação para a de manutenção implica a diminuição do risco de recaídas e o aumento da auto-eficácia. Estratégias úteis incluem reavaliações periódicas dos objetivos e dos planos para lidar com eventos da vida, como viagens, clima desagradável ou problemas médicos capazes de interromper a prática regular de exercícios.

Ponto-chave

O modelo transteórico trata da natureza dinâmica da mudança de comportamento. Os praticantes aplicam esse modelo ao selecionar intervenções com base nas características do indivíduo, do ambiente e da fase da mudança. As intervenções devem corresponder à fase em que o indivíduo se encontra e ao contexto em que o problema de comportamento ocorre (veja a Figura 22.1).

Promoção de exercícios: como atingir pessoas pré-contempladoras e contempladoras

Compreender os conhecimentos, as atitudes e as habilidades comportamentais que estimulam a adoção de um programa de exercícios regular é importante para ajudar as pessoas nas fases iniciais da mudança para a prática de exercícios. Na pré-contemplação, as pessoas são sedentárias e não planejam fazer exercícios. Às vezes, estão nessa fase por falta de informações sobre as conseqüências pessoais da inatividade física a longo prazo. Além disso, é possível que se sintam desmoralizadas por tentativas anteriores malsucedidas de manter um programa de exercícios e que tenham baixa auto-eficácia para se exercitar. Na pré-contemplação, as pessoas costumam ficar na defensiva em relação ao próprio estilo de vida, devido às pressões sociais para ser fisicamente ativas. Nessa fase, não têm razões pessoais que as motivem a mudar, e os custos da prática de exercícios parecem superar os benefícios. Dadas essas atitudes e crenças, as percepções do cliente sobre os benefícios da atividade física devem ser fortalecidas e os custos, reduzidos. Atividades que ajudam os indivíduos a produzir um valor pessoal para o exercício e informações sobre o papel da atividade física no estilo de vida saudável são úteis para promover a passagem à próxima fase (16).

Indivíduos sedentários passam à fase de contemplação devido a informações convincentes que correspondam às suas necessidades pessoais e a sua disponibilidade de tempo (17). Os contempladores planejam tornar-se mais ativos fisicamente, mas ainda têm atitude ambivalente em relação à mudança. Eles percebem os custos e os benefícios de iniciar a prática de exercícios no mesmo nível. O início do movimento em direção à fase de preparação pode acontecer quando surgem coisas que apóiam o desejo e a motivação do contemplador em relação ao exercício e o ajudam a comparar custos e barreiras percebidos. Os modelos de comportamento e as barreiras e os benefícios percebidos, além de variáveis psicossociais, como a auto-eficácia na prática de exercícios, são outros fatores que influenciam sua adoção. Nas primeiras fases da mudança, são fundamentais os processos cognitivos de mudança, como o acúmulo de conhecimentos a respeito de benefícios à saúde gerados pela prática de exercícios regulares e a tomada de consciência sobre como a própria inatividade afeta outras pesssoas.

Fatores específicos relacionados à adoção de exercícios regulares são apresentados a seguir, acompanhados de uma revisão das estratégias para divulgação da atividade física e aumento da motivação.

Influências que afetam a adoção de exercícios: planejamento bem-sucedido para a fase de preparação

Identificar fatores individuais, sociais e ambientais relacionados à adoção de exercícios pode ajudar o profissional de condicionamento físico a selecionar intervenções mais eficazes para mudar comportamentos. O trabalho junto com o participante que se encontra na fase de preparação tem de incluir uma avaliação completa e um planejamento específico da mudança. As estratégias comportamentais assumem um papel mais importante à medida que o indivíduo vence a fase de preparação, em que ele já pratica algum exercício, e passa à fase de ação e de exercícios regulares. A avaliação (tanto psicossocial quanto do condicionamento físico), o exame dos pontos de apoio, dos benefícios, das barreiras e dos custos, a definição de objetivos, os contratos comportamentais e o controle do tempo de treinamento são estratégias práticas, destinadas aos participantes que se encontram na fase de preparação.

Influências individuais

As características individuais que influenciam o início da prática de exercícios incluem dados demográficos, histórico de atividade, experiências anteriores, percepção do estado de saúde, análise do acesso a academias ou a outros estabelecimentos, tempo, gosto pelo exercício, habilidades, crenças, automotivação e auto-eficácia (25). Maior nível educacional, renda mais elevada, sexo (masculino) e idade mais baixa estão positivamente associados ao exercício (25). O histórico de exercícios é um fator importante no nível atual da atividade física. A participação prévia está relacionada com a prática de atividades em programas de exercício supervisionados e de tratamento para pacientes com DC e obesidade (6). A experiência anterior em exercícios também pode influenciar as expectativas em relação à atividade física e à auto-eficácia, cujo nível elevado está associado com o aumento da participação.

A motivação é outra variável individual que influencia a adoção de atividade física. Ela depende das expectativas de benefícios futuros ou de resultados dos exercícios, como boa saúde, melhor aparência, ampliação do convívio social, controle do estresse, diversão e oportunidade de competir (18). A automotivação para exercitar-se é a capacidade de continuar o programa sem o benefício do reforço externo. Participantes com elevada automotivação provavelmente serão bons na definição de objetivos, no monitoramento dos progressos alcançados e no auto-reforço (23). Quem tem pouca automotivação pode precisar de mais reforço e encorajamento externo (por exemplo, atividades em grupo e apoio social) para adotar os exercícios e persistir neles.

Foram descobertas correlações significativas entre o controle comportamental percebido e a intenção de praticar atividade física (10). Quando acreditam ter mais controle sobre o exercício e podem escolher quando e como praticar, os participantes ficam mais propensos a iniciar o programa. Conseqüentemente, aqueles que determinam os próprios objetivos têm mais chances de sucesso do que quem recebe uma lista de objetivos predeterminados (15).

Influências sociais

O apoio social envolve conforto, assistência e informação fornecidos por indivíduos ou grupos. Se, por um lado, a ajuda prática, como dar uma carona até a academia ou dar dicas para a solução de problemas, resulta em benefícios tangíveis, por outro, o apoio emocional também desempenha um papel importante. Esse apoio (estimular o participante, expressar-lhe carinho, preocupação e simpatia) pode ser útil quando ele estiver emocionalmente estressado. Outros apoios desse tipo incluem manifestações de estima (reafirmar o valor da pessoa, expressar-lhe amor e confiança), desenvolvimento de uma rede de suporte (fazer com que o indivíduo se sinta conectado com os outros e parte de um grupo) e, mesmo, o fornecimento de informações (dar informações e conselhos).

De modo geral, o apoio social à prática de exercícios por parte da família, de amigos e de médicos está associado com a atividade física (25). Parece que o cônjuge costuma exercer uma influência consistente e positiva sobre a participação em exercícios; em um estudo, indivíduos matriculados em uma academia junto com o cônjuge apresentaram melhor adesão e menor desistência do que os casados que iniciaram sozinhos (26). Fatores de grupo também podem ser particularmente importantes para adultos mais velhos e pessoas que se motivam para a prática de exercícios devido ao reforço social.

Influências ambientais

Pesquisas têm mostrado que razões ambientais, o apoio social e a conveniência são fatores que afetam a adoção de exercícios (4). Ambientes que sinalizam para a prática da atividade física, o fácil acesso à academia e poucas barreiras reais ou percebidas tornam mais fácil a manutenção dos exercícios. Cartazes, *e-mails*, lembretes, equipamentos de exercício visivelmente localizados e pistas para caminhada e ciclismo são exemplos de sinalizadores ambientais.

A conveniência do exercício é influenciada por uma seqüência, ou cadeia, de comportamentos que precisa ser completada para que a pessoa se exercite. Quanto mais longa e complicada for a cadeia de comportamentos, maiores serão as barreiras à prática. Há grande potencial para quebrar a seqüência em casos como este: a pessoa tem de sair do trabalho, chegar em casa, pegar a roupa de ginástica, dirigir até a academia, estacionar, apresentar a carteirinha na entrada e trocar de roupa para então começar a caminhar na esteira. Ao contrário, seria mais fácil se ela pudesse acordar e caminhar logo cedo no próprio bairro onde mora. Para muitos, a prática de exercícios de manhã pode ser mais fácil de seguir do que durante o dia, quando outras demandas competem com ela.

A principal razão dada para não se exercitar é a falta de tempo (4). O tempo pode ser um determinante real ou percebido, uma indicação de má administração dos horários ou a racionalização da falta de motivação para tornar-se ativo. A flexibilidade do programa de exercícios (por exemplo, aulas em vários horários do dia e da noite, um grupo de caminhada na hora do almoço) pode ajudar a resolver o problema quando o tempo é um determinante real. Acumular várias sessões de exercícios curtas durante o dia também pode ser uma estratégia eficaz. O profissional de condicionamento físico pode ajudar a identificar como o tempo é uma barreira para então escolher intervenções adequadas – modificar o horário dos exercícios ou encaminhar o participante para uma aula de controle do próprio tempo, por exemplo.

Pesquisadores e profissionais reconhecem que o ambiente físico influencia de modo poderoso o nível de atividade física das comunidades (7). Locais acessíveis, agradáveis e seguros para caminhar, pedalar ou correr podem tornar a atividade física mais atraente e conveniente. Sem dúvida, academias limpas, bem ventiladas, com bons equipamentos e estacionamento fá-

---

Evidências científicas

O apoio social desempenha um papel importante na adesão ao exercício, e a maioria das pesquisas têm confirmado que outras pessoas exercem influência positiva sobre o comportamento. Gabriele, Walker, Gill, Harber e Fisher (9) entrevistaram 244 adultos jovens sobre a influência social (incentivo e restrições), motivação e comportamento em relação ao exercício. A influência social encorajadora estava relacionada com o comportamento de exercitar-se porque estimulava a motivação, enquanto a restrição social, que envolve expectativas ou normas criadoras de um senso de obrigação ou intrusão, não mantinha essa relação. Parece que não podemos partir do princípio de que todas as influências sociais são úteis na adoção e na manutenção de exercícios.

> ### Evidências científicas
>
> Nos Estados Unidos, os padrões viários caracterizados por espaços amplos, com rotatórias e longas avenidas, estão em julgamento. Há uma preocupação crescente de que esses ambientes, que facilitam o transporte por automóvel, não sejam bons para a saúde pública. Ewing, Schmid, Killingsworth, Zlot e Raudenbush (8) investigaram a relação entre a amplidão do espaço, o nível de atividade física e a obesidade. Usando índices para classificar os espaços interioranos e metropolitanos e controlando variáveis que sabidamente influenciam o exercício e a obesidade, como idade, educação e consumo de frutas e vegetais, Ewing e colaboradores descobriram associações pequenas, mas significativas, entre o índice de amplidão do espaço interiorano e os minutos de caminhada, a obesidade, o IMC e a hipertensão. Os amplos espaços viários das áreas metropolitanas também estavam associados a menos minutos de caminhada.

cil vão atrair mais os novatos do que instalações malcuidadas ou mal administradas.

Marketing e estratégias motivacionais nas fases inativas da mudança

Como profissional de condicionamento físico, seu objetivo pode ser ajudar as pessoas que ainda não pensaram em iniciar a prática de exercícios nem em adotar um programa de condicionamento físico (ou seja, os que se encontram na fase de pré-contemplação). O principal objetivo de uma campanha publicitária pode ser, por exemplo, chamar a atenção de pessoas inativas e motivá-las a avaliar a possibilidade de iniciar um programa de exercícios ou de adotar algum comportamento saudável. Isso pode envolver colar cartazes em pontos estratégicos, onde a pessoa tenha condições de agir de imediato – por exemplo, perto do elevador, encorajando o uso das escadas (13). Folhetos, panfletos, faixas e boletins com informações atualizadas sobre os benefícios da atividade física e sugestões práticas para aumentá-la também têm potencial para chamar a atenção de possíveis praticantes. Distribuir cartões em restaurantes locais convidando para uma aula de aeróbica grátis é uma forma proativa de recrutamento. Corridas e caminhadas beneficentes, em apoio a alguma entidade local ou nacional, podem motivar pessoas que inicialmente querem apenas ajudar a instituição, mas acabam refletindo sobre o exercício em si. Feiras sobre saúde e bem-estar, exames de riscos à saúde e testes de condicionamento físico também servem para levar as pessoas à fase de contemplação e motivá-las a ficar mais ativas.

Para aumentar a participação nas primeiras fases da mudança de comportamento, o papel do profissional de condicionamento físico consiste em fornecer informações educativas, explicar por que é aconselhável ficar mais ativo, descrever como se exercitar razoavelmente e estimular a adoção de um programa de exercício personalizado. Recomendam-se estratégias específicas para aumentar a adoção e a adesão inicial (4, 16, 17):

- Perguntar aos participantes sobre o histórico de exercícios. Às vezes, eles precisam de informações adequadas para desfazer mitos (por exemplo, o mito "sem dor não há ganho") e desenvolver atitudes positivas em relação à atividade física.
- Explorar modos de exercício que possam beneficiar cada um em particular. Descobrir o que as pessoas esperam conseguir com uma vida fisicamente ativa e fornecer informações e recursos sobre benefícios adicionais.
- Ajudar os participantes a desenvolver conhecimentos, atitudes e habilidades para dar suporte à mudança de comportamento. Além de fornecer informações adicionais e treinamento em habilidades de autocontrole, o profissional de condicionamento físico pode usar a reestruturação cognitiva para identificar pensamentos de desencorajamento e substituí-los por declarações positivas (veja o quadro "Reestruturação cognitiva: como reestruturar declarações negativas, transformando-as em positivas").
- Fortalecer a auto-eficácia do participante no exercício por meio de experiências de aprendizado que produzam êxito. Estratégias para aumentar a auto-eficácia incluem o seguinte:

   Experiências de controle. Abrangem ensaios comportamentais, com supervisão apropriada e *feedback* positivo. O profissional de condicionamento físico pode confirmar se os participantes escolheram atividades adequadas a seu nível de condicionamento físico e a sua capacidade. O *feedback* prático também aju-

> ### Reestruturação cognitiva: como reestruturar declarações negativas, transformando-as em positivas
>
> #### *Declarações negativas*
> - Nunca vou ficar em forma.
> - Sou o mais gordo de todos na aula.
> - Já fiz exercícios outras vezes e nunca dá certo.
> - Com a vida que eu levo, não tenho tempo de fazer exercícios.
>
> #### *Declarações positivas*
> - Mudanças levam tempo. Eu não fiquei fora de forma do dia para a noite – vou progredir pouco a pouco.
> - Todo mundo tem de começar de algum ponto. Os outros trabalharam duro, e muito, para chegar onde estão.
> - Sempre que começo um novo programa de exercícios, tenho mais chances de persistir nele.
> - Vou reservar um pouco de tempo todos os dias para fazer exercícios porque eu mereço. Quem decide sou eu.

da o praticante a ter êxito e a sentir-se mais seguro. Além disso, o aumento da sensação de competência é motivador.

Persuasão verbal ou autopersuasão. O profissional de condicionamento físico pode fornecer estímulo verbal e ensinar o praticante a expressar-se de maneira positiva.

Adoção de um modelo. Tem sido eficaz no aumento da auto-eficácia. O profissional de condicionamento físico pode criar situações em que os participantes se vejam como alguém semelhante que obteve êxito (por exemplo, uma matéria de jornal sobre idosos que passaram a exercitar-se regularmente) ou como um colega de academia que também teve dificuldades (por exemplo, relata-se a uma nova participante que "Lynette também tinha dificuldades para completar 4 km de *jogging* quando iniciou o programa, mas, após alguns meses de trabalho duro, conseguiu alcançar seu objetivo!").

Interpretações de respostas fisiológicas e emocionais. O típico aumento da FC, da respiração e da tensão muscular, ocorrido durante o exercício, pode deixar os novatos ansiosos ou desconfortáveis. O profissional de condicionamento físico tem de confirmar se os participantes conhecem as respostas fisiológicas habituais ao exercício e se sabem interpretá-las.

- Esclarecer expectativas e garantir que elas sejam razoáveis e realistas. Use os padrões de referência para determinar objetivos e, assim, garantir êxitos iniciais.
- Identificar potenciais barreiras à mudança comportamental e fazer sessões de *brainstorm* com o participante para descobrir modos de superá-las. As barreiras podem ser pessoais (baixa auto-eficácia no exercício), físicas (lesões no passado), interpessoais (pressão de amigos sedentários para que se engaje em comportamentos sedentários em vez de praticar exercícios) ou ambientais (clima desagradável ou dificuldade de transporte até a academia).
- Incrementar a motivação para adotar e manter o programa de exercícios. Criar incentivos à prática de exercícios. Os incentivos podem ser tangíveis (por exemplo, camisetas, certificados, garrafas d'água, lugar de destaque no informativo da academia) ou intangíveis (por exemplo, sensação de competência, diversão). Os incentivos tangíveis são úteis no início do programa. Para garantir a adesão a longo prazo, ofereça uma série de incentivos e incremente a motivação intrínseca, como a sensação de missão cumprida ou de evitar a obesidade. Estratégias para aumentar a motivação estão listadas em "Estratégias motivacionais".

Estratégias motivacionais

- Fornecer *feedback* comportamental positivo.
- Encorajar a participação em grupos e formação de grupos de apoio que ofereçam oportunidade de reforço social, camaradagem e compromisso.
- Recrutar cônjuges e amigos para que apóiem a mudança comportamental.
- Usar músicas positivas e estimulantes. Tornar o programa agradável.
- Fornecer uma rotina flexível para diminuir a monotonia e aumentar o prazer. Considere alternativas aos modos tradicionais de exercício, como jogos e trilhas para caminhada, a fim de variar as opções de atividade.
- Aplicar testes de exercício periódicos para mostrar o progresso em relação aos objetivos e oferecer a oportunidade de um reforço positivo.
- Usar estratégias de mudança comportamental, como a definição de objetivos pessoais e o estabelecimento de contratos e do autocontrole, para incrementar o controle pessoal e a competência percebida.
- Anotar o progresso em planilhas, gráficos ou programas de computador. Anotar e registrar os avanços diários para dar um *feedback* imediato e positivo.
- Reconhecer os objetivos alcançados, destacando-os em informativos e quadros de avisos. O esforço individual aumenta quando é identificado.
- Marcar competições em grupo ou individuais.
- Fazer loterias com base em resultados individuais ou de grupo conforme um objetivo específico. Todo mundo pode entrar com uma certa quantia. Defina o critério da vitória (por exemplo, a primeira pessoa a caminhar 15 min $\cdot$ semana^{-1} por cinco semanas seguidas). Quem vencer ficará com o dinheiro do bolão. Uma alternativa é definir um critério (por exemplo, freqüentar 20 a 24 aulas de aeróbica ininterruptas) para participação em um sorteio.
- Organizar grupos de treino para corridas ou caminhadas beneficentes ou de rua.

Ponto-chave

Fatores individuais, sociais e ambientais motivam as pessoas a vencer a fase de pré-contemplação, passar à fase de contemplação de um programa de exercícios e alcançar o momento de planejar realmente o início da atividade. Uma série de estratégias pode ser usada, desde campanhas na mídia a testes de condicionamento físico, para motivar pessoas a superar a fase de contemplação e atingir as fases de preparação e de ação. Seis estratégias para facilitar a adoção e a manutenção da prática de exercícios são: 1) informar-se sobre o histórico de exercícios do participante e usar esses dados para elaborar um plano personalizado; 2) ajudar os participantes a adquirir conhecimentos e desenvolver atitudes e habilidades de apoio à mudança de comportamento; 3) incrementar a auto-eficácia; 4) definir objetivos claros e realistas; 5) identificar e eliminar barreiras à mudança; e 6) aumentar a motivação.

Aumento da adesão: métodos para mudar o comportamento de participantes nas fases de ação e de manutenção

Várias estratégias têm sido discutidas para ilustrar os princípios da mudança de comportamento e para descrever modos de divulgar e motivar o exercício. Assim que o participante inicia um programa de exercício (fase da ação), o profissional de condicionamento físico passa a desempenhar um papel importante no monitoramento e no apoio à mudança de comportamento e à manutenção da nova atitude. Juntos, o profissional e o participante podem, por exemplo, definir objetivos consistentes com as capacidades, os valores, os recursos e as necessidades deste último. A auto-eficácia nos exercícios prevê adoção e manutenção; ela pode ser aumentada por meio de experiências de controle. Então, é importante estabelecer objetivos iniciais desafiadores, porém com a certeza de que serão alcançados, pois isso vai incrementar a auto-eficácia nos exercícios. O profissional e o participante também podem avaliar os apoios e as barreiras ambientais e sociais e usar essas informações para determinar modos de modificar as barreiras a fim de promover o novo comportamento.

Avaliação

Independentemente da intervenção, são necessárias avaliações abrangentes do condicionamento físico e dos aspectos psicossociais para escolher e colocar em prática as estratégias de mudança de comportamento para cada participante na etapa de preparação e no começo da etapa de ação. Reavaliações devem ser realizadas de forma periódica a fim de avaliar a eficácia do plano.

Em primeiro lugar, o problema tem de ser identificado e definido em termos comportamentais. Estar com excesso de peso, por exemplo, não é o problema, mas o resultado de comer demais e exercitar-se de menos. O profissional de condicionamento físico também pode ajudar o participante a decidir, de modo realista, o que pode ou não ser mudado.

Em seguida, realiza-se o exame de tentativas anteriores de mudança de comportamento. Descubra o que funcionou e o que não deu certo e por quê. Essas informações serão usadas na definição de objetivos e na identificação de situações de alto risco (veja "Prevenção de recaídas", na página 355).

Investigue também se o início da mudança de comportamento é voluntário ou foi recomendado por alguma outra pessoa. A resposta dará uma idéia do senso de motivação e de compromisso com a mudança. Para participantes que ingressam na academia de ginástica porque o médico prescreveu exercícios, pode ser útil descobrir razões pessoais para a prática da atividade física. Há muitos motivos diferentes para iniciar um programa de exercícios (por exemplo, saúde, perda de peso, redução da ansiedade), mas a motivação inicial pode não ser o que vai levar a pessoa a persistir na prática. Pergunte aos participantes o que esperam do exercício e esteja preparado para despertar o interesse deles, apresentando benefícios adicionais de curto e de longo prazo.

Outra ferramenta de avaliação útil é o formulário de balanço decisório. Nele, o participante relaciona todas as conseqüências de curto e de longo prazo, positivas e negativas, da mudança de comportamento e da permanência no comportamento antigo. Depois, o cliente e o profissional de condicionamento se reúnem para fazer um *brainstorm* e descobrir meios de evitar as conseqüências negativas projetadas ou de lidar com elas.

Automonitoramento

Parte do processo de avaliação pode ser completado por meio do automonitoramento, em que o participante registra informações sobre o comportamento-alvo e também indica pensamentos, sentimentos e situações ocorridos antes, durante e após o comportamento. Ele pode identificar sinalizadores internos e externos e conseqüências comportamentais que inibem ou estimulam a prática de exercícios. Barreiras e apoios também ficam evidentes no momento do automonitoramento. O profissional de condicionamento físico pode ajudar o participante a desenvolver estratégias para lidar com as barreiras e para aproveitar os apoios. A cadeia de comportamentos que abrange a prática de exercícios também pode ser avaliada, identificando-se os elos fracos. Vejamos um exemplo: a participante nota que sempre perde a aula de aeróbica das 17h30min quando acorda um pouco mais tarde e não consegue preparar a mochila com a roupa de ginástica antes de sair para o trabalho. Nesse caso, você pode sugerir que ela deixe tudo arrumado na noite anterior. Benefícios imediatos e incentivos personalizados de acordo com as preferências pessoais também podem ser estabelecidos nos pontos críticos da cadeia (por exemplo, se deixar tudo arrumado na noite anterior, ela

---

Evidências científicas

A recomendação da CDC de 30 minutos de atividade física moderada diariamente pode ser cumprida pelo famoso programa de caminhada de 10.000 passos por dia (11). Uma ferramenta popular para monitoramento dos passos dados é o pedômetro, que tem sido usado em vários estudos destinados a aumentar de modo eficaz o número de passos dados e a ajudar os participantes a se tornar mais conscientes de quando e como a atividade física pode ser incluída em seu dia-a-dia. Croteau (5), por exemplo, usou a definição de objetivos, pedômetros, automonitoramento e lembretes semanais por *e-mail* em uma intervenção no estilo de vida para aumentar a quantidade de caminhada. Após oito semanas, os participantes tinham aumentado de forma significativa o número de passos diários para mais de 10.000. Os ganhos foram maiores entre os pacientes obesos e os que registravam menos de 6.000 passos por dia no início do programa.

poderá acertar o despertador para acordar 10 minutos mais tarde na manhã seguinte). Agendas eletrônicas, programas de computador, calendários, gráficos e mapas podem ser usados no automonitoramento como parte da avaliação inicial e como meio de registrar progressos.

Definição de objetivos

O propósito da **definição de objetivos** é determinar a realização de uma tarefa específica em um período de tempo preestabelecido. Os objetivos podem variar desde tarefas bem simples, com pouco gasto de tempo, como fazer um sanduíche para o almoço, até tarefas complexas e prolongadas, como conseguir um diploma universitário. A definição de objetivos fornece um plano de ação que enfatiza e orienta a atividade e aponta uma ligação clara entre o comportamento e o resultado.

Definir objetivos de modo eficaz envolve várias características. Os objetivos devem ser comportamentais, específicos e mensuráveis. É mais fácil fazer planos quando se define o objetivo em termos comportamentais. Por exemplo: o objetivo de caminhar 4 dias $\cdot$ semana^{-1} por 30 a 45 minutos é de execução mais fácil do que o de ficar em forma. Metas específicas e mensuráveis facilitam o monitoramento do progresso, a realização de ajustes e o reconhecimento de que o objetivo foi alcançado. As metas têm de ser razoáveis e realistas. Às vezes, embora o objetivo seja alcançável, restrições pessoais e comportamentais o transformam em algo irreal. Perder 0,9 kg $\cdot$ semana^{-1} por meio de uma dieta e de exercícios é razoável para muitas pessoas, mas é quase impossível para uma mãe de três filhos que trabalha fora e tem pouco tempo para se exercitar e cozinhar. Objetivos não-realistas acarretam o fracasso do participante, o que pode prejudicar sua auto-eficácia e a adesão ao programa de mudança de comportamento.

Usando as informações da avaliação e do automonitoramento, o profissional de condicionamento físico pode ajudar os participantes a definir objetivos comportamentais positivos e realistas, com base em idade, sexo, nível de condicionamento, condição de saúde, interesses, histórico de exercícios, habilidades e horários. Devem ser incluídos objetivos de curto e também de longo prazo. Os primeiros mobilizam esforço e ações presentes diretas, mas ambos levam a um plano de ação mais eficaz (15) (veja "Características dos objetivos eficazes").

Reforço

O **reforço** social e o auto-reforço são essenciais na fase de ação, em especial porque, quanto mais tempo a pessoa permanecer inativa, mais tempo levará para que o exercício se torne reforçador por si mesmo. As conseqüências imediatas do exercício podem ser dores e fadiga; por isso, são necessárias recompensas externas imediatas e positivas para os iniciantes. O monitoramento do progresso é recompensador e pode envolver o registro dos quilômetros de caminhada após cada sessão ou o *feedback* dos instrutores depois de um exercício difícil na sala de ginástica. O reforço positivo dos outros pode aumentar a auto-estima, em particular quando o *feedback* vem de pessoas importantes para o participante. O elogio é mais eficaz quando imediato e específico ao comportamento (12). "Você trabalhou duro na aula da semana passada" não é tão eficaz quanto "Sally, você se saiu muito bem na aula de hoje, conseguiu fazer todos os levantamentos para as pernas", especialmente se Sally tinha dificuldades para completar esses exercícios.

O auto-reforço deve envolver recompensas importantes para o participante. Usar sabonetes e cremes especiais após uma sessão de aeróbica e comprar ingressos para a grande final depois de vencer certo número de quilômetros são recompensas personalizadas e auto-administradas.

O apoio social pode ser verbal ou tangível, como o transporte até a academia, e pode vir do instrutor de exercícios, de colegas de turma e de parentes. Outras pessoas significativas para o participante têm de se envolver no plano de exercícios, instruindo-se a respeito das diferenças entre apoiar e prejudicar. *Feedback* verbal construtivo, elogios, encorajamento e atenção positiva ajudam o membro da família a persistir no exercício, enquanto comentários punitivos, piadas a respeito do esforço da pessoa ou comparações sociais que geram desencorajamento podem impedir a adesão. O apoio enfoca o que deve ser alcançado ("Você está firme no propósito de caminhar para perder peso. Tenho orgulho de você.") e não a insistência crítica no que a pessoa ainda não consegue fazer ("Você deve andar mais rápido para perder peso. Por que você não apressa o passo?").

No programa de exercícios, os amigos podem fornecer tanto apoio social quanto sinalizadores para a atividade. Eles podem servir de modelos positivos e fazer parte de um sistema de apoio que estimule o esforço feito no exercício. Alguns participantes são mais propensos a persistir no programa quando sabem que alguém confia em seu esforço.

Características dos objetivos eficazes

- Comportamentais (orientados para ações, como levantar pesos, e não para resultados, como emagrecer)
- Flexíveis (por exemplo, praticar *jogging* ou pedalar 4 a 5 vezes por semana).
- Específicos (por exemplo, caminhar 4 km sem parar)
- Mensuráveis (você pode quantificar seu objetivo em quilômetros, minutos, repetições, etc.?)
- Razoáveis (é possível alcançar os objetivos?)
- Realistas (há grande chance de alcançá-los?)
- Desafiadores (são desafiadores, mas também realistas?)
- Significativos (são importantes para o participante?)
- Premiados com recompensas por metas específicas alcançadas (por exemplo, comprar um CD novo ao finalizar um curso de ioga)
- Definidos no tempo (estabelecer um quadro temporal de objetivos de curto e de longo prazo)

Contratos comportamentais

Contratos comportamentais são acordos públicos escritos e assinados, em que se declara o engajamento em comportamentos voltados para objetivos específicos. Eles têm sido usados de modo eficaz para aumentar a adesão ao exercício (6). Os contratos devem incluir objetivos e prazos finais claros e realistas. A elaboração de um contrato envolve o participante por ser motivador, desafiador e público. A natureza pública dos contratos é de especial importância porque há maior probabilidade de se atingirem objetivos assumidos publicamente do que na esfera privada ou semiprivada (15).

Os contratos podem ser estabelecidos por indivíduos ou grupos. Os benefícios de um contrato de grupo são a sensação transmitida aos participantes de que não podem deixar que os outros desistam e o desejo de fazer parte de um grupo. Contratos individuais, no entanto, podem ser personalizados de acordo com objetivos e situações específicos.

As conseqüências de alcançar ou não os objetivos acordados devem ser claras e relevantes para o participante. O reforço contingente pode ser determinado de modo que ele concorde em fazer uma atividade que não esteja dentre as suas preferidas (por exemplo, agachamentos) antes de outra preferencial (por exemplo, sauna). Reforços materiais e extrínsecos são bons no início, mas devem ser limitados à medida que se adotam os naturais, como o social. Os benefícios inerentes ao exercício, como o prazer e a sensação de dever cumprido, podem aumentar a motivação intrínseca e a adesão. A seguir, apresentamos um modelo de contrato comportamental para um homem de meia-idade que acabou de entrar em um programa de caminhada.

Ponto-chave

A avaliação é uma primeira etapa importante na fase de ação da mudança de comportamento. O automonitoramento é útil na determinação dos antecedentes e das conseqüências do comportamento-alvo, assim como dos custos potenciais e das barreiras envolvidos na alteração comportamental.

Estratégias, como a definição de objetivos e o estabelecimento de contratos comportamentais, têm de ser personalizadas e reavaliadas regularmente, durante a fase de manutenção. Algumas variáveis que influenciam a manutenção dos exercícios são o prazer, a motivação, a conveniência, a intensidade do exercício, a flexibilidade do programa, o apoio social, os incentivos, as recompensas e as habilidades, como auto-regulação e auto-reforço.

Contrato comportamental

Objetivo: caminhar 4 km sem parar. **Prazo**: a partir de 15 de maio.
Benefícios de alcançar o objetivo: melhorar a pressão arterial, sentir-se melhor, administrar o estresse, perder peso, acompanhar o filho nos acampamentos de fim de semana.

Para alcançar meu objetivo, vou fazer o seguinte:
1. Monitorar minha velocidade na caminhada, na pista de atletismo do colégio, durante dois fins de semana.
2. Caminhar pelo menos três dias por semana, na hora do almoço, com Bob ou Mary.

Iniciativas que ajudam a alcançar o objetivo
1. Manter um par de tênis para caminhada e o MP3 sempre à mão.
2. Assistir a programas esportivos na TV, aos sábados e domingos, só depois de completar a caminhada.
3. Recompensar-me com 30 minutos na internet sempre que caminhar pelo menos 30 minutos na hora do almoço.
4. Contar meus planos a minha mulher e pedir que ela me estimule a caminhar nos fins de semana.
5. Comprar um novo monitor para o computador quando eu alcançar meu objetivo geral.

Barreiras e medidas compensatórias
1. Reuniões na hora do almoço: vou caminhar 30 minutos antes de ir para o trabalho nos dias em que houver reunião na hora do almoço.
2. Chuva: quando estiver chovendo, vou subir escadas por, pelo menos, 30 minutos na hora do almoço.

Assinado: _____ Data: _____

Profissional de condicionamento físico: _____ Data: _____

Este contrato será avaliado a cada duas semanas:

Data: _____ Revisões: _____

Data: _____ Revisões: _____

Reimpresso, com permissão, de E. T. Howley and B. D. Franks, 2003, *Health fitness instructor's handbook*, 4th ed. (Champaign, IL: Human Kinetics), p. 357.

Prevenção de recaídas

O modelo de prevenção de recaídas baseia-se na observação de reincidências no abuso de álcool, tabagismo e drogas; o objetivo é diminuir um comportamento indesejado que ocorre com freqüência. Esse modelo aplica-se melhor a comportamentos voluntários. Embora o exercício seja voluntário, o objetivo é aumentar a freqüência (agora baixa) do comportamento desejado. Ainda assim, os conceitos e as técnicas da prevenção de recaídas podem ser usados em relação à adesão ao exercício (14).

A recaída ocorre quando pessoas que passaram a se exercitar regularmente ou a adotar algum outro comportamento de saúde positivo mudam de atitude e voltam ao comportamento insalubre antigo. É importante compreender o conceito de recaída como ele se aplica ao exercício, pois a probabilidade de recair é grande para muitas pessoas. O profissional de condicionamento físico tem de ajudar os participantes a compreender que a recaída não significa fracasso; juntos, profissional e cliente podem elaborar estratégias para lidar com falhas temporárias no programa de mudança de comportamento.

Definição de situações de alto risco

A recaída começa em uma **situação de alto risco** que desafia a habilidade percebida do indivíduo de manter a mudança comportamental desejada. Uma festa de casamento, com todas aquelas comidas gostosas, pode ser uma situação de alto risco para quem está em dieta; convidados de fim de semana podem ser um desafio à motivação do praticante de *jogging* que corre sábado e domingo à tarde. As pessoas ficam predispostas a situações de alto risco quando experimentam um desequilíbrio no estilo de vida em que os "devo" excedem os "quero". Esse desequilíbrio leva a sensações de privação e desejos de indulgência. Então, podem ocorrer racionalização, negação e decisões aparentemente irrelevantes (14).

Conseguir lidar bem com situações de alto risco leva ao aumento da auto-eficácia e à diminuição da probabilidade de recaída. Por sua vez, lidar mal ou não lidar com essas situações leva à diminuição da auto-eficácia e de expectativas positivas sobre a manutenção do novo comportamento (por exemplo, ser capaz de comer como as pessoas "normais", ter mais tempo para ficar com os amigos). Quando essa situação acarreta uma escorregadela real, ocorre o efeito da violação da abstinência (ou, no caso do exercício, o efeito da violação da adesão), em que os participantes notam que falharam. O pensamento "tudo ou nada", como a crença de que não é possível deixar de correr no fim de semana e continuar sendo um corredor, deixa o praticante mais suscetível a esse efeito. A sensação de ter falhado leva a auto-responsabilização, diminuição da auto-estima, sentimento de culpa, perda percebida do controle, aumento da probabilidade de recaída e possível desistência (14).

Incremento de estratégias para manter o exercício

A **prevenção de recaídas**, como descrita por Marlatt e Gordon (19), é um método usado para identificar situações de alto risco e lidar com elas. A estratégia começa pela educação dos participantes a respeito do processo da recaída e pela convocação de sua ajuda, como praticantes ativos, na prevenção desse problema. A etapa seguinte consiste em determinar estratégias específicas para evitar a recaída:

- Identificar situações de alto risco de recaída. São aquelas que envolvem comportamentos incompatíveis com o exercício, como comer, beber, trabalhar demais ou fumar. As situações de alto risco também podem envolver mudança de residência, problemas médicos, viagem e clima desagradável. Para determinar situações pessoais, de alto risco, podem ser usadas as informações reunidas durante a avaliação e o automonitoramento. O profissional de condicionamento físico deve ajudar o participante a reconhecer aspectos do próprio comportamento em relação à prática de exercícios, como horário do dia, local, pessoas, humor, pensamentos e situações em particular que podem ameaçar a persistência na atividade física.
- Revisar os planos para evitar situações de alto risco ou para lidar com elas. Objetivos flexíveis, de curto prazo, podem ser adaptados às demandas de situações incontroláveis. A redefinição temporária dos objetivos pode diminuir a sensação de não-cumprimento do dever e aumentar a sensação de controle (por exemplo, "No fim de semana em que meus convidados estiverem aqui, vou praticar o *jogging* de manhã, antes que eles acordem, em vez de tentar me exercitar nas tardes de sábado e domingo").
- Melhorar as respostas aos problemas, encaminhando os participantes a cursos sobre técnicas de controle do tempo, relaxamento, assertividade, controle de estresse, desenvolvimento da confiança, etc.
- Fornecer expectativas realistas quanto aos potenciais resultados de não se exercitar, de modo que as conseqüências comportamentais da recaída sejam avaliadas na perspectiva correta.
- Estimular os participantes a esperar pela recaída, desenvolvendo um plano. Deve-se planejar alguns modos alternativos de prática de exercícios, horários e locais diferentes, etc. Se o indivíduo tende a desistir do exercício quando todas as esteiras estão ocupadas, tente convencê-lo a usar o cicloergômetro ou o *step*.
- Minimizar a tendência a interpretar uma pequena falta (perder uma aula, não se exercitar durante uma viagem de trabalho) como algo que leva inevitavelmente à recaída, que, por sua vez, gera a sensação de fracasso total. Use a reestruturação cognitiva para mudar a definição de uma aula perdida – em vez de "fim do programa de exercício", "falha temporária que acontece com a maioria dos praticantes de exercícios".

> **Ponto-chave**
>
> Uma vez que, na maioria dos casos, perder um dia de exercício regular é inevitável, o profissional de condicionamento físico deve estar preparado para ajudar os participantes a evitar que lapsos na rotina de exercícios se transformem no fim do programa inteiro. Estratégias (por exemplo, ser flexível na determinação e revisão de objetivos, compreendendo que lapsos ocasionais são apenas temporários, e construir a autoconfiança) podem ajudá-los a lidar bem com potenciais recaídas.

- Corrigir algum desequilíbrio no estilo de vida em que os "devo" superam os "quero". Transformar o exercício em algo que o participante tem vontade de fazer em vez de algo que ele é obrigado a fazer. Usar o reforço positivo e outras estratégias para tornar o exercício divertido.

Aconselhamento para saúde e condicionamento físico

O profissional de condicionamento físico é chamado a dar conselhos durante a avaliação, a prescrição de exercícios e o monitoramento contínuo dos programas de exercício. Uma boa capacidade de comunicação é a base do aconselhamento eficaz. Para desenvolver habilidades de comunicação eficazes, é preciso tempo e concentração, pois a paciência é fundamental na hora de escutar e compreender os outros. Informações adicionais podem ser encontradas no excelente capítulo sobre habilidades do aconselhamento para saúde, escrito por Southard e Southard para o manual do ACSM (24).

Habilidades de comunicação

Para ser capaz de comunicar-se bem, o profissional de condicionamento físico tem de ser eficaz ao escutar e empático ao responder. Escutar envolve a capacidade de discernir com precisão os sentimentos e o significado da mensagem do interlocutor. Escutar é mais complicado do que simplesmente ouvir palavras. A **comunicação** ocorre em níveis diferentes e, portanto, nem sempre devemos pressupor que as palavras ouvidas são de fato o que a pessoa quis dizer. A mensagem inclui o significado real e objetivo das palavras, ou seja, o conteúdo da mensagem; no entanto, o tom e o volume da voz, a rapidez da pronúncia e o comportamento não-verbal podem alterar o significado de uma declaração. Um participante que sorri, fixa os olhos do profissional de condicionamento físico e diz "O meu programa está indo muito bem" emite uma mensagem diferente da de outro que, embora diga as mesmas palavras, resmunga e não olha diretamente para o interlocutor. Para aumentar a compreensão da mensagem, temos de atentar ao verbal e ao não-verbal, assim como às mensagens abertas e encobertas. O profissional deve prestar atenção às expressões faciais, à linguagem corporal e ao tom de voz, além de escutar as palavras ditas.

O contexto da mensagem, determinado por implicações culturais da situação, pode criar ruídos que interferem no seu envio e na sua recepção. O ruído também é criado por idéias, experiências, expectativas e preconceitos do falante e do ouvinte. Barreiras à comunicação ocorrem não apenas no contexto da mensagem, mas também na forma como o ouvinte responde. Ordenar ou comandar, ameaçar, criticar, interpretar, interromper, interrogar e desviar a atenção (com freqüência pelo humor) são respostas que prejudicam a compreensão e fazem o falante pensar que você não se importa com ele. Olhar para trás e conferir as horas no relógio também são modos óbvios de atrapalhar a comunicação. Quando não tiver tempo para conversar, você deve explicar isso com honestidade e, ao mesmo tempo, buscar algum outro horário, livre de distrações, em que possa dispensar ao participante a atenção necessária e merecida.

Não pressuponha automaticamente que você entendeu o que a outra pessoa está dizendo. Nós reagimos a mensagens comunicadas de acordo com as nossas próprias percepções da natureza dessas mensagens. Use a escuta responsiva para esclarecer questões da comunicação e fazer declarações que correspondam ao sentimento e significado da mensagem. A escuta responsiva leva o interlocutor a perceber que você entendeu o que ele acabou de expressar, ajuda-o a construir uma relação positiva e estimula-o a continuar falando, além de esclarecer o que ele diz. A seguir, apresentamos um exemplo de escuta responsiva:

Participante: Eu sou a única da turma que não consegue aprender as novas rotinas do *step*. (O profissional de condicionamento físico deve observar o tom de voz, o contato pelo olhar e a postura da interlocutora.)

Profissional de condicionamento físico: Você acha que os outros participantes aprendem antes de você. Isso deve ser realmente frustrante. (O profissional parafraseou a declaração da participante e interpretou possíveis sentimentos subjacentes. Outros sentimentos envolvidos poderiam ser: desencorajamento, impressão de inutilidade, sensação de fracasso. Se tivesse respondido com uma oferta para lhe ensinar as novas rotinas, ele não teria enfatizado a insegurança subjacente. A escuta responsiva mantém a comunicação aberta, de modo que o participante possa expressar que tipo de ajuda deseja).

Participante: É isso mesmo. Acho que não vou conseguir fazer aeróbica. Os passos mudam rápido demais, e não consigo acompanhá-los. (A participante tem baixa auto-eficácia para essa aula de *step*. Agora o profissional tem mais informações sobre o problema e pode oferecer uma solução melhor.)

Profissional de condicionamento físico: Você acha que não consegue porque a mudança dos passos é rápida demais, mas sabia que muitos dos alunos dessa turma começaram pela aula da Jenny? Essa professora ensina todas as rotinas básicas em um ritmo mais lento e se preocupa em ensinar os passos a cada um. (Ele aceitou as crenças da participante e forneceu mais informações para colocar as percepções dela em um contexto diferente. Aulas para iniciantes podem fornecer a experiência de controle para aumentar a auto-eficácia do participante.)

Participante: Sempre achei que não me saía muito bem, mas pensava que era só eu. Talvez seja bom fazer as aulas da Jenny primeiro. (O profissional deve observar o que a participante disse e como disse, para ver se as informações atenderam à necessidade subjacente.)

Profissional de condicionamento físico: Essa não era a turma certa para você. A aula da Jenny serve justamente para ensinar os passos. Vou dar uma olhada nos horários e ver se podemos encaixá-la na turma dela. (Ele parafraseou a declaração da participante e ofereceu ajuda em vez de dizer o que ela devia fazer. Isso mostra que o participante tem capacidade de fazer escolhas quando o profissional lhe fornece informações úteis.)

Características de quem fornece uma ajuda eficaz

O papel do profissional de condicionamento físico como conselheiro consiste em ajudar os clientes a alcançar objetivos relacionados à saúde. É mais fácil fornecer essa ajuda quando o profissional responde ao cliente com empatia, respeito, clareza, sinceridade e enfrentamento.

- **Empatia** é uma expressão de compreensão do significado dos eventos e das experiências para o participante. É diferente da simpatia – tentativa de compartilhar os sentimentos de outra pessoa. A empatia também não é igual a conhecer o problema. Você pode saber que John tem 28% de gordura corporal porque ele come só *fast food* todos os dias e não se exercita. Ter empatia significa, nesse caso, compreender o que representa para ele o fato de estar com excesso de peso e inativo e ser capaz de expressar essa compreensão de um modo isento de julgamentos. Ainda que você não tenha certeza de estar sendo empático, quando nota que está tentando compreendê-lo, o participante fica encorajado a falar mais sobre o problema. As informações adicionais vão ajudá-lo a desenvolver ainda mais empatia, fornecendo dicas sobre a natureza subjacente do problema e o modo de elaborar um plano de intervenção mais realista. Seu esforço para compreender também comunica ao cliente que você o valoriza como indivíduo.
- **Respeito** é a sensação de considerar o participante de forma positiva. Você demonstra aceitação calorosa das experiências dele e não impõe condições para essa aceitação e cordialidade. Isso significa não fazer julgamentos. Com frequência, os profissionais de condicionamento físico têm dificuldade em respeitar alguém cujo comportamento (fumar, levar um estilo de vida sedentário, adotar uma dieta com alto teor de gordura) mostra ausência de respeito pelo próprio corpo. Valorizar a pessoa não significa necessariamente valorizar o seu comportamento. Quando respeitamos o outro, nós o ajudamos a desenvolver o auto-respeito.
- **Clareza** é a habilidade de ajudar o participante a ser específico a respeito dos sentimentos e objetivos que ele está tentando comunicar. A escuta responsiva permite que o participante seja mais preciso ao comunicar o que está sentindo e o que quer alcançar. Isso ajuda a definir os objetivos.
- **Sinceridade** é ser autêntico e franco na relação com o outro. Em uma relação útil, o conselheiro é honesto e aberto com o cliente. Alguma auto-revelação é apropriada e pode ajudar a desenvolver a confiança, mas o objetivo da relação é ajudar o cliente e não tratar de questões pessoais do profissional.
- **Enfrentamento** envolve dizer à outra pessoa que você vê as coisas de modo diferente daquele que ela está apresentando. Você aponta incongruências em fatos observáveis, dos quais o participante talvez não tenha consciência. O enfrentamento deve ser usado apenas após o estabelecimento do relacionamento e deve ser direcionado ao comportamento e não à pessoa.

Outras qualidades importantes para o eficaz aconselhamento de saúde estão listadas em "Qualidades de um conselheiro efetivo sobre comportamento saudável".

Qualidades de um conselheiro efetivo sobre comportamento saudável

- Conhecedor
- Estimulador
- Modelo de comportamento de saúde
- Confiável
- Entusiasta
- Inovador
- Paciente
- Sensível
- Flexível
- Autoconsciente
- Capaz de avaliar serviços e recursos materiais
- Capaz de gerar expectativas de sucesso
- Comprometido com o fornecimento de *feedback* específico, na hora certa
- Capaz de oferecer instruções e planos claros e razoáveis
- Consciente das limitações pessoais

Considerações éticas

Há um dilema ético na promoção da mudança para o comportamento saudável nos casos em que a pessoa não quer mudar. O profissional de condicionamento físico tem de pesar a importância de persuadir pessoas a se comportarem de modo a promover a boa saúde vs. o direito do cliente de fazer o que quiser com a própria saúde, desde que não prejudique os direitos dos outros. Teoricamente, o consentimento informado, formulário declarando estar ciente de determinadas informações, dá aos participantes o direito de escolher com base em informações necessárias à tomada de decisão. Quando o estilo de vida insalubre se baseia na ignorância ou em informações incorretas, devemos fornecer as informações corretas, necessárias a uma escolha informada, sem agravar sentimentos de culpa ou de fracasso. Porém, se o indivíduo optar por um estilo de vida insalubre como expressão do seu livre arbítrio, então temos de aceitar essa recusa informada, embora, com freqüência, os profissionais de condicionamento físico tenham dificuldade em fazer isso. Portanto, ter consciência dos valores que preferimos é essencial na hora de ajudar outras pessoas a definirem objetivos. Temos de considerar que valores – os do cliente ou os nossos – serão adotados na intervenção e temos de respeitar as escolhas ainda que discordemos delas.

A confidencialidade é outra preocupação ética para o profissional de condicionamento físico. Além de manter o caráter privado de informações claramente confidenciais, como os registros médicos do paciente, ele tem de estar atento a outras informações que o participante deseja manter em sigilo. Ser confiável é uma característica importante da pessoa que sabe ajudar os outros com eficácia e reflete um padrão ético.

Os participantes confiam em quem respeita o sigilo das informações, trata-os com respeito e mantém um relacionamento profissional.

Também é preciso reconhecer as próprias limitações e descobrir o momento certo de encaminhar o cliente a um terapeuta profissional. É função do profissional de condicionamento físico ajudar as pessoas a mudar comportamentos insalubres, mas problemas matrimoniais e transtornos da alimentação e afetivos, como depressão, são algumas das poucas áreas que devem ser tratadas por alguém treinado para trabalhar com esses temas. Temos de conhecer nossos próprios limites e ajudar os participantes a ter acesso aos melhores recursos para lidar com problemas específicos.

Ponto-chave

Escutar as palavras em si e também a mensagem não-verbal do contexto é a base de uma boa capacidade de comunicação. Para comunicar-se com eficácia, o profissional de condicionamento físico deve praticar a escuta responsiva e a resposta empática. As características da pessoa que sabe ajudar inclui empatia, respeito, clareza, sinceridade e enfrentamento.

Estudos de caso

Confira as respostas no Apêndice A.

1. Dana ganhou três meses de academia do namorado, Mike, que freqüenta as aulas de aeróbica regularmente. Eles vão fazer uma excursão ao Colorado no verão, e Mike quer que ela esteja preparada para o esforço físico da trilha. Ela considera-se uma sedentária de primeira – entrou na aula de aeróbica com Mike no ano passado, mas ficou tão dolorida que parou ainda na primeira semana. Ontem você finalizou a avaliação do condicionamento físico dela. A saúde é boa, a gordura corporal está em 20% e o condicionamento aeróbio um pouco abaixo da média. Ela diz ter o objetivo de preparar-se para a viagem e quer tentar de novo a aeróbica. No entanto, confessou que tem medo de desapontar Mike por estar "realmente fora de forma" e não gostar desse tipo de exercício. Em que fase da mudança de comportamento ela está e que estratégias você pode usar para ajudá-la?

2. Jack, um homem de meia-idade, professor universitário de inglês, ingressou no grupo de caminhada da academia três meses atrás, depois da avaliação psicossocial e de condicionamento físico. Seu objetivo de longo prazo é caminhar o equivalente à volta ao mundo (calculado em termos de quilômetros totais), e seu progresso está sendo registrado em um mapa de propaganda de caminhantes na porta da frente da academia. O escritório de Jack fica a três quarteirões da academia e geralmente ele caminha na pista interna antes de ir para casa no final do dia. Você notou que a milhagem dele diminuiu nos últimos dois meses, e outro caminhante contou-lhe que Jack disse: "Eu não vou conseguir sair do Estado em razão das provas e trabalhos de final de ano". Em que fase da mudança de comportamento ele está e que estratégias você pode usar para ajudá-lo?

CAPÍTULO 23

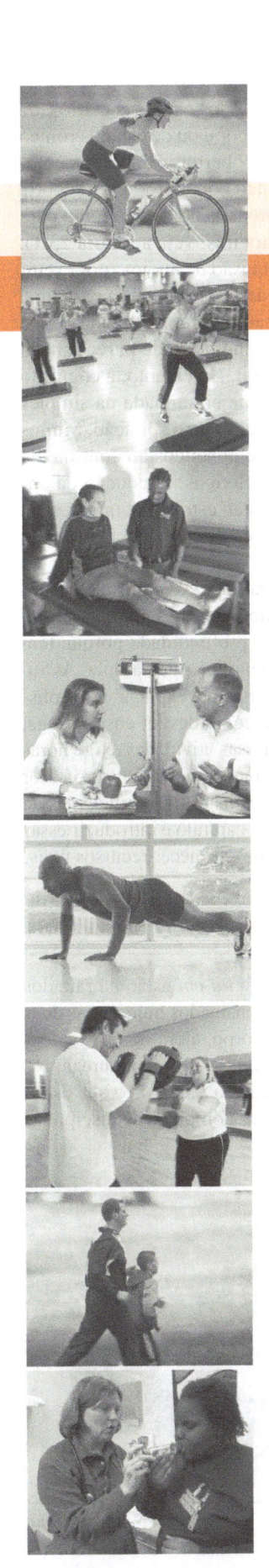

Exercícios Conscientes para Profissionais de Condicionamento Físico

Ralph La Forge

Objetivos

O leitor será capaz de:

1. Compreender as origens históricas de duas tradições clássicas do exercício consciente e sua relevância para a programação contemporânea desse tipo de atividade.
2. Descrever os componentes essenciais comuns à maioria dos programas de exercício consciente.
3. Compreender os princípios essenciais do exercício consciente clássico e do contemporâneo e listar potenciais benefícios de cada um deles.
4. Listar os mecanismos psicobiológicos responsáveis pelos benefícios do exercício consciente e da respiração iogue.
5. Conhecer recursos-chave para obtenção de outras informações sobre o exercício consciente clássico e o contemporâneo.

O **exercício consciente** (às vezes chamado de *corpo-mente*), na sua forma mais simples, é uma atividade física baixa a moderada, executada com um componente meditativo, proprioceptivo ou sensorial. Embora não tenha uma definição universal, o exercício consciente pode ser descrito simplesmente como um exercício físico executado com profundo foco interior. A atividade física pode ser realizada com padrões de movimento coreográfico específicos, como no *tai chi*, ou livres, como na dança espiritual étnica (por exemplo, a dança espiritual dos nativos da América do Norte). De forma característica, o componente cognitivo envolve meditação sem julgamento. O descritor *consciente* é usado aqui em contraste com o mais nebuloso *corpo-mente* porque o primeiro é mais apropriado para definir o processo cognitivo envolvido. *Consciente* pode ser descrito como conhecimento de auto-ajuda para solucionar questões sobre autocontrole e compreensão, consciência sem julgamento do que é percebido via experiência direta e consciência do momento.

A atenção voltada para o interior é executada com foco específico na respiração e na propriocepção ou na sensação muscular. Qualquer atividade física pode integrar um estado de atenção interior ou um componente cognitivo; no entanto, esse estado de atenção é o processo-chave do exercício consciente. Esse tipo de exercício combina uma atividade muscular baixa a moderada, com consciência sensorial do movimento ou da postura física – um automonitoramento do esforço percebido. Exercícios conscientes clássicos, como a hataioga e o *tai chi* são atentivos ao momento presente e orientados para o processo. Esse processo contrasta com o do exercício mais convencional, em que há relativa desconexão entre a mente e a cinestesia da atividade física ou em que a mente pode se dissociar do momento presente. Essa desconexão não consiste necessariamente em desvantagem do exercício aeróbio convencional; ela pode servir de distração do estresse da vida ou do esforço físico em si.

Programas conscientes podem ser executados com facilidade, em intensidade baixa a moderada, e são adaptáveis a uma ampla variedade de capacidades funcionais. A ioga *iyengar* (ioga restauradora), por exemplo, sob instrução hábil, pode ser personalizada para quase todos os níveis etários, de condicionamento físico, de tipo corporal ou de estado crônico de doença. Na postura *savasana*, cobertores dobrados colocados sob a parte superior do tronco podem fornecer suporte inicial para a lombar durante a preparação dessa região para a postura da ponte (inclinação para trás; veja a Figura 23.1). Esse é um exemplo de como a inclusão de apoios (por exemplo, cobertores) pode preparar o adulto mais velho para uma postura mais difícil. Para quem não está familiarizado com a hataioga, a popular postura do triângulo pode parecer nada mais do que um alongamento lateral. No entanto, a cognição do iogue se encontra profundamente entranhada na simples cinestesia da postura e na centralização da respiração. Muitos consideram que esses atributos são benéficos ao controle de problemas de saúde musculoesqueléticos, à redução da ansiedade e de sintomas relacionados ao estresse e, talvez mais importante, ao aperfeiçoamento da autoconsciência e da paz de espírito.

Este capítulo é uma visão geral dos exercícios conscientes tanto clássicos quanto contemporâneos. A ioga, o *tai chi* e o *qigong* são tratados com mais profundidade porque têm mais tradição e fundamentação científica mais ampla. As informações reunidas aqui não se destinam a explicar aos profissionais de condicionamento físico como devem ensinar ioga, Pilates ou *tai chi*, pois cada uma dessas atividades exige horas de exploração pessoal e *feedback* objetivo para que o professor retenha conhecimentos e habilidades instrutivas suficientes da respectiva tradição. O objetivo deste capítulo é introduzir essas formas de exercícios contemplativos e fornecer recursos úteis.

Origens

As disciplinas asiáticas da ioga e do *tai chi* estão na raiz dos programas de exercício consciente ensinados hoje. Essas duas formas antigas integram mente e corpo, além de um evidente senso de espiritualidade e fundamentação na natureza. No coração de toda prática de meditação da Ásia está o que os indianos chamam de *ioga* – um sistema complexo de disciplinas

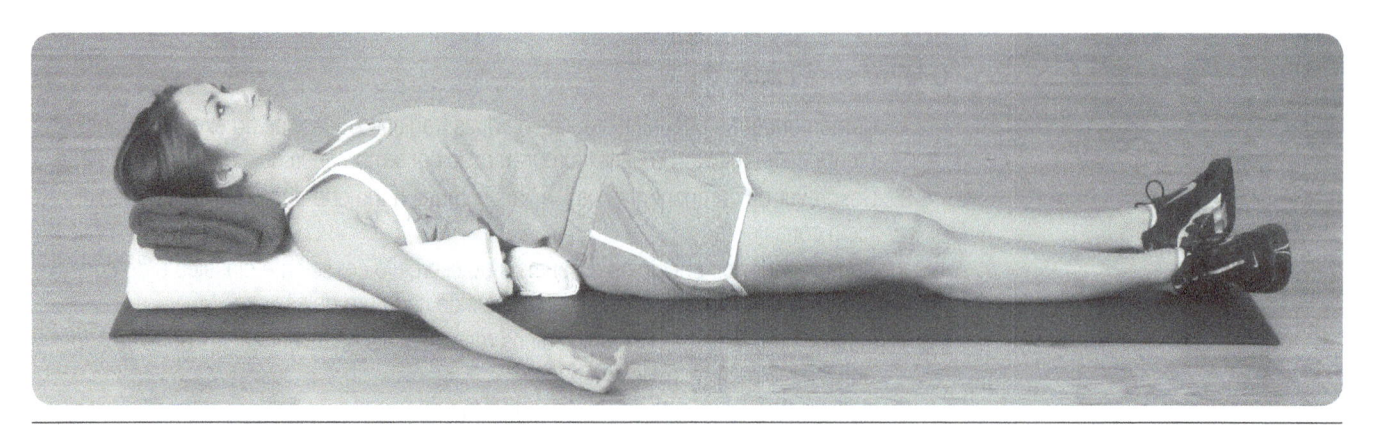

Figura 23.1 Postura do cadáver, com apoio de toalhas e cobertores para sustentar as costas.

físicas e espirituais fundamental para uma série de religiões asiáticas, como o hinduísmo e o budismo. A ioga clássica, por exemplo, como descrito no *Yoga Sutra*, um texto antigo sobre princípios iogues atribuído a Patanjali, é formada de oito componentes ou membros: princípios morais, observâncias, postura, controle da respiração, afastamento dos sentidos, concentração, meditação e contemplação pura (7). Aqui, postura refere-se aos exercícios iogues ou assanas, usados originalmente na preparação para a prática do controle da respiração e da meditação. Em outras palavras, o exercício da ioga era usado como um meio para atingir um fim, ou seja, a meditação e a liberdade espiritual. O braço físico da ioga, a hataioga, quando conjugada com um componente contemplativo, talvez seja a forma mais prática de exercício consciente no Ocidente de hoje.

O *tai chi* tem cerca de 4.000 anos de tradição e derivou do *qigong* (também chamado de *chi kung*), que descreve toda uma tradição de exercícios espirituais, marciais e de saúde desenvolvidos na China. O *qigong* é a principal metodologia chinesa para ativar a *medicina interior* ou o recurso de autocura natural. Essa prática antiga combina duas idéias: o *qi* é a energia vital do corpo; o *gong* é a habilidade de trabalhar com o *qi* (também chamado de *chi*). *Tai chi*, a arte marcial derivada do *qigong*, talvez seja mais bem descrito como uma meditação em movimento. A maioria dos programas de exercício consciente contemporâneos (veja adiante a seção "Programas de exercício consciente contemporâneos") deriva-se da ioga e do *qigong* antigos.

Quem, onde e por quê?

A partir do começo de 1990, houve um explosivo crescimento da programação do exercício consciente em academias, clínicas de saúde e programas de prevenção e controle de doenças cardiovasculares (veja "Onde oferecem programas de exercício consciente"). Com freqüência, tais programas complementam ou substituem os convencionais. Os profissionais de condicio-

Onde oferecem programas de exercício consciente

Academias e clínicas de saúde
Programas de treinamento atlético
Academias e centros de ioga
Instruções e terapias individualizadas e personalizadas, em local específico (por exemplo, em casa, centros de saúde, escritórios)
Encontros de profissionais de condicionamento físico e da área de medicina esportiva
Programas de reabilitação clínica (por exemplo, cardíaca, pulmonar e musculoesquelética)
Programas de controle da dor
Centros especializados em aposentados e idosos

Benefícios comuns aos exercícios conscientes

Redução da ansiedade e da tensão mental
Melhoria do condicionamento muscular (força muscular)
Melhoria da flexibilidade muscular
Melhoria do controle do equilíbrio
Aumento da auto-eficácia e do bom humor
Tendência a melhorar concomitantemente outros comportamentos do estilo de vida (por exemplo, controle do estresse e comportamento alimentar)

namento físico precisam conhecer um pouco, e às vezes até experimentar, uma ou mais dessas formas de movimento, uma vez que a ioga e o Pilates figuraram entre as atividades mais oferecidas em centros de condicionamento físico em 2005 (4). Praticamente todos podem fazer exercícios conscientes, que são de fácil adaptação a quase todo tipo de corpo, qualquer capacidade funcional ou estado de saúde. Essa adaptação depende também da habilidade e da experiência do instrutor. Benefícios comuns trazidos por esses programas são mostrados a seguir.

Nos últimos anos, os programas de exercício consciente têm atraído três importantes populações de indivíduos: adultos jovens e de meia-idade, que querem melhorar o condicionamento físico, a flexibilidade e a *stamina*; idosos em busca de programas de atividade física funcionalmente adaptados a sua idade corporal e seu estilo de vida; e indivíduos com doença crônica estável, que buscam um método seguro e individualizado para o treinamento e a reabilitação com exercícios. O trabalho recente de DiBenedetto e colaboradores (3) sublinha a utilidade potencial da ioga *iyengar* na melhoria da condição ambulatorial de populações idosas. Eles treinaram 23 idosos saudáveis em um programa de oito semanas de ioga *iyengar* leve e observaram benefícios na extensão do quadril, aumento na largura do passo e diminuição da inclinação pélvica anterior. A razão comum citada por esses grupos para buscar o exercício consciente, no entanto, é adquirir a tranqüilidade interior da mente. Quase todas as modalidades de exercício consciente discutidas neste capítulo podem ser prontamente adaptadas para a reabilitação cardíaca, pulmonar ou musculoesquelética em terapias individualizadas ou em pequenos grupos. Porém, pode ser difícil adaptar algumas formas de hataioga para portadores de doenças crônicas; por exemplo: a ioga *bikram* (devido a temperatura ambiente elevada) e uma série de posturas da hataioga, como as invertidas. Embora quase todos os exercícios conscientes possam desempenhar papéis terapêuticos ou reabilitadores, em "O exercício consciente e a reabilitação" mostramos algumas formas que podem ser mais apropriadas para limitações específicas ou condições médicas crônicas.

O exercício consciente e a reabilitação

- Reabilitação pulmonar: terapia de respiração iogue, estilos de ioga com particular ênfase no trabalho respiratório, como *viniyoga*, ioga integral, *ashtanga* e *iyengar*.
- Controle do equilíbrio (especialmente em pacientes idosos): *tai chi*, *qigong*, *tai chi chih*.
- Reabilitação cardíaca (com ênfase no exercício aeróbio): ação integradora neuromuscular (AIN).
- Reabilitação musculoesquelética (por exemplo, reabilitação esportiva): método de Feldenkrais, técnica de Alexander, ioga *iyengar* terapêutica, exercícios de Pilates individualizados.
- Artrite e síndrome do túnel do carpo: ioga terapêutica individualizada.
- Redução do estresse: quase todas as formas de exercício consciente ensinadas com habilidade, em particular com respiração iogue, ioga restauradora, exercício de *qigong*, *tai chi* e ioga ananda.
- Flexibilidade e condicionamento físico muscular geral: ioga *iyengar*, *ashtanga*, Pilates.

Essas formas de reabilitação não excluem outras modalidades de exercício consciente.

Componentes essenciais do exercício consciente

Critérios para distinguir o que constitui um exercício consciente têm sido discutidos por praticantes e pesquisadores, e um conjunto unificado de padrões consensuais definitivos ainda depende de pesquisas mais controladas e adequadamente consistentes. Por enquanto, o exercício consciente deve incluir as seguintes características:

- Qualidades meditativas ou contemplativas. O exercício consciente inclui uma consciência sensorial auto-refletida, do momento presente, sem julgamento, centrada no processo em vez de orientada estritamente para o objetivo.
- Consciência proprioceptiva. O exercício consciente inclui a percepção do movimento e da orientação espacial que brota da atividade muscular baixa a moderada.
- Centrado na respiração. No exercício consciente, a atividade centrada no cognitivo enfatiza a respiração e seus sons. Esse processo inclui uma série de técnicas respiratórias, como as empregadas na ioga, no *tai chi* e nos exercícios *qigong*.
- Alinhamento anatômico (por exemplo, da cabeça, da coluna, do tronco e da pelve) ou forma física apropriada. Disciplinar-se para seguir certo padrão de movimento ou de alinhamento da coluna é uma verdade na maioria das formas de exercícios conscientes, mas em particular na hataioga, técnica de Alexander, Pilates e *tai chi*. Nem todos os exercícios conscientes utilizam uma série de coreografias seqüenciais ou alinhamento anatômico disciplinado. As exceções incluem a ação integradora neuromuscular e exercícios de danças étnicas expressivas (por exemplo, a dança espiritual dos nativos do Alasca e da América do Norte).
- Centrado na energia. A consciência do movimento e do fluxo da energia pessoal intrínseca, força vital, *chi*, *prana* ou outra energia positiva é comum a muitos programas de exercício consciente clássicos (por exemplo, a ioga).

A próxima seção descreve em detalhes as formas mais proeminentes e clássicas do exercício consciente.

Ponto-chave

A maioria dos exercícios conscientes de hoje é inspirada em formas clássicas centenárias, como o *tai chi* e a ioga. O exercício consciente tem aspectos específicos, incluindo processos meditativos e proprioceptivos e trabalho respiratório, que o distingue dos programas de exercício convencionais. O profissional de condicionamento físico interessado nesse tipo de exercício deve adquirir conhecimentos sobre as tradições a partir das quais as formas contemporâneas evoluíram. A qualidade central de qualquer exercício consciente é a consciência, ou consciência sem julgamento; sem essa característica, ele é meramente um trabalho físico.

Ioga

Muitos dos programas de exercício consciente que encontramos hoje se originaram de disciplinas orientais da ioga e do *qigong*. "A palavra *ioga* deriva da raiz sânscrita *yuj*, que significa juntar, unir, ligar, e de *yoke*, ou seja, dirigir e concentrar a atenção em, usar e aplicar. O termo significa também união ou comunhão" (16). A união se refere à integração entre a mente, o corpo e o espírito. Historicamente, a ioga se refere a disciplinas físicas e espirituais fundamentais para as práticas religiosas budista, jainista e hinduísta de toda a Ásia. Há pelo menos oito ramos da ioga, mas, para muitos ocidentais, o termo ioga significa a hataioga. Temos de distinguir entre a ioga e a participação em aulas de hataioga, como as que são oferecidas em academias e clínicas de saúde nos Estados Unidos. A hataioga pode incluir ou não comportamentos espirituais e morais do estilo de vida iogue. Ela é o aspecto físico dessa disciplina e inclui vastos repertórios de posturas físicas ou assanas, executadas sentado, ajoelhado, em pé ou deitado no chão de costas ou de bruços. De forma tradicional, as posturas da hataioga são usadas como preparação da mente para a meditação. Algumas das assanas mais populares no Ocidente conservaram seu nome em sânscrito, mas também foram traduzidas do seguinte modo: postura do cadáver, da cobra, do triângulo, da ponte, do guerreiro, do cão olhando para baixo e para cima e a saudação

Fatores determinantes da resposta à hataioga

Nível de concentração mental ou cinestesia
Posição da assana (por exemplo, cabeça para baixo ou para cima)
Duração de cada assana
Seqüência da postura
Duração da seqüência da postura ou da sessão de ioga inteira
Técnica de respiração
Nível de habilidade do aluno (por exemplo, anos de experiência em ioga)
Características antropométricas do aluno (por exemplo, IMC, estrutura corporal, saúde musculoesquelética)

Estilos populares de hataioga

- **Ioga *iyengar***. Originalmente desenvolvida por B. K. S. Iyengar, que sistematizou mais de 200 assanas (posturas) clássicas, desde as muito simples até as muito difíceis. Enfatiza o alinhamento anatômico preciso, que, ao longo dos anos, refinou os aspectos terapêuticos da ioga. Também ressalta a respiração (*pranayama*).
- **Ioga restauradora**. Esse estilo de hataioga, derivado da tradição *iyengar*, talvez seja o mais apropriado para os que estão iniciando um programa de ioga, pois usa apoios (cobertores, travesseiros, rolos para a lombar e para o pescoço, suportes) e posturas elementares, mas progressivas.
- **Ioga *ashtanga***. Esse estilo vigoroso e mais atlético sincroniza uma série progressiva de posturas com um método de respiração específico (*ujjayi pranayama*). Suas assanas são seqüenciadas em grupos de posturas, que variam desde as moderadas até as difíceis. O ritmo da seqüência e as posturas difíceis com freqüência caracterizam a *ashtanga* como *power* ioga.
- **Ioga *anusara***. Fundada por John Friend, da cidade de Shenandoah, no Texas (EUA), essa forma de hataioga lembra muito a *iyengar* e destaca três pontos: atitude, alinhamento e ação. Os participantes apreendem a cognição do centro de potência-chave ou ponto focal (o ponto em que é colocada a maior parte do peso corporal ou da força musculoesquelética na assana).
- ***Viniyoga***. É um método mais leve e individualizado de hataioga. Integra cuidadosamente o fluxo da respiração e o movimento da coluna. É conhecida também pela aplicação terapêutica das assanas clássicas.
- **Ioga *kripalu***. É um estilo em três níveis da hataioga, adaptado às necessidades de estudantes ocidentais. Mistura posturas físicas da hataioga com a meditação contemplativa da *raja* ioga.
- **Ioga integral**. Outra forma leve que alonga, fortalece e acalma o corpo e a mente com delicadeza. Inclui posturas confortáveis, relaxamento profundo e práticas respiratórias. Enfatiza de forma significativa a dieta e é empregada em programas de reversão de doenças cardíacas do Dr. Dean Ornish em todos os Estados Unidos.
- **Ioga *bikram***. É uma série vigorosa de 90 minutos e 26 posturas, destinada a aquecer e alongar os músculos, ligamentos e tendões em uma seqüência particular. As aulas de *bikram* são dadas em sala aquecida, geralmente 32 a 40°C.
- **Ioga *kundalini***. Também chamada de ioga da consciência. Em geral, cada aula envolve aquecimento e flexibilidade da coluna, seqüências de assanas específicas de acordo com a "energia em espiral" e relaxamento. Cada assana simboliza hábitos e emoções da vida e uma respiração associada.
- **Ioga *sivananda***. Estilo da ioga clássica, com posturas tradicionais, exercícios respiratórios e relaxamento. Ensina doze posturas que constituem a saudação ao sol e pode ser adaptada sem dificuldades para iniciantes ou pessoas com baixas capacidades funcionais.
- **Ioga *ananda***. Estilo não-atlético, relativamente leve de hataioga. Uma característica peculiar é que os participantes fazem afirmações silenciosas enquanto executam as posturas.

ao sol (uma seqüência de 12 posturas). As variáveis determinantes do gasto energético e das respostas psicofisiológicas à hataioga são mostradas na página 370. O participante obtém ótimos benefícios do programa de treinamento de hataioga quando o professor enfatiza de forma específica cada uma dessas variáveis de modo gradual e seguro.

Os estilos de hataioga mais conhecidos no Ocidente estão relacionados na página 363. Em quase todos, o principal desafio é tornar-se proficiente em lidar com cargas crescentes (em complexidade e dificuldade) nas várias posturas e padrões de respiração, mantendo a homeostase da mente e do corpo – ou a simultânea quietude de pensamentos e relaxamento da tensão corporal. Às vezes, são necessários anos para dominar a *stamina* e a disciplina fundamentais para o alcance do estado mental apropriado e de um alinhamento e de um ponto de apoio quase perfeitos. É essa disciplina mental e física que atrai muitos para a prática da hataioga, uma vez que esse processo pode estabelecer um modelo para outras mudanças relativas a um estilo de vida saudável (por exemplo, meditação regular, dieta saudável). Finalmente, é essencial que a respiração iogue, da qual há muitas técnicas, seja executada em sincronia com cada postura durante a assana. Para os profissionais de condicionamento físico, pode ser difícil racionalizar a necessidade de prender a respiração, pois em essência aprendem que isso não deve ser feito nas fases excêntrica ou concêntrica do exercício muscular por razões bem-fundamentadas. Dito isso, a respiração é mantida por períodos de tempo breves, em algumas formas de trabalho das assanas (ou seja, suspensões e retenções da respiração). A ioga restauradora pode ser o ponto de partida mais seguro e produtivo para quem ainda está aprendendo as posturas e a respiração iogue.

Ponto-chave

A hataioga combina a respiração e o exercício iogues de modo muito lógico. Todas as vezes que o movimento da ioga expande o peito ou o abdome, o praticante inspira. Ao contrário, se o movimento comprimir essa região, deve-se expirar.

Respiração iogue (*pranayama*)

Nas tradições iogue e *qigong*, a respiração funciona como um intermediário entre a mente e o corpo. A centralização da respiração apresenta-se como um método independente de reduzir a tensão mental e promover o relaxamento de curto prazo e o bem-estar psicológico de longo prazo. Há muitas técnicas de respiração iogue, porém a mais simples com freqüência é a mais benéfica. Apenas se concentrar na respiração e em seus sons, em geral, é suficiente para acalmar a mente. O livro clássico e técnico de Herbert Benson *The Relaxation Response* é um exemplo excelente dessa integração entre consciência respiratória e meditação (17).

A respiração é feita pelo nariz na inspiração e também na expiração. De modo intencional, cada respiração é lenta e profunda, com distribuição regular ou suavidade de esforço. Recentemente, Sovik (14) publicou uma revisão útil sobre a técnica da respiração iogue. Ele descreve a ideal como diafragmática, nasal, profunda, suave, regular, calma e sem pausas.

Além de reduzir o estresse e a tensão mental, a respiração iogue gera resultados cardiovasculares benéficos. Prakash (10), por exemplo, demonstrou que 10 pessoas que tinham extra-sístoles ventriculares (ESVs) freqüentes experimentaram 50% de redução nessas ESVs após a respiração iogue profunda controlada em 6 respirações $\cdot$ min^{-1}. Um dos mecanismos responsáveis pela quietude mental experimentada pela respiração iogue é a estimulação do sistema nervoso parassimpático. Quando completamente estimulados pela inspiração e expiração iogue adequada, os receptores mecânicos no tecido pulmonar (por exemplo, nos alvéolos) ativam os nervos parassimpáticos, o que transitoriamente reduz a tensão mental e aumenta a resposta do relaxamento (9) (veja a Figura 23.2). Reduções agudas na pressão arterial também foram observadas como resultado do treinamento dessa respiração (8).

Cuidado com iniciantes na respiração iogue: essa respiração, por si só, é um exercício potente. Muitas pessoas relatam tontura ou perdem a consciência durante a prática de técnicas de respiração iniciais ou avançadas. É altamente recomendável que, no início, essas técnicas sejam ensinadas e monitoradas por um instrutor de respiração iogue experiente. Assim como acontece com todos os métodos cognitivos empregados para facilitar o relaxamento, quem utiliza a terapia da respiração iogue com esse propósito deve ter consciência das suas contraindicações.

Padrões do professor de ioga

Ao escolher um professor de ioga, os profissionais de condicionamento físico às vezes buscam alguém com significativa experiência em aulas. Nos Estados Unidos, o registro na Yoga Alliance's Experienced Registered Yoga Teachers (E-RYT) é um indicativo de professores experientes (www.yogaalliance.org/teacher_search.cfm). Os profissionais com E-RYT têm significativa experiência no ensino – no mínimo dois anos e 1.000 horas na categoria 200 e, pelo menos, quatro anos e 2.000 mil horas na 500. Essas duas categorias relacionam-se ao número de horas de contato com treinamento aprovado completadas pelo professor. As horas de cada uma incluem treinamento nas seguintes classes curriculares:

- Técnica e prática (assanas, *pranayamas*, meditação)
- Ensino de metodologia (demonstração, observação, instrução)
- Anatomia e fisiologia (anatomia humana e fisiologia, anatomia da energia)

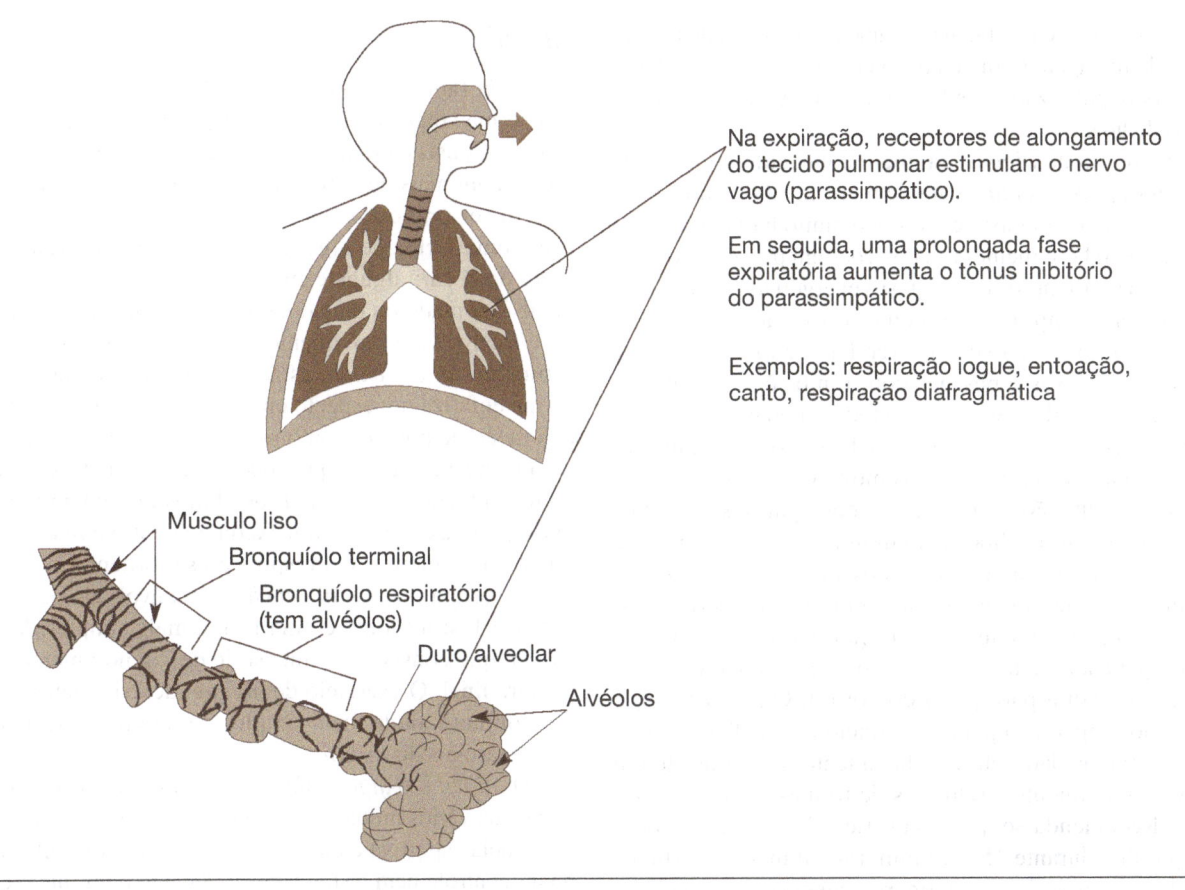

Figura 23.2 A respiração iogue e o sistema nervoso parassimpático.

Na expiração, receptores de alongamento do tecido pulmonar estimulam o nervo vago (parassimpático).

Em seguida, uma prolongada fase expiratória aumenta o tônus inibitório do parassimpático.

Exemplos: respiração iogue, entoação, canto, respiração diafragmática

Músculo liso
Bronquíolo terminal
Bronquíolo respiratório (tem alvéolos)
Duto alveolar
Alvéolos

- Filosofia iogue (ética, estilo de vida e histórico da ioga)
- Prática (ensino da prática, *feedback*, monitoramento de alunos)

Exercício de *qigong* e *tai chi*

Possivelmente, o exercício consciente mais simples e mais praticado seja o *qigong*. Esse termo (pronuncia-se "tchi gung") refere-se a exercícios físicos e mentais chineses que cultivam o *qi* (*chi*). O *qigong* origina-se do daoísmo e com freqüência é associado com cura, longevidade e iluminação. É uma combinação de dois caracteres chineses. O segundo, o *gong*, significa trabalho ou mérito. O *qi*, no entanto, é mais complexo. Ele é compreendido como uma força em constante mudança e fluxo, atuante na natureza e na sociedade, assim como no corpo humano. Há dois tipos de *qigong*: o interno e o externo. O interno é praticado para promover a autocura. O externo é uma forma de terapia psíquica, que envolve a transferência do *qi* de um mestre para outra pessoa. O *tai chi* é uma forma de *qigong*. A diferença entre os dois é um pouco sutil, mas será discutida na próxima seção.

Exercício de *qigong*

O exercício de *qigong* envolve respiração controlada, movimentos contínuos suaves e concentração calma e cuidadosa. Enquanto esses exercícios são antigos, remontando a textos encontrados em tumbas do período Han, de 2.000 anos atrás, o termo, mais recente, só foi encontrado a partir do período Ming (1368-1644). Além disso, antes de 1900, o conhecimento e a disseminação desses exercícios alcançavam relativamente

> **Ponto-chave**
>
> Para o profissional de condicionamento físico, é importante compreender a origem e a prática da ioga, que envolve disciplinas espirituais, meditativas e morais vs. a hataioga, as quais incorporam as posturas físicas (assanas). Os dois termos, *ioga* e *hataioga* não são mutuamente exclusivos. Há muitos estilos de hataioga, que variam desde o restaurador, mais leve, ao vigoroso *ashtanga*. Para obter da hataioga o benefício ótimo, os participantes têm de integrar os processos apropriados das assanas, da respiração iogue e da meditação. A hataioga pode incrementar a força muscular e a flexibilidade, tornando-se um caminho para melhorar os hábitos de vida, até mesmo com redução do estresse.

poucas pessoas, que recebiam treinamento por meio de mantenedores da linhagem tradicional. Apenas na década de 1980 o *qigong* foi popularizado, tendo se tornado muito disseminado nos dias de hoje.

O exercício de *qigong*, também conhecido como *exercício chinês para a saúde*, data de mais de 3.000 anos. Seus movimentos exigem gasto energético muito baixo, em geral entre 2 e 4 METs, e incluem as posições em pé, sentado e supino. (METs são múltiplos do gasto energético em repouso; 4 METs, por exemplo, exigem quatro vezes a energia gasta no repouso.) Por essa razão, o exercício de *qigong* é quase perfeito para idosos e pessoas com limitações. Os muitos estilos desse tipo de exercício são todos fundamentados em equilíbrio, relaxamento, respiração e boa postura. Alguns recebem o nome dos animais cujos movimentos são imitados (por exemplo, dragão, cisne, garça, cobra, ganso selvagem e estilos animais brincalhões). A cultura *qigong* sustenta que prender a inalação traz um *qi* positivo ao corpo e de modo usual inclui um movimento de abertura (braços abertos, distantes do corpo), enquanto a exalação libera o *qi* negativo e é acompanhada de um movimento de fechamento (trazer os braços de volta para junto do corpo). O *taiji qigong* é ideal como preparação para o exercício de condicionamento de alta intensidade ou de relaxamento. Ele consiste em apenas 18 movimentos, retirados de formas do *tai chi* e do *qigong*. Recomenda-se que essa série seja praticada 1 ou 2 vezes por dia, durante 15 a 20 minutos. Numerosos estudos publicados, a maioria com número pequeno de indivíduos, demonstram muitos benefícios à saúde trazidos pelo exercício de *qigong*.

Benefícios médicos do *qigong* confirmados por pesquisas

- Redução de sintomas relacionados à asma (broncoespasmos)
- Aumento do fluxo sangüíneo cerebral
- Redução da dor em pacientes com dores crônicas
- Redução da tensão mental e do estado de ansiedade
- Redução da pressão arterial
- Aumento da densidade óssea
- Melhoria do desempenho cognitivo
- Melhoria da imunocompetência
- Redução da coagulação sangüínea
- Redução dos níveis de lipídeos no sangue (colesterol e triglicerídeos)
- Melhoria da função sexual
- Redução do risco de AVC

De K. Sancier and D. Holman, 2004, "Multifaceted health benefits of Qigong", *Journal of Alternative and Complementary Medicine*, 10:163-166.

Tai chi

O *tai chi* (abreviação de *tai chi chuan* ou *taijiquan*) é uma das formas mais antigas do *qigong* (exercício chinês para a saúde). Consiste em uma coreografia de artes marciais complexa, com mais de 100 graciosos movimentos fluentes, que podem ser praticados para saúde, meditação e autodefesa. Ele é uma forma de *qigong*, mas nem todo exercício de *qigong* é *tai chi*; alguns exercícios do primeiro são feitos na posição sentado ou deitado, enquanto todos os exercícios do *tai chi* envolvem movimento em pé. Alguns dos numerosos estilos do *tai chi chuan* estão listados na página 367. Cada forma enfatiza um aspecto em particular, como a respiração, a geração de potência ou o relaxamento. Alguns estilos têm uma forma mais curta, que pode ser mais adaptável a pessoas com limitações. No *tai chi*, os alunos aprendem a permitir que a prática evolua em um exercício de fluxo livre, de modo que os movimentos e a respiração se tornem um único fluxo de energia (*qi*). O *tai chi chih*, desenvolvido pelo estadunidense Justin Stone, é uma forma mais simples de *tai chi chuan*, que consiste em uma série de 20 movimentos e uma postura final. O exercício de *qigong*, descrito antes, envolve um conjunto ainda mais simples de movimentos do que as artes marciais do *tai chi*.

O *tai chi* e o *qigong* têm uma rica tradição de pesquisas, que soma vários milhares de artigos em revistas internacionais de ciência esportiva e médica, embora a maioria deles não tenham controle nem testes estatisticamente relevantes (Qigong Database Version 7.3; www.qigonginstitute.org/html/database.php). Um recente artigo publicado, que pode ser útil em particular a profissionais do condicionamento físico, fez uma revisão sistemática de 47 estudos a respeito de efeitos físicos e psicológicos do *tai chi* sobre várias condições médicas crônicas (15). Essa revisão indicou que ele é seguro para uma série de condições crônicas e promove o controle do equilíbrio, a flexibilidade e o condicionamento cardiovascular, em especial de pacientes idosos.

Ponto-chave

A prática antiga do *qigong* e do *tai chi* inspirou muitos programas de exercício consciente contemporâneos. Suas qualidades de calma e introspecção estão classificadas quase no topo da lista de modalidades de exercício consciente encontradas hoje no Ocidente. Ambos são mais adequados aos idosos, a pessoas com capacidade funcional baixa e a quem deseja melhorar o equilíbrio e a coordenação. As populações de pacientes ideais para esses exercícios são: indivíduos em reabilitação cardíaca, de modo especial quando se encontram nas fases iniciais após um infarto do miocárdio ou algum procedimento de intervenção cardiovascular, pacientes hipertensos e pessoas com distúrbios relacionados ao estresse.

> ### Formas do *tai chi*
>
> - **Forma *chen* original**. Supõe-se que o estilo *chen* original (forma antiga) seja o modelo de que descendem as formas mais recentes *wu*, *yang* e *sung*. Geralmente é caracterizado por posições mais baixas, torções constantes, velocidades variadas e movimentos suaves e mais intensos, com expressão de potência.
> - **Estilo *yang***. É a forma mais amplamente praticada hoje no Ocidente. A forma longa original do *yang* consiste em 108 movimentos; no entanto, a forma curta, de 24 movimentos, é uma versão modificada popular nos dias atuais.
> - **Estilo *chang***. É um estilo relativamente novo, desenvolvido por Chang Tung-Sheng em 1930. Consiste em mais de 100 movimentos e se baseia em modificações da forma longa do *yang*.
> - **Estilo *wu***. É uma forma mais fácil, com passos menores. Seus movimentos, que envolvem menos torções, impõem menos estresse às pernas e aos joelhos. O estilo *wu* condensado inclui 36 posturas.
> - **Estilo *sun***. Combina elementos do *wu* e do *yang*. Caracteriza-se por passos muito energéticos.
> - **Estilo *mulan quan***. É uma forma moderna, baseada no movimento tradicional do *tai chi* e do *wushu* (artes marciais chinesas). Porém, acrescenta aspectos da ginástica e da dança folclórica chinesa, formando um processo de movimentos muito expressivo.

Programas de exercício consciente contemporâneos

A partir do início de 1980, muitos derivados do exercício consciente evoluíram do *qigong*, do *tai chi* e da ioga. Algumas dessas formas contemporâneas são: a ação integradora neuromuscular (AIN), girotônicos, *bola chi*, meditação caminhante, *e-motion*, ginástica cerebral, iogaróbica, iogalates, *aqua tai chi*, *yo chi*, corrida *chi*, caminhada chi, movimento em fluxo, exercício consciente em circuito e muitas rotinas de dança étnica. As artes marciais asiáticas (por exemplo, *aikido*, caratê, *tae-kwon-do*, *kempo* e judô) também compartilham muitas das características das formas iniciais clássicas, como o *tai chi*. O Pilates, a técnica de Alexander, o método de Feldenkrais e vários estilos modernos de hataioga também se desenvolveram como exercícios conscientes e métodos de reabilitação respeitados, e suas técnicas têm sido amplamente padronizadas ao longo das últimas três décadas.

Pilates

De acordo com a Pilates Method Alliance (PMA), nove milhões de estadunidenses praticam o Pilates e há cerca de 13 mil instrutores nos Estados Unidos, embora muitos não tenham o certificado da PMA ou de alguma outra das muitas organizações específicas. Em 2005, a PMA abriu o exame de certificação de instrutores de Pilates. Até 2006 não havia um certificado de instrutor reconhecido nacionalmente.

O método foi desenvolvido por J. H. Pilates no início do século XX. Consiste em um sistema extremamente ordenado de movimentos lentos, controlados e distintos, que demandam profunda concentração cognitiva interna. Basicamente, divide-se em duas modalidades: uma com trabalho no chão ou no colchonete, outra em aparelho com pesos desenvolvido por Pilates (por exemplo, o Universal Reformer). O trabalho no colchonete é ensinado para grupos ou individualmente, enquanto a aula no aparelho é individual ou para grupos pequenos. O Pilates é, em essência, uma reeducação por movimentos, em que o estudante aprende a superar padrões de movimento compensatórios incorretos. Esses padrões ineficientes são quebrados em componentes por meio do aparelho reformador (*reformer machine*), que, empregando uma série de alavancas e molas, muda a orientação do corpo em relação à gravidade. Os exercícios facilitam movimentos mais eficientes, pois permitem que o aluno assuma uma posição que minimiza a atividade muscular indesejada, a qual pode causar fadiga precoce e lesão. O equipamento de Pilates adapta-se a muitas variações anatômicas humanas e pode ser ajustado de modo que seqüências de movimentos similares sejam aplicadas a corpos de vários tipos, com membros e tronco de vários comprimentos. O Pilates é vantajoso para quem deseja um exercício de baixo impacto para melhorar a postura, a flexibilidade e a funcionalidade. A técnica varia de acordo com o programa de treinamento, que, em geral, apresenta vantagens em relação ao treinamento de reeducação muscular e força convencional.

As principais características do método de Pilates são a concentração mental, a contração muscular fluida, a respiração, o alinhamento e o relaxamento. O objetivo final é descomprimir as articulações (em especial a coluna) e desenvolver o corpo de maneira uniforme. O benefício mais aclamado talvez seja o incremento da força central. Esse termo refere-se à estabilização lombar e ao controle motor e tem sido promovido em regime preventivo e de aumento do desempenho. Em essência, o fortalecimento central descreve o controle muscular adquirido em torno da coluna lombar para manter a estabilidade funcional. Infelizmente, têm sido modestos os relatórios científicos de melhorias em medidas objetivas de força muscular por meio desse tipo de treinamento.

Considerando a presente popularidade do Pilates, é espantoso que estudos científicos a seu respeito sejam tão escassos. Nos Estados Unidos, uma busca da Medline por pesquisas publicadas de 1990 a 2005 identificou apenas 18 artigos, sendo que quase todos se referiam a estudos descritivos e observacionais. Segal, Hein e Basforth (13) publicaram um dos primeiros estudos quantitativos de melhoria em flexibilidade (distância entre as pontas dos dedos e o chão) em função do Pilates; no entanto, relataram não ter havido mudanças na composição corporal após seis meses de exercícios no colchonete. Olson e colaboradores, da Auburn University, executaram uma série de pequenos estudos sem controle sobre as respostas musculoesqueléticas e cardiovasculares a esse tipo de exercícios. Esses estudos incluíram avaliações de EMG (eletromiograma) que validaram o envolvimento significativo dos grupos musculares abdominais no exercício de Pilates no colchonete. Nos únicos estudos sobre as demandas energéticas do Pilates, Olson avaliou oito mulheres e dois homens (com idade média de 34 anos) para determinar o custo energético da sessão de trabalho no colchonete em três níveis diferentes: iniciante (I), intermediário (IT) e avançado (A). Normalizado para um peso corporal de 75 kg, o gasto calórico (kcal · min^{-1}) foi de 8,0 para o A; 6,5 para o IT; e 4,6 para o I. Esse estudo mostrou que A e IT fizeram atividades de intensidade moderada. A sessão de trabalho no nível I atingiu o ponto de corte de classificação da atividade como baixa a moderada (ou seja, 3,5 METs era o ponto de corte) (informações de um artigo apresentado por M. Olson no ACSM Health and Fitness Summit, de 2005, na cidade de Las Vegas, estado de Nevada, nos Estados Unidos). O crescente número de pesquisas sobre Pilates nos próximos anos deve ajudar a distinguir entre suposições e resultados realmente validados. O leitor interessado deve consultar uma introdução científica detalhada sobre reabilitação de lesões esportivas e exercícios com base no Pilates, escrita por Anderson e Specter (1).

Ação integradora neuromuscular (AIN)

A ação integradora neuromuscular (AIN) foi criada por Debbie e Carlos Rosas em 1983. Consiste em um composto de exercícios conscientes orientais e ocidentais, cuja popularidade tem crescido em muitas clínicas de saúde e academias de condicionamento físico em todos os Estados Unidos. A AIN combina movimentos de dança e de artes marciais moderadamente intensos, impregnados de técnicas conscientes sutis, destinadas a fortalecer a consciência corporal e o que os profissionais da área chamam de *QI sensorial*. Em geral, na ação integradora neuromuscular, o praticante fica descalço e, por meio de música e de movimento, realiza uma sessão de trabalho "forjada de modo especial para a aquisição de calma e revigoração" (18).

As aulas de AIN mesclam conceitos oriundos de uma diversidade de culturas, que incluem *tai chi*, ioga, artes marciais, *Feldenkrais* e dança étnica e moderna. A técnica da AIN baseia-se em um processo chamado de *modo do corpo* e incorpora nove energias de movimento, 13 princípios e 52 movimentos básicos. Diferentemente de outros programas de exercício consciente, a ação integradora neuromuscular inclui um componente aeróbio moderado para tratar da *endurance* cardiorrespiratória. O segmento aeróbio alimenta a criatividade e a espontaneidade em vez de exigir estrita adesão a padrões de movimento preconcebidos. Os participantes aprendem a movimenta-se com auto-expressão e a combinar o tempo (velocidade) com a própria emoção.

Técnica de Alexander

A técnica de Alexander, como estabelecida por Frederick Matthias Alexander no final do século XIX, ensina a transformação de hábitos neuromusculares, ajudando o indivíduo a focar as próprias experiências sensoriais. É um método simples e prático de incrementar a facilidade e a liberdade da movimentação, do equilíbrio e da coordenação. Essa técnica corrige hábitos inconscientes de postura e de movimento que podem ser precursores de lesões. É útil para indivíduos com problemas de disco e de ísquio, dores lombares, torção do pescoço, dores nos braços e nos ombros, dores no pescoço e artrite; é útil também para atletas que querem se movimentar com maior facilidade e melhor coordenação. Recentemente, Cacciatore (2) publicou um estudo de caso detalhado sobre dores lombares, articulando um protocolo de Alexander específico, que reduzia dores e melhorava a funcionalidade. A técnica de Alexander é ensinada de modo individual ou em grupos pequenos por um professor certificado nessa especialidade.

Os profissionais de condicionamento físico são incentivados ao hábito de consultar professores de Alexander antes de aconselharem os alunos sobre a melhoria de hábitos biome-

Uma primeira sessão típica da técnica de Alexander

Na primeira aula, o professor observa a postura e os padrões de movimento do aluno; por exemplo, quando ele se levanta da cadeira e fica em pé. Ele suplementa as informações visuais com o uso das mãos, colocando-as com delicadeza sobre o pescoço, os ombros, as costas, etc., do examinado. Além disso, ainda com as mãos, obtém informações mais refinadas sobre os padrões de respiração e de movimentação. Ele pede ao aluno que execute alguns movimentos simples, como caminhar, ficar em pé ou sentar-se em uma cadeira, enquanto mantém a mão em contato com o corpo dele. As mãos, ao mesmo tempo que colhem informações, comunicam instruções ao aluno, guiando-lhe o corpo gentilmente para estimular alguma liberação de tensão muscular restritiva. Nos estágios iniciais do treinamento de Alexander, costuma-se pedir aos participantes que façam aulas com certa freqüência, umas 2 ou 3 vezes por semana (11).

cânicos ou de desempenho em exercícios, de modo especial o desempenho competitivo, mediante posturas e padrões de movimento mais eficientes. Há alguns milhares de professores de Alexander no mundo. A maioria é membro de uma ou mais entidades profissionais; grande parte dessas entidades publicam listagens impressas e *online* com a relação de professores. O site www.alexandertechnique.com/teacher/ tem uma lista de professores por país e estado.

Método de Feldenkrais

O método de Feldenkrais foi desenvolvido pelo russo Moshe Feldenkrais (1904-1984) e consiste em dois métodos educacionais de base somática inter-relacionados. O primeiro, a consciência pelo movimento (CPM), é uma técnica verbalmente orientada, destinada a trabalhos em grupo. O segundo, a integração funcional (IF), é uma técnica de contato manual não-verbal, destinada a pessoas que desejam atenção mais individualizada. A CPM incorpora movimentos ativos, formação de imagens e outras formas de atenção direcionada. Os exercícios são suaves, não-extenuantes, reeducam o sistema nervoso e enfatizam o aprendizado a partir do próprio *feedback* cinestésico.

As aplicações do *Feldenkrais* incluem controle da dor, melhoria no desempenho esportivo e no artístico, alívio do estresse e construção da autoconfiança. Atividades que exigem coordenação significativa são os principais exemplos do campo em que o método de Feldenkrais pode ser útil (por exemplo, corrida competitiva, golfe, esqui, caiaque, remo, hipismo e hataioga). As sessões podem ser individuais ou em grupos pequenos; o instrutor toca ou movimenta o aluno de maneira gentil, para facilitar a consciência e a vitalidade. Como a técnica de Alexander, o *Feldenkrais* ensina a enfatizar o pensar em vez do fazer. Uma sessão típica pode começar com o professor observando os movimentos associados a um esporte ou uma atividade específicos. Ele coloca sistematicamente as mãos no estudante para perceber quais músculos estão ou não trabalhando e quais não foram desconectados. A partir daí, pode avaliar os padrões de movimento e os hábitos que interferem em outros movimentos. O método CPM ou o IF (uma seqüência de suaves movimentos de reeducação) é então introduzido e supervisionado. A Feldenkrais Educational Foundation of North America (em Portland, no Oregon) publica uma relação de professores de *Feldenkrais* e é uma fonte excelente de publicações profissionais sobre esse método.

Resultados dos exercícios conscientes

O monitoramento de respostas ao treinamento com exercícios conscientes não é tão direto quanto o controle de resultados de programas com exercícios tradicionais. Durante e após 10 aulas de aeróbica, por exemplo, podemos mostrar uma tendência mensurável e demonstrar objetivamente uma redução na gordura corporal e na freqüência cardíaca em repouso e um aumento na capacidade de realização de exercícios. Avaliar os benefícios de 10 semanas de hataioga ou *tai chi*, no entanto, pode exigir, além de valores do condicionamento muscular, outras medições de resultados mais cognitivos ou emocionais. Uma série de indicadores, inclusive medidas cognitivas, úteis para a avaliação dos resultados de exercícios conscientes está listada na página 370.

O exercício consciente induz o relaxamento a partir do relaxar dos músculos, do desacelerar da respiração e, mais importante, do acalmar da mente. Indícios científicos publicados mostram que hipertensão, resistência à insulina, transtornos de ansiedade, dores, fatores de risco e doenças cardiovasculares e depressão respondem favoravelmente à participação regular em exercícios conscientes, em particular *tai chi*, *qigong* e hataioga (veja a página 371). Muitos dos benefícios exaltados ainda dependem de comprovação científica objetiva. A publicação de pesquisas de qualidade sobre resultados de exercícios conscientes progride de forma lenta; a maioria dos estudos publicados até agora usa número pequeno de indivíduos, não é estatisticamente relevante ou tem controles inadequados. Kirkwood e colaboradores (5), por exemplo, fizeram uma recente revisão da pesquisa existente sobre hataioga e ansiedade e descobriram que apenas oito estudos tinham sido estruturados de modo razoável. Juntos, esses estudos mostraram uma tendência encorajadora de redução da ansiedade pela hataioga, embora não seja possível dizer que a ioga tenha sido claramente eficaz no tratamento da ansiedade. Outro tema de pesquisa é a medição adequada da força muscular obtida. Por exemplo, se a hataioga ou o Pilates foram a intervenção principal, seria válido medir ganhos de força com 1RM em um aparelho de peso? Não há ergômetro de ioga, Pilates ou *tai chi* que reproduza com especificidade e exatidão as intervenções com exercícios associadas a essas modalidades. Ainda assim, é razoável declarar que os benefícios centrais dos programas de exercício consciente são o aumento do equilíbrio, da força muscular e da flexibilidade, assim como a tranqüilidade mental e o relaxamento imediato.

Ponto-chave

A popularidade dos estilos contemporâneos de exercício consciente cresceu de forma acentuada (em número de formas e de aulas oferecidas) ao longo da última década. Os benefícios desses programas dependem do gasto energético, do trabalho físico, da técnica de respiração e dos processos de meditação envolvidos. O Pilates, em particular, tem se tornado cada vez mais popular, transformando-se em um meio significativo de melhoria da postura e da força central. Os resultados de vários pequenos testes publicados sobre essa técnica são promissores, mas ainda há necessidade de pesquisas mais controladas para sustentar sua utilidade no condicionamento físico e na reabilitação. O profissional de condicionamento físico tem de adquirir conhecimentos sobre o *Alexander* e o *Feldenkrais* porque essas técnicas relativamente simples tratam importantes deficiências na mecânica esquelética, na respiração e no alinhamento anatômico.

Indicadores de resultados de exercício consciente

- Qualidade das medidas de vida (por exemplo, FB-8, FB-12 nos instrumentos de escala de qualidade de vida; FB formulário breve)
- Medições de mobilidade e função física
- Medições de flexibilidade e força muscular que reproduzam bem o programa de treinamento.
- Pressão arterial de repouso
- Volume expiratório forçado de um segundo (VEF_1)
    - Uma medida de atividades conscientes que enfocam o trabalho respiratório (por exemplo, respiração de ioga, hataioga)
- Medições de controle de equilíbrio (por exemplo, teste de equilíbrio de pé, caminhada *tandem* para trás, Escala de Equilíbrio Tinetti)
    - Uma medida de atividades conscientes que requerem um equilíbrio neuromuscular (por exemplo, *tai chi*, exercício de *qigong*)
- Medições de alteração do humor (por exemplo, medições do estado de ansiedade, Perfil do Estado de Humor)
- Medições de dor ou sintoma
- Medições de espiritualidade (por exemplo, Índice do Bem-estar Espiritual, INSPIRIT)

Custo energético da hataioga

Ao serem recomendadas modalidades de exercício consciente a clientes inexperientes, pode ser útil começar por formas que exigem gasto energético mais baixo, como o *qigong* ou a ioga restauradora. A Figura 23.3 mostra três níveis de gasto energético, classificados pelo nível do MET, associado a modalidades do exercício consciente. Essa figura não se baseia em estudos comparativos do gasto energético real, mas em aproximações, de acordo com a dinâmica geral do movimento e estudos de caso. O condicionamento físico, a proficiência e à familiaridade em relação ao estilo e à massa corporal desempenham papéis nas demandas energéticas de cada forma de exercício.

Nível I ≤ 3 METs
Assanas da ioga mais restauradora, parte da *viniyoga*, respiração iogue, *tai chi chuan*, a maioria dos exercícios de *qigong*, exercício de Pilates inicial no colchonete

Nível II 3-5 METs
Algumas seqüências de assanas da *viniyoga*, muitas seqüências das iogas *iyengar* e *bikram*, *tai chi chuan*, exercício de Pilates intermediário no colchonete

Nível III ≥ 6 METs
Seqüências de assanas da *ashtanga*, algumas seqüências de assanas das iogas *iyengar* e *bikram*, *tai chi chuan* avançado, AIN, exercício de Pilates avançado no colchonete

Figura 23.3 Custos energéticos aproximados das modalidades de exercício consciente.

Muito tem sido escrito sobre os mecanismos responsáveis pelas respostas emocionais e alterações de humor observadas na prática da meditação e do exercício consciente. Esse tema é algo complicado porque o exercício muscular associa-se com a atividade meditativa de tal modo que os nossos corpos combinam mecanismos neuroendócrinos e cognitivos. A seguir, apresentamos alguns mecanismos que supostamente desempenham um papel em programas de exercício consciente caracterizados por significativos componentes cognitivos, físicos e de trabalho respiratório (6):

- Alterações psicológicas – expectativa (efeito de Rosenthal) e atenção especial (efeito de Hawthorne).
- Mudanças de lateralização hemisférica e cortical no cérebro.
- Desativação do eixo adrenal hipofisário hipotalâmico que resulta na redução da produção de catecolamina (veja a Figura 23.4).
- Mudanças endorfinérgicas centrais ou mudanças agudas da endorfina no cérebro que agem sobre a neurotransmissão.
- Mudanças emocionais induzidas pela respiração (por exemplo, estimulação parassimpática pulmonar) (veja a Figura 23.2).
- Mecanismos endócrinos neurais musculoesqueléticos, nos quais as rotas neurais ascendentes carregam informações sensoriais dos músculos e das articulações para uma série de estruturas talâmicas e corticais do cérebro, afetando o humor e a cognição.
- Mudanças emocionais neuroendócrinas térmicas, induzidas por programas de exercício consciente realizados em ambiente com temperaturas elevadas, como é o caso da ioga *bikram*.

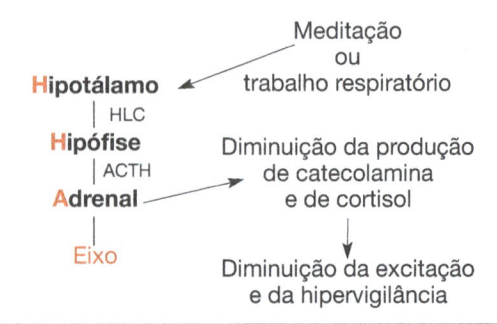

Figura 23.4 Mecanismos hipotalâmico, hipofisário e adrenal, envolvidos na meditação e no exercício consciente. CRH = hormônio liberador de corticotrofina; ACTH = hormônio adrenocorticotrópico.

Benefícios dos exercícios da hataioga e do *tai chi* comprovados cientificamente

Benefícios cardiorrespiratórios
- Menor pressão arterial sistólica em repouso
- Maior função pulmonar (por exemplo, VEF_1)
- Menos respirações em repouso
- Melhor função respiratória em pacientes com asma
- Maior tônus parassimpático
- Menor lactato no sangue em repouso e menor consumo de oxigênio em repouso
- Melhor função endotelial arterial
- Melhor perfil de fatores de risco de doenças cardiovasculares (por exemplo, redução dos lipídeos no sangue)
- Redução das arritmias cardíacas ventriculares

Benefícios musculoesqueléticos e neuromusculares
- Maior força muscular e flexibilidade
- Maior controle do equilíbrio
- Melhor postura
- Redução do risco de fraturas e quedas em indivíduos idosos
- Redução de dores lombares

Benefícios psicofisiológicos
- Aumento do desempenho cognitivo
- Maior relaxamento e bem-estar psicológico
- Redução dos hormônios do estresse (por exemplo, norepinefrina, cortisol)
- Redução do estado de ansiedade e dos valores da depressão
- Melhor qualidade de vida e redução dos sintomas de estresse em pacientes com câncer de mama e de próstata
- Menor freqüência de episódios de pânico
- Redução dos sintomas associados com dores, angina, asma ou fadiga crônica

Outros benefícios
- Aumento da função física em pessoas idosas
- Melhor tolerância à glicose
- Redução dos níveis de HbA1c (hemoglobina glicada) e de peptídeo C em pacientes com diabete tipo 2
- Maior sensibilidade do barorreflexo
- Redução dos sintomas do transtorno obsessivo-compulsivo
- Redução dos sintomas da osteoartrite
- Redução dos sintomas do túnel do carpo
- Terapia complementar em doenças cardiovasculares e câncer

De R. La Forge, 2003, Mind-body exercise for personal trainers. In: *American Council on Exercise personal trainer manual*, 3th ed. (San Diego, CA: American Council on Exercise).

Ponto-chave

Os benefícios do exercício consciente podem ser medidos por mudanças objetivas na qualidade de vida, no estresse e nos sintomas a ele relacionados. Dependendo do tipo de exercício consciente, pode ser difícil quantificar mudanças na força muscular e na flexibilidade, pois as rotinas desse tipo de atividade não são amplamente padronizadas e faltam ferramentas de avaliação objetiva do condicionamento físico musculoesquelético que quantifiquem as mudanças na força, avaliando, por exemplo, ganhos de força nas posturas da hataioga. Há óbvia necessidade de desenvolver e validar medidas de resultados de condicionamento muscular gerados por exercícios conscientes, em particular pelo Pilates. Os mecanismos responsáveis por mudanças emocionais observadas nesse tipo de exercício são complexos e sobrepõem-se a respostas e mecanismos similares observados no exercício aeróbio. Um atributo do exercício consciente (por exemplo, do *qigong*, *tai chi* ou ioga restauradora) é que mudanças emocionais positivas podem ocorrer até mesmo quando os gastos energéticos são mais baixos, com menor risco de lesão ou complicação cardiovascular.

Recursos de treinamento com exercícios conscientes

Há muitos programas de certificação e de treinamento para aspirantes a professores de *tai chi*, *qigong*, Pilates, AIN e ioga. Diferentemente de outros programas de certificação (por exemplo, do American College of Sports Medicine e da American Council on Exercise), a maioria dos programas destinados a instrutores de exercícios conscientes não segue um conjunto padronizado de orientações práticas, referentes a um currículo central, como exercício, avaliação pré-exercício, implementação do programa e segurança no exercício. Porém, isso não quer dizer que não existam programas de treinamento de professores de *tai chi* e de ioga bem-planejados e profissionalmente orientados. No caso das formas clássicas (hataioga e *tai chi*), seria difícil estabelecer orientações para padronização da prática, pois algumas dessas tradições permanecem firmemente arraigadas a heranças étnicas e aprendizados ou sutras antigos, no esforço de manter a pureza e o respeito à tradição. No caso da ioga, um novo e promissor corpo profissional para estabelecimento de padrões de ensino é a Yoga Alliance. Essa organização mantém um registro nacional de professores e escolas de ioga que atendem aos padrões recomendados e incentiva de modo marcante a inclusão de competências centrais. Educação continuada e recursos de treinamento selecionados para o exercício consciente são encontrados nas seguintes instituições:

- Alexander Technique International www.ati-net.com/contact.php 888-668-8996
- ChiRunning and ChiWalking instructor training www.chirunning.com 866-327-7867
- Directory of qigong teachers and therapists (Qigong Institute, Menlo Park, California) www.qigonginstitute.org/listing/directory.php
- Feldenkrais Educational Foundation of North America www.feldenkrais.com 503-221-6612
- International Association of Yoga Therapists www.iayt.org
- Justin Stone's Tai Chi Chih www.taichichih.org
- Kripalu Center for Yoga and Health www.kripalu.org 866-200-5203
- National Qigong Association (United States) 888-815-1893
- Pilates Method Alliance www.pilatesmethodalliance.org/whatis.html
- Qigong Institute www.qigonginstitute.org 415-323-1221
- YogaFit International www.yogafit.com 888-786-3111
- Yoga for the West Teacher Training Course by Mara Carrico. 760-942-4244
- Yoga Alliance 877-964-2255

Estudos de caso

Confira as respostas no Apêndice A.

1. Há um ano você é o *personal trainner* de uma mulher de 38 anos aparentemente saudável. Agora, ela pergunta sua opinião sobre o ingresso em um programa de hataioga. A cliente já melhorou o condicionamento físico e perdeu peso, mas ainda tem uma síndrome metabólica (IMC 36, triglicerídeos 165 mg/dL e hipertensão no limite máximo aceitável. Que conselho você lhe daria em relação a um programa de ioga?
2. Encaminharam-lhe um corredor universitário de 10.000 m que participa de competições e quer melhorar a forma na corrida, em particular na fase *sprint* (ou seja, nos últimos 200 m). Além do treinamento específico de força e de corrida, que forma de atividade consciente você recomendaria para ajudá-lo na técnica do *sprint*?

CAPÍTULO 24

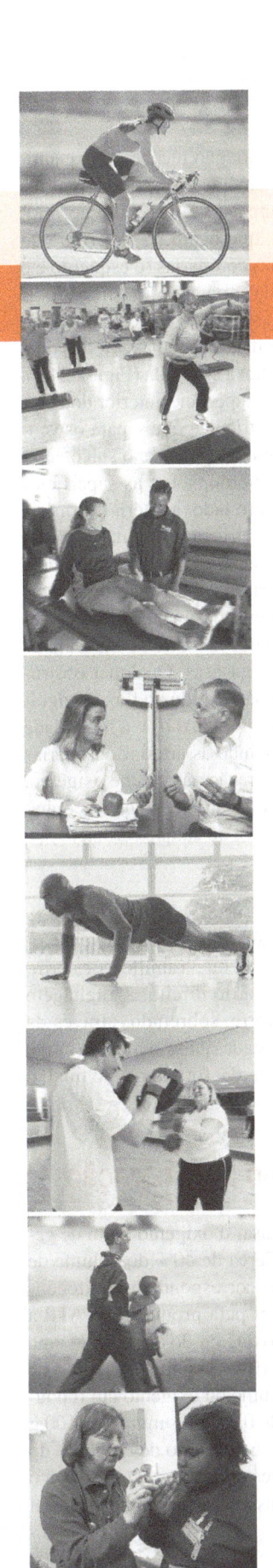

Exercício, Eletrocardiograma e Medicação

David R. Bassett Jr.

Objetivos

O leitor será capaz de:

1. Descrever a anatomia básica do coração.
2. Descrever a eletrofisiologia básica do coração.
3. Definir o eletrocardiograma (ECG) e identificar os ajustes-padrão de velocidade do papel e amplitude.
4. Identificar os complexos eletrocardiográficos básicos e calcular a FC a partir das tiras de ritmo do ECG.
5. Descrever os tipos de defeitos de condução atrioventricular e seu provável efeito sobre a resposta do indivíduo ao exercício.
6. Identificar ritmos cardíacos normais e anormais e prever o possível efeito de ritmos anormais sobre o desempenho no exercício.
7. Descrever sinais eletrocardiográficos e marcadores bioquímicos do ataque cardíaco.
8. Listar as categorias comuns de medicamentos prescritos para tratar doenças cardiovasculares, alguns exemplos de cada categoria e o provável efeito desses medicamentos sobre o desempenho no exercício.

Este capítulo contém informações fundamentais sobre o coração, a análise do eletrocardiograma (ECG), os medicamentos cardiovasculares e como esses fatores afetam o teste e a prescrição de exercícios da população basicamente saudável. Ele não pretende ser um guia completo sobre a interpretação do ECG e os medicamentos cardiovasculares; vários textos excelentes tratam desses tópicos (4, 7, 9, 10).

A estrutura do coração

O coração é um órgão muscular, composto de quatro câmaras: os átrios direito e esquerdo e os ventrículos direito e esquerdo (veja a Figura 24.1). O fluxo de sangue para o coração é controlado por diferenças de pressão e por válvulas entre as câmaras. O sangue venoso do corpo entra no átrio direito pelas veias cava inferior e superior. Do átrio direito, ele passa ao ventrículo direito pela **válvula tricúspide**. O ventrículo direito bombeia o sangue através da **válvula pulmonar** para as artérias pulmonares, que levam aos pulmões. Nos pulmões, o sangue libera dióxido de carbono e absorve oxigênio. O sangue rico em oxigênio volta ao coração pelas veias pulmonares, que desembocam no átrio esquerdo. Do átrio esquerdo, ele passa ao ventrículo esquerdo pela **válvula mitral**. O ventrículo esquerdo bombeia o sangue oxigenado pela **válvula aórtica**, e daí à aorta, às artérias coronárias e ao resto do corpo. Esse ventrículo, que gera mais pressão do que o direito, é mais volumoso.

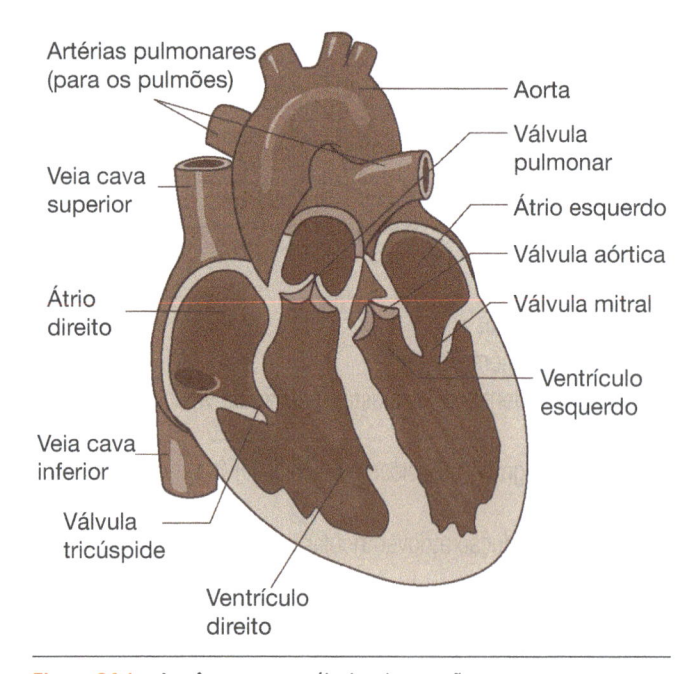

Figura 24.1 As câmaras e as válvulas do coração.

Reimpressa, com permissão, de J. E. Donnelly, 1990, *Living anatomy*, 2th ed. (Champaign, IL: Human Kinetics), p. 199.

Artérias coronárias

O músculo do coração, ou **miocárdio**, não recebe uma quantidade significativa de oxigênio diretamente do sangue dos átrios ou dos ventrículos. O sangue oxigenado é fornecido ao miocárdio pelas **artérias coronárias**, que ficam na superfície do coração. Há dois sistemas de artérias coronárias (o esquerdo e o direito), que se ramificam a partir da aorta, no seio coronário. A artéria coronária esquerda principal segue um curso entre o átrio esquerdo e a artéria pulmonar, ramificando-se nas artérias descendente anterior esquerda e circunflexa esquerda (Figura 24.2). Essa descendente segue ao longo da superfície anterior do coração e aloja-se sobre o septo interventricular, que separa os ventrículos direito e esquerdo. A circunflexa percorre o sulco entre o átrio esquerdo e o ventrículo esquerdo, sobre as superfícies anterior e lateral do coração. Do outro lado, a artéria coronária direita segue o sulco que separa os átrios e os ventrículos em torno da superfície posterior do coração e forma a artéria descendente posterior. Numerosas artérias menores ramificam-se a partir de cada uma das artérias maiores, originando artérias menores ainda, até formarem os capilares nas células musculares do coração, onde ocorrem as trocas gasosas. Qualquer obstrução importante nessas artérias coronárias reduz o fluxo sangüíneo para o miocárdio (**isquemia do miocárdio**) e a habilidade do coração de bombear sangue. Quando as artérias coronárias ficam bloqueadas, e o músculo do coração não recebe oxigênio, pode haver morte de parte do músculo cardíaco, o que é conhecido como **infarto do miocárdio** (IM), ou ataque cardíaco.

Veias coronárias

A drenagem venosa do ventrículo direito ocorre pela veia cardíaca anterior, que normalmente tem 2 ou 3 ramificações principais e, por fim, leva o sangue ao átrio direito. A drenagem venosa do ventrículo esquerdo ocorre, sobretudo, através da veia interventricular anterior, que segue quase o mesmo curso da artéria descendente anterior esquerda, formando, no final, o sino coronário e levando o sangue ao átrio direito.

Consumo de oxigênio pelo coração

O miocárdio é bem adaptado para usar o oxigênio a fim de gerar a adenosina trifosfato (ATP). Cerca de 40% do volume de uma célula muscular do miocárdio correspondem à mitocôndria, a organela celular responsável pela produção de ATP a partir do oxigênio. O consumo de oxigênio do coração de uma pessoa em repouso é cerca de 8 a 10 mL · min^{-1} por 100 g de miocárdio; em comparação, o consumo de oxigênio em repouso total para o corpo todo é cerca de 0,35 mL · min^{-1} por 100 g de massa corporal (5). Em adultos, o consumo de oxigênio do miocárdio pode aumentar 6 a 7 vezes durante o exercício físico pesado, enquanto em jovens, o consumo de oxigênio corporal

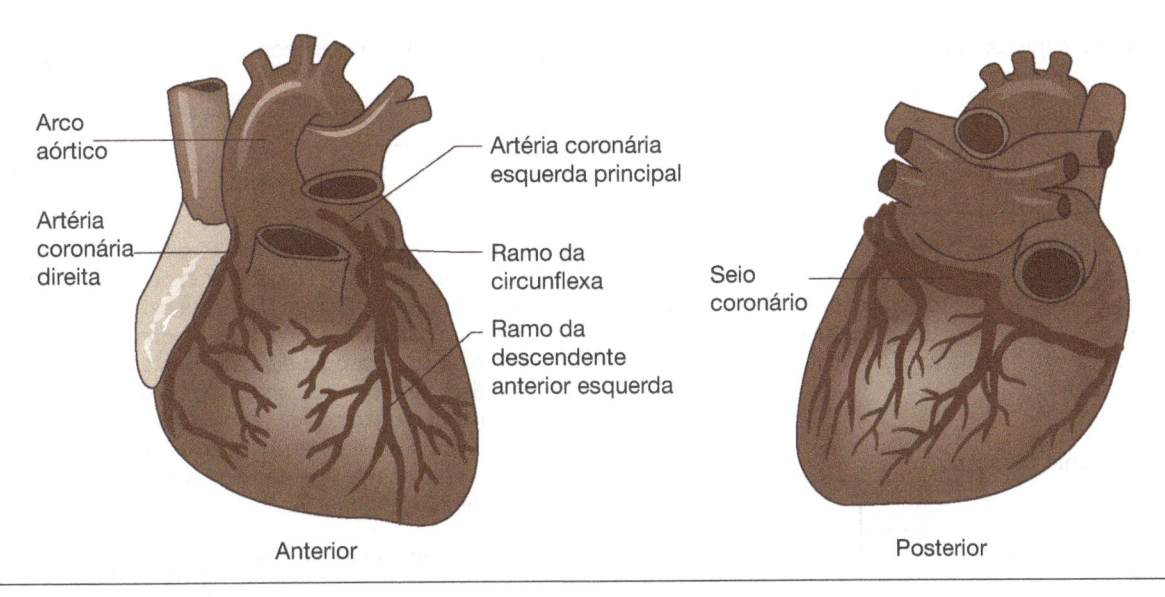

Figura 24.2 Vasos sangüíneos coronários.
Reimpressa, com permissão, de J.E. Donnelly, 1990, *Living anatomy*, 2th ed. (Champaign, IL: Human Kinetics), p. 202.

total pode aumentar 12 a 15 vezes com facilidade. O músculo cardíaco tem capacidade limitada de produção de energia por vias anaeróbias e depende do fornecimento de oxigênio à mitocôndria para a produção de ATP. Em repouso, o corpo todo extrai apenas cerca de 25% do oxigênio presente em cada 100 mL de sangue arterial e, para atender maiores demandas, pode simplesmente extrair mais oxigênio do sangue. Em contraste, o coração obtém cerca de 75% do oxigênio disponível no sangue arterial. Conseqüentemente, o aumento da necessidade de oxigênio do coração tem de ser compensado com o fornecimento de mais sangue pelas artérias coronárias. Precisamos do suprimento de oxigênio adequado ao coração não apenas para permitir o bombeamento do sangue, mas também para manter a atividade elétrica normal, que será tratada na próxima seção.

Eletrofisiologia do coração

Em repouso, o interior das células do miocárdio tem carga negativa e o exterior, positiva. Quando as células são despolarizadas (estimuladas), seu interior fica carregado positivamente, e o exterior, negativamente. Quando colocamos um eletrodo de registro no peito, de modo que a onda de despolarização flua em sua direção, o eletrocardiograma (ECG) registra uma deflexão positiva (para cima). Se a onda fluir na direção contrária, ocorrerá uma deflexão negativa (para baixo). Nos casos em que a célula muscular do miocárdio se encontra toda polarizada ou despolarizada, o ECG não registra nenhum potencial elétrico, mas mostra uma linha de base reta, conhecida como *linha isoelétrica*. Após a despolarização, a célula do miocárdio passa por uma repolarização para voltar ao estado elétrico de repouso. As etapas que levam do repouso (polarização completa) ao estímulo completo (despolarização completa) e de volta ao repouso (repolarização) são mostradas na Figura 24.3.

Sistema de condução do coração

O **nodo sinoatrial (SA)**, marca-passo normal do coração, está localizado no átrio direito, próximo à veia cava superior (Figura 24.4). A despolarização difunde-se a partir do nodo SA, através dos átrios, e resulta na onda P (veja "Complexos eletrocardiográficos básicos", na página 378). Nos átrios, há três tratos condutores que conduzem a despolarização ao **nodo atrioventricular (AV)**. Os impulsos partem do nodo SA, passando pelo músculo atrial e pelos tratos condutores, e entram no nodo AV, onde a condução é desacelerada a fim de permitir que a contração atrial transfira todo o sangue para os ventrículos antes do início da contração ventricular. O **feixe de His** é a via de condução que conecta o nodo AV às **ramificações do feixe**, nos ventrículos. O braço direito do feixe ramifica o feixe de His, originando ramificações ainda menores, que servem o ventrículo direito. O feixe esquerdo divide-se em dois ramos principais, que servem o ventrículo esquerdo, mais volumoso.

> **Ponto-chave**
>
> O coração é um órgão muscular composto de quatro câmaras: os átrios direito e esquerdo e os ventrículos direito e esquerdo. As artérias coronárias suprem de sangue o músculo cardíaco (miocárdio). Para atender o aumento da demanda de oxigênio, o coração depende do aumento do fluxo sangüíneo.

① Completamente polarizado

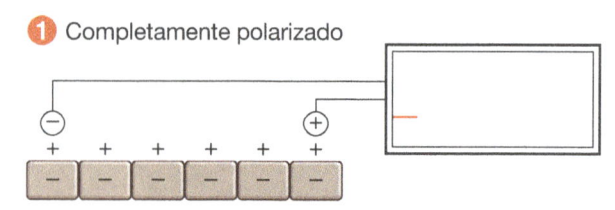

As células do miocárdio, mostradas à esquerda, estão em repouso e completamente polarizadas. Uma vez que os dois eletrodos de registro estão cercados por cargas positivas, não há diferença de voltagem entre eles, e o eletrocardiograma, mostrado à direita, registra a linha isoelétrica (0 mV).

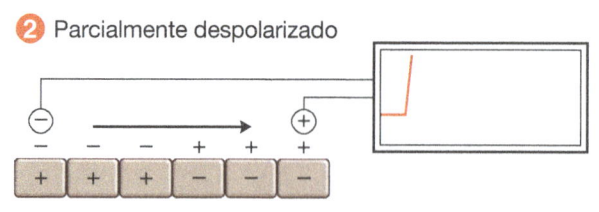

② Parcialmente despolarizado

O processo de despolarização (cargas positivas dentro da célula e negativas fora) espalha-se da esquerda para a direita. Uma vez que o eletrodo da direita se encontra cercado de cargas positivas, o ECG registra uma deflexão positiva. A amplitude da deflexão é proporcional à massa do miocárdio em processo de despolarização.

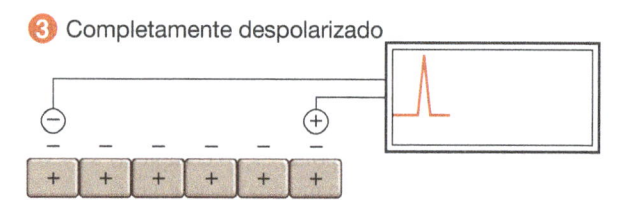

③ Completamente despolarizado

Agora a despolarização é completa, e os dois eletrodos estão cercados de cargas negativas. Uma vez que não há diferença de voltagem entre eles, o ECG registra 0 mV ou o potencial isoelétrico.

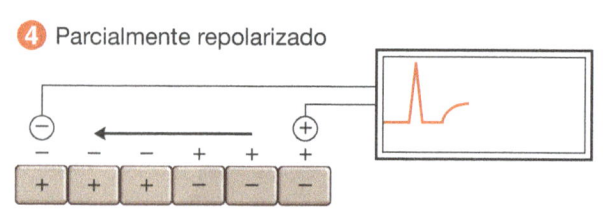

④ Parcialmente repolarizado

A repolarização começou na direita e está movendo-se para a esquerda. O ECG mostra uma deflexão positiva (para cima), pois o eletrodo da direita está cercado de cargas positivas. Observe que, no coração humano, a repolarização ocorre na direção oposta à da despolarização. Por isso, tanto o complexo de despolarização quanto o de repolarização normalmente são positivos. Se a repolarização tivesse começado na esquerda e se movimentado para a direita, a deflexão do ECG teria sido negativa.

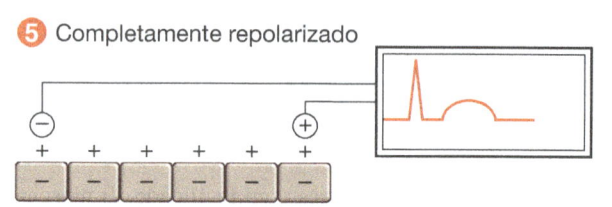

⑤ Completamente repolarizado

Agora as células musculares estão completamente repolarizadas, ou no estado de repouso, e o ECG registra a linha isoelétrica. As células do miocárdio estão prontas para ser de novo despolarizadas.

Figura 24.3 Etapas do ciclo eletrocardiográfico.

As **fibras de Purkinje** são as ramificações terminais dos ramos dos feixes e consistem na ligação entre o tecido condutivo especializado e as fibras musculares. Junções elétricas pequenas entre as células musculares cardíacas adjacentes, conhecidas como **discos intercalados**, possibilitam que os impulsos elétricos passem de uma célula a outra. Os discos intercalados permitem a contração simultânea das fibras musculares ventriculares, o que é necessário para o bombeamento eficaz do coração.

Interpretação do ECG

Pode parecer que esta seção sobre a análise de eletrocardiogramas (ECG) ultrapasse o campo de informações dessa área necessárias ao profissional de condicionamento físico. O médico é quem deve avaliar se a resposta do ECG é normal. No entanto, o profissional de condicionamento físico tem de dominar

> **Ponto-chave**
>
> O impulso elétrico origina-se no nodo SA, localizado no átrio direito, de onde se difunde para o nodo AV, o feixe de His, as ramificações dos feixes esquerdo e direito e as fibras de Purkinje. Ondas de despolarização espalham-se então de célula a célula, por todo o músculo ventricular. Qualquer restrição no fluxo sangüíneo para o miocárdio pode prejudicar a atividade elétrica do coração ou danificar o próprio miocárdio.

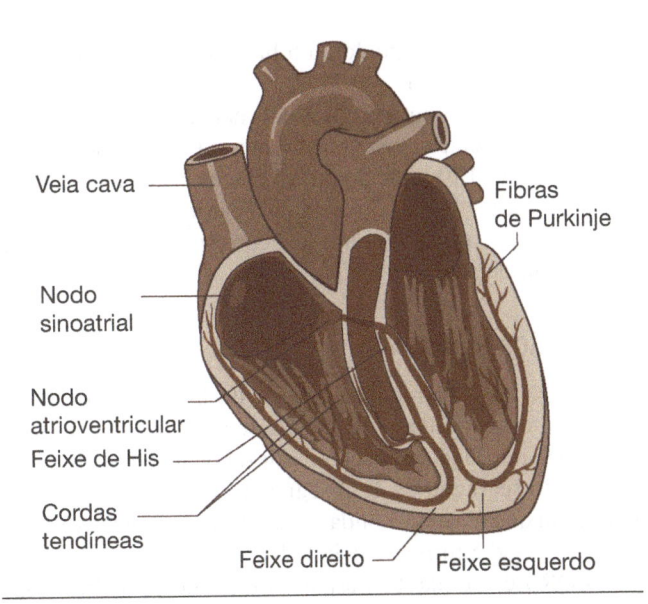

Figura 24.4 Sistema de condução elétrica do coração. Essas são as vias normais usadas para garantir a contração e o relaxamento rítmicos das câmaras do coração.

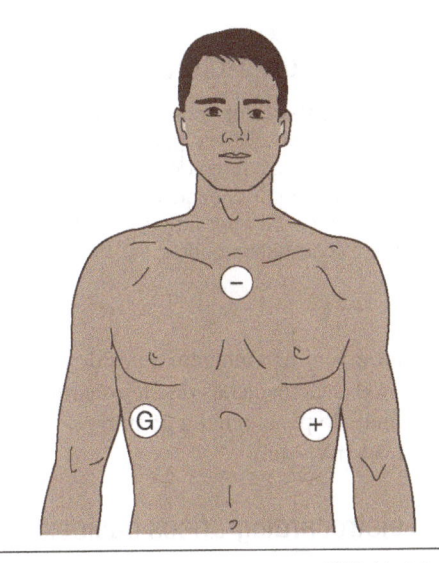

Figura 24.5 Colocação dos condutores para o CM5: (-) eletrodo negativo, (+) eletrodo positivo? e o terra (G).

Adaptada de M. Ellestad, 1994, *Stress testing: Principles and practice* (Philadelphia, PA: Davis).

os princípios básicos da interpretação do ECG para melhor se comunicar com o médico, o diretor do programa e o especialista clínico em exercícios.

A avaliação sistemática do eletrocardiograma permite que o examinador determine a FC, o ritmo e as vias condutoras e localize sinais de isquemia ou de infarto. Normalmente, os médicos examinam o ECG de 12 derivações, mas, para nossos objetivos, basta o modelo simples. O CM5 (veja a Figura 24.5) é um ECG simples usado com freqüência em testes de exercício. Ele se parece com o V5 de um ECG de 12 derivações.

Definição de ECG

O **eletrocardiograma (ECG)** é um registro gráfico da atividade elétrica do coração. À medida que ondas de despolarização percorrem o coração, correntes elétricas se espalham pelos tecidos que o cercam e depois circulam por todo o corpo. Quando colocamos eletrodos na pele, é possível detectar pequenas diferenças de voltagem entre as várias regiões do corpo. Portanto, o eletrocardiógrafo é um voltímetro sensível que registra a atividade elétrica do coração.

Tempo e voltagem

O papel do ECG é marcado de modo padronizado para permitir a medição dos intervalos de tempo e das voltagens. O tempo é medido no eixo horizontal; normalmente, o papel se move a 25 mm · s^{-1}. A maioria dos aparelhos de ECG pode ter uma velocidade de 50 ou 25 mm · s^{-1}, de modo que é preciso saber a velocidade do papel ao medir a duração dos complexos eletrocardiográficos (veja "Complexos eletrocardiográficos

básicos", na página 378). O papel de ECG é todo quadriculado (veja a Figura 24.6). As linhas maiores mantêm 5 mm de distância entre si e, na velocidade de 25 mm · s^{-1}, 5 mm correspondem a 0,20 segundo. As linhas menores estão a 1 mm de distância uma da outra e, na velocidade de 25 mm · s^{-1}, 1 mm corresponde a 0,04 segundo. A voltagem é medida no eixo vertical, e o fator de calibragem-padrão em geral é 0,1 mV por milímetro de deflexão. A maioria dos aparelhos de ECG pode ser ajustada para reduzir esse fator em 50% ou dobrá-lo. É pre-

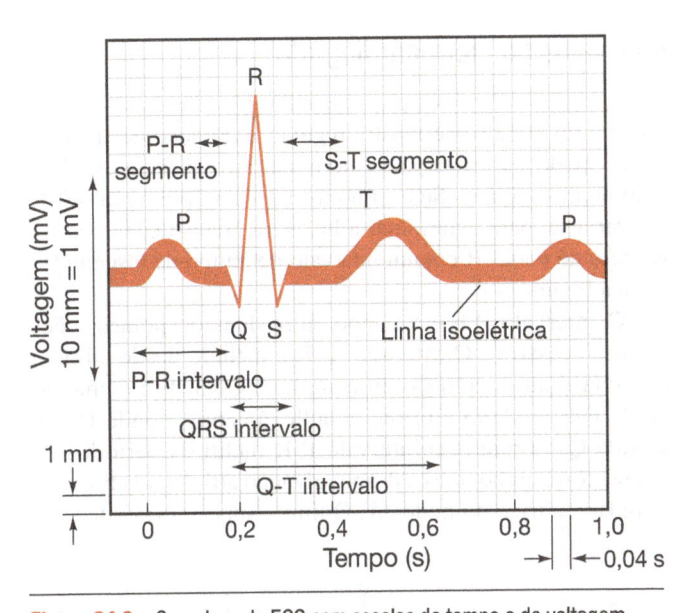

Figura 24.6 Complexo do ECG com escalas de tempo e de voltagem.

Adaptada de M. J. Goldman, 1982, *Principles of clinical electrocardiography*, 11th ed. (Los Altos, CA: Appleton & Lange), com permissão de McGraw-Hill Companies.

> **Ponto-chave**
>
> O padrão da atividade elétrica no coração é chamado de *eletrocardiograma* (ECG). Ele é registrado por um eletrocardiógrafo e fornece informações sobre o ritmo do coração. Normalmente, a velocidade do papel do ECG é igual a 25 mm · s^{-1}. A essa velocidade, cada marco de 1 mm representa 0,04 segundo. Em geral, o fator de calibragem-padrão é 0,1 mV por milímetro de deflexão.

ciso saber a calibragem de voltagem antes de avaliar o ECG. Neste capítulo, todas as medições do eletrocardiograma pressupõem velocidade do papel igual a 25 mm · s^{-1} e calibragem de voltagem de 0,1 mV · mm^{-1}.

Complexos eletrocardiográficos básicos

A onda P é a representação gráfica da despolarização atrial. A onda P normal dura menos de 0,12 segundo e tem amplitude de 0,25 mV ou menos. A onda T$_a$ é o resultado da repolarização atrial. De modo geral, ela não fica visível, pois ocorre durante a despolarização ventricular, quando as forças elétricas mais amplas geradas pelos ventrículos a escondem. A onda Q é a primeira deflexão para baixo após a onda P; ela sinaliza o início da despolarização ventricular. A onda R é uma deflexão positiva que segue a onda Q; ela resulta da despolarização ventricular. Quando há mais de uma onda R em um complexo simples, a segunda ocorrência é chamada de *R'*. A onda S é uma deflexão negativa precedida pelas ondas Q ou R; ela também é resultado da despolarização ventricular. A onda T segue essas ondas, que coletivamente são chamadas de complexo QRS; ela resulta da repolarização ventricular.

Intervalos do eletrocardiógrafo

O intervalo R-R é o tempo entre ondas R sucessivas. Quando o ritmo do coração se mostra regular, a duração do intervalo R-R pode ser usada para determinar a freqüência cardíaca (batimentos · min^{-1}). Se o ritmo for irregular, o intervalo R-R vai variar e, para determinar a FC, será preciso considerar o número de ondas R em um intervalo de tempo de 6 segundos (veja a Figura 24.7).

O intervalo P-P é o tempo entre duas despolarizações atriais sucessivas. O intervalo P-R é medido desde o início da onda P até o começo do complexo QRS. Ele é chamado de P-R, embora a primeira deflexão após a onda P seja a onda Q. Portanto, o intervalo P-R inclui os períodos de tempo correspondentes à despolarização atrial e ao atraso no impulso elétrico no nodo AV. O limite superior do intervalo P-R normal é 0,20 segundo ou 5 blocos pequenos no papel quadriculado do ECG.

A largura do complexo QRS depende do tempo da despolarização dos ventrículos. Quando normal, o complexo QRS dura menos de 0,10 segundo ou 2,5 blocos pequenos no papel do ECG. O intervalo Q-T é medido a partir do início do complexo QRS até o final da onda T e corresponde à duração da sístole ventricular.

Segmentos e junções

O segmento P-R é medido a partir do final da onda P até o começo do complexo QRS. Esse segmento forma a linha isoelétrica ou linha de base, a partir da qual são medidos os desvios do segmento S-T. O segmento RS-T, ou ponto J, é aquele em que termina a onda S e começa o segmento S-T. O segmento S-T é formado pela linha isoelétrica entre o complexo QRS e a onda T. Durante o teste de exercício, esse segmento é examinado cuidadosamente em busca de depressão ou elevação, que podem indicar o desenvolvimento de isquemia do miocárdio ou, às vezes, IM. O usual é que os desvios no segmento S-T sejam medidos 60 ou 80 mm após o ponto J.

> **Ponto-chave**
>
> A onda P indica despolarização atrial, o complexo QRS indica despolarização ventricular e a onda T indica repolarização ventricular. Quando o ritmo se mostra regular, a FC pode ser determinada pela seguinte equação: 1.500 dividido pelo número de milímetros entre as ondas R sucessivas. Ela também pode ser determinada a partir do início de uma onda R, que cai em uma linha preta espessa, contando as próximas seis linhas pretas como 300, 150, 100, 75, 60 e 50 e determinando em que número correspondente ocorre a onda R seguinte. Se o ritmo for irregular, a FC poderá ser determinada pela contagem do número de intervalos R-R em uma tira do ECG de 6 segundos, multiplicando o resultado por 10.

Ritmos cardíacos

O ECG fornece informações vitais sobre os ritmos cardíacos. Anormalidades na atividade elétrica do coração podem ser diagnosticadas a partir dele.

Ritmo sinusal

O ritmo sinusal é o ritmo normal do coração (veja a Figura 24.8). A FC varia de 60 a 100 batimentos · min^{-1}, e o marca-passo é o nodo sinusal.

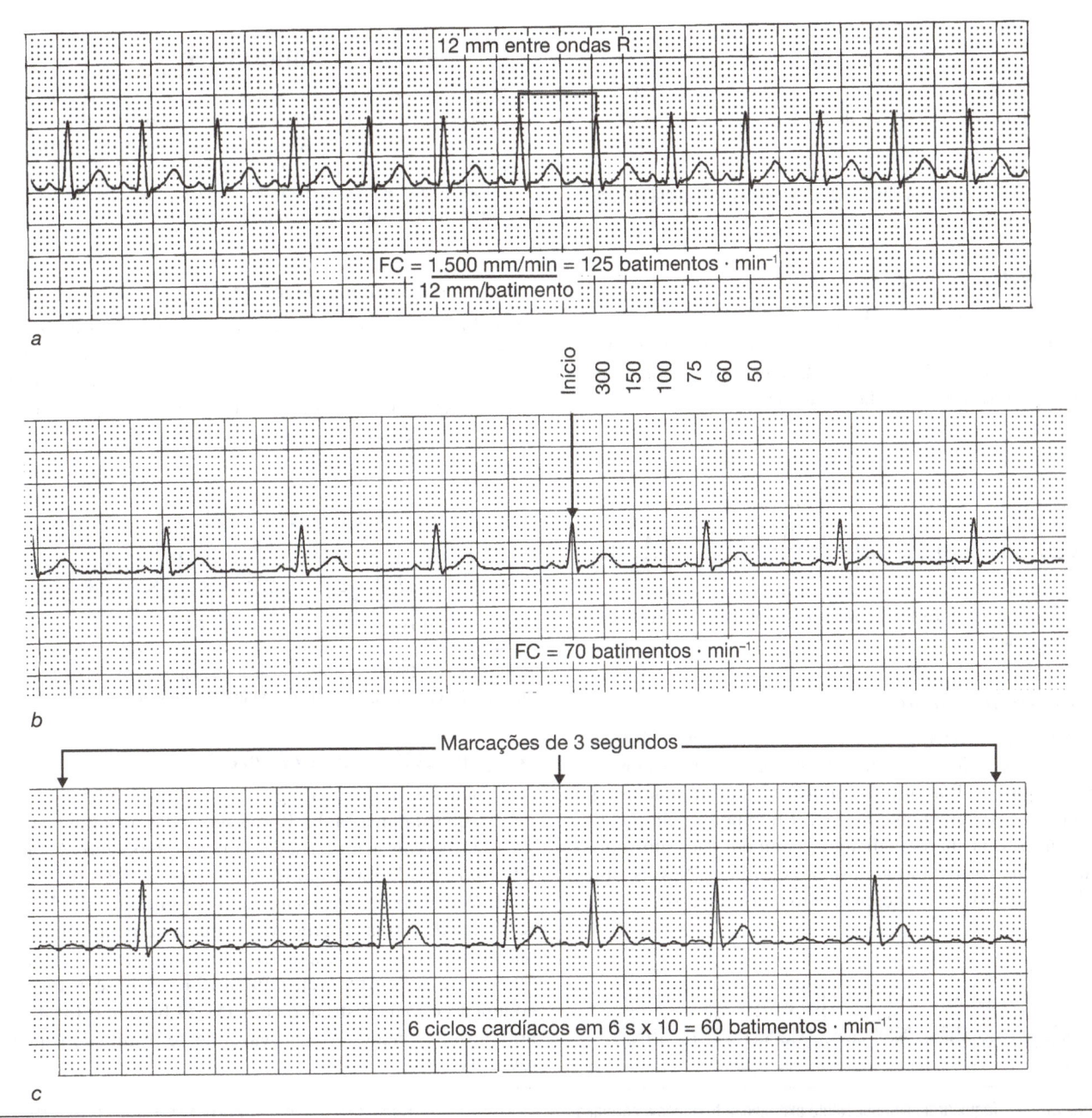

Figura 24.7 Três métodos para determinar a freqüência cardíaca a partir do eletrocardiograma. (a) A FC aproximada (batimentos · min^{-1}) pode ser determinada dividindo 1.500 (60 s a 25 mm · s^{-1}) pelo número de milímetros entre as ondas R adjacentes. (b) Um segundo método consiste em começar com uma onda R que cai em uma linha preta espessa. Movimentado-se para a direita, conte as próximas seis linhas pretas como 300, 150, 100, 75, 60 e 50 (memorize estes números). Se a onda R seguinte cair sobre uma dessas linhas, o número correspondente indicará a FC. Se ela cair entre duas linhas pretas espessas, será possível estimar a FC por interpolação. (c) Um terceiro método é mais usado quando a FC é irregular. Nesse método, conta-se o número de intervalos R-R completos em uma tira do ECG de 6 segundos e multiplica-se esse valor por 10.

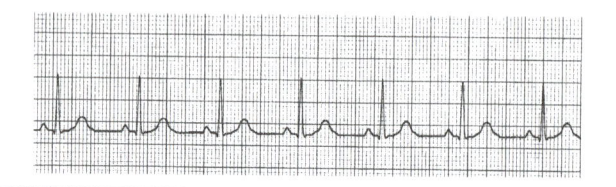

Figura 24.8 Ritmo sinusal normal. Neste exemplo, a freqüência cardíaca é de 71 batimentos · min⁻¹.

> **Ponto-chave**
>
> Quando o nodo SA serve de marca-passo ao coração e a FC se encontra entre 60 e 100 batimentos · min⁻¹, o coração está no ritmo sinusal normal. A bradicardia é definida como uma FC inferior a 60 batimentos · min⁻¹. Na taquicardia, a freqüência cardíaca fica acima de 100 batimentos · min⁻¹ (vista normalmente durante o exercício moderado e o pesado).

Bradicardia sinusal

Na **bradicardia sinusal**, a freqüência cardíaca é inferior a 60 batimentos · min⁻¹ (veja a Figura 24.9). Esse é um ritmo normal, observado freqüentemente em indivíduos condicionados e pacientes que utilizam betabloqueadores.

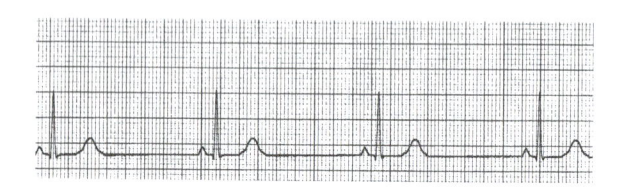

Figura 24.9 Bradicardia sinusal. Neste exemplo, a freqüência cardíaca é de 35 batimentos · min⁻¹.

Taquicardia sinusal

Em geral se observa a **taquicardia sinusal** (FC > 100 batimentos · min⁻¹) durante exercícios moderados e pesados (veja a Figura 24.10). Portanto, a taquicardia sinusal induzida por exercícios é perfeitamente normal. Em repouso, ela pode ser vista em pessoas não-condicionadas ou em pacientes que ficam apreensivos devido ao teste de exercício. Nesses ritmos cardíacos, o nodo SA funciona como o marca-passo.

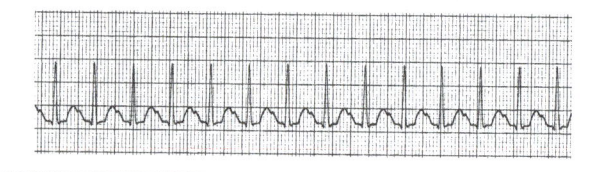

Figura 24.10 Taquicardia sinusal. Neste exemplo, a freqüência cardíaca é de 143 batimentos · min⁻¹.

Distúrbios de condução atrioventricular

Os distúrbios de condução atrioventricular referem-se ao bloqueio do impulso elétrico no nodo AV. Esse bloqueio pode ser parcial ou completo.

Bloqueio AV de primeiro grau

Quando o intervalo P-R excede 0,20 segundo e todas as ondas P resultam em despolarização ventricular, é registrado um **bloqueio AV de primeiro grau** (veja a Figura 24.11). As causas desse bloqueio incluem medicamentos, como os digitálicos e a quinidina, infecções e estimulação vagal.

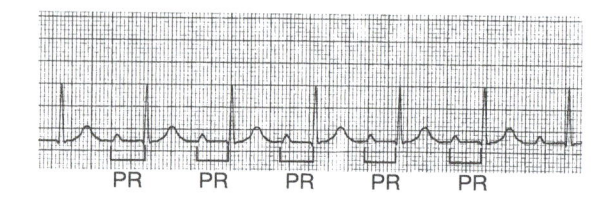

Figura 24.11 Bloqueio atrioventricular de primeiro grau. PR indica o intervalo P-R prolongado (neste exemplo, 0,28 segundo).

Bloqueio AV de segundo grau

A característica que distingue o **bloqueio AV de segundo grau** é que algumas ondas P, mas não todas, resultam em despolarização ventricular. Há dois tipos de bloqueio AV: o Mobitz tipo I e o Mobitz tipo II. O **bloqueio AV Mobitz tipo I**, ou de Wenckebach, é caracterizado por um intervalo P-R que se alonga de forma progressiva até que a despolarização atrial não consiga iniciar a despolarização ventricular e o complexo QRS deixe de ocorrer (veja a Figura 24.12). Esse distúrbio de condução é mais visto após um IM. O bloqueio localiza-se no interior do nodo AV e provavelmente resulta de isquemia reversível.

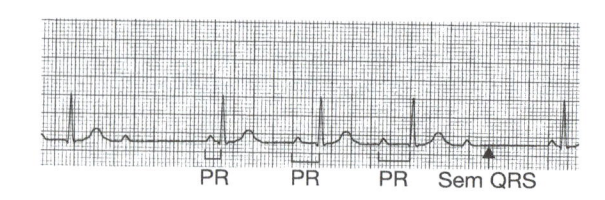

Figura 24.12 Bloqueio AV Mobitz tipo I (Wenckebach). O intervalo P-R (PR) alonga-se gradualmente até que, no final, o complexo QRS deixa de ocorrer.

O **bloqueio AV Mobitz tipo II** é o mais grave dos bloqueios de segundo grau; caracteriza-se pela despolarização atrial em algumas ocasiões não resultando em despolarização ventricular, embora os intervalos P-R permaneçam constantes (ou seja, não se alongam; veja a Figura 24.13). O local do bloqueio fica além do feixe de His, e usualmente isso é resultado de uma isquemia irreversível no sistema de condução interventricular.

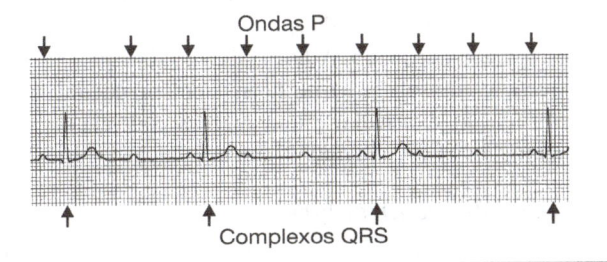

Figura 24.13 Bloqueio AV Mobitz tipo II. Ocasionalmente, e sem alongamento do intervalo P-R, complexos QRS não ocorrem.

Bloqueio AV de terceiro grau

O **bloqueio AV de terceiro grau** acontece quando os ventrículos se contraem independentemente dos átrios (veja a Figura 24.14). O intervalo P-R varia e não segue um padrão regular. O marca-passo ventricular pode ser o nodo AV, o feixe de His, as fibras de Purkinje ou o músculo ventricular e, quase sempre, isso resulta em uma freqüência ventricular lenta, inferior a 50 batimentos · min^{-1}.

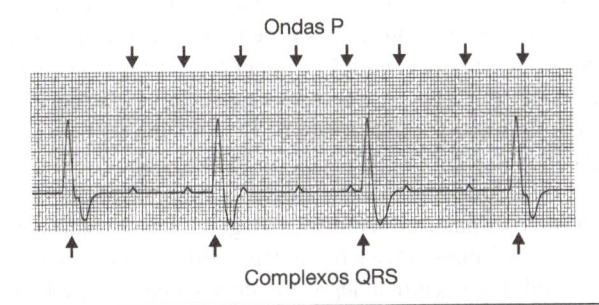

Figura 24.14 Bloqueio AV de terceiro grau. Não há relação entre a freqüência atrial (por exemplo, 94 batimentos · min^{-1}) e ventricular (por exemplo, 36 batimentos · min^{-1}), indicando bloqueio completo do nodo AV.

Arritmias

A arritmia é um batimento cardíaco irregular. Com freqüência as arritmias surgem quando o miocárdio se torna hiperexcitável por falta de fluxo sangüíneo ou por uso de estimulantes.

Arritmia sinusal

A **arritmia sinusal** é um ritmo sinusal em que o intervalo R-R varia mais em de 10% de um batimento para outro. Nessa arritmia, uma onda P precede cada complexo QRS, mas os espaços entre os QRS são irregulares. A arritmia sinusal é vista com freqüência em indivíduos altamente treinados e às vezes em pacientes que usam medicamentos bloqueadores beta-adrenérgicos. O ritmo pode ser associado à respiração porque a FC aumenta na inspiração e diminui na expiração.

Extra-sístole atrial

Nas **extra-sístoles atriais**, o ritmo é irregular e o intervalo R-R é pequeno entre um batimento sinusal normal e a extra-sístole (veja a Figura 24.15). A extra-sístole origina-se em algum local fora do nodo sinusal, conhecido como **foco ectópico** (um ponto irritável no miocárdio, que se despolariza por si só). Com freqüência, o foco ectópico é causado por estimulantes (por exemplo, cafeína), anti-histamínicos, remédios para emagrecer, antigripais (por exemplo, efedrina) e nicotina. Extra-sístoles atriais podem ser vistas antes do teste de exercício em indivíduos apreensivos.

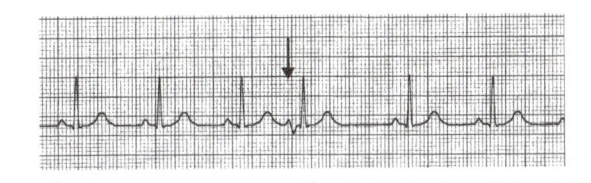

Figura 24.15 Extra-sístole atrial. A seta indica uma onda P difásica prematura, originada em um foco ectópico nos átrios.

Flutter atrial

Durante o *flutter* **atrial**, a freqüência atrial é de 200 a 350 batimentos · min^{-1}, enquanto a resposta ventricular é de 60 a 160 batimentos · min^{-1}. O ritmo atrial geralmente é irregular, enquanto o ventricular é regular ou irregular. O local do marca-passo durante o *flutter* atrial não é o nodo SA, mas um foco ectópico; assim, não há ondas P normais. Podem ser vistas ondas F, que lembram a lâmina dentada de uma serra (veja a Figura 24.16). As causas desse *flutter* incluem maior estímulo simpático, hipoxia e insuficiência cardíaca congestiva.

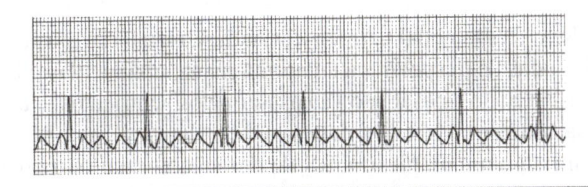

Figura 24.16 *Flutter* atrial. No *flutter* atrial, a freqüência atrial é de 200 a 350 batimentos · min^{-1} (neste exemplo, 300 batimentos · min^{-1}), mas a taxa ventricular é muito mais lenta.

Fibrilação atrial

Durante a **fibrilação atrial**, a freqüência atrial varia de 400 a 700 batimentos · min^{-1}, enquanto a ventricular em geral é irregular e oscila de 60 a 160 batimentos · min^{-1}. Muitos locais de marca-passo estão presentes nos átrios, e não se consegue discernir as ondas P (veja a Figura 24.17). O significado da fibrilação atrial para o teste de exercício e o treinamento está no seu efeito sobre a função ventricular. Durante a fibrilação atrial, os átrios e os ventrículos não ficam coordenados, e pode haver prejuízo na capacidade do ventrículo esquerdo de manter um débito cardíaco adequado. As causas da fibrilação atrial são, em essência, as mesmas do *flutter* atrial.

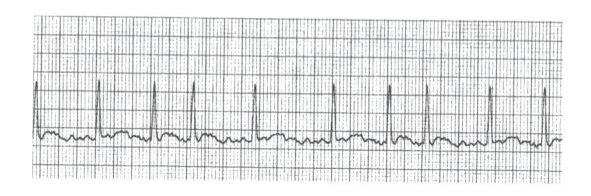

Figura 24.17 Fibrilação atrial. Observam-se uma linha de base serrilhada e complexos QRS com espaço irregular.

Extra-sístole juncional

A **extra-sístole juncional (ESJ)** ocorre quando um marca-passo ectópico na área conectiva AV despolariza os ventrículos. Com freqüência, ondas P invertidas acompanham as ESJs à medida que a despolarização atrial prossegue em uma direção normal (veja a Figura 24.18). Essas características da ESJ podem distingui-la da extra-sístole atrial, que em geral tem ondas P difásicas. Quando não for possível distinguir essas duas condições, pode-se usar o termo mais geral *extra-sístole supraventricular* para indicar um foco ectópico acima dos ventrículos.

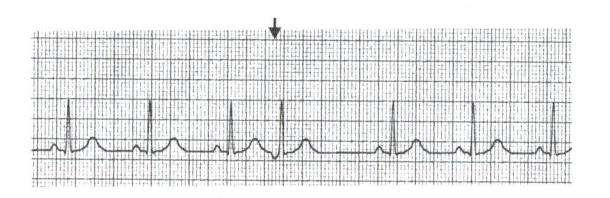

Figura 24.18 Extra-sístole juncional. A seta indica uma onda P invertida prematura, que parte do nodo AV.

Se o tecido nodal permanecer na fase refratária após uma ESJ, ondas de despolarização normalmente conduzidas e iniciadas no nodo sinusal não vão passar pelos ventrículos, e uma pausa compensatória será desenvolvida. Em geral, as ESJs resultam em um complexo QRS de duração normal ou podem prolongar um pouco o complexo QRS. Elas podem ser causadas por medicamentos semelhantes às catecolaminas, aumento do tônus parassimpático no nodo AV ou danos nesse nodo. As ESJs não trazem conseqüências sérias, a não ser que ocorram com muita freqüência (mais de 4 a 6 ESJs · min^{-1}) ou comprometam a função ventricular (9).

Embora esse problema possa preocupar profissionais de condicionamento físico e pacientes, Ellestad (10) descobriu que as arritmias supraventriculares induzidas pelo exercício parecem não comprometer o prognóstico de longo prazo de pacientes com DC. A importância das arritmias supraventriculares reside na ausência de coordenação entre os átrios e no subseqüente efeito sobre a capacidade dos ventrículos de manter um débito cardíaco adequado. A fibrilação atrial recorrente pode ter pequeno efeito sobre a resposta ao exercício de uma pessoa com boa função ventricular esquerda, mas pode causar sintomas significativos em indivíduos com má função ventricular.

Extra-sístoles ventriculares

As **extra-sístoles ventriculares (ESVs)** resultam de um foco ectópico no sistema de His-Purkinje, que inicia uma contração ventricular. As ESVs têm um complexo QRS amplo (> 0,12 segundo) e forma irregular (veja a Figura 24.19). Com freqüência, elas fazem com que os ventrículos fiquem na fase refratária da despolarização quando a onda de despolarização sinusal normal alcança o ventrículo, e então se desenvolve uma pausa compensatória. As ESVs estão entre as arritmias mais comuns durante teste de exercício e treinamento em pacientes com DC. Quando têm a mesma forma, elas se originam de um mesmo local (foco ectópico) e são chamadas de *unifocais*. As ESVs de forma variada, que se originam de locais diferentes nos ventrículos, são chamadas de *multifocais* e se mostram muito mais graves do que as unifocais. O ritmo de contrações normais alternadas com ESVs é denominado *bigeminismo*; quando cada terceira contração é uma ESV, o ritmo é chamado de trigeminismo. Três ou mais ESVs consecutivas são conhecidas como **taquicardia ventricular**. Se uma única ESV cai na porção descendente da onda T, os ventrículos podem entrar em fibrilação. Extra-sístoles ventriculares afetam adversamente o prognóstico de pacientes com DC; em geral, quanto mais complexa é a ESV, mais grave é o problema. Ellestad (10) mostrou que a combinação entre a depressão do segmento S-T e ESVs aumenta a incidência de futuros eventos cardíacos.

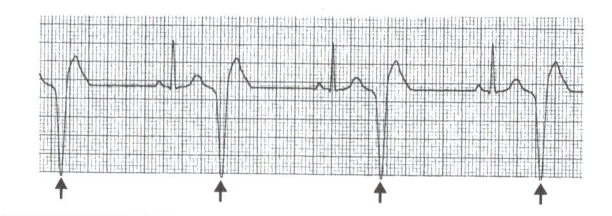

Figura 24.19 Contrações ventriculares prematuras. As setas indicam extra-sístoles ventriculares, que se originam de um único foco ectópico nos ventrículos (ESVs unifocais).

Quando a ESV ocorre durante a verificação do pulso, é possível que os pacientes relatem que o coração "pulou um batimento", resultando em subavaliação da FC. Nesse caso, eles devem ser instruídos a não aumentar a intensidade do exercício na tentativa de manter a FC na zona-alvo, desconsiderando os batimentos "pulados". Eles devem reduzir imediatamente a intensidade do exercício e relatar o surgimento ou o aumento dos batimentos "pulados" ao profissional de condicionamento físico e ao médico.

Taquicardia ventricular

A taquicardia ventricular encontra-se presente sempre que ocorrem três ou mais ESVs consecutivas (veja a Figura 24.20). Essa situação é uma arritmia extremamente perigosa, que pode levar à fibrilação ventricular. Em geral, a freqüência cardíaca é de 100 a 220 batimentos · min^{-1}, e o coração às vezes não é capaz de manter o débito cardíaco adequado durante a taquicardia ventricular. Essa taquicardia pode ser causada pelos mesmos fatores que iniciaram as ESVs; essa condição requer cuidados médicos imediatos.

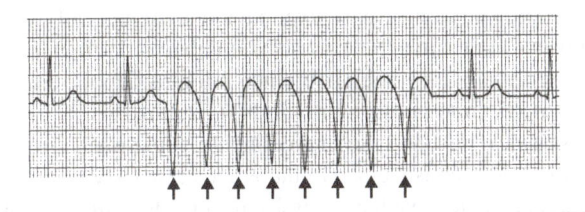

Figura 24.20 Taquicardia ventricular. Observa-se uma sucessão de três ou mais ESVs enfileiradas.

Fibrilação ventricular

A **fibrilação ventricular** é um ritmo que ameaça a vida e exige ressuscitação cardiopulmonar imediata, até que um desfibrilador possa ser usado para restaurar a contração ventricular coordenada. Caso contrário, pode resultar em morte. O coração fibrilado contrai-se de modo desorganizado e vacilante; ele perde a capacidade de manter um débito cardíaco significativo. As ondas P e os complexos QRS não são discerníveis; em vez disso, o padrão elétrico é uma onda fibrilatória (veja a Figura 24.21).

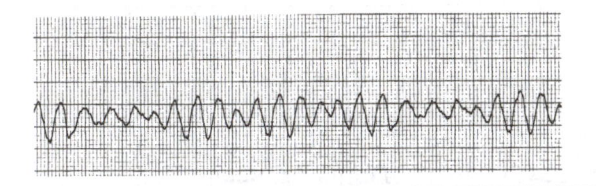

Figura 24.21 Fibrilação ventricular. Quando não há ondas P ou complexos QRS discerníveis, o coração se contrai de modo desorganizado e agitado.

> **Ponto-chave**
>
> O ECG pode ser usado para detectar distúrbios no sistema de condução elétrica do coração, como bloqueios de primeiro, segundo ou terceiro grau. Ele pode indicar também arritmias (ritmos cardíacos anormais), incluindo arritmia sinusal, extra-sístoles, taquicardia, *flutter* e fibrilação. Ritmos anormais podem limitar o desempenho nos exercícios, diminuindo o débito cardíaco. No caso de arritmias graves, o profissional de condicionamento físico deve interromper a sessão de exercícios e buscar ajuda imediata de um médico.

Desfibriladores externos automáticos

Os desfibriladores são dispositivos usados para tratar a fibrilação ventricular. Eles enviam um choque elétrico momentâneo ao coração, levando-o com freqüência a retomar o ritmo normal. Recursos tecnológicos recentes permitiram o desenvolvimento de dispositivos portáteis, com bateria, chamados de desfibriladores externos automáticos (DEA). O operador coloca dois eletrodos sobre o peito do paciente. Os eletrodos são conectados ao DEA, que possui um *software* capaz de determinar o ritmo cardíaco do paciente. Se for detectada uma fibrilação ventricular, o DEA dará um aviso para que as pessoas se afastem e, em seguida, sinais ao operador para disparar o choque, apertando o botão. Policiais, profissionais de condicionamento físico, tripulantes de aviões e até leigos têm sido treinados no uso do DEA por organizações como a AHA e a Cruz Vermelha dos Estados Unidos. Pesquisas mostram que o uso dos DEAs acelera o tempo de resposta e aumenta enormemente as chances de sobrevivência (3).

Isquemia miocárdica

A isquemia miocárdica é a falta de oxigênio no miocárdio atribuível a um fluxo de sangue inadequado. A obstrução de artéria coronária é a causa mais comum dessa isquemia. A obstrução da artéria coronária é significativa quando mais de 50% do seu diâmetro está ocluso. A redução de 50% no diâmetro corresponde a uma perda de 75% no **lúmen** arterial (12). A artéria coronária obstruída pode fornecer um fluxo de sangue adequado em repouso, mas provavelmente não vai conseguir fornecer sangue e oxigênio suficientes quando a demanda aumentar, como durante o exercício. Muitas vezes, mas nem sempre, a isquemia resulta em angina de peito.

A angina de peito é definida como uma dor ou desconforto causados por isquemia temporária reversível do miocárdio, que não resulta em morte ou em infarto do músculo do coração. Com freqüência, a dor se localiza no centro do peito, mas também pode ocorrer no pescoço, na mandíbula ou nos ombros, além de irradiar-se para braços e pernas. A angina de peito tende a ser reproduzível; os pacientes costumam relatar sintomas de angina quase sempre em um mesmo nível de esforço. Durante o exercício, o paciente que sente desconforto anginoso pode negar a dor, mas, quando questionado, admite ter sentido queimação, rigidez, pressão ou peso no peito ou nos braços. É freqüente os pacientes confundirem angina de peito com dores musculoesqueléticas e com o desconforto resultante da incisão esternal da cirurgia de ponte arterial coronariana. Em geral, a dor da angina não afeta os movimentos do tronco ou dos braços; entretanto, esses movimentos podem diminuir ou aumentar as dores musculoesqueléticas. Se a intensidade ou a qualidade das dores mudam ao pressionar a área afetada, é provável que o desconforto não seja angina (12).

A isquemia do miocárdio pode causar **depressão do segmento S-T** no ECG, durante um teste de exercício. De modo geral, a depressão no segmento S-T ocorre com um duplo produto relativamente constante. O duplo produto é: FC · PAS (pressão arterial sistólica) e em geral serve para estimar a quantidade de trabalho que o coração está realizando. Três tipos de depressão do segmento S-T são reconhecidos: com inclinação para cima, horizontal e com inclinação para baixo (Figura 24.22). Ellestad e colaboradores (10) mostram que as implicações prognósticas da depressão com inclinação para cima e horizontal são aproximadamente similares. A depressão com inclinação para baixo, no entanto, afeta a sobrevivência de modo adverso.

Também pode ocorrer **elevação do segmento S-T** durante o teste de exercício. Nesse caso, a elevação costuma indicar um **aneurisma**, uma área enfraquecida do miocárdio, que não se contrai, ou um tecido cicatricial.

Infarto do miocárdio

Quando o miocárdio é privado de oxigênio por determinado período de tempo, uma parte dele morre; essa morte parcial é conhecida como *infarto do miocárdio* (IM). Dores são o sintoma mais característico do IM. Com freqüência, elas são muito similares às dores da angina de peito, apesar de mais fortes, e podem ser descritas como uma sensação de peso e de pressão no peito ou uma queimação. Outros sintomas que podem acompanhar o IM são náusea, suor e respiração difícil.

Freqüentemente, a elevação do segmento S-T é o primeiro sinal no ECG de um IM agudo. Depois, podem aparecer ondas Q pronunciadas e uma inversão na onda T em certos condutores. Com o tempo, as mudanças no segmento S-T permanecem e a onda T volta ao normal (veja a Figura 24.23). Outros sinais clínicos do IM agudo incluem elevações de enzimas musculares cardíacas (desidrogenase lática e creatina fosfoquinase no soro), que passam para o sangue depois que o miocárdio é danificado (12).

O Framingham Heart Study demonstrou que até 25% dos IMs podem ser silenciosos, ou seja, não causam sintomas suficientes para que a pessoa busque assistência médica (13). Esses infartos silenciosos podem ser reconhecidos mais tarde, no ECG de rotina, pela presença de significativas ondas Q em certas derivações.

Pacientes com DC devem receber informações sobre as diferenças entre ataques de angina e possíveis IMs. Em caso de ataque de angina, o paciente deve interromper a atividade que precipitou o desconforto, se tiver havido alguma, e colocar um comprimido de nitroglicerina (NTG) debaixo da língua. Se o desconforto anginoso persistir cinco minutos depois, ele deve usar um segundo comprimido de NTG sublingual. Caso seja necessário, repete-se esse procedimento ainda mais uma vez. Quando a dor persiste cinco minutos após esse terceiro comprimido, o paciente deve buscar assistência médica imediata (4).

> **Ponto-chave**
>
> Com freqüência, mas nem sempre, o fluxo de sangue inadequado para o miocárdio resulta em sintomas de dores no peito (angina de peito). A depressão ou a elevação do segmento S-T no ECG pode indicar fluxo de sangue inadequado (isquemia). Ondas Q significativas no ECG podem indicar que uma parte do músculo cardíaco morreu (IM).

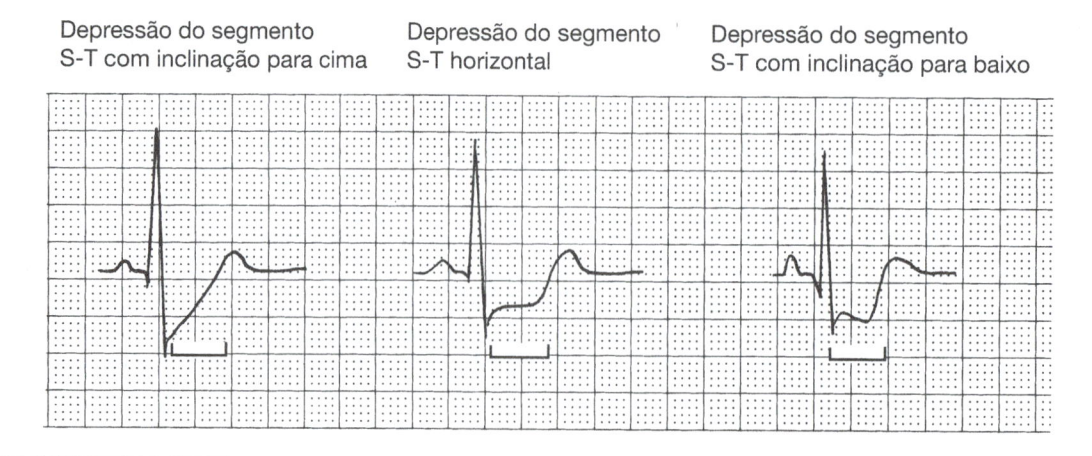

Figura 24.22 Depressão do segmento S-T.

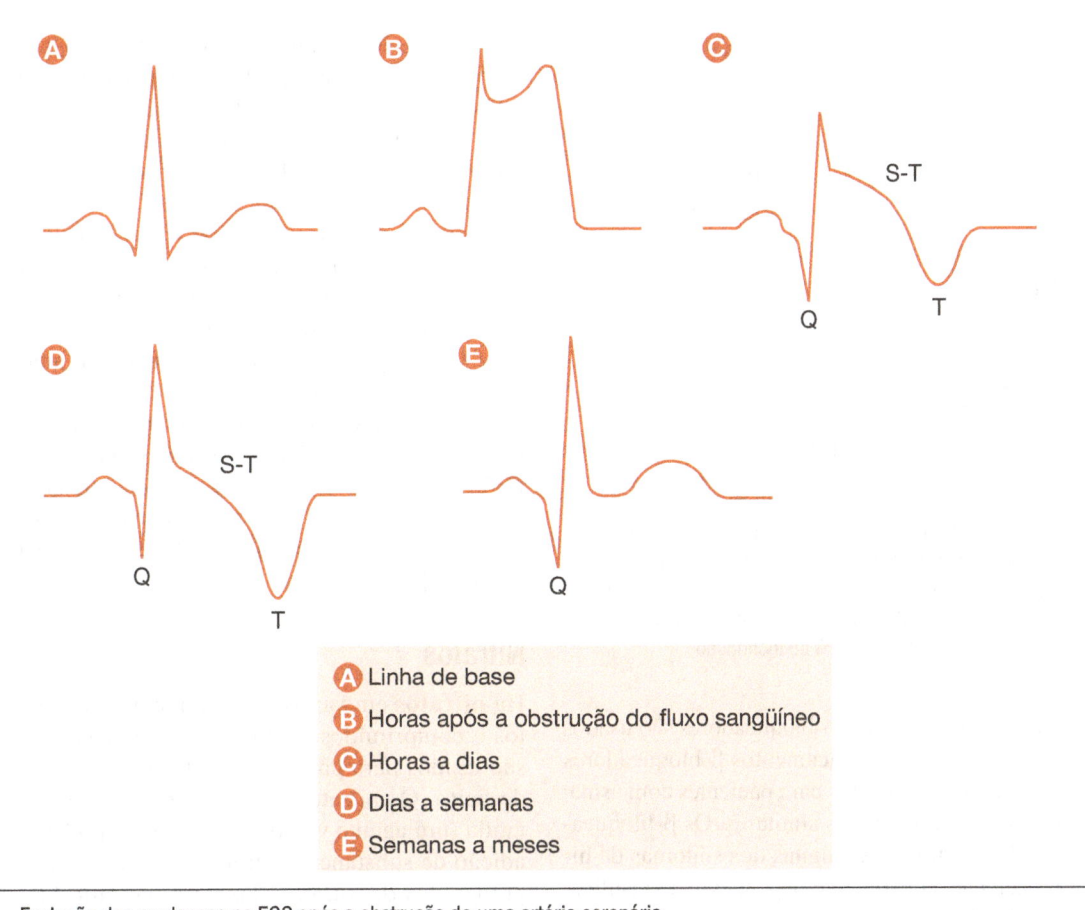

Figura 24.23 Evolução das mudanças no ECG após a obstrução de uma artéria coronária.

Reimpressa, com permissão, de E. Stein, 1992, *Rapid analysis of electrocardiograms*, 2th ed. (Philadelphia, PA: Lea & Febiger), 150.

A Linha de base
B Horas após a obstrução do fluxo sangüíneo
C Horas a dias
D Dias a semanas
E Semanas a meses

Medicamentos cardiovasculares

Há uma série de medicamentos usados para tratar pessoas com doenças cardíacas. Alguns controlam a pressão arterial, enquanto outros controlam a freqüência ou o ritmo cardíaco; há ainda os que afetam a força de contração dos ventrículos. Outros medicamentos que os profissionais de condicionamento físico podem encontrar incluem remédios para controlar as concentrações de glicose no sangue, remédios para pacientes com hiperlipidemia, destinados a controlar os níveis anormais de lipídeos, e broncodilatadores para indivíduos com asma. Profissionais de condicionamento físico não prescrevem medicamentos nem lidam todos os dias com pacientes que os utilizam, mas podem encontrar participantes que fazem uso deles. Esta seção resume as principais classes de medicamentos, descreve como eles afetam a FC no exercício e indica seus possíveis efeitos colaterais.

Bloqueadores β-adrenérgicos

Os **medicamentos bloqueadores β-adrenérgicos (β-bloqueadores)** costumam ser prescritos para pacientes com DC ou hipertensão e ocasionalmente para pacientes com dores de cabeça tipo enxaqueca. Eles disputam com a epinefrina e a norepinefrina um número limitado de **receptores β-adrenérgicos**. Esses bloqueadores em geral são usados para reduzir a FC e o vigor da contração do miocárdio, diminuindo, portanto, a demanda de oxigênio do coração. Uma vez que afetam a FC submáxima e máxima, eles influenciam muito a prescrição de exercícios. Indivíduos que vão treinar sob efeito dos β-bloqueadores devem ser testados também sob esse efeito. Todos os β-bloqueadores baixam a FC em repouso e, de modo particular, durante o exercício, como visto na Figura 24.24.

Dois tipos de receptores β-adrenérgicos são reconhecidos: os $β_1$ e os $β_2$. Os receptores $β_1$ são encontrados sobretudo no coração; os $β_2$ estão localizados, essencialmente, no músculo liso dos pulmões, nas arteríolas, no intestino, no útero e na bexiga. Alguns β-bloqueadores bloqueiam de maneira seletiva os receptores $β_1$ no coração. Outros são menos seletivos e atuam sobre os receptores tanto $β_1$ quando $β_2$. Um efeito colateral indesejado dos não-seletivos é a contração do músculo liso que cerca as vias aéreas nos pulmões e a redução do lúmen das vias aéreas, o que dificulta a respiração. Esse efeito colateral pode resultar em respiração trabalhosa, falta de ar e outros sintomas parecidos com os da asma.

As indicações para uso dos β-bloqueadores incluem hipertensão, angina de peito e arritmias supraventriculares. Além

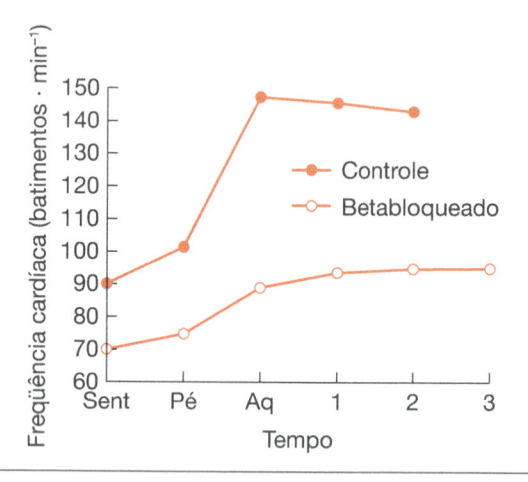

Figura 24.24 Freqüência cardíaca antes e depois do uso de β-bloqueador (2 dias com 40 mg de Inderal por dia) em um paciente muito apreensivo, submetido ao teste da esteira; sent = sentado; pé = em pé; aq = aquecimento a 1,0 mi · h^{-1} (1,6 km · h^{-1}), 0% de inclinação. Os minutos 1 e 2 são 2,0 mi · h^{-1} (3,2 km · h^{-1}), 0% de inclinação. O minuto 3 é 2,0 mi · h^{-1} (3,2 km · h^{-1}) e 3,5% de inclinação.

disso, como já mencionado, alguns β-bloqueadores são usados no tratamento de enxaquecas. Medicamentos β-bloqueadores não-seletivos não são recomendados para pacientes com asma, bronquite ou problemas pulmonares similares. Os β-bloqueadores também podem enfraquecer alguns dos sintomas de hipoglicemia em pacientes com diabete dependente de insulina, um efeito colateral indesejado (4).

Usar Inderal e presumivelmente outros medicamentos β-bloqueadores não invalida a FCA (freqüência cardíaca-alvo), método de prescrever a intensidade do exercício. Hossack, Bruce e Clark (11) mostraram que as equações de regressão que relacionam o % FCmáx. com o % $\dot{V}O_2$máx. são similares em pacientes com DC não-bloqueados e bloqueados com β-adrenérgicos. Portanto, o método da FCA de prescrição de exercícios é considerado válido quando a FCmáx. medida é determinada enquanto o paciente está usando o β-bloqueador.

Uma vez que os β-bloqueadores diminuem a FCmáx., seu uso invalida a estimativa da FCA que considera 70 a 85% da FCmáx. prevista de acordo com a idade (FCmáx. prevista = 220 – idade). Vejamos um exemplo: um homem de 40 anos tem uma FCmáx. prevista de aproximadamente 180, com FCA estimada de 70 a 85% de 126 a 153 batimentos · min^{-1}. Se ele utilizar um β-bloqueador, a FCmáx. poderá cair facilmente para 150 batimentos · min^{-1}. Ao usar a FCA estimada de 126 a 153 batimentos · min^{-1} para o treinamento, é possível que ele treine no nível da FCmáx. A freqüência cardíaca máxima tem de ser medida para que se calcule a FCA de quem utiliza β-bloqueadores, e essa medição deve ser refeita após qualquer mudança nesse medicamento.

Tem havido alguma polêmica a respeito da seguinte questão: os medicamentos β-bloqueadores reduzem ou bloqueiam a eficácia do treinamento de *endurance*? Em geral, a capacidade de trabalho e o treinamento de *endurance* ficam mais prejudicados após β-bloqueadores não-seletivos do que após β$_1$-bloqueadores (19). Ades e colaboradores (1) examinaram os efeitos do treinamento de *endurance* em 30 adultos com hipertensão aos quais foram administrados: placebo, metoprolol (um bloqueador seletivo β$_1$) ou propranolol (um β-bloqueador não-seletivo). O $\dot{V}O_2$máx. aumentou 24% no grupo do placebo e 8% no grupo do metoprolol, mas não aumentou nos indivíduos que usaram propranolol. Pavia e colaboradores (17) descobriram que o uso crônico de um bloqueador seletivo β1 (metoprolol) em pacientes após infarto do miocárdio não interferia nos efeitos típicos de um treinamento de *endurance*. Eles observaram aumentos similares no pico do $\dot{V}O_2$máx. em pacientes que utilizaram metoprolol e nos que não estavam sob efeito de β-bloqueadores.

Nitratos

Há **nitratos** em várias formas, incluindo adesivos, ungüentos e comprimidos sublinguais e de ação prolongada. Eles são usados para prevenir ou interromper ataques de angina de peito. Os nitratos são produzidos a partir do nitrato de amila (um agente volátil), que perde o poder explosivo pela adição de substâncias químicas inertes, como a lactose. Os preparados de nitrato relaxam o músculo liso das veias, o que reduz o retorno venoso e a quantidade de sangue que o coração tem de bombear. O músculo liso das artérias também fica relaxado, embora em menor grau do que o venoso, diminuindo a resistência vascular periférica contra a qual o coração tem de bombear. Essas duas ações ajudam a reduzir o trabalho e a demanda de oxigênio do coração. Muitos pacientes usam a NTG (nitroglicerina) em um esquema de 24 horas, com ungüentos ou adesivos. O indivíduo pode tomar comprimidos de ação mais prolongada antes de iniciar atividades que possam provocar ataques de angina. Já os comprimidos sublinguais são usados para tratar episódios anginosos agudos. Dores de cabeça, tontura e hipotensão são os principais efeitos colaterais da NTG (4). Medicamentos bloqueadores β-adrenérgicos podem potencializar as ações hipotensivas da NTG.

Bloqueadores do canal de cálcio (antagonistas do cálcio)

Atualmente, os **bloqueadores do canal de cálcio** incluem o verapamil (Cloridato de Verapamil), a nifedipina e o diltiazem. Esses medicamentos interferem nas correntes lentas de cálcio, que ocorrem durante a despolarização no músculo liso vascular e cardíaco. O verapamil é usado principalmente para tratar arritmias atriais e ventriculares, enquanto a nifedipina e o diltiazem se destinam ao tratamento da angina por esforço e de uma variante da angina de peito ou de ataques de angina de peito que ocorrem em repouso (4).

Tem havido estudos a respeito dos efeitos dos bloqueadores do canal de cálcio sobre a prescrição de exercícios e o treinamento. Chang e Hossack (6) mostraram que as equações de regressão que relacionam o % FCmáx. e o % $\dot{V}O_2$máx. são as mesmas em pacientes que usam diltiazem e em pacientes não-medicados. Parece que os antagonistas do cálcio não afetam adversamente o treinamento de *endurance* de indivíduos saudáveis ou de pacientes com DC (15). MacGowan e colaboradores (16) mostraram que o verapamil não diminui as respostas de indivíduos jovens saudáveis ao treinamento.

Medicamentos antiarrítmicos

Há vários **antiarrítmicos** comuns, incluindo preparações digitálicas. Os β-bloqueadores também são usados para tratar alguns tipos de arritmias. Com exceção dos β-bloqueadores, esses medicamentos têm pouca influência sobre a resposta da FC ao exercício; na verdade, a redução nas arritmias pode melhorar a capacidade de trabalho.

Preparações digitálicas

Os medicamentos **digitálicos** são usados para aumentar o vigor das contrações do miocárdio (contratilidade) e tratam o *flutter* atrial e a fibrilação (4). Em indivíduos com função ventricular ruim, o aumento da contratilidade provocado por preparações digitálicas pode aumentar a capacidade de trabalho. Os efeitos colaterais cardíacos do grupo digitálico incluem extra-sístoles ventriculares, bloqueio AV de Wenckebach e taquicardia atrial. Esses medicamentos podem gerar falso-positivo em testes de doença coronariana em razão da depressão do segmento S-T durante o teste de exercício (9). Seus efeitos colaterais podem ser potencializados pelo sulfato de quinidina.

Anti-hipertensivos

Os **anti-hipertensivos** podem ser divididos em cinco grupos, de acordo com o mecanismo de ação. O funcionamento dos medicamentos do primeiro grupo, os *diuréticos*, consiste no aumento da excreção de eletrólitos e água. Com freqüência, esse grupo é usado como o primeiro tratamento da hipertensão. Os efeitos colaterais incluem hipocalemia ou baixos níveis de potássio no sangue. A hipocalemia pode induzir arritmias e é um problema potencialmente grave. Em geral, quando induzida por diuréticos, ela pode ser evitada pelo consumo de mais frutas cítricas, que têm alto teor de potássio. Se as fontes dietéticas de potássio forem ineficazes, pode-se usar um suplemento prescrito pelo médico (4). Como alternativa, pode-se prescrever um diurético que poupe o potássio.

O segundo grupo de medicamentos anti-hipertensivos compreende os *agentes antiadrenérgicos*. Eles incluem os que atuam no nível do sistema nervoso central, como a clonidina e a metildopa, e reduzem o fluxo simpático do cérebro. Esse grupo também abrange medicamentos que atuam principalmente sobre receptores α-adrenérgicos para diminuir a resistência vascular periférica, como o prazosin. Além disso, inclui os que bloqueiam os receptores β-adrenérgicos (veja a seção anterior) para reduzir o débito cardíaco, a liberação de renina e o fluxo simpático do cérebro.

Um importante efeito colateral dos diuréticos e dos β-bloqueadores é a elevação dos níveis de triglicerídeos e de colesterol e o prejuízo ao metabolismo da glicose e da insulina. Portanto, embora reduzam com eficácia a PA e a incidência de AVC e de doenças renais graves, eles têm um efeito menor do que o esperado sobre a prevenção de ataques cardíacos.

Os *vasodilatadores* formam o terceiro grupo dos medicamentos hipertensivos. Eles diminuem a PA, relaxando o músculo liso vascular. Seus efeitos colaterais incluem hipotensão, tontura e taquicardia.

Os medicamentos anti-hipertensivos do quarto grupo funcionam pelo sistema renina-angiotensina. Eles reduzem a PA, inibindo a enzima conversora da angiotensina (ECA), que transforma a angiotensina I em angiotensina II. Por isso, são chamados de *inibidores da ECA*. Os inibidores da ECA são caros e podem produzir uma tosse seca em 5 a 10% dos pacientes. Eles diminuem a hipertrofia ventricular esquerda, reduzem a proteinúria em pacientes diabéticos e mantêm os níveis de lipídeos no sangue.

O quinto grupo de medicamentos anti-hipertensivos inclui os *antagonistas do cálcio* (bloqueadores do canal de cálcio; veja a seção anterior, na página 386). Como acontece com os inibidores da ECA, os medicamentos dessa classe não afetam adversamente o metabolismo dos lipídeos, da glicose e da insulina.

Medicamentos que reduzem os lipídeos

Os medicamentos que reduzem os lipídeos diminuem o colesterol e os triglicerídeos em indivíduos que não conseguem controlar adequadamente os lipídeos por meio de dieta e exercícios. É improvável que tenham algum efeito substancial sobre o teste de exercício ou o treinamento. Os pacientes que os utilizam precisam ser monitorados de perto pelo médico em virtude de potenciais efeitos tóxicos no fígado. Alguns agentes que reduzem os lipídeos podem potencializar os anticoagulantes, deixando os participantes de programas de exercício mais suscetíveis a hematomas.

Anticoagulantes

Os **anticoagulantes** atrasam o processo de coagulação do sangue. É improvável que esses medicamentos afetem diretamente o teste de exercício ou o treinamento, mas aumentam o risco de hematomas. A aspirina e alguns outros (por exemplo, medicamentos antiinflamatórios não-esteróides) podem potencializar os anticoagulantes e aumentar o risco de hematomas ainda que o trauma seja mínimo.

Adesivos e gomas de mascar de nicotina

Os adesivos e gomas de mascar de nicotina são usados como substitutos do cigarro para pessoas que estão tentando parar de fumar. No caso da **goma de mascar de nicotina**, esta é absorvida pela mucosa oral, fornecendo concentrações no plasma suficientes para restringir a vontade de fumar. Os adesivos de nicotina transdérmicos fornecem nicotina que é absorvida pela pele. A nicotina pode afetar a resposta ao exercício, em particular quando a pessoa masca a goma, mas continua a fumar. Pode haver aumento da freqüência cardíaca e da pressão arterial, assim como incidência de arritmias cardíacas (2).

Broncodilatadores

Os **broncodilatadores** relaxam o músculo liso em torno das vias aéreas, nos pulmões, e aliviam os sintomas de asma, bronquite e de distúrbios pulmonares relacionados. Eles podem ser aplicados via oral ou por um inalador. Em geral, os inaladores são usados em episódios agudos de asma, enquanto a broncodilatação de longo prazo costuma ser obtida com preparações orais. A maioria desses medicamentos estimula os receptores β_2, que relaxam o músculo liso bronquial e aumentam o lúmen das vias aéreas. Devido ao efeito estimulante dos β-adrenérgicos, pode haver aumento da FC e da PA, embora a maioria dos efeitos se concentre no músculo liso encontrado nas vias aéreas.

Agentes antiglicêmicos orais

Um número substancial de pessoas obesas que participam de programas de condicionamento físico têm hiperglicemia, ou seja, níveis elevados de glicose sangüínea. Nessa condição, o pâncreas consegue produzir insulina, mas não em quantidades suficientes para manter o controle normal da glicose sangüínea. Essa condição é chamada de diabete melito não-dependente de insulina e com freqüência pode ser controlada por **agentes antiglicêmicos orais**. Os medicamentos antiglicêmicos orais estimulam o pâncreas a secretar mais insulina, que facilita a absorção de glicose pelos tecidos. A ação estimulante dos antiglicêmicos orais exige o bom funcionamento do pâncreas. Eles são da classe das sulfoniluréias (4). Recentemente, um novo tipo de antiglicêmico oral foi disponibilizado (da classe da metformina). A metformina reduz a resistência à insulina, diminuindo, portanto, o açúcar no sangue. Um efeito colateral grave desses medicamentos é a hipoglicemia ou baixo nível de açúcar no sangue. A hipoglicemia acarreta potencial perigo, e o profissional de condicionamento físico deve saber que tipo de mudança acontece no estado de alerta e na orientação de pacientes que usam medicamentos capazes de reduzir as concentrações de glicose no plasma.

O diabete melito dependente de insulina é um distúrbio mais grave no metabolismo dos carboidratos e se caracteriza pela ausência de insulina, que tem de ser injetada com freqüência. A insulina não pode ser administrada por via oral porque é uma proteína e seria inativada durante o processo digestivo. Ao trabalhar com um diabético dependente de insulina que está utilizando as injeções, o profissional de condicionamento físico deve ficar atento ao risco de hipoglicemia. Seus sinais incluem comportamento bizarro e fala enrolada. Quando indivíduos com diabete melito dependente de insulina estão se exercitando, é bom manter uma fonte de açúcar prontamente disponível para um eventual episódio hipoglicêmico. Veja detalhes adicionais sobre o diabete no Capítulo 20.

Tranqüilizantes

Os **tranqüilizantes** reduzem a ansiedade. Os mais suaves podem diminuir a FC e a PA, controlando a ansiedade, sendo que a resposta ao exercício não é afetada além disso. Os mais fortes podem aumentar a FC, enquanto a PA cai ou permanece inalterada (2). O **álcool** é um depressor que pode afetar o teste de exercício, prejudicando a coordenação motora, o equilíbrio e os tempos de reação. O consumo crônico de álcool tende a elevar a PA em repouso e durante o exercício. Há estudos sobre os efeitos agudos da ingestão de álcool sobre a resposta ao exercício. Durante o exercício máximo breve, doses alcoólicas pequenas a moderadas não afetam o consumo de oxigênio, o volume sistólico, a fração de ejeção, o débito cardíaco, a diferença arteriovenosa de oxigênio e o pico da concentração de lactato (20). No entanto, doses mais elevadas (conteúdo de álcool no sangue = 0,20 mg · dL^{-1}) podem prejudicar o funcionamento do miocárdio, como mostrado por uma diminuição de 6% na fração de ejeção (14). A ingestão de álcool pode provocar arritmias em repouso e durante o exercício.

Ponto-chave

Os medicamentos são prescritos por uma série de razões: PA alta, ritmos cardíacos anormais, nível elevado de lipídeos no sangue, asma e outros problemas médicos. O Apêndice D resume as categorias comuns de medicamentos prescritos para doenças cardiovasculares e doenças relacionadas, e descreve seus efeitos sobre o desempenho no exercício.

Estudos de caso

Confira as respostas no Apêndice A.

1. O seguinte traçado de ECG (veja a Figura 24.1 desta seção) foi obtido de uma mulher de 38 anos, antes do teste na esteira.
    a. Determine a FC (batimentos por minuto) e a duração do intervalo P-R, do complexo QRS e do intervalo Q-T (em segundos).
    b. Que condição ela tem?
    c. Que fatores podem causar essa condição?

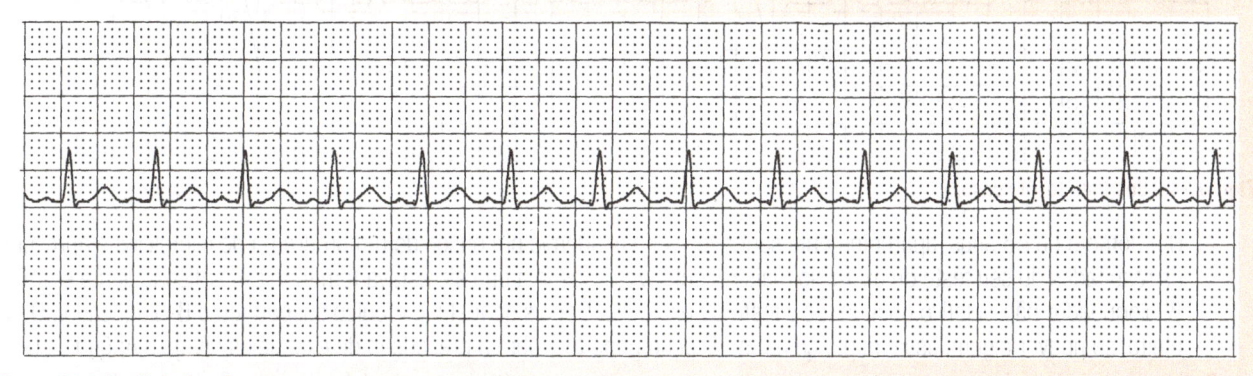

Figura 24.1 dos Estudos de caso.

2. Um estudante universitário de 21 anos, que toma um medicamento com efedrina, apresentou o seguinte traçado de ECG em repouso (veja a Figura 24.2 desta seção).
    a. Que tipo de arritmia ele tem?
    b. Qual é a freqüência ventricular?

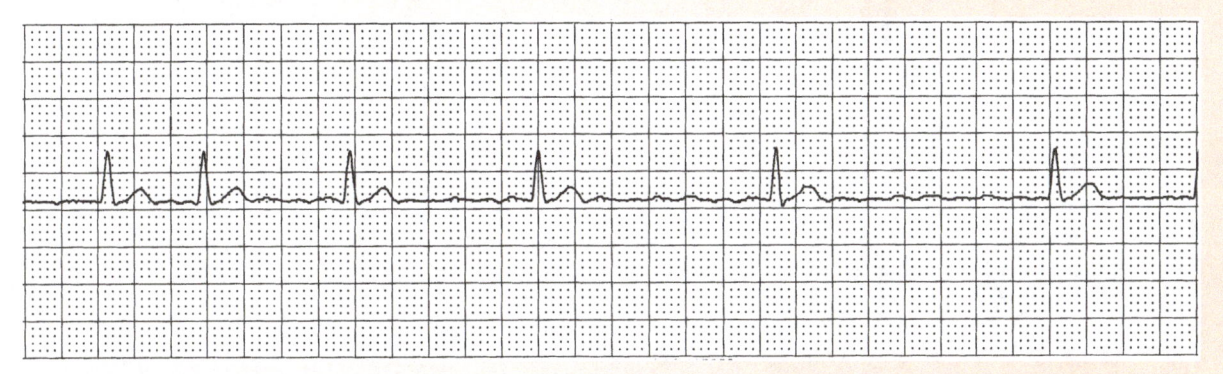

Figura 24.2 dos Estudos de caso.

3. Uma mulher de 57 anos, que participa do programa de exercícios, apresentou o seguinte traçado de ECG (veja a Figura 24.3 desta seção) enquanto se exercitava a 3,5 mi · h⁻¹ em uma esteira com inclinação de 6%.
    a. Que anormalidade é vista nesse ECG?
    b. Que ação deve ser tomada?

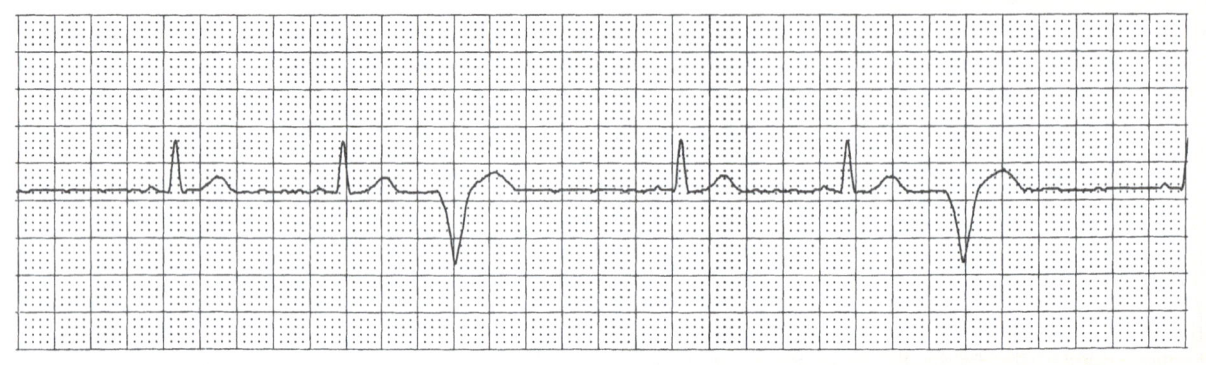

Figura 24.3 dos Estudos de caso.

4. Um homem de 55 anos, aparentemente saudável, vai à academia em busca de um programa de exercícios e apresenta os resultados do seu teste de exercício mais recente. Você observa que ele estava tomando um anticoagulante e um β-bloqueador não-seletivo quando fez o teste de exercício. Depois do teste, o médico suspendeu o β-bloqueador. Que efeito, se houver algum, essa mudança na medicação pode ter sobre a prescrição de exercícios? (Veja o Apêndice D.)

5. Um participante do programa de exercícios toma um medicamento β-bloqueador há vários anos e nunca observou efeitos colaterais. Recentemente, o médico lhe prescreveu um nitrato, e o participante agora reclama de tontura quando fica subitamente em pé. Isso pode estar relacionado com a medicação? Se a resposta for sim, por quê? (Veja o Apêndice D.)

25

CAPÍTULO

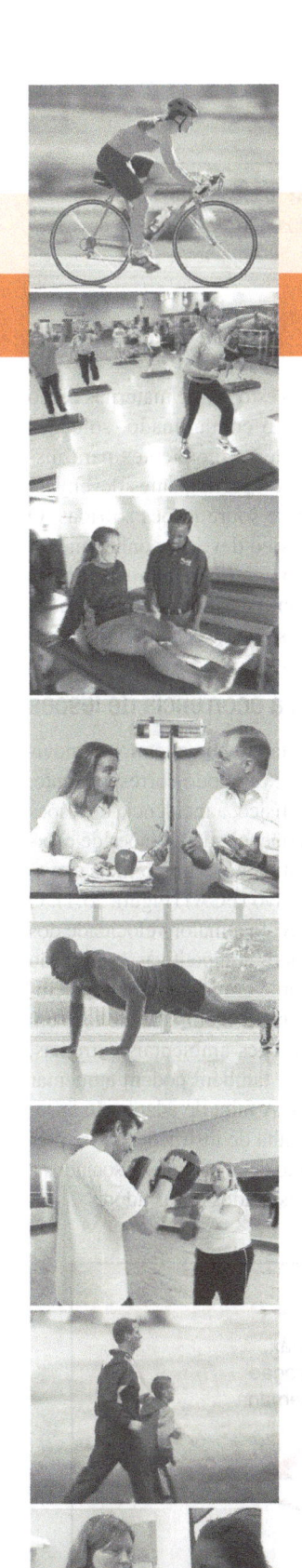

Prevenção e Tratamento de Lesões

Sue Carver

Objetivos

O leitor será capaz de:

1. Descrever modos de minimizar o risco de lesões e prevenir a transmissão de agentes patogênicos pelo sangue.
2. Descrever os sinais e os sintomas de lesões nos tecidos moles (entorses, distensões, contusões e hematomas nos calcanhares). Explicar como iniciar o tratamento de lesões e quando usar o calor no tratamento de longo prazo.
3. Identificar sinais, sintomas e o tratamento adequado de lesões ósseas, feridas e irritações de pele comuns.
4. Descrever as causas de distúrbios relacionados com o calor. Explicar como prevenir lesões causadas por calor e como tratar emergências com essa mesma causa. Fornecer orientações para a reposição de fluidos antes e depois do exercício.
5. Relacionar as causas de distúrbios relacionados com o frio. Explicar como prevenir as lesões superficiais e o profundas causadas pelo frio (*frostbite*) e a hipotermia e como tratar uma emergência relacionada ao frio.
6. Distinguir entre sinais e sintomas do coma diabético e do choque de insulina. Descrever o tratamento apropriado a cada um.
7. Identificar complicações cardiovasculares e pulmonares comuns, resultantes da participação em exercícios.

(continua)

Objetivos (continuação)

8. Identificar os sinais, os sintomas e o controle de problemas ortopédicos comuns; classificar as lesões como leve, moderada ou grave; e recomendar a modificação apropriada dos programas de exercício quando ocorrer lesão.
9. Descrever procedimentos para examinar os sinais vitais.
10. Descrever as técnicas da respiração artificial e cardiopulmonar para adultos.

O profissional de condicionamento físico tem de estar preparado para agir com segurança quando ocorrer alguma emergência médica. Este capítulo discute a prevenção e o reconhecimento de lesões e os métodos de tratamento comuns, além do planejamento preventivo e da ação imediata em emergências.

Prevenção de lesões

Certos riscos inerentes estão associados à participação na atividade física. O profissional de condicionamento físico deve estar consciente desses riscos para poder controlar os fatores que aumentam a possibilidade de lesão. O planejamento antecipado, o treinamento para reconhecimento de lesões e prestação de primeiros socorros, a manutenção de equipamentos e instalações adequados e o aconselhamento em relação à escolha da atividade ajudam a reduzir esse risco. A seguir, discutimos brevemente os fatores que contribuem para a ocorrência de lesões e os passos que devem ser dados para reduzir esse risco (3-9, 11-12, 14-16, 19, 21-22, 24, 28, 32).

Controle do risco de lesões

O risco de lesões em eventos atléticos competitivos é controlado pelas regras do jogo. Em programas de exercícios, quando os jogos são usados como atividade aeróbia, esse risco pode ser reduzido pelo controle do ritmo da atividade ou pela modificação das regras existentes, a fim de aumentar a segurança do participante (por exemplo, limitar o contato corporal, usar uma bola mais macia).

O profissional de condicionamento físico deve incentivar os participantes a buscar conselho profissional em relação a seleção e adequação do equipamento de exercícios. O equipamento mais comum e incorretamente usado é o calçado. Proteger de modo inadequado os pés é um dos principais fatores que contribuem para uma série de problemas nas pernas e na lombar. Manter equipamentos e instalações impróprias também contribui para elevar o risco geral de lesões.

Nesta época, em que nos preocupamos com a transmissão de agentes patogênicos pelo sangue, como o **vírus da imunodeficiência humana** (**HIV**, do inglês *human immunodeficiency virus*) e o **vírus da hepatite B** (**HBV**, do inglês *hepatitis B virus*), devem ser tomadas precauções para proteger tanto o participante quanto o profissional de condicionamento físico. Feridas abertas devem ser cobertas, e curativos saturados de sangue devem ser trocados. Para cuidar com segurança de feridas abertas, é importante manter um estoque de materiais como luvas de látex, recipientes para lixo contaminado, soluções anti-sépticas, curativos, desinfetantes e recipientes para instrumentos cortantes, se necessário. Os participantes devem ser instruídos a informar imediatamente sobre lesões sofridas. O profissional de condicionamento físico deve ter conhecimento das orientações **de precaução universal** para controle da exposição aguda ao sangue, assim como das normas apropriadas para limpeza e descarte de materiais em áreas contaminadas.

Fatores que contribuem para a ocorrência de lesões

A atividade implica movimento; quando aumentamos o movimento, a ocorrência de lesões cresce de modo correspondente. Em programas de condicionamento físico, a incidência de lesões amplia-se quando se aumenta a freqüência das sessões de exercício e quando a intensidade é mantida no extremo mais elevado da faixa da freqüência cardíaca-alvo (FCA) (Figura 25.1). O risco de lesões também aumenta devido à maior velocidade dos movimentos, como se vê em atividades competitivas; em função de mudanças rápidas de direção, como em jogos para condicionamento físico; e em razão do aumento da contração do foco em grupos musculares menores. Condições ambientais extremas, como o excesso de calor ou de frio, também podem aumentar o risco associado à atividade física. A falta de adaptação apropriada ao ambiente, assim como a falta de instruções sobre prevenção, reconhecimento e tratamento de problemas associados a ambientes extremos, pode levar a resultados devastadores.

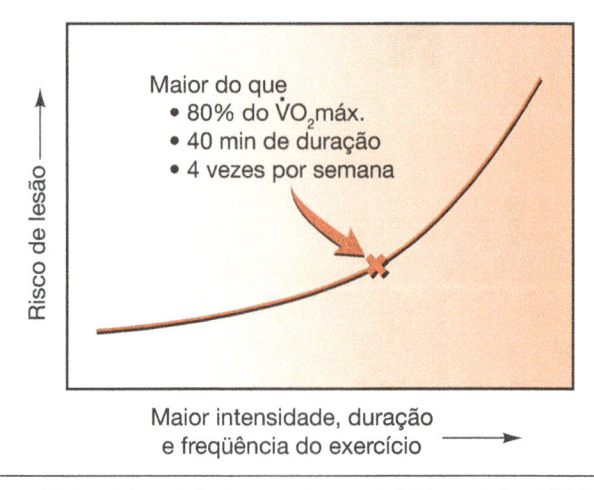

Figura 25.1 O risco de lesão aumenta quando há demasiada atividade.

A idade, o sexo e a estrutura corporal influenciam o risco de lesões. Em geral, os muito jovens e os muito velhos correm maior risco; usualmente, os idosos precisam de mais tempo para recuperação. Em virtude de diferenças na estrutura corporal e na força, com freqüência as mulheres são mais suscetíveis a lesões em atividades co-educacionais e jogos, que exigem mudanças rápidas de direção ou contato corporal. Para os dois sexos, a falta de força muscular ou o seu desequilíbrio, a falta de flexibilidade nas articulações e um condicionamento cardiorrespiratório ruim aumentam a probabilidade de lesão. Indivíduos obesos, além do condicionamento cardiorrespiratório baixo, também têm excesso de peso, o que impõe um estresse adicional às articulações que suportam o corpo. Participantes com problemas médicos específicos, como asma, diabete ou reações alérgicas conhecidas podem precisar de atenção especial para evitar complicações potencialmente graves.

Redução do risco de lesão

Avaliar os participantes antes do início de um programa de atividade física pode ajudar a reduzir o risco de lesão. A avaliação deve destacar as áreas que mais aumentam o risco à saúde, ajudar o participante a reconhecer problemas e alertar o profissional de condicionamento físico para problemas que possam ocorrer na sessão de exercício (por exemplo, ataque de asma, choque diabético). O planejamento adequado para situações de emergência reduz o risco geral. Quando, na academia, não se pode fornecer a supervisão ou o cuidado adequado ao participante, deve-se encaminhá-lo a um programa ou local que seja capaz de prestar os serviços necessários. As instruções para tratar esses encaminhamentos e lidar com todas as principais situações de emergência devem ser redigidas e comunicadas a todos os profissionais de condicionamento físico da academia.

Um fator importante na redução do risco associado à atividade física é a elaboração e implementação de programas de exercício individualizados. O programa pode enfatizar problemas encontrados em testes preliminares, incluindo a avaliação de:

- flexibilidade;
- composição corporal;
- *endurance*, potência e força muscular;
- postura;
- condicionamento cardiovascular.

O modo como o profissional de condicionamento físico conduz o programa de exercícios está estreitamente relacionado com o risco de lesões do participante. Para esclarecer esse ponto, a Figura 25.2 contrasta o "treino maneiro, sem exagero", com objetivo de melhorar o condicionamento físico, e o "treino pesado, mas inteligente", voltado para o aumento do desempenho. Educar os participantes sobre a intensidade adequada da sessão de exer-

> **Ponto-chave**
>
> O profissional de condicionamento físico deve conhecer os riscos associados com a atividade e minimizá-los por meio do planejamento antecipado, do uso de facilidades e equipamentos apropriados, da educação dos participantes em relação ao reconhecimento e cuidado da lesão, da avaliação dos participantes para determinar as suas necessidades de condicionamento ou problemas especiais de saúde que precisam de monitoramento, e do oferecimento de recomendações claras para a graduação da atividade. O profissional de condicionamento físico deve seguir as diretrizes universais de prevenção e usar luvas, recipientes adequados e desinfetantes para reduzir a contamição de agentes patogênicos do sangue.

cícios (ou seja, permanecer na zona da FCA) e ensinar-lhes a reconhecer os sinais e os sintomas de excesso de uso ajuda a reduzir o risco de lesões. O profissional de condicionamento físico deve enfatizar que o programa inteiro e cada sessão individual são graduados de modo a evitar que o participante se exercite em excesso cedo demais. Essa precaução é especialmente verdadeira para pessoas que nunca se envolveram em um programa de exercícios regulares e tendem a superestimar as próprias capacidades. O esforço excessivo pode levar a lesões crônicas por excesso de uso, dor muscular extrema e fadiga indevida.

Ao instruir os participantes sobre sinais e sintomas do excesso de uso, o profissional deve distinguir entre a sensibilidade muscular simples e a lesão. A sensibilidade muscular tende a atingir o pico 24 a 48 horas após o exercício, dissipando-se com o uso e o tempo. Os sinais e sintomas de lesões incluem:

- sensibilidade incomum em determinado ponto
- dores que persistem até mesmo quando a parte do corpo afetada está em repouso
- dores articulares
- dores que não desaparecem após o aquecimento
- inchaço ou descoloração

Figura 25.2 Treinamento para condicionamento físico vs. treinamento para melhorar o desempenho.

- aumento das dores em atividades com suporte do próprio peso ou com movimento ativo
- mudanças em funções corporais normais

Tratamento de lesões

O tratamento depende do tipo e da gravidade da lesão. Esta seção descreve métodos para lidar com lesões comuns em esportes e programas de condicionamento físico (2, 3, 5-8, 10-13, 16-22, 25-27).

Tratamento de lesões no tecido mole

Entorses (excesso de alongamento ou rompimento do tecido **ligamentoso**) e distensões (excesso de alongamento ou rompimento de músculo ou **tendão**) são lesões comuns, associadas a programas de condicionamento físico de adultos. Lesões mais significativas em estruturas articulares ou no tecido mole exigem proteção, descanso e imediata aplicação de gelo, compressão e elevação (procedimentos conhecidos pelo acrônimo: *PRICE*, do inglês *protection, rest, ice, compression* e *elevation*). A Figura 25.3 reforça o conceito do **PRICE**. Em regra, primeiro se aplica uma bandagem úmida para comprimir o local. Ao enrolar a bandagem, começar distalmente e seguir na direção do coração. A compressão deve ser firme, mas não apertada demais. Quando há alguma estrutura articular envolvida, é preciso aplicar a compressão com bandagem úmida, com gelo ao redor de toda a área. Prender o gelo com outra bandagem elástica. Se a lesão envolver uma contusão (hematoma) ou distensão do ventre muscular, alongar levemente o músculo antes de aplicar a bandagem úmida compressora e o gelo. Se possível, elevar a parte lesionada acima do nível do coração para minimizar o efeito da gravidade e reduzir o sangramento nos tecidos. Em qualquer lesão, há risco de choque, e o profissional de condicionamento físico deve estar preparado para lidar com essa situação.

Na maioria dos casos, o participante deve ser instruído para continuar a aplicar gelo por 24 a 72 horas, de acordo com a gravidade da lesão. Ele provoca constrição dos vasos sangüíneos, ajudando, portanto, a controlar o sangramento nos tecidos. Também reduz a sensação de dor. O tempo de tratamento-padrão com gelo é de 15 a 20 minutos, com reaplicação a cada hora ou na presença de dor. Quando a possibilidade de sangramento nos tecidos persiste e não há uso de gelo, deve-se colocar a bandagem compressora para minimizar o inchaço. Não é preciso usar nem o gelo nem a bandagem na hora de deitar, a não ser que a dor perturbe o sono. Se isso ocorrer, a aplicação do gelo com freqüência (a cada 1 a 2 horas) poderá ajudar a controlar a dor. Recomenda-se o encaminhamento a um médico em caso de lesão moderada ou grave.

É possível que o participante lesionado queira aplicar calor mais cedo do que se recomenda. De modo geral, o calor é aplicado em etapas posteriores de uma lesão aguda, quando o risco de sangramento nos tecidos é mínimo. No entanto, é um tratamento comum em condições inflamatórias crônicas, assim como em caso de sensibilidade muscular generalizada. Ele provoca a dilatação dos vasos sangüíneos e reduz espasmos musculares. O tempo de tratamento-padrão para uma compressa de calor úmido é de 15 a 20 minutos. Se houver dúvidas sobre o modo de tratamento a ser usado, o gelo é a opção mais segura. A Tabela 25.1 esboça lesões comuns no tecido mole, seus sinais e sintomas e o cuidado imediato.

> **Ponto-chave**
>
> Quando ocorrem lesões no tecido mole, a adequação da avaliação e do início do tratamento pode reduzir o risco de trauma futuro, além de ajudar no processo de cura (veja detalhes na Tabela 25.1). Proteção, descanso, gelo, compressão e elevação (PRICE) são as etapas mais importantes do cuidado imediato na maioria dos casos de lesões articulares e musculoesqueléticas. Com freqüência, o calor é usado em condições inflamatórias crônicas ou quando há sensibilidade muscular geral; ele deve ser aplicado apenas em etapas posteriores de lesões agudas, quando o risco de sangramento nos tecidos é mínimo.

Tratamento de fraturas

Deve-se suspeitar de fraturas, ou seja, de lesões nos ossos, quando há sensibilidade incomum em determinado ponto sobre um osso, deformidade visível ou palpável ou dor referida em uma área do osso sob percussão ou estresse vibratório. Deve-se fazer um raio X caso haja suspeita de fratura. Quando houver deformidade, não empurrar o osso de volta ao lugar. Colocar uma tala e encaminhar ao médico. A Tabela 25.2 indica procedimentos adicionais a serem seguidos em caso de fratura.

Proteção
Descanso
Gelo
Compressão
Elevação

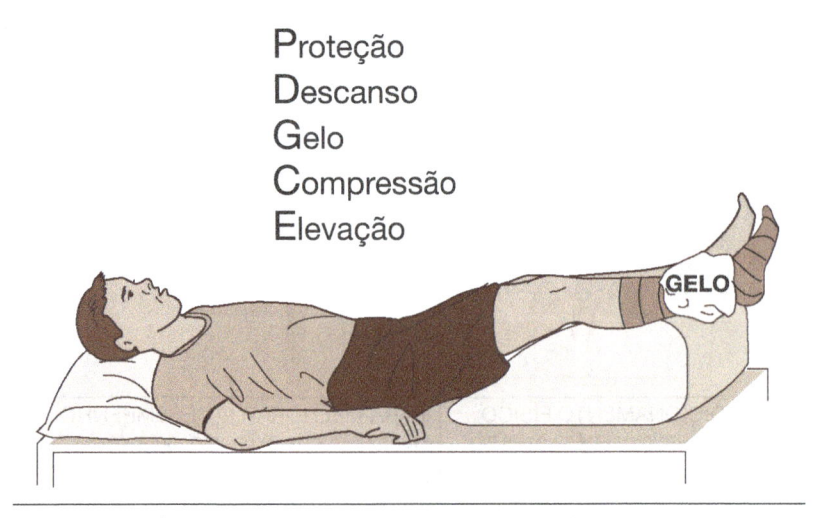

Figura 25.3 Método PRICE de tratamento de entorses e distensões.

Manual de Condicionamento Físico 395

Tabela 25.1 Lesões no tecido mole e seu tratamento

Lesão	Sinais e sintomas	Cuidado imediato

Entorse – alongamento ou rompimento do tecido ligamentoso
Distensão – excesso de alongamento ou rompimento de músculo ou tendão
Contusão – força de impacto que resulta em sangramento em tecidos subjacentes; hematoma
	Primeiro grau – lesão leve, que resulta em excesso de alongamento ou rompimento menor do tecido; limitação da amplitude do movimento, sensibilidade em determinado ponto mínima, sem inchaço
	Segundo grau – lesão moderada, que resulta em rompimento parcial do tecido; função limitada, sensibilidade em determinado ponto e provável espasmo muscular, amplitude de movimento dolorida, inchaço ou descoloração (provável quando não se aplicam os primeiros socorros)
	Terceiro grau – rompimento ou ruptura grave do tecido; sensibilidade incomum em determinado ponto, perda imediata da função; costuma haver inchaço e espasmo muscular seguidos de descoloração; possível deformidade palpável
		Proteção, descanso, gelo, compressão e elevação
		Tempo usual de tratamento:
		  15 a 20 minutos de bolsa de gelo;
		  5 a 7 minutos de gelo derretido ou em cubos
		Freqüência:
		  Moderada a grave – a cada hora ou quando houver dor
		  Menos grave – de acordo com os sintomas
		Persistir nos tratamentos com gelo por, pelo menos, 24 a 72 horas, de acordo com a gravidade da lesão
		Consultar um médico se houver problemas com a função
		Distensão leve a moderada – recomenda-se alongamento gradual até o ponto de desconforto

Hematoma no calcanhar (equinose de pedra) – força súbita anormal na área do calcanhar, que resulta em trauma dos tecidos subjacentes		Proteção, descanso, gelo, compressão e elevação Ao voltar à situação normal de suporte do peso, usar uma proteção para manter o conforto

Informações de 1-2, 11-16, 18, 21, 23, 25, 26, 35

Tabela 25.2 Fraturas e seu tratamento

Lesão	Sinais e sintomas	Cuidado imediato
Fratura – disrupção de osso com ou sem perda da continuidade ou exposição externa; varia desde a irritação periosteal até a separação completa do osso em partes **Simples** – fratura óssea sem exposição externa **Composta** – fratura óssea com exposição externa	Aguda: Trauma direto no osso, que resulta em disrupção da continuidade e incapacidade imediata; deformidade ou desvio ósseo, inchaço, dor, sensibilidade palpável, dor referida Crepitação, articulação falsa, descoloração (em geral se torna aparente mais tarde) Crônica: Processo inflamatório leve que causa proliferação de fibroblastos e escoriação e cicatrização generalizada no tecido conjuntivo, a dor piora progressivamente até permanecer o tempo todo, sensibilidade direta em determinado ponto	Aguda: Controlar o sangramento – elevação, pontos de pressão, pressão direta Tratar contra choque Se for uma fratura aberta, controlar o sangramento e aplicar um curativo esterilizado, evitar disrupção e infecção posteriores; não pressionar os ossos de volta ao lugar Se a ferida for fechada, controlar o inchaço com pressão e gelo Colocar tala acima e abaixo da articulação e aplicar tração, se necessário Proteger a parte do corpo para evitar outras lesões Encaminhar o indivíduo ao médico Crônica: Descanso. Calor. Encaminhar o indivíduo ao médico

Informações de 1, 2, 7, 12, 13, 23, 25-26

Tratamento de feridas e de outros distúrbios na pele

Ferimentos também são lesões comuns associadas com programas de atividade. A maior preocupação é com feridas abertas que sangram. Assim que o sangramento for controlado, pode-se passar aos outros cuidados: proteger o ferimento para evitar infecções, cobri-lo com uma atadura, tratar o participante para evitar choques ou encaminhá-lo imediatamente a um médico para fazer a sutura. Em casos menos graves, às vezes basta apenas uma limpeza e a aplicação de um curativo esterilizado. O profissional de condicionamento físico deve tomar medidas de segurança para evitar o risco de exposição ao sangue. O sangramento interno é uma condição muito grave. O profissional deve tratar o participante contra choque e buscar assistência médica imediata.

Forças de cisalhamento e de pressão são atribuíveis a calçados e meias desconfortáveis, pele sensível ou malcuidada e biomecânica incorreta do pé, que podem levar a lesões por fricção e por compressão. Calos nas mãos e outras irritações na pele podem desenvolver-se a partir da fricção durante atividades em que se segura algo firmemente com freqüência (por exemplo, a raquete de tênis ou o bastão) ou do atrito de uma parte do corpo com outra ou com algum objeto (como costuma ocorrer na ginástica ou na luta livre, por exemplo).

A Tabela 25.3 esboça orientações para o cuidado imediato de ferimentos. A 25.4 discute os cuidados com as irritações de pele mais comuns. O profissional de condicionamento físico tem de tomar precauções universais para tratar ferimentos abertos. Deve usar luvas de proteção ao lidar com materiais que ofereçam potenciais riscos de infecção. O adequado descarte de materiais infecciosos e a descontaminação de áreas afetadas devem ser procedimentos rotineiros.

Tabela 25.3 Ferimentos e seu tratamento

Lesão	Sinais e sintomas	Cuidado imediato
Incisão – corte na pele que resulta em ferimento aberto com bordas bem definidas e exposição de tecidos subjacentes	Bordas regulares que podem sangrar livremente Sinais de infecção (veja Laceração)	Limpar o ferimento com água e sabão, em movimentos que se afastem do local afetado Cortes menos graves podem ser fechados com uma atadura tipo borboleta ou *steri-strip* (curativo esterilizado de Micropore com filamentos de poliéster) Aplicar um curativo esterilizado Encaminhar ao médico se for preciso sutura (por exemplo, feridas profundas ou largas e cortes faciais) ou se houver sinais de infecção
Laceração – rompimento de pele que resulta em ferimento aberto com bordas recortadas e exposição de tecidos subjacentes	Bordas recortadas que podem sangrar livremente Sinais de infecção: vermelhidão; inchaço; aumento da temperatura da pele; nódulos linfáticos sensíveis, doloridos e inchados; febre branda; dor de cabeça	Embeber em solução anti-séptica, como peróxido de hidrogênio, para soltar materiais estranhos Limpar com água e sabão anti-séptico, usando técnicas de esterilização, com movimentos que se afastem do local da lesão Aplicar um curativo esterilizado Instruir o indivíduo a procurar um médico caso sejam reconhecidos sinais de infecção Usualmente, encaminhar ao médico; podem ser necessárias suturas ou uma vacina antitetânica Se a lesão for extensiva, controlar o sangramento, cobrir com ataduras esterilizadas grossas e tratar contra choque Encaminhar ao médico

Perfuração – penetração direta nos tecidos por um objeto pontiagudo	Abertura pequena que pode sangrar livremente
	Sinais de infecção (veja Laceração)
		Se o objeto se encontra profundamente encravado:
		  Proteger a parte do corpo e encaminhar ao médico para remoção e cuidados. Tratar contra choque.
		  Limpar ao redor, com movimentos que se afastem do local da lesão
		  Permitir que o ferimento sangre livremente, para minimizar o risco de infecção
		  Aplicar um curativo esterilizado. Usualmente, os ferimentos com perfuração devem ser tratados por um médico. Pode ser necessária uma vacina antitetânica. Instrua o indivíduo a procurar o médico caso haja sinais de infecção.

Lesão	Sinais e sintomas	Cuidado imediato
Abrasão – raspagem de tecidos que resulta em remoção das camadas mais externas da pele e em exposição de numerosos capilares	Superficial, avermelhada, superfície irregular Exsudação ou secreção dos capilares subjacentes Pode conter sujeira, fragmentos ou bactérias embebidos no tecido	Debridar e lavar com um jato de solução anti-séptica, como peróxido de hidrogênio; depois lavar com água e sabão Aplicar um agente anti-séptico à base de petróleo para manter o ferimento umedecido. Isso permite a cicatrização de camadas mais profundas Cobrir com gaze não-aderente Instruir o indivíduo a procurar o médico caso haja sinais de infecção
Sangramento excessivo – sangramento externo ou interno que resulta em perda massiva de volumes de sangue circulante; com freqüência, resulta em choque e pode levar à morte	Hemorragia externa 1. Arterial Cor: vermelho-claro Fluxo: esguichos, sangramento em geral abundante 2. Venoso Cor: vermelho-escuro Fluxo: constante e com exsudação	Elevar a parte afetada acima do nível do coração Colocar pressão direta sobre o ferimento, usando, se possível, uma compressa esterilizada Aplicar um curativo compressor. Usar pontos de pressão Tratar contra choque Encaminhar a um médico
Hemorragia interna – sangramento no interior de estruturas profundas do corpo (cavidade torácica, abdominal ou pélvica) e em qualquer órgão contido nessas cavidades	Hemorragia interna – sangramento na cavidade torácica, abdominal ou pélvica e em qualquer órgão contido nessas cavidades Em geral, não há sinais externos, exceto quando o indivíduo expele sangue pela tosse, descobre sangue na urina ou fezes ou apresenta o seguinte: Inquietação Sede Desfalecimento Ansiedade Pele fria e úmida Tontura Pulso rápido, fraco e irregular Pressão arterial – queda significativa	Tratar contra choque Encaminhar ao médico imediatamente Não dar água nem comida
Choque causado por sangramento	Inquietação Ansiedade Pulso fraco, rápido Temperatura da pele – fria, úmida, suando em profusão Cor da pele – pálida, depois cianótica Respiração – superficial, difícil Olhos – sem expressão Pupilas – dilatadas Sede Náusea e possível vômito Pressão arterial – queda acentuada	Manter as vias aéreas desobstruídas Controlar o sangramento Elevar os membros inferiores 31 cm (exceções: problemas cardíacos, lesão na cabeça ou respiração difícil – colocar em posição confortável, geralmente semi-inclinada, a não ser que haja suspeita de lesão na coluna, caso em que não se deve mover o indivíduo) Colocar tala na(s) fratura(s) Manter a temperatura normal do corpo Evitar trauma posterior Monitorar os sinais vitais e anotá-los a intervalos regulares – mais ou menos a cada 5 minutos Não fornecer alimentos nem líquidos

Informações de 1-2, 7-9, 11-17, 19, 23-25, 32, 34

Tabela 25.4 Irritações na pele e seu tratamento

Irritações na pele	Sinais e sintomas	Cuidado imediato
Bolha – acumulação de soro logo abaixo de uma camada de pele superficial	Área de acumulação de fluido definida, sob a pele Sensação de calor Dolorida ao toque	Prevenir, iniciando a atividade pesada lentamente e fortalecendo a pele com adstringentes (ácido tânico ou água salgada) Interromper a atividade caso se desenvolva uma área de fricção, aplicar gelo e cobrir a irritação com um material contra atrito ou uma proteção acolchoada em forma de anel Prevenir a contaminação quando a bolha se romper; limpar com água e sabão Encaminhar ao médico caso surjam sinais de infecção

Calo – área da pele com espessamento acentuado, em geral sobre uma região de pressão	Formação de calo visível e excessivo, que pode:
	  Ser dolorido
	  Ter rachaduras ou fissuras
	  Ficar infectado
	  Desenvolver bolhas
		Prevenir a formação de calos excessivos, lixando a região
		Tomar medidas para reduzir a fricção, usando sapatos e meias ajustados de forma adequada, talco ou lubrificante e corrigindo falhas biomecânicas anormais do pé com produtos ortopédicos. Proteger áreas suscetíveis com materiais protetores especiais, como luvas, fitas ou acolchoamentos.
		Prevenir infecções, mantendo os calos cortados e usando um lubrificante para prevenir rachaduras e rompimentos

Calosidade
  Calosidade dura – espessamento da pele dos dedos do pé
  Calosidade macia – área circular formada de pele macerada, branca e espessa, entre os dedos e na cabeça proximal das falanges
	Dor localizada
	Inflamação e espessamento do tecido mole
	Em geral, é vista na ponta dos dedos do pé e está associada com a deformidade do dedão em martelo
	Dor e inflamação
		Prevenir, usando calçados ajustados de forma adequada ou produtos ortopédicos quando a causa estiver na biomecânica anormal do pé
		Prevenir com calçados ajustados adequadamente e controlar o acúmulo de umidade, mantendo a pele entre os dedos sempre seca
		Separar os dedos com algodão ou lã de carneiro

Unha encravada – a parte lateral da unha do dedo do pé cresce, entranhando-se no tecido mole	Inflamação grave, dor e infecção	Aplicar compressas anti-sépticas quentes por 20 minutos, 2 ou 3 vezes por dia, na temperatura de 43,4 a 48,9°C Depois de amolecer a unha, inserir chumaços de algodão embaixo das extremidades laterais, separando-as do tecido mole Encaminhar a um médico ou quiropodista se houver sinais de infecção
Intertigo – corrosão por atrito excessivo de partes corporais, em combinação com transpiração	Dor, inflamação, queimação, coceira, umidade, rachadura, lesão	Limpar com freqüência Usar talco secante medicinal
Verruga plantar – infecção viral no pé que leva ao excesso de crescimento localizado da pele; pode ser confundida com o calo	Bordas distintas, com núcleo central Às vezes, parece crescer para dentro; um pequeno ponto preto no centro, cercado por área de calo mais clara Espessamento excessivo da pele	Usar um protetor em forma de anel para evitar a pressão sobre a verruga Lixar a área calosa em torno da verruga (não lixar a verruga) Procurar um médico ou quiropodista para curar ou remover a verruga

Informações de 11-15, 16-17, 23, 25, 30, 32, 34.

> **Ponto-chave**
>
> As etapas para lidar com fraturas simples e compostas, ferimentos (e sangramento excessivo) e outros distúrbios na pele estão listadas nas Tabelas 25.2 a 25.4.

Preocupações com o meio ambiente

O meio ambiente pode desempenhar um papel importante no desenvolvimento de problemas graves, relacionados com a manutenção da temperatura corporal normal durante o exercício. Esta seção examina os fatores relacionados com o aumento do risco de lesões causadas pelo calor e pelo frio.

Problemas relacionados com o calor

Doenças causadas por calor podem afetar qualquer pessoa. O condicionamento físico ruim, embora seja um fator colaborador, não é a causa primária. Mesmo o atleta mais bem condicionado pode sofrer algum distúrbio relacionado ao calor. O exercício e o meio ambiente podem aplicar grandes cargas de calor ao indivíduo. Cargas de calor excessivas superestimulam a transpiração, pois a **evaporação** do suor é o principal mecanismo de resfriamento do corpo. Em resultado disso, grandes quantidades de água podem ser perdidas durante a atividade física, causando o aumento da temperatura corporal central (**hipertemia**). Se for perdida água demais, poderão ocorrer colapso e morte. As informações a seguir esboçam métodos de identificação da desidratação (perda excessiva de fluidos corporais) e de prevenção de doenças causadas por calor.

Uma perda de água de até 3% do peso corporal é considerada segura. De 3 a 5%, ela passa a ser limítrofe; acima de 5%, é considerada grave. A perda pode ser monitorada por pesagem dos participantes antes e depois da atividade. Indivíduos que se encontram além da faixa de 3% em duas ou mais sessões de trabalho seguidas correm maior risco de lesão por calor e devem ser monitorados com cuidado, caso sua participação seja liberada.

A experiência prática de equipes militares e atléticas que trabalham sob calor e umidade tem levado à elaboração de orientações para prevenir a lesão por calor. Aplicando essas orientações a programas de condicionamento físico de adultos, ajudamos a aumentar a segurança e o prazer do praticante. Para evitar lesões por calor, os praticantes devem fazer o seguinte:

- aclimatizar-se ao calor e à umidade, aumentando gradualmente a intensidade e a duração do treinamento ao longo de 7 a 10 dias;
- hidratar-se antes da atividade e também durante, com freqüência;
- diminuir a intensidade do exercício em caso de temperatura ou umidade alta; usar a FCA como guia;
- monitorar a perda de peso, pesando-se antes e depois das sessões de trabalho. Consumir fluidos se houver perda de mais de 3% do peso corporal durante a atividade. Minimizar a participação até que o peso fique dentro da faixa de 3%;
- seguir uma dieta rica em carboidratos; o carboidrato tem alto teor de água e ajuda a manter o equilíbrio de fluidos;
- usar roupas adequadas a condições climáticas quentes ou úmidas. Expor a maior superfície de pele possível.

Outras precauções incluem vestir roupas claras, pois elas não retêm tanto calor quanto as escuras. Usar materiais de algodão, que absorvem o suor e permitem a evaporação. Certos tecidos sintéticos e materiais com desenhos pintados não absorvem o suor e devem ser evitados.

Os participantes devem saber como identificar sintomas de excesso de esforço: náusea ou vômito, extrema dificuldade para respirar, tontura, fadiga incomum, cãibra muscular e dor de cabeça. Os sintomas relacionados com doenças causadas por calor incluem: pêlos eriçados no tórax ou nos antebraços, calafrios no corpo, dor de cabeça ou latejamento, náusea ou vômito, respiração dificultada, lábios secos ou boca muito pegajosa, desfalecimento (síncope por calor) ou cãibra muscular (cãibras por calor) e cessação do suor. Brotoejas por calor também podem ser um sintoma, atribuível a glândulas de suor inflamadas, e são comuns entre crianças que suaram profusamente. Quando esses sintomas estão presentes, o risco de desenvolvimento de exaustão por calor ou intermação (choque térmico) aumenta de maneira drástica, e os participantes devem interromper a atividade e ficar na sombra. Além disso, devem ser instruídos a pedir ajuda quando se sentirem desorientados ou se os sintomas forem graves. O profissional de condicionamento físico deve fornecer fluidos e estimular todos a bebê-los.

Os indivíduos que experimentam intermação podem sofrer danos permanentes no sistema termorregulador. Quem não possui mecanismos de resfriamento eficientes pode ficar muito suscetível a lesões por calor. As pessoas que utilizam medicamentos, como os anti-histamínicos ou os diuréticos, usam quantidades elevadas de sal na dieta ou consomem tabletes de sal e ingerem grandes volumes de álcool (em particular antes da atividade) apresentam maior risco desse tipo de lesão. Adicionalmente, quem participa de atividades físicas com febre pode provocar a elevação da temperatura corporal a níveis perigosos. A Tabela 25.5 esboça as várias etapas das doenças por calor, os sinais e os sintomas associados com cada uma delas e orientações para o cuidado imediato.

Obtenha informações sobre fatores ambientais, como a umidade relativa e a temperatura. A umidade relativa pode

Tabela 25.5 Problemas relacionados com o calor e seu tratamento

Doença por calor	Sinais e sintomas	Cuidado imediato

Cãibras por calor – contrações musculares espasmódicas causadas por esforço sob calor extremo	Cãibra muscular (a panturrilha é um local muito comum)
	Cãibras múltiplas (muito grave)
		Cãibras isoladas:
		    Pressionar o local e liberá-lo, fazer uma massagem suave, colocar gelo
		    Hidratar-se, bebendo bastante água
		Cãibras multiplas:
		    Perigo de intermação; tratar como exaustão por calor

Exaustão por calor – colapso com ou sem perda de consciência, sofrido em condições de calor e umidade elevada, que resulta, em grande parte, da perda de fluidos e de sal pelo suor	Suor em profusão Pele fria e úmida Temperatura normal ou um pouco elevada Palidez Tontura Fraqueza, pulsação rápida Respiração superficial Náusea Dor de cabeça Perda de consciência Sede	Levar o indivíduo para uma área de sombra e com boa ventilação Colocá-lo em posição de choque, com os pés elevados 31 a 46 cm; prevenir a perda ou o ganho de calor Massagear gentilmente os membros Movimentar os membros com delicadeza, na amplitude total Forçar o consumo de fluidos Reanimar a pessoa Monitorar a temperatura corporal e outros sinais vitais Encaminhar ao médico
Intermação (choque térmico) – etapa final da exaustão por calor, em que o sistema termorregulador pára de funcionar para conservar os níveis de fluido depletados	Em geral, não há transpiração Pele seca Muito quente Temperatura muito alta, até 41,1°C Pele avermelhada ou ruborizada (peles mais escuras ficam pigmentadas) Pulsação rápida e forte Respiração dificultosa Mudança de comportamento Apatia	Tratar como uma emergência médica extrema Transportar com rapidez o indivíduo ao hospital Remover a maior quantidade de roupa possível, sem expor o indivíduo Resfriá-lo rapidamente, começando pela cabeça, até as partes inferiores do corpo; usar todos os meios possíveis (ventilador, mangueira, bolsa de gelo) Enrolá-lo em lençóis úmidos e frios na hora de transportar Tratar contra choque; se a respiração estiver difícil, colocá-lo em posição semi-reclinada
Síncope por calor – desmaio ou perda excessiva de força devido ao excesso de calor	Dor de cabeça Náusea	Ingestão normal de fluidos

Informações de 1-2, 11-15, 30-35

ser calculada pela medição das temperaturas atmosféricas por termômetros seco e úmido (veja o Capítulo 10), com um psicrômetro. Como mencionado antes, a evaporação do suor é o principal meio de perda de calor durante o exercício. Essa perda de fluido tem de ser reposta para minimizar o risco do calor e maximizar a participação segura e agradável no programa de exercício. Para a maioria dos indivíduos que participam de programas de condicionamento cardiorrespiratório, a sede é um indicador adequado do momento de hidratar-se. Em geral, a reposição de fluidos, à medida que forem usados, é o melhor caminho para atender às demandas do corpo. Quando há transpiração extrema ou condição atmosférica seca, às vezes o mecanismo da sede não consegue suprir a necessidade de ingestão de fluidos.

A ingestão de fluidos diária normal para o indivíduo sedentário fica entre 1,8 e 2,4 L. A demanda real depende de tantos fatores que é difícil estabelecer uma única recomendação de hidratação para todos. No entanto, beber 240 a 300 mL de fluidos antes do exercício pesado, além de ingeri-los com freqüência durante a atividade, ajuda a prevenir doenças por calor.

Pode haver perda de sal e de outros minerais durante exercícios prolongados, em particular quando o clima estiver quente e úmido. Apesar disso, não se recomenda o uso de **tabletes de sal**, a não ser acompanhados de muita ingestão de água. Uma solução de água com 0,1 a 0,2% de sal pode ser dada a indivíduos com elevada perda de água. No entanto, consumir mais sal nas refeições e garantir uma alta ingestão de água o dia todo já costuma garantir a necessidade corporal de sódio e a reposição de fluidos.

A maioria das bebidas **eletrolíticas** é uma solução diluída de glicose, sal e outros minerais, com adição de sabor artificial. Algumas marcas também contêm até 200 a 300 kcal em cada 946 mL de solução. Com exceção do sódio, os minerais fornecidos pela solução eletrolítica não trazem grandes benefícios. Quando há profusão de suor, grandes quantidades dessas soluções podem ter a mesma função de uma solução de sal diluída. Em casos de transpiração leve a moderada, a ingestão normal de sal nos alimentos repõe com adequação o sódio. A principal vantagem de usar uma solução com sabor é que o indivíduo acaba bebendo mais do que se ingerisse apenas água pura ou solução de sal. No entanto, considerando os preços das soluções eletrolíticas preparadas comercialmente, a água pura ou soluções feitas em casa, como a descrita a seguir, são muito mais econômicas.

Solução eletrolítica caseira

946 mL de água
1/3 (5 mL) da colher de chá de sal
7 a 22 mL de açúcar para dar sabor

Fluidos com temperatura de 5 a 15°C são absorvidos com mais rapidez do que com outras temperaturas.

> **Ponto-chave**
>
> Mecanismos de resfriamento do corpo ineficientes, determinadas medicamentos, alta ingestão de sal ou álcool e a prática de exercícios com febre ou em condições muito quentes e úmidas podem causar distúrbios relacionados com o calor. A doença por calor é potencialmente mortal, e o profissional de condicionamento físico tem de ficar atento às formas de preveni-la e aos modos de reconhecer seus sinais e reagir a eles (veja a Tabela 25.5). Hidratação adequada, avaliada por uma panilha da variação de peso, é uma boa opção de prevenção. Forneça água antes, durante e após a atividade para prevenir a desidratação.

Problemas relacionados ao frio

Exercitar-se em tempo frio e com vento pode causar problemas se não forem tomadas certas precauções. Considerável perda de calor pode ocorrer por convecção a partir da pele e evaporação da umidade. A hipotermia ocorre quando se perde calor corporal em ritmo mais rápido do que a sua produção, e a temperatura corporal cai para menos de 35°C. No frio, os vasos sangüíneos periféricos de áreas frias contraem-se, o que conserva o calor do corpo, mas aumenta o risco de ulceração pelo frio (*frostbite*). A prática de exercícios em clima frio e chuvoso pode complicar o problema, em conseqüência do aumento da taxa de evaporação. A sensação térmica é outro fator que tem de ser levado em conta. Uma sensação térmica elevada pode resultar em perda grave do calor corporal, ainda que a temperatura real do ar esteja acima de zero. Além disso, a temperatura corporal cai ainda mais rapidamente em água fria do que no ar de igual temperatura. Os problemas relacionados com o frio podem ser prevenidos quando o participante toma as seguintes precauções:

- Evitar o exercício ao ar livre em dias de frio extremo e vento.
- Vestir uma roupa por cima da outra e retirar as camadas, se necessário, para evitar a transpiração.
- Fazer aquecimento antes do exercício e evitar períodos de inatividade.
- Permanecer seco.
- Cobrir a face, o nariz, as orelhas, os dedos e a cabeça (perde-se muito calor quando a cabeça fica exposta).
- Evitar nadar ou se exercitar em água fria, em particular quando a temperatura do ar circundante estiver baixa.

A Tabela 25.6 descreve como reconhecer e tratar problemas relacionados com o frio.

> **Ponto-chave**
>
> Exercitar-se em clima frio e chuvoso ou quando a sensação de frio estiver alta, assim como praticar exercícios na água fria, pode levar a distúrbios relacionados com o frio. Medidas de precaução, como evitar a exposição ao frio extremo, vestir camadas de roupa removíveis, fazer o aquecimento antes da atividade, permanecer constantemente ativo e reconhecer o efeito da sensação de frio sobre a temperatura do ar, podem ajudar a prevenir problemas causados pelo frio. Veja, na Tabela 25.6, conselhos específicos sobre como tratar problemas relacionados ao frio.

Preocupações médicas

Alguns indivíduos têm condições médicas que podem ser agravadas pelo exercício. Também é importante reconhecer os principais problemas cardiovasculares e respiratórios. Esta seção resume preocupações médicas comuns.

Reações diabéticas

O profissional de condicionamento físico deve familiarizar-se com os sinais e os sintomas do coma diabético e do choque insulínico (veja a Tabela 25.7). Quando surge uma emergência em que o diabético está consciente, o próprio praticante costuma indicar qual é o problema. No entanto, quando a pessoa não for capaz de dizer o que tem, deve-se perguntar qual foi

Tabela 25.6 Problemas relacionados ao frio e seu tratamento

Problemas relacionados ao frio	Sinais e sintomas	Cuidado imediato
***Frostbite* profundo** – lesão pelo frio do tecido profundo, inclusive de músculos e ossos	Área dura, fria, insensível, pálida ou branca Podem ocorrer danos permanentes ao tecido	Proteger a parte do corpo Remover adereços da parte lesionada Remover o indivíduo, evitando continuidade da exposição ao frio Segurá-lo com gentileza Encaminhar ao médico É necessário um reaquecimento rápido
Queimadura de frio – lesão pelo frio das pontas dos membros, como orelhas, nariz ou dedos, envolvendo apenas a superfície da pele	Pele firme e fria Queimação, coceira, vermelhidão localizada A pele pode descamar ou apresentar bolhas dentro de um dia ou dois	Reaquecer, aplicando firme pressão sobre a área afetada, soprando ar quente sobre a área, submergindo em água quente (37,8 a 40,6°C) e mantendo a área de lesão contra o corpo
***Frostbite* superficial** – lesão pelo frio de camadas da pele e do tecido subcutâneo	Pele pálida, cor de cera, e fria Coloração púrpura Após o reaquecimento, pode surgir inchaço e bolhas superficiais Ferroadas, queimação e dores podem aparecer por vários dias ou semanas	Remover do frio Reaquecer a área
Hipotermia – a temperatura corporal central cai abaixo de 35°C	Calafrios Problemas na função neuromuscular Diminuição da capacidade de tomar decisões Rigidez muscular Hipotensão Choque Morte	Tratar como uma emergência médica Remover do frio Tratar contra choque Transportar imediatamente ao hospital

Informações de 1-2, 11-15, 30-34

Tabela 25.7 Reações diabéticas e seu tratamento

Reação diabética	Sinais e sintomas	Cuidado imediato
Coma diabético/hiperglicemia – perda de consciência causada por um nível de insulina baixo demais	Dor de cabeça Confusão Desorientação Estupor Coma nauseado Cor da pele – avermelhada Lábios – cor de cereja Temperatura do corpo – mais baixa; pele – seca Odor da respiração – doce, com cheiro de fruta Vômito Dor abdominal Necessidade de ar Pulsação rápida, fraca e fina PA normal ou um pouco baixa Inconsciência	Chamar um médico Pouco pode ser feito, a não ser que haja insulina disponível Se não houver pronta assistência médica: 1. tratar como choque; 2. administrar fluidos em grandes quantidades pela boca, se o indivíduo estiver consciente; 3. manter as vias aéreas desobstruídas; 4. virar a cabeça do indivíduo para o lado, a fim de prevenir aspiração do vômito caso ele esteja nauseado; e 5. não dar açúcar, carboidratos nem gorduras em forma alguma. Recuperação – melhora gradual, ao longo de 6 a 12 horas. A terapia de fluidos e insulina deve ser orientada por um médico

Reação diabética	Sinais e sintomas	Cuidado imediato
Choque insulínico/hipoglicemia – ansiedade, excitação, transpiração, delírio ou coma causado por excesso de insulina ou por falta de carboidratos suficientes para compensar a ingestão de insulina	Cor da pele – pálida (peles mais escuras ficam acinzentadas) Temperatura da pele – úmida e viscosa; suor frio Pulso – normal ou rápido e saltado limítrofe Pressão arterial – normal ou um pouco elevada Respiração – normal ou superficial e lenta Fraqueza em um lado do corpo Sem odor de acetona na respiração Fome intensa Possível visão dupla Comportamento incomum – confuso, agressivo, letárgico Desfalecimento, convulsão, coma ou inconsciência	Administrar açúcar o mais rapidamente possível (por exemplo, suco de laranja, um doce) Se o indivíduo estiver inconsciente, colocar grânulos de açúcar debaixo de sua língua Se o indivíduo estiver inconsciente ou se a recuperação for lenta, chamar um médico Recuperação – em geral, rápida: 1 a 2 minutos. Encaminhar o indivíduo ao médico se ele continuar inconsciente ou se a recuperação for lenta

Informações de 1-2, 11-15, 21, 23

sua última refeição e se administrou insulina no dia. Se, por exemplo, a pessoa comeu, mas não aplicou a insulina, provavelmente entrou em coma diabético, condição em que há pouquíssima insulina, insuficiente para metabolizar o carboidrato consumido (hiperglicemia). Se, ao contrário, o indivíduo aplicou a insulina, mas não comeu, a probabilidade é de um choque insulínico, em que há insulina demais ou não há carboidrato suficiente para compensar a ingestão de insulina (hipoglicemia).

Se o indivíduo estiver inconsciente, veja se ele carrega alguma identificação que aponte problemas médicos, para tentar identificar a causa. Caso não seja possível determinar se a ocorrência é um coma diabético ou um choque insulínico, dê açúcar ao praticante. Danos cerebrais ou morte podem ocorrer rapidamente quando o choque insulínico não é tratado; esse é um estado muito mais crítico do que o coma diabético. Se o problema for um choque insulínico, o indivíduo responderá logo – em 1 a 2 minutos; nesse momento, leve-o a um hospital o mais rápido possível. Se o caso for de coma diabético, há pouco risco de complicação grave em razão da ingestão de açúcar. Serão necessárias várias horas de terapia de fluido e de insulina sob supervisão médica. A Tabela 25.7 esboça as reações diabéticas, seus sinais e sintomas, e o cuidado imediato de cada uma.

Complicações cardiovasculares e pulmonares

Podem ocorrer complicações cardiovasculares em caso de lesão devido a diminuição dos volumes de sangue circulante, assim como sangramento, hipertermia ou hipotermia, choque ou ataque cardíaco. O profissional de condicionamento físico deve ser capaz de reconhecer e lidar com potenciais complicações, como **taquicardia** (batimentos cardíacos rápidos demais), **bradicardia** (batimentos cardíacos anormalmente lentos), hipertensão (pressão arterial alta) e **hipotensão** (pressão arterial baixa).

As complicações pulmonares podem ser observadas com mais facilidade. A **apnéia**, ou cessação temporária da respiração, pode ser causada por obstrução das vias aéreas, reação alérgica, afogamento ou lesões intratorácicas. A dispnéia, ou respiração dificultosa, pode ser causada por hiperventilação, asma e lesão no tórax ou nos pulmões. A **taquipnéia**, respiração excessivamente rápida, pode ser sinal de excesso de esforço, choque ou hiperventilação. O profissional de condicionamento físico deve ter segurança suficiente para avaliar a circulação e a respiração, além de conhecer os procedimentos de emergência apropriados e de ter habilidade para executá-los.

A maioria dos distúrbios respiratórios inclui a hiperventilação, asma e obstrução das vias aéreas. A hiperventilação pode ocorrer quando há exalação pesada ou respiração rápida, resultando na expulsão excessiva de dióxido de carbono (CO_2) e, portanto, reduzindo os níveis de CO_2 no sangue. Níveis baixos de CO_2 podem causar tontura, desfalecimento, dores no peito e formigamento nos pés e nas mãos. Tranqüilizar o indivíduo com calma, encorajando uma freqüência respiratória mais lenta e ajudando-o a respirar em um saco de papel ou com as mãos fechadas em forma de concha sobre o nariz e a boca ajuda a restaurar os níveis de CO_2.

A asma é uma condição em que os músculos lisos dos tubos bronquiais entram em espasmo; edema e inflamação do revestimento da mucosa são causados por exercícios, mudanças na pressão barométrica ou na temperatura, vírus, problemas emocionais e odores nocivos. O indivíduo afetado pode

Ponto-chave

O coma diabético resulta de hiperglicemia, e o choque insulínico é atribuído a hipoglicemia.

mostrar-se ansioso, pálido e suado; com tosse ou chiados, além de falta de ar. Pode ocorrer hiperventilação, resultando em tontura, e, devido a secreções da mucosa, o indivíduo tenta limpar a garganta com freqüência.

O profissional de condicionamento físico deve estar preparado para lidar com ataques de asma. Em geral, as pessoas que sofrem desse problema sabem o que deve ser feito e levam consigo os medicamentos adequados. É freqüente os indivíduos com asma induzida por exercícios tomarem remédios antes de realizar a atividade. O profissional deve estimular as pessoas com asma a beberem água e a fazerem exercícios respiratórios e de relaxamento. Deve remover elementos irritantes do ambiente, se possível. Caso o espasmo bronquial seja excessivo, chamar um médico.

A **obstrução das vias aéreas** pode ocorrer quando um objeto estranho ou a língua bloqueiam a passagem de ar. Quando o participante tiver dificuldade para respirar e forçar a tosse, deve-se ficar ao lado dele e encorajá-lo a continuar tossindo. No entanto, se a pessoa não conseguir expelir o objeto ou se as vias aéreas ficarem completamente obstruídas, pedir que chamem uma ambulância e dar início às compressões abdominais (**procedimento de Heimlich**). Se a pessoa estiver consciente, para tentar deslocar uma obstrução conhecida, verificar a passagem de ar visualmente, limpar a área com os dedos ou realizar o procedimento de Heimlich. Em geral, mover a mandíbula inferior para a frente ou inclinar a cabeça e levantar o queixo costuma abrir a passagem de ar bloqueada pela língua. Deve-se realizar a **respiração de socorro** se a pessoa parar de respirar e o reposicionamento da cabeça não alterar a situação.

O **choque respiratório**, condição em que os pulmões não conseguem fornecer oxigênio suficiente para o sangue circulante, pode resultar em uma emergência médica. Sinais e sintomas incluem palidez da pele ou cianose; pulso rápido e fraco; respiração rápida e superficial; diminuição da PA; mudanças de personalidade, incluindo desinteresse, irritabilidade, inquietação e excitação; sede extrema; e, em casos graves, retenção urinária e incontinência fecal.

O tratamento inclui a manutenção do calor corporal e a elevação dos pés e das pernas 31 a 46 cm. Se houver suspeita de lesão na cabeça ou no pescoço, proteger a área envolvida e levantar a cabeça e os ombros do indivíduo, colocando um travesseiro ou uma toalha enrolada sob seu corpo. Manter o participante quente, tranqüilizá-lo e procurar assistência médica.

> **Ponto-chave**
>
> As complicações cardiovasculares comuns, causadas pelo exercício, incluem batimentos cardíacos rápidos em excesso ou anormalmente lentos e PA baixa ou alta. As complicações pulmonares abrangem cessação temporária da respiração, respiração difícil e obstrução das vias aéreas.

Empregar as técnicas de ressuscitação cardiopulmonar (RCP) (veja as páginas 409 e 411).

Problemas ortopédicos comuns

Muitas lesões que costumam ser encaminhadas ao ortopedista para diagnóstico e tratamento resultam de excesso de uso ou agravamento de um problema musculoesquelético crônico. Em muitos casos, as lesões não incapacitam o participante de imediato. Às vezes, passam-se semanas ou meses após o surgimento da dor e, só então, o participante procura o médico. Nesse momento, a inflamação é grave e em geral impede a função normal da parte envolvida. Em várias situações, pode-se evitar uma lesão grave tomando-se o devido cuidado logo no início. A Tabela 25.8 esboça alguns problemas ortopédicos comuns, suas causas, seus sinais e sintomas e apresenta orientações gerais de tratamento.

Periostite pré-tibial (*shin splints*)

Periostite pré-tibial é uma expressão ampla, usada para descrever uma série de condições dessa parte do corpo. Com freqüência, esse termo é usado para definir dores localizadas entre o joelho e o tornozelo (geralmente na região medial anterior e na lateral). O diagnóstico deve ser limitado a condições que envolvam inflamação da unidade musculotendínea, causada por excesso de esforço dos músculos durante uma atividade com apoio do próprio peso. Em vez desse termo geral, é preferível um diagnóstico mais específico. Seja qual for o caso, o médico tem de avaliar as seguintes possibilidades: fratura por estresse, distúrbio metabólico ou vascular, **síndrome do compartimento** e distensão muscular. As queixas físicas que com freqüência acompanham a periostite pré-tibial incluem o seguinte:

- dor leve na perna após sessões de esforço;
- diminuição do desempenho e do resultado do trabalho em decorrência de dor;
- dor no tecido mole;
- inchaço leve ao longo da área da inflamação;
- temperatura um pouco elevada no local da inflamação;
- dor ao mover o pé para cima e para baixo.

De modo geral, a periostite pré-tibial não envolve histórico de trauma. Os sintomas começam gradualmente e progridem quando não se reduz a atividade. O tratamento sintomático usual é o seguinte:

- descansar na etapa aguda; reduzir a atividade com apoio de peso;
- em casos leves, por excesso de uso, diminuir ou modificar a atividade por alguns dias (por exemplo, nadar ou pedalar em vez de correr);
- aplicar calor ou gelo antes da atividade; usar gelo após a atividade. Tratamentos com calor podem consistir na aplicação de compressas quentes e úmidas por 15 a 20

minutos ou no uso de hidromassagem, com temperatura da água entre 37,8 e 41,1°C. Em regra, o tempo de tratamento é de 15 a 20 minutos. O tratamento com gelo pode consistir na aplicação de uma bolsa com gelo por 15 a 20 minutos ou na realização de massagens com gelo parcialmente derretido ou em cubos por 5 a 7 minutos.

O tratamento deve começar ao primeiro sinal de dor. Se a dor for extrema, o participante deve procurar o médico. É preciso determinar e tratar a causa, além de fazer um tratamento sintomático, para prevenir a recorrência. A Tabela 25.9 cita as principais causas de periostite pré-tibial, assim como os sinais e os sintomas, e o que pode ser feito para prevenir o surgimento ou a recorrência desse problema.

Modificação do exercício

A maioria das lesões ortopédicas pode ser classificada como leve, moderada ou grave. Em caso de dúvida, recomenda-se o tratamento conservador. Quaisquer lesões que resultem em dor aguda ou afetem o desempenho e também aquelas em que o praticante ouve ou sente um estalido no momento da ocorrência devem ser avaliadas por um médico. Se as medidas conservadoras não resultarem em melhoria da condição em um tempo razoável (2 a 4 semanas), recomenda-se nova consulta médica.

É possível que algumas condições exijam a modificação do programa de exercícios. Às vezes, o participante é obeso, artrítico ou tem histórico de problemas musculoesqueléticos. Nesses casos, com freqüência se emprega o exercício na piscina, uma vez que a água quente é terapêutica, apóia o peso do corpo e em geral possibilita maior amplitude de movimento. Em todos os casos, a atividade deve ser adequada à condição. Todos os que precisam de modificação dos exercícios devem ser monitorados de perto. A Tabela 25.10 resume as orientações gerais de classificação de lesões e oferece sugestões de modificação da atividade.

Tabela 25.8 Problemas ortopédicos comuns e seu tratamento

Lesão	Causas comuns	Sinais e sintomas	Tratamento
Reações inflamatórias **Bursite** – inflamação da bolsa (saco entre um músculo e o osso; cheio de fluido, facilita o movimento, protege e ajuda a prevenir funções anormais) **Capsulite** – inflamação da cápsula articular **Epicondilite** – inflamação dos músculos ou tendões ligados aos epicôndilos do úmero **Miosite** – inflamação do músculo voluntário **Fasciite plantar** – inflamação do tecido conjuntivo que preenche a planta dos pés **Tendinite** – inflamação de um tendão (tira de tecido fibroso, duro e inelástico, que conecta o músculo ao osso) **Tenossinovite** – inflamação de uma bainha tendínea **Sinovite** – inflamação da membrana sinovial (tecido altamente vascularizado, que reveste as superfícies articulares)	Excesso de uso Mecânica articular imprópria Técnica imprópria Patologia Trauma Infecção	Vermelhidão Inchaço Dores Aumento da temperatura da pele sobre a área de inflamação Sensibilidade Defesa involuntária do músculo	Gelo e descanso nas etapas agudas Se crônica, em geral se usa calor antes do exercício ou atividade e gelo depois Massagem Realizar exercícios de alongamento muscular Corrigir a causa do problema Se a correção da causa e o tratamento sintomático não aliviarem os sintomas, consultar o médico; de hábito prescreve-se um medicamento antiinflamatório Se houver suspeita de processo de doença ou infecção, consultar imediatamente um médico

(continua)

Tabela 25.8 Problemas ortopédicos comuns e seu tratamento *(continuação)*

Lesão	Causas comuns	Sinais e sintomas	Tratamento
Cotovelo de tenista – inflamação da unidade musculotendínea dos extensores do cotovelo, onde eles se inserem no aspecto externo do cotovelo (epicondilite lateral)	Mecânica incorreta do *backhand* – as incorreções podem incluir: conduzir com o cotovelo, usar uma pegada imprópria, deixar cair a ponta da raquete ou usar um *backhand* com volteio para cima, com um movimento de chicotada Largura da pegada inadequada – em geral fechada demais Encordoamento da raquete muito apertado Batida na bola inadequada – acertar fora do centro, em particular quando são usadas bolas pesadas e úmidas Excesso de uso dos supinadores do antebraço e dos extensores do punho e dos dedos	Dor diretamente sobre o aspecto externo do cotovelo, na região da origem do extensor comum Inchaço Aumento da temperatura da pele sobre a área da inflamação Dor na extensão do dedo médio contra uma resistência, com o cotovelo estendido Dor na pegada da raquete e extensão do punho	Gelo e descanso nas etapas agudas Se a condição for crônica, em geral usar calor antes do exercício ou atividade e gelo depois Aplicar uma massagem profunda, com fricção no cotovelo Realizar exercícios de fortalecimento e de alongamento para os extensores do punho Corrigir a causa do problema: 1. Usar técnicas apropriadas 2. Usar uma largura da pegada adequada (ao pegar a raquete, deve-se deixar o espaço da largura de um dedo entre o polegar e os outros dedos) 3. Usar uma raquete com a adequada tensão do encordoamento (de modo geral, entre 50 e 55 lb ou 22,7 e 25,0 kg) 4. Evitar raquetes rígidas, que vibram com facilidade Manter o cotovelo aquecido, em particular quando estiver frio Usar uma braçadeira de contraforça, uma tira circular que é colocada logo abaixo do cotovelo (para reduzir o estresse na origem dos extensores) Se a correção da causa e o tratamento sintomático não aliviarem os sintomas, consultar um médico; comumente, se prescrevem medicamentos antiinflamatórios

Lesão	Causas comuns	Sinais e sintomas	Tratamento
Dor lombar mecânica – dor lombar que resulta de problemas na mecânica do corpo, inflexibilidade de certos grupos musculares ou fraqueza muscular	Musculatura lombar rígida Músculos isquiotibiais rígidos Má postura ou maus hábitos posturais Musculatura do tronco fraca, em particular os músculos abdominais Diferenças no comprimento das pernas por problemas estruturais ou funcionais Anormalidade estrutural Obesidade	Dor lombar generalizada, em geral agravada por uma atividade que acentua a curva lombar (por exemplo, corrida em subida) Espasmo muscular Sensibilidade palpável, limitada à musculatura e não localizada diretamente sobre a coluna Possível diferença na altura pélvica ou outros sinais indicativos de possível discrepância no comprimento das pernas Rigidez muscular, em especial dos isquiotibiais, flexores do quadril e lombares	Encaminhar os indivíduos com manifestação aguda de dor lombar ou sinais de lesão ao médico para avaliação e raio X. Antes de iniciar um programa geral de exercícios, excluir possível diagnóstico de anormalidades estruturais, como espondilolistese, ruptura do disco, fratura, neoplasia ou instabilidade segmentar Podem ser necessários procedimentos diagnósticos posteriores O tratamento sintomático consiste em aplicação de gelo e encaminhamento a um médico nos casos agudos Em geral, os casos crônicos são tratados com calor úmido, para reduzir o espasmo muscular, e com gelo após a atividade Corrigir as causas da dor lombar: 1. Alongar os músculos rígidos 2. Fortalecer os músculos fracos 3. Promover o aquecimento antes da atividade e o relaxamento depois dela 4. Corrigir diferenças no comprimento das pernas 5. Enfatizar posições posturais corretas 6. Se possível, corrigir ou compensar anormalidades estruturais (por exemplo, uso de um produto ortopédico em caso de problema biomecânico)

Informações de 11, 14-16, 26.

Tabela 25.9 Síndrome da periostite pré-tibial

Lesão	Causas comuns	Sinais e sintomas	Tratamento
Periostite pré-tibial – reação inflamatória da unidade musculotendínea, causada por excesso de esforço dos músculos durante uma atividade com suporte do próprio peso (as seguintes condições devem ser excluídas: fratura por estresse, distúrbio metabólico ou vascular, síndrome do compartimento, distensão muscular)	Calo proeminente na região metatarsal Arco metatarsal caído Arco longitudinal fraco Desequilíbrio muscular Flexibilidade insatisfatória de pernas, tornozelos e pés Superfície imprópria para corrida Calçados impróprios para corrida Excesso de uso Problemas biomecânicos ou anormalidades estruturais Técnica ou habilidade imprópria para corrida Treinamento em condições climáticas ruins	Arco longitudinal mais baixo de um lado Sensibilidade na área do arco Padrões anormais de uso dos calçados	Conservar os calos lixados Usar um acolchoamento para o arco metatarsal Realizar exercícios de alongamento para os flexores dos dedos do pé Usar uma fita no arco longitudinal para suporte Usar suportes para o arco Realizar exercícios de alongamento para os flexores dorsais e os inversores Fazer exercícios para aumentar a amplitude de movimento Evitar superfícies duras Evitar mudar de superfície Escolher um calçado que absorva bem o impacto; conferir se ele se adapta bem ao pé Ser flexível em relação a mudanças no programa de treinamento caso surjam sinais de estresse físico excessivo. Estimular o condicionamento durante o ano inteiro Realizar sempre um aquecimento adequado Consultar um quiropodista ou outro profissional especializado em pés; talvez sejam indicados produtos ortopédicos Elaborar um programa de treinamento especial para encaixar as diferenças de cada um (por exemplo, aumento da intensidade das sessões de trabalho e redução da duração) Corrigir a técnica Realizar exercícios de fortalecimento e de alongamento específicos, assim como trabalhos de aprimoramento da técnica Usar o bom senso quanto ao treinamento em dias frios ou chuvosos Vestir-se adequadamente para se manter aquecido Fazer o aquecimento e o relaxamento de modo adequado
Fratura por estresse – defeito ósseo que ocorre por excesso de estresse sobre os ossos que suportam o peso do corpo, o que acelera a taxa de reestruturação, incapacidade do osso de atender às demandas do estresse, resultando em perda de continuidade no osso e em irritação periosteal Fraturas da tíbia por estresse – mais comuns em indivíduos com arco do pé alto Fraturas da fíbula por estresse – mais comum nos pronadores	Excesso de uso ou mudança abrupta no programa de treinamento Mudança na superfície de corrida Mudança das passadas na corrida	Dor referida ao local da fratura quando se usa o teste de percussão (por exemplo, bater o tornozelo pode causar dor no local de uma fratura da tíbia por estresse) Usualmente, dor localizada em um único ponto e sensibilidade anormal quando se apalpa Em geral, dor sempre presente, mas com aumento em atividades que exigem apoio do próprio peso; não há alívio da dor após o aquecimento	Consultar o médico. Deve ser feito um raio X. Não se costuma detectar estalido no osso. Uma área nebulosa torna-se visível quando o calo começa a se formar. Com freqüência, isso acontece 2 a 6 semanas após o início da dor. Como regra, pode-se fazer uma detecção precoce por varredura óssea ou termograma Se houver suspeita de fratura por estresse não-diagnosticada, tratar de acordo com essa condição Não se deve permitir a corrida ou outras atividades de alto nível de estresse e apoio do próprio peso até que a fratura esteja curada e o osso não apresente mais sensibilidade quando apalpado. De modo habitual, as fraturas da tíbia por estresse levam 8 a 10 semanas para solidificar; as da fíbula, cerca de 6 semanas. Quando os sintomas agudos persistem, em geral, podem ser iniciadas atividades como a natação e o ciclismo, para manter os níveis cardiovasculares. Isso deve ser esclarecido com o médico supervisor. Se for atribuída uma causa específica ao desenvolvimento da fratura por estresse, será preciso tomar medidas para corrigi-la.

Informações de 3, 7-8, 11-17, 20-26, 29, 31.

Ressuscitação cardiopulmonar e procedimentos de emergência

Todos os profissionais de condicionamento físico devem ser bem versados nas técnicas de **ressuscitação cardiopulmonar** (RCP). (Nos Estados Unidos, geralmente são ministrados cursos nas agências da American Heart Association [AHA] ou na American Red Cross [ARC].) Em situações de emergência, há pouco tempo para pensar, e a maioria das reações ocorre automaticamente. Elaborar um plano de ação e praticá-lo de forma rotineira ajuda a garantir o cumprimento apropriado dos **procedimentos de emergência** no momento necessário (1-15).

Plano de emergência básico

Em primeiro lugar – *esteja preparado*. Durante a aula de exercícios, mantenha consigo o celular ou cuide para que haja um telefone disponível, em local conhecido. Quando não houver telefones à mão, elabore um plano de emergência alternativo. O profissional de condicionamento físico deve identificar o **sistema médico de emergência** (SME) e serviços especiais (por exemplo, ambulâncias, hospitais, médicos) que serão usados, mantendo seus números de telefone na agenda, em local conveniente. Decida quem ficará responsável por telefonar para a assistência médica em situação de emergência e cuide para que essa pessoa saiba explicar à equipe médica como chegar ao local onde está o indivíduo lesionado. Todas as informações médicas necessárias (por exemplo, autorização médica para prática de exercícios e históricos de saúde) devem estar prontamente disponíveis; todos os equipamentos e recursos de emergência (por exemplo, maca, estojo de primeiros socorros, desfibrilador externo automático, talas, gelo, inalador, cartão telefônico, cobertores, prancha para a coluna) devem estar em local de fácil acesso. É preciso fazer a verificação periódica do equipamento para garantir que tudo esteja em ordem para funcionamento imediato; os suprimentos devem ser atualizados. E obviamente se deve saber onde ficam os alarmes de incêndio e os extintores.

Mantenha a calma para tranqüilizar a pessoa lesionada e ajude a evitar a ocorrência de choque. Pensar com clareza permite julgamentos razoáveis e execução apropriada dos planos preconcebidos. Na maioria dos casos, não é preciso pressa. As exceções são os casos de extrema dificuldade respiratória, interrupção da respiração ou da circulação, choque, sangramento grave, sufocação, lesão na cabeça ou no pescoço, doença por calor e lesão interna – todos esses exigem ação urgente. Nas demais situações, são desejáveis uma avaliação cuidadosa e um plano deliberado. O profissional de condicionamento físico deve manter um sistema de avaliação de situações que ameaçam a vida e deve preparar a respectiva ação. Todos os procedimentos devem ser conduzidos com calma e profissionalismo.

Determine o histórico da lesão a partir da observação direta do que aconteceu, do relato da pessoa lesionada ou do depoimento de uma testemunha da lesão. Se o indivíduo lesionado

Tabela 25.10 Critérios de classificação de lesões e modificação de exercícios

Critérios	Modificações
Lesão leve Não afeta o desempenho Causa dor apenas após a atividade atlética Em geral, não há sensibilidade quando se apalpa Pouco ou nenhum inchaço Sem descoloração aparente	Reduzir o nível de atividade, modificar a atividade para eliminar o estresse sobre a parte lesionada, tratar sintomaticamente e retornar de modo gradual à atividade completa
Lesão moderada Pouco ou nenhum efeito sobre o desempenho Dor antes e após a atividade atlética Sensibilidade leve quando se apalpa Possível inchaço leve Possível descoloração	Descansar a parte lesionada, modificar a atividade para eliminar o estresse sobre ela e retornar de modo gradual à atividade completa
Lesão grave Dor antes, durante e após a atividade Desempenho definitivamente afetado pela dor Movimento limitado pela dor Sensibilidade moderada a grave em determinado ponto quando se apalpa Grande probabilidade de inchaço Possível descoloração	Descansar completamente e consultar o médico

De D. D. Arnheim, 1987, *Essentials of athletic training* (St. Louis: Times Mirror/Mosby).

estiver semiconsciente ou inconsciente, e não houver uma causa determinada, veja se ele traz no corpo alguma identificação com alerta médico.

Verifique os sinais vitais – freqüência cardíaca (FC), respiração, pressão arterial (PA) e sangramento – para determinar a gravidade da situação. Essa avaliação vai determinar o rumo da ação.

Verificação dos sinais vitais

Os parágrafos a seguir descrevem os sinais vitais e o modo de monitorar cada um deles. Importantes sinais vitais a serem verificados incluem o pulso, a cor, a temperatura corporal, a mobilidade e a PA da pessoa lesionada.

Verifique a FC. Pressione o dedo levemente sobre uma artéria para monitorar a freqüência do pulso. Os locais de verificação mais comuns são os pulsos carotídeo, braquial, radial e femoral. Se não houver pulsação e a pessoa estiver inconsciente, inicie a RCP. A média da freqüência cardíaca para adultos varia de 60 a 100 batimentos · min^{-1}.

Avalie a cor. Quando indivíduos de cor clara apresentam pele, leito das unhas, lábios, esclerótica dos olhos e membranas mucosas vermelhos, há possibilidade de intermação, pressão arterial alta, envenenamento por monóxido de carbono, febre e queimadura de sol. Se a pessoa estiver pálida ou acinzentada, as mudanças na cor da pele poderão ser atribuídas a choque, pavor, circulação insuficiente, exaustão por calor, choque insulínico ou ataque cardíaco. A cor azulada indica má oxigenação do sangue, que pode ser resultado de obstrução das vias aéreas, insuficiência respiratória, insuficiência cardíaca ou algum tipo de envenenamento. Em indivíduos de cor escura, avalie o leito das unhas, a parte interna dos lábios, a boca e a língua. Rosa é a coloração normal dessas partes; um tom azulado sugere choque. O acinzentando sugere choque por **hemorragia**. O rubor súbito na ponta das orelhas sugere febre.

Determine a temperatura do corpo. A temperatura normal do corpo é 37,0°C. Meça a temperatura com um termômetro colocado sob a língua (por 3 minutos), na axila (10 minutos) ou no reto (1 minuto). Pele fria, úmida e viscosa indica exposição ao ar frio; pele quente e seca sugere febre ou intermação.

Teste a mobilidade. Incapacidade de movimentar-se (paralisia) sugere lesão ou doença na medula vertebral ou no cérebro.

Meça a pressão arterial (PA). Geralmente, a PA é medida na artéria braquial, com um esfigmomanômetro e um manguito. Os seguintes resultados ajudam a determinar o problema:

- PA normal – em homens, a pressão arterial sistólica (PAS), ou seja, a pressão durante a fase de contração do coração, é igual a 100 mais a idade do indivíduo até 140 a 150 mmHg; a pressão arterial diastólica (PAD), ou seja, a pressão durante a fase de relaxamento do coração, é igual a 65 a 90 mmHg. Em mulheres, essas duas medidas são em geral 8 a 10 mmHg mais baixas.
- Hemorragia grave, ataque cardíaco – diminuição acentuada (20 a 30 mmHg) na PA.
- Dano ou ruptura de vasos no circuito arterial – PA anormalmente alta (> 150 PAS/> 90 PAD).
- Dano cerebral – aumento na PAS e estabilidade ou queda da PAD.
- Problema cardíaco – diminuição na PAS e aumento na PAD.

Questões que determinam o procedimento

As seguintes perguntas irão ajudá-lo a determinar o rumo da ação necessária ao tratamento de participantes lesionados.

O indivíduo está consciente? Se a resposta for não, talvez haja lesão na cabeça, no pescoço ou nas costas. Se você não tiver certeza sobre o motivo da inconsciência, veja se ele carrega consigo uma plaqueta com algum alerta médico. Avalie as vias aéreas, a respiração e a circulação. Não use cápsulas de amônia para despertá-lo, pois, em resposta, é possível que ele mova a cabeça subitamente, causando uma lesão adicional. Se a respiração foi interrompida e a pessoa estiver deitada de bruços, vire-a com o maior cuidado possível, mantendo a cabeça, o pescoço e a coluna na mesma posição relativa, e inicie a RCP.

Se o indivíduo estiver inconsciente, mas respirando, proteja-o de outras lesões. Não o movimente a não ser que a vida dele esteja em risco. Espere o socorro médico. De modo sistemático, avalie o corpo inteiro e realize os procedimentos de primeiros socorros necessários.

O indivíduo está respirando? Se a resposta for não, estabeleça um conduto de ar e administre a respiração artificial. Solicite ajuda médica. As seguintes informações ajudam a determinar por que a pessoa parou de respirar:

- Respiração normal – 20 respirações · min^{-1}.
- Respiração em indivíduos bem treinados – 6 a 8 respirações · min^{-1}.
- Choque – respiração rápida e superficial.
- Obstrução das vias aéreas, doença cardíaca, doença pulmonar – respiração profunda, trabalhosa e arquejante.
- Danos aos pulmões – escarro espumoso com sangue pelo nariz e pela boca, acompanhado de tosse.
- Acidose diabética – respiração com odor alcoólico ou de fruta doce.
- Cessação da respiração – falta de movimento do abdome e do peito e também do fluxo de ar pelo nariz e pela boca.

O indivíduo está sangrando profusamente? Se a resposta for sim, controle o sangramento, elevando a respectiva parte do corpo; aplique pressão direta sobre o ferimento ou em **pontos de pressão**; e, como último recurso, coloque um torniquete. O torniquete só deve ser usado em situações de risco de morte, em que se justifica sacrificar um membro para salvar a vida da pessoa. Trate para evitar o choque.

> **Ponto-chave**
>
> Quando o praticante de exercícios sofre uma lesão, é preciso verificar se ele continua consciente e respirando e se há sangramento, assim como lesões na cabeça, no pescoço e nas costas. Verifique seu pulso, meça a temperatura e a PA de acordo com as orientações da seção anterior.

Há indício de lesão na cabeça? A lesão na cabeça é indicada por um histórico de batida nessa região ou queda sobre ela, deformidade no crânio, perda de consciência, presença de fluido claro ou cor de palha escorrendo pelo nariz e ouvidos, tamanho desigual das pupilas, tontura, perda de memória e náusea. Evite qualquer movimento desnecessário. Se for preciso mover, use uma maca e mantenha a cabeça do indivíduo elevada. Se ele estiver inconsciente, pressuponha também uma lesão no pescoço. Peça ajuda médica urgente. As seguintes informações ajudam a determinar a causa da lesão na cabeça:

- Abuso de medicamentos ou distúrbio no sistema nervoso – pupilas contraídas.
- Inconsciência, parada cardíaca – pupilas dilatadas.
- Lesão na cabeça – pupilas de tamanho desigual.
- Doença, envenenamento, *overdose*, lesão – as pupilas não reagem à luz.
- Morte – pupilas amplamente dilatadas e sem resposta à luz.

Há indício de lesão no pescoço ou nas costas? O histórico da lesão pode fornecer uma pista. Outras indicações de possível lesão no pescoço ou nas costas incluem dor diretamente sobre a coluna, queimação ou formigamento nos membros e perda da função ou da força muscular nos membros. Se houver dúvidas, pressuponha que a lesão atingiu o pescoço ou as costas. As seguintes informações ajudam a determinar a lesão:

- Provável lesão na medula vertebral – entorpecimento ou formigamento nas extremidades.
- Oclusão de uma artéria principal – dor grave na extremidade, com perda da sensação cutânea.
- Histeria, choque violento, excesso de medicamentos ou álcool – sem dor.

Respiração de socorro, ressuscitação cardiopulmonar e uso do desfibrilador externo automático

A parada cardíaca é a principal causa de morte nos Estados Unidos, vitimando mais de 350.000 pessoas a cada ano. O ritmo cardíaco anormal e caótico, conhecido como *fibrilação ventricular* (veja o Capítulo 24) impede que o coração seja preenchido com sangue. Quando iniciada cedo o bastante, a RCP pode manter o fluxo de oxigênio para o cérebro, mas não consegue corrigir os batimentos cardíacos nem restaurar o ritmo normal. Com freqüência, a aplicação de um choque no coração com um impulso elétrico restaura o ritmo sinusal. Quanto mais cedo for dado o choque, maior será a chance de sobrevivência. O desfibrilador externo automático (DEA) permite que socorristas com limitada experiência e treinamento desfibrilem o coração da pessoa assistida. O DEA tem aumentado de forma significativa a taxa de sobrevivência dos indivíduos que passam por um infarto do miocárdio (IM). Há situações em que o participante pode parar de respirar sem sofrer uma parada cardíaca. Nesse caso, a respiração de socorro (RS) ajuda a restaurar a respiração, mas o pulso também deve ser verificado para confirmar se o coração está bombeando sangue para todo o corpo. Às vezes, o pulso se apresenta enfraquecido e não pode ser detectado, e o socorrista pode concluir que o indivíduo assistido precisa de RCP e DEA ou apenas de um desses dois recursos. O DEA permite que o socorrista prepare o choque, mas tem um dispositivo de segurança para garantir que a carga não seja disparada sem necessidade. O profissional de condicionamento físico deve ser treinado e preparado para usar todas as técnicas mencionadas – a RCP, a RS e o DEA – para restaurar a respiração e o fluxo sangüíneo em uma situação potencialmente fatal. A discussão a seguir esboça as etapas ensinadas pela American Heart Association para cada um desses três procedimentos. O profissional de condicionamento físico deve rememorar as técnicas recomendadas atualmente (4).

Quando o participante parece ter parado de respirar, deve ser iniciada a RS. Se descobrir que a respiração e o pulso da pessoa assistida pararam, o profissional de condicionamento físico deve usar logo o DEA (se disponível). Embora as instruções das técnicas da RS e da RCP se destinem apenas a adultos, o profissional deve reconsiderar as orientações recomendadas atualmente para todas as faixas etárias (adultos, crianças e bebês). A seguir, apresentamos uma lista de etapas a serem seguidas para a recuperação de uma pessoa inconsciente:

1. Analise a segurança do local e procure determinar a causa do colapso.
2. Examine a pessoa, buscando lesões, testando a capacidade de resposta e também observando quaisquer outras indicações da causa do colapso.
3. Determine a capacidade de resposta do indivíduo – sacuda-o ou bata gentilmente nele e pergunte se está passando bem.
4. Se você estiver sozinho e a pessoa não reagir, peça ajuda imediatamente, pegue os materiais de socorro e o DEA (se estiver à mão) e decida se ela tem de ser retirada do local antes do início da prestação de socorro. Se houver outras pessoas por perto, peça a uma delas que chame o serviço de emergência, à outra que pegue os materiais de socorro e o DEA e, com cuidado, movimente o indivíduo, caso isso possa ser

feito com segurança. Em seguida, inicie a tentativa de socorro, seguindo as precauções básicas de prevenção de transmissão de doenças.

5. Observe, ouça e sinta a respiração. Se a pessoa não estiver respirando, e se necessário, coloque-a de costas, apoiando sua cabeça e seu pescoço. Reposicione o pescoço, com inclinação da cabeça e levantamento do queixo ou com impulsão da mandíbula. Nessa nova posição, reavalie o estado do indivíduo. Se ele ainda não estiver respirando, tape-lhe o nariz, apertando as narinas, cubra-lhe a boca com a sua e faça duas ventilações lentas. Em seguida, avalie a circulação, passando o indicador e o dedo médio de uma mão no sulco do pescoço do indivíduo, no lado mais próximo a você. Não são necessários mais de 10 segundos para verificar o pulso carotídeo.
6. Se houver pulsação, mas a pessoa ainda não estiver respirando, inicie a RS com freqüência de uma respiração a cada 5 a 6 segundos. Reavalie os sinais de circulação e de respiração a cada 2 minutos.
7. Na ausência de respiração, mas com presença de circulação, continue a RS.
8. Se não houver nem respiração nem pulsação, comece a usar o DEA e a RCP; se o DEA não estiver prontamente disponível, inicie a RCP e continue até alguém trazer o DEA.
9. Se tiver de iniciar a RCP, marque dois dedos acima do processo xifóide, na extremidade inferior do nó do esterno, posicione o meio de uma mão acima dessa marca, no meio do esterno, e coloque a outra mão sobre a primeira. Entrelace os dedos e suspenda um pouco a mão sobre a parede peitoral. Com os ombros posicionados sobre as mãos, comprima o peito da pessoa assistida 3,8 a 5,1 cm. Faça 30 compressões e duas respirações de socorro no ritmo de 100 compressões $\cdot$ min^{-1} para um adulto. Continue por cinco ciclos ou 2 minutos e verifique de novo os sinais de circulação. Se não houver sinal algum, continue a RCP, conferindo a circulação no período de alguns minutos. Se o DEA estiver pronto para uso, verifique de novo o pulso e, se não tiver resposta, siga as etapas do próximo item.
10. Ligue o DEA. Não use esse equipamento perto de álcool ou de qualquer outro material inflamável, nem dentro de um veículo em movimento e nem em uma pessoa deitada sobre uma superfície condutora ou dentro d'água.
    - Tome cuidado ao usar o DEA em pessoas com menos de 25 kg ou de idade inferior a 8 anos. Tente cinco ciclos ou 2 minutos de RCP antes do DEA.
    - Use almofadas e dosagem de choque infantil, se disponível. Se for usar almofadas de adulto, elas não devem se tocar.
    - Não use telefone celular a menos de 2 m do DEA.
    - Para usar o desfibrilador, siga estes passos:
    1. Seque o tórax da pessoa assistida.
    2. Remova todo tipo de metal do corpo dela ou próximo a ela, inclusive sutiã com suporte e roupas com fecho de metal.
    3. De luva, remova todo tipo de adesivo do peito da pessoa, como o adesivo transdérmico com medicamento.
    4. Coloque as almofadas conforme as instruções, uma na parte superior do peito e a outra no lado esquerdo inferior do indivíduo.
    5. Ligue o eletrodo no DEA. Siga as instruções à medida que a voz computadorizada dita as várias etapas do uso do equipamento.
    6. Esteja preparado para analisar o ritmo cardíaco da pessoa.
    7. Cuide para que ninguém encoste na pessoa; avise a todos que se afastem; empurre o botão referente à função "analisar".
    8. O DEA vai analisar o ritmo e fornecer instruções sobre a necessidade do choque ou de uma RCP.
    9. Se for aconselhado o choque, todos que estiverem ali perto devem ser instruídos a se afastar; libere o choque, apertando o respectivo botão.
    10. O DEA vai analisar o ritmo de novo.
    11. Se for emitido o aviso de que não há mais necessidade de choque, verifique o pulso de novo; se houver pulsação, inicie a RCP até a reanálise do DEA.

Se houver mais um socorrista disponível e o primeiro estiver cansado, esse segundo poderá preparar o DEA (se disponível) para uso ou assumir a RCP no final de um ciclo de 30 compressões. A RCP realizada por duas pessoas acontece em um ciclo de 15 compressões e duas respirações, no ritmo de 100 compressões $\cdot$ min^{-1}.

É difícil prever emergências. Portanto, todos os indivíduos com idade suficiente devem passar pelo treinamento para prestação de socorro, aprendendo as técnicas de salvamento básicas recomendadas por organizações como a American Heart Association e a American Red Cross, além de manter a certificação atualizada. Uma vez que as recomendações podem mudar de acordo com novas pesquisas, é importante aprender as técnicas corretas para evitar lesões desnecessárias à vítima e também para obter ótimos resultados.

Ponto-chave

Os profissionais de condicionamento físico devem atualizar seu treinamento regularmente, mantendo-se informados sobre as mais novas tecnologias na área de prestação de socorro em situações de emergência.

Estudos de caso

Confira as respostas no Apêndice A.

1. Você está orientando uma aula de aeróbica e um dos participantes sofre um colapso. Ao aproximar-se, você nota que a respiração dele é superficial e lenta e a pele está pálida, úmida e viscosa. O participante está consciente, mas não alerta; ele relata visão dupla e fome intensa e tem no corpo uma plaqueta de alerta médico.
    a. De que doença você suspeita?
    b. Que perguntas faz?
    c. Que atitude toma?

2. Você está comandando uma aula de aeróbica e um dos participantes sofre um colapso. Você nota que a pele dele está seca e vermelha; a respiração, trabalhosa; e a pulsação, rápida e forte. Não houve trauma.
    a. De que doença relacionada ao calor se deve suspeitar?
    b. Que cuidado imediato deve ser tomado?
    c. Que plano de emergência deve ser seguido?

CAPÍTULO 26

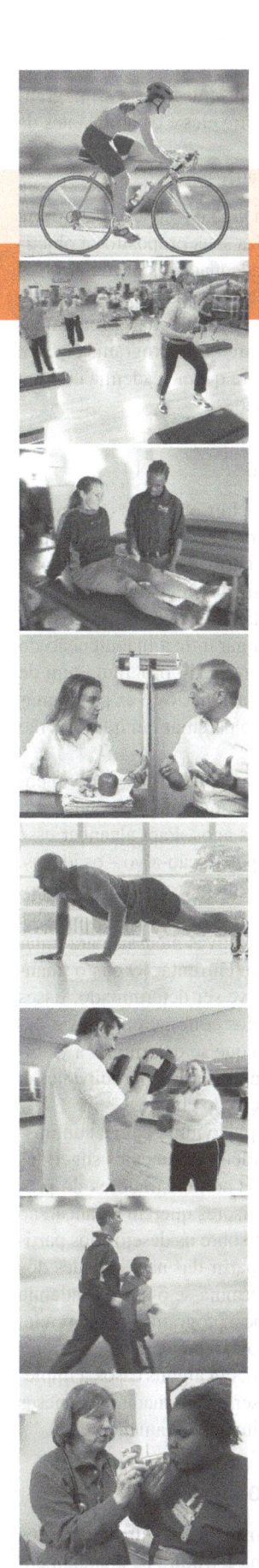

Administração e Gerenciamento de Programas

Michael Shipe

Objetivos

O leitor será capaz de:

1. Descrever a necessidade e a aplicação do planejamento de longo prazo para academias de ginástica (*fitness centers*).
2. Descrever o pessoal e o ambiente de trabalho recomendados para programas de condicionamento físico.
3. Identificar os cinco aspectos de um programa de condicionamento físico abrangente.
4. Tratar possíveis questões legais relacionadas a programas de condicionamento físico.
5. Explicar os orçamentos operacional e de capital.
6. Descrever o equipamento recomendado para o programa de condicionamento físico.
7. Descrever a importância da devida documentação para todos os programas de condicionamento físico.

A indústria do condicionamento físico cresceu de forma prodigiosa nos últimos 20 anos. Hoje, as academias funcionam em um mercado muito competitivo, em que a concorrência acontece tanto direta quanto indiretamente – com academias locais ou regionais, franquias nacionais ou centros de prática de exercícios integrados a hospitais. A chave do sucesso da academia atual inclui um serviço exemplar ao consumidor, uma equipe certificada e bem treinada, a oferta de programas para diversas populações e uma ampla variedade de equipamentos de exercícios dispostos em um local seguro e bem cuidado. Em conjunto, esses itens têm de ser oferecidos a preços mensais que possam competir com as mensalidades das academias concorrentes. No plano operacional estratégico, deve haver um esboço de como a academia vai alcançar excelência em cada um desses componentes. É preciso que esse plano contenha objetivos mais imediatos (um ano) e de longo prazo (3 a 5 anos). Os membros da equipe têm de compreender como as suas responsabilidade de trabalho específicas ajudam a atingir os objetivos gerais. De acordo com a população-alvo, é necessário variar os padrões de avaliação e de supervisão e a disponibilidade do material. Este capítulo trata da boa administração de uma academia destinada a populações predominantemente saudáveis.

Planejamento operacional estratégico

Se você tiver uma grande fonte de matérias-primas e instruções para construir uma casa, o próximo passo lógico será elaborar uma planta para orientar o processo de edificação. Do mesmo modo, um plano apropriado é essencial ao sucesso de qualquer negócio. As seções a seguir tratam de várias áreas que, quando administradas adequadamente, podem garantir o êxito das operações diárias e de longo prazo da academia. Essas recomendações levam em conta a boa administração do negócio, assim como as orientações específicas advogadas pela AHA e pelo ACSM (2, 3, 4).

Na maioria das academias, o diretor do programa é um profissional de condicionamento físico experiente, que gerencia uma equipe de 8 a 20 funcionários. As responsabilidades típicas desse diretor abrangem o seguinte:

- Desenvolver e implementar um capital e um orçamento operacional sólidos.
- Contratar, supervisionar, treinar e avaliar o pessoal da academia.
- Delinear os protocolos das avaliações de pré-participação, orientação em equipamentos e prescrição de exercícios para novos integrantes, incluindo populações especiais.
- Determinar o local, o horário e o tipo dos programas e das aulas oferecidas a populações específicas.
- Garantir a limpeza e a segurança do ambiente.
- Estimular a comunicação constante entre os integrantes da equipe, assim como entre eles e os praticantes de exercícios.
- Manter o controle de qualidade.

Todas as organizações mantêm uma declaração da própria missão, em que definem com clareza seus propósitos e objetivos operacionais. A administração adequada resulta da disposição de seguir um método sistemático para aumentar a eficácia e a eficiência das operações a fim de alcançar mais prontamente os objetivos da academia (7). O diretor do programa elabora planos de curto e de longo prazo para que a academia cumpra com êxito a declaração de sua missão.

Planejamento de longo prazo

Os planos de longo prazo devem incluir objetivos (por exemplo, geração de maior receita), recursos necessários ao cumprimento dos objetivos (por exemplo, gastos de capital e pessoal) e orientações explícitas para atingir os objetivos (por exemplo, programas de exercícios voltados à população-alvo da academia, programas destinados a garantir a manutenção do participante). Essencialmente, o diretor do programa tem de traçar um mapa que direcione os funcionários e os programas da academia de onde estão agora ao patamar em que deverão estar daqui a 3 a 5 anos.

Vejamos um exemplo de planejamento de desenvolvimento de longo prazo para uma academia que pretende aumentar as receitas anuais nos próximos três anos. Para alcançar esse objetivo, eles identificam a melhor população-alvo – os idosos. A seguir, elaboram programas específicos para atrair essa população, como exercícios em grupo na água aquecida, sessões para pessoas com artrite e aulas educativas mensais para tratar de desafios que os idosos costumam enfrentar. O custo financeiro de cada programa também deve ser determinado. Esses programas podem ser implementados com incrementos e devem ser avaliados anualmente para que se determine: a viabilidade financeira, a capacidade de atrair novos participantes e, ainda, a contribuição para a satisfação do cliente.

Os diretores devem elaborar o plano junto com a administração da academia, considerando idéias pertinentes sugeridas por funcionários e participantes. Os administradores do programa têm de saber o que os supervisores querem alcançar, ao mesmo tempo em que se informam sobre os desejos dos participantes em relação ao serviço. A partir das necessidades dos administradores e dos clientes, determina-se o que a academia vai oferecer em termos de instalações, programas de exercício, equipamentos, pessoal e suprimentos. Dependendo da disponibilidade de capital prevista no plano, em alguns casos a implementação desses recursos tem de ser programada para meses ou anos; em outros, ela pode ser feita imediatamente.

Planejamento de curto prazo

Os planejamentos de curto prazo formam um subconjunto dos planos de longo prazo. Aderir a uma estrutura de planejamento de curto prazo garante a consistência entre os planos atuais e a declaração da missão da academia. Por exemplo, se utilizar plenamente as instalações é um objetivo permanente e de longo prazo, que programas podem ser desenvolvidos e implementados no próximo mês para o alcance desse objetivo? Um programa de recompensas aos participantes que utilizarem a academia 12 ou mais vezes nos próximos 30 dias seria razoável e ajudaria a melhorar a utilização das instalações. Cada inscrito que preenchesse os critérios de admissão no programa participaria do sorteio do bônus de uma loja próxima. Em vez de esperar a iniciativa da administração para planejar ações de curto prazo, os diretores dos programas devem trabalhar junto com a equipe e com os participantes para determinar o que pode ser feito a fim de aumentar a satisfação imediata do cliente. O planejamento de curto prazo assemelha-se ao protocolo destinado ao longo prazo (por exemplo, devem ser determinados objetivos específicos, recursos e programas), mas as metas têm de ser práticas, levando em consideração que os recursos são menores e o tempo de elaboração é significativamente mais curto.

> **Ponto-chave**
>
> O planejamento operacional estratégico de curto e de longo prazo fornece a estrutura que define como a academia vai cumprir sua missão. O diretor deve compilar recomendações da administração, dos funcionários e dos participantes para elaborar programas atualizados, que ajudem a atingir os objetivos de longo prazo.

Qualidade e avaliação do programa

Com o objetivo de melhorar o serviço aos clientes e de aumentar a taxa de permanência dos participantes, as academias mudam constantemente a programação oferecida. O administrador dos programas têm de decidir quais deles serão conservados, revisados ou eliminados. Esse tipo de decisão pode ser facilitado pela realização de avaliações anuais de qualidade. Em situação ideal, cada programa deve render lucros ao mesmo tempo em que atende à declaração da missão da academia. Critérios formais de avaliação devem ser desenvolvidos para determinar a contribuição específica de cada programa para o empreendimento como um todo. Exemplos de avaliação da qualidade de programas de saúde e de condicionamento físico podem vincular critérios de contribuição monetária direta (por exemplo, receita, custos mais baixos com cuidados de saúde e menor número de faltas ao trabalho) e indireta (por exemplo, satisfação do cliente, segurança, contribuição do programa para o serviço ao consumidor) (3). Muitos benefícios indiretos do programa de exercícios não são prontamente quantificáveis; por isso, têm de ser estimados. Desse modo, os administradores devem enfocar contribuições monetárias diretas ao tentar justificar um determinado programa de uma perspectiva financeira. De modo geral, o administrador tem de julgar o valor dos benefícios de cada programa específico usando as melhores informações disponíveis, incluindo registros financeiros, informações de funcionários e *feedback* de clientes. Os resultados da avaliação de cada programa devem ser considerados no seguinte contexto: ele atende ou não à declaração da missão da academia? Ao considerar esse contexto, a academia fornecerá programas que aumentem a população de clientes, melhorem o serviço ao consumidor e ajudem a garantir a segurança e a eficácia dos serviços (3).

> **Ponto-chave**
>
> Avaliar um programa de condicionamento físico é um processo contínuo, destinado a garantir que ele contribua de forma relevante para a declaração da missão da academia.

Gerenciamento e avaliação de pessoal

Uma vez que os diretores dos programas com freqüência gastam um tempo considerável para cuidar de funções administrativas, é imperativo que contratem uma equipe que, além de ser composta por profissionais qualificados, demonstre habilidades interpessoais exemplares. Gerentes bem-sucedidos dedicam significativa quantidade de tempo às tarefas de recrutar, contratar, apoiar e avaliar o pessoal. Desse modo, trabalham em prol da missão da academia, enquanto estimulam o crescimento profissional de seus funcionários.

Como encontrar pessoal qualificado

Após determinar que programas serão oferecidos, os diretores terão de decidir qual será a equipe responsável por cada um deles. Uma academia típica requer o seguinte quadro de pessoal.

Em período integral

- Diretor de bem-estar
- Diretor de condicionamento físico
- Especialista em condicionamento físico
- Gerente da clientela ou de *marketing*
- Secretária

Em meio período

- Consultor médico (em regra, disponível apenas em programas clínicos)
- Nutricionista (tipicamente, disponível apenas em programas clínicos)
- Educador de saúde
- Recepcionista na entrada da academia
- Técnico responsável pelo equipamento
- Pessoal da limpeza

Por contrato específico

- Instrutores para orientar exercícios em grupo
- Profissionais de condicionamento físico

Devem ser estabelecidas as qualidades necessárias de cada funcionário, incluindo o grau de escolaridade, a experiência profissional, a certificação (se necessária) e as habilidades interpessoais. As exigências mínimas para preenchimento de cada vaga podem ser elaboradas de acordo com os requisitos da certificação (por exemplo, do ACSM ou da NSCA) na área (veja o quadro "Exemplo de descrição de empregos"). O estabelecimento de qualificações uniformes para cada posição contribui para garantir que todo o pessoal seja adequadamente qualificado, melhorar o nível de profissionalismo na academia e assegurar aos participantes que eles estão recebendo uma supervisão e prescrição de exercícios acuradas (7).

A cada cargo deve corresponder uma descrição detalhada da função, que inclua as principais categorias listadas no quadro "Exemplo de descrição de empregos", no qual listamos as responsabilidades do funcionário. Esse documento deve classificar as responsabilidades regulares do funcionário em várias categorias, como ética organizacional, avaliação do par-

---

Exemplo de descrição de empregos

Nome da função: coordenador de condicionamento físico
Subordinado ao: diretor de bem-estar

Qualificações

- Graduado em ciência do exercício, fisiologia do exercício ou área relacionada; de preferência com mestrado
- Instrutor de condicionamento físico e saúde pelo ACSM ou com certificação de especialista em exercícios
- Certificação em RCP e primeiros socorros
- Experiência de 3 a 5 anos em avaliações do estado de saúde e do condicionamento físico e em desenvolvimento e implementação de prescrições de exercícios para populações em geral saudáveis e especiais
- Capacidade de comunicar-se de modo eficaz, por meio verbal ou escrito, com colegas de trabalho e participantes

Responsabilidades relativas a avaliação e orientação de clientes

1. Aplicar testes de condicionamento físico para populações saudáveis em geral e para clientes especiais
2. Desenvolver e implementar prescrições de exercícios apropriadas, de acordo com os resultados do teste de condicionamento físico e os objetivos pessoais do participante
3. Supervisionar as operações diárias da academia, incluindo gerenciamento de pessoal, oferecimento de programas para populações saudáveis e para clientes especiais, manutenção do equipamento e garantia de supervisão adequada da área de exercício
4. Planejar e conduzir programas de exercícios e de instruções de saúde para várias populações
5. Elaborar e implementar protocolos de avaliação de qualidade para cada programa de condicionamento físico

Direitos do cliente e ética organizacional

1. Identificar e respeitar os direitos do participante e seu papel no atendimento das necessidades dele
2. Fornecer o formulário de consentimento informado
3. Manter a confidencialidade das informações de saúde pessoal
4. Garantir o cumprimento dos padrões da prática ética na academia

Liderança

1. Apoiar a administração da organização
2. Apoiar a missão da academia
3. Desenvolver um orçamento operacional e de capital e cumpri-lo

Melhoria do desempenho

1. Freqüentar o treinamento de segurança anual
2. Avaliar a competência da equipe de funcionários em relação à realização dos procedimentos de emergência e à prontidão na hora de identificar contra-indicações ao teste de exercícios
3. Organizar encontros mensais para informar os funcionários sobre o desempenho geral e solicitar sugestões para melhorar a satisfação do cliente
4. Manter a comunicação apropriada e eficaz com a equipe e os participantes

ticipante, prescrição de exercícios e habilidades de liderança. As categorias que incluem as responsabilidades diárias mais importantes ou comumente executadas devem corresponder à maioria da pontuação de avaliação do participante. Embora precisem padronizar as descrições dos cargos, as academias podem modificá-las de acordo com as necessidades do empreendimento e com as habilidades do funcionário.

A indústria do condicionamento físico é impulsionada pelo serviço ao consumidor. Embora a experiência profissional e o conhecimento acadêmico sejam requisitos importantes para identificar funcionários promissores, a habilidade de trabalhar eficazmente com os participantes também é essencial. O ditado simples "O consumidor não se importa com o tanto que você sabe, desde que você mostre o tanto que se preocupa com ele" captura essa noção. Desse modo, o administrador dos programas deve avaliar bem as habilidades interpessoais do candidato durante a entrevista; às vezes, é útil simular interações difíceis com o cliente (por exemplo, encenar uma situação) e avaliar as respostas do candidato, perguntar-lhe como solucionou situações difíceis com êxito no passado e permitir que outros integrantes da equipe tratem também dessas categorias. Em geral, essas interações permitem captar as habilidades interpessoais do candidato e podem servir como fator decisivo para a contratação.

Como avaliar o pessoal

Como já foi observado, a descrição da função detalha cada responsabilidade profissional específica do funcionário. Essa informação pode ser compartilhada com o candidato assim que ele começar a trabalhar. Os funcionários têm de compreender que as descrições da função servem de base para a avaliação anual e possível premiação por mérito.

Avaliações formais podem ser realizadas a cada dois anos ou uma vez ao ano, mas supervisores prudentes costumam fornecer *feedback* pertinente sobre desempenho com regularidade. As oportunidades de *feedback* surgem naturalmente quando os funcionários discutem questões de serviço com os consumidores. Vejamos um exemplo: o supervisor observa que um funcionário, ao ouvir um participante reclamar de problemas com o equipamento, logo lhe oferece um outro aparelho e explica que vai cuidar do bom funcionamento do aparelho avariado para satisfazer as necessidades dos clientes. De imediato, o supervisor deve fazer alguma declaração verbal ou escrita positiva, tratando a situação de modo profissional e melhorando a satisfação do cliente em relação à academia. Quando os funcionários lidam mal com questões de serviço levantadas pelos clientes, o supervisor deve tratar do problema em particular. Dependendo da extensão e importância da questão, as ações do funcionário podem resultar em simples discussão breve para apontar melhores formas de lidar com situações similares no futuro ou em uma repreensão formal por escrito. Nesse caso, o supervisor registra na ficha do funcionário as ocasiões em que ele prestou um serviço positivo ou negativo ao consumidor; essas informações podem ser usadas na próxima avaliação formal.

Assim como o supervisor, o administrador do programa tem de avaliar os funcionários em relação às suas respectivas responsabilidades funcionais. Para isso, ele pode atribuir notas quantificáveis e concisas a cada responsabilidade (organizadas por categoria) listada na descrição da função. Por exemplo, cada responsabilidade pode ser classificada em uma escala de 1 a 5 (1 = desempenho insatisfatório; 5 = desempenho exemplar). Uma vez que cada categoria tem um peso de acordo com sua importância, a soma dos resultados de todas as categorias produzirá a nota de desempenho geral do funcionário. Um protocolo uniforme para avaliação do desempenho da função quantifica o desempenho profissional do funcionário e mostra-lhe as áreas e as responsabilidades que precisam de melhoria.

Como cultivar um bom ambiente de trabalho

As academias que mantêm funcionários adequadamente treinados, supervisionados e avaliados tendem a fornecer um ambiente agradável e amistoso aos seus integrantes. Além disso, as instalações devem conter equipamentos seguros, limpos, em bom funcionamento ou prontamente consertados em caso de problemas. Esses objetivos, que ajudam a cultivar uma atmosfera de trabalho bem-sucedida, são alcançados, em parte, pela manutenção de efetiva comunicação entre o administrador dos programas, a equipe e os participantes. A comunicação eficaz dessas três partes exige vários canais. Os canais de comunicação podem consistir em avaliações de desempenho anuais, *feedback* dos integrantes (via pesquisas) a respeito dos testes de exercícios e da qualidade da orientação nos equipamentos ou permissão para que os funcionários façam sugestões para melhorar o funcionamento da academia.

Fornecer informações consistentes e acuradas é imperativo para que os funcionários compreendam as exigências específicas de cada função, o modo de cumprir bem essas exigências e o que eles devem fazer para corrigir falhas profissionais. Para alcançar esses objetivos, o administrador do programa pode supervisionar regularmente os funcionários, durante o exercício de suas funções ou em reuniões com cada um em separado para discutir o progresso profissional ou desafios comuns do serviço ao consumidor. Ademais, reuniões mensais de toda a equipe incrementam a comunicação geral. Nessas reuniões, deve-se discutir a contribuição de cada departamento (por exemplo, financeiro, de serviços) para o alcance dos objetivos da academia. É ixmportante também encorajar os funcionários a fornecer opiniões para a melhoria da programação no futuro. Eles não só fornecerão idéias valiosas, como ficarão satisfeitos com a oportunidade de compartilhar as próprias opiniões com a equipe administrativa.

Além das opiniões dos funcionários, o administrador deve buscar conhecer o julgamento dos participantes em relação aos programas oferecidos e ao atendimento cotidiano, possivelmente por meio de uma pesquisa estruturada, em que se entrevistem os praticantes com certo tempo de casa (por exemplo, três meses). Podem ser escolhidos participantes de forma aleatória a cada semana para perguntar-lhes sobre o grau de satisfação com a academia ou apenas manter uma caixa de sugestões, que podem ser discutidas com os clientes por telefone ou pessoalmente. Outra opção do administrador é perguntar aos clientes, durante as atividades, se algo pode ser feito para melhorar a prática de exercícios. Estabelecer uma atmosfera cordial com os clientes desperta maior sensação de que o atendimento ao consumidor transcende o simples fornecimento de um ambiente seguro e limpo, com equipamentos adequados para a realização dos exercícios.

> **Ponto-chave**
>
> O sucesso da academia depende da contratação de funcionários em horário integral e meio expediente, com qualificações profissionais e interpessoais adequadas. A cada função corresponde uma descrição de trabalho específica, que serve de ferramenta para a avaliação do desempenho profissional.

Desenvolvimento de um bom programa

As orientações do ACSM para academias listam cinco aspectos da interação entre o programa de condicionamento físico e os participantes: triagem, avaliação, prescrição de exercícios, implementação do programa e aconselhamento (2).

Triagem do participante

As academias que oferecem equipamentos de exercícios devem cuidar da triagem cardiovascular dos interessados antes de submetê-los a um teste de condicionamento físico ou de iniciar o programa (4). O Capítulo 3 trata dos critérios de admissão de participantes em vários programas de exercícios. Essas orientações da AHA e do ACSM reduzem os riscos da admissão de pessoas com contra-indicações à realização de teste de exercício e à participação em programas de condicionamento físicos elaborados para indivíduos aparentemente saudáveis (2, 3). O administrador dos programas deve desenvolver um processo de triagem padronizado para garantir que os funcionários sigam orientações uniformes de exame de saúde das pessoas interessadas em se exercitar. Além disso, deve testar os funcionários com regularidade para confirmar se são capazes de reconhecer prontamente sinais e sintomas de problemas de saúde que exigem atenção especial.

Depois de determinar o estado de saúde, mas antes de aplicar os testes de desempenho, deve-se obter dos participantes o **consentimento informado**. Antes dos testes, é imperativo ter a concordância do candidato, a fim de atender a considerações tanto éticas quanto legais (2). Esse documento deve incluir informações suficientes para garantir que o participante compreenda os objetivos e os riscos da prática de exercício e esteja ciente dos protocolos de testes que serão executados (veja o Formulário 26.1). Os participantes também precisam saber que têm o direito de interromper o teste a qualquer momento, desde que assim o desejem. A administração da academia e o conselho jurídico devem ser consultados em relação à elaboração e ao controle adequado do consentimento informado (9).

É importante que os participantes compreendam o conteúdo do formulário de consentimento. Para garantir essa compreensão, a tarefa do profissional de condicionamento físico consiste em ler o formulário em voz alta e entregá-lo ao candidato para uma releitura. Em seguida, o profissional deve perguntar ao futuro participante se tem alguma dúvida sobre os termos do consentimento antes de assinar o formulário. Caso seja feita alguma pergunta, é importante registrá-la no formulário, documentando também as respostas. Se o futuro participante for menor, seu pai, sua mãe ou o tutor legal têm de assinar o formulário. Uma cópia desse documento será entregue ao participante (8).

Um consentimento informado bem elaborado e bem administrado notifica o participante sobre o formato dos testes de condicionamento físico e os riscos assumidos voluntariamente. Ele não absolve o profissional de condicionamento físico nem a academia em um possível processo em decorrência de um evento fatal durante o teste. No entanto, minimiza bastante os riscos de alegações de negligência e de má prática profissional (6).

Avaliação

Depois de verificar o estado de saúde do participante e de providenciar a assinatura do consentimento informado, deve-se passar ao teste propriamente dito. Os testes de condicionamento físico ajudam a determinar se o participante pode começar logo o programa de exercícios ou se não deve ser aceito na academia (veja o Capítulo 3). Esses testes fornecem uma referência quantitativa do condicionamento aeróbio, da composição corporal, da força e *endurance* muscular e da flexibilidade. Os resultados iniciais devem ser comparados com outros posteriores a fim de medir os avanços em cada categoria. Esses resultados reforçam positivamente a prática regular da atividade, assim como servem de base para modificação da prescrição de exercícios. Procedimentos de testes de condicionamento físico estão incluídos nos Capítulos 3, 5, 6, 8 e 9.

Prescrição de exercícios, orientação e aconselhamento

Ao elaborar a prescrição de exercícios, deve-se considerar o estado de saúde, os objetivos pessoais e os resultados do teste de condicionamento físico do participante. Os Capítulos 10,

FORMULÁRIO 26.1   Exemplo de consentimento informado para participação em teste de condicionamento físico

Objetivos do teste: A fim de participar do programa de exercícios com mais segurança, eu, abaixo-assinado(a), concordo voluntariamente em realizar uma série de testes de exercícios. Cada teste servirá para determinar o meu condicionamento físico geral e avaliará o seguinte: condicionamento cardiovascular, composição corporal, força e *endurance* muscular e flexibilidade. Eu farei um teste de exercício progressivo (TEP), que inclui caminhar na esteira ou pedalar no cicloergômetro. Inicialmente, a dificuldade do TEP será baixa, com aumentos graduais posteriores até atingir a freqüência cardíaca-alvo. O teste pode ser interrompido a qualquer momento devido a sensação de fadiga significativa ou por qualquer outra razão pessoal. A composição corporal será determinada por testes de dobras cutâneas. A força e a *endurance* muscular serão avaliadas com equipamento de treinamento de força adequado. Será feito um teste "sentar e alcançar" para avaliar a flexibilidade da articulação do quadril.

Riscos e desconfortos: Estou ciente de que os riscos do TEP e de outros procedimentos de teste incluem ritmos cardíacos anormais, resposta da pressão arterial anormal, desmaio e muito raramente um ataque cardíaco. Profissionalmente, serão feitos todos os esforços possíveis para minimizar esses riscos, por meio da administração adequada de um questionário sobre o estado de saúde (HSQ, do inglês *health status questionnaire*) completo, assim como da avaliação de questões de saúde relevantes e da supervisão durante os testes.

Responsabilidades do participante: Admito que completei o HSQ e respondi com exatidão todas as perguntas sobre minha saúde. Durante o TEP ou outros testes, relatarei de imediato qualquer sintoma relacionado ao coração (por exemplo, dor, pressão, aperto ou peso no peito, pescoço, mandíbula, costas ou braços). Informei ao funcionário responsável sobre todos os medicamentos (incluindo remédios comprados sem receita médica) que uso de modo regular, incluindo os de hoje.

Benefícios esperados: Quero fazer o TEP e os testes de condicionamento físico adicionais para obter melhores instruções a respeito do meu nível atual de condicionamento cardiovascular e de condicionamento físico geral. Essas informações serão usadas para prescrever um programa de exercícios individualizado adequado. Estou ciente de que esse teste não elimina inteiramente os riscos inerentes ao programa de exercício proposto.

Dúvidas: Estou ciente de que posso retirar esse consentimento ou interromper a participação em qualquer parte do teste de condicionamento físico, a qualquer momento, sem sofrer penalidades nem discriminações. Li as declarações acima; todas as minhas dúvidas foram esclarecidas de modo satisfatório.

Uso dos registros médicos: Fui informado de que os dados obtidos nos testes de condicionamento físico são confidenciais e secretos, como descrito na lei Health Insurance Portability and Accountability, de 1996. Sem meu expresso consentimento por escrito, esses dados não serão mostrados a nenhuma outra pessoa além do meu médico ou das pessoas responsáveis pela elaboração e supervisão do meu programa de exercícios.

_____   _____
Assinatura do participante   Data

_____   _____
Assinatura da testemunha   Data

De Edward T. Howley e B. Don Franks, 2007, *Fitness Professional's Handbook*, 5th ed. (Champaign, IL: Human Kinetics).

11, 12 e 13 tratam da prescrição de exercícios para o condicionamento aeróbio, o controle de peso, a força e *endurance* muscular, a flexibilidade e a função lombar de adultos saudáveis. Além disso, os Capítulos 15 a 21 sugerem prescrições de exercícios para populações especiais.

Depois de completar a prescrição de exercícios personalizada, é preciso fornecer ao participante uma ficha de trabalho com instruções fáceis de acompanhar. Essa ficha deve conter informações pertinentes sobre os aparelhos, incluindo a ordem dos exercícios ou dos equipamentos usados, a altura do banco e o peso recomendado. Em seguida, o profissional de condicionamento físico deve orientar o participante a usar o equipamento incluído no programa. Deve demonstrar como se usam os aparelhos, explicando, também, como ajustar a altura do banco, a amplitude de movimento e a quantidade de peso. Uma vez que poucos participantes serão capazes de lembrar todas as instruções recebidas, deve-se agendar uma breve orientação de acompanhamento para confirmar se o participante já pode operar o equipamento com conforto. Além disso, essa orientação possibilita o desenvolvimento de uma atmosfera cordial entre o profissional e o cliente. As informações pessoais obtidas durante essa interação podem ser usadas para iniciar conversas futuras. O estabelecimento de uma relação profissional com o cliente aumenta a probabilidade de que ele revele quaisquer dificuldades surgidas durante a execução do programa de exercícios (por exemplo, se a sessão está difícil demais ou se progride muito lentamente). Assim, o profissional é capaz de modificar o programa de exercícios de acordo com as preocupações do cliente, garantindo maior satisfação. O desenvolvimento de uma relação profissional-consumidor sólida também facilita a venda de serviços adicionais da academia, como treinamento personalizado ou sessões com um massagista fisioterapeuta.

É importante conversar com os participantes a respeito de objetivos razoáveis, relacionados à expectativa dos resultados do programa de exercícios, realizar reavaliações periódicas do seu progresso físico e fornecer-lhes informações que os ajudem a compreender os benefícios da prática regular da atividade física à saúde. As informações educativas devem ser adaptadas ao histórico de saúde de cada um. Por exemplo, pode-se fornecer a uma pessoa com diabete tipo 2 um folheto (1 ou 2 páginas) em que se detalham os benefícios do exercício na manutenção dos níveis de açúcar no sangue e dicas alimentares para controle do peso. Seminários, quadros de avisos, jornaizinhos, *sites* na internet e mensagens por *e-mail* também podem ser usados para compartilhar conhecimentos sobre os benefícios da atividade física regular na prevenção e no controle de problemas de saúde comuns. Em geral, as informações da área da saúde têm de ser precisas, resumidas e prontamente compreensíveis, pois a população-alvo costuma ter pouca ou nenhuma formação nas áreas de fisiologia e nutrição.

Considerações jurídicas e de segurança

Um objetivo essencial da academia deve ser fornecer um ambiente seguro para a prática de exercícios. Inicialmente, esse objetivo trata da avaliação apropriada do participante e é sustentado pelo emprego de funcionários treinados e experientes, capazes de fornecer consentimentos informados, prescrições de exercícios, orientações de uso dos equipamentos e supervisão adequados (9). Oferecer um ambiente seguro para a prática de exercícios ajuda na proteção legal da academia.

Imputabilidade

Nos Estados Unidos, o sistema jurídico estabelece que "aos membros de academias cabe o direito de desfrutar de um cuidado razoável que os proteja de lesões, e esse direito inclui a responsabilidade geral da academia de garantir o fornecimento de informações sobre o uso do equipamento de exercícios de modo adequado" (10). O cuidado razoável inclui adequada avaliação de condicionamento físico, consentimento informado, orientação para uso do equipamento e supervisão dos exercícios. Os profissionais de condicionamento físico também devem atualizar a certificação em RCP e aderir aos procedimentos de primeiros socorros padronizados para academias. A disponibilidade de cuidados razoáveis ajuda a identificar com presteza problemas (por exemplo, contra-indicações) que impeçam a realização de testes ou a participação nos exercícios e minimiza a probabilidade de eventos adversos durante a sessão, reduzindo, portanto, a **imputabilidade** (6).

Todos os profissionais de condicionamento físico devem saber como prevenir e controlar lesões e emergências, o que inclui aplicar a RCP e identificar incidentes hipoglicêmicos, comuns em academias. O Capítulo 25 fornece protocolos detalhados para prevenção e tratamento de lesões.

O administrador do programa deve estar ciente dos problemas de imputabilidade mais comuns. Especialistas da área jurídica consideram que as academias são imputáveis quando não cumprem as seguintes obrigações (adaptadas das referências 11 e 15):

- Monitorar ou interromper o TEP de acordo com um julgamento profissional.
- Avaliar as habilidades funcionais do participante ou problemas que exijam atenção especial.
- Recomendar faixas seguras de intensidade do exercício.
- Instruir os participantes sobre atividades de exercícios seguras.
- Supervisionar a participação nos exercícios e alertar os indivíduos sobre como restringi-los ou modificá-los quando realizados sem supervisão.

Ponto-chave

Um programa de condicionamento físico bem-sucedido emprega protocolos adequados para triagem, termo de consentimento informado, avaliação de condicionamento físico, prescrição de exercício e modificação subseqüente do programa. Estes protocolos combinados com recomendações educacionais devem oferecer um programa de exercício exemplar adaptado para cada um dos objetivos pessoais e história de saúde do participante.

- Classificar o nível de monitoramento, de supervisão e de apoio médico de emergência dos participantes conforme o respectivo estado de saúde.
- Abster-se de dar conselhos que possam ser interpretados como diagnóstico de uma condição médica.
- Encaminhar participantes ao médico, a fim de obterem autorização para a prática de exercícios, ou a outros profissionais da área médica conforme os sinais e os sintomas apresentados.
- Manter registros adequados e confidenciais, de acordo com a Health Insurance Portability and Accountability Act (HIPAA), de 1996.

Não há dúvidas de que ocorrerão incidentes de saúde de maior e menor gravidade. Nos Estados Unidos, uma pesquisa com mais de 200 academias indicou que, no ano de 2001, em 25% delas ocorreu *pelo menos* uma emergência médica que exigiu ambulância (12). O administrador dos programas deve garantir que todos os profissionais de condicionamento físico tenham a certificação exigida (de RCP e SBV – suporte básico de vida) e o treinamento adequado para lidar com os principais incidentes de saúde. Adicionalmente, os profissionais de condicionamento físico (em especial os que trabalham em regime de contrato) devem ser incentivados a manter um seguro de imputabilidade. A maioria das organizações tem uma apólice nessa área, que inclui a cobertura de imputabilidade para seus funcionários. Nos Estados Unidos, os profissionais podem consultar organizações nacionais (por exemplo, o ACSM e a NSCA) que estabelecem acordos com seguradoras para a provisão de seguros de imputabilidade individuais.

É importante que as academias promovam inspeções regulares dos equipamentos para garantir o bom funcionamento e a manutenção. Cada inspeção, manutenção ou conserto deve ser documentado e conservado no arquivo para consulta.

Todas as academias devem estabelecer protocolos destinados a oferecer um ambiente seguro para a prática de exercícios. Os funcionários que não têm um cuidado razoável podem ser acusados de **negligência**. Se ocorrer lesão ou morte por negligência, o profissional de condicionamento físico e a academia serão legalmente imputáveis. As academias cujas operações profissionais seguem os padrões de cuidado e que adotam os procedimentos de emergência exigidos para proteção dos participantes diariamente estão bem menos propensas a ser acusadas de negligência (10).

Procedimentos de emergência

A AHA e o ACSM declaram que "todos os centros de saúde têm de registrar por escrito suas políticas e seus procedimentos de emergência, que serão revisados e praticados regularmente" (6). Consultas aos serviços de emergência locais ajudam a determinar os procedimentos adequados. Todos os funcionários da academia devem ser treinados de forma periódica (por exemplo, a cada trimestre) para que seja confirmado se compreenderam e estão colocando em prática com adequação os protocolos de emergência estabelecidos pela organização (5). Esse treinamento pode envolver a simulação de incidentes de saúde comuns e a concessão de notas aos funcionários de acordo com a resposta de cada um. O modelo de procedimentos de emergência apresentado na página 424 pode ser modificado a fim de atender às necessidades de cada academia. Um procedimento de emergência prudente para parada cardíaca segue a cadeia de sobrevivência proposta pela AHA, que inclui quatro passos: atendimento imediato do participante e chamada do 192, ressuscitação cardiopulmonar (RCP), desfibrilação precoce e fornecimento precoce dos cuidados avançados (5). É preciso colocar em local visível e acessível, perto do telefone, uma lista dos procedimentos para emergências comuns, além dos números de telefone do atendimento de emergência (2).

A academia que atende participantes saudáveis em geral precisa do seguinte equipamento mínimo de emergência: um telefone, cartazes que indiquem possíveis problemas causados pelo uso do equipamento de exercícios, um estetoscópio e um esfigmomanômetro (6). Cada vez mais, as academias atendem participantes com diabete tipo 2. Por isso, manter um medidor de glicose e tiras para teste de açúcar no sangue é fundamental para a verificação dessa taxa no sangue dos participantes que apresentam sintomas hipoglicêmicos.

A AHA e o ACSM recomendam que as academias grandes (2.500 membros ou mais), as que mantêm programas para idosos e aquelas cujo tempo de resposta em uma emergência de parada cardíaca leva mais de 5 minutos sejam equipadas com um DEA (6). Em alguns estados norte-americanos (por exemplo, em Illinois, Nova York, Rhode Island e Louisiana), os DEAs são obrigatórios em todas as academias (1). Tem sido provado que esses dispositivos aumentam muito as chances de sobrevivência em caso de parada cardíaca. Taxas de sobrevivência bastante elevadas (até 90%) foram relatadas quando se utilizou o desfibrilador no primeiro minuto após a parada cardíaca (5). Os DEAs destinam-se a detectar arritmias e só aplicam choques quando o ritmo tem condições de responder favoravelmente à desfibrilação (por exemplo, taquicardia e fibrilação), o que garante a segurança de uso.

> **Ponto-chave**
>
> As academias devem manter um programa de segurança abrangente, que inclua adequado treinamento de pessoal, avaliações do participante, consentimento informado, boa supervisão dos exercícios e adoção dos procedimentos de emergência-padrão. Em conjunto, essas atividades ajudam a academia a atender o participante de acordo com o padrão de cuidados exigido legalmente.

Orçamento

Um **orçamento** sólido é essencial para o êxito do planejamento estratégico. Os administradores dos programas devem manter orçamentos de curto prazo (anual) e de longo prazo (3 a 5 anos) para poder avaliar a situação financeira da academia.

Exemplo de protocolo de resposta de emergência

Emergência cardíaca

1. Quem vê primeiro a situação de emergência tem de avaliar a gravidade do evento cardíaco. Não movimente o participante, a não ser para deitá-lo.
2. Se necessário, inicie os procedimentos da RCP e ligue para o 192, indicando o local e a natureza da emergência. Se o programa de exercício for feito em uma clínica ou um hospital, informe à telefonista que aconteceu um evento cardíaco e peça-lhe que passe a ligação para a equipe de atendimento.
3. Verifique a respiração e o pulso; se ausentes, inicie logo a RCP.
4. Se um desfibrilador externo automático (DEA) estiver disponível, use-o e aplique a RCP de acordo com as instruções específicas da American Red Cross ou da American Heart Association.
5. Outros funcionários da academia podem ajudar na RCP, no monitoramento e registro dos sinais vitais e no cuidado para que outras pessoas não prejudiquem o atendimento.
6. Continue com a RCP até a chegada do pessoal médico; depois, siga as instruções deles.
7. Preencha imediatamente um formulário de incidente e o envie ao departamento responsável, para revisão.

Emergências adicionais graves

A seguir, apresentamos o procedimento para tratar estas situações:

Problemas respiratórios
Lesões no pescoço ou nas costas
Inconsciência
Lesão nos membros, com deformidade óbvia
Lesão na cabeça
Dor forte no peito
Sangramento pela orelha, pelo nariz ou pela boca

1. Não mova o participante, a não ser para deitá-lo, com os pés elevados (exceto se houver suspeita de lesão nas costas).
2. Chame o 192, como em emergências cardíacas.
3. Trate contra choque.
4. Controle o sangramento.
5. Não faça procedimentos que ultrapassem o limite dos padrões básicos de primeiros socorros ou os padrões determinados pelo governo ou por organizações certificadoras, a não ser que você tenha a devida licença, registro ou certificado e atue com autorização escrita de um médico.
6. Continue os primeiros socorros até a chegada do pessoal médico. Depois siga as instruções deles.
7. Preencha imediatamente um formulário de incidente e envie-o ao departamento responsável, para revisão.

Outros acidentes e lesões menores

O seguinte procedimento destina-se a tratar lesões sem grande inchaço, deformidade ou descoloração notável:

1. Não permita que uma pessoa lesionada fique sentada, em pé ou caminhe antes de ter certeza de que ela tem condições de fazê-lo.
2. Se o indivíduo se queixar de "mal-estar", instrua-o a interromper a sessão de trabalho e sentar-se em um lugar onde você possa avaliá-lo, monitorando seus sinais vitais.
3. Caso a pessoa tenha sintomas questionáveis ou sinais vitais incomuns (por exemplo, pressão arterial baixa ou freqüência cardíaca muito tênue), monitore esses itens até que se estabilizem.
4. Se necessário, use o estojo de primeiros socorros mais prontamente disponível para o tratamento.
5. Preencha de imediato o formulário de incidente e o envie ao departamento responsável, para revisão.

Adaptado de U.S. Public Health Service, 2001, "Guidelines for public access defibrilation programs in federal facilities", *Federal Register* 66(100): 28495-28511.

Idealmente, o orçamento permite: oferecer um serviço exemplar ao consumidor, pagar salários justos aos funcionários e manter equipamentos de exercícios modernos no contexto prático dos gastos de capital da academia. O orçamento deve ser razoável, contendo objetivos de receita conservadores e valores de despesas realistas. A maioria dos orçamentos baseia-se nos resultados de despesa e receita do ano anterior, com leves modificações relativas a atualizações de equipamentos, mudanças na programação, manutenção de instalações, etc. Com base no desempenho financeiro da academia, nos anos de operação e em previsões de crescimento futuro, os orçamentos anuais diferem de forma significativa em termos de abrangência e de magnitude financeira. O Formulário 26.2 esboça uma sugestão de orçamento.

Um orçamento bem elaborado, além de indicar se objetivos financeiros específicos estão sendo cumpridos, também responde às seguintes perguntas: Quantos inscritos são necessários para serem alcançados os objetivos financeiros? A meta de lucros é realista? Há dinheiro suficiente para incrementar a oferta de programas existentes? É sensato conceder aos funcionários o aumento solicitado? As respostas a essas perguntas devem orientar os planos imediatos e de longo prazo elaborados pelo administrador dos programas. Além disso, o orçamento pode traduzir a política da academia em termos financeiros. Ele pode ser dividido em dois segmentos: o de capital e o operacional.

Orçamento de capital

Como regra, o orçamento de capital da academia aloca dinheiro para esteiras, elípticas dos treinadores, cicloergômetros, aparelhos com pesos, computadores e móveis de escritório. Em essência, cada equipamento costuma custar mais de 500 dólares e tem uma vida útil de pelo menos um ano. O número de série, os consertos feitos, a expectativa de vida útil e depreciação de cada um devem ser inventariados e registrados anualmente. O administrador dos programas providencia a verificação dessas informações durante a inspeção anual de todo o material. Ao fazer isso, ele consegue ter uma noção real do equipamento disponível, podendo estimar bem as necessidades de capital futuro. Por exemplo, se os aparelhos incluem 20 esteiras (com expectativa de vida útil de cinco anos) e quatro delas já têm quatro anos de uso, o administrador destinará recursos financeiros para quatro esteiras novas no orçamento de capital do ano seguinte (13).

Orçamento operacional

O orçamento operacional consiste nos gastos com a oferta de serviços cotidianos aos participantes, incluindo custos de mão-de-obra e programas, manutenção e utilização das instalações. Uma vez que muitas dessas despesas mudam regularmente, o administrador do programa deve atualizar esse orçamento de modo contínuo. O desenvolvimento do orçamento operacional pode ser dividido em quatro fases distintas: pesquisa, determinação de metas e objetivos, revisão da administração e implementação (13). Informações adicionais sobre cada uma dessas fases estão no Formulário 26.3.

A fase de pesquisa inclui a análise do objetivo e da viabilidade financeira de cada programa. A academia deve oferecer um programa regular de perda de peso, enquanto as aulas de dança, por exemplo, seriam agendadas apenas por quatro semanas em cada trimestre. O desenvolvimento de metas e de objetivos vincula demandas realistas de recursos financeiros e de serviços ao consumidor a que você quer atender no ano fiscal seguinte. Levando em conta que as bolas de estabilidade se popularizaram bastante, uma aula com esse equipamento seria rentável e traria benefícios aos usuários da academia? O administrador do programa deve implementar estratégias que, no passado, contribuíram para o êxito dos programas, assim como o *feedback* de funcionários e participantes (via perguntas diretas, pesquisas ou sugestões), a fim de cuidar desse componente do orçamento operacional. Deve-se elaborar então um esboço bem organizado. A precisão desse esboço vai depender do grau de qualidade do desenvolvimento das duas primeiras fases do orçamento. O esboço deve delinear, com clareza, as diferenças entre o ano em andamento e o seguinte (veja o Formulário 26.3). Novamente, é aconselhável compartilhar essas informações com os outros membros da equipe, uma vez que eles contribuem para o desenvolvimento do orçamento, estão cientes dos objetivos financeiros da academia e concordam com eles (12, 14).

Em geral, o orçamento operacional completo é levado à gerência geral pelo menos um mês antes do final do ano fiscal. Sem dúvida, a administração fará vários ajustes no esboço original. Depois de incorporar as mudanças, deve-se implementar o orçamento operacional final no início do ano fiscal. Em reuniões mensais da equipe, o administrador do programa pode apresentar um orçamento operacional mensal para demonstrar em que pontos a academia está conseguindo êxito financeiro e também para receber o *feedback* dos funcionários, com sugestões para tratar os programas que não estão alcançando as metas projetadas.

Orçamento de pessoal e de instalações

A maior porção do orçamento operacional se refere ao salário e a benefícios dos funcionários. Em academias maiores, o departamento de recursos humanos estabelece as faixas salariais de cada cargo. Diferentemente, estabelecimentos pequenos podem pesquisar o valor dos salários oferecidos por negócios similares na região para então estabelecer um ponto de referência de determinação dos salários dos vários cargos. É importante oferecer uma base salarial competitiva e benefícios pertinentes. Um benefício atraente pode ser a oportunidade de ser reembolsado pela educação continuada (certificações e cursos universitários). A tentativa de minimizar os custos operacionais, oferecendo salários e benefícios reduzidos logo resulta em grande rotatividade de pessoal, o que abala o serviço ao consumidor e, no final, também as receitas. Todos os

FORMULÁRIO 26.2 Exemplo de determinação do orçamento operacional

1. Quais são os propósitos de cada programa? _____
_____

2. Descreva o programa atual, incluindo os componentes bem e malsucedidos.
_____

3. Quais são os gastos atuais?
   A. Salários do pessoal (expediente integral, meio expediente e por contrato) _____
   B. *Marketing* e propaganda _____
   C. Instalações
      1) Pagamento de empréstimos _____   4) Instalações _____
      2) Seguro _____   5) Impostos _____
      3) Manutenção e consertos _____
   D. Suprimentos _____
   E. Outros (por exemplo, despesas de viagem, educação continuada) _____

4. Quais são as fontes de receita atuais?
   A. Mensalidades, inclusive matrículas _____
   B. Seguro (reembolso de terceiros) _____
   C. Doações _____
   D. Programas especiais (por exemplo, massagem, venda de materiais esportivos) _____
   E. Outros _____

5. Quais são as mudanças propostas?
   A. Que mudanças podem ser feitas no departamento ao longo dos próximos cinco anos, incluindo mudanças de pessoal, equipamento, programas novos e antigos, renovação ou consertos de instalações?
   _____
   B. Para cada uma dessas mudanças, indique as respectivas alterações nos custos e no lucro potencial.
   _____
   C. Relacione os passos incrementais lógicos necessários à incorporação das mudanças propostas.
   _____

6. Que considerações podem ser feitas sobre as receitas futuras?
   A. Quais são as fontes potenciais de aumento da receita? _____
   _____
   B. O que será necessário (inclusive custos adicionais) para alcançar esse aumento? _____
   _____
   C. Qual será a margem de contribuição líquida de cada fonte de receita potencial? _____
   _____

7. Que projeção de receitas é razoável para cada um dos 3 a 5 anos seguintes?
_____

8. Que aspectos do programa podem ser sustentados com essa receita? _____

9. Se a receita exceder às expectativas, em que o valor adicional será empregado?
_____

10. Se a receita não atender às expectativas, que aspectos dos programas poderão ser reduzidos ou eliminados?
_____

De Edward T. Howley and B. Don Franks, 2007, *Fitness Professional's Handbook*, 5th ed. (Champaign, IL: Human Kinetics).

FORMULÁRIO 26.3   Exemplo de relatório orçamentário operacional mensal

	Mês		Desde o início do ano	
Item	Orçado	Real	Orçado	Real
Receitas				
Mensalidades dos inscritos	_____	_____	_____	_____
Testes de condicionamento físico	_____	_____	_____	_____
Programas em grupo	_____	_____	_____	_____
Programas especiais	_____	_____	_____	_____
Outros	_____	_____	_____	_____
Total	_____	_____	_____	_____
Despesas				
Salários				
Administrativo	_____	_____	_____	_____
Período integral	_____	_____	_____	_____
Meio período	_____	_____	_____	_____
Por contrato	_____	_____	_____	_____
Materiais				
Teste de condicionamento físico	_____	_____	_____	_____
Escritório	_____	_____	_____	_____
Limpeza	_____	_____	_____	_____
Outros	_____	_____	_____	_____
Despesas operacionais				
Telefone	_____	_____	_____	_____
Manutenção	_____	_____	_____	_____
Água, luz, gás, etc.	_____	_____	_____	_____
Aluguel	_____	_____	_____	_____
Contratos	_____	_____	_____	_____
Outros	_____	_____	_____	_____
Total	_____	_____	_____	_____
Saldo	_____	_____	_____	_____
Comparado com o ano anterior	_____	_____	_____	_____

De Edward T. Howley and B. Don Franks, 2007, *Fitness Professional's Handbook*, 5th ed. (Champaign, IL: Human Kinetics).

Ponto-chave

A administração financeira apropriada é parte do processo de planejamento estratégico de curto (anual) e de longo prazo (3 a 5 anos). O orçamento deve ser dividido nos componentes operacional e de capital. Considerações sobre o orçamento de capital incluem gastos monetários significativos, como equipamento para os exercícios. Por sua vez, o orçamento operacional se concentra em despesas operacionais diárias, como salário, programas e custos de manutenção.

FORMULÁRIO 26.4 — Exemplo de relatório de incidente

Informações pessoais

Nome: _____ Data: _____
Endereço: _____ Telefone: _____
Idade: _____ Masculino ( ) Feminino ( ) Cliente ( ) Visitante ( )

Tipo de ocorrência

Com lesão ( ) Sem lesão ( ) Danos à propriedade ( ) Artigo perdido ( ) Reclamação ( )
Quebra de confidencialidade ( )
Encaminhar ao departamento de recursos humanos caso tenha havido quebra de confidencialidade ( )
Outro (especificar) ( ) _____

Documentação da ocorrência

Local da ocorrência: _____

Descreva com exatidão o que aconteceu, em detalhes, incluindo a natureza da lesão ou do problema de saúde e como o incidente ocorreu. Se a propriedade ou o equipamento foram danificados, descreva o dano e calcule aproximadamente o valor da perda.
_____
_____

Relacione, em ordem, o que o primeiro socorrista ou outros funcionários da academia fizeram em resposta ao incidente.
_____
_____

Testemunhas

Se funcionário(s), escreva o(s) nome(s) e o(s) departamento(s)
Nome: _____
Endereço: _____ Telefone: _____
Nome: _____
Endereço: _____ Telefone: _____

Tratamento

O indivíduo recusou-se a ser examinado ou tratado?   Sim ( ) Não ( ) Não aplicável ( )
O indivíduo foi examinado por um médico?   Sim ( ) Não ( ) Não aplicável ( )
Se sim, foram feitos: raio X, ressonância magnética ou tomografia por emissão de pósitron?
  Sim ( ) Não ( )
Se sim, descreva os resultados: _____
_____
_____

_____   _____
Assinatura e cargo do funcionário que preencheu o relatório   Data do relatório

_____   _____
Assinatura do chefe do departamento/supervisor da administração   Data do relatório

Uma cópia deste formulário deve ser mantida no arquivo e o original deve ser enviado à gerência de qualidade dentro de 24 horas.

De Edward T. Howley and B. Don Franks, 2007, *Fitness Professional's Handbook*, 5th ed. (Champaign, IL: Human Kinetics).

funcionários devem ser submetidos a uma avaliação anual para quantificar o seu desempenho profissional e para determinar possíveis ajustes de salários.

Manutenção de registros e equipamentos

A maioria das academias oferece uma série de equipamentos de treinamento aeróbio e de força fabricados por empresas diferentes. O administrador dos programas deve desenvolver uma relação harmônica com os representantes de cada aparelho. Esses representantes podem fornecer informações sobre ofertas de produtos modernos, consultoria sobre problemas comuns nos equipamentos e descontos em equipamentos de segunda mão certificados ou em outros gastos de capital.

Equipamento para exercício e teste de condicionamento físico

Embora os participantes valorizem mais a variedade dos equipamentos de exercícios, a manutenção e a limpeza adequadas são igualmente importantes. É bom manter um registro de manutenção, com detalhes sobre mau funcionamento, problemas específicos, o que foi preciso para fazer o conserto e quando o aparelho voltou a funcionar. Deixe os equipamentos inoperantes sempre desligados (se for o caso) e marcados com um alerta visível: "fora de uso". Nesse aviso, pode-se indicar também o prazo provável do conserto. Dentro das possibilidades, seria melhor retirar os equipamentos inoperantes da sala de exercícios. A academia deve manter uma relação de técnicos da região para casos de mau funcionamento dos aparelhos. Esses indivíduos devem ser procurados de imediato, a fim de garantir a rapidez do conserto. Assim, é possível reduzir as reclamações dos clientes em relação à freqüência de problemas nessa área. O administrador dos programas também deve estabelecer um esquema de limpeza diária de todo o equipamento, tanto para mantê-lo apresentável quanto para maximizar sua longevidade.

São necessários equipamentos adicionais para a realização de testes de condicionamento físico apropriados. Sua extensão e qualidade variam de acordo com as opções de programa da academia. A Tabela 26.1 recomenda o equipamento mínimo e o avançado para testes e exercícios.

Manutenção de registros

Academias que cuidam bem da avaliação dos participantes, do consentimento informado e dos testes de condicionamento físico coletam várias informações sobre a saúde e o bem-estar dos clientes. Nos Estados Unidos, as informações pessoais são protegidas de acordo com a lei HIPPA de 1996 e, portanto, devem ser mantidas confidencialmente. Elas podem ser organizadas de modo sistemático e mantidas em local seguro, com acesso permitido apenas a funcionários. É cada vez mais comum o armazenamento eletrônico de resultados de testes de condicionamento físico, o que requer certas medidas para manter a privacidade. O administrador dos programas também deve manter registros de todas as reuniões de funcionários, avaliações de desempenho e treinamento (incluindo provas de competência em procedimentos de emergência).

O formulário de incidentes (Formulário 26.4) serve para documentar todos os acidentes e as lesões. Os originais preenchidos devem ser mantidos em uma área segura; é importante enviar cópias ao respectivo administrador ou departamento. Essas informações são essenciais quando surgem dúvidas

Tabela 26.1 Equipamento de exercício para testes de condicionamento físico

Área	Mínimo	Avançado
Equipamento para testes		
Estado de saúde	Questionário do estado de saúde	Avaliação de saúde, usando o computador
Cardiorrespiratório	Pista para caminhada ou corrida Banco Escala de TPE Pressão arterial	Cicloergômetro Esteira Análise do oxigênio ECG Análise de lipídeos Medição da glicose
Composição corporal	Balança Fita métrica Compasso de dobras cutâneas (plicômetro) Aparelho de bioimpedância elétrica	Tanque para pesagem hidrostática
Força e *endurance* abdominal	Colchonete	
Flexibilidade do tronco	Caixa para o exercício de sentar e alcançar	
Força e *endurance* da parte superior do corpo	Pesos móveis e supino	Aparelhos com pesos

(Continua)

Tabela 26.1 Equipamento de exercício para testes de condicionamento físico *(continuação)*

Área	Mínimo	Avançado
Equipamento para exercícios		
Cardiorrespiratório	Pista para caminhada ou corrida Esteira sem ajuste de subida	Esteira com opção de inclinação Cicloergômetro vertical e horizontal Remadores NuStep Ergômetros de braço
Treinamento de força	Supino Pesos móveis	Aparelhos com pesos Pesos móveis Resistência pneumática Aparelhos isocinéticos Aparelhos de livre movimentação

TPE = taxa de percepção de esforço; ECG = eletrocardiograma.

subseqüentes sobre um acidente. Seja qual for a extensão da lesão, deve-se entrar em contato com o participante lesionado no prazo de 48 horas para saber sobre o estado de recuperação. Qualquer informação relevante colhida durante o contato de acompanhamento também deve ser registrada. Além disso, qualquer situação que envolva quebra da confidencialidade tem de ser comunicada imediatamente ao departamento de recursos humanos.

> **Ponto-chave**
>
> O equipamento de exercício e de teste deve ser adequadamente inventariado, mantido e substituído com regularidade. Além disso, o administrador do programa deve garantir a confidencialidade de todas as informações de saúde pessoal e dos registros de incidentes.

Estudos de caso

Confira as respostas no Apêndice A.

1. O diretor de bem-estar informa-o que, na função de supervisor, você é responsável pela avaliação de três profissionais de condicionamento físico que trabalham em período integral e de dois em regime de meio período. Que passos você seguiria para realizar essas avaliações?
2. Os diretores pedem-lhe que avalie os objetivos da academia, inclusive em que medida eles têm sido alcançados. Que recursos você poderia usar para fornecer uma resposta?

PARTE VI

Fundamentos Científicos

A Parte VI fornece os fundamentos científicos básicos para a compreensão da estrutura e do funcionamento do corpo humano. No Capítulo 27, tratamos dos ossos, das articulações e dos músculos do corpo e das suas funções biomecânicas durante atividades físicas comuns. O Capítulo 28 cobre os conceitos básicos de energia, função muscular e resposta fisiológica a atividades físicas agudas e crônicas. São descritas também diferenças relacionadas a sexo, tipo de exercício e temperatura.

27

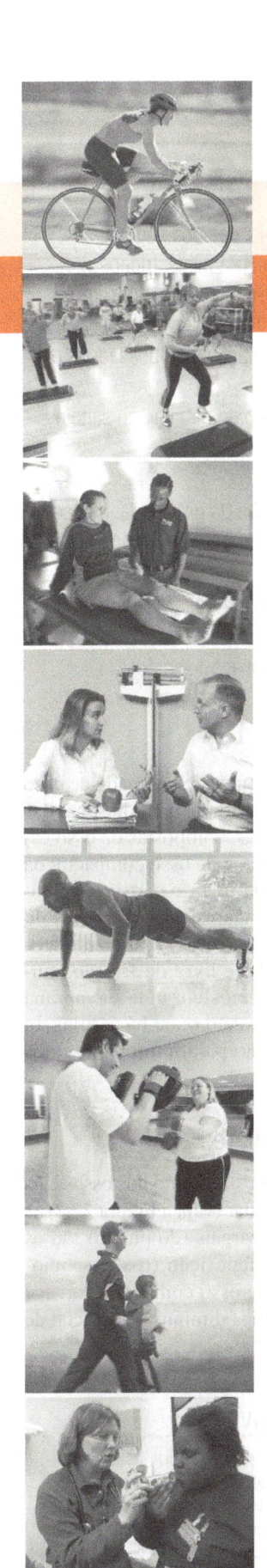

CAPÍTULO

Anatomia Funcional e Biomecânica

Jean Lewis

Objetivos

O leitor será capaz de:

1. Descrever a estrutura dos ossos longos.
2. Identificar os principais ossos do esqueleto humano e classificá-los de acordo com a forma.
3. Descrever a ossificação dos ossos longos.
4. Distinguir as articulações sinartrodial, anfiartrodial e diartrodial tanto no aspecto estrutural quanto no funcional. Identificar as estruturas da articulação diartrodial.
5. Listar os fatores que determinam a amplitude e a direção do movimento das articulações.
6. Nomear e demonstrar os movimentos possíveis em cada articulação.
7. Descrever as forças que podem gerar movimentação articular e as que podem resistir ao movimento provocado por outra força.
8. Descrever a estrutura macroscópica dos músculos.
9. Explicar como a tensão muscular aumenta.
10. Descrever as fases do movimento balístico, incluindo a ação do músculo.

(continua)

Objetivos (continuação)

11. Explicar as diferenças entre ações musculares concêntricas, excêntricas e isométricas.
12. Descrever as funções dos músculos.
13. Listar os principais músculos de cada grupo muscular e identificar as principais ações e articulações dos seguintes músculos: trapézio, serrátil anterior, deltóide, peitoral maior, latíssimo do dorso, bíceps braquial, braquiais, tríceps braquial, flexor e extensor radial e ulnar do carpo, reto abdominal, oblíquo externo, eretor da espinha, glúteo máximo, glúteo médio, iliopsoas, reto femoral, músculos vastos, isquiotibiais, tibial anterior, sóleo e gastrocnêmio.
14. Citar erros específicos que ocorrem durante o exercício e envolvem a coluna vertebral, as articulações lombossacrais e a articulação do joelho.
15. Analisar o movimento e o envolvimento muscular presentes na locomoção, no arremesso, no ato de pedalar, no salto e no nado.
16. Descrever boas técnicas de levantamento de peso.
17. Descrever os três fatores determinantes da estabilidade; identificar as inter-relações entre a linha da gravidade, a base de apoio, o equilíbrio e a estabilidade. Descrever as aplicações práticas dessas inter-relações durante a atividade física.
18. Descrever o torque e sua relação com as ações musculares.
19. Descrever como um praticante de exercícios pode mudar as posições dos segmentos corporais para alterar o torque de resistência.
20. Explicar como os princípios mecânicos da inércia rotacional e do *momentum* angular se aplicam ao movimento.
21. Discutir os erros comuns observados na locomoção, no arremesso e no saque.

O profissional de condicionamento físico tem de conhecer os ossos, articulações e músculos, compreender as forças, inclusive musculares, e ser capaz de aplicar os princípios da biomecânica ao movimento humano. Com esse conhecimento e essa compreensão, o profissional equipa-se melhor para orientar a atividade física segura, buscando efeitos dos exercícios relacionados com a saúde. Esse conhecimento também o ajuda a conquistar o respeito dos clientes, que passarão a vê-lo como um profissional da área e não apenas como um técnico, que pode até saber o que fazer, mas não conhece os porquês. Este capítulo é um simples resumo; informações mais detalhadas sobre anatomia e biomecânica podem ser encontradas nas referências (1-9).

Anatomia esquelética

A maioria dos 200 ossos distintos do esqueleto humano ajudam a produzir o movimento. Seu alto componente mineral fornece rigidez; o componente protéico confere resistência à tensão. Os dois tipos de tecido ósseo são o (a) compacto (denso, duro, constituinte da camada exterior) e o (b) esponjoso ou trabecular, cuja estrutura em forma de treliça proporciona maior força estrutural ao longo das linhas de estresse, enquanto reduz o peso. São quatro as classificações dos ossos de acordo com a forma: longo, curto, plano e irregular.

Ossos longos

Os ossos longos, encontrados nos membros e nos dedos, servem principalmente de alavancas para o movimento. Cada osso longo é composto da **diáfise**, ou haste, formada de osso compacto e espesso, que cerca a cavidade medular oca; das **epífises**, ou extremidades expandidas, compostas de osso esponjoso, com uma fina camada externa de osso compacto; da **cartilagem articular**, uma camada fina de cartilagem hialina, que cobre as superfícies articulares (as superfícies do osso que entram em contato com outro osso para formar a articulação) e fornece uma superfície livre de fricção, ajudando a absorver impactos; e o **periósteo**, uma membrana fibrosa, que cobre o osso inteiro (exceto onde há cartilagem articular) e serve de local de ligação para muitos músculos (veja a Figura 27.1).

Ossos curtos, planos e irregulares

Além dos ossos longos, o esqueleto é composto dos ossos curtos, dos planos e dos de forma irregular (veja a Figura 27.2).

Os tarsais (do tornozelo) e os carpais (do punho) são os ossos curtos. Por um lado, sua composição (osso esponjoso com uma fina camada externa de osso compacto) fornece maior força; por outro, a forma cúbica diminui o potencial de movimentação.

> **Ponto-chave**
>
> As estruturas do osso longo incluem a diáfise, ou haste; a epífise ou extremidades expandidas; o periósteo, que cobre todo o osso, exceto as superfícies articulares; e a cartilagem articular, que cobre essas superfícies, fornecendo uma área livre de fricção e ajudando a absorver o impacto.

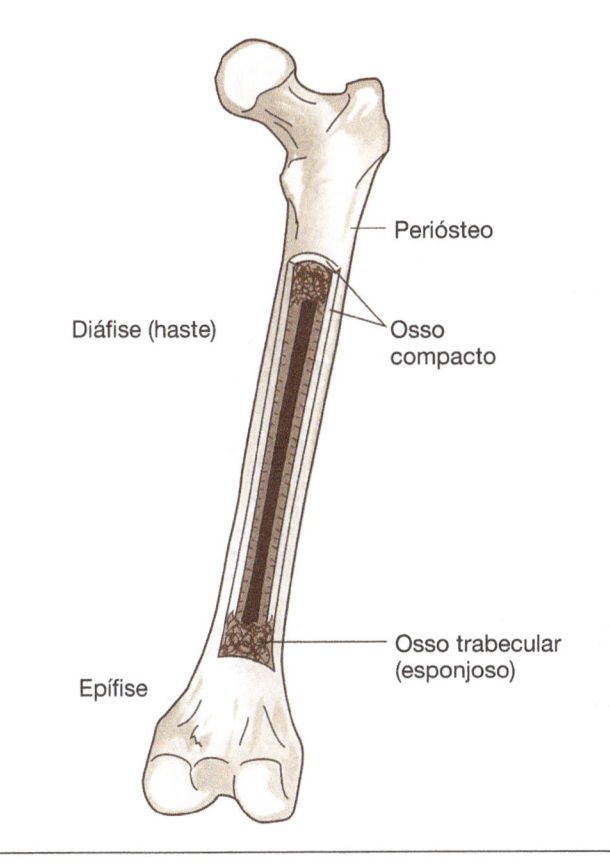

Figura 27.1 O fêmur, exemplo de osso longo.

Os ossos planos, como os ilíacos, os escapulares e os das costelas, servem principalmente de locais amplos, para as inserções musculares e, no caso da pelve e das costelas, destinam-se a envolver cavidades, protegendo órgãos internos. Esses ossos também são esponjosos e cobertos por uma fina camada de osso compacto.

O ísquio, o púbis e as vértebras são ossos de forma irregular, que protegem partes internas e suportam o corpo, além de consistirem em local de inserções musculares.

Ossificação dos ossos

Tendo início como uma estrutura cartilagínea, o esqueleto é gradualmente substituído por osso, em um processo conhecido como **ossificação**. Esse processo começa na diáfise dos ossos longos (nos centros de ossificação) e espalha-se em direção às epífises. As **placas epifisárias**, entre as diáfises e as epífises, são áreas de crescimento em que a cartilagem é substituída por osso; o crescimento ósseo, tanto no comprimento quanto na largura, continua até que as placas epifisárias se tornam completamente ossificadas. Durante o crescimento, uma cartilagem adicional é depositada para, no final, ser substituída por osso. O crescimento cessa quando não se produz mais cartilagem e se completa a substituição daquela que já estava presente. Outros centros secundários de ossificação desenvolvem-se nas epífises e em algumas protuberâncias ósseas, como a tuberosidade tibial e os côndilos articulares do úmero. Os ossos curtos têm um centro de ossificação. O momento em que termina esse processo varia. Embora a fusão óssea em alguns centros de ossificação possa ocorrer por volta da puberdade ou mais cedo, a ossificação da maioria dos ossos longos só se completa no final da segunda década de vida. O fechamento prematuro, que resulta em menor comprimento dos ossos, pode ser causado por trauma, estresses anormais, má nutrição e medicamentos.

> **Ponto-chave**
> A ossificação é a substituição da cartilagem por osso. Em geral, o crescimento ósseo se completa no final da segunda década de vida.

Estrutura e função das articulações

As articulações – locais de encontros dos ossos – com freqüência são classificadas de acordo com a quantidade de movimento que podem realizar. Nesse contexto, podem ser sinartrodiais, anfiartrodiais ou diartrodiais. As **articulações sinartrodiais** são imóveis. Os ossos fundem-se entre si e permanecem unidos por tecido fibroso contínuo ao periósteo. As suturas, ou seja, as linhas de junção dos ossos do crânio, são os principais exemplos desse tipo de articulação. As **articulações anfiartrodiais**, ou cartilagíneas, permitem apenas um movimento leve em todas as direções. Em geral, um disco de fibrocartilagem separa os ossos, e o movimento pode ocorrer apenas pela deformação do disco. Exemplos dessa articulação são as tibiofibulares, as sacroilíacas e aquelas presentes entre os corpos das vértebras da coluna. Os **ligamentos**, tiras fibrosas resistentes, de tecido conjuntivo, conectam os ossos entre si, não apenas nesse tipo de articulação, mas em todos os outros.

As **articulações diartrodiais**, ou sinoviais (veja a Figura 27.3), são movimentadas livremente e permitem maior amplitude e variedade de direção do movimento; durante a atividade física, a maioria dos movimentos articulares ocorre nelas. As articulações diartrodiais são o tipo mais comum e incluem a maioria das articulações presentes nos membros. Ligamentos fortes e bastante inelásticos, junto com os tecidos conjuntivo e muscular que passam por elas, mantêm sua estabilidade. Essas articulações possuem características físicas singulares, que as distinguem dos outros tipos. As superfícies de articulação dos ossos são cobertas por cartilagem articular, um tipo de cartilagem hialina que reduz a fricção e atua como um absorvedor de impacto. Todas as articulações se encontram envolvidas pela **cápsula articular**, uma estrutura ligamentosa, que pode ser bastante fina ou tão espessa a ponto de ser considerada como um ligamento separado. A **membrana sinovial** reveste a superfície interior da cápsula e secreta o fluido sinovial na **cavidade articular** (espaço envolvido pela cápsula articular) para banhar (ou lubrificar) a articulação e facilitar o movimento.

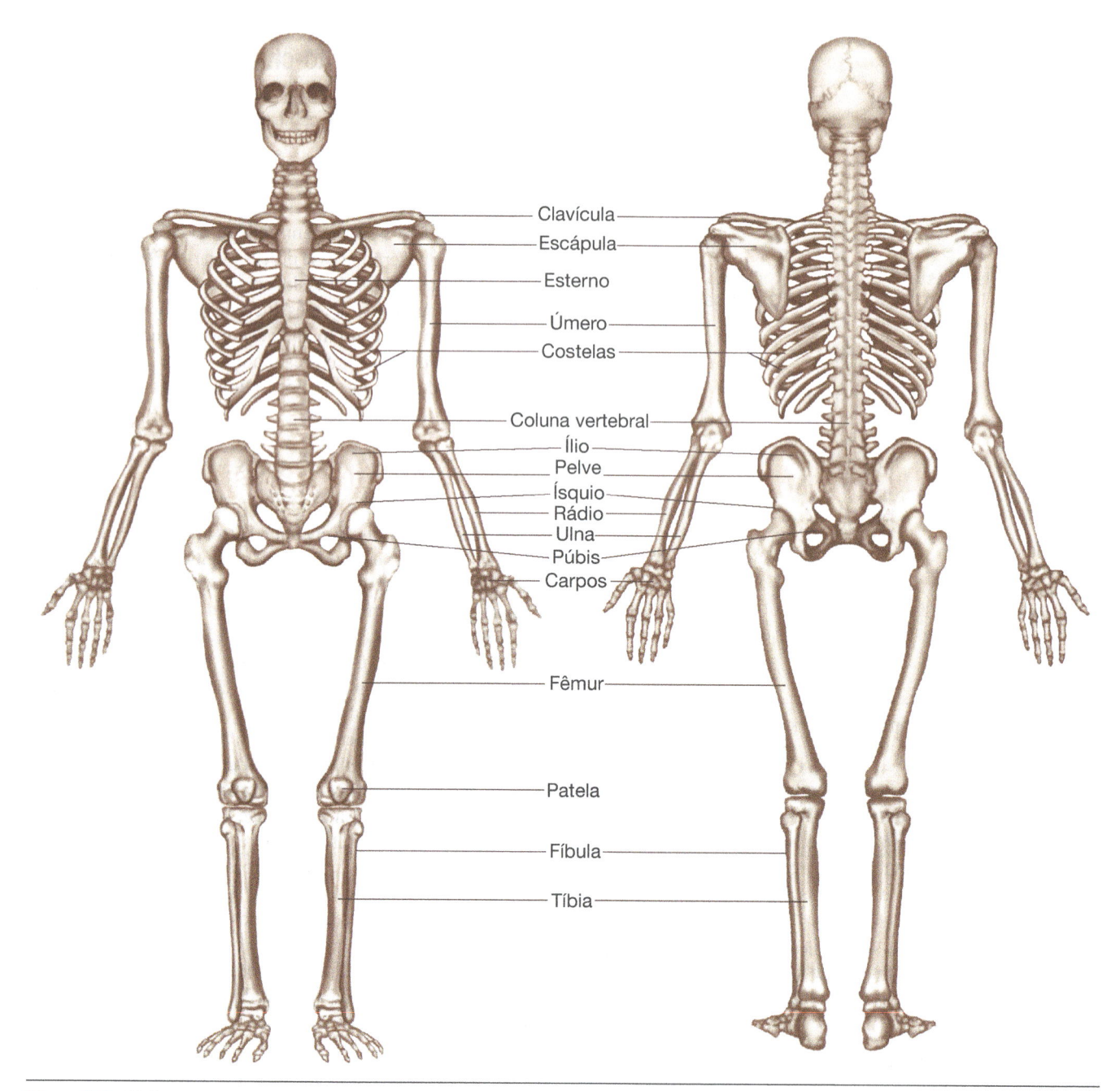

Figura 27.2 Visão anterior e posterior do esqueleto humano.

Normalmente, a cavidade articular é pequena e, portanto, contém pouco fluido sinovial, mas uma lesão na articulação pode aumentar a secreção desse fluido, causando inchaço. Algumas articulações diartrodiais, como a esternoclavicular, a radioulnar distal e a do joelho, também apresentam um disco de fibrocartilagem parcial ou completo entre os ossos para ajudar a absorver impactos e, no caso do joelho, para dar maior estabilidade. No joelho, os discos parciais (em forma de meia-lua) entre o fêmur e a tíbia são chamados de **meniscos**.

Para reduzir a fricção ocorrida à medida que varia a extensão dos tendões durante a ação muscular, com freqüência, eles são cercados por bainhas tendíneas – sacos cilíndricos, semelhantes a um túnel, revestidos de membrana sinovial. Por exemplo, os dois tendões proximais do músculo bíceps braquial atravessam esses túneis no sulco bicipital do úmero. As **bolsas**, ou seja, os sacos de fluido sinovial que se localizam entre músculos, tendões e ossos, também reduzem a fricção entre os tecidos e atuam como absorvedores de impacto. Há

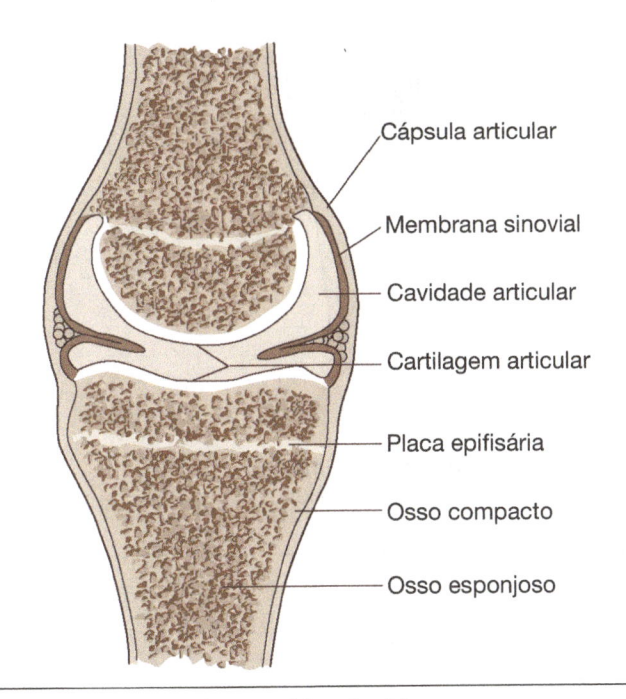

Figura 27.3 Articulação diartrodial ou sinovial.

> **Ponto-chave**
>
> Os três tipos de articulação são: a sinartrodial, que não permite movimento; a anfiartrodial, que permite apenas um leve movimento; e a diartrodial, ou sinovial, que permite uma grande amplitude de movimento e se caracteriza estruturalmente por cartilagem articular, cápsula articular, membrana sinovial e fluido sinovial dentro da cavidade articular.

muitas bolsas em torno dos ombros, cotovelos, quadris e joelhos. A bursite, ou inflamação da bolsa, pode resultar de fricção repetida, irritação mecânica ou condições inflamatórias ou degenerativas dos tendões.

Fatores determinantes da direção e da amplitude de movimento

A maior parte do movimento das articulações é rotatória. O osso movimenta-se em torno de um eixo fixo – a articulação. As estruturas dos ossos nas extremidades articulares e próximo delas determinam, em grande parte, tanto a direção quanto a amplitude de movimento. As articulações do tipo bola-e-soquete, ou esferoidais, encontradas no quadril e no ombro, permitem grande amplitude de movimento em todas as direções, enquanto as articulações em dobradiça, como as do cotovelo, restringem tanto a direção quanto a amplitude, pois um osso colide contra o outro. A extensão dos ligamentos e, em menor medida, sua **elasticidade** (capacidade de alongar-se passiva-

> **Ponto-chave**
>
> O potencial de amplitude e direção do movimento depende da forma das extremidades articulares dos ossos, da extensão dos ligamentos e da elasticidade do tecido conjuntivo.

mente e retornar ao comprimento normal) também afetam a amplitude de movimento. O ligamento iliofemoral, por exemplo, na articulação anterior do quadril, é forte, porém curto, impedindo em muito a hiperextensão dessa área. A elasticidade pode ser alterada pelo exercício; o grau de elasticidade é determinado pela quantidade e pelo tipo de atividade física em que o indivíduo se envolve.

Movimentos articulares específicos

Usa-se uma terminologia específica para descrever a direção do movimento nas diferentes articulações. A posição anatômica (em pé, com os braços dispostos lateralmente e as palmas das mãos voltadas para a frente) serve como ponto de referência. Embora a terminologia possa diferir de acordo com a articulação, em geral **flexão** se refere ao movimento anterior ou posterior a partir da posição anatômica, provocando a aproximação de dois ossos; **extensão** é o retorno da flexão; e **hiperextensão** é o resultado da continuação da extensão além da posição anatômica. **Abdução** é a movimentação lateral, também a partir da posição anatômica; **adução** é o retorno da abdução. **Rotação** ocorre quando o osso gira em torno do próprio eixo longitudinal, de modo que sua superfície se movimenta em diferentes direções.

Cintura escapular. Esse complexo articular inclui as articulações entre o esterno e a clavícula e entre esta última e a escápula. Nessas articulações, ocorre um movimento rotatório, e os termos motores *elevação*, *depressão*, *abdução*, *adução* e *rotação para baixo* e *para cima* descrevem movimentos resultantes das escápulas (veja a Figura 27.4). Tanto a abdução e a adução quanto o abaixamento e a elevação escapular podem ocorrer sem o movimento articular do ombro, mas podem intensificá-lo. A rotação para cima e para baixo é possível apenas quando se move o úmero para cima, para fora e para baixo. Quando não se pode girar as escápulas para cima, não é possível levantar os braços lateralmente além da linha do horizonte (além dos 90°).

Articulação do ombro. Por sua estrutura esferoidal, a articulação do ombro é capaz de mover-se em todas as direções – flexão, extensão, hiperextensão, abdução, adução, rotações lateral (para fora, distanciando-se da linha média) e medial (para dentro, aproximando-se da linha média) e circundução (movimento circular do braço, descrevendo um arco amplo). A extensão e a flexão horizontais são movimentos do braço paralelos ao solo (veja a Figura 27.5).

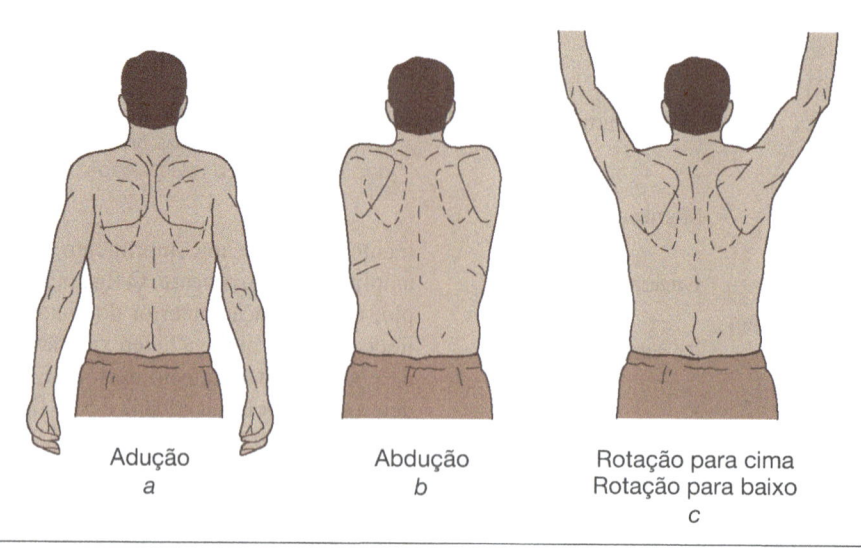

Figura 27.4 Movimentos das escápulas.

- a — Adução
- b — Abdução
- c — Rotação para cima / Rotação para baixo

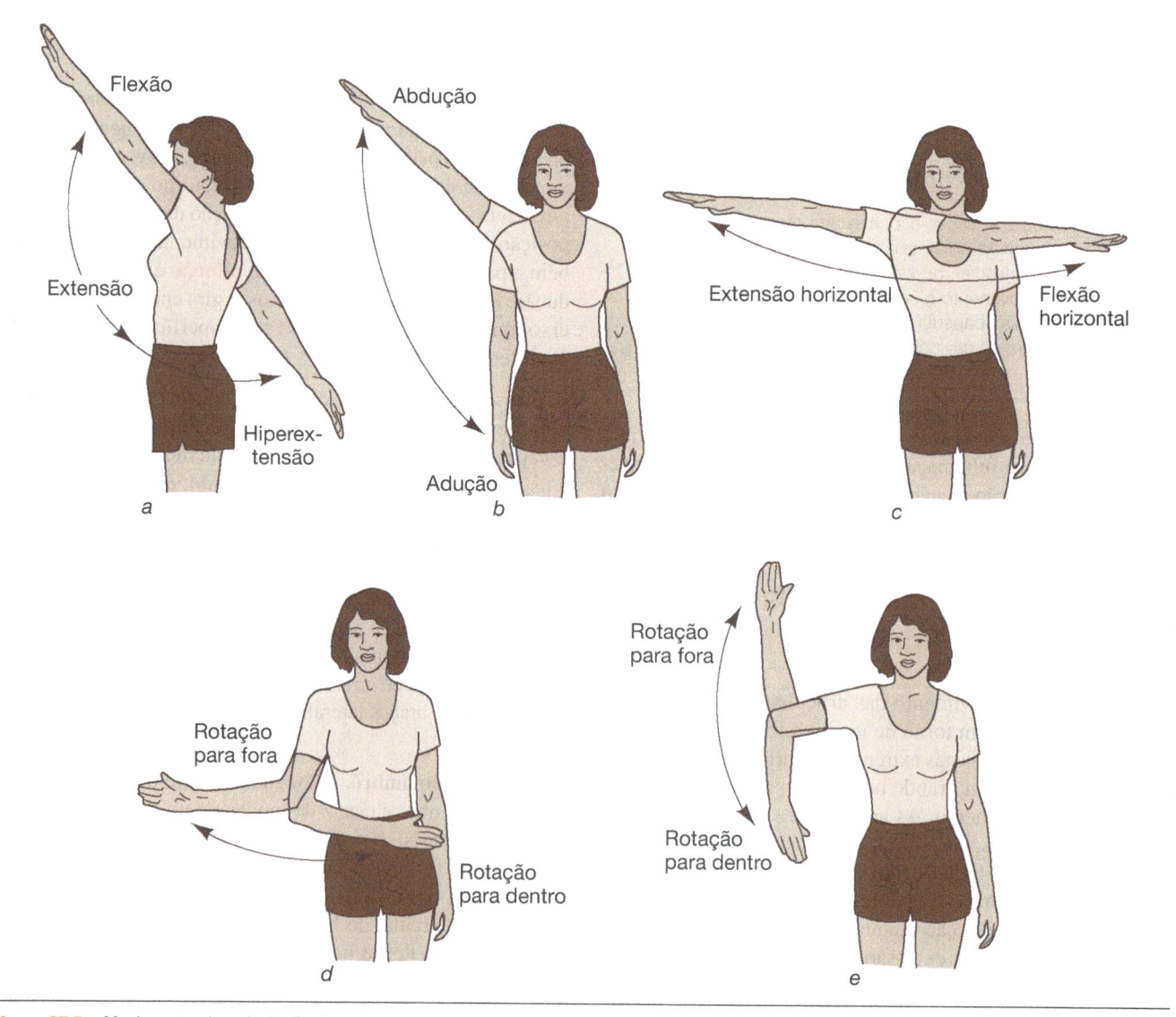

Figura 27.5 Movimentos da articulação do ombro.

- a — Flexão / Extensão / Hiperextensão
- b — Abdução / Adução
- c — Extensão horizontal / Flexão horizontal
- d — Rotação para fora / Rotação para dentro
- e — Rotação para fora / Rotação para dentro

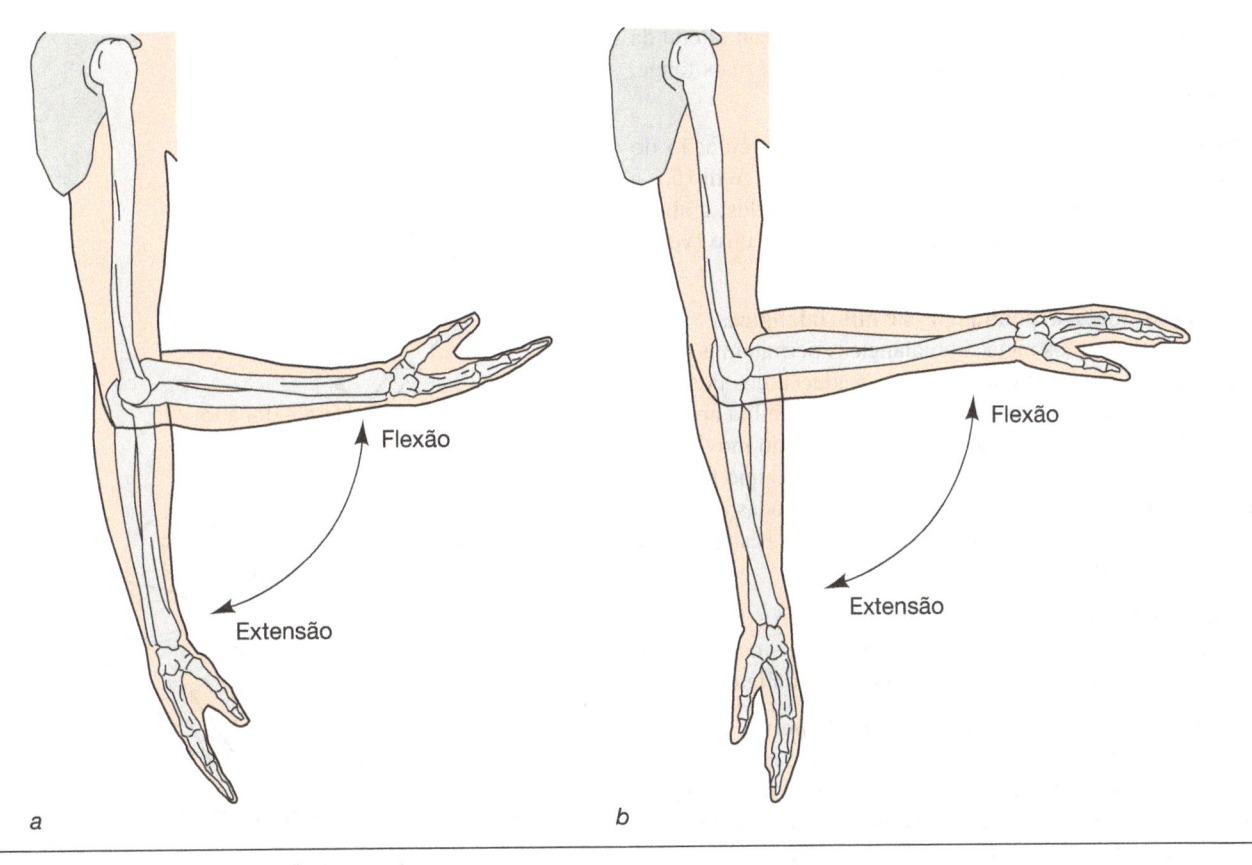

Figura 27.6 Movimentos da articulação do cotovelo.

Os movimentos escapulares podem incrementar os movimentos da articulação do ombro. À medida que se flexiona o braço, horizontalmente ou não, a abdução escapular pode movimentar a mão mais para a frente. A adução escapular permite que o braço se movimente mais para trás durante a hiperextensão e a extensão horizontal. A rotação medial pode ser acompanhada da abdução escapular; e a rotação lateral, da adução escapular.

Articulação do cotovelo. Às vezes chamada de umeroulnar, em razão dos ossos envolvidos em seu movimento, a articulação do cotovelo permite apenas a flexão e a extensão devido ao arranjo de seus ossos (veja a Figura 27.6). A capacidade de algumas pessoas de hiperestender essa articulação é atribuível à forma das superfícies articulares.

Articulações radioulnares. A pronação e a supinação descrevem os movimentos do rádio em torno da ulna, no antebraço (veja a Figura 27.7). Embora o punho não esteja envolvido nesses movimentos, a posição das articulações radioulnares pode ser identificada pela direção para a qual estão voltadas as palmas da mão. Com os braços estendidos ao lado do tronco, configura-se em supinação quando as palmas das mãos encontram-se viradas para a frente; na pronação, as palmas das mãos voltam-se para trás. Em supinação, o rádio e a ulna ficam paralelos; em pronação, o rádio fica lateralmente acima da ulna. A pronação, combinada com a rotação medial da articulação

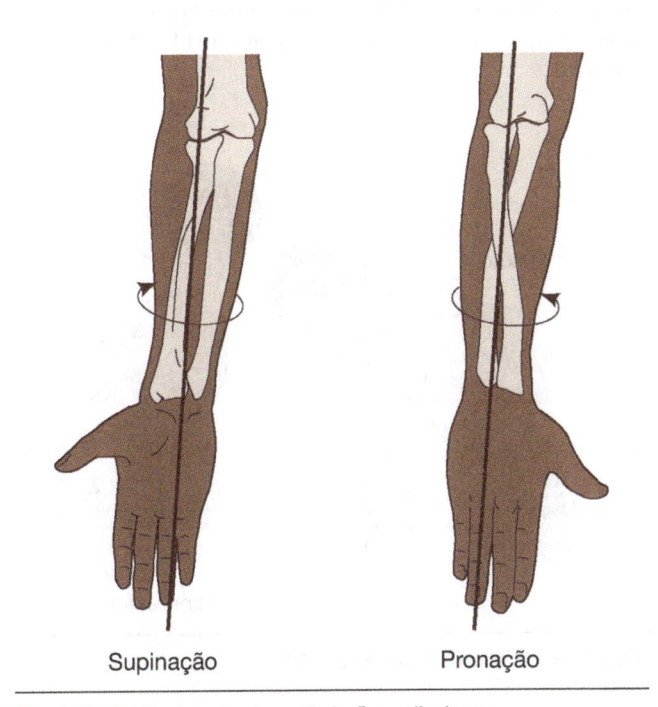

Figura 27.7 Movimentos das articulações radioulnares.

do ombro, e a supinação, combinada com a rotação lateral da articulação do ombro, movimentam a mão ainda mais longe, em torno da linha média.

Articulação do punho. O movimento da articulação do punho pode ocorrer em dois planos de direção. A flexão, a extensão e a hiperextensão acontecem em um deles; a abdução (flexão radial) e a adução (flexão ulnar), no outro (veja a Figura 27.8).

Articulações metacarpofalângicas e interfalângicas. Duas das cinco articulações metacarpofalângicas permitem a flexão e a extensão, assim como a abdução e a adução dos dedos. A articulação metacarpofalângica do polegar possibilita apenas a flexão e a extensão, mas esse é o único dedo cujo movimento também se dá na articulação carpometacarpal (o que lhe confere uma capacidade de movimento peculiar). Todas as articulações interfalângicas dos dedos das mãos e dos pés apenas se flexionam e se estendem.

Coluna vertebral. Os movimentos do tronco – flexão, extensão, hiperextensão, flexão lateral e rotação – ocorrem em todas as articulações da coluna vertebral (veja a Figura 27.9).

Articulação lombossacral: movimento da pelve. A pelve (veja a Figura 27.10) inclina-se principalmente na articulação formada pela quinta vértebra lombar e a própria pelve. O ponto de referência para a direção da inclinação é a crista ilíaca. À medida que a crista se move para a frente e para baixo, a pelve apresenta uma inclinação para a frente, ou anterior; quando a crista gira para trás, a pelve mostra uma inclinação para trás, ou posterior. De modo geral, a inclinação pélvica anterior é acompanhada da hiperextensão das vértebras lombares, enquanto a posterior costuma resultar no nivelamento dessas vértebras.

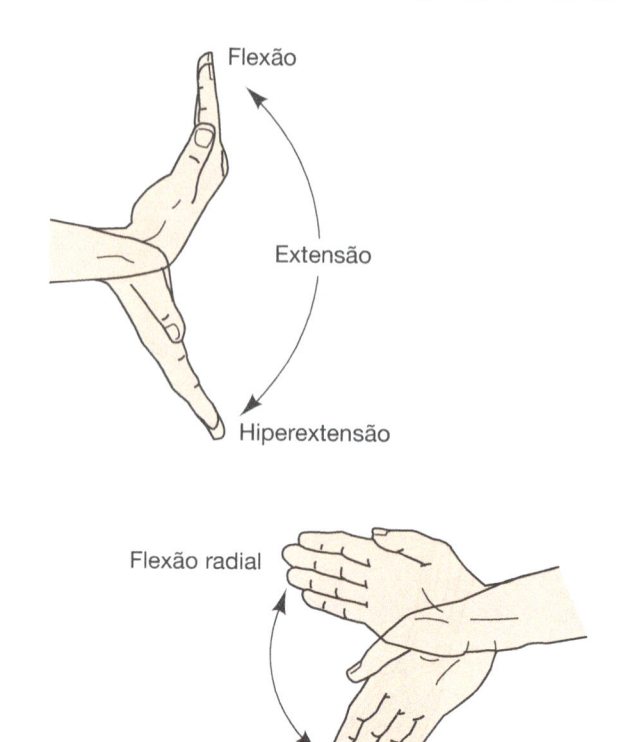

Figura 27.8 Movimentos da articulação do punho.

Articulação do quadril

A estrutura da articulação do quadril é similar à do ombro, ou seja, tem um arranjo tipo esferoidal. Essas duas articulações compartilham as mesmas possibilidades de movimento (veja a Figura 27.11). Em conseqüência da profundidade do soquete

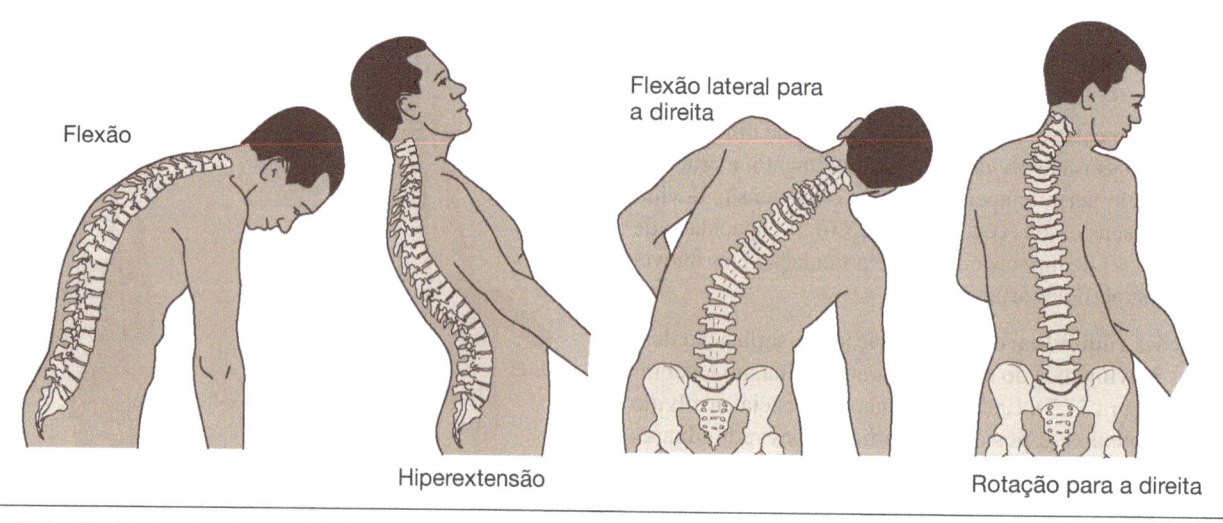

Figura 27.9 Movimentos da coluna vertebral.

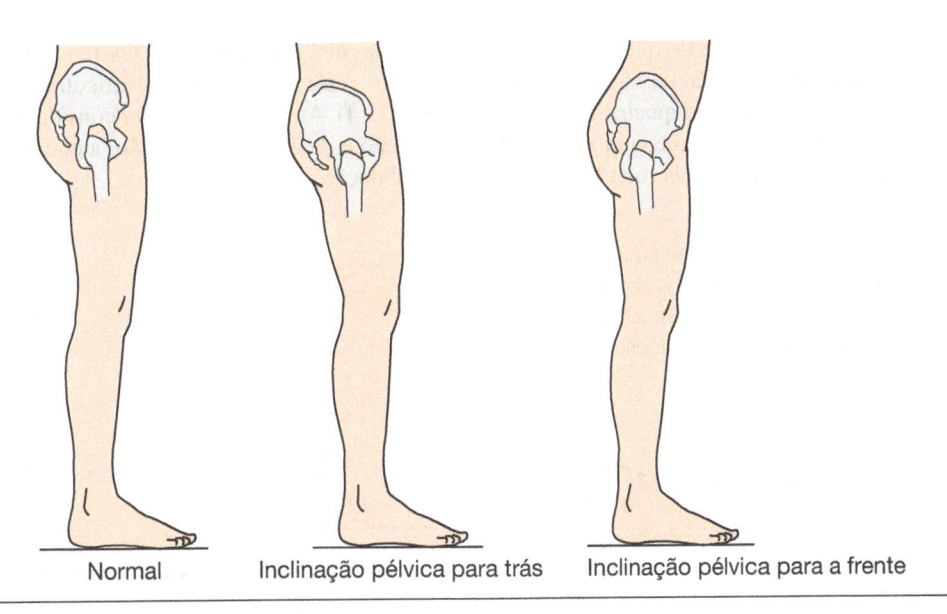

Figura 27.10 Movimentos da articulação lombossacral.

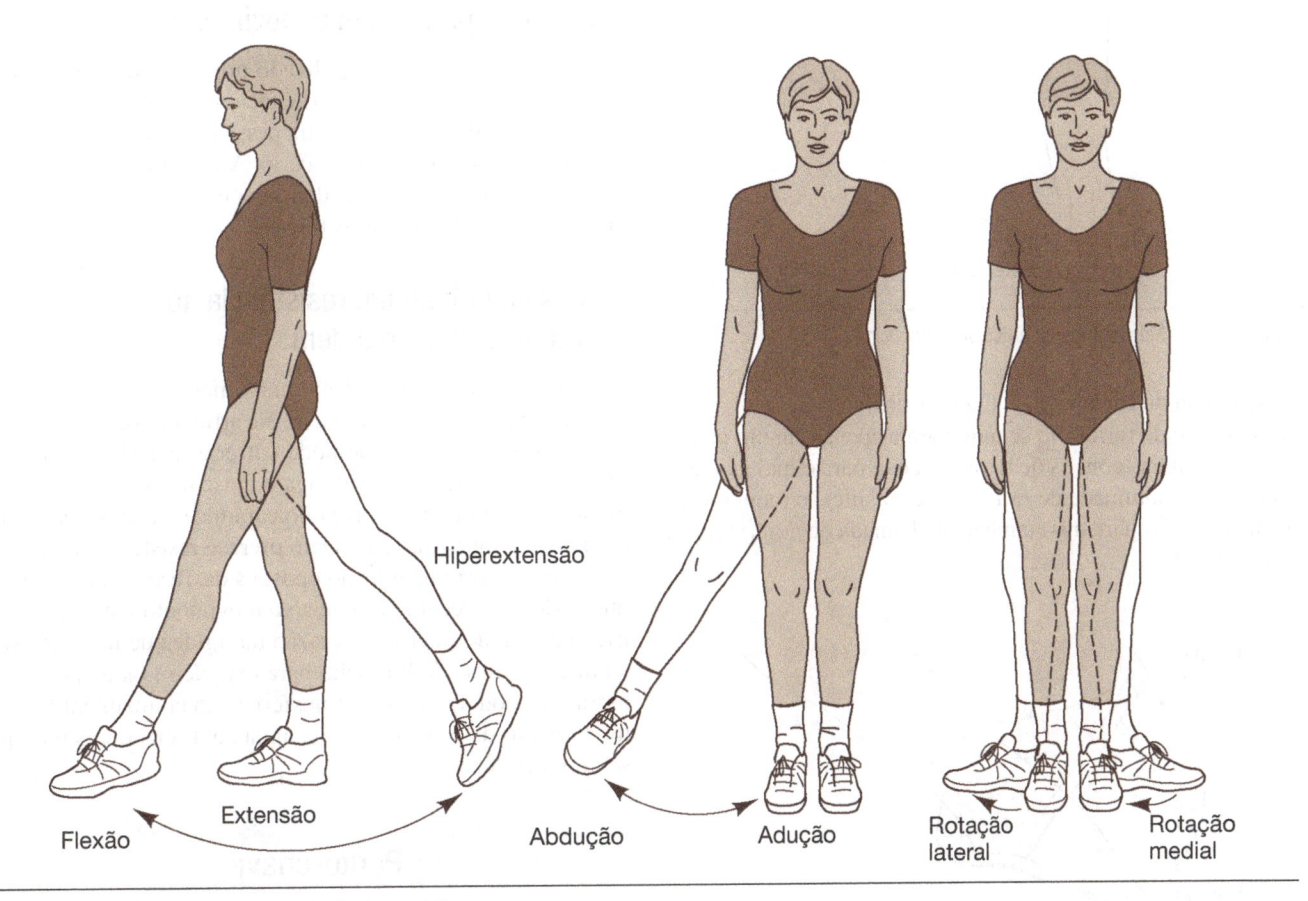

Figura 27.11 Movimentos da articulação do quadril.

e da rigidez dos ligamentos da articulação do quadril, sua amplitude de movimento (ADM), em especial na hiperextensão, é menor do que a do ombro. A abdução do quadril também é limitada a aproximadamente 45°, devido ao contato ósseo. A abdução da perna pode aumentar apenas pela rotação do quadril lateralmente.

Articulação do joelho. A flexão e a extensão são os maiores movimentos do joelho. Embora seja possível certo grau de hiperextensão, deve ser evitada (veja a Figura 27.12). Com o joelho flexionado, limitam-se a rotação, a abdução e a adução possíveis.

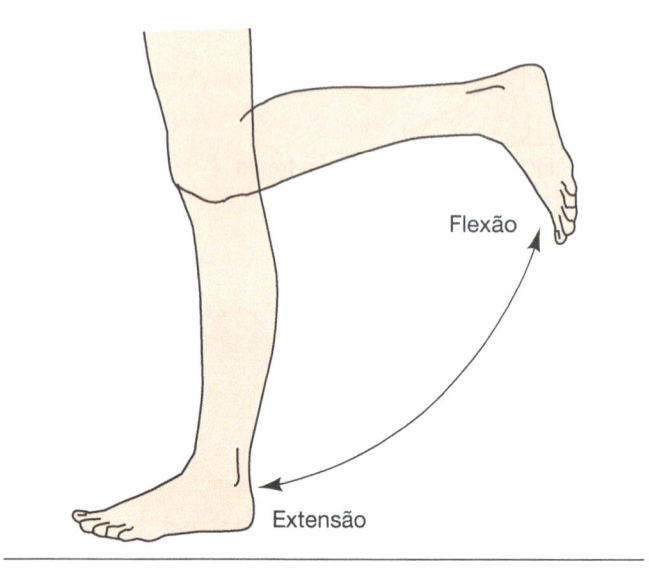

Figura 27.12 Movimentos da articulação do joelho.

Articulação do tornozelo. Também chamada de **talocrural**, a articulação do tornozelo se movimenta apenas em um plano. A flexão plantar (com os dedos apontando para cima) às vezes também é denominada de *extensão*; a dorsiflexão (com os dedos flexionados para trás) também é chamada de *flexão* (veja a Figura 27.13).

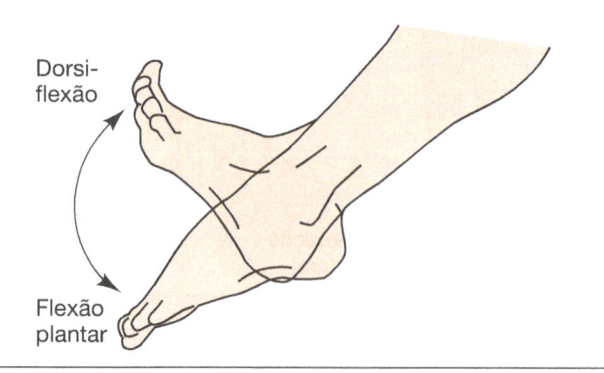

Figura 27.13 Movimentos da articulação do tornozelo.

Articulações intertarsais. Os movimentos laterais do pé ocorrem entre suas diferentes articulações tarsais (veja a Figura 27.14). A inversão pode ser considerada a combinação da pronação e da adução; a eversão, a combinação da supinação e da abdução.

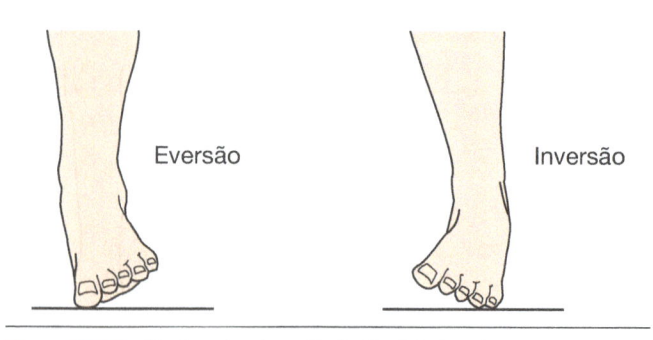

Figura 27.14 Movimentos das articulações intertarsais.

Forças que promovem o movimento

O movimento articular é realizado principalmente pela contração muscular ou atração gravitacional, embora outras forças, como acontece quando outra pessoa puxa ou empurra uma parte do corpo, possam provocá-lo. A transformação da ação muscular em movimento vai depender da força dessa ação e do grau de resistência de outras forças.

Forças que oferecem resistência ao movimento ou o impedem

As mesmas forças que geram o movimento também lhe oferecem resistência ou o impedem. Na articulação, o movimento causado pela gravidade pode sofrer a resistência da ação muscular excêntrica (que alonga o músculo; veja a seção sobre ação excêntrica, no próximo capítulo) ou ser desacelerado por ela. A gravidade também oferece resistência ao movimento que ocorre na direção oposta à da Terra. Outras forças que podem oferecer resistência ao movimento incluem a restrição do tecido interno, em razão da rigidez de ligamentos e tendões; as tiras de borracha para exercício; os dispositivos hidráulicos ou de pressão atmosférica em equipamentos para treinamento de força e o ar e a água contra os quais o corpo se movimenta.

> **Ponto-chave**
> Dentre as forças que podem tanto gerar o movimento quanto lhe oferecer resistência, estão a ação muscular e a gravidade.

> ### Ponto-chave
> Esta tabela resume os movimentos possíveis em cada articulação.
>
> | Articulação | Movimentos |
> |---|---|
> | Cintura escapular | Elevação, abaixamento; abaixamento, adução; rotação para cima, rotação para baixo |
> | Articulação do ombro | Flexão, extensão, hiperextensão; abdução, adução; rotação medial e lateral; flexão e extensão horizontal |
> | Articulação do cotovelo | Flexão, extensão |
> | Articulação radioulnar | Pronação, supinação |
> | Articulação do punho | Flexão, extensão, hiperextensão; flexão radial e ulnar |
> | Articulações metatarsofalângicas | Flexão, extensão; abdução, adução |
> | Coluna vertebral | Flexão, extensão, hiperextensão; flexão lateral; rotação |
> | Articulação lombossacral | Inclinação pélvica para a frente e para trás |
> | Articulação do quadril | Flexão, extensão, hiperextensão; abdução, adução; rotação medial, rotação lateral |
> | Articulação do joelho | Flexão, extensão |
> | Articulação do tornozelo | Flexão plantar, dorsiflexão |
> | Articulação intertarsal | Eversão, inversão |

Músculo voluntário (esquelético)

O músculo esquelético envolvido nos movimentos articulares consiste em milhares de fibras musculares (por exemplo, o braquiorradial possui cerca de 130.000 fibras; o gastrocnêmio, mais de 1 milhão) e tecido conjuntivo. Todas as fibras são envolvidas pelo tecido conjuntivo endomísio. Os **fascículos**, ou seja, feixes de fibras agrupados, são cercados pelo **perimísio**, e o músculo inteiro é recoberto pelo **epimísio**. O **tendão**, parte passiva do músculo, é constituído de tecidos conjuntivos elásticos. Cada músculo tem ligações com o próprio osso, com o periósteo ou com a fáscia espessa e profunda por meio de tendões e dos tecidos conjuntivos perimísio e epimísio. Os tamanhos e as formas dos tendões variam e dependem de suas funções e do formato do próprio músculo. Alguns tendões (por exemplo, os dos músculos isquiotibiais, encontrados nas laterais posteriores do joelho e no tendão do calcâneo) são partes óbvias e significativas do músculo inteiro, mas outros músculos, como o supra-espinal e o infra-espinal (que fazem a abdução e a rotação do braço), parecem se ligar diretamente ao osso, sem tendão observável. Muitas das ligações distais (que se encontram mais distantes da parte corporal movida), em geral encontradas nos ossos que realizam os movimentos mais amplos, apresentam estruturas tendíneas mais definidas do que as ligações proximais (que se encontram mais perto da parte corporal movida). Tendões amplos e planos, como a bainha tendínea proximal do latíssimo do dorso, são **aponeuroses**. Veja as imagens anterior e posterior dos músculos superficiais na Figura 27.15. Outros músculos localizam-se abaixo dos superficiais.

Ação muscular

Todas as fibras musculares são inervadas, ou seja, recebem estímulos pelo feixe de um neurônio motor. A **unidade motora** consiste em um único neurônio motor, com suas ramificações e todas as fibras inervadas por ele. Quando há um estímulo forte o suficiente, a fibra muscular inteira dessa unidade responde maximamente; a tensão muscular aumenta como resultado da estimulação de mais unidades motoras (**recrutamento**) ou do aumento da taxa de estimulação (somação). Os músculos cujo principal propósito são movimentos de força ou de potência (como o gastrocnêmio), e movimentos delicados (como os músculos dos dedos), possuem grande número de fibras musculares, além de terem muitas fibras musculares por unidade

> ### Ponto-chave
> As estruturas associadas com o músculo incluem os fascículos, o perimísio, o epimísio, os tendões e as aponeuroses.

> ### Ponto-chave
> A unidade motora consiste em um único neurônio motor, em suas ramificações e em todas as fibras musculares inervadas por ele. O aumento da tensão muscular se dá por recrutamento ou somação.

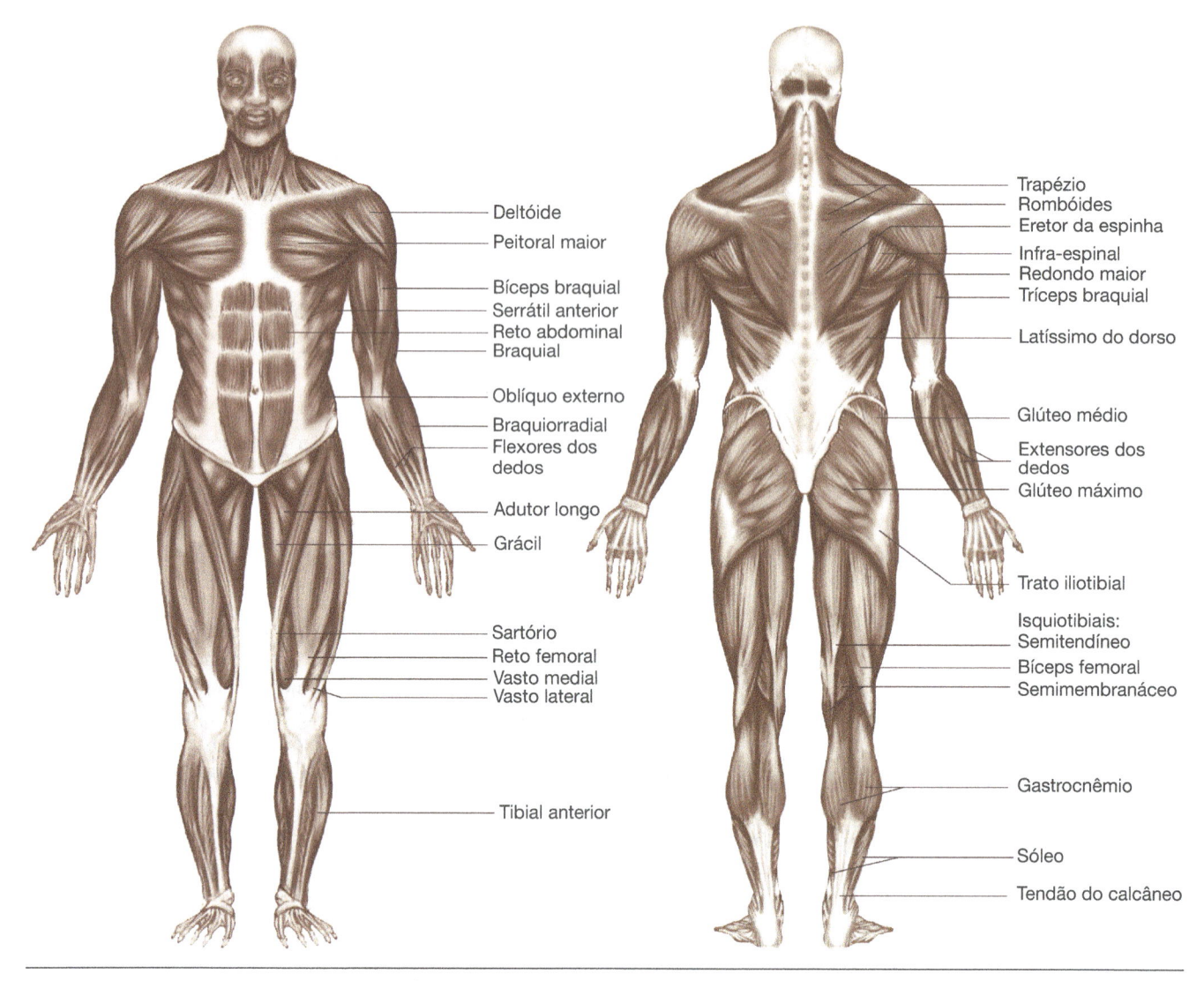

Figura 27.15 Imagens anterior e posterior dos músculos superficiais do corpo humano.

motora. Quando desenvolve tensão, o músculo tende a contrair-se em direção ao centro, puxando todas as suas inserções com os ossos. O resultado dessa ação muscular – ou seja, se o músculo vai se movimentar ou não – depende da quantidade de força da ação e da resistência de outras forças a esse movimento. Os três tipos principais de ações musculares são: as concêntricas, as excêntricas e as isométricas.

Ação concêntrica

A **ação concêntrica** ocorre quando um músculo atua com força suficiente para se contrair de fato. Essa contração puxa os ossos da inserção, aproximando-os e gerando o movimento da articulação. A Figura 27.16 ilustra a flexão do cotovelo contra a gravidade em resultado de uma ação concêntrica: os músculos responsáveis pela flexão atuam com força suficiente para se contrair, o que puxa o antebraço na direção do úmero. Embora sejam puxados todos os ossos da inserção, geralmente apenas o osso mais distante do tronco (por exemplo, um membro) se move durante a ação concêntrica. Para levantar-se a partir da posição de semi-agachamento, o corpo tem de estender as articulações dos quadris e dos joelhos, enquanto a gravidade opõe resistência a essa extensão. Por isso, os músculos precisam desenvolver força suficiente para superar a atração gravitacional; quando isso acontece, o músculo se contrai na ação concêntrica, puxando os ossos para gerar a extensão. O treinamento de força com pesos livres usa a atração gravitacional como resistência; as roldanas mudam a direção da força gravitacional, opondo resistência ao movimento em outras direções. A água atua como resistência a partes do corpo submersas em todas as direções.

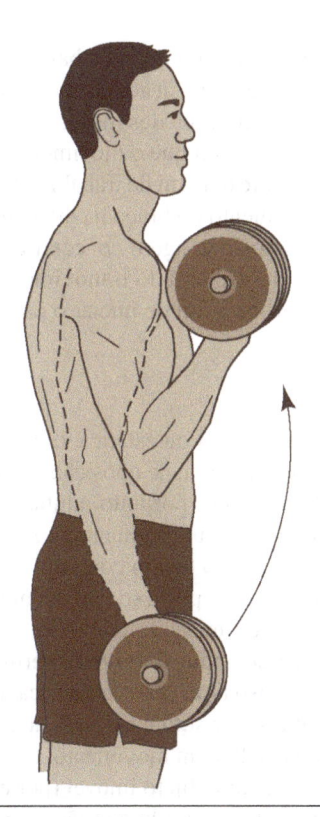

Figura 27.16 Ação concêntrica dos flexores do cotovelo.

Para exercitar os músculos usando a gravidade como força de resistência, os movimentos têm de ser feitos na direção oposta à atração gravitacional (ou seja, afastando-se da Terra). A abdução do braço, a partir da posição em pé, ocorre em oposição à atração gravitacional, de modo que é preciso uma ação muscular concêntrica para puxar o úmero até a posição de abdução. Movimentos como a flexão e a extensão horizontal do ombro (veja a Figura 27.5), executados a partir da posição em pé, ocorrem paralelamente ao solo e, portanto, não sofrem a resistência da gravidade. A fricção do tecido interno é a única resistência, mas, ainda assim, é necessária a ação concêntrica dos músculos responsáveis por esses movimentos. Durante essa ação, a gravidade continua forçando o braço em direção à Terra, mas não interfere no movimento horizontal. Para realizar a flexão e a extensão horizontal contra a resistência da gravidade, o executor tem de ficar em uma posição que permita deixar esses movimentos fora da atração da gravidade. Para estender as articulações do ombro contra a gravidade, é preciso ficar deitado em pronação, sobre um banco ou o solo, ou então em pé, com o tronco flexionado no quadril. A flexão horizontal contra a gravidade pode ser feita na posição supino, no solo.

No movimento rápido, também há necessidade de uma ação concêntrica, seja qual for a direção das forças. Quando uma força externa é capaz de provocar o movimento desejado sem ação muscular alguma, mas lentamente demais, as ações concêntricas produzem a velocidade desejada. Um exemplo pode ser visto em movimentos dos braços durante a segunda parte do polichinelo, quando os braços saem da abdução e fazem a adução: a própria gravidade poderia provocar essa adução, porém a ação muscular concêntrica acelera o movimento.

O músculo muito eficaz em provocar um certo movimento articular é o motor primário, chamado de **agonista**. Os motores assistentes são músculos menos eficazes nesse mesmo movimento. Por exemplo: na eversão das articulações intertarsais, os fibulares longo e curto são motores primários; na flexão plantar da articulação do tornozelo, eles limitam-se a ajudar um pouco. Durante ações concêntricas, os músculos que atuam em oposição aos geradores da ação concêntrica, ou seja, os **antagonistas**, em essência são passivos e estendem-se, enquanto os agonistas se contraem. Por exemplo, para que o cotovelo se flexione contra a gravidade, os músculos responsáveis por essa flexão agem concentricamente, enquanto os antagonistas, ou responsáveis pela extensão do cotovelo, relaxam e estendem-se de maneira passiva. No entanto, em alguns exercícios de condicionamento físico, como na dança aeróbica, os antagonistas podem oferecer mais resistência aos músculos que agem de forma concêntrica. Essa resistência ocorre quando todos os músculos são ativados durante os movimentos (como na pose de um fisiculturista).

Ação excêntrica

A **ação excêntrica** acontece quando o músculo gera uma tensão que não é grande o suficiente para provocar um movimento e, em vez disso, freia ou diminui a velocidade de outro movimento, gerado por outra força (veja a Figura 27.17). O músculo exerce força, mas seu comprimento aumenta. A abdução do braço requer uma ação muscular concêntrica; a gravidade provoca a adução do braço lateralmente para baixo. A fim de aduzir o braço em ritmo mais lento do que o provocado pela gravidade, os mesmos músculos que atuam concentricamente para abduzi-lo agora têm de atuar excentricamente para controlar sua velocidade de abaixamento. Ações excêntricas também podem ocorrer quando o esforço muscular máximo não é grande o suficiente para superar a força de oposição; haverá geração de movimento por aquela força apesar da ativação máxima do músculo, que continua se alongando. Vejamos um exemplo: o indivíduo flexiona a articulação do cotovelo a 90°, segurando um haltere pesado. A partir desse ponto, tenta flexionar ainda mais essa articulação ou pelo menos manter a posição, mas não tem força suficiente para fazê-lo. Então a articulação do cotovelo se estende apesar dos esforços para flexioná-la. Os antagonistas aos músculos que atuam excentricamente se contraem de modo passivo durante o movimento.

Os movimentos balísticos e a ação muscular

O **movimento balístico**, ou rápido, ocorre quando a resistência é insignificante, como no arremesso de uma bola, e exige a manifestação súbita de ações concêntricas para que se

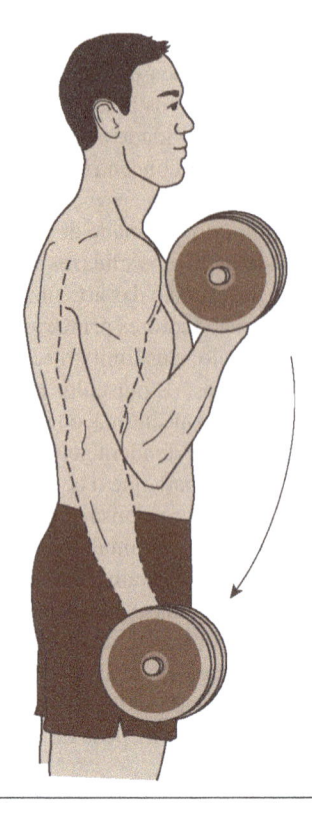

Figura 27.17 Ação excêntrica dos flexores do cotovelo.

inicie a movimentação. Assim que o movimento tem início, os músculos que o provocaram interrompem essencialmente a ação; qualquer ação subseqüente desacelera o movimento. Outros músculos guiam o movimento na direção apropriada de modo ativo. As ações excêntricas dos antagonistas aos músculos que iniciaram o movimento desaceleram e, por fim, param-no. Vejamos um exemplo: um dos movimentos mais importantes do arremesso é a rotação medial da articulação do ombro. Os músculos responsáveis pela rotação medial agem de modo rápido e concêntrico para iniciar o movimento de arremessar. Depois que a bola é liberada, os músculos responsáveis pela rotação lateral atuam excentricamente para diminuir e, no final, parar por completo o movimento; isso é chamado de *follow-through*, ou parte final do arremesso depois da liberação da bola. O reverso é verdadeiro para o *windup*, ou preparação para o arremesso em si. Tudo isso acontece em um tempo extremamente curto.

Ponto-chave

O movimento balístico é um movimento rápido, que ocorre quando os músculos agonistas atuam concentricamente para iniciar o movimento, seguido de um relaxamento, em que há uma atividade muscular mínima, e de um *follow-through*, em que os músculos antagonistas atuam excentricamente para desacelerar o movimento.

O polichinelo exige movimentos balísticos repetidos, em que atuam músculos em oposição. Os movimentos dos braços exigem uma ação concêntrica dos músculos agonistas para dar início à parte rápida. Assim que o movimento é iniciado, esses músculos praticamente deixam de trabalhar. Para parar a abdução e iniciar o movimento do braço na direção oposta, os músculos antagonistas aos que agem concentricamente atuam de modo excêntrico, desacelerando o movimento, e depois passam à ação concêntrica a fim de iniciar o próximo movimento do braço (adução).

Ação isométrica

Durante a **ação isométrica** ou estática, o músculo exerce uma força que reage a outra força, de oposição. Não há alteração no comprimento do músculo, portanto também não ocorre movimento, e a posição articular é mantida. A parte contrátil do músculo contrai-se, mas o tecido conjuntivo elástico estende-se de modo proporcional, por isso não acontece alteração geral no comprimento do músculo como um todo. Para manter o braço na posição de abdução ou para permanecer no semi-agachamento, é preciso uma ação isométrica que produza exatamente a força muscular suficiente para neutralizar a atração gravitacional sem resultar em movimento. O esforço envolvido na tentativa de mover um objeto imóvel (por exemplo, empurrar uma parede) é outro exemplo de ação isométrica; a quantidade de força muscular pode até ser máxima, mas a articulação não se move (veja a Figura 27.18).

A inclinação pélvica para trás, desejável em alguns exercícios, é mantida pela ação isométrica dos músculos abdominais depois que eles já atuaram de maneira concêntrica para fazer essa inclinação. Durante todos os exercícios de força que envolvem braços e pernas, os músculos do tronco devem agir isometricamente para estabilizar o tronco e ajudar a evitar lesões.

As funções dos músculos

Como já foi mencionado, os músculos podem agir de vários modos e têm muitas funções. Podem gerar movimentos (ação

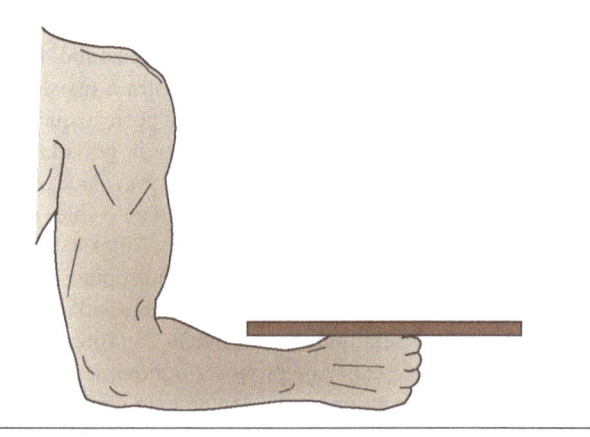

Figura 27.18 Ação isométrica dos flexores do cotovelo.

> **Ponto-chave**
>
> A ação concêntrica, que contrai o músculo e, portanto, puxa os ossos em que ele se insere, é necessária para concretizar o movimento da articulação na direção contrária à de outra força, como a atração da gravidade, assim como para promover a movimentação rápida independentemente da direção de quaisquer outras forças. A ação excêntrica, que estende o músculo, controla a velocidade do movimento provocado por outra força. A ação isométrica, que não altera o comprimento do músculo, evita o movimento.

concêntrica), desacelerar movimentos causados por outra força (ação excêntrica) ou evitar movimentos (ação isométrica). Também podem atuar isometricamente para estabilizar ou evitar movimentos indesejados. Durante uma flexão no solo, por exemplo, a gravidade tende a fazer com que a coluna vertebral e a articulação do quadril sofram hiperextensão. A ação isométrica dos músculos abdominais evita essa curvatura; a ativação dos músculos abdominais estabiliza o tronco na posição apropriada.

Outra função do músculo consiste em reagir a uma ação indesejada, causada pela ação concêntrica de outro músculo. A ação concêntrica da maioria dos músculos gera mais de um movimento na mesma articulação ou movimentos em mais de uma articulação. Se a intenção é fazer apenas um desses movimentos, outro músculo tem de agir para evitar o movimento indesejado. Vejamos exemplos: a ação concêntrica das fibras ascendentes do trapézio eleva a escápula e também provoca nela certa adução. Se a intenção é realizar apenas a adução, as fibras descendentes do trapézio, que geram o abaixamento e a adução, neutralizam a elevação indesejada para evitar um desconforto desnecessário. Nesse caso, as diferentes fibras do trapézio neutralizam a ação indesejada e promovem a ação desejada. O bíceps braquial provoca tanto a flexão do cotovelo quanto a supinação radioulnar; para que ocorra apenas a flexão, o pronador redondo neutraliza a supinação.

Grupos musculares

O **grupo muscular** inclui todos os músculos que geram determinado movimento em certa articulação. O nome do grupo refere-se à articulação em que o movimento acontece ou ao movimento causado pela ação concêntrica dos respectivos músculos. Os flexores do cotovelo, por exemplo, são um grupo muscular composto de músculos específicos, responsáveis pela flexão na articulação do cotovelo em uma ação concêntrica. A Tabela 27.1 lista os músculos primários (e os assistentes) dos grupos. O movimento articular observado envolve o grupo muscular responsável pelo movimento que está ocorrendo. Às vezes, o grupo muscular responsável pela ação oposta atua de maneira excêntrica para controlar o movimento. Por exemplo, o grupo muscular flexor do cotovelo flexiona a respectiva articulação durante o exercício de rosca direta do cotovelo. No retorno à posição inicial, a atração da gravidade estende a articulação até a posição original, mas o grupo muscular flexor do cotovelo continua exercendo força para controlar excentricamente a velocidade do movimento. A fim de manter o cotovelo na posição flexionada, é preciso uma ação isométrica dos mesmos flexores do cotovelo.

Músculos específicos que geram mais de uma ação em uma mesma articulação ou provocam movimento em mais de uma articulação pertencem a mais de um grupo muscular. O flexor ulnar do carpo, por exemplo, pertence tanto ao grupo flexor quanto ao adutor do punho. O bíceps braquial é parte dos grupos musculares flexor do cotovelo e supinador radioulnar.

> **Ponto-chave**
>
> O grupo muscular inclui todos os músculos que atuam concentricamente para realizar um determinado movimento em uma articulação específica.

Dicas para exercitar grupos musculares e erros comuns ao realizar exercícios

Muitos dos erros cometidos durante a realização de exercícios e de movimentos resultam de falta de conhecimento e não de falta de força ou coordenação. Aplicando os conhecimentos básicos, o praticante será capaz de exercitar-se melhor e com mais segurança. Esta seção oferece dicas específicas para cada um dos principais grupos musculares.

Complexo da cintura escapular e da articulação do ombro

O movimento pode ser incrementado e mais músculos envolvidos se forem incorporados deliberadamente os movimentos da cintura escapular e da articulação do ombro. Esses músculos podem ter ótimo envolvimento nos seguintes exercícios e movimentos:

> **Ponto-chave**
>
> As principais funções do músculo são: gerar movimento (ação concêntrica) seja qual for a força de oposição, desacelerar ou controlar a velocidade do movimento (ação excêntrica) ocasionado por outra força e evitar o movimento (ação isométrica). Dentre suas outras funções, estão: neutralizar uma ação indesejada, produzida pela ação concêntrica de outro músculo, e guiar movimentos iniciados ou causados por outro músculo.

Tabela 27.1 Motores primários (e motores assistentes)

Articulação	Motores primários (e motores assistentes)
Cintura escapular	Abdutores – serrátil anterior, peitoral menor Adutores – fibras médias do trapézio, rombóides (fibras superiores e inferiores do trapézio) Rotadores para cima – fibras superiores e inferiores do trapézio, serrátil anterior Rotadores para baixo – rombóides, peitoral menor Elevadores – elevador das escápulas, fibras superiores do trapézio, rombóides Depressores – fibras inferiores do trapézio, peitoral menor
Articulação do ombro	Flexores – deltóide anterior, porção clavicular do peitoral maior (cabeça curta do bíceps braquial) Extensores – porção externa do peitoral maior, latíssimo do dorso, redondo maior (deltóide posterior, cabeça longa do tríceps braquial, infra-espinal/redondo menor) Hiperextensores – latíssimo do dorso, redondo maior (deltóide posterior, infra-espinal, redondo menor) Abdutores – deltóide médio, supra-espinal (deltóide anterior, cabeça longa do bíceps braquial) Adutores – latíssimo do dorso, redondo maior, porção esternal do peitoral maior (cabeça curta do bíceps braquial, cabeça longa do tríceps braquial) Rotadores laterais – infra-espinal*, redondo menor* (deltóide posterior) Rotadores mediais – peitoral maior, subescapular*, latíssimo do dorso, redondo maior (deltóide anterior, supra-espinal*) Flexores horizontais – as duas porções do peitoral maior, deltóide anterior Extensores horizontais – latíssimo do dorso, redondo maior, infra-espinal, redondo menor, deltóide posterior
Articulação do cotovelo	Flexores – braquial, bíceps braquial, braquiorradial (pronador redondo, flexores ulnar e radial do carpo) Extensores – tríceps braquial (ancôneo, extensores ulnar e radial do carpo)
Articulação radioulnar	Pronadores – pronador quadrado, pronador redondo, braquiorradial Supinadores – supinador, bíceps braquial, braquiorradial
Articulação do punho	Flexores – flexor ulnar do carpo, flexor radial do carpo (flexores superficial e profundo dos dedos) Extensores e hiperextensores – extensor ulnar do carpo, extensores radiais longo e curto do carpo (extensor dos dedos) Abdutores (flexores radiais) – flexor radial do carpo, extensores radiais longo e curto do carpo (extensor do polegar) Adutores (flexores ulnares) – flexor ulnar do carpo, extensor ulnar do carpo
Articulação lombossacral	Inclinadores pélvicos para a frente – iliopsoas (reto femoral) Inclinadores pélvicos para trás – reto abdominal, oblíquo interno (oblíquo externo, glúteo máximo)
Coluna vertebral (áreas torácica e lombar)	Flexores – reto abdominal, oblíquo externo, oblíquo interno Extensores e hiperextensores – grupo eretor da espinha Rotadores – oblíquo interno, oblíquo externo, eretor da espinha, rotadores, multífido Flexores laterais – oblíquo interno, oblíquo externo, quadrado, lombar, multífido, rotadores (grupo eretor da espinha)
Articulação do quadril	Flexores – iliopsoas, pectíneo, reto femoral (sartório, tensor da fáscia lata, grácil, adutores longo e curto) Extensores e hiperextensores – glúteo máximo, bíceps femoral, semitendíneo, semimembranáceo Abdutores – glúteo médio (tensor da fáscia lata, iliopsoas, sartório) Rotadores laterais – glúteo máximo, os seis músculos rotadores laterais profundos (iliopsoas, sartório) Rotadores mediais – glúteo mínimo, glúteo médio (tensor da fáscia lata, pectíneo)
Articulação do joelho	Flexores – bíceps femoral, semimembranáceo, semitendíneo (sartório, grácil, gastrocnêmio, plantar) Extensores – reto femoral, vasto medial, vasto lateral, vasto intermediário
Articulação do tornozelo	Flexores plantares – gastrocnêmio, sóleo (fibular longo, fibular curto, tibial posterior, flexor dos dedos, flexor longo do hálux) Dorsiflexores – tibial anterior, extensor longo dos dedos, fibular terceiro (extensor longo do hálux)
Articulação intertarsal	Inversores – tibial anterior, tibial posterior (extensor e flexor longo do hálux, flexor longo dos dedos) Eversores – extensor longo dos dedos, fibular curto, fibular longo, fibular terceiro

* Músculos do manguito rotador

- *Tocar o solo com a ponta dos dedos da mão.* A flexão pode ser acompanhada da abdução escapular quando a pessoa toca a ponta dos dedos no ponto mais à frente possível.
- *Apoio no solo.* No final da flexão, pode-se fazer a abdução das escápulas para levantar o peito um pouco mais em relação ao solo.
- *Estender os braços acima da cabeça.* Normalmente há alguma elevação escapular quando se estende o braço acima da cabeça. O esforço consciente para alcançar o nível mais alto possível envolve mais ainda os elevadores da escápula; ao contrário, a tentativa deliberada de manter os ombros baixos para estender mais o pescoço exige uma ação concêntrica dos depressores da escápula.
- *Extensão lateral do braço.* Durante a extensão horizontal da articulação do ombro, o braço pode se afastar ainda mais quando se faz a adução escapular.

Articulações radioulnar e do cotovelo

A flexão contra uma resistência exige uma ação concêntrica dos músculos flexores da articulação do cotovelo. A posição das articulações radioulnares, esteja o braço pronado ou supinado, não afeta o envolvimento dos músculos da articulação do cotovelo. O grau em que os músculos são alongados, no entanto, é influenciado pela supinação e pela pronação – essa é uma boa dica, que deve ser dada aos participantes para a execução das roscas. Normalmente, a flexão do cotovelo com a articulação radioulnar na posição em pronação (rosca inversa) é um movimento mais fraco porque o músculo bíceps braquial não pode agir com tanta força como acontece quando as articulações radioulnares estão na posição em supinação. (Na posição em pronação, o tendão distal do bíceps braquial fica enredado, de certa forma, no rádio, o que diminui sua força de contração.) O músculo braquial, entretanto, não é afetado pela posição da articulação radioulnar porque se encontra ligado à ulna, osso que não se mexe nos movimentos da articulação radioulnar. Além disso, o músculo braquiorradial pode atuar com mais força quando a articulação radioulnar se encontra semipronada, semi-supinada. Nenhum dos músculos extensores do cotovelo é afetado pela posição da articulação radioulnar, mas ela influencia a quantidade de peso que pode ser empurrada (movida) no aparelho *lat machine*, em razão das limitações de força dos músculos do punho. Os exercícios para o tríceps, em que a extensão do cotovelo ocorre quando as articulações radioulnares estão pronadas, exigem que os flexores do punho estabilizem a articulação do punho; os exercícios para o tríceps na posição em supinação utilizam os extensores do punho, que, em geral, são mais fracos do que os flexores. Os praticantes que desejam se concentrar no fortalecimento dos extensores do cotovelo devem realizar exercícios para o tríceps na posição em pronação.

Articulação do punho

Nos exercícios de rosca, durante a flexão e a extensão, os músculos do punho são afetados pela posição das articulações radioulnares. A gravidade atua como resistência à flexão do punho quando essas articulações encontram-se supinadas e como resistência à extensão, na posição em pronação. Lembre aos participantes que a posição das articulações radioulnares determina quais músculos do punho serão fortalecidos durante esses exercícios.

Coluna vertebral e articulações lombossacrais

De modo geral, não é desejável nem a hiperextensão nem a hiperflexão do pescoço. Os mesmos pares de músculos que agem concentricamente para gerar a flexão e a extensão podem ser fortalecidos ou alongados, um de cada vez, pela rotação e pela flexão lateral da coluna. Os participantes devem se inclinar ou virar a cabeça de um lado para o outro em vez de inclinar o pescoço para a frente ou para trás. Embora às vezes não seja contra-indicada para jovens, a hiperextensão não gera nenhum benefício e, além disso, estabelece maus hábitos.

Muitos exercícios exigem o posicionamento apropriado da articulação lombossacral e das vértebras lombares, além de ações dos músculos abdominais tanto para movimentação quanto para estabilização. O exercício abdominal com ou sem o apoio das pernas deve começar por uma inclinação pélvica para trás, mantida durante as fases de levantamento e de abaixamento. Se não for possível manter a inclinação pélvica ou se o praticante sentir rigidez ou dor na área lombar, o exercício terá de ser interrompido. Quando o problema for inadequação da força para manter a inclinação, deve-se modificar o exercício, adotando um tipo que exija menos força muscular abdominal, ou seja, o praticante tem de ter força abdominal suficiente para realizar o movimento do modo correto.

O abdominal completo, em que o praticante levanta o tronco até ficar sentado, exige a flexão pelos músculos flexores do quadril nas últimas etapas do exercício. No início, os músculos abdominais inclinam a pelve concentricamente para trás e depois flexionam a coluna vertebral. Assim que a flexão é alcançada, esses músculos passam a agir de forma isométrica para manter a pelve inclinada para trás e o tronco em flexão. Nesse exercício, às vezes o praticante sente um ponto de travamento, que ocorre quando se completa a flexão do tronco e os flexores do quadril começam a conduzir o tronco para a posição ereta. Optar pelo abdominal parcial ajuda a eliminar o papel dos flexores do quadril e a manter o foco apenas no fortalecimentos dos abdominais.

O exercício de levantamento das pernas, considerado um abdominal, com freqüência não é ensinado de maneira correta. A partir da posição em supinação, no solo, as pernas são levantadas e mantidas no alto pela ação concêntrica e isométrica dos flexores do quadril. Alguns desses flexores também puxam a articulação lombossacral até a posição de inclinação para a frente. Os músculos abdominais têm de evitar essa inclinação para a frente, mantendo a coluna lombar encostada no solo e a inclinação posterior da pelve. A inclinação da pelve para trás deve anteceder a flexão do quadril. Como acontece no abdominal tradicional, se não for possível manter a inclinação apropriada, esse tipo de exercício não deve ser feito.

A pelve também tende a inclinar-se para a frente em movimentos de extensão do braço acima da cabeça, na posição em pé. Isso pode ser evitado mantendo os braços na direção das orelhas e flexionando levemente os joelhos.

Quando um peso é levantado em supinação, como no exercício supino, verifica-se a tendência a hiperestender a coluna lombar e a inclinar a pelve para a frente. Embora possibilite ao praticante levantar mais peso, essa tendência não aumenta o trabalho dos músculos do braço e do tórax e ainda coloca a lombar em uma posição comprometedora. É melhor fazer os exercícios supinos com o quadril e os joelhos flexionados e os pés sobre o banco ou em uma extensão do banco. O voador direto é mais bem realizado na posição sentado, com as costas apoiadas.

Articulação do quadril

Um erro comum no levantamento lateral da perna, na posição deitado, para exercitar os abdutores do quadril, consiste na tentativa de elevar o pé o mais alto possível. Uma vez que a amplitude do verdadeiro movimento de abdução é limitada (cerca de 45°), com freqüência o praticante gira o alto da perna lateralmente, o que faz com que o pé se volte para fora e se eleve demais. No entanto, essa rotação altera o envolvimento muscular, aumentando o papel dos flexores do quadril. Para exercitar, em especial, os músculos abdutores primários, a perna não deve girar; os dedos do pé têm de ficar voltados para a frente e não para cima. A tendência de virar o pé para fora vem da rotação lateral do quadril; não se deve fazer qualquer rotação das articulações, nem do joelho nem do tornozelo.

Nos movimentos da perna para trás, destinados ao fortalecimento dos músculos glúteos, a hiperextensão é limitada, sobretudo, pela rigidez dos ligamentos do quadril. Pode parecer que a perna esteja mais hiperestendida quando se faz uma inclinação pélvica simultânea. O praticante deve ser alertado para manter a pelve na posição neutra apropriada, a menos que pareça haver alguma perda de hiperextensão do quadril.

Uma posição comum em exercícios consiste em manter os pés separados na largura dos ombros. O praticante deve mantê-los voltados um pouco para fora (pela rotação lateral do quadril). O excesso de rotação, porém, é potencialmente perigoso. Durante quaisquer movimentos de agachamento ou de levantamento, o joelho deve ficar em linha reta com o pé (e não à frente dele) para evitar distensão dos ligamentos laterais e mediais do joelho. Embora durante o agachamento seja possível manter o joelho alinhado com o pé, até mesmo quando o hálux fica virado para fora, alguns indivíduos tendem a deixar os joelhos virados para dentro. Com os pés quase paralelos entre si, fica mais fácil determinar se a posição dos joelhos está correta. Durante o agachamento, o praticante deve ser capaz de enxergar o hálux dos dois pés.

Articulação do joelho

A hiperflexão pode distender e alongar os ligamentos do joelho, exercendo pressão sobre os meniscos; portanto, não se deve tentar o agachamento completo, inferior ao ângulo de 90° da articulação do joelho, em especial com peso adicional; também não se deve tentar sentar sobre as pernas. Em qualquer movimento de avanço ou nas posições de avanço frente-trás, em que o joelho da frente fica flexionado, o joelho deve ficar alinhado com o pé ou atrás dele e não na frente. Deve-se evitar qualquer posição do joelho que exerça uma pressão de torção sobre sua articulação. Também deve ser evitada a posição do atleta de corrida com barreiras, com uma perna projetada para trás lateralmente e um joelho flexionado; essa perna também deve ficar na frente.

Articulação do tornozelo

No exercício de agachamento, os músculos sóleos exercitam-se mais quando os calcanhares estão sobre um tablado baixo do que diretamente sobre o solo. Essa posição com os calcanhares elevados encurta os músculos gastrocnêmios ainda mais (eles já são encurtados pelo joelho flexionado), limitando sua capacidade de gerar força. Os músculos sóleos, que não passam pelos joelhos, não são encurtados a ponto de afetar a geração de força. Os gastrocnêmios são mais fracos nessa posição; portanto, a maior parte do trabalho é feita pelos sóleos. Para aumentar a produção de força dos gastrocnêmios, pode-se fazer o agachamento com o terço anterior do pé sobre o bloco. Quem escala montanhas, por exemplo, seria beneficiado por essa modificação, pois assim o exercício reproduz a posição das articulações do joelho e do tornozelo na escalada.

Articulações intertarsais

Não se deve andar com apoio apenas nas partes internas ou externas do pé. Fazer isso, além de estressar os joelhos, também causa entorse do tornozelo. Para exercitar os inversores e eversores, o melhor é caminhar para a frente e para trás, em vez de para cima e para baixo, em uma rampa ou ladeira.

> **Ponto-chave**
>
> Durante exercícios que envolvem a coluna vertebral e as articulações lombossacrais, os praticantes devem lembrar do seguinte:
>
> - Manter a inclinação pélvica para trás durante os exercícios abdominais.
> - Inclinar a pelve para trás antes da flexão do quadril, no abdominal e no levantamento das pernas.
> - Manter a pelve inclinada para trás durante os movimentos de extensão dos braços acima da cabeça, executados na posição em pé.
> - Manter a coluna lombar encostada no banco durante o levantamento de peso em supinação.
>
> Em exercícios que envolvem o joelho, os praticantes devem lembrar do seguinte:
>
> - Manter o joelho alinhado com o pé (e não à frente dele) durante os movimentos de avanço e de agachamento.
> - Manter o pé e o joelho alinhados.

Envolvimento dos grupos musculares em determinadas atividades físicas

O movimento humano é causado ou controlado por forças musculares. As seções a seguir analisam brevemente o envolvimento dos grupos musculares em algumas atividades físicas comuns.

Caminhada, *jogging* e corrida

O *jogging* pode ser considerado como uma caminhada modificada; a corrida, como um *jogging* rápido. As diferentes fases e os grupos musculares envolvidos nessas três atividades são similares; no entanto, são necessárias ações musculares mais fortes para aumentar a velocidade. As três fases básicas desses movimentos são a impulsão, a recuperação da perna de impulsão e o apoio.

A impulsão é realizada pela ação concêntrica dos extensores do quadril, dos flexores plantares talocrurais e, em menor medida, dos flexores metatarsofalângicos do pé (veja a perna de trás na Figura 27.19). Uma vez que, na impulsão, o joelho da perna de trás fica praticamente estendido, pouco trabalho é feito pelos extensores do joelho para ajudar a impulsionar o corpo para a frente. O glúteo máximo pode assumir um papel maior na hiperextensão do quadril à medida que a velocidade aumenta. A rotação medial acontece na articulação do quadril, mas, como o pé permanece fixo no solo, esse movimento é visto na pelve.

No início da fase de recuperação, os flexores do quadril agem de maneira concêntrica para iniciar o balanço da perna para a frente. Esse é, em essência, um movimento balístico, de modo que o *momentum* iniciado pelos flexores do quadril continua o movimento. Os flexores do joelho dobram o joelho no início da flexão do quadril; os extensores iniciam o alongamento do joelho; e os flexores trabalham então de maneira excêntrica para controlar a extensão do joelho no final da fase de recuperação. A articulação talocrural fica em dorsiflexão para tirar o pé do solo e preparar o apoio (veja a recuperação da perna na Figura 27.19). A velocidade da corrida é produto do comprimento e da freqüência da passada. Para aumentar esses dois fatores, o quadril flexiona-se mais e com velocidade muito maior (veja a perna de recuperação na Figura 27.20).

Pouco antes do apoio, os extensores do quadril agem excentricamente para desacelerar o balanço da perna para a frente. Na hora do contato, os extensores do joelho agem excentricamente, amortecendo o impacto. Na caminhada e no *jogging*, é o calcanhar que toca o solo primeiro; à medida que a velocidade aumenta, o terço anterior do pé ou o pé inteiro fazem esse contato. Na corrida e no *jogging*, na fase de apoio, os

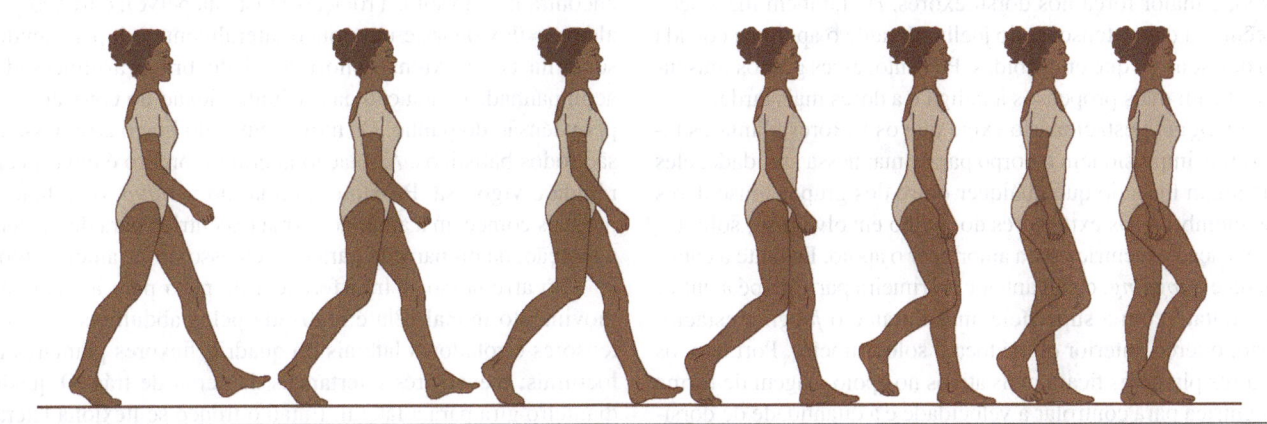

Figura 27.19 Movimentos da caminhada.

Figura 27.20 Movimentos da corrida.

dorsiflexores talocrurais agem excentricamente para controlar a velocidade do movimento do terço anterior do pé em contato com o solo.

O balanço do braço exige a flexão e a extensão do ombro para hiperextensão. À medida que a velocidade aumenta, o balanço se torna mais vigoroso e acontece mais flexão do cotovelo. Para maior eficiência, os braços devem movimentar-se anterior e posteriormente. No exercício, a fim de aumentar o envolvimento dos membros superiores, o praticante da caminhada pode exagerar os movimentos de flexão e de hiperextensão ou fazer abdução e adução ou flexão e extensão horizontal da articulação do ombro.

Caminhar ou correr em uma superfície inclinada induz maior ação do músculo glúteo máximo no quadril e dos extensores do joelho. Os dorsiflexores talocrurais são mais ativos logo antes do apoio, a fim de ajustar a posição da articulação talocrural ao ângulo da inclinação. Uma vez que essa articulação fica em uma posição mais dorsiflexionada, os flexores plantares começam a agir durante a impulsão, a partir de uma posição mais alongada. Por essas razões, a subida exige maior flexibilidade nos flexores plantares, em especial no músculo sóleo, e maior força nos dorsiflexores. Há também mais ação excêntrica dos extensores do joelho durante o apoio na corrida em descidas do que em subidas. Portanto, esses grupos musculares ficam mais propensos à fadiga e a dores mais tarde.

O *jogging* estacionário exige que os flexores plantares talocrurais impulsionem o corpo para cima; nessa atividade, eles trabalham mais do que qualquer outro dos grupos musculares dos membros. Os extensores do joelho envolvem-se, sobretudo, na ação excêntrica para amortecer o apoio. Durante a caminhada e o *jogging*, o calcanhar é a primeira parte do pé a entrar em contato com a superfície, mas durante o *jogging* estacionário, o terço anterior do pé toca o solo primeiro. Portanto, os flexores plantares ficam mais ativos no apoio – agem de forma excêntrica para controlar a velocidade e a quantidade de dorsiflexão. É melhor ter dorsiflexão suficiente para que o calcanhar toque ligeiramente o solo do que sempre permanecer na ponta dos pés, o que pode distender os flexores plantares. Músculos adicionais podem ser envolvidos no movimento da perna logo após a impulsão e antes que o pé se apóie de novo: flexão do quadril com o joelho flexionado ou estendido; hiperextensão do quadril com o joelho flexionado ou estendido; abdução e adução do quadril; rotação lateral do quadril, junto com flexão do quadril e do joelho, que leva o pé para a frente do tronco; e rotação medial com flexão do joelho, que leva o pé para trás e para o lado do tronco.

Ciclismo

No ciclismo, a principal força vem dos extensores do quadril e do joelho, durante a fase de empurrar o pedal para baixo. Com pedaleiras, os ciclistas podem usar os flexores do quadril e os dorsiflexores talocrurais para ajudar no retorno do pedal à posição superior, porém, isso só acontece por meio de um esforço consciente.

Salto

Os extensores do quadril e do joelho, seguidos dos flexores plantares e talocrurais, impulsionam a parte superior do corpo com força. Em essência, a inclinação do tronco determina o ângulo do salto. O tronco estende-se, e os braços flexionam-se até uma posição de hiperextensão, pouco antes da ação da perna. Se a altura de alcance dos braços for importante, como acontece no ato de arremessar uma bola para o alto no basquete ou no smash do tênis, as escápulas se elevam. No apoio, os extensores do quadril e do joelho e os flexores plantares talocrurais agem de maneira excêntrica.

Arremesso com o braço elevado

No arremesso, há três fases: o *windup*, ou preparação; a execução, ou arremesso propriamente dito; e o *follow-through*, ou recuperação. A Figura 27.21 ilustra a seqüência do arremesso.

Na preparação para o arremesso, o peso é transferido para o pé de trás; a perna de trás gira medialmente (como ela se encontra fixa no solo, a rotação é vista na pelve); o tronco gira, além de flexionar-se um pouco lateralmente e hiperestender-se; e há certa extensão horizontal do braço arremessador, acompanhada de adução da escápula, flexão do cotovelo e hiperextensão do punho. Os movimentos do braço arremessador são todos balísticos. A rotação lateral no ombro é em especial rápida e vigorosa. Próximo ao final do *windup*, os rotadores mediais começam a atuar de forma excêntrica para desacelerar a rotação, na preparação para o arremesso propriamente dito.

No arremesso, a transferência de peso para a frente é o movimento inicial. Ela é realizada pelos abdutores, hiperextensores e rotadores laterais do quadril; flexores plantares talocrurais; e eversores intertarsais da perna de trás. O quadril dianteiro gira para a lateral. Então o tronco se flexiona lateralmente na direção oposta à do *windup* e gira, começando pela área lombar, passando pelas vértebras torácicas, até completar a flexão. Há uma rotação medial forçada do ombro, junto com a abdução escapular. Embora haja certa flexão horizontal no arremesso com o braço elevado, a maior parte da força do ombro vem dessa rotação medial. O cotovelo é estendido e o punho move-se, flexionando. Dependendo do giro da bola desejado, os pronadores radioulnares e os abdutores ou adutores do punho também podem ser envolvidos no movimento.

Uma vez que as ações no ombro e nas articulações do cotovelo são movimentos balísticos vigorosos, os rotadores laterais e os extensores horizontais do ombro agem excentricamente para desacelerar os movimentos; os flexores do cotovelo atuam excentricamente para evitar a hiperextensão do cotovelo.

Figura 27.21 Movimentos de arremesso com o braço elevado.

Natação e exercícios na água

A natação é uma atividade singular, pois a água serve de resistência ao movimento realizado pelas partes do corpo submersas, seja qual for sua direção e velocidade. Exercícios ou movimentos executados dentro d'água demandam ações concêntricas. A gravidade, nesses casos, é um fator insignificante, portanto as articulações que apóiam o peso do corpo sofrem menos estresse.

Levantamento e carregamento de objetos

O peso que será levantado do solo deve estar localizado perto dos pés afastados; o levantador agacha-se, mantendo o tronco na posição mais ereta possível. O levantamento propriamente dito deve ser realizado mais pelas pernas do que pela coluna ou pelos braços. Para fazer um levantamento adequado, comece movendo o tronco até uma posição mais perpendicular ao solo possível; em seguida, incline a pelve para trás e mantenha os músculos abdominais ativos; os extensores do joelho alongam-se junto com os extensores do quadril, que agem concentricamente. O levantamento deve ser lento e não com arrancos (veja a Figura 27.22). Se a força das pernas não for suficiente, o resultado poderá ser um levantamento incorreto. O peso deve ser carregado perto do corpo; o tronco assume uma posição em que a linha da gravidade coincide com a área da base. Os flexores laterais do tronco ficam mais ativos quando o peso é carregado de um só lado; os extensores, quando o peso é mantido na frente; e os abdominais, quando o peso é levado no alto das costas, como no caso de uma mochila.

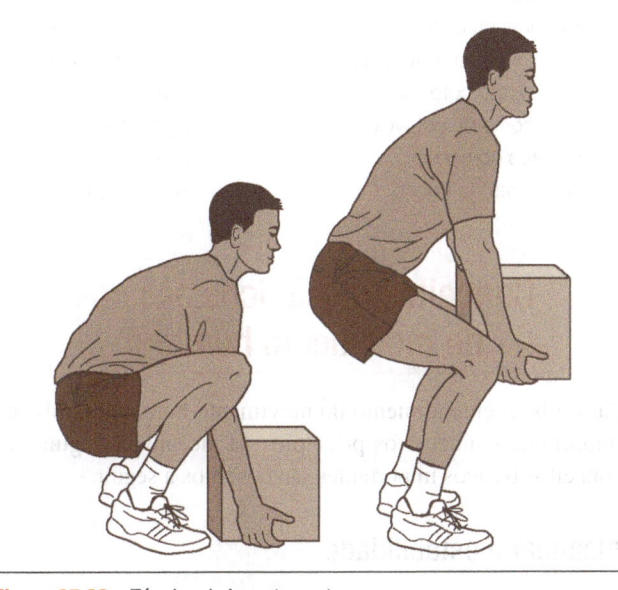

Figura 27.22 Técnica do levantamento.

Ponto-chave

Os passos do levantamento adequado são: colocar os pés bem perto do objeto, mover a coluna vertebral até atingir uma posição ereta, perpendicular ao solo, inclinar a pelve para trás e lentamente estender os quadris e os joelhos, enquanto ativa os abdominais.

Ponto-chave

Os movimentos e os músculos envolvidos na locomoção, no arremesso, no ciclismo, no salto e na natação estão resumidos aqui.

Grupo muscular principal	Tarefa de movimento
Extensores do quadril	Locomoção – impulsão; ciclismo; salto; natação – *crawl*, costas, lateral
Flexores do quadril	Locomoção – recuperação; natação – *crawl*, costas, lateral
Abdutores do quadril	Natação – peito; arremesso
Adutores do quadril	Natação – peito
Rotadores lateral e medial do quadril	Arremesso
Extensores do joelho	Locomoção – apoio; ciclismo; salto
Flexores do joelho	Locomoção – recuperação
Flexores plantares talocrurais	Locomoção – impulsão, apoio; salto
Dorsiflexores talocrurais	Locomoção – recuperação
Flexores da articulação do ombro	Arremesso com a mão em nível inferior ao do cotovelo
Extensores da articulação do ombro	Natação – *crawl*
Rotadores medial e lateral da articulação do ombro	Arremesso
Músculos da articulação anterior do ombro	Natação – costas, braço principal no nado lateral; arremesso
Músculos da articulação posterior do ombro	Natação – braço secundário no nado lateral, peito; arremesso – *windup*
Rotadores da cintura escapular para cima e para baixo	Natação – peito, braço principal no nado lateral, *crawl*, costas
Abdutores da cintura escapular	Natação – costas; arremesso
Adutores da cintura escapular	Natação – *crawl*, peito; arremesso – *windup*
Elevadores da cintura escapular	Natação – *crawl*, costas, braço principal no nado lateral, peito
Flexores do cotovelo	Arremesso
Extensores do cotovelo	Arremesso
Flexores do tronco	Arremesso
Rotadores do tronco	Arremesso

Conceitos mecânicos básicos do movimento humano

Para o bom entendimento do movimento humano, também é importante conhecer os princípios da mecânica. Alguns dos conceitos básicos importantes são descritos a seguir.

Alcançar a estabilidade

A fim de manter o equilíbrio, a linha de gravidade do indivíduo tem de coincidir com a área da base de apoio. A Figura 27.23*a* ilustra a área da base de apoio na posição em pé, com os pés juntos; a 27.23*b*, com os pés afastados entre si, alinhados e um à frente do outro.

A **estabilidade**, ou seja, a facilidade com que o equilíbrio pode ser mantido, é proporcional à distância entre a linha de gravidade e os limites externos da base, no ponto mais distante de uma força potencialmente perturbadora. A Figura 27.24 compara posições mais e menos estáveis. Em geral, mas não necessariamente, uma base de apoio ampla confere maior estabilidade. Quando os pés estão afastados e a pessoa se inclina de modo que a linha de gravidade coincida com a linha de um dos pés e uma força de empurrão é aplicada na mesma direção da inclinação, há menos estabilidade do que quando os pés estão juntos, mas com a linha de gravidade ao longo da extremidade do pé mais próximo da força aplicada.

Além disso, a estabilidade é indiretamente proporcional à altura do centro de gravidade, que fica próxima ao nível do umbigo quando a pessoa está em pé. Quanto mais baixo for o centro de gravidade sobre o pé, maior será a força necessária para desestabilizar a postura. A estabilidade também é diretamente proporcional ao peso corporal. Se todos os outros fatores forem iguais, a pessoa pesada é mais estável do que a leve.

Pode-se aumentar a estabilidade, separando os pés para aumentar a base de apoio e flexionando os joelhos e os quadris até uma posição inferior ao centro de gravidade. Para garantir a estabilidade durante exercícios em pé que exigem equilíbrio,

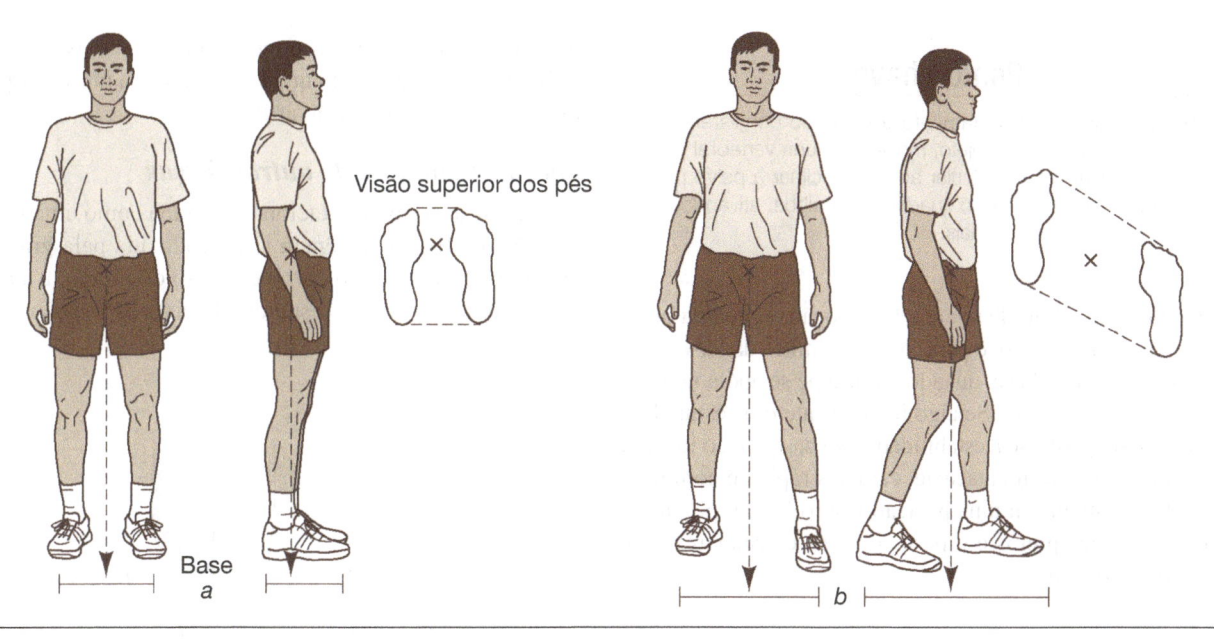

Figura 27.23 Bases de apoio.

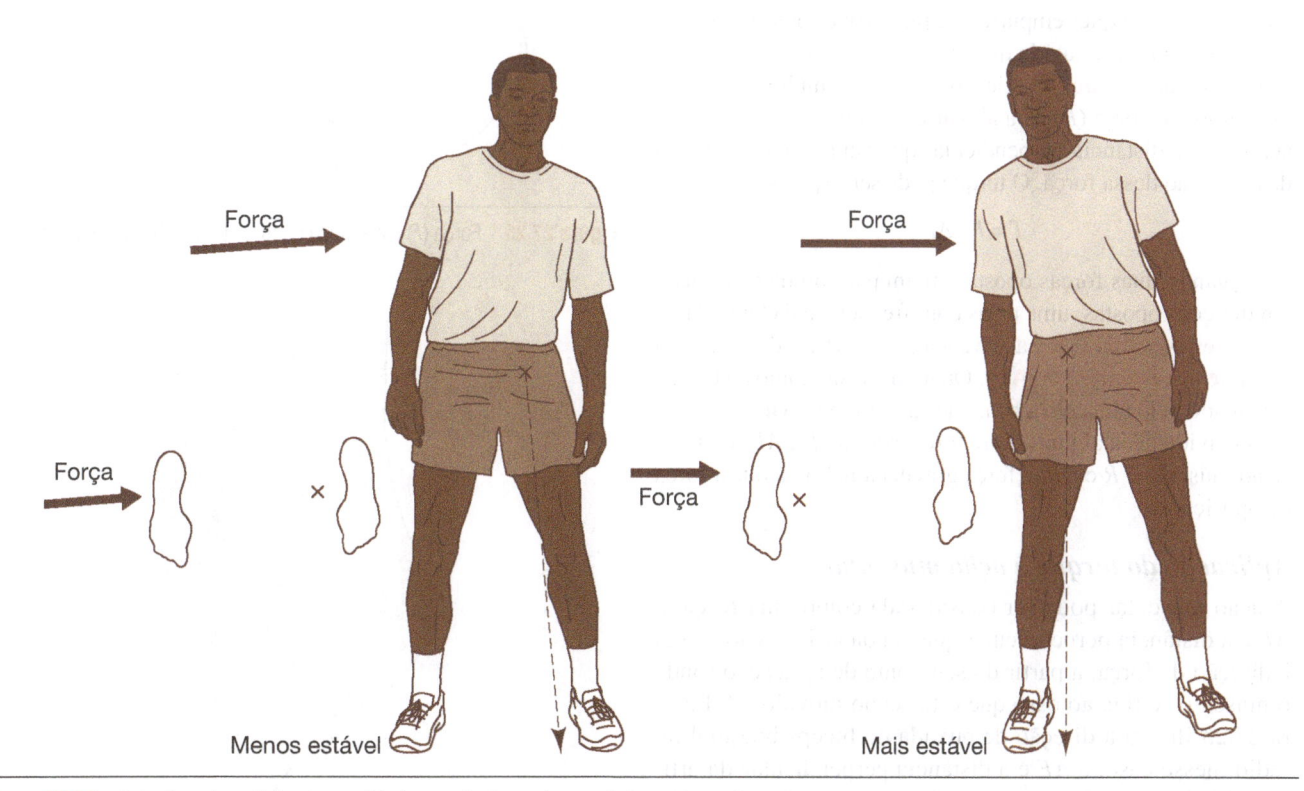

Figura 27.24 Relação entre a linha de gravidade e os limites externos da base de apoio.

outra opção é segurar-se ou apoiar-se em um objeto próximo, como uma parede ou uma cadeira. Muitos exercícios podem ser executados na posição sentado, que aumenta a base e abaixa o centro da gravidade. Para ajudar a manter a estabilidade contra uma força potencialmente perturbadora, o peso deve ser deslocado na direção dessa força. Logo antes de iniciar a locomoção, uma posição próxima da instabilidade é alcançada ao transferir-se a linha de gravidade para mais perto dos limites externos da base (que é a área da impulsão do pé na caminhada ou das mãos na posição de largada do atletismo), na direção do

> **Ponto-chave**
>
> Os passos para um levantamento apropriado consistem em colocar os pés perto do objeto, mover a coluna vertebral para cima em posição perpendicular ao solo, inclinar a pelve para trás e lentamente estender o quadril e os joelhos, ativando, ao mesmo tempo, os abdominais.

movimento pretendido. Durante a locomoção, à medida que a linha de gravidade se move para fora dos limites da base, é estabelecida uma nova base, quando o outro pé se apóia no solo, mantendo a estabilidade. Se algo impedir que o pé estabeleça uma nova base, perde-se a estabilidade. No basquete, o jogador da defesa, ao marcar um atacante, cai mais rápido e com mais facilidade se estiver em uma posição instável – em pé, muito ereto, com os pés juntos e o peso sobre os calcanhares – no momento da colisão.

Torque

Uma força é qualquer empurrão ou puxão que cause um movimento. O efeito produzido quando uma força provoca rotação é chamada de **torque (T)**. Ele é o produto da multiplicação da magnitude da força (F) pela **alavanca de força (AF)**, que, por sua vez, é a distância perpendicular que vai do eixo à direção de aplicação dessa força. O torque pode ser expresso assim:

$$T = F \cdot AF$$

Quando duas forças opostas atuam para produzir rotação em direções opostas, uma delas com freqüência é chamada de **força de resistência (R)**; a alavanca dessa força é denominada **alavanca de resistência (AR)**. Quando consideramos o torque produzido pelo músculo a ponto de causar um movimento contra a gravidade ou alguma outra força externa, F e AF referem-se ao músculo e R e AR, à força gravitacional ou a outra força de oposição.

Aplicação do torque à ação muscular

A ação muscular pode ser considerada como uma força; a AF é a distância perpendicular que vai da articulação (eixo) à direção da força, a partir do seu ponto de aplicação (onde o músculo se liga ao osso que está sendo movido). A Figura 27.25 ilustra a direção de puxada do bíceps braquial no rádio; nesse caso, a AF é a distância perpendicular da articulação do cotovelo até essa linha de força. Se a inserção no músculo estivesse mais próxima da articulação, a mesma força produziria menos torque, em virtude da menor alavanca de força e da maior força muscular necessária para produzir o mesmo torque.

A posição da articulação também afeta o torque. A Figura 27.26 mostra a direção da puxada do bíceps braquial, mas com o cotovelo em uma posição menos flexionada. Nesse caso, a AF é mais curta, de modo que a mesma força muscular produz menos torque nesse ângulo articular.

Torque resultante de outras forças

A força da atração gravitacional é tratada como uma força de resistência. Essa resistência (R), produzida pela gravidade, que empurra a parte do corpo é o peso do objeto; a alavanca de resistência (AR) é a distância do eixo de rotação ao pon-

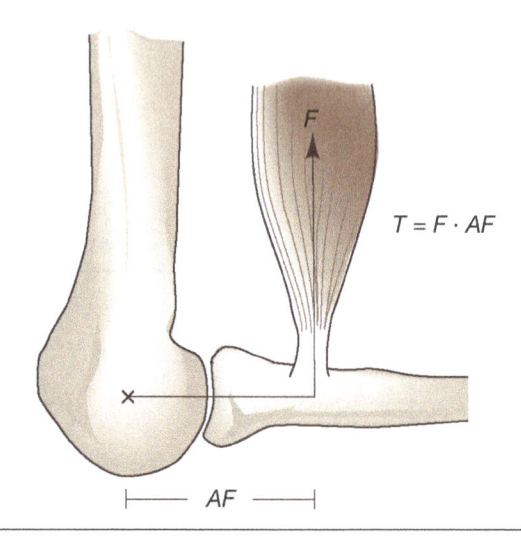

Figura 27.25 Força (F) e alavanca de força (AF) do bíceps braquial.

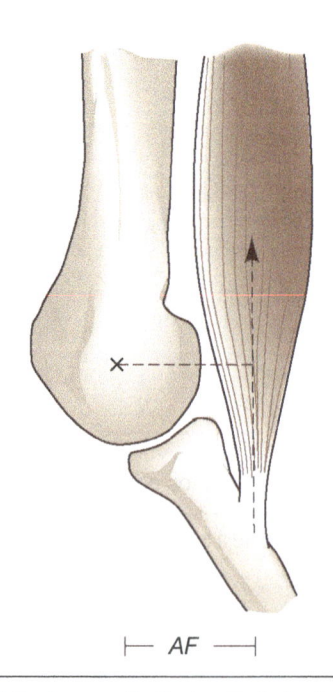

Figura 27.26 Efeito da menor flexão da articulação do cotovelo sobre a alavanca de força (AF) do bíceps braquial.

to do objeto que representa seu centro de gravidade. Nesse caso, o torque é o produto da multiplicação de R por AR. A Figura 27.27 ilustra o torque produzido pela gravidade que atua sobre o braço. Para aumentar o torque que se opõe aos movimentos dos membros, pode-se acrescentar peso, a fim de incrementar tanto a magnitude da força quanto a extensão da alavanca de resistência, ou mover o peso para mais longe do eixo. A alavanca de resistência da força aplicada por alguém que empurra ou puxa um membro é a distância perpendicular do eixo ao ponto de aplicação desse empurrão ou dessa puxada.

Para que a ação muscular mova um osso, a força do músculo tem de produzir um torque maior do que o torque oposto ou de resistência; a ação muscular é concêntrica. Maior torque de resistência resulta em movimento, e o músculo age de modo excêntrico. De uma perspectiva técnica, pode-se argumentar que a força muscular durante uma ação excêntrica deve ser considerada como a resistência, enquanto a força externa que causa o movimento corresponderia à força. Quando o torque muscular é igual ao torque de resistência, não ocorre movimento; nesse caso, o músculo age isometricamente.

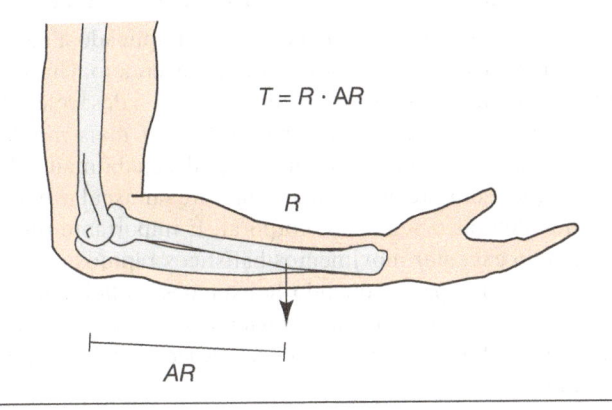

Figura 27.27 Resistência (R) e alavanca de resistência (AR) do antebraço.

Ponto-chave

O torque que produz o movimento pode ser expresso como $T = F \cdot AF$; o torque que se opõe ao movimento, $T = R \cdot AR$. A ação concêntrica produz um torque maior do que o de resistência. A ação excêntrica, um menor. O torque da ação isométrica é igual ao de oposição.

Aplicação do torque ao exercício

Os conhecimentos relativos ao torque podem ser usados para modificar os exercícios de acordo com as características do participante. A quantidade de ação muscular exigida pelo exercício pode ser personalizada, com base em necessidades individuais, pela alteração do valor da resistência, da alavanca de resistência ou de ambos, mudando o torque de resistência. Por exemplo, para aumentar o torque de resistência, podem ser usados pesos externos, que exigem ações musculares mais fortes. Outra opção é alterar a posição das partes do corpo. A Figura 27.28 mostra como uma praticante reduz a força muscular necessária: ela não usa o peso, e assim diminui tanto a resistência quanto a alavanca de resistência, e flexiona o cotovelo, encurtando a alavanca de resistência.

Durante o abdominal, a posição dos braços determina o comprimento da AR e, portanto, o valor do torque de resistência contra o qual os músculos abdominais têm de trabalhar. Os braços podem ser mantidos na lateral do corpo, deixando a massa da parte superior do corpo mais próxima do eixo de rotação, a fim de reduzir a força muscular exigida. Outra op-

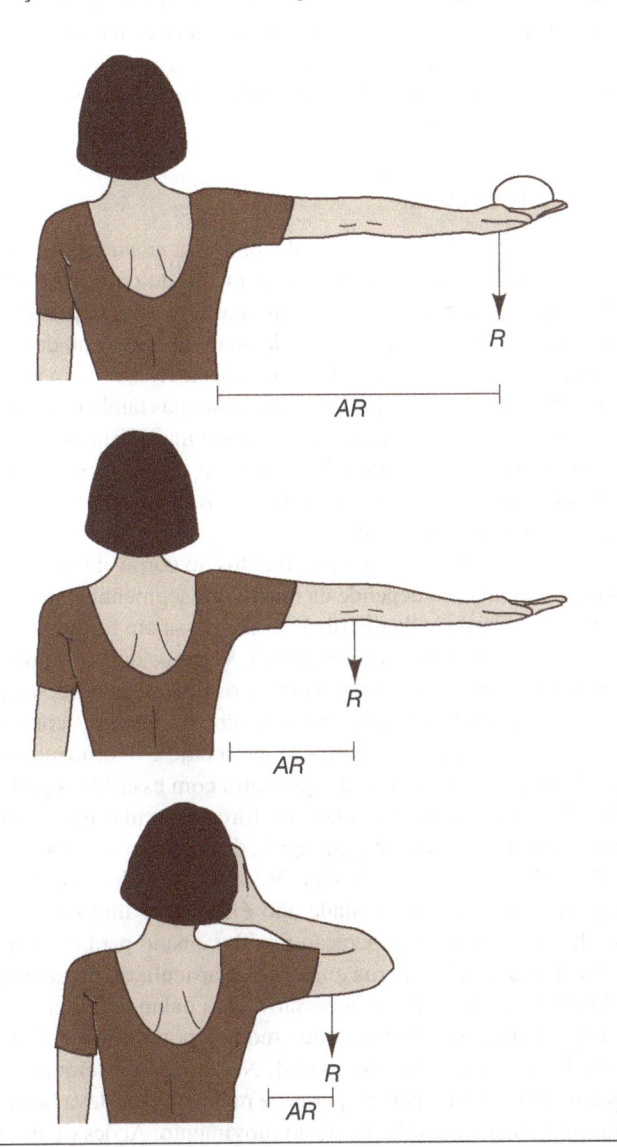

Figura 27.28 Modificação do torque de resistência.

> **Ponto-chave**
>
> Para alterar o torque que resiste aos movimentos do membro, é possível modificar a quantidade da força de resistência e alterar a posição da força de resistência em relação à articulação, mudando a alavanca de resistência.

ção é manter os braços acima da cabeça, estendidos ou com as mãos nas escápulas, para aumentar o torque de resistência, incrementando assim a força muscular exigida. A diminuição do torque de resistência nem sempre torna o exercício mais fácil para todas as pessoas. Quem tem menos força às vezes sente que o torque de resistência é grande demais e que não vai conseguir superá-lo no número de repetições necessário. Nesse caso, a solução é mudar as posições do membro para reduzir o torque com o qual se trabalha. No entanto, ainda assim esse indivíduo está trabalhando pesado, levando em conta sua capacidade máxima, tanto quanto uma pessoa forte que não teve de reduzir o torque de resistência.

Inércia rotacional

A **inércia rotacional** (também denominada *momento de inércia*), ou seja, a relutância de um segmento do corpo em girar em torno do próprio eixo ou de uma articulação, depende da massa do corpo e da distribuição dessa massa em torno da articulação. A perna, por exemplo, tem mais inércia rotacional do que o braço, não só porque é mais pesada, mas também porque sua massa está concentrada em um ponto mais distante do seu próprio eixo. O bastão do *softball*, quando segurado pela extremidade mais grossa, tem menos inércia rotacional do que se o pegássemos do modo usual.

    A inércia rotacional dos segmentos do corpo antes ou durante o movimento depende da massa dos segmentos, que não pode ser mudada, e da distribuição da massa em torno das articulações, que pode ser manipulada. Vejamos dois exemplos: um braço com o cotovelo, o punho e os dedos estendidos tem maior inércia rotacional do que outro com todos esses componentes flexionados; uma perna com o joelho e o tornozelo estendidos tem mais inércia do que outra com essas duas partes dorsiflexionadas. A quantidade de força muscular necessária para causar a movimentação rápida do membro é proporcional à inércia rotacional do membro a ser movido. Durante o *jogging*, em que a velocidade não é um fator importante, o joelho da perna de recuperação fica flexionado para reduzir a inércia rotacional da perna em torno da articulação do quadril. Menos força muscular é necessária para balançar a perna de recuperação para a frente, o que reduz a possibilidade de fadiga local dos flexores do quadril. Na corrida de velocidade, quanto mais rapidamente a perna de recuperação é levada para a frente, maior é a velocidade do movimento. Ações de grande potência executadas pelos flexores do quadril, junto com uma maior flexão do joelho, resultam na perna de recuperação indo à frente antes, assim aumentando a velocidade geral. Outro exemplo de movimento rápido a que esse princípio pode ser aplicado é o do polichinelo. Manter o cotovelo flexionado reduz a inércia rotacional. Isso pode reduzir a quantidade de força muscular produzida pelos grupos musculares adutor e abdutor do ombro para manter uma certa cadência ou, caso ainda seja aplicada a força muscular máxima, resultar em movimentos mais rápidos.

Momentum angular

O *momentum angular*, ou seja, a quantidade de movimento angular, é expresso como o produto da multiplicação da velocidade angular pela inércia rotacional, que é determinada tanto pela massa da parte corporal movimentada quanto pela distribuição dessa massa em torno das articulações. Em movimento, as partes corporais possuem um *momentum* angular; quanto mais rapidamente a parte é movida e quanto maior é a inércia rotacional, maior é esse *momentum*. A quantidade de força necessária para mudar o *momentum* angular é proporcional à quantidade do *momentum*.

Aplicação do momentum *angular ao exercício*

O conceito de *momentum* angular pode ser aplicado a movimentos balísticos dos membros durante o exercício. Um segmento corporal que se move de forma rápida é desacelerado por ações musculares excêntricas; se houver mais rapidez do movimento, maior massa ou se for desejada maior desaceleração, será preciso aplicar uma força muscular maior para desacelerar o segmento corporal. É importante tomar cuidado ao executar movimentos balísticos rápidos com os membros, em especial quando houver peso adicional. Os movimentos podem gerar um *momentum* grande, exigindo considerável força muscular para sua desaceleração e eventual interrupção.

Transferência do momentum *angular*

A **transferência do** *momentum* **angular** de um segmento corporal para outro pode ser alcançada do seguinte modo: estabili-

> **Ponto-chave**
>
> A inércia rotacional criada durante movimentos rápidos dos membros pode ser diminuída pela movimentação da massa do respectivo membro para a região mais próxima do eixo ou das articulações. A quantidade de *momentum* angular depende da inércia rotacional e da velocidade angular do segmento corporal em movimento. A quantidade de força excêntrica necessária para desacelerar a velocidade angular do segmento corporal é proporcional à quantidade de *momentum* angular desse segmento. O *momentum* angular pode ser transferido de um segmento do corpo para outro, estabilizando-se, na articulação, a parte do corpo que iniciou o movimento.

za-se, na articulação, a parte corporal que iniciou o movimento, causando um movimento angular em outra parte do corpo. Por exemplo, quando o atleta realiza um abdominal para exercitar os flexores do tronco, lançar os braços de trás da cabeça para a frente transfere o *momentum* para o tronco. Isso diminui a quantidade de ação muscular necessária aos flexores do tronco e faz com que o exercício pareça mais fácil; porém, os flexores abdominais não trabalham tão duro. Outro exemplo: um salto com giro no ar pode ser mais bem realizado se, antes do vôo, os braços forem lançados com força, passando pelo corpo, na pretendida direção do giro.

Erros mecânicos comuns durante a locomoção, o arremesso e o saque

O êxito em atividades físicas depende, em parte, da execução adequada do movimento. Alguns dos erros mais comuns que violam as leis da mecânica são discutidos nas seções a seguir.

Erros na locomoção

Alguns iniciantes no *jogging* tendem a correr com as pernas duras ou com uma flexão do joelho insuficiente na perna de recuperação. Isso resulta em maior inércia rotacional da perna; os flexores do quadril têm de exercer maior força do que se o joelho estivesse mais flexionado, levando a massa da perna para um ponto mais próximo do eixo do quadril.

Outro problema potencial é a direção dos movimentos do braço e da perna. Todos os movimentos devem ser executados nas direções anterior e posterior. Balançar as mãos diante do tronco faz girar a parte superior do tronco; na reação, a parte inferior faz uma rotação na direção contrária. A perna de recuperação também pode girar medialmente no quadril; isso faz o pé dessa perna mover-se para fora. O pé que toca o solo deve fazer isso virado para a frente e não para o lado. Às vezes, os corredores não têm consciência dessa tendência, e o profissional de condicionamento físico deve instruí-los a virar o pé um pouco para dentro na hora do apoio, a fim de corrigir o alinhamento desse membro.

Alguns corredores e praticantes de *jogging* dão um impulso muito forte durante a fase do vôo; isso encurta o comprimento da passada. Nesse caso, embora o período de tempo que o corpo fica no vôo possa ser o mesmo da corrida com menos levantamento, a distância horizontal percorrida é menor.

A passada larga demais, em que a linha de gravidade do centro de gravidade do corredor cai à frente do pé que toca o chão, pode diminuir a velocidade da corrida. Não pode haver qualquer força de propulsão contra o solo para a realização do movimento para a frente até que a linha de gravidade esteja sobre o pé ou à frente dele. A passada curta demais, em que a linha de gravidade cai bem atrás do pé na hora do apoio, por sua vez, reduz o período de tempo em que os músculos de propulsão podem trabalhar.

Erros no arremesso e no saque

No arremesso de uma bola, o objetivo é a precisão, a velocidade ou a distância, o que depende, em parte, da velocidade com que ela sai da mão do arremessador. A velocidade da bola na mão, no momento imediatamente anterior à sua liberação, é a sua velocidade também no momento logo após a liberação. Quanto maior for o número de articulações envolvidas no movimento de arremesso, maior será a velocidade da bola na hora da liberação. As técnicas adequadas de arremesso e de saque são as mesmas para homens e mulheres. Muitos dos problemas de arremesso que resultam em baixa velocidade, como prender a bola em lugar de largá-la, se originam de falta de rotação do tronco ou de incorreção no tempo dessa rotação com os movimentos da articulação do ombro. O arremessador deve girar o tronco e os quadris durante o *windup*, de modo que a pelve fique em uma posição lateral à direção de arremesso pretendida e os ombros girem ainda mais para trás. À medida que os quadris e, depois, as diferentes seções da coluna vertebral giram para trás ao iniciar o arremesso, o braço permanece na frente. Isso estabelece uma ação do braço semelhante a uma chicotada e fornece tempo suficiente para a importante rotação medial. Sem a rotação do tronco, a rotação do braço resultante será inadequada, produzindo um movimento de puxão durante o arremesso. A coluna vertebral também tem de girar à maneira de uma onda, sendo que as vértebras torácicas iniciam a rotação.

A mesma seqüência de movimentos aplica-se a eventos de saque, como acontece na batida com a raquete no tênis e no *badminton* e com o bastão no *softball*. Uma falha comum no aprendizado do saque do tênis ou da cortada do *birdie* do golfe consiste na insuficiência de rotação do tronco. É mais fácil bater em um objeto sem a rotação do tronco, mas quando essa rotação é menor, o impacto da raquete no projétil também diminui. Na batida com o bastão, um erro comum é a falta de coordenação do tempo entre os movimentos dos diferentes segmentos do corpo. Quando os movimentos do quadril, do tronco e do braço se sucedem seqüencialmente, o bastão tem grande velocidade ao entrar em contato com a bola. Com freqüência, os iniciantes param na hora de passar de um movimento para o outro.

> **Ponto-chave**
>
> Erros comuns na locomoção incluem: correr com as pernas duras, virar o pé para fora, balançar os braços à frente do corpo, dar passadas largas ou curtas demais e levantar-se demais do solo. No arremesso e no saque, os erros mecânicos mais comuns são: a rotação insuficiente do tronco e a má coordenação entre os movimentos do tronco, do quadril e do braço.

Estudos de caso

Confira as respostas no Apêndice A.

1. Você está supervisionando a sala de treinamento de força e ouve várias batidas metálicas fortes, vindas da área do aparelho *leg press* sentado. O praticante que se exercita nele não está controlando a descida dos pesos. Você sugere que ele baixe os pesos lentamente em vez de deixá-los cair. Ele lhe pergunta o motivo, pois não vê nenhum sentido nessa sugestão, a não ser a diminuição do barulho. O que você diria?
2. Alice quer saber por que consegue mover mais peso quando faz a rosca de punho com a palma das mãos para cima em vez de para baixo e também por que consegue fazer mais flexões com as palmas voltadas para si própria em vez de para a frente. O que você responderia?
3. José reclama que a lombar dói um pouco quando estende os braços acima da cabeça, durante a parte de relaxamento da aula de aeróbica. O que você poderia sugerir para que esse movimento não lhe causasse dores?

CAPÍTULO 28

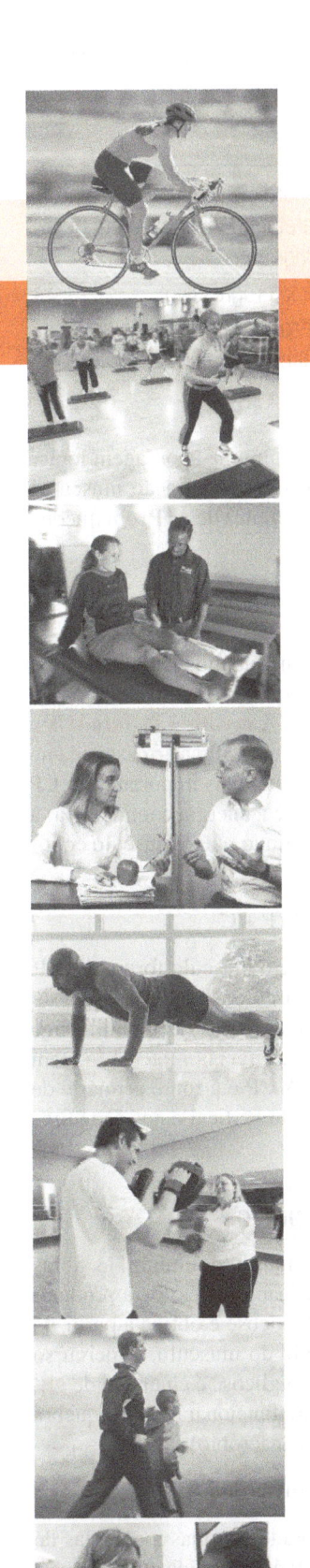

Fisiologia do Exercício

Objetivos

O leitor será capaz de:

1. Explicar como o músculo produz energia aeróbia e anaerobiamente e avaliar a importância da produção desses dois tipos de energia no condicionamento físico e no esporte.
2. Descrever a estrutura do músculo esquelético e a teoria do filamento deslizante de contração do músculo.
3. Descrever a potência, a velocidade, a *endurance* e o metabolismo dos diferentes tipos de fibras musculares.
4. Descrever o desenvolvimento da tensão em termos de contração, somação e tétano e também o recrutamento dos tipos de fibras musculares no exercício de intensidade crescente.
5. Descrever os vários combustíveis do trabalho muscular e como a intensidade e a duração do exercício afetam o indíce de troca respiratória (quociente respiratório).
6. Descrever como testes de exercício, treinamento, hereditariedade, sexo, idade, altitude, monóxido de carbono e doenças cardiovasculares e pulmonares afetam o $\dot{V}O_2$máx.
7. Descrever como o limiar ventilatório e o limiar do lactato indicam o condicionamento físico, assim como predizem o desempenho em eventos de *endurance*.
8. Explicar como a freqüência cardíaca, o volume sistólico, o débito cardíaco e a extração de oxigênio mudam durante um teste de exercício progressivo e durante o treinamento. Relacionar a variação no $\dot{V}O_2$máx. da população com as diferenças na extração de oxigênio e no débito cardíaco máximo.

(continua)

Objetivos (continuação)

9. Resumir os efeitos do treinamento de *endurance* sobre as respostas muscular, metabólica e cardiovascular ao trabalho submáximo e sobre o $\dot{V}O_2$máx. Descrever como a redução ou a interrupção do treinamento afetam o $\dot{V}O_2$máx. e em que grau os efeitos do treinamento de *endurance* são específicos aos músculos envolvidos no programa.
10. Descrever as diferenças das respostas cardiovasculares de homens e de mulheres ao exercício progressivo.
11. Contrastar a importância dos diferentes mecanismos de perda de calor durante exercícios pesados submáximos em ambiente quente. Descrever como o treinamento em ambiente quente e úmido afeta a tolerância ao calor.

Os profissionais de condicionamento físico precisam conhecer a fisiologia básica do exercício para prescrever atividades apropriadas, lidar com questões da perda de peso e explicar aos participantes o que acontece quando se treina em ambientes quentes e úmidos. Seria impossível cobrir, neste capítulo, o detalhamento extensivo encontrado em textos dedicados à fisiologia do exercício; em vez disso, resumimos os tópicos principais e, quando possível, aplicamos a discussão ao teste e à prescrição de exercícios. Sugerimos ao leitor interessado os textos sobre fisiologia do exercício listados nas referências (2, 8, 22, 41, 46, 49, 52, 64).

Energia e trabalho

A energia é o que faz o corpo se mover. Há vários tipos de energia nos sistemas biológicos: a energia elétrica em nervos e músculos; a energia química na síntese de moléculas; a energia mecânica na contração do músculo; e a energia térmica, derivada de todos esses processos, que ajuda a manter a temperatura corporal. A fonte máxima de energia encontrada em sistemas biológicos é o sol. A energia radiante do sol é captada pelas plantas e usada para converter átomos e moléculas simples em carboidrato, gordura e proteína. A energia solar fica retida nas ligações químicas dessas moléculas alimentares.

Para poder usar essa energia, as células têm de quebrar os alimentos de modo a conservar a maior parte da energia contida nas ligações de carboidratos, gorduras e proteínas. Além disso, o produto final da quebra tem de ser uma molécula utilizável pela célula – adenosina trifosfato (ATP). As células usam a ATP como fonte primária de energia para o trabalho biológico, seja ele elétrico, mecânico ou químico. Na ATP, os três fosfatos unem-se por ligações altamente energéticas. Quando uma dessas ligações é quebrada, energia é liberada e pode ser usada pela célula. Nesse ponto, a ATP é reduzida a um estado energético mais baixo, tornando-se adenosina difosfato (ADP) e fosfato inorgânico (P_i).

Quando o músculo realiza um trabalho, a ATP é constantemente convertida em ADP e P_i. Se o músculo tiver de continuar gerando força, a ATP terá de ser substituída tão rápido quanto for usada. A célula muscular tem grande capacidade de substituição da ATP sob uma série de circunstâncias de trabalho, desde uma corrida de curta distância até uma maratona.

Edington e Edgerton (18) conceberam uma abordagem lógica para estudar a energia fornecida para a contração muscular. Eles dividiram as fontes de energia (fontes de ATP) em imediata, de curto prazo e de longo prazo.

Fontes de energia imediatas

A ATP é armazenada no músculo em quantidade muito limitada e pode atender às demandas energéticas de um esforço máximo com duração de ~ 1 segundo. A **creatina fosfato (CP)**, outra molécula de fosfato altamente energética armazenada no músculo, é a fonte de energia imediata mais importante. A CP pode doar sua molécula de fosfato (e a energia contida nela) à ADP, a fim de formar a ATP, permitindo que o músculo continue a produzir força.

$$CP + ADP \rightarrow ATP + C$$

Essa reação acontece assim que o músculo forma a ADP. Infelizmente, a reserva de CP no músculo dura apenas 3 a 5 segundos, durante um trabalho máximo. Esse processo não exige oxigênio e é um dos mecanismos de **energia anaeróbia** (sem oxigênio) para produção de ATP. A CP é a fonte primária de ATP no lançamento de peso, no salto vertical e nos primeiros segundos da corrida de velocidade.

Fontes de energia de curto prazo

À medida que a reserva de CP do músculo diminui, as fibras musculares quebram a glicose (açúcar simples) para produzir ATP em ritmo muito acelerado. A glicose é obtida a partir do sangue ou da reserva de glicogênio do músculo. O percurso multienzimático do metabolismo da glicose é chamado de **glicólise** e não precisa de oxigênio para funcionar (como a quebra da CP, esse também é um processo anaeróbio).

$$Glicose \rightarrow 2 \text{ ácido pirúvico} + 2 \text{ ATP}$$

Na glicólise, a glicose é quebrada em duas moléculas de ácido pirúvico; no processo, a ADP é convertida em ATP, permitindo ao músculo manter um ritmo elevado de trabalho. Mas a glicólise só pode continuar por um tempo limitado. Quando ela opera em alta velocidade, o ácido pirúvico é convertido em ácido lático, e o ácido lático (lactato) acumula-se no músculo e no sangue. O acúmulo de ácido lático no músculo reduz o ritmo do metabolismo do glicogênio e realmente pode interferir no mecanismo envolvido na contração muscular. O suprimento de ATP via glicólise tem seus problemas, embora de fato permita que a pessoa corra a velocidades altas por distâncias curtas. Essa fonte de energia de curto prazo é de importância primordial em eventos que envolvem trabalho máximo com duração de 2 minutos.

Fontes de energia de longo prazo

A fonte de energia de longo prazo envolve a produção de ATP a partir de uma série de combustíveis, mas esse método exige a utilização do oxigênio (é **aeróbio**). Os combustíveis primários incluem o glicogênio muscular, a glicose sanguínea, ácidos graxos livres no plasma e gorduras intramusculares. A glicose é quebrada na glicólise (como já descrito), mas, nesse caso, o ácido pirúvico é levado à **mitocôndria** da célula, onde se converte em um fragmento de 2 carbonos (acetil CoA), que entra no ciclo de Krebs. As gorduras são levadas para a mitocôndria, onde também são quebradas em acetil CoA, que, de novo, entra no ciclo de Krebs. A energia contida originalmente na glicose e nas gorduras é extraída a partir do acetil CoA e usada para gerar ATP na cadeia de transporte de elétrons, em um processo chamado *fosforilação oxidativa*, que requer oxigênio.

$$\text{Carboidrato e gordura} + O_2 \rightarrow ATP$$

A produção de ATP via mecanismos aeróbios é mais lenta do que a partir de fontes de energia imediata e de curto prazo; no trabalho submáximo, pode levar 2 a 3 minutos até que as necessidades de ATP da célula sejam completamente atendidas por esse processo aeróbio. Uma razão dessa demora é que há um retardamento na distribuição do sangue enriquecido de oxigênio pelo coração aos músculos no ritmo correspondente às demandas de ATP musculares. A produção aeróbia de ATP é o principal meio de suprimento de energia ao músculo em trabalhos máximos de duração superior a 2 minutos e em todos os trabalhos submáximos.

Interação entre intensidade e duração do exercício e produção de energia

A proporção de energia originária de fontes anaeróbias (energia imediata e de curto prazo) é muito influenciada pela intensidade e duração da atividade. A Figura 28.1 mostra que, em uma atividade intensa com duração de menos de 1 minuto (por exemplo, uma corrida de 400 m rasos), os músculos obtêm a maior parte da ATP de fontes anaeróbias. Em um esforço máximo de 2 minutos, aproximadamente 50% da energia vêm de fontes anaeróbias e 50% de fontes aeróbias; em um esforço máximo de 10 minutos, o componente anaeróbio cai para 15%. Em um esforço máximo de 30 minutos, o componente anaeróbio corresponde a aproximadamente 5%; e é ainda menor em uma sessão de treinamento submáxima típica, de 30 minutos.

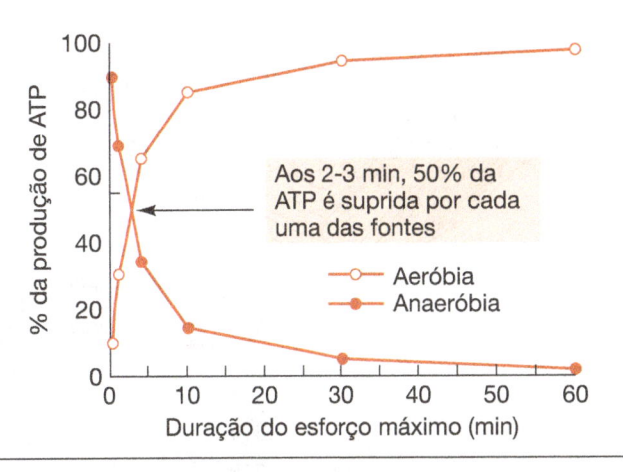

Figura 28.1 Percentual das contribuições aeróbias e anaeróbias para o suprimento total de energia durante o trabalho máximo com durações variadas (49).

Ponto-chave

A ATP é fornecida em ritmo elevado por processos anaeróbios: quebra da CP e glicólise. A energia anaeróbia é importante em eventos explosivos e breves (por exemplo, lançamento de peso) e em competições que exigem um esforço máximo em menos de 2 minutos. Durante o exercício prolongado, a ATP é suprida pelo metabolismo aeróbio de carboidratos e gorduras na mitocôndria do músculo. Esse é o principal meio de fornecimento de energia ao músculo no trabalho máximo com duração de mais de 2 minutos e em todo trabalho submáximo.

Compreensão da estrutura e da função muscular

Exercício significa movimento, e movimento exige ação muscular. Para discutir a fisiologia humana relacionada ao exercício e ao treinamento de *endurance*, temos de começar pelo músculo esquelético, o tecido que converte a energia química da ATP em trabalho mecânico. Como o músculo faz isso?

A Figura 28.2 mostra a estrutura do músculo esquelético – do músculo intacto à menor unidade funcional existente no seu interior. A **fibra muscular** é uma célula cilíndrica, com repetidas tiras claras e escuras que lhe dão o nome de *músculo estriado*. O estriamento é atribuível a um componente estrutural mais básico, chamado de **miofibrila**, disposto no sentido do comprimento do músculo. Cada miofibrila é composta de longas séries de **sarcômeros**, a unidade fundamental da contração muscular. A Figura 28.2 mostra que o sarcômero contém **miosina**, um filamento espesso, e **actina**, um filamento delgado, e se encontra ligado por um tecido conjuntivo chamado **linha Z** (63).

Uma ampliação de dois sarcômeros, na Figura 28.2, mostra a **banda A**, a **banda I** e a **zona H** e as mudanças ocorridas

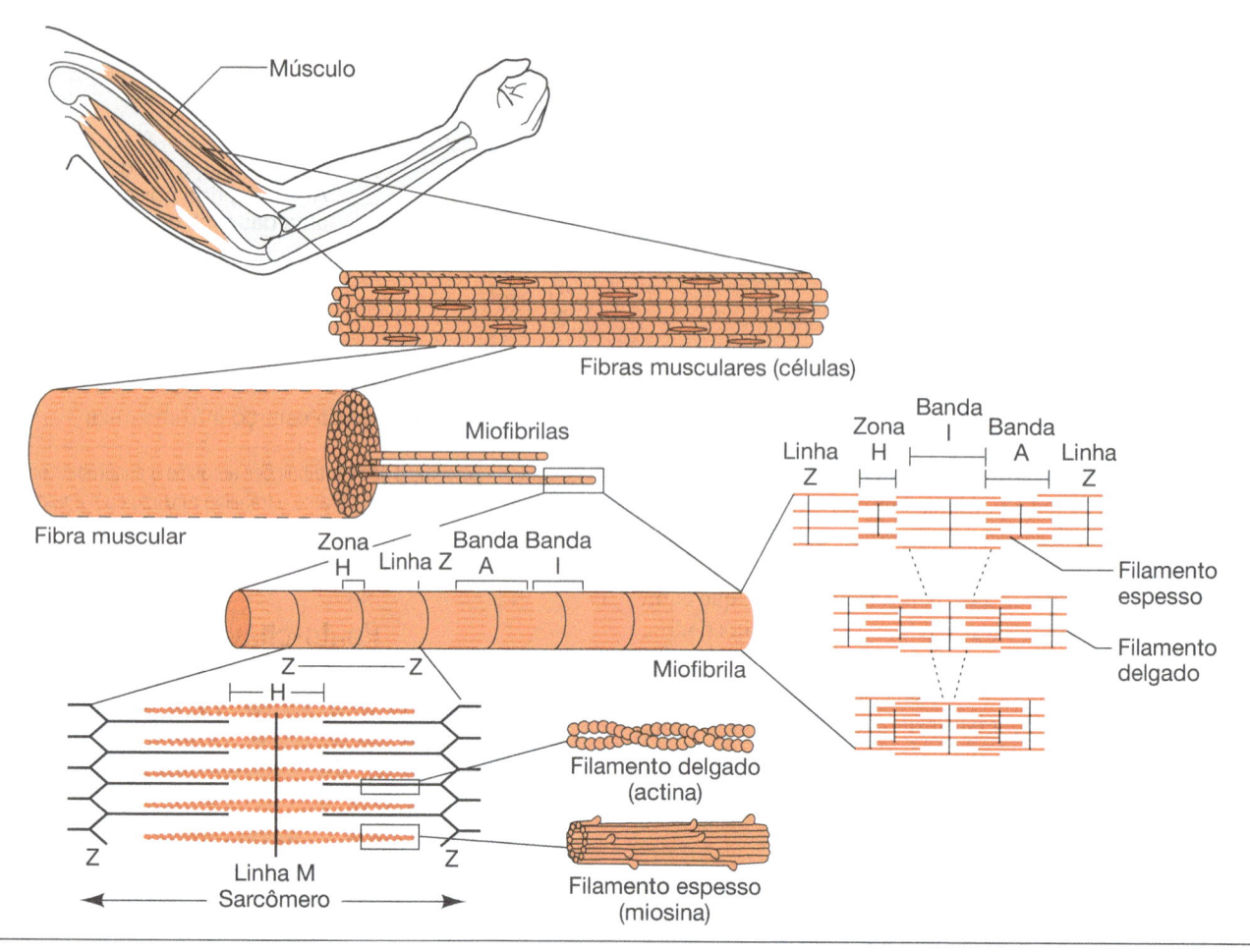

Figura 28.2 Níveis de organização fibrilar no interior do músculo esquelético, e mudanças no padrão de alinhamento e no agrupamento de filamentos em uma miofibrila durante o encurtamento.

Reimpressa de A. J. Vander, J. H. Sherman and D. S. Luciano, 1980, *Human physiology*, 3th ed. (New York, NY: McGraw-Hill, Inc.), 212, 216, com permissão de McGraw-Hill Companies.

quando o sarcômero passa do estado de repouso ao de contração. A banda I é composta de actina e bisseccionada pela linha Z; a banda A é composta de miosina e de actina. De acordo com a **teoria do filamento deslizante** de contração muscular, os filamentos delgados de actina deslizam sobre os filamentos espessos de miosina, puxando as linhas Z em direção ao centro do sarcômero. Desse modo, o músculo inteiro se encurta, mas as proteínas contráteis não mudam de tamanho. Então como o músculo libera a energia da ATP para se encurtar?

Se a ATP é a fonte de energia, então tem de haver ATPase (enzima) no músculo para quebrar a ATP e liberar a energia potencial contida em suas ligações. A ATPase é encontrada em uma extensão do filamento espesso de miosina, a **ponte cruzada**, que também pode ligar-se à actina. A Figura 28.3 mostra como a ATP, a ponte cruzada e a actina interagem para encurtar o sarcômero (63).

Por que as pontes cruzadas não ficam sempre em movimento e o músculo sempre em contração? Em repouso, duas proteínas associadas à actina bloqueiam a interação entre miosina e actina: a **troponina**, que tem a propriedade de se ligar ao cálcio, e a **tropomiosina**. A Figura 28.4 mostra que, quando um músculo é despolarizado (excitado) por um nervo motor, o potencial de ação se expande sobre a superfície da fibra muscular e entra na fibra através de canais especiais, chamados de **túbulos transversos** (na figura, esse processo é a etapa 1). Uma vez dentro da fibra muscular, essa onda de despolarização expande-se pelo **retículo sarcoplasmático (RS)**, uma membrana que cerca a miofibrila, e o RS libera cálcio (Ca^{2+}) no sarcoplasma (na figura, a etapa 2). Quando o cálcio se liga à troponina, a tropomiosina se alinha com o local de ligação da ponte cruzada com a actina, permitindo que a ponte cruzada de miosina interaja com ela (na figura, a etapa 3). No momento em que a ponte cruzada se liga à actina, energia é liberada, a ponte se move e o sarcômero se encurta (na figura, a etapa 4). Essa seqüência repete-se enquanto há cálcio; desse modo o músculo pode substituir a ATP usada. O músculo relaxa quanto

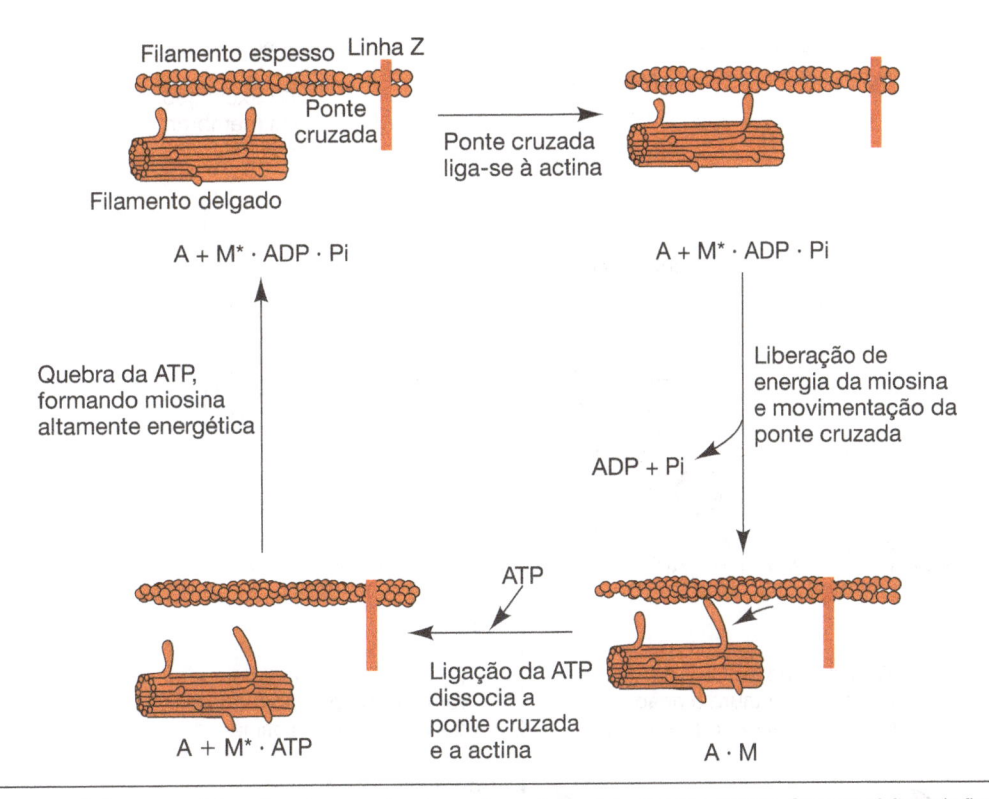

Figura 28.3 Mudanças químicas e mecânicas durante as quatro etapas de um único ciclo da ponte cruzada. Comece a leitura da figura pelo canto inferior, à esquerda. A = actina; M* = forma energizada da miosina; ATP = adenosina trifosfato; ADP = adenosina difosfato; P_i = fosfato inorgânico.
Reimpressa de A. J. Vander, J. H. Sherman and D. S. Luciano, 1985, *Human physiology*, 4th ed. (New York, NY: McGraw-Hill, Inc.), 263, com permissão de McGraw-Hill Companies.

o cálcio é bombeado de volta para o retículo sarcoplasmático; então a troponina e a tropomiosina podem bloquear de novo a interação entre a actina e a miosina (na figura, etapas 5 e 6) (63). O músculo precisa de ATP para mover a ponte cruzada, bombeando o cálcio de volta ao RS e mantendo o potencial de repouso da membrana que lhe permite ser despolarizado.

Os tipos de fibras musculares e o desempenho

As fibras musculares possuem variadas capacidades de produção de ATP por mecanismos aeróbio e anaeróbio diferentes, descritos no início deste capítulo. Algumas fibras musculares se contraem rapidamente e têm uma capacidade inata de produzir muita força, porém se fatigam também muito rapidamente. Essas fibras produzem a maior parte da ATP por quebra da CP e glicólise e são chamadas de **glicolíticas rápidas** ou do **tipo IIx**. Outras fibras musculares se contraem lentamente e geram pouca força, mas têm grande resistência à fadiga. Essas fibras produzem a maior parte da ATP de forma aeróbia, na mitocôndria, e são chamadas de **oxidativas lentas** ou do **tipo I**. Elas têm muitas mitocôndrias e um número relativamente grande de capilares que ajudam a distribuir o oxigênio para essas mitocôndrias. Por fim, há uma fibra com características do tipo I e também do tipo IIx. Ela é de contração rápida, produz grande força quando estimulada, mas também resiste à fadiga, devido a seu grande número de mitocôndrias e de capilares. É chamada de **glicolítica oxidativa rápida** ou de **tipo IIa**.

Tipos de fibras musculares: genética, sexo e treinamento

Entre a média dos homens e das mulheres, 52% das fibras musculares são do tipo I, sendo que as de contração rápida se

Ponto-chave

O músculo contrai-se quando a ATP é quebrada para formar uma ponte cruzada miosina-ATP altamente energética, que se liga à actina e libera energia. Então a ponte se move e puxa a actina na direção do centro do sarcômero; por fim, a ATP se liga à ponte, liberando-a da actina para iniciar novamente a contração. A liberação de cálcio do retículo sarcoplasmático bloqueia as proteínas inibidoras (troponina e tropomiosina) e permite que a ponte cruzada se ligue à actina para dar início ao movimento. O relaxamento ocorre quando o cálcio é bombeado de volta ao retículo sarcoplasmático e a ATP se liga à ponte cruzada.

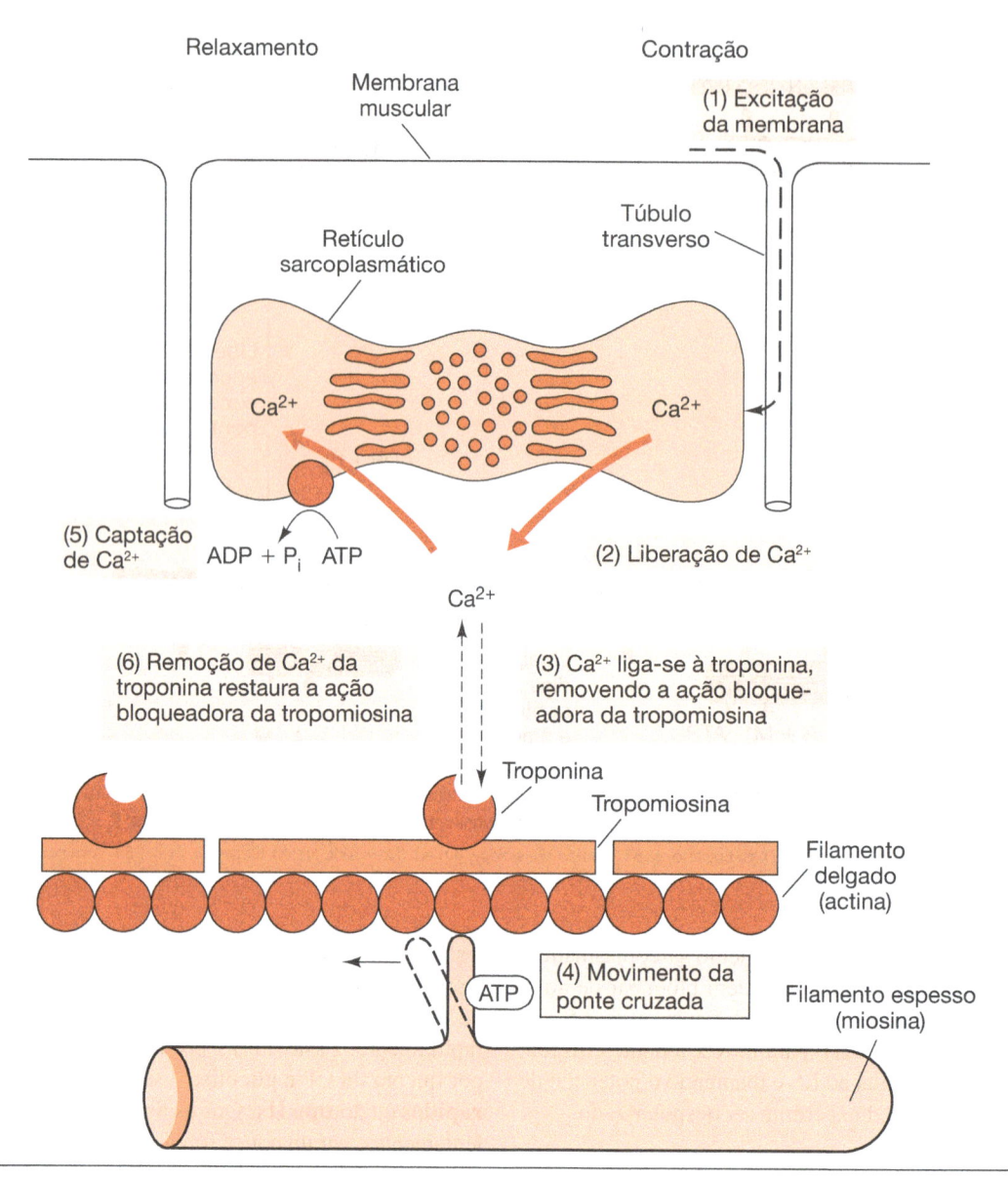

Figura 28.4 Papel do cálcio no acoplamento excitação-contração muscular. ADP = adenosina difosfato; P_i = fosfato inorgânico; ATP = adenosina trifosfato; Ca^{2+} = íons de cálcio.

Reimpressa de A. J. Vander, J. H. Sherman and D. S. Luciano, 1985, *Human physiology*, 4th ed. (New York, NY: McGraw-Hill, Inc.), 263, com permissão de McGraw-Hill Companies.

Ponto-chave

As fibras musculares diferem na velocidade de contração, na força e na resistência à fadiga. As do tipo I são lentas, geram pouca força e resistem à fadiga. As do tipo IIa são rápidas, geram muita força e resistem à fadiga. As do tipo IIx são de contração rápida, geram muita força e se fatigam com facilidade.

dividem aproximadamente do seguinte modo: 33% do tipo IIa e 13% do tipo IIx (57, 58). No entanto, a distribuição dos tipos de fibras na população em geral varia muito. Em estudos que comparam gêmeos idênticos e não-idênticos, essa distribuição parece fixada de forma genética. Além disso, as fibras de contração rápida não podem ser convertidas em fibras de contração lenta, nem vice-versa, em função do treinamento de *endurance* (3). No entanto, a capacidade da fibra muscular de produzir ATP aerobiamente (capacidade oxidativa) parece ser alterada com facilidade por esse tipo de treinamento. De fato, em alguns atletas de *endurance* de elite, não se encontram fibras do tipo IIx; elas são convertidas na versão oxidativa, do tipo IIa (57). O aumento das mitocôndrias e dos capilares em músculos treinados em *endurance* permite que o indivíduo atenda às demandas de ATP aerobiamente, com menor depleção de glicogênio e formação de lactato (30).

Desenvolvimento da tensão (força) no músculo

A tensão, ou força, gerada por um músculo depende de outros fatores além do tipo de fibra. Quando um único estímulo no nível do limiar excita a fibra muscular, o resultado é uma contração de baixa tensão, ou seja, breve e seguida de relaxamento. Quando a freqüência dos estímulos aumenta, a fibra muscular não pode relaxar no intervalo entre eles, e a tensão de uma contração soma-se à tensão da anterior. Esse processo de adição é chamado de **somação**. Um aumento ainda maior na freqüência da estimulação resulta em contrações que se fundem em uma contração suave, sustentada e de alta tensão, chamada **tétano**. De forma típica, as fibras musculares desenvolvem tensão por meio de contrações tetânicas. Além da freqüência da estimulação, a força da contração depende do grau em que as fibras musculares se contraem simultaneamente (disparo sincrônico) e do número de fibras musculares recrutadas para a contração. Este último fator, o recrutamento das fibras musculares, é o mais importante.

A Figura 28.5 mostra a ordem em que os diferentes tipos de fibra muscular são recrutados à medida que a intensidade do exercício aumenta. Essa ordem vai da fibra mais oxidativa para a menos oxidativa e da mais lenta para a mais rápida (do tipo I para a IIa e para o IIx) (55). Por isso, em ritmos de trabalho maiores, em que são recrutadas as fibras do tipo IIx, há maior probabilidade de produção de ácido lático. Embora o exercício leve, crônico (menos de 40% do $\dot{V}O_2$máx.), recrute apenas as fibras do tipo I e provoque um efeito de treinamento também apenas nessas fibras, o exercício além dos 70% do $\dot{V}O_2$máx. envolve todos os tipos de fibras. Esse fato traz importantes implicações na especificidade do treinamento e no potencial de transferência dos efeitos do programa de uma atividade para outra. É óbvio que, se você não usa uma fibra muscular, ela não pode ficar treinada.

> **Ponto-chave**
>
> A tensão muscular depende da freqüência da estimulação responsável pela contração tetânica, do disparo sincrônico das fibras musculares e do recrutamento dessas fibras. A ordem do recrutamento vai da mais oxidativa para a menos oxidativa. O exercício leve a moderado usa fibras musculares do tipo I, enquanto o moderado a vigoroso exige fibras do tipo IIa. Ambos favorecem o metabolismo aeróbio de carboidratos e gorduras. O exercício pesado exige fibras do tipo IIx, que favorecem a glicólise anaeróbia, a qual, por sua vez, aumenta a probabilidade de produção de lactato.

Respostas metabólicas, cardiovasculares e respiratórias ao exercício

A principal tarefa do profissional de condicionamento físico é recomendar atividades físicas que aumentem ou mantenham a função cardiorrespiratória. As atividades que demandam produção de energia aeróbia (ATP) automaticamente fazem com que os sistemas circulatório e respiratório forneçam oxigênio ao músculo para atender à demanda. Atividades aeróbias selecionadas têm de ser extenuantes em grau suficiente para desafiar e, portanto, melhorar o sistema cardiorrespiratório. Essa ligação crucial entre as atividades aeróbias e a função cardiorrespiratória fornece a base para grande parte da programação de exercícios. As seções a seguir resumem respostas metabólicas, cardiovasculares e respiratórias selecionadas para o trabalho submáximo e para o TEP máximo. Iniciamos pela discussão da medição do consumo de oxigênio.

Medição do consumo de oxigênio

Como o oxigênio chega à mitocôndria? O oxigênio entra nos pulmões durante a inalação; em seguida, difunde-se dos alvéolos ao sangue. Nas hemácias, ele liga-se à hemoglobina, e o coração distribui o sangue enriquecido com oxigênio aos músculos. O oxigênio então se difunde pelas células musculares e alcança a mitocôndria, onde é usado (consumido) na produção de ATP. Portanto, como podemos medir o consumo de oxigênio durante o exercício?

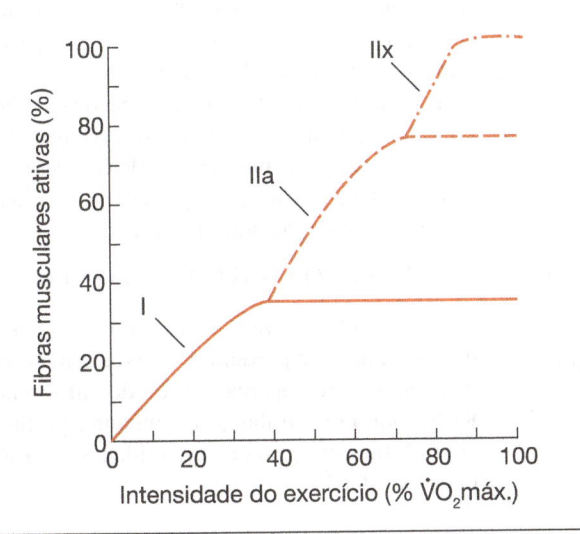

Figura 28.5 Recrutamento dos tipos de fibra muscular no exercício de intensidade crescente.

Reimpressa, com permissão, de D. G. Sale, 1987, "Influence of exercise and training on motor unit activation", *Exercise and Sport Sciences Reviews*, 15: 99.

O **consumo de oxigênio ($\dot{V}O_2$)** é medido do seguinte modo: volume de oxigênio inalado menos volume de oxigênio exalado.

$\dot{V}O_2$ = volume O_2 inalado – volume O_2 exalado

No método clássico de medição do $\dot{V}O_2$, o indivíduo respira através de uma válvula dupla, que permite aos pulmões inalar o ar ambiente (contendo 20,93% de O_2 e 0,03% de CO_2), enquanto direciona o ar exalado para um balão meteorológico ou saco de Douglas (veja a Figura 28.6). Um medidor de volume calcula os litros de ar inalados por minuto, ou seja, a **ventilação pulmonar**. O ar exalado, contido no balão meteorológico, é analisado de acordo com seu conteúdo de oxigênio e de dióxido de carbono, e o consumo de oxigênio é calculado do seguinte modo: volume do ar respirado vezes a porcentagem do oxigênio extraído. A extração de oxigênio é a porcentagem de oxigênio extraído do ar inalado, ou seja, os 20,93% de O_2 do ar ambiente menos a porcentagem de O_2 no balão meteorológico.

A seguir, mostramos uma apresentação simplificada das etapas do cálculo do $\dot{V}O_2$; outra, mais detalhada, se encontra no Apêndice B.

$\dot{V}O_2$ = ventilação pulmonar (L · min^{-1}) · extração de O_2

Se a ventilação = 60 L · min^{-1}, e o O_2 exalado = 16,93%, então

$\dot{V}O_2$ = 60 L · min^{-1} (20,93% O_2 – 16,93% O_2) e
$\dot{V}O_2$ = 60 L · min^{-1} (4,00% O_2) = 2,4 L · min^{-1}.

O CO_2 é produzido na mitocôndria e difunde-se para fora do músculo pelo sangue venoso, por onde é levado de volta aos pulmões. Lá, ele se difunde pelos alvéolos e, neste exemplo, é exalado no balão meteorológico. A produção de CO_2 ($\dot{V}CO_2$) pode ser calculada como descrito para o $\dot{V}O_2$:

Se a ventilação = 60 L · min^{-1} e o CO_2 exalado = 3,03%, então

$\dot{V}CO_2$ = 60 L · min^{-1} (3,03% CO_2 – 0,03% CO_2) e
$\dot{V}CO_2$ = 60 L · min^{-1} (3,00% CO_2) = 1,8 L · min^{-1}.

A proporção entre a produção de CO_2 ($\dot{V}CO_2$) e o consumo de oxigênio ($\dot{V}O_2$) na célula é chamada de **quociente respiratório (QR)**. Uma vez que o $\dot{V}CO_2$ e o $\dot{V}O_2$ são medidos na boca e não no tecido, essa proporção é chamada de **índice de troca respiratória (RER**, do inglês Respiratory Exchange Ratio). O RER nos diz que tipo de combustível está sendo usado durante o exercício (veja a próxima seção, "Utilização de combustível durante o exercício").

$$RER = \dot{V}CO_2 \div \dot{V}O_2$$

Usando os valores já calculados,

RER = 1,8 L · min^{-1} ÷ 2,4 L · min^{-1} = 0,75.

Utilização de combustível durante o exercício

Em geral, a proteína contribui com menos de 5% para a produção de energia total durante o exercício e, para o propósito de nossa discussão, esse percentual será ignorado (49). Ao ignorar a proteína, ficamos com carboidratos (glicogênio muscular e glicose sangüínea, que deriva do glicogênio do fígado) e gorduras (tecido adiposo e gordura intramuscular) como combustíveis primários para o exercício. A habilidade do *RER* em fornecer boas informações sobre o metabolismo da gordura e do carboidrato durante o exercício vem das seguintes observações sobre o metabolismo da gordura e da glicose.

Quando o RER = 1,0, os carboidratos são responsáveis por 100% da energia e a gordura por 0%; quando o RER = 0,7 acontece o contrário. Quando o RER = 0,85, aproximadamente 50% originam-se da gordura (veja "Quocientes respiratórios para carboidratos e gorduras", na página 469). Para que a medição de RER seja correta, o indivíduo tem de manter um estado regular. Se o ácido lático do sangue está aumentando e a reserva neutralizadora de bicarbonato plasmático (HCO_3^-) reage com o ácido (H^+) e produz CO_2, que tem de ser exalado, o praticante é estimulado a hiperventilar:

$$H^+ + HCO_3^- \rightarrow H_2CO_3 \rightarrow H_2O + CO_2$$

Esse CO_2 não vem do metabolismo aeróbio de carboidratos e gordura. Por isso, quando ele é exalado, ocorre superestimação do valor real do RER. Durante o trabalho extenuante, produz-se ácido lático em grandes quantidades, e o RER pode exceder 1,0.

Efeito da intensidade do exercício sobre a utilização de combustível

A Figura 28.7 mostra as mudanças do RER durante o trabalho progressivo até o $\dot{V}O_2$máx. No

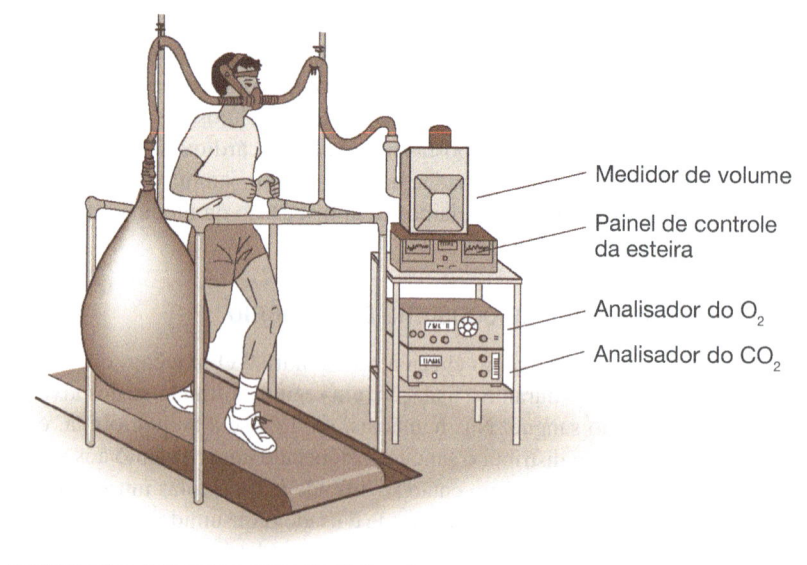

Figura 28.6 Equipamento convencional para medir o consumo de oxigênio.

> **Quocientes respiratórios para carboidratos e gorduras**
>
> Para a glicose ($C_6H_{12}O_6$),
>
> $$C_6H_{12}O_6 + 6\,O_2 \rightarrow 6\,CO_2 + 6\,H_2O + \text{energia}$$
> $$RER = 6\,CO_2 \div 6\,O_2 = 1,0.$$
>
> Para o palmitato (ácido graxo $C_{16}H_{32}O_2$),
>
> $$C_{16}H_{32}O_2 + 23\,O_2 \rightarrow 16\,CO_2 + 16\,H_2O + \text{energia}$$
> $$RER = 16\,CO_2 \div 23\,O_2 = 0,7.$$

teste progressivo, o RER aumenta até 40 a 50% do $\dot{V}O_2$máx., indicando que as fibras do tipo IIa estão sendo recrutadas e o carboidrato (CHO) está se tornando uma fonte de combustível mais importante. O uso do carboidrato fornece uma vantagem adaptativa – o músculo obtém cerca de 6% mais de energia de cada litro de O_2 (5 kcal · L^{-1}) em comparação com o uso da gordura (4,7 kcal · L^{-1}).

Os combustíveis de carboidrato para o exercício muscular incluem o glicogênio muscular e a glicose sangüínea. Esse glicogênio é o combustível de carboidrato primário para o exercício pesado, com duração inferior a 2 horas; quando o glicogênio muscular é inadequado, há fadiga prematura (11). À medida que o glicogênio muscular é depletado, durante o exercício pesado prolongado, a glicose sangüínea torna-se mais importante no suprimento de combustível de carboidrato. Próximo do final do exercício pesado com duração de 3 horas ou mais, essa glicose fornece quase todo o carboidrato usado pelos músculos. Portanto, o exercício pesado é limitado pela disponibilidade de combustíveis de carboidrato, que podem ser armazenados em abundância antes do exercício (glicogênio muscular) ou repostos pela ingestão de carboidratos durante o exercício (glicose sangüínea) (10).

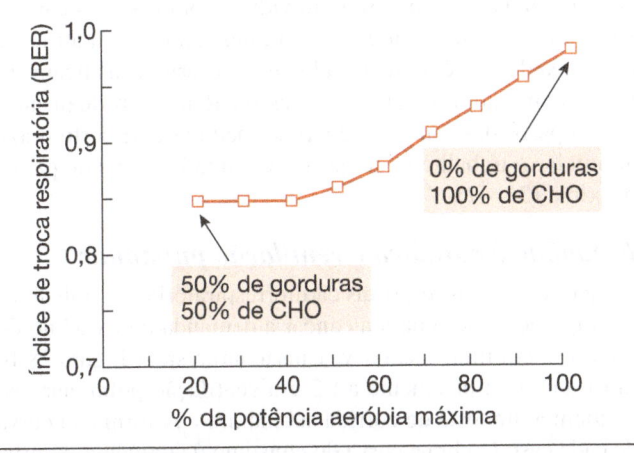

Figura 28.7 Mudanças no índice de troca respiratória em função do aumento da intensidade do exercício (2).

Efeito da duração do exercício sobre a utilização de combustível

A Figura 28.8 mostra como o RER muda durante um teste de 90 minutos, realizado a 65% do $\dot{V}O_2$máx. do indivíduo (50). O RER diminui ao longo do tempo, indicando que o exercício depende cada vez mais da gordura como combustível. As gorduras derivam tanto das reservas intramusculares quanto do tecido adiposo, que libera ácidos graxos livres no sangue para serem levados ao músculo. O uso crescente da gordura poupa as reservas de carboidratos remanescentes e estende o período que antecede a exaustão.

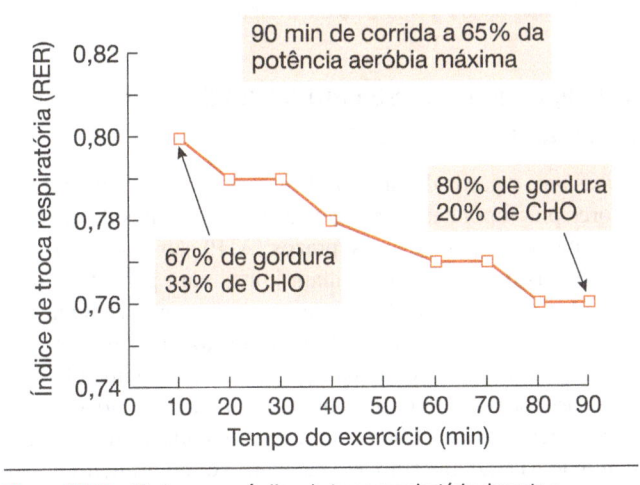

Figura 28.8 Mudanças no índice de troca respiratória durante o exercício prolongado, no estado de equilíbrio (50).

Efeito da dieta e do treinamento sobre a utilização de combustível

O tipo de combustível usado durante o exercício depende da dieta. Foi demonstrado claramente que uma dieta rica em carboidrato (vs. uma dieta normal) aumenta o conteúdo de glicogênio e estende o período que antecede a exaustão (33). Mais adiante, o músculo adquire maior capacidade de aumentar a reserva de glicogênio quando a pessoa realiza um exercício extenuante antes de refeições ricas em carboidratos (33, 61). Por fim, durante o exercício pesado prolongado, bebidas com carboidratos ajudam a manter a concentração de glicose no sangue, estendendo o período que antecede a fadiga (10).

O treinamento de *endurance* aumenta o número de mitocôndrias nos músculos envolvidos no programa. O maior número de mitocôndrias incrementa a capacidade do músculo de usar gordura como combustível e de processar aerobiamente o carboidrato disponível. Essa capacidade poupa a reserva de carboidratos e reduz a produção de lactato; essas duas condições afetam de forma favorável o desempenho (30).

> **Ponto-chave**
>
> O índice de troca respiratória (RER) indica o uso de combustível durante o exercício em estado de equilíbrio. Quando o RER = 1,0, então 100% da energia derivam de carboidratos; quando o RER = 0,7, então 100% da energia derivam de gorduras. Quando aumenta no sangue, durante o exercício pesado, o ácido lático é neutralizado pelo bicarbonato plasmático. Essa neutralização produz CO_2 e invalida o uso do RER como um indicador do uso de combustível durante o exercício. À medida que aumenta a intensidade do exercício, o RER também aumenta, indicando que o carboidrato desempenha maior papel na geração de ATP. Durante o exercício extenuante moderadamente prolongado, o RER diminui ao longo do tempo, indicando que a gordura está sendo mais usada e o carboidrato poupado.

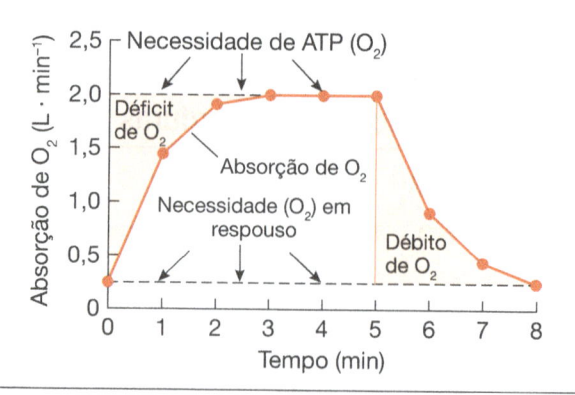

Figura 28.9 Débito (reposição) e déficit de oxigênio durante uma corrida de 5 minutos na esteira.

Transição do repouso para o trabalho em estado de equilíbrio

É possível, a partir do que foi discutido até aqui, que alguns leitores pressuponham erroneamente que as fontes de energia imediata, de curto e de longo prazos (ATP) são usadas em atividades distintas e não trabalham juntas para permitir que o corpo faça a transição do repouso para o exercício. Quando uma pessoa se exercita na esteira, com velocidade de 200 m · min^{-1} (7,5 mi · h^{-1}), a demanda de ATP cresce do nível baixo, necessário para ficar em pé sobre a esteira, até um novo nível, exigido pela corrida a 200 m · min^{-1}. Essa mudança no fornecimento de ATP ao músculo tem de acontecer no primeiro passo na esteira. Se isso não ocorrer, a pessoa será arrastada para fora dela. Que fontes de energia fornecem a ATP nos primeiros minutos de trabalho?

Consumo de oxigênio

Os sistemas cardiovascular e respiratório não podem aumentar instantaneamente a distribuição de oxigênio para os músculos a fim de atender a todas as demandas dos processos aeróbios. No intervalo entre o momento em que a pessoa pisa na esteira e o momento em que esses dois sistemas distribuem o oxigênio exigido, as fontes imediata e de curto prazo suprem as necessidades de ATP. O volume de oxigênio que falta nos primeiros minutos de trabalho é o **déficit de oxigênio** (Figura 28.9). A creatina fosfato fornece parte da ATP necessária, e a quebra anaeróbia do glicogênio em ácido lático produz a restante, até que os mecanismos oxidativos consigam atender à demanda. Quando o consumo de oxigênio se nivela, durante o trabalho submáximo, seu valor representa a **demanda de oxigênio do estado de equilíbrio** para aquela atividade. Nesse ponto, a necessidade de ATP da célula está sendo atendida pela produção aeróbia na mitocôndria do músculo, na base do "fornece à medida que se usa".

Quando o indivíduo pára de correr e desce da esteira, a necessidade de ATP para os músculos que estavam envolvidos na atividade cai de repente, atingindo o valor de repouso. No início, o consumo de oxigênio diminui rapidamente, depois passa a cair de modo gradativo até se aproximar do valor de repouso. Esse consumo de oxigênio elevado durante a recuperação pós-exercício é o **débito de oxigênio**, também chamado de *reposição de oxigênio* ou *consumo excessivo de oxigênio pós-exercício* (Figura 28.9). Em parte, o elevado consumo de oxigênio é usado para fazer com que a ATP adicional restaure a normalidade da reserva de CP do músculo (lembre-se de que ela foi um pouco depletada no início do trabalho). Parte do oxigênio extra consumido durante a recuperação é usado para atender à demanda de ATP da freqüência cardíaca (FC) mais alta e da respiração durante a recuperação (em comparação com o repouso). O fígado usa uma pequena parte da reposição de oxigênio para converter em glicose um pouco do ácido lático produzido no início do trabalho (49).

Se o indivíduo alcança a demanda de oxigênio do estado de equilíbrio mais cedo, durante os primeiros minutos de trabalho, isso implicará menor déficit de oxigênio. O corpo depleta menos CP e produz menos ácido lático. O treinamento de *endurance* acelera a cinética do transporte de oxigênio; ou seja, diminui o tempo necessário para se alcançar um estado de equilíbrio de consumo de oxigênio. Pessoas malcondicionadas, assim como indivíduos com doenças cardiovasculares ou pulmonares, levam mais tempo para atingir a demanda de oxigênio do estado de equilíbrio. Elas ficam sujeitas a um maior déficit de oxigênio e têm de produzir mais ATP a partir das fontes de energia imediata e de curto prazo ao iniciar o trabalho ou ao passar de uma intensidade para a próxima (26, 47).

Freqüência cardíaca e ventilação pulmonar

A ligação entre as respostas cardiorrespiratórias ao trabalho e o tempo necessário para alcançar a demanda de oxigênio do estado de equilíbrio não deve causar surpresa. A Figura 28.10 mostra como tipicamente a FC e a ventilação pulmonar respondem a um teste de corrida submáximo. A forma da curva de cada caso lembra a curva do consumo de oxigênio descrita anteriormente.

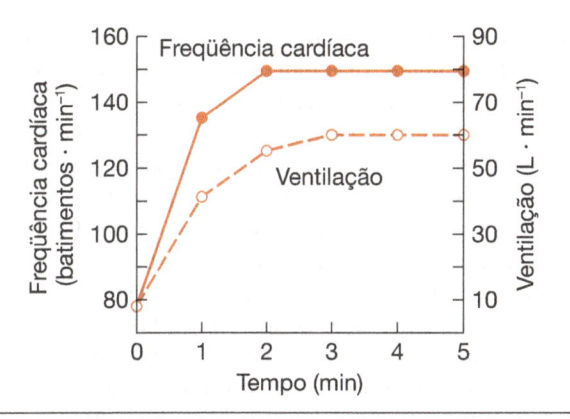

Figura 28.10 Resposta da freqüência cardíaca e da ventilação pulmonar em 5 minutos de corrida na esteira.

Além disso, o músculo contribui para o atraso no consumo de oxigênio no início do trabalho. O músculo não-treinado tem relativamente poucas mitocôndrias disponíveis para produzir ATP de forma aeróbia e poucos capilares por fibra muscular para levar o sangue arterial rico em oxigênio para essas mitocôndrias. Em resultado do treinamento de *endurance*, esses dois fatores aumentam, de modo que o músculo pode produzir mais ATP aerobiamente no início do trabalho. Em acréscimo, menos ácido lático é produzido no início do trabalho, e a concentração desse ácido no sangue cai para um determinado ritmo de trabalho submáximo (26, 30, 47).

> **Ponto-chave**
>
> No início do exercício submáximo, o $\dot{V}O_2$ não aumenta de imediato (déficit de oxigênio) e parte da ATP tem de ser fornecida anaerobiamente pela CP e pela glicólise. No final do exercício, o $\dot{V}O_2$ permanece elevado por algum tempo para o pleno reabastecimento das reservas de CP, a fim de garantir o custo energético da respiração e da FC elevada e sintetizar a glicose do ácido lático. O treinamento reduz o déficit de oxigênio porque cria um aumento mais acelerado de $\dot{V}O_2$ no início do trabalho, permitindo que se alcance mais rapidamente a demanda de oxigênio do estado de equilíbrio.

Teste de exercício progressivo (TEP)

O consumo de oxigênio e o condicionamento cardiorrespiratório estão claramente relacionados, pois a distribuição de oxigênio para os tecidos depende do funcionamento do pulmão e do coração. Um dos testes mais comuns para avaliar a função cardiorrespiratória é o TEP (teste de exercício progressivo), em que o indivíduo se exercita em um ritmo de trabalho progressivamente crescente, até alcançar a tolerância de trabalho máxima. Durante o teste, pode-se monitorar as variáveis cardiovasculares (ECG, FC, PA) e as respiratórias (ventilação pulmonar, freqüência respiratória, nível de ácido lático no sangue). O modo como o indivíduo testado reage ao TEP revela a condição da função cardiorrespiratória e a capacidade para o trabalho prolongado.

Consumo de oxigênio e potência aeróbia máxima

O consumo de oxigênio, medido como descrito antes, é expresso por quilograma de peso corporal a fim de facilitar comparações entre pessoas ou entre testes da mesma pessoa ao longo do tempo. Basta multiplicar o valor do $\dot{V}O_2$ em litros por minuto por 1.000 a fim de convertê-lo em $mL \cdot min^{-1}$; para obter um valor expresso em mililitros por quilograma por minuto, divide-se esse valor pelo peso corporal do indivíduo, em quilogramas.

$$\dot{V}O_2 = 2,4 \text{ L} \cdot min^{-1} \cdot 1.000 \text{ mL} \cdot L^{-1}$$
$$\dot{V}O_2 = 2.400 \text{ mL} \cdot min^{-1}$$

Para um indivíduo de 60 kg,

$$\dot{V}O_2 = 2.400 \text{ mL} \cdot min^{-1} \div 60 \text{ kg} = 40 \text{ mL} \cdot kg^{-1} \cdot min^{-1}$$

A Figura 28.11 mostra um TEP realizado na esteira, em que a velocidade é constante – 3 $mi \cdot h^{-1}$ (4,8 $km \cdot h^{-1}$) e a inclinação muda 3% a cada 3 minutos. A cada etapa do TEP, o consumo de oxigênio aumenta para atender à demanda de ATP do ritmo de trabalho. Além disso, o indivíduo apresenta um pequeno déficit de oxigênio em cada etapa, à medida que o sistema cardiovascular tenta se ajustar à nova demanda do maior ritmo de trabalho.

Aparentemente, indivíduos saudáveis alcançam o oxigênio requisitado do estado de equilíbrio mais ou menos ao 1,5

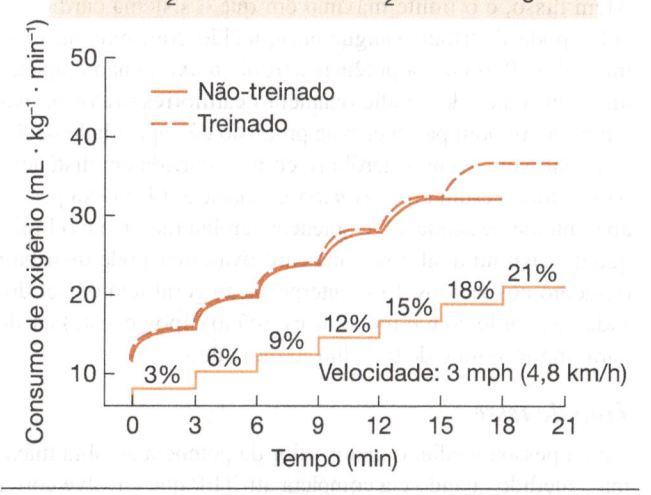

Figura 28.11 Respostas do consumo de oxigênio em um TEP (38).

minuto de cada etapa do teste até o trabalho moderadamente pesado (44, 45). As pessoas que possuem um condicionamento cardiorrespiratório baixo ou que têm doenças cardiovasculares ou pulmonares às vezes não são capazes de atingir os valores esperados em tempo similar e podem apresentar grandes déficits de oxigênio a cada etapa do teste. Nesses casos, o consumo de oxigênio medido nas várias etapas é menor do que o esperado porque os indivíduos testados não alcançam as supostas demandas do estado de equilíbrio do teste a cada etapa.

Próximo do final do TEP, é alcançado um ponto em que a taxa de trabalho muda (ou seja, aumenta-se a inclinação da esteira), mas o mesmo não acontece com o consumo de oxigênio. De fato, o sistema cardiovascular atinge seu limite de transporte de oxigênio ao músculo. Esse ponto é chamado de **potência aeróbia máxima** ou **consumo máximo de oxigênio ($\dot{V}O_2$máx.)**. O completo nivelamento do consumo de oxigênio não é visto em todos os casos, porque isso requer que o indivíduo trabalhe uma etapa além do ponto real em que o $\dot{V}O_2$máx. é alcançado. Para tanto, é preciso um praticante altamente motivado. Em alguns protocolos do TEP, o *plateau* no consumo de oxigênio é analisado em comparação com o critério de um aumento no $\dot{V}O_2$ inferior a 2,1 mL · kg^{-1} · min^{-1} de uma etapa para a seguinte (62). Outros critérios para determinar se foi alcançado o $\dot{V}O_2$máx. incluem um RER superior a 1,15 (34) e uma concentração de lactato no sangue superior a 8 mmol · L^{-1}, cerca de oito vezes o valor de repouso (1). Esses e outros critérios têm sido usados em separado ou combinados para aumentar a precisão do momento em que o indivíduo realmente alcança o $\dot{V}O_2$máx. (32). A execução de um programa de treinamento de *endurance* por 10 a 20 semanas aumenta o $\dot{V}O_2$máx. Se, depois de treinada, a pessoa refizer o teste, alcançará o estado de equilíbrio mais cedo, no ritmo de trabalho leve a moderado e, depois, avançará uma ou mais etapas no teste, em que será medido um $\dot{V}O_2$máx. maior.

A potência aeróbia máxima é o maior ritmo em que o corpo (sobretudo o músculo) pode produzir ATP aerobiamente. Além disso, é o limite máximo em que o sistema cardiovascular pode distribuir sangue enriquecido com oxigênio aos músculos. Portanto, a potência aeróbia máxima não é apenas um bom índice do condicionamento cardiorrespiratório, mas também um bom parâmetro de predição da capacidade de desempenho em eventos aeróbios, como a corrida em distância, o ciclismo, o esqui *cross-country* e a natação (4, 5). Na pessoa aparentemente saudável, a potência aeróbia máxima é o limite quantitativo no qual o sistema cardiovascular pode distribuir oxigênio aos tecidos. Essa interpretação geral tem de ser dosada de acordo com o modo de exercício (tipo de teste) usado para impor o ritmo de trabalho ao indivíduo.

Tipo de teste

Para a pessoa média, o maior valor da potência aeróbia máxima é medido quando ela completa um TEP que envolve correr na subida. O teste de exercício progressivo realizado na velocidade da caminhada em geral resulta em um $\dot{V}O_2$máx. 4 a 6% abaixo do valor da corrida progressiva; no cicloergômetro, o resultado é 10 a 12% inferior ao da corrida progressiva (20, 42, 43). Finalmente, se o indivíduo trabalha até a exaustão, usando um ergômetro de braço, então o valor mais elevado do consumo de oxigênio é inferior a 70% daquele medido com as pernas (23). Conhecer essas variações na potência aeróbia máxima é útil na hora de recomendar a intensidade necessária para alcançar a FC-alvo em diferentes exercícios. Para um determinado ritmo de trabalho submáximo, a maioria das respostas fisiológicas (FC, PA e ácido lático no sangue) são maiores para o trabalho dos braços do que para o das pernas (23, 60). A potência aeróbia máxima não é afetada apenas pelo tipo de teste usado em sua medição. Outros fatores que a afetam incluem o treinamento de *endurance*, a hereditariedade, o sexo, a altitude, a poluição e a doença cardiovascular e pulmonar.

Treinamento e hereditariedade

Como regra, o treinamento de *endurance* aumenta o $\dot{V}O_2$máx. em 5 a 25%, sendo que a magnitude da mudança depende, em essência, do nível inicial de condicionamento. Quem tem $\dot{V}O_2$máx. mais baixo é que observa o maior percentual de mudança em função do treinamento. No final, é alcançado um ponto em que apenas mais treinamento não aumenta o $\dot{V}O_2$máx. Cerca de 40% dos valores extremamente altos da potência aeróbia máxima encontrados em esquiadores *cross-country* e em corredores em distância de elite estão relacionados com a predisposição genética a ter um sistema cardiovascular superior (6). Uma vez que programas de *endurance* típicos podem aumentar o $\dot{V}O_2$máx. apenas uns 20%, não é realista esperar que uma pessoa com $\dot{V}O_2$máx. de 40 mL · kg^{-1} · min^{-1} alcance 80 mL · kg^{-1} · min^{-1}, valor medido em alguns esquiadores *cross-country* e corredores em distância de elite (56). No entanto, quem faz um treinamento intervalado pesado pode alcançar ganhos de 44% no $\dot{V}O_2$máx. (25).

Sexo e idade

Os valores do $\dot{V}O_2$máx. de mulheres são cerca de 15% menores do que os dos homens; essa diferença é registrada na faixa etária de 20 a 60 anos. As principais razões das diferenças por sexo estão relacionadas com diferenças no percentual de gordura corporal e nos níveis de hemoglobina (veja discussão mais adiante). Esses 15% são uma média, e os valores do $\dot{V}O_2$máx. podem sobrepor-se consideravelmente nessas populações (2). Na maioria das pessoas, o envelhecimento reduz o $\dot{V}O_2$máx. de modo gradual, porém sistemático, em um ritmo de 1% ao ano. O $\dot{V}O_2$máx. de uma pessoa é afetado pela atividade e pelo percentual de gordura corporal. Quem permanece ativo e mantém o peso corporal (o que normalmente não é o caso) tem $\dot{V}O_2$máx. mais alto para a sua faixa etária. Na verdade, o treinamento de *endurance* implementado na meia-idade parece reverter o efeito do envelhecimento porque eleva o $\dot{V}O_2$máx. a um nível consistente com o de um indivíduo sedentário mais jovem (35-37).

Altitude e poluição

O $\dot{V}O_2$máx. diminui à medida que a altitude aumenta. A 2.300 m, ele corresponde apenas a 88% do valor registrado ao nível do mar. Essa diminuição é atribuível principalmente à redução no conteúdo de oxigênio arterial, que ocorre à medida que a pressão de oxigênio do ar diminui e a altitude aumenta. Quando o conteúdo de oxigênio arterial fica mais baixo, o coração tem de bombear mais sangue por minuto para atender às demandas de oxigênio de qualquer tarefa. Conseqüentemente, a resposta da FC é mais elevada diante de intensidades submáximas executadas em maiores altitudes (31).

O monóxido de carbono, produzido pela queima de combustível fóssil e também pela fumaça de cigarro, liga-se prontamente à hemoglobina e pode reduzir o transporte de oxigênio para os músculos. A concentração crítica de monóxido de carbono no sangue necessária para diminuir o $\dot{V}O_2$máx. é de cerca de 4%. Acima desse percentual, o $\dot{V}O_2$máx. diminui cerca de 1% a cada 1% de aumento na concentração de monóxido de carbono no sangue (51).

Doenças cardiovasculares e pulmonares

As doenças cardiovasculares e pulmonares diminuem o $\dot{V}O_2$máx., reduzindo a distribuição de oxigênio do ar para o sangue e a capacidade do coração de fornecer sangue aos músculos. Pacientes com doenças cardiovasculares apresentam um dos menores valores de $\dot{V}O_2$máx. (capacidade funcional), mas também o maior percentual de mudanças nesses valores em função do treinamento de *endurance*. A Tabela 28.1 mostra valores do $\dot{V}O_2$máx. comuns entre uma variedade de populações (2, 22, 64).

Ácido lático no sangue e ventilação pulmonar

O músculo produz ácido lático, que é liberado no sangue. A Figura 28.12 mostra que, durante um TEP, a concentração de lactato no sangue muda pouco ou não muda quando os ritmos de trabalho são mais baixos; o lactato é metabolizado com tanta rapidez quanto é produzido (7). À medida que a intensidade do TEP aumenta, é alcançado um ritmo de trabalho em que a concentração de lactato no sangue aumenta de repente. Esse ritmo de trabalho é chamado de **limiar do lactato** ou, ainda, de *limiar anaeróbio*, mas, uma vez que várias condições, além da falta de oxigênio (hipoxia) na célula muscular, podem resultar em produção de lactato e em sua liberação no sangue, prefere-se a primeira denominação. O treinamento de *endurance* aumenta o número de mitocôndrias em músculos treinados, facilitando o metabolismo aeróbio do carboidrato e o uso de mais gordura como combustível. Conseqüentemente, quando o indivíduo refaz o TEP após o treinamento, menos lactato é produzido, e o limiar do lactato acontece em uma etapa posterior do teste. Esse limiar é um bom indicador do desempenho de *endurance* e tem sido usado para prever o desempenho em corridas de *endurance* (4, 5).

A ventilação pulmonar, isto é, o volume de ar inalado ou exalado por minuto, é calculada do seguinte modo: multiplica-se a freqüência (*f*) da respiração pelo volume corrente (*VC*), ou seja, o volume de ar movido em uma respiração. Por exemplo:

$$\text{ventilação (L} \cdot \text{min}^{-1}) = VC \text{ (L} \cdot \text{respiração}^{-1})$$
$$f \text{(respirações} \cdot \text{min}^{-1}), \text{e}$$
$$30 \text{ (L} \cdot \text{min}^{-1}) = 1,5 \text{ L} \cdot \text{respiração}^{-1} \cdot 20 \text{ respirações} \cdot \text{min}^{-1}.$$

> **Ponto-chave**
>
> O consumo máximo de oxigênio, ou seja, o $\dot{V}O_2$máx., é o maior ritmo em que o O_2 pode ser fornecido aos músculos durante o exercício dinâmico. O $\dot{V}O_2$máx. é influenciado pela hereditariedade e pelo treinamento, diminui cerca de 1% ao ano conforme envelhecemos e se mostra 15% menor em mulheres do que em homens da mesma idade. O $\dot{V}O_2$máx. é menor em altitudes elevadas, e o monóxido de carbono no sangue diminui o consumo máximo de oxigênio porque se liga com a hemoglobina e limita o transporte de oxigênio. As doenças cardiovasculares e pulmonares reduzem o $\dot{V}O_2$máx.; no entanto, são os indivíduos com doenças cardiovasculares que podem conseguir grandes melhorias no $\dot{V}O_2$máx. em função do treinamento de *endurace*.

Tabela 28.1 Potência aeróbia máxima em populações saudáveis e doentes

População	$\dot{V}O_2$máx. (mL · kg⁻¹ · min⁻¹)	
	Homens	Mulheres
Esquiadores *cross-country*	82	68
Corredores em distância	79	68
Estudantes universitários	45	38
Adultos na meia-idade	35	30
Pacientes que sofreram infarto do miocárdio	22	18
Pacientes com doenças pulmonares graves	13	13

Dados compilados de Åstrand e Rodahl, 1986; Fox, Bowers e Foss, 1993; Wilmore e Costill, 1999; the Fort Sanders Cardiac Rehabilitation Program; e J. T. Daniels (comunicação pessoal).

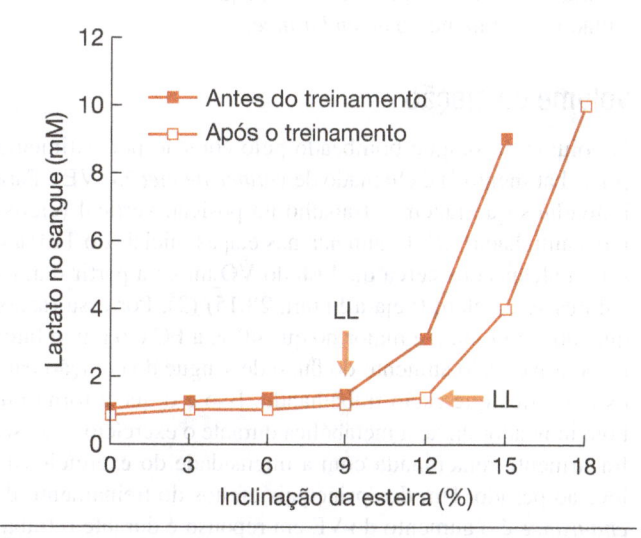

Figura 28.12 O treinamento faz com que o limiar do lactato (LL) ocorra em um momento de maior intensidade do exercício (19).

A ventilação pulmonar aumenta linearmente, de acordo com o ritmo de trabalho, até 50 a 80% do $\dot{V}O_2$máx., quando acontece uma relativa **hiperventilação** (veja a Figura 28.13). O ponto de inflexão na resposta da ventilação pulmonar é o **limiar ventilatório**. Esse limiar tem sido usado como indicador não-invasivo do limiar do lactato e como fator de predição do desempenho (17, 48). O aumento na ventilação pulmonar é mediado por mudanças na freqüência respiratória (de cerca de 10 a 12 respirações · min^{-1} em repouso para 40 a 50 no trabalho máximo) e no volume corrente (de 0,5 L · respiração^{-1} em repouso para 2 a 3 L · respiração^{-1} no trabalho máximo). O treinamento de *endurance* diminui a ventilação pulmonar durante o trabalho submáximo; o limiar ventilatório ocorre em uma etapa posterior do TEP. O valor máximo da ventilação pulmonar tende a mudar na direção do $\dot{V}O_2$máx.

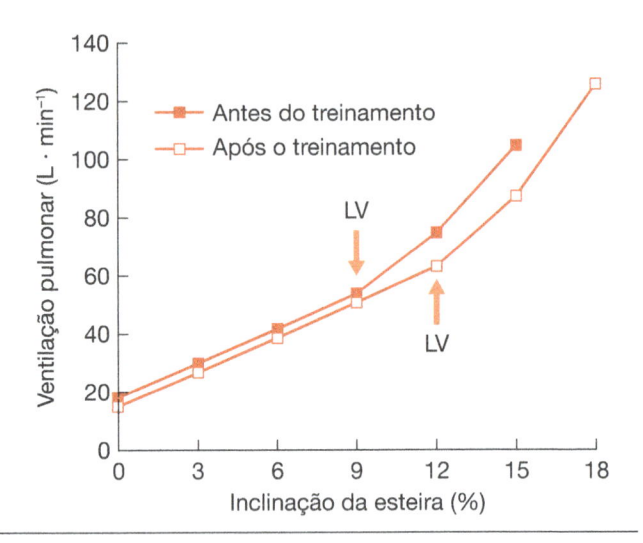

Figura 28.13 Em razão do treinamento, o limiar ventilatório (LV) ocorre em uma etapa posterior do TEP.

Ponto-chave

No TEP, os pontos em que a concentração de ácido lático no sangue e a ventilação pulmonar aumentam subitamente são chamados respectivamente de *limiar do lactato* e *limiar ventilatório*. Esses limiares são bons parâmetros de predição do desempenho em eventos de *endurance* (por exemplo, corrida de 10 km e maratonas).

Freqüência cardíaca

Assim que atinge cerca de 110 batimentos · min^{-1}, durante o TEP, a freqüência cardíaca aumenta linearmente, de acordo com o ritmo de trabalho, até os esforços quase máximos. A Figura 28.14 mostra como o treinamento afeta a resposta da FC, mantidos os ritmos de trabalho. A FC mais baixa nos ritmos de trabalho submáximos é um efeito benéfico, pois diminui o oxigênio necessário ao músculo cardíaco. A FC máxima não mostra alteração ou apresenta uma pequena redução como resultado do treinamento de *endurance*.

Volume de ejeção

O volume de sangue bombeado pelo coração por batimento (mL · batimento^{-1}) é chamado de *volume de ejeção* (VE). Para indivíduos que fazem o trabalho na posição vertical (ciclismo, caminhada), o VE aumenta nas etapas iniciais do TEP até serem alcançados cerca de 40% do $\dot{V}O_2$máx.; a partir daí, os valores se nivelam (veja a Figura 28.15) (2). Por essa razão, quando o $\dot{V}O_2$máx. é maior do que 40%, a FC é o único fator responsável pelo aumento do fluxo de sangue do coração para os músculos que estão trabalhando. Isso é o que a torna um bom indicador da taxa metabólica durante o exercício; ela está linearmente relacionada com a intensidade do exercício, do leve ao pesado. Um dos principais efeitos do treinamento de *endurance* é o aumento do VE em repouso e durante o trabalho; esse aumento é causado, em parte, por um maior volume do ventrículo (19). Isso permite um maior **volume diastólico final**, ou seja, o volume de sangue no coração imediatamente antes da contração. Portanto, em consequência do treinamento de *endurance*, ainda que seja bombeada a mesma fração de sangue no ventrículo por batimento (**fração de ejeção**), o coração bombeia mais sangue por minuto na mesma FC.

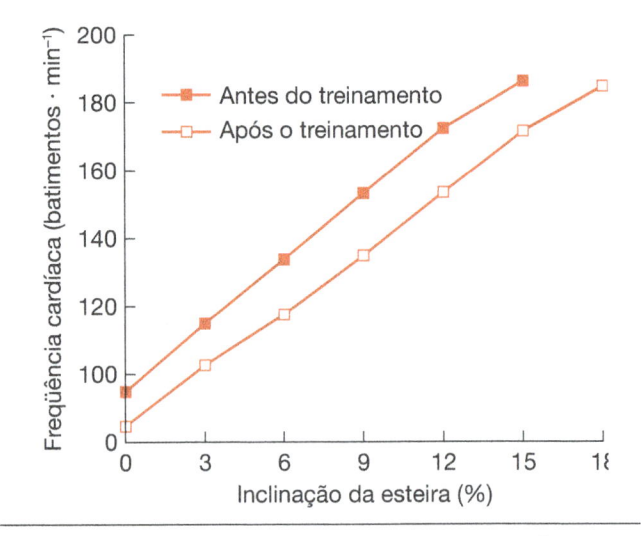

Figura 28.14 O treinamento reduz a resposta da FC ao exercício submáximo (19).

Débito cardíaco

O **débito cardíaco** (Q), ou seja, o volume de sangue bombeado pelo coração por minuto, é calculado do seguinte modo: FC (batimentos · min^{-1}) vezes o VE (mL · batimento^{-1}).

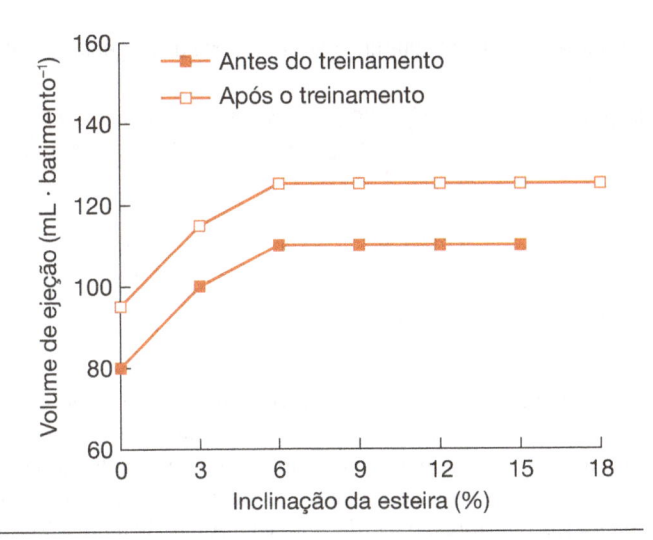

Figura 28.15 O volume de ejeção aumenta com o treinamento, devido ao maior volume do ventrículo (19).

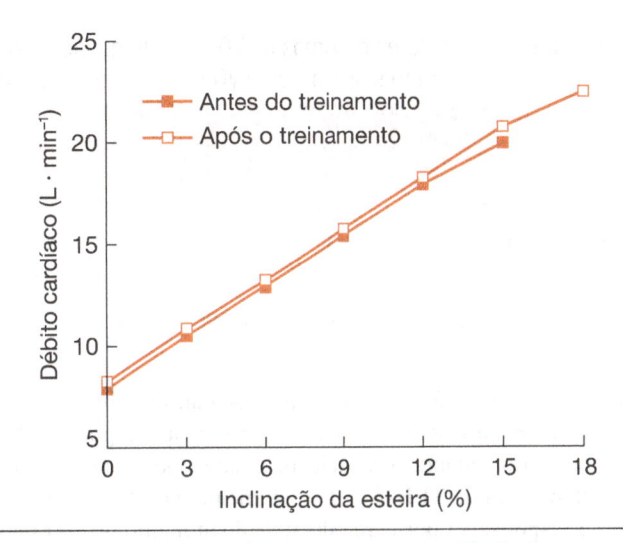

Figura 28.16 O débito cardíaco aumenta em conseqüência do treinamento (19).

$$\text{Débito cardíaco} = \text{FC} \cdot \text{VE}$$
$$= 60 \text{ batimentos} \cdot \text{min}^{-1} \cdot 80 \text{ mL} \cdot \text{batimento}^{-1}$$
$$= 4.800 \text{ mL} \cdot \text{min}^{-1} \text{ ou } 4,8 \text{ L} \cdot \text{min}^{-1}$$

O débito cardíaco aumenta linearmente, de acordo com o ritmo de trabalho. Em geral, a resposta do débito cardíaco ao trabalho leve a moderado não é afetada pelo treinamento de *endurance*. O que muda é como ele é alcançado: com menor FC e maior VE.

O débito cardíaco máximo (o valor mais alto alcançado em um TEP) é a variável cardiovascular mais importante na determinação da potência aeróbia máxima, pois o sangue enriquecido com oxigênio (que carrega cerca de 0,2 L de O_2 por litro de sangue) tem de ser distribuído ao músculo para que a mitocôndria possa usá-lo. Se o débito cardíaco máximo for 10 L · min^{-1}, apenas 2 L de O_2 serão levados do coração a cada minuto (ou seja, 0,2 L de O_2 por litro de sangue vezes um débito cardíaco de 10 L · min^{-1} = 2 L de O_2 · min^{-1}). Uma pessoa com um débito cardíaco máximo de 30 L · min^{-1} seria capaz de fornecer 6 L de O_2 por minuto aos tecidos. O treinamento de *endurance* aumenta o débito cardíaco máximo e, portanto, também o fornecimento de oxigênio aos músculos (veja a Figura 28.16). Esse aumento no débito cardíaco máximo corresponde a um maior número de capilares no músculo para permitir que o sangue se movimente de forma suficientemente lenta através do músculo para manter o tempo necessário à difusão do oxigênio do sangue para a mitocôndria (57). O aumento no débito cardíaco máximo é responsável por 50% de aumento no consumo máximo de oxigênio que ocorre em indivíduos antes sedentários envolvidos em um treinamento de *endurance* (54).

Na população normal, o VE é a principal variável que influencia o débito cardíaco máximo. As diferenças encontradas no débito cardíaco máximo e na potência aeróbia máxima de homens e mulheres, de indivíduos treinados e não-treinados, de atletas de *endurance* de nível mundial e de cidadãos médios podem ser explicadas, em grande parte, por diferenças no volume de ejeção máximo. Isso é mostrado na Tabela 28.2, em que o $\dot{V}O_2$máx. varia por um fator de três entre três grupos distintos, enquanto a FC máxima permanece quase a mesma para todos os três grupos. Claramente, o VE máximo é o principal fator relacionado às diferenças observadas no $\dot{V}O_2$máx. dos indivíduos.

Extração de oxigênio

Dois fatores determinam o consumo de oxigênio a qualquer momento: o volume de sangue fornecido aos tecidos por minuto (débito cardíaco) e o volume de oxigênio extraído de cada litro de sangue. A extração de oxigênio é calculada do seguinte modo: o conteúdo de oxigênio do sangue venoso misto (quando ele retorna ao coração) menos o conteúdo de oxigênio do sangue arterial. Ela é chamada de **diferença arteriovenosa de oxigênio** ou *diferença* $(a - \bar{v})O_2$.

$$\dot{V}O_2 = \text{débito cardíaco} \cdot \text{diferença } (a - \bar{v})O_2$$

Em repouso, débito cardíaco = 5 L · min^{-1},
conteúdo de oxigênio arterial = 200 mL de O_2 · L^{-1}, e
conteúdo de oxigênio venoso misto = 150 mL de O_2 · L^{-1}.
$$\dot{V}O_2 = 5 \text{ L} \cdot \text{min}^{-1} \cdot (200 - 150 \text{ mL de } O_2 \cdot L^{-1})$$
$$\dot{V}O_2 = 5 \text{ L} \cdot \text{min}^{-1} \cdot 50 \text{ mL de } O_2 \cdot L^{-1}$$
$$\dot{V}O_2 = 250 \text{ mL} \cdot \text{min}^{-1}.$$

A diferença $(a - \bar{v})O_2$, que reflete a capacidade do músculo de extrair oxigênio, aumenta à medida que a intensidade do exercício é incrementada. A capacidade do tecido de extrair oxigênio é função da relação fibra muscular-vaso capilar e do

Tabela 28.2 Valores máximos do $\dot{V}O_2$máx., freqüência cardíaca, volume de ejeção e diferença arteriovenosa de oxigênio (a – $\bar{v}$) em três grupos: com $\dot{V}O_2$máx. muito baixo, normal e alto

Grupo	$\dot{V}O_2$máx. (L · min^{-1})	=	Freqüência cardíaca (batimentos · min^{-1})	×	Volume de ejeção (mL · batimento^{-1})	×	Diferença de oxigênio (a – v) (mL · min^{-1})
Estenose mitral	1.60	=	190	×	50	×	170
Sedentário	3.20	=	200	×	100	×	160
Atleta	5.20	=	190	×	150	×	170

Adaptada, com permissão, de L. Rowell, 1969, "Circulation", *Medicine and Science in Sports and Exercise*, 1: 15-22.

número de mitocôndrias na fibra muscular. O treinamento de *endurance* aumenta todos esses fatores (veja a Figura 28.17), assim incrementando a capacidade máxima de extrair oxigênio na etapa final do TEP (57). Esse aumento na diferença (a – $\bar{v}$) O_2 é responsável por cerca de 50% do aumento no $\dot{V}O_2$máx. ocorrido em função do treinamento de *endurance* em indivíduos previamente sedentários (54).

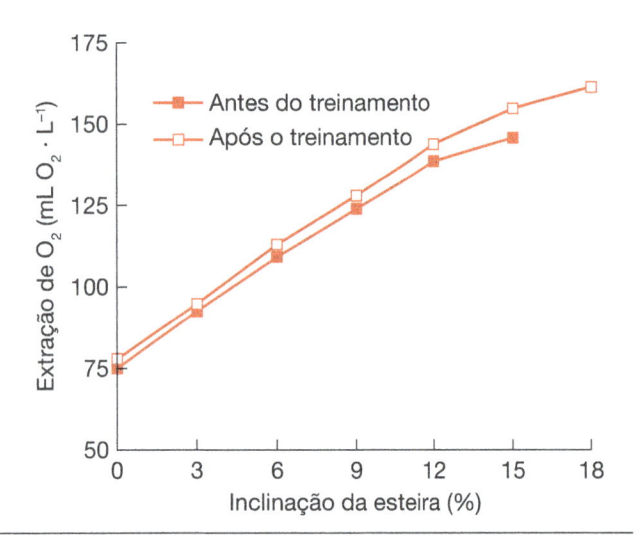

Figura 28.17 Após o treinamento, a extração máxima de O_2 aumenta em razão da maior densidade de capilares e mitocôndrias nos músculos treinados (19).

Pressão arterial

A pressão arterial (PA) depende do equilíbrio entre o débito cardíaco e a resistência que os vasos sangüíneos oferecem ao fluxo sangüíneo (resistência periférica total). A resistência ao fluxo sangüíneo é alterada pela constrição ou dilação das **arteríolas**, vasos sangüíneos localizados entre artérias e capilares.

PA = débito cardíaco · resistência periférica total

A PA é percebida por **barorreceptores**, no arco da aorta e nas artérias carótidas. Quando ela muda, os barorreceptores enviam sinais ao centro de controle cardiovascular no cérebro, que, por sua vez, altera o débito cardíaco ou o diâmetro das arteríolas. Vejamos um exemplo: alguém está deitado em supino e se levanta de repente – o sangue se concentra nos membros inferiores, o VE diminui e a PA cai. Se a pressão arterial não voltar ao normal, menos sangue fluirá para o cérebro e a pessoa poderá desmaiar. Os barorreceptores monitoram essa diminuição da PA e simultaneamente o centro de controle cardiovascular aumenta a FC e reduz o diâmetro das arteríolas (para incrementar a resistência periférica total), a fim de tentar restaurar a PA normal. Durante o exercício, as arteríolas dilatam-se no músculo ativo para aumentar o fluxo sangüíneo e atender às demandas metabólicas. Essa dilação combina-se com a constrição das arteríolas no fígado, nos rins e no trato intestinal e com o aumento da FC e do VE, como mencionado antes. Essas mudanças coordenadas mantêm a PA e direcionam a maior parte do débito cardíaco aos músculos que estão trabalhando.

A PA é monitorada em todas as etapas do TEP. A Figura 28.18 mostra como a **pressão arterial sistólica (PAS)** aumenta a cada etapa, até atingir a tolerância máxima ao trabalho. Nesse ponto, a PAS deve diminuir. A queda nessa pressão à medida que o ritmo de trabalho aumenta é usada como indi-

Ponto-chave

Durante o exercício agudo, a FC aumenta linearmente, de acordo com o ritmo de trabalho, até alcançar 110 batimentos · min^{-1}. Em exercícios na posição vertical, o VE aumenta até uma intensidade que atinge 40% do $\dot{V}O_2$máx. O débito cardíaco (FC · VE) aumenta linearmente, de acordo com o ritmo de trabalho. O treinamento de *endurance* reduz a FC e aumenta o VE em repouso e durante o trabalho submáximo; além disso, o débito cardíaco máximo é maior, pois o VE aumenta, enquanto a FC máxima não muda ou apresenta uma pequena diminuição. As variações no $\dot{V}O_2$máx. entre a população são atribuíveis principalmente a diferenças no VE máximo. Cinqüenta por cento do aumento no $\dot{V}O_2$máx. atribuível ao treinamento de *endurance* são resultado do aumento no VE máximo; os outros 50% devem-se ao aumento na extração de oxigênio.

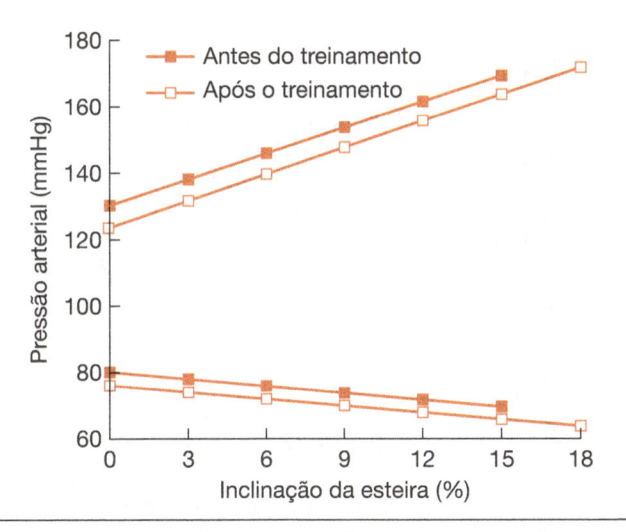

Figura 28.18 A PA sistólica aumenta até ser alcançada a tolerância máxima ao trabalho. A PA diastólica permanece inalterada ou diminui.

cador da função cardiovascular máxima e pode ajudar a determinar o ponto final do teste de exercício. A **pressão arterial diastólica (PAD)** tende a permanecer a mesma ou a diminuir durante o TEP. Seu aumento próximo ao final do teste é outro indicador de que o indivíduo atingiu o limite da sua capacidade funcional. O treinamento de *endurance* reduz as respostas da PA em um determinado ritmo de trabalho submáximo.

Dois fatores que determinam a demanda (trabalho) de oxigênio do coração durante o exercício aeróbio são a FC e a PAS. O produto dessas duas variáveis, chamado de **produto freqüência-pressão**, ou **duplo produto**, é proporcional à demanda de oxigênio do miocárdio (ou seja, o volume de oxigênio que o músculo cardíaco precisa a cada minuto para funcionar adequadamente). Os fatores que diminuem as respostas da FC e da PA ao trabalho aumentam as chances de que o fornecimento de sangue coronariano ao músculo cardíaco seja feito de acordo com as demandas de oxigênio do coração. O treinamento de *endurance* diminui as respostas da FC e da PA a um determinado trabalho submáximo e protege contra qualquer tipo de diminuição no suprimento sangüíneo (isquemia) ao miocárdio. São também usados medicamentos para diminuir a FC e a PA, tentando reduzir o trabalho do coração (veja o Capítulo 24).

Quando a pessoa realiza um trabalho com os braços e com as pernas em um mesmo ritmo, as respostas da FC e da PA são consideravelmente maiores no trabalho dos braços. Isso é mostrado na Figura 28.19, em que o duplo produto freqüência-pressão é plotado para vários níveis dos trabalhos de braço e de perna. Uma vez que a carga sobre o coração e o potencial de fadiga são maiores no trabalho de braço, o profissional de condicionamento físico deve escolher atividades para grandes grupos musculares das pernas; tais atividades resultam em menores FC, PA e percepção de fadiga (23, 60).

> **Ponto-chave**
>
> A PAS aumenta a cada etapa do TEP, enquanto a PAD permanece a mesma ou diminui. O trabalho do coração é proporcional ao produto da multiplicação da FC pela PAS. O treinamento diminui as duas, fazendo com que as artérias tenham maior facilidade em atender à demanda de oxigênio do coração. A FC e a PA são mais altas durante o trabalho de braço quando comparado com o de perna em um mesmo ritmo.

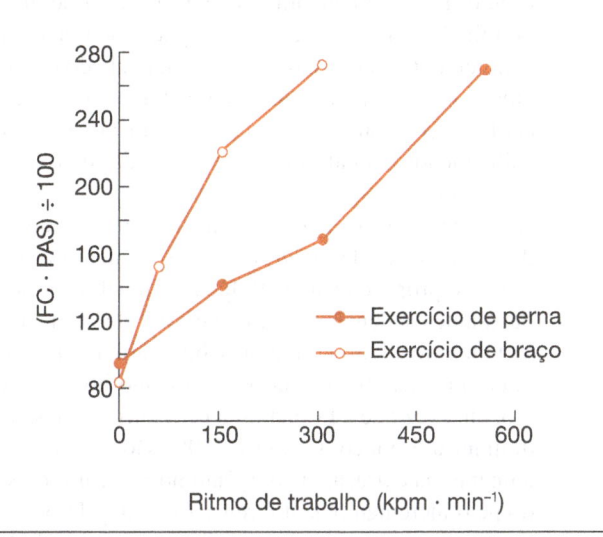

Figura 28.19 Duplo produto freqüência-pressão em repouso e durante o exercício com o braço e com a perna.

Adaptada de *American Heart Journal*, v. 94, J. Schwade, C. G. Blomqvist and W. Shapiro, "A comparison of the response in arm and leg work in patients with ischemic heart disease", p. 203-208, Copyright 1977, com permissão de Elsevier.

Efeitos do treinamento de *endurance* e do destreinamento sobre as respostas fisiológicas

Muitas observações têm sido feitas em relação aos efeitos do treinamento de *endurance* sobre as várias respostas fisiológicas ao exercício. Nesta seção, mostramos como alguns desses efeitos se inter-relacionam.

- O treinamento de *endurance* aumenta o número de mitocôndrias e de capilares no músculo, fazendo com que todas as fibras ativas se tornem mais oxidativas. Esse efeito é manifestado no aumento das fibras do tipo IIa e na diminuição das fibras do tipo IIx. Essas mudanças revigoram a capacidade de *endurance* do músculo, permitindo que a gordura seja usada para uma porcentagem maior de produção de energia, economizando a reserva de glicogênio muscular e reduzindo a produção

de lactato. O limiar do lactato desloca-se para a direita, e os tempos do desempenho em eventos de *endurance* melhoram.
- O treinamento de *endurance* diminui o tempo necessário para o alcance de um estado de equilíbrio no exercício submáximo. Isso reduz o déficit de oxigênio e diminui a necessidade de CP e de glicólise anaeróbia para a obtenção de energia.
- O treinamento de *endurance* amplia o volume do ventrículo. Isso acomoda um aumento no volume diastólico final, de modo que mais sangue é bombeado por batimento. O aumento do VE é acompanhado da diminuição na FC durante o trabalho submáximo; o débito cardíaco, portanto, permanece o mesmo. O coração trabalha menos para atender às necessidades de oxigênio dos tecidos.
- A potência aeróbia máxima aumenta em consequência do treinamento de *endurance*; esse aumento é inversamente proporcional ao $\dot{V}O_2$máx. inicial. Em indivíduos antes sedentários, cerca de 50% do aumento no $\dot{V}O_2$máx. resultam do maior débito cardíaco máximo, uma mudança provocada pelo aumento no VE máximo, uma vez que a FC máxima permanece a mesma ou diminui um pouco. Os outros 50% são atribuíveis ao aumento na extração de oxigênio no músculo, mostrado pelo incremento da diferença $(a - \bar{v})O_2$. Isso ocorre devido ao maior número de capilares e de mitocôndrias nos músculos treinados.

Transferência do treinamento

Os efeitos do treinamento discutidos aqui têm sido observados apenas quando os músculos usados no teste de exercício são os treinados. Embora possa parecer óbvio que a diminuição no lactato sangüíneo seja atribuída, em parte, ao maior número de mitocôndrias em músculos treinados, ela também está relacionada com mudanças ocorridas na resposta da FC ao trabalho submáximo em razão do programa de treinamento. A Figura 28.20 mostra os resultados de repetidos testes de exercícios submáximos, realizados com indivíduos que treinaram apenas uma perna na bicicleta ergométrica por 13 dias. A resposta da FC a um ritmo fixo de trabalho submáximo, executado pela perna treinada, diminuiu como esperado. No final dos 13 dias de treinamento, a perna não-treinada foi submetida a esse mesmo teste de exercício. A FC respondeu como se não tivesse ocorrido o efeito do treinamento. Isso indica que, em parte, a resposta da FC ao exercício submáximo diminui em função do treinamento em virtude do *feedback* dos músculos treinados ao centro de controle cardiovascular, que, por sua vez, reduz a estimulação simpática ao coração (9, 54). Essa descoberta tem importantes implicações na avaliação dos efeitos de um programa de treinamento. As respostas de treinamento esperadas (menor produção de lactato, menor FC e maior uso das gorduras) estão relacionadas com o teste dos mesmos grupos musculares envolvidos no programa. A probabilidade do efeito do treinamento ser estendido a outra atividade depende do grau em que ela usa os músculos já treinados.

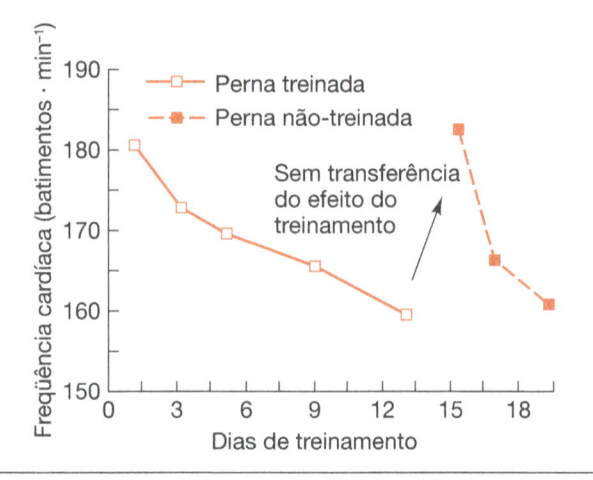

Figura 28.20 Ausência de transferência do efeito do treinamento.

Destreinamento

Com que rapidez se perde o efeito do treinamento? Uma série de investigações tem explorado essa questão, estudando indivíduos que reduzem ou suspendem completamente o treinamento. Em geral, é usado o consumo máximo de oxigênio como principal medida para avaliar as mudanças atribuíveis ao destreinamento, mas a resposta do indivíduo a um ritmo de trabalho submáximo também tem sido utilizada para indicar essas mudanças.

Suspensão do treinamento

O estudo a seguir usou indivíduos que treinaram por 10 ± 3 anos e concordaram em parar o treinamento por 84 dias (15). Eles foram testados nos dias 12, 21, 56 e 84 do destreinamento. A Figura 28.21 mostra que o $\dot{V}O_2$máx. dessas pessoas diminuiu 7% nos primeiros 12 dias. Lembre-se que o $\dot{V}O_2$máx. = débito cardíaco · diferença $(a - \bar{v})O_2$. A diminuição no $\dot{V}O_2$máx. foi atribuída inteiramente a uma queda no débito cardíaco máximo, pois a extração máxima de oxigênio, ou seja, a diferença $(a - \bar{v})O_2$, permaneceu inalterada.

O menor débito cardíaco máximo, por sua vez, foi atribuído inteiramente à diminuição no VE máximo, pois a FC máxima na verdade aumentou durante o destreinamento. Um estudo subseqüente mostrou que a redução no VE foi causada pela redução no volume do plasma, ocorrida nos primeiros 12 dias sem treinamento (13). Já a queda no $\dot{V}O_2$máx. entre os dias 21 e 84 foi atribuída a uma diminuição na diferença $(a - v)O_2$, uma vez que o débito cardíaco não se alterou (veja a Figura 28.21). Parece que essa menor extração de oxigênio foi resultado de um menor número de mitocôndrias no músculo, pois o número de capilares ao redor de cada fibra muscular não mudou (12).

Os mesmos indivíduos também completaram um teste-padrão de exercício submáximo (ritmo de trabalho fixo) durante

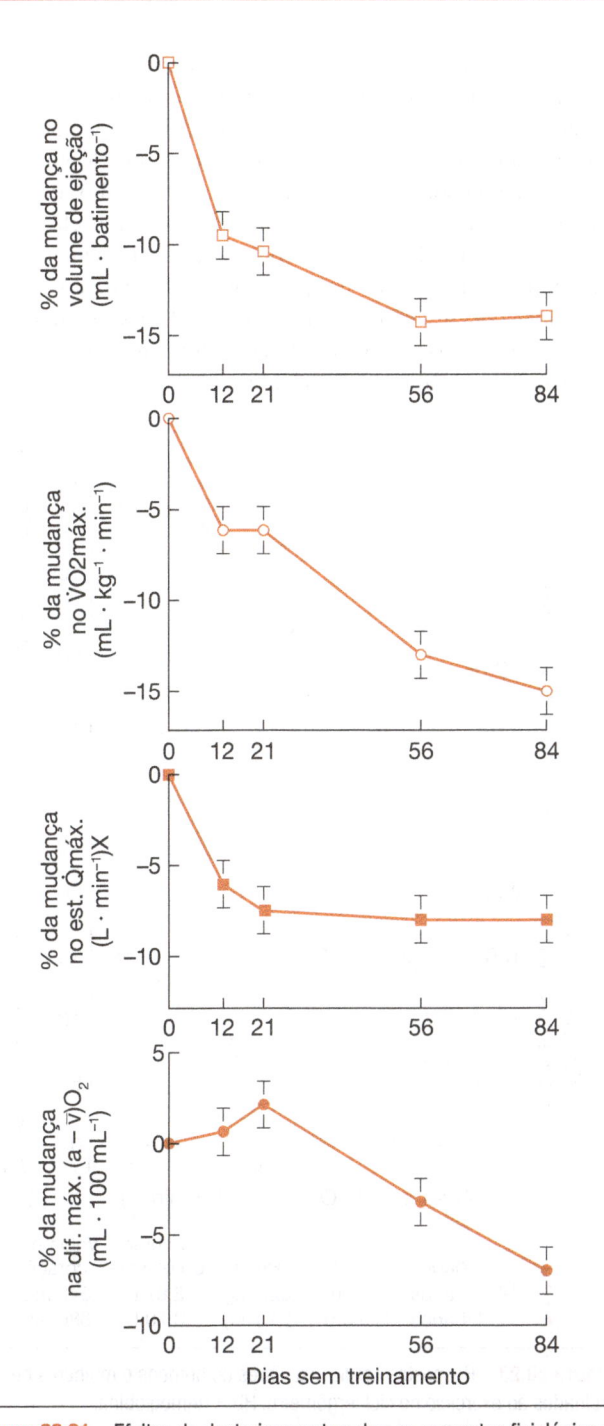

Figura 28.21 Efeitos do destreinamento sobre as respostas fisiológicas durante o exercício. $\dot{V}O_2$máx. = Consumo máximo de oxigênio; est. $Q_{máx.}$ = débito cardíaco máximo; dif. máx. $(a-\bar{v})O_2$ = diferença arteriovenosa de oxigênio máxima.

Adaptada de E. F. Coyle, 1984, "Time course of loss of adaptations after stopping prolonged intense endurance training", *Journal of Applied Physiology*, 57: 1861. Usada com permissão.

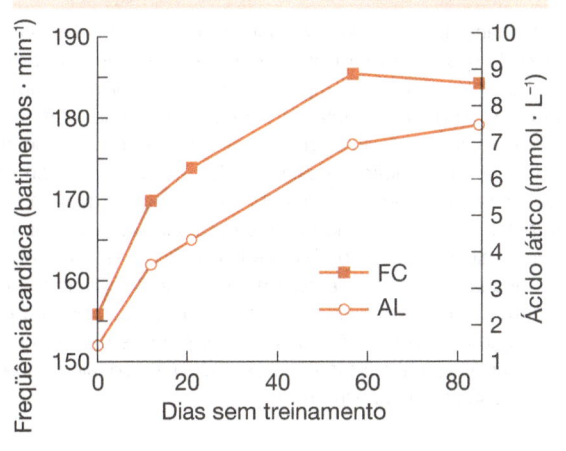

Figura 28.22 Mudanças nas respostas da FC e do ácido lático (AL) no sangue a um teste de exercício-padrão, realizado durante 84 dias de destreinamento (14)

os 84 dias sem treinamento (14). A Figura 28.22 mostra que as respostas da FC e do ácido lático no sangue a esse teste de trabalho aumentaram ao longo do destreinamento. O aumento dessas respostas está relacionado com o fato de que o mesmo ritmo de trabalho passou a exigir maior porcentagem do $\dot{V}O_2$máx., porque a última variável diminuiu durante o destreinamento. No entanto, a magnitude da mudança nas respostas da FC e do ácido lático no sangue a esse trabalho submáximo confere aos dois a posição de indicadores muito sensíveis do estado de treinamento de um indivíduo.

Redução do treinamento

Para avaliar o efeito da redução do treinamento, Hickson e colaboradores (27-29) treinaram os indivíduos por 10 semanas com o objetivo de aumentar o $\dot{V}O_2$máx. O programa de treinamento foi realizado 40 minutos por dia, 6 dias por semana. Três dias envolviam corrida com intensidade próxima à máxima por 40 minutos; os outros três, 6 períodos de 5 minutos com intensidade próxima à máxima em um cicloergômetro, com 2 minutos de repouso entre elas. Eles gastaram cerca de 600 kcal em cada dia de exercício, ou 3.600 kcal por semana. No final desse programa de 10 semanas, foram divididos em grupos que treinaram com redução de um terço ou de dois terços na frequência (4 e 2 dias por semana, respectivamente), duração (26 e 13 minutos por dia, respectivamente) ou intensidade (redução de um terço ou de dois terços no trabalho realizado ou na distância percorrida por sessão de 40 minutos). Os dados coletados a partir dos testes máximos na esteira mostraram que o corte na duração, de 40 para 26 ou 13 minutos, ou na frequência, de 6 para 4 ou 2 dias por semana, não afetou o $\dot{V}O_2$máx. No entanto, ele caiu claramente quando a intensidade do treinamento foi reduzida em um ou dois terços. O interessante é que os indivíduos foram capazes de manter o $\dot{V}O_2$máx. quando o total do exercício por semana baixou de 3.600 para 1.200 kcal no grupo cujas freqüência e duração do exercício foram reduzidas em dois terços, mas não foram capazes de mantê-lo quando houve redução na intensidade, embora estivessem gastando cerca de 1.200 kcal · semana^{-1}. Isso mostra

> **Ponto-chave**
>
> O treinamento de *endurance* aumenta a capacidade do músculo de usar a gordura como combustível e de economizar carboidrato, diminui o tempo necessário para alcançar um estado de equilíbrio durante o trabalho submáximo, aumenta o tamanho do ventrículo e aumenta o $\dot{V}O_2$máx., pelo incremento do VE e da extração de oxigênio. Os efeitos do treinamento de *endurance* (menor FC, menos lactato no sangue) não são transferidos quando são usados os músculos não-treinados para realizar o trabalho. O consumo máximo de oxigênio diminui quando o treinamento é interrompido. Inicialmente, a diminuição é causada pelo descréscimo no VE e, mais tarde, na extração de oxigênio. O consumo máximo de oxigênio pode ser mantido pela realização de exercício intenso, ainda que se corte a sua duração e freqüência.

que a intensidade do exercício é fundamental para a manutenção do $\dot{V}O_2$máx. e confirma que é preciso menos exercício para manter do que para atingir um nível específico de $\dot{V}O_2$máx.

Respostas cardiovasculares ao exercício para homens e mulheres

Em geral, meninos e meninas pré-pubescentes diferem pouco nos valores de $\dot{V}O_2$máx. ou das respostas cardiovasculares ao exercício submáximo. Durante a puberdade, essas diferenças aparecem porque a mulher apresenta maior porcentagem de gordura corporal, menor concentração de hemoglobina e menor tamanho do coração em relação ao peso corporal (2). Esses dois últimos fatores também afetam as respostas cardiovasculares das mulheres ao trabalho submáximo. Por exemplo: se um homem de 80 kg caminhasse em uma esteira com inclinação de 10%, a 4,8 km · h^{-1}, seu $\dot{V}O_2$ seria igual a 2,07 L · min^{-1} ou 25,9 mL · kg^{-1} · min^{-1}. Sua FC deveria ser de 140 batimentos · min^{-1}. Se ele carregasse um peso de 15 kg na mochila, seu $\dot{V}O_2$, expresso por quilograma, não mudaria (25,9 mL · kg^{-1} · min^{-1}), mas sua necessidade total de oxigênio aumentaria 389 mL · min^{-1} (ou seja, 15 kg · 25,9 mL · kg^{-1} · min^{-1}). Obviamente a FC desse indivíduo seria maior com essa carga do que sem ela, embora o $\dot{V}O_2$ expresso por quilograma do peso corporal seja o mesmo. Da mesma forma, o desempenho no teste de corrida de 12 minutos para avaliar a potência aeróbia máxima diminuiria 89 m quando o peso corporal fosse experimentalmente aumentado para simular 5% de ganho de gordura corporal (16). Quando uma mulher caminha na esteira, com determinada inclinação e velocidade, sua FC é mais alta do que a de um homem comparável, em razão da gordura adicional que ela carrega. A menor concentração de hemoglobina e o menor tamanho do coração também elevam a FC na presença do mesmo consumo de oxigênio expresso por unidade de peso corporal.

As diferenças entre homens e mulheres na resposta cardiovascular ao trabalho submáximo ficam ainda mais exageradas quando o trabalho é feito no cicloergômetro, no qual o ritmo de trabalho demanda um similar $\dot{V}O_2$ em litros por minuto, independentemente do sexo ou do treinamento. Como já foi mencionado, a mulher média tem menos hemoglobina e um coração de menor volume do que o homem médio. Para distribuir o mesmo volume de oxigênio aos músculos, ela precisa de uma FC mais alta, a fim de compensar o VE menor, e também um débito cardíaco um pouco mais alto para compensar a menor concentração de hemoglobina (2). Essas diferenças entre as respostas cardiovasculares de homens e mulheres ao cicloergômetro são mostradas na Figura 28.23.

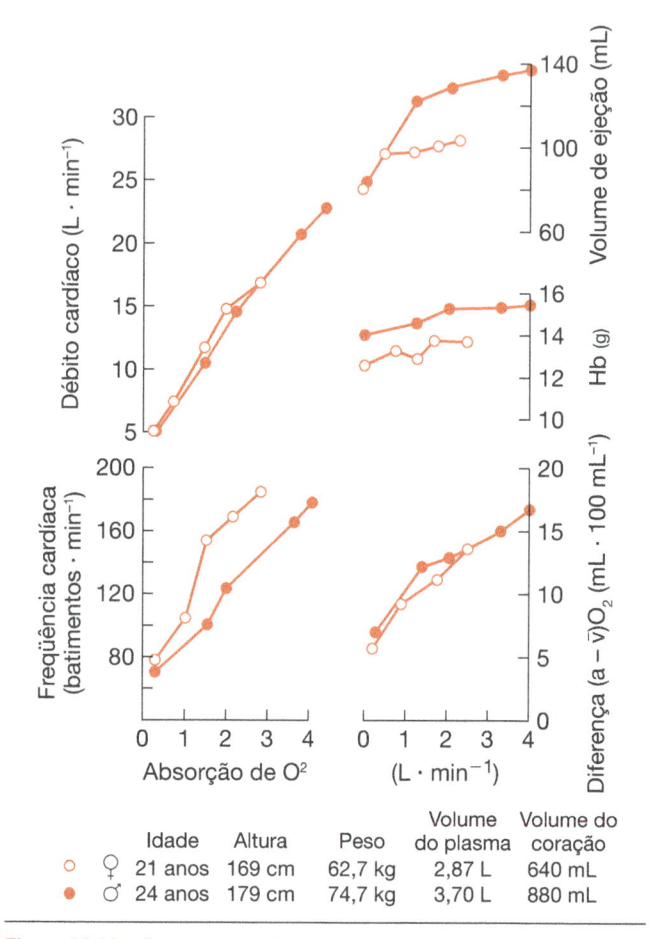

Figura 28.23 Respostas cardiovasculares de homens e mulheres bem-treinados ao exercício no cicloergômetro. Hb = hemoglobina.

Reimpressa de P.-O. Åstrand and K. Rodahl, 1986, *Textbook of work physiology*, 3th ed. (New York, NY: McGraw-Hill), 200, com permissão de McGraw-Hill Companies.

	Idade	Altura	Peso	Volume do plasma	Volume do coração
○ ♀	21 anos	169 cm	62,7 kg	2,87 L	640 mL
● ♂	24 anos	179 cm	74,7 kg	3,70 L	880 mL

> **Ponto-chave**
>
> Diante de um mesmo ritmo de trabalho ou $\dot{V}O_2$, as mulheres respondem com uma FC mais elevada para compensar o menor VE. O débito cardíaco é um pouco mais alto para compensar o menor nível de hemoglobina (e conteúdo de oxigênio) do sangue arterial.

Respostas cardiovasculares ao exercício isométrico e ao levantamento de peso

A maioria dos programas de exercício de *endurance* usa atividades dinâmicas que envolvem grandes massas musculares para impor cargas ao sistema cardiorrespiratório. O resumo das respostas fisiológicas ao TEP, apresentado antes, indica que a carga cardiovascular é bastante proporcional à intensidade do exercício. Porém, nem sempre esse é o caso do treinamento de força, em que a pessoa pode ter uma carga cardiovascular desproporcionalmente alta em relação à intensidade do exercício. Na discussão anterior sobre as respostas cardiovasculares ao TEP, as respostas da FC e da PAS aumentaram de forma progressiva a cada etapa do teste. A Figura 28.24 mostra as respostas da FC e da PA a um teste de exercício isométrico (preensão manual sustentada), com apenas 30% da força da contração voluntária máxima, e a um teste na esteira, com duas intensidades diferentes. A mudança mais impressionante durante a preensão manual sustentada foi registrada na PA; a PAS e a PAD aumentaram ao longo do tempo, e a magnitude da PAS excedeu 220 mmHg. Esse tipo de exercício impõe uma sobrecarga adicional ao coração e não é recomendado para idosos nem para pessoas com doença cardíaca (39).

Exercícios dinâmicos, com pesos pesados, também podem causar respostas extremas da PA. A Figura 28.25 mostra o pico da resposta da PA alcançado durante um exercício com 95 a 100% do peso de uma repetição máxima (1RM). Tanto a PAD quanto a PAS se elevaram; os valores médios excederam 300/200 mmHg no *leg press* com as duas pernas, realizado até a fadiga. Acredita-se que a elevação na pressão foi causada pela compressão das artérias pelos músculos, por uma resposta reflexa atribuível ao componente estático, associado aos levantamentos dinâmicos quase máximos, e à manobra de Valsalva, que pode elevar a PA de modo independente (40). Outro estudo registrou valores de pico de 190/140 mmHg em exercícios com 50, 70 e 80% de 1RM, realizados até a fadiga por levantadores não-treinados. Os fisiculturistas responderam com diminuição das pressões, indicando uma adaptação cardiovascular ao treinamento de força (21).

> **Ponto-chave**
>
> Os exercícios isométrico e de força com cargas pesadas geram respostas muito altas da PA quando comparados com o exercício de *endurance* dinâmico. Tanto a PAS quanto a PAD aumentam em conseqüência do treinamento de força isométrico e dinâmico.

Regulação da temperatura do corpo

Em condições de repouso, a temperatura central do corpo é de 37°C, e a produção e a perda de calor ficam equilibradas. Os mecanismos de produção de calor incluem a taxa metabólica

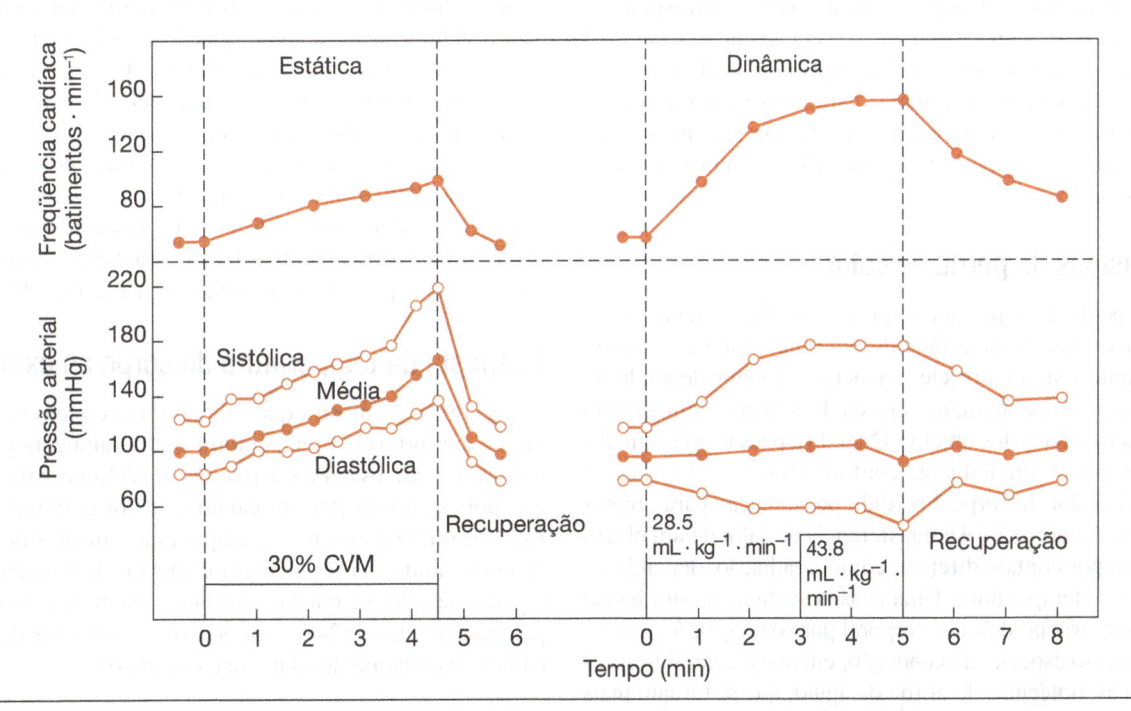

Figura 28.24 Comparação entre as respostas da freqüência cardíaca e da pressão arterial a uma preensão manual sustentada fatigante, com 30% da força da contração voluntária máxima (30% CVM), e a um teste extenuante na esteira.

"Muscular Factors which Determine the Cardiovascular Responses to Sustained and Rhythmic Exercise" – Reimpressa de *CMAJ*, 03/25/1967; v. 96, p. 706-713, com permissão do editor. ©

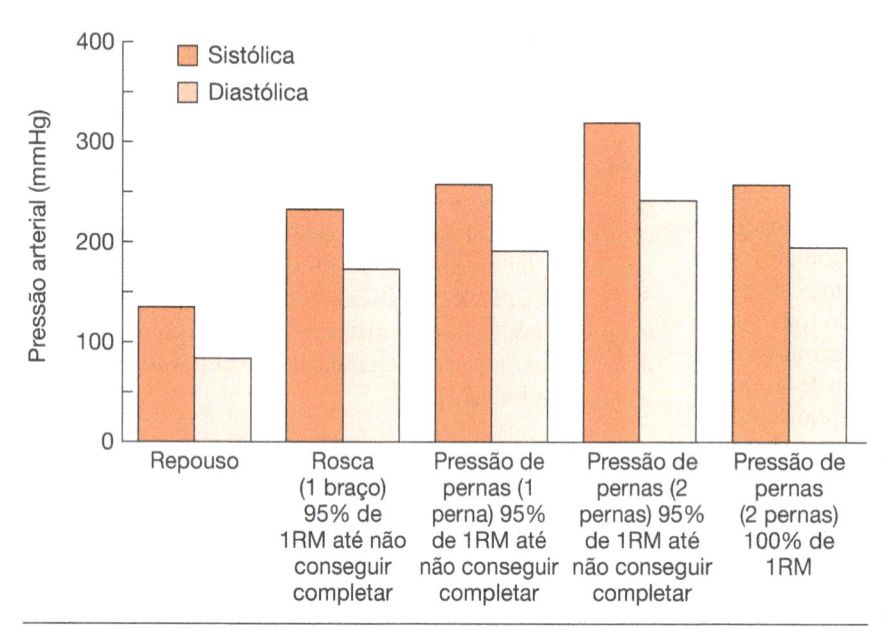

Figura 28.25 Respostas da pressão arterial durante o levantamento de peso (40). RM = repetição máxima.

basal, os calafrios, o trabalho e o exercício. Durante o exercício, a eficiência mecânica é de aproximadamente 20% ou menos, o que significa que 80% ou mais da produção de energia ($\dot{V}O_2$) são convertidos em calor. Vejamos um exemplo: você está trabalhando no cicloergômetro em um ritmo que exige um $\dot{V}O_2$ de 2,0 L · min^{-1}. Sua produção de energia corresponde a cerca de 10 kcal · min^{-1}. Com 20% de eficiência, são usados 2 kcal · min^{-1} para fazer o trabalho, enquanto 8 kcal · min^{-1} são convertidas em calor. Se a maior parte desse calor adicional não se perdesse, a temperatura central poderia subir rapidamente, alcançando níveis perigosos. Como o corpo perde o excesso de calor?

Mecanismos de perda de calor

O corpo perde calor por quatro processos. Na **radiação**, o calor é transferido da superfície de um objeto para a de outro, sem contato físico entre eles. A perda de calor depende do gradiente de temperatura, ou seja, da diferença de temperatura entre as superfícies dos objetos. Quando a pessoa está sentada, em repouso, em um ambiente confortável (21 a 22°C), cerca de 60% do calor do corpo é perdido por radiação para objetos mais frios. A **condução** é a transferência de calor de um objeto para outro por contato direto e, como a radiação, depende do gradiente de temperatura. Uma pessoa sentada em um banco de mármore frio perde calor corporal por condução. A **convecção** é um caso especial de condução, em que o calor é transferido para as moléculas do ar (ou da água), que se tornam mais leves e emergem do corpo, sendo substituídas por ar (ou água) frio(a). A perda de calor pode ser incrementada pelo aumento do movimento do ar (ou da água) na superfície do corpo. Um ventilador, por exemplo, estimula a perda de calor, colocando mais moléculas de ar frio em contato com a pele. Todos esses mecanismos de perda de calor podem ser também mecanismos de ganho de calor. Nós ganhamos calor do Sol radiado pelo espaço, por 150 milhões de quilômetros, e ganhamos calor por condução quando nos sentamos na areia quente da praia. De modo similar, se o ventilador colocasse mais ar quente (mais quente do que a temperatura da pele) em contato com a pele, nós ganharíamos calor em vez de perdê-lo. O calor ganho do ambiente soma-se ao gerado pelo exercício, aplicando um estresse adicional sobre os mecanismos de perda de calor.

O quarto mecanismo de perda de calor é a evaporação pelo suor. A **transpiração** é o processo de produzir uma solução aquosa na superfície do corpo. A **evaporação** é o processo em que a água, no estado líquido, se converte em gás. Essa conversão exige cerca de 580 kcal de calor por litro de suor evaporado. O calor para isso vem do corpo e, portanto, o corpo se resfria. Em repouso, cerca de 25% da perda de calor é causada pela evaporação, mas, durante o exercício, a evaporação torna-se o principal mecanismo de perda de calor.

A evaporação depende do **gradiente da pressão do vapor de água** entre a pele e o ar e não depende diretamente da temperatura. A pressão do vapor de água do ar está relacionada com a **umidade relativa** e com a **pressão de saturação** nessa temperatura do ar. Por exemplo, a umidade relativa pode ser de 90% no inverno, mas, uma vez que a pressão de saturação do ar frio é baixa, você pode ver o vapor d'água saindo do próprio corpo após o exercício. Em temperaturas quentes, no entanto, a umidade relativa é um bom indicador da pressão do vapor d'água do ar. Se essa pressão for alta demais, não haverá evaporação do suor, e o suor que não evapora não esfria o corpo (49).

Resposta da temperatura do corpo ao exercício

A Figura 28.26 mostra que, durante o exercício em um ambiente confortável, a temperatura central aumenta proporcionalmente à intensidade relativa (% do $\dot{V}O_2$máx.) do exercício e depois se nivela (59). O ganho de calor corporal, ocorrido logo no início do exercício, dispara mecanismos de perda de calor discutidos na seção anterior. Depois de 10 a 20 minutos, a perda de calor se iguala à produção, e a temperatura central permanece estável (24). Quais são os mecanismos de perda de calor mais importantes durante o exercício?

Perda de calor durante o exercício

A intensidade do exercício e a temperatura ambiente afetam o tipo de mecanismo de perda de calor, que será o principal

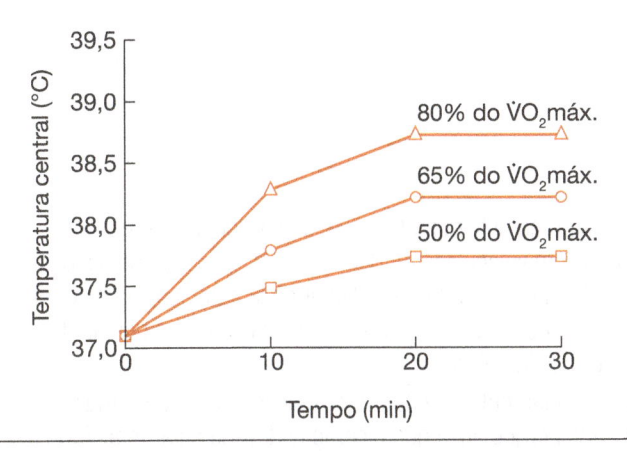

Figura 28.26 Aumentos na temperatura central ao longo do tempo, de acordo com o aumento da intensidade do exercício (2).

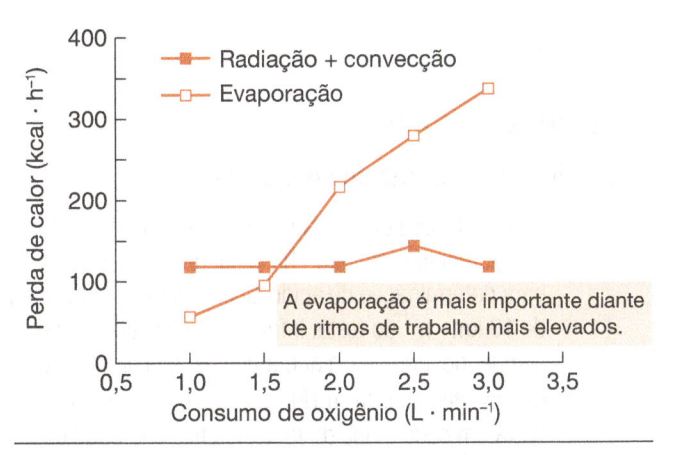

Figura 28.27 Importância da evaporação para o ritmo de trabalho relativo (59). A evaporação é mais importante diante de ritmos de trabalho mais elevados.

responsável pela manutenção de uma temperatura central estável durante o exercício. Quando uma pessoa realiza testes de exercício difíceis, em um ambiente que permite a perda de calor por todos os quatro mecanismos, é modesta a contribuição dada pela convecção e pela radiação para a perda geral. Uma vez que o gradiente de temperatura entre a pele e o ambiente não se altera muito durante o exercício, a taxa de perda de calor permanece relativamente constante. Para compensar isso, a evaporação atinge o pico quando as perdas por convecção e por radiação se estabilizam. Portanto, a evaporação é a responsável pela maior parte da perda de calor no exercício pesado (Figura 28.27).

Quando a pessoa realiza um exercício estável em um ambiente mais quente, o papel da evaporação torna-se ainda mais importante. A Figura 28.28 mostra que, à medida que a temperatura ambiental aumenta, o gradiente da perda de calor por convecção e radiação diminui e, assim, a taxa de perda de calor por esses processos também cai. Como resultado, a evaporação tem de compensar essa queda, mantendo a temperatura central.

No exercício extenuante ou em ambientes quentes, a evaporação é o processo mais importante de perda de calor e manutenção da temperatura corporal em uma faixa segura. Conseqüentemente, não deve causar surpresa a preocupação com os

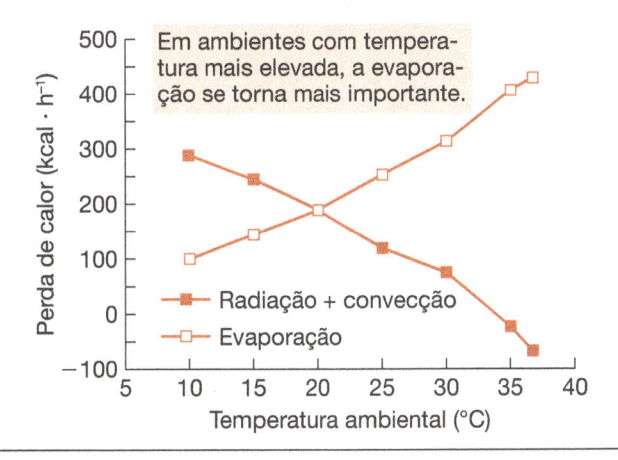

Figura 28.28 Importância da evaporação como mecanismo de perda de calor durante o exercício, à medida que a temperatura ambiental aumenta (2). Em ambientes com temperatura mais elevada, a evaporação se torna mais importante.

fatores que afetam a produção de suor (como a desidratação) ou a evaporação de suor (como as roupas impermeáveis). O Capítulo 10 especifica como se deve considerar o calor e a umidade na hora de prescrever exercícios. No Capítulo 25, discutimos como prevenir e tratar distúrbios relacionados com o calor.

O treinamento em ambiente quente e úmido por 7 a 12 dias resulta em adaptações específicas, que melhoram a tolerância ao calor e, conseqüentemente, diminuem a temperatura corporal do indivíduo treinado durante o exercício submáximo (24). As adaptações que melhoram a tolerância ao calor incluem:

- aumento do volume plasmático;
- antecipação do início do suor;
- taxa de transpiração mais alta;
- redução na perda de sal pelo suor;
- redução no fluxo sangüíneo para a pele.

Ponto-chave

O calor pode ser liberado do corpo por radiação e por convecção, quando há um gradiente de temperatura entre a pele e o ambiente; no entanto, a evaporação é o principal mecanismo de perda de calor durante o exercício de alta intensidade ou em ambiente quente. A temperatura corporal aumenta de modo proporcional durante o exercício submáximo. A aclimatização ao calor, que pode ser alcançada em 7 a 12 dias de treinamento em ambientes quentes e úmidos, melhora a capacidade de se exercitar com segurança.

Estudos de caso

Confira as respostas no Apêndice A.

1. Uma corredora em distância de nível competitivo fez um TEP em uma esteira motorizada, com velocidade crescente que aumentava 0,8 km · h^{-1} a cada minuto. O teste foi iniciado com velocidade de 8 km · h^{-1}. As amostras de sangue para determinação do ácido lático foram colhidas a cada minuto; descobriu-se que o limiar do lactato ocorreu na etapa de 13 km · h^{-1} do teste. Infelizmente, no laboratório de testes ninguém sabia o que isso significava em termos de desempenho. Por isso, a atleta pediu a sua ajuda. O que você poderia lhe dizer?

2. Um cliente seu refaz o TEP máximo depois de 10 semanas de treinamento de *endurance* e descobre uma FC mais baixa em cada etapa do teste. Ele fica chateado com o resultado porque acha que o coração deveria estar mais forte e, portanto, batendo mais vezes por minuto. Como você pode ajudá-lo a compreender o que aconteceu?

3. Uma cliente está insatisfeita com a notícia de que corredoras de elite, que treinam tanto quanto os corredores de mesmo nível, não alcançam os mesmos tempos de desempenho dos colegas do sexo masculino nas corridas em distância. Então ela lhe pergunta por que isso acontece. Como você poderia responder?

Referências

Capítulo 1

1. American College of Sports Medicine. 1978. The recommended quality and quantity of exercise for developing and maintaining fitness in healthy adults. *Medicine and Science in Sports and Exercise* 10: vii-x.
2. American College of Sports Medicine. 1998. The recommended quantity and quality of exercise for developing and maintaining cardiorespiratory and muscular fitness in healthy adults. *Medicine and Science in Sports and Exercise* 30:975-991.
3. American College of Sports Medicine. 2006. *ACSM's guidelines for exercise testing and prescription*. 7th ed. Philadelphia: Lippincott Williams & Wilkins.
4. American Heart Association. 1992. Statement on exercise. *Circulation, Internal Medicine* 103:994-995.
5. Anderson, R.N., and B.L. Smith. 2005. Deaths: Leading causes for 2002. *National vital statistics reports* 53(no. 17). Hyattsville, MD: National Center for Health Statistics.
6. Åstrand, P-O., and K. Rodahl. 1986. *Textbook of work physiology*. 3rd ed. New York: McGraw-Hill.
7. Blair, S.N., H.W. Kohl III, R.S. Paffenbarger Jr., D.G. Clark, K.H. Cooper, and L.W. Gibbons. 1989. Physical fitness and all-cause mortality. *Journal of the American Medical Association* 262:2395-2401.
8. Bouchard, C., and L. Perusse. 1994. Heredity, activity level, fitness, and health. In *Physical activity, fitness, and health*, ed. C. Bouchard, R.J. Shephard, and T. Stephens, 106-118. Champaign, IL: Human Kinetics.
9. Caspersen, C.J., K.E. Powell, and G.M. Christensen. 1985. Physical activity, exercise, and physical fitness: Definition and distinctions for health-related research. *Public Health Reports* 100:126-131.
10. Centers for Disease Control and Prevention. 2003. Prevalence of physical activity, including lifestyle activities among adults—United States, 2000-2001. *Morbidity and Mortality Weekly* 52:764-769.
11. Chodzko-Zajko, W.J. 1998. Physical activity and aging: Implications for health and quality of life in older persons. *PCPFS Research Digest* 3(4).
12. Corbin, C.B., R.R Pangrazi, and G.C. LaMasurier. 2004. Physical activity for children: Current patterns and guidelines. *PCPFS Research Digest* 5(2).
13. Fagard, R.H., and C.M. Tipton. 1994. Physical activity, fitness, and hypertension. In *Physical activity, fitness, and health*, ed. C. Bouchard, R.J. Shephard, and T. Stephens, 633-655. Champaign, IL: Human Kinetics.
14. Franks, B.D. 1997. Personalizing physical activity prescription. *PCPFS Research Digest* 2(9).
15. Gordon, N.F. 1998. Conceptual basis for coronary artery disease risk factor assessment. In *ACSM's resource manual for guidelines for exercise testing and prescription*, 3rd ed. Ed. J.L. Roitman, pp. 3-12. Philadelphia: Lippincott Williams & Wilkins.
16. Haskell, W.L. 1984. The influence of exercise on the concentrations of triglyceride and cholesterol in human plasma. *Exercise and Sport Sciences Reviews* 12:205-244.
17. Haskell, W.L. 1996. Historical background, terminology, evolution of recommendations and measurement. In *Surgeon General's report: Physical activity and health*, ed. S. Blair, pp. 11-57. Washington, DC: U.S. Department of Health and Human Services.
18. Haskell, W.L. 1996. Personal communication.
19. Howley, E.T., D.R. Bassett Jr., and D.L. Thompson. 2005. Get them moving: Balancing weight with physical activity, part II. *ACSM's Health and Fitness Journal* 9:19-23.
20. Jones, W.H.S., trans. 1953. *Regimen (Hippocrates)*. Cambridge, MA: Harvard University Press.
21. Kesaniemi, Y.A., E. Danforth Jr., M.D. Jensen, P.G. Kopelman, P. Lefebvre, and B.A. Reeder. 2001. Dose-response issues concerning physical activity and health: An evidence-based symposium. *Medicine and Science in Sports and Exercise* 33: S351-S358.
22. Kohl, H.W., and J.D. McKenzie. 1994. Physical activity, fitness, and stroke. In *Physical activity, fitness, and health*, ed. C. Bouchard, R.J. Shephard, and T. Stephens, 609-62 1. Champaign, IL: Human Kinetics.
23. Kriska, A. 1997. Physical activity and the prevention of type II diabetes. *PCPFS Research Digest* 2(l0).
24. Landers, D.M. 1997. The influence of exercise on mental health. *PCPFS Research Digest* 2(12).
25. Lee, I.M. 1995. Physical activity and cancer. *PCPFS Research Digest* 2(2).
26. Moore, S. 1994. Physical activity, fitness, and atherosclerosis. In *Physical activity, fitness, and health*, ed. C. Bouchard, R.J. Shephard, and T. Stephens, 570-578. Champaign, IL: Human Kinetics.
27. Mokdad, A.H., J.S. Marks, D.F. Stroup, and J.L. Gerberding. 2004. Actual causes of death in the United States, 2000. *Journal of the American Medical Association* 291:1238-1245.
28. Mokdad, A.H., J.S. Marks, D.F. Stroup, and J.L. Gerberding. 2005. Correction: Actual causes of death in the United States, *2000. Journal of the American Medical Association* 293:293-294.
29. National Institutes of Health. 1996. *Physical activity and cardiovascular health*. Rockville, VA: Author.
30. Paffenbarger, R.S., R.T. Hyde, and A.L. Wing. 1986. Physical activity, all-cause mortality, and longevity of college alumni. *New England Journal of Medicine* 314:605-613.
31. Pate, R.R., M. Pratt, S.N. Blair, W.L. Haskell, C.A. Marcera, and C. Bouchard. 1995. Physical activity and public health: A recommendation from the Centers for Disease Control and Prevention and the American College of Sports Medicine. *Journal of the American Medical Association* 273:402-407.
32. Plowman, S.A. 1993. Physical fitness and healthy low back function. *PCPFS Research Digest* 1(3).
33. Seaman, J.A. 1999. Physical activity and fitness for persons with disabilities. *PCPFS Research Digest* 3(5).
34. Shaw, J.M., and C. Snow-Harter. 1995. Osteoporosis and physical activity. *PCPFS Research Digest* 2(3).
35. Shephard, R. *1996*. Exercise, independence, and quality of life in the elderly. *Quest* 48:354-365.
36. Spirduso, W.W., and D.L. Cronin. *2001*. Exercise dose-response effects on quality of life and independent living in older adults. *Medicine and Science in Sports and Exercise 33(Suppl. 6)*: S598-S608.
37. Strong, W.B., R.M. Malina, C.J.R. Blimkie, S.R. Daniles, R.K. Dishman, B. Gutin, A.C. Hergenroeder, A. Must, P.A. Nixon, J.M. Pivarnik, T. Rowland. S. Trost, and F. Trudeau. 2005. Evidenced-based physical activity for school-age youth. *Journal of Pediatrics* 146:732-737.
38. Thompson, P.D., and M.C. Fahrenbach. 1994. Risks of exercising: Cardiovascular including sudden cardiac death. In *Physical activity, fitness, and health*, ed. C. Bouchard, R.J. Shephard, and T. Stephens, 1019-1028. Champaign, IL: Human Kinetics.
39. U.S. Department of Agriculture and U.S. Department of Health and Human Services. 2005. *Dietary guidelines for Americans 2005*. Washington, DC: U.S. Government Printing Office.
40. U.S. Department of Health and Human Services. 1991. *Healthy people 2000: National health promotion and disease prevention objectives*. PHS 91-50212. Washington, DC: Author.

41. U.S. Department of Health and Human Services. 1996. *Surgeon General's report on physical activity and health.* Washington, DC: Author.
42. U.S. Department of Health and Human Services. 2000. *Healthy people 2010: National health promotion and disease prevention objectives.* Washington, DC: Author.
43. Welk, G.J., and S.N. Blair. 2000. Physical activity protects against the health risks of obesity. *PCPFS Research Digest* 3(12).
44. Whipp, B.J., and R. Casaburi. 1994. Physical activity, fitness, and chronic lung disease. In *Physical activity, fitness, and health,* ed. C. Bouchard, R.J. Shephard, and T. Stephens, 749-761. Champaign, IL: Human Kinetics.

Capítulo 2

1. Caspersen, C.J., K.E. Powell, and G.M. Christensen. 1985. Physical activity, exercise, and physical fitness: Definition and distinctions for healthrelated research. *Public Health Reports* 100:126-131.
2. Corbin, C.B., R.P. Pangrazi, and B.D. Franks. 2000. Definitions: Health, fitness, and physical activity. *PCPFS Research Digest* 3(9).
3. U.S. Department of Health and Human Services. 2000. *Healthy people 2010: National health promotion and disease prevention objectives.* Washington, DC: Author.

Capítulo 3

1. American College of Sports Medicine. 2006. *ACSM's guidelines for exercise testing and prescription.* 7th ed. Philadelphia: Lippincott Williams & Wilkins.
2. American College of Sports Medicine. 2006. ACSM's resource manual for guidelines for exercise testing and prescription (5th ed.). Philadelphia: Lippincott Williams & Wilkins.
3. American College of Sports Medicine. 2007. ACSM's health/fitness facility standards and guidelines (3rd ed.). Champaign, IL: Lippincott Williams & Wilkins.
4. American College of Sports Medicine and American Heart Association. 1998. ACSM/AHA joint position statement: Recommendations for cardiovascular screening, staffing, and emergency policies at health/fitness facilities. *Medicine and Science in Sports and Exercise* 30(6):1009-1018.
5. American Heart Association Science Advisory. 1997. Guide to primary prevention of cardiovascular diseases: A statement for healthcare professionals from the task force on risk reduction. *Circulation* 95:2-4.
6. Balady, G., B. Chaitman, D. Driscoll, C. Foster, E. Froelicher, N. Gordon, R. Pate, J. Rippe, and T. Bazzarre. 1998 American Heart Association and American College of Sports Medicine Joint Scientific Statement: Recommendations for cardiovascular screening, staffing, and emergency policies at health/fitness facilities. *Medicine and Science in Sports and Exercise* 30(96):1009-1018.
7. Canadian Fitness Safety Standards and Recommended Guidelines. 2005. Ontario association of sport and end exercise sciences. www.csep.ca/forms.asp.
8. Cardinal B., J. Esters, and M. Cardinal. 1996. Evaluation of the revised physical activity readiness questionnaire in older adults. *Medicine and Science in Sports and Exercise* 28(5):468-472.
9. Expert Panel on Detection, Evaluation, and Treatment of High Blood Cholesterol in Adults. 2001. Executive summary of the third report of the National Cholesterol Education Program (NCEP)(Adult Treatment Panel 111). *Journal of the American Medical Association* 285(19):2486-2497.
10. Fletcher, G., G. Balady, S. Blair, J. Blumenthal, C. Caspersen, B. Chaitman, S. Epstein, E. Froelicher, V. Froelicher, I. Pina, and M. Pollock. 1996. Statement on exercise: Benefits and recommendations for physical activity programs for all Americans. *Circulation* 94:857-862.
11. Fletcher, G., G. Balady, V. Froeticher, L. Hartley, W. Haskell, and M. Pollock. 1995. Exercise standards: A statement from the American Heart Association. *Circulation* 91:580-615.
12. Franke, W. 2005. Covering all bases: Working with new clients. *ACSM's Health and Fitness Journal* 9(2):13-17.
13. Gibbons, R., G. Balady, J. Bricker, B. Chaitman, G. Fletcher, V. Froelicher, D. Mark et al. ACC/AHA 2002 guideline update to exercise testing: Summary article. 2002. A report of the American College of Cardiology/American Heart Association task force on practice guidelines (Committee to update the 1997 exercise testing guidelines). *Journal of the American College of Cardiology,* 40(8):1531-1540.
14. Goodyear, L., and B. Kahn. 1998. Exercise, glucose transport, and insulin sensitivity. *Annual Reviews in Medicine* 49:235-261.
15. Grundy, S., R. Pasternak, P. Greenland, S. Smith Jr., and V. Foster. (1999). Assessment of cardiovascular risk by use of multiple-riskfactor assessment equations: A statement for healthcare professionals from the American Heart Association and the American College of Cardiology. *Circulation* 100:1481-1492.
16. Painter, P., and W.H. Haskell. 1998. Decision making in programming exercise. In *Resource manual for guidelines for exercise testing and prescription,* ed. S.N. Blair, P. Painter, R.R. Pate, L.K. Smith, and C.B. Taylor, pp. 256-262. Philadelphia: Lea & Febiger.
17. *Health Insurance Portability and Accountability Act, Subtitle F Section 1171 4(a).* August 21, 1996. Public law 104-191, 104th Cong.

Capítulo 4

1. Ainsworth, B.E., W.L. Haskell, M.C. Whitt, M.I. Irwin, A.M. Swartz, S.J. Strath, W.L. O'Brien, D.R. Bassett Jr., K.H. Schmitz, P.O. Emplaincourt, D.R. Jacobs Jr., and A.S. Leon. 2000. Compendium of physical activities: An update of activity codes and MET intensifies. *Medicine and Science in Sports and Exercise* 32:S498-S516.
2. American College of Sports Medicine. 1980. *Guidelines for graded exercise testing and exercise prescription.* 2nd ed. Philadelphia: Lea & Febiger.
3. American College of Sports Medicine. 2006. *ACSM's guidelines for exercise testing and prescription.* 7th ed. Baltimore: Lippincott Williams & Wilkins.
4. Åstrand, P-O. 1979. *Work tests with the bicycle ergometer.* Verberg, Sweden: Monark-Crescent AB.
5. Åstrand, P-O., and K. Rodahl. 1986. *Textbook of work physiology.* 3rd ed. New York: McGraw-Hill.
6. Balke, B. 1963. A simple field test for assessment of physical fitness. In *Civil Aeromedical Research Institute report,* 63-66. Oklahoma City: Civil Aeromedical Research Institute.
7. Balke, B., and R.W. Ware. 1959. An experimental study of "physical fitness" of Air Force personnel. *Armed Forces Medical Journal* 10:675-688.
8. Bassett Jr., D.R., M.D. Giese, F.J. Nagle, A. Ward, D.M. Raab, and B. Balke. 1985. Aerobic requirements of overground versus treadmill running. *Medicine and Science in Sports and Exercise* 17:477-481.
9. Bransford, D.R., and E.T. Howley. 1977. The oxygen cost of running in trained and untrained men and women. *Medicine and Science in Sports* 9:4144.
10. Bubb, W.J., A.D. Martin, and E.T. Howley. 1985. Predicting oxygen uptake during level walking at speeds of 80 to 130 meters per minute. *Journal of Cardiac Rehabilitation* 5(10): 462-465.
11. Daniels, J.T. 1985. A physiologist's view of running economy. *Medicine and Science in Sports and Exercise* 17:332-338.
12. Dill, D.B. 1965. Oxygen cost of horizontal and grade walking and running on the treadmill. *Journal of Applied Physiology* 20:19-22.
13. Franklin. B.A. 1985. Exercise testing, training. and arm ergometry. *Sports Medicine* 2:100-119.
14. Haskell, W.L., W. Savin, N. Oldridge, and R. DeBusk. 1982. Factors influencing estimated oxygen uptake during exercise testing soon after myocardial infarction. *American Journal of Cardiology* 50:299-304.
15. Holmer, I. 1979. Physiology of swimming man. *Exercise and Sport Sciences Reviews* 7:87-123.
16. Howley, E.T., and M.E. Glover. 1974. The caloric costs of running and walking 1 mile for men and women. *Medicine and Science in Sports* 6:235-237.
17. Howley, E.T., and D. Martin. 1978. Oxygen uptake and heart-rate responses measured during rope skipping. *Tennessee Journal of Health, Physical Education and Recreation* 16:7-8.

18. Knoebel, L.K. 1984. Energy metabolism. In *Physiology.* 5th ed. Ed. E. Selkurt, 635-650. Boston: Little, Brown.
19. Margaria, R., P. Cerretelli, P. Aghemo, and J. Sassi. 1963. Energy cost of running. *Journal of Applied Physiology* 18:367-370.
20. Montoye, H.J., T. Ayen, F. Nagle, and E.T. Howley. 1986. The oxygen requirement for horizontal and grade walking on a motor-driven treadmill. *Medicine and Science in Sports and Exercise* 17:640-645.
21. Nagle, F.J., B. Balke, G. Baptista, J. Alleyia, and E. Howley. 1971. Compatibility of progressive treadmill, bicycle, and step tests based on oxygen uptake responses. *Medicine and Science in Sport* 3:149-154.
22. Nagle, F.J., B. Balke, and J.P. Naughton. 1965. Gradational step tests for assesing work capacity. *Journal of Applied Physiology* 20:745-748.
23. Sharkey, B.J. 1990. *Physiology, of fitness.* 3rd ed. Champaign, IL: Human Kinetics.
24. Williford, H.N., M. Scharff-Olson, and D.L. Blessing. 1989. The physiological effects of aerobic dance—A review. *Sports Medicine* 8:335-345.

Capítulo 5

1. American College of Sports Medicine. 2006. *ACSM's guidelines for exercise testing and prescription.* 7th ed. Philadelphia: Lippincolt Williams & Wilkins.
2. American College of Sports Medicine. 2006. *ACSM's resource manual for guidelines for exercise testing and prescription.* 5th ed. Baltimore: Lippincott Williams & Wilkins.
3. Åstrand, I. 1960. Aerobic work capacity in men and women with special reference to age. *Acta Physiologica Scandinavica* 49(Suppl. 169): 1-92.
4. Åstrand, P-O. 1979. *Work tests with the bicycle ergometer.* Varberg, Sweden: Monark-Crescent AB.
5. Åstrand, P-O. 1984. Principles of ergometry and their implications in sport practice. *International Journal of Sports Medicine* 5:102-105.
6. Åstrand, P-O., and I. Rhyming. 1954. A nomogram for calculation of aerobic capacity (physical fitness) from pulse rate during submaximal work. *Journal of Applied Physiology* 7:218-221.
7. Åstrand, P-O., and B. Saltin. 1961. Maximal oxygen uptake and heart rate in various types of muscular activity. *Journal of Applied Physiology,* 16:977-981.
8. Balke, B. 1963. A simple field test for assessment of physical fitness. In *Civil Aeroinedical Research Institute report,* 63-66. Oklahoma City: Civil Aeromedical Research Institute.
9. Balke, B. 1970. *Advanced exercise procedures for evaluation of the cardiovascular system* (Monograph). Milton, WI: Burdick.
10. Baum, W.A. 1961. Sphygmomanometers, principles and precepts. New York: Baum.
11. Blair, S.N., H.W. Kohl III. R.S. Paffenbarger Jr.. D.G. Clark. K. H. Cooper, and L.W. Gibbons. 1989. Physical fitness and all-cause mortality. *Journal of the American Medical Association* 262:2395-2401.
12. Borg, G. 1998. *Borg's perceived exertion and pain scales.* Champaign, IL: Human Kinetics.
13. Bransford, D.R., and E.T. Howley. 1977. The oxygen cost of running in trained and untrained men and women. *Medicine and Science in Sports* 9:41-44.
14. Bruce, R.A. 1972. Multistage treadmill test of submaximal and maxinial exercise. In *Exercise testing and training of apparently healthy individuals: A handbook for physcans,* ed. American Heart Association, 32-34. New York: American Heart Association.
15. Cooper, K.H. 1977. *The aerobics way.* New York: Bantam Books.
16. Cooper Institute for Aerobics Research. 1999. *FITNESSGRAM test administration manual.* Champaign, IL: Human Kinetics.
17. Daniels, J.T. 1985. A physiologist's view of running economy. *Medicine and Science in Sports and Exercise* 17:332-338.
18. Daniels, J., N. Oldridge, F. Nagle, and B. White. 1978. Differences and changes in $\dot{V}O_2$, among young runners 10-18 years of age. *Medicine and Science in Sports* 10:200-203.
19. Ellestad, M. 1994. *Stress testing: Principles and practice.* Philadelphia: Davis.
20. Franks, B.D. 1979. Methodology of the exercise ECG test. In *Exercise electrocardiography: Practical approach,* ed. E.K. Chung, 46-61. Baltimore: Williams & Wilkins.
21. Frohlich, E.D., C. Grim, DR. Labarthe. M.H. Maxwell, D. Perloff, and W.H. Weidman. 1988. Recommendations for human bloodpressure determination by sphygmomanometers. *Circulation* 77:501A-514A.
22. Golding, L.A. 2000. *YMCA fitness testing and assessment manual.* 4th edition. Champaign, IL: Human Kinetics.
23. Hagberg, J.M., J.P. Mullin, M.D. Giese, and E. Spitznagel. 1981. Effect of pedaling rate on submaximal exercise responses of competitive cyclists. *Journal of Applied Physiology* 51:447-451.
24. Howley, E.T. 1988. The exercise testing laboratory. In *Resource manual for guidelines for exercise testing and prescription,* ed. S.N. Blair, P. Painter, R.R. Pate, L.K. Smith, and C.B. Taylor, 406-413. Philadelphia: Lea & Febiger.
25. Kline, G.M., J.P. Porcari, R. Hintermeister, P.S. Freedson, A. Ward, R.F. McCarron, J. Ross, and J.M. Rippe. 1987. Estimation of $\dot{V}O_2$max from a 1-mile track walk, gender, age, and body weight. *Medicine and Science in Sports and Exercise* 19:253-259.
26. Maritz, J.S., J.F, Morrison, J. Peter, N.B. Strydom. and C.H. Wyndham. 1961. A practical method of estimating an individual's maximal oxygen uptake. *Ergonomics* 4:97-122.
27. McArdle, W.D., F.I. Katch, and G.S. Pechar. 1973. Comparison of continuous and discontinuous treadmill and bicycle tests for max Vo_2. *Medicine and Science in Sports* 5(3):156-160.
28. Montoye, H.J., and T. Ayen. 1986. Body-size adjustment for oxygen requirement in treadmill walking. *Research Quarterly for Exercise and Sport* 57:82-84.
29. Montoye, H.J., T. Ayen, F. Nagle, and E.T. Howley. 1986. The oxygen requirement for horizontal and grade walking on a motordriven treadmill. *Medicine and Science in Sports and Exercise* 17:640-645.
30. Naughton, J.P., and R. Haider. 1973. Methods of exercise testing. In *Exercise testing and exercise training in coronary heart disease,* ed. J.P. Naughton, H.R. Hellerstein, and L.C. Mohler, 79-91. New York: Academic Press.
31. Oldridge, N.B., W.L. Haskell, and P. Single. 1981. Carotid palpation, coronary heart disease, and exercise rehabilitation. *Medicine and Science in Sports and Exercise* 13:6-8.
32. Pollock, M.L., and J.H. Wilmore. 1990. *Exercise in health and disease.* 2nd ed. Philadelphia: Saunders.
33. President's Council on Physical Fitness and Sports. 2002. *President's Challenge Physical Activity and Fitness Award Program.* Washington, DC: Author.
34. Shephard, R.J. 1970. Computer programs for solution of the Åstrand nomogram and the calculation of body surface area. *Journal of Sports Medicine and Physical Fitness* 10:206-210.

Capítulo 6

1. American College of Sports Medicine. 2006. *ACSM's guidelines for exercise testing and prescription.* Baltimore, MD: Lippincott Williams & Wilkins.
2. Cataldo, D., and V.H. Heyward. 2000. Pinch an inch: A comparison of several high-quality and plastic skinfold calipers. *ACSM's Health and Fitness Journal* 4:12-16.
3. Dempster, P, and S. Aitkens. 1995. A new air displacement method for the determination of human body composition. *Medicine and Science in Sports and Exercise* 27:1692-1697.
4. Fields, D., M. Goran, and M. McCrory. 2002. Body composition assessment via air-displacement plethysmography in adults and children: A review. *American Journal of Clinical Nutrition* 75:453-467.
5. Flegal, K.M., M.D. Carroll, C.L. Ogden, and C.L. Johnson. 2002. Prevalence and trends in obesity among US adults, 1999-2000. *Journal of the American Medical Association,* 288:1723-1727.
6. Flegal, K.M., B.I. Graubard, D.F. Williamson, and M.H. Gail. 2005. Excess deaths associated with underweight. overweight, and obesity. *Journal of the American Medical Association* 293:1861-1867.
7. Folsom, A., L. Kushi, K. Anderson, P. Mink, J. Olson, C-P. Hong, T. Sellers, D. Lazovich, and R. Prineas. 2000. Associations of general and abdominal obesity with multiple health outcomes in older women. *Archives of Internal Medicine* 160:2117-2128.
8. Goldman, H.I., and M.R. Becklake. 1959. Respiratory function tests. *American Review of Tuberculosis and Pulmonary Disease* 79:457-467.

9. Hedley, A.A., C.L. Ogden, C.L. Johnson, M.D. Carroll, L.R. Curtin, and K.M. Flegal. 2004. Prevalence of overweight and obesity among U.S. children, adolescents, and adults, 1999-2002. *Journal of the American Medical Association* 291:2847-2850.
10. Heymsfield, S.B., S. Lichtman, R.N. Baumgartner, J. Wang, Y. Kamen, A. Aliprantis, N. Richard, and J. Pierson. 1990. Body composition of humans: Comparison of two improved four-compartment models that differ in expense, technical complexity, and radiation exposure. *American Journal of Clinical Nutrition* 52:52-58.
11. Heyward, V.H., and D.R. Wagner. 2004. *Applied body composition assessment.* Champaign, IL: Human Kinetics.
12. Hu, G., J. Tuomilehto, K. Silventoinen, N. Barengo, and P. Jousilahti. 2004. Joint effects of physical activity, body mass index, waist circumference and waist-to-hip ratio with the risk of cardiovascular disease among Finnish men and women. *European Heart Journal* 25:2212-2219.
13. Jackson, A.S., and M.L. Pollock. 1978. Generalized equations for predicting body density of men. *British Journal of Nutrition* 40:497-504.
14. Jackson, A.S., and M.L. Pollock. 1985. Practical assessment of body composition. *Physician and Sportsmedicine* 13:76-90.
15. Jackson, A.S., M.L. Pollock, and A. Ward. 1980. Generalized equations for predicting body density of women. *Medicine and Science in Sports and Exercise* 12:175-182.
16. Janssen, I., P.T. Katzmarzyk, and R. Ross. 2004. Waist circumference and not body mass index explains obesity-related health risk. *American Journal of Clinical Nutrition* 79:379-384.
17. Kaminsky, L.A., and G. Dwyer. 2006. Body composition. In *ACSM's resource manual for guidelines for exercise testing and prescription,* ed. L.A. Kaminsky, *195-205.* Baltimore: Lippincott Williams & Wilkins.
18. Kohrt, W.M. *1995.* Body composition by DXA: Tried and true? *Medicine and Science in Sports and Exercise* 27:1349-1353.
19. Lohman, T.G. 1986. Applicability of body composition techniques and constants for children and youth. In *Exercise and Sports Science Reviews,* ed. K.B. Pandolf, 325-357. New York: Macmillan.
20. Lohman, T.G. 1992. *Advances in body composition assessment.* Champaign, IL: Human Kinetics.
21. Lohman, T.G., L. Houtkooper, and S.B. Going. 1997. Body fat measurement goes high-tech: Not all are created equal. *ACSM's Health and Fitness Journal* 1:30-35.
22. Lohman, T.G., A.F. Roche, and R. Martorell. 1988. *Anthropometric standardization reference manual.* Champaign, IL: Human Kinetics.
23. Mark, D.H. *2005.* Deaths attributable to obesity. *Journal of the American Medical Association* 293:1918-1919.
24. McCrory, M.A., T.D. Gomez, E.M. Bernauer, and P.A. Mole. 1995. Evaluation of a new air displacement plethysmograph for measuring human body composition. *Medicine and Science in Sports and Exercise* 27:1686-1691.
25. Mokdad, A.H., J.S. Marks, D.F. Stroup, and J.L. Gerberding. 2004. Actual causes of death in the United States, 2000 [published correction appears in *JAMA* 2005; 293:298]. *Journal of the American Medical Association* 291:1238-1245.
26. National Heart, Lung, and Blood Institute. 1998. *Clinical guidelines on the identification, evaluation, and treatment of overweight and obesity in adults* (NIH Publication No. 98-4083*).* Bethesda, MD: National Institutes of Health-National Heart, Lung, and Blood Institute.
27. National Institutes of Health. 1994. *Bioelectrical impedance analysis in body composition measurement: NIH Technology Assessment Conference statement.* Bethesda, MD: National Institutes of Health.
28. Schutte, J.E., E.M. Townsend, J. Hugg, R.F. Shoup, R.M. Malina, and C.G. Blomqvist. 1984. Density of lean body mass is greater in Blacks than in Whites. *Journal of Applied Physiology: Respiratory, Environmental, and Exercise Physiology* 56:1647-1649.
29. Siri, W.E. 1961. Body composition from fluid spaces and density: Analysis of methods. In *Techniques for Measuring Body Composition,* ed. J. Brozek and A. Henschel, 223-244. Washington, DC: National Academy of Sciences.
30. Weltman, A., S. Levine, R.L. Seip, and Z.V. Tran. 1988. Accurate assessment of body composition in obese females. *American Journal of Clinical Nutrition* 48:1179-1183.
31. Wellman, A., R.L. Seip, and Z.V. Tran. 1987. Practical assessment of body composition in obese males. *Human Biology* 59:523536.
32. Wilmore, J. 1969. A simplified method for determination of residual volume. *Journal of Applied Physiology* 27:96-100.

Capítulo 7

1. American College of Sports Medicine. 1996. Position stand on exercise and fluid replacement. *Medicine and Science in Sports and Exercise* 28: i-vii.
2. American College of Sports Medicine. 1997. Position stand on the female athlete triad. *Medicine and Science in Sports and Exercise* 29(5): i-ix.
3. American College of Sports Medicine. 2000. The physiological and health effects of oral creatine supplementation. *Medicine and Science in Sports and Exercise* 32(3): 706-717.
4. American College of Sports Medicine, American Dietetic Association, and Dietitians of Canada. 2000. Nutrition and athletic performance. *Medicine and Science in Sports and Exercise* 32(12): 2130-2145.
5. American Diabetes Association. 2004. Nutrition principles and recommendations in diabetes. *Diabetes Care* 27 (Suppl. 1): S36-S46.
6. American Dietetic Association and Canadian Dietetic Association. 1993. Nutrition for physical fitness and athletic performance for adults. *Journal of the American Dietetic Association* 93: 691-696.
7. American Dietetic Association. 1997. Health implications of dietary fiber—Position of the ADA. *Journal of the American Dietetic Association* 97: 1157-1159.
8. Berning, J.R. 1995. Nutritional concerns of recreational endurance athletes with an emphasis on swimming. In *Nutrition for the recreational athlete,* ed. C.G.R. Jackson, 55-68. Boca Raton, FL: CRC Press.
9. Brodney-Folse, S., and R.A. Carpenter. 2006. Assessment of dietary intake. In *ACSM's resource manual for guidelines for exercise testing and prescription.* 5th ed. Ed. L. Kaminsky, 165-178. Baltimore: Lippincott Williams & Wilkins.
10. Casa, D.J., L.E. Armstrong, S.K. Hillman, S.J. Montain, R.V. Reiff, B.S.E. Rich, W.O. Roberts, and J.A. Stone. 2000. National Athletic Trainers' Association position statement: Fluid replacement for athletes. *Journal of Athletic Training* 35(2): 212-224.
11. Driskell, J.A. 2000. *Sports nutrition.* Boca Raton, FL: CRC Press.
12. Durstine, J.L., and W.L. Haskell. 1994. Effects of exercise training on plasina lipids and lipoproteins. *Exercise and Sport Sciences Reviews* 22: 477-521.
13. Expert Panel on Detection, Evaluation, and Treatment of High Blood Cholesterol in Adults. 2001. Executive Summary of the Third Report of the National Cholesterol Education Program (NCEP) Expert Panel on detection, evaluation, and treatment of high blood cholesterol in adults (Adult Treatment Panel III). *Journal of the American Medical Association* 285(19): 2486-2497.
14. Food and Nutrition Board, Institute of Medicine. 2000. *Dietary reference intakes: Applications in dietary assessment.* Washington, DC: National Academy Press.
15. Food and Nutrition Board, Institute of Medicine. 2001. *Dietary reference intakes for vitamin A, vitamin K, arsenic, boron, chromium, copper, iodine, iron, manganese, molybdenum, nickel, silicon, vanadium, and zinc.* Washington, DC: National Academy Press.
16. Food and Nutrition Board, Institute of Medicine. 2002. *Dietary reference intakes for energy, carbohydrate, fiber, fat, fatty acids, cholesterol, protein, and amino acids.* Washington, DC: National Academies Press.
17. Food and Nutrition Board, Institute of Medicine. 2004. *Dietary reference intakes for water, potassium, sodium, chloride, and sulfate.* Washington, DC: National Academies Press.
18. Krenkel, J., S. St. Jeor, and D. Kulick. 2006. Relationship of nutrition to chronic disease. In *ACSM's resource manual for guidelines for exercise testing and prescription.* 5th ed. Ed. L. Kaminsky, 146-164. Baltimore: Lippincott Williams & Wilkins.
19. Messina, V., V. Melina, and A.R. Mangels. 2003. A new food guide for North American vegetarians. *Canadian Journal of Dietetic Practice and Research* 64:82-86.
20. Morris, K.L., and M.B. Zemel. 1999. Glycemic index. cardiovascular disease, and obesity. *Nutrition Reviews* 57(9): 273-276.

21. National Institutes of Health. 2000. *Osteoporosis prevention, diagnosis, and therapy: NIH Consensus Development Conference statement.* Bethesda, MD: Author.
22. Ruud, J.S., and I. Wolinsky. 1995. Nutritional concerns of recreational strength athletes. In *Nutrition for the recreational athlete*, ed. C.G.R. Jackson, 55-68. Boca Raton, FL: CRC Press.
23. U.S. Department of Health and Human Services and U.S. Department of Agriculture. 2005. *Dietary guidelines for Americans, 2005.* 6th ed. Washington, DC: U.S. Government Printing Office.
24. Walberg-Rankin, J. 1997. Glycemic index and exercise metabolism. *Gatorade Sports Science Institute: Sports Science Exchange* 10(1): 1-7.
25. Westerterp, K.R. 2000. The assessment of energy and nutrient intake in humans. In *Physical activity and obesity*, ed. C. Bouchard, 133-149. Champaign, IL: Human Kinetics.
26. Williams, M.H. 1998. Nutritional ergogenics and sports performance. *PCPFS Physical Activity and Fitness Research Digest* 3(2): 1-14.

Capítulo 8

1. American Association of Cardiovascular and Pulmonary Rehabilitation. 1999. *Guidelines for cardiac rehabilitation and secondary prevention programs.* 3rd ed. Champaign, IL: Human Kinetics.
2. American College of Sports Medicine. 1998. ACSM position stand on exercise and physical activity for older adults. *Medicine and Science in Sports and Exercise* 30:992-1008.
3. American College of Sports Medicine. 1998. ACSM position stand: The recommended quantity and quality of exercise for developing and maintaining cardiorespiratory and muscular fitness, and flexibility in healthy adults. *Medicine and Science in Sports and Exercise* 30:875-991.
4. American College of Sports Medicine. 2006. *ACSM's guidelines for exercise testing and prescription.* 7th ed. Baltimore: Lippincott Williams & Wilkins.
5. Bohannon, R.W. 1990. Muscle strength testing with handheld dynamometers. In *Muscle strength testing: Instrumented and non-instrumented systems*, ed. L.R. Amundsen, 69-112. New York: Churchill Livingstone.
6. Bohannon, R.W. 1995. Sit to stand test for measuring performance of lower extremity muscles. *Perceptual and Motor Skills* 80:163-166.
7. Borg, G. 1982. Psychophysical bases of perceived exertion. *Medicine and Science in Sports and Exercise* 14:377-381.
8. Government of Canada, Fitness and Amateur Sport. 1986. *Canadian Standardized Test of Fitness operations manual.* 3rd ed. Ottawa: Author.
9. Csuka, M., and D.J. McCarty. 1985. Simple method for measurement of lower extremity muscle strength. *Journal of the American Medical Association* 78:77-81.
10. Diener, M.H., L.A. Golding, and D. Diener. 1995. Validity and reliability of a one-minute half sit-up test of abdominal muscle strength and endurance. *Sports Medicine Training and Rehabilitation* 6:105-119.
11. Faigenbaum, A., G. Skrinar, W. Cesare, W. Kraemer, and H. Thomas. 1990. Physiologic and symptomatic responses of cardiac patients to resistance exercise. *Archives of Physical Medicine and Rehabilitation* 71:395-398.
12. Faulkner, R.A., E.S. Springings, A. McQuarrie, R.D. Bell. 1989. A partial curl-up protocol for adults based on an analysis of two procedures. *Canadian Journal of Sports Science* 14:135-141.
13. Featherstone, J.F., R. Holly, and E. Amsterdam. 1993. Physiologic responses to weight lifting in coronary artery disease. *American Journal of Cardiology* 71:287-292.
14. Fletcher, G.F., G. Balady, V.F. Froelicher, L.H. Hartley, W.L. Haskell, and M.L. Pollock. 1995. Exercise standards: A statement for healthcare professionals from the American Heart Association. *Circulation* 91:580-615.
15. Golding, L.A., C.R. Myers, and W.E. Sinning. 1989. *The Y's way to physical fitness.* 3rd ed. Champaign, IL: Human Kinetics.
16. Graves. J.E., M.L. Pollock, and C.X., Bryant. 2001. Assessment of muscular strength and endurance. In *ACSM's resource manual for guidelines for exercise testing and prescription.* 4th ed. Ed. J.L. Roitman, 376-380. Baltimore: Williams & Wilkins.
17. Guralnik, J.M., E.M. Simosick, L. Ferrucci, R.J. Glynn, L.F. Berkman, D.G. Blazer, P.A. Scherr, and R.B. Wallace. 1994. A short physical performance battery assessing lower extremity function: Association with self reported disability and prediction of mortality and nursing home admission. *Journal of Gerontology* 49:M85-M94.
18. Haslam, K.A., S.N. McCartney, R.S. McKelvie, and J.D. MacDougall. 1988. Direct measurements of arterial blood pressure during formal weightlifting in cardiac patients. *Journal of Cardiopulmonary Rehabilitation* 8:213-225.
19. Jackson, AW., J.R. Morrow, P.A. Brill, and H.W. Kohl. 1998. Relations of sit-up and sit-and-reach to low back pain in adults. *Journal of Orthopaedic and Sports Physical Therapy* 27:22-26.
20. Jones, C.J., R.E. Rikli, and B.C. Beam. 1999. A 30-s chair-stand test as a measure of lower body strength in community residing older adults. *Research Quarterly for Exercise and Sports* 70:113-119.
21. Kraemer, W., and A. Fry. 1995. Strength testing development and evaluation of methodology. In *Physiological assessments of human fitness*, ed. P.J. Maud and C. Foster, 115-138. Champaign, IL: Human Kinetics.
22. Lawrence, R., and A.M. Jette. 1996. Disentangling the disablement process. *Journals of Gerontology. YES Series B, Psychological Sciences and Social Sciences* 5lb: 5173-5182.
23. McMurdo, M., and L. Rennie. 1993. A controlled trial of exercise by residents of old people's homes. *Age and Aging* 22:11-15.
24. Federal Interagency Forum on Aging Related Statistics. 2000. *Older Ainericans 2000: Key indicators of well-being.* Hyattsville, MD: Author.
25. Pollock, M., and W. Evans. 1999. Resistance training for health and disease. *Medicine and Science in Sports and Exercise* 31: 10-11.
26. Pollock, M.L., B.A. Franklin, G.J. Balady, L. Bernard, M.D. Chaitman, J.L. Fleg, B. Fletcher, M. Limacher, I.L. Pina, R.A. Stein, M. Williams, and T. Bazzarre. 2000. Resistance exercise in individuals with and without cardiovascular disease benefits, rationale, safety, and prescription. *Circulation* 101:828-833.
27. Rikli, R.E., and C.J. Jones. 1999. Development and validation of a functional fitness test for community residing older adults. *Journal of Aging and Physical Activity* 7:129-161.
28. Rikli, R.E., and C.J. Jones. 2001. *Senior fitness test manual.* Champaign, IL: Human Kinetics.
29. Wenger, N.K., E.S. Froelicher, L.K. Smith, P.A. Ades, K. Berra, J.A. Blumenthal, C.M. Cerro, A.M. Dattilo, D. Davis, R.F. DeBusk, J.P. Drozda, B.J. Fletcher, B.A. Franklin, H. Gaston, P. Greenland, P.E. McBride, C.G.A. McGregor, N.B. Oldridge, J.C. Piscarella, and F.J. Rogers. 1995. *Cardiac rehabilitation as secondary prevention. Clinical practice guideline* (AHCPR publication no. 96-0672). Rockville, MD: U.S. Department of Health and Human Services, Public Health Service, Agency for Health Care Policy and Research and the National Heart, Lung, and Blood Institute.

Capítulo 9

1. Beattie, RE 2004. Structure and function of the bones and joints of the lumbar spine. In *Kinesiology—The mechanics and pathomechanics of human movement*, ed. C.A. Oatis, 539-562. Philadelphia: Lippincott Williams & Wilkins.
2. Biering-Sorensen. F. 1984. Physical measurements as risk indicators for lowback trouble over a one-year period. *Spine* 9(2): 106-119.
3. Cady, L.D., D.P. Bischoff, E.R. O'Connell, P.C. Thomas, and J.H. Allan. 1979. Strength and fitness and subsequent back injuries in firefighters. *Journal of Occupational Medicine* 21(4):269-272.
4. Cailliet, R. 1988. *Low back pain syndrome.* Philadelphia: Davis.
5. Cooper Institute for Aerobics Research. 1992. *The Prudential FITNESSGRAM.* Dallas: Author.
6. Gracovetsky, S. 1988. *The spinal engine.* New York: Splinger-Verlag.
7. Hopkins, D.R., and W.W.K. Hoeger. 1992. A comparison of the sit-and-reach test and the modified sit-and-reach test in the measurement of flexibility for males. *Journal of Applied Sport Science Research* 6:7-10.
8. Hui, S.S., and P.Y. Yuen. 2000. Validity of the modified backsaver sit-and-reach test: A comparison with other protocols. *Medicine and Science in Sports and Exercise* 32(9):1655-1659.
9. Imrie, D., and L. Barbuto. 1988. *The back power program.* Toronto: Stoddart.
10. Kendall, F.P., E.K. McCreary, P.G. Provance. 1993. *Muscles: Testing and function.* 4th ed. Baltimore: Williams & Wilkins.

11. Lee, R. 2002. Measurement of movements of the lumbar spine. *Physiotherapy Theory and Practice* 18:159-164.
12. Liemohn, W., S.B. Martin, and G. Pariser. 1997. The effect of ankle posture on sit-and-reach test performance in young adults. *Journal of Strength and Conditioning Research* 11:239-241.
13. Liemohn, W., M. Miller, T. Haydu, S. Ostrowski, S. Miles, and S. Riggs. 2000. An examination of a passive and an active back extension range of motion (ROM) tests. *Medicine and Science in Sports and Exercise* 32(5):S307.
14. Liemohn, W., G.L. Sharpe, J.F. Wasserman. 1994. Lumbosacral movement in the sit-and-reach and in Cailliet's protective-hamstring stretch. *Spine* 19:2127-2130.
15. Magnusson, S.P., E.B. Simonsen, P. Aagaard, G.W. Gleim, M.P. McHugh, and M. Kjaer. 1995. Viscoelastic response to repeated static stretching in the human hamstring muscle. *Scandinavian Journal of Medicine and Science in Sports* 5:342-347.
16. Martin, S.B., AW. Jackson, J.R. Morrow. W. Liemohn. 1998. The rationale for the sit and reach test revisited. *Measurement in Physical Education and Exercise Science* 2(2):85-92.
17. McGill, S. 2004. *Ultimate back fitness and performance.* Waterloo, ON: Wabuno.
18. McHugh, M.P., I.J. Kremenic, M.B. Fox, and G.W. Gleim. 1998. The role of mechanical and neural restraints to joint range of motion during passive stretch. *Medicine and Science in Sports and Exercise* 30(6): 928-932.
19. McKenzie, R. 198 1. *The lumbar spine–Mechanical diagnosis and therapy.* Waikanae, New Zealand: Spinal.
20. Nachemson, A. 1975. Towards a better understanding of low-back pain: A review of the mechanics of the lumbar disc. *Rheumatology Rehabilitation* 14:129-143.
21. Pope, M.H., T. Bevins, D.G. Wilder, and J.W. Frymoyer. 1985. The relationship between anthropometric, postural, muscular, and mobility characteristics of males ages 18-55. *Spine* 10:644-648.
22. Saal, J.S., and J.A. Saal. 1991. Strength training and flexibility. In *Conservative care of low back pain,* ed. A.H. White and R. Anderson, 65-77. Baltimore: Williams &Wilkins.
23. Williams, R., J. Binkley, R. Bloch, C.H. Goldsmith, and T. Minuk. 1993. Reliability of the modified-modified Schober and double inclinometer methods for measuring lumbar flexion and extension. *Physical Therapy* 73:26-37.
24. Zuhosky, J.P., and J.L. Young. 2001. Functional physical assessment for low back injuries in the athlete. In *Exercise prescription and the back,* ed. W. Liemohn, 67-88. New York: McGraw-Hill Medical.

Capítulo 10

1. American College of Sports Medicine. 1996. Heat and cold illnesses during distance running. *Medicine and Science in Sports and Exercise* 28:i-x.
2. American College of Sports Medicine. 1998. The recommended quantity and quality of exercise for developing and maintaining cardiorespiratory and muscular fitness, and flexibility in healthy adults. *Medicine and Science of Sports and Exercise* 30(6): 975-991.
3. American College of Sports Medicine. 2006. *ACSM's guidelines for exercise testing and prescription.* 7th ed. Philadelphia: Lippincott Williams & Wilkins.
4. American College of Sports Medicine. 2006. *ACSM's resource manual for guidelines for exercise testing and prescription.* 5th ed. Philadelphia: Lippincott Williams & Wilkins.
5. Bernard. T.E. 2001. Environmental considerations: Heat and cold. In *ACSM's resource manual for guidelines for exercise testing and prescription.* 4th ed. Ed. J.L. Reitman, 209-216. Baltimore: Lippincott Williams & Wilkins.
6. Blair, S.N., H.W. Kohl III, R.S. Paffenbarger Jr., D.G. Clark, K.H. Cooper, and L.W. Gibbons. 1989. Physical fitness and all-cause mortality. *Journal of the American Medical Association* 262:2395-2401.
7. Borg, G. 1998. *Borg's perceived exertion and pain scales.* Champaign, IL: Human Kinetics.
8. Burton. A.C., and O.G. Edholm. 1955. *Man in a cold environment.* London: Edward Arnold.
9. Buskirk, E.R., and D.E. Bass. 1974. Climate and exercise. In *Science and medicine of exercise and sport,* ed. W.R. Johnson and E.R. Buskirk, 190-205. New York: Harper & Row.
10. Campbell, M.E., Q. Li, S.E. Gingrich, R.G. Macfarlane, and S. Cheng. 2005. Should people be physically active outdoors on smog alert days? *Canadian Journal of Public Health* 96:24-28.
11. Dehn, M.M., and C.B. Mullins. 1977. Physiologic effects and importance of exercise in patients with coronary artery disease. *Cardiovascular Medicine* 2:365.
12. Dionne, F.T., L. Turcotte, M.-C. Thibault, M.R. Boulay, J.S. Skinner, and C. Bouchard. 1991. Mitochondrial DNA sequence polymorphism, $\dot{V}O_2$max, and response to endurance training. *Medicine and Science in Sports and Exercise* 23:177-185.
13. Dodd, S., S.K. Powers, T. Callender, and E. Brooks. 1984. Blood lactate disappearance at various intensities of recovery exercise. *Journal of Applied Physiology* 57:1462-1465.
14. Dose-response issues concerning physical activity and health: An evidence-based symposium (Suppl.). 2001. *Medicine and Science in Sports and Exercise* 33(6).
15. Drinkwater, B.L., J.E. Denton, I.C. Kupprat, T.S. Talag, and S.M. Horvath. 1976. Aerobic power as a factor in women's response to work within hot environments. *Journal of Applied Physiology* 41:815-821.
16. Folinsbee, L.J. 1990. Discussion: Exercise and the environment. In *Exercise, fitness, and health,* ed. C. Bouchard, R.J. Shephard, T. Stephens, J.R. Sutton, and B.D. McPherson, 179-183. Champaign, IL: Human Kinetics.
17. Frampton, M.W., M.J. Utell, W. Zareba, G. Oberdorster, C. Cox, L.S. Huang, P.E. Morrow, F.E. Lee, D. Chalupa, L.M. Frasier, D.M. Speers, and J. Stewart. 2004. Effects of exposure to ultrafine carbon particles in healthy subjects and subjects with asthma. *Research Report—Health Effects Institute* 126:1-63.
18. Gisolfi, G.V., and J. Cohen. 1979. Relationships among training, heat acclimation, and heat tolerance in men and women: The controversy revisited. *Medicine and Science in Sports and Exercise* 11:56-59.
19. Goodman, L.S., and A. Gilman, eds. 1975. *The pharmacological basis of therapeutics.* New York: Macmillan.
20. Grover, R., J. Reeves, E. Grover, and J. Leathers. 1967. Muscular exercise in young men native to 3,100 m altitude. *Journal of Applied Physiology* 22:555-564.
21. Hanson, P.G., and S.W. Zimmerman. 1979. Exertional heatstroke in novice runners. *Journal of the American Medical Association* 242:154-157.
22. Hardy, J.D., and P. Bard. 1974. Body temperature regulation. In vol. 2 of *Medical physiology.* 13th ed. Ed. V.B. Mountcastle, 1305-1342. St. Louis: Mosby.
23. Hart, L.E., and J.R. Sutton. 1987. Environmental considerations for exercise. *Cardiology Clinics* 5:245-258.
24. Haskell, W.L. 1978. Design and implementation of cardiac conditioning programs. In *Rehabilitation of the coronary patient,* ed. N.K. Wenger and H.K. Hellerstein, 203-241. New York: Wiley.
25. Haskell, W.L. 1984. The influence of exercise on the concentrations of triglyceride and cholesterol in human plasma. *Exercise and Sport Sciences Reviews* 12:205-244.
26. Haskell, W.L. 1985. Physical activity and health: Need to define the required stimulus. *American Journal of Cardiology* 55:4D-9D.
27. Haskell, W.L. 1994. Dose-response issues from a biological perspective. In *Physical activity fitness, and health,* ed. C. Bouchard, R.J. Shephard, and T. Stevens, 1030-1039. Champaign, IL: Human Kinetics.
28. Haskell, W.L. 2001. What to look for in assessing responsiveness to exercise in a health context. *Medicine and Science in Sports and Exercise* 33:S454-S458.
29. Hayward, M.G., and W.R. Keatinge. 1981. Roles of subcutaneous fat and thermoregulatory reflexes in determining ability to stabilize body temperature in water. *Journal of Physiology* (London) 320:229-251.
30. Hellerstein, H.K., and B.A. Franklin. 1984. Exercise testing and prescription. In *Rehabilitation of the coronary patient.* 2nd ed. Ed. N.K. Wenger and H.K. Hellerstein, 197-284. New York: Wiley.
31. Holmer, I. 1979. Physiology of swimming man. *Exercise and Sport Sciences Reviews* 7:87-123.

32. Horvath, S.M. 1981. Exercise in a cold environment. *Exercise and Sport Sciences Reviews* 9:221-263.
33. Horvath, S.M., P.R. Raven, T.E. Dahms, and D.J. Gray. 1975. Maximal aerobic capacity of different levels of carboxyhemoglobin. *Journal of Applied Physiology* 38:300-303.
34. Howley, E.T. 1980. Effect of altitude on physical performance. In *Encyclopedia of physical education, fitness, and sports: Training, environment, nutrition, and fitness,* ed. G.A. Stull and TK. Cureton, 177-187. Salt Lake City: Brighton.
35. Howley, E.T. 2001. Type of activity: Resistance, aerobic and leisure versus occupational physical activity. *Medicine and Science in Sports and Exercise* 33: S364-S369.
36. Hughson, R.L., H.J. Green, M.E. Houston, J.A. Thompson, D.R. MacLean, and J.R. Sutton. 1980. Heat injuries in Canadian mass-participation runs. *Canadian Medical Association Journal* 122:1141-1144.
37. Jennings, G.L., G. Deakin, P. Korner, I. Meredith, B. Kingwell, and L. Nelson. 1991. What is the dose-response relationship between exercise training and blood pressure? *Annals of Medicine* 23:313-318.
38. Karvonen, M.J., E. Kentala, and O. Mustala. 1957. The effects of training heart rate: A longitudinal study. *Annales Medicinae Experimentalis et Biologiae Fenniae* 35:307-315.
39. Kesaniemi, Y.A., E. Danforth Jr., M.D. Jensen, P.G. Kopelman, P. Lefebvre, and B.A. Reeder. 2001. Dose-response issues concerning physical activity and health: An evidence-based symposium. *Medicine and Science in Sports and Exercise* 33: S35-S358.
40. Londeree, B.R., and S.A. Ames. 1976. Trend analysis of the %VO_2max-HRregression. *Medicine and Science in Sports* 8:122-125.
41. Londeree, B.R., and M.L. Moeschberger. 1982. Effect of age and other factors on maximal heart rate. *Research Quarterly for Exercise and Sport* 53:297-304.
42. McArdle, W.D., J.R. Magel, T.J. Gergley, R.J. Spina, and M.M. Toner. 1984. Thermal adjustment to cold-water exposure in resting men and women. *Journal of Physiology: Respiratory, Environmental and Exercise Physiology* 56:1565-1571.
43. McArdle, W.D., J.R. Magel, R.J. Spina, T.J. Gergley, and M.M. Toner. 1984. Thermal adjustments to cold-water exposure in exercising men and women. *Journal of Applied Physiology* 56:1572-1577.
44. Paffenbarger, R.S., R.T. Hyde, and A.L. Wing. 1986. Physical activity, all-cause mortality, and longevity of college alumni. *New England Journal of Medicine* 314:605-613.
45. Pate, R.R., M. Pratt, S.N. Blair, W.L. Haskell, C.A. Marcera, and C. Bouchard. 1995. Physical activity and public health: A recommendation from the Centers for Disease Control and Prevention and the American College of Sports Medicine. *Journal of the American Medical Association* 273:402-407.
46. Pollock, M.L., L.R. Gettman, C.A. Mileses, M.D. Bah, J.L. Durstine, and R.B. Johnson. 1977. Effects of frequency and duration of training on attrition and incidence of injury. *Medicine and Science in Sports* 9:31-36.
47. Pollock, M.L., and J.H. Wilmore. 1990. *Exercise in health and disease.* 2nd ed. Philadelphia: Saunders.
48. Powers, S.K., and E.T. Howley. 1997. *Exercise physiology.* Madison, WI: Brown & Benchmark.
49. Pugh, L.G.C. 1964. Deaths from exposure in Four Inns Walking Competition, March 14-15, 1964. *Lancet* 1: 1210-1212.
50. Pugh, L.G.C., and O.G. Edholm. 1955. The physiology of Channel swimmers. *Lancet*, 2:761-768.
51. Raven, P.B. 1980. Effects of air pollution on physical performance. In vol. 2 of *Encyclopedia of physical education: Physical fitness, training, environment and nutrition related to performance,* ed. G.A. Stull and T.K. Cureton, 201-216. Salt Lake City: Brighton.
52. Raven, P.B., B.L. Drinkwater, R.O. Ruhling.N. Bolduan, S. Taguchi, J. Gliner, and S.M. Horvath. 1974. Effect of carbon monoxide and peroxyacetylnitrate on man's maximal aerobic capacity. *Journal of Applied Physiology* 36:288-293.
53. Sawka, M.N., R.P. Francesconi, A.J. Young, and K.B. Pandolf. 1984. Influence of hydration level and body fluids on exercise performance in the heat. *Journal of the American Medical Association* 252(9): 1165-1169.
54. Sawka, M.N., A.J. Young, R.P. Francesconi, S.R. Muza, and K.B. Pandolf. 1985. Thermoregulatory and blood responses during exercise at graded hypohydration levels. *Journal of Applied Physiology* 59:1394-1401.
55. Sharman, J.E., J.R. Cockcroft, and J.S. Coombes. 2004. Cardiovascular implications of exposure to traffic air pollution during exercise. *QJM* 97:637-643.
56. Sharkey. B.J. 1990. *Physiology of fitness.* 3rd ed. Champaign. IL: Human Kinctics.
57. Sutton, J.R. 1990. Exercise and the environment. In *Exercise, fitness, and health,* ed. C. Bouchard, R.J. Shephard, T. Stephens, J.R, Sutton, and B.D. McPherson, 165-178. Champaign, IL: Human Kinetics.
58. Swain, D.P., K.S. Abernathy, C.S. Smith, S.J. Lee, and S.A. Bunn. 1994. Target heart rates for the development of cardiorespiratory fitness. *Medicine and Science in Sports and Exercise* 26:112-116.
59. Swain, D.P., and B.C. Leutholtz. 1997. Heart rate reserve is equivalent to %$\dot{V}O_2$reserve, not to %$\dot{V}O_2$max. *Medicine and Science in Sports and Exercise* 29:410-414.
60. Swain, D.P., B.C. Leutholtz, M.E. King, L.A. Haas, and J.D. Branch. 1998. Relationship between % heart rate reserve and %$\dot{V}O_2$reserve in treadmill exercise. *Medicine and Science in Sports and Exercise* 30:318-321.
61. Swain, D.P., and B.A. Franklin. 2002. $\dot{V}O_2$reserve and the minimal intensity for improving cardiorespiratory fitness. *Medicine and Science in Sports and Exercise* 34:152-157.
62. Tanaka, H., K.D. Monahan, and D.R. Seals. 2001. Age-predicted maximal heart rate revisited. *Journal of the American College of Cardiology* 37:153-156.
63. United States Department of Health and Human Services. 1996. *Surgeon General's report on physical activilly and health.* Washington, DC: Author.
64. United States Department of Health and Human Services. 2000. *Healthy people 2010: National health promotion and disease prevention objectives.* Washington, DC: Author.
65. Zanobetti, A., M.J. Canner, P.H. Stone, J. Schwartz, D. Sher, E. EaganBengston, K.A. Gates, L.H. Hartley, H. Suh, and D.R. Gold. 2004. Ambient pollution and blood pressure in cardiac rehabilitation patients. *Circulation* 110:2184-2189.

Capítulo 11

1. American College of Sports Medicine. 2001. Appropriate intervention strategies for weight loss and prevention of weight regain for adults. *Medicine and Science in Sports and Exercise* 33:2145-2156.
2. American College of Sports Medicine. 2006. *ACSM's guidelines for exercise testing and prescription.* Baltimore: Lippincott Williams & Wilkins.
3. American Psychiatric Association. 1994. *Diagnostic and statistical manual of mental disorders.* Washington, DC: American Psychiatric Press.
4. Bassett, D.R., P.L. Schneider, and G.E. Huntington. 2004. Physical activity in an Old Order Amish community. *Medicine and Science in Sports and Exercise* 36:79-85.
5. Beamer, B.A. 2003. Genetic influences on obesity. In *Obesity: Etiology, assessment, treatment and prevention,* ed. R.E. Anderson, 43-56. Champaign, IL: Human Kinetics.
6. Bouchard, C., L. Perusse, C. Leblanc, A. Tremblay, and G. Theriault. 1988. Inheritance of the amount and distribution of human body fat. *International Journal of Obesity* 12:205-215.
7. Cottrell, R.R. 1992. *Weight control.* Guilford, CT: Dushkin.
8. Cunningham. J.J. 1991. Body composition as a determinant of energy expenditure: A synthetic review and a proposed general prediction equation. *American Journal of Clinical Nutrition* 54:963-969.
9. DiPietro, L. 1999. Physical activity in the prevention of obesity: Current evidence and research issues. *Medicine and Science in Sports and Exercise* 31: S542-S546.
10. Flegal, K., M. Carroll, C. Ogden, and C. Johnson. 2002. Prevalence and trends in obesity among US adults, 1999-2000. *Journal of the American Medical Association* 288:1723-1727.
11. Flegal, K.M. 1999. The obesity epidemic in children and adults: Current evidence and research issues. *Medicine and Science in Sports and Exercise* 31: S509-S514.

12. Food and Nutrition Board, Institute of Medicine. 2002. *Dietary reference intakes for energy, carbohydrate, fiber, fat, fatty acids, cholesterol, protein, and amino acids.* Washington, DC: National Academies Press.
13. Grundy, S.M., G. Blackburn, M. Higgins, R. Lauer, M.G. Perri, and D. Ryan. 1999. Physical activity in the prevention and treatment of obesity and its comorbidities: Roundtable consensus statement. *Medicine and Science in Sports and Exercise* 31: S502-S508.
14. Hedley, A.A., C.L. Ogden, C.L. Johnson, M.D. Carroll, L.R. Curtin, and K.M. Flegal. 2004. Prevalence of overweight and obesity among US children, adolescents, and adults, 1999-2002. *Journal of the American Medical Association* 291:2847-2850.
15. Hill, J.O., and E.L. Melanson. 1999. Overview of the determinants of overweight and obesity: Current evidence and research issues. *Medicine and Science in Sports and Exercise* 31: S515-S521.
16. Holden, J.H., L.L. Darga, S.M. Olson, D.C. Stettner, E.A. Ardito, and C.P. Lucas. 1992. Long-term follow-up of patients attending a combination very-low calorie diet and behaviour therapy weight loss programme. *International Journal of Obesity* 16:605-613.
17. Hornbuckle, L.M., D.R. Bassett Jr., and D.L. Thompson. 2005. Pedometerdetermined walking and body composition variables in African-American women. *Medicine and Science in Sports and Exercise* 37:1069-1074.
18. Jebb, S.A., and M.S. Moore. 1999. Contribution of a sedentary lifestyle and inactivity to the etiology of overweight and obesity: Current evidence and research issues. *Medicine and Science in Sports and Exercise* 31:S534-S541.
19. Johnson, M.D. 1994. Disordered eating. In *Medical and orthopedic issues of active and athletic women,* ed. R. Agostini, 141-151. Philadelphia: Hanley & Belfus.
20. Krumm, E.M., O.L. Dessieux, P Andrews, and D.L. Thompson. 2006. The relationship between daily steps and body composition in postmenopausal women. *Journal of Women's Health* 15(2):202-210.
21. Lavery, M.A., and J.W. Loewy. 1993. Identifying predictive variables for long-term weight change after participation in a weight loss program. *Journal of the American Dietetic Association* 93:1017-1024.
22. Lichtman, S.W., K. Pisarska, E.R. Berman, M. Pestone, H. Dowling, E. Offenbacher, H. Weisel, S. Heshka, D.E. Matthews, and S.B. Heymsfield. 1992. Discrepancy between self-reported and actual caloric intake and exercise in obese subjects. *New England Journal of Medicine* 327:1893-1898.
23. Molé, P.A. 1990. Impact of energy intake and exercise on resting metabolic rate. *Sports Medicine* 10:72-87.
24. Montoye, H.J., H.C.G. Kemper, W.H.M. Saris, and R.A. Washburn. 1996. *Measuring physical activity and energy expenditure.* Champaign, IL: Human Kinetics.
25. Must, A., J. Spandano, E.H. Coakley, A.E. Field, G. Colditz, and W.H. Dietz. 1999. The disease burden associated with overweight and obesity. *Journal of the American Medical Association* 282:1523-1529.
26. National Heart, Lung, and Blood Institute. 1998. *Clinical guidelines on the identification, evaluation, and treatment of overweight and obesity in adults* (NIH Publication No. 98-4083). Bethesda, MD: National Institutes of Health—National Heart, Lung, and Blood Institute.
27. Ogden, C.L., C.D. Fryar, M.D. Carroll, and K.M. Flegal. 2004. *Mean body weight, height, and body mass index, United States* 1960-2002 (Advance data from vital and health statistics; No. 347). Hyattsville. MD: National Center for Health Statistics.
28. Prentice, A.M., and S.A. Jebb. 2000. Physical activity level and weight control in adults. In *Physical activity and obesity,* ed. C. Bouchard, 247-261. Champaign, IL: Human Kinetics.
29. Salbe,A.D., and E. Ravussin. 2000. The determinants of obesity. In *Physical activity and obesity,* ed. C. Bouchard, 69-102. Champaign,IL: Human Kinetics.
30. Stunkard, A.J., T.I.A. Sørensen, C. Hanis, T.W. Teasdale, R. Charkraborty, W.J. Schull, and F. Schulsinger. 1986. An adoption study of human obesity. *New England Journal of Medicine* 314:193-198.
31. Thompson, D.L., J. Rakow, and S.M. Perdue. 2004. Relationship between accumulated walking and body composition in middle-aged women. *Medicine and Science in Sports and Exercise* 36:911-914.
32. Wadden, T.A., and A.J. Stunkard. 1993. Psychosocial consequences of obesity and dieting: Research and clinical findings. In *Obesity: Theory and therapy,* ed. A.J. Stunkard and T.A. Wadden, 163-177. New York: Raven Press.
33. Welle, S., G.B. Forbes, M. Statt, R.R. Barnard, and J.M. Amatruda. 1992. Energy expenditure under free-living conditions in normalweight and overweight women. *American Journal of Clinical Nutrition* 55:14-21.
34. Westerterp, K.R. 2000. The assessment of energy and nutrient intake in humans. In *Physical activity and obesity* ed. C. Bouchard, 133-149. Champaign, IL: Human Kinetics.
35. Williamson, D.F., J. Madans, R.F. Anda, J.C. Kleinman, H.S. Kahn, and T. Byers. 1993. Recreational physical activity and ten-year weight change in a US national cohort. *International Journal of Obesity* 17:279-286.
36. Wing, R.R., and J.O. Hill. 2001. Successful weight loss maintenance. *Annual Review of Nutrition* 21:323-341.
37. Wright, J.D., J. Kennedy-Stephenson, C.Y. Wang, M.A. McDowell, and C.L. Johnson. 2004. Trends in intake of energy and macronutrients—United States. 1971-2000. *Morbidity and Mortality. Weekly Report* 53:80-82.

Capítulo 12

1. American Academy of Pediatrics. 2001. Strength training for children and adolescents. *Pediatrics* 107:1470-1472.
2. American Association of Cardiovascular and Pulmonary Rehabilitation. 2003. *Guidelines for cardiac rehabilitation and secondary prevention programs.* 4th ed. Champaign, IL: Human Kinetics.
3. American College of Obstetricians and Gynecologists. 2002. Exercise during pregnancy and the postpartum period. *International Journal of Gynecology and Obstetrics* 77:79-81.
4. American College of Sports Medicine. 1997. *ACSM's health/fitness facility standards and guidelines.* 2nd ed. Champaign, IL: Human Kinetics.
5. American College of Sports Medicine. 1998. Exercise and physical activity for older adults. *Medicine and Science in Sports and Exercise* 30:992-1008.
6. American College of Sports Medicine. 2006. *ACSM's guidelines for exercise testing and prescription.* 7th ed. Philadelphia: Lippincott Williams & Wilkins.
7. Baechle, T., and R. Earle. 2000. *Essentials of strength training and conditioning.* 2nd ed. Champaign, IL: Human Kinetics.
8. Baechle, T., and R. Earle. 2006. *Weight training: Steps to success.* 3rd ed. Champaign, IL: Human Kinetics.
9. Bass, S. 2000. The prepubertal years. A uniquely opportune stage of growth when the skeletal is most responsive to exercise? *Sports Medicine* 30(2): 73-78.
10. Beniamini, Y., J. Rubenstein, A. Faigenbaum, A. Lichtenstein, and M. Crim. 1999. High intensity strength training of patients enrolled in an outpatient cardiac rehabilitation program. *Journal of Cardiopulmonary Rehabilitation* 19:8-17.
11. Brown, L. 2000. *Isokinetics in human performance.* Champaign, IL: Human Kinetics.
12. Carpinelli, R., and R. Otto. 1998. Strength training: Single versus multiple sets. *Sports Medicine* 26:73-84.
13. Campos, G., T. Luecke, H. Wendeln, K. Toma, F. Hagerman, T. Murray. K. Ragg, N. Ratamess, W. Kraemer, and R. Staron. 2002. Muscular adaptations in response to three different resistance training regimens: Specificity of repetition maximum training zones. *European Journal of Applied Physiology* 88: 50-60.
14. Chu, D. 1998. *Jumping into plyometrics.* 2nd ed. Champaign, IL: Human Kinetics.
15. Cunningham, C., M. Morris, C. Murphy, J. Wenson. 2002. *Stability ball training.* Monterey, CA: Healthy Learning.
16. Davies, G. 1995. The need for critical thinking in rehabilitation. *Journal of Sport Rehabilitation* 4:1-22.
17. Davies, G., L. Wolfe, M. Mottola, and C. MacKinnon. 2003. Joint SOGC/CSEP clinical practice guideline: Exercise in pregnancy and the postpartum period. *Canadian Journal of Applied Physiology* 28: 329-341.

18. DeLorme, T., and A. Watkins. 1948. Techniques of progressive resistance exercise. *Archives of Physical Medicine and Rehabilitation* 29:263-273.
19. Dempsey, J., C. Butler, and M. Williams. 2005. No need for a pregnant pause: Physical activity may reduce the occurrence of gestational diabetes mellitus and preclampsia. *Exercise and Sport Science Reviews* 33:141-149.
20. Drinkwater, B. 1995. Weight-bearing exercise and bone mass. *Physical Medicine and Rehabilitation Clinics of North America* 6:567-578.
21. Faigenbaum, A. 2001. Strength training and children's health. *Journal of Physical Education, Recreation and Dance* 72:24-30.
22. Faigenbaum, A. 2003. Youth resistance training. *PCPFS Research Digest* 4(3): 1-8.
23. Faigenbaum, A., W. Kraemer, B. Cahill, J. Chandler, J. Dziados, L. Elfrink, E. Forman, M. Gaudiose, L. Micheli, M. Nitka, and S. Roberts. 1996. Youth resistance training: Position statement paper and literature review. *Strength and Conditioning* 18:62-75.
24. Faigenbaum, A., and Westcott, W. 2000. *Strength and power for young athletes*. Champaign, IL: Human Kinetics.
25. Fiatarone, M.A., E.C. Marks, N.D. Ryan, C.N. Meredith, L.A. Lipsitz, and W. Evans. 1990. High-intensity strength training in nonagenarians: Effects on skeletal muscle. *Journal of the American Medical Association* 263:3029-3034.
26. Fiatarone, M., E. O'Neill, N. Ryan, K. Clements, G. Solares, M. Nelson. S. Roberts, J. Kehayias, L. Lipsitz, and W. Evans. 1990. Exercise training and nutritional supplementation for physical frailty in very elderly people. *New England Journal of Medicine* 330:1769-1775.
27. Fleck, S. 1999. Periodized strength training: A critical review. *Journal of Strength and Conditioning Research* 13:82-89.
28. Fleck, S., and W. Kraemer. 2004. *Designing resistance training programs*. 3rd ed. Champaign, IL: Human Kinetics.
29. Fry, A., and W. Kraemer. 1997. Resistance exercise overtraining and overreaching. *Sports Medicine* 23(2):106-129.
30. Garshasbi, A., and S. Zadeh. 2005. The effect of exercise on the intensity of low back pain in pregnant women. *International Journal of Gynecology and Obstetrics* 88: 271-275.
31. Glass, S., and D. Stanton. 2004. Self-selected resistance training intensity in novice weightlifters. *Journal of Strength and Conditioning Research* 18:324-327.
32. Graves, J., M. Pollock, S. Leggett, R. Braith, D. Carpenter, and L. Bishop. 1988. Effect of reduced frequency on muscular strength. *International Journal of Sports Medicine* 9:316-319.
33. Hass, C., L. Garzarella, D. De Hoyos, and M. Pollock. 2000. Single versus multiple sets in long-term recreational weightlifters. *Medicine and Science in Sports and Exeercise* 32:235-242.
34. Henwood, T., and D. Taaffe. 2005. Improved physical performance in older adults undertaking a short-term programme of high velocity resistance training. *Gerontology* 51:108-115.
35. Hettinger, R., and E. Muller. *1953*. Muskelleistung und muskeltraining (Muscle achievement and muscle training). *Arbeits Physiologie* 15:111-126.
36. Hewett, T., G. Myer, and K. Ford. 2005. Reducing knee and anterior cruciate ligament injuries among female athletes. *Journal of Knee Surgery* 18:82-88.
37. Hoeger, W., S. Barette, D. Hale, and D. Hopkins. 1987. Relationship between repetitions and selected percentages on the one repetition maximum. *Journal of Applied Sport Science Research* 1:11-13.
38. Hoffman, J. 2002. *Physiological aspects of sports training and performance*. Champaign, IL: Human Kinetics.
39. Jacobson, B. 1986. *A comparison of two progressive weight training techniques on knee extensor strength*. *Athletic Training* 21:315-319.
40. Jones, C., C. Christensen, and M. Young. 2000. Weight training injury trends. *Physician and Sportsmedicine* 28:61-72.
41. Kalapotharakos, V., M. Michalopoulos, S. Tokmakidis, G. Godolias, and V. Gourgoulis. *2005*. Effects of heavy and moderate resistance training on functional performance in older adults. *Journal of Strength and Conditioning Research* 19: 652-657.
42. Kato, S., and T. Ishiko. 1964. Obstructed growth of children's bones due to excessive labor in remote corners. In *Proceedings of the International Congress of Sports Sciences,* ed. S. Kato, 476. Tokyo: Japanese Union of Sports Sciences.
43. Keeler, L., L. Finkelstein, W. Miller, and B. Fernhall. 2001. Early phase adaptations to traditional speed vs. super slow resistance training on strength and aerobic capacity in sedentary individuals. *Journal of Strength and Conditioning Research* 15:309-314.
44. Kelemen, M.H., K. Stewart, R.E. Gillilan, C.K. Ewart. S.A. Valenti, J.D. Manley, and M.D. Kelemen. 1986. Circuit weight training in cardiac patients. *Journal of the American College of Cardiology,* 7:38-42.
45. Kohrt, W., S. Bloomfield, L. Kathleen, M. Nelson, and V. Yingling. 2004. Physical activity and bone health. *Medicine and Science in Sports and Exercise* 36:1985-1996.
46. Komi, P.V. 2000. Stretch-shortening cycle: A powerful model to study normal and fatigued muscle. *Journal of Biomechanics* 33:1197-1206.
47. Kraemer. W., K. Adams, E. Cafarelli, E. Cafarelli, G. Dudley, C. Dooly, M. Feigenbaum, et al. 2002. Progression models in resistance training for healthy adults. *Medicine and Science and Sports and Exercise* 34:364-380.
48. Kraemer. W., and S. Fleck. 1988. Resistance training: Exercise prescription (part 4 of 4). *Physician and Sports Medicine.* 16:69-81.
49. Kraemer, W., B. Noble, B. Culver, and M. Clark. 1987. Physiologic responses to heavy resistance exercise with very short rest periods. *International Journal of Sports Medicine* 8:247-252.
50. Kraenier, W., and N. Ratemess. 2005. Hormonal responses and adaptations to resistance exercise and training. *Sports Medicine* 35:339-361.
51. Kraemer, W., and N. Ratamess. 2004. Fundamentals of resistance training: Progression and exercise prescription. *Medicine and Science in Sports and Exercise* 36:674-688.
52. Kraemer, W., N. Ratemess, and D. French. 2002. Resistance training, for health and performance. *Current Sports Medicine Reports* 1:165-171.
53. Kraemer, W., N. Ratamess, A. Fry, T. Triplett-McBride, P. Koziris, J. Bauer. J. Lynch, and S. Fleck. 2000. Influence of resistance training volume and periodization on physiological and performance adaptations in collegiate women tennis players. *American Journal of Sports Medicine* 28(5): 626-632.
54. Kramer, J., M. Stone, H. O'Bryant, M. Conley, R. Johnson, D. Nieman, D. Honeycutt. and T. Hoke. 1997. Effects of single vs. multiple set of weight training: Impact of volume, intensity and variation. *Journal of Strength tend Conditioning Research* 11(3): 143-147.
55. Leon, A., B. Franklin, F. Costa, G. Balady, K. Berra, K. Stewart, P. Thompson, M. Williams, and M. Lauer. 2005. Cardiac rehabilitation and secondary prevention of coronary heart disease. *Circulation* 111:369-376.
56. Lombardi, V. 2000. 1998 U.S. weight training injuries and deaths. *Medicine and Science in Sports and Exercise* 32: S346.
57. Mann, D., and M. Jones. 1999. Guidelines to the implementation of a dynamic stretching program. *Strength and Conditioning Journal* 11:51-55.
58. Marx, J., N. Ratamess, B. Nindl, L. Gotshalk, J. Volek, K. Dohi, J. Bush, A. Gomez. S. Mazzetti, S. Fleck, K. Hakkinen, R. Newton, and W. Kraemer. 2001. Low volume circuit versus high volume periodized resistance training in women. *Medicine and Science in Sports and Exercise* 33:635-643.
59. Mazzette, S., W. Kraemer, J. Volek, N. Duncan, N. Ratamess, A. Gomez, R. Newton, K. Hakkinen, and S. Fleck. 2000. The influence of direct supervision of resistance training on strength performance. *Medicine and Science in Sports and Exercise* 32:1175-1184.
60. Mediate, P., and A. Faiggenbaum. 2004. *Medicine ball training for all*. Monterey Bay, CA: Healthy Learning.
61. McCartney, N. 1998. Role of resistance training in heart disease. *Medicine and Science in Sports and Exercise* 30 (Suppl. 10): S396-S402.
62. McGee, D., T. Jessee, H. Stone, and D. Blessing. 1992. Leg and hip endurance adaptations to three weight training programs. *Journal of Applied Sport Science Research* 6:92-95.
63. Mikesky, A., C. Gidding, W. Mathews, and W. Gonyea. 1991. Changes in muscle fiber size and composition in response to heavy-resistance exercise. *Medicine and Science in Sports and Exercise* 23:1042-1049.
64. Morris, S., and N. Johnson. 2005. Exercise during pregnancy: A critical appraisal of the literature. *Jourrnal of Reproductive Medicine* 50:181-188.

65. Nelson, M., M. Fiatarone, C. Morganti, I. Trice, R. Greenberg, and W. Evans. 1994. Effects of high intensity strength training on Multiple risk factors for osteoporotic fractures. *Journal of the American Medical Association* 272:1909-1914.
66. Pearson, D., A. Faigenbaum, M. Conley, and W. Kraemer. 2000. The National Strength and Conditioning Association's basic guidelines for the resistance training of athletes. *Strength and Conditioning Journal* 22(4): 14-27.
67. Pollock, M., B. Franklin, G. Balady, B. Chaitman, J. Fleg, B. Fletcher. M. Limacher. I. Pina, R. Stein, M. Williams, and T. Bazzarre. 2000. Resistance exercise in individuals with and without cardiovascular disease: Benefits, rationale, safety and prescription. *Circulation* 101(7): 828-833.
68. Potach, D., and D. Chu. 2000. Plyometric training. In *Essentials of strength training and conditioning*. 2nd ed. Ed. T. Baechle and R. Earle, 427-440. Champaign, IL: Human Kinetics.
69. Rhea, M., B. Alavar, L. Brukett, and S. Ball. 2003. A meta-analysis to determine the dose response for strength development. *Medicine and Science in Sports and Execise* 35:456-464.
70. Rutherford, O.M., and D.D. Jones. 1986. The role of learning and coordination in strength training. *European Journal of Applied Physiology* 55:100-105.
71. Sadres, E.,A. Eliakim, N. Constantini, R. Lidor, and B. Falk. 2001. The effect of long-term resistance training on anthropometric measures, muscle strength, and self-concept in pre-pubertal boys. *Pediatric Exercise Science* 13:357-372.
72. Schlicht, J., N. Camaione, and V. Owen. 2001. Effect of intense strength training on standing balance, walking speed, and sit to stand performance in older adults. *Journal of Gerontology* 56A: M281-M286.
73. Schlumberger, A., J. Stec, and D. Schmidtbleicher. 2001. Single vs. multi-set strength training in women. *Journal of Strength and Conditioning Research* 15:284-289.
74. Sothern, M., J. Loftin, J. Udall, R. Suskind, T. Ewing, S. Tang, and U. Blecker. 2000. Safety, feasibility and efficacy of a resistance training program in preadolescent obese youth. *American Journal of the Medical Sciences* 319(6): 370-375.
75. Starkey, D.B., M.L. Pollock, T. Ishida, Y. Ishida, M. Welsch, W. Bechve, J. Graves, and M. Feigenbaum. 1996. Effect of resistance training volume on strength and muscle thickness. *Medicine and Science in Sports and Exercise* 28:1311-1320.
76. Stewart, K.J, K.L. Turner, A.C. Bacher, J.R. DeRegis, J. Sung, M. Tayback, and P. Ouyang. 2003. Are fitness, activity and fatness associated with health-related quality of life and mood in older persons? *Journal of Cardiopulmonary Rehabilitation* 23:115-121.
77. Stone, M., R. Keith, J. Kearney, S. Fleck, G. Wilson, and N. Triplett. 1991. Overtraining: A review of signs and symptoms. *Journal of Applied Strength and Conditioning Research* 5:35-50.
78. Stone, M.H., H. O'Bryant, and J. Garhammer. 1981. A hypothetical model for strength training. *Journal of Sports Medicine* 21:342-351.
79. Sung, R. Y., C.W. Yu, S.K. Chang, S.W. Mo, K.S. Woo, and C.W. Lam. 2002. Effects of dietary intervention and strength training on blood lipid level in obese children. *Archives of Diseases in Childhood* 86:407-410.
80. Vincent, K., R. Braith, R. Feldman, P. Magyari, R. Cutler, S. Persin, L. Lennon, A. Gabr, B. Lowenthall. 2002. Resistance exercise and physical performance in adults aged 60 to 83. *Journal of the American Geriatric Society* 50:1100-1107.
81. Vincent. S. R. Pangrazi, A. Raustorp, L.Tomson, and T. Cuddihy. 2003. Actvity levels and body mass index of children in the United States, Sweden and Australia. *Medicine and Science in Sports and Exercise* 35(8): 1367-1373.
82. Westcott, W., and T. Baechle. 1999. *Strength training for seniors*. Champaign, IL: Human Kinetics.

Capítulo 13

1. Axler, C.T., and S.M. McGill. 1997. Low back loads over a variety of abdominal exercises: Searching for the safest abdominal challenge. *Medicine and Science in Sports and Exercise* 29(6): 804-811.
2. Battie, M.C., T. Videman, K. Gill, G.B. Moneta, R. Nyman, J. Kaprio, and M. Koskenvut. 1991. Smoking and lumbar intervertebral disc degeneration: An MRI study of identical twins. *Spine* 16(9): 1015-1021.
3. Biering-Sorensen, F. 1984. Physical measurements as risk indicators for low-back trouble over a one-year period. *Spine* 9(2): 106-119.
4. Bogduk, N. 1998. *Clinical anatomy of the lumbar spine and sacrum*. London: Churchill Livingstone.
5. Borenstein, D.G., and S.W. Wiesel. 1989. *Low back pain—Medical diagnosis and comprehensive management*. Philadelphia: Saunders.
6. Cailliet, R. 1988. *Low back pain syndrome*. Philadelphia: Davis.
7. Crisco, J.J., and M.M. Panjabi. 1991. The intersegmental and multisegmental muscles of the spine: A biomechanical model comparing lateral stabilising potential. *Spine* 16(7): 793-799.
8. Fritz, J.M., and G.E. Hicks. 2001. Exercise protocols for low back pain. In *Exercise prescription and the back*, ed. W. Liemohn, 167-181. New York: McGraw-Hill Medical.
9. Goldby, L.J., A.P. Moore, J. Doust, M.E. Trew. 2006. A randomized controlled trial investigating the efficiency of musculoskeletal physiotherapy on chronic low back disorder. *Spine* 31(10): 1083-1093.
10. Juker, D., S. McGill, P. Kropf, and T. Steffen. 1998. Quantitative intramuscular myoelectric activity of lumbar portions of psoas and the abdominal wall during a wide variety of tasks. *Medicine and Science in Sports and Exercise* 30(2): 301-310.
11. Liemohn, W.P., T.A. Baumgartner, and L.H. Gagnon. 2005. Measuring core stability. *Journal of Strength and Conditioning Research* 19(3): 583-586.
12. Liemohn, W., and L.H. Gagnon. 2001. Efficacy of therapeutic exercise in low back rehabilitation. In *Exercise prescription and the back*, ed. W. Liemohn, 229-240. New York: McGraw-Hill Medical.
13. Liemohn, W., and M. Miller. 2001. Low back pain incidence in sports. In *Exercise prescription and the back*, ed. W. Liemohn, 99-134. New York: McGraw-Hill Medical.
14. Liemohn, W., and G. Pariser. 2002. Core strength: Implications for fitness and low back pain. *ACSM's Health and Fitness Journal* 6(5): 10-16.
15. Luoto, S., M. Heliovaara, H. Hurri, and H. Alaranta. 1995. Static back endurance and the risk of low back pain. *Clinical Biomechanics* 10:323-324.
16. McGill, S. 2004. *Ultimate back fitness and performance*. Waterloo, ON: Wabuno.
17. McGill, S. 2004. Mechanics and pathomechanics of muscles acting on the lumbar spine. In *Kinesiology: The mechanics and pathomechanics of human movement*, ed. C.A. Oatis, 563-575. Philadelphia: Lippincott Williams & Wilkins.
18. Nachemson, A.L., B.J. Andersson, and A.B. Schultz. 1986. Valsalva maneuver biomechanics: Effects on lumbar trunk loads of elevated intraabdominal pressures. *Spine* 11:476-479.
19. Nitz, A.J., and D. Peck. 1986. Comparison of muscle spindle concentrations in large and small human epaxial muscles acting in parallel combinations. *American Journal of Surgery* 52:273-277.
20. O'Sullivan, P.B., L. Twomey, and G.T. Allison. 1997. Dynamic stabilization of the lumbar spine. *Critical Reviews in Physical and Rehabilitation Medicine* 9(3-4): 315-330.
21. Porterfield, J.A., and C. DeRosa. 1998. *Mechanical low back pain–Perspective infunctional anatomy*. Philadelphia: Saunders.
22. Sinaki, M., M.P. Lutness, D.M. Ilstrup, C.P. Chu, and R.R. Gramse. 1989. Lumbar spondylolisthesis: Retrospective comparison and three-year follow-up of two conservative treatment programs. *Archives in Physical Medicine and Rehabilitation* 70(8): 594-598.
23. Waddell, G. 1998. *The back pain revolution*. Edinburgh, UK: Churchill Livingstone.
24. White, A.A., and M.M. Panjabbi. 1990. *Clinical biomechanics of the spine*. Philadelphia: Lippincott Williams & Wilkins.
25. Zuhosky, J.P., and J.L. Young. 2001. Functional physical assessment for low back injuries in the athlete. In *Exercise prescription and the back*, ed. W. Liemohn, 67-88. New York: McGraw-Hill Medical.

Capítulo 14

1. American College of Sports Medicine. 2006. *ACSM's guidelines for exercise testing and prescription.* 7th ed. Philadelphia: Lippincott Williams & Wilkins.
2. Centers for Disease Control and Prevention. 2003. Prevalence of physical activity, including lifestyle activities among adults—United States, 2000-2001. *Morbidity and Mortality Weekly* 52:764-769.
3. Dishman, R.K. 1990. Determinants of participation in physical activity. In *Exercise, fitness, and health,* ed. C. Bouchard, R.J. Shephard, T. Stephens, J.R. Sutton, and B.D. McPherson, 75-101. Champaign, IL: Human Kinetics.
4. Franklin, B.A., N.B. Oldridge, K.G. Stoedefalke, and W.E. Loechel. 1990. *On the ball.* Carmel, IN: Benchmark Press.
5. Franklin, B.A., N.B. Oldridge, K.G. Stoedefalke, and W.E. Loechel. 2001. *The sport ball exercise handbook.* Monterey, CA: Exercise Science.
6. Franks, B.D., and E.T. Howley. 1998. *Fitness leaders handbook.* 2nd ed. Champaign, IL: Human Kinetics.
7. Garrick, J.G., and R.K. Requa. 1988. Aerobic dance—A review. *Sports Medicine* 6:169-179.
8. Giese, M.D. 1988. Organization of an exercise session. In *Resource manual guidelines for exercise testing and prescription,* ed. S.N. Blair, P. Painter, R. Pate, L.K. Smith, and C.B. Taylor, 244-247. Philadelphia: Lea & Febiger.
9. Kasser, S.L. 1995. *Inclusive games: Movement fun for everyone.* Champaign, IL: Human Kinetics.
10. Kisselle, J., and K. Mazzeo. 1983. *Aerobic dance.* Englewood, CO: Morton.
11. Londeree, B.R., and M.I. Moeschberger. 1982. Effect of age and other factors on maximal heart rate. *Research Quarterly for Exercise and Sport* 53:297-304.
12. Mazzeo, JW. 1984. *Shape-up.* Englewood, CO: Morton.
13. McSwegin, P.J., and C.L. Pemberton. 1993. Exercise leadership: Key skills and characteristics. In *ACSM's resource manual for guidelines for exercise testing and prescription.* 2nd ed. Ed. J.L. Durstine, A.C. King, P.L. Painter, J.L. Roitman, L.D. Zwiren, and W.L. Kenney, 319-326. Philadelphia: Lea & Febiger.
14. New Games Foundation. 1976. *The new games book.* Garden City, NY: Dolphin Books.
15. Oldridge, N.B. 1988. Qualities of an exercise leader. In *Resource manual for guidelines for exercise testing and prescription,* ed. S.N. Blair, R Painter, R.R. Pate, L.K. Smith, and C.B. Taylor, 239-243. Philadelphia: Lea & Febiger.
16. Peters, T.J., and R.H. Waterman. 1982. *In search of excellence.* New York: Warner Books.
17. Sanders, M.E., ed. 1999. *YMCA water fitness for health.* Champaign, IL: Human Kinetics.
18. Seaman, J. 1999. Physical activity and fitness for persons with disabilities. *PCPFS Research Digest* 3(5).
19. Williford, H.N., M. Scharff-Olson, and D.L. Blessing. 1989. The physiological effects of aerobic dance—A review. *Sports Medicine* 8:335-345.

Capítulo 15

1. American College of Sports Medicine. 2006. *ACSM's guidelines for exercise testing and prescription.* 7th ed. Philadelphia: Lippincott Williams & Wilkins.
2. Åstrand, P-O. 1952. *Experimental studies of physical working capacity in relation to sex and age.* Copenhagen: Ejnar Munksgaard.
3. Bar-Or, O. 1995. Health benefits of physical activity during childhood and adolescence. *PCPFS Research Digest* 2(4).
4. Bar-Or, O., and R.M. Malina. 1995. Activity, fitness, and health of children and adolescents. In *Child health, nutrition, and physical activity,* ed. L.W.Y. Cheung and J.B. Richmond, 79-123. Champaign, IL: Human Kinetics.
5. Bunker, L.K. 1998. Psycho-physiological contributions of physical activity and sports for girls. *PCPFS Research Digest* 3(l).
6. Centers for Disease Control and Prevention. 1997. Guidelines for school and community programs to promote lifelong physical activity among young people. *Morbidity and Mortality Weekly Report* 44(RR-6): 1-36.
7. Cooper Institute for Aerobic Research. 2005. *FITNESSGRAM: Test administration manual.* 3rd ed. Champaign, IL: Human Kinetics.
8. Corbin, C.B., R.P. Pangrazi, and G.C. LaMasurier. 2004. Physical activity for children: Current patterns and guidelines. *PCPFS Research Digest* 5(2).
9. Cureton, K.J., and G.L. Warren. 1990. Criterion-referenced standards for youth health-related fitness tests: A tutorial. *Research Quarterly for Exercise and Sports* 61:7-19.
10. Fardy, P., and A. Azzollini. 1998. The PATH program. *Active youth: Ideas for implementing CDC physical activity promotion guidelines,* 81-85. Champaign, IL: Human Kinetics.
11. Malina, R.M. 2001. Tracking of physical activity across the life span. *PCPFS Research Digest* 3(14).
12. McKenzie, F.D., and J.B. Richmond. 1998. Linking health and learning: An overview of coordinated school health programs. In *Health is academic: A guide to coordinated school health programs,* ed. E. Marx, S. Frelick Wooley, and D. Northrop, 1-14. New York: Teachers College Press.
13. Morrow Jr., J.R., and A.W. Jackson. 1999. Physical activity promotion and school physical education. *PCPFS Research Digest* 3(7).
14. National Association for Sport and Physical Education. 2004. *Physical activity for children: A statement of guidtlines for children ages 5-12.* 2nd ed. Reston, VA: Author.
15. National Center for Education in Maternal and Child Health. 2001. *Bright futures in practice: Physical activity.* Arlington, VA: Author.
16. Park, R.S. 1989. *Measurement of physical fitness: A historical perspective.* Washington, DC: ODPHP National Health Information Center.
17. Pate, R. 1998. Physical activity for young people. *PCPFS Research Digest* 3(3).
18. President's Council on Physical Fitness and Sports. 2005. *President's Challenge Physical Activity and Fitness Award Program.* Washington, DC: Author.
19. Robinson, S. 1938. Experimental studies of physical fitness in relation to age. *Arbeitsphysiologie* 10:251-323.
20. Rowland, T.W. 1999. Adolescence: A "risk factor" for physical inactivity. *PCPFS Research Digest* 2(4).
21. Rowland, T.W. 1990. *Exercise and children's health.* Champaign, IL: Human Kinetics.
22. Sallis, J.F. 1994. Influences on physical activity of children, adolescents, and adults or determinants of active living. *PCPFS Research Digest* 1(7).
23. Sallis, J.F., T.L. McKenzie, J.E. Alcaraz, B. Kolody, N. Faucette, and M. Hovell. 1997. The effects of a 2-year physical education program (SPARK) on physical activity and fitness on elementary school students. *American Journal of Public Health* 87:45-50.
24. Sallis, J.F., T.L. McKenzie, B. Kolody, M. Lewis, S. Marshall, and P. Rosegard. 1999. Effects of health-related physical education on academic achievement: Project SPARK. *Research Quarterly for Exercise and Sport* 70:127-134.
25. Sallis, J.F., K. Patrick, and B.L. Long. 1994. An overview of international consensus conference on physical activity guidelines for adolescents. *Pediatric Exercise Science* 6:299-301.
26. Satcher, D. 1998. Opening remarks. *Childhood obesity: Causes and prevention* (CNPP-6). Washington, DC: U.S. Department of Agriculture Center for Nutrition Policy and Promotion.
27. Seefeldt, V.D., and M.E. Ewing. 1997. Youth sports in America: An overview. PCPFS *Research Digest* 2(11).
28. Strong, W.B., R.M. Malina, C.J.R. Blimkie, S.R. Daniles, R.K. Dishman, B. Gutin, A.C. Hergenroeder, A. Must, P.A. Nixon, J.M. Pivarnik, T. Rowland, S. Trost, and F. Trudeau. 2005. Evidenced based physical activity for school-age youth. *J. Pediatrics* 146:732-737.
29. U.S. Department of Agriculture. 1999. *Childhood obesity: Causes and prevention. Symposium proceedings* (CNPP-6). Washington, DC: U.S. Department of Agriculture Center for Nutrition Policy and Promotion.
30. U.S. Department of Health and Human Services. 1996. *Physical activity and health: Report of the Surgeon General.* Atlanta: U.S. Department of Health and Human Services, Centers for Disease Control

and Prevention, National Center for Chronic Disease Prevention and Health Promotion.
31. U.S. Department of Health and Human Services. 2000. *Healthy people 2010.* Washington, DC: Author.
32. Weiss, M.R. 2000. Motivating kids in physical activity. *PCPFS Research Digest* 30 (11).
33. Zwiren, L.D. 2001. Exercise testing and prescription considerations throughout childhood. In *ACSM's resource manual for guidelines for exercise testing and prescription.* 4th ed. Ed. J.L. Roitman, 520-528. Philadelphia: Lippincott Williams & Wilkins.

Capítulo 16

1. American College of Sports Medicine. 1998. Exercise and physical activity for older adults. *Medicine and Science in Sports and Exercise* 30:992-1008.
2. American College of Sports Medicine. 1998. The recommended quantity and quality of exercise for developing and maintaining cardiorespiratory and muscular fitness, and flexibility in healthy adults. *Medicine and Science in Sports and Exercise* 30:975-991.
3. American College of Sports Medicine. 2006. *ACSM's guidelines for exercise testing and prescription.* 7th ed. Baltimore: Lippincott Williams & Wilkins.
4. American Council on Exercise. 1998. *Exercise for the older adult.* Champaign, IL: Human Kinetics.
5. Bloomfield, S.A., and S.S. Smith. 2003. Osteoporosis. In *ACSM's exercise management for persons with chronic diseases and disabilities.* 2nd ed. Eds. J. L. Durstine and G. E. Moore, 222-229. Champaign, IL: Human Kinetics.
6. Chodzko-Zajko, W.J. 1998. Physical activity and aging: Implications for health and quality of life in older persons. *PCPFS Research Digest* 3(4).
7. Criswell. D.S. 2001. Human development and aging. In *ACSM's health and fitness certification review.* Eds. J. L. Roitman and K. W. Bibi, 31-47. Baltimore: Lippincott Williams & Wilkins.
8. Fiatarone, M.A., E.C. Marks, N.D. Ryan, C.N. Meredith, L.A. Lipsitz, and W.J. Evans. 1990. High-intensity strength training in nonagenarians. *Journal of the American Medical Association* 263:3029-3034.
9. Fitzgerald, M.D., H. Tanaka, Z.V. Tran, and D.R. Seals. 1997. Age-related declines in maximal aerobic capacity in regularly exercising vs. sedentary women: A meta-analysis. *Journal of Applied Physiology* 83:160-165.
10. Fitzgerald. P.L. 1985. Exercise for the elderly. *Medical Clinics of North Almerica* 69:189-196.
11. Frontera, W.R., C.N. Meredith, K.P. O'Reilly, and W.J. Evans. 1990. Strength training and determinants of $\dot{V}O_2$max in older men. *Journal of Applied Physiology* 68:329-333.
12. Frontera, W.R., C.N. Meredith, K.P. O'Reilly, H.G. Knuttgen, and W.J. Evans. 1989. Strength conditioning in older men: Skeletal muscle hypertrophy and improved function. *Journal of Applied Physiology* 64:1038-1044.
13. Holloszy, J.O., and W.M. Kohrt. 1995. Exercise. In *Handbook of physiology, section 11: Aging,* ed. E.J. Masoro, 633-666. New York: Oxford Press.
14. Howley, E.T. 200 1. Type of activity: Resistance, aerobic and leisure versus occupational physical activity. *Medicine and Science in Sports and Exercise* 33: S364-S369.
15. Kraemer, W.J., S.J. Fleck, and W.J. Evans. 1996. Strength and power training: Physiological mechanisms of adaptations. *Exercise and Sport Sciences Reviews* 24:363-397.
16. Minor, M.A., and D.R. Kay. 2003. Arthritis. In *ACSM's exercise management for persons with chronic diseases and disabilities.* Eds. J. L. Durstine and G. E. Moore 210-216. Champaign, IL: Human Kinetics.
17. Pate, R.R., M. Pratt. S.N. Blair, W.L. Haskell, C.A. Marcera, and C. Bouchard. 1995. Physical activity and public health: A recommendation from the Centers for Disease Control and Prevention and the American College of Sports Medicine. *Journal of the American Medical Association* 273:402-407.
18. Rikli, R.E., and C.J. Jones. 2001. *Senior fitness test manual.* Champaign, IL: Human Kinetics.
19. Rimmer, J.H. 1994. *Fitness and rehabilitation programs for special populations.* Dubuque, IA: Brown & Benchmark.
20. Rogers. M.A., and W.J. Evans. 1993. Changes in skeletal muscle with aging: Effects of exercise training. *Exercise and Sport Sciences Reviews* 21:65-102.
21. Shephard, R.J. 1997. *Aging, physical activity and health.* Champaign, IL: Human Kinetics.
22. Skinner, J.S. 2005. Aging for exercise testing and exercise prescription. In *Exercise testing and exercise prescription for special cases.* 3rd ed. Ed. J.S. Skinner, 85-99. Baltimore: Lippincott Williams & Wilkins.
23. Spirduso, W.W., K.L. Francis, and P.G. MacRae. 2005. *Physical dimensions of aging.* 2nd ed. Champaign, IL: Human Kinetics.
24. Spirduso, W.W., and D.L. Cronin. 2001. Exercise dose response effects on quality of life and independent living in older adults. *Medicine and Science in Sports and Exercise* 33: S598-S608.
25. U.S. Department of Health and Human Services. 1996. *Physical activity and health: A report of the Surgeon General.* Washington, DC: Author.
26. U.S. Department of Health and Human Services. 2003. *A profile of older Americans: 2003.* Washington, DC: Author.
27. World Health Organization. 1997. *A summary of the physiological benelits of physical activity for older persons.* Geneva, Switzerland: Author.

Capítulo 17

1. American College of Sports Medicine. 1995. Position stand on osteoporosis and exercise. *Medicine and Science in Sports and Exercise* 27:i-vii.
2. American College of Sports Medicine. 1997. Position stand on the female athlete triad. *Medicine and Science in Sports and Exercise* 29:i-ix.
3. American College of Sports Medicine. 2004. Physical activity and bone health. *Medicine and Science in Sports and Exercise* 36:1985-1996.
4. American College of Sports Medicine. 2006. *ACSM's guidelines for exercise testing and prescription.* Baltimore: Lippincott Williams & Wilkins.
5. American College of Obstetricians and Gynecologists. 2003. Exercise during pregnancy and the postpartum period. *Clinical Obstetrics and Gynecology* 46:496-499.
6. Artal, R., C. Sherman, and N.A. DiNubile. 1999. Exercise during pregnancy. *The Physician and Sportsmedicine* 27:51-60+.
7. Bloomfield, S.A., and S.S. Smith. 2003. Osteoporosis. In *ACSM's exercise management for persons with chronic diseases and disabilities,* ed. J.L. Durstine and G.E. Moore, 222-229. Champaign, IL: Human Kinetics.
8. Drinkwater, B.L., K. Nilson. C.H. Chesnut, W.J. Bremner, S. Schainholtz, and M.B. Southworth. 1984. Bone mineral content of amenorrheic and eumenorrheic athletes. *New England Journal of Medicine* 311:277-281.
9. Heffernan, A.E. 2000. Exercise and pregnancy in primary care. *The Nurse Practitioner* 25:42, 49, 53-56, 59-60.
10. Hobart, J.A., and D.R. Smucker. 2000. The female athlete triad. *American Family Physician* 61:3357-3364. 3367.
11. Johnson, M.D. 1994. Disordered eating. In *Medical and orthopedic issues of active and athletic women,* ed. R. Agostini, 141-151. Philadelphia: Hanley & Belfus.
12. Khan, K., H. McKay, P. Kannus, D. Bailey, J. Wark, and K. Bennell. 2001. *Physical activity and bone health.* Champaign, IL: Human Kinetics.
13. Metcalfe, L., T. Lohman, S. Going, L. Houtkooper, D. Ferriera, H. Flint-Wagner, T. Guido, J. Martin, J. Wright, and E. Cussler. 2001. Postmenopausal women and exercise for prevention of osteoporosis: The Bone, Estrogen, Strength Training (BEST) study. *ACSM's Health and Fitness Journal* 5:6-14.
14. National Institutes of Health. 2000. Osteoporosis prevention. diagnosis, and therapy. NIH Consensus Development Conference. Bethesda, MD: National Institutes of Health.
15. Nichols, D.L., and E.V. Essery. 2006. Osteoporosis and exercise. In *ACSM's resource manual for guidelines for exercise testing and*

prescription, ed. L.A. Kaminsky, 489-499. Baltimore, MD: Lippicott Williams & Wilkins.
16. Smolak, L., S.K. Murnen, and A.E. Ruble. 2000. Female athletes and eating problems: A meta-analysis. *International Journal of Eating Disorders* 27:371-380.
17. U.S. Department of Health and Human Services. 2004. *Bone health and osteoporosis: A report of the Surgeon General.* Rockville, MD: U.S. Department of Health and Human Services, Office of the Surgeon General.
18. Wang, T.W., and B.S. Apgar. 1998. Exercise during pregnancy. *American Family Physician* 57:1846-1852, 1857.

Capítulo 18

1. American College of Sports Medicine. 2004. Position stand: Exercise and hypertension. *Medicine and Science in Sports and Exercise* 36(3): 533-553.
2. American College of Sports Medicine. 2006. *ACSM's guidelines for exercise testing and prescription.* 7th ed. Baltimore: Lippincott Williams & Wilkins.
3. American Association for Cardiovascular and Pulmonary Rehabilitation. 2004. *Guidelines for cardiac rehabilitation and secondary prevention programs.* 4th ed. Champaign, IL: Human Kinetics.
4. American Heart Association. 2005. *Heart and stroke statistics—2005 update.* Dallas: American Heart Association.
5. Brubaker, P.H., L.A. Kaminsky, and M.H. Whaley. 2002. *Coronary artery disease: Essentials of prevention and rehabilitation programs.* 83-110. Champaign, IL: Human Kinetics.
6. Clausen, J.P. 1977. Circulatory adjustments to dynamic exercise and physical training in normal subjects and in patients with coronary artery disease. In *Exercise and the heart,* ed. E.H. Sormenblick and M. Lesch, 39-75. New York: Grime & Stratton.
7. Enos, W., R. Holmes, and J. Beyer. 1953. Coronary disease among United States soldiers killed in action in Korea. *Journal of the American Medical Association* 152:1090-1093.
8. Franklin, B.A. 2003. Myocardial infarction. In *ACSM's exercise management for persons with chronic disease and disability,* ed. J.L. Durstine and G.E. Moore, 24-31. Champaign, IL: Human Kinetics.
9. Franklin, B.A. 2003. Coronary artery bypass grafting and angioplasty. In *ACSM's exercise management for persons with chronic disease and disability,* ed. J.L. Durstine and G.E. Moore, 32-39. Champaign. IL: Human Kinetics.
10. Grines, C.L. 1996. Aggressive intervention for myocardial infarction: Angioplasty, stents, and intra-aortic balloon pumping. *American Journal ofcardiology* 78:29-34.
11. Hagberg, J.M. 1990. Exercise, fitness, and hypertension. In *Physical activity, fitness, andhealth,* ed. C. Bouchard, R.J. Shephard, and T. Stephens, 993-1005. Champaign, IL: Human Kinetics.
12. Hillegass E.A., and W.C. Temes. 2001. Therapeutic interventions in cardiac rehabilitation and prevention. In *Essentials of cardiopulmonary physical therapy.* 2nd ed. Ed. E.A. Hillegass and H.S. Sadowsky, 676-726. Philadelphia: Saunders.
13. Kaplan, N.M. 1994. *Clinical hypertension.* 6th ed. Baltimore: Williams & Wilkins.
14. Ornish, D., L.W. Scherwitz, and J.H. Billings. 1998. Intensive lifestyle changes for reversal of coronary heart disease. *Journal of the American Medical Association* 280:2001-2007.
15. Paschkow, F.J., and S.A. Harvey. 2001. Diagnosis of coronary artery disease. In *ACSM's* resource *manual for guidelines for exercise testing and prescription.* 4th ed. Ed. J.L. Roitman, 246-253. Baltimore: Lippincott Williams & Wilkins.
16. Pollock, M.L., and J.H. Wilmore. 1990. *Exercise in health and disease.* 2nd ed. Philadelphia: Saunders.
17. Regensteiner, J.G., and W.G. Hunt. 2001. Exercise in the management of peripheral arterial disease. In *ACSM's resource manual for guidelines for exercise testing and prescription.* 4th ed. Ed. J.L. Roitman. 292-298. Baltimore: Lippincott Williams & Wilkins.
18. Squires, R.W. 2006. Coronary atherosclerosis. In *ACSM's resource manual for guidelines for exercise testing and prescription.* 5th ed. Ed. L.A. Kaminsky, 411-426. Baltimore: Lippincott Williams & Wilkins.
19. Thompson, P.D. 1988. The benefits and risks of exercise training in patients with chronic coronary artery disease. *Journal of the American Medical Association* 259:1537-1540.
20. Wenger, N.K., and J.W. Hurst. 1984. Coronary bypass surgery as a rehabilitative procedure. In *Rehabilitation of the coronary patient,* ed. N.K. Wenger and H.K. Hellerstein, 115-132. New York: Wiley.

Capítulo 19

1. American College of Sports Medicine. 2001. Appropriate intervention strategies for weight loss and prevention of weight regain for adults. *Medicine and Science in* Sports *and Exercise* 33:2145-2156.
2. American College of Sports Medicine. 2006. *ACSM's guidelines for exercise testing and prescription.* Baltimore: Lippincott Williams & Wilkins.
3. Allison, D.B., K.R. Fontaine, J.E. Manson, J. Stevens, and T.B. VanItallie. 1999. Annual deaths attributable to obesity in the United States. *Journal of the American Medical Association* 282:1530-1538.
4. Ball, K., D. Crawford, and N. Owen. 2000. Too fat to exercise? Obesity as a barrier to physical activity. *Australian and New Zealand Journal of Public Health* 24:331-333.
5. Beamer, B.A. 2003. Genetic influences on obesity. In *Obesity: Etiology, assessment, treatment and prevention,* ed. R.E. Anderson, 43-56. Champaign, IL: Human Kinetics.
6. Bouchard, C., L. Perusse, C. Leblanc, A. Tremblay, and G. Theriault. 1988. Inheritance of the amount and distribution of human body fat. *International Journal of Obesity* 12:205-215.
7. DiPietro, L. 1999. Physical activity in the prevention of obesity: Current evidence and research issues. *Medicine and Science in Sports and Exercise* 31: S542-S546.
8. Expert Panel on the Identification, Evaluation and Treatment of Overweight and Obesity in Adults. 1998. Executive summary of the clinical guidelines on the identification, evaluation, and treatment of overweight and obesity in adults. *Archives of biternal Medicine* 158:1855-1867.
9. Flegal, K., M. Carroll, C. Ogden, and C. Johnson. 2002. Prevalence and trends in obesity among US adults, 1999-2000. *Journal of the American Medical Association* 288:1723-1727.
10. Flegal, K.M., B.I. Graubard, D.F. Williamson, and M.H. Gail. 2005. Excess deaths associated with underweight, overweight, and obesity. *Journal ofthe American Medical Association* 293:1861-1867.
11. Food and Nutrition Board, Institute of Medicine. 2002. *Dietary reference intakes for energy, carbohydrate, fiber, fat, fatty acids, cholesterol, protein, and amino acids.* Washington, DC: National Academies Press.
12. Gortmaker, S., A. Must, A. Sobel, K. Peterson, G.A. Colditz, and W.H. Dietz. 1996. Television viewing as a cause of increasing obesity among children in the United States. *Archives of Pediatric Adolescent Medicine* 150:356-362.
13. Grilo, C.M., and K.D. Brownell. 2001. Interventions for weight management. In *ACSM's resource manual guidelines for exercise testing and prescription.* 4th ed. Ed. J.L. Roitman, 594-591. Baltimore: Lippincott Williams & Wilkins.
14. Grundy, S.M., G. Blackburn, M. Higgins, R. Lauer, M.G. Perri, and D. Ryan. 1999. Physical activity in the prevention and treatment of obesity and its comorbiditics: Roundtable consensus statement. *Medicine and Science in Sports and Exercise* 31: S502-S508.
15. Hedley, A.A., C.L. Ogden, C.L. Johnson, M.D. Carroll, L.R. Curtin, and K.M. Flegal. 2004. Prevalence of overweight and obesity among US children, adolescents, and adults, 1999-2002. *Journal of the American Medical Association* 291:2847-2850.
16. Jakikic, J.M. 2003. Exercise in the treatment of obesity. *Endocrinology and Metabolism Clinics of North America* 32:967-980.
17. Jakikic, J.M. 2003. Exercise strategies for the obese patient. *Primary, Care* 30:393-403.
18. Jebb, S.A., and M.S. Moore. 1999. Contribution of a sedentary lifestyle and inactivity to the etiology of overweight and obesity: Current evidence and research issues. *Medicine and Science in Sports and Exercise* 31: S534-S541.
19. Kaminsky. L.A., and G. Dwyer. 2006. Body composition. In *ACSM's resource manual for guidelines for exercise testing and prescription.*

5th ed. Ed. L.A. Kaminsky, 195-205. Baltimore: Lippincott Williams & Wilkins.
20. Khan, L.K., and B.A. Bowman. 1999. Obesity: A major global public health problem. *Annual Review of Nutrition* 19:xiii-xvii.
21. Li, Z., M. Maglione, W. Tu, W. Mojica, D. Arterburn, L.R. Shugarman, L. Hilton, M. Suttorp, V. Solomon, P.G. Shekelle, and S.C. Morton. 2005. Meta-analysis: Pharmacologic treatment of obesity. *Annals of Internal Medicine* 142:532-546.
22. Lohman, T.G., L. Houtkooper, and S.B. Going. 1997. Body fat measurement goes high-tech: Not all are created equal. *ACSM's Health and Fitness Journal* 1:30-35.
23. Maggard, M.A., L.R. Shugarman, M. Suttorp, M. Maglione, H.J. Sugarman, E.H. Livingston, N.T. Nguyen, Z. Li, W. Mojica, L. Hilton, S. Rhodes, S.C. Morton, and P.G. Shekelle. 2005. Meta-analysis: Surgical treatment of obesity. *Annals Internal Medicine* 142:547-559.
24. National Heart, Lung, and Blood Institute. 1998. *Clinical guidelines on the identification, evaluation, and treatment of overweight and obesity in adults* (NIH Publication No. 98-4083). Bethesda, MD: National Institutes of Health-National Heart, Lung, and Blood Institute.
25. Okosun, I.S., K.M.D. Chandra, A. Boev, J.M. Boltri, S.T. Choi, D.C. Parrish, and G.E.A. Dever. 2004. Abdominal adiposity in U.S. adults: Prevalence and trends, 1960-2000. *Preventive Medicine* 39:197-206.
26. Robinson, T.N. 1998. Does television cause childhood obesity? *Journal of the American Medical Association* 279:959-960.
27. Sallie, A.D., and E. Ravussin. 2000. The determinants of obesity. In *Physical activity and obesity*, ed. C. Bouchard, 69-102. Champaign, IL: Human Kinetics.
28. Saris, W.H.M., S.N. Blair, M.A. van Baak, S.B. Eaton, P.S.W. Davies, L. Di Pietro, M. Fogelholm, A. Rissanen, D. Schoeller, B. Swinburn, A. Tremblay, K.R. Westerterp, and H. Wyatt. 2003. How much physical activity is enough to prevent unhealthy weight gain? Outcome of the IASO 1st Stock Conference and consensus statement. *Obesity Reviews* 4:101-114.
29. Seidell, J.C. 2000. The current epidemic of obesity. In *Physical activity and obesity*, ed. C. Bouchard. 21-30. Champaign, IL: Human Kinetics.
30. Snow, V., P. Barry, N. Fitterman, A. Qaseem, and K. Weiss. 2005. Pharmacologic and surgical management of obesity in primary care: A clinical practice guideline for the American College of Physicians. *Annals of Internal Medicine* 142:525-531.
31. Stubbs. C.O., and A.J. Lee. 2004. The obesity epidemic: Both energy intake and physical activitv contribute. *Medical Journal of Australia* 181:489-491.
32. U.S. Department of Health and Human Services. 2001. *The Surgeon General's call to action to prevent and decrease overweight and obesity*. Rockville. MD: U.S. Government Printing Office.
33. Wallace, J.P. 2003. Obesity. In *ACSM's exercise management for persons with chronic diseases and disabilities*. 2nd ed. Ed. J.L. Durstine and G.E. Moore, 149-156. Champaign, IL: Human Kinetics.
34. Welk. G.J., and Blair. S.N. 2000. Physical activity protects against the health risks of obesity. *PCPFS Resarch Digest* 3:1-7.
35. Wing, R.R. 1999. Physical activity in the treatment of adulthood overweight and obesity: Current evidence and research issues. *Medicine and Science in Sports and Exercise* 31:S547-S552.
36. Wing, R.R., and Hill, J.O. 2001. Successful weight loss maintenance. *Annual Review of Nutrition* 21:323-341.

Capítulo 20

1. American College of Sports Medicine. 2000. Exercise and type 2 diabetes. *Medicine and Science in Sports and Exercise* 32:1345-1360.
2. American College of Sports Medicine. 2006. *ACSM's guidelines for exercise testing and prescription*. Baltimore: Lippincott Williams & Wilkins.
3. American Diabetes Association. 2003. Economic costs of diabetes in the U.S. in *2002. Diabetes Care* 26:917-932.
4. American Diabetes Association. 2004. Physical activity/exercise and diabetes. *Diabetes Care* 27: S58-S62.
5. American Diabetes Association. 2005. Standards of medical care in diabetes. *Diabetes Care* 28: S4-S36.
6. Bassuk, S.S., and J.E. Manson. 2005. Epidemiological evidence for the role of physical activity in reducing risk of type 2 diabetes and cardiovascular disease. *Journal of Applied Physiology* 99:1193-1204.
7. Eriksson, J.G. 1999. Exercise and the treatment of type 2 diabetes mellitus: An update. *Sports Medicine* 27:381-391.
8. Ford, E.S., W.H. Giles, and A.H. Mokdad. 2004. Increasing prevalence of the metabolic syndrome among U.S. adults. *Diabetes Care* 27:2444-2449.
9. Gordon, N.F. 1993. *Diabetes: Your complete exercise guide*. Champaign, IL: Human Kinetics.
10. Grundy, S.M., J.L. Cleeman, S.R. Daniels, K.A. Donato, R.H. Eckel, B.A. Franklin, D.J. Gordon, R.M. Krauss, P.J. Savage, S.C. Smith, J.A. Spertus, and F. Costa. 2005. Diagnosis and management of the metabolic syndrome: An American Heart Association/National Heart, Lung, and Blood Institute Scientific Statement. *Circulation* 112:2735-2752.
11. Hornsby, W.G., and A.L. Albright. 2003. Diabetes. In *ACSM's exercise management for persons with chronic diseases and disabilities*, ed. J.L. Durstine and G.E. Moore, 133-141. Champaign, IL: Human Kinetics.
12. Kriska, A. 2000. Physical activity and the prevention of type 2 diabetes mellitus: How much for how long? *Sports Medicine* 29:147-151.
13. Lampman, R.M., and B.N. Campaigne. 2006. Exercise testing in patients with diabetes. In *ACSM's resource manual for guidelines for exercise testing and prescription*, ed. L.A. Kaminsky, 245-254. Baltimore: Lippincott Williams & Wilkins.
14. U.S. Department of Health and Human Services. 2000. *Healthy people 2010: Understanding and improving health*. Washington, DC: U.S. Government Printing Office.
15. Verity. L.S. 2006. Diabetes mellitus and exercise. In *ACSM's resource manual for guidelines for exercise testing and prescription*, ed. L.A. Kaminsky, 470-479. Baltimore: Lippincott Williams & Wilkins.

Capítulo 21

1. American Association of Cardiovascular and Pulmonary Rehabilitation. 2004. *Guidelines for pulmonary rehabilitation programs*. 3rd ed. Champaign, IL: Human Kinetics.
2. American College of Sports Medicine. 2006. *ACSM's guidelines for exercise testing and prescription*. 7th ed. Baltimore: Lippincott Williams & Wilkins.
3. Barr, R.N. 2001. Pulmonary rehabilitation. In *Essentials of cardiopulmonary physical therapy*. 2nd ed. Ed. E.A. Hillegass and H.S. Sadowsky. 727-751. Philadelphia: Saunders.
4. Berman, L.B.. and J.R. Sutton. 1986. Exercise and the pulmonary patient. *Journal of Cardiopulmonary Rehabilitation* 6:52-6 1.
5. Borg. G.A. 1998. *Borg's perceived exertion and pain scales*. Champaign, IL: Human Kinetics.
6. Brubaker, PH., L.A. Kaminsky, and M.H. Whaley. 2002. *Coronary artery disease: Essentials of prevention and rehabilitation programs*. Champaign, IL: Human Kinetics.
7. Cahalin. L.P., and H.S. Sadowsky. 2001. Pulmonary medications. In *Essentials of cardiopulmonary physical therapy*. 2nd ed. Ed. F.A. Hillegass and H.S. Sadowsky. 587-607. Philadelphia: Saunders.
8. Casaburi, R. 2001. Special considerations for exercise training in chronich lung disease. In *ACSM's resource manual for guidelines for exercise testing and prescription*. 4th ed. Ed. J.L. Roitman. 346-352. Baltimore: Lippincott Williams & Wilkins.
9. Clough, P. 2001. Restrictive lung dysfunction. In *Essentials of cardiopulmonary physical therapy*. 2nd ed. Ed. E.A. Hillegass and H.S. Sadowsky, 183-255. Philadelphia: Saunders.
10. Cooper, C.B. 1995. Determining the role of exercise in patients with chronic pulmonary disease. *Medicine and Science in Sports and Exercise* 27:147-157.
11. Davidson, A.C., R. Leach, R.J.D. George, and D.M. Geddes. 1988. Supplemental oxygen and exercise ability in chronic obstructive airways disease. *Thorax* 43:965-971.
12. Davis, P.B. 1991. Cystic fibrosis: A major cause of obstructive air ways disease in the young. In *Chronic obstructive pulmonary disease*, ed. N.S. Cheniack, 297-307. Philadelphia: Saunders.

13. Garritan. S.L. 1994. Chronic obstructive pulmonary disease. In *Essentials of cardiopulmonary physical therapy*, ed. E.A. Hillegass and H.S. Sadowsky, 257-284. Philadelphia: Saunders.
14. Guyton, A.C., and J.E. Hall. 2006. *Textbook of medical physiology*. 11 th ed. Philadelphia: Saunders.
15. Hurd, S. 2000. The impact of CCPD on lung health worldwide. *Chest* 117:1S-4S.
16. Lacroix, VJ. 1999. Exercise-induced asthma. *The Physician and Sportsmedicine* 27:75-92.
17. Mahler, D.A., and M.B. Horowitz. 1994. Perception of breathlessness during exercise in patients with respiratory disease. *Medicine and Science in Sports and Exercise* 26:1078-1081.
18. Peno-Green. L.A., and C.B. Cooper. 2006. Treatment and rehabilitation of pulmonary diseases. In *ACSM's resource manual for guidelines for exercise testing and prescription*. 4th ed. Ed. M.H. Whaley, 452-469. Baltimore: Lippincott Williams & Wilkins.
19. Rundell, K.W., and D.M. Jenkinson. 2002. Exercise-induced bronchospasm in the elite athlete. *Sports Medicine* 32:583-600.

Capítulo 22

1. Adams, J.. and M. White. 2003. Are activity promotion interventions based on the transtheoretical model effective? A critical review. *British Journal of Sports Medicine* 37:106-114.
2. Annesi, J.J. 1996. *Enhancing exercise motivation*. Los Angeles: Leisure.
3. Biddle, S., and C.R. Nigg. 2000. Theories of exercise behavior. *International Journal of Sport Phychology* 31:290-3304.
4. Buckworth. J. 2000. Exercise determinants and interventions. *International Journal of Sport Psychology* 2:305-320.
5. Croteau. K.A. 2004. A preliminary Study on the impact of a pedometer-based intervention on daily steps. *American Journal of Health Promotion* 18:217-220.
6. Dishman, R.K., and J. Buckworth. 1996. Adherence to physical activity. In *Physical activity and mental health*, ed. W.P. Morgan, 63-80. Washington, DC: Taylor & Francis.
7. Ewing, R. 2005. Can the physical environment determine physical activity levels? *Exercise and Sport Sciences Reviews* 33:69-75.
8. Ewing, R., T. Schmid, R. Killingsworth, A. Zlot, and S. Raudenbush. 2003. Relationship between urban sprawl and physical activity, obesity, and morbidity. *American Journal of Health Promotion* 18:47-57.
9. Gabriele, J.M., M.S. Walker, D.L. Gill, K.D. Harber, and E.B. Fisher. 2005. Differentiated roles of social encouragement and social constraint on physical activity behavior. *Annals Behavioral Medicine* 29:210-215.
10. Hagger, M.S., N.L.D. Chatzisarantis, and S.J.H. Biddle. 2002. A meta-analytic review of the theories of reasoned action and planned behavior in physical activity: Predictive validity and the contribution of additional variables. *Journal of Sport and Exercise Psychology* 24:3-32.
11. Hultquist, C.N, C. Albrigght, and D.L. Thompson. 2005. Comparison of walking recommendations in previously inactive women. *Medicine and Science in Sports and Exercise* 37:676-683.
12. King. A.C., J.E. Martin. and C. Castro. 2006. Behavioral strategies to enhance physical activity participation. In *ACSM's resource manual for guidelines for exercise testing and prescription*, ed. L.A. Kaminsky and K.A. Bonzheim, 572-580. Philadelphia: Lippincott Williams & Wilkins.
13. King, A.C., D. Stokols, E. Talen, G.S. Brassington, and R. Killingsworth. 2002. Theoretical approaches to the promotion of physical activity: Forging a transdisciplinary paradigm. *American Journal of Preventive Medicine* 23:15-25.
14. Knapp, D.N. 1988. Behavioral management techniques and exercise promotion. In *Exercise adherence*, ed. R.K. Dishman. 203-236. Champaign. IL: Human Kinetics.
15. Kyllo, L.B., and D.M. Landers. 1995. Goal setting in sport and exercise: A research synthesis to resolve the controversy. *Journal of Sport and Exercise Psychology* 17:117-137.
16. Marcus. B., and L. Forsyth. 2003. *Motivating people to be physically active*. Champaign. IL: Human Kinetics.
17. Marcus, B.H., P.M. Dubbert, L.H. Forsyth, T.L. McKenzie. E.J. Stone, A.L. Dunn, and S.N. Blair. 2000. Physical activity behavior change: Issues in adoption and maintenance. *Health Psychology* 19:32-41.
18. Markland, D., and L. Hardy. 1993. The exercise motivation inventory: Preliminary development and validity of a measure of individuals reasons for participation in regular physical exercise. *Personality and Individual Differences* 15:289-296.
19. Marlatt, G.A., and J.R. Gordon. 1985. *Relapse prevention: Maintenance strategies in the treatment of addictive behaviors*. New York: Guilford Press.
20. Prochaska, J.O., and C.C. DiClemente. 1983. Stages and processes of self-change of smoking: Toward an integrative model of change. *Journal of Consulting and Clinical Psychology* 51:390-395.
21. Prochaska, J.O., and B.H. Marcus. 1994. The transtheoretical model: Applications to exercise. In *Advances in exercise adherence*, ed. R.K. Dishman, 161-180. Champaign, IL: Human Kinetics.
22. Prochaska, J.O., and W.F. Velicer. 1997. The transtheoretical model of behavior change. *American Journal of Health Promotion* 12:38-48.
23. Sonstroem, R.J. 1988. Psychological models. In *Exercise adherence: Its impact on public health*, ed. R.K. Dishman, 125-153. Champaign, IL: Human Kinetics.
24. Southard, D.R., and B.H. Southard. 2001. Health counseling skills. In *ACSM's resource manual for guidelines for exercise testing and prescription*, ed. J.L. Roitman and M. Herridge, 537-540. Baltimore: Williams & Wilkins.
25. Trost, S.G., N. Owen, A. Bauman, J.F. Sallis, and W.J. Brown. 2002. Correlates of adults' participation in physical activity: Review and update. *Medicine and Science in Sports and Exercise* 34:1996-2001.
26. Wallace, J.P., J.S. Raglin, and C.A. Jastremski. 1995. Twelve month adherence of adults who joined a fitness program with a spouse vs without a spouse. *The Journal of Sports Medicine and Physical Fitness* 35:200-213.

Capítulo 23

1. Anderson R., and D. Specter. 2000. Introduction to Pilates-based rehabilitation. *Orthopaedic Physical Therapy Clinics of North America* 9:395-410.
2. Cacciatore, T.W., F.B. Horak, and S.M. Henry. 2005. Improvement in automatic postural coordination following Alexander Technique lessons in a person with low back pain. *Physical Therapy* 85:565-578.
3. DiBenedetto, M., K.E. Innes, A. Taylor, P.F. Rodeheaver, J.A. Boxer, H.J. Wright, and D.C. Kerrigan. 2005. Effect of a gentle Iyengar yoga program on gait in the elderly: An exploratory study. *Archives of Physical Medicine and Rehabilitation* 96:18-30.
4. IDEA. Fitness Trends 2005. 2005. *IDEA Fitness Manager.* 17:11-12. San Diego: International Dance Exercise Association.
5. Kirkwood, G., H. Rampes, V. Tuffrey, J. Richardson, and K. Pilkington. 2005. Yoga for anxiety: A systematic review of the research evidence. *British Journal of Sports Medicine* 39:884-889.
6. La Forge, R. 1995. Exercise associated mood alterations: A review of interactive neurobiologic mechanisms. *Medicine Exercise and Health*. 4:17-34.
7. Miller, B.S. 1995. *Yoga: Discipline of freedom*. New York: Bantam Books.
8. Murrgesan, R., N. Govindarajulu, and T.K. Beta. 2000. Effect of yogic practices on the management of hypertension. *Indian Journal of Physiological Pharmacology* 44:207-210.
9. Pal, G.K., and S. Velkumary. 2004. Effect of short-term practice of breathing exercises on autonomic functions in normal human volunteers. *Indian Journal of Medical Research* 120:115-12 1.
10. Prakash, E.S. 2005. Effect of deep breathing at six breaths per minute on the frequency of premature ventricular complexes. *International Journal of Cardiology*. [Online]. Available: *doi:10.1016/j.ijcard.2005.05.075*.
11. Rickover, R.M. 1988. *Fitness without stress: A guide to the Alexander Technique*. Portland, OR: Metamorphous Press.
12. Sancier, K., and D. Holman. 2004. Multifaceted health benefits of qigong. *Journal of Alternative and Complementary Medicine* 10:163-166.
13. Segal, N.A., J. Hein, and J.R. Basford. 2004. The effects of Pilates training on flexibility and body composition: An observational study. *Archives of Physical Medicine and Rehabilitation* 85:1977-1981.

14. Sovik, R. 2000. The science of breathing—The yogic view. In E.A. Mayer and C.B. Sayer (Eds). *Progress in Brain Research* 122:491-505. Elsevier Science BV.
15. Wang, C., J.P. Collet, and J. Lau. 2004. The effect of tai chi on health outcomes in patients with chronic conditions. *Archives of Internal Medicine* 164:493-501.
16. Iyengar, B.K.S. 1977. *Light on Yoga: Yoga Dipika.* New York: Schocken Books.
17. Benson, H., and M.Z. Klipper. 1975. *The Relaxation Response.* William Morrow and Company, Inc.
18. Rosas, D., and C. Rosas. 2005. *The NIA Technique.* New York: Broadway Books.

Capítulo 24

1. Ades, P.A., P.G. Gunter, W.L. Meyer, T.C. Gibson, J. Maddalena, and T. Orfeo. 1990. Cardiac and skeletal muscle adaptations to training in systemic hypertension and effect of beta blockade (metoprolol or propranolol). *American Journal of Cardiology* 166(5):591-596.
2. American College of Sports Medicine. 2006. *Guidelines for exercise testing and prescription.* 7th ed. Baltimore: Lippincott Williams & Wilkins.
3. American College of Sports Medicine and American Heart Association. 2002. Joint position statement: Automated external defibrillators in health/fitness facilities. *Medicine and Science in Sports and Exercise* 34(3):561-564.
4. American Hospital Formulary Service. 2001. *Drug information* 2001. Bethesda, MD: American Society of Hospital Pharmacists.
5. Berne, R.M., and M.N. Levy. 2001. *Cardiovascular physiology.* 8th ed. St. Louis: Mosby.
6. Chang, K., and K.F. Hossack. 1982. Effect of diltiazem on heart rate responses and respiratory variables during exercise: Implications for exercise prescription and cardiac rehabilitation. *Journal of Cardiac Rehabilitation* 2:326-332.
7. Conover, M.B. 1996. *Understanding electrocardiography.* 7th ed. St. Louis: Mosby.
8. Donnelly, J.E. 1990. *Living anatomy.* 2nd ed. Champaign, IL: Human Kinetics.
9. Dubin, D. 2000. *Rapid interpretation of EKGs.* 6th ed. Tampa: Cover.
10. Ellestad, M. 1994. *Stress testing: Principles and practice.* Philadelphia: Davis.
11. Hossack, K.F., R.A. Bruce, and L.J. Clark. 1980. Influence of propranolol on exercise prescription of training, heart rates. *Cardiology* 65:47-58.
12. Hurst, JW. 1994. *Diagnostic atlas of the heart.* Philadelphia: Lippincott-Raven.
13. Kannel, W.B., and R.D. Abbot. 1984. Incidence and prognosis of unrecognized myocardial infarction. *New England Journal of Medicine* 311:1144-1147.
14. Kelbaek, H., T. Gjorup, S. Floistrup, O. Hartling, N. Christensen, and J. Godtfredsen. 1985. Acute effects of alcohol on left ventricular function in healthy subjects at rest and during upright exercise. *American Journal of Cardiology* 55: 164-167.
15. Kinderman, W. 1987. Calcium antagonists and exercise performance. *Sports Medicine* 4(3): 177-193.
16. MacGowan, G.A., D. O'Callaghan, and J.H. Horgan. 1992. The effects of verapamil on training in patients with ischemic heart disease. *Chest* 101(2): 411-415.
17. Pavia, L., G. Orlando, J. Myers, M. Maestri, and C. Rusconi. 1995. The effect of beta-blockade therapy on the response to exercise training in postmyocardial infarction patients. *Clinical Cardiology* 18(12):716-720.
18. Stein, E. 2000. *Rapid analysis of electrocardiograms: A self study program.* 3rd ed. Philadelphia: Lea & Febiger.
19. Tesch, P.A. 1985. Exercise performance and beta-blockade. *Sports Medicine* 2(6):389-412.
20. Williams, M.H. 1991. Alcohol, marijuana and beta blockers. In *Perspectives in exercise science and sports medicine: Vol. 4. Ergogenics: Enhancement of performance in exercise and sport,* ed. D.R. Lamb and M.H. Williams, 331-372. Dubuque, IA: Brown & Benchmark.

Capítulo 25

1. American Academy of Orthopedic Surgeons. 1977. *Emergency care and transportation of the sick and injured.* 2nd ed. Menasha, WI: Banta.
2. American Academy of Orthopedic Surgeons. 1998. *Emergency care and transportation of the sick and injured.* 7th ed. Sudbury, MA: Jones and Bartlett.
3. American Medical Association. 1966. *Standard nomenclature of athletic injuries.* Chicago: Author.
4. American Heart Association. 2005. *BLS for Healthcare Providers.* Dallas, Texas.
5. American Red Cross. 1993. *Adult CPR.* St. Louis: Mosby.
6. American Red Cross. 1993. *Community CPR.* St. Louis: Mosby.
7. American Red Cross. 1993. *Community first aid and safety.* St. Louis: Mosby.
8. American Red Cross. 1993. *Emergency response.* St. Louis: Mosby.
9. American Red Cross. 1993. *Preventing disease transmission.* St. Louis: Mosby.
10. American Red Cross. 2001. *First aid/CPR/AED program: Participant's booklet.* San Bruno, CA: Author.
11. Arnheim, D.D. 1987. *Essentials of athletic training.* St. Louis: Times Mirror/Mosby.
12. Arnheim, D.D., and W.E. Prentice. 2002. *Essentials of athletic training.* Boston: McGraw-Hill.
13. Arnheim, D.D., and W.E. Prentice. 1993. *Principles of athletic training.* 8th ed. St. Louis: Mosby.
14. Arnheim, D.D. 1989. *Modern principles of athletic training.* St. Louis: Times Mirror/Mosby.
15. Arnheim, D.D., and W.E. Prentice. 1993. *Principles of athletic training.* St. Louis: Mosby.
16. Bloomfield, J., P.A. Fricker, and K.P. Fitch, eds. 1992. *Textbook of science and medicine in sport.* Champaign, IL: Human Kinetics.
17. Booher, J.M., and G.A. Thibadeau. 1994. *Athletic injury assessment.* 3rd ed. St. Louis: Mosby.
18. Burke, E.R., and J.R. Berning, 1996. *Training nutrition: The diet and nutrition guide for peak performance.* Traverse City, MI: Cooper.
19. Department of Labor, Occupational Safety and Health Administration. 1991. Occupational exposure to bloodborne pathogens: Final rule. *Federal Register* [Online], 56(235): 1-36. Available: osha.gov/Publications/Osha3127.pdf [July 10, 2002].
20. Fahey, T.D. 1986. *Athletic training.* Mountain View, CA: May field.
21. Franks, B.D., and E.T. Howley. 1989. *Fitness facts: The healthy living handbook.* Champaign, IL: Human Kinetics.
22. Franks, B.D., and E.T. Howley. 1989. *Fitness leaders' handbook.* Champaign, IL: Human Kinetics.
23. Henderson, J. 1973. *Emergency medical guide.* 3rd ed. St. Louis: Mosby.
24. Hillman, S.K. 2000. *Introduction to athletic trainig.* Champaign IL: Human Kinetics.
25. Klafs, C.E., and D.D. Arnheim. 1977. *Modern principles of athletic training.* St. Louis: Mosby.
26. Morris, A.F. 1984. *Sports medicine: Prevention of athletic injuries.* Dubuque, IA: Brown.
27. Nieman, D.C. 1990. *Fitness and sports medicine: An introduction.* Palo Alto, CA: Bull.
28. Pfeiffer, R.P., and B.C. Pfeiffer. 1995. *Concepts of athletic training.* Boston: Jones & Bartlett.
29. Rankin, J.M., and C.D. Ingersoll. 1995. *Athletic training management: Concepts and applications.* St. Louis: Mosby.
30. Rankin, J.M., and C.D. Ingersoll. 2001. *Athletic training management: Concepts and applications.* 2nd ed. Boston: McGraw-Hill.
31. Reid, D. 1992. *Sports injury assessment and rehabilitation.* New York: Churchill Livingstone.
32. Ritter, M.A., and M.J. Albohm, 1987. *Your inquiry: A commonsense guide to sports injuries.* Indianapolis: Benchmark Press.
33. Scribner, K., and E. Burke, eds. 1978. *Relevant topics in athletic training.* New York: Mouvement.
34. Thygerson, A.L. 1987. *First aid and emergency care workbook.* Boston: Jones & Bartlett.

35. Torg, J.S., P.R. Welsh, and R.J. Shepard. 1990. *Current therapy in sports medicine,* St. Louis: Mosby.

Capítulo 26

1. Agoglia, J. 2005. The AED agenda. *Fitness Business Pro,* 6(2): 32-33.
2. American College of Sports Medicine. 2006. *ACSM's guidelines for exercise testing and prescription.* 7th ed. Baltimore: Lippincott Williams & Wilkins.
3. American College of Sports Medicine. 2005. *ACSM's resource manual for guidelines for exercise testing and prescription* (5th ed.). Philadelphia: Lippincott Williams & Wilkins.
4. American College of Sports Medicine. 2006. *ACSM's health fitness facility standards and guidelines* (3rd ed.). Philadelphia: Lippincott Williams & Wilkins.
5. American Heart Association and American College of Sports Medicine Joint Scientific Statement. 2002. Automated external defibrillators in health/fitness facilities. *Circulation* 105(9): 1147-1150.
6. Balady, G. Chaitman, D., Driscoll, C. Foster, E. Froelicher, N. Gordon, R. Pate, J. Rippe, and T. Bazzarre. 1998. American Heart Association and American College of Sports Medicine Joint Scientific Statement: Recommendations for cardiovascular screening, staffing, and emergency policies at health/fitness facilities. *Medicine and Science in Sports and Exercise* 30(96):1009-1018.
7. Brown, S. 2001, *An introduction to exercise science.* Baltimore: Lippincott Williams & Wilkins.
8. Eickhoff-Shemek, J., and F. Forbes. 1999. Waivers are usually worth the effort. *ACSM's Health and Fitness Journal* 3(4):24-30.
9. Eickhoff-Shemek, J., and K. Deja. 2000. Four steps to minimize legal liability in exercise programs. ACSM's *Health and Fitness Journal* 4(4):13-18.
10. Eickhoff-Shemek, J. 2002. Exercise equipment injuries: Who's at fault? *ACSM's Health and Fitness Journal* 6(l):27-30.
11. Herbet, D., and W. Herbert. 2005. Legal considerations. In *ACSM's resource manual for guidelines for exercise testing and prescription.* 5th ed. Ed. L.A. Kaminsky, 658-667. Philadelphia: Lippincott Williams & Wilkins.
12. Morrey, M., S. Finnie, D. Hensrud, and B. Warren. 2002. Screening, staffing, and emergency preparedness at worksite wellness facilities. *Medicine and Science in Sports and Exercise* 34(2):239-244.
13. Newkirk, J. 1999. Budgeting for control. *Fitness Management Magazine* 15(4):34-35.
14. Sattler, T., and C. Doniek. 1998. Planning and preparing a budget. *Fitness Management Magazine* 14(8):30-33.
15. Tharrett, S., and J. Peterson, eds. 1997. *ACSM's health/fitness facility standards and guidelines.* 2nd ed. Champaign, IL: Human Kinetics.

Capítulo 27

1. Gowitzke, B.A., and M. Milner. 1988. *Scientific bases of human movement.* 3rd ed. Baltimore: Williams & Wilkins.
2. Gray, H. 1994. *Anatomy of the human body.* Philadelphia: Lea & Febiger.
3. Hall, S.J. 1995. *Basic biomechanics.* 2nd ed. St. Louis: Mosby.
4. Hamill, J., and K. Knutzen. 1995. *Biomechanical basis of human movement.* Baltimore: Williams & Wilkins.
5. Hay, J.G., and J.G. Reid. 1988. *The anatomical and mechanical bases of human motion.* Englewood Cliffs, NJ: Prentice Hall.
6. Kreighbaum, E., and K.M. Barthels. 1996. *Biomechanics.* 4th ed. Minneapolis: Burgess.
7. Luttgens, K., H. Deutsch, and N. Hamilton. 1992. *Kinesiology.* 8th ed. Madison, WI: Brown & Benchmark.
8. Rasch, P.J. 1989. *Kinesiology and applied anatomy.* 7th ed. Philadelphia: Lea & Febiger.
9. Thompson, C.W. 1994. *Manual of structural kinesiology.* St. Louis: Mosby.

Capítulo 28

1. Åstrand, P-O. 1952. *Experimental studies of physical working capacity in relation to sex and age.* Copenhagen: Ejnar Monksgaard.
2. Åstrand, P-O., K. Rodahl, H.A. Dahl, and S.B. Stromme. 2003. *Textbook of work physiology.* 4th ed. Champaign, IL: Human Kinetics.
3. Bassett Jr., D.R. 1994. Skeletal muscle characteristics: Relationships to cardiovascular risk factors. *Medicine and Science in Sports and Exercise* 26:957-966.
4. Bassett, D.R., and E.T. Howley. 1997. Maximal oxygen uptake: Classical versus contemporary viewpoints. *Medicine and Science in Sports and Exercise* 29:591-603.
5. Bassett, D.R., and E.T. Howley. 2000. Limiting factors for maximal oxygen uptake and determinants of endurance performance. *Medicine and Science in Sports and Exercise* 32:70-84.
6. Bouchard, C., R. Lesage, G. Lortie, J. Simoneau, P. Hamel, M. Boulay, L. Perusse, G. Theriault, and C. Leblank. 1986. Aerobic performance in brothers, dizygotic and monozygotic twins. *Medicine and Science in Sports and Exercise* 18:639-646.
7. Brooks, G.A. 1985. Anaerobic threshold: Review of the concept, and directions for future research. *Medicine and Science in Sports and Exercise* 17:22-31.
8. Brooks, G.A., T.D. Fahey, and T.P. White. 2005. *Exercise physiology: Human bioenergetics and its application.* 4th ed. Mountain View, CA: Mayfield.
9. Claytor, R.P. 1985. *Selected cardiovascular, sympathoadrenal, and metabolic responses to one-leg exercise training.* Unpublished doctoral dissertation. University of Tennessee at Knoxville.
10. Coggan, A.R., and E.F. Coyle. 1991. Carbohydrate ingestion during prolonged exercise: Effects on metabolism and performance. *Exercise and Sport Sciences Reviews* 19:1-40.
11. Costill, D.L. 1988. Carbohydrates for exercise: Dietary demands of optimal performance. *International Journal of Sports Medicine* 9:1-18.
12. Coyle, E.F. 1988. Detraining and retention of training induced adaptations. In *Resource manual for guidelines for exercise testing and prescription,* ed. S.N. Blair, P. Painter, R.R. Pate, L.K. Smith, and C.B. Taylor, 83-89. Philadelphia: Lea & Febiger.
13. Coyle, E.F., M.K. Hemmert, and A.R. Coggan. 1986. Effects of detraining on cardiovascular responses to exercise: Role of blood volume. *Journal of Applied Physiology* 60:95-99.
14. Coyle, E.F., W.H. Martin III, S.A. Bloomfield, O.H. Lowry, and J.O. Holloszy. 1985. Effects of detraining on responses to submaximal exercise. *Journal of Applied Physiology* 59:853-859.
15. Coyle, E.F., W.H. Martin III, D.R. Sinacore, M.J. Joyner, J.M. Hagberg, and J.O. Holloszy. 1984. Time course of loss of adaptation after stopping prolonged intense endurance training. *Journal of Applied Physiology* 57:1857-1864.
16. Cureton, K.J., P.B. Sparling, BW. Evans, S.M. Johnson, U.D. Kong, and JW. Purvis. 1978. Effect of experimental alterations in excess weight on aerobic capacity and distance-running performance. *Medicine and Science in Sports* 10:194-199.
17. Davis, J.H. 1985. Anaerobic threshold: Review of the concept and directions for future research. *Medicine and Science in Sports and Exercise* 17:6-18.
18. Edington, D.W., and V.R. Edgerton. 1976. *The biology of physical activity.* Boston: Houghton Mifflin.
19. Ekblom, B., P-O. Astrand, B. Saltin, J. Stenberg, and B. Wallstrom. 1968. Effect of training on circulatory response to exercise. *Journal of Applied Physiology* 24:518-528.
20. Faulkner, J.A., D.E. Roberts, R.L. Elk, and J. Conway. 1971. Cardiovascular responses to submaximum and maximum effort cycling and running. *Journal of Applied Physiology* 30:457-461.
21. Fleck, S.J., and L.S. Dean. 1987. Resistance-training experience and the pressor response during resistance exercise. *Journal of Applied Physiology* 63:116-120.
22. Fox, E.L., R.W. Bowers, and M.L. Foss. 1998. *Fox's the physiological basis for exercise and sport.* 6th ed. Dubuque, IA: Brown.
23. Franklin, B.A. 1985. Exercise testing, training, and arm ergometry. *Sports Medicine* 2:100-119.
24. Gisolfi, C., and C.B. Wenger. 1984. Temperature regulation during exercise: Old concepts, new ideas. *Exercise and Sport Sciences Reviews* 12:339-372.

25. Hickson, R.C., H.A. Bomize, and J.O. Holloszy. 1977. Linear increase in aerobic power induced by a strenuous program of endurance exercise. *Journal of Applied Physiology: Respiratory, Environmental and Exercise Physiology* 42:372-376.
26. Hickson, R.C., H.A. Bomze, and J.O. Holloszy. 1978. Faster adjustment of O_2 uptake to the energy requirement of exercise in the trained state. *Journal of Applied Physiology: Respiratory, Environmental and Exercise Physiology* 44:877-881.
27. Hickson, R.C., C. Foster, M.L. Pollock, T.M. Galassi, and S. Rich. 1985. Reduced training intensities and loss of aerobic power, endurance, and cardiac growth. *Journal of Applied Physiology* 58:492-499.
28. Hickson, R.C., C. Kanakis Jr., J.R. Davis, A.M. Moore, and S. Rich. 1982. Reduced training duration effects on aerobic power, endurance, and cardiac growth. *Journal of Applied Physiology* 53:225-229.
29. Hickson, R.C., and M.A. Rosenkoetter. 1981. Reduced training frequencies and maintenance of increased aerobic power. *Medicine and Science in Sports and Exercise* 13:13-16.
30. Holloszy, J.O., and E.F. Coyle. 1984. Adaptations of skeletal muscle to endurance exercise and their metabolic consequences. *Journal of Applied Phyvsiology: Respiratory, Environmental and Exercise Physiology* 56:831-838.
31. Howley, E.T. 1980. Effect of altitude on physical performance. In *Encyclopedia of physical education, fitness, and sports: Training, environment, nutrition, and fitness*, ed. G.A. Stull and T.K. Cureton, 177-187. Salt Lake City: Brighton.
32. Howley, E.T., D.R. Bassett Jr., and H.G. Welch. 1995. Criteria for maximal oxygen uptake—Review and commentary. *Medicine and Science in Sports and Exercise* 24:1055-1058.
33. Hultman. E. 1967. Physiological role of muscle glycogen in man, with special reference to exercise. *Circulation Research* 20-21(Suppi. 1): 99-114.
34. Issekutz, B., N.C. Birkhead, and K. Rodahl. 1962. The use of respiratory quotients in assessment of aerobic power capacity. *Journal of Applied Physiology* 17:47-50.
35. Kasch, F.W., J.L. Boyer, S.P. VanCamp, L.S. Verity, and J.P. Wallace. 1990. The effects of physical activity and inactivity on aerobic power in older men (a longitudinal study). *The Physician and Sportsmedicine* 18(4): 73-83.
36. Kasch. F. W., J.P. Wallace. and S.P. Van Camp. 1985. Effects of 18 years of endurance exercise on the physical work capacity of older men. *Journal of Cardiopulmonary Rehabilitation* 5:309-312.
37. Kasch. F.W., J.P. Wallace, S.P. Van Camp, and L.S. Verity. 1988. A longitudinal study of cardiovascular stability in active men aged 45 to 65 yrs. *The Physician and Sportsmedicine* 16(1): 117-126.
38. Katch. F.I., and W.D. McArdle. 1977. *Nutrition and weight control.* Boston: Houghton Mifflin.
39. Lind, A.R., and G.W. McNicol. 1967. Muscular factors which determine the cardiovascular responses to sustained and rhythmic exercise. *Canadian Medical Association Journal* 96:706-713.
40. MacDougall. J.D., D. Tuxen, D.G. Sale, J.R. Moroz, and J.R. Sutton. 1985. Arterial blood-pressure response to heavy resistance exercise. *Journal of Applied Physiology* 58:785-790.
41. McArdle.W.D., F.I. Katch, and V.L. Katch 2006. *Exercise physiology, energy, nutrition, and human perfomance.* 6th ed. Baltimore: Lippincott Williams & Wilkins.
42. McArdle, W.D.. F.I. Katch, and G.S. Pechar. 1973. Comparison of continuous and discontinuous treadmill and bicycle tests for max $\dot{V}O_2$. *Medicine and Science in Sports* 5(3): 156-160.
43. McArdle, W.D., and J.R. Magel. 1970. Physical work capacity and maximum oxygen uptake in treadmill and bicycle exercise. *Medicine and Science in Sports* 2(3):118-123.
44. Montoye, H.J., T. Ayen, F. Nagle, and E.T. Howley. 1986. The oxygen requirement for horizontal and grade walking on a motordriven treadmill. *Medicine and Science in Sports and Exercise* 17:640-645.
45. Nagle, F.J., B. Balke, G. Baptista, J. Alleyia, and E. Howley. 1971. Compatibility of progressive treadmill, bicycle, and step tests based on oxygenuptake responses. *Medicine and Science in Sports* 3:149-154.
46. Plowman, S.A., and D.L. Smith. 2003. *Exercise physiology for health, fitness and performance.* 2nd ed. New York: Benjamin Cummings.
47. Powers, S.K., S. Dodd, and R.E. Beadle. 1985. Oxygen-uptake kinetics in trained athletes differing in $\dot{V}O_2$max. *European Journal of Applied Physiology* 54:306-308.
48. Powers, S., S. Dodd, R. Deason, R. Byrd, and T. McKnight. 1983. Ventilatory threshold, running economy, and distance-running performance of trained athletes. *Research Quarterly for Exercise and Sport* 54:179-182.
49. Powers, S.K., and E.T. Howley. 2006. *Exercise physiology.* 6th ed. New York: McGraw-Hill.
50. Powers, S., W. Riley, and E. Howley. 1980. A comparison of fat metabolism in trained men and women during prolonged aerobic work. *Research Quarterly for Exercise and Sport* 52:427-431.
51. Raven, P.B., B.L. Drinkwater, R.O. Ruhling, N. Bolduan, S. Taguchi, J. Gliner, and S.M. Horvath. 1974. Effect of carbon monoxide and peroxyacetyl nitrate on man's maximal aerobic capacity. *Journal of Applied Physiology*, 36:288-293.
52. Robergs, R.A., and S.J. Keteyian. 2003. *Fundamentals of exercise physiology: For fitness, performance and health.* 2nd ed. New York: McGraw-Hill.
53. Rowell, L.B. 1969. Circulation. *Medicine and Science in Sport* 1:15-22.
54. Rowell, L.B. 1986. *Human circulation-regulation during physical stress.* New York: Oxford University Press.
55. Sale, D.G. 1987. Influence of exercise and training on motor unit activation. *Exercise and Sporl Sciences Reviews* 15:95-151.
56. Saltin, B. 1969. Physiological effects of physical conditioning. *Medicine and Science in Sports* 1:50-56.
57. Saltin, B., and P.D. Gollnick. 1983. Skeletal muscle adaptability: Significance for metabolism and performance. In *Handbook of physiology*, ed. L.D. Peachey, R.H. Adrian, and S.R. Geiger, 555-631. Baltimore: Williams & Wilkins.
58. Saltin, B., J. Henriksson, E. Nygaard, P. Anderson, and E. Jansson. 1977. Fiber types and metabolic potentials of skeletal muscles in sedentary man and endurance runners. *Annals of the New York Academy of Science* 301:3-29.
59. Saltin, B., and L. Hermansen. 1966. Esophageal, rectal, and muscle temperature during exercise. *Journal of Applied Physiology* 21:1757-1762.
60. Schwade, J., C.G. Blomqvist, and W. Shapiro. 1977. A comparison ofthe response to arm and leg work in patients with ischemic heart disease. *American Heart Journal* 94:203-208.
61. Sherman, W.M. 1983. Carbohydrates, muscle glycogen, and muscle glycogen supercompensation. In *Ergogenic aids in sports*, ed. M.H. Williams, 3-26. Champaign, IL: Human Kinetics.
62. Taylor. H.L., E.R. Buskirk. and A. Henschel. 1955. Maximal oxygen intake as an objective measure of cardiorespiratory performance. *Journal of Applied Physiology* 9:73-80.
63. Vander, A.J., J.H. Sherman, and D.S. Luciano. 1985. *Human physiology.* 4th ed. New York: McGraw-Hill.
64. Wilmore, J.H., and D.L. Costill. 1999. *Physiology of sport and exercise.* 2nd ed. Champaign, IL: Human Kinetics.

Apêndice E

1. American College of Sports Medicine. 2006. *ACSM's guidelines for exercise testing and prescription.* 7th ed. Philadelphia: Lippincott Williams & Wilkins.
2. Canadian Association for Health, Physical Education, Recreation and Dance. 1994. *The Canadian active living challenge.* Gloucester, ON: Author.
3. Cooper Institute for Aerobics Research. 1992. *Prudential FITNESSGRAM test administration manual.* Dallas: Author.
4. Corbin, C.B., and R. Lindsey. 2002. *Fitnessfor life.* 4th ed. Champaign, IL: Human Kinetics.
5. Franks, B.D. 1989. YMCA *vouth fitness test.* Champaign, IL: Human Kinetics.
6. President's Council on Physical Fitness and Sports. 2001. *President's challenge physical activity and fitness award program.* Washington. DC: Author.
7. President's Council on Physical Fitness and Sports. 1996. *Presidential sports award.* Washington, DC: Author.
8. Seaman, J.A. 1999. Physical activity and fitness for persons with disabilities. *PCPFS Research Digest* 3(5).

Apêndice A

Respostas dos Estudos de Caso

Capítulo 1

1. Você deve admitir que há riscos relacionados ao exercício – ocorrem sete mortes por ano para cada 100.000 praticantes. No entanto, um número muito maior de pessoas morre enquanto dorme ou após comer e nem por isso se defende o fim dessas atividades. Além disso, a deterioração do sistema cardiovascular em consequência da vida sedentária gera um risco muito maior de problemas de saúde graves do que a manutenção de uma vida ativa. Finalizando, os riscos relacionados ao exercício podem ser minimizados, tomando-se o cuidado de iniciar bem lentamente e de aumentar de modo gradual a quantidade e a intensidade do trabalho feito durante o exercício.

2. Você deve responder que as recomendações do Centro de Controle e Prevenção de Doenças (CDC) destinavam-se a indivíduos sedentários e não a pessoas habitualmente ativas envolvidas em exercícios muito vigorosos. Ademais, você pode indicar que a participação em exercícios mais intensos está associada a outros benefícios relacionados à saúde (aumentos no condicionamento cardiorrespiratório [$\dot{V}O_2máx.$]), que não podem ser alcançados por meio do exercício moderado.

Capítulo 2

1. Para ajudar Fred, você pode fazê-lo entender que, no início, os objetivos devem estar relacionados com a saúde. Depois de praticar exercícios de intensidade moderada, talvez ele queira incluir metas de condicionamento físico. Susan, no entanto, já alcançou objetivos de melhoria da saúde e do condicionamento físico – agora ela tem metas de desempenho em mente. Você deve ajudá-la a analisar os vários fatores subjacentes e as habilidades necessárias ao futebol competitivo, além de sugerir um treinamento para progredir nessas áreas.

Capítulo 3

1a. Os principais fatores de risco de DC de Tom incluem hipertensão, dislipidemia, diabete tipo 2 e inatividade física. Portanto, ele seria classificado como de alto risco, pois parece ter esse tipo de diabete. Embora sua PA e o colesterol pareçam estar dentro da faixa recomendada, ele toma remédio para controlá-los. Assim, Tom se encontra no limiar do fator de risco de DC para esses dois índices.

1b. Sim. De acordo com as orientações da AHA e do ACSM para o consentimento médico, o profissional de condicionamento físico deve procurar o médico de Tom para obter uma autorização, já que o cliente foi classificado como de alto risco. Mesmo que ele tenha feito uma consulta médica recentemente, isso não significa que tenha perguntado sobre a prática regular de exercícios. Ao entrar em contato com o médico, o profissional confirma se ele está ciente dos planos do cliente em relação à atividade física regular. Além disso, também pode obter a autorização médica necessária. Seria prudente perguntar ao médico se já sabe que talvez Tom tenha diabete.

2. Embora a cliente tenha 65 anos, não há indicação de fatores de risco no seu PAR-Q. Ela fez um exame médico recentemente e realiza exercícios regulares de intensidade moderada. Portanto, pode ser classificada como uma pessoa de risco moderado e não precisa do consentimento médico para começar a participar de

atividades físicas de intensidade moderada. Você deve instruí-la a informar o instrutor sobre qualquer resposta anormal ao exercício, a começar com halteres leves (de 1,4 a 2,3 kg) e a esperar dores fracas nos dois primeiros dias pós-participação.

3. Primeiro, pergunte a Bárbara se já recebeu um diagnóstico de pressão arterial alta e se está tomando remédio para controlar esse problema. Em caso afirmativo, confirme se realmente tomou o medicamento nas últimas 24h. Em seguida, pergunte-lhe se comeu alguma coisa, tomou cafeína, fumou ou realizou atividade física na última hora. Se as respostas forem positivas, é provável que a FC e a PA elevadas sejam atribuíveis à ansiedade relativa à avaliação do condicionamento físico. Talvez seja bom rever os procedimentos dos testes, garantindo a segurança da cliente. Lembre que o teste pode ser interrompido a qualquer momento, se for o desejado. Além disso, vocês podem conversar um pouco sobre as atividades que ela prefere fazer; assim a cliente tem a oportunidade de relaxar. A seguir, avalie de novo a FC e a PA. Se os valores estiverem em níveis normais, prossiga com os testes de condicionamento físico. Tome o cuidado de transmitir segurança à cliente. Se, ainda assim, a FC e a PA continuarem elevadas, você deve convidá-la a marcar uma outra data conveniente para o teste.

Capítulo 4

1. $3{,}5 \text{ mi} \cdot \text{h}^{-1} \cdot 26{,}8 \text{ m} \cdot \text{min}^{-1} = 93{,}8 \text{ m} \cdot \text{min}^{-1}$

   $93{,}8 \text{ m} \cdot \text{min}^{-1} \left(\dfrac{0{,}1 \text{ mL} \cdot \text{kg}^{-1} \cdot \text{min}^{-1}}{\text{m} \cdot \text{min}^{-1}} \right) +$

   $3{,}5 \text{ mL} \cdot \text{kg}^{-1} \cdot \text{min}^{-1} = 12{,}9 \text{ mL} \cdot \text{kg}^{-1} \cdot \text{min}^{-1}$
   $12{,}9 \text{ mL} \cdot \text{kg}^{-1} \cdot \text{min}^{-1} \cdot 75 \text{ kg} =$
   $968 \text{ mL} \cdot \text{min}^{-1}$ ou $0{,}97 \text{ L} \cdot \text{min}^{-1}$
   $0{,}97 \text{ L} \cdot \text{min}^{-1} \cdot 5 \text{ kcal} \cdot \text{L}^{-1} = 4{,}85 \text{ kcal} \cdot \text{min}^{-1}$
   $4{,}85 \text{ kcal} \cdot \text{min}^{-1} \cdot 30 \text{ min} = 146 \text{ kcal}$

2. $100 \text{ W} = 600 \text{ kpm} \cdot \text{min}^{-1}$

   $\dot{V}O_2 = \dfrac{(600 \text{ kpm} \cdot \text{min}^{-1} \cdot 1{,}8 \text{ mL } O_2 \cdot \text{min}^{-1})}{60 \text{ kg} + 7 \text{ mL} \cdot \text{kg}^{-1} \cdot \text{min}^{-1}}$

   $25 \text{ mL} \cdot \text{kg}^{-1} \cdot \text{min}^{-1} =$
   $18 \text{ mL} \cdot \text{kg}^{-1} \cdot \text{min}^{-1} + 7 \text{ mL} \cdot \text{kg}^{-1} \cdot \text{min}^{-1}$

3. $3 \text{ mi} \cdot 1.610 \text{ m} \cdot \text{mi}^{-1} = 4.830 \text{ m} \div 24 \text{ min} = 201 \text{ m} \cdot \text{min}^{-1}$

   $201 \text{ m} \cdot \text{min}^{-1} \left(\dfrac{0{,}2 \text{ mL} \cdot \text{kg}^{-1} \cdot \text{min}^{-1}}{\text{m} \cdot \text{min}^{-1}} \right) +$

   $3{,}5 \text{ mL} \cdot \text{kg}^{-1} \cdot \text{min}^{-1} = 43{,}7 \text{ mL} \cdot \text{kg}^{-1} \cdot \text{min}^{-1}$
   $43{,}7 \text{ mL} \cdot \text{kg}^{-1} \cdot \text{min}^{-1} \cdot 70 \text{ kg} =$
   $3.059 \text{ mL} \cdot \text{min}^{-1}$ ou $3{,}06 \text{ L} \cdot \text{min}^{-1}$
   $3{,}06 \text{ L} \cdot \text{min}^{-1} \cdot 5 \text{ kcal} \cdot \text{L}^{-1} =$
   $15{,}3 \text{ kcal} \cdot \text{min}^{-1} \cdot 24 \text{ min} = 367 \text{ kcal}$

4. $12 \text{ METs} = 12 \text{ kcal} \cdot \text{kg}^{-1} \cdot \text{h}^{-1} \cdot 70\% =$
   $8{,}4 \text{ kcal} \cdot \text{kg}^{-1} \cdot \text{h}^{-1}$

5. Você deve indicar-lhe que o custo de praticar o *jogging* a 1 m · min^{-1} (0,2 mL · kg^{-1} · min^{-1}) corresponde a cerca de duas vezes o custo da caminhada (0,1 mL · kg^{-1} · min^{-1}) em razão da energia extra necessária para impulsionar o corpo para fora do solo e para absorver a força do impacto a cada passo. Além disso, você pode fornecer ao cliente uma tabela resumida, com a descrição do custo calórico de 1 mi (1,6 km) de caminhada e de corrida.

Capítulo 5

1. É inapropriado submeter participantes sedentários de meia-idade a um teste máximo sem monitoramento no início de um programa de condicionamento físico. Você deveria sugerir que a academia substituísse o teste de 1,5 mi de corrida por outro de 1 mi de caminhada. O primeiro poderia ser feito depois que o participante demonstrasse poder caminhar 1 mi (1,6 km) confortavelmente.

2. O $\dot{V}O_2$máx. estimado para esse cliente é igual a 37,8 mL · kg^{-1} · min^{-1}. O nível de condicionamento cardiorrespiratório é adequado à maioria das atividades e encontra-se apenas um pouco abaixo do nível "bom" para a respectiva faixa etária.

3. A resposta da freqüência cardíaca igual a 100 batimentos · min^{-1} para o ritmo de trabalho de 300 kgm · min^{-1} deve ser ignorada. Os valores da FC são extrapolados para 170 batimentos · min^{-1}, e a linha vertical traçada a partir desse ponto indica um ritmo de trabalho de 1.050 kgm · min^{-1},

   $\dot{V}O_2 \dfrac{(1.050 \text{ kpm} \cdot \text{min}^{-1} \cdot 1{,}8 \text{ mL } O_2 \cdot \text{kpm}^{-1})}{81{,}7 \text{ kg} + 7 \text{ mL} \cdot \text{kg}^{-1} \cdot \text{min}^{-1}}$

   $= \dfrac{30{,}1 \text{ mL} \cdot \text{kg}^{-1} \cdot \text{min}^{-1}}{3{,}5 \text{ mL} \cdot \text{kg}^{-1} \cdot \text{min}^{-1}} = 8{,}6 \text{ METs}$

4. No gráfico, deve-se ignorar o valor da freqüência cardíaca de 96 batimentos · min^{-1}. A linha é extrapolada para 190 batimentos · min^{-1}, e a linha vertical traçada a partir desse ponto indica um valor de cerca de 16,75% de inclinação, que corresponde a um $\dot{V}O_2$ de cerca de 35,6 mL · kg · min^{-1}. Ou seja: 10,2 METs ou 1,94 L · min^{-1}.

5. O ponto de referência para a escala é o zero, estabelecido quando o pêndulo pára de oscilar (com a bicicleta sobre uma superfície plana). Todos os valores da escala são relativos a esse zero; se o zero estiver errado, todas as leituras também estarão. Quando, sem peso, o pêndulo não fica no zero, a escala inteira apresenta a mesma diferença. Por exemplo, se a leitura sem peso for 0,25 kg, todos os outros valores com pesos conhecidos serão acrescidos de 0,25 kg.

Capítulo 6

1a. IMC = 34,5 kg · m^{-2}; ICQ = 1,02; % GC = 33,75%. O IMC de Jackson está na faixa dos obesos. Tanto a circunferência da cintura quanto o ICQ indicam obesidade abdominal. O percentual de GC também se encontra bastante acima do recomendado. Fica claro que seria benéfico para a saúde do cliente um programa de perda de peso bem-sucedido.

1b. Objetivo-alvo = 159 ÷ (1 − 0,3) = 227 lb. Com 227 lb (103 kg) de peso, Jackson ainda seria classificado na categoria dos obesos. No entanto, se conseguisse alcançar essa meta, ficaria encorajado a prosseguir na tentativa de perder peso.

Capítulo 7

1. Esse atleta pesa 86,4 kg. A declaração oficial do ACSM, da ADA e do Dietitians of Canada (4) sugere que atletas desse tipo devem ingerir 1,2 a 1,4 g de proteína para cada quilograma de peso corporal. Ele tem consumido aproximadamente 525 kcal de proteínas todos os dias (3.500 kcal · 0,15 = 525 kcal). Essa quantidade aproxima-se de 131 g (525 kcal ÷ 4 kcal · g^{-1} = 131,25 g). Isso corresponde a 1,5 g · kg^{-1} (131,25 g ÷ 86,4 kg = 1,52 g · kg^{-1}). A possível ingestão adicional de proteínas parece desnecessária.

Capítulo 9

1. O ângulo sacral deve ser de pelo menos 80° (uma prancheta ou um livro colocado contra o sacro ficaria preso caso o ângulo fosse de 90°). Em seguida, examine a curvatura da coluna; ela deve ser suave, sem evidência de achatamento ou hipermobilidade em nenhuma área específica. A discrepância no comprimento braço-perna também pode ser um fator (por exemplo, braços longos em relação às pernas).

2. No teste de Thomas, a maioria dos falso-positivos acontece quando o indivíduo leva a coxa para muito perto do peito. Isso pode resultar em rotação posterior excessiva da pelve, que, por sua vez, pode fazer parecer que os flexores do quadril estão contraídos.

Capítulo 10

1. Na resposta normal ao TEP, a FC e a pressão arterial sistólica aumentam a cada etapa do teste, enquanto a pressão diastólica permanece inalterada ou diminui um pouco. Além disso, o ECG não mostra qualquer depressão ou elevação significativa no segmento S-T e qualquer arritmia relevante. Nesses casos, pode-se pressupor que a última carga alcançada no teste representa a capacidade funcional real (METs máx.). O TEP apresentado no Estudo de Caso 10.1 é representativo desse tipo.

Paul tem PA normal em repouso e um histórico familiar de DC negativo. Os fatores de risco incluem uma porcentagem relativamente alta de gordura corporal, um estilo de vida sedentário e um perfil lipídico elevado. Com base nessas descobertas, calcula-se uma faixa da FCA de 158 a 177 batimentos · min^{-1} (60 a 80% do $\dot{V}O_2$máx., como medido durante o TEP máximo); essa faixa da FC corresponde a ritmos de trabalho que variam de 6,3 a 8,4 METs. Inicialmente, ele vai trabalhar no extremo mais baixo da FCA calculada ou um pouco acima dele, com ênfase na duração da atividade. À medida que se tornar mais ativo, Paul será capaz de trabalhar na faixa da FCA, dependendo, é claro, de seu próprio interesse. Ele foi encaminhado a um nutricionista para melhorar o perfil lipídico no sangue. A sua FCmáx. estimada é de 174 batimentos · min^{-1}; a FC medida, 24 batimentos · min^{-1} mais alta. Dada a variação biológica inerente na FCmáx. estimada, use os valores medidos sempre que possível.

2. O ritmo de trabalho máximo de Mary foi estimado em 750 kpm · min^{-1}, extrapolando a relação entre a FC e o ritmo de trabalho para a freqüência cardíaca máxima prevista (veja o Capítulo 5). Isso é equivalente a um $\dot{V}O_2$máx. de 29 mL · kg^{-1} · min^{-1} ou 8,3 METs.

Os valores químicos do sangue e a PA estão normais. O histórico familiar é negativo para DC. A resposta da FC ao teste é normal, mas indica condicionamento cardiorrespiratório ruim. A potência aeróbia máxima baixa está relacionada com o estilo de vida sedentário, o tabagismo (monóxido de carbono) e os 30% de GC. Ela foi incentivada a participar de um programa para parar de fumar e recebeu informações sobre dois grupos profissionais da região.

O programa de exercícios recomendado enfatizou o extremo mais baixo da zona da FCA (70% da FCmáx.: 127 batimentos · min^{-1}) com longa duração. Ela preferiu um programa de caminhada em virtude da liberdade de horário. Deram-lhe o programa de caminhada mostrado no Capítulo 14 e pediram-lhe que registrasse a resposta da FC em cada sessão de exercícios.

Uma meta de gordura corporal de 22% resultou em um peso corporal-alvo de 121 lb (55 kg). Ela não sentiu necessidade de aconselhamento nutricional naquele momento, mas concordou em registrar a ingestão dietética por 10 dias para determinar os padrões de comportamento alimentar que deveriam ser mudados beneficamente (veja os Capítulos 7 e 11). Além disso, Mary marcou uma conversa com um profissional de condicionamento físico para daí a duas semanas, a fim de discutir o progresso do programa.

Capítulo 11

1. Primeiro, converte-se o peso e a altura em unidades métricas: 160 lb = 72,6 kg; 5 pés e 5 pol. = 1,65 m.

2. Uma vez que no momento a cliente não realiza qualquer exercício ou atividade física, *PA* = 1,12.

3. Use a seguinte equação para calcular a necessidade calórica diária da cliente: DEE = 354 − 6,91 (52) + 1,12 [9,36 (72,6) + 726 (1,65)] = 2.098 kcal.

4. A fim de perder 0,5 kg por semana, é necessário um déficit calórico de 3.500 kcal · semana^{-1} (ou 500 kcal · dia^{-1}). A cliente acrescentou 200 kcal · dia^{-1} de atividade física; portanto, mais 300 kcal devem ser cortadas da dieta. Isso levaria a uma recomendação de consumo de aproximadamente 1.800 kcal · dia^{-1}.

Capítulo 12

1. Enquanto qualquer programa de treinamento de força razoável é capaz de aumentar a força muscular nos primeiros meses, esquemas mais avançados são necessários após a etapa de adaptação inicial. Esse cliente ficou estagnado porque executou o mesmo programa de treinamento de força por quatro meses. Embora haja muitos modos diferentes de modificar esse tipo de programa, seria apropriado aumentar o volume de treinamento, a intensidade e, se houver tempo suficiente, também a freqüência. Além disso, seria benéfico substituir alguns dos exercícios em aparelhos por outros com pesos móveis, que exigem mais equilíbrio e coordenação. Aconselhe esse cliente a seguir um programa de treinamento periodizado não-linear, com dias de treinamento leve (12-15RMs), moderado (8-10RMs) e pesado (4-6RMs) durante a semana, para promover ganhos de força adicionais e evitar a monotonia. Ainda que não seja preciso executar sempre todas as séries de todos os exercícios, seria apropriada a realização de uma série de cada exercício no dia leve; duas séries no dia moderado; e três no dia pesado (com adequada recuperação entre elas).

2. Com orientação e supervisão adequadas, o treinamento de força pode oferecer benefícios à saúde de idosos que vivem em casa. No entanto, é preciso seguir orientações preestabelecidas para garantir a segurança e uma programação eficaz. Todos os idosos devem passar por um exame de saúde antes da participação, a fim de identificar condições médicas coexistentes que possam limitar ou contra-indicar a realização de um programa de treinamento de força. Eles devem começar o treinamento com pesos mínimos, nas primeiras oito semanas, para alcançar mudanças favoráveis no tecido conjuntivo. Como recomendação geral, a série deve incluir 10 a 15 repetições de exercícios variados, mantendo os padrões de respiração apropriados durante a prática. Além disso, os profissionais de condicionamento físico devem monitorar com cuidado o desempenho em cada exercício para garantir que todas as repetições sejam executadas de modo controlado, dentro de uma amplitude de movimento sem dor. Como não há aparelhos fixos disponíveis, os praticantes devem ficar sentados em uma cadeira para fazer os exercícios. Assim que eles conseguirem executar o programa corretamente e adquirirem confiança na própria capacidade de treinar com pesos, podem-se acrescentar exercícios na posição em pé, que exigem mais equilíbrio. Além dos halteres leves e das tiras elásticas, outros itens, como latas de conservas de 500 g, também podem ser usados como peso. Os exercícios a seguir são apropriados para essa população: extensão da perna (sem peso); *chest press* sentado, com tiras elásticas; remada sentado, com tiras elásticas (o meio da corda preso a um objeto imóvel); levantamento lateral de halteres (ou latas de conserva) sentado; e extensão do tríceps acima da cabeça, sentado, com halteres. No final da sessão, os idosos devem realizar exercícios de alongamento estático para os principais grupos musculares.

Capítulo 13

1. Embora possa ser apropriado para alguns indivíduos com musculatura abdominal desenvolvida, esse exercício não é adequado para a maioria das pessoas, uma vez que a qualidade do movimento é tão importante. É possível que uma pessoa com músculos abdominais muito bem desenvolvidos consiga realizá-lo, mantendo a lombar em contato com a superfície durante toda a sua execução; porém, quem possui abdominais mais fracos ou flexores do quadril rígidos, de modo invariável, inclina a pelve para a frente, e a lordose lombar resultante deixa as vértebras lombares em uma posição potencialmente comprometedora. Sem dúvida, os fisioterapeutas que utilizam essa atividade, o fazem apenas como um teste e em base individual; assim eles conseguem parar o exercício de imediato quando notam que há algum comprometimento.

2. É bom que o líder de exercícios enfatize a importância de não se fazerem alongamentos balísticos, ainda que na posição sentado; no entanto, há outros fatores que ele deve levar em consideração. Essa manobra é um bom exercício para melhorar a capacidade de extensão dos isquiotibiais. Porém, quando esses músculos são muito rígidos (ou seja, o sacro forma um ângulo de menos de 80 a 90°com a superfície durante o exercício de sentar e alcançar), o alongamento além dessa posição potencialmente pode estender os tecidos da lombar e não os isquiotibiais. Por isso, para indivíduos com isquiotibiais muito rígidos, talvez esse exercício seja contra-indicado; tocar a ponta dos pés a partir da posição em pé pode ser pior ainda, devido ao efeito da gravidade no momento da alavanca de força.

3. Embora tenham se tornado menos populares como atividade para desenvolvimento da força em muitas aplicações (a lesão articular é uma exceção), os exercícios isométricos podem ser usados de modo mais apropriado para o fortalecimento da musculatura do tronco, pressupondo que o praticante não tenha pressão arterial alta. A rosca oblíqua pode ser particularmente vantajosa, uma vez que os músculos oblíquos internos e externos desempenham importante papel na estabilização da coluna. Esse fator pode reduzir a

probabilidade de problemas lombares; para indivíduos sintomáticos, desenvolver assim esses músculos possibilita melhor manutenção da coluna neutra, evitando posturas que exacerbem a condição.

Capítulo 14

1. Os tópicos a serem tratados incluem:
   - atenção a sinais e sintomas que indiquem problemas e às instruções para tratá-los, inclusive com uma consulta ao médico;
   - calçados adequados;
   - roupas apropriadas à estação e local adequado (por exemplo, segurança, superfície, iluminação);
   - sistema de acompanhamento, quando possível, para estimular a participação; e
   - alternância do local da caminhada em dias de mau tempo (*shopping*).

2. Antes de participar da aula de dança aeróbica, a pessoa deve ser capaz de caminhar 2 mi (ou 3,2 km) por dia, em passo rápido, sem desconforto. A transição apropriada para um programa de caminhada implicaria uma aula de aeróbica de baixa intensidade e de baixo impacto. O praticante deve permanecer no extremo mais baixo da zona da FCA durante esse período de transição, aumentando a intensidade da aula apenas quando for capaz de realizar essas sessões de baixa intensidade e de baixo impacto com inteiro conforto.

Capítulo 15

1. Oriente o pai sobre recomendações específicas do treinamento de força destinado a crianças, explicando que, nessa idade, a ênfase deve estar na forma apropriada, na supervisão e na *endurance*. Após a puberdade, pode-se incluir o treinamento de força com poucas repetições.

2. Confirme a grande importância da leitura e da matemática. A escola tem de formar uma base sólida nessas áreas, mas certamente não pode assumir toda a responsabilidade – algum trabalho de leitura e de matemática deve ser feito em casa ou em grupos comunitários. A inclusão da atividade física (na aula de educação física e nos intervalos) é essencial para a saúde das crianças. A saúde básica é pré-requisito para outros aprendizados. Do mesmo modo como não pode cuidar de todo o trabalho de matemática e de leitura, a escola também não pode fornecer toda a atividade física recomendada, mas tem condições de dar uma base, que será suplementada em casa e na comunidade.

Capítulo 16

1. Para começar, você deve descobrir quando ele realizou uma atividade física pela última vez e o que o médico lhe disse sobre a artrite. É preciso aplicar um teste submáximo no cicloergômetro para obter medidas de referência (FC, TPE), que serão usadas como pontos de base para acompanhamentos subseqüentes. Estabeleça uma zona de FCA (50 a 70% da FCR [freqüência cardíaca de reserva]) e verifique se ela gera uma TPE de 10 a 13. Elabore um programa de exercícios que inicie com 50% da FCR, com intervalos de repouso (5 minutos de prática, 1 minuto de repouso) para determinar se ele consegue repetir esse conjunto várias vezes, com pouco ou nenhum desconforto articular. O objetivo são 30 minutos de atividade contínua, desde que o desconforto seja pouco ou nenhum. Aumente o intervalo de trabalho para 10 minutos na segunda semana. Se o desconforto articular for um problema, conserve os intervalos dentro do limite de tolerância. A intensidade pode ser aumentada quando ele alcançar 30 minutos de tempo total de exercício. Apresente-lhe uma série de modos de exercício com apoio do peso (ciclismo, remo, aeróbica dentro d'água), que ele provavelmente poderá fazer com menos desconforto do que o experimentado na corrida. As sessões devem ser feitas 3 ou 4 vezes por semana, incluindo aquecimento regular e atividades de flexibilidade.

Capítulo 17

1. Essa cliente obterá benefícios se fizer uma atividade aeróbia com apoio do próprio peso e um treinamento de força. Para aumentar o condicionamento aeróbio, proteger contra doenças crônicas e aplicar uma carga sobre os ossos, recomenda-se o programa de caminhada. Ela deve progredir gradualmente, até alcançar 30 minutos de caminhada rápida na maioria dos dias da semana ou, de preferência, em todos eles. Além disso, a cliente deve participar de algum treinamento de força 2 ou 3 vezes por semana. O programa deve incluir exercícios para as partes superior e inferior do corpo, com ênfase em áreas de alto risco de fraturas osteoporóticas (quadril, coluna, punho). Três séries de aproximadamente 70% de 1RM (8 a 12 repetições) são apropriadas. Os exercícios sugeridos incluem ficar na ponta dos pés, pressão de pernas, extensão da perna, rosca de perna, extensão das costas (com cuidado, para evitar hiperextensão), supino, desenvolvimento, rosca bíceps, extensão do tríceps e rosca punho. A cliente também deve consumir quantidades adequadas de cálcio e de vitamina D (veja o Capítulo 7).

Capítulo 18

1. Uma vez que John é um homem de 46 anos, com angina típica induzida por esforço e elevada proporção entre o colesterol total e o HDL, acima de 5,0 (o que significa maior risco), tem alta probabilidade de DC. Um próximo passo razoável seria encaminhá-lo a um TEP com acompanhamento médico, para ver se ocorrem sinais ou sintomas de DC. Se ocorrerem,

recomenda-se um teste de diagnóstico mais definitivo, como a angiografia coronariana.

2. O TEP de Jane indicou capacidade aeróbia máxima de 7 METs; portanto, seria apropriada a prescrição de exercícios a 60% desse valor, ou seja, em torno de 4 METs. Dentre os exercícios adequados, estão: caminhada na esteira, ciclismo estacionário e de pernas e braços. Lembre-se de que a freqüência cardíaca máxima está baixa porque ela toma um betabloqueador. Portanto, o exercício deve ser prescrito com base na TPE (por exemplo, uma meta mais ou menos difícil na escala de TPE de Borg). Exercícios com pesos leves, usando halteres e tiras elásticas, na medida tolerável, também são aceitáveis. O peso deve ser selecionado de modo a permitir 12 a 15 repetições bem-feitas.

Capítulo 19

1a. Uma vez que Marsha é hipertensa, está inativa, tem obesidade extrema (classe III) e forte histórico familiar de doença cardiovascular e diabete e há muitos anos não realiza exames de saúde, recomenda-se uma autorização médica antes do início do programa de exercícios. O exame de saúde deve ser usado para revelar qualquer condição médica subjacente que possa comprometer a segurança de Marsha em conseqüência da prática de exercícios moderados ou vigorosos.

1b. Além do peso e da altura, recomenda-se medir as circunferências do quadril e da cintura. Também seriam úteis cálculos de IMC, o exame da adiposidade abdominal e a estimativa do percentual de gordura corporal, mas apenas se os métodos escolhidos forem tanto confiáveis quanto específicos a indivíduos obesos (veja o Capítulo 6). O condicionamento cardiovascular pode ser avaliado por um protocolo para a esteira ou o cicloergômetro. Os testes-padrão de flexibilidade e de força podem ser úteis.

1c. É essencial uma conversa com Marsha para determinar seus objetivos e interesses. Para aumentar a adesão ao programa, deve-se prestar atenção especial à sua disposição em envolver-se nas atividades. Devem ser feitas tentativas de aumentar a atividade e os exercícios estruturados, dentro do estilo de vida da cliente. Pressupondo que ela esteja disposta a investir 1 hora em 3 dias · semana^{-1} no exercício estruturado e exercitar-se por conta própria nos outros dias, o seguinte programa poderia ter como meta a perda de 0,9 kg · semana^{-1}.

- Exercitar-se 6 dias · semana^{-1} e tentar gastar 300 kcal de energia em cada um deles. O exercício estruturado deve ser focado em enfatizar a melhoria da *endurance* cardiovascular, a força e a flexibilidade. Em 3 dias · semana^{-1}, Marsha pode caminhar por conta própria (preferencialmente com um companheiro de exercícios) por 1 hora (que pode ser dividida em sessões menores). Esse aumento de atividade aumentará o gasto calórico em cerca de 1.800 kcal · semana^{-1}.

- Ela deve programar uma ingestão calórica 745 kcal abaixo da necessidade calórica estimada. Pela fórmula do Capítulo 11, a necessidade energética diária de Marsha é igual a 2.480 kcal. Colocando como meta uma ingestão calórica aproximada de 1.735 kcal · dia^{-1}, o resultado será um déficit de 5.200 kcal · semana^{-1} em função da restrição calórica.

- A combinação entre restrição calórica (5.200 kcal · semana^{-1}) e gasto energético (1.800 kcal · semana^{-1}) resultará na perda de peso aproximada de 0,9 kg a cada semana. Recomendam-se pesagens semanais e consultas a um profissional de condicionamento físico a fim de ajustar o programa como necessário.

Capítulo 20

1. Conner tem tanto o diabete tipo 2 como a síndrome metabólica. Em razão dessas condições médicas e do histórico de inatividade, recomenda-se que o programa de exercício seja supervisionado em sua fase inicial. Já que ele tem autorização médica para iniciar o exercício, o próximo passo é a elaboração do programa. O objetivo geral é fazer com que Conner pratique o exercício regular para melhorar o condicionamento e ajudar na perda de peso e no controle da glicose. Uma restrição alimentar de cerca de 500 kcal em relação à necessidade calórica diária, somada a um gasto energético médio de 250 kcal · dia^{-1}, levará à perda aproximada de 8,2 kg nos 3 meses do programa.

A princípio, recomenda-se a atividade aeróbia supervisionada (caminhada, ciclismo, etc.) por 30 minutos, 3 dias · semana^{-1}. A intensidade deve ser de baixa a moderada enquanto o corpo se acostuma ao exercício. Se não houver problemas nas duas primeiras semanas, Conner poderá aprender a monitorar os sinais de hipoglicemia, passando, então, a caminhar sem supervisão. Gradualmente, avançar o programa para 45 a 60 minutos de exercício aeróbio de intensidade moderada cinco ou mais dias na semana.

O treinamento de força (intensidade moderada) deve ser realizado 3 dias · semana–1, com supervisão. O praticante deve completar duas séries de 10 a 15 repetições dos seguintes exercícios: pressão de pernas, extensão da perna, rosca de perna, supino, desenvolvimento, remada, rosca bíceps e extensão de tríceps. O foco é envolver os grupos musculares grandes das partes superior e inferior do corpo a fim de ajudar no controle da glicose.

Capítulo 21

1. Pergunte a ela se faz o tratamento adequado e se no momento tem algum problema com medicamentos. Além disso, procure saber se ela vai levar o broncodilatador para a aula e se sabe como usá-lo logo no início da dificuldade na respiração. Por fim, preste atenção ao comportamento dela durante as primeiras fases da aula.

2. É provável que o paciente tenha enfisema e possivelmente bronquite, duas formas de doença pulmonar obstrutiva crônica (DPOC) que em geral resultam do tabagismo. Isso é mostrado por sua reduzida capacidade de exalar o ar rapidamente (VEF_1). O curso lógico do tratamento é um programa para ajudá-lo a parar de fumar, seguido de um programa de reabilitação pulmonar destinado a auxiliar na reconquista da capacidade de exercitar-se, de modo que ele possa realizar as atividades funcionais cotidianas.

3. O paciente tem limitada capacidade de exercitar-se, mas caminhar na esteira (sem inclinação), pedalar no cicloergômetro e remar, sempre de modo intermitente, pode ser adequado. Exercícios para o braço, com pesos muito leves ou cordas elásticas, para o condicionamento da parte superior do corpo, também podem ser apropriados. Durante o treinamento físico, é preciso monitorar com cuidado a saturação de oxigênio, o ECG e sintomas de dispnéia. O oxigênio suplementar ajudará a aumentar sua saturação de oxigênio, mantendo-a acima de 90%.

Capítulo 22

1. Dana está na fase de preparação e tem baixa auto-eficácia nas atividades físicas. Uma vez que, no passado, ela teve uma experiência ruim com a prática de exercício, você deve instruí-la a respeito do que esperar no início de um programa de exercícios. Além disso, cuide para que a prescrição seja adequada ao nível de condicionamento da cliente. Use a avaliação de condicionamento físico para fornecer-lhe uma noção realista do nível de condicionamento presente e de quanto ela pode esperar de progresso, com base em uma prescrição sensível. Ao definir os objetivos junto com ela, descubra o que *ela* quer alcançar e de que atividades pode gostar mais. Discuta suas barreiras à prática de exercício e o que pode ser feito para superá-las. Identifique possíveis pontos de apoios e recompensas que ela poderá oferecer a si mesma durante o programa. Busque atacar a baixa auto-eficácia nos exercícios com uma aula para iniciantes em que ela tenha suporte social. Cuide para que tenha atenção individual e estímulos suficientes, em especial durante as primeiras semanas. Um contrato comportamental com Mike, que se comprometeria a fazer algo para agradá-la quando ela atingisse objetivos de curto prazo, seria uma forma eficiente de incentivo e apoio para a manutenção do programa.

2. Jack está na fase de ação e encontra-se especialmente suscetível a recaídas. Você pode assumir o compromisso de caminhar com ele na próxima vez, a fim de dar suporte e fornecer informações sobre a prevenção de recaídas. O trabalho extra no final do semestre letivo cria uma situação de alto risco: ele fica desestimulado e mais sujeito a recaídas. Converse com ele sobre a definição de objetivos de curto prazo, que podem ser reajustados durante o período de provas. Ajude-o a estabelecer objetivos realistas e alcançáveis. Talvez ele consiga 10 a 15 minutos para caminhar nos dias em que não tem tempo de ir à academia. Destaque que esses intervalos de caminhada vão ajudá-lo a continuar em atividade, auxiliando-o no controle do estresse no trabalho. Elogie seu desempenho até agora e o esforço em continuar apesar do acúmulo de trabalho. Ajude-o a compreender que essa situação de alto risco é temporária e discuta, junto com ele, possíveis auto-recompensas pelas caminhadas que conseguir fazer. Peça a ajuda de caminhantes veteranos, que podem servir de apoio e estímulo.

Capítulo 23

1. Explique-lhe o que é a hataioga e descreva as qualidades dessa atividade. Verifique se há atividades de ioga por perto e encaminhe a cliente a um professor de ioga especializado na versão restauradora. Informe-a que essa forma de ioga inclui a progressão em uma série de posturas, utilizando cobertores, travesseiros e suportes para diminuir o estresse de cada posição. De forma gradual, esses recursos auxiliares são eliminados à medida que a flexibilidade e a força melhoram, e então ela será capaz de passar a um estilo mais vigoroso, como a ioga *iyengar*.

2. Você deve encaminhá-lo a um professor da técnica de Alexander, experiente e certificado, para a realização de 2 a 4 sessões. Esse professor vai observar a corrida, talvez a corrida em velocidade, a postura, a mecânica dos movimentos e o padrão de respiração. Ele dará mais ênfase ao alinhamento da cabeça, do pescoço, dos ombros e da coluna e poderá ajudar o corredor a reaprender um alinhamento mais eficiente, movimentos e padrões respiratórios mais eficientes, que serão particularmente úteis nos segmentos mais estressantes da corrida.

Capítulo 24

1a. FC = 1.500 ÷ 12 = 125 batimentos · min^{-1}
Duração do intervalo P-R = 0,12 s
Duração do complexo QRS = 0,08 s
Duração do intervalo Q-T = 0,32 s

1b. Taquicardia sinusal – freqüência cardíaca rápida, acima de 100 batimentos · min^{-1}.

1c. Causas comuns da taquicardia sinusal são: ansiedade, nervosismo, cafeína ou baixo condicionamento físico.

2a. Fibrilação atrial – linha de base serrilhada e QRSs espaçados irregularmente.
2b. A freqüência ventricular é igual a 6 ciclos cardíacos em um traçado de ECG de 6 s · 10 = 60 batimentos · min^{-1}.
3a. Trigeminismo – o terceiro batimento cardíaco é sempre uma ESV.
3b. Deve-se diminuir a velocidade e a inclinação da esteira gradualmente e notificar o médico.
4. Uma vez que o cliente estava tomando um betabloqueador não-seletivo quando fez o teste de exercícios, sua freqüência cardíaca teve de ser suprimida. Agora, como ele não toma mais o medicamento, aquela FC-alvo calculada previamente seria baixa demais. A intensidade do exercício deve ser aumentada.
5. O medicamento contém nitroglicerina e é usado para reduzir o risco de um ataque de angina. O remédio relaxa o músculo liso vascular e pode causar represamento de sangue nas extremidades. Esse represamento pode diminuir a pressão arterial e resultar em sintomas de tontura.

Capítulo 25

1a. Suspeite de choque de insulina.
1b. Faça as seguintes perguntas: O que aconteceu? Você é diabético? Você usou insulina hoje? Você está alimentado?
1c. Verifique se ele traz alguma indicação de condições médicas consigo. Se ainda houver suspeita de choque de insulina, dê-lhe açúcar (suco de laranja, bala, grãos de açúcar). Se ele estiver inconsciente ou se a recuperação for lenta demais (mais de 1 a 2 minutos), encaminhe-o ao médico.
2a. Suspeite de intermação.
2b. Ligue para o serviço de emergência. Essa é uma emergência médica. Rapidamente, resfrie o corpo inteiro do paciente, começando pela cabeça. Exponha a superfície da pele o máximo possível. Monitore os sinais vitais. Para tratar cãibras, faça alongamentos e aplique gelo, pressão direta e uma massagem suave. Trate para evitar o choque. Envolva-o em roupas frescas e úmidas durante o transporte.
2c. Os planos e materiais de emergência incluem:
- acesso a agentes de resfriamento, como água, gelo, toalhas frias e ambiente fresco;
- acesso a um telefone, com indicação do número do serviço de emergência;
- treinamento em atendimento de emergência: devem ter sido designadas pessoas para gerenciar a situação, para ajudar o gerente, para ligar para o serviço de emergência, para receber e conduzir o pessoal da emergência até o local da ocorrência; e
- conhecimento das instruções para movimentar a pessoa, se necessário.

Capítulo 26

As seguintes etapas podem ser seguidas para avaliação de cada funcionário:
1. Rever as descrições da função do funcionário para lembrar as responsabilidades profissionais que devem ser cumpridas com regularidade.
2. Determinar como cada responsabilidade pode ser quantificada (satisfatória ou insatisfatória ou com notas de 1 a 5).
3. Avaliar o desempenho em cada responsabilidade, pela observação direta ou de conversa com o diretor da área de condicionamento físico.
4. Em uma reunião particular, compartilhar a avaliação com o funcionário, incluindo exemplos específicos de desempenho exemplar ou abaixo da média. Deve-se permitir que ele acrescente comentários à avaliação antes de encaminhá-la ao diretor responsável.

Na avaliação, você pode usar os seguintes recursos:
1. Definir como os objetivos da academia ajudam a cumprir a declaração da missão da organização.
2. Dar exemplos específicos de como esses objetivos têm sido alcançados atualmente.
3. Preestabelecer medidas de avaliação de qualidade (por exemplo, resultados de saúde e de condicionamento físico, geração de receita) que forneçam base adicional para a eficácia do programa.
4. Dar soluções possíveis a programas que não apresentam os resultados projetados.
5. Fornecer exemplos positivos de serviço ao consumidor diretamente relacionados com a programação de exercícios da academia.

Capítulo 27

1. Você deve explicar ao praticante que os músculos extensores do quadril e do joelho usados para empurrar os pesos também trabalham na hora de baixá-los. A pressão exige contração concêntrica; o retorno, contração excêntrica. Esses dois tipos de contração levam ao aumento da força.
2. Quando ela faz as roscas de punho com as palmas voltadas para baixo (em pronação radioulnar), os extensores do punho são os músculos que fazem a contração; quando as palmas estão viradas para cima (em supinação), os flexores do punho é que trabalham. Em geral, os flexores do punho são mais fortes do que os extensores.

Para a flexão na barra, a explicação é diferente. Os músculos flexores do cotovelo trabalham independentemente da posição da articulação radioulnar. No entanto, com as palmas voltadas para a frente (pronação), o tendão distal do bíceps braquial enrola-se no osso do rádio e, portanto, não consegue exercer tanta força como quando as palmas ficam viradas para o corpo (em supinação).

3. José deveria fazer um esforço consciente para manter a inclinação pélvica para trás. Além disso, deveria manter os braços à frente da cabeça em vez de ao lado das orelhas; os joelhos deveriam ficar flexionados para ajudá-lo a manter a inclinação para trás.

Capítulo 28

1. O limiar do lactato é o ponto em que, durante um teste de exercício progressivo, a concentração de ácido láctico aumenta de repente. Esse limiar tem sido usado para indicar o desempenho, pois a velocidade em que ele ocorre está intimamente relacionada com a velocidade que pode ser mantida em corridas em distância (10 km ou maratona). À medida que a atleta melhora o treinamento, o limiar de lactato ocorre em etapas mais avançadas do TEP, indicando que ela pode manter um ritmo mais rápido nas corridas em distância.

2. Você deve confirmar a impressão do cliente de que, após o treinamento, o coração fica mais forte e conseqüentemente pode bombear mais sangue por batimento (maior volume de ejeção). Em resultado disso, o coração não precisa bater tanto para distribuir uma mesma quantidade de oxigênio aos tecidos. Esse modo de bombear sangue é mais eficiente e, na verdade, o coração não tem de trabalhar tanto nesse ritmo mais baixo.

3. Para começar, você pode explicar brevemente que a velocidade da corrida em distância está relacionada com a quantidade de oxigênio que o corredor consegue distribuir aos músculos. Quando é possível distribuir mais sangue, a velocidade é mais alta. Entre os corredores em distância de elite, as mulheres diferem dos homens em três aspectos relacionados com essa questão: o tamanho do coração delas é menor e, por isso, não pode bombear tanto sangue rico em oxigênio para o músculo por minuto; o conteúdo de oxigênio do sangue das corredoras é menor, em decorrência da concentração de hemoglobina mais baixa; e as atletas costumam ter mais gordura corporal relativa, o que afeta negativamente a sustentação da velocidade na corrida, ainda que em um mesmo nível de condicionamento físico.

Apêndice B

Cálculo do Consumo de Oxigênio e da Produção de Dióxido de Carbono

Cálculo do consumo de oxigênio ($\dot{V}O_2$)

O ar que respiramos é composto de 20,93% de oxigênio (O_2), 0,03% de dióxido de carbono (CO_2) e o restante, 79,04%, de nitrogênio (N_2). Quando exalamos, a fração de ar correspondente ao O_2 diminui, enquanto aumenta a do CO_2. Para calcular o volume de O_2 usado pelo corpo ($\dot{V}O_2$), simplesmente subtraímos o número de litros de O_2 exalado do número de litros de O_2 inalado. A Equação 1 resume essas palavras.

(1) Consumo de oxigênio =
[Volume de O_2 inalado] – [Volume de O_2 exalado]

Agora, usando o VO_2 para indicar o volume do *oxigênio* utilizado, V_I significa o volume de *ar* inalado; V_E, o volume de *ar* exalado; F_{IO_2}, a fração de oxigênio no ar inalado; e F_{EO_2}, a fração de oxigênio no ar exalado, a Equação 1 pode ser reescrita deste modo:

(2) $VO_2 = [V_I \cdot F_{IO_2}] - [V_E \cdot F_{EO_2}]$.

Você sabe que $F_{IO_2} = 0{,}2903$ e F_{EO_2} será determinado em um analisador de oxigênio. Por consequência, ficamos com apenas duas incógnitas: o volume de ar (litros) inalado (V_I) e o volume de ar (litros) exalado (V_E). Pode parecer que será preciso medir esses dois volumes, mas felizmente isso não será necessário. Foi determinado, há alguns anos, que N_2 não é usado nem produzido pelo corpo. Portanto, o número de litros de N_2 inalado tem de ser igual ao exalado. A Equação 3 determina essa igualdade, usando os símbolos mencionados anteriormente.

(3) $V_I \cdot F_{IN_2} = V_E \cdot F_{EN_2}$

Essa é uma relação muito importante, pois permite calcular V_E quando se conhece V_I ou vice-versa. Usando a Equação 3, extraímos estas duas fórmulas. Uma gera o V_E quando se conhece V_I; a outra, o V_I quando se conhece V_E.

$$V_I = \frac{V_E \cdot F_{EN_2}}{F_{IN_2}}, \quad V_E = \frac{V_I \cdot F_{IN_2}}{F_{EN_2}}.$$

Agora que já sabe como fazer isso, você vai precisar apenas de uma peça do quebra-cabeça para calcular o $\dot{V}O_2$. O valor de F_{IN_2} é constante (0,7904). Portanto, temos de determinar F_{EN_2}. Quando se analisa a amostra de gás expirado, obtém-se um valor para F_{EO_2} e outro para F_{ECO_2}, mas nenhum para F_{EN_2}. No entanto, uma vez que todas as frações de gás juntas somam 1,0000, você pode calcular F_{EN_2} do mesmo modo como calculamos F_{IN_2}: $1{,}0000 - 0{,}0003 (CO_2) - 0{,}2093 (O_2) = 0{,}7904$.

Problema: calcular F_{EN_2} quando $F_{EO_2} = 0{,}1600$ e $F_{ECO_2} = 0{,}0450$

Resposta: $F_{EN_2} = 1{,}0000 - 0{,}1600 - 0{,}0450 = 0{,}7950$

O problema a seguir mostra como essas equações são usadas. Visto que V_I é igual a 100 L, $F_{EO_2} = 0{,}1600$ e $F_{ECO_2} = 0{,}0450$, calcular V_E.

$$V_E \cdot F_{EN_2} = V_I \cdot F_{IN_2}, \text{ então } V_E = \frac{V_I \cdot F_{IN_2}}{F_{EN_2}}.$$

$$F_{IN_2} = 0{,}7904 \text{ e}$$

$$F_{EN_2} = 1{,}0000 - 0{,}1600 - 0{,}0450 = 0{,}7950$$

$$V_E = 100 \text{ L} \cdot \frac{0{,}7904}{0{,}7950} = 99{,}4 \text{ } L$$

Nesse ponto, a equação para VO_2 pode ser reescrita, usando-se V_I, V_E, F_{IO_2} e F_{EO_2}.

$$VO_2 = V_I \cdot F_{IO_2} - V_E \cdot F_{EO_2}$$

Pressupondo-se que você meça apenas V_I, a fórmula é reescrita assim:

$$VO_2 = V_I \cdot F_{IO_2} - \frac{V_I \cdot F_{IN_2}}{F_{EN_2}} \cdot F_{EO_2}.$$

Então V_I pode ser extraído desta equação:

$$VO_2 = V_I \left[F_{IO_2} - \frac{F_{IN_2}}{F_{EN_2}} \cdot F_{EO_2} \right].$$

Repetimos os dois últimos passos, pressupondo que V_E é o volume medido e, depois, extraindo V_E.

$$VO_2 = \frac{V_E \cdot F_{EN_2}}{F_{IN_2}} \cdot F_{IO_2} - V_E \cdot F_{EO_2}$$

$$= V_E \left[\frac{F_{EN_2}}{F_{IN_2}} \cdot F_{IO_2} - F_{EO_2} \right].$$

Nesse ponto, você já sabe como calcular o VO_2. Sempre que houver algum problema, volte à fórmula:

$VO_2 = V_I \cdot F_{IO_2} - V_E \cdot F_{EO_2}$ e simplesmente substitua V_E ou V_I, dependendo de qual deles foi medido.

Alguns comentários:

1. Combine sempre a medição do volume com os valores da F_{EO_2} e da F_{ECO_2} medidos no volume expirado. Se medir o V_I por 2 minutos, você terá uma única bolsa de 2 minutos de gás expirado para obter a F_{EO_2} e a F_{ECO_2}. Se medir um volume de 30 s, a bolsa expirada terá de ser coletada por esses 30 segundos.
2. Geralmente, o VO_2 e o VCO_2 são expressos em litros por minuto; a *taxa* de uso do O_2 ou do CO_2 é produzida por minuto. Para representar essa proporção, escrevemos $\dot{V}O_2$ (lê-se V ponto). Faça a conversão dos volumes em 30 segundos ou 2 minutos para valores em 1 minuto antes de calcular o $\dot{V}O_2$.

Exemplo de problema:

$\dot{V}_I = 100\ L \cdot min^{-1}$, $F_{EO_2} = 0{,}1600$ e $F_{ECO_2} = 0{,}0450$

Calcule o $\dot{V}O_2$.

$$\dot{V}O_2 = V_I \cdot F_{IO_2} - \dot{V}_E \cdot F_{EO_2}\ e$$

$$\dot{V}_E = \frac{\dot{V}_I \cdot F_{IN_2}}{F_{EN_2}}.$$

$$\dot{V}O_2 = \dot{V}_I \cdot F_{IO_2} - \frac{\dot{V}_I \cdot F_{IN_2}}{F_{EN_2}} \cdot F_{EO_2}$$

$$= \dot{V}_I \left[F_{IO_2} - \frac{F_{IN_2}}{F_{EN_2}} \cdot F_{EO_2} \right].$$

$F_{EN_2} = 1{,}0000 - 0{,}1600 - 0{,}0450 = 0{,}7950$

$$\dot{V}O_2 = 100\ L \cdot min^{-1} \left[0{,}2093 - \frac{0{,}7904}{0{,}7950} \cdot 0{,}1600 \right]$$

$$= 5{,}02\ L \cdot min^{-1}.$$

O volume (vamos pressupor que o $\dot{V}_E$ foi medido) usado nas equações apresentadas foi medido na temperatura ambiente (23°C) e na pressão barométrica daquele momento (740 mmHg). As condições do meio em que foi feita a medição são chamadas de *condições ambientais*. Se esse volume de gás fosse transportado para um local 3.050 m acima do nível do mar, onde a pressão barométrica é menor, ele aumentaria em função da redução da pressão. O volume de gás é inversamente proporcional à pressão (mantida constante a temperatura). Outro fator que influencia esse volume é a temperatura. Se fosse colocado em um refrigerador a 0°C, aquele volume, medido em 23°C, diminuiria. O volume de gás é diretamente proporcional à temperatura (mantida constante a pressão).

Uma vez que o volume ($\dot{V}_E$) é afetado tanto pela pressão quanto pela temperatura, o valor medido como O_2 usado ($\dot{V}O_2$) pode refletir mudanças na pressão ou na temperatura e não na carga de trabalho, no treinamento, etc. Conseqüentemente, seria conveniente expressar o $\dot{V}_E$ de modo a tornar as medidas comparáveis quando forem obtidas em condições ambientais diferentes. Isso é feito pela padronização da temperatura, da pressão barométrica e da pressão do vapor d'água em que o volume é expresso. Por convenção, os volumes são expressos em Condições Normais de Temperatura e Pressão (CNTP): 273 K (igual a 0°C), pressão de 760 mmHg (nível do mar) e sem pressão de vapor d'água. Quando o $\dot{V}O_2$ é expresso em CNTP, você pode calcular o número de moléculas de oxigênio realmente usadas pelo corpo, pois, nessas condições, *1 mol de oxigênio é igual a 22,4 L*.

Vamos fazer a correção de acordo com a CNTP, passo a passo. Suponhamos que um volume ($\dot{V}_E$), medido a 740 mmHg e 23°C, registrou 100 $L \cdot min^{-1}$. Esse volume *expirado é sempre* saturado com vapor d'água.

Para fazer a correção de acordo com a temperatura, você usa 273 K como padrão (0°C).

$$\text{Volume} \cdot \frac{273\ K}{273\ K + °C} = \frac{273\ K}{273 + 23}.$$

$$100\ L \cdot min^{-1} \cdot \frac{273\ K}{296\ K} = 92{,}23\ L \cdot min^{-1}.$$

Quando fazemos a correção de acordo com a pressão, temos de remover o efeito da pressão do vapor d'água porque o volume de gás é ajustado com base na pressão-padrão (760 mmHg), que é seca.

Para corrigir o volume conforme a pressão-padrão de 760 mmHg (seca), use:

$$\text{Volume} \cdot \frac{\text{pressão barométrica} - \text{pressão do vapor d'água}}{760 \text{ mmHg (seca)}}.$$

A pressão do vapor d'água depende de duas coisas: a temperatura e a umidade relativa. No gás expirado, o volume é saturado (100% de umidade relativa). Conseqüentemente, você pode obter um valor da pressão do vapor d'água diretamente da tabela a seguir.

Temperatura (°C)	Pressão de saturação do vapor d'água (mmHg)
18	15,5
19	16,5
20	17,5
21	18,7
22	19,8
23	21,1
24	22,4
25	23,8
26	25,2
27	26,7

Voltando à nossa correção da pressão,

$$92{,}23 \text{ L} \cdot \text{min}^{-1} \cdot \frac{740 - 21{,}1}{k760} = 87{,}24 \text{ L} \cdot \text{min}^{-1} \text{ (CNTP)}.$$

Para combinar a correção da temperatura e da pressão,

$$100 \text{ L} \cdot \text{min}^{-1} \cdot \frac{273 \text{ K}}{273 \text{ K} + 23} \cdot \frac{740 - 21{,}1}{760} =$$
$$87{,}24 \text{ L} \cdot \text{min}^{-1} \text{ (CNTP)}.$$

Aqui temos de incluir uma observação especial. Se estiver usando um volume ($\dot{V}_I$) inspirado (inalado), raramente você terá de lidar com um gás saturado com vapor d'água. Conseqüentemente, quando for fazer a correção de acordo com a pressão, você descobrirá quanto vapor d'água há no ar inspirado. Para isso, verifique a umidade relativa do ar. Em seguida, multiplique esse valor pelo extraído da válvula de pressão do vapor d'água para o ar saturado, seja qual for a temperatura. Para esclarecer a questão: se o volume do exemplo anterior fosse $\dot{V}_I$ e tivesse uma umidade relativa de 50%, então a correção da pressão seria:

$$\text{volume} \cdot \frac{740 - (0{,}50 \cdot 21{,}1 \text{ mmHg})}{760 \text{ mmHg}}.$$

Embora possa parecer algo insignificante, o cálculo certo da correção de vapor d'água é fundamental para a medição precisa do $\dot{V}O_2$. No cálculo do $\dot{V}O_2$, costuma-se achar primeiro o fator CNTP, uma vez que ele será multiplicado por cada volume medido.

Problema: calcule o fator da CNTP dados $\dot{V}_I = 100$ L·min^{-1}, $F_{EO_2} = 0{,}1700$, e $F_{ECO2} = 0{,}0385$. Temperatura = 20°C, pressão barométrica = 740 mmHg e umidade relativa = 30%.

Resposta:

$$\text{fator CNTP} = \frac{740 \text{ mmHg} - (0{,}30)17{,}5 \text{ mmHg}}{760}$$
$$\cdot \frac{273 \text{ K}}{273 \text{ K} + 20°C} = 0{,}900.$$

$100 \text{ L} \cdot \text{min}^{-1} \cdot 0{,}900 = 90 \text{ L} \cdot \text{min}^{-1}$ CNTP.

$$\dot{V}O_2 = V_{I_{CNTP}} \left[F_{IO_2} - \frac{F_{IN_2}}{F_{EN_2}} \cdot F_{EO_2} \right].$$

$$\dot{V}O_2 = 90 \text{ L} \cdot \text{min}^{-1} \left[0{,}2093 - \frac{0{,}7904}{0{,}7915} \cdot 0{,}1700 \right]$$

$$\dot{V}O_2 = 3{,}56 \text{ L} \cdot \text{min}^{-1}.$$

Produção de dióxido de carbono ($\dot{V}CO_2$)

Quando se usa O_2, produz-se CO_2. A proporção entre a produção de CO_2 ($\dot{V}CO_2$) e o consumo de O_2 ($\dot{V}O_2$) é uma medida importante no metabolismo. Essa proporção ($\dot{V}CO_2 \div \dot{V}O_2$) é chamada de *índice de troca respiratória*, abreviada como RER (do inglês, *respiratory exchange ratio*).

Como se mede o $\dot{V}CO_2$máx.? Começamos como fizemos para o $\dot{V}O_2$:

$$VCO_2 = \text{litros de } CO_2 \text{ expirado} - \text{litros de } CO_2 \text{ inspirado}$$
$$= \dot{V}_E \cdot F_{ECO_2} - \dot{V}_{RER} \cdot F_{RERCO_2}.$$

Os passos a seguir são os mesmos da medição do $\dot{V}O_2$. Nos cálculos, use sempre um volume CNTP. Esta equação deve ser usada quando $\dot{V}_{RER}$ for medido:

$$\dot{V}CO_2 = \dot{V}_{RER_{CNTP}} \left[\frac{F_{IN_2}}{F_{EN_2}} \cdot F_{ECO_2} - \dot{V}_{RER} \cdot F_{RERCO_2} \right].$$

Os passos a seguir resumem os cálculos do $\dot{V}CO_2$ e de RER para o problema anterior.

$$\dot{V}CO_2 = 90 \text{ L} \cdot \text{min}^{-1} \left[\frac{0{,}7904}{0{,}7915} \cdot 0{,}0385 - 0{,}0003 \right]$$

$$= 3{,}43 \text{ L} \cdot \text{min}^{-1}$$

$\text{RER} = \dot{V}CO_2 + \dot{V}O_2 = 3{,}43 \text{ L} \cdot \text{min}^{-1} + 3{,}56 \text{ L} \cdot \text{min}^{-1}$

$\text{RER} = 96$.

Apêndice C

Custos Energéticos de Várias Atividades Físicas

METs	Atividade específica	Exemplos
8,5	ciclismo,	pedalar, BMX ou *mountain*
4,0	ciclismo,	pedalar, < 10 mph (16 km/h), lazer, a trabalho ou por prazer (código de Taylor 115)
8,0	ciclismo,	pedalar, geral
6,0	ciclismo,	pedalar, 10 a 11,9 mph (16 a 19 km/h), lazer; lento, esforço leve
8,0	ciclismo,	pedalar, 12 a 13,9 mph (19,2 a 2,24 km/h), lazer; esforço moderado
10,0	ciclismo,	pedalar, 14 a 15,9 mph (22,4 a 25,44 km/h), corrida ou lazer, rápido; esforço vigoroso
12,0	ciclismo,	pedalar, 16 a 19 mph (25,6 a 30,4 km/h), corrida/não no vácuo ou > 19 mph (30,4 km/h) não no vácuo, muito rápido, corrida em geral
16,0	ciclismo,	pedalar, > 20 mph (32 km/h), lazer, corrida, não no vácuo
5,0	ciclismo,	pedalar monociclo
7,0	exercício de condicionamento	pedalar estacionário, geral
3,0	exercício de condicionamento,	pedalar estacionário, 50 W; esforço muito leve
5,5	exercício de condicionamento,	pedalar estacionário, 100 W, esforço leve
7,0	exercício de condicionamento,	pedalar estacionário, 150 W; esforço moderado
10,5	exercício de condicionamento,	pedalar estacionário, 200 W; esforço vigoroso
12,5	exercício de condicionamento,	pedalar estacionário, 250 W; esforço muito vigoroso
8,0	exercício de condicionamento,	calistênicos (por exemplo, flexão no solo, abdominal, flexão na barra, polichinelo), pesado; esforço vigoroso
3,5	exercício de condicionamento,	calistênicos, exercício em casa, esforço leve ou moderado, geral (exemplo: exercícios para as costas), agachar e levantar (código de Taylor 150)
8,0	exercício de condicionamento,	treinar em circuito, incluindo algum movimento aeróbio com descanso mínimo, geral
6,0	exercício de condicionamento,	levantar peso (peso móvel, tipo Náutilos ou universal), levantamento de potência ou fisiculturismo; esforço vigoroso (código de Taylor 210)
5,5	exercício de condicionamento,	exercício em academia, geral (código de Taylor 160)
9,0	exercício de condicionamento,	*step*-esteira ergométrica, geral
7,0	exercício de condicionamento,	remo, cicloergômetro, geral
3,5	exercício de condicionamento,	remo estacionário, 50 W; esforço leve
7,0	exercício de condicionamento,	remo estacionário, 100 W; esforço moderado
8,5	exercício de condicionamento,	remo estacionário, 150 W; esforço vigoroso

(continua)

METs	Atividade específica	Exemplos
12,0	exercício de condicionamento,	remo estacionário, 200 W; esforço muito vigoroso
7,0	exercício de condicionamento,	máquina de esqui, geral
6,0	exercício de condicionamento,	ginástica de emagrecimento, exercícios de jazz
2,5	exercício de condicionamento,	alongamento, hataioga
2,5	exercício de condicionamento,	alongamento brando
6,0	exercício de condicionamento,	dar aula de exercícios de aeróbica
4,0	exercício de condicionamento,	aeróbica na água, calistênicos na água
3,0	exercício de condicionamento,	levantar peso (móvel, tipo Náutilo ou universal), esforço leve ou moderado, sessão de trabalho leve, geral
1,0	exercício de condicionamento,	hidromassagem, condicionamento sentado
4,8	dança,	balé ou dança moderna, *twist*, *jazz*, sapateado, *jitterbug*
6,5	dança,	aeróbica, geral
8,5	dança,	aeróbica, *step*, com tablado de 6 a 8 pol (~16 a 22 cm).
10,0	dança,	aeróbica, *step*, com tablado de 10 a 12 pol (27,5 a 33 cm).
5,0	dança,	aeróbica, baixo impacto
7,0	dança,	aeróbica, alto impacto
4,5	dança,	geral, dança grega, do Oriente Médio, *flamenco*, hula, suingue, *belly*
5,5	dança,	dança de salão rápida (código de Taylor 125)
4,5	dança,	dança de salão rápida (disco, folclórica, quadrilha), *line dancing*, dança *step* irlandesa, polca, *country*
3,0	dança,	dança de salão lenta (por exemplo, valsa, foxtrote, dança lenta), samba, tango, século XIX, mambo, chachachá
5,5	dança,	danças indígenas tradicionais nos EUA (por exemplo, *anishinaabe jingle*)
3,0	caça e pesca,	pesca, geral
4,0	caça e pesca,	cavar a terra com pá para pegar minhocas
4,0	caça e pesca,	pescar na beira do rio e caminhada
2,5	caça e pesca,	pescar no barco, sentado
3,5	caça e pesca,	pescar na beira do rio, em pé (código de Taylor 660)
6,0	caça e pesca,	pescar dentro do rio, com botas especiais (código de Taylor 670)
2,0	caça e pesca,	pescar no gelo, sentado
2,5	caça e pesca,	caçar, arco e flecha ou besta
6,0	caça e pesca,	caçar veado, alce, caça grande (código de Taylor 170)
2,5	caça e pesca,	caçar pato, dentro d'água
5,0	caça e pesca,	caçar geral
6,0	caça e pesca,	caçar faisão ou galo silvestre (código de Taylor 680)
5,0	caça e pesca,	caçar coelho, esquilo, galinha de campina, guaxinim, caça pequena (código de Taylor 690)
2,5	caça e pesca,	caçar com arma de fogo ou armadilha, em pé
3,3	atividades domésticas,	limpar carpete ou chão
3,0	atividades domésticas,	limpeza pesada ou grande (por exemplo, lavar carro, janelas, garagem): esforço vigoroso
3,5	atividades domésticas,	varrer o chão
2,5	atividades domésticas,	várias tarefas de casa seguidas; esforço leve
3,5	atividades domésticas,	várias tarefas de casa seguidas; esforço moderado
4,0	atividades domésticas,	várias tarefas de casa seguidas; esforço vigoroso
3,0	atividades domésticas,	limpeza, casa ou cabana, geral
2,5	atividades domésticas,	limpeza leve (tirar poeira, arrumar a cama, passar o aspirador, tirar o lixo)
2,3	atividades domésticas,	lavar louça em pé, ou em geral (sem divisão em componentes – ficar em pé/caminhar)
2,5	atividades domésticas,	lavar louça, tirar a mesa
3,5	atividades domésticas,	passar aspirador de pó
6,0	atividades domésticas,	matar o animal e preparar a carne
2,0	atividades domésticas,	preparar comida, em pé ou sentado ou em geral (sem divisão em componentes – ficar em pé/caminhar), usar utensílios domésticos manuais

(continua)

METs	Atividade específica	Exemplos
2,5	atividades domésticas,	servir refeições, colocar a mesa, estando implícito caminhar ou ficar em pé
2,5	atividades domésticas,	cozinhar ou preparar comida, caminhar implícito
2,5	atividades domésticas,	alimentar animais
2,5	atividades domésticas,	fazer compras (por exemplo, carregar as compras, ir ao supermercado sem usar carrinho de compras), carregar pacotes
7,5	atividades domésticas,	carregar compras escada acima
3,0	atividades domésticas,	fazer pão em um forno do lado de fora de casa
2,3	atividades domésticas,	comprar alimentos no supermercado com ou sem carrinho de compras, ficando em pé ou caminhando
2,3	atividades domésticas,	fazer compras no shopping, ficando em pé ou caminhando
2,3	atividades domésticas,	passar roupa
1,5	atividades domésticas,	tricotar sentado, costurar, empacotar (presentes leves)
2,0	atividades domésticas,	lavar roupas, dobrar ou pendurar roupas, vestir roupas, ficando sempre em pé
2,3	atividades domésticas,	tirar roupas, juntar roupas para guardar, tirar a roupa suja para lavar, ficando sempre em pé
2,0	atividades domésticas,	arrumar a cama
5,0	atividades domésticas,	fazer melado de árvore (maple) incluindo carregar baldes e lenha
6,0	atividades domésticas,	mudar móveis de lugar, itens da casa, carregar caixas
3,8	atividades domésticas,	esfregar o chão, de quatro, esfregar o banheiro, a banheira
4,0	atividades domésticas,	limpar a garagem, a calçada ou o pátio
3,5	atividades domésticas,	em pé: empacotar, desempacotar caixas, levantar itens da casa ocasionalmente, esforço leve a moderado
3,0	atividades domésticas,	caminhando, tirar itens da casa; esforço moderado
2,5	atividades domésticas,	regar plantas
2,5	atividades domésticas,	acender a lareira
9,0	atividades domésticas,	mover itens da casa escada acima, carregar caixas ou móveis
2,0	atividades domésticas,	em pé, leve (bombear gasolina, trocar lâmpada, etc.)
3,0	atividades domésticas,	caminhar, leve, sem atividade de limpeza (preparando-se para sair, fechar/trancar portas, fechar janelas, etc.)
2,5	atividades domésticas,	sentado/brincando com criança(s); leve, apenas períodos ativos
2,8	atividades domésticas,	em pé/brincando com criança(s); leve, apenas períodos ativos
4,0	atividades domésticas,	caminhar/correr, brincando com criança(s); moderado, apenas períodos ativos
5,0	atividades domésticas,	caminhar/correr, brincando com criança(s); vigoroso, apenas períodos ativos
3,0	atividades domésticas,	carregar uma criança pequena
2,5	atividades domésticas,	cuidar de criança(s): sentado, ajoelhado, vestir roupa, dar banho, arrumar, dar comida, levantar a(s) criança(s); ocasionalmente; esforço leve, geral
3,0	atividades domésticas,	cuidar de criança(s), em pé: vestir, dar banho, arrumar, alimentar, levantar ocasionalmente a(s) criança(s); esforço leve
4,0	atividades domésticas,	cuidar de idoso, adultos com incapacidades; apenas períodos ativos
1,5	atividades domésticas,	reclinar-se com um bebê no colo
2,5	atividades domésticas,	sentar, brincando com animais; leve, apenas períodos ativos
2,8	atividades domésticas,	em pé, brincando com animais; leve, apenas períodos ativos
2,8	atividades domésticas,	caminhar/correr, brincando com animais; leve, apenas períodos ativos
4,0	atividades domésticas,	caminhar/correr, brincando com animais; moderado, apenas períodos ativos
5,0	atividades domésticas,	caminhar/correr, brincando com animais; vigoroso, apenas períodos ativos
3,5	atividades domésticas,	em pé, dar banho no cachorro
3,0	consertos em casa,	consertar avião
4,0	consertos em casa,	consertar a lataria do carro
3,0	consertos em casa,	consertar o carro
3,0	consertos em casa,	carpintaria em geral, oficina (código de Taylor 620)
6,0	consertos em casa,	carpintaria, na área externa: instalar calhas, colocar uma cerca (código de Taylor 640)
4,5	consertos em casa,	carpintaria, finalização ou conserto de armário ou móvel

(continua)

METs	Atividade específica	Exemplos
7,5	consertos em casa,	carpintaria, serrar madeira dura
5,0	consertos em casa,	calafetar, tapar frestas em cabana rústica
4,5	consertos em casa,	calafetar, exceto cabana rústica
5,0	consertos em casa,	limpar calhas
5,0	consertos em casa,	remover terra da garagem
5,0	consertos em casa,	colocar janelas antitempestade
4,5	consertos em casa,	colocar ou tirar carpete
4,5	consertos em casa,	colocar ladrilho ou linóleo, consertar eletrodomésticos
5,0	consertos em casa,	pintar o lado externo da casa (código de Taylor 650)
3,0	consertos em casa,	pintar, colocar papel de parede, revestir, lixar, na área interna da casa; colocar chapas de pedra, remodelar
4,5	consertos em casa,	pintar (código de Taylor 630)
3,0	consertos em casa,	colocar lona encerada em veleiro ou removê-la
6,0	consertos em casa,	colocar telhado
4,5	consertos em casa,	lixar assoalho com uma lixadeira elétrica
4,5	consertos em casa,	lixar e pintar veleiro ou barco a motor
5,0	consertos em casa,	espalhar adubo com uma pá
4,5	consertos em casa,	lavar e encerar casco de veleiro, carro, barco a motor, avião
4,5	consertos em casa,	lavar, pintar a cerca
3,0	consertos em casa,	instalar rede elétrica, mexer no encanamento
1,0	inatividade,	deitado, quieto, vendo televisão
1,0	inatividade, quieto,	deitado, quieto, sem fazer nada, deitado na cama acordado, ouvindo música (sem falar nem ler)
1,0	inatividade, quieto,	sentado, quieto, vendo televisão
1,0	inatividade, quieto,	sentado, quieto, fumando, ouvindo música (sem falar nem ler), assistindo a um filme no cinema
0,9	inatividade, quieto,	dormindo
1,2	inatividade, quieto,	em pé, quieto (em pé em uma fila)
1,0	inatividade, quieto,	reclinado, escrevendo
1,0	inatividade, leve,	reclinado, conversando ou ao telefone
1,0	inatividade, leve,	reclinado, lendo
1,0	inatividade, leve,	meditando
5,0	gramado e jardim; leve,	carregar, empilhar ou guardar madeira, carregar/descarregar ou levar lenha nos braços
6,0	gramado e jardim,	cortar madeira, rachar lenha
5,0	gramado e jardim,	abrir clareira, arrastar galhos, usar um carrinho de mão
5,0	gramado e jardim,	revolver caixa de areia
5,0	gramado e jardim,	escavar com pá, revolver a terra, aterrar, adubar (código de Taylor 590)
6,0	gramado e jardim,	jardinagem com ferramentas potentes e pesadas, arar o jardim, usar serra de cadeia
5,0	gramado e jardim,	assentar brita
5,0	gramado e jardim,	assentar grama
5,5	gramado e jardim,	cortar grama, geral
2,5	gramado e jardim,	cortar grama, usando cortador (código de Taylor 550)
6,0	gramado e jardim,	cortar grama, caminhar, usar cortador manual (código de Taylor 570)
5,5	gramado e jardim,	cortar grama, caminhar, usar cortador elétrico
4,5	gramado e jardim,	cortar grama, usar cortador elétrico (código de Taylor 590)
4,5	gramado e jardim,	operar um removedor de neve, caminhando
4,5	gramado e jardim,	semear, plantar arbustos
4,5	gramado e jardim,	plantar árvores
4,3	gramado e jardim,	capinar
4,0	gramado e jardim,	capinar (código de Taylor 600)
4,0	gramado e jardim,	tirar neve do telhado com ancinho

(continua)

METs	Atividade específica	Exemplos
3,0	gramado e jardim,	operar removedor de neve
4,0	gramado e jardim,	ensacar grama, folhas
6,0	gramado e jardim,	remover neve com a mão (código de Taylor 610)
4,5	gramado e jardim,	podar arbustos ou árvores, cortador manual
3,5	gramado e jardim,	podar arbustos ou árvores, cortador elétrico; usar removedor de folhas, amolador
2,5	gramado e jardim,	caminhar, aplicando fertilizante ou semeando o gramado
1,5	gramado e jardim,	regar gramado ou jardim, em pé ou sentado
4,5	gramado e jardim,	semear, cultivar jardim (código de Taylor 580)
4,0	gramado e jardim,	jardinagem, geral
3,0	gramado e jardim,	colher frutas de árvores, colher frutas/verduras e legumes; esforço moderado
3,0	gramado e jardim,	caminhando ou em pé: limpar o pátio, leve; colher flores ou verduras e legumes
3,0	gramado e jardim,	caminhar, recolhendo ferramentas de jardinagem
1,5	diversos,	sentado, jogando cartas, jogos de tabuleiro
2,3	diversos,	em pé, desenhando (escrevendo), jogo no cassino, máquina copiadora
1,3	diversos,	sentado, lendo livro, jornal, etc.
1,8	diversos,	sentado, escrevendo, trabalho de escritório, datilografia
1,8	diversos,	em pé, conversando ou ao telefone
1,5	diversos,	sentado, conversando ou ao telefone
1,8	diversos,	sentado, estudando em geral, incluindo leitura ou escrita
1,8	diversos,	sentado na sala de aula; geral, incluindo tomar notas ou discutir temas
1,8	diversos,	em pé, lendo
2,0	diversos,	em pé, diversos
1,5	diversos,	sentado, trabalhos manuais e artísticos; esforço leve
2,0	diversos,	sentado, trabalhos manuais e artísticos; esforço moderado
1,8	diversos,	em pé, trabalhos manuais e artísticos; esforço leve
3,0	diversos,	em pé, trabalhos manuais e artísticos; esforço moderado
3,5	diversos,	em pé, trabalhos manuais e artísticos; esforço vigoroso
1,5	diversos,	atividades de reunião familiar/particular, envolvendo sentar, relaxar, conversar, comer
2,0	diversos,	passeio, viagem, férias, envolvendo caminhar e dirigir
2,5	diversos,	acampar, envolvendo ficar em pé, caminhar, sentar-se; esforço leve a moderado
1,5	diversos,	sentar para assistir a evento esportivo; espectador
1,8	tocar,	acordeão
2,0	tocar,	violoncelo
2,5	tocar,	reger
4,0	tocar,	tambor
2,0	tocar,	flauta (sentado)
2,0	tocar,	trompa
2,5	tocar,	piano ou órgão
3,5	tocar,	trombone
2,5	tocar,	trompete
2,5	tocar,	violino
2,0	tocar,	instrumento de sopro (de madeira)
2,0	tocar,	violão clássico, folclórico (sentado)
3,0	tocar,	violão, banda de *rock* (em pé)
4,0	tocar,	banda em marcha, tocando instrumento, rodopiando bastão (caminhando)
3,5	tocar,	banda em marcha, tambor principal (caminhando)
4,0	atividade profissional,	panificação em geral; esforço moderado
2,5	atividade profissional,	panificação; esforço leve
2,3	atividade profissional,	encadernação
6,0	atividade profissional,	abertura de estradas (incluindo recolher entulhos e dirigir máquinas pesadas)
2,0	atividade profissional,	abertura de estradas, orientar o tráfego (em pé)

(continua)

METs	Atividade específica	Exemplos
3,5	atividade profissional,	carpintaria em geral
8,0	atividade profissional,	carregar cargas pesadas, como tijolos
8,0	atividade profissional,	carregar cargas moderadas escada acima, mover caixas (16 a 40 lb [7,3 a 18,1 kg])
2,5	atividade profissional,	serviço de camareira, arrumar cama (atividade de babá)
6,5	atividade profissional,	mineração e perfuração de carvão, rocha
6,5	atividade profissional,	mineração de carvão, erigir suportes
6,0	atividade profissional,	mineração de carvão, geral
7,0	atividade profissional,	mineração de carvão, recolher carvão com pá
5,5	atividade profissional,	construção, área externa, remodelagem
3,0	atividade profissional,	serviço de manutenção, polir piso com polidor elétrico
2,5	atividade profissional,	serviço de manutenção, limpar lavatório e banheiro; esforço leve
2,5	atividade profissional,	serviço de manutenção, tirar poeira; esforço leve
4,0	atividade profissional,	serviço de manutenção, revestir com piso; esforço moderado
3,5	atividade profissional,	serviço de manutenção, limpeza geral; esforço moderado
3,5	atividade profissional,	serviço de manutenção, esfregar o chão; esforço moderado
3,0	atividade profissional,	serviço de manutenção, tirar o lixo; esforço moderado
2,5	atividade profissional,	serviço de manutenção, aspirar pó; esforço leve
3,0	atividade profissional,	serviço de manutenção, aspirar pó; esforço moderado
3,5	atividade profissional,	serviço elétrico, encanamento
8,0	atividade profissional,	trabalhar em fazenda: enfardar feno, limpar celeiro, cuidar de aves domésticas; esforço vigoroso
3,5	atividade profissional,	trabalhar em fazenda: tanger gado; esforço moderado, não-extenuante (caminhando)
4,0	atividade profissional,	trabalhar em fazenda: tanger gado ou cuidar de animais montado a cavalo; esforço moderado
2,0	atividade profissional,	trabalhar em fazenda: tanger gado ou cuidar de animais confinados, dirigir; esforço leve
2,5	atividade profissional,	trabalhar em fazenda: dirigir colheitadeira, cortar capim, irrigar
2,5	atividade profissional,	trabalhar em fazenda: dirigir trator
4,0	atividade profissional,	trabalhar em fazenda: alimentar animais pequenos
4,5	atividade profissional,	trabalhar em fazenda: alimentar gado, cavalos
4,5	atividade profissional,	trabalhar em fazenda: transportar água para os animais, transportar água em geral
6,0	atividade profissional,	trabalhar em fazenda: cuidar dos animais (limpar, esfregar, tosquiar ovelhas, ajudar no parto, prestar cuidados veterinários, ferrar)
8,0	atividade profissional,	trabalhar em fazenda: juntar palha com forcado, limpar curral ou celeiro; esforço vigoroso
3,0	atividade profissional,	trabalhar em fazenda: tirar leite manualmente; esforço moderado
1,5	atividade profissional,	trabalhar em fazenda: tirar leite na máquina; esforço leve
5,5	atividade profissional,	trabalhar em fazenda: revolver grãos com pá; esforço moderado
12,0	atividade profissional,	bombeiro, geral
11,0	atividade profissional,	bombeiro: subir escadas com equipamento
8,0	atividade profissional,	bombeiro: arrastar mangueira no chão
17,0	atividade profissional,	guarda-florestal: cortar árvore com machado, rápido
5,0	atividade profissional,	guarda-florestal: cortar árvore com machado, lento
7,0	atividade profissional,	guarda-florestal: descortiçar árvores
11,0	atividade profissional,	guarda-florestal: carregar troncos
8,0	atividade profissional,	guarda-florestal: derrubar árvores
8,0	atividade profissional,	guarda-florestal: geral
5,0	atividade profissional,	guarda-florestal: capinar
6,0	atividade profissional,	guarda-florestal: plantar manualmente
7,0	atividade profissional,	guarda-florestal: serrar manualmente
4,5	atividade profissional,	guarda-florestal: com serra elétrica
9,0	atividade profissional,	guarda-florestal: podar árvores
4,0	atividade profissional,	guarda-florestal: tirar ervas daninhas

(continua)

METs	Atividade específica	Exemplos
4,5	atividade profissional,	peleteria
6,0	atividade profissional,	tratar de cavalos
8,0	atividade profissional,	corrida de cavalo, galope
6,5	atividade profissional,	corrida de cavalo, trote
2,6	atividade profissional,	corrida de cavalo, a passo
3,5	atividade profissional,	chaveiro
2,5	atividade profissional,	máquina operatriz; operar máquina, trabalhar com chapas metálicas
3,0	atividade profissional,	máquina operatriz; operar torno
5,0	atividade profissional,	máquina operatriz; operar prensa de perfuração
4,0	atividade profissional,	máquina operatriz; operar furadeira ou máquina de parafusos
3,0	atividade profissional,	máquina operatriz; solda
7,0	atividade profissional,	alvenaria, concreto
4,0	atividade profissional,	massagista (em pé)
7,5	atividade profissional,	mover, empurrar objetos pesados, 75 lb (~34 kg) ou mais (escrivaninhas, trabalho de carreto)
12,0	atividade profissional,	mergulho livre ou com equipamentos como homem-rã (foca da marinha)
2,5	atividade profissional,	operar equipamento de trabalho pesado/automatizado, sem dirigir
4,5	atividade profissional,	trabalhar em pomar de laranjas
2,3	atividade profissional,	tipografia (em pé)
2,5	atividade profissional,	polícia: orientar tráfego (em pé)
2,0	atividade profissional,	polícia: dirigir radiopatrulha (sentado)
1,3	atividade profissional,	polícia: andar em radiopatrulha (sentado)
4,0	atividade profissional,	polícia: fazendo uma prisão (em pé)
2,5	atividade profissional,	consertar sapatos, geral
8,5	atividade profissional,	escavar com pá; cavar fossos
9,0	atividade profissional,	escavar com pá; pesado (mais de 16 lb/min [~7 kg/min])
6,0	atividade profissional,	escavar com pá; leve (menos de 10 lb/min [~5 kg/min])
7,0	atividade profissional,	escavar com pá; moderado (10 a 15 lb/min [~5 a 7 kg/min])
1,5	atividade profissional,	sentado serviço de escritório leve, geral (laboratório de química, uso leve de ferramentas de mão, conserto de relógio ou máquinas pequenas, montagem/conserto leve); sentado lendo, dirigindo para o trabalho
1,5	atividade profissional,	sentado, reuniões em geral, com conversas; comendo em encontro de negócios
2,5	atividade profissional,	sentado; moderado (alavancas pesadas, operar cortador de grama/guindaste, grua), dar aulas de alongamento ou ioga
2,3	atividade profissional,	em pé; leve (serviço de bar, atendente de loja, montar máquina, preencher formulário, fazer cópias, montar árvore de Natal), em pé e conversando no trabalho, trocando de roupa para dar aula de educação física
3,0	atividade profissional,	em pé; leve/moderado (montar/consertar partes pesadas, soldar, montar estoque, consertar carro, empacotar caixas para mudança, etc.), cuidar de paciente (como enfermeiro)
4,0	atividade profissional,	levantar itens continuamente, 10 a 20 lb (~5 a 10 kg), com caminhada ou descanso limitados
3,5	atividade profissional,	em pé; moderado (montar máquina em ritmo rápido, intermitente, levantar 50 lb [~24 kg], amarrar/retorcer cordas)
4,0	atividade profissional,	em pé; moderado/pesado (levantar mais de 50 lb [~24 kg], alvenaria, pintar, colocar papel de parede)
5,0	atividade profissional,	fundição de aço: colocar areia em forno
5,5	atividade profissional,	fundição de aço: forja
8,0	atividade profissional,	fundição de aço: aplainar
8,0	atividade profissional,	fundição de aço: triturar
11,0	atividade profissional,	fundição de aço: remover escória de metal
7,5	atividade profissional,	fundição de aço: cuidar de fornalha
5,5	atividade profissional,	fundição de aço: descarregar matrizes
8,0	atividade profissional,	fundição de aço: trabalho em geral

(continua)

METs	Atividade específica	Exemplos
2,5	atividade profissional,	alfaiataria: corte
2,5	atividade profissional,	alfaiataria: geral
2,0	atividade profissional,	alfaiataria: costurar à mão
2,5	atividade profissional,	alfaiataria: costurar à máquina
4,0	atividade profissional,	alfaiataria: passar a ferro
3,5	atividade profissional,	alfaiataria: tecer
6,5	atividade profissional,	dirigir caminhão, carregar/descarregar caminhão (em pé)
1,5	atividade profissional,	datilografar, máquina comum, elétrica, computador
6,0	atividade profissional,	usar ferramentas potentes e pesadas, como as pneumáticas (britadeira, furadeira, etc.)
8,0	atividade profissional,	usar ferramentas pesadas (não-elétricas), como pá, picareta, barra para escavação, pá direita
2,0	atividade profissional,	caminhar no trabalho, menos de 2,0 mph (3,2 km/h) (na área do escritório ou do laboratório), muito lento
3,3	atividade profissional,	caminhar no trabalho, 3,0 mph (4,8 km/h), no escritório, velocidade moderada, sem carregar nada
3,8	atividade profissional,	caminhar no trabalho, 3,5 mph (5,6 km/h), no escritório, velocidade rápida, sem carregar nada
3,0	atividade profissional,	caminhar, 2,5 mph (4,0 km/h), lentamente e carregando objetos leves de menos de 25 lb (11,3 kg)
3,0	atividade profissional,	caminhar, juntando coisas, no trabalho, preparando-se para sair
4,0	atividade profissional,	caminhar, 3,0 mph (4,8 km/h), moderado, carregando objetos leves de menos de 25 lb (11,3 kg)
4,0	atividade profissional,	caminhar, empurrando cadeira de rodas
4,5	atividade profissional,	caminhar, 3,5 mph (5,6 km/h), rápido, carregando objetos de menos de 25 lb (11,3 kg)
5,0	atividade profissional,	caminhar ou subir escadas ou ficar em pé, carregando objetos de 25 a 49 lb (~11 a 22 kg)
6,5	atividade profissional,	caminhar ou subir escadas ou ficar em pé, carregando objetos de 50 a 74 lb (~22 a 33 kg)
7,5	atividade profissional,	caminhar ou subir escadas ou ficar em pé, carregando objetos de 75 a 99 lb (~34 a 44 kg)
8,5	atividade profissional,	caminhar ou subir escadas ou ficar em pé, carregando objetos de 100 lb (~45 kg) ou mais
3,0	atividade profissional,	trabalhar no palco, ator de teatro, funcionário nos bastidores
4,0	atividade profissional,	dar aula de educação física, exercício, aulas de esporte (demonstrar jogadas)
6,5	atividade profissional,	dar aula de educação física, exercícios, aulas de esporte (participar da aula)
6,0	corrida,	combinar *jogging*/caminhada (componente do *jogging* de menos de 10 min) (código de Taylor 180)
7,0	corrida,	*jogging*, geral
8,0	corrida,	*jogging*, no lugar
4,5	corrida,	*jogging*, minimarcha
8,0	corrida,	correr, 5 mph (8 km/h), 12 min/mi (7,5 min/km)
9,0	corrida,	correr, 5,2 mph (8,32 km/h), 11,5 min/mi (7,2 min/km)
10,0	corrida,	correr, 6 mph (9,6 km/h), 10 min/mi (6,25 min/km)
11,0	corrida,	correr, 6,7 mph (10,7 km/h), 9 min/mi (5,6 min/km)
11,5	corrida,	correr, 7 mph (11,2 km/h), 8,5 min/mi (5,35 min/km)
12,5	corrida,	correr, 7,5 mph (12 km/h), 8 min/mi (5 min/km)
13,5	corrida,	correr, 8 mph (12,8 km/h), 7,5 min/mi (4,68 min/km)
14,0	corrida,	correr, 8,6 mph (13,76 km/h), 7 min/mi (4,36 min/km)
15,0	corrida,	correr, 9 mph (14,4 km/h), 6,5 min/mi (4,16 min/km)
16,0	corrida,	correr, 10 mph (16 km/h), 6 min/mi (3,5 min/km)
18,0	corrida,	correr, 10,9 mph (17,44 km/h), 5,5 min/mi (3,44 min/km)
9,0	corrida,	correr, *cross country*
8,0	corrida,	correr (código de Taylor 200)
15,0	corrida,	correr, escada acima
10,0	corrida,	correr em uma pista, prática em equipe

(continua)

METs	Atividade específica	Exemplos
8,0	corrida,	correr, treinar, empurrar cadeira de rodas
2,0	cuidados pessoais,	em pé, preparando-se para dormir, geral
1,0	cuidados pessoais,	sentado no vaso sanitário
1,5	cuidados pessoais,	tomando banho (sentado)
2,0	cuidados pessoais,	vestir-se, despir-se (em pé ou sentado)
1,5	cuidados pessoais,	comer (sentado)
2,0	cuidados pessoais,	conversar e comer ou apenas comer (de pé)
1,0	cuidados pessoais,	tomar remédio, sentado ou em pé
2,0	cuidados pessoais,	arrumar-se (lavar-se, barbear-se, escovar os dentes, lavar as mãos, maquiar-se), sentado ou em pé
2,5	cuidados pessoais,	fazer um penteado
1,0	cuidados pessoais,	arrumar o cabelo ou fazer as unhas no salão (sentado)
2,0	cuidados pessoais,	tomar banho, secar-se com a tolha (em pé)
1,5	atividade sexual,	esforço vigoroso, ativo
1,3	atividade sexual,	geral; esforço moderado
1,0	atividade sexual,	esforço leve, passivo; beijar, abraçar
3,5	esportes,	arco e flecha (sem caçar)
7,0	esportes,	*badminton* competitivo (código de Taylor 450)
4,5	esportes,	*badminton* social, simples e duplas, geral
8,0	esportes,	basquetebol, jogo (código de Taylor 490)
6,0	esportes,	basquetebol, sem jogo competitivo, geral (código de Taylor 480)
7,0	esportes,	basquetebol, arbitrar (código de Taylor 500)
4,5	esportes,	basquetebol, jogar a bola na cesta
6,5	esportes,	basquetebol, cadeira de rodas
2,5	esportes,	bilhar
3,0	esportes,	boliche (código de Taylor 390)
12,0	esportes,	boxe, no ringue, geral
6,0	esportes,	boxe, socar saco de areia
9,0	esportes,	boxe, apenas os movimentos
7,0	esportes,	*broomball* (hóquei no gelo modificado)
5,0	esportes,	jogos infantis (amarelinha, soltar pipa, queimada, brincar no *playground*, *t-ball*, jogo de bola, bolinha de gude, três-marias, jogos que envolvem correr)
4,0	esportes,	trabalhar como técnico: futebol americano, futebol, basquetebol, beisebol, natação, etc.
5,0	esportes,	críquete (bater com o bastão, atirar a bola)
2,5	esportes,	*croquet*
4,0	esportes,	*curling* (sobre o gelo, com bastões)
2,5	esportes,	dardos, parede ou gramado
6,0	esportes,	corrida de arrastar, empurrar ou dirigir um carro
6,0	esportes,	esgrima
9,0	esportes,	futebol americano competitivo
8,0	esportes,	futebol americano, toque, puxada de *flag*, geral (código de Taylor 510)
2,5	esportes,	futebol americano ou beisebol, apanhar a bola
3,0	esportes,	*frisbee*, jogar, geral
8,0	esportes,	*frisbee*, avançado
4,5	esportes,	golfe: geral
4,5	esportes,	golfe: caminhar ou carregar tacos
3,0	esportes,	golfe: miniatura, movimento de lançar
4,3	esportes,	golfe: caminhar e puxar tacos
3,5	esportes,	golfe: usar carrinho elétrico (código de Taylor 070)
4,0	esportes,	ginástica, geral
4,0	esportes,	embaixadinhas

(continua)

METs	Atividade específica	Exemplos
12,0	esportes,	handebol, geral (código de Taylor 520)
8,0	esportes,	handebol, equipe
3,5	esportes,	planador
8,0	esportes,	hóquei, campo
8,0	esportes,	hóquei, gelo
4,0	esportes,	andar a cavalo: geral
3,5	esportes,	andar a cavalo: encilhar, escovar
6,5	esportes,	andar a cavalo: trotar
2,5	esportes,	andar a cavalo: a passo
3,0	esportes,	acertar ferraduras, jogo de argolas
12,0	esportes,	pelota basca
10,0	esportes,	judô, jiu-jitsu, caratê, *kickboxing*, *tae-kwon-do*
4,0	esportes,	malabarismo
7,0	esportes,	chutes
8,0	esportes,	lacrosse
4,0	esportes,	motocross
9,0	esportes,	orientação
10,0	esportes,	*paddle* competitivo
6,0	esportes,	*paddle* casual, geral (código de Taylor 460)
8,0	esportes,	pólo
10,0	esportes,	raquetebol competitivo
7,0	esportes,	raquetebol casual, geral (código de Taylor 470)
11,0	esportes,	escalar rochas, subir em rochas
8,0	esportes,	escalar rochas, rapel
12,0	esportes,	pular corda, rápido
10,0	esportes,	pular corda, moderado, geral
8,0	esportes,	pular corda, lento
10,0	esportes,	rúgbi
3,0	esportes,	*shuffleboard*, lançar disco no gramado
5,0	esportes,	*skate*
7,0	esportes,	patinar sobre rodas (código de Taylor 360)
12,5	esportes,	patinar sobre lâminas
3,5	esportes,	mergulho
10,0	esportes,	futebol competitivo
7,0	esportes,	futebol casual, geral (código de Taylor 540)
5,0	esportes,	*softball* ou beisebol, lançar rápido ou lento, geral (código de Taylor 440)
4,0	esportes,	*softball*, arbitrar
6,0	esportes,	*softball*, lançar
12,0	esportes,	*squash* (código de Taylor 530)
4,0	esportes,	tênis de mesa, pingue-pongue (código de Taylor 410)
4,0	esportes,	*tai chi*
7,0	esportes,	tênis, geral
6,0	esportes,	tênis, duplas (código de Taylor 430)
5,0	esportes,	tênis, duplas
8,0	esportes,	tênis, simples (código de Taylor 420)
3,5	esportes,	trampolim
4,0	esportes,	voleibol (código de Taylor 400)
8,0	esportes,	voleibol competitivo, no ginásio
3,0	esportes,	voleibol não-competitivo, equipe de 6 a 9, geral
8,0	esportes,	voleibol, praia
6,0	esportes,	luta (um assalto = 5 min)

(continua)

METs	Atividade específica	Exemplos
7,0	esportes,	*wallyball*, geral
4,0	esportes,	atletismo (arremesso de peso, disco, martelo)
6,0	esportes,	atletismo (salto em altura, em distância, arremesso de dardo, salto com vara)
10,0	esportes,	atletismo (corrida com barreiras, com obstáculos)
2,0	transporte,	dirigir carro ou caminhão leve (não com reboque)
1,0	transporte,	andar de carro ou de caminhão
1,0	transporte,	andar de ônibus
2,0	transporte,	viajar de avião
2,5	transporte,	lambreta, motocicleta
6,0	transporte,	empurrar avião para dentro e para fora do hangar
3,0	transporte,	dirigir caminhão pesado, trator, ônibus
7,0	caminhada,	de mochila (código de Taylor 050)
3,5	caminhada,	carregar criança ou 15 lb (6,8 kg) de carga (por exemplo, mala), no plano ou escada abaixo
9,0	caminhada,	carregar carga escada acima, geral
5,0	caminhada,	carregar 1 a 15 lb (0,45 a 6,8 kg) de carga, escada acima
6,0	caminhada,	carregar 16 a 24 lb (7,2 a 10,8 kg) de carga, escada cima
8,0	caminhada,	carregar 25 a 49 lb (11,3 a 22,2 kg) de carga, escada cima
10,0	caminhada,	carregar 50 a 74 lb (22,6 a 33,5 kg) de carga, escada cima
12,0	caminhada,	carregar 74 lb (33,5 kg) ou mais de carga, escada cima
3,0	caminhada,	carregar ou descarregar um carro
7,0	caminhada,	escalar colinas com 0 a 9 lb (0 a 4 kg) de carga
7,5	caminhada,	escalar colinas com 10 a 20 lb (4,5 a 9 kg) de carga
8,0	caminhada,	escalar colinas com 21 a 42 lb (9,5 a 19 kg) de carga
9,0	caminhada,	escalar colinas com 42 lb (19 kg) ou mais de carga
3,0	caminhada,	escada abaixo
6,0	caminhada,	fazer trilha, *cross country* (código de Taylor 040)
2,5	caminhada,	observando pássaros
6,5	caminhada,	marchar rapidamente, ritmo militar
2,5	caminhada,	puxar ou empurrar carrinho de bebê com uma criança ou andar com ela
4,0	caminhada,	empurrar cadeira de rodas, fora de ambiente profissional
6,5	caminhada,	marcha atlética
8,0	caminhada,	escalar rocha ou montanha (código de Taylor 060)
8,0	caminhada,	escada acima, usar ou subir escadas (código de Taylor 030)
5,0	caminhada,	de muletas
2,0	caminhada,	caminhar, cuidando da casa
2,0	caminhada,	caminhar, menos de 2,0 mph (3,2 km/h), no plano, passeando, muito lento
2,5	caminhada,	caminhar, 2,0 mph (3,2 km/h), no plano, passo lento, superfície firme
3,5	caminhada,	caminhar por prazer (código de Taylor 010)
2,5	caminhada,	caminhar de casa até o carro ou ônibus, do carro ou ônibus até o destino, do carro ou ônibus até o trabalho e de volta para casa
2,5	caminhada,	caminhar até a casa de vizinho ou parente por razões sociais
3,0	caminhada,	levar o cachorro para passear
3,0	caminhada,	caminhar, 2,5 mph (4 km/h), superfície firme
2,8	caminhada,	caminhar, 2,5 mph (4 km/h), descida
3,3	caminhada,	caminhar, 3,0 mph (4,8 km/h), plano, passo moderado, superfície firme
3,8	caminhada,	caminhar, 3,5 mph (5,6 km/h), plano, rápido, superfície firme, caminhar como exercício
6,0	caminhada,	caminhar, 3,5 mph (5,6 km/h), subida
5,0	caminhada,	caminhar, 4,0 mph (6,4 km/h), plano, superfície firme, passo muito rápido
6,3	caminhada,	caminhar, 4,5 mph (7,2 km/h), plano, superfície firme, muito, muito rápido
8,0	caminhada,	caminhar, 5,0 mph (8 km/h)
3,5	caminhada,	caminhar, por prazer, intervalo do trabalho

(continua)

METs	Atividade específica	Exemplos
5,0	caminhada,	caminhar em pista de grama
4,0	caminhada,	caminhar, para o trabalho ou para a aula (código de Taylor 015)
2,5	caminhada,	caminhar para fora de casa e voltar
2,5	atividades dentro d'água,	passeio de barco a motor
4,0	atividades dentro d'água,	canoagem, viagem para acampamento (código de Taylor 270)
3,3	atividades dentro d'água,	canoagem, colher arroz nativo, tirar arroz das espiguetas
7,0	atividades dentro d'água,	canoagem, transportar por terra
3,0	atividades dentro d'água,	canoagem, remo, 2,0 a 3,9 mph (3,2 a 6,24 km/h); esforço leve
7,0	atividades dentro d'água,	canoagem, remo, 4,0 a 5,9 mph (6,4 a 9,44 km/h); esforço moderado
12,0	atividades dentro d'água,	canoagem, remo, > 6 mph (9,6 km/h): esforço vigoroso
3,5	atividades dentro d'água,	canoagem, remo, por prazer, geral (código de Taylor 250)
12,0	atividades dentro d'água,	canoagem, remo, em competição, em equipe ou com um remo só (código de Taylor, 260)
3,0	atividades dentro d'água,	mergulho, trampolim ou plataforma
5,0	atividades dentro d'água,	caiaque
4,0	atividades dentro d'água,	bote com remo curto
3,0	atividades dentro d'água,	velejar, barco e prancha a vela, *windsurf*, velejar no gelo, geral (código Taylor 235)
5,0	atividades dentro d'água,	velejar em competição
3,0	atividades dentro d'água,	velejar, *Sunfish/Laser/Hobby Cat*, chatas, velejar no oceano, navegar em iate
6,0	atividades dentro d'água,	esquiar, água (código de Taylor 220)
7,0	atividades dentro d'água,	carrinho de esqui
16,0	atividades dentro d'água,	mergulho livre mergulho com equipamento; rápido
12,5	atividades dentro d'água,	mergulho livre; moderado
7,0	atividades dentro d'água,	mergulho livre, mergulho com equipamento, geral (código de Taylor 310)
5,0	atividades dentro d'água,	mergulho com *snorkel* (código de Taylor 320)
3,0	atividades dentro d'água,	surfe, prancha ou *bodyboard*
10,0	atividades dentro d'água,	nadar na raia, estilo livre, rápido; esforço vigoroso
7,0	atividades dentro d'água,	nadar na raia, estilo livre, lento; esforço leve ou moderado
7,0	atividades dentro d'água,	nadar costas, geral
10,0	atividades dentro d'água,	nadar peito, geral
11,0	atividades dentro d'água,	nadar borboleta, geral
11,0	atividades dentro d'água,	nadar *crawl*, rápido (75 yd/min [68,58 m/min]); esforço vigoroso
8,0	atividades dentro d'água,	nadar *crawl*, lento (50 yd/min [45,72 m/min]); esforço leve ou moderado
6,0	atividades dentro d'água,	nadar em lago, oceano, rio (código de Taylor 280, 295)
6,0	atividades dentro d'água,	nadar por lazer, nadar fora da raia, geral
8,0	atividades dentro d'água,	nadar, nado lateral, geral
8,0	atividades dentro d'água,	nadar sincronizado
10,0	atividades dentro d'água,	nadar, à tona d'água; esforço vigoroso rápido
4,0	atividades dentro d'água,	nadar, à tona d'água; esforço moderado, geral
4,0	atividades dentro d'água,	aeróbica, calistênicos, dentro d'água
10,0	atividades dentro d'água,	pólo aquático
3,0	atividades dentro d'água,	voleibol dentro d'água
8,0	atividades dentro d'água,	*jogging* dentro d'água
5,0	atividades dentro d'água,	descer corredeira em jangada, caiaque ou canoa
6,0	atividades de inverno,	mover gelo da casa (montar/perfurar buracos, etc.)
5,5	atividades de inverno,	patinar no gelo, 9 mph (14,4 km/h) ou menos
7,0	atividades de inverno,	patinar no gelo, geral (código de Taylor 360)
9,0	atividades de inverno,	patinar no gelo, rapidamente, mais de 9 mph (14,4 km/h)
15,0	atividades de inverno,	patinar em velocidade, de modo competitivo
7,0	atividades de inverno,	saltar de esqui (subir, carregando esquis)
7,0	atividades de inverno,	esquiar, geral
7,0	atividades de inverno,	esquiar, *cross country*, 2,5 mph (4 km/h); esforço lento ou leve, caminhar com esquis

(continua)

METs	Atividade específica	Exemplos
8,0	atividades de inverno,	esquiar, *cross country*, 4,0 a 4,9 mph (6,4 a 7,8 km/h), velocidade e esforço moderados, geral
9,0	atividades de inverno,	esquiar, *cross country*, 5,0 a 7,9 mph (8 a 12,6 km/h), velocidade rápida; esforço vigoroso
14,0	atividades de inverno,	esquiar, *cross country*, > 8,0 mph (12,8 km/h), corrida
16,5	atividades de inverno,	esquiar, *cross country*, neve dura, subida, máximo, alpinismo com neve
5,0	atividades de inverno,	esquiar em descida; esforço leve
6,0	atividades de inverno,	esquiar em descida; esforço moderado, geral
8,0	atividades de inverno,	esquiar em descida; esforço vigoroso, corrida
7,0	atividades de inverno,	transporte em trenó, tobogã, trenó com freio, *luge* (código de Taylor 370)
8,0	atividades de inverno,	andar na neve com raqueta especial
3,5	atividades de inverno,	carrinho de neve
1,0	atividades religiosas,	sentado na igreja, na missa, assistindo à cerimônia, sentado quieto
2,5	atividades religiosas,	sentado, tocando um instrumento na igreja
1,5	atividades religiosas,	sentando na igreja, conversando ou cantando, assistindo à cerimônia, participação ativa
1,3	atividades religiosas,	sentado, lendo textos religiosos em casa
1,2	atividades religiosas,	em pé na igreja (quieto), assistindo à cerimônia, quieto
2,0	atividades religiosas,	em pé, cantando na igreja, assistindo à cerimônia, participação ativa
1,0	atividades religiosas,	ajoelhado na igreja/em casa (rezando)
1,8	atividades religiosas,	em pé, conversando na igreja
2,0	atividades religiosas,	caminhar na igreja
2,0	atividades religiosas,	caminhar, menos de 2,0 mph (3,2 km/h), muito lento
3,3	atividades religiosas,	caminhar, 3,0 mph (4,8 km/h), velocidade moderada, sem carregar nada
3,8	atividades religiosas,	caminhar, 3,5 mph (5,6 km/h), velocidade rápida, sem carregar nada
2,0	atividades religiosas,	combinar caminhada por motivos religiosos, celebrar em pé
5,0	atividades religiosas,	louvar com dança ou corrida, dança espiritual na igreja
2,5	atividades religiosas,	servir comida na igreja
2,0	atividades religiosas,	preparar comida na igreja
2,3	atividades religiosas,	lavar louça/limpar cozinha na igreja
1,5	atividades religiosas,	comer na igreja
2,0	atividades religiosas,	comer/conversar na igreja ou comer em pé; dias de festa indígena nos EUA
3,0	atividades religiosas,	limpar a igreja
5,0	atividades religiosas,	trabalho geral no jardim da igreja
2,5	atividades religiosas,	em pé, moderado (levantando 50 lb [~24 kg]), congregar-se rapidamente
4,0	atividades religiosas,	em pé, trabalho pesado/moderado
1,5	atividades religiosas,	datilografar em máquina elétrica, manual ou computador
1,5	voluntariado,	sentado, reunir-se, geral ou com conversa
1,5	voluntariado,	sentado, serviço de escritório leve, geral
2,5	voluntariado,	sentado, trabalho moderado
2,3	voluntariado,	em pé, trabalho leve (preencher formulário, conversar, congregar-se)
2,5	voluntariado,	sentado, cuidar de criança, apenas períodos ativos
3,0	voluntariado,	em pé, cuidar de criança, apenas períodos ativos
4,0	voluntariado,	caminhar/correr, brincar com crianças; moderado, apenas períodos ativos
5,0	voluntariado,	caminhar/correr, brincar com crianças; vigoroso, apenas períodos ativos
3,0	voluntariado,	em pé, trabalho leve/moderado (embrulhar caixas, montar/consertar, arrumar cadeiras/móveis)
3,5	voluntariado,	em pé, moderado (levantando 50 lb [~24 kg], congregar-se rapidamente
4,0	voluntariado,	em pé, trabalho moderado/pesado
1,5	voluntariado,	datilografar em máquina elétrica, manual ou computador
2,0	voluntariado,	caminhar, menos de 2,0 mph (3,2 km/h), muito lento
3,3	voluntariado,	caminhar, 3,0 mph (4,8 km/h), velocidade moderada, sem carregar nada
3,8	voluntariado,	caminhar, 3,5 mph (5,6 km/h), velocidade rápida, sem carregar nada

(continua)

METs	Atividade específica	Exemplos
3,0	voluntariado,	caminhar, 2,5 mph (4,0 km/h), lentamente e carregando objetos de menos de 25 lb (11,3 kg)
4,0	voluntariado,	caminhar, 3,0 mph (4,8 km/h), moderadamente, carregando objetos de menos de 25 lb (11,3 kg), empurrando algo
4,5	voluntariado,	caminhar, 3,5 mph (5,6 km/h), rapidamente, carregando objetos de menos de 25 lb (11,3 kg)
3,0	voluntariado,	combinar caminhar/ficar em pé, para tarefas do voluntariado

Adaptada, com permissão, de B. E. Ainsworth, W. L. Haskell, M. C. Whitt, M. L. Irwin, A. M. Swartz, S. J. Strath, W. L. O'Brien, D. R. Bassett, K. H. Scmitz, Jr., P.O. Emplaincourt, D. R. Jacobs, Jr., and A. S. Leon, 2000, "Compendium of physical activities: An update of activity codes and MET intensities", *Medicine and Science in Sports and Exercise*, 32(9): S498-S516. Valores adicionais de H. J. Montoye, H. C. G. Kemper, W. H. M. Saris e R. A. Washburn, 1996, *Measuring physical activity and energy expenditure* (Champaign, IL: Human Kinetics).

Apêndice D

Medicamentos Comuns

Tabela D.1 Nomes genéricos de medicamentos comuns por classe

Nome genérico
β-bloqueadores
acebutolol*
atenolol
betaxolol
bisoprolol
esmolol
metoprolol
nadolol
penbutolol*
pindolol*
propranolol
sotalol
timolol
*β-bloqueadores com atividade simpatomimética intrínseca.
β-bloqueadores em combinação com diuréticos
atenolol + clortalidona
bisoprolol + hidroclorotiazida
propranolol LA + hidroclorotiazida
metoprolol + hidroclorotiazida
nadolol + bendroflumetiazida
timolol + hidroclorotiazida
Agentes bloqueadores α- e β-adrenérgicos
carvedilol
labetalol

(continua)

Tabela D.1 Nomes genéricos de medicamentos comuns por classe *(continuação)*

Nome genérico

Agentes bloqueadores α_1-adrenérgicos
- doxazosin
- prazosina
- terazosina

Medicamentos α_2-agonistas centrais e outros que atuam centralmente
- clonidina
- guanfacina
- metildopa
- reserpina

Medicamentos α_2-agonistas centrais em combinação com diuréticos
- metildopa + hidroclorotiazida
- reserpina + clorotiazida
- reserpina + hidroclorotiazida

Nitratos e nitroglicerina
- amil nitrato
- mononitrato isossorbice
- dinitrato isossorbice
- nitroglicerina sublingual
- nitroglicerina translingual
- nitroglicerina transmucosal
- nitroglicerina de liberação sustentada
- nitroglicerina transdermal
- nitroglicerina tópica

Bloqueadores do canal de cálcio (não-diidropiridinas)
- diltiazem de liberação estendida
- verapamil de liberação imediata
- verapamil de ação longa
- verapamil-coer

Bloqueadores do canal de cálcio (diidropiridinas)
- amlodipina
- felodipina
- isradipina
- nicardipina de liberação sustentada
- nifedipina de ação longa
- nimodipina
- nisoldipina

Glicosídeos cardíacos
- digoxina

Vasodilatadores periféricos diretos
- hidralazina
- minoxidil

(continua)

Tabela D.1 Nomes genéricos de medicamentos comuns por classe *(continuação)*

Nome genérico

Inibidores da enzima conversora da angiotensina (ECA)
- benazepril
- captopril
- cilazapril
- enalapril
- fosinopril
- lisinopril
- moexipril
- perindopril
- quinapril
- ramipril
- trandolapril

Inibidores da ECA em combinação com diuréticos
- benazepril + hidroclorotiazida
- captopril + hidroclorotiazida
- enalapril + hidroclorotiazida
- lisinopril + hidroclorotiazida
- moexipril + hidroclorotiazida
- quinapril + hidroclorotiazida

Inibidores da ECA em combinação com bloqueadores do canal de cálcio
- benazepril + amlodipina
- enalapril + felodipina
- trandolapril + verapamil

Antagonistas dos receptores da angiotensina II
- candesartan
- eprosartan
- irbesartan
- losartan
- olmesartan
- telmisartan
- valsartan

Antagonistas dos receptores da angiotensina II em combinação com diuréticos
- candesartan + hidroclorotiazida
- eprosartan + hidroclorotiazida
- irbesartan + hidroclorotiazida
- losartan + hidroclorotiazida
- temisartan + hidroclorotiazida
- valsartan + hidroclorotiazida

Diuréticos

Tiazidas
- clorotiazida
- hidroclorotiazida (HCTZ)
- politiazida
- indapamida
- metolazona

(continua)

Tabela D.1 Nomes genéricos de medicamentos comuns por classe (continuação)

Nome genérico

Diuréticos (continuação)

Diuréticos de alça
- bumetanida
- ácido etacrínico
- furosemida
- torsemida

Diuréticos poupadores de potássio
- amilorida
- triamterene

Bloqueadores dos receptores da aldosterona
- eplerenone
- espironolactona

Diurético combinado com diurético
- triamtereno + hidroclorotiazida
- amilorida + hidroclorotiazida

Agentes antiarrítmicos

Classe I
- IA
  - disopiramida
  - moricixina
  - procainamida
  - quinidina

Classe I
- IB
  - lidocaína
  - mexiletina
  - fenitoína
  - tocainida
- IC
  - flecainida
  - propafenona

Classe II
- β-bloqueadores

Classe III
- amiodarona
- bretílio
- sotalol
- dofetelida

Classe IV
- bloqueadores do canal de cálcio

(continua)

Tabela D.1 Nomes genéricos de medicamentos comuns por classe *(continuação)*

Nome genérico

Agentes antilipêmicos

Seqüestrantes do ácido biliar
- colestiramina
- colesevelam
- colestipol

Derivados do ácido fíbrico
- clofibrato
- gemfibrozil
- fenofibrato

Inibidores da redutase HMG-CoA
- atorvastatina
- fluvastatina
- lovastatina
- pravastatina
- sinvastatina
- rosuvastatina
- lovastatina + niacina

Ácido nicotínico
- niacina

Inibidor da absorção do colesterol
- ezetimibe
- ezetimibe + sinvastatina

Modificadores do sangue (anticoagulantes ou antiplaquetas)
- clopidogrel
- dipiridamol
- pentoxifilina
- ticlopidina
- cilostazol
- warfarin

Agentes respiratórios

Agentes antiinflamatórios esteróides
- flunisolida
- triancinolona
- beclometasona
- fluticasona
- fluticasona e salmeterol (agonista do β_2-receptor)
- budesonida

Broncodilatadores

Anticolinérgicos (antagonistas do receptor da acetilcolina)
- ipratrópio

Anticolinérgicos com simpatomiméticos (agonistas do β_2-receptor)
- ipratrópio e albuterol

(continua)

Tabela D.1 Nomes genéricos de medicamentos comuns por classe *(continuação)*

Nome genérico

Agentes respiratórios *(continuação)*

Simpatomiméticos (agonistas do β_2-receptor)
- salmeterol
- metaproterenol
- terbutalina
- pirbuterol
- albuterol
- salmeterol e fluticasona (esteróide)

Derivados da xantina
- teofilina

Antagonistas do leucotrieno e inibidores da formação
- zafirlukast
- montelukast
- zileuton

Estabilizadores das células mastócitos
- cromolin inalado
- nedocromil
- omalizumab

Agentes antidiabéticos

Biguanidas (diminuem a produção de glicose hepática e a absorção de glicose intestinal)
- metformina
- metformina e gliburida

Inibidores da glicosidase (inibem a absorção de glicose intestinal)
- miglitol

Insulinas

Ação rápida	Ação intermediária	Ação longa
Humalog	Humulin L	Humulin U
Humulin R	Humulin N	Lantus, injeção
Novolin R	Iletin II Lenta	
Iletin II R	Iletin II NPH	
	Novolin L	
	Nivalin N	

Meglitinidas (estimulam as células β de Langerhans ilhotas do pâncreas)
- nateglinida
- repaglinida

Silfoniluréias (estimulam as células β de Langerhans do pâncreas)
- gliburida
- glipizida
- gliclazida
- glimepirida
- tolazamida
- tolbutamida
- clorpropamida

(continua)

Tabela D.1 Nomes genéricos de medicamentos comuns por classe *(continuação)*

Nome genérico
Agentes antidiabéticos *(continuação)*
Tiazolidinedionas (aumentam a sensibilidade à insulina)
pioglitazona
rosiglitazona
Controle da obesidade
Supressor de apetite
sibutramina
Inibidores da lipase
orlistat

Reimpressa, com permissão, de American College of Sports Medicine (ACSM), 2006, *ACSM's guidelines for exercise testing and prescription* (Philadelphia, PA: Lippincott, Williams & Wilkins), p. 255-266.

Tabela D.2 Efeitos de medicamentos sobre freqüência cardíaca, pressão arterial, eletrocardiograma (ECG) e capacidade de exercício

Medicamentos	Freqüência cardíaca	Pressão arterial	ECG	Capacidade de exercício
I. β-bloqueadores (incluindo carvedilol e labetalol)	↓* (R e E)	↓ (R e E)	↓ FC* (R) ↓ Isquemia⁺ (E)	↑ em pacientes com angina; ↓ ou ↔ em pacientes sem angina
II. Nitratos	↑ (R) ↑ ou ↔ (E)	↓ (R) ↓ ou ↔ (E)	↑ FC (R) ↑ ou ↔ FC (E) ↓ isquemia⁺ (E)	↑ em pacientes com angina; ↔ em pacientes sem angina ↑ ou ↔ em pacientes com insuficiência cardíaca congestiva (ICC)
III. Bloqueadores do canal de cálcio				
amlodipina, felodipina, isradipina, nicardipina, nifedipina, nimodipina, nisoldipina	↑ ou ↔ (R e E)	↓ (R e E)	↑ ou ↔ FC (R e E) ↓ isquemia⁺ (E)	↑ em pacientes com angina; ↔ em pacientes sem angina
diltiazem, verapamil	↓ (R e E)		↓ FC (R e E) ↓ isquemia⁺ (E)	
IV. Digitálicos	↓ em pacientes com fibrilação atrial e possivelmente ICC Não se altera de maneira significativa em pacientes com ritmo sinusal	↔ (R e E)	Pode produzir alterações inespecíficas na onda ST-T (R) Pode produzir depressão no segmento ST (E)	Melhorou apenas em pacientes com fibrilação atrial ou com ICC
V. Diuréticos	↔ (R e E)	↔ ou ↓ (R e E)	↔ ou ESV (R) Pode causar ESVs e "falso-positivo" em testes caso ocorra hipocalemia Pode causar ESVs caso ocorra hipomagnesemia (E)	↔, exceto possivelmente em pacientes com ICC
VI. Vasodilatadores, não-adrenérgicos	↑ ou ↔ (R e E)	↓ (R e E)	↑ ou ↔ FC (R e E)	↔, exceto ↑ ou ↔ em pacientes com ICC
Inibidores da ECA e bloqueadores do receptor da angiotensina II	↔ (R e E)	↓ (R e E)	↔ (R e E)	↔, exceto ↑ ou ↔ em pacientes com ICC
Bloqueadores α-adrenérgicos	↔ (R e E)	↓ (R e E)	↔ (R e E)	↔
Agentes antiadrenérgicos sem bloqueio seletivo	↓ ou ↔ (R e E)	↓ (R e E)	↓ ou ↔ FC (R e E)	↔

* β-bloqueadores com ASI (atividade simpatomimética intrínseca) diminuem apenas levemente a FC.

(continua)

Tabela D.2 Efeitos de medicamentos sobre freqüência cardíaca, pressão arterial, eletrocardiograma (ECG) e capacidade de exercício *(continuação)*

Medicamentos	Freqüência cardíaca	Pressão arterial	ECG	Capacidade de exercício
VII. Agentes antiarrítmicos Classe I	Todos os agentes antiarrítmicos podem causar novas arritmias ou piorar as já existentes (efeito pró-arrítmico)			
quinidina disopiramida	↑ ou ↔ (R e E)	↓ ou ↔ (R) ↔ (E)	↑ ou ↔ FC (R) Pode prolongar os intervalos QRS e QT Em testes, a quinidina pode resultar em "falso-negativo" (E)	↔
procainamida	↔ (R e E)	↔ (R e E)	Pode prolongar os intervalos QRS e QT (R) Em testes, pode resultar em "falso-positivo" (E)	↔
fenitoína tocainida mexiletina	↔ (R e E)	↔ (R e E)	↔ (R e E)	↔
Moricizina	↔ (R e E)	↔ (R e E)	Pode prolongar os intervalos QRS e QT (R)	↔
propafenona	↓ (R) ↓ ou ↔ (E)	↔ (R e E)	↔ (E) ↓ FC (R) ↓ ou ↔ FC (E)	↔
Classe II				
β-bloqueadores (veja I)				
Classe III				
amiodarona	↓ (R e E)	↔ (R e E)		↔
sotalol			↓ FC (R)	
Classe IV			↔ (E)	
bloqueadores do canal de cálcio (veja III)				
VIII. Broncodilatadores	↔ (R e E)	↔ (R e E)	↔ (R e E)	Broncodilatadores ↑ a capacidade de exercício em pacientes limitados por broncoespasmo
agentes anticolinérgicos derivados da xantina	↑ ou ↔ (R e E)	↔	↑ ou ↔ FC Pode produzir ESVs (R e E)	
agentes simpatomiméticos	↑ ou ↔ (R e E)	↑, ↔ ou ↓ (R e E)	↑ ou ↔ (R e E)	↔
sódio cromolin	↔ (R e E)	↔ (R e E)	↔ (R e E)	↔
agentes antiinflamatórios esteróides	↔ (R e E)	↔ (R e E)	↔ (R e E)	↔
IX. Agentes antilipêmicos	O clofibrato pode provocar arritmias, angina em pacientes com histórico de infarto do miocárdio O ácido nicotínico pode ↓ PA Nenhum dos outros agentes hiperlipidêmicos tem efeito sobre a FC, a PA e o ECG			↔

(continua)

Tabela D.2 Efeitos de medicamentos sobre freqüência cardíaca, pressão arterial, eletrocardiograma (ECG) e capacidade de exercício *(continuação)*

Medicamentos	Freqüência cardíaca	Pressão arterial	ECG	Capacidade de exercício
X. Medicamentos psicotrópicos				
tranqüilizantes mais fracos	Pode ↓ FC e PA, controlando a ansiedade; nenhum outro efeito			
antidepressivos	↑ ou ↔ (R e E)	↓ ou ↔ (R e E)	Variável (R) Em testes, pode resultar em "falso-positivo" (E)	
tranqüilizantes mais fortes	↑ ou ↔ (R e E)	↓ ou ↔ (R e E)	Variável (R) Em testes, pode resultar em "falso-positivo" ou "falso-negativo" (E)	
lítio	↔ (R e E)	↔ (R e E)	Pode resultar em arritmias e alterações na onda T (R e E)	
XI. Nicotina	↑ ou ↔ (R e E)	↑ (R e E)	↑ ou ↔ FC Pode provocar isquemia, arritmias (R e E)	↔, exceto ↓ ou ↔ em pacientes com angina
XII. Anti-histaminas	↔ (R e E)	↔ (R e E)	↔ (R e E)	↔
XIII. Medicamentos antigripais com agentes simpatomiméticos	Efeitos similares aos descritos para agentes simpatomiméticos, embora geralmente sua magnitude seja menor			↔
XIV. Medicamentos para a tireóide Apenas levotiroxina	↑ (R e E)	↑ (R e E)	↑ FC Pode provocar arritmias ↑ isquemia (R e E)	↔, a menos que a angina piore
XV. Álcool	↔ (R e E)	O uso crônico pode ter certo papel no ↑ da PA (R e E)	Pode provocar arritmias (R e E)	↔
XVI. Agentes hipoglicêmicos insulina e agentes orais	↔ (R e E)	↔ (R e E)	↔ (R e E)	↔
XVII. Modificadores do sangue (anticoagulantes e antiplaquetas)	↔ (R e E)	↔ (R e E)	↔ (R e E)	↔
XVIII. Pentoxifilina	↔ (R e E)	↔ (R e E)	↔ (R e E)	↑ ou ↔ em pacientes limitados por claudicação intermitente
XIX. Medicamentos antigota	↔ (R e E)	↔ (R e E)	↔ (R e E)	↔
XX. Cafeína	Efeitos variáveis, de acordo com uso prévio Efeitos variáveis sobre a capacidade de exercício Pode provocar arritmias			
XXI. Anorexígenos/remédios para emagrecer	↑ ou ↔ (R e E)	↑ ou ↔ (R e E)	↑ ou ↔ FC (R e E)	

* β-bloqueadores com ASI (atividade simpatomimética intrínseca) diminuem apenas levemente a FC.
† Pode evitar ou retardar a isquemia do miocárdio.
Abreviações: ESVs = extra-sístoles ventriculares; ↑ = aumento; ↔ = sem efeito; ↓ = diminuição; R = repouso; E = exercício; FC = freqüência cardíaca.
Reimpressa, com permissão, de American College of Sports Medicine (ACSM), 2006, *ACSM's guidelines for exercise testing and prescription* (Philadelphia, PA: Lippincott, Williams & Wilkins), p. 255-266.

Apêndice E

Avaliação do Condicionamento Físico

Este apêndice proporciona fundamentos para as áreas da avaliação do condicionamento físico tratadas na Parte II deste livro. Assim você será capaz de explicar melhor o significado dos resultados dos testes aplicados. Na Parte II, examinamos a avaliação do custo energético, a composição corporal e a nutrição, a força e a *endurance* muscular, a flexibilidade e a função lombar.

O primeiro passo da realização do teste de condicionamento físico consiste em escolher bem o tipo de teste. Os seguintes fatores devem ser considerados:

- **Confiabilidade**: Eu posso obter resultantes consistentes com esse teste?
- **Objetividade**: Diferentes aplicadores obtêm os mesmos resultados nesse teste?
- **Validade**: Esse teste realmente mede a característica que me interessa avaliar?

Um teste, apesar de confiável e objetivo, pode não ser válido; por sua vez, testes sem confiabilidade e sem objetividade não podem ser válidos. Assim que se determina a consistência do teste, há modos de saber se ele de fato mede o que supostamente deve ser medido. Por exemplo: há consenso entre os especialistas sobre a validade do teste? Ele se mostra mais indicado quando comparado a um teste estabelecido (padrão) da mesma área?

Os testes de condicionamento físico recomendados neste livro têm se mostrado confiáveis e objetivos quando administrados com cuidado por profissionais treinados. Além disso, há provas de que são válidos (são recomendados por especialistas e mostram-se mais indicados quando comparados com testes válidos).

Os profissionais de condicionamento físico podem fazer várias coisas para maximizar a precisão (ou seja, minimizar erros) em testes:

- preparar de modo adequado a pessoa que será testada;
- organizar a sessão de teste;
- cuidar dos detalhes.

Na academia, o teste de condicionamento físico tem muitos usos: desde a prescrição de exercícios até o refinamento de programas. Os profissionais de condicionamento físico têm de saber interpretar os resultados dos testes e fornecer *feedback* a todos os participantes do programa.

Para ajudar os participantes a avaliar os resultados do próprio teste de condicionamento físico, você pode fazer o seguinte (3, 4):

- enfatizar o estado de saúde em vez da comparação com outras pessoas;
- enfatizar as alterações em vez do estado presente;
- fornecer recomendações específicas, com base nos dados do teste e nos seus conhecimentos sobre o participante.

Um método comum de avaliação dos resultados dos testes consiste em comparar o praticante com outras pessoas do mesmo sexo e idade similar (ou seja, usar percentis). Na comparação, grande parte da semelhança do indivíduo com outros baseia-se na hereditariedade e na experiência anterior. Ainda que o esforço seja grande, há limites para a mudança que a pessoa pode apresentar. É uma pena que muitos praticantes de programas de condicionamento físico tentem usar o modelo de desempenho do número um. A ênfase não deveria ser em quem pode correr mais rápido ou quem tem o menor valor do colesterol, mas sim em ajudar as pessoas a compreender, obter e manter o condicionamento cardiorrespiratório, a composição corporal saudável e a boa função lombar.

Padrões de testes de condicionamento físico para pessoas com idade de 6 a 70 anos

Item do teste			6 a 9 anos	10 a 12 anos	13 a 15 anos	16 a 30 anos	31 a 50 anos	51 a 70 anos
1 mi (1,6 km) de corrida/min								
	Homens	Bom	14	12	11	10	10	10
		Limítrofe	16	14	13	12	12	12
		Precisa melhorar	≥18	≥16	≥15	≥14	≥14	≥14
	Mulheres	Bom	14	12	13	12	12	12
		Limítrofe	16	14	15	14	14	14
		Precisa melhorar	≥18	≥16	≥17	≥16	≥16	≥16
Percentual de gordura corporal (%)								
	Homens	Bom	7-18	7-18	7-18	7-18	7-18	7-18
		Limítrofe	22	22	22	22	22	22
		Precisa melhorar	>25	>25	>25	>25	>25	>25
	Mulheres	Bom	7-18	7-18	16-25	16-25	16-25	16-25
		Limítrofe	22	22	27	27	27	27
		Precisa melhorar	>25	>25	>30	>30	>30	>30
Abdominais (#)								
		Bom	≥20	≥25	≥30	≥35	≥35	≥35
		Limítrofe	12	10	22	25	25	25
		Precisa melhorar	≤5	≤10	≤13	≤15	≤15	≤15
Sentar e alcançar (pol/cm)[a]								
		Bom	12/30,5	12/30,5	12/30,5	12/30,5	12/30,5	12/30,5
		Limítrofe	8/20,3	8/20,3	8/20,3	8/20,3	8/20,3	8/20,3
		Precisa melhorar	≤6/15,2	≤6/15,2	≤6/15,2	≤6/15,2	≤6/15,2	≤6/15,2
Flexão no solo (#)								
		Bom	≥10	≥12	≥15	≥15	≥15	≥15
		Limítrofe	6	8	10	10	10	10
		Precisa melhorar	≤2	≤4	≤5	≤5	≤5	≤5

[a] O pé toca a base da caixa no ponto equivalente a 9 pol (22,9 cm). Esse valor, 9 pol (22,9 cm), indica que a pessoa consegue tocar o próprio pé.
Indivíduos com mais de 70 anos devem ser incentivados a fazer o teste de caminhada (ver Capítulo 5) e tentar monitorar os demais componentes do condicionamento físico.
Adaptados de Corbin e Lindsey, 2002: Cooper Institute for Aerobics Research, 1992; President's Council on Physical Fitness and Sports, 2001; Franks, 1989 (p. 42-47).

A edição atual do *ACSM's guidelines for exercise testing and prescription* (1) usa percentis para avaliar os testes de condicionamento. Nós julgamos necessário a realização de mais pesquisas antes que critérios de saúde possam ser estabelecidos; porém, pensamos que tentar definir algum critério, ainda que haja limitações, é melhor do que usar percentis. Uma pessoa pode pesar bem mais hoje do que em 1980, por exemplo, e, ainda assim, continuar no mesmo percentil porque o conjunto da população ganhou peso. Além disso, pode ganhar gordura e perder músculo à medida que envelhece e continuar no mesmo percentil.

Nós definimos os padrões de condicionamento físico de acordo com o que é necessário para a boa saúde. Apesar da diminuição do condicionamento à medida que envelhecemos, os padrões mínimos são os mesmos para adultos de todas as idades. São necessárias mais pesquisas para que possamos refinar esses padrões; à medida que descobrirmos mais sobre a relação entre os valores dos testes e a boa saúde, talvez, alguns desses valores tenham de ser modificados.

Para o praticante de programas de condicionamento físico, a questão mais importante não é qualificar o próprio estado de saúde no momento presente da vida, mas saber qual será ele em seis meses, dois anos ou 20 anos. Assim, a pessoa é estimulada a lidar com o estado presente (comparado com padrões saudáveis) e sente-se capaz de estabelecer objetivos razoáveis, desejáveis e alcançáveis para o próximo teste.

Os resultados dos testes podem ajudar a atingir metas específicas. Às vezes, os padrões de saúde não são apropriados ou razoáveis para o indivíduo em questão. Os padrões da corrida de uma milha, por exemplo, não devem ser usados para pessoas que praticam a natação nas sessões de condicionamento físico nem para indivíduos que usam cadeira de rodas. Nesses dois casos, o objetivo pessoal pode ser, respectivamente, nadar determinada distância ou rodar por certo percurso na cadeira de rodas. Em alguns casos, quando o praticante está muito mal-condicionado, o profissional pode preferir objetivos intermediários. Por exemplo, uma pessoa que, sem parar, só consegue caminhar um quarto de milha, ficaria desencorajada ao discutir os padrões estabelecidos para corridas de uma milha. Para ela, o objetivo inicial pode ser trabalhar para conseguir caminhar uma milha sem parar. Como indicado no Capítulo 22, é importante definir metas e submetas que ajudem o indivíduo a iniciar comportamentos saudáveis e a prosseguir neles.

Comportamentos importantes para o bom condicionamento físico e o estilo de vida saudável (por exemplo, fazer exercícios suficientes, nutrir-se e descansar bem; evitar abuso de substâncias, lidar bem com o estresse) estão inter-relacionados com os resultados nos testes. O líder de condicionamento físico deve enfatizar *comportamentos* saudáveis. É mais importante que as pessoas iniciem uma atividade física regular e que persistam nela do que alcançar certo nível no teste de exercício progressivo. De modo similar, é mais importante desenvolver hábitos alimentares saudáveis do que ter determinado percentual de gordura corporal. Ao enfatizar comportamentos saudáveis, os profissionais de condicionamento físico podem valorizar os esforços pessoais dos participantes. A longo prazo, reconhecer os esforços é a melhor forma de melhorar os valores no teste de condicionamento físico.

O excesso de ênfase nos resultados dos testes pode desencorajar alguns participantes. Dois bons exemplos de programas de condicionamento físico que valorizam comportamentos saudáveis são o canadense *Active Living Challenge* (2) e os programas *Presidential Sports Award* do President's Council on Physical Fitness and Sports (Conselho Presidencial para Esportes e Condicionamento Físico) dos Estados Unidos (7). Eles premiam cidadãos que praticam atividades físicas diversas por determinado número de horas; isso significa recompensar o comportamento em vez do resultado no teste de condicionamento físico.

Muitas pessoas têm uma ou mais incapacidades resultantes de limitações leves a graves, relacionadas com a atividade física e a avaliação. Está além do projeto deste livro a recomendação de atividades e testes específicos para lidar com cada possível condição (8). O profissional de condicionamento físico pode, no entanto, aplicar os seguintes princípios gerais:

- quase todos os indivíduos com incapacidades obtêm benefícios da prática de uma atividade física regular;
- a maioria desses indivíduos pode participar de uma série de atividades com adaptações simples;
- pessoas com incapacidades podem ganhar motivação por meio da avaliação periódica;
- com algumas adaptações, podem ser usados testes de condicionamento físico comuns;
- adaptações de atividades e da avaliação com freqüência são ajustes determinados pelo bom senso, feitos pelo profissional de condicionamento físico e pelo participante;
- especialistas em educação física adaptada e em educação especial podem fornecer assistência adicional.

A análise de resultados de testes de turmas de condicionamento físico diferentes pode ajudar o profissional a decidir que revisões têm de ser feitas no programa geral. Quantas pessoas abandonam as aulas em cada turma? Que tipo de mudanças tem ocorrido no condicionamento cardiorrespiratório, na gordura corporal e na função lombar? Quantas lesões foram verificadas em cada turma? As respostas a essas perguntas ajudam a avaliar, revisar e melhorar os programas. Você deve pressupor melhorias constantes nos programas em vez de pensar ter alcançado a perfeição. Essas melhorias podem ser geradas pela avaliação do programa.

Outro uso dos resultados dos testes consiste em educar o público e fazer com que o programa receba a atenção devida. Que porcentagem dos participantes persiste no programa até conseguir ganhos de condicionamento importantes? Qual é a quantidade total de gordura corporal perdida pelos participantes em um ano? Quantos quilômetros os participantes conseguem correr durante o ano? Testes cuidadosos, o registro dos dados e análises podem fornecer ao público informações úteis sobre o programa.

Glossário

Abdução – movimento do osso lateralmente, para fora da posição anatômica.

Ação concêntrica – contração do músculo; gera movimento na articulação.

Ação excêntrica – alongamento do músculo durante sua ação; controla a velocidade do movimento gerado por outra força.

Ação isométrica – ação muscular em que o comprimento do músculo não se altera; o músculo exerce uma força que compensa a força oposta. Também é chamada de *ação estática*.

Acidente vascular cerebral (AVC) – acidente vascular (embolia, hemorragia ou trombose) cerebral; com freqüência resulta em perda súbita da função corporal.

Ácidos graxos monoinsaturados – gorduras com uma única ligação dupla entre os átomos de carbono na cadeia do ácido graxo.

Ácidos graxos poliinsaturados – gorduras com duas ou mais ligações duplas entre os átomos de carbono na cadeia do ácido graxo. Exemplos: óleos de peixe, milho, soja e amendoim.

Actina – no sarcômero, filamento contrátil delgado que se liga à miosina para liberar energia nas pontes cruzadas ativadas, levando ao encurtamento do sarcômero.

Açúcares simples – monossacarídeos e dissacarídeos, como a glicose, a frutose e a sacarose. Esses carboidratos fornecem a maioria das calorias de balas, refrigerantes e sucos de fruta.

Adução – retorno à posição anatômica, a partir da posição abduzida.

Agentes hipoglicemiantes orais – medicamentos usados para tratar o diabete melito dependente de insulina; estimulam o pâncreas a secretar mais insulina.

Agilidade – habilidade de iniciar, parar e movimentar o corpo rapidamente em direções diferentes.

Agonista – músculo muito eficiente na produção de determinado movimento articular; também chamado de *motor primário*.

Alavanca de força (AF) – distância perpendicular entre o eixo de rotação e a direção da aplicação da força que gera o movimento.

Alavanca de resistência (AR) – distância perpendicular entre o eixo de rotação e a direção da aplicação da força de resistência ao movimento.

Álcool – etanol; um depressor que pode afetar a resposta ao teste de exercício.

Alimentação desordenada – padrão alimentar insalubre que pode, em alguns casos, ser precursor de transtornos da alimentação.

Amenorréia – cessação da menstruação.

Amenorréia primária – ausência de menarca (ou seja, não ocorrem os primeiros ciclos) em garotas de 16 anos ou mais.

Amenorréia secundária – falta da menstruação por três ou mais meses seguidos, observada em mulheres após a menarca.

Aminoácidos – blocos constituídos de nitrogênio formadores de proteínas que podem ser usadas na geração de energia.

Aminoácidos essenciais – os oito aminoácidos que o corpo não consegue sintetizar e por isso precisam ser ingeridos.

Anemia por deficiência de ferro – condição caracterizada por diminuição da quantidade de hemoglobina nas hemácias e resultante redução da capacidade do sangue de transportar oxigênio.

Aneurisma – uma protuberância em forma de saco ou de fuso e cheia de sangue, localizada na parede de uma veia, uma artéria ou um ventrículo.

Angina de peito – dor cardíaca forte, que pode se irradiar para a mandíbula, os braços ou as pernas. É causada por isquemia do miocárdio, que, por sua vez, pode ser induzida pelo exercício em indivíduos suscetíveis.

Angiografia coronária – procedimento para diagnóstico em que um fio condutor flexível é inserido em uma artéria coronária e um cateter é passado sobre ele. É injetada então uma coloração de contraste radiográfico na artéria para permitir a visualização de possíveis bloqueios.

Angioplastia coronariana transluminal percutânea (ACTP) – procedimento cirúrgico em que se insere um fio orientador flexível na artéria parcialmente bloqueada e, sobre ele, um cateter com um balão inflável perto da ponta. No final, esse balão é inflado para abrir a artéria coronária e, depois, esvaziado e removido.

Anorexia nervosa – transtorno da alimentação em que a preocupação com o peso corporal leva à auto-inanição.

Antagonista – músculo que, em uma articulação, gera movimento na direção contrária do movimento gerado pelo agonista (motor primário).

Antiarrítmicos – medicamentos que reduzem o número de arritmias.

Anticoagulante – medicamento que retarda a coagulação sangüínea.

Anti-hipertensivos – medicamentos que reduzem a pressão arterial.

Anti-histamínicos – medicamentos que aliviam sintomas de alergia, facilitando, portanto, a respiração.

Apnéia – cessação temporária da respiração; com freqüência, causada por excesso de oxigênio ou insuficiência de dióxido de carbono no cérebro.

Aponeuroses – bainhas tendíneas amplas e planas, que ligam um músculo a outro.

Área lombossacral – área que abrange o sacro e as vértebras lombares.

Arritmia sinusal – variante normal do ritmo sinusal, em que o intervalo R-R varia mais de 10% por batimento cardíaco.

Artérias coronárias – vasos sangüíneos que suprem o músculo cardíaco.

Arteríolas – vasos sangüíneos entre a artéria e o capilar, envolvidos na regulação do fluxo e da pressão arterial.

Arteriosclerose – doença arterial caracterizada por enrijecimento e espessamento das paredes dos vasos.

Articulação anfiartrodial – articulação que permite apenas um movimento leve em todas as direções; também chamada de *articulação cartilagínea*.

Articulação da faceta – junção dos processos articulares superior e inferior das vértebras.

Articulação diartrodial – articulação de movimento livre, caracterizada por uma membrana sinovial e um ligamento capsular; também chamada de *articulação sinovial*.

Articulação sinoartrodial – articulação imóvel.

Articulação talocrural – articulação do tornozelo.

Artrite – inflamação de uma articulação.

Artrite reumatóide – artrite debilitante, de causa desconhecida, que pode afetar algumas ou muitas articulações (pauciarticular ou poliarticular, respectivamente).

Asma induzida pelo exercício – doença reativa das vias aéreas, em que o exercício tende a causar a constrição dos bronquíolos.

Aterosclerose – forma de arteriosclerose em que substâncias gordurosas são depositadas nas paredes internas das artérias.

Atrofia – redução no tamanho da fibra muscular.

Auxiliares ergogênicos – substâncias ingeridas com o objetivo de conseguir melhorias no desempenho atlético.

Avascular – sem fornecimento de sangue.

Banda A – porção do sarcômero composta de miosina e actina; o comprimento da banda A permanece constante durante o encurtamento do músculo.

Banda I – área do sarcômero bisseccionada pela linha Z e composta de actina. A banda I diminui durante o encurtamento muscular, à medida que a actina desliza sobre a miosina.

Barorreceptores – receptores que monitoram a pressão arterial (PA).

Bem-estar – saúde positiva, que vai além de estar simplesmente livre de doenças.

Betacaroteno – precursor da vitamina A e importante antioxidante.

Bioimpedância elétrica (**BIE**, do inglês *bioelectrical impedance analysis*) – método de avaliação da composição corporal com base na condutividade elétrica de vários tecidos do corpo.

Bloqueadores do canal de cálcio – medicamentos que agem bloqueando a entrada do cálcio na célula; usados no tratamento de angina, arritmias e hipertensão.

Bloqueio AV de primeiro grau – transmissão atrasada (mais de 0,20 segundo) dos impulsos dos átrios aos ventrículos.

Bloqueio AV de segundo grau – no ECG, algumas, mas não todas as, ondas P precedem o complexo QRS e resultam em despolarização ventricular.

Bloqueio AV de terceiro grau – no ECG, o QRS aparece de modo independente; o intervalo P-R varia sem padrão regular; e a FC é inferior a 45 batimentos · min^{-1}.

Bloqueio Mobitz tipo I – no ECG, um intervalo P-R que aumenta de forma progressiva, até que a onda P não seja seguida por um complexo QRS. O local do bloqueio fica dentro do nodo AV.

Bloqueio Mobitz tipo II – no ECG, um intervalo P-R constante, quando algumas, mas não todas as, ondas P são seguidas de um QRS. O local do bloqueio é o feixe de His.

Boa nutrição – dieta em que os alimentos são ingeridos nas quantidades adequadas e com a necessária distribuição de nutrientes para a manutenção da boa saúde no presente e no futuro.

Bolsas – sacos fibrosos, alinhados com a membrana sinovial, que contêm uma pequena quantidade de fluido sinovial. São encontradas entre tendões e ossos, entre a pele e ossos e entre músculos e músculos. Sua função é facilitar o movimento sem fricção entre essas superfícies.

Bradicardia – FC baixa, inferior a 60 batimentos · min^{-1}, em repouso. A bradicardia é saudável quando resulta de condicionamento físico.

Bradicardia sinusal – ritmo e seqüência normais do coração, quando a FC está baixa (inferior a 60 batimentos · min^{-1} em repouso). Ela pode indicar um alto nível de condicionamento físico ou um transtorno mental, como a depressão.

Broncodilatadores – medicamentos que dilatam os bronquíolos, aliviando ataques de asma.

Bulimia nervosa – transtorno da alimentação caracterizado pelo consumo de grandes quantidades de alimento seguido de vômito.

Calorimetria direta – método de medição da taxa metabólica, usando uma câmara fechada, em que o calor perdido pelo indivíduo é transferido para a água que passa pelas paredes da câmara; o aumento na temperatura da água mais o que se perde na evaporação determinam a taxa metabólica.

Calorimetria indireta – estimativa da produção de energia com base no consumo de oxigênio.

Capacidade funcional – consumo máximo de oxigênio, expresso em mililitros de oxigênio por quilograma de peso corporal por minuto ou em METs.

Capacidade vital (CV) – maior quantidade de ar que pode ser exalada após uma inspiração máxima. Quem apresenta CV inferior a 75% do valor previsto para sua idade, seu sexo e sua altura deve ser encaminhado a um médico para realização de exames mais aprofundados.

Cápsula articular – estrutura ligamentosa que envolve a articulação diartrodial.

Carboidrato – nutriente essencial, composto de carbono, hidrogênio e oxigênio; fonte de energia para o corpo.

Carboidratos complexos – polissacarídeos formados pela combinação de três ou mais moléculas de açúcar. Eles incluem amidos e fibras e são encontrados em grande quantidade no arroz, no macarrão e em cereais integrais.

Cartilagem articular – cartilagem que cobre a superfície dos ossos que se articulam (encontram-se ou entram em contato) com outras superfícies ósseas.

Cavidade articular – espaço entre os ossos envolvido pela membrana sinovial e pela cartilagem articular.

Células endoteliais – células que formam o revestimento interior dos vasos sangüíneos, do coração e dos vasos linfáticos.

Choque respiratório – condição em que os pulmões não conseguem fornecer oxigênio suficiente para o sangue circulante.

Cicloergômetro – bicicleta estacionária de uma roda, com ajuste de peso, usada para a prática de exercício em testes ou em programas de condicionamento físico.

Cifótico – descreve a condição da cifose – curvatura convexa da coluna (por exemplo, curva torácica).

Cirurgia arteriocoronária de revascularização – (**CABG**, do inglês *coronary artery bypass graft*) – procedimento em que artérias ou veias são suturadas acima e abaixo de uma artéria coronária bloqueada, a fim de restaurar o fluxo de sangue adequado à respectiva porção do miocárdio.

Cirurgia bariátrica – procedimento cirúrgico destinado a ajudar na perda de peso. Essa cirurgia altera o sistema gastrintestinal, restringindo a ingestão alimentar e a absorção de nutrientes.

Clareza – ser específico a respeito de eventos e idéias; não ficar na abstração.

Claudicação – interferência no fornecimento de sangue para as pernas, muitas vezes resultando no ato de coxear.

Colesterol – substância lipídica em que átomos de carbono, hidrogênio e oxigênio se organizam em anéis; pode depositar-se em paredes arteriais, favorecendo a aterosclerose.

Colesterol de lipoproteínas de alta densidade (**HDL-C**, do inglês *high-density lipoprotein cholesterol*) – essa forma de colesterol protege contra o desenvolvimento de DC, pois ajuda a transportar o colesterol até o fígado, de onde ele é eliminado. Portanto, baixos níveis de HDL-C estão relacionados com altos riscos de DC.

Colesterol de lipoproteínas de baixa densidade (**LDL-C**, do inglês *low-density lipoprotein cholesterol*) – essa forma de colesterol é responsável pela formação de placas nas paredes internas das artérias (aterosclerose). Portanto, altos níveis de LDL-C estão relacionados com altos riscos de DC.

Colesterol total – soma de todas as formas de colesterol existentes na corrente sangüínea. Uma vez que o LDL-C é geralmente o fator primário na quantidade total, um nível de colesterol total alto é também um fator de risco de DC.

Complexo QRS – no ECG, o maior complexo, indicando a despolarização do ventrículo esquerdo; normalmente, dura menos de 0,1 segundo.

Composição corporal – descrição dos tecidos que compõem o corpo. Tipicamente se refere a porcentagens relativas dos tecidos adiposo e não-adiposo.

Compulsão alimentar – transtorno da alimentação caracterizado pelo consumo de grandes quantidades de alimento em pouco tempo.

Comunicação – interação, com freqüência verbal, para compartilhar informações e emoções.

Concêntrica – tipo de ação muscular que ocorre quando o músculo se contrai.

Condicionamento físico – conjunto de atributos que a pessoa tem ou pretende alcançar, relacionado à capacidade de realizar atividades físicas.

Condicionamento muscular – descreve o estado integrado da força e da *endurance* muscular.

Condicionamento total – ótima qualidade de vida, que inclui componentes sociais, mentais, espirituais e físicos. Também chamado de *bem-estar* ou *saúde positiva*.

Condução – mecanismo de troca de calor, em que o calor é transferido de objetos mais quentes para outros mais frios, quando estão em contato.

Consentimento informado – método usado para obter a concordância voluntária da pessoa para participar de um programa. Exige que, no formulário de consentimento escrito e assinado pelo participante, sejam descritos os procedimentos que serão usados, assim como os potenciais benefícios e riscos.

Consumo de oxigênio ($\dot{V}O_2$) – taxa em que o oxigênio é usado durante uma atividade de intensidade específica; absorção de oxigênio.

Contração voluntária máxima (CVM) – quantidade máxima de força que pode ser induzida em uma única repetição.

Contratos comportamentais – acordos públicos, escritos e assinados, em que se declara o engajamento em atividades com objetivos específicos. Incluem a determinação clara de um período de tempo e das conseqüências de serem ou não alcançados os objetivos acordados.

Convecção – caso especial de condução relacionado à perda de calor. O calor é transferido para o ar ou a água em contato direto com a pele; o ar ou a água quentes são menos densos e sobem, levando consigo o calor do corpo.

Coordenação – capacidade de executar uma tarefa integrando os movimentos e as diferentes partes do corpo.

Creatina fosfato (CP, do inglês, *creatine phosphate*) – composto de fosfato altamente energético que representa a principal fonte anaeróbia imediata de ATP no início do exercício. A CP é importante em atividades máximas, com duração de poucos segundos.

Curva estrutural – curva que não pode ser eliminada no movimento normal em razão de unidades ou ligamentos musculotendíneos encurtados.

Curva funcional – curva espinal (por exemplo, curva lordótica) que pode ser eliminada quando se assume uma outra postura.

Curva lordótica – descreve a condição da lordose; uma curva côncava da coluna para a frente, quando a pessoa é observada de lado.

Débito cardíaco (Q) – volume de sangue bombeado pelo coração por minuto; calcula-se do seguinte modo: a FC (batimentos · min^{-1}) vezes o VE (mL · batimentos^{-1}).

Débito de oxigênio – quantidade de oxigênio usada durante a recuperação de um trabalho que excede o valor necessário para a situação de repouso. Também chamado de *reposição de oxigênio* e de *excesso de consumo de oxigênio pós-exercício*.

Déficit de oxigênio – diferença entre a demanda de oxigênio no estado de equilíbrio de uma atividade física e o consumo de oxigênio medido durante os primeiros minutos de trabalho.

Definição de objetivos – objetivos são tarefas que se deseja realizar em um intervalo de tempo específico; eles fornecem uma direção e estimulam a persistência na busca de estratégias de trabalho. A definição de objetivos eficaz inclui escolher objetivos mensuráveis, concretamente definíveis e alcançáveis na prática.

Demanda de oxigênio estado de equilíbrio – ocorre quando os níveis de consumo de oxigênio caem durante o trabalho submáximo, de modo que o valor do consumo de oxigênio representa a demanda de oxigênio (ATP) em estado de equilíbrio da atividade.

Densidade de nutrientes – quantidade de nutrientes essenciais em um alimento, comparada com as suas calorias.

Densidade mineral óssea (DMO) – quantidade de mineral ósseo por unidade de área. Medida em geral por absortometria radiológica de dupla energia (DXA) e usada para diagnóstico clínico de osteoporose.

Depressão do segmento S-T – no ECG, quando o segmento S-T tem uma depressão abaixo da linha de base; pode significar isquemia do miocárdio.

Descongestionantes – medicamentos que reduzem a congestão nasal e bronquial e secam as vias aéreas.

Desempenho – capacidade de executar uma tarefa ou esporte no nível desejado. Também chamado de *condicionamento físico motor* ou *condicionamento físico relacionado a habilidades*.

Desvio padrão (DP) – medida do desvio em relação ao valor médio (média) generalizado para a população. Um DP acima e abaixo da média inclui cerca de 68% da população; dois DPs, 95%; e três, 99%. Vamos supor, por exemplo, que a média do $\dot{V}O_2$máx. = 25 mL · kg^{-1} · min^{-1} e o DP = 3 mL · kg^{-1} · min^{-1}. Podemos esperar então que 68% da população tenha $\dot{V}O_2$máx. entre 22 (25 – 3) e 28 (25 + 3) mL · kg^{-1} · min^{-1}. Ainda nesse caso, 95% da população estaria entre 19 e 31 mL · kg^{-1} · min^{-1}. E, finalmente, quase toda a população, entre 16 e 34 mL · kg^{-1} · min^{-1}. Um termo especial – *erro-padrão de estimativa* (*EPE*), é usado para indicar o desvio padrão de qualquer estimativa derivada de uma fórmula de predição.

Diabete melito – grupo de doenças metabólicas caracterizadas por altas concentrações de glicose no sangue.

Diabete tipo 1 – tipo de diabete melito em que não se produz insulina. É causada por danos nas células beta do pâncreas.

Diabete tipo 2 – tipo de diabete melito em que os receptores de insulina perdem a sensibilidade a esse hormônio.

Diáfise – haste de um osso longo.

Diferença arteriovenosa de oxigênio – volume da extração de oxigênio; calculada do seguinte modo: o conteúdo de oxigênio do sangue arterial menos o conteúdo de oxigênio do sangue venoso misto (quando ele retorna ao coração).

Digitálico – medicamento que aumenta a contração do músculo cardíaco e diminui o ritmo da condução dos impulsos cardíacos pelo nodo AV.

Dióxido de enxofre (SO_2) – poluente que pode causar constrição dos brônquios em pessoas com asma.

Disco – localizado entre as vértebras; atua como um absorvedor de impacto e costuma estar envolvido na dor lombar.

Discos intercalados – junções especiais entre as células musculares cardíacas adjacentes; permitem que os impulsos elétricos passem de uma célula a outra nos dois ventrículos (veja feixe de His).

Dispnéia – dificuldade de respirar ou respiração custosa, além do que é esperado pela intensidade do trabalho. Implica a interrupção do teste de exercício ou da atividade.

Distribuição da gordura corporal (padrão adiposo) – padrão de acúmulo da gordura; com freqüência, é hereditário.

Diuréticos – medicamentos que aumentam a produção de urina e, portanto, retiram o excesso de fluidos do corpo.

Doença coronariana (DC) – aterosclerose das artérias coronárias. Também chamada de CAD – *coronary artery disease*.

Doenças pulmonares obstrutivas crônicas – doenças que causam a obstrução do fluxo de ar nas vias aéreas do pulmão.

Doenças pulmonares restritivas – doenças que restringem a capacidade de expandir os pulmões.

Dose – quantidade (intensidade, freqüência e duração) do exercício necessário para gerar determinada resposta (por exemplo, a redução da pressão arterial em repouso).

Duplo produto – veja "produto freqüência-pressão".

Duração – intervalo de tempo da sessão de condicionamento físico. De modo geral, recomendam-se 20 a 60 minutos de trabalho aeróbio na FCA; no entanto, o trabalho total realizado (por exemplo, a distância percorrida) deve ser enfatizado.

Efeito – resposta desejada, resultante do treinamento com exercícios (por exemplo, menor pressão arterial em repouso).

Efeito térmico do alimento – energia necessária para digerir, absorver, transportar e armazenar o alimento ingerido.

Elasticidade – capacidade dos ligamentos e dos tendões de alongarem-se passivamente e retornarem ao comprimento de repouso.

Eletrocardiograma (ECG) – registro gráfico da atividade elétrica do coração. O ECG é obtido por meio do eletrocardiógrafo.

Eletrólitos – partículas que, em solução, conduzem uma carga elétrica. A maioria das bebidas eletrolíticas são soluções diluídas de glicose, sal e outros minerais, com sabor artificial. Com exceção do sódio, os minerais fornecidos por essas soluções não trazem grandes benefícios.

Elevação do segmento S-T – no ECG, quando o segmento S-T tem uma elevação acima da linha de base; pode significar etapas iniciais (agudas) de um infarto do miocárdio.

Embolia – obstrução súbita de um vaso sangüíneo por um corpo sólido, como uma placa carregada pela corrente sangüínea.

Empatia – identificação com os pensamentos ou os sentimentos de outra pessoa e comunicação efetiva de que eles são compreendidos.

***Endurance* muscular** – capacidade do músculo de realizar contrações repetidas por um tempo prolongado.

***Endurance* muscular localizada** – capacidade do músculo ou do grupo muscular de realizar contrações repetidas contra uma resistência submáxima.

Energia aeróbia – quando o oxigênio é usado para ajudar no fornecimento de energia (ATP) para a pessoa que está realizando o trabalho.

Energia anaeróbia – energia (ATP) fornecida sem oxigênio. A creatina fosfato e a glicólise fornecem ATP sem uso de oxigênio.

Enfrentamento – apontar incongruências ou inconsistências entre o que a pessoa diz e faz e os fatos observáveis.

Epífises – as extremidades de ossos longos.

Epimísio – bainha de tecido conjuntivo que cerca um músculo.

Equilíbrio – capacidade de manter certa postura ou de movimentar-se sem cair.

Equilíbrio calórico negativo – quando há menos consumo do que gasto de energia; provoca diminuição do peso corporal.

Equilíbrio calórico positivo – quando há mais consumo do que gasto de calorias; provoca ganho de peso.

Equivalente calórico do oxigênio – cerca de 5 kcal de energia são produzidas por litro de oxigênio consumido (5 kcal · L^{-1}).

Escoliose – curvatura lateral anormal da coluna.

Esfigmomanômetro – sistema de medição da pressão arterial.

Especialista em exercícios – nos Estados Unidos, pessoa que tem um certificado do ACSM para trabalhar em centros de reabilitação por exercícios, atendendo populações de alto risco ou com problemas de saúde (por exemplo, cardíacos e diabéticos).

Especificidade – princípio segundo o qual os efeitos do treinamento derivam de um programa de exercício específico para a atividade realizada (treinamento de *endurance* vs. força) e para o tipo de fibra muscular envolvido.

Espirometria de circuito aberto – medição do consumo de oxigênio pela inalação do ar do ambiente, enquanto se coleta e analisa o ar expirado.

Espirometria de circuito fechado – o indivíduo respira oxigênio a 100% de um espirômetro, enquanto o dióxido de carbono é absorvido; a diminuição no volume de oxigênio nesse aparelho é proporcional ao consumo de oxigênio.

Espondilólise – fratura por estresse na *pars interarticular*.

Espondilolistese – condição em que o corpo vertebral e os processos transversos deslizam anteriormente (para a frente) sobre o corpo vertebral inferior; é comum o deslizamento da LV sobre a LIV.

Estabilidade – facilidade com que se mantém o equilíbrio.

Esteira – aparelho com um tapete rolante, cuja velocidade e inclinação podem ser ajustadas. Permite que a pessoa caminhe ou corra sem sair do lugar. As esteiras são usadas amplamente no treinamento e em testes de exercícios.

Evaporação – conversão de água do estado líquido para o gasoso pelo calor, como ocorre na evaporação do suor; resulta na perda de 580 kcal por litro de água evaporado.

Excêntrico – tipo de ação muscular que ocorre quando o músculo se alonga.

Exercício consciente – atividade física leve a moderada, executada com um componente meditativo, proprioceptivo ou sensorialmente consciente.

Extensão – aumento do ângulo de uma articulação, como acontece quando se estende o cotovelo.

Extra-sístole atrial – no ECG, o ritmo é irregular e o intervalo R-R é curto; a origem do batimento não é o nodo SA.

Extra-sístole juncional (ESJ) – no ECG, o marca-passo ectópico na área conectiva AV causa um complexo QRS; com freqüência, é acompanhada de ondas P invertidas.

Extra-sístole ventricular (ESV) – complexo QRS amplo, de forma bizarra, que se origina em um foco ectópico, no sistema de His-Purkinje. O intervalo QRS dura mais do que 0,12 segundo, e de modo geral a onda T se encontra na direção oposta.

Fascículos – feixes de fibras musculares cercados pelo perimísio.

Fase de amortecimento – tempo entre as fases excêntrica e concêntrica de uma ação muscular.

Fator de risco – característica, sinal, sintoma ou resultado de teste associado com maior probabilidade de desenvolvimento de um problema de saúde. Por exemplo: pessoas com hipertensão têm maior risco de desenvolver doenças coronarianas.

Feixe de His – via de condução que conecta o nodo AV às ramificações do feixe nos ventrículos.

Fibra alimentar – substâncias encontradas nas plantas, que não podem ser quebradas pelo sistema digestivo humano.

Fibra glicolítica oxidativa rápida, ou do tipo IIa – fibra muscular que se contrai rapidamente, pode produzir energia por processo aeróbio e gera grande tensão; contribui na tensão da fibra do tipo I à medida que a intensidade do exercício aumenta.

Fibra glicolítica rápida, ou do tipo IIx – fibra muscular que se contrai rapidamente e gera grande tensão; produz energia pelo metabolismo anaeróbio e fatiga-se com rapidez.

Fibra muscular – célula muscular. Contém miofibrilas compostas de sarcômeros; usa a energia química da ATP para gerar tensão. Quando essa tensão é maior do que a resistência, o resultado é o movimento.

Fibra oxidativa lenta, ou do tipo I – fibra muscular que se contrai lentamente ou gera pequena quantidade de tensão; a maior parte da sua energia vem de processos aeróbios; ativa em atividades leves a moderadas, possui grande *endurance*.

Fibras de Purkinje – fibras encontradas abaixo do endocárdio do coração; rede de condução de impulsos do coração.

Fibrilação atrial – condição em que a freqüência atrial varia de 400 a 700 batimentos · min^{-1} e a ventricular, de 60 a 160 batimentos · min^{-1}; no ECG, não se podem ver as ondas P.

Fibrilação ventricular – o coração contrai-se de modo desorganizado e trêmulo, sem ondas P nem complexos QRS discerníveis no ECG; exige atenção de emergência imediata.

Fisiculturismo – esporte competitivo em que o objetivo principal é incrementar o tamanho muscular, a simetria e a definição dos músculos.

Fisiologista em exercício clínico registrado – nos Estados Unidos, pessoa com título de mestre em ciência do exercício (ou equivalente) e boa experiência clínica no uso de exercícios para reabilitação.

Flexão – movimento anterior ou posterior que aproxima dois ossos.

Flexibilidade – capacidade de movimentar a articulação na completa amplitude de movimento sem desconforto ou dor.

***Flutter* atrial** – condição em que a freqüência atrial varia de 200 a 350 batimentos · min^{-1} e a ventricular, de 60 a 160 batimentos · min^{-1}; o ECG mostra um padrão semelhante à lâmina dentada de uma serra entre os complexos QRS.

Foco ectópico – porção irritada do miocárdio ou do sistema de condução elétrica; gera batimentos cardíacos extras, que não se originam no nodo sinoatrial (SA).

Força – força máxima que um músculo ou grupo muscular podem gerar uma velocidade específica.

Força de resistência (R) – força que se opõe a outra.

Força muscular – capacidade do músculo de gerar a quantidade de força máxima.

Fosfolipídeos – compostos adiposos, constituintes essenciais das membranas celulares.

Fração de ejeção – fração do volume diastólico final ejetado por batimento (o volume de ejeção dividido pelo volume diastólico final).

Freqüência cardíaca (FC) – número de batimentos cardíacos por minuto.

Freqüência cardíaca-alvo (FCA) – freqüência cardíaca recomendada para sessões de trabalho de condicionamento físico.

Função cardiorrespiratória – capacidade dos sistemas circulatório e respiratório de fornecer combustível durante a atividade física sustentada.

Glicogênio – forma de armazenamento de carboidratos no corpo humano.

Glicólise – via metabólica de produção de ATP a partir da quebra anaeróbia da glicose. Essa fonte de ATP de curto prazo é importante nas atividades máximas com duração de menos de 2 minutos.

Glicose – açúcar simples; fonte vital de energia do corpo humano.

Glicose em jejum limítrofe – nível de glicose em jejum entre 100 e 125 mg/dL; comumente considerada precursora do desenvolvimento de diabete.

Goma de mascar de nicotina – goma de mascar que contém nicotina; usada para ajudar o indivíduo a parar de fumar. A nicotina é absorvida pela mucosa oral, propiciando concentrações no plasma suficientes para inibir o desejo de fumar.

Gordura essencial – a mínima quantidade de gordura necessária para a boa saúde.

Gorduras – substâncias não-hidrossolúveis, compostas de hidrogênio, oxigênio e carbono, que exercem uma série de funções no corpo, incluindo a produção de energia.

Gorduras trans (ácidos graxos trans) – gorduras hidrogenadas, criadas para solidificar em temperatura ambiente e ser usadas na preparação de alimentos. O consumo dessas gorduras diminui o colesterol de lipídeos de alta densidade (HDL-C) e aumenta o colesterol de lipídeos de baixa densidade (LDL-C).

Gradiente da pressão do vapor d'água – gradiente entre a pressão do vapor d'água na pele e no ar.

Grupo muscular – grupo de músculos específicos, responsáveis por uma mesma ação em uma mesma articulação.

Guia da pirâmide alimentar (*Food Guide Pyramid*) – recomendações do United States Departament of Agriculture (Ministério da Agricultura dos Estados Unidos) para a boa alimentação e a prática saudável de exercícios. A pirâmide contém recomendações de consumo de grãos, frutas, legumes, verduras, leite, carne, leguminosas e óleos, além de sugestões para o consumo calórico e a atividade física.

Halterofilismo (levantamento de peso olímpico) – esporte competitivo em que os atletas tentam levantar quantidades máximas de peso nos exercícios de arranque e de arremesso.

Hemorragia – vazamento de grande quantidade de sangue de um vaso.

Hepatite B (HBV) – tipo de hepatite (infecção viral do fígado) transmitido por contato sexual ou por via sangüínea.

Hiperextensão – continuidade da extensão além da posição anatômica.

Hiperglicemia – concentrações de glicose no sangue acima do normal (glicose no plasma em jejum = 110 mg · dL^{-1}).

Hipertensão – pressão arterial alta. Normalmente, em pessoas com hipertensão, a pressão arterial sistólica excede 140 mmHg ou a diastólica excede 90 mmHg.

Hipertermia – elevação da temperatura central; se não for detectada, pode levar à exaustão por calor ou à internação e à morte.

Hipertrofia – ampliação do tamanho da fibra muscular.

Hiperventilação – nível de ventilação além do necessário para manter o nível de dióxido de carbono arterial; pode ser iniciada por um aumento súbito na concentração de íons de hidrogênio, atribuível à produção de ácido lático durante um teste de exercício progressivo.

Hipotensão – pressão arterial baixa.

Hipotermia – temperatura corporal abaixo do normal.

Hipoxemia – conteúdo de oxigênio no sangue arterial excepcionalmente baixo, mas sem anoxia total.

Imputabilidade – possibilidade de atribuir a responsabilidade legal por fato criminoso a alguém.

Índice cintura-quadril (ICQ) – circunferência do quadril dividida pela circunferência da cintura; com freqüência usada como indicador da obesidade do tipo andróide.

Índice de massa corporal (IMC) – medida da relação entre o peso e a altura; calcula-se do seguinte modo: o peso, em quilogramas, dividido pela altura, em metros ao quadrado.

Índice de sensação de frio – equivalente de temperatura, em condições de ar calmo, atribuível à combinação entre a temperatura e a velocidade do vento.

Índice glicêmico – sistema de classificação usado para indicar a rapidez com que o alimento gera um aumento da glicose no sangue.

Inércia rotacional – relutância em realizar a rotação; é proporcional à massa e à sua distribuição em torno do eixo.

Infarto do miocárdio (IM) – morte de uma seção do tecido cardíaco em que houve corte do suprimento sangüíneo; costuma ser chamado de *ataque cardíaco*.

Ingestão adequada (**AI**, do inglês *Adequate Intakes*) – quantidade de nutriente considerada adequada, quando não há dados suficientes para estabelecimento do RDA.

Ingestão Alimentar de Referência (**DRI**, do inglês *Dietary Reference Intakes*) – conjunto de valores definidos para avaliar a ingestão alimentar.

Intensidade – medida do esforço percebido em uma sessão de trabalho; como regra, expressa como percentual do consumo de oxigênio ou da FCmáx.

Intervalo P-R – período de tempo entre o início da onda P e o complexo QRS. O limite superior normal é 0,2 segundo. Comumente, esse segmento é usado como a linha de base isoelétrica.

Intervalo Q-T – intervalo de tempo que vai do começo do complexo QRS até o fim da onda T. Reflete a sístole elétrica do ciclo cardíaco.

Intervalo R-R – intervalo de tempo que vai do pico do QRS de um ciclo cardíaco até o pico do QRS do ciclo seguinte.

Isométrico – tipo de ação muscular em que o comprimento do músculo permanece constante e não gera movimento.

Isquemia do miocárdio – falta de fluxo sangüíneo no tecido do coração.

Levantamento de peso (*powerlifting*) – esporte competitivo em que os atletas tentam levantar quantidades máximas de peso nos exercícios de agachamento, levantamento-terra e supino.

Liderança – capacidade de influenciar e motivar pessoas de um grupo a tomar decisões e a colocar essas decisões em prática.

Ligamento – tecido conjuntivo que liga um osso a outro.

Limiar – nível mínimo necessário para um efeito desejado; costuma ser usado em referência ao nível mínimo de intensidade de um exercício capaz de gerar uma melhor função cardiorrespiratória.

Limiar de lactato – durante o TEP, ponto em que a concentração de lactato no sangue aumenta de repente; um bom indicador do ritmo de trabalho sustentável máximo. Também chamado de *limiar anaeróbio*.

Limiar ventilatório – intensidade de trabalho em que o ritmo da ventilação aumenta ao extremo durante o TEP.

Limites alimentares recomendados (**RDA** – *Recommended Dietary Allowances*) – suposta quantidade de nutrientes adequada para cerca de 97% da população.

Linha Z – elementos do tecido conjuntivo que marcam o início e o fim do sarcômero.

Lipoproteínas – moléculas grandes, responsáveis pelo transporte das gorduras no sangue.

Lúmen – espaço aberto no interior de uma estrutura, como artérias e intestino.

Má nutrição – dieta em que há insuficiência, excesso ou desequilíbrio no consumo de nutrientes, levando a doenças ou ao aumento da propensão a doenças.

Macrociclo – fase de treinamento que dura cerca de um ano.

Magreza relativa – quantidades relativas de peso corporal referentes às partes com e sem gordura. Também chamada de *composição corporal*.

Manobra de Heimlich – procedimento usado para desalojar material que bloqueia as vias aéreas por estar preso na passagem respiratória.

Massa de gordura – a massa dos tecidos adiposos do corpo.

Massa corporal magra – termo muito usado como sinônimo de *massa livre de gordura*.

Massa livre de gordura – o peso dos tecidos corporais sem gordura.

Medicamentos bloqueadores β-adrenérgicos (**β-bloqueadores**) – medicamentos que bloqueiam os receptores que respondem às catecolaminas (epinefrina e norepinefrina); eles reduzem a FC.

Membrana sinovial – revestimento interno da cápsula articular; secreta o líquido sinovial na cavidade articular.

Meniscos – discos parciais, de forma semilunar, existentes, no joelho, entre o fêmur e a tíbia.

Mesociclo – fase de treinamento que dura alguns meses.

Método de critério – método usado como padrão-ouro ou como modelo de comparação de outros métodos.

Microciclo – fase de treinamento que dura cerca de uma semana.

Minerais – íons ou átomos inorgânicos que exercem uma série de funções no corpo humano.

Minha pirâmide (*My pyramid*) – programa do United States Department of Agriculture (Ministério da Agricultura dos Estados Unidos) que inclui recomendações individualizadas para ingestão de alimentos e prática de exercícios. Baseia-se na idade, no sexo e nos padrões de atividade física da pessoa no momento. Contém recomendações para consumo de grãos, frutas, legumes, verduras, leite, carne, leguminosas, óleos, além de sugestões de quantidades de calorias e de atividade física.

Miocárdio – camada média da parede do coração; músculo involuntário, estriado, inervado por nervos autônomos.

Miofibrila – componente localizado no interior das fibras musculares, formado de uma longa série de sarcômeros.

Miosina – nos sarcômeros, filamento contrátil espesso que pode se unir à actina e quebrar a ATP para gerar um movimento da ponte cruzada e desenvolver tensão.

Mitocôndria – organelas celulares responsáveis pela geração de energia (ATP) por meio do metabolismo aeróbio.

Modelo de dois compartimentos – modelo que divide o corpo nas partes com e sem gordura.

Modelo transteórico – modelo geral de mudança intencional de comportamento, em que a mudança é vista como um processo dinâmico, que ocorre por uma série de etapas inter-relacionadas. Os conceitos básicos enfatizam a prontidão motivacional individual para a mudança, as estratégias cognitivas e comportamentais relativas à mudança, a autoeficácia e a avaliação dos prós e contras do novo comportamento.

Momentum **angular** – a quantidade de rotação. O *momentum* angular é o produto da multiplicação da inércia rotacional pela velocidade angular.

Monóxido de carbono (**CO**) – poluente derivado da combustão incompleta de combustíveis fósseis; liga-se à hemoglobina para reduzir o transporte de oxigênio e assim diminui a potência aeróbia máxima.

Movimento balístico – movimento rápido, com três fases: uma ação concêntrica inicial, feita por músculos agonistas para dar início ao movimento; uma fase de relaxamento; e uma desaceleração pela ação excêntrica dos músculos antagonistas.

Necessidade calórica diária – quantidade de calorias necessárias para manter o peso corporal atual. É composta pela taxa metabólica de repouso, pelas calorias da atividade e pelo efeito térmico do alimento.

Negligência – falha em providenciar o cuidado razoável ou exigido pelas circunstâncias. O profissional de condicionamento físico, o programa ou ambos são legalmente imputáveis por lesão resultante de negligência.

Nervo isquiático – nervo que se origina na área sacral; está envolvido com problemas lombares, que podem resultar na perda da sensibilidade e do controle das pernas.

Nitratos – classe de medicamentos usada para tratar a angina ou dor no peito.

Níveis de Ingestão Máximos Toleráveis (**UL**, do inglês *Tolerable Upper Intake Levels*) – o limite máximo de ingestão de determinado nutriente que se supõe não apresentar riscos à saúde.

Nodo atrioventricular (**AV**) – origem do feixe de His no átrio direito do coração. A atividade elétrica normal do coração passa pelo nodo AV antes da despolarização dos ventrículos.

Nodo sinoatrial (SA) – massa de tecido no átrio direito do coração, perto da veia cava, que inicia o batimento cardíaco.

Nutriente – substância de que o corpo necessita para a manutenção, o crescimento e o reparo de tecidos.

Obesidade – condição em que a pessoa acumula excesso de tecido adiposo; também pode ser classificada pela relação entre peso e altura.

Obesidade progressiva – acúmulo lento de tecido adiposo à medida que a pessoa envelhece.

Obesidade tipo andróide – obesidade em que há uma quantidade desproporcional de gordura no tronco e no abdome.

Obesidade tipo ginóide – obesidade em que há quantidade desproporcional de gordura nos quadris e nas coxas.

Obstrução do ar – bloqueio das vias aéreas, que pode ser causado por um objeto estranho. O inchaço é secundário a um trauma direto ou a uma reação alérgica.

Oligomenorréia – menstruação irregular.

Onda P – no ECG, pequena deflexão positiva que antecede um complexo QRS indicando despolarização atrial. Normalmente a duração da onda P é inferior a 0,12 segundo; sua amplitude é igual a 0,25 mV ou menos.

Onda Q – no ECG, deflexão inicial negativa do complexo QRS.

Onda R – deflexão positiva do complexo QRS no ECG.

Onda S – no ECG, primeira onda negativa (precedida de ondas Q ou R) do complexo QRS.

Onda T – no ECG, a onda que segue o complexo QRS e representa a repolarização ventricular.

Orçamento – planejamento financeiro que inclui receitas e gastos estimados.

Ossificação – substituição de cartilagem por osso.

Osteoartrite – forma mais comum de artrite (90 a 95% dos casos); afeta as articulações cuja cartilagem se encontra danificada ou lesionada.

Osteopenia – quando existe perda de osso, porém sem alcançar os níveis da osteoporose.

Osteoporose – doença caracterizada por diminuição na quantidade total de mineral ósseo e por redução da força dos ossos remanescentes.

Oxímetro de pulso – dispositivo usado para medir o percentual de saturação de hemoglobina do sangue arterial.

Ozônio – forma ativa de oxigênio, gerada na reação à luz UV e como emissão de aparelhos de combustão interna; a exposição ao ozônio pode diminuir a função pulmonar.

Pars interarticulares – parte das vértebras entre os seus elementos superiores (processos articular superior e transverso) e inferiores (processos articular inferior e espinal).

Percentual da freqüência cardíaca máxima (% FCmáx.) – FC expressa como porcentagem simples da FC máxima.

Percentual da freqüência cardíaca de reserva (% FCR) – calcula-se a FCR do seguinte modo: a FC máxima menos a FC de repouso. O % FCR é o percentual da diferença entre as FCs máxima e de repouso; seu cálculo é feito assim: a FC de exercício menos a FC de repouso; o resultado é dividido pela FCR e multiplicado por 100%.

Percentual da reserva do consumo de oxigênio (% $\dot{V}O_2R$) – o $\dot{V}O_2R$ é calculado do seguinte modo: o $\dot{V}O_2$máx. do indivíduo menos 1 MET (3,5 mL · kg^{-1} · min^{-1}). O % $\dot{V}O_2R$ é a porcentagem da diferença entre o $\dot{V}O_2$ em repouso e o $\dot{V}O_2$máx. Este é o cálculo: o consumo de oxigênio medido menos 1 MET; o resultado é dividido pela $\dot{V}O_2R$ e multiplicado por 100%.

Percentual de gordura corporal (% de GC) – porcentagem de tecido orduroso no peso total; calcula-se do seguinte modo: divide-se o peso corporal pela massa de gordura e multiplica-se o resultado por 100.

Percentual do consumo máximo de oxigênio (% $\dot{V}O_2$máx.) – razão entre os consumos máximo e submáximo de oxigênio multiplicada por 100%.

Perimísio – tecido conjuntivo que cerca os fascículos de um músculo.

Periodização – processo que consiste em variar o estímulo para promover ganhos de condicionamento físico de longo prazo e evitar o excesso de treinamento.

Periósteo – tecido conjuntivo que cerca todas as superfícies ósseas, exceto as articulares.

Personal trainer – profissional de condicionamento físico que elabora e acompanha programas de exercício individualizados (em geral para um único usuário), destinados principalmente a indivíduos saudáveis.

Pesagem hidrostática – método de avaliação da composição corporal com base no princípio de Arquimedes; também chamada de *pesagem dentro d'água*. Com freqüência é usada como método de critério de avaliação do % de GC.

Placas epifisárias – os locais de ossificação em ossos longos.

Pletismografia de deslocamento de ar – método de avaliação da composição corporal que estima a densidade do corpo a partir do seu peso e volume.

Ponte cruzada – parte do filamento de miosina que se liga à actina, liberando energia que resulta no encurtamento do sarcômero.

Ponto J – no ECG, o ponto em que a onda S termina e o segmento S-T começa.

Ponto máximo da ADM – ponto em que qualquer ampliação do movimento pode distender ligamentos ou outras estruturas do tecido mole, como os discos.

Pontos de pressão – os pontos onde se deve aplicar pressão, sobre as artérias principais, para controlar o sangramento.

Pós-pubescente – após as mudanças da puberdade.

Potência – capacidade de exercer rapidamente a força muscular.

Potência aeróbia máxima ou **consumo máximo de oxigênio ($\dot{V}O_2$máx.)** – taxa máxima em que o oxigênio pode ser usado pelo corpo durante o trabalho máximo; tem relação direta com a capacidade máxima do coração de distribuir sangue aos músculos. Expressa em L · min^{-1} ou mL · kg^{-1} · min^{-1}.

Precaução universal – medidas de segurança efetuadas para evitar a exposição a sangue ou a outros fluidos.

Pré-diabete – condição em que o indivíduo apresenta problemas na glicose em jejum ou na tolerância à glicose. Sem tratamento, costuma evoluir para o diabete tipo 2.

Pré-pubescente – crianças que ainda não alcançaram a puberdade.

Pressão arterial diastólica (PAD) – pressão exercida pelo sangue sobre as paredes dos vasos durante o período de repouso do ciclo cardíaco; é medida em milímetros de mercúrio no esfigmomanômetro.

Pressão arterial sistólica (PAS) – pressão exercida sobre as paredes dos vasos durante a contração ventricular; medida em milímetros de mercúrio por um esfigmomanômetro.

Pressão de saturação – pressão do vapor d'água existente em determinada temperatura, quando o ar está saturado com água.

Prevalência – a porcentagem da população que tem uma característica particular. Por exemplo, a prevalência da obesidade é calculada dividindo o número total de pessoas pelo número de pessoas classificadas como obesas.

Prevenção de recaídas – modo de identificar e de enfrentar situações de alto risco, educando o cliente a respeito do processo da recaída e usando uma série de estratégias para promover uma resposta eficaz.

Prevenção secundária – providências tomadas para evitar a recorrência de um ataque cardíaco.

PRICE – tratamento sugerido para entorses e distensões: proteção, descanso, gelo, compressão e elevação (do inglês, *protection, rest, ice, compression* e *elevation*).

Princípio da reversibilidade – corolário do princípio da sobrecarga; perda do efeito do treinamento por falta de uso.

Problemas lombares – grande desconforto na área lombar, freqüentemente causado por falta de *endurance* muscular e de flexibilidade na região do meio do tronco ou por postura ou levantamento impróprios.

Procedimento de emergência – plano de ação a ser seguido em situações de emergência.

Produto freqüência-pressão – produto da FC pela PAS; indicativo da demanda de oxigênio do coração durante o exercício. O treinamento reduz o produto freqüência-pressão em repouso e durante o trabalho submáximo. Também chamado de *duplo produto*.

Profissional de saúde/condicionamento físico – nos Estados Unidos, pessoa que tem um certificado do ACSM para realizar testes de exercício e prescrever e liderar exercícios em programas preventivos.

Proteínas – nutrientes compostos de aminoácidos que exercem uma série de funções no corpo humano.

Pubescência – período de transição de criança para adulto.

Quadro Aceitável de Distribuição de Macronutrientes (AMDR, do inglês *Acceptable Macronutrient Distribution Ranges*) – porcentagens de calorias de carboidratos, gorduras e proteínas consideradas adequadas para uma boa saúde.

Quociente respiratório (QR) ou índice de troca respiratória (RER) – a razão entre o volume de dióxido de carbono produzido e o volume de oxigênio usado durante certo tempo ($\dot{V}CO_2 : \dot{V}O_2$).

Radiação – processo de troca de calor entre as superfícies de dois objetos que depende do gradiente de temperatura, mas não exige contato direto entre os objetos. Por exemplo, perda de calor do Sol para a Terra.

Radicais livres – moléculas ou fragmentos de moléculas formados durante processos metabólicos; são altamente reativos e capazes de danificar componentes celulares.

Ramificação do feixe – feixe de fibras nervosas entre os dois ventrículos do coração; conduz impulsos.

Receptores β-adrenérgicos – receptores, no coração e nos pulmões, que respondem às catecolaminas (epinefrina e norepinefrina).

Recrutamento – estimulação de unidades motoras adicionais para aumentar a força de uma ação muscular.

Redução localizada – mito segundo o qual o exercício que enfatiza determinada parte corporal provoca uma redução de gordura mais rápida nessa parte do que a ocorrida no resto do corpo.

Reforço – o reforço positivo envolve acrescentar algo positivo para aumentar a freqüência do comportamento-alvo. O negativo também aumenta a freqüência do comportamento desejado, porém atua pela remoção de algo negativo; um exemplo é a perda de peso por meio de um programa de caminhada regular. O reforço pode ser administrado pela própria pessoa (auto-reforço) ou por outros (reforço social).

Repetição – um movimento completo de um exercício, que tipicamente consiste em uma fase concêntrica (levantamento) e outra excêntrica (abaixamento).

Repetição máxima (RM) – quantidade máxima de peso que pode ser levantada para um número determinado de repetições, mantendo a técnica apropriada para o exercício. Por exemplo, 5RMs é a quantidade máxima de peso que se consegue levantar cinco, mas não seis, vezes.

1 repetição máxima (1RM) – o maior peso que se consegue levantar apenas uma vez, de modo bem feito.

Resistência à insulina – condição em que os receptores de insulina do corpo não conseguem mais responder normalmente a ela.

Respeito – consideração objetiva e sem julgamento dos valores, crenças, direitos e bens de outra pessoa.

Respiração de socorro – respiração artificial; usada para promover a oxigenação do sangue de uma pessoa inconsciente que não está conseguindo respirar.

Ressuscitação cardiopulmonar (RCP) – procedimentos estabelecidos para restaurar a respiração e a circulação sangüínea.

Retículo sarcoplasmático (RS) – rede de membranas que cercam a miofibrila; armazena o cálcio necessário à contração muscular.

Ritmo sinusal – tempo e seqüência normais dos eventos cardíacos, com o nodo sinusal como um marca-passo; a freqüência em repouso varia de 60 a 100 batimentos · min^{-1}.

Rotação – movimento de um osso em torno do seu eixo longitudinal.

Sarcômeros – unidades básicas da contração muscular. Contêm actina e miosina; desenvolvem tensão à medida que as pontes cruzadas de miosina puxam a actina em direção ao centro do próprio sarcômero.

Saúde – estar vivo sem problemas de saúde graves. O indivíduo com saúde também é chamado de *aparentemente saudável*.

Segmento motor – unidade fundamental da coluna; composto de duas vértebras e de seu disco interposto.

Segmento P-R – forma a linha isoelétrica, ou linha de base, a partir da qual são medidos os desvios do segmento S-T.

Segmento S-T – parte do ECG entre o final do complexo QRS e o início da onda T. Uma depressão abaixo (ou elevação acima) da linha isoelétrica indica isquemia.

Série – conjunto de repetições executadas sem parar.

Sinceridade – ser autêntico e sincero na relação com outra pessoa.

Síndrome do compartimento – maior pressão dentro de um compartimento muscular, comprometendo o fluxo sangüíneo e o provimento nervoso.

Sistema médico de emergência (SME) – sistema destinado a cuidar de emergências médicas; 190 ou outros números locais.

Situação de alto risco – evento, pensamento ou interação que desafia a capacidade perceptível de manter uma alteração comportamental desejada.

Sobrecarga – demanda maior do que o normal sobre alguma parte do corpo (por exemplo, levantar mais peso do que as cargas normais em que o músculo se envolve). A sobrecarga crônica leva ao incremento da função.

Sobrecarga de carboidratos – aumento da ingestão de carboidratos e redução da atividade nos dias que antecedem a competição.

Sobrepeso – condição de peso acima da relação peso-altura recomendada, porém abaixo dos níveis da obesidade.

Somação – efeito aditivo da força gerado durante ritmos mais altos de estimulação, quando a fibra muscular não relaxa completamente entre os estímulos.

Stent **intracoronariano** – dispositivo colocado dentro do lúmen da artéria para mantê-la aberta.

Step **com banco** – teste de exercício progressivo, que pode ser usado como teste submáximo ou máximo, para avaliar a função cardiorrespiratória. A altura do banco e o número de passos por minuto determinam a intensidade do esforço. O *step* sobre o banco também é um exercício de condicionamento muito popular.

Submáximo – menos do que o máximo (por exemplo, um exercício que pode ser executado com esforço inferior ao máximo).

Tabletes de sal – suplementos que em geral não são recomendados como meio de aumentar o sal na dieta; quando usados, devem ser acompanhados de grandes quantidades de água.

Taquicardia – FC acima de 100 batimentos · min^{-1} em repouso. Pode ser observada em pessoas descondicionadas ou apreensivas em determinado momento (por exemplo, no teste de exercícios).

Taquicardia sinusal – ritmo e seqüência normais do coração, quando a FC está alta (acima de 100 batimentos · min^{-1} em repouso). Ela pode indicar doença ou estresse.

Taquicardia ventricular – condição extremamente perigosa, em que ocorrem três ou mais contrações ventriculares prematuras consecutivas. Pode degenerar em fibrilação ventricular.

Taquipnéia – respiração excessivamente rápida; pode ser sinal de excesso de esforço, choque ou hiperventilação.

Taxa de percepção de esforço (TPE) – escala elaborada por Borg e usada para quantificar a sensação subjetiva de esforço físico. A escala original variava de 6 a 20; a revisada abrange de 0 a 10.

Taxa metabólica de repouso (TMR) – número de calorias necessárias para sustentar o corpo em condições de repouso normais.

Tecido adiposo – tecido composto de células gordurosas.

Temperatura de globo preto (T_g) – medida da energia do calor radiante; é verificada à luz do Sol e serve para avaliar o potencial de ganho ou perda de calor por radiação.

Temperatura do bulbo seco (T_{bs}) – temperatura do ar medida à sombra por um termômetro comum.

Temperatura do bulbo úmido (T_{bu}) – temperatura do ar medida com um termômetro cujo bulbo é coberto por uma mecha de algodão úmido; indicação da capacidade de evaporação da umidade da pele.

Temperatura do globo de bulbo úmido (WBGT, do inglês *wet-bulb globe temperature*) – índice de estresse de calor que considera as temperaturas do bulbo seco, do bulbo úmido e do globo preto.

Tendão – tira de tecido conjuntivo firme, inelástico e fibroso, que liga o músculo ao osso.

Teoria do filamento deslizante – teoria segundo a qual a tensão muscular é gerada quando a actina do sarcômero desliza sobre a miosina em decorrência da ação das pontes cruzadas de miosina.

Teste da função pulmonar – procedimentos usados para testar a capacidade do sistema respiratório de movimentar o ar para dentro ou para fora dos pulmões.

Teste de exercício progressivo (TEP) – teste de várias etapas, que registra as respostas fisiológicas da pessoa a diferentes intensidades de exercício e também a sua potência aeróbia máxima.

Teste dinâmico – avaliação da força envolvida na movimentação do corpo (por exemplo, flexão na barra) ou de uma carga externa (por exemplo, supino).

Teste isocinético – avaliação da tensão muscular máxima em toda a amplitude de movimento da articulação, com velocidade angular constante (por exemplo, 60° · s^{-1}).

Testes de exercício – uma série de testes que avaliam o nível de condicionamento físico presente de potenciais praticantes de exercícios e comumente testam a condição cardiovascular, a força e a *endurance* muscular, a composição corporal e a flexibilidade.

Tétano – aumento na tensão muscular esquelética em resposta a freqüências de estimulação muito altas. As contrações resultantes fundem-se em uma única contração regular, sustentada e de alta tensão.

Tolerância à glicose diminuída (TGP) – condição em que o corpo não processa normalmente a glicose; com freqüência é a etapa intermediária antes do desenvolvimento do diabete tipo 2.

Tomografia por emissão de pósitrons (PET, do inglês *positron emission tomography*) – técnica de varredura que envolve a infusão de radionuclídeos no sangue. Os fótons emitidos pela destruição dos pósitrons são usados para gerar imagens coloridas, que correspondem ao fluxo sangüíneo e à absorção de substâncias em vários tecidos, como os do coração.

Torque (T) – efeito produzido por uma força que causa rotação; produto da multiplicação da força pelo comprimento da alavanca de força.

Trabalho total – quantidade de trabalho alcançada durante uma sessão.

Tranqüilizantes – medicamentos que tranqüilizam a pessoa, gerando calma, quietude ou sensação de paz.

Transferência do *momentum* angular – o *momentum angular* pode ser transferido de um segmento corporal para outro, estabilizando a parte motora inicial na articulação.

Transpiração – eliminação de umidade pelos poros da pele, através das glândulas sudoríparas, de modo geral em conseqüência de calor, esforço ou emoção.

Transtornos da alimentação – padrões alimentares clínicos que resultam em problemas de saúde graves.

Treinamento de força – método de exercícios destinado a incrementar a força musculoesquelética, a potência e a *endurance* muscular localizada. Abrange uma ampla série de modalidades de treinamento, incluindo aparelhos com pesos, pesos móveis, bolas medicinais, tiras elásticas e peso corporal.

Tríade da atleta – condição às vezes observada nas atletas; caracteriza-se por transtornos da alimentação, amenorréia e osteoporose.

Triglicerídeos – forma de reserva primária de gordura no corpo humano.

Trombose – placa de sangue em um vaso sangüíneo.

Trombose arterial coronária – oclusão de uma artéria coronária por uma placa de sangue.

Tropomiosina – proteína (parte do filamento delgado) que regula a contração muscular; trabalha junto com a troponina.

Troponina – proteína (parte do filamento delgado) que pode se ligar ao cálcio liberado pelo retículo sarcoplasmático; trabalha junto com a tropomiosina para permitir que a ponte cruzada de miosina interaja com a actina e inicie o movimento da própria ponte cruzada.

Túbulo transverso – conecta o sarcolema (membrana muscular) ao retículo sarcoplasmático; os potenciais de ação movem-se pelo túbulo transverso a fim de fazer com que o retículo sarcoplasmático libere cálcio para iniciar a contração muscular.

Umidade relativa – medida da quantidade de vapor d'água no ar em relação ao máximo que o ar pode manter na temperatura em questão vezes 100%. Uma alta umidade relativa em um ambiente quente ajuda a determinar o potencial de perda de calor pela evaporação.

Unidade motora – unidade funcional da ação muscular, que inclui um nervo motor e as fibras musculares inervadas por suas ramificações.

Valores diários (DVs, do inglês *daily values*) – indicam o percentual dos níveis diários de nutrientes recomendados contidos em determinado alimento. Os DVs baseiam-se em uma ingestão calórica de 2.000 kcal · dia^{-1}.

Válvula aórtica – válvula cardíaca localizada entre a aorta e o ventrículo esquerdo.

Válvula mitral – válvula cardíaca localizada entre o átrio e o ventrículo esquerdos.

Válvula pulmonar – conjunto de três abas, de formato crescente, na abertura da artéria pulmonar; também chamada de válvula *semilunar*.

Válvula tricúspide – válvula localizada entre o átrio direito e o ventrículo direito do coração.

Velocidade – capacidade de mover rapidamente o corpo inteiro.

Ventilação pulmonar – número de litros de ar inalado ou exalado por minuto.

Vírus da imunodeficiência humana (HIV, do inglês *human immunodeficiency virus*) – vírus que destrói a capacidade do corpo de lutar com infecções; causa a AIDS.

Vitaminas – substâncias orgânicas essenciais ao funcionamento normal do corpo humano. Podem ser subdividas em lipossolúveis e hidrossolúveis.

Vitaminas antioxidantes – substâncias que se ligam a radicais livres e diminuem seus efeitos. Anuncia-se que os antioxidantes são eficazes na diminuição do risco de doença cardiovascular e câncer.

Volume diastólico final – volume de sangue no coração, logo antes da contração ventricular; medido do alongamento do ventrículo.

Volume expiratório forçado em 1 segundo (VEF$_1$) – quantidade máxima de ar que pode ser exalada forçadamente em 1 segundo, como medida pelo espirômetro; essa variável é usada no diagnóstico de doenças pulmonares obstrutivas crônicas. Quem expele menos de 75% da própria capacidade vital (CV) em 1 segundo deve ser encaminhado ao médico.

Zona N – área média do sarcômero, que contém apenas miosina.

Índice

Nota: as letras *f* e *t* após números de páginas indicam figuras e tabelas, respectivamente.

A

abdominal
   cruzado 264
   parcial 263
abdominal parcial ou completo 263
abdução 437, 439, 438*f*, 441*f*
abrasões 397*t*
absortometria radiológica de dupla energia (ARDE) 109-110, 308-309
ação concêntrica 443-445, 447
ação excêntrica 444-445, 446*f*, 447
ação isométrica 446*f*
ação muscular
   ação concêntrica 443-445, 447
   ação excêntrica 444-445, 446*f*, 447
   ação isométrica 447
   movimentos balísticos e 444-446
   unidades motoras e 443-444
ação neuromuscular integradora (ANI) 367-368
ácidos graxos monoinsaturados 121-122
ácidos graxos ômega-3 130-131
ácidos graxos poliinsaturados 121-122
acidose diabética 410
acompanhantes (para ajudar nos exercícios) 211-212
aconselhamento, condicionamento físico
   considerações éticas no 357-358
   habilidades de comunicação para 356-357
aconselhamento para condicionamento físico
   considerações éticas no 357-358
   habilidades de comunicação para 356-357
actina 463, 463-464*f*, 464-465*f*
Activitygram 291
açúcares simples 121-122
adenosina trifosfato (ATP) 462-463, 463-465*f*
ADM da articulação iliofemoral 152-154
ADM da coluna
   definição 152-152-153
   medição 153-154, 157-158
ADM do piriforme 160
administração e controle de programa
   avaliação de participantes 419-420, 422
   consentimento informado para participação em teste de condicionamento físico 419-422
   considerações jurídicas e de segurança 422-423
   elaboração de orçamento 422-423, 425-427
   equipamento, 429*t*, 429-430*t*
   estudos de caso 429-430
   manutenção de registros 269-270, 429-430

   pessoal 417-420, 422
   planejamento 269-270
   planejamento operacional estratégico 416-417
   prescrição de exercício, orientação e aconselhamento 419-420, 422
   procedimentos de emergência 422-424
   teste de condicionamento físico 419-420, 422
administração e gerenciamento
   avaliação de participantes 419-420, 422
   consentimento informado para participação em teste de condicionamento físico 419-422
   considerações jurídicas e de segurança 422-423
   equipamento, 429*t*, 429-430*t*
   estudos de caso 429-430
   orçamento 422-423, 425-427
   pessoal 417-420, 422
   planejamento 269-270
   planejamento operacional estratégico 416-417
   prescrição de exercícios, orientação e aconselhamento 419-420, 422
   procedimentos de emergência 422-424
   registro de dados 269-270, 429-430
   teste de condicionamento físico 419-420, 422
adolescentes e pré-adolescentes
   avaliação do condicionamento muscular de 145-147
   benefícios da atividade física crônica para 289, 289
   considerações especiais para 289-289
   estudos de caso 293
   realização de testes 289-291
   recomendações para a atividade física para 291-293
   resposta aguda ao exercício em 289
   treinamento de força para 224-227
adução 437, 439, 438*f*, 441*f*
Aerobics and Fitness Association of America (AFAA) 269
agachamento com barra 217-218*t*
agentes hipoglicêmicos orais 387-388, 536*t*, 540*t*
água 123, 126, 130-131
alongamento da banda I-T 253
alongamento do flexor do quadril (em pé) 252
alongamento do flexor do quadril (supino) 253
alongamento do piriforme 254
alongamento na cadeira 255
alongamento no tablado ou na cadeira 255

alongamento protetor do tendão da perna, de Cailliet 154-155, 163, 254
alongamento protetor dos isquiotibiais 154-155, 163, 254
altitude 190-191*f*
ambiente e condicionamento físico 21-23
amenorréia 132-133, 310-311
American Council on Exercise (ACE) 269
aminoácidos 121-123
amplitude de movimento (ADM)
   definição 150-151
   exercícios de flexibilidade para melhorar a 252-258
   fatores que afetam a 150-152
   função lombar e 152-154, 246-247
   medição da ADM da coluna e da articulação do quadril 153-156
   testes para medir a ADM da função lombar 157-165
Análise de bioimpedância elétrica (BIE – *bioelectrical impedance analysis*) 108-111
análise de regressão 109-110
anatomia, da coluna 242-244
anatomia, esquelética
   articulações 435-437, 439*f*
   ossificação de ossos 435
   ossos curtos, planos e irregulares 434-435
   ossos longos 434, 435*f*
   visão anterior e posterior da 436-437*f*
anatomia da coluna 242-244
anatomia do coração 374*f*
anatomia do músculo 442-443, 443-444*f*. *Veja também* tipos de fibras musculares; grupos musculares
anatomia esquelética
   articulações 435-437, 439*f*
   ossificação de ossos 435
   ossos curtos, planos e irregulares 434-435
   ossos longos 434, 435*f*
   visão anterior e posterior da 436-437*f*
anatomia muscular 442-443, 443-444*f*
anemia 123, 126, 131-132, 306, 310-311
anemia por deficiência de ferro 123, 126, 131-132
aneurisma 384
angina do peito 91, 314-315, 383-384
angiograma coronário 317-318*f*
angioplastia coronariana transluminosa percutânea (ACTP) 314-315, 316*f*
anorexia 132-133, 202, 310-311
anticoagulantes 387-388
anti-hipertensivos 387, 533*t*, 534*t*

anti-histamínicos 339-340
aparelhos com pesos 211-212*t*
apnéia 403
aquecimento e relaxamento 215-216
arremesso com o braço elevado 452-453*f*, 454
arritimia sinusal 381
arritmias 381-384
artérias coronárias 374, 375*f*
arteríolas 475-476
articulação do cotovelo 439*f*, 443, 448*t*, 447, 449
articulação do joelho 442-443*f*, 443, 448*t*, 449-451
articulação do ombro 437, 439, 438*f*, 439, 443, 448*t*, 447, 449
articulação do punho 440*f*, 443, 448*t*, 447, 449
articulação do quadril 440, 441*f*, 442-443, 448*t*, 449-451
articulação do tornozelo 442-443*f*, 443, 448*t*, 449-451
articulações, tipos de 435-437, 439*f*
articulações anfiartrodiais 435
articulações diartrodiais 435, 437, 439*f*
articulações intertársicas 442-443*f*, 443, 448*t*, 449-451
articulações metacarpofalângicas e
articulações radioulnares 439*f*-440, 448*t*, 447, 449
articulações sinoartrodiais 435
articulações sinoviais 435, 437, 439*f*
artrite 151-152, 301-302
artrite reumatóide 151-152
asma 336, 403-404
asma induzida pelo exercício 336
aspirina 387-388
assanas 361-362, 364
aterosclerose
  definição 314
  etapas da 314*f*
atividade física
  benefícios da 27-28*t*, 171
  custos energéticos da 75, 517-530
  definição 26-27
  doença cardíaca e 21-22*f*, 171
  pirâmide de 26-27*f*
  prevenção de problemas cardíacos e 23-26
  promoção da 29
atividades aquáticas
  caminhar e praticar o *jogging* dentro da piscina 278-279
  custo de oxigênio da natação 74*t*
  custos energéticos de 528
  grupos musculares envolvidos em 453, 454
  natação na raia 278-280
atividades de natação
  caminhar e praticar o *jogging* dentro da piscina 278-279
  custo de oxigênio das 74*t*
  grupos musculares envolvidos nas 453, 454
  natação na raia 278-280
atrofia 208-209
atrofia muscular 208-209
auto-eficácia 347, 351

autorização médica
  formulário de 52
  necessidade de 46-47, 48*t*
  obtenção de 50-51, 53
auxiliares ergogênicos 130-132
avaliação, pré-participação
  itens da avaliação de saúde 38, 47, 49
  Questionário sobre o estado de saúde (HSQ – do inglês *Healthy Status Questionnaire*) 38, 41-46-47
  Questionário sobre prontidão para a atividade física (PAR-Q – do inglês *Physical Activity Readiness Questionnaire*) 38-38, 41
avaliação de participantes 419-420, 422. *Veja também* avaliação de saúde pré-participação
avaliação de saúde
  autorização médica 46-47, 48*t*, 50-52, 53
  HSQ – *Healthy Status Questionnaire* (Questionário sobre o estado de saúde) 38, 41-47
  itens da avaliação de saúde (Mr. PLEASE) 38-39
  PAR-Q – *Physical Activity Readiness Questionnaire* (Questionário sobre Prontidão para a Atividade Física) 38-38, 41
  supervisão 49-51
  visão geral 47, 49
avaliação de saúde
  autorização médica 46-47, 48*t*, 50-53
  itens da avaliação de saúde 38-39
  Questionário sobre o estado de saúde (HSQ – do inglês Health Status Questionnaire) 38, 41-46-47
  Questionário sobre prontidão para a atividade física (PAR-Q – do inglês *Physical Activity Readiness Questionnaire*) 38-38, 41
  supervisão 49-51
  visão geral 47, 49
avaliação de saúde pré-participação
  itens da avaliação de saúde 38-39
  Questionário sobre o estado de saúde (HSQ – do inglês *Healthy Status Questionnaire*) 38, 41-46-47
  Questionário sobre prontidão para a atividade física (PAR-Q – do inglês *Physical Activity Readiness Questionnaire*) 38, 41
avaliação do condicionamento muscular
  comparação entre o pré- e o pós-treinamento 138-140
  considerações preliminares sobre a 136-138
  endurance muscular localizada 139-143*t*
  força muscular 137-140
avaliação do condicionamento muscular de crianças 145-147
avaliação do condicionamento muscular de idosos
  Senior Fitness Test (SFT) para 143
  teste de levantar da cadeira por 30 s 143, 145*f*, 301
  teste de rosca de um braço 143-145

avaliação do condicionamento muscular de portadores de DC 143-146
avanço com halteres 217-218*t*
AVC 314

B

bebidas eletrolíticas 401
benefícios da atividade física 27-28*t*
betacaroteno 122-123
biomecânica de
  arremessar com o braço elevado 452-453
  caminhar, praticar *jogging* e correr 451*f*-452*f*
  levantar e carregar objetos 453*f*
  nadar 453
  pedalar 452
  saltar 452
biomecânica. *Veja também* exercitando grupos musculares; erros mecânicos
  estabilidade 454-456
  inércia rotacional 457-458
  momentum angular 457-459
  torque 455-458
β-bloqueadores 385-387, 531-532, 538*t*
bloqueadores do canal de cálcio 385-387, 532*t*, 538*t*
bloqueio AV de primeiro grau 378, 380*f*
bloqueio AV de terceiro grau 381*f*
bloqueio AV Mobitz tipo I 378, 380*f*
bloqueio AV Mobitz tipo II 381*f*
Bod Pod 108-109*f*
bolas de estabilidade 212-213*f*
bolas medicinais 212-213, 213-214*f*, 277-278
bolhas 398*t*
bradicardia 403
bradicardia sinusal 378, 380*f*
broncodilatadores 339-340, 535, 539*t*
bronquite, crônica 336-340
bulimia nervosa 132-133, 202-203, 310-311
bursa 436-437
bursite 405*t*, 436-437

C

cadeira romana 249, 260-261
cãibras por calor 400*t*
calçados 272-273, 398*t*
cálcio
  alimentos ricos em 125*t*, 127, 129-130*f*
  definição 125*t*
  densidade mineral óssea e 299
  orientações para ingestão de cálcio 123, 126*t*
  osteoporose e 122-123, 126, 308-309
  suplementação 131-132
calor e umidade 185-186
calorimetria direta 58
calosidades 398*t*
caminhada
  como etapa de um programa de condicionamento físico 269-271
  demandas energéticas da 60-63, 65-66*t*, 529-530

grupos musculares envolvidos na 451*f*-452
movimentos 451*f*
na piscina 278-279
pedômetros e 352-353
programa de 271-275
capacidade funcional 87-89
capacidade vital (CV) 338*f*
características de quem fornece uma ajuda eficaz 357
carboidrato
complexo 121-121
definição 121-122*f*
índice glicêmico e 121
metabolismo de 467-469
oxidação de 58-59*t*
reserva 131-133
carboidratos complexos 121-122
carga metabólica 176-178
cartilagem articular 151-152
centralização da respiração 361-362
chest press 217-218*t*
chest press com tira elástica 213-214*f*
choque causado por sangramento 397*t*
choque insulínico 401, 403*t*
choque respiratório 404
ciclismo 452, 517
cicloergômetro
demandas energéticas de 69-71
descrição 84-87
idosos e 299-300
protocolo de teste submáximo no cicloergômetro 93-97
protocolos de teste para crianças 289-290, 291*t*
cinta do ombro 437, 439, 443, 448*t*, 447, 449
cirurgia bariátrica 323-324
cirurgia de revascularização coronariana (GABG, do inglês *coronary artery bypass graft*) 314-315, 316*f*, 317
clareza 357
classificação de lesões e modificações nos exercícios 409*t*
clientes
com diabete 328-333
com doença coronariana (DC) 314-320
crianças e jovens 287-293
idosos 295-303
mulheres 305-311
obesos 322-326
pacientes pulmonares 336-341
colesterol
alto 41, 44*t*, 130*t*
atividade física e 27-28*t*
definição 121-122
limites 121-122, 130
total 130*t*, 130-131
colesterol total 130*t*, 130-131
coluna vertebral 440*f*, 448*t*, 447, 449-451
coma diabético 401, 402*t*, 403
compassos 111-112
complexo QRS, definição 377-378
comportamentos, de saúde e condicionamento físico 34-35, 35-36*f*, 36

composição corporal
cálculo do peso corporal-alvo 113, 116
envelhecimento e 299
equipamento para testes 429*t*
métodos de avaliação 107-113, 116
percentual de gordura corporal 542-543
saúde e 106
compulsão alimentar 202-203
conceitos mecânicos para o movimento humano
estabilidade 454-456
inércia rotacional 457-458
momentum angular 457-459
torque 455-458
condicionamento aeróbio. *Veja também* teste de condicionamento cardiorrespiratório (CCR)
altitude e 190-191
atualização de programa de exercício para 184-186
crianças e 289-290, 292
envelhecimento e 297*f*-298
estudos de caso 192
exposição ao frio e exercício 188-190
formulação da prescrição de exercício para 174-177
idosos e 297*f*-298, 301-302
intensidade do exercício e 176-182*f*
orientações gerais para programas de CCR 172-175
poluição do ar e 188-191
preocupações ambientais e 185-187
prescrição de exercício 170-171
prescrições de exercício usando os resultados do TEP 182-184
programa não-supervisionado para 184-185
programa supervisionado para 183-185
programação de exercício para populações condicionadas 182-183
recomendações de exercício para populações não-testadas 182-183
recomendações de saúde pública para atividade física 171-174
respostas de curto e de longo prazo ao exercício 171-172
condicionamento cadiorrespiratório (CCR)
altitude e 190-191
atualização de programas de exercícios para 184-186
crianças e 289-290, 292
envelhecimento e 297*f*-298
estudos de caso 192
exposição ao frio e exercícios 188-190
formulação de prescrição de exercícios para 174-177
idosos e 297*f*-298, 301-302
intensidade do exercício e 176-182*f*
orientações gerais para programas de CCR 172-175
poluição do ar e 188-191
prescrição de exercícios 170-171
prescrição de exercícios usando resultados do TEP 182-184
programa não-supervisionado para 184-185

programa supervisionado para 183-185
programação de exercícios para população condicionada 182-183
questões ambientais e 185-187
recomendação de exercícios para populações não-testadas 182-183
recomendações de saúde pública para atividade física 171-174
respostas de curto e de longo prazo ao exercício 171-172
condicionamento físico e desempenho
componentes do 32-35
comportamentos que mantêm o 34-35, 35-36*f*, 36
condicionamento muscular
aspectos do, relacionados à saúde 137-138
aspectos do, relacionados ao desempenho 137-138
definição 136-137
condicionamento total
definição 21-22
elementos do 21-23
condução 482-483
confidencialidade 357-358
confronto 357
consentimento informado para participação em teste de condicionamento físico 419-422
considerações éticas 357-358
considerações jurídicas
imputabilidade 422-423
procedimentos de emergência 422-424
considerações jurídicas e de segurança
imputabilidade 422-423
procedimentos de emergência 422-424
consumo de oxigênio (O_2)
cálculo do 513-515
definição 467-468
consumo de oxigênio, medição do 466-468*f*
consumo máximo de oxigênio (O_2máx.)
definição 74, 75*t*, 174-175
doença e 473
intensidade do exercício e 174-175, 175*t*, 175-176*t*
melhorias na 170-171, 171-172*f*
padrões para 84-85*t*
poluição, altitude e 472-473
sexo, idade e 472
teste de caminhada para cálculo da 80-81, 82*t*-83*t*
testes de exercício progressivo e 87-89
treinamento e 472
continuum força-*endurance* 218-219*f*
contração voluntária máxima (CVM) 138-139
contra-indicações ao teste de exercício 44-45
contratos, comportamentais 353-354
controle de peso
dietas da moda 201
etiologia da obesidade e 194-197
ganho de peso 202-203
manutenção de um peso saudável 196-198
modificação de comportamento para 197-201
padrões alimentares e 200
para toda a vida 201

prescrição de exercício para 197-198
prevalência da obesidade e 194
truques e recursos para 201
contusão 395*t*
convecção 482-483
cor pulmonale 340-341
coração. *Veja também* eletrocardiograma (ECG)
câmaras e válvulas do 374*f*
eletrofisiologia do 375
sistema de condução do 375-376, 376-377*f*
uso do oxigênio pelo 374-375
corrida
grupos musculares envolvidos na 451*f*-452
programa 271-272, 275-277
cotovelo de tenista 406*t*
Coumadin 387-388
creatina fosfato (CP) 462
crianças e jovens
avaliação do condicionamento muscular de 145-147
benefícios da atividade física crônica para 289
considerações especiais para 289-289
estudos de caso 293
recomendação de atividades físicas para 291-293
resposta aguda ao exercício em 289
testes 289-291
treinamento com pesos para 224-227
curva de envelhecimento 25
curva dose-efeito 170-171*f*
curva lordótica 152*f*, 152-153, 243, 243-244*f*
curvas estruturais da coluna 243-244
curvas funcionais da coluna 243-244
curvatura cifótica da coluna 243
custo de oxigênio
caminhada 60-63
com música 72-73*t*
jogging e corrida 64-69
natação 74*t*
no cicloergômetro 69-71
pular corda 73*t*
step no banco 71-72*t*
custos energéticos da atividade física 75, 517-530

D

débito cardíaco 474-477
débito de oxigênio 470*f*
declarações negativas, reestruturação 350
definição de objetivos 353-354
demanda de oxigênio do estado de equilíbrio 470
demandas energéticas de
bicicleta ergométrica 69-71
caminhada 60-63
exercício com música 72-73*t*
jogging e corrida 64-69
natação 74*t*
pular corda 73*t*
step sobre o banco 71-72*t*
densidade de nutrientes 121-122

densidade mineral óssea (DMO) 122-123, 299, 308-309
depressão do segmento S-T no ECG 384*f*
descongestionantes 339-340
descrição de empregos, exemplo 418
desempenho e condicionamento físico
componentes do 32-35
comportamentos que mantêm o 34-35, 35-36*f*, 36
desenvolvimento (exercício) 217-218*t*, 235
desenvolvimento com halteres 217-218*t*
desfibriladores externos automáticos (DEA) 383-384, 411-412
diabete
avaliação e testes de clientes com 329-330
definição 328
diagnóstico 328
exercício para clientes com 328-330
índice glicêmico e 121
medicamentos para 328-329*t*, 536*t*-537*t*, 540*t*
nutricionistas e 126-127
obesidade e 106, 323-324
orientações para clientes com 330-331
prescrição de exercícios para 330-332
síndrome metabólica e 333
sintomas de 328
tipo 1 vs. tipo 2 328-329
diabete tipo 1
definição 328
exercício para clientes com 328-330
prescrição de exercício e 330-332
tipo 2 vs. 328-329
diabete tipo 2
atividade física e 171
definição 328
exercício para clientes com 328-330
prescrição de exercício e 331-332
tipo 1 vs. 328-329
diário alimentar 123, 126-127
dicas para exercitar grupos musculares
articulação do joelho 449-451
articulação do punho 447, 449
articulação do quadril 449-451
articulação do tornozelo 449-451
articulações intertársicas 449-451
articulações radioulnar e do cotovelo 447, 449
cinta e complexo articular do ombro 447, 449
coluna vertebral e articulações lombossacrais 447, 449-451
dieta
água 123, 126-131
carboidratos 121-122*f*, 131-133
gordura 121-122
Guia da Pirâmide Alimentar 126-127, 129-130*f*
minerais 122-123, 125*t*, 123, 126
proteína 121-123, 130-131
saudável 36
vitaminas 122-123, 124*t*, 131-132
dietas da moda 201
diferença arteriovenosa de oxigênio 474-476

dióxido de enxofre 190
discos intercalados 375-376
dislipidemia 41, 44*t*
dispnéia 338-340
distribuição da gordura corporal 106
distúrbios de condução atrioventricular 378, 380-381
diuréticos 340-341, 387, 533*t*-534*t*, 538*t*
dobras cutâneas
definição 110-111
fórmulas e 111-113
localizar as 110-111*t*
medir com compasso 111-112
pinçar 110-112
tabelas que usam a soma das 114*t*, 115*t*
doença cardíaca. *Veja também* doença coronariana (DC)
aterosclerose 314
atividade física e 21-22*f*
definição 314
doença coronariana (DC) 314-320
estudos de caso 320
fatores de risco para 25-26
fisiopatologia da 23-25
hipertensão e, 41, 44*t*, 314-315
lipoproteínas e 41, 44*t*, 127, 129-131, 314
doença cardiovascular. *Veja também* doença coronariana (DC)
aterosclerose 314
definição 314
doença coronariana (DC) 314-320
estudos de caso 320
fatores de risco para 25-26
fisiopatologia de 23-25
hipertensão 25, 41, 44*t*, 314-315
lipoproteínas e 41, 44*t*, 127, 129-131, 314
doença coronariana (DC)
atividade física e 21-22*f*
avaliação do condicionamento muscular e 143-146
definição 314
fatores de risco 41, 44*t*, 44-46
prescrição de exercícios típica para 317-319
testes de diagnóstico para detectar 317-318
treinamento com exercícios e 317
doença. *Veja também* doença cardiovascular; diabete, doenças pulmonares
como evitar 22-23, 23-24*t*
fatores de risco 26*t*
problemas cardiovasculares 23-26
doenças pulmonares
doenças pulmonares obstrutivas crônicas (DPOC) 336-337
estudos de caso 340-341
exercício e 338
medicamentos para 339-341, 535*t*-536*t*
prescrição típica de exercício e 338-340
restritivas 337*f*, 338
teste e avaliação 338-339*f*
doenças pulmonares
doenças pulmonares obstrutivas crônicas (DPOC) 336-337
doenças pulmonares restritivas 337*f*, 338

estudos de caso 340-341
exercício e 338
medicamentos para 339-341, 535*t*-536*t*, 539*t*
prescrição típica de exercício e 338-340
teste e avaliação 338-339*f*
doenças pulmonares obstrutivas crônicas (DPOCs)
asma 336
definição 336
fibrose cística 337
guia para classificação 339-340*t*
medicamentos para 339-341
doenças pulmonares restritivas 337, 338
dor na perna 404-405, 408*t*
dores lombares 407*t*
dorsiflexão 442-443*f*
duração do exercício 175-177*f*

E

ECG (eletrocardiograma)
definição 375-378
etapas do ciclo eletrocardiográfico 375-376*f*
interpretação 376-384
medicamentos e 538*t*-540*t*
efeito térmico do alimento 196-197
eletrocardiograma (ECG). *Veja também* interpretação do ECG
definição 375-378
etapas do ciclo eletrocardiográfico 375-376*f*
interpretação 376-384
medicamentos e 538*t*-540*t*
empatia 357
endurance muscular
definição 136-137
teste de supino da YMCA 139-140, 142*t*, 143*t*
testes de flexão e de abdominal 139-140, 141*f*, 142*t*
endurance muscular localizada
definição 139-140, 206
teste de supino da YMCA 139-140, 142*t*, 143*t*
testes de flexão e de abdominal 139-140, 141*f*, 142*t*
energia anaeróbia 462
energia e trabalho 462-463
enfisema 336, 337, 339-340
entorses e distensões 393-394*f*, 395*t*
envelhecimento, efeitos do. *Veja também* idosos
sobre a amplitude de movimento 150-151
sobre a composição corporal 299
sobre a densidade mineral óssea 299
sobre a força e a *endurance* muscular 298*f*-299
sobre o condicionamento cardiorrespiratório 297-298
sobre o movimento articular 299-300
equilíbrio calórico positivo 194
equilíbrio decisório 347
equilíbrio em idosos 301-302

equipamento
condicionamento físico 283
teste de exercício 429*t*-430*t*
equipamento para teste de treinamento de força 429-430*t*
equipamento para testes cardiorrespiratórios 429*t*, 429-430*t*
equipamentos para flutuar 278-279
equivalente calórico de oxigênio 58
erros mecânicos
na locomoção 459
no arremesso e no golpe 459
escala de classificação da angina 317-318*t*
escoliose 152-153, 244-245
espirometria de circuito aberto 58-59
espirometria de circuito fechado 58
espondilólise 245-246
espondilolistese 245-246
estabilidade 454-456
estabilidade do centro (EC)
definição 246-247, 248*f*
exercícios que envolvem a 248-249
estresse 27-28*t*, 36
estresse de calor ambiental 186-187
estudos de caso
administração e controle de programa 429-430
anatomia funcional e biomecânica 460
atividade física e saúde 30
avaliação de saúde 54
avaliação do condicionamento muscular 146-147
biomecânica 460
composição corporal 117
condicionamento cardiorrespiratório 100, 192
controle de peso 204
crianças 293
custos energéticos da atividade física 75, 517-530
desempenho e condicionamento físico 36
diabete 333
doença coronariana 320
doença pulmonar 340-341
exercício consciente 370, 372
fisiologia do exercício 484
flexibilidade e função lombar 155-156, 250-251
idosos 302-303
interpretações do ECG 388-389
liderança 284
modificação de comportamento 357-358
nutrição 132-133
obesidade 326
prevenção e tratamento de lesões 413
saúde da mulher 311
treinamento com pesos 229
eversão 442-443*f*
exaustão por calor 400*t*
excesso de resultados 223-224
exercício, definição 26-27. *Veja também* prescrição de exercícios; atividade física
exercício abdominal 239

exercício abdominal sobre uma bola de estabilidade 212-213*f*
exercício aeróbio
controle de peso e 200
corrida 159, 271-272, 275-277, 451*f*-452
natação 74*t*, 278-280, 453, 454
objetivos de saúde e 268
pacientes pulmonares e 338-339
programas de dança 280-283
exercício chinês para saúde (*qigong*)
benefícios do 365-366
descrição do 361, 364-366
recursos de treinamento 370, 372
tai chi vs. 365-366
exercício com música 72, 73*t*, 280-283
exercício com pesos móveis 217-218*t*
exercício consciente
ação neuromuscular integradora (ANI) 367-368
benefícios do 361, 371
componentes essenciais do 361-362
definição 360
estudos de caso 370, 372
exercício *qigong* 361, 364-366, 370, 372
ioga 360-365, 370-372
método de Feldenkrais 368-370, 372
origens do 360-361
Pilates 366-368, 370, 372
reabilitação e 361-362
recursos de treinamento 370, 372
resultados 368-371
tai chi 360, 361, 365-367, 370-372
técnica de Alexander 367-370, 372
exercício consciente
ação neuromuscular integradora (ANI) 367-368
benefícios do 361, 371
componentes essenciais do 361-362
definição 360
estudos de caso 370, 372
exercício *qigong* 361, 364-366, 370, 372
ioga 360-365, 370-372
método de Feldenkrais 368-370, 372
origens do 360-361
Pilates 366-368, 370, 372
reabilitação e 361-362
recursos de treinamento 370, 372
resultados do 368-371
tai chi 360, 361, 365-367, 371-372
técnica de Alexander 367-370, 372
exercício de grupos musculares
articulação do joelho 449-451
articulação do punho 447, 449
articulação do quadril 449-451
articulação do tornozelo 449-451
articulações intertarsais 449-451
articulações radioulnar e do cotovelo 447, 449
cinta e complexo articular do ombro 447, 449
coluna vertebral e articulações lombossacrais 447, 449-451
erros em 447, 449
exercício do gato louco 256

exercício e crianças
  avaliação do condicionamento muscular 145-147
  benefícios da atividade física crônica 289, 289
  considerações especiais 289-289
  estudos de caso 293
  recomendações para atividade física 291-293
  resposta aguda ao exercício 289
  testes 289-291
  treinamento com pesos 224-227
exercício e diabete 328-332. *Veja também* diabete
exercício e doença pulmonar 336-341
exercício e doenças coronarianas 21-22*f*, 143-146, 317-319
exercício e gravidez 226-228, 306-307
exercício e idosos
  avaliação do condicionamento muscular 143-145
  composição corporal 299
  condicionamento cardiorrespiratório 297-298
  densidade mineral óssea 299
  estudos de caso 302-303
  força muscular em 298*f*-299, 301-302
  função psicológica e social 302-303
  movimento articular 299-300
  osteoartrite 301-302
  prescrição de exercícios 299-303
  problemas de equilíbrio 301-302
  teste de exercícios 299-301
  treinamento com pesos 226-227
  visão geral 296-297
exercício e obesidade. *Veja também* controle de peso
  após cirurgia bariátrica 323-324
  avaliação médica 323-324
  exercício como tratamento 323
  prescrição de exercícios 324-326
  teste de exercícios 323-324
exercício e osteoporose 308-311
exercício em aparelhos com pesos 217-218*t*
exercício *qigong*
  benefícios do 365-366
  descrição do 361, 364-366
  recursos de treinamento 370, 372
  tai chi vs. 365-366
exercícios de cadeia cinética aberta 217-218
exercícios de cadeia cinética fechada 217-218
exercícios para força e *endurance* do tronco 258-266
exercícios para o peso corporal 211-212
experiências de controle 350-351
exposição ao frio e exercícios 188-190
extensão, definição 437, 439
extensão de perna 217-218*t*
extensão do tríceps 217-218*t*, 237
extensão do tríceps deitado 217-218*t*, 237
extensão do tronco 258
extensão do tronco em quatro apoios 238
extração de oxigênio 474-476
extra-sístoles atriais 381*f*
extra-sístoles juncionais (ESJ) 382*f*
extra-sístoles ventriculares (ESVs) 382*f*-384

F

faceta articular 151-152, 152*f*, 242*f*
fase concêntrica 208-209
fase de amortização 210-211
fase de contemplação 347*f*
fase de pré-contemplação 346, 347*f*
fase excêntrica 208-209
fases do modelo de mudança 346-349
FCmáx., estimativa 179-180
feixe de His 375-376
fêmur 435*f*
feridas, tratamento de 396*t*-397*t*
ferro 125*t*, 123, 126, 131-132
fibra 121
fibra muscular, definição de 463, 463-464*f*
fibras alimentares 121
fibras de Purkinje 375-376
fibras glicolíticas rápidas 464-465
fibras oxidativas lentas 464-465
fibrilação atrial 382*f*
fibrilação ventricular 383-384*f*, 411
fibrose cística 337
fisiculturismo 206, 481, 482-483*f*. *Veja também* treinamento com pesos
fisiologia do exercício
  débito cardíaco 474-477
  efeitos de treinamento com pesos 476-480
  energia e trabalho 462-463
  estrutura e função muscular 463-467
  estudos de caso 484
  regulação da temperatura corporal 481-483
  respostas cardiovasculares 480-481
  respostas metabólicas, cardiovasculares e respiratórias 466-471
  teste de exercício progressivo 471*f*-474
Fitnessgram 289-290*t*
flexão, definição 150-151, 243-244, 437, 439
flexão do tronco 257
flexão plantar 442-443*f*
flexibilidade, definição 150-151. *Veja também* amplitude de movimento
flexibilidade e função lombar, prescrição de exercício para
  ADM e função lombar 152-154, 246-247
  anatomia da coluna e 242-244
  dores lombares 245-247
  exercícios de flexibilidade para melhorar a amplitude de movimento 252-258
  exercícios para força e *endurance* do tronco 258-266
  exercícios profiláticos 249-251
  exercícios que envolvem a parede abdominal 249-250
  idosos e 301-303
  movimento da coluna e 243-245
  treinamento para estabilidade do centro 246-249
flutter atrial 381*f*
fly com halteres 217-218*t*
foco ectópico 381
força muscular
  avaliação 137-140
  definição 136-138
  em idosos 298*f*-299, 301-302
formação de calo 398*t*
formulário de atividades diárias 270-271
formulário de consentimento para participação em testes de condicionamento físico 419-422
formulário de equilíbrio decisório 352-353
formulário do Questionário sobre o estado de saúde (HSQ – do inglês *Healthy Status Questionnaire*) 42-43
  avaliação do fator de risco 44-46
  itens da avaliação de saúde 38-39
  liberação médica e 51, 53
  medicamentos prescritos 45-47
  necessidade de autorização médica 46-47, 48*t*
  nível de atividade física 46-47
  realização de testes, resultados, e 46-47
  regulamento do HIPAA e o 38, 41
  revisão do histórico médico 38, 41, 44-45
fórmulas, de dobras cutâneas 111-113
fosfolipídeos 121
fosforilação oxidativa 463
fratura composta 395*t*
fraturas
  osteoporóticas 308-309
  por estresse 408*t*
  tratamento de 393-394, 395*t*, 408*t*
freqüência cardíaca (FC). *Veja também* freqüência cardíaca-alvo (FCA)
  atividade física e 27-28*t*
  débito cardíaco e 474-475
  efeitos do condicionamento físico sobre a 87-88*t*
  eletrocardiogramas e 379*f*
  medicamentos e 538*t*-540*t*
  teste de caminhada e 80-81, 82*t*-83*t*
  testes de exercício progressivo e 86-88, 473-474
  ventilação pulmonar e 470-471*f*
  verificação 410
freqüência cardíaca-alvo (FCA)
  método direto de determinação da 177-178*f*
  métodos indiretos de determinação da 177-180
  uso da 180-182
função lombar
  amplitude de movimento (ADM) e 152-154, 246-247
  testes para medição da ADM 157-165
função lombar, prescrição de exercícios para
  ADM e a função lombar 246-247
  anatomia da coluna e 242-244
  dores lombares 245-247
  exercícios de flexibilidade para melhorar a ADM 252-258
  exercícios para a força e a *endurance* do tronco 258-266
  exercícios profiláticos 249-251
  exercícios que envolvem a parede abdominal 249-250
  movimento da coluna e 243-245
  treinamento para estabilidade do centro 246-249

função psicológica e social 302-303
funcionários da academia
    ambiente de trabalho para 418-420, 422
    avaliação 418-419
    escolha qualificada 417-419
    exemplo de descrição de trabalhos para 418

G

gasto energético
    expressão do 58-61
    fórmulas 60-61
    medição do 58-59
    sem fórmulas 74-75t
gerenciamento de academias
    avaliação de participantes 419-420, 422
    consentimento informado para participação em teste de condicionamento físico 419-422
    considerações jurídicas e de segurança 422-423
    elaboração de orçamento 422-423, 425-427
    equipamento 429t, 429-430t
    estudos de caso 429-430
    manutenção de registros 269-270, 429-430
    pessoal 417-420, 422
    planejamento operacional estratégico 416-417
    prescrição de exercício, orientação e aconselhamento 419-422
    procedimentos de emergência 422-424
    teste de condicionamento físico 419-420, 422
gerenciamento de academias
    avaliação de participantes 419-420, 422
    consentimento informado para participação em teste de condicionamento físico 419-422
    considerações jurídicas e de segurança 422-423
    elaboração de orçamento 422-423, 425-427
    equipamento 429t, 429-430t
    estudos de caso 429-430
    manutenção de registros 269-270, 429-430
    pessoal 417-420, 422
    planejamento operacional estratégico 416-417
    prescrição de exercícios, orientação e aconselhamento 419-420, 422
    procedimentos de emergência 422-424
    teste de condicionamento físico 419-420, 422
glicogênio 121-122
glicólise 462
glicose 121-122
glicose em jejum problemática 328-329
goma de mascar e adesivos de nicotina 387-388
gordura
    definição 121-122
    essencial 107-108
    oxidação de 58-59t
    trans 121-122, 130
gordura corporal como isolamento 188-190
gordura essencial 107-108
gordura trans 121-122, 130
gravidez
    exercício e 306-307
    treinamento com pesos e 226-228
grupos musculares
    definição 447
    motores primários e assistentes 448t
grupos musculares, exercício de
    articulação do joelho 449-451
    articulação do punho 447, 449
    articulação do quadril 449-451
    articulação do tornozelo 449-451
    articulações intertarsais 449-451
    articulações radioulnar e do cotovelo 447, 449
    cinta e complexo articular do ombro 447, 449
    coluna vertebral e articulações lombossacrais 447, 449-451
    erros no 447, 449
grupos musculares envolvidos em
    arremessar com o braço elevado 452-453f, 454
    caminhar, praticar o *jogging* e correr 451f-452f
    levantar e carregar objetos 453f
    nadar 453, 454
    pedalar 452, 454
    saltar 452, 454
Guia da Pirâmide Alimentar 126-127, 129-130f

H

habilidades de comunicação 356-357
habilidades de ouvir 269
haltere 217-218t
halterofilismo 206, 481, 482-483f. Veja também treinamento de força
hataioga
    benefícios da 371
    como exercício consciente 360-361
    custo energético da 369-370
    definição 361-362, 364
    estilos 363
    fatores que determinam a resposta à 363
    ioga vs. 361-362, 364-365
    recursos de treinamento 370, 372
Health Insurance Portability and Accountability Act – HIPAA de 1996 38, 41, 50-51
hematoma no calcanhar 395t
hemorragia, choque por 410
hereditariedade 21-22, 23-24t
hidratação 130-131, 185-186
hiperextensão 150-151, 437, 439, 440f, 441f
hiperglicemia 328-329, 402t
hipertensão 25, 41, 44t, 314-315
hipertermia 399-400
hipertrofia 208-209
hipertrofia muscular 208-209
hiperventilação 473-474
hipoglicemia
    choque insulínico 403t
    como efeito colateral de medicação 387-388
    induzida pelo exercício 330-332
    sinais de 387-388
hipotensão 403
hipotermia 186-187, 190t, 401, 402t
hipoxemia 338-339

I

idosos
    avaliação do condicionamento muscular de 143-145
    composição corporal e 299
    condicionamento cardiorrespiratório e 297-298
    densidade mineral óssea e 299
    equilíbrio, quedas e 301-302
    estudos de caso 302-303
    força muscular em 298f-299, 301-302
    função psicológica e social em 302-303
    movimento articular em 299-300
    número de 296f
    osteoartrite em 301-302
    prescrição de exercício para 299-303
    testes de exercício para 299-301
    treinamento com pesos para 226-227
    visão geral de 296-297
idosos
    avaliação do condicionamento muscular em 143-145
    composição corporal e 299
    condicionamento cardiorrespiratório e 297-298
    densidade mineral e 299
    equilíbrio, quedas e 301-302
    estudos de caso 302-303
    força muscular em 298f-299, 301-302
    função psicológica e social de 302-303
    movimento articular em 299-300
    número de 296f
    osteoartrite em 301-302
    prescrição de exercício para 299-303
    teste de exercícios para 299-301
    treinamento com pesos para 226-227
    visão geral de 296-297
inclinação pélvica posterior 262
índice cintura-quadril (ICQ) 106, 113
índice da qualidade do ar (IQA) 190-191
índice da sensação de frio 188f, 401
índice de massa corporal (IMC) 113, 116t, 322-323f
índice de Quetelet. *Veja* índice de massa corporal
índice de troca respiratória (I) 467-469
índice glicêmico 121
inércia rotacional 457-458
infarto do miocárdio (IM) 314-315, 374, 384
influências ambientais sobre o comportamento 349-350
ingestão alimentar
    avaliação 123, 126-127
    recomendações para 126-127, 128
ingestão de sódio 125t, 123, 126
Ingestões Alimentares de Referência (DRIs, do inglês *Dietary Reference Intakes*) 121-122

instruções para o pré-teste de condicionamento físico 89-90
insulina
 injeções 387-388
 tipos de 328, 328-329*t*, 536
intensidade, do exercício
 determinação da 176-182*f*, 182-183*f*
 diferentes expressões da 174-176
interfalângicas 440
intermação 400*t*
interpretação do ECG
 arritmias 381-384
 complexos eletrocardiográficos básicos 377-378
 distúrbios de condução atrioventricular 378, 380-381
 estudos de caso 388-389
 freqüência cardíaca determinada a partir de 379*f*
 infarto do miocárdio e 384, 385*f*
 intervalos eletrocardiográficos 377-378
 isquemia do miocárdio 383-384*f*
 ritmos cardíacos 377-378, 380
 segmentos e junções 377-378
 tempo e voltagem 376-377*f*, 377-378
intertrigo 398*t*
intervalo P-R, definição de 377-378
intervalo R-R, definição do 377-378
inversão 442-443*f*
ioga
 benefícios da 371
 custo energético da 369-370*f*
 definição 360-361
 estilos da hataioga 361-362, 364, 369-370*f*
 iyengar 361, 363
 recursos de treinamento 370, 372
ioga *iyengar* 360, 361, 363
irritações na pele 398*t*
isocinéticos 209-211
isométricos 208-209
isquemia do miocárdio 383-384
isquiotibiais 153-154*f*
itens da avaliação de saúde 38, 39

J

jazzercise 280-282
joelho de corredores 159
jogging
 custo de oxigênio do 64-69
 dicas de segurança 272-273
 programa 271-276
jogos 276-279
jogos para condicionamento físico 276-279
jovens e crianças
 avaliação do condicionamento muscular de 145-147
 benefícios da atividade física crônica para 289, 289
 considerações especiais 289-289
 estudos de caso 293
 recomendações de atividade física para 291-293

resposta aguda ao exercício em 289
testes para 289-291
treinamento de força para 224-227

L

lesão na cabeça 411
lesão por movimento repetitivo 245-246
lesões no tecido mole 393-394, 395*t*
levantamento de peso 206
levantamento do tronco 153-154
liderança eficaz
 atividades aquáticas e 278-280
 equipamento de exercício e 283
 estratégias comportamentais da 271-272
 exercício com música 72, 73*t*, 280-283
 habilidades para 269
 jogos e 276-279
 planejamento do programa e 269-270
 programa de ciclismo e 276-277
 programas de caminhada, *jogging* e corrida e 271-277
 programas de certificação e 269
 progressão de atividades e 269-272
 servir de modelo e 269-270
 treinamento em circuito e 283
liderança em exercícios
 atividades aquáticas e 278-280
 equipamento para prática de exercícios e 283
 estratégias comportamentais de 271-272
 exercício com música 72, 73*t*, 280-283
 habilidades para 269
 jogos e 276-279
 planejamento de programa e 269-270
 programa de ciclismo e 276-277
 programas de caminhada, *jogging*, corrida e 271-277
 programas de certificação e 269
 progressão de atividades e 269-272
 servir de modelo e 269-270
 treinamento em circuito e 283
ligamentos 435
limiar do lactato 27-28*t*, 473*f*-474
limiar ventilatório 473-474*f*
Limites alimentares recomendados (RDA, do inglês *Recommended Dietary Allowances*) 121-122
linha Z 463-464, 464-465*f*
lipoproteína de alta densidade (HDL) 127, 129-131
lipoproteína de baixa densidade 127, 129-131
lipoproteínas 121, 127, 129-131

M

má nutrição 121-122
macrociclos 222
manobra de Heimlich 404
manutenção de registros 269-270, 429-430
massa corporal magra 106
mecânica da coluna e da articulação do quadril 244-246
mecanismos de perda de calor 482-483

medicamentos, cardiovasculares
 agentes hipoglicêmicos orais 387-388, 536*t*, 540*t*
 anticoagulantes 387-388
 anti-hipertensivos 387, 533*t*-534*t*
 bloqueadores do canal de cálcio 385-387, 532*t*, 538*t*
 β-bloqueadores 385-387, 531-532*t*, 538*t*
 broncodilatadores 387-388, 535*t*, 539*t*
 calmantes 387-389, 540*t*
 goma de mascar e adesivos de nicotina 387-388, 540*t*
 medicamentos antiarrítmicos 387, 534*t*, 539*t*
 medicamentos redutores de lipídeos 387-388, 535*t*, 539*t*
 nitratos 385-387, 532*t*, 538*t*
 preparados digitálicos 387, 532*t*, 538*t*
medicamentos, para doença pulmonar 339-341, 535*t*-536*t*, 539*t*
medicamentos antiarrítmicos 387, 534, 539*t*
medicamentos cardiovasculares
 agentes hipoglicêmicos orais 387-388, 536*t*, 540*t*
 anticoagulantes 387-388
 anti-hipertensivos 387, 533*t*-534*t*
 bloqueadores do canal de cálcio 385-387, 532*t*, 538*t*
 β-bloqueadores 385-387, 531-532*t*, 538*t*
 broncodilatadores 387-388, 535*t*, 539*t*
 calmantes 387-389, 540*t*
 goma de mascar e adesivos de nicotina 387-388, 540*t*
 medicamentos antiarrítmicos 387, 534*t*, 539*t*
 medicamentos redutores de lipídeos 387-388, 535*t*, 539*t*
 nitratos 385-387, 532*t*, 538*t*
 preparados digitálicos 387, 532*t*, 538*t*
medicamentos comuns
 efeitos de 538*t*-540*t*
 nomes genéricos e marcas comerciais 531-537*t*
medicamentos para baixar o colesterol 387-388, 535*t*, 539*t*
medicamentos para diabete 328-329*t*, 536*t*-537*t*, 540*t*
medicamentos redutores de lipídeos 387-388, 535*t*, 539*t*
medição de circunferências 111-113
membrana sinovial 435
meniscos 436-437
método de Feldenkrais 368-370, 372
Método PRICE (do inglês, *protection, rest, ice, compression* e *elevation*) – proteção, descanso, gelo, compressão e elevação 393-394*f*, 395*t*
METs (equivalentes metabólicos)
 de algumas atividades físicas 517-530
 definição 59-60
microciclos 222
minerais 122-123, 125*t*, 123, 126
Minha pirâmide 126-127, 129-130*f*
miofibrila 463
miosina 463, 463-465*f*

mitocôndria 463, 466-468
modelo transteórico de mudança de comportamento 346-349
modelos de dois compartimentos 108-111
modelos de treinamento de força 223
modelos multicomportamentais 108-109
modificação de comportamento
    aconselhamento 356-358
    apoio social 349-350
    automonitoramento 352-353
    avaliação 352-353
    como atingir os contempladores 348-351
    contratos comportamentais 353-354
    definição de objetivos 353-354
    estratégias motivacionais 350-351
    estudos de caso 357-358
    fases de modelo de mudança 346-349
    influências ambientais 349-350
    prevenção de recaídas 355-357
    reestruturação de declarações negativas 350
    reforço 353-354
momentum angular 457-459
monóxido de carbono 190-191
morte cardíaca, súbita 27-29
mortes, relacionadas ao esforço 27-29
movimento da coluna 243-245
movimento da pelve 440, 441*f*
movimento humano, conceitos mecânicos para
    estabilidade 454-456
    inércia rotacional 457-458
    momentum angular 457-459
    torque 455-458
movimento humano, conceitos mecânicos para o
    estabilidade 454-456
    inércia rotacional 457-458
    momentum angular 457-459
    torque 455-458
movimentos articulares 437, 439-443
movimentos balísticos 444-446
movimentos da escápula 437, 439, 438*f*
mudança do estado de saúde ou do condicionamento físico 51, 53
músculo esquelético. *Veja também* exercício de grupos musculares
    ação 443-446*f*
    estruturas associadas com 442-443
    funções dos músculos 446-447
    grupos musculares 447, 448*t*
    tendões e 443
músculo voluntário (esquelético). *Veja também* exercício de grupos musculares
    ação muscular 443-446
    descrição de 442-443
    funções dos músculos 446-447
    grupos musculares 447, 448*t*
música, exercício com 72, 73*t*, 280-283
música estimulante 351

N
natação na raia 278-280
National Institute of Diabetes and Digestive and Kidney Diseases 201
National Strength and Conditioning Association (NSCA) 269
National Weight Control Registry (NWCR) 323
necessidade calórica diária
    cálculo 197
    definição 196-197
negligência 422-423
nitratos 385-387, 532
nitroglicerina (NTG) 384-387, 532
Níveis de ingestão máximos toleráveis (UL, do inglês *Tolerable Upper Intake Levels*) 121-122
nodo atrioventricular (AV) 375
nodo sinoatrial (SA) 375
nutrição. *Veja também* ingestão alimentar
    água 123, 126, 130-131
    carboidratos 121-122*f*, 131-133
    gordura 121-122
    Guia da Pirâmide Alimentar 126-127, 129-130*f*
    minerais 122-123, 125*t*, 123, 126
    proteína 121-123, 130-131
    vitaminas 122-123, 124*t*, 131-132

O
obesidade
    definição 41, 44*t*, 106, 322-323
    doença coronariana e 41, 44*t*
    doença e 106
    etiologia da 194-197, 322-323
    medicamentos para 323-324, 537
    prevalência da 106, 194*f*, 322-323
    procedimentos cirúrgicos em caso de 323-324
obesidade do tipo andróide 106
obesidade do tipo ginóide 106
obesidade e exercício. *Veja também* controle de peso
    após cirurgia bariátrica 323-324
    avaliação médica 323-324
    exercício como tratamento 323
    prescrição de exercício 324-326
    teste de exercício 323-324
obesidade progressiva 194
objetivos de condicionamento físico
    definição de 35-36
    diminuição dos riscos à saúde 32-33
    manutenção do bem-estar 32-33
objetivos de desempenho 32-33
objetivos do condicionamento físico
    definição de 35-36
    diminuição dos riscos à saúde 32-33
    manutenção do bem-estar 32-33
obstrução das vias aéreas 404
onda P 377-378
onda Q 377-378
orçamento do programa
    exemplo de relatório orçamentário operacional mensal 427
    importância do 422-423, 425
    orçamento de capital 423, 425
    orçamento operacional 423, 425, 426
    pessoal, instalações e 423, 425, 429
orientações para o treinamento com pesos
    escolha do exercício 217-218
    freqüência de treinamento 221-222
    ordem do exercício 218
    periodização 221-223
    peso usado 218-221
    repousos entre as séries e os exercícios 219-222
    resumo das determinações do ACSM 215-216
    síndrome do excesso de treinamento e 223-224
    velocidade das repetições 221-222
    volume de treinamento 219-221
Orlistat (Xenical) 323-324, 537
ossificação de ossos 435
ossos
    curtos, planos e irregulares 434-435
    longos 434, 435*f*
    ossificação dos 435
ossos longos 434, 435*f*
osteoartrite 151-152, 301-302
osteoporose
    amplitude de movimento e 152
    cálcio e 122-123, 126
    definição 308-309
    exercício e 171, 308-311
    fatores de risco para 308-309
    teste de risco 309
    tríade da atleta e 132-133, 310-311
oxímetro de pulso 338-339*f*
ozônio 190

P
pacientes cardíacos, treinamento com pesos para 227-229
padrão de gordura 106
padrões de teste de condicionamento físico 541-543. *Veja também* testes de exercício progressivo (TEPs)
padrões do professor de ioga 362, 364-365
padrões viários 350
panturrilha, com halteres (exercício) 232
parada cardíaca 411
parede abdominal, exercícios que envolvem a 249-250
participação, probabilidade de 268, 269*f*
PCPFS – President's Council on Physical Fitness and Sports (Conselho presidencial para condicionamento físico e saúde) 289-290*t*
pec dec 217-218*t*
pedômetros 352-353
percentual de gordura corporal (% GC) 106*t*, 107-108
perfil lipídico 127, 129-131
perfil lipídico, do sangue 127, 129-131
periodização 221-223
peso corporal, aumento 202-203
peso corporal, diminuição. *Veja* obesidade; controle de peso
peso corporal-alvo 113, 116

peso hidrostático 107-108f-108
pesos móveis 211-212t
pessoal (funcionários) da academia
　ambiente de trabalho 418-420, 422
　avaliação 418-419
　escolha de pessoal qualificado 417-419
　exemplo de descrição de emprego 418
Pilates 366-368, 370, 372
pirâmide de atividades 26-27f
placas epifisárias 435
planejamento de refeições 198-199. *Veja também* nutrição
planejamento operacional estratégico
　planejamento de curto prazo 416-417
　planejamento de longo prazo 416
　qualidade e avaliação do programa 417
　responsabilidades do diretor do programa e 416
planilha de treinamento de força 218
plano de prescrição de exercício 47, 49
pletismografia de deslocamento de ar 108-109
pliométricos 210-211
poluição do ar 188-191
ponte dinâmica lateral 266
ponte lateral
　dinâmica 266
　isométrica horizontal 265
ponte lateral isométrica horizontal 265
populações especiais
　clientes obesos 322-326
　crianças e jovens 287-293
　idosos 295-303
　mulheres 305-311
　pacientes com doença coronariana (DC) 314-320
　pacientes pulmonares 336-341
　portadores de diabete 328-333
postura, da ioga 361
postura, sentado 150-152f, 244-245
postura do corpo 360f, 362, 364
postura sentada 150-152f, 244-245
potência, definição de 206
pré-diabete 328-329
preocupações médicas. *Veja também* doença cardiovascular; diabete; osteoporose; doenças pulmonares
　complicações cardiovasculares e pulmonares 403-404
　reações diabéticas 401-403
　ressuscitação cardiopulmonar e procedimentos de emergência 409-412
preparados digitálicos 387, 532t, 538t
prescrição de exercício, definição 26-28
prescrição de exercício para flexibilidade e função lombar
　ADM e a função lombar 152-154, 246-247
　anatomia da coluna e 242-244
　dores lombares 245-247
　exercícios de flexibilidade para melhorar a ADM 252-258
　exercícios para força e *endurance* do tronco 258-266

exercícios profiláticos 249-251
exercícios que envolvem a parede abdominal 249-250
movimento da coluna e 243-245
treinamento para estabilidade do centro 246-249
prescrição de exercício para o condicionamento cardiorrespiratório (CCR)
　altitude e 190-191
　atualização de programa de exercícios para 184-186
　duração de exercício para 175-177
　estudos de caso 192
　exposição ao frio e exercício 188-190
　formulação para 174-177
　freqüência de sessões de trabalho para 176-177
　intensidade do exercício e 176-182f
　orientações gerais para programas de CCR 172-175
　poluição do ar e 188-191
　prescrição de exercício 170-171
　prescrição de exercícios usando resultados do TEP 182-184
　programa não-supervisionado para 184-185
　programa supervisionado para 183-185
　programação de exercícios para população condicionada 182-183
　questões ambientais e 185-187
　recomendação de exercícios para populações não-testadas 182-183
　recomendações de saúde pública para atividade física 171-174
　respostas de curto e de longo prazo ao exercício 171-172
prescrição de exercício para treinamento com pesos destinado a populações especiais
　adultos com doença cardíaca 227-229
　crianças 224-227
　idosos 226-227
　mulheres grávidas 226-228
prescrição de exercício para treinamento de força
　aquecimento e relaxamento 215-216
　considerações sobre elaboração de programa 207-209
　descanso entre as séries e os exercícios 219-222
　escolha dos exercícios 217-218
　freqüência de treinamento 221-222
　modos de treinamento com pesos 211-214
　ordem de exercício 218
　periodização 221-223
　peso usado 218-221
　princípios de treinamento 206-208
　recomendações de segurança 214-216
　resumo das orientações do ACSM 215-216
　síndrome do excesso de treinamento e 223-224
　tipos de treinamento com peso 208-211
　velocidade das repetições 221-222
　volume de treinamento 219-221
Presidential Active Lifestyle Award 291

pressão arterial (PA)
　alta 25, 41, 44t, 314-315
　atividade física e 27-28t, 171, 171-172f
　halterofilismo e 481, 482-483f
　medicamentos e 538t-540t
　teste de exercício progressivo e 87-88, 91, 475-477f
　verificação 410
pressão arterial alta 25, 41, 44t, 314-315
pressão de pernas 217-218t, 230
prevenção de lesões
　controle do risco de lesão 392-393
　fatores que contribuem para a lesão 392-393
　redução do risco de lesão 393-394
prevenção de recaída 355-357
princípio da especificidade 207-208
princípio da progressão 206-207
princípio da sobrecarga 206-208
princípio de Arquimedes 107-108
princípio SAID 207-208
problemas lombares (PL)
　anatomia da coluna e 242-244
　como queixa comum 242
　em adultos 245-246
　em jovens 245-247
　movimentação da coluna e 243-245
problemas lombares 26
problemas ortopédicos
　cotovelo de tenista 406t
　dor na perna 404-405, 408t
　dores lombares 407t
　fraturas por estresse 408t
　modificação de exercícios e 405
problemas relacionados ao calor 399-401
problemas relacionados ao frio 401, 402t
procedimentos de emergência e ressuscitação cardiopulmonar (RCP)
　plano básico de emergência 409-410
　questões que determinam a ação 410-411
　respiração de socorro, RCP e DEAs 404, 411-412
　verificação dos sinais vitais 410
produção de dióxido de carbono (VCO_2) 514-515
produto freqüência-pressão 476-477f
profissional de condicionamento físico como líder
　atividades aquáticas 278-280
　equipamento para exercícios 283
　estratégias comportamentais 271-272
　exercícios com música 72, 73t, 280-283
　habilidades 269
　jogos 276-279
　planejamento de programa 269-270
　programa de ciclismo 276-277
　programas de caminhada, *jogging,* corrida 271-277
　programas de certificação 269
　progressão de atividades 269-272
　servir de modelo 269-270
　treinamento em circuito 283
programa de ciclismo 276-277
programas de certificação 269

programas de reabilitação cardíaca 314-319
programas de reabilitação pulmonar 338-340
progressão de atividades
    fase 1: caminhada regular 269-271
    fase 2: níveis de trabalho recomendados para mudança do condicionamento físico 270-271
    fase 3: variedade das atividades de condicionamento físico 270-272
progressão de exercício
    fase 1: caminhada regular 269-271
    fase 2: níveis de trabalho recomendados para mudança do condicionamento físico 270-271
    fase 3: variedade de atividades de condicionamento físico 270-272
promoção de mudanças saudáveis
    aconselhamento 356-358
    apoio social 349-350
    automonitoramento 352-353
    avaliação 352-353
    como atingir os contempladores 348-351
    contratos comportamentais 353-354
    definição de objetivos 353-354
    estratégias motivacionais 350-351
    estudos de caso 357-358
    fases do modelo de mudança 346-349
    influências ambientais 349-350
    prevenção de recaídas 355-357
    reestruturação de declarações negativas 350
    reforço 353-354
proteína
    atletas e 130-131
    definição 121-123
    oxidação 58-59t
protocolos de teste de exercício máximo 90, 92-93
protocolos para esteira
    crianças e 289-290
    definição 86-87
    doença coronariana e 317
    idosos e 299-300
    para várias categorias 93-94t
    protocolo de teste submáximo na esteira 92-94
pular corda 73t
puxador frontal 217-218t, 234

Q

qi 361, 364-365
quadrado lombar 249f
Quadro Aceitável de Distribuição de Macronutrientes (AMDR, do inglês *Acceptable Macronutrient Distribution Ranges*) 121-122f
quadro de funcionários da academia
    ambiente de trabalho 418-420, 422
    avaliação 418-419
    escolha de pessoal qualificado 417-419
    exemplo de descrição de emprego para o 418
quadrúpede (exercício) 259

qualidade de vida 22-23
qualidade e avaliação do programa 417
qualidades do conselheiro 357
queimadura pelo frio 402t
Questionário sobre prontidão para a atividade física (PAR-Q – do inglês *Physical Activity Readiness Questionnaire*) 38-38, 41
quilocalorias usadas por minuto 59-60
quociente respiratório (QR) 467-468, 469f

R

radicais livres 122-123
reações diabéticas 401-403t
rebaixamento do disco 151-152f
rebaixamento do ligamento 151-152f
recomendações de segurança para o treinamento com pesos 214-216
redução do estresse
    atividade física e 27-28t
    exercício consciente e 361-362, 371
redução localizada 201
reestruturação cognitiva 350
reestruturação de declarações negativas 350
registro de alimentos
    exemplo 126-128
    razões para fazer o 197-199
regulamentos do HIPAA 38, 41, 50-51
relatório de incidente, exemplo 428, 429
remada unilateral com halteres 217-218t
remadas sentado 217-218t
1 repetição máxima (1RM) 138-139, 218-221
reserva da FC (RFC)
    cálculo da 174-175
    método 177-179
resistência à insulina 328, 387-388
respeito 357
respiração, iogue 362, 364, 364-365f
respiração com os lábios unidos, formando um biquinho 339-340
respiração de socorro, RCP e DEAs 404, 411-412
respiração iogue 362, 364, 364-365f
respostas cardiovasculares ao exercício 480-481
ressuscitação cardiopulmonar (RCP) e procedimentos de emergência
    plano de emergência básico 409-410
    questões para determinar a ação 410-411
    respiração de socorro, RCP e DEAs 404, 411-412
    verificação dos sinais vitais 410
retículo sarcoplasmático (RS) 463-464
reto abdominal 153-154f
revisão do histórico médico 38, 41, 44-45, 47, 49
riscos à saúde, redução dos 32-33
riscos relacionados ao exercício 27-29
ritmo sinusal 378, 380f
ritmos cardíacos 377-378, 380
rosca com barra 217-218t
rosca de bíceps 217-218t, 236
rosca de perna 217-218t, 231

rotação 437, 439, 438f
rótulos, informações nutricionais em 126-127
roupas 272-273, 399-401

S

salto 452, 454
sangramento excessivo 397t
sangramento interno 397t
sarcômeros 463-464
saúde da mulher
    gravidez e exercício 306-307
    gravidez e treinamento de força 226-228
    osteoporose 122-123, 126, 132-133, 152, 308-311
    suplementação de cálcio 131-132
    tríade da atleta 132-133, 310-311f-311
segmento motor vertebral lombar 242f, 243-244
Senior Fitness Test (SFT) para 143-145
sentar e alcançar de Hopkins e Hoeger 164
sentar e alcançar modificado para proteger as costas 165
servir de modelo 269-270, 351
sexo. *Veja também* saúde da mulher
    amplitude de movimento e o 150-151
    respostas cardiovasculares ao exercício e o 480
Sibutramina (Meridia) 323-324
sinais vitais, verificação 410
sinceridade 357
síncope por calor 400t
síndrome do compartimento 404
síndrome do excesso de treinamento 223-224
síndrome metabólica 333
síndrome patelofemoral 159
síndrome X 333
sistema de treinamento em circuito 223-225f, 283
sistema médico de emergência (SME) 409
sistemas de treinamento de força
    sistema de treinamento assistido 224-225
    sistema de treinamento em circuito 223-225f
    sistema de uma única série 223-224
    sistema de várias séries 223-224
    sistema pré-exaustão 224-225
site da American Dietetic Association 201
sobrecarga progressiva 207-208
sobrepeso, definição 106. *Veja também* obesidade
somação 466-467
stents intracoronarianos 314-315, 316f
step no banco 71-72t
supino 211-212, 217-218t, 233
supino com barra 211-212, 217-218t, 233
suplementação de creatina 131-132

T

tabagismo
    aterosclerose e 314
    como causa de morte 25
    como fator de risco 23-24t, 26t

comportamentos de condicionamento físico e 36
doença coronariana e 41, 44t, 317
goma de mascar e adesivos de nicotina e 387-388
gravidez e 306
hipertensão e 314-315
modelo transteórico de mudança de comportamento e 346
osteoporose e 308-309
risco de recaída e 355-356
tabletes de sal 399-400
tai chi
   benefícios do 371
   como exercício consciente 360
   definição 361, 365-367
   formas de 366-367
   recursos de treinamento 370, 372
taquicardia 403
taquicardia ventricular 383-384f
taquipnéia 403
taxa de percepção de esforço (TPE) 87-88, 88-89t, 174-175, 181-182
taxa metabólica em repouso (TMR) 196-197
tecido adiposo 106
técnica de Alexander 367-370, 372
técnica de levantamento 453f
temperatura corporal 410, 481-483
temperatura do bulbo seco 186-187
temperatura do globo de bulbo úmido (WBGT, do inglês *wet-bulb globe temperature*) 186-187t
temperatura do globo preto 186-187
tendão, definição de 443
tendinite 405t
teoria do filamento deslizante 463-464
teste 90/90 162
teste ativo de extensão do joelho (EAJ) 153-154, 162
teste ativo de força e de ADM das costas 153-154, 158
teste com exercício abdominal 139-140, 141f, 142t
teste da função pulmonar 338
teste de Adam 152-153f
teste de caminhada 80-81
teste de condicionamento cardiorrespiratório (CCR)
   avaliação 79
   consentimento informado para 79
   histórico de saúde e 79
   medições em repouso 79
   razões para fazer o 78
   repetição periódica de testes 80
   riscos do 78
   seqüência dos testes 78-79
   testes de campo para estimativa 80-85
   testes de exercício progressivo 84-87, 471-474
   testes máximos 80
   testes submáximos 79-80
teste de corrida, 12 min 81, 84, 542-543
teste de corrida de 12 min 81, 84, 542-543
teste de *endurance* de corrida 84-86

teste de exercício. *Veja também* testes de exercício progressivo (TEPs)
   contra-indicações ao 44-45
   obesidade e 323-324
   para crianças e jovens 289-291t
   para idosos 299-301
   testes de exercício progressivo (TEPs) 84-91, 182-184
teste de extensão do joelho 153-154, 162
teste de flexão da articulação do quadril e do tronco 163-165
teste de *jogging* ou de corrida 81, 84-86, 542-543
teste de levantamento da perna reta 161
teste de levantar da cadeira 143, 145f, 301
teste de levantar da cadeira por 30 s 143, 145f
teste de Ober 159
teste de rosca de um braço 143-145
teste de sentar e alcançar a ponta dos pés 153-154, 154-155f-156, 164, 165, 542-543
teste de supino da YMCA 139-140, 142t, 143t
teste de Thomas 153-154, 158
teste dinâmico 137-138
teste isocinético 137-138
teste passivo de ADM lombar 153-154, 157
teste passivo de levantamento da perna reta 153-154, 161
teste submáximo no cicloergômetro, da YMCA 93-94, 96, 96-97f
testes com abdominais e com flexões 139-140, 141f, 142t
testes de ADM da articulação do quadril. *Veja também* testes de flexão da articulação do quadril e do tronco
   AM do piriforme 160
   teste de extensão ativa do joelho 153-154, 162
   teste de Ober 159
   teste de Thomas 153-154, 158
   teste passivo de levantamento da perna reta 153-154, 161
testes de campo 80-85
testes de exercício progressivo (TEPs)
   cicloergômetro em 84-87, 291t
   consumo de oxigênio e 471-473
   doença coronariana e 317
   equipamento para 84-87
   etapas da aplicação de um TEP 91
   interrupção de 91
   limiar do lactato e 473f-474
   na esteira 86-87, 93-94t, 289-290, 299-300
   padrões de teste de condicionamento físico e 541-543
   para prescrição e programação de exercício 182-184
   procedimentos para 88-90
   protocolos de teste de exercício máximo 90, 92-93
   protocolos de teste de exercício submáximo 92-99f
   quando usar testes submáximos e máximos 89-90, 92
   step no banco 84-85
   variáveis medidas durante 86-89

testes de exercício progressivo (TEPs), variáveis medidas durante
   capacidade funcional 87-89
   freqüência cardíaca 86-88, 473-474
   pressão arterial 87-88, 475-477f
   taxa de percepção de esforço 87-88, 88-89t
   volume de ejeção 473-475
testes de flexão e de abdominal 139-140, 141f, 142t
tétano 466-467
tipos de fibra muscular
   desempenho e 464-465
   genética, sexo, treinamento e 465-467
   recrutamento de 466-467f
tiras elásticas 213-214f
tolerância à glicose problemática (TGP) 328-329
torque 455-458
tranqüilizantes 387-388, 540t
transpiração 130-131, 482-483
transtornos da alimentação
   anorexia 132-133, 202, 310-311
   bulimia nervosa 132-133, 202-203, 310-311
   compulsão alimentar 202-203
   descrição dos 202-203
   sinais de 202
   tríade da atleta e 132-133, 310-311
tratamento de lesões. *Veja também* preocupações médicas
   feridas 396t-397t
   fraturas 393-394, 395t
   irritações na pele 398t
   lesões no tecido mole 393-394f, 395t
   problemas ortopédicos 404-408t
   problemas relacionados ao calor 399-401
   problemas relacionados ao frio 401, 402t
treinamento com peso dinâmico constante externo (DCER – do inglês *dynamic constant external resistance*) 208-210
treinamento com pesos dinâmico externo constante (DCER – do inglês *dynamic constant external resistance*) 208-210
treinamento com pesos para populações especiais
   adultos com doença cardíaca 227-229
   crianças 224-227
   grávidas 226-228
   idosos 226-227
   pessoas com diabete 331-332
treinamento de *endurance* 476-480
treinamento de força
   aquecimento e relaxamento 215-216
   considerações sobre a elaboração de programa 207-209
   definição 206
   estudos de caso 229
   modos de 211-214
   princípios 206-208
   recomendações de segurança para 214-216
   supervisão e instrução para 214-215
   tipos de 208-211
treinamento de salto 210-211
treinamento isotônico 208-209
tríade da atleta 132-133, 310-311f

triglicerídeos 121, 130*t*
tropomiosina 463-464
troponina 463-464

U

ulceração pelo frio (*frostbite*) 401, 402*t*
umidade e calor ambiental 185-186
unha encravada 398*t*
unidade motora 443-444
uso do tabaco (tabagismo)
   aterosclerose e 314
   como causa de morte 25
   como fator de risco 23-24*t*, 26*t*
   comportamentos de condicionamento físico e 36
   doença coronariana e 41, 44*t*, 317
   goma de mascar e adesivos de nicotina 387-388
   hipertensão e 314-315
   modelo transteórico de mudança de comportamento e 346
   osteoporose e 308-309
   risco de recaída e 355-356
utilização de combustível durante o exercício 467-469

V

Valores diários (DVs – do inglês *Daily Values*) 126-127, 129-130
varreduras de tomografia por emissão de pósitrons (PET – do inglês *positron emission tomography*) 317-318
veias coronárias 374
velocidade das repetições 221-222
ventilação pulmonar 467-468
verrugas plantares 398*t*
vírus da hepatite B (HBV) 392-393
vírus da imunodeficiência humana (HIV) 392-393
vitaminas 122-123, 124*t*, 131-132
vitaminas antioxidantes 122-123
vitaminas hidrossolúveis 122-123
volume de ejeção (VE) 473-474, 474-475*f*
volume diastólico final 473-474
volume expiratório forçado (VEF_1) 336, 338*f*, 338-339, 339-340*t*
volume pulmonar residual (VR) 108